O NASCIMENTO DO CRISTIANISMO

John Dominic Crossan

O NASCIMENTO DO CRISTIANISMO

O QUE ACONTECEU NOS ANOS QUE SE
SEGUIRAM À EXECUÇÃO DE JESUS

Dados Internacionais de Catalogação na Publicação (CIP)
(Câmara Brasileira do Livro, SP, Brasil)

Crossan, John Dominic
   O nascimento do cristianismo : o que aconteceu nos anos que se
seguiram à execução de Jesus / John Dominic Crossan ; [tradução Barbara
Theoto Lambert]. – São Paulo : Paulinas, 2004. – (Coleção repensar)

   Título original: The birth of Christianity
   Bibliografia.
   ISBN 85-356-1331-5

   1. Cristianismo – Origem 2. Jesus Cristo – Ressurreição I. Título.
II. Série.

04-2991   CDD-270.1

Índice para catálogo sistemático:
1. Cristianismo : Origem : Anos 30 e 40 : Século I : História   270.1

Quando não vier mencionada outra fonte, as citações bíblicas são da *Bíblia de Jerusalém*,
2ª impressão. São Paulo, Paulus, 2003.
As citações da *Didaqué* foram tiradas de *Didaqué; o catecismo dos primeiros cristãos para as comunidades de
hoje*. Trad., intr. e notas de pe. Ivo Storniolo e Euclides Martins Balancin. 6ª edição. São Paulo, Paulus, 1989.
As citações do *Evangelho de Pedro* foram tiradas de *Fragmentos dos Evangelhos apócrifos*. Trad., org.
e notas de pe. Lincoln Ramos. Petrópolis, Vozes. 1998. Coleção Bíblia Apócrifa.
As citações do *Evangelho de Tomé* foram tiradas de *Haj Hammadi – O Evangelho de Tomé* de R. Kuntzmann
e J-D. Dubois. São Paulo, Paulus, 1990. Coleção Documentos do mundo da Bíblia.

Título original da obra: *THE BIRTH OF CHRISTIANITY —*
Discovering what happened in the years immediately after the execution of Jesus
© John Dominic Crossan.
Publicado por acordo com Harper San Francisco,
uma divisão da HarperCollins Publishers, Inc., New York, 1998.

Direção-geral: *Flávia Reginatto*
Editora responsável: *Vera Ivanise Bombonatto*
Assistente de edição: *Cirano Dias Pelin*
Tradução: *Barbara Theoto Lambert*
Copidesque: *Péricles Capanema Ferreira e Melo*
Coordenação de revisão: *Andréia Schweitzer*
Revisão: *Anoar Jarbas Provenzi*
Direção de arte: *Irma Cipriani*
Gerente de produção: *Felício Calegaro Neto*
Capa e editoração eletrônica: *Telma Custódio*

*Nenhuma parte desta obra poderá ser reproduzida ou transmitida
por qualquer forma e/ou quaisquer meios (eletrônico ou mecânico,
incluindo fotocópia e gravação) ou arquivada em qualquer sistema ou
banco de dados sem permissão escrita da Editora. Direitos reservados.*

Paulinas
Rua Dona Inácia Uchoa, 62
04110-020 — São Paulo — SP (Brasil)
Tel.: (11) 2125-3500
http://www.paulinas.com.br – editora@paulinas.com.br
Telemarketing e SAC: 0800-7010081
© Pia Sociedade Filhas de São Paulo — São Paulo, 2004

Em memória de meu irmão mais novo,
Daniel Joseph Crossan Jr.

SUMÁRIO

PREFÁCIO 17
   Os anos perdidos 17

PRÓLOGO 21
   O conteúdo de sua visão 21
   A visão de um morto 21
   Visões naquele tempo, visões no presente 24
   Dualismo e incoerências 27
   A ressurreição corporal de Jesus 33
   O plano deste livro 37

PARTE I
CONTINUAÇÃO E RECONSTRUÇÃO

CAPÍTULO 1
OPINIÕES DOS PRIMEIROS NÃO-CRISTÃOS 45
   Superstição depravada 46
   Influência perniciosa que se espalhou 49
   Amor imorredouro 51
   Enfoque na primeira continuação 55

CAPÍTULO 2
RECONSTRUÇÃO DO CRISTIANISMO MAIS PRIMITIVO 59
   História e narrativa 59
   A razão histórica 62
   A razão ética 66
   A razão teológica 69
     Uma quádrupla tipologia dos evangelhos 70
     Uma guerra de tipos de evangelhos 75
     Os evangelhos canônicos como tipo normativo 77
   Nossas faces em poços fundos 79

PARTE II
MEMÓRIA E ORALIDADE

CAPÍTULO 3
A MÍSTICA DA TRADIÇÃO ORAL 89
Tradição, transmissão, sensibilidade 90
Prova de oralidade 92

CAPÍTULO 4
A MEMÓRIA SE LEMBRA? 99
O fato se transforma em não-fato 100
A ficção se transforma em fato 103
O não-fato se transforma em fato 105
A memória em oposição à mística 107

CAPÍTULO 5
HISTÓRIA DE DOIS PROFESSORES 109
Homero em um café balcânico 109
Desempenho da tradição 111
O artista se encontra com o gravador 115
A memória em um laboratório de Cambridge 119
Reprodução repetida 121
Reprodução serial 123

CAPÍTULO 6
LACUNA OU INTERFACE? 127

PARTE III
EVANGELHOS E FONTES

CAPÍTULO 7
ACEITAÇÃO DOS PRESSUPOSTOS EVANGÉLICOS 137
Ignorando a erudição anterior 138
Hipótese e verificação 140

CAPÍTULO 8
RELAÇÕES ENTRE CONTEÚDOS EVANGÉLICOS 145
Evangelhos dependentes e independentes 145

Evangelhos intracanônicos e extracanônicos.. 150
Pressupostos sobre os evangelhos intracanônicos 151
Pressupostos sobre os evangelhos extracanônicos 155

CAPÍTULO 9
COMPARAÇÃO ENTRE MANUSCRITOS EVANGÉLICOS.......................... 163
Datas primitivas comuns.. 164
A escavação de montes de lixo 164
Papiros cristãos.. 165
Manuscritos evangélicos primitivos.. 166
Códices papíreos comuns.. 168
Por que o códice cristão? 170
Uma base documentária?.. 171
Abreviações sagradas comuns... 173
Controle central de manuscritos?.. 176

PARTE IV
METODOLOGIA E ANTROPOLOGIA

CAPÍTULO 10
O PROBLEMA DA METODOLOGIA.. 183
A necessidade de estratificação 184
Critérios não são método.. 187
Um método interdisciplinar... 190

CAPÍTULO 11
ANTROPOLOGIA INTERCULTURAL.. 195
Antropologia de classe 195
Acentuada desigualdade social.. 197
Comercialização agrária 201
Antropologia de gênero.. 203
As mulheres nas sociedades pré-industriais 204
As mulheres nas sociedades camponesas 206
Antropologia de resistência 209
Resistência e liderança.. 209
Interlúdio para um exemplo 211
A classe sacerdotal revisitada.. 213

PARTE V
HISTÓRIA E ARQUEOLOGIA

CAPÍTULO 12
HISTÓRIA JUDAICO-ROMANA 221
  É melhor ser escravo que camponês? 222
  Sede de justiça divina 226
    O antigo Oriente Próximo 228
    Criação, êxodo, fim dos tempos 230
    A Lei 231
    Os Profetas 240
  Os Escritos 247

CAPÍTULO 13
ARQUEOLOGIA GALILÉIA 251
  Opções na arqueologia 253
  O campo e a cidade 256
  Séforis e Tiberíades 260
  Camponeses e artesãos 264
    Descrição material e conclusão social 264
    Teoria da cerâmica e processo cultural 267
  Camponeses e letrados 271

PARTE VI
REINO E ESCATOLOGIA

CAPÍTULO 14
COMPARAÇÃO ENTRE DOIS EVANGELHOS PRIMITIVOS 283
  No princípio era a lista 284
  Formato e estrutura 285
    Evangelho de Tomé 285
    Evangelho Q 287
  Gênero e destino 289
  Conteúdo e estratificação 290
    Conteúdo paralelo 291
    Estratificação correlativa 293
    Evangelho Q 294

CAPÍTULO 15
ESCATOLOGIA APOCALÍPTICA E ASCÉTICA...299
A escatologia como gênero..300
Escatologia apocalíptica 302
Sabedoria não empregada 303
Privação percebida..303
Sabedoria radical 304
Primário ou secundário...305
Escatologia ascética..306
Futuro ou passado 307
Sapiencial ou gnóstico 309
Teórico ou prático...310

CAPÍTULO 16
ESCATOLOGIA ÉTICA 313
Da Europa 314
Radicalismo itinerante 318
Apocaliptismo, ascetismo e eticismo..321
Distinção e combinação...322
Violência e não-violência 326

PARTE VII
OS QUE CURAM E OS ITINERANTES

PRÓLOGO
O SENTIDO DA CURA..333
Cura e tratamento 334
Cura e fé..336
Cura e resistência 338
Cura e milagres..341

CAPÍTULO 17
NEGAÇÃO DA ESCATOLOGIA APOCALÍPTICA 345
No deserto..346
Evangelho Q 346
Evangelho de Tomé 347
Conclusão...348
Maior do que João 348
Evangelho Q 349

Evangelho de Tomé 350
Conclusão.. 350
Quando e onde 350
Evangelho Q e *Marcos* 351
Lucas Especial e *Evangelho de Tomé* 352
Evangelho de Tomé 3 e 113 353
Evangelho de Tomé 18 e 51 354
Matriz e desenvolvimento 355
Conclusão.. 356

CAPÍTULO 18
AFIRMAÇÃO DA ESCATOLOGIA ÉTICA 357
Bem-aventurados os pobres 358
Bem-aventuranças 358
Os pobres ou os indigentes?... 360
Conclusão.. 362
Ódio à própria família... 362
Evangelho Q 363
Evangelho de Tomé.. 363
Conclusão.. 365
Missão e mensagem 365
As três versões... 366
Os elementos comuns 370
O companheirismo do Reino.. 376
Publicanos e pecadores.. 377
Mal individual e mal sistêmico 381

EPÍLOGO
A POSIÇÃO SOCIAL DE JESUS.. 383
Um artesão camponês... 384
Um judeu marginal 388

PARTE VIII

MESTRES E CHEFES DE FAMÍLIA

CAPÍTULO 19
CRÍTICA AOS CHEFES DE FAMÍLIA 395
Dissensão interna no *Evangelho Q* 396

Dissensão interna na Tradição dos Ditos Comuns 398
   O guia cego 399
   O cisco e a trave 399
   Árvores e corações 400

CAPÍTULO 20
CONTROLE DOS ITINERANTES 401
   Instrução dos pagãos 402
     Instrução e cisão comunitária 403
     Serenidade e controle comunitário 406
     Gênero e igualdade comunitária 407
     Os primeiros cristãos rurais? 409
   Controle dos profetas 410
     Mestres itinerantes 412
     Apóstolos itinerantes 413
     Profetas itinerantes 413

CAPÍTULO 21
INTERPRETAÇÃO DOS MANDAMENTOS 421
   A independência da *Didaqué* 421
   Um minicatecismo radical 425
     Conteúdo 425
     Interpretação 428
     Origem 430
   Atos de caridade redentores 431
   Os dois caminhos 433
   Palavras e caminhos do Senhor 440

CAPÍTULO 22
UMA TRADIÇÃO DIVIDIDA 445
   A tradição da vida de Jesus 446
   A tradição da morte de Jesus 448
   Cristianismo rural e urbano 451

PARTE IX
REFEIÇÕES E COMUNIDADE

CAPÍTULO 23
A TRADIÇÃO DA REFEIÇÃO EM COMUM 461

Uma tipologia de refeições compartilhadas 462
   Refeições compartilhadas com patrocínio 462
   Refeições compartilhadas comunitárias 465
   Refeições compartilhadas societárias 467
A refeição compartilhada comunitária 470
   Refeição real 472
   Refeição compartilhada 475
   Jesus bíblico 476
   Unidade simbólica 478
   Castigo apocalíptico 479

CAPÍTULO 24
COMUNIDADES DE RESISTÊNCIA 483

As comunidades essênias 484
   Os essênios em Fílon 484
   Os essênios em Plínio 485
   Os essênios em Josefo 486
   Os essênios dentro de Qumrã 488
   Os essênios fora de Qumrã 489
   Os essênios em Jerusalém 492
   Os essênios na história 495
   Escatologia essênia 496
Tiago, o Justo 499
   Tiago em Josefo 500
   Tiago em Paulo 501
   Tiago em Eusébio 503
A comunidade de Jerusalém 505
   Uma comunidade igualitária? 505
   A coleta para os pobres 508

PARTE X
NARRATIVA E TRADIÇÃO

CAPÍTULO 25
A OUTRA NARRATIVA DA PAIXÃO E RESSURREIÇÃO 519

Documento composto 520
Fonte independente 524
Texto antijudaico 530

Sadistas e hipócritas 531
A autoridade judaica contra o povo judeu 532
Modelo bíblico 534
Duas variações sobre a justificação 535
Perseguição comunitária, justificação comunitária 537
Ambiente histórico 540
Agripa I e o templo judaico 541
Agripa I e a comunidade cristã 544
Tradição continuada 546
Memória bíblica 554
Registro da história 555
Recordação da Escritura 556
O Evangelho reescrito 558

CAPÍTULO 26
EXEGESE, LAMENTO E BIOGRAFIA 561
Biografia em elegia 561
A mãe como mártir 563
História do falecido 564
Formas múltiplas de prantear 567
A elegia de Chrysa Kalliakati por sua mãe 568
A elegia de Kalliopi para Poulos 570
Antropologia, história, arqueologia 572
Antropologia 572
História 574
Arqueologia 576
Maria e as outras mulheres 578
Segundo as Escrituras 578
Sepultamento, túmulo e visão 582
De exegese para narrativa 594
Multiformidade oral e uniformidade de cópia 595
Exegese masculina e elegia feminina 599

EPÍLOGO
O CARÁTER DE SEU DEUS 605
Justiça e economia 606
Justiça e pureza 610
A justiça e Iahweh 614

APÊNDICE 1
A TRADIÇÃO DOS DITOS COMUNS NO *EVANGELHO DE TOMÉ*
   E NO *EVANGELHO* Q... 617

APÊNDICE 2
TRADIÇÃO DE DITOS ESPECÍFICOS NO *EVANGELHO DE TOMÉ*
   E NO *EVANGELHO* Q... 623

APÊNDICE 3
EVANGELHO DE TOMÉ, EVANGELHO Q E MARCOS................................. 631

APÊNDICE 4
EVANGELHO DE TOMÉ E ALGUMAS OUTRAS FONTES 635

APÊNDICE 5
MÚLTIPLAS VERSÕES DOS DITOS DO *EVANGELHO DE TOMÉ* 638

APÊNDICE 6
DITOS SOBRE O REINO.. 639

APÊNDICE 7
A INDEPENDÊNCIA SINÓTICA DE *DID.* I,3B–II,1 640

BIBLIOGRAFIA 641

ÍNDICE ONOMÁSTICO 671

ÍNDICE DE CITAÇÕES.. 677

ÍNDICE ALFABÉTICO-REMISSIVO... 689

Prefácio

Os anos perdidos

Se não escutam nem a Moisés nem aos Profetas, mesmo que alguém ressuscite dos mortos, não se convencerão.

(Lc 16,31)

Este livro trata dos anos perdidos do cristianismo mais primitivo, dos anos 30 e 40 do século I, aquelas décadas sombrias que se seguiram imediatamente à execução de Jesus. Esse período está envolto em um silêncio semelhante ao que envolve os primeiros anos de Jesus. Por onde Jesus andou – perguntam de quando em quando – nas décadas que antecederam o início de sua vida pública, como seguidor de João Batista? Por vezes respondem que foi para a Índia adquirir sabedoria. Não dou mais crédito a essa história do que à que afirma ter ele ido à Irlanda e aprendido gaélico. Seja como for, há para os primeiros anos de Jesus e o cristianismo mais primitivo um período paralelo de anos vazios e décadas obscuras. Contudo, é mais surpreendente um movimento social ter esses anos perdidos do que um indivíduo. Não é, em absoluto, incomum que os registros antigos da vida de uma pessoa comecem em plena maturidade. O imperador Augusto, que morreu em 19 de agosto de 14 d.C., deixou uma autobiografia para que fosse inscrita em placas de bronze, na frente de seu mausoléu em Roma. Essa narrativa começava com as palavras: "Aos 19 anos". Lc 2,46-47 também não aprofunda os anos perdidos de Jesus com informações históricas. Aos doze anos os pais de Jesus "o encontraram no templo, sentado em meio aos doutores, ouvindo-os e interrogando-os; e todos os que o ouviam ficavam extasiados com sua inteligência e com suas respostas". Em *Autobiografia* 9, Flávio Josefo relata sobre si mesmo, jovem precoce, uma situação semelhante: "Mal saíra eu da infância e atingira os catorze anos e já todos me felicitavam pelo meu amor ao estudo, pois constantemente os sumos sacerdotes e as pessoas importantes da cidade vinham-me ao encontro para aprender comigo este ou aquele ponto mais particular de nossas leis".

Mas por que os primeiros anos do cristianismo estão tão envoltos em silêncio? A obscuridade dos anos 30 e 40 é realçada pelo esplendor comparativo dos anos 50. A respeito dessa década mais tardia, temos as cartas do apóstolo Paulo. Elas nos dão a conhecer comunidades cristãs em quatro províncias romanas: Galácia e Ásia no centro e no oeste da Turquia, e Macedônia e Acaia no norte e no sul da Grécia. Delas aprendemos sobre igrejas urbanas em Filipos, Tessalônica e Éfeso. Com elas, unindo a análise sociológica e a exegese teológica, formamos quase uma pequena biblioteca, só sobre os comentários e os problemas da comunidade de Corinto. Elas nos dão vislumbres de acontecimentos passados nos anos 30 e 40 em Damasco, Antioquia e Jerusalém. Elas também nos dão indícios de planos futuros para os anos 60, na Itália e na Espanha. Acima de tudo, deixam-nos tentados a dar uma olhada rápida nos anos 30 e 40 e passar para a década de 50, mais bem documentada. Este livro pretende resistir a essa tentação e, em vez disso, fazer estas perguntas: Que formas de cristianismo existiam nos anos 30 para Paulo, o perseguidor, perseguir, antes que ele se tornasse Paulo, o apóstolo? Que formas de cristianismo existiam antes de Paulo, sem Paulo, e mesmo se Paulo nunca tivesse existido?

Há uma objeção óbvia. No que chamamos de Atos dos Apóstolos, não temos informações preciosas sobre esses anos perdidos de 30 e 40? Temos, realmente, mas com várias dificuldades. Primeiro, sem vetores independentes, nesses escritos é difícil separar a história da teologia, e a tradição da redação. Segundo, Lucas nos dá uma imagem muito geral. É semelhante a um resumo de 1944-1945 que declare terem os aliados desembarcado nas praias da Normandia e aberto caminho até Berlim. Isso é inteiramente real, mas – além de omitir detalhes, como Bastogne – nada diz sobre os russos que abriram caminho rumo ao oeste, para chegar ao mesmo destino. Descreve o passado de um modo que deixa o futuro incompreensível. Nos Atos dos Apóstolos, Lucas põe em movimento o cristianismo para oeste no eixo Jerusalém-Roma, sem nada dizer sobre o cristianismo siríaco ao norte, nem sobre o copta, ao sul. Terceiro, por esse texto, conhecemos o cristianismo de Jerusalém, mas nada ficamos sabendo sobre o cristianismo da Galiléia. De fato, quando juntamos Lucas e Paulo sobre os anos 30 e 40, concluímos que o cristianismo operava exclusivamente a partir de Jerusalém. Este livro pretende dar atenção *igual* ao cristianismo na Galiléia e em Jerusalém. Também se recusa a substituir a antiga ascendência de Jerusalém por uma nova, da Galiléia. Vamos considerar *ambas*, não *ou uma ou outra*.

Não há documentos datados dos anos 30 e 40, como as cartas de Paulo, que datam dos anos 50. Então, como é possível a reconstrução ou qualquer coisa nova que valha a pena dizer sobre essas décadas? É questão de método novo e material novo. Meu novo *método* é combinação interdisciplinar de antropologia, história, arqueologia e literatura. Estabelece o contexto, da forma mais bem definida possível, antes de estudar qualquer texto cristão dentro dessa matriz. Meu novo *material* foi obtido dos mais antigos extratos ou das fontes mais amplas de textos cristãos que temos à disposição. Isso é especialmente significativo nas ocasiões em que dois textos cristãos primitivos, independentes entre si, compartilham tradições comuns, as quais devem, portanto, ser anteriores aos dois. Mas, não importam as fontes ou textos que eu use, são sempre utilizados para iluminar o cristianismo dos anos 30 e 40 na nação judaica. É esse o assunto deste livro.

O título é O *nascimento do cristianismo*, o que exige duas explicações. A primeira, é sobre a palavra *nascimento*. Em geral, concepções são mais reservadas e ocultas que nascimentos. A concepção do cristianismo foi o movimento do Reino de Deus, quando Jesus e seus primeiros companheiros viviam em resistência radical, mas não violenta, ao desenvolvimento urbano de Herodes Antipas e ao comercialismo rural de Roma na Baixa Galiléia do final dos anos 20. O nascimento do cristianismo foi na continuação do movimento, quando aqueles mesmos companheiros se esforçavam não só para imitar a vida de Jesus, mas também para entender sua morte. Este livro é sobre esse nascimento. Supõe a concepção, mas não continua até o crescimento ou a maturidade. Em outras palavras, o nascimento deu-se nos anos 30 e 40. A segunda é sobre a palavra *cristianismo*. Se você entende esse vocábulo apenas como religião separada do judaísmo, ou mesmo inimiga dele, não o entende com o significado que tem neste livro. Uso a palavra *cristianismo* com o significado de judaísmo cristão, exatamente como uso *essenismo*, *farisaísmo* e *saduceísmo* com o significado de judaísmo essênio, judaísmo farisaico e judaísmo saduceu. Todas elas são opções divergentes, rivais e mutuamente hostis *dentro* da nação judaica, enquanto esta resistia ao internacionalismo grego e ao imperialismo militar romano. O que era o judaísmo cristão antes de Paulo, e sem Paulo?

Concluo com Lc 24,13-33, que resume em um único parágrafo o que vou precisar de todo um livro para desenvolver. Dois cristãos viajam de Jerusalém para Emaús no Domingo de Páscoa. Um é homem, citado pelo nome e, considerando os costumes da sociedade patriarcal mediterrânea, o outro, cujo nome não consta na narrativa, é presumivelmente mulher. Jesus ressuscitado junta-se a eles na viagem. Mas a estrada para Emaús não é a estrada para Damasco. Esta é uma aparição sem luz ofuscante, nem voz celestial. É uma visão sem demonstração lenta nem reconhecimento imediato. Mesmo quando Jesus explica as Escrituras sobre o sofrimento e a glorificação do Cristo, os viajantes não reconhecem quem ele é. Mas depois convidam o estranho para ficar e comer com eles. *Ele* não *os* convida. *Eles o* convidam.

> Aproximando-se do povoado para onde iam, Jesus simulou que ia adiante. Eles porém insistiram, dizendo: "Permanece conosco, pois cai a tarde e o dia já declina". Entrou então para ficar com eles.
> (Lc 24,28-29)

Notemos como esse convite é enfaizado. O casal chega presumivelmente em sua aldeia natal e, se não fosse pelo convite, o estranho teria continuado e não seria reconhecido. Em palavras que vão ser usadas mais adiante neste livro, os dois cristãos são itinerantes que se tornam chefes de família, mas é o convite que leva à refeição, que conduz ao reconhecimento. "Então seus olhos se abriram e o reconheceram; ele, porém, ficou invisível diante deles", como está em 24,31. A vida ressurrecta e a visão ressuscitada aparecem como abrigo oferecido e refeição compartilhada. A ressurreição não basta. Ainda precisamos das Escrituras e da eucaristia, da tradição e da mesa, da comunidade e da justiça; do contrário, a presença divina não é reconhecida e os olhos humanos não se abrem. Este livro é exatamente sobre isso.

Prólogo

O conteúdo de sua visão

"Gnose" ou "gnosticismo" é [uma]... forma de religião do fim da antiguidade... Uma definição precisa desta "religião de conhecimento", ou de "introspecção", como a palavra grega *gnosis* pode ser traduzida, não é fácil, mas deve ser pelo menos brevemente sugerida bem no início. Não estamos muito errados ao ver nela uma religião dualista, formada por diversas escolas e movimentos que assumiram atitude definitivamente negativa em relação ao mundo e à sociedade da época; e que proclamou uma libertação ("redenção") do homem, precisamente das limitações da existência terrena, por meio da "introspecção" em sua relação essencial – quer como "alma", quer como "espírito", relação essa temporariamente obscurecida – com uma região supramundana de liberdade e de descanso.

Difundiu-se pelo tempo e espaço, a partir do início de nossa era, desde a parte ocidental do Oriente Próximo (Síria, Palestina, Egito, Ásia Menor)... Quase podemos dizer que a gnose seguiu a Igreja como uma sombra; a Igreja nunca pôde vencê-la, pois sua influência se aprofundou demais. Por causa de sua história comum, elas continuam sendo duas – hostis – irmãs.

Kurt Rudolph, *Gnosis* [Gnose], pp. 1-2 e 368.

T udo começou com a visão de um morto, um morto que ainda trazia as feridas de uma execução tão horrível quanto o ódio podia planejar e o desprezo realizar. E aconteceu fora dos muros da cidade, onde cães e corvos ficavam à espera de um corpo insepulto. Havia também uma história. Falava de uma comunidade concebida no céu, mas nascida na terra. Falava de um reino que se opunha aos outros reinos do mundo. Falava de um indivíduo, Pacificador e Senhor, Salvador e Filho de Deus, que proclamou o advento desse reino, como evangelho, boa-nova para toda a terra.

Se você ouvisse falar dessa visão e dessa história no início do século I, teria acreditado nela? Se ouvisse falar dessa visão e dessa história em começos do século XXI, teria acreditado nela? E o que, no século I ou no século XXI, essa crença acarretaria?

A visão de um morto

As almas dos mortos com certeza interagiam com os vivos e umas com as outras, de forma exatamente análoga à vida normal. Há muitos exemplos de casos em que os mortos foram tocados e tocaram outros... Embora descritas como impalpáveis, as almas dos mortos parecem não notar essa pequena modificação; vivem e agem exatamente como os vivos, até mesmo ao lado dos vivos... Qualquer alma semítica ou greco-romana podia aparecer aos vivos, ainda com a forma reconhecível do corpo. Qualquer alma podia atravessar portas fechadas, dar conselhos preternaturais e desaparecer. Depois da crucificação Jesus apareceu aos discípulos e os instruiu? Também Pátroclo apareceu a Aquiles, Samuel a Saul, e Cipião, o Africano, para seu neto [Cipião Emiliano], e muitos outros apareceram aos que lhes sobreviveram. Jesus ressuscitado comeu peixe assado e fez uma refeição com os discípulos? Qualquer alma podia comer e, com freqüência, comia com amigos e parentes nos repastos do culto aos mortos, um costume talvez especialmente comum entre cristãos.

Gregory J. Riley, *Resurrection reconsidered* [*A ressurreição reconsiderada*], pp. 58 e 67.

A história que começou com a visão de um morto foi ouvida como hino coral, lida como epopéia nacional e considerada como um friso de mármore dentro do Império Romano.* Mas a visão inaugural, que iniciou a história, aconteceu mil anos antes, na noite em que os gregos incendiaram Tróia. No canto 22 da *Ilíada* de Homero, Aquiles matou o herói troiano Heitor, cujo corpo nu foi apunhalado por outros gregos. Aquiles escarneceu Heitor agonizante, dizendo-lhe: "O teu corpo será para os cães e os abutres jogado... Como pasto serás para os cães e os abutres jogado." Depois que Heitor morreu, Aquiles levou seu corpo ao acampamento dos gregos, conforme está descrito na tradução de Carlos Alberto Nunes (p. 340):

[...] fura-lhe os fortes tendões, dos dois pés, do calcâneo aos maléolos, por onde passa uma tira de couro de boi, muito forte, que prende ao carro, deixando a cabeça tocar no chão duro.

Logo subiu para o assento e, tomando a armadura magnífica, com chicotada os cavalos esperta, que partem velozes.

Poeira levanta o cadáver, de rojo no chão; os cabelos bastos e escuros se esparzem; na terra, a cabeça que fora tão majestosa, se afunda, que Zeus ao inimigo a entregara, para que fosse ultrajada no próprio torrão de nascença.

Só os apelos abjetos e a humildade suplicante do pai de Heitor, Príamo, rei de Tróia, persuadiram Aquiles a entregar o corpo para que seu povo lhe desse um sepultamento digno. E é assim que a *Ilíada* termina: com o lamento de Andrômaca, Hécuba e Helena, as três mulheres mais próximas de Heitor; com pira funerária, ossário de ouro e um fundo sepulcro cavado; e com, segundo os últimos versos do poema, "solene banquete funéreo" em honra de Heitor. Mas onde termina a *Ilíada* de Homero, começa a *Eneida* de Vírgílio.

Júlio César foi assassinado em março de 44 a.C., porque republicanos aristocratas pensaram que ele planejava a autocracia. Otávio, seu filho adotivo e herdeiro legal, de 19 anos, divinizou

---

* O autor aqui alude a episódios da Antigüidade clássica, relativos ao Imperador Augusto semelhantes a passagens da vida de Cristo. A visão é a de Heitor para Anquises; o hino é o das *Odes*, de Horácio; os frisos de mármore são os da Ara Pacis de Augusto (N.R.).

César em janeiro de 42, derrotou Antônio e Cleópatra em setembro de 31 e foi declarado Augusto em janeiro de 27 a.C.. Otávio era também Pacificador, Benfeitor, Salvador e Filho de Deus. Era até Senhor do próprio tempo, de modo que o dia de seu aniversário, 23 de setembro, passou a ser dia de Ano Novo na província romana da Ásia Menor porque, nas palavras desse decreto relativo ao calendário (Danker, p. 217), "o dia do nascimento de nosso deus assinalou o início da boa-nova (*euaggelion*) para o mundo, por causa dele". Isso, no entanto, aconteceu trinta anos após a troca crucial de 27 a.C., quando Otávio devolveu ao senado a maioria das províncias, e os senadores devolveram a Augusto a maioria das legiões. Agora ele era o que César poderia ter sido, autocrata supremo, ainda que chamado por qualquer nome que fosse escolhido para disfarçar esse fato óbvio. No entanto, nem divindade nem poder haviam sido suficientes para proteger César do assassinato. O que Augusto precisava (para solidificar as legiões e o poder que agora ele tinha) era de artistas e propaganda. A *Eneida* de Virgílio é ótima poesia. É também ótima propaganda.

Ela narra a história do povo romano, em especial a do clã juliano até César, Augusto e suas famílias. Porém tudo começou muito antes disso, com o troiano Anquises e a deusa grega Afrodite. Enéias é o filho humano-divino ou mortal-imortal dessa união e é a ele que Heitor aparece com os gregos já dentro dos muros da cidade condenada. Eis essa visão, do livro 2 da *Eneida*, na tradução de David Jardim Júnior, p. 40:

> Eis que, em sonho vi diante de meus olhos Heitor, tristíssimo, chorando copiosamente, tal como quando sua biga o arrastava escurecido por um pó sangrento, os pés inchados e presos por correias. Ai de mim, em que estado se achava! como era diferente daquele Heitor que voltava trazendo os despojos de Aquiles ou que lançava os archotes dos frígios contra as naves dos gregos! Tinha a barba hirsuta, os cabelos empapados de sangue e no corpo as inúmeras feridas que recebera em torno das muralhas da pátria.

Enéias, "filho da deusa", foge de Tróia, levando consigo o pai, Anquises, e o filho, Iulo. Eles chegam, por fim, à Itália e o resto é, se não exatamente história, pelo menos magnífica poesia. O grande poema de Virgílio, inacabado por ocasião de sua morte em 19 a.C., após dez anos de trabalho, celebrava "César de nobre estirpe troiana... seu nome Júlio [César] virá do grande Iulo" (p. 26). O poema unia o céu e a terra, ligava Tróia e Roma e atribuía ao povo romano e ao principado augustano origem divina e destino mítico.

Os parágrafos anteriores demonstram uma proposição muito simples. A cultura mediterrânea em geral não veria nada impossível na visão de Heitor para Enéias. Nada nessa história chocaria alguém do século I. Os mortos existiam no Hades ou Xeol e, desse lugar, podiam reaparecer para os vivos. Assim, embora o corpo de Heitor tivesse se transformado em cinzas em uma pira funerária troiana, seu "corpo" ainda era visível e reconhecível para Enéias. A idéia de que os mortos podiam voltar e interagir com os vivos era comum no mundo greco-romano e nem pagãos nem judeus afirmariam que isso não podia acontecer. Que essa interação gerava processos e acontecimentos importantes, como Heitor salvar Enéias para fundar o povo romano e o domínio juliano, também era lugar-comum. Não se esperava que os mortos voltassem do Hades apenas para dizer olá.

Podia-se facilmente dizer que esse retorno não acontecera em determinada ocasião. *Não* se podia dizer que nunca acontecera em parte alguma ou que não podia, em absoluto, acontecer. Essa é uma primeira pista do problema central deste livro. Passemos para uma segunda pista.

Visões naquele tempo, visões no presente

> Outros também são visitados. Certo dia, a mãe [de Dale Murphy] olha pela janela do quarto e vê Murph descendo a rua com enormes botas de cano alto. Alguém o reconhece em meio ao tráfego no centro de Bradenton. De vez em quando, Debra sonha que o vê, corre até ele e diz: – Dale, onde você esteve? – Ele não responde e ela acorda, suando frio e se lembrando.
>
> Sebastian Junger, *The perfect storm* [*A tempestade perfeita*], p. 214.

Não só no início do século I as visões e aparições eram possibilidades aceitas e até comuns; também são possibilidades aceitas e até comuns no começo do século XXI. Em dissertação apresentada no encontro de primavera do Seminário de Jesus, Stacy Davids resumiu a bibliografia psiquiátrica recente sobre a mágoa e a desolação: "A análise de estudos bem dirigidos das últimas três décadas mostra que cerca de metade a 80% das pessoas desoladas estudadas sentem essa 'presença' ou 'espírito' intuitivo, às vezes irresistível, da pessoa morta... Essas percepções acontecem com mais freqüência nos primeiros meses que se seguem à morte, mas às vezes persistem mais de um ano, sendo esses incidentes relatados por um número bem maior de mulheres que de homens... A Associação Psiquiátrica Norte-Americana, autora do *The diagnostic and statistical manual of mental disorders – IV* [*Manual diagnóstico e estatístico de distúrbios mentais – IV*], considera esses fenômenos (quando 'alguém ouve a voz ou vê momentaneamente a imagem da pessoa morta') não patológicos. São considerados característica comum de simples mágoa e não atribuíveis a um distúrbio mental... Parte do trabalho da mágoa inclui a recordação monótona e repetida dos acontecimentos que levaram à morte, já que a pessoa enlutada sofre uma incessante necessidade de 'compreender' o acontecido, torná-lo explicável e classificá-lo ao lado de outros acontecimentos similares... Durante esse processo, o relato e a narração cuidadosa da vida do morto são da máxima importância para a pessoa desolada" (pp. 3-6).

Na ocasião em que escrevo este prólogo, a convincente elegia de Sebastian Junger para os que afundam no mar está merecidamente no alto da lista do *New York Times* de obras de não-ficção mais vendidas. A elegia concentra-se no *Andrea Gail*, pesqueiro de aço de pouco mais de vinte metros, que saiu de Gloucester e desapareceu com toda a tripulação perto da ilha Sable a leste da Nova Escócia, em 28 de outubro de 1991, debaixo de ondas de trinta metros de altura. "Se os homens do *Andrea Gail* tivessem simplesmente morrido e seus corpos fossem encontrados em algum lugar, os entes queridos se despediriam deles e tocariam a vida para a frente. Mas não morreram, desapareceram da face da terra e, estritamente falando, é apenas uma questão de fé que esses homens não vão voltar nunca" (p. 213). O comentário e a epígrafe anterior nos falam do que acontece hoje nos Estados Unidos após qualquer morte – mas em especial depois de morte repentina, trágica, ou misteriosa – enquanto os íntimos choram os mortos queridos. Há sonhos e há visões. Dale Murphy, que desapareceu no *Andrea Gail*, deixou um filho de três anos de idade, a ex-mulher e a mãe. O filho "acorda aos gritos no meio da noite" porque "Papai está no quarto... Papai estava aqui agorinha mesmo... Papai esteve aqui e me contou o que aconteceu no barco" (p. 214).

Esperanças e medos, sonhos e pesadelos, visões e aparições não são a mesma coisa que delírios e alucinações. Se você acordar aos gritos porque uma figura gigantesca está prestes a atacá-lo, isso é um pesadelo. Seu cônjuge o tranqüilizará, dirá que é apenas um pesadelo e insistirá para que volte a dormir. E você voltará a dormir. Mas se, aquela noite, você discar 190 para denunciar um intruso e, no dia seguinte, mandar instalar um sistema de segurança, está passando do sonho para o delírio. Faz parte da realidade saber qual é um e qual é o outro. Se você descer do topo da montanha e comunicar uma revelação do arcanjo Miguel, viu uma aparição. Se insistir em que um monstro alado de pés grandes está lá em cima e que todos devem ir vê-lo, você ultrapassou os limites entre visão e alucinação. Faz parte da realidade saber qual é uma e qual é a outra. Esta análise não é sobre delírios e alucinações, sobre perder o contato com a realidade, nem sobre artimanhas e mentiras, sobre perder o contato com a honestidade. Transe e êxtase, visão e aparição são fenômenos perfeitamente normais e naturais. Estados de consciência alterados, como sonhos e visões, são algo comum a nossa humanidade, algo firmemente fixado em nosso cérebro, algo como a própria linguagem normal. No início do século I, eram reconhecidos como possibilidades comuns e ainda hoje, em inícios do século XXI, são reconhecidos como tais. E só quando sua normalidade humana é aceita, pode-se propor uma resposta adequada. Essa resposta não deve ser: Negamos o *fato* de sua visão. Deve ser: Diga-nos qual é o *conteúdo* de sua visão. E, então, teremos de julgar, não se alguém a teve ou não, mas se devemos segui-la ou não.

Agora o problema no centro deste livro deve estar claro. Quando são perguntadas sobre o nascimento do cristianismo, a maioria das pessoas dizem mais ou menos isto: Os seguidores de Jesus pensavam que ele era o Messias, mas então ele foi executado e enterrado. Mais tarde seu túmulo foi encontrado vazio e ele apareceu aos antigos companheiros, ressuscitado dos mortos. O cristianismo nasceu no Domingo de Páscoa, o décimo sétimo dia do mês de Nisã, no ano 30 d.C.. É a ressurreição de um morto que explica o poder do nascimento e crescimento, propagação e triunfo do cristianismo por todo o Império Romano. No entanto, aqui está o problema. Por que – tendo como pano de fundo esse contexto do início do século I – visão, aparição ou ressurreição explicam alguma coisa, já que tais acontecimentos não eram, em absoluto, considerados extraordinários, muito menos totalmente singulares? E por que, neste contexto de inícios do século XXI, darão alguma explicação, se as coisas ainda continuam as mesmas? *Houve* um tempo mais fácil, quando secularistas anticristãos alegavam que visões e aparições dos mortos eram, na pior das hipóteses, mentiras e, na melhor, delírios. *Houve* um tempo mais fácil, em que fundamentalistas pró-cristãos respondiam que, em toda a história da humanidade, houve só este caso singular de um ser humano que ressuscitou dos mortos. Os dois lados admitiam a anormalidade de tais fatos:

um lado dizia que esses incidentes jamais poderiam ocorrer; o outro lado dizia que aconteceram só uma vez. Eram os dois lados da mesma moeda racionalista.

Ao século I não faltava apenas uma clara separação entre Igreja e Estado, faltava também uma clara separação entre o céu e a terra. Passemos, por um momento, do fim para o início da vida de Jesus. Segundo Lc 1,26-38, o cristianismo disse que Jesus nasceu de Maria e do Espírito Santo, de mãe humana e Pai divino. O paganismo não contestou que isso era bastante improvável. Afinal de contas, os pagãos sabiam do nascimento de Enéias, de mãe divina e pai humano. A afirmação que Augusto em pessoa foi concebido de pai divino e mãe humana era mais conhecida. Ácia passou a noite no templo de Apolo, o deus visitou-a disfarçado de serpente e "no décimo mês depois disso Augusto nasceu e foi, portanto, considerado filho de Apolo", segundo a *Vida dos Césares: Augusto divinizado* 94,4, de Suetônio (Rolfe, v. 1, p. 267). Contra esse fundo de cena, o melhor que o paganismo podia oferecer para refutar Lucas era isto, tirado da obra de Celso, do fim do século II, *Sobre a verdadeira doutrina*: "Devemos pensar que o Deus Altíssimo se apaixonaria por uma mulher sem nenhuma cultura?" (Hoffmann, pp. 57-58). Não, *Isso não podia acontecer*, mas *Isso não podia acontecer a uma camponesa*. Em um mundo onde, com regularidade, deuses e deusas, espíritos e imortais interagiam física e sexualmente, espiritual e intelectualmente, com os seres humanos, a concepção de um filho divino e a visão de um morto não são nem acontecimentos totalmente anormais, nem completamente singulares. Portanto, como visões e aparições, mesmo que reais e históricas, explicam o nascimento do cristianismo?

Pode-se *e deve-se* contestar que não é tão simples assim. Em sua primeira carta aos Coríntios, Paulo explica a ressurreição de Jesus como o início da ressurreição geral no fim do mundo. Como fariseu, Paulo acreditou nessa ressurreição apocalíptica e concluiu que ela *já começara* com Jesus. Com freqüência, dizemos que, para Paulo, o fim do mundo estava iminente. É mais exato dizer que, para Paulo, o fim já começara; só sua consumação final era iminente. É por isso que, em 1Cor 15, ele afirma com muita lógica que a ressurreição de Jesus e a ressurreição geral existem juntas ou deixam de existir:

> Se não há ressurreição dos mortos, também Cristo não ressuscitou... Pois, se os mortos não ressuscitam, também Cristo não ressuscitou... Mas não! Cristo ressuscitou dos mortos, primícias dos que adormeceram.
>
> (1Cor 15,13.16.20)

Nunca ocorre a Paulo que a ressurreição de Jesus possa ser um privilégio especial ou único, concedido a ele por ser o Messias, Senhor e Filho de Deus. Nunca lhe ocorre que o caso de Jesus possa ser como o caso de Elias, que foi levado individualmente para viver com Deus, mas sem efeitos mais amplos, comunitários ou cósmicos. Para Paulo, aparições de ressuscitados não são sobre a visão de um morto, mas sobre a visão de um morto que inicia a ressurreição geral. É, em outras palavras, uma aparição de conseqüências cosmicamente apocalípticas. Tudo isso é muito correto, mas só serve para intensificar a pergunta: Por que, com esse pano de fundo, a visão de um Jesus ressuscitado fez Paulo e outros cristãos concluírem que era o começo do fim, e não apenas uma dádiva pessoal, só para Jesus?

Há outros problemas com a compreensão típica do nascimento do cristianismo apresentada anteriormente. Menciono-os aqui, mas não creio que nenhum deles seja tão significativo quanto o que enfatizei. Todos eles surgem só porque lemos descrições de Jesus ressuscitado com o pressuposto de serem literais, em vez de simbólicas; e históricas, em vez de teológicas. Primeiro, é difícil conciliar a lista paulina daqueles a quem Jesus apareceu após a ressurreição (1Cor 15,5-8), com as dos evangelistas, quando concluem seus evangelhos. Segundo, é difícil conciliar esses relatos evangélicos entre si, com respeito a tempo, lugar e conteúdo. Terceiro, é bastante provável que nenhum desses relatos evangélicos descreva visões. O que aconteceu a Paulo foi, com certeza, uma visão, mas os relatos evangélicos têm mais relação com o estabelecimento de uma autoridade, do que com receber uma aparição. Por último, os relatos evangélicos apresentam divergências teológicas muito sérias entre eles sobre a necessidade ou a validade dessas visões. Em uma preparação remota para suas visões da ressurreição, Lc 16,31 fez esta advertência solene: "Se não escutam nem a Moisés nem aos Profetas, mesmo que alguém ressuscite dos mortos, não se convencerão". Esses problemas são todos importantes e não os desprezo, mas não constituem o principal do que preocupa este livro.

Se disséssemos que visões e aparições, concepções divinas e ressurreições corpóreas não costumam acontecer, então poderíamos concluir que os evangelhos relatam típicos delírios humanos sobre coisas que nunca acontecem *ou* que registram relatos divinos de coisas acontecidas só uma vez. Mas meu problema, que faz parte deste livro, é serem tais argumentos *com certeza* inválidos para o início do século I e *provavelmente* inválidos para o início do século XXI. Visões de cadáveres que se levantaram ou aparições de corpos ressuscitados não são notavelmente especiais. A pergunta, então, é: O que há de especial em uma determinada ressurreição? Qual é o conteúdo de *sua* visão, o desafio de *sua* aparição?

Dualismo e incoerências

Não há judeu nem grego, não há escravo nem livre, não há homem nem mulher, pois todos vós sois um só em Cristo Jesus... Pois fomos todos batizados num só Espírito para ser um só corpo, judeus e gregos, escravos e livres, e todos bebemos de um só Espírito.

(Paulo, Gl 3,28 e 1Cor 12,13)

Alguns cristãos (fossem eles de origem judaica ou gentia) podiam declarar que não havia nem grego nem judeu, nem homem nem mulher. Os judeus rabínicos não podiam fazer isso, pois as pessoas são corpos e não espíritos. Ora, os corpos têm uma forma masculina e outra feminina e, através de práticas e técnicas materiais (como a circuncisão e os tabus relacionados à comida), também são marcados como gregos e judeus.

Daniel Boyarin, *Israel carnal*, p. 22.

Começo, portanto, este livro com um problema ou, se preferirmos, um pressuposto. Não é um pressuposto religioso nem teológico, mas sim antropológico e histórico. Não basta dizer que a visão de um morto deu origem ao cristianismo, porque isso, pelo menos no século I, e provavelmente em todos os séculos desde então, não é suficiente por si só para explicar alguma coisa. Nem basta dizer que a visão de um morto foi interpretada como início da ressurreição geral e que essa interpretação deu origem ao cristianismo. Isso apenas reformula o problema: Por que a ressurreição deste homem, inconfundível com todas as outras, foi entendida como esse início? Tendo esse problema como pressuposto, deduzo esta hipótese: o nascimento do cristianismo é a interação entre o Jesus histórico e seus primeiros companheiros e a continuação desse relacionamento, apesar de sua execução. Este livro, por conseguinte, tenta reconstruir historicamente essa interação, essa continuação e as razões pelas quais uma levou à outra. O enfoque está no nascimento, não no crescimento, nos anos que antecederam e, em especial, seguiram-se à crucificação; naqueles que estavam com ele anteriormente e continuaram com ele depois. É sobre os anos antes de Paulo; em outras palavras, trata do que estava presente para Paulo perseguir. E esse último ponto requer cuidadosa consideração.

Incluo Paulo, não no nascimento do cristianismo, mas em seu crescimento e progresso, o que não é nem insulto deliberado, nem descrédito calculado. Minha decisão baseia-se em quatro fatores, dos quais o último é crucial. Primeiro, não creio que, no século I da era cristã, Paulo tivesse a mesma importância teológica ou histórica a ele atribuída no século XVI, e essa importância mais tardia muitas vezes bloqueia nossa capacidade de avaliar seu significado original. Segundo, inclinamo-nos a passar com rapidez excessiva do Jesus histórico nos anos 20 (em que não temos textos contemporâneos) para o Paulo histórico nos anos 50 (quando *temos* textos contemporâneos). O que aconteceu nos anos 30? O que *imaginamos* que aconteceu nos anos 30? Terceiro, percebo resultados profundamente diferentes entre os que começam com Paulo e depois voltam (ou se recusam a voltar) ao Jesus histórico e os que começam com Jesus e depois prosseguem (ou se recusam a prosseguir) em direção a Paulo. Digo-o como desafio: *Se começar com Paulo, você vai interpretar Jesus de maneira incorreta; se começar com Jesus, vai interpretar Paulo de maneira diferente.* O motivo dessa convicção está em meu quarto (e mais fundamental) ponto, que escrevo em diálogo com a obra fascinante e estimulante de Daniel Boyarin, resumida na epígrafe que encabeça esta seção.

Quando uma sociedade tradicional defronta-se com a modernização imperial, escolhe a rejeição ou a assimilação. Mas nunca faz uma das opções em sentido absoluto. É sempre questão de onde, quando, o que e por que renunciar, ou aceitar aquela intransigência alheia. Trata-se sempre do que é superficial e do que é básico, do que é viável e do que é intolerável. Trata-se sempre de *quem* decide essa diferença e de *como* essa diferença é decidida. No século I d.C., o judaísmo tradicional antigo sofreu pressões crescentes, não só da exploração comercial romana na época de Augusto, mas também do domínio cultural grego desde a época de Alexandre Magno. Para muitos, *então*, modernização significava helenização – o internacionalismo grego – exatamente como, para muitos, *agora*, modernização é americanização. É questão de jatos, computadores, comunicações? É questão de sexo, drogas, violência? É questão de liberdade, democracia, justiça? É questão de materialismo, individualismo, secularismo, capitalismo? De que maneira uma sociedade tradicional venerável negocia aceitação e rejeição em face do domínio social, econômico e militar? Mas, em especial, como resiste ao imperialismo *cultural* assoberbante? Em Gl 3,28, Paulo fala de "judeu e grego", não de "judeu e romano".

Em um livro de 1994, Daniel Boyarin rotulou Paulo de "judeu radical" e assim resumiu suas intenções: "[1] Paulo foi motivado pela aspiração helenística do uno, que, entre outras coisas, produziu o ideal de uma essência humana universal, para além da diferença e da hierarquia. [2] No entanto, essa humanidade universal firmava-se (e ainda se firma) no dualismo da carne e do espírito, de modo que, enquanto o corpo é particular, marcado pela prática como judeu ou grego e pela anatomia como homem ou mulher, o espírito é universal. [3] Todavia, Paulo não rejeitava o corpo – como faziam, por exemplo, os gnósticos – mas, antes, favorecia um sistema, segundo o qual o corpo tinha seu lugar, embora subordinado ao espírito" (p. 7, numeração minha). Mais adiante, os dois primeiros pontos dessa tese são repetidos literalmente, mas há um último ponto diferente: "[4] A expressão mais forte dessa crítica cultural paulina é Gálatas, em especial 3,28-29" (p. 181). Em outras palavras, esses são os quatro pontos principais e seqüenciais dessa tese convincente. Observe agora, como o judaísmo e o helenismo entram em profundo conflito na sensibilidade de Paulo e – a esta distância segura, sem condescendência – julgue qual delas você acha que vence o ponto em questão.

Esse dualismo de carne e espírito derivou de um platonismo difuso na cultura contemporânea de Paulo. "No fim da antiguidade, vários ramos do judaísmo (ao lado da maior parte da cultura circundante) tornaram-se cada vez mais influenciados pelas concepções platônicas. Platonização significa aqui a adoção de uma filosofia dualista na qual o mundo fenomenal era entendido como representação material de uma entidade espiritual ou ideal que correspondia a ela. O que tem a conseqüência adicional de estabelecer uma oposição hierárquica na qual se considera a realidade interior invisível mais valiosa ou mais elevada, do que sua forma exterior visível. Na antropologia dessa cultura, a pessoa humana consiste em um invólucro físico exterior não-essencial e em uma alma espiritual interior que representa sua [*sic*] essência verdadeira e mais elevada" (p. 59, *sic* original). Esse dualismo hierárquico, do espírito acima da carne, formava um espectro que partia da negligência corporal, passava pela difamação corporal e chegava à rejeição corporal. A carne seria a morada perturbadora do espírito, sua tenda nômade, sua residência decrépita, ou sua imunda cela de cadeia. Entretanto, todos esses pontos estavam na mesma escala dualista. Paulo não era tão radicalmente dualista quanto os gnósticos, mas tinha "um dualismo tão extremo quanto o de Fílon", o filósofo judeu contemporâneo de Alexandria – isto é, embora valorizado necessária e positivamente por Paulo, o corpo, como em Fílon, não é o ser humano, mas só sua casa ou veste" (p. 59). Boyarin insiste que o dualismo de Paulo "*não significa uma rejeição do corpo*" (p. 59) e "não tem aversão ao corpo" (p. 64); "dá lugar para o corpo, mesmo que o espírito seja mais altamente valorizado" (p. 185). Entretanto, Paulo está em uma ladeira helenística muito escorregadia.

Essa dicotomia entre um monismo de espírito necessariamente encarnado e um dualismo de espírito acidentalmente encarnado tem necessidade de terminologia descritiva precisa. Se falamos só sobre Cristo, a dicotomia ressalta a distinção entre a cristologia da encarnação e a cristologia docetista. A primeira dá a Jesus um corpo humano normal e completo. A segunda lhe atribui apenas um corpo aparente (*dokein*, que em grego significa "parecer"). É, por assim dizer, um corpo com um fim específico, como os corpos dos quais os deuses e deusas greco-romanos se apropriavam com o propósito de realizar atividades na terra. Com referência só ao cristianismo, ressalta a distinção que Rudolph faz entre *gnose* e Igreja, citada na epígrafe deste prólogo. Também ressalta a distinção mais exata entre cristianismo gnóstico e cristianismo católico, que, pelo menos, enfatiza o fato de ambos serem opções *dentro* do cristianismo. Mas esta última formulação foi tão contaminada pela apologética e pela polêmica, por acusações de heresia e alegações de ortodoxia, que já não é mais útil, exceto para xingatórios. Essa dicotomia fundamental é, em todo caso, muito mais antiga e mais ampla que o cristianismo. Estava presente entre o judaísmo tradicional e o helenístico, antes que o cristianismo existisse. E está presente, aqui, hoje, onde quer que a carne seja separada do espírito. A carne é, então, sensacionalizada, o espírito é sentimentalizado e, desse modo, ambos são desumanizados. Chamo *sarcofilia* o monismo do espírito encarnado e *sarcofobia* o dualismo da carne em oposição ao espírito, das raízes gregas para carne (*sarx*), amor (*philia*) e medo (*phobos*). Os termos são criados com base na analogia de *sarcophagus*, o caixão de mármore da antiguidade, de carne (*sarx*) e comer (*phagein*). Lidamos, portanto, com uma profunda falha na consciência ocidental, com a grande linha divisória correndo entre uma sensibilidade *sarcófila* e uma sensibilidade *sarcofóbica*.

Boyarin entende corretamente que nada disso tem a ver com "um judaísmo helenístico que é, de algum modo, menos puro que um suposto judaísmo 'palestinense'" (p. 6). Não é como se todo o judaísmo palestinense fosse *sarcófilo* e todo o judaísmo helenístico fosse *sarcofóbico*. Era uma diferença, não de geografia, mas de ideologia. Onde quer que se vivesse, dependia de, se, como, e até a que ponto, aceitava-se ou se rejeitava esse dualismo platônico. Boyarin faz um paralelo entre Paulo e Fílon, mas caso alguém pense que a ideologia dualista é só para os judeus da Diáspora, incluo um exemplo tirado de Flávio Josefo, contemporâneo palestinense.

É um exemplo extraordinário de dualismo platônico, ou da transcendência do espírito sobre o corpo e da irrelevância da carne para a alma. É um discurso que Josefo colocou na boca de Eleazar, líder dos rebeldes sitiados no alto da fortaleza de Massada no final da Primeira Revolta judaica em 74 d.C. Sob o comando de Flávio Silva, os romanos tinham construído uma enorme rampa contra a fortaleza de pedra plana, e o fim estava próximo. Os defensores decidiram matar suas famílias e depois uns aos outros. Eleazar encorajou-os a preferirem a morte à escravidão:

> Pois é a morte que dá liberdade à alma e lhe permite partir para sua morada pura, para ali ficar livre de toda calamidade; mas enquanto está presa em um corpo mortal e contaminada com todas as suas misérias, está, na realidade, morta, pois a associação com o que é mortal não condiz com

PRÓLOGO

o que é divino... Só quando, libertada do peso que a puxa para a terra e se aglutina em volta dela, ela é devolvida a sua esfera apropriada, a alma desfruta uma energia abençoada e um poder sem entraves em todos os lados e permanece, como o próprio Deus, invisível a olhos humanos.

(*A guerra dos judeus* VII,344.346)

Esse discurso, já se vê, não é de Eleazar para os companheiros rebeldes, mas de Josefo para os companheiros romanos. É difícil, porém, encontrar uma formulação mais precisa da superioridade da alma sobre o corpo e do espírito sobre a carne. Para os judeus do século I, a questão não era se alguém vivia na Palestina ou na Diáspora, se falava grego ou aramaico, mas sim se, ideologicamente, absorvera ou não esse dualismo helenístico, como fizeram Fílon, Paulo e Josefo.

Como isso se aplica, de acordo com Boyarin, às três distinções de etnia, classe e gênero, negadas aos cristãos em Gl 3,28 ("Não há judeu nem grego, não há escravo nem livre, não há homem nem mulher")? Tendo esse dualismo como pano de fundo, essas três distinções negadas poderiam se aplicar à pessoa como alma em vez de à não-pessoa como carne. Poderiam se aplicar ao presente ritual ou ao futuro celeste, mas não à sociedade contemporânea ou à realidade social. Seria fácil imaginar um Paulo platônico ou helenizante, afirmando que essas divisões físicas ou materiais nada tinham a ver com a alma, o espírito, o verdadeiro ser humano. Eram tão irrelevantes diante de Deus, ou em Cristo, quanto a cor dos cabelos ou a forma dos artelhos. É como Boyarin explica Paulo. "O que impulsionava Paulo era o desejo veemente da unificação humana, da eliminação das diferenças e hierarquias entre os seres humanos, e... ele considerava o evento cristão que experimentara, o veículo para essa transformação da humanidade" (p. 106). Mas se isso fosse tudo que Paulo fez, se ele tivesse sido coerentemente helenístico, ainda estaríamos bocejando. Seus genes judaicos e helenísticos lutavam não por uma composição, mas por uma incoerência. Uma composição diria que a carne deve ser mantida em seu lugar inferior, mas nunca ser totalmente rejeitada. A incoerência é outra coisa, e é o que acontece com Paulo.

Eis o que é: *Ele tira da alma aquela primeira distinção de judeu e gentio e a coloca no corpo, tira do espírito e coloca na carne.* Leva a negação de etnia para as ruas das cidades romanas, mas não leva a negação de classe ou a negação de gênero para fora, da mesma maneira. Não diz em relação à etnia, como diz sobre a classe e o gênero, que é irrelevante diante de Deus, religiosa e espiritualmente, mas que deve ser mantida física e socialmente. *A contradição não é ter considerado as três espiritualmente, mas ter considerado uma delas física e também espiritualmente.* Se fosse considerada espiritualmente, a distinção entre judeu e grego significaria que, no íntimo, ambos eram iguais e que por fora nenhum era importante. Não faria diferença, então, ser judeu circuncidado ou grego incircuncidado. Não faria diferença, *de um jeito ou de outro.* Não ser circuncidado não era nem melhor nem pior que ser circuncidado. Mas, para ser franco e prático, se tivesse um filho, Paulo não o circuncidaria. Embora Gl 5,6; 6,15 insistam que "nem a circuncisão tem valor, nem a incircuncisão", não circuncidar *era* importante para Paulo. A circuncisão é, com sarcasmo, considerada mutilação em 5,12. Anteriormente, em Gl 2,11-14, Paulo havia rompido com Tiago, Pedro, Barnabé e todo o resto por causa da observância mínima das regras dietéticas judaicas, para que os cristãos judeus e os cristãos gentios pudessem comer juntos em Antioquia. Boyarin tem toda razão ao afirmar que Paulo estabeleceu um compromisso entre seu judaísmo e seu helenismo, ao adotar não um dualismo radical (rejeição da carne pelo espírito), mas sim um dualismo platônico moderado (subordinação da carne ao espírito). Não é esse compromisso que enfatizo, mas a *incoerência* com a qual ele o aplica a Gl 3,28.

O que é preciso, do ponto de vista de Paulo naquele tempo ou de Boyarin agora, é meditar na *diferença entre essas três diferenças*. E nessa meditação, a presença da distinção de classes é crucial. Seria possível, por exemplo, preservar a diferença sem hierarquia, no caso de etnia e gênero, mas não no caso de classe. Quanto à classe, a diferença *é* a hierarquia e a hierarquia *é* a diferença. Os ricos são *diferentes* dos pobres: têm mais dinheiro. Os livres são *diferentes* dos escravos: têm mais poder. Se Paulo negasse *todas as três* diferenças física e materialmente nas ruas urbanas das cidades romanas, sua vida teria sido tão curta quanto a de Jesus. Boyarin não vê essa incoerência em Paulo. É uma incoerência que permite a Paulo negar judeus/gregos inteiramente do ponto de vista *físico* a respeito da circuncisão e da prática das regras dietéticas e, ao mesmo tempo, negar escravo/livre e homem/mulher de uma forma muito mais *espiritual*. A incoerência nessas três distinções em Paulo corresponde a uma incoerência semelhante no próprio Boyarin.

Em minha epígrafe anterior, tirada de seu livro de 1993, *Israel carnal* (publicado em português em 1994*), Boyarin menciona só a primeira e a última das três distinções de Paulo em Gl 3,28. Cita *etnia* e *gênero*, mas omite *classe*. Isso poderia ser apenas ênfase e omissão passageiras, se não fosse pelo que acontece em sua seqüência de 1994, *A radical jew* [*Um judeu radical*], uma interpretação total de Paulo baseada em Gl 3,28, que ele chama de "minha chave para revelar Paulo" (p. 23). Neste segundo livro, ele coerentemente omite, de forma repetida, sem desculpa nem explicação, o termo do meio, *classe*, e se concentra exclusivamente em *etnia* e *gênero*. A distinção de *classe* é destacada para ênfase uma vez – "não há nenhum escravo ou livre em Cristo" (p. 5) com referência específica à carta de Paulo a Filêmon sobre seu escravo fugido Onésimo. As três distinções são mencionadas juntas algumas vezes – por exemplo: "no batismo, apagam-se todas as diferenças que separam um corpo de outro, como judeu ou grego, ... homem ou mulher, escravo ou livre" (p. 23), ou ainda: "Por trás do ministério de Paulo havia a profunda visão de uma humanidade não dividida por etnia, classe e sexo" (p. 181) e novamente: "Em Gálatas Paulo parece, na verdade, eliminar diferenças sociais e hierarquias entre os gêneros, além das que prevalecem entre grupos étnicos e classes socioeconômicas" (p. 183). Mas isso é praticamente tudo o que há sobre distinções de classes em um livro que discute com brilhantismo as distinções de etnia e gênero. Enfatizo esse ponto, em Paulo e Boyarin porque, se pensarmos na *diferença entre essas três diferenças* e na *diferença entre diferença e hierarquia*, teremos de enfrentar estas perguntas: se é possível ter diferenças de etnia e gênero sem hierarquia, é possível ter a mesma diferença para classe? Qual é a diferença entre classe e etnia e gênero?

---

* BOYARIN, D. 1994. *Israel carnal: lendo o sexo na cultura talmúdica*. Rio de Janeiro, Imago.

Apesar dessa ressalva, contudo, a tese paulina de Boyarin tem outra crítica bastante notável e outra proposta impressionante. Como essa "ideologia dualista comum... caracteriza o pensamento ocidental praticamente desde o início", não "é... nenhuma surpresa alegar que Paulo era um dualista dessa espécie; o passo arrojado que dou é, antes, alegar que os rabinos (em contraste com os judeus helenizantes anteriores e também com os mais tardios) *resistiram* a essa forma de dualismo" (p. 85). Boyarin usa a expressão *rabinos* ou *judaísmo rabínico* "só com respeito ao século II em diante" (p. 2) e se refere à resistência desses rabinos ao dualismo platônico como reação "rejeitadora" em vez de reação "assimiladora" à helenização (p. 7). "Naturalmente", diz ele, "os rabinos também acreditavam em uma alma que anima o corpo. O problema é, antes, que eles consideravam o ser humano não como uma alma morando em um corpo, mas como corpo animado por uma alma, e isso faz toda a diferença do mundo" (p. 278, nota 8).

Concordo com essas opiniões e admito que minha sensibilidade pessoal também rejeita o dualismo humano, seja qual for a forma que assuma. Sobre esta questão, fico com o judaísmo e contra o helenismo. Não vejo um meio-termo plausível neste caso porque, embora em teoria possam diferir, na prática, em geral, o platonismo radical e o moderado produzem os mesmos efeitos. Para mim, somos carne consciente de si mesma que, de forma paradoxal, pode negar não só a legitimidade de sua carne, mas até o valor da consciência de si mesma. Mas, mesmo assim, continuamos carne consciente de si mesma. Acho o dualismo platônico, seja ele radical ou moderado, fundamentalmente desumanizador. Admito isso com franqueza, porque o autor e o *leitor* têm de se responsabilizar por sua sensibilidade antes de continuar esta discussão. V*ocê*, leitor, qual é sua posição a respeito?

É por isso que quero ser muito cuidadoso sobre Jesus e Paulo. Boyarin sabe que "todos os preceitos de Paulo são um chamado comovente à liberdade e autonomia humanas" (p. 199). E Stephen Patterson escreveu recentemente sobre "a continuidade entre Paulo e a tradição dos ditos [nos evangelhos] precisamente na tradição do radicalismo social que ambos compartilham" (1991, p. 35). Concordo com ambas as opiniões. Essa não é minha crítica de Paulo. E minha objeção não é simplesmente à brilhante incoerência de Paulo ao ir fundo nas conseqüências da primeira de suas três distinções, a etnia, levando-as até as ruas mas não nas outras duas, classe e gênero. É esta minha objeção: o dualismo platônico que influenciou Fílon, Paulo e Josefo não influenciou João Batista, Jesus e Tiago, nem, imagino, os essênios e os fariseus antes dos rabinos. Quem começa com Paulo, vê Jesus de forma incorreta; quem começa com Jesus vê Paulo de maneira diferente. Assim, neste livro, ponho Paulo de lado e me concentro em um cristianismo que tinha de ter nascido antes de que ele notasse sua existência e perseguisse sua presença.

A ressurreição corporal de Jesus

As narrativas evangélicas mencionam um suave amortalhar, um magnânimo sepultamento e uma extremosa vigília ao lado do túmulo; mas uma cova coberta de cal é muito mais provável... A cal devora o corpo rápida e higienicamente. Por isso, não encontramos praticamente nenhum resto esqueletal dos milhares crucificados do lado de fora de Jerusalém no século I... Os pequenos famintos, sempre com a Igreja, são a razão pela qual é preciso asseverar categoricamente que a ressurreição de Jesus foi corporal, para a fé cristã. Não há espaço para a bela cunha da metáfora intermeter-se neles, que são o corpo do Senhor ressuscitado e o Jesus real.

Marianne Sawicki, *Seeing the Lord* [*Para ver o Senhor*], pp. 180 e 275.

Dois aspectos da seção anterior ainda são relevantes para esta. Primeiro, o compromisso de Paulo. Concordo com Boyarin que Paulo elaborou um compromisso entre o judaísmo tradicional e o helenismo moderno a respeito do dualismo cósmico. A carne deve ser subordinada ao espírito, mas não rejeitada por ele. Entretanto, na prática (embora não em teoria), o dualismo radical e o moderado são muito semelhantes, segundo, a incoerência de Paulo. Há uma *incoerência* na aplicação que Paulo faz desse compromisso às três distinções de etnia, classe e gênero. Nesta seção, esse compromisso dá origem a outra incoerência.

(Aliás, uso termos como compromisso e incoerência sem nenhuma idéia de superioridade ou condescendência, porque designam o que, para Paulo, eram forças poderosas e produtivas criadas pela esforçada travessia nas correntes revoltas da história. Todavia, não devemos simplesmente repetir esses processos, mas sim desenvolver mais seu profundo desafio humano.)

Paulo ainda está em Éfeso no início dos anos 50 d.C., mas agora escreve para a cidade de Corinto a oeste, não para a região da Galácia a leste. Alguns dos seus convertidos de Corinto são dualistas platônicos característicos que não vêem problema em Jesus ser alma ressuscitada ou espírito imortal. Mas como é possível ele ter um corpo e, de qualquer modo, por que iria querer um? Por que dizer a um prisioneiro que ele vai ter de volta sua cela por toda a eternidade? Quem precisa de um fardo imortal? Alma sim, corpo não. Espírito sim, carne não,

No início de 1Cor 15, Paulo enumera todas as aparições de Jesus ressuscitado. Mas, depois de relacioná-las em 15,1-11, não volta a mencioná-las em todo o resto da argumentação, 15,12-58. A razão é bem clara. Os coríntios sabem tudo sobre visões e aparições e nem sonhariam em negar sua autenticidade. *Naturalmente*, as sombras voltam lá de baixo com corpos visíveis e até palpáveis. *Naturalmente*, os imortais, nascidos de pais humanos e divinos e adotados entre os deuses e deusas depois da morte, voltam lá de cima com corpos visíveis e até palpáveis. *Naturalmente*, os deuses e deusas assumem corpos para entrar em contato com os mortais, amar, guerrear, conversar. Mas esses são corpos ilusórios, corpos de mentira, corpos só na aparência. Não são de carne e osso, mas de éter e ar. A propósito, usamos *corpo* e *carne* como mais ou menos equivalentes, mas uma sensibilidade helenística podia, com facilidade, admitir que divindades, imortais, ou ainda espíritos, tinham corpos, mas não carne. É algo como nossos filmes de efeitos especiais de hoje. Às vezes vemos o corpo, mas não a carne, por assim dizer. Aqueles dinossauros não fazem a digestão. No que se segue, Paulo tenta se apegar a uma coisa obviamente importante para ele – mas vejamos, mais uma vez, como o compromisso provoca incoerência.

Com efeito, a questão não podia estar mais clara, em 15,35: "Mas, dirá alguém, como ressuscitam os mortos? Com que corpo voltam?". Paulo mistura duas respostas, uma bastante convencional, a outra mais desafiadora. A resposta convencional afirma que há muitos tipos diferentes de corpos. As estrelas, por exemplo, se movimentam, por isso os contemporâneos de Paulo as consideram seres vivos com corpos. Mas seus corpos são imortais, ao contrário dos nossos. Há até, Paulo afirma, uma coisa como "corpo espiritual". Em sua maioria, os ouvintes helenísticos consideravam os corpos das divindades das aparições como "espirituais", em vez de "físicos", para serem pendurados como roupas, por assim dizer, no fim da operação. Corpos novos, diferentes, vegetais, animais ou minerais eram criados conforme a necessidade. Mas, ao ler a resposta de Paulo, fiquemos atentos também à outra resposta, à metáfora da semeadura:

> Insensato! O que semeias não readquire vida a não ser que morra. E o que semeias não é o corpo
> da futura planta que deve nascer, mas um simples grão de trigo ou de qualquer outra espécie. A
> seguir, Deus lhe dá corpo como quer; a cada uma das sementes ele dá o corpo que lhe é próprio.
> Nenhuma carne é igual às outras, mas uma é a carne dos homens, outra a carne dos quadrúpedes,
> outra a dos pássaros, outra a dos peixes. Há corpos celestes e há corpos terrestres. Um é o brilho
> do sol, outro o brilho da lua, e outro o brilho das estrelas. E até de estrela para estrela há diferença
> de brilho. O mesmo se dá com a ressurreição dos mortos; semeado corruptível, o corpo ressuscita
> incorruptível; semeado desprezível, ressuscita reluzente de glória; semeado na fraqueza, ressuscita
> cheio de força; semeado corpo psíquico, ressuscita corpo espiritual.

(1Cor 15,36-44)

A metáfora de múltiplos tipos de corpos enfatiza só a diferença, mas a metáfora da semeadura enfatiza *ambas*, a continuidade e a divergência. O que é semeado é absolutamente idêntico e completamente diferente do que é colhido. Não se semeia um peixe e colhe-se um pássaro. Semeia-se uma semente e colhe-se uma espiga de grãos específicos. É essa a incoerência atual que vejo surgir do compromisso platônico de Paulo. Há, já se vê, continuidade espiritual entre o Jesus terreno e o Cristo celeste. Ninguém em Corinto discute isso. Mas há continuidade corpórea – isto é, continuidade física e material – entre eles? Paulo vacila na resposta. Se nos concentrarmos nos diferentes tipos de corpos, a resposta é não: outrora Jesus tinha um corpo físico; agora Jesus tem um corpo espiritual. Se nos concentrarmos na metáfora da semente, a resposta é sim: agora Jesus é totalmente o mesmo e absolutamente diferente. É provável que os coríntios se concentrassem naquele "corpo espiritual" e entendessem que ele significava um corpo, composto de ar, por assim dizer, como os que as divindades, os imortais e as sombras assumiam para contatos humanos. Devem ter ficado com mais certeza disso quando Paulo concluiu com este comentário:

> Digo-vos, irmãos: a carne e o sangue não podem herdar o Reino de Deus, nem a corrupção herdar
> a incorruptibilidade.

(1Cor 15,50)

Talvez houvesse diferentes tipos de *corpos*, mas havia um só tipo de corpo de *carne e sangue*. Era o corpo de carne e sangue que preocupava o dualista platônico; os corpos espirituais eram bem aceitos. Em tudo isso, só posso me agarrar à metáfora paulina da semente, porque ali, por um momento, o compromisso foi negado e seu judaísmo tradicional falou mais alto. A semente que é semeada e o grão que é produzido são iguais e também diferentes e estão em firme continuidade material e física. Mas essa é apenas uma incoerência judaico-judaica superficial em uma explicação em geral helenístico-judaica. No entanto, como acho o dualismo platônico, em qualquer grau e não importa nome, fundamentalmente desumanizador, continuo apontando essa incoerência e pergunto o que mais, além desse dualismo, opera em Paulo.

A epígrafe desta seção combina duas opiniões de Sawicki. A primeira sugere que uma cova coberta de cal foi o destino mais provável do *corpo* crucificado de Jesus. A outra insiste que a ressurreição *corporal* de Jesus é uma realidade absoluta para a fé cristã. Concordo com ela que José de Arimatéia é, mais provavelmente, esperança fervorosa para o melhor, em vez de descrição histórica do que aconteceu. Mas também concordo com ela na segunda opinião. Não tenho muita certeza de entender tudo que ela quis dizer, por isso eu a exponho como a entendo.

O Jesus terreno não era apenas um pensador com idéias, mas um rebelde com uma causa. Era um camponês judeu com uma atitude e proclamava que essa sua atitude era a do Deus judaico. Mas era – disse ele – em sua vida e em vidas semelhantes à sua que o Reino de Deus era revelado, que o Deus judaico de justiça e retidão era encarnado em um mundo de injustiça e falsidade. O Reino de Deus nunca foi apenas de palavras e idéias, aforismos e parábolas, ditos e diálogos. Tratava-se de um modo de vida. E isso significava que era relativo a um corpo de carne e sangue. A justiça trata sempre de corpos e vidas, não apenas de palavras e idéias. A ressurreição não significa apenas que o espírito ou alma de Jesus continua a viver no mundo. Nem significa apenas que os companheiros ou seguidores de Jesus continuam a viver no mundo. *Precisa ser a vida encarnada que permanece poderosamente eficaz no mundo.* Reconheço essas alegações como historiador e creio nelas como cristão. Há, então, somente um Jesus, o galileu encarnado, que viveu uma vida de justiça divina em um mundo injusto, que foi oficial e legalmente executado pelos representantes autorizados desse mundo e cuja presença fortalecedora continuada indica, para os crentes, que Deus não está do lado da injustiça – nem mesmo (ou principalmente) da injustiça imperial. Não há dois Jesus – um anterior à Páscoa e outro posterior a ela, um terreno e outro celeste, um com corpo físico e outro com corpo espiritual. Há apenas um Jesus, o Jesus *histórico* que encarnou o Deus de justiça judaico para uma comunidade de fiéis comprometida a continuar essa encarnação para sempre.

Com esse entendimento, considero a metáfora paulina da semente bastante útil. De semente para grão é uma combinação de algo perfeitamente igual e, contudo totalmente diferente. O mesmo acontece com a ressurreição. É o mesmo Jesus, o único Jesus histórico do fim dos anos 20 em sua terra natal judaica, mas agora sem limitações de tempo e lugar, linguagem e proximidade. É o único Jesus, perfeitamente igual, perfeitamente diferente. Com limitações, como é natural, – então, agora e sempre – postas pela fé. Ressurreição corporal não tem nada a ver com um corpo ressuscitado que sai do túmulo. E ressurreição corporal também não é apenas outra expressão para a própria fé cristã. Ressurreição corporal significa que a vida e morte *encarnada* do Jesus histórico continua a ser experimentada, pelos crentes, como poderosamente eficaz e salvificamente presente neste mundo. Essa vida continuava a formar comunidades de vidas iguais, como sempre fizera.

À luz de tudo isso, o título desta seção não devia ser "A ressurreição corporal de Jesus", mas "A ressurreição *carnal* de Jesus". Inclino-me a usar essas palavras como equivalentes, mas, com certeza, Paulo não as usou assim – e agora está claro por que ele não *quis* fazê-lo. Portanto, quando ele diz que "a carne e o sangue" não podem herdar o Reino de Deus, abre-se um abismo de sensibilidade entre ele e Jesus (e entre mim e ele, para ser sincero). Para Jesus, *alguém que* encarnasse a justiça divina na terra era "carne e sangue" que entrava no Reino de Deus. Paulo está também em contradição com a declaração em Jo 1,14 de que "o Verbo se fez *carne* e habitou entre nós". O "Verbo" – *Logos*, em grego – é a inteligibilidade do mundo, a racionalidade do universo, o sentido da vida, como revelação da Mente divina. E João diz que o Verbo não se fez simplesmente corpo, mas carne, não apenas o *corpo* de efeitos especiais das visitações divinas greco-romanas típicas, mas a única carne e sangue da existência humana plena e normal. O *Verbo* se fez *carne*; quer dizer, o sentido divino da vida encarnou-se em um certo modo humano de viver.

O plano deste livro

A investigação detalhada de condições econômicas está além do objetivo deste livro, embora pretendamos considerar alguns pontos... em ligação com o custo de manter o Templo e os sacerdotes... A avaliação geral das condições econômicas está fora do âmbito deste livro, mas vou discutir impostos pois, de outro modo, entenderemos mal o lugar dos tributos religiosos em todo o sistema.

E. P. Sanders, *Judaism* [*Judaísmo*], pp. 120 e 159.

As seções anteriores enunciam uma questão fundamental que permeia este livro. Está sempre presente, nas entrelinhas ou nos bastidores. Como *você* concebe um ser humano? É espírito encarnado, carne consciente de si mesma, interação monística que pode ser diferenciada, mas não separada? Ou é espírito *contra* carne, espírito *acima da* carne, separação dualista com a carne, na melhor das hipóteses, uma perturbação e, na pior, um aprisionamento? Minha sensibilidade aceita, como já afirmei, a primeira opção, embora *aceita* seja uma palavra fraca demais para uma coisa sobre a qual tenho tão pouco controle. Não sei se é por ser irlandês ou por ser católico romano, ou por ser as duas coisas. Em todo caso, está presente, de forma irrevogável. É também uma sensibilidade que encontro no judaísmo tradicional, quando não está influenciado pelo dualismo helenístico. Um dos resultados desse monismo é que, assim como não se pode separar o espírito da carne, também não se pode separar religião e política, justiça e sociedade, teologia e economia. O que está errado com a epígrafe acima, por exemplo, é não o fato de, em seu livro, Sanders explicar bem a religião e se descuidar da economia, mas o fato de ele *não poder* explicar a religião sem a economia – a menos, já se vê, que a religião se exprima em um ritual e cerimonial que ela esqueceu o que simboliza ou celebra. Mas o Deus judaico é um Deus de justiça e retidão em uma aliança, sob uma lei, em uma terra, com um povo de justiça e retidão. Não se pode explicar "a prática e a crença" desse judaísmo separadas de suas "condições econômicas". Quem tentar, terá um livro sobre o judaísmo do período datado de "63 a.C.-66 d.C." – quer dizer, cem anos de uma religião – que não prepara ninguém para três terríveis revoltas contra o Império Romano nos cem anos seguintes. O judaísmo tradicional, que deu origem ao Jesus histórico e ao cristianismo pré-paulino mais antigo, não separava o espírito da carne, nem a carne do espírito. Portanto, também não separava a religião da política, a ética da economia, ou a divindade da humanidade. Interpenetravam-se mutuamente e só eram entendidas nessa interação. Naturalmente, era possível distinguir, mas não separar.

Meu título original para este livro foi *A vida depois de Jesus* – sugerido por minha mulher, que tinha uma interpretação pessoal do que esse nome queria dizer. Gostei muito dele porque, além do sentido de Sarah, percebi outros dois, apropriadamente entrelaçados nele. O primeiro sentido de *depois* era temporal e cronológico. O livro trata de como os que estavam com Jesus antes de sua execução continuaram com ele depois dela. O que aconteceu na interação entre Jesus e seus primeiros companheiros que até a crucificação romana não terminou para sempre? Josefo disse que o amor deles continuou. Tácito disse que a influência perniciosa deles se espalhou. Por quê? O que, naquela interação original, fez a continuação de *antes* para *depois* possível ou até mesmo inevitável? O segundo sentido de *depois* é paradigmático e unitivo. O que significa ir *depois* de Jesus ou seguir *depois* de Jesus? Ele tem monopólio sobre o Reino de Deus, de modo que só ele pode entrar? Ou se trata de um modo de vida que ele mostrou ser possível e convidou todos a continuarem? Meu editor, John London, achou o título enigmático demais e concordei com ele que O *nascimento do cristianismo* era mais claro na intenção e comunicação. Mas gostaria de lhe pedir que, ao ler este livro com o novo título, lembre-se também do antigo. O nascimento do cristianismo trata da vida *depois* de Jesus nesses *dois* sentidos.

O título atual exige cuidadosa explicação. Quando vêem a palavra *cristianismo*, muitas pessoas imaginam uma religião completamente diferente do judaísmo. Essa é uma descrição correta da situação na época presente, mas é erradíssima em relação ao início do século I. Eu poderia falar do movimento do Reino de Deus, do movimento de Jesus ou do movimento de Cristo, ou poderia usar alguma outra expressão que seria historicamente exata e nos impediria de pensar em uma religião separada do judaísmo, mas nenhuma dessas opções trataria do problema central. Sempre que uso as palavras *cristão* e *cristianismo*, neste livro, refiro-me a uma seita dentro do judaísmo. Refiro-me ao judaísmo cristão como poderia me referir ao judaísmo farisaico, ao judaísmo saduceu, ao judaísmo essênio, ao judaísmo apocalíptico, ou a qualquer outra das muitas seitas e facções na nação judaica do século I, enquanto ela se esforçava por manter suas antigas tradições contra o internacionalismo cultural grego e a comercialização econômica romana. Independente do que esses grupos diziam uns sobre os outros ou faziam uns contra os outros, apesar das pressões imperiais e econômicas do exterior que desintegravam a coesão nacional e religiosa no interior, havia um debate intrajudaico. Independente do que um grupo dizia sobre o outro (ou mesmo sobre *todos* os outros grupos), independente da maneira como os judeus criticavam os compatriotas que seguiam qualquer grupo que não o deles, o confronto nunca era um ataque de fora ao judaísmo, mas um ataque a outros judeus do lado de dentro.

Não é nem mesmo exato dizer que o cristianismo acabou por se afastar do judaísmo. É mais certo dizer que, daquela matriz de judaísmo bíblico e daquele turbilhão do judaísmo do fim do segundo templo, duas grandes tradições acabaram por emergir: o cristianismo primitivo e o judaísmo rabínico. Ambos reivindicavam a continuidade exclusiva do passado, mas, na verdade, daquela linhagem comum, cada um era uma transição tão brusca e um desenvolvimento tão válido quanto o outro. Não são filho e pai; são dois filhos da mesma mãe. O que, já se vê, também eram Caim e Abel.

A outra palavra em meu título, *nascimento*, é igualmente importante. Diferencio *nascimento* de *crescimento*, a fim de me concentrar naquela continuação mais primitiva de antes para depois da execução de Jesus. É mais fácil passar rapidamente para a expansão, para as cartas e cidades paulinas dos anos 50, em que temos textos datados e fontes contemporâneas. Mas então ficamos, como Boyarin com razão observou anteriormente, em um judaísmo helenizado pelo dualismo platônico e talvez nem sequer notemos a transição a partir de um judaísmo não tão helenizado. Repito que não há nenhuma distinção clara entre o judaísmo palestinense e o judaísmo helenístico. *Todo* judaísmo do século I era judaísmo helenístico. Mas, embora essa distinção geográfica, mais antiga, nunca fosse válida, outra, mais ideológica, é *sempre* válida. Quem rejeitou e quem aceitou a helenização? E, já que essa pergunta é muito importante, repito-a no contexto limitado estabelecido por Boyarin. Onde, dentro do judaísmo do século I, foi o dualismo helenístico de carne e espírito aceito e seguido, e onde foi rejeitado e repelido? Ao me concentrar no *nascimento*, pretendo enfatizar essa pergunta como a questão fundamental deste livro. O cristianismo mais primitivo, que reconstruo nos povoados da Galiléia e nas ruas de Jerusalém, não foi helenizado dentro do dualismo platônico. É essa a estrutura profunda deste livro.

Sua estrutura superficial está organizada em torno de quatro perguntas vitais para reconstruir a continuidade desde o Jesus histórico até o cristianismo mais primitivo e para descrever o próprio nascimento do cristianismo. A primeira pergunta, na Parte I, é: *por que*, afinal, fazer isso? Por que não aceitar simplesmente a história básica narrada nos últimos capítulos dos evangelhos canônicos – Mateus, Marcos, Lucas e João – e nos primeiros capítulos dos Atos dos Apóstolos? A segunda pergunta, nas partes II e III é: *onde* encontro minhas fontes? Se o que escrevo não é uma síntese dessas fontes intracanônicas, que outras fontes tenho? Onde obtenho meus dados? Com certeza, não tenho novos documentos datados dos anos 30 ou 40, que ninguém mais conhece, assim, onde colho minhas informações? A terceira pergunta, nas partes IV e V, é: *como* faço isso? Admitindo aquele *por que* e aquele *onde*, que método uso e qual é a justificativa metodológica para usar esse método e não algum outro? A quarta pergunta, nas partes de VI a X é: *o que* encontro quando aplico meu método aos materiais disponíveis? Um dos resultados mais notáveis é a distinção entre duas grandes tradições inaugurais, a tradição da vida, nas partes de VI a VIII e a tradição da morte nas partes IX e X. A tradição da vida, com ênfase nos ditos de Jesus e na vida dentro do Reino de Deus, centraliza-se na Galiléia e parte da Galiléia. A tradição da morte, com ênfase na ressurreição de Jesus e nas vidas vividas na expectativa de sua volta, centraliza-se em Jerusalém e parte de Jerusalém. Embora no passado esta última tradição predominasse e a primeira tradição mal fosse reconhecida, o desafio atual não é reverter essa discriminação, mas sim enfatizar igualmente as duas tradições. Outro grande desafio é ver o que elas têm em comum e reconhecer a tradição da refeição comunitária como fundamental para ambas. Em outras palavras, o nascimento do cristianismo aconteceu em dois locais diferentes, mas há apenas uma única mãe, a refeição que, compartilhada pela comunidade, faz presente na terra o Deus judaico de justiça.

Parte I

CONTINUAÇÃO E RECONSTRUÇÃO

Um exame franco, mas judicioso, do avanço e estabelecimento do cristianismo pode ser considerado parte deveras essencial da história do Império Romano. Enquanto esse gran-de organismo era invadido pela violência sem freios ou minado pela lenta decadência, uma religião pura e humilde se foi brandamente insinuando na mente dos seres humanos crescendo em silêncio e na obscuridade; da oposição, tirou ela novo vigor para finalmente erguer a bandeira triunfante da Cruz por sobre as ruínas do Capitólio... Tal exame, todavia, por mais útil e recreativo que seja, depara com duas dificuldades peculiares. Os minguados e suspeitos elementos de informação propiciados pela história eclesiástica raramente nos possibilitam desfazer a nuvem escura que pesa sobre os primórdios da Igreja. A grande lei da imparcialidade nos obriga com freqüência, outrossim, a revelar as imperfeições dos insípidos mestres e crentes do Evangelho; e, para um observador descuidado, os defeitos *deles* parecem lançar uma sombra sobre a fé que professavam. Mas o escândalo do cristão piedoso e o falaz triunfo do infiel devem ter fim tão logo se disponham a lembrar não apenas *por quem*, mas igualmente *a quem* foi dada a Revelação Divina. O teólogo pode bem se comprazer na deleitosa tarefa de descrever a Religião descendo do céu, revestida da sua pureza natural. Ao historiador compete um encargo mais melancólico. Cumpre-lhe descobrir a inevitável mistura de erro e corrupção por ela contraída numa longa residência sobre a terra, em meio a uma raça de seres débeis e degenerados. Nossa curiosidade é naturalmente impelida a perguntar por que meios obteve a fé cristã vitória tão notável sobre as religiões estabelecidas do mundo. A tal indagação se pode dar uma resposta óbvia, mas satisfatória, de que foi graças à convincente evidência da própria doutrina e à divina providência do seu grande Autor. Entretanto, como a verdade e a razão raras vezes têm recepção favorável no mundo, e como a sabedoria da Providência condescende freqüentemente em fazer das paixões do coração humano e das circunstâncias gerais da humanidade os instrumentos com que executa o seu propósito, seja-nos ainda permitido perguntar (embora com a devida humildade), não em verdade quais as primeiras, e sim as segundas causas do rápido desenvolvimento da Igreja cristã... Ao que parece, foi ele favorecido e assistido, de modo efetivo, pelas cinco causas seguintes: I. o inflexível zelo... II. A doutrina de uma vida futura... III. Os poderes miraculosos... IV. A pura e austera moralidade dos cristãos. V. A união e a disciplina...

Edward Gibbon, *Declínio e queda do Império Romano*, pp. 194-195.

Quando descreveram o cristianismo, o historiador judeu Flávio Josefo e o historiador pagão Tácito notaram quatro pontos consecutivos: *movimento, execução, continuação e expansão*. Meus livros anteriores O *Jesus histórico* e *Quem matou Jesus?* eram, respectivamente, sobre esse movimento e essa execução. Este é o passo seguinte e limita-se estritamente à *continuação*; não é sobre a *expansão*. É sobre o *nascimento* do cristianismo, não a respeito do *crescimento* do cristianismo. É, nas palavras de Gibbon, sobre "a nuvem escura que pesa sobre os primórdios da Igreja" e não sobre "a bandeira triunfante da Cruz por sobre as ruínas do Capitólio". Mas Gibbon conhece um quinto ponto, com o qual nem Josefo nem Tácito sonharam – a saber, o *domínio* final do cristianismo sobre o Império Romano. Gibbon escreve com simpatias sobre o cristianismo e com antipatias sobre o judaísmo. Como já disse, daqueles cinco pontos, *movimento, execução, continuação, expansão* e *domínio*, concentro-me neste livro na *continuação*, no elo entre o Jesus histórico e o cristianismo mais primitivo, que, para mim, é o nascimento do cristianismo. É, já se vê, uma *continuação* de um *movimento* depois e apesar de uma *execução*.

A Parte I indica meu enfoque estritamente limitado para este livro. Explica a continuação de que trato e discute *por que* ela merece ser considerada. (Posteriormente virá *onde* para as fontes nas partes II e III, *como* para os métodos nas partes IV e V, e *o que* para os resultados nas partes VI a X.) A Parte I tem dois capítulos.

O Capítulo 1 estabelece a continuação a que me refiro no título da Parte I. É a dos primeiros companheiros de Jesus antes e depois de sua crucificação. (Por *companheiros*, refiro-me não tanto a indivíduos designados quanto a suas estruturas comunitárias e a seus sistemas organizacionais.) O que aconteceu posteriormente aos que estavam ali desde o início? O que há para dizer sobre a mais antiga e mais próxima continuação que seja possível perceber? Ao abordar essas perguntas, o Capítulo 1 não examina somente o Jesus histórico, nem somente as primeiras comunidades cristãs; busca, mais exatamente, investigar os pontos de contato mais antigos entre eles.

Quando escrevi O *Jesus histórico*, em 1991, não achei necessário defender a validade daquela iniciativa. Considerei a pesquisa do Jesus histórico parte estabelecida do panorama erudito. Ali, concentrei-me em *como* para os métodos e em *o que* para os resultados. Admitindo o consenso erudito de que os dados sobre Jesus são originais, tradicionais e evangélicos, todos juntos em gloriosa indistinção, como distinguir essas classes com alguma integridade acadêmica? E, admitindo esse *como* metodológico, *o que* se obtém como resultado final? Nunca fiz a pergunta do *por quê*. Faço-a aqui e agora, no Capítulo 2. *É a pesquisa do Jesus histórico necessária para a fé cristã?* Não pergunto: É o Jesus histórico necessário para a fé cristã? Isso poderia significar o Jesus "real", que só Deus conhece, ou o Jesus "evangélico", que só a fé conhece. Em vez disso, pergunto: É o Jesus reconstruído pela integridade erudita necessário para a fé cristã? Minha resposta no Capítulo 2 é: para o cristianismo monístico e sarcófilo, sim; para o cristianismo dualista e sarcofóbico, não.

Capítulo 1

Opiniões dos primeiros não-cristãos

> Cronologicamente, o primeiro pagão a mencionar os cristãos foi Plínio, em 111; em seguida, Tácito, em 115; e, então, Suetônio, depois de 122. Desses três, Plínio descreve uma situação em 111 d.C., e Tácito trata do incêndio de Roma em 64 d.C. Mas Suetônio, além da perseguição de Nero [em 64 d.C.], refere-se a um incidente [em 49 d.C.], que alguns interpretam como tendo a ver com o cristianismo antes do incêndio de Roma.
>
> Stephen Benko, *Pagan criticism of christianity during the first two centuries* A.D. [*Crítica pagã do cristianismo durante os dois primeiros séculos d.C.*] ANRW 2,23, p. 1056.

Três autores romanos pagãos, que escreveram com a diferença de alguns anos no início do século II, concordaram total e enfaticamente sobre a natureza da religião cristã. Plínio era correspondente de Tácito e amigo de Suetônio, os dois primeiros governadores imperiais dos mais altos escalões da aristocracia; o último, um secretário imperial das esferas médias. Os três concordavam que o cristianismo era "superstição" e só divergiam quanto aos adjetivos negativos mais apropriados para acompanhar esse termo pejorativo. Eis seus respeitados julgamentos:

superstição depravada e desregrada (*superstitio prava, immodica*)
esta superstição contagiosa (*superstitionis istius contagio*)
Gaius Plinius Caecilius Secundus, *Cartas* 10,96.

superstição perniciosa (*exitiabilis superstitio*)
Publius Cornelius Tacitus, *Anais* 15,44,3.

superstição nova e nociva [ou mágica] (*superstitio nova et malefica*)
Gaius Suetonius Tranquillus, *Vida dos Césares: Nero* 16,2.

Para esses primeiros pagãos, não pertencentes a ambientes cristãos, o cristianismo era, cumulativamente, superstição depravada, desregrada, contagiosa, perniciosa, nova e nociva. *Religião*, em resumidas palavras, era a que os romanos aristocratas faziam; *superstição* era o que os outros faziam – em especial aqueles tipos inconvenientes das regiões a leste da Itália.

Superstição depravada

Em geral, Cícero é considerado o mais representativo dos grandes escritores da República tardia e suas cartas fornecem as informações mais reveladoras sobre sua época. Passam-se 150 anos antes que o império tivesse seu epistológrafo em Plínio. Este deixou da Roma que conheceu uma imagem mais fiel e menos preconceituosa do que a de qualquer um de seus contemporâneos, e é nele que vemos melhor como um romano de sua classe vivia e pensava na virada do século I.

Betty Radice, *The letters of the Younger Pliny* [*As cartas de Plínio, o Moço*], p. 12.

Entre os escritores romanos aristocratas, aprendemos mais sobre o cristianismo mais antigo com Plínio, o Moço, assim chamado para distingui-lo do tio, Plínio, o Velho, comandante da frota mediterrânea ocidental, que morreu durante a erupção do Vesúvio em 79 d.C. O imperador Trajano enviou Plínio, o Moço, como legado de emergência para Bitínia-Ponto, na costa meridional do mar Negro, província tumultuada que havia feito acusações oficiais contra os dois governadores anteriores. Ele ali chegou no fim do verão de 111, mas dois anos depois morreu, sem concluir a missão.

Durante seu giro, Plínio, o Moço, encontrou acusações contra os cristãos em uma cidade do Ponto setentrional. Esses ataques eram provavelmente formulados por pagãos que tinham seus templos e sacrifícios economicamente prejudicados pelo monoteísmo cristão. Plínio relata que a reversão dessa situação social é, pelo menos, o bom resultado de suas ações (Radice 1969,2,404-405):

> É certo, pelo menos, que os templos, que estavam quase desertos, começam agora a ser freqüentados; e as festas sagradas, depois de longo intervalo, estão agora reanimadas. Há demanda geral para animais sacrificais, que durante certo tempo tiveram apenas poucos compradores. Daí é fácil imaginar ser possível recuperar multidões desse erro, se for deixada uma porta aberta para o arrependimento.
>
> (Plínio, *Cartas* 10,96)

Cito detalhadamente o relato que ele enviou a Trajano sobre essa situação e também a resposta imperial a suas dúvidas. É um intercâmbio extraordinário. Ao lê-lo, dá para perceber que esse foi o momento em que a Roma pagã decidiu o programa oficial de reação que acabaria por levar à vitória cristã.

As ações de Plínio desenvolveram-se em duas etapas. Primeiro, os cristãos que haviam sido denunciados a ele foram levados perante seu tribunal (Radice 1969,2,401-403):

> Eu lhes perguntava se eram cristãos; se confessavam que sim, repetia a pergunta mais duas vezes e acrescentava a ameaça da pena capital; se ainda perseveravam, ordenava que fossem executados. Qualquer que fosse a natureza de seu credo, eu pelo menos não tinha dúvidas que contumácia e obstinação inflexível mereciam castigo. Havia outros também tomados pela mesma insensatez, mas como eram cidadãos de Roma, eu ordenava que fossem conduzidos para lá.
>
> (Plínio, *Cartas* 10,96)

É provável que esses primeiros julgamentos fossem dos líderes mais óbvios, dos membros mais eminentes, ou dos proponentes mais agressivos do cristianismo local. Fica a impressão de que todos confessaram a fé e morreram mártires. E, evidentemente, seus acusadores eram indivíduos identificados e conhecidos. Mas então aconteceu algo que moveu o processo para, uma segunda etapa mais séria (Radice 1969,2,402-403):

> Essas acusações espalharam-se (como costuma ser o caso) a partir do simples fato de estar a questão sendo investigada e vieram à luz várias formas da maldade. Foi erguido um cartaz, sem assinatura, que acusava um grande número de pessoas pelo nome. Os que negavam que eram ou que tinham sido cristãos, os que repetiam uma invocação que eu fazia aos deuses e ofereciam adoração com vinho e incenso a vossa imagem, que ordenei ser trazida com esse propósito, junto com as dos deuses, e que, por fim, amaldiçoavam Cristo – atos esses que, comenta-se, não é possível forçar a fazer os que são realmente cristãos – esses eu julgava correto absolver. Outros, que haviam sido citados por esse informante, a princípio se confessavam cristãos e depois negavam; realmente, haviam sido dessa crença, mas a abandonaram, alguns três anos, outros muitos anos e alguns até 25 anos atrás. Todos cultuaram vossa estátua e as imagens dos deuses e amaldiçoaram Cristo.
>
> (Plínio, *Cartas* 10,96)

A esta altura, Plínio estava duplamente alarmado. Os envolvidos eram em grande número e os interrogatórios, mesmo sob tortura, não produziram nada de natureza criminosa. Não havia provas de magia, orgia, incesto, canibalismo, nem de nenhum dos males em geral atribuídos a cultos dissidentes pela religião pagã predominante. Era hora de submeter a questão toda a Trajano e seus conselheiros em Roma. Plínio fez três perguntas. Roma deu três respostas – mas não exatamente às mesmas três perguntas. Houve também uma pergunta que Plínio *não* fez, mas Trajano respondeu e, no processo, repreendeu-o de forma implícita e com certa condescendência (Radice 1969,2,400-407, números acrescentados):

> *Plínio a Trajano:* Como nunca estive presente a julgamentos dos cristãos, não estou familiarizado com o método e os limites a serem observados, quer ao examiná-los, quer ao castigá-los. [1] Se deve ser feita alguma diferença por causa de idade, ou não se permite nenhuma distinção entre o mais jovem e o adulto; [2] se o arrependimento dá direito ao perdão, ou se de nada adianta se arrepender um homem que outrora foi cristão; [3] se a simples confissão de cristianismo, embora sem crimes, ou se só os crimes a ele associados são passíveis de punição – estou bastante indeciso quanto a todos esses pontos... Por isso, suspendi os procedimentos e recorri imediatamente a vosso conselho, pois a questão me pareceu bastante digna de vos ser submetida – em especial se levarmos em conta o número de pessoas em perigo. Pessoas de todas as posições e idades e de ambos os sexos estão e serão envolvidas nas denúncias, pois esta superstição contagiosa não se restringe só às cidades, mas se espalhou pelos povoados e distritos rurais; todavia, parece possível reprimir e curar isso... É possível recuperar [m]ultidões desse erro, se for deixada uma porta aberta para o arrependimento.
>
> (Plínio, *Cartas* 10,96)

Trajano a Plínio: O método que segues, meu caro Plínio, para examinar os casos dos denunciados como cristãos é extremamente apropriado. Não é possível estabelecer nenhuma regra geral para ser aplicada como padrão fixo em todos os casos dessa natureza. [1] Não deve ser feita nenhuma busca dessas pessoas; quando forem denunciadas e consideradas culpadas, precisam ser punidas; [2] porém com a restrição que, quando a parte interessada negar que é cristã e provar não ser (isto é, adorar nossos deuses), será perdoada com base no arrependimento, mesmo que tenha formalmente incorrido em suspeita. [3] Informações sem a assinatura do acusador não devem ser admitidas como prova contra ninguém, pois isso seria abrir um precedente muito perigoso e, de modo algum, conforme ao espírito da época.

(Plínio, *Cartas* 10,97)

Essa descrição de autoria de Plínio é bastante extraordinária. Se eu a lesse em um escrito cristão, é provável que a atribuísse à exuberância missionária ou à propaganda numérica. O número de cristãos é considerado grande, o bastante para prejudicar a economia e a sociedade pagãs. Eles se espalham por posição, idade, sexo e localização.

Mas a resposta imperial também é extraordinária. A primeira resposta de Trajano é réplica indireta à terceira pergunta de Plínio. Responde de maneira implícita que o próprio nome de *cristão* já é um crime, como ser membro de um grupo ilegal. Mas, por outro lado, esses "criminosos" não devem ser procurados. A segunda réplica de Trajano é resposta direta à segunda pergunta de Plínio. Quando se arrependem e se retratam, os cristãos devem ser perdoados. Finalmente, Trajano não responde à primeira pergunta de Plínio; em vez disso, repreende-o implicitamente por ter agido com base em acusações anônimas. É óbvio que o cristianismo é um tipo muito especial de crime! Essa resposta imperial estabeleceu três princípios que iriam guiar 150 anos de conduta imperial oficial em relação ao cristianismo. Não vá atrás dos cristãos. Não os castigue se eles se arrependerem. Não aceite acusações anônimas. Quando, em meados do século III, essa conduta mudou para perseguição investigativa, era tarde demais para o paganismo romano. Mas, em todo caso, o triunfo da decência humana sobre a lógica legal, mostra-nos Plínio, Trajano e Roma em seu melhor aspecto.

No curso da explicação a Trajano de que não encontrara, em absoluto, nenhuma prova de más ações nas assembléias cristãs (na verdade, o contrário), Plínio nos dá esta preciosa descrição de uma forma, pelo menos local, dessa religião, cem anos depois da morte de Jesus (Radice 1969,2,402-405):

[Os cristãos acusados] tinham o costume de se reunir em certo dia fixo, antes do amanhecer, para entoar, em versos alternados, um hino a Cristo, como a um deus, e de se comprometer por um juramento solene, não com façanhas maldosas, mas sim a não cometer fraude, roubo ou adultério, nunca mentir, nem negar a responsabilidade quando chamados a assumi-la; depois disso era seu costume separarem-se e depois voltarem a se reunir para partilhar a comida – mas comida de um tipo bastante comum e inocente. Abandonaram, porém, até mesmo essa prática depois da publicação de meu edito, pelo qual, segundo vossas ordens, proibi associações políticas. Julguei da maior necessidade extrair a verdade real, com a ajuda de tortura, de duas escravas que se intitulavam *diaconisas*, mas nada descobri além de superstição depravada e desregrada.

(Plínio, *Cartas* 10,96)

Abordo dois pormenores dessa descrição. Primeiro, as duas diaconisas não identificadas foram torturadas presumivelmente até a morte; já que elas não tinham nada de mal a admitir, como, a não ser na morte, os torturadores saberiam onde parar? Mas, entre os aristocratas romanos, Plínio era o mais decente que se podia imaginar e, entre os governadores romanos, o melhor que se podia encontrar. "Diversas pessoas humildes", observa Betty Radice, "tinham motivo para lhe serem gratas: sua velha pajem por uma chácara... um colega de escola de Como por uma soma substancial para elevar sua posição social... a filha de um amigo por um dote... e um liberto apreciado por férias no exterior em busca de melhor saúde"; e ele estava disposto "a reduzir os aluguéis dos arrendatários quando os tempos fossem ruins... e a fazer concessões aos empreiteiros que sofriam perdas quando a safra da uva era ruim... e certa vez pensou seriamente em introduzir a experiência do pagamento de aluguel pela partilha dos produtos (1963,23.24). As diaconisas foram liqüidadas sumariamente e só são mencionadas na carta de Plínio para provar a exatidão de suas informações. Essa tortura em busca de informações foi realizada pelo governador romano mais humano de que temos notícia. Portanto, sempre que pensar em Pilatos e o camponês Jesus, lembre-se de Plínio e dessas diaconisas. Aos olhos oficiais, Jesus não estava muito acima dessas mulheres e, de qualquer modo, Pilatos não era nenhum Plínio.

O segundo pormenor combina mais com meu interesse presente. Pelo relato anterior, todo leitor facilmente conclui que os cristãos tiraram seu nome de Cristo. O relato dá importantes informações sobre a vida e a liturgia cristãs em pelo menos uma região do Império Romano no início do século II, mas não nos diz quem é esse Cristo, de onde ele veio, nem como os cristãos estavam ligados a ele. Não obtemos essas informações de Plínio, o primeiro de nossos três pagãos, extrínsecos às comunidades cristãs, e nem de Suetônio, o terceiro deles. Para a identidade de Cristo e a ligação de Cristo aos cristãos, dependemos somente de Tácito, entre esses três autores.

Influência perniciosa que se espalhou

Para Tácito, sob certos aspectos, um perfeito idiota, só os poucos milhares de seu círculo realmente existiram.

Ramsay MacMullen, *Roman social relations, 50 B.C. to A.D. 384*
[*As relações sociais romanas de 50 a.C. a 384 d.C.*], p. 58.

Talvez Tácito tenha sido o maior dos historiadores romanos e a última grande inteligência do paganismo romano.

Ronald Mellor, *Tacitus* [*Tácito*], p. 163.

Primeiro surgiu a lua cheia do solstício de verão, depois irrompeu o incêndio, na noite de 18 para 19 de julho de 64 d.C. O fogo começou entre as oficinas, as lojas e as tavernas no extremo oeste do Circo Máximo e depois disparou por aquela grande pista de corrida, como carros de quatro cavalos fora de suas baias, e afunilou-se através de fileiras de árvores e espaços abertos ao longo do vale entre o Palatino ao norte e o Aventino ao sul. No extremo leste desse vale, o fogo voltou-se para o norte, através de outro vale, desta vez entre o Palatino e o Célio, e foi, finalmente, dominado, depois de seis dias, por um aceiro rasgado intencionalmente no sopé do Esquilino. Então irrompeu de novo em uma área separada do monte Capitolino e durante três dias ameaçou, mas não invadiu, os espaços abertos do Campo de Marte com seus edifícios públicos que alojavam os aterrorizados sem-teto do centro da cidade. Depois desses nove dias, só quatro das catorze regiões de Roma não haviam sido danificadas, três foram totalmente destruídas e as outras sete ficaram seriamente atingidas. Mas os grandes templos do Capitólio, os antigos edifícios do Fórum e possivelmente os cortiços da Subura ficaram todos intatos. Ao descrever esse incêndio, Tácito menciona os cristãos e, ao explicá-los, nos fala de Jesus.

Tácito via claramente o mal notório e mais superficial nas pessoas e nos indivíduos, mas não o mal oculto e mais profundo em estruturas e sistemas. E, por causa disso, buscava as raízes do declínio de Roma, não em seu império, mas em seus imperadores, e só reconhecendo nestes personificações daquele. Em seu livro *Histórias*, escrito na primeira década do século II, ele narrou o declínio e a queda dos Flávios, segunda dinastia imperial romana, de Vespasiano a Domiciano, entre 69 e 96. Nos *Anais*, escritos na década seguinte, ele repetiu esse processo para os Júlio-Claudianos, primeira dinastia imperial romana, de Tibério a Nero, entre 14 e 68. No primeiro relato, nunca mencionou Jesus e resumiu o estado da Palestina entre 14 e 37, comentando em *Histórias* 5,9,2, que "sob Tibério tudo estava tranqüilo". Mas no segundo relato, enquanto discutia Nero em *Anais* 15,44,2-3, mencionou o grande incêndio de Roma em julho de 64. A população aterrorizada procurou um bode expiatório e encontrou-o na pessoa de Nero, que, quando o incêndio começou, estava ausente de Roma, em Antium (famosa hoje como Anzio), no litoral. Imediatamente, o próprio Nero transferiu a culpa para "uma classe de homens, detestados por seus vícios, que o povo denominou cristãos", *possivelmente* porque esses cristãos concentravam-se mais densamente nas áreas de dois vales pantanosos que o incêndio deixou intatos, dentro do Trastevere, perto da Via Aurélia a oeste e do lado de fora da Porta Capena, perto da Via Ápia a sudeste. Tácito explicou quem eram os cristãos mostrando sua ligação com Jesus, em *Anais* 15,44 (Jackson et al, 4,282-283, números e tópicos meus):

> [1. *Movimento*] Cristo, o fundador do nome, [2. *Execução*] sofreu a pena de morte no reinado de Tibério, por sentença do procurador Pôncio Pilatos, [3. *Continuação*] e a superstição perniciosa foi contida por um momento, mas se manifestou outra vez, [4. *Expansão*] não apenas na Judéia, terra do morto, mas na própria capital, onde todas as coisas horríveis ou vergonhosas do mundo se juntam e ficam na moda.

Inicialmente, o *movimento*. Tácito foi um tanto lacônico neste primeiro ponto, por isso, só pela sentença, não fica totalmente claro se o próprio Jesus fundou o movimento antes de sua morte, ou se seus adeptos o fizeram depois dela.

Em seguida, a *execução*. No decorrer de seis campanhas na Cesaréia litorânea, residência das autoridades romanas de ocupação na nação judaica, uma expedição arqueológica italiana descobriu em 1961 um bloco dedicatório de calcário da região, reutilizado e colocado em local diferente, que continha esses mesmos dois nomes imperiais em latim. Mesmo em sua condição atual bastante danificada, a primeira linha menciona "Tiberiéum", aparentemente um edifício dedicado a esse imperador, a segunda e a terceira linhas citam "[Pô]ncio Pilatos" o "[pre]feito da Judéia" como o dedicador e a quarta linha, obliterada, deve ter tido algum verbo como *fez*, *deu* ou *dedicou*. Tácito simplesmente aplicou a Pilatos o título de *procurator*, usual desde a época do imperador Cláudio, entre 41 e 54, o qual era, na verdade, *prefeito* naquele período anterior.

Depois, a *continuação*. Essa terceira frase esclarece a sentença anterior. O objetivo da execução de Jesus era deter *um movimento já iniciado por ele*, mas ela fracassou. Para Tácito, a continuação era como o avanço de uma doença que se julgava ter sido eliminada pela medicina. A execução não alcançou seu propósito, mas isso fez de Cristo o fundador do nome *cristão*.

Por fim, a *expansão*. Aqui Tácito deixou sua aversão e seu desprezo pelo cristianismo se manifestarem mais abertamente. O movimento não só continuou na Judéia, mas difundiu-se até a própria Roma, onde tudo que é podre acaba chegando. E ali, se ao menos Tácito soubesse, estava o futuro. Em *Finnegans Wake*, James Joyce, fazendo um trocadilho com a expressão *para encurtar a história* [*to make a long story short*] e pensando em Tácito, a respeito da Irlanda, em vez do cristianismo, chamou-o de "nosso encurtador errado de histórias". Exatamente.

Desses três primeiros pagãos, estranhos aos ambientes cristãos, só Tácito nos faz um relato sucinto, mas claro, sobre Cristo, seu movimento e sua execução e nos conta como, apesar daquela sentença, o movimento não só continuou, como se expandiu desde a Judéia até a própria Roma. Aqueles já citados quatro pontos também foram notados antes, mesmo do fim do século I, por outra pessoa não-cristã, desta vez não um pagão, mas um judeu, o historiador Flávio Josefo.

Amor imorredouro

Flávio Josefo ou Josefo ben Matias... [é] com certeza a única fonte importantíssima para a história do povo judeu durante o século I d.C.
Harold W. Attridge, *Josephus and his works* [*Josefo e suas obras*], p. 185.

Josefo... inventa, exagera, põe demasiada ênfase, deturpa, suprime, simplifica e, ocasionalmente, diz a verdade. Com freqüência, não conseguimos determinar onde uma prática termina e a outra começa.
Shaye J. D. Cohen, *Josephus in Galilee and Rome* [*Josefo na Galiléia e em Roma*], p. 181.

Tácito e Josefo eram historiadores aristocratas, o primeiro da nobreza consular romana, o segundo da elite sacerdotal judaica. Ambos viveram pouco mais de sessenta anos, mas Cornélio Tácito, nascido por volta de 55, era o contemporâneo mais jovem de Flávio Josefo, nascido por volta de 37. Ambos permaneceram profundamente fiéis às suas origens – Tácito aos ideais senatoriais da república romana, Josefo aos ideais sacerdotais da teocracia judaica. Ambos poderiam ter sido acusados de colaboração com a tirania imperial e ambos teriam respondido que isso era preferível ao suicídio. Quando outros morrem por falar, os que vivem por calar precisam ao menos se lembrar e registrar. Assim Tácito: "Também perderíamos a memória juntamente com a voz, se fosse tão fácil esquecer quanto se manter calado" (*Agrícola* 2). E Josefo: "Que nunca eu me torne um cativo tão desprezível a ponto de abjurar minha raça ou esquecer as tradições de meus antepassados" (*A guerra dos judeus* VI,107).

Poderiam até ter-se encontrado em Roma, pois ali, entre as décadas de 70 e 90, sob a nova dinastia flaviana, a carreira de Tácito apenas começava e a de Josefo chegava ao auge. Caso tivessem encontrado, é provável que não se apreciassem mutuamente, mesmo que as exigências da dignidade aristocrática e os ditames decorrentes da proteção imperial fizessem o respeito cortês muito mais prudente que o desprezo ostensivo. Com etnocentrismo generalizado e anti-semitismo específico, Tácito afirmava que "com respeito a todos os outros povos, eles [os judeus] só sentem ódio e inimizade" (*Histórias* 5,5,1). Mas Flávio Josefo defendia seu povo por ter "leis... que... ensinam, não a impiedade, mas a mais genuína piedade..., [que] convidam os homens, não a odiar seus semelhantes, mas a partilhar seus bens" (*Contra Apião* 41). Estavam, porém, de pleno acordo sobre um pequeno item concernente a Jesus, com cerca de quarenta palavras no latim de Tácito e sessenta no grego de Josefo: havia um *movimento*, havia uma *execução*, havia uma *continuação* e havia uma *expansão*. Contudo, essa informação sobre Jesus é dada de passagem, com cada escritor interessado primordialmente em acontecimentos imperiais maiores e em horizontes históricos mais amplos.

O interesse de Tácito estava na degeneração dinástica, na corrupção imperial e em como "as almas dos tiranos... mostram equimoses e feridas... [de] crueldade, luxúria e rancor" (*Anais* 6,6). O interesse de Josefo estava no mau governo procuratório, na reação popular e em como esses distúrbios acabaram por dar origem à revolta contra Roma na nação judaica. Mas ambos redigiram os mesmos quatro pontos sobre Jesus e esse é meu interesse atual. Duas preliminares preparam o exame do texto de Josefo.

Primeira, sobreposição. As duas principais obras de Josefo – *A guerra dos judeus*, escrita no fim da década de 70 e início da de 80 do século I, e *Antiguidades judaicas*, escrita no início dos anos 90 – sobrepõem-se quanto à história do período entre meados de 160 a.C. e o início dos anos 70 d.C. Em outras palavras, dão duas versões de acontecimentos na nação judaica durante a maior parte desse século I. As ausências, mudanças e divergências entre esses dois relatos semelhantes precisam ser avaliadas com atenção para entender preferências, preconceitos e propósitos. A seção sobre Pôncio Pilatos em *A guerra dos judeus* II,169-177 menciona só duas agitações populares provocadas por seu mau governo. Não diz absolutamente nada sobre Jesus. Ao voltar a narrar os acontecimentos do mesmo período em *Antiguidades judaicas* XVIII,55-89, Josefo faz duas importantes mudanças que são significativas para o contexto de sua história de Jesus.

Segunda preliminar, contexto. Primeiro, Flávio Josefo aumenta as agitações no governo de Pilatos para três, e encerra com uma nova, que custou o cargo a Pilatos e bem podia ter-lhe custado a vida, se o imperador Tibério não tivesse morrido antes de que ele chegasse a Roma para julgamento. Esse conjunto de três agitações durante a administração de Pilatos é similar no aspecto de que a culpa pelos problemas cabe exclusivamente às autoridades envolvidas. Mas então, entre os dois casos mais antigos em XVIII,55-64 e o último, mais novo em XVIII,85-89, Josefo insere outras três agitações populares, em XVIII,63-64, 65-80 e 81-84. Este segundo conjunto também é similar, mas de modo oposto ao primeiro. Agora não são as autoridades, mas os protagonistas que parecem ser os maiores culpados dos distúrbios. A primeira agitação deste novo conjunto diz respeito a Jesus, o que é bastante apropriado, já que ele surgiu sob Pôncio Pilatos. Mas as outras duas inserções são bastante estranhas. Ambas envolvem distúrbios, com certeza, mas em Roma, não em Jerusalém. Em uma história, sacerdotes da deusa Ísis ajudam um aristocrata libertino a seduzir uma matrona romana de alta linhagem chamada Paulina. Como castigo, os sacerdotes culpados são crucificados e seu templo destruído. Na outra história, "Um certo judeu, um patife, que fugira do seu país porque o acusavam de haver transgredido algumas leis e porque temia ser castigado por esse motivo" (XVIII, 81) conspirou para defraudar uma prosélita judia aristocrata chamada Fúlvia de presentes destinados ao Templo de Jerusalém e o resultado foi que, como castigo, "todos os judeus" (XVIII,83) foram expulsos de Roma. A justaposição de distúrbios por causa de Pilatos e distúrbios em Roma, dessas histórias de fraude criminal e da história de Jesus dá a esta última um contexto negativo. Era esse o propósito e o desígnio de Flávio Josefo? Deve a história de Jesus ser julgada em associação com os dois incidentes que a seguem? Para Josefo, é bem possível que Jesus, os sacerdotes de Ísis e o judeu "patife" fossem três avisos de como agitações públicas e castigos oficiais podem ser causados por mau procedimento religioso individual.

Terceiro, texto. Mesmo que o contexto tenha sido deliberadamente organizado para lançar um reflexo negativo sobre a história de Jesus, o texto em si, em *Antiguidades judaicas* XVIII, 63-64 demonstra muito cuidado em manter a neutralidade. Mas, acima de tudo, observamos aí os mesmos quatro elementos encontrados antes no resumo de Tácito:

> [1. *Movimento*] Nesta época viveu Jesus, um homem sábio, *se é que, na verdade, deva ser chamado homem*, pois realizava coisas prodigiosas. Mestre de pessoas que se mostravam totalmente dispostas a dar boa acolhida às doutrinas. Conquistou para si muita gente entre os judeus e até mesmo entre os helenos. *Ele era o Cristo*. [2. *Execução*] Quando, denunciado pelos nossos chefes religiosos, Pilatos o condenou à cruz, [3. *Continuação*] aqueles que a ele se haviam afeiçoado desde o princípio não deixaram de amá-lo, *porque lhes aparecera ao terceiro dia, novamente vivo, como os divinos profetas o haviam declarado, acrescentando ainda mil outras maravilhas a seu respeito.* [4. *Expansão*] Mesmo em nossos dias, não se extinguiu a linhagem dos que por causa dele se chamam cristãos.

O relato de Josefo é mais pormenorizado que o de Tácito, mas observemos as sentenças que grifei acima. São tão manifestamente cristãs que alguns estudiosos consideram todo o parágrafo sobre Jesus uma inserção cristã posterior. No entanto, mesmo que editores cristãos tenham delicadamente inserido mais tarde essas frases grifadas para tornar a descrição mais positiva, o conteúdo básico da passagem é, com toda a probabilidade, original. Quando as frases controversas são omitidas, o que resta está em estilo e linguagem característicos de Josefo. A descrição restante é tão conscienciosamente neutra que imagino se Josefo não escreveu com o olhar mais atento em cristãos e judeus da Roma contemporânea que em seus predecessores de mais de sessenta anos antes. Essa possibilidade surge não só da imparcialidade de sua descrição, mas também da menção de "muita gente entre os judeus e até mesmo entre os helenos". Isso, com certeza, revela a situação histórica da década de 90 romana, em vez da década palestinense de 20.

Volto-me agora para os quatro componentes da descrição de Josefo. Primeiro, o *movimento*. Jesus é chamado e qualificado de "homem sábio", como o foram, em *Antiguidades judaicas* VIII,53 e X,237, Salomão, "um homem sábio, dotado de todas as virtudes" e Daniel, "um homem excepcional e habilidoso para descobrir coisas que estão fora do poder humano e são conhecidas apenas por Deus". Para Flávio Josefo, a sabedoria de Jesus era manifesta em atos e palavras, em ações e ensinamentos. A seqüência dessa dualidade, com ações em primeiro lugar, é provavelmente digna de nota. Josefo descreve as ações de Jesus com uma frase grega traduzida aqui como *coisas prodigiosas*. São as mesmas palavras gregas usadas em *Antiguidades judaicas* IX,182 para descrever as atividades do profeta Eliseu: "Era homem renomado pela justiça e manifestamente honrado por Deus; pois, por seu poder profético, realizou façanhas espantosas e maravilhosas [*ou: coisas prodigiosas*], que os hebreus guardaram como lembranças gloriosas". Tomo como exemplo dessas coisas prodigiosas ou façanhas maravilhosas a história imediatamente subseqüente narrada por Josefo, baseada mais ou menos em 2Rs 13,20-21: "Alguns assaltantes jogaram no túmulo de Eliseu um homem que tinham assassinado e quando o cadáver tocou em seu corpo recobrou a vida... [pois] depois da morte ele ainda tinha poder divino...". Josefo também descreve Jesus como "mestre de pessoas que se mostravam totalmente dispostas a dar boa acolhida às doutrinas". Esse público é qualificado de maneira ambígua, pois a palavra grega traduzida como "totalmente dispostas" também pode ser traduzida por "facilmente" no sentido de "com demasiada facilidade". Josefo usou essa mesma palavra grega antes em *Antiguidades judaicas* XVII,329 para os seguidores simplórios de um homem que se fazia passar por Alexandre, o filho executado de Herodes, o Grande: "De bom grado [ou: com total disposição, ou avidamente], acreditavam no que ele contava". Entretanto, tudo bem considerado, Josefo apresenta um resumo muito mais útil do que o comentário lacônico de Tácito.

Em seguida, a *execução*. Aqui também Flávio Josefo acrescenta novas informações importantes. A frase "nossos chefes religiosos" (*literalmente*: homens da mais elevada posição entre nós) podia, por si só, referir-se à liderança aristocrática sacerdotal ou laica da nação judaica, mas neste caso se *pode* inclinar ligeiramente para a possibilidade sacerdotal. Em *Antiguidades judaicas* XVIII,120-123, Vitélio, o governador pagão da Síria, acompanhado de Herodes Antipas, tetrarca judeu da Galiléia e da Peréia, ia marchar com as legiões sírias pela "terra da Judéia". "Homens da mais elevada posição" suplicaram-lhes que não o fizessem, pois seus estandartes militares exibiam imagens pagãs ofensivas. Vitélio concordou e até foi em pessoa oferecer sacrifícios em Jerusalém.

Pelo menos nesse caso em particular, a frase "homens da mais elevada posição" deve, com certeza, significar as autoridades do sumo sacerdócio, mas a expressão em si designa simplesmente aristocratas líderes, autoridades. Na obra árabe *Book of the title* [*Livro do título*], história do mundo escrita em meados do século X por Agápio, bispo melquita da Hierápolis frígia na Ásia Menor, há uma citação desse texto de Josefo, mas tudo que diz é: "Pilatos condenou-o a morrer na cruz". É mais provável, porém, que isso seja uma paráfrase da versão mais completa, em vez de uma versão independente, mais original e mais exata. Assim, para Josefo, houve, no mais alto nível, a conjunção de uma acusação aristocrática judaica e de uma execução imperial romana.

Depois, a *continuação*. A descrição que Josefo faz da terceira etapa é, mais uma vez, bastante neutra e imparcial, depois da remoção, o que faço por meio de itálico, dessas interpolações cristianizadoras posteriores. Ele explica a continuação, não como uma influência perniciosa que se espalhou, mas como um amor imorredouro.

Por último, a *expansão*. Tácito observou que os cristãos são chamados assim por causa de Cristo. Josefo diz que eles são chamados assim por causa "dele" – isto é por causa de "Jesus", único nome que já mencionara. Talvez, já se vê, ele suponha que os leitores saibam que os seguidores de Jesus o chamavam de Ungido – *Cristo*, em grego, *Messias*, em hebraico ou aramaico. Há também outra possibilidade. Mais adiante, em *Antiguidades judaicas* XX,200, Josefo narra como

> [Anás, o sumo sacerdote] convocou os juízes do Sinédrio [em 62 d.C., durante o interregno entre os prefeitos Festo e Albino] e apresentou diante deles Tiago, o irmão de Jesus, chamado o Cristo, e alguns outros.

Nesse texto, ele diz que Jesus era "chamado o Cristo". É uma declaração neutra, não doutrinal. Portanto, é possível, mas não muito, que ele usasse uma expressão semelhante nas frases iniciais de sua menção anterior de Jesus em XVIII,63-64 e que aquela interpolação cristã tivesse mudado "Ele *era chamado* Cristo" para a asserção confessional: "Ele *era* o Cristo". Mas, na melhor das hipóteses, *talvez*.

Entre esses quatro não-cristãos mais antigos, Plínio e Suetônio nos falam de cristãos, mas não de Cristo. Só Josefo e Tácito nos falam de Jesus ou Cristo e da continuação, a partir dele, do cristianismo. Este livro trata dessa continuação. Mas trata de formas de continuação muito especiais e precisas.

Enfoque na primeira continuação

O mais surpreendentemente idiossincrático de todos os seguidores de Jesus conhecidos por nós veio de um mundo que mal tocava algum ponto das experiências dos que pregavam na apinhada e explosiva zona rural da Palestina. Paulo de Tarso era um judeu de língua grega da Diáspora. Parece que era até cidadão romano. Suas viagens missionárias levaram-no a cidades do interior da Ásia Menor ocidental. No início dos anos 50, deixou- se ficar nas grandes cidades pagãs do Egeu – Éfeso, Tessalônica, Filipos e Corinto –, passando vários anos em cada uma. Foi executado em Roma, na longíqua capital do império, por volta de 60 d.C.

Peter Brown, *The body and society* [*O organismo e a sociedade*], p. 44.

Em um plano perfeitamente válido, todos os dois mil anos de cristianismo, todo o culto e a cultura, a história e a teologia cristãs são a continuação de Jesus confessado como o Cristo. Em outro plano perfeitamente válido, os trezentos primeiros anos da epígrafe anterior são a continuação de Jesus confessado como o Cristo. Em um último plano perfeitamente válido, aquele primeiro século resumido acima por Josefo e Tácito é a continuação de Jesus confessado como o Cristo. Mas este livro não é o relato de dois mil, de trezentos, nem mesmo de cem anos. É, em vez disso, *um exame da continuação discernível mais primitiva e mais próxima, a continuação do antes para o depois da crucificação, a continuação que inclui esses dois momentos e se concentra em sua ligação.* Pergunta: O que aconteceu aos primeiros companheiros de Jesus nos dias e semanas, meses e anos imediatamente depois de sua execução? Pergunta: O que aconteceu aos que acreditavam no Reino de Deus quando o Deus desse reino não impediu a crucificação de Jesus? Pergunta: O que havia antes de Paulo, ou o que estava presente para Paulo perseguir? E esse enfoque exige uma palavra sobre o próprio Paulo.

Este livro não inclui um estudo de Paulo, embora, com certeza, inclua elementos de sua vida, suas cartas e, em especial, suas tradições pré-paulinas. Essa ausência é bastante deliberada, mas não pretendo que seja um ataque indireto à teologia paulina. Estou plenamente convencido de que seu pensamento representa *uma* continuação perfeitamente válida e bastante primitiva de Jesus para o cristianismo em um contexto muito diferente daquele do Jesus histórico. Mas programei omiti-lo deste livro por duas razões. Uma é porque procuro focalizar a imaginação reconstrutiva disciplinada nos que começaram com Jesus antes de sua morte e continuaram com ele depois de sua execução. *Minha preocupação é com a continuidade dos companheiros de Jesus de antes para depois do Calvário.* Entre todos os aspectos disponíveis da tradição, quais, pergunto eu, mostram essa exata continuação? Outra razão é porque a presença segura das cartas paulinas autênticas seduz os historiadores a passar um tanto apressadamente pelo início da década de 30 e ir depressa demais para o fim dos anos 30 e para os anos 40 e 50, as décadas das quais esses textos são testemunhas preciosas ao extremo. Quero dar dois exemplos desse último fenômeno, porque foram eles, mais que qualquer outra coisa, que me persuadiram a reimaginar o cristianismo que estava presente antes de Paulo, sem Paulo e separadamente de Paulo; foram eles que me persuadiram a investigar o que estava presente para Paulo perseguir, o que teria estado ali se ele nunca tivesse existido; e o que continuou no futuro como se ele nunca tivesse existido. Meus dois exemplos, tirados de livros recentes sobre o cristianismo primitivo, foram escolhidos, não por serem ruins, mas por serem livros muito, muito bons.

O primeiro livro é *The first urban christians:* the social world of the apostle Paul [*Os primeiros cristãos urbanos:* o mundo social do apóstolo Paulo], de Wayne Meeks, publicado em 1983. "Paulo era citadino", afirma Meeks ao iniciar o primeiro capítulo. "A cidade sussurra em sua linguagem. As parábolas de Jesus do semeador e do joio, os trabalhadores da vinha e as cabanas com telhado de barro lembram o cheiro de estrume e terra, e o aramaico dos povoados palestinenses com freqüência ressoa no grego. Por outro lado, quando Paulo reconstrói uma metáfora de oliveiras ou jardins, o grego é fluente e evoca mais as salas de aula do que a zona rural; ele parece mais à vontade com os clichês da retórica grega tirados do ginásio, do estádio ou da oficina... Naqueles primeiros anos, portanto, uma década depois da crucificação de Jesus, a cultura rural da Palestina ficou para trás e a cidade greco-romana passou a ser o ambiente dominante do movimento cristão (1983, pp. 9 e 11). Deixo de lado, por enquanto, o fato de que o estrume fresco da zona rural provavelmente cheirava muito melhor e fazia muito menos mal à saúde humana que o fedor de cortiços e becos citadinos sem esgoto. Em vez disso, concentro-me na rapidez dessa passagem do aramaico para o grego, e dos povoados palestinenses para as cidades romanas. Minha pergunta é: Como *isso* aconteceu e aconteceu tão depressa – não mais de uma década depois da morte de Jesus? O problema não é como o cristianismo se espalhou de uma cidade romana para outra, mas como passou dos povoados galileus para as cidades romanas. Em outras palavras, afinal, de que maneira o cristianismo saiu desses povoados? Minha questão não é que Meeks devia ter procurado resolver esse problema da transição do povoado para a cidade. Enfatizo apenas que ela ainda está presente como problema e é esse problema que me interessa neste livro.

O segundo livro é *The rise of christianity:* a sociologist reconsiders history [O *crescimento do cristianismo:* um sociólogo reconsidera a história. São Paulo, Paulinas, no prelo.], de Rodney Stark, publicado em 1996, que estabelece uma distinção bastante clara entre seitas e cultos. "Os movimentos *sectários...* ocorrem por cisma dentro de um organismo religioso convencional, quando pessoas que desejam uma versão mais espiritual da fé separam-se para 'restaurar' a religião em um nível mais alto de tensão com o ambiente... Por outro lado, os movimentos *cultuais* não são simplesmente novas organizações de uma fé antiga: são *novas crenças*, novas pelo menos na sociedade que está sendo examinada" (p. 33). Além disso, as *seitas* atraem em especial os que "se não são sem recursos, são, no mínimo, de posição social inferior aos que se apegam ao organismo-mãe", mas os *cultos* "precisam obter recrutas entre os mais privilegiados" (pp. 33 e 34).

Essas distinções anteriores são preliminares a esta passagem: "Durante seu ministério, Jesus parece ter sido o líder de um movimento sectário dentro do judaísmo. Na verdade, até na conseqüência imediata da crucificação havia pouca coisa para separar os discípulos de seus companheiros judeus. No entanto, na manhã do terceiro dia aconteceu algo que transformou a seita cristã em movimento cultual. Os cristãos crêem que, nesse dia, Jesus ressuscitou dos mortos e durante os quarenta dias seguintes apareceu repetidas vezes a diversos grupos de seus seguidores. É desnecessário crer na ressurreição para perceber que, porque acreditavam nela, os apóstolos já formavam mais que apenas uma seita judaica. Levou tempo para o fato ser reconhecido plenamente (em parte por causa da imensa diversidade do judaísmo da época), mas, desde a ressurreição, os cristãos passaram a fazer parte de uma nova religião, religião essa que acrescentava demasiada cultura nova ao judaísmo para continuar a ser um movimento sectário interno. Como seria de esperar, o completo rompimento entre igreja e sinagoga levou séculos, mas parece claro que as autoridades judaicas de Jerusalém rapidamente classificaram os cristãos como hereges fora dos limites da comunidade, da mesma forma que hoje os partidários de Moon são excluídos das associações cristãs" (pp. 44-45).

Vejamos as qualificações necessárias para apoiar essa instantânea transformação de seita para culto: "Levou tempo para o fato ser reconhecido plenamente" e "o completo rompimento entre igreja e sinagoga levou séculos". Mas a questão central é esta: Essa transformação instantânea aconteceu? Como todos os envolvidos eram sectários judeus, não experimentavam ou descreviam algo dentro dos limites normais de pressupostos judaicos? Não é igualmente provável que a dupla atração (e dupla falta de atração) do cristianismo era como *seita* dentro do judaísmo, mas como *culto* fora do paganismo? No fim ele teria de se decidir por uma ou outro, mas isso aconteceu lenta e variadamente, em tempos e lugares diferentes, com etapas e processos divergentes. Mais uma vez nos movemos depressa demais, da mesma forma que com Meeks, de povoado para cidade, agora com Stark, de seita para culto. Mais uma vez, minha questão não é que Stark devia ter procurando resolver esse problema da transição de seita para culto. Enfatizo apenas que ela ainda está presente como problema e é esse problema que me interessa neste livro.

Esses dois casos ajudam-me a ver minha pergunta com mais clareza. Ei-la: *Que continuação discernimos entre os companheiros de Jesus antes e depois de sua execução?* Para os que estavam presentes antes da crucificação, como era estar presente depois dela? Como *eles* se sentiam no início dos anos 30? Que pistas nos deixaram para discernirmos em textos mais tardios? Que trajetórias criaram para examinarmos em documentos mais tardios? É isso o que quero significar com *primeira continuação*. É a continuação do antes para o depois, a continuação dos dois: o antes e o depois. Posso também expor o problema de maneira mais pessoal. Este livro é a seqüência mais próxima que posso imaginar e a continuação mais próxima que posso criar para minha obra anterior, O *Jesus histórico:* a vida de um camponês judeu do Mediterrâneo. Ele não se ocupa apenas com o Jesus histórico, nem só com as origens cristãs, mas com seu relacionamento e de como ocorreu a continuação dele, Jesus, para elas, origens, para os primeiros companheiros de Jesus. No entanto, há uma objeção óbvia: Como posso dizer alguma coisa sobre esses primeiros anos? Não é mais prudente passar, como Meeks, Stark e muitos outros fizeram, rápida e tranqüilamente para Paulo, e para o fim dos anos 30, os anos 40 ou os anos 50? Por que até mesmo tentar reconstruir essa continuação primordial? *Por quê?*

Capítulo 2

Reconstrução do cristianismo mais primitivo

Vou presumir que no ano 40 havia mil cristãos... 40% em cada década (ou 3,42% por ano) parece a estimativa mais plausível do ritmo no qual o cristianismo cresceu durante os primeiros séculos... Se nada mudou nas condições que sustentaram a taxa de crescimento de 40% em cada década, é melhor considerar a conversão de Constantino uma resposta à maciça onda exponencial em expansão, e não como sua causa... As projeções revelam que o cristianismo poderia facilmente ter alcançado metade da população [quase 34 de 60 milhões de pessoas] na metade do século IV, sem milagres nem conversões em massa. Até agora, os mórmons tiveram a mesma curva de crescimento e não temos conhecimento de que conseguissem conversões em massa.

Rodney Stark, *The rise of christianity* [*O crescimento do cristianismo*], pp. 5, 6, 10 e 14.

A epígrafe acima oferece um meio para reconstruir o cristianismo primitivo, pelo menos quanto à sua expansão numérica. A reconstrução depende, já se vê, de uma razoável exatidão desses primeiros números. Também usa dados sociológicos comparativos para verificar duas vezes a expansão, cotejada com paralelos contemporâneos. Deixo para outros decidirem se essas estimativas estão ou não corretas. Cito-as aqui simplesmente como exemplo de reconstrução. Mas, não importa como tenha sido feita e qual seja seu valor, é exemplo de reconstrução histórica, o que suscita, especialmente hoje, a pergunta seguinte: Por que o estudo histórico do nascimento do cristianismo é possível, válido e necessário?

História e narrativa

Uma jovem chamada Ann descreveu como, na terapia, recuperou a memória do terrível abuso satânico sofrido nas mãos dos pais e também descobriu que possuía múltiplas personalidades. Vídeoteipes e fotografias de família mostravam Ann, antes da terapia, como jovem animada e cantora de futuro promissor... "Não me importa se é ou não verdade", afirmou o terapeuta de Ann, Douglas Sawin. "Para mim, o importante é ouvir a verdade da criança, a verdade da paciente. É isso que é importante. O que realmente aconteceu é irrelevante". Quando lhe perguntaram sobre a possibilidade do relato de um cliente ser um delírio, Sawin não vacilou: "Todos vivemos em um delírio, só que mais ou menos delirante".

Daniel L. Schacter, *Searching for memory* [*Em busca da memória*], pp. 262-263.

Esqueçamos por um momento o Jesus histórico, as origens cristãs, a primeira continuação dele para elas, ou da vida dos companheiros de antes para depois da execução de Jesus. Pensemos em vez disso, na epígrafe acima. É um exemplo particularmente horrível, com certeza. É muito ruim se esse abuso aconteceu com Ann; é pior se aconteceu e nenhuma reparação foi possível. Mas certamente o pior é – para ela, para sua família, para sua sociedade – se seu terapeuta acha que a distinção entre fato e ficção, fantasia e história não tem, em absoluto, nenhuma importância. Relatando esse incidente, parte das recentes "guerras de memória" nos Estados Unidos, Schacter afirmou, em nota de rodapé, que a "'verdade histórica' ou objetiva... é importante quando, como no caso de Ann, uma ação de muitos milhões de dólares é movida contra os supostos perpetradores" (p. 344, nota 28). Mas, com certeza, mesmo para a terapia (ou *especialmente* para a terapia), e independente de litígios reais ou potenciais, há uma diferença suprema entre versões reais e ilusórias. E é necessário decidir qual é qual. A história *tem importância*. E a história é possível porque sua ausência é intolerável.

História não é o mesmo que narrativa. *Mesmo que toda história seja narrativa, nem toda narrativa é história.* Imaginemos este caso puramente hipotético. No tribunal, no julgamento de um homem acusado de duplo homicídio, a defesa e a acusação contam histórias muito diferentes. Em uma, o homem é um assassino que precisa ser condenado. Na outra, é um inocente que foi falsamente acusado. Os dois advogados são narradores muito competentes e agradáveis, mas só uma das histórias que narram é *história*. A outra é erro, ficção, invenção, mentira. No fim, quando sai do tribunal, o homem é ou um assassino libertado, ou um inocente falsamente acusado. Não pode ser ambos. Talvez nunca saibamos com certeza qual das versões é história-narrativa e qual é narrativa-narrativa. Mas sabemos que só uma versão está *correta*. E nossa decência, moralidade e humanidade exigem que *nunca* digamos que é tudo relativo, ponto de vista, fraude e interpretação, nem que, já que não podemos ter certeza, não tem a menor importância.

Eis minha definição prática de história: *História é o passado reconstruído interativamente pelo presente, por meio de argumentos comprováveis em apresentação pública.* Há ocasiões em que só podemos ter perspectivas alternativas sobre o mesmo acontecimento. (*Sempre* há perspectivas alternativas, mesmo quando não as ouvimos.) Mas a história como reconstrução pública argumentada é necessária para reconstruir *nosso* passado, a fim de projetar *nosso* futuro.

Volto agora, mas com esse pano de fundo, ao Jesus histórico e às origens cristãs. Aqui a objeção é mais aguda. Deixando de lado outros dados, temos quatro relatos do Jesus histórico: de Mateus, Marcos, Lucas e João. E todos eles nos falam sobre continuação do antes para o depois da crucificação (pelo menos sobre os primeiros dias). Do mesmo modo, temos quatro relatos do Tibério histórico, o imperador sob o qual Jesus foi crucificado – relatos de Veléio Patérculo,

Tácito, Suetônio e Díon Cássio. As narrativas canônicas são todas de autores anônimos que, embora nenhum conhecesse Jesus pessoalmente, escreveram antes do fim do século I. Os relatos imperiais foram escritos por um historiador do século I que, tenazmente, acompanhou Tibério nas campanhas germânica e panônica, e por três que escreveram nos séculos II e III. Se alguém salientar como Jesus aparece diferente em Marcos e João, é possível contrapor que também Tibério é diferente em Patérculo (que o venerava imensamente) e em Tácito (que odiava o ar que ele respirava). Além disso, sobre as origens cristãs temos os Atos dos Apóstolos, que descrevem o cristianismo mais primitivo, dos anos 30 a 60. Ali, com certeza, está a história que busco e tudo que tenho a fazer é lê-los com atenção e seriedade.

O problema é que, lenta mas seguramente, nos últimos duzentos anos de pesquisa erudita, aprendemos que os *evangelhos* são exatamente aquilo que, com franqueza e sinceridade, eles proclamam ser. Não são história, embora contenham história. Não são biografia, embora contenham biografia. São evangelho – isto é, boa-nova. *Boa* indica que a nova é boa do ponto de vista de alguém – por exemplo, na interpretação cristã, não na imperial. *Nova* indica que uma atualização periódica está envolvida. Indica que Jesus é constantemente transformado para novos tempos e lugares, situações e problemas, autores e comunidades. Os evangelhos foram escritos pela fé, para a fé e a partir da fé. Também aprendemos que Mateus e Lucas usaram Marcos como fonte. Assim, agora percebemos, ao comparar Mateus e Lucas com sua fonte marcana, a liberdade soberana com a qual os evangelistas adotaram e adaptaram, acrescentaram e omitiram, mudaram e criaram, as palavras e feitos do próprio Jesus. E se, como muitos estudiosos atualmente pensam, João depende desses três autores sinóticos, essa liberdade criativa é quase tão grande quanto seria possível imaginar. Aliás, essa palavra, *sinótico*, indica com que facilidade Mateus, Marcos e Lucas podem ser postos em colunas paralelas e vistos sinoticamente – isto é, em um relance. Além disso, o que agora separamos como evangelho de Lucas e Atos dos Apóstolos foi escrito originalmente como dois volumes do mesmo evangelho. Juntos – e eles *precisam* ser lidos juntos – narram como o Espírito Santo primeiro moveu-se com Jesus da Galiléia para Jerusalém; e depois moveu-se com os apóstolos de Jerusalém para Roma. Para Lucas-Atos, a boa-nova é que o Espírito Santo mudou o centro de atividades de Jerusalém para Roma. É evidente que o Espírito Santo não atravessou o Eufrates para o norte, nem o Nilo para o sul, mas apenas o Mediterrâneo para o oeste. Esses dois volumes, e um nem mais nem menos que o outro, são teologia em vez de história. Se queríamos jornalismo, o problema é *nosso*. Em vez disso, recebemos evangelho. Mas é toda essa compreensão da natureza do evangelho em geral, e das relações entre os evangelhos em particular, obtida a duras penas, que dá origem ao problema histórico. O que sabemos sobre Jesus e o cristianismo mais primitivo por intermédio da reconstrução histórica – isto é, por meio de argumentos comprováveis em demonstrações públicas?

Como já mencionei, quando escrevi O *Jesus histórico*, em 1991, não julguei necessário defender o valor daquela iniciativa. Considerei tal estudo parte estabelecida do panorama erudito. É claro que ainda penso assim, mas agora é também necessário dar razões. Depois de mais de vinte e cinco anos de estudo, vejo três razões pelas quais é necessária a pesquisa histórica, tanto da vida e morte de Jesus, como também daqueles primeiros dias, semanas, meses e anos do cristianismo mais primitivo.

A razão histórica

Na verdade, parece que a onda recente de tentativas de reconstituição da pessoa histórica de Jesus de Nazaré inadvertidamente refletiu um movimento que chegou ao auge no *Contract with America* [*Contrato com os Estados Unidos*] de Newt Gingrich. Há um movimento considerável, desde os passos muito cautelosos dos estudiosos alemães nas duas primeiras décadas depois da Segunda Grande Guerra, até a segurança dos últimos quinze anos, em especial nos Estados Unidos, o líder vitorioso do mundo capitalista. Talvez não por acaso, quase todas as principais obras recentes sobre o Jesus histórico foram produzidas por estudiosos norte-americanos.

Helmut Koester, *The historical Jesus and the cult of the Kyrios Christos* [*O Jesus histórico e o culto do Kyrios Christos*], p. 14.

A primeira razão é histórica e eu a proponho em debate com artigos recentes de Dieter Georgi e, em especial, de Helmut Koester. É o princípio de Mallory, mas aplicado a figuras históricas, não a montanhas elevadas. As pessoas escalam o Everest porque ele está ali; estudam Jesus porque ele está ali. Jesus e seus primeiros companheiros são figuras históricas e podem ser estudados historicamente por qualquer um que tenha competência. Isso exprime sobre os cristãos primitivos tanto quanto poderia indicar sobre Sócrates e seus adversários, sobre Júlio César e seus assassinos.

Naturalmente, há sempre uma dificuldade geral quando o presente contemporâneo examina o passado distante. Não é que sejamos tão diferentes *deles*, como se todos *nós* fôssemos um único *nós* unificado e todos *eles* fossem um único *eles* unificado. É provável que haja tanta divergência entre *nós* modernos quanto havia entre *eles* antigos. Dois indivíduos de locais diferentes em nosso mundo contemporâneo atual podem estar muito mais distantes um do outro que dois indivíduos de épocas diferentes nos mundos antigo e moderno. Esse não é o problema. O problema é que *nós* sabemos como tudo aconteceu, pelo menos desde aquela época até agora. *Nós* conhecemos o futuro do passado *deles*. Por exemplo, como reconstruiríamos a crucificação, *se* não conhecêssemos as descrições evangélicas, as visualizações artísticas, as celebrações musicais e dois mil anos de culto cristão? O que torna tudo igual, já se vê, é que *não* conhecemos o futuro de *nosso* presente. À medida que interiorizamos a ignorância de nossos predecessores do passado para o presente, tomamos consciência de nossa ignorância do presente para o futuro. Mas isso não é nada mais que o problema geral e a dádiva geral de toda história antiga.

Há também um problema especial quando estão envolvidas a crença ou a descrença religiosa, a dedicação ou a repugnância, o amor ou o ódio. Ao escrever há quase um século, quando a pesquisa sobre o Jesus histórico já estava em andamento, Albert Schweitzer dividiu os pesquisadores em *inimigos*, os que odeiam, e *amigos*, os que amam, "pois tanto quanto o amor, o ódio pode escrever uma *Vida de Jesus*" (1969, p. 4). Primeiro, descreveu os inimigos de Jesus e as obras deles: "As mais grandiosas [das *Vidas de Jesus*] foram escritas com ódio... Não tanto ódio da Pessoa de Jesus, como do nimbo sobrenatural com o qual era tão fácil cercá-lo e pelo qual ele, de fato, foi cercado. Ansiavam por representá-lo como verdadeiro e puramente humano, por despi-lo das vestes de esplendor com as quais ele foi adornado e vesti-lo novamente com os trajes grosseiros que ele usou para percorrer a Galiléia. E o ódio aguçou seu discernimento histórico. Avançaram no estudo desse tema mais que todos os outros juntos" (1969, p. 4). Ele se refere em especial a Hermann Samuel Reimarus, que viveu de 1694 a 1768, mas só foi publicado anonimamente depois que morreu. Refere-se também a David Friedrich Strauss, que viveu de 1808 a 1874 e foi publicado no início de sua carreira universitária – proeza que imediatamente encerrou-a. Em seguida, Schweitzer descreveu os amigos de Jesus: "Mas os outros, os que tentaram trazer Jesus à vida pelo chamado do amor, descobriram que ser honesto era tarefa árdua. O estudo crítico da vida de Jesus é uma escola de honestidade para a teologia... Foi auspicioso para esses homens que, às vezes, suas simpatias obscurecessem sua visão crítica, de modo que, sem serem insinceros, pudessem confundir nuvens brancas com montanhas distantes" (1969, p. 5). O ódio e o amor, a polêmica e a apologética, são alternativas inevitáveis para a pesquisa do Jesus histórico e, sendo assim, cada opção não prejudica as provas em direções iguais, mas opostas? Jesus foi recebido com crença e descrença, com aceitação e indiferença, com veneração e crucificação. Não é possível hoje isolar nenhuma dessas respostas e reconstruir como seria isolá-los há dois mil anos? O que ele disse e fez que gerou respostas tão divergentes?

Essas duplas dificuldades não invalidam as reconstruções. Só as dificultam. Mas coisas estranhas acontecem aos historiadores quando o assunto é Jesus. Basta um exemplo. Cito-o para enfatizar que, se a reconstrução histórica é, com freqüência, um campo minado, a reconstrução do *Jesus* histórico é só minas, sem campo.

Em artigo de 1992, Dieter Georgi aplicou a exegetas bíblicos o mesmo tipo de crítica histórica que nós próprios aplicamos regularmente a nossos textos antigos. Argumentou que as preocupações de Reimarus, por exemplo, não eram apenas idiossincrasias pessoais ou emocionais, mas eram impulsionadas por forças sociais e históricas fora, não só de seu controle, mas até de seu conhecimento. Que, porém, tudo começou muito antes de Reimarus, "na Europa meridional e ocidental dos séculos XI e XII". A partir desses momentos iniciais, "a teologia da vida de Jesus desenvolveu-se a seguir em estreita interação com a evolução socioeconômica e ideológica da burguesia européia, como um de seus motores e também como sua consciência. A formação de burgueses conscienciosos e responsáveis exigia um ideal capaz de inspirar e orientar indivíduos que representassem e moldassem a nova visão social. A teologia da vida de Jesus em expansão proporcionaria esse estímulo germinal" (p. 56). E esse ímpeto social continuou até meados e fim do século XX. "A origem da chamada Nova Busca [do Jesus histórico] no início da década de 1950, sua difusão um tanto explosiva, não só na Alemanha, mas também em todo o mundo, e sua duração prolongada eram, e ainda são, uma surpresa completa para o historiador, pelo menos superficialmente. Não houve novos métodos nem discernimentos metodológicos verdadeiramente novos, textos novos ou alguma outra nova prova histórica que tivesse relação direta com os problemas de autenticidade histórica da tradição de Jesus... Para a Nova Busca, o Reino de Deus continua central – o tema que desde a Idade Média permanece tão fértil para o desenvolvimento da consciência burguesa... Percebo a causa principal na contínua situação social e histórica de toda a busca do Jesus histórico, isto é, sua localização na evolução da consciência burguesa, não apenas como ideal, mas como expressão de um momento socioeconômico e político. A concomitância da Nova Busca com o fim do *New Deal* e a restauração da burguesia nos Estados Unidos e na Alemanha depois da Segunda Grande Guerra e dentro das fronteiras de uma comunidade burguesa do Atlântico voltada para o mercado não é acidental" (pp. 80, 82 e 83).

Dois comentários imediatos. Primeiro, não sei como uma tese tão radical poderia ser verificada ou falsificada. Tem a vantagem de não poder ser refutada e a desvantagem de não poder ser comprovada. Mas, em todo caso, mesmo que seja verdade absoluta, mostra simplesmente que fatores socioeconômicos e ênfases religiosas se interpenetram mutuamente. E isso é certamente correto. Segundo, a análise de Georgi permanece descritiva em vez de prescritiva. Seja o que for que pense da ascensão da classe média burguesa ou do desenvolvimento da pesquisa erudita sobre o Jesus histórico, sua análise é neutra no tom e imparcial na descrição. Suponho que, mesmo sendo sua análise totalmente correta, descrição não é acusação.

Helmut Koester aceitou o argumento de Georgi e ampliou-o para além da descrição, em direção à acusação. Primeiro, ele cita a conclusão de Georgi e concorda com ela: "A volta, depois da Segunda Grande Guerra, do interesse pela vida de Jesus pode, portanto, ser vista como conseqüência da restauração da ordem burguesa, na qual a vida de um indivíduo importante proporciona o modelo exemplar para sua justificação moral ou sua crítica, embora revolucionária" (1995, p. 14; compare 1994[b], p. 539). Aliás, se a pesquisa do Jesus histórico proporciona uma vida que *tanto* justifica moralmente *como* critica radicalmente os valores da classe média, com certeza vale a pena investigar como essa contradição é possível. É provável que o estudo dessa questão nos diga muita coisa sobre o Jesus histórico e o cristianismo mais primitivo, sobre nós mesmos como historiadores ou cristãos, e sobre tudo o mais envolvido nessas questões. Segundo, no texto que serve de epígrafe a esta seção, Koester amplia para seu contexto norte-americano contemporâneo o exame que Georgi faz da pesquisa do Jesus histórico. Não tenho certeza se entendo esse emprego, mas a associação com Newt Gingrich e o "Contrato com os Estados Unidos" não parece um elogio. Por fim, Koester conclui assim outro artigo recente: "Os problemas políticos, sociais e ambientais de nossa época não serão solucionados pela sempre renovada busca da personalidade exemplar de Jesus e sua sabedoria, a fim de legitimar a busca de perfeição e sucesso por parte do indivíduo. Um novo paradigma, para definir os perímetros de um novo mundo que não seja explorador e que também inclua as vozes de pessoas fora do mundo ocidental, acabará por nos libertar da busca do Jesus histórico. Pode parecer então que a comparação da proclamação paulina do fracasso divino no mundo de assuntos humanos, como momento decisivo da História, com o sucesso do imperialismo escatológico de Augusto seja tema de maior valor que a busca do Jesus histórico" (1994[b], pp. 544-545).

Isso está bastante claro e é muito correto sobre a proclamação paulina. Roma havia oficialmente crucificado Jesus com base no direito de executar legalmente conferido a um governador e imperialmente aprovado. Mas o Deus judaico da justiça cósmica estava do lado de Jesus e, portanto, contra Roma, apesar de toda a propaganda utópica desta última sobre a origem divina de Augusto, sua divinização pessoal e o estabelecimento por ele da fertilidade, prosperidade e paz romanas. Visões escatológicas divergentes estavam em conflito umas com as outras, o evangelho cristão em conflito com o evangelho romano. Koester está perfeitamente certo sobre isso. Mas por que colocar o Paulo histórico contra o Jesus histórico? E se a pesquisa do Jesus histórico não for sobre a "busca de perfeição e sucesso por parte do indivíduo", nem sobre a "personalidade exemplar" de Jesus, mas sim sobre o "novo mundo" do Deus judaico encarnado como justiça humana que se opõe ao Deus pagão encarnado como imperialismo romano? Por que, sendo nossa obrigação reconstruí-lo, colocar o Jesus histórico contra o Paulo histórico, como se não devêssemos reconstruí-lo?

No entanto, ao fazer estes comentários, estou profundamente cônscio de sensibilidades divergentes entre mim e Koester. Sou irlandês e católico romano; ele é alemão e luterano. Além disso, na década de 1940 vivemos em mundos bastante diferentes e eu estava em local muito mais seguro (mas não necessariamente mais respeitável), o lugar protegido de um império rejeitado. Isso não faz um de nós certo e o outro errado, mas nos dá sensibilidades religiosas, políticas e autobiográficas diferentes. Não empreendo a pesquisa do Jesus histórico como busca da "grande personalidade humana ou mesmo sobre-humana" (1992, p. 13), nem pela "'singularidade' das palavras e do ministério de Jesus" (1994[b], p. 541). Também não vejo, como Koester vê, o fantasma de Hitler inevitavelmente assombrando esse estudo. Como exemplo, ele rejeita a expressão "movimento de Jesus" com esta comparação explícita: "A palavra 'igreja' parece ter conotações muito negativas; hoje, 'movimento' parece ser preferível. Não posso deixar de me lembrar que Hitler e os socialistas nacionais davam a suas atividades o nome de 'movimento'" (1992, p. 6, nota 14). E, outra vez, mais tarde, ainda mais incisivamente: "A palavra 'movimento' tem implicações políticas problemáticas – podemos recordar o [movimento nazista]... E Schüssler Fiorenza... usa a designação 'movimento de Jesus' em todo o seu livro [*In memory of her* (*Em memória dela*)] e o caracteriza como 'um movimento de renovação judaico interno'" (1994[a], p. 544 e nota 19). Pergunto, para outros menos envolvidos responderem: É essa associação de *movimento* nazista e *movimento* de Jesus um comentário justo ou mesmo decente?

Por fim, confesso suspeitar dos que insistem que Jesus não pode ser reconstruído historicamente. E também tenho dúvidas, quer essa asserção seja feita aberta e inicialmente, quer seja a conclusão implícita da relação de todas as dificuldades envolvidas. Por que, entre todas as figuras históricas, só Jesus está tão coberto por uma nuvem de desconhecimento e um manto de invisibilidade protetora? Essa asserção de agnosticismo histórico parece apenas um modo negativo para assegurar posição singular e dignidade transcendental. Se Jesus não passa de uma figura igual a Zeus, a reconstrução histórica é obviamente absurda. Se Jesus não passa de uma figura igual a Hamlet, a reconstrução histórica é igualmente absurda. O primeiro vive apenas nos mitos, o segundo só na literatura. Jesus talvez viva nessas duas esferas, mas também viveu na história. Ou essa, pelo menos, é a primeira pergunta histórica a ser feita a seu respeito.

A RAZÃO ÉTICA

> O que o historiador ou exegeta não deve esperar da pesquisa histórica é que ela decida quais são realmente as questões filosóficas (por exemplo, se de fato existem milagres) ou teológicas (por exemplo, se Deus agiu mesmo num "milagre" em particular, despertando, assim, a fé das pessoas). Essas questões, apesar de importantes, simplesmente estão além do âmbito da história propriamente dita.
>
> John P. Meier, *Um judeu marginal:* repensando o Jesus histórico, v. I, p. 220.

A segunda razão é ética e eu a proponho em debate com a extensa obra em andamento de John Meier sobre o Jesus histórico. Essa razão ética opera em dois níveis diferentes, mas interligados. Um nível diz respeito ao modo de reconstruirmos, como historiadores, e se concentra no presente. O outro diz respeito ao modo de crermos, como cristãos, e se concentra no passado. Juntos, dizem respeito à ética da interpretação pública do passado.

Se evangelho fosse parábola, com Jesus desafiando nossa fé como faz o bom samaritano, esta razão não se imporia. Se evangelho fosse teologia, com Jesus falando como sabedoria divina do trono de Deus, esta razão não se imporia. Mas o cristianismo sempre reivindicou uma base histórica, por isso esta razão se impõe. Quando, em nossos evangelhos, *os evangelistas* fazem e *nós* lemos declarações históricas, e quando *eles* fazem e *nós* lemos declarações teológicas? As palavras grifadas fundamentam o duplo aspecto de minha razão ética para a pesquisa do Jesus histórico.

Dou um único exemplo, a respeito da concepção divina de Jesus como uma situação típica que ajuda a formular o problema geral. A respeito da historicidade desse relato, John Meier concluiu: "Considerada isoladamente, a pesquisa histórico-crítica simplesmente não tem acesso às fontes e aos instrumentos que levem a uma decisão final sobre a historicidade da concepção virginal, conforme narrada por Mateus e Lucas. A aceitação ou rejeição da doutrina será grandemente influenciada pelos pressupostos filosóficos e teológicos de cada um, assim como pelo valor que se dá aos ensinamentos da Igreja. Ainda uma vez, devemos nos lembrar das limitações inerentes à crítica histórica: trata-se de um instrumento útil, contanto que não esperemos demais dela" (v. I, p. 222). Essa serena disjunção deixa-me muito apreensivo. Dizer que Jesus é divino ou Filho de Deus está teologicamente além do alcance da prova ou da refutação históricas. Isso me parece absolutamente correto. É questão de fé – isto é, da interpretação do sentido da história, com base na teologia. Mas dizer que ele não tinha pai terreno e que Maria o concebeu virginalmente é declaração histórica sujeita, em princípio, a prova ou refutação. São questões de fato e estão abertas à discussão histórica.

A concepção de Jesus é narrada pelo evangelista Lucas, que escreveu nos anos 80 do século I. É um milagre de conjunção divina e humana, uma criança concebida de pai divino e mãe humana. Ocorre sem a participação de pai humano:

> No sexto mês, o anjo Gabriel foi enviado por Deus a uma cidade da Galiléia chamada Nazaré, a uma virgem desposada com um varão chamado José, da casa de Davi; e o nome da virgem era Maria. Entrando onde ela estava, disse-lhe: "Alegra-te, cheia de graça, o Senhor está contigo!" Ela ficou intrigada com essa palavra e pôs-se a pensar qual seria o significado da saudação. O Anjo, porém, acrescentou: "Não temas Maria! Encontraste graça junto de Deus. Eis que conceberás no teu seio e darás à luz um filho, e tu o chamarás com o nome de Jesus. Ele será grande, será chamado Filho do Altíssimo, e o Senhor Deus lhe dará o *trono de Davi*, seu pai; ele *reinará* na casa de Jacó *para sempre*, e o seu reinado não terá fim". Maria, porém, disse ao Anjo: "Como é que vai ser isso, se eu não conheço homem algum?" O anjo lhe respondeu: "O Espírito Santo virá sobre ti e o poder do Altíssimo vai te cobrir com a sua sombra; por isso o *Santo* que nascer *será chamado* Filho de Deus".
> (Lc 1,26-35)

Esse texto faz afirmações que são históricas, que são empiricamente verificáveis, pelo menos em parte e em princípio. Fala não apenas de Deus, mas de uma mulher, Maria, que pertence a esta terra e à sua história. Como o historiador reage? Uma reação é insistir que qualquer negação é exatamente tão teológica quanto qualquer afirmativa, e que nenhuma é historicamente aceitável. A reconstrução histórica precisa ficar muda diante dessas afirmações transcendentais. Estão além da verificação ou falsificação histórica e a reação apropriada é deixá-las de lado historicamente, sem afirmá-las nem negá-las. A outra reação é argumentar que nunca houve prova empírica adequada para essas afirmações em toda a história passada ou presente e que essa narrativa, e outras como ela, não devem ser entendidas de forma literal. Esta reação também afirma certas realidades físicas consistentes para as quais as exceções deveriam ser publicamente comprovadas, em vez de privadamente asseguradas. Abstenha-se por enquanto de qualquer decisão entre as duas posições e leia esta segunda narrativa.

No livro *Vida dos Césares*, escrito durante o primeiro quarto do século II, o historiador romano Suetônio relata a concepção de Otávio, futuro Augusto. Esta concepção divina aconteceu mais de meio século antes da de Jesus. Enquanto se prepara para narrar a morte do imperador, Suetônio faz uma pausa para registrar os presságios que indicavam seu grande destino no nascimento e na vida, bem como na morte. Eis como sua mãe, Ácia, o concebeu (Rolfe, v. 1, pp. 264-267):

> Quando Ácia veio no meio da noite para o serviço solene de Apolo, sua liteira foi colocada no templo e ela caiu no sono, enquanto as outras matronas também dormiam. De repente, uma serpente deslizou até ela e logo depois foi embora. Quando acordou, ela se purificou, como depois dos abraços do marido, e imediatamente apareceu-lhe no corpo certa marca em cores igual a uma

serpente da qual ela não conseguiu se livrar; por isso, logo ela deixou de ir aos banhos públicos. No décimo mês depois disso, Augusto nasceu e foi, assim, considerado filho de Apolo.

(Augusto divinizado 94,4)*

Augusto nasceu de uma concepção milagrosa pela conjunção divina e humana de Apolo e Ácia. Como o historiador reage a essa narrativa? Há alguém que a entenda literalmente ou mesmo coloque de lado suas afirmações transcendentais como estando além do julgamento histórico ou do teste empírico? Os historiadores clássicos, mesmo os mais religiosos, não costumam fazer isso. Essa divergência cria um problema ético para mim. Todas essas concepções divinas, de Alexandre a Augusto e de Cristo a Buda, devem ser aceitas, ou literal e milagrosamente, ou metafórica e teologicamente. Não é moralmente aceitável dizer direta e abertamente que nossa narrativa é verdade, mas a dos outros é mito; a nossa é história, mas a dos outros é mentira. É ainda menos moralmente aceitável dizê-lo indireta e veladamente, ideando estratégias defensivas e protetoras que se aplicam só à nossa narrativa.

Esse, então, é meu problema e eu repito que é um problema ético. O racionalismo, anticristão ou puro, diz que certas coisas não podem acontecer ou (mais sensatamente) não acontecem. Estão tão além das realidades consistentes, publicamente verificáveis ou objetivamente comprováveis de nosso mundo que, seja qual for seu valor como mito ou parábola, fábula ou conto, não devem ser entendidas como fato, acontecimento ou história. É fácil, já se vê, ridicularizar esse ataque, mas todos nós o seguimos em nossa vida diária, em especial onde outros estão envolvidos. (Qual é sua opinião sobre alienígenas ou Elvis?*) O racionalismo pró-cristão ou matizado admite que esses mesmos tipos de acontecimentos *geralmente* não ocorrem, mas insiste que, em um caso absolutamente único, ocorreram. Uma concepção divina e uma ressureição corporal, por exemplo, aconteceram literalmente só uma única vez em toda a história do mundo. Com Jesus. Quando os cristãos, *enquanto historiadores*, excluem de discussões ou tiram de debates esses acontecimentos específicos, mas não todas essas outras afirmações semelhantes, passadas e presentes, fazem algo que considero contra a ética. Mas isso levanta o segundo aspecto de meu problema ético.

Sabemos, pelos exemplos citados e dezenas como eles, que os cristãos mais primitivos viviam em um mundo ainda não transtornado pelo racionalismo (quer seja total ou parcial), um mundo em que as concepções divinas eram bastante aceitáveis, onde, de fato, o divino e o humano, o eterno e o temporal, céu, terra e Hades eram maravilhosamente permeáveis e abertos uns aos outros. *Eles* jamais poderiam argumentar que Jesus era singularmente único porque a concepção divina aconteceu só para ele em todo o mundo. Não poderiam e não argumentaram. Esse é o segundo e mais fundamental aspecto do problema ético. Quando *nós os* lemos dizendo que o Jesus histórico é singularmente único e que tais eventos aconteceram só com ele, *nós os* estamos interpretando erroneamente. Mas deixe-me ser bem claro: eles *faziam* afirmações

---

* O autor se refere aqui à crença na ressureição de Elvis Presley, existente entre alguns de seus fãs nos Estados Unidos (N.R.).

relativas ao Jesus deles e essas afirmações *eram* comparadas e postas em contraste com todas aquelas outras afirmações. Esse era precisamente seu propósito. Onde, perguntavam eles, *você* encontra o divino presente de modo especial, particular ou mesmo único? É, por exemplo, em Augusto, imperador romano sustentado por fabulosa riqueza colonial e maciço poder militar, ou em Jesus, uma criança camponesa judaica, pobre bastante para nascer no estábulo de outrem? Onde *você* encontra seu Deus? Escolha.

Não vivemos sem ideologia (ou, se preferirmos, teologia) de grupo, mas precisamos saber mantê-la em dialética com as provas públicas – isto é, se fizermos reivindicações a respeito desses dados. Minha posição como um historiador que procura ser ético, e um cristão que procura ser fiel, é esta: não aceito a concepção divina *nem* de Jesus *nem* de Augusto como história real, mas *creio* que Deus encarnou-se na pobreza camponesa judaica de Jesus e não no poder imperial romano de Augusto.

A razão teológica

Se pode ser demonstrado que Jesus fez duas coisas diferentes, então não é correto entender essas coisas à luz uma da outra, como se fossem mutuamente explicativas. A razão para isso é clara: não temos conhecimento de todas as outras coisas que Jesus disse e fez, que proporcionam o único contexto real para a interpretação de feitos e ditos específicos.
Luke Timothy Johnson, *The real Jesus* [O Jesus real], p. 130.

A terceira razão é teológica e proponho-a em debate com a obra de 1996, de Luke Timothy Johnson, *The real Jesus*. Contudo, precisamente para responder a esse livro, proponho tal debate como um cristão a outro cristão e dentro do modelo específico dos próprios evangelhos neotestamentários. Todavia, este debate também é de interesse para quem tenha absorvido suficiente dualismo individual para pensar em espírito-alma que reside em corpo-carne, como em uma adorável casa confusa, um quarto desmantelado de hotel de motoristas ou uma horrível cela de prisão. Para mim, essa é a razão mais importante para a necessidade da pesquisa do Jesus histórico. Proponho-a como um desafio dentro da fé cristã, dentro do cânon cristão e dentro da teologia cristã. Baseia-se, de maneira bastante deliberada e conservadora, na natureza dos evangelhos *canônicos*.

O livro de Luke Timothy Johnson, *The real Jesus*, afirmou, como dizia seu subtítulo, que a "busca do Jesus histórico" era "mal orientada" e negava a "verdade dos evangelhos tradicionais". Johnson alegou, primeiro, que o "real" estendia-se muito além do "histórico" e jamais poderia ser plena ou apropriadamente entendido pelas limitadas estratégias da história. Isso é absolutamente verdade, mas – sendo verdade a respeito de todos em geral – não é relevante para ninguém em particular. Em debate televisionado do Trinity Institute de New York, em 1º de maio de 1996, por exemplo, Johnson disse que, como real, sua esposa excedia o que ele podia conhecer sobre ela como história. Nesse sentido onisciente, já se vê, não conhecemos nem mesmo nosso eu "real". Mas a palavra "real" vem da propaganda, não da erudição – A coca-cola é que é real – e foi calculada para impossibilitar o debate. O mesmo acontece com a estipulação que a realidade de *todo* ser humano supera em muito o que pode ser conhecido publicamente ou demonstrado historicamente. Prefiro retirar a frase "Jesus *real*" e retornar ao que a erudição sempre discutiu: o "Jesus *histórico*" – isto é, *o Jesus passado reconstruído de maneira interativa pelo presente, por meio de argumentos comprováveis em demonstração pública.*

Johnson afirmou, em seguida, que o "bom método histórico" demonstrava "que Jesus existiu como algo mais que um personagem de ficção – a simples produção da literatura antiga que o interpreta e a ele se refere basta para mostrar isso –, mas podemos ter confiança sobre questões fundamentais como o tempo e o lugar de sua atividade e a maneira de sua morte, além de alguns indícios quanto ao caráter de sua atividade" (pp. 117 e 126). Mas, em seguida, Johnson nega validade ao ato de "recuar a estrutura" que ele acabou de defender e, no processo, nega a possibilidade não só da reconstrução do Jesus histórico, mas, com efeito, de toda a história passada e até presente. Tome a sentença bastante representativa na epígrafe citada. Ela nega a validade não só da reconstrução histórica, mas também de tudo o mais, do conhecimento cotidiano comum à decisão jurídica crucial. Na reconstrução histórica, apresentamos nosso melhor argumento público de que certos feitos, palavras, acontecimentos ou ocorrências podem ou devem ser legitimamente relacionados entre si a fim de entendermos o que aconteceu. (O acusado disse que mataria a vítima, foi visto saindo da casa dela depois de sua morte, tinha sangue no carro...) Isso é verdade para estudiosos que reconstroem um acontecimento passado, da mesma forma que para jurados que decidem sobre uma culpa atual. E nenhuma incerteza epistemológica exclui a necessidade ética desses julgamentos. Nunca sabemos tudo, nem do passado e nem do presente, nem dos outros e nem de nós mesmos. Contudo, não temos escolha, nem sequer (ou em especial) em meio a tanta incerteza e insegurança, a não ser reconstruir o passado que servirá de base para nosso futuro pré-construído.

Porém, como Johnson argumenta como cristão e católico romano, respondo-lhe, em última análise, não só com essas generalidades anteriores, mas também com uma contraproposta teológica e canônica de três etapas.

Uma quádrupla tipologia dos evangelhos

Peço-lhe primeiro que considere quatro tipos diferentes de evangelhos, quatro maneiras diferentes de narrar a história de Jesus no cristianismo primitivo. Não é o caso dos quatro evangelhos diferentes – Mateus, Marcos, Lucas e João – no cânon neotestamentário atual. É, antes, o caso de quatro *tipos* diferentes, com os quatro evangelhos canônicos pertencendo apenas a um único tipo. Três preliminares: Primeiro, uso deliberadamente uma palavra um tanto vaga, *tipos*, em vez de um termo mais preciso, *gêneros*, porque pode haver vários gêneros diferentes envolvidos em determinado tipo. Segundo, essa tipologia enfatiza não só o conteúdo, mas também, de modo ainda mais especial, a forma e, na verdade, o ponto onde a forma é o conteúdo, onde o meio é a mensagem. Por último, não é significativo para esta minha consideração se determinado texto chama ou não a si mesmo, explicitamente, de evangelho. O importante é que tipo de texto é usado para narrar a história de Jesus como boa-nova. Dou a cada tipo um título descritivo.

Evangelhos de sentenças

O primeiro tipo, *evangelhos de sentenças*, abrange primordialmente coleções das palavras de Jesus. Em geral, estas consistem em aforismos, parábolas e diálogos sucintos. Na medida em que estão presentes, os incidentes enfatizam a palavra, não a ação. Há, por exemplo, poucas histórias de milagres, nenhum conto de nascimento, nenhuma narrativa de paixão e nenhuma aparição de ressuscitados. Os exemplos clássicos de meados do século I (sobre os quais falaremos muito mais, posteriormente) são o *Evangelho* Q e o *Evangelho de Tomé*. O primeiro é uma *fonte escrita hipotética* descoberta durante o século XIX nos evangelhos de Mateus e Lucas. O segundo é um *documento escrito concreto* descoberto no século XX, nas areias do Egito.

Evangelhos biográficos

O segundo tipo, *evangelhos biográficos*, é representado pelos quatro evangelhos canônicos. Enfatizo não só que há quatro, mas também que todos pertencem a um mesmo tipo. Neste conjunto, Jesus é localizado no fim da década de 20 de sua pátria judaica do século I, mas é também atualizado para falar a novas situações e comunidades dos anos 70, 80 e 90 ou para nelas atuar direta e imediatamente. Há uma soma de Jesus-naquele tempo e Jesus-agora, sem nenhuma distinção de Jesus-disse-naquele tempo, mas Jesus-tem-em-mira-agora. Em Marcos, por exemplo, Jesus confessa e é condenado, enquanto Pedro nega e é perdoado, mas esses fatos específicos – datados digamos, do ano 30 – falam diretamente e foram criados precisamente para uma comunidade perseguida no ano de 70. *Você devia ter-se comportado como Jesus*, diz a mensagem, *mas ainda que se tenha comportado como Pedro, ainda há misericórdia e perdão do próprio Jesus*. Essas adições explicam por que os quatro evangelhos canônicos vieram a ser tão diferentes, embora copiados uns dos outros. Na verdade, podemos bem imaginar por que os cristãos primitivos conservaram os quatro, já que qualquer um desses cristãos podia ver as diferenças bastante óbvias. Porém a razão fica mais clara quando consideramos o tipo seguinte.

Evangelhos discursivos

O terceiro tipo, *evangelhos discursivos*, começa onde o tipo anterior termina. Enquanto os *evangelhos biográficos* relatam pormenorizadamente a vida de Jesus e concluem com sua ressurreição, os *evangelhos discursivos* começam depois da ressurreição e prosseguem dali. Jesus aparece aos discípulos e a narrativa continua em um misto de monólogo e diálogo, de perguntas e respostas entre eles e ele. Bastam dois exemplos.

O primeiro exemplo, de fins do século I e início do II, é o *Apócrifo de Tiago*, de um códice descoberto em Nag Hammadi (I,2) em 1945 (*NHLE* 30-37):

> Os doze discípulos [estavam] todos sentados juntos e recordavam o que o Salvador havia dito a cada um deles, quer em segredo, quer abertamente, e [colocavam-no] em livros – [Mas eu] escrevia o que estava em [meu livro] – Eis que o Salvador apareceu [e depois] afastou-se de [nós, enquanto] o fitávamos. E quinhentos e cinqüenta dias depois que ele ressurgiu dos mortos, nós lhe dissemos... Mas Jesus disse... Todos responderam... Ele disse... [etc.]
>
> (*Apócrifo de Tiago* 2,9-29)

Nos *evangelhos discursivos*, Jesus ressuscitado fala e os discípulos, em especial Pedro e Tiago neste caso, fazem perguntas. Todavia, o aspecto notável não é apenas esse fenômeno de diálogo ou discurso, mas também o fato de tudo acontecer depois da ressurreição.

O segundo exemplo também está colocado após a ressurreição, mas agora Bartolomeu, Maria, Mateus, Filipe e Tomé fazem as perguntas. É *A sofia de Jesus Cristo*, também de Nag Hammadi (III,4) e datada da segunda metade do século I (*NHLE* 222-223):

> Depois que ele se elevou de entre os mortos, quando seus doze apóstolos e as sete mulheres (que) o seguiam haviam ido à Galiléia, sobre a montanha... se manifestou o Salvador, não sob seu aspecto inicial, mas sob (o aspecto do) Espírito invisível. E seu aspecto era o de grande anjo de luz... E ele disse: "Paz a vós! Eu vos dou a minha paz!" Eles ficaram tomados de surpresa e com medo. O Salvador sorriu e lhes disse... Filipe disse... O Salvador disse... [etc.]
>
> (*A sofia de Jesus Cristo* 90,14–92,6)

Se os *evangelhos biográficos* nos dão vinte capítulos anteriores à ressurreição, os *evangelhos discursivos* nos dão vinte posteriores.

Evangelhos biográfico-discursivos

O título dado ao quarto e último tipo, *evangelhos biográfico-discursivos*, enfatiza seu aspecto polemicamente híbrido. Mais uma vez, bastam dois exemplos. Todavia o conteúdo deles é muito diferente. O primeiro é a *Epistula apostolorum* (ou *Epístola dos apóstolos*). A parte discursiva deste documento é muito mais longa que a parte biográfica, mas a epístola tenta, por assim dizer, incluir o discurso na biografia. O segundo exemplo é *A pregação evangélica de João*. Sua parte biográfica é um pouco mais longa que a parte discursiva, mas procura, digamos, pôr a biografia no discurso.

A obra grega de meados para fins do século II, *Epistula apostolorum*, que agora só existe em tradução copta razoavelmente antiga e em tradução etíope bastante tardia (*NTA* 1,252-278), dedica nove de suas 51 unidades atuais à biografia: *Epistula apostolorum* 3-12a resume em rápido esboço os relatos evangélicos canônicos das palavras e ações, vida e morte, sepultamento e ressurreição de Jesus. Esse esboço é, na verdade, um catálogo de milagres. Começa com a concepção virginal e o nascimento em Belém, menciona Jesus aprendendo as letras, mas já sabendo-as, e depois prossegue relatando as histórias das bodas em Caná, da mulher com uma hemorragia, do exorcismo dos demônios que foram para a manada de porcos, da caminhada sobre as águas e da multiplicação dos pães e peixes. Conclui com a crucificação sob Pôncio Pilatos e Arquelau (Antipas?), o sepultamento, as mulheres no sepulcro (e as aparições de Jesus a elas), a descrença dos discípulos e, por fim, a aparição de Jesus a eles, apesar das dúvidas de Pedro, Tomé e André. Nessas poucas passagens a vida e morte de Jesus é rapidamente resumida.

Mas todo o resto – *Epistula apostolorum* 13-51 – é um diálogo pós-ressurreição com repetidas conversas entre Jesus ressuscitado ("ele disse") e os apóstolos ("nós dissemos"). Aqui, em 12a, está o ponto em que o *evangelho biográfico* transforma-se suavemente em *evangelho discursivo* (*NTA* 1,256):

> Mas nós o [tocamos] para realmente saber se ele [ressuscitara] na carne, e caímos com o [rosto] em terra, confessando nosso pecado de termos sido [des]crentes. Então o Senhor nosso redentor disse: "Levantai-vos e eu vos revelarei o que está acima do céu e o que está no céu e o vosso repouso que está no Reino do céu. Pois meu [Pai] deu-me o poder de elevar- vos e aos que crêem em mim... Nós respondemos... Então ele respondeu... Nós dissemos... [etc.]
>
> (*Epistula apostolorum* 12)

Em *Epistula apostolorum* 31-33 Jesus até prediz que Paulo perseguiria a Igreja, se converteria e seria apóstolo dos pagãos. A passagem discursiva é toda entre Jesus e os discípulos como um coral "nós", sem nenhum indivíduo destacado para fazer as perguntas.

O segundo exemplo deste tipo híbrido é uma fonte do início do século II, em geral chamada de *A pregação evangélica de João*, agora inserida nos *Atos de João* 87-105 (*NTA* 2,179-186). É um lindo texto que junta esses dois tipos de uma forma extraordinária.

Na primeira parte, *Atos de João* 88b-96, a vida terrena de Jesus é resumida, mas com ênfase na irrealidade de seu corpo. Essa irrealidade é demonstrada por quatro pontos, mencionados duas vezes cada um (*NTA* 2,180-181). Primeiro, o corpo de Jesus é polimorfo e em constante mutação. Os filhos de Zebedeu vêem Jesus na praia, mas, a princípio, Tiago vê uma "criança", e João vê um "homem... atraente, formoso e bem disposto". Mais tarde, ao ancorarem o barco, João vê Jesus "um tanto calvo, mas com espessa barba ondulada", e Tiago agora vê "um jovem com a barba despontando". Segundo, João "sempre viu os olhos de Jesus abertos, nunca fechados". Uma noite, de fato, enquanto fingia dormir, João viu "outro como ele vindo em direção" a Jesus. Terceiro, o corpo de Jesus era pequeno e também enorme. "Às vezes ele se mostrava a mim como homem pequeno sem boa aparência e, então, outra vez, como se alcançasse o céu". Assim por exemplo, no monte da Transfiguração, "a cabeça" de Jesus "esticou-se até o céu", mas quando ele se virou, "parecia um homem pequeno". Quarto e último, o corpo de Jesus "tinha outra (propriedade) estranha; quando eu me reclinava à mesa, ele me atraía ao seio e eu o abraçava (apertado); e, às vezes, seu seio me parecia suave e macio, mas outras vezes duro como um rochedo". E, novamente, uma segunda vez: "Eu vos narrarei outra glória, irmãos; às vezes, quando eu pretendia tocá-lo, encontrava um corpo sólido, material; mas em outras vezes, quando eu o apalpava, sua substância era imaterial e incorpórea, como se, em absoluto, não existisse".

A segunda parte, *Atos de João* 97-101, refere-se à própria crucificação. E, neste evangelho, em conseqüência daquela irrealidade corpórea, não é a realidade de Jesus que sofre e morre, a não ser, João insiste, de maneira simbólica (*NTA* 2,184-185):

> E, assim, eu o vi sofrer e não acompanhei seu sofrimento, mas fugi para o monte das Oliveiras e chorei pelo que se passou. E quando ele pendia (na Cruz), na sexta hora do dia, trevas desceram sobre toda a terra. E meu Senhor ficou no meio da gruta e a iluminou e disse: "João, para o povo lá embaixo, em Jerusalém, estou sendo crucificado e perfurado com lanças e flechas e me dão vinagre e fel para beber. Mas falo contigo e ouve o que eu falo. Pus em tua mente subir a esta montanha para que ouças o que um discípulo deve aprender com seu mestre e um homem de Deus".
>
> (*Atos de João* 97)

Isso soa como se o Jesus pós-ressurreição iniciasse um evangelho do tipo discursivo padrão, mas, neste caso, pré-pascal e pós-pascal não têm sentido, pois há um só Jesus, que *é* e também *não é* eternamente encarnado. A explicação de Jesus insiste nesse paradoxo (*NTA* 2,186):

> Ouves falar que eu sofri, contudo não sofri; e que não sofri, contudo sofri; e que fui perfurado, contudo não fui ferido; que fui pendurado, mas não fui pendurado; que o sangue fluiu de mim, contudo não fluiu; e, em uma palavra, que o que dizem de mim, não suportei, mas que o que não dizem, essas coisas eu sofri.
>
> (*Atos de João* 101)

Há, Jesus explica, duas cruzes: a Cruz de Madeira, sobre a qual sua irrealidade sofreu, e a Cruz de Luz, sobre a qual sua realidade continua a sofrer. A primeira é a paixão transitória do corpo. A segunda é a paixão permanente de Deus. Deus foi, por assim dizer, desmembrado, e suas partes, como fragmentos de luz, espalhadas em corpos aqui na terra. Até que todos esses membros voltem para casa, Deus sofre, empalado, por assim dizer, em uma Cruz de luz.

A terceira parte, *Atos de João* 102-104, começa com a ascensão de Jesus: "[E]le foi elevado, sem que ninguém da multidão o visse". João então conclui com um comentário pessoal. Seu princípio interpretativo básico é este: "Guardei esta única coisa com firmeza em minha (mente): que o Senhor realizou tudo como símbolo e dispensação para a conversão e salvação do homem". Daí esses extraordinários paradoxos citados: Jesus não sofreu realmente na Cruz (de Madeira), mas sempre sofre na Cruz (de Luz). E o primeiro é o símbolo do segundo. De modo semelhante, diz João, a perseguição atual de nosso corpo é importante como símbolo da perseguição de nosso espírito; a primeira nos coloca em uma Cruz de Madeira, mas estamos sempre com Deus em uma Cruz de Luz. Somos sempre parte da paixão de Deus. Por isso esta conclusão de profunda beleza e terrível pungência (*NTA* 2,186):

(Adoremos) aquele que foi feito homem (separado) deste corpo. E vigiemos, pois, mesmo agora, ele está próximo, em prisões por amor de nós e em túmulos, em grilhões e calabouços, em exprobrações e insultos, por mar e em terra firme, em tormentos, sentenças, conspirações, intrigas e castigos, em uma palavra, está com todos nós e sofre com os sofredores, (meus) irmãos... pois é o Deus dos que estão presos e, por sua compaixão, nos traz ajuda.

(Atos de João 103)

Para um leitor atual, essa versão evangélica talvez pareça muitíssimo estranha, mas essa mesma estranheza revela com absoluta clareza o que está em jogo na tipologia quádrupla.

Uma guerra de tipos de evangelhos

Essa tipologia quádrupla é não um plácido inventário de possibilidades evangélicas, mas sim uma guerra de tipos de evangelhos. Para entender essa guerra, no centro da qual está o conflito entre *evangelhos biográficos e evangelhos discursivos*, é preciso já ter conhecimento de um debate ainda mais fundamental e antigo.

Primeiro, em grande parte do pensamento antigo havia uma profunda brecha, entre, de um lado, o corpo, a carne, ou o mundo material e, do outro, a alma, o espírito, ou o mundo imaterial. Há um problema imediato com o estabelecimento de *termos* apropriados para essa disjunção, para as perspectivas dos que a aceitavam e para as perspectivas dos que a rejeitavam. Por isso, no que segue, insisto na importância primordial de *conceitos* em vez de apenas *termos*. Mas, como deve ser lembrado, quando este assunto foi mencionado pela primeira vez no prólogo, propus os termos *sarcofobia* e *sarcofilia* para essas sensibilidades opostas. O ponto de vista contrário ao corpo, a disjunção corpo contra espírito, ou a sensibilidade sarcofóbica envolvia um espectro da carne como irrelevante ou sem importância para o espírito, através da carne como impedimento ou distração para o espírito, para a carne como inimiga ou maligna para o espírito. Em um extremo do espectro havia uma antropologia filosófica que negava a carne como a distração aderente ou queda degradante do espírito. No outro extremo do espectro estava uma cosmologia mítica que negava a carne como a narcose embrutecedora ou a adversária maligna do espírito. O ponto de vista favorável ao corpo, união de corpo e espírito ou sensibilidade sarcófila opunha-se a esse espectro em qualquer ponto que fosse apropriado para debate.

Segundo, havia outro pressuposto baseado no precedente. Alguns modernos talvez vivam em um mundo onde imortal e mortal, celeste e terreno, divino e humano estão transcendentalmente separados uns dos outros. Em geral, isso não acontecia com os antigos. Seu mundo era povoado de deuses, deusas e espíritos que assumiam formas e imagens divergentes, que punham corpos e os mudavam, como pomos roupas e mudamos de estilos. Deuses e deusas, por exemplo, podiam aparecer em qualquer forma material, animal ou humana apropriada à ocasião. Porém todos esses corpos não eram *realmente* reais. Eram apenas *aparentemente* reais. Eram como títeres intercambiáveis de um único titereiro. Podiam os deuses se encarnar e, de fato, encarnavam-se?

É claro que sim. Faziam isso de maneira regular, diferente e realista, para que os mortais não reconhecessem a irrealidade daqueles corpos espectrais ou ilusórios. Mas eles se encarnavam *realmente?* É claro que não!

A irrelevância da carne humana, por um lado, e a irrealidade da carne divina, por outro, apresentavam ao cristianismo primitivo um problema sério e profundo a respeito de Jesus. Esses crentes pairavam sobre aquela gigantesca brecha no mundo antigo, brecha que envolvia em si todo o mundo material e todos os humanos, mas que agora se concentrava em Jesus. Podemos pensar: *Naturalmente* Jesus era humano, mas seria divino? Eles tinham o problema oposto. Se acreditavam que Jesus era divino, a pergunta passava a ser: Como ele podia ser humano? Como seu corpo podia ser real em vez de espectral ou ilusório? Não era um corpo apenas aparente?

Não adiantava responder que as pessoas viam, ouviam, ou até tocavam-lhe o corpo. Todas essas coisas podiam ser arranjadas, por assim dizer, pela divindade presente. Uma resposta óbvia foi brilhantemente analisada por Gregory Riley (1998). Jesus era explicado, não como *deus* ou *espírito*, mas como *herói*, como filho de uma conjunção divina e humana, ele mesmo, portanto, meio-humano e meio-divino, mas real e verdadeiramente cada uma das metades. Como tal, depois de sua morte real e verdadeira, ele podia ascender para ocupar seu lugar entre os imortais celestes. Mas se um dos antigos desejasse avançar além de Jesus como herói para Jesus como espírito, ou Jesus como deus, a irrealidade de sua carne e a ilusão fantasmagórica de seu corpo teriam parecido inevitavelmente concomitantes.

Se Jesus era divino, seu corpo era real e encarnado no sentido de plena e validamente composto de carne ou era irreal e espectral, só aparentemente composto de carne, um corpo docetista (do grego *dokein*, "parecer")? Um jeito de descrever esse conflito de interpretação é falar de cristianismo de encarnação em oposição a cristianismo docetista. Outro jeito é falar de cristianismo católico em oposição a cristianismo gnóstico, mas, como já vimos no prólogo deste livro, é provavelmente mais sensato não usar esses termos, porque agora eles estão sobrecarregados de demasiada controvérsia histórica e muito pouca exatidão descritiva.

Mas existia naquele tempo, e ainda existe hoje, uma dicotomia específica que precisa ser qualificada com a maior precisão possível. Só assim é possível saber de que lado estão os autores antigos e os leitores modernos. Aquela grande fenda na consciência ocidental atravessa o paganismo, o judaísmo e o cristianismo e estendeu sua poderosa dicotomia do tempo passado ao tempo presente, do mundo antigo à nossa cultura contemporânea. Devido à sua importância naquele tempo e agora, o prólogo deste livro deu-lhe um nome especial. É a disjunção da sensibilidade monística e sarcófila, em que o ser humano é conjunção carne-espírito, em oposição à sensibilidade dualista e sarcofóbica, em que o ser humano é separação carne-espírito. Essa disjunção está tão presente hoje quanto estava há dois milênios e contém um espectro de opções de um extremo a seu oposto. E essa disjunção sobre a realidade e a importância da carne de Jesus, isto é, sobre a importância do Jesus histórico, é o que melhor explica o conflito dos tipos de evangelhos.

Explica como os *evangelhos biográficos*, os evangelhos programáticos do cristianismo sarcófilo, e os *evangelhos discursivos*, os evangelhos programáticos do cristianismo sarcofóbico, opunham-se uns aos outros. Também explica como os *evangelhos de sentenças*, que eram mais primitivos e poderiam ter-se movido em uma ou outra direção, foram arruinados exatamente por essa ambigüidade. Acabaram incorporados a um ou outro desses tipos opostos, com o *Evangelho Q* seguindo em uma direção, e o *Evangelho de Tomé* seguindo em outra. Explica, finalmente, os *evangelhos biográfico-discursivos* híbridos. Por um lado, a *Epistula apostolorum* "imita uma forma de literatura de revelação que era popular entre muitos gnósticos que tentavam combater os adversários com suas próprias armas teológicas", nas palavras de Ron Cameron (132). Se, em outras palavras, os cristãos sarcofóbicos usavam os *evangelhos discursivos*, os cristãos sarcófilos respondiam com os *evangelhos biográfico-discursivos*. Por outro lado, os *Atos de João* 87-105 consideraram o Jesus terreno ou biográfico irreal e docetista, embora simbolicamente significativo, como se pode imaginar.

Portanto, quando o cânon tem quatro exemplos do tipo de *evangelhos biográficos*, ele faz normativos não só esses quatro, mas também o próprio tipo. Os *evangelhos biográficos* insistem na total historicidade encarnada de Jesus, enquanto os *evangelhos discursivos* acham essa ênfase radicalmente deslocada. Aliás, no caso de você, leitor, ainda achar tudo isto muito estranho, deixe-me fazer-lhe uma pergunta: Se tivesse garantidos cinco minutos com Jesus, mas tivesse de escolher entre cinco da história de muito tempo atrás, e cinco do céu agora, o que escolheria?

Os evangelhos canônicos como tipo normativo

Antes de prosseguir, é preciso reservar algum tempo para confissão. Admito imediatamente que minhas sensibilidades religiosas estão, de maneira irrevogável, no cristianismo sarcófilo, e não no cristianismo sarcofóbico. Em outras palavras, prefiro os *evangelhos biográficos* aos *evangelhos discursivos* e também aos *evangelhos biográfico-discursivos*. Mas faço essa admissão sem negar o *status* de cristão aos cristãos sarcofóbicos, sem descrevê-los desfavorável ou injustamente e sem pensar que a perseguição é a melhor forma de persuasão. Também admito que a história da teologia cristã muitas vezes me parece apenas a vitória longa e lenta da sensibilidade sarcofóbica sobre a sensibilidade sarcófila.

No entanto, o meu é um desafio teológico a partir da normatividade canônica. De que forma exatamente esses *quatro evangelhos, como um único tipo,* são normativos para os cristãos que invocam sua autoridade e buscam viver dentro desse patrimônio? É não apenas seu *conteúdo* que é normativo, mas, em especial, sua própria *forma.* Eles não são apenas quatro discursos por Jesus ressuscitado, todos transmitindo doutrinas absolutamente ortodoxas e oficialmente aprovadas. Não importa o quanto seu conteúdo fosse incontestável, esses textos não eram canonicamente aceitáveis, e essa decisão foi vital para o futuro do cristianismo e para esta minha atual preocupação com o nascimento do cristianismo. Todos esses evangelhos canônicos remontam ao Jesus histórico do fim da década de 20 em sua pátria judaica, mas cada um deles revela que Jesus fala diretamente para sua situação e comunidade imediatas. Em cada caso, como já mencionei, há uma dialética de naquele tempo-e-agora, de naquele tempo-como-agora – isto é, do Jesus histórico daquele tempo, como sendo o Jesus ressuscitado de agora. Essa dialética é não só do Jesus histórico daquele tempo e não só do Jesus ressuscitado de agora, mas dos dois como um só na fé contemporânea. É sempre esse mesmo processo, mas sempre com produtos ligeira ou maciçamente diferentes. Pense, por exemplo, como a agonia no jardim aparece diferente em Mc 14, onde não há jardim, e em Jo 18, onde não há agonia. Mas, mesmo assim, essa dialética de naquele tempo e agora ainda perdura. Minha proposta é que *o tipo de evangelhos canônicos é normativo primordialmente como esse processo dialético*. Esses evangelhos criaram uma interação de Jesus histórico e Jesus ressuscitado e essa interação precisa ser repetida vezes sem conta em toda a história cristã.

Tomo os evangelhos canônicos como modelo normativo para todo o discurso cristão subseqüente – isto é, para a dialética de Jesus-daquele tempo como Jesus-agora. São normativos não só como produto (o que fazem), mas ainda mais profundamente como processo (como o fazem). Sempre retornam ao Jesus histórico único, o Jesus do fim da década de 20 em sua pátria judaica. Esse Jesus único é experimentado como Jesus ressuscitado por modos divergentes, pela justiça e a paz, a oração e a liturgia, a meditação e o misticismo, mas precisa ser sempre *esse* Jesus e nenhum outro. Em outras palavras, há, eternamente, um único Jesus.

Os números de Páscoa de *Newsweek, Time* e *U. S. News & World Report* de 8 de abril de 1996, todos traziam reportagens de capa sobre o Jesus histórico. *Newsweek* tinha o título: "Repensando a ressurreição: novo debate sobre o Cristo ressuscitado". Estava escrito sobre uma imagem de Jesus subindo ao céu, com os braços erguidos, as mãos voltadas para fora. O que imediatamente me causou estranheza foi a completa ausência de ferimentos naqueles pés e mãos claramente visíveis. Não percebi que haviam, por engano, reproduzido Jesus de uma pintura da transfiguração em vez da ressurreição. Não havia, já se vê, nenhum ferimento naquela obra do Vaticano de Rafael, porque descrevia um acontecimento anterior à morte de Jesus. Por outro lado, *U. S. News & World Report* mostrou uma imagem correta. A capa tinha o título: "Em busca de Jesus: Quem era ele? Novas avaliações de sua vida e significado?" escrito sobre Jesus retratado em uma pintura de Bellini da ressurreição, com a chaga na mão direita de Jesus claramente visível.

Há, repito, eternamente, só um Jesus. Para os cristãos, esse é o Jesus histórico *como* Jesus ressuscitado. E o teste é este: O Jesus ressuscitado ainda traz as chagas da crucificação? No evangelho, na arte e no misticismo cristão, a resposta é, claramente, sim. Mas essas chagas são as marcas da história e, para compreendê-las, é preciso entender sua morte. Mas, para compreender sua morte, é preciso entender sua vida. A menos que se conheça de um modo diferente, Jesus poderia ter sido um criminoso que recebeu a sentença merecida, ou seus executores poderiam ter sido selvagens que agiram por pura brutalidade fortuita. Com os evangelhos canônicos como modelos inaugurais e exemplos primordiais, cada geração cristã precisa escrever seus evangelhos novamente, precisa primeiro reconstruir seu Jesus histórico integralmente e então exprimir e viver o que essa reconstrução significa para a vida presente no mundo. A história e a fé são sempre uma dialética para o cristianismo sarcófilo. Em outras palavras, sua insistência na ressurreição do corpo de Jesus é minha insistência na permanência da história de Jesus. Mas, naquele tempo, agora e sempre, essa é uma história vista pela fé.

Nossas faces em poços fundos

Censuram-me por me ajoelhar em parapeitos de poços
Sempre de costas para a luz e, assim, sem ver
Mais fundo no poço além de onde a água
Me devolve em imagem brilhante superficial
Eu mesmo, no céu de verão, magnífico,
Atrás de um festão de samambaia e colchas de névoa.
Uma vez, ao matutar com o queixo contra a borda do poço
Achei que percebi, além da imagem,
Através da imagem, algo branco, incerto,
Alguma coisa mais das profundezas – e então a perdi.
  Robert Frost, *For once, then, something* [*Uma vez, então, alguma coisa*] (91).

Há um motejo muito repetido e um tanto vulgar que afirma estarem os pesquisadores do Jesus histórico simplesmente olhando para um poço fundo e vendo os próprios reflexos lá embaixo. Chamo-o de *vulgar* por três razões. Primeira, os que o usam contra os outros raramente aplicam-no a si mesmos. Segunda, é quase impossível imaginar uma reconstrução que não possa ser rejeitada pela asserção desse motejo. O seu é um Jesus apocalíptico: você está confuso pelo novo milênio. O seu é um Jesus eufórico: você se interessa pela química cerebral. O que alguém poderia dizer que não caísse nessa condenação? Terceira, os que repetem o motejo com tanta presteza não devem jamais ter olhado para o fundo de um poço nem prestado atenção à advertência de Emily Dickinson (3,970, n. 1400):

Que mistério impregna um poço!...
Mas a natureza ainda é uma estranha;
Os que a citam com mais freqüência
Nunca passaram por sua casa assombrada,
Nem entenderam seu espírito.

Imagine dois modos opostos e alternativos de reconstrução histórica: um é um delírio impossível, o outro uma ilusão possível. A ilusão possível é o *narcisismo*. Você pensa que vê o passado ou o outro, quando tudo o que vê é o reflexo de seu próprio presente. Só vê o que estava ali antes de você começar. Você imprime seu presente no passado e o chama de história.

O *narcisismo* vê a própria face e, ignorando a água que a põe à mostra, apaixona-se por si mesmo. É a primeira das duas imagens no poema de Frost. É quando

> A água
> Me devolve em imagem brilhante superficial
> Eu mesmo, no céu de verão, magnífico,
> Atrás de um festão de samambaia e colchas de névoa.

O delírio impossível é o *positivismo*. Imagina que você pode conhecer o passado sem nenhuma interferência de sua situação pessoal e social como conhecedor. Você vê, por assim dizer, sem envolvimento de seus olhos. Discerne o passado definitivamente, e o vê puro e incontaminado por esse discernimento. Positivismo é o delírio de ver a água sem o reflexo nela de nossa face. Vemos a superfície sem, ao mesmo tempo, vermos nossos olhos. É a segunda das duas imagens gêmeas contidas no poema de Frost. É quando, mesmo que só uma vez, incerta, possível e vagamente,

> Achei que percebi, além da imagem,
> Através da imagem, algo branco, incerto,
> Alguma coisa mais das profundezas – e então a perdi.

Mas, pergunto, se *a face do poeta é branca*, como ele viu "através da imagem" de si mesmo, "algo branco", que também estava "além da imagem"? *Talvez tenha visto sua face, tão estranhamente diferente que não a reconheceu*. Isso introduz uma terceira imagem, não enunciada, mas provocada pela segunda imagem de Frost.

Há, portanto, uma terceira alternativa, que vou chamar *interatividade*, aliás a maneira como entendo o pós-modernismo. O passado e o presente precisam interagir mutuamente, um mudando e desafiando o outro, e o ideal é uma reação absolutamente justa e igual entre ambos. De volta ao poço: ninguém vê a superfície sem, ao mesmo tempo, ver, agitar e desfigurar sua face; não vê sua face, sem, ao mesmo tempo, ver, agitar e desfigurar a superfície. É a terceira imagem, que implora para ser reconhecida, por trás das duas evidentes no poema de Frost. O que o poeta viu foi sua própria face, tão surpreendentemente diferente que ele não a reconheceu como tal. Era, na verdade, "algo branco", "alguma coisa mais das profundezas". Mas não estava "além da imagem", nem mesmo "através da imagem". Era a própria imagem completamente mudada. Essa é a dialética da interatividade e, distinta do narcisismo e do positivismo, é possível e necessária. Dois exemplos, ambos análises da erudição clássica, servem de explanação e advertência.

O primeiro exemplo diz respeito à reconstrução histórica do imperador romano Augusto. Ronald Mellor compõe seu livro sobre Tácito com estes comentários sobre quatro grandes interpretações da transição romana do governo republicano para o imperial: "Os maiores historiadores romanos dos dois últimos séculos – Gibbon, Mommsen, Rostovzteff e Syme – escreveram com paixão, pois viram ligações entre Roma e o tempo deles... Edward Gibbon, adepto do iluminismo francês, que influenciou suas opiniões sobre religião, foi publicado na Inglaterra vitoriana, em edições 'expurgadas'. Theodor Mommsen, o único historiador profissional a conquistar o Prêmio Nobel de Literatura, escreveu uma apaixonada *História de Roma*, em vários volumes, na qual César se tornou a inevitável solução para o dilema da Roma republicana, enquanto o próprio Mommsen ansiava por um homem forte que desse um jeito no caos da Alemanha oitocentista; Michael Rostovzteff aplicou sua fuga da revolucionária São Petersburgo à *História social e econômica do Iimpério Romano* (1926) – uma glorificação da burguesia municipal romana; e, em *A revolução romana* (1939), sir Ronald Syme analisou a ascensão de Augusto com os olhos de um liberal que, nas visitas à Itália, via os nomes e atavios da Roma augustana usados por um novo *dux*, Benito Mussolini, e quis expor, à maneira de Tácito, as semelhanças celeradas entre os dois regimes" (pp. 45 e 164). Em todos esses casos, poderosas interações sociais e pessoais entre o passado e o presente resultaram em realizações eminentes, obras que consideramos *clássicas* nos dois sentidos da palavra. E, naturalmente, sua multiplicidade serve de corretivo umas para as outras.

O segundo exemplo diz respeito à reconstrução histórica da arte cristã primitiva. Thomas Mathews discute "como a mística do imperador veio a ser a teoria dominante para explicar o desenvolvimento das artes cristãs" e afirma que "a necessidade de interpretar Cristo como imperador diz mais sobre os historiadores envolvidos que sobre a arte cristã primitiva. A formulação da teoria remonta a três estudiosos europeus bastante ousados e originais do período entre as guerras; o medievalista Ernst Kantorowicz, judeu alemão de abastada família de negociantes; o arqueólogo húngaro Andreas Alföldi, filho de um médico de aldeia; e o historiador de arte André Grabar, emigrante russo, de uma família senatorial que ocupou cargos importantes sob os últimos czares... Se há um único fio unindo a vida e a obra desses três grandes estudiosos, é a nostalgia pelo império perdido. Eles viram desmoronar de maneira ignominiosa, no horrível caos da Primeira Grande Guerra e suas conseqüências, os três estados imperiais nos quais cresceram e que lutaram valentemente para defender. A glória dos czares e o poder dos imperadores prussiano e austro-húngaro nunca foram restaurados" (pp. 16 e 19). Mathews avalia que a interação de presente e passado interpretou mal a arte cristã primitiva, e em seguida traça uma analogia explícita entre sua reconstrução corretiva e a "busca do Jesus 'histórico', empreendimento que quase o reduziu a produto de desejo inconsciente por parte dos primeiros discípulos. Como o próprio Cristo não escreveu nada, o historiador limita-se necessariamente a investigar por intermédio das impressões deformadas de um círculo de pessoas que foram profundamente influenciadas pela experiência que tiveram dele. O Cristo da arte cristã primitiva é certamente tão indefinível quanto o Jesus 'histórico'. Assim como nas fontes escritas, também nos monumentos visuais, Cristo tem muitas aparências, dependendo de quem o vê. Enfrentamos, portanto, a difícil tarefa de entender o melhor possível a impressão que Cristo exercia nas pessoas quando elas, pela primeira vez, procuraram representá-lo. Até então, ele existia apenas nos corações dos fiéis, nas visões dos místicos, nas palavras dos pregadores; agora, tem de ter uma vida em pedra e tinta" (pp. 21-22). A reconstrução histórica é sempre interativa entre presente e passado. Até nossos melhores métodos e teorias ainda são os *nossos* melhores. Estão todos datados e condenados, não só quando estão errados, mas até mesmo (e principalmente) quando estão certos. Quando alguma coisa importante está envolvida, precisam ser refeitos vezes sem conta. Isso não desvaloriza a história. Nós também estamos datados e condenados, mas isso não desvaloriza a vida. Apenas torna a morte inevitável. Tenho dois corolários desse entendimento de interatividade.

Um primeiro corolário diz respeito ao termo *investigação* ou *busca*. Talvez você tenha notado que não falo da *investigação* do Jesus histórico, nem da *busca* das origens cristãs. Esses termos parecem indicar um processo positivista no qual vamos obter uma resposta definitiva. Não é assim que agora imagino o processo. Em vez disso, falo de *reconstrução*, e isso é algo que precisa ser feito repetidas vezes, em tempos diferentes e lugares diferentes, por grupos diferentes e comunidades diferentes e por todas as gerações, vezes sem conta. A fim de enfatizar esse ponto de vista, daqui para a frente falo só em reconstruir o Jesus histórico o melhor possível em qualquer tempo e lugar determinado.

Recentemente, N. Thomas Wright escreveu muitas páginas para distinguir três buscas do Jesus histórico. A *Primeira Busca* durou de Reimarus a Schweitzer, em números redondos, de 1700 a 1900. A *Segunda* ou *Nova Busca* foi proposta por Ernst Käsemann em 1953 como reação à colocação entre parênteses do Jesus histórico na obra de seu mestre, Rudolf Bultmann. Mas creio ser justo dizer que nenhuma *Nova Busca* aconteceu, nenhuma Segunda Investigação se seguiu a esse manifesto. Wright sugere contudo que muitos estudiosos contemporâneos, inclusive eu, estamos simplesmente em uma "'Nova Busca' renovada". Portanto, fazemos parte do passado rejeitado. A *Terceira Busca* compõe-se, na verdade, de cerca de vinte estudiosos, inclusive o próprio Wright, que inventou o título especialmente para esse grupo, porque é aí "que se encontra o avanço importado real da cultura contemporânea em relação a Jesus" (1996, p. 84). Incapaz de decidir se essa cartografia é divertida impertinência ou incômoda arrogância, limito-me a dois breves comentários. Os delírios positivistas estão obcecados por termos como *investigação* ou *busca*. Como o Santo Graal, o Jesus histórico deve ser encontrado definitivamente. Essa não é a minha opinião. Além disso, imagino por que Wright não põe as pessoas como eu em uma *Terceira Busca* e seu grupo em uma *Quarta Busca*. Ou, em outras palavras, Wright imagina uma *Quarta Busca* para o futuro, depois uma *Quinta* e uma *Sexta* etc.? O delírio positivista está também obcecado pela palavra *terceira*? No folclore indo-europeu, a terceira vez é encerramento, conclusão, término. O herói pode fracassar duas vezes, mas alcança sucesso na terceira vez. Infelizmente, isso só acontece no folclore e em contos de fadas.

Um segundo corolário diz respeito a método. Insisto que, como todas as reconstruções desse tipo, a reconstrução de Jesus é sempre uma interação criativa de passado e presente. Mas o que mantém essa dialética de *nós* e *eles* o mais serena e honesta possível? Método, método e, mais uma vez, método. O método não nos garante a verdade, porque nada pode fazer isso. Mas o método, tão consciente e crítico de si mesmo quanto podemos fazê-lo, é nossa única disciplina. Jamais nos tira de nossas peles e corpos, mentes e corações, sociedades e culturas atuais, mas é nossa maior esperança de honestidade. É o processo apropriado para a história. E isso me faz, outra vez, voltar a Wright. Creio que concordamos sobre o que ele denomina "realismo crítico" e eu chamo "interatividade", mas discordamos sobre como esse conceito funciona na prática. Respondo que é pela criação de um método que proteja o tema não de conversa, mas de violação, não de debate, mas de desfiguração. É essa a razão, por exemplo, de eu ter incluído *meu* inventário completo da tradição de Jesus, dividido quanto à estratificação cronológica e aos testemunhos independentes, como apêndice de O *Jesus histórico*. Wright, entretanto, acha que "apesar do tom pós-moderno que predomina no livro, o volumoso inventário de material está fadado a parecer obra totalmente modernista que coloca fundamentos firmes, quase positivistas para o argumento principal do livro" (1996, p. 50). Uma sensibilidade pós-moderna – isto é, uma percepção imparcial da historicidade de si mesmo e da de seu tema – não *exclui* e sim *exige* atenção ao método. Assim como o processo apropriado faz com que a interação legal de defesa e acusação seja justa, também o método apropriado faz com que a interação histórica de passado e presente seja honesta. Mas em minha obra não há nenhuma presunção de que o Jesus histórico ou o cristianismo mais primitivo seja algo que se entenda definitivamente. E isso não é porque Jesus e o cristianismo sejam especiais ou únicos. Nenhum passado de importância perene escapa à repetida reconstrução.

Esse, então, é meu desafio. O cristianismo sarcófilo, distinto do cristianismo sarcofóbico, é uma dialética entre a história e a fé. Essa dialética tem seu modelo normativo no *tipo* de evangelhos canônicos e seus exemplos paradigmáticos existentes naqueles quatro *textos* evangélicos. Eles mostram, através dos anos 70, 80 e 90 do século I, como o Jesus de então se transforma no Jesus de agora, como o Jesus histórico se transforma no Jesus ressuscitado e como, embora seja possível ter história sem fé, não é possível ter fé sem história. Em cada geração, o Jesus histórico precisa ser reconstruído sob nova forma e, pela fé, essa reconstrução precisa se transformar na face de Deus para aqui e agora. Se isso parece estranho demais, considere esta situação paralela.

No cristianismo, a Bíblia é a Palavra de Deus que se fez texto, exatamente como Jesus é a Palavra de Deus que se fez carne. Teria sido fácil para a tradição cristã declarar oficial e canônico um único manuscrito especificado da Bíblia. Imagine se isso tivesse acontecido, por exemplo, com o códice Vaticano, do século IV, de 759 páginas, três colunas por página, 42 linhas por coluna. Imagine que esse códice pergamináceo tivesse sido declarado a Palavra de Deus imutável e inspirada e suas páginas de três colunas manifestassem para sempre o mistério da Santíssima Trindade. Poderia ter sido discutido o que fazer a respeito do escriba indignado que acrescentou à margem esquerda de Hb 1,3 este comentário sucinto sobre o trabalho anterior de um colega: "Tolo e velhaco, será que não podes deixar a versão antiga em paz e não alterá-la" (Metzger 1981, p. 74). Mas não faria nenhuma diferença que fragmentos esfrangalhados ou textos inteiros dos tempos mais primitivos subsistissem nas areias egípcias. Não faria nenhuma diferença o que os estudiosos acadêmicos ou os críticos textuais julgassem ser um texto original mais exato. O códice Vaticano seria, definitivamente, *o texto*. O Verbo de Deus feito texto estaria a salvo dos caprichos da história, das escavações dos arqueólogos e das descobertas inesperadas de camponeses e pastores.

Em vez dessa opção, tenho em minha mesa a quarta edição revista de *The greek New Testament* [*O Novo Testamento grego*], publicado pela United Bible Societies em 1993. Apresenta o texto mais próximo possível do original a que uma comissão pode chegar, com as versões alternativas em notas de rodapé. Gradua todas as versões controversas de A a D, "para indicar o grau relativo de certeza dos membros da comissão para a versão adotada como texto". Bruce Metzger explica a classificação da comissão desta maneira: "A letra {A} significa que o texto é praticamente certo, enquanto {B} indica que há certo grau de dúvida a respeito da versão selecionada para o texto. A letra {C} significa que há um grau considerável de dúvida sobre se o texto ou o aparato crítico contêm ou não a melhor versão, enquanto {D} mostra que há um grau muito alto de dúvida a respeito da versão selecionada para o texto. De fato, entre as decisões {D}, às vezes nenhuma das variantes era recomendável como original e, por isso, o único recurso foi imprimir a versão menos insatisfatória" (1971, p. xxviii). Como cristão, creio na Palavra de Deus, não nas palavras de papiros específicos, nem nas deliberações de comissões específicas. Porém fato e fé, história e teologia entrelaçam-se nesse processo e jamais podem ser totalmente separados.

O que acontece com a Palavra de Deus feita texto também acontece com a Palavra de Deus feita carne. A reconstrução histórica entrelaça-se com a fé cristã e nenhuma substitui a outra. Entretanto, insisto que não precisa ser assim. Foi o cristianismo sarcófilo, distinto do cristianismo sarcofóbico, que deu garantias à história. Agora é tarde demais para se arrepender e, pelo que me toca, eu não ia querer que isso acontecesse. Mas também tenho vontade de saber: É a história do cristianismo e, em especial, da teologia cristã, a longa e lenta vitória do cristianismo sarcofóbico sobre o cristianismo sarcófilo?

Parte II

MEMÓRIA E ORALIDADE

Os "Grandes Acontecimentos" do passado foram assim designados por gente de fora da maioria das sociedades locais e, com certeza, de todas as sociedades camponesas... Só porque os historiadores consideram Napoleão digno de ser lembrado e discutido, os outros não são obrigados a pensar da mesma forma nem, de fato, a comemorar qualquer Grande Acontecimento. (Isso é verdade, com certeza, no que diz respeito aos camponeses, pois... eles se inclinam a enfatizar sua identidade social por meio de imagens de resistência ao Estado, que, de modo peculiar, têm pouca probabilidade de entrar na história dos Grandes Acontecimentos.) Há também uma razão mais específica pela qual essas escolhas são importantes: elas mostram que tais diferenças de comemorações são inerentes às comunidades e não impostas de fora, quer pela literatura, quer pela aprendizagem ou pela mídia, as quais teriam feito as lembranças mais homogêneas, e dificilmente teriam deixado de enfatizar a Revolução e Napoleão. Contudo, nunca é demais repetir: por mais que um romance ou as narrativas de um professor influenciem o *conteúdo* da lembrança de um acontecimento, guardada por um indivíduo ou até por um grupo social, isso tem muito menos influência nos *tipos* de acontecimentos que os grupos sociais caracteristicamente escolhem para comemorar, que se ligam a padrões de identidade mais profundos... Infelizmente os camponeses não passam a maior parte, ou mesmo muito, de seu tempo se revoltando. Mas as revoltas são úteis para nossos propósitos, mesmo que seja pela única razão de que em tais ocasiões os observadores de fora (em especial antes do século XX) se dão ao trabalho de anotar qualquer coisa que os camponeses realmente *digam*. O que, nessas ocasiões, dizem sobre o passado tende a cair em certos tipos amplos. Um deles é a comemoração da própria resistência local, de modo mais notável, a resistência contra o Estado (as revoltas contra proprietários de terras – que, de qualquer forma, eram com freqüência menores em escala e mais efêmeras – não parecem produzir as mesmas ressonância e força de narrativa de longo prazo nas sociedades locais). Outro é a lembrança de uma idade de ouro de governo régio justo no país envolvido, em nome da qual os camponeses resistem aos governantes atuais que são menos justos. Um terceiro é a nobreza mais lendária... que serve de imagem de justiça absoluta, muito mais independente de tempos e espaço. Um quarto, mais distante ainda, é a imagem milenária da justiça divina bem no início dos tempos, contra a qual nenhuma sociedade humana jamais pode ser totalmente legítima.

James Fentress e Chris Wickham, *Social memory* [*Memória social*], pp. 96 e 108-109.

s partes II e III formam um conjunto que decorre da Parte I e prepara para outro conjunto nas partes IV e V. A Parte I explicou a continuação mais primitiva que eu pretendia reconstruir entre o Jesus histórico e as origens cristãs – a saber, a continuação dos companheiros de Jesus de antes para depois da execução. Também explicou o *porquê* desse enfoque, por que achei que valia a pena empreender esse estudo apesar de todas as suas óbvias dificuldades. Depois do *porquê* vem o *como*, mas no meio está o *onde*. *Como* tem a ver com metodologia – isto é, com a lógica de meu método, com as razões que justificam meu uso deste em vez daquele método. Mas é *onde* obtenho meus materiais e o tipo de materiais que obtenho que determinam meu método. Assim, passo do *porquê* da Parte I, pelo *onde* nas partes II e III, para o *como* nas partes IV e V.

Os materiais ou dados aparecem, quer sejam como as memórias da tradição oral, quer sejam como os textos de transmissão escrita, e essa dualidade corresponde à minha distinção entre esta Parte II e a Parte III seguinte. A Parte II diz respeito à memória, oralidade e à sutil interação entre oralidade e alfabetização em uma sociedade pré-moderna que está distante milênios da oralidade universal do passado, mas também milênios distante da alfabetização universal do futuro.

A Parte II tem quatro capítulos. O Capítulo 3 examina recentes afirmações sobre a memória camponesa e a transmissão oral na tradição mais primitiva de Jesus e se concentra em pressupostos implícitos que não são nem teoricamente justificados nem metodologicamente verificados. O Capítulo 4 estuda a memória em si, principalmente em termos de psicologia experimental. A memória é reminiscência ou reconstrução? Baseia-se em fatos reais, desejos pessoais ou padrões sociais? É mais exata quando é mais certa, quando tem imagens visuais que ajudam a recordação, quando lembra mais e mais detalhes para preencher o cenário geral? Quando, em outras palavras, afirma que o que Jesus disse ou fez foi *lembrado*, qual teoria da memória foi pressuposta? O Capítulo 5 passa da memória para a oralidade e a alfabetização, com base nos estudos clássicos da década de 1930. Por um lado, a memória da poesia épica funciona para bardos analfabetos, mas tradicionais? Como isso realmente *funciona*? Por outro lado, a memória de narrativas breves funciona para estudantes letrados, mas modernos? Como isso realmente *funciona*? Por fim, o Capítulo 6 é uma breve seção conclusiva que propõe uma delicada interface, em vez de uma grande lacuna, entre a oralidade e a alfabetização nas sociedades em que há apenas, digamos, de 3 a 5% de alfabetização. Em toda a história do mundo, houve sociedades humanas sem alfabetização, mas nunca houve alguma sem oralidade. A escolha, portanto, não é entre oralidade e alfabetização, mas entre oralidade sem alfabetização e oralidade com alfabetização.

Capítulo 3

A mística da tradição oral

Talvez os analfabetos tenham memórias particularmente boas para compensar o fato de serem incapazes de tomar nota por escrito, da mesma forma que se acredita terem os cegos ouvidos bastante afiados e dedos sensíveis. Esses argumentos precisam ser rejeitados... E, embora seja logicamente possível afirmar que a alfabetização e a escolarização fazem a memória piorar, a verdade é que não fazem. Pelo contrário: estudos interculturais descobriram em geral uma relação positiva entre escolarização e memória... Desempenhos hábeis por poetas orais só se encontram em sociedades analfabetas porque o próprio conceito de poesia muda quando a alfabetização aparece. Contudo, a memória literal, textual, realmente existe. Aparece sempre que um desempenho é *definido* pela fidelidade a um texto em particular.

Ulric Neisser, *Memory observed* [*A memória observada*], pp. 241-242.

Como os dados de Jesus foram transmitidos nos quarenta anos que se passaram desde sua morte até a redação do evangelho de Marcos em 70 d.C.? Como continuaram a ser transmitidos daí em diante, até os quatro evangelhos canônicos se tornarem normativos dentro do cristianismo católico, na segunda metade do século II? A resposta-padrão é a tradição oral, e exemplos comparativos são então citados para afirmar sua existência e influência, sua possibilidade e exatidão. Eis um exemplo recente dessa resposta.

"A probabilidade esmagadora é que a maior parte do que Jesus disse não disse duas vezes, mas duzentas vezes com (naturalmente) inumeráveis variações locais", segundo Thomas Wright. Isso parece bastante razoável e inatacável. Por conseguinte, Wright continua: "A única coisa que atrapalha um argumento convincente de que os ensinamentos de Jesus foram transmitidos com eficiência em dezenas de correntes de tradição oral é o preconceito" (1992, p. 423). Mais tarde, ele amplia esse tema, sugerindo que "isso proporciona uma janela para um mundo do qual, talvez de maneira surpreendente, Crossan nada diz, apesar de toda a sua repetida ênfase no fato de Jesus e seus primeiros seguidores serem de origem camponesa. É o mundo da *tradição oral informal, mas controlada*... Permite-nos explicar, sem ainda termos de recorrer a teorias complexas, quer de relacionamentos sinóticos, quer de uma tradição que se expandiu livremente, a forma na qual, vezes sem conta, a história se apresenta ligeiramente diferente, mas as *falas* permanecem mais ou menos idênticas... É irônico, portanto, que ao concordarmos com Crossan sobre a importância vital de estabelecer Jesus em sua cultura camponesa mediterrânea, cheguemos a uma conclusão que solapa radicalmente a reconstrução histórica de Crossan" (1996, pp. 134-136). Se, por exemplo, temos versões divergentes de um aforismo nos quatro evangelhos canônicos, isso poderia ser explicado como quatro expressões por Jesus da mesma fala. *Poderia*, é claro. Mas também poderia se originar de uma única corrente de tradição dependente e em desenvolvimento – em outras palavras, do desenvolvimento de Marcos realizado por Mateus e Lucas e do desenvolvimento posterior dessa tríplice tradição sinótica realizado por João. Não se consegue nada qualificando essa segunda sugestão de preconceito, e uma vez que a hipótese da dependência escrita foi proposta, discutida e aceita por uma grande maioria de estudiosos, os adversários não podem simplesmente ignorá-la ou ridicularizá-la. Precisam enfrentá-la e refutá-la. A dependência escrita *poderia* estar errada, mas o mesmo poderia acontecer com a explicação oposta da independência oral.

Portanto, todo estudo da transição do Jesus histórico para o cristianismo mais primitivo precisa enfrentar essa questão da tradição oral e é por aí que começo esta reconstrução. Entretanto, trago a essa questão certos pressupostos sobre a distinção entre tradição oral, transmissão oral e sensibilidade oral que, inicialmente, descrevo melhor por meio de antecedentes autobiográficos.

Tradição, transmissão, sensibilidade

A tradição oral era uma senhora volúvel para namorar. Mas os estudiosos podiam pedir ajuda às "memórias fantásticas" tão "bem demonstradas" de analfabetos. Achavam que um texto podia permanecer inalterado de uma geração para outra, ou alterado apenas por inconseqüentes lapsos de memória. Esse mito conserva-se firme até hoje. Os principais pontos de confusão na teoria desses estudiosos... originaram-se da crença de que na tradição oral há um texto fixo, transmitido intato de uma geração para outra.

Albert Bates Lord, *The singer of tales* [*O cantador de histórias*], pp. 9-10.

Quando eu cursava a escola de primeiro grau, minha família morava em Naas, cerca de 30 quilômetros a oeste de Dublin. Durante a Segunda Grande Guerra, a gasolina restringia-se às necessidades profissionais, por isso nosso carro Vauxhall passou seis anos com as rodas removidas e os eixos sobre caixas de manteiga viradas para cima na garagem. Naqueles dias sem automóvel, quando eu tinha uns nove ou dez anos, meu pai e eu fazíamos longas caminhadas pela principal estrada para Dublin. Ele recitava poemas para mim e eu os decorava. Não era *grande* poesia, mas o preço corrente de "Gunga Din" de Kipling – inteiro e completo no fim do passeio – era seis pence. Meu pai já se foi; também a moeda de seis pence e a estrada Naas-Dublin de outrora. Mas ainda recordo longos trechos daquele poema e, com sua recitação, voltam as casas e os campos daquela estrada, a voz, o sorriso e a bengala de meu pai.

Embora o poema permaneça comigo, o que experimentei naquelas caminhadas não era tradição oral. Era apenas transmissão oral. Ambos, meu pai e eu, presumíamos um texto escrito, uma tradição escrita. Estava em um livro em casa, e nossas duas versões eram certificadas por aquele arquétipo. Aquela versão uniforme original resolvia qualquer controvérsia. O processo era tradição escrita transmitida oralmente e recebida de maneira auricular. Nós dois agíamos dentro da sensibilidade escrita, não oral. Se atuássemos dentro de um registro escrito, mas com uma sensibilidade oral, consideraríamos aquela versão escrita apenas mais uma realização comparável à nossa (e, de modo algum, normativa para esta). Contudo, as palavras na página controlavam de modo absoluto nossas lembranças e nossas repetições. Era tradição escrita transmitida oralmente e recebida de maneira auricular dentro de uma sensibilidade escrita.

Quando eu tinha onze anos minha família mudou-se para Donegal, pois meu pai se tornou gerente do banco Ballybofey's Hibernian (que também já não existe). Fui para um colégio interno de localização central, St. Eunan's College em Letterkenny, que tinha um grupo grande de alunos de língua irlandesa. Todas as aulas (exceto as de inglês) eram em irlandês e, no verão, falantes não nativos, como eu, que queríamos aperfeiçoar nosso irlandês, íamos a certas regiões perto da costa oeste de Donegal, onde ficávamos hospedados em casas de famílias de língua irlandesa. Naquele tempo, ainda era possível encontrar indivíduos, analfabetos em irlandês e inglês, que tinham recebido oralmente e transmitiam oralmente, os contos épicos antigos da Irlanda. Esse processo era, no sentido mais pleno da palavra, tradição oral. Era a tradição repetida em representações criativas por indivíduos que aprenderam essa arte, não como estudiosos de livros, mas como aprendizes de mestres. Não havia nenhuma versão arquetípica ou uniforme, mas a execução multiforme ou pluriforme de uma matriz narrativa tradicional.

Entrementes, de volta à escola, decorávamos no mínimo dez versos de poesia irlandesa e dez versos de poesia inglesa ou solilóquio shakespeariano para cada aula diária. A memorização era o pressuposto do debate, pois éramos treinados para argumentar, a partir, não do livro, mas do que sabíamos de cor. Por exemplo, quando fazíamos os exames escolares intermediários ou finais nacionais estabelecidos pelo governo, esperava-se que defendêssemos ou atacássemos proposições sobre essa poesia, "citando livremente", de memória. Era uma educação maravilhosa, mas não tinha nada a ver com a tradição oral. Dávamos, na aula, a interpretação oral do que havíamos memorizado do texto escrito e dávamos, no exame, a versão escrita dessa mesma memorização. A tradição oral, na qual a tradição é recebida oralmente e transmitida oralmente (com freqüência por analfabetos) dentro da disciplina da execução criativa é um mundo diferente da tradição escrita transmitida oralmente dentro da disciplina da memorização exata (o melhor que podíamos!).

Essas experiências incutiram-me grande respeito pela tradição oral. Afinal, nós viajávamos para ouvir aqueles contadores de histórias, eles não viajavam para nos ouvir. Mas logo aprendi a diferença entre tradição oral e transmissão oral e entre sensibilidade escrita e sensibilidade oral. Logo também aprendi que a tradição não é só tagarelice, boato ou mesmo memória. Mas os termos precisam ser usados com cuidado e precisão. O que aqueles indivíduos de língua gaélica na costa atlântica de Donegal guardavam na memória e representavam era tradição oral. Podia-se chamar qualquer execução feita por eles de transmissão oral daquela tradição oral. A poesia que memorizei nas caminhadas com meu pai era a transmissão oral de uma tradição escrita; ele leu e memorizou de um livro, repetiu para mim oralmente e eu memorizei de sua voz. A poesia e os solilóquios que decorei na escola eram a transmissão escrita de uma tradição escrita. Aqueles indivíduos de língua gaélica atuavam dentro da tradição, da transmissão e da sensibilidade orais. Nem eu, nem meu pai, nem meus professores fazíamos isso. Para nós, o correto era o que estava no livro. Para eles, o correto era como a tradição operava. Naturalmente, é possível imaginar alguém que atue dentro de uma tradição escrita, mas tenha uma sensibilidade oral. Essa pessoa trataria uma versão escrita simplesmente como outra exposição do poema ou da história e, mesmo memorizando-a ou transcrevendo-a, podia representá-la de outra forma.

É correto, então, descrever a mais antiga transmissão dos dados de Jesus como *"tradição" oral?* Como essa *tradição* funcionava exatamente? E, se *tradição oral* não é o melhor nome para o processo, como algumas das palavras e ações do Jesus histórico se conservaram até o cristianismo mais primitivo (se, de fato, se conservaram)?

Prova de oralidade

Certos estudos mais recentes refletem um modo de ver o cristianismo primitivo e as tradições evangélicas que considera muito provável que as tradições originalmente existissem em forma oral e que a redação dos evangelhos sinóticos ou canônicos não as esgotassem... O problema com essa afirmação é não poder ser comprovada, por mais provável que pareça. Por mais real que tenha sido, a tradição oral é incontrolável e efêmera, a menos que chegue até nós em forma escrita.

Dwight Moody Smith, *The problem of John and the synoptics* [O *problema de João e os sinóticos*], pp. 152- 153.

Para mim é difícil imaginar confusão e desinformação maiores do que as que acompanham os atuais pressupostos relativos a memória, oralidade e alfabetização em conexão com as tradições de Jesus e dos textos evangélicos. Escolho dois exemplos de um estudo recente e volumoso em *The death of the Messiah* [*A morte do Messias*], de Raymond Brown, para indicar alguns desses pressupostos. Mas primeiro uma palavra de introdução.

Foram conservadas cinco versões primitivas da paixão de Jesus, nos evangelhos de Mateus, Marcos, Lucas, João e Pedro. As quatro primeiras sempre estiveram disponíveis em relatos completos no Novo Testamento, mas a quinta só foi descoberta em fragmentos de papiro do Egito nos últimos cem anos. Meus exemplos dizem respeito à interação de memória, oralidade e alfabetização para determinar o relacionamento entre esses cinco textos.

O primeiro exemplo envolve a dependência de Mateus e Lucas em relação a Marcos. Um grande consenso da cultura evangélica concorda que Mateus e Lucas usaram Marcos como uma de suas principais fontes literárias e que o fizeram independentemente um do outro. Em termos do *nosso* mundo, mas não do *deles*, os dois copiaram ou plagiaram Marcos. Isso explica por que a *ordem* de seus relatos segue a seqüência marcana de acontecimentos e por que o *conteúdo* de seus relatos desenvolve a versão que ele deu aos acontecimentos. Em outras palavras, essa hipótese explica por que, quando e onde eles concordam com Marcos. Mas e naquelas passagens em que os dois concordam *em contraste com* Marcos? E naqueles casos em que Mateus e Lucas copiam de Marcos, porém ambos contêm um elemento que não está presente em Marcos? Os biblistas chamam esses casos de *concordâncias menores de Mateus e Lucas em oposição a Marcos*, e elas são uma objeção (mas não insuperável) para a teoria geral da dependência mateana e lucana em relação a Marcos. Eis dois exemplos dessas concordâncias menores, tirados do relato do julgamento de Jesus pelas autoridades judaicas.

Um exemplo relata o que aconteceu a Jesus quando, depois de ser declarado culpado, estava sendo maltratado pelos que o rodeavam:

Mt 26,67-68	Mc 14,65	Lc 22,63-65
E cuspiram-lhe no rosto e o esbofetearam. Outros lhe davam bordoadas, dizendo:	Alguns começaram a cuspir nele, a cobrir-lhe o rosto, a esbofeteá-lo e a dizer:	Os guardas caçoavam de Jesus, espancavam-no, cobriam-lhe o rosto e o interrogavam:
"Faze-nos uma profecia, Cristo: *quem é que te bateu?*"	"Faça uma profecia!"	"Faz uma profecia: *quem é que te bateu?*
	E os criados o esbofeteavam.	E proferiam contra ele muitos outros insultos.

Mateus e Lucas fazem, cada um, mudanças diferentes na fonte marcana e isso não apresenta nenhum problema teórico. Mas como se explicam aquelas palavras em itálico, encontradas em Mateus e Lucas, mas não em Marcos?

Outro exemplo relata o que aconteceu a Pedro depois de sua tripla negação de Jesus, enquanto ele recordava a profecia de Jesus:

Mt 26,75	Mc 14,72	Lc 22,61-62
E Pedro se lembrou da palavra que Jesus dissera:	E Pedro se lembrou da palavra que Jesus lhe havia dito:	Pedro então lembrou-se da palavra que o Senhor lhe dissera:
"Antes que o galo cante, três vezes me negarás".	"Antes que o galo cante duas vezes, me negarás três vezes".	"Antes que o galo cante hoje, tu me terás negado três vezes".
E, saindo dali, ele chorou amargamente.	E começou a chorar.	*E, saindo dali, chorou amargamente.*

Mais uma vez, Mateus e Lucas fazem, cada um, mudanças diferentes na fonte marcana e isso não apresenta nenhum problema teórico. Mas como se explicam aquelas palavras em itálico, encontradas em Mateus e Lucas, mas não em Marcos? E, mais uma vez, lidamos literalmente com as mesmas cinco palavras em grego. Mesmo a expressão *chorar*, presente nos *três* textos, está igual em Mateus e Lucas, mas diferente em Marcos.

Meu interesse atual não é a solução do problema das concordâncias menores em geral (ou mesmo daqueles exemplos em particular). Pergunto apenas se a memória oral tem algo a ver com a solução do problema e, mais importante, se propor tal solução revela certa má compreensão de memória, oralidade e alfabetização.

Em *The death of the Messiah* [*A morte do Messias*], Brown solucionou esses dois casos precedentes, propondo a tradição oral. Em outras palavras, Mateus e Lucas conheciam não só o texto escrito de Marcos (que tinham à sua frente), mas também uma tradição oral dos mesmos acontecimentos – tradição que continha as palavras em itálico (pp. 44-45, 784 e 857). Assim a solução para "Quem é que te bateu?" é "a abordagem oral... [como] chave para concordâncias importantes entre Mateus e Lucas, os quais dificilmente trabalharam com textos totalmente isolados da maneira como essas histórias continuaram a ser narradas oralmente entre os cristãos" (p. 579). E essa é também a solução para "E saindo para fora, chorou amargamente", porque "mesmo depois de recorrer a Marcos em uma narrativa popular como essa, que era, com certeza, contada e recontada, os dois evangelistas foram influenciados pela tradição oral e, naquela tradição, uma frase emocional como essa já estava estabelecida" (pp. 609 e 611, nota 43). Isso presume que versões orais de um acontecimento (se existiam) estavam tão estabelecidas sintaticamente que passavam por cima das versões escritas, sintaticamente estabelecidas. Em outras palavras, presume que essas versões orais eram tão precisas verbalmente que se podia acrescentar uma seqüência literal de cinco palavras em algum ponto de uma versão copiada por escribas sem atrapalhar seu conteúdo original.

Acho essa proposta muito improvável, por duas razões que apresento aqui, como teses a serem desenvolvidas no que se segue. Primeiro, a memória é criativamente reprodutiva em vez de precisamente recordativa. Segundo, a oralidade é estrutural em vez de sintática. Exceto pequenos itens conservados mágica, ritual ou metricamente, de maneira literal, ela recorda essência, contorno e interação de elementos em vez de detalhes, pormenores e precisão de seqüência. "Até mesmo em culturas que conhecem a escrita e dependem dela, mas conservam um contato vivificante com a oralidade primitiva, isto é, conservam alto resíduo oral, a própria fala ritual com freqüência não é literal", como observou Walter Ong. "A Igreja cristã primitiva se lembrava, em forma oral, anterior ao texto, mesmo em seus rituais textualizados [palavras da Última Ceia] e mesmo naqueles pontos em que lhe foi ordenado se lembrar com o maior zelo" (p. 65). Esse é um exemplo bastante notável: as palavras da instituição da eucaristia na Última Ceia não são citadas palavra por palavra nem no próprio Novo Testamento.

Tudo isso requer muito mais explicações no que se segue. Mas, por enquanto, pergunto: Em que teorias gerais ou estudos empíricos de memória oral se baseiam as conclusões de Brown? Em que teorias gerais ou estudos empíricos da interação entre oralidade e alfabetização se baseiam as conclusões de Brown? De onde vieram?

O segundo exemplo torna essas questões mais candentes. Envolve a dependência do *Evangelho de Pedro* (*EvPd* nas citações que se seguem) dos evangelhos canônicos ou neotestamentários, conforme proposta, mais uma vez, de Brown (1994). Volto a este assunto no Capítulo 25, mas ele é de tal importância que cito aqui quatro diferentes assertivas suas. Um primeiro exemplo: "O *EvPd* ... recorre aos evangelhos canônicos (não necessariamente a seus textos escritos, mas às lembranças preservadas por terem sido ouvidas e recontadas oralmente)" (p. 1001). Um segundo exemplo: "O *EvPd* pode ter ouvido uma leitura de Mateus ou Marcos e ter escrito de memória a partir dessa comunicação oral, em vez de a partir de uma cópia escrita" (p. 1057). Um terceiro exemplo: "O *EvPd* explica-se melhor pelo conhecimento que o autor tinha dos evangelhos canônicos, talvez pela memória distante de tê-los ouvido" (p. 1306). Um quarto exemplo: "O *EvPd* não tinha [nenhum] evangelho escrito à sua frente, embora estivesse familiarizado com Mateus por tê-lo lido com atenção no passado e/ou ouvido sua leitura várias vezes no culto comunitário do Dia do Senhor, de modo que esse evangelho deu a forma dominante a seu pensamento. Com toda a probabilidade, ele ouvira pessoas familiarizadas com os evangelhos de Lucas e João – talvez pregadores itinerantes que reformulavam as narrativas proeminentes –, de modo que conhecia parte de seu conteúdo, mas não tinha idéia de sua estrutura... Não vejo nenhuma razão compulsória para pensar que o autor do *EvPd* tenha sido influenciado diretamente por Marcos... Misturados na mente do autor do *EvPd* estavam também contos populares sobre incidentes da paixão, justamente o tipo de material popular ao qual Mateus havia recorrido para compor seu evangelho em um período mais primitivo" (pp. 1334-1335). Um quinto e último exemplo: "O *EvPd* ... não foi produzido em uma escrivaninha, por alguém com fontes escritas erguidas à sua frente, mas por alguém com a lembrança do material que lera e ouvira (canônico e não-canônico) ao qual contribuiu com imaginação e um senso de drama" (pp. 1334-1336).

Argumentei contra esse tipo de interpretação em livros anteriores (1988, 1995) e, por enquanto, quero apenas enfatizar seus pressupostos sobre memória, oralidade e alfabetização. Essa interpretação afirma que, tendo ouvido ou lido os evangelhos de Mateus, Lucas e João, mas trabalhando a partir de "memória distante", em vez de cópia escrita direta, o autor do *Evangelho de Pedro* produziu o texto que descobrimos há tão pouco tempo.

Em formulação anterior dessa posição, Brown estava bem cônscio dos problemas que ela poderia suscitar. "Os fenômenos visíveis no *EP* [o *Evangelho de Pedro*] parecem exigir ... dependência oral do *EP* em relação a alguns dos evangelhos canônicos ou a todos... Caso se levante a objeção de que isso introduz o incontrolável na discussão de dependência, que seja assim. Com demasiada freqüência, os estudiosos transferem para a Igreja primitiva sua situação literária com cópias dos evangelhos à frente" (1987, p. 335). Contudo, essa posição – que o autor do *Evangelho de Pedro* recorreu aos evangelhos canônicos, mas só de "memória distante" – não é "incontrolável". Ainda é possível fazer perguntas. Que teoria da memória, por exemplo, está por trás dessa posição? Quase sempre, é impossível prever a lembrança com antecedência, mas, em geral, é bem possível explicá-la depois. Como os textos de Mateus, Lucas e João estão à nossa disposição, devemos saber explicar como o *Evangelho de Pedro* recordou, da maneira como o fez. Por que, então – pelo menos em geral –, ele conservou isto, omitiu aquilo e mudou ainda outra coisa?

Um exemplo esclarece minha objeção. Durante as audiências de Watergate no Senado dos EUA em 1973, John Dean testemunhou que se encontrou com Herbert Kalmbach na lanchonete do Mayflower Hotel em Washington D.C. e depois subiu diretamente para seu quarto. Mas o hotel não registrou a presença de Kalmbach no dia em questão. Talvez, Dean retrucou, ele usasse um nome falso? Mas, como se descobriu, naquele dia, Kalmbach estava registrado no Statler Hilton Hotel em Washington, que tinha uma lanchonete chamada Mayflower Doughnut (esquina da Loftus com a Doyle, 30). Embora nem sempre possamos explicar os caprichos da memória com a mesma exatidão como nesses caso, precisamos estar preparados para dar *alguma* explicação da lembrança um tanto estranha e até incorreta que o *Evangelho de Pedro* tem das narrativas da paixão ouvidas ou lidas no passado. Recordo este comentário de James Fentress e Chris Wickham em *Social memory* [*Memória social*]: "As lembranças têm uma gramática específica e podem (devem) ser analisadas como narrativas; mas também têm funções e podem (devem) ser analisadas de maneira funcionalista, como guias, quer uniformes, quer contraditórios, para a identidade social" (p. 88). Quais são, então, a coerência lógica, a gramática narrativa e a função social da memória de *Pedro*, na hipótese de Brown?

Brown aumenta essa dificuldade quando apresenta a seguinte "comparação atual" em apoio de sua teoria sobre as origens da narrativa da paixão no *Evangelho de Pedro*: "Suponhamos que selecionássemos em nosso século alguns cristãos que, anos atrás, leram ou estudaram Mateus em aulas de catecismo ou de educação religiosa, mas no ínterim não leram o NT. Todavia, ouviram as narrativas canônicas da paixão lidas nas liturgias religiosas. Também assistiram a uma peça ou dramatização da paixão no cinema, na tevê ou no teatro, ou ouviram uma no rádio; e assistiram a uma cerimônia religiosa onde pregadores usaram a imaginação para preencher lacunas da NP (narrativa da paixão) e combinaram diversas passagens evangélicas, p. ex., uma cerimônia de três horas da Sexta-Feira Santa ou das sete últimas palavras. Se pedíssemos a esse seleto grupo de cristãos para relatar a paixão, tenho certeza de que eles teriam uma idéia do esquema geral, mas não seriam necessariamente capazes de preservar a seqüência de nenhum evangelho em particular... Lembrar-se-iam de algumas frases chamativas ... uma ou duas das falas ("palavras") de Jesus na cruz ... das passagens evangélicas mais intensas ... de personagens como Pilatos, Herodes e o sumo sacerdote... Haveria a tendência de descrever com maior hostilidade os inimigos de Jesus... E em meio às lembranças da paixão tiradas dos evangelhos haveria uma mistura de detalhes e episódios que não constam dos evangelhos... Em outras palavras, de nosso grupo de teste formado por cristãos, obteríamos paralelos modernos ao *EvPd*" (p. 1336). Em outras palavras, a lembrança que o *Evangelho de Pedro* tem de coisas passadas é exatamente igual à de qualquer grupo de cristãos escolhidos mais ou menos aleatoriamente e convidados a recordar a narrativa da paixão.

Essa asserção clama por um teste experimental. Como teste menor e não-científico, escreva sua lembrança da história da paixão e veja se ela parece o *Evangelho de Pedro*. Como teste maior, mas ainda não-científico, certa vez, em uma aula de educação geral na Universidade DePaul, pedi aos alunos que escrevessem suas lembranças da história da paixão de Jesus, que incluíssem a prisão, o julgamento, a execução e o sepultamento. Disse-lhes que era um experimento do qual eu daria mais pormenores depois que o completassem. Prometi-lhes cinco pontos na nota final, independente do que escrevessem, mas pedi-lhes que me garantissem por escrito que não pediriam a ajuda de ninguém, nem consultariam fontes bíblicas. Deveriam simplesmente escrever essa história como a lembravam.

Recebi 32 resumos. Houve detalhes um tanto engraçados. Alguns falaram sobre "Pôncio Piloto" e um mencionou "Judas, o traficante". Um dos alunos lembrou-se de "alguma coisa sobre a descida de Jesus ao inferno para inspecioná-lo" e outro disse que no jardim de Getsêmani, Jesus perguntou a Deus "se havia outro jeito de resolver esta situação tão mórbida. A resposta do Altíssimo foi não". Houve também algumas transposições compreensíveis. Um afirmou que o Jesus moribundo "disse a Pedro (?) que este seria um filho para a mãe daquele (Maria)" e outro disse que "Maria limpou o corpo e o envolveu em linhos limpos". Eis um exemplo completo, escolhido pela concisão e também por alguns pormenores interessantes:

> Embora eu tenha estudado em escolas católicas, cursado o ensino fundamental, e ensino médio e agora a faculdade, digo com sinceridade que não me lembro de muita coisa. Mesmo assim, vou tentar recordar a Prisão, o Julgamento, a Execução e o Sepultamento de Jesus o mais detalhadamente possível.
>
> O que me lembro sobre a Prisão de Jesus é que Judas traiu Jesus. Judas era um dos discípulos de Jesus, mas mesmo assim o traiu. Veio, certo dia, a uma cidade onde Jesus pregava e curava pessoas e o prendeu diante de toda a multidão. Judas e alguns homens aprisionaram Jesus e o levaram para o que é conhecido como o julgamento.
>
> Pelo que me lembro, o Julgamento de Jesus foi bastante breve. Levaram-no a uma sala e o interrogaram sobre sua identidade. Um sacerdote perguntou a Jesus se ele era realmente o Filho de Deus e Jesus respondeu "sim", o que encerrou o assunto. A multidão gritava "crucifica- o", pensando que ele era um impostor. A decisão foi matá-lo, o que levou à Execução de Jesus.
>
> Lembro-me que a Execução de Jesus foi muito triste. Aprendi que despiram Jesus de suas vestes e o penduraram em uma cruz, com pregos que lhe atravessavam as mãos e os pés. Também puseram-lhe uma coroa de espinhos na cabeça e o açoitaram. Não me lembro quem o torturou, mas lembro-me que ele foi horrivelmente maltratado. Fizeram isso para ver se Deus libertaria seu Filho.
>
> Um dos discípulos de Jesus sepultou-o em um túmulo. O povo da cidade pôs guardas para vigiar o túmulo, porque Jesus proclamou que ressuscitaria dos mortos.
>
> Efetivamente, ele ressuscitou dos mortos e toda a cidade ficou abalada. Até esse momento, não eram muitos os que acreditavam que ele era o Filho de Deus.

Nem nesse resumo, nem em nenhum outro, alguém apresentou algo que mesmo remotamente se parecesse com a versão da paixão contida no *Evangelho de Pedro*. Ninguém disse nada a respeito de uma crucificação sob Herodes Antipas em vez de Pôncio Pilatos, ou sobre uma realizada por judeus em vez de soldados romanos. E ninguém disse nada sobre uma ressurreição que aconteceu clara e visivelmente diante das autoridades judaicas e dos soldados romanos. De fato, eu gostaria de desafiar Brown a mostrar memórias contemporâneas da paixão como as que ele propôs para explicar as estranhas lembranças no *Evangelho de Pedro*. E isso traz de volta a minha principal objeção: Que teoria de memória ou lembrança forma a base dessas afirmações de Brown? Em outras palavras como elas devem ser testadas?

A resposta é bastante óbvia, mas envolve a combinação da crítica sociocientífica com métodos mais antigos tais como a crítica histórica e literária para estudar textos bíblicos. É a única maneira de controlar alegações sobre a interseção de memória, oralidade e alfabetização baseadas em suposto bom senso, intuição pessoal ou hipótese, desacompanhadas de fundamento teórico e de confirmação experimental. Em outras palavras, o que aprendemos sobre a interseção de memória, oralidade e alfabetização com os pesquisadores orais que operam de maneira indutiva, ou com os psicólogos sociais que operam de maneira experimental? Está na hora de enfrentar a mística da tradição oral de Jesus com alguns dados concretos e indutivos provenientes de experiência comprovada e experimento controlado.

Capítulo **4**

A memória se lembra?

Experimentos mostraram que simplesmente repetir uma afirmação falsa inúmeras vezes leva as pessoas a acreditar que é verdade. Da mesma maneira, quando pensamos ou fala-mos sobre uma experiência passada, inclinamo-nos a ter cada vez mais certeza de que a recordamos com exatidão. Às vezes somos cuidadosos quando relatamos experiências discutidas amiúde. Mas também somos propensos a nos sentir mais confiantes sobre experiências freqüentemente narradas que lembra-mos de maneira inexata. Reconstituir uma experiência repetidas vezes faz-nos sentir que estamos certos, quando de fato estamos claramente errados. A tênue correlação entre a exatidão e a con-fiança de alguém tem relevância especial nos testemunhos oculares. Testemunhas que repetem as declarações inúmeras vezes em interrogatórios de policiais e advogados tornam-se extremamente confiantes sobre o que dizem – mesmo quando estão erradas. Essa conseqüência da repetição é particularmente importante porque numerosos estudos demonstram que os jurados se deixam influenciar bastante por testemunhas oculares confiantes.

Daniel L. Schacter, *Searching for memory* [*Em busca da memória*], p. 111.

Quase tudo que o senso comum nos diz sobre a memória está errado. E, recentemente, na América do Norte, reputações arruinadas, vidas destroçadas e famílias destruídas foram o preço desse senso comum. Em nenhum lugar nossa má compreensão da me-mória foi tão clara e terrivelmente demonstrada como no que agora chamamos de "síndrome da falsa memória" e que devia ter sido sempre reconhecido como "síndrome da memória comum". A memória é tanto ou mais reconstrução criativa que recordação exata e, infelizmente, muitas vezes é impossível dizer onde termina uma e começa a outra. Em geral, trabalhamos a partir de uma delas ou de ambas com a mesma certeza serena e implacável.

O senso comum nos diz que, exceto a mentira deliberada, as testemunhas oculares são a melhor prova de culpa; e quanto mais estreitamente envolvidas estejam, melhor seu testemunho. Diz-nos que incidentes traumáticos e, em especial, os de máximo envolvimento pessoal são os mais difíceis de esquecer, sãos os registrados de forma mais indelével na memória. Diz-nos que tudo está registrado em algum lugar da memória, embora possamos não ser capazes de encontrá--lo com facilidade ou sequer encontrá-lo algum dia. Então, a seguir exponho três situações da memória em atividade, colocadas aqui para contrabalançar a certeza do senso comum. Derivam todas de fontes citadas ou experimentos realizados por Elizabeth Loftus, professora de psicologia na Universidade de Washington e especialista em processos judiciais sobre os perigosos enganos e confiantes inexatidões da memória. Com o que se segue, minha intenção não é afirmar que nos lembramos de umas coisas e nos esquecemos de outras, nem que nos lembramos das coisas importantes e nos esquecemos das insignificantes, ou que nos lembramos dos incidentes principais e nos esquecemos dos detalhes específicos, ou que nos lembramos da essência, mas nos esquecemos do contorno exterior (quem determina o que é o quê?) Esses aspectos da memória são entendidos em teoria, embora nem sempre corretamente avaliados na prática. Minha intenção é verificar até que ponto fato e ficção, memória e fantasia, recordação e invenção entrelaçam-se no ato de lembrar. E como ninguém, nem mesmo nós, pode estar absolutamente certo sobre o que é o que, exceto a partir de verificação independente e documentada. Nem mesmo quando nós mesmos temos lembranças a nosso respeito.

O fato se transforma em não-fato

A evidência laboratorial deixa claro que a emoção ajuda a memória para alguns tipos de dados em um acontecimento, mas prejudica a memória para outros tipos de dados.

Daniel Reisberg e Friderike Heuer, in *Affect and accuracy in recall* [*Afeto e acuidade na lembrança*], p. 183.

A primeira situação de memória que vamos abordar envolve o movimento de *fato* para *não-fato*. É um processo que todos conhecemos, mas do qual raramente enfrentamos as implicações teóricas. Lembramo-nos de um fato e confundimos os detalhes. Acontece o tempo todo. Mas enumeramos esses detalhes com a mesma segurança com que o recordamos.

Caso 1

Jack Hamilton arremessava para os California Angels contra Tony Conigliaro do Boston Red Sox em 18 de agosto de 1967, em Fenway Park. Aos vinte anos, uns três anos antes desse jogo, Conigliaro liderou a Liga Americana com 32 circuitos de base completos. Aos 22 anos, foi o mais jovem rebatedor a alcançar cem circuitos de base. Mas aos 23 anos foi atingido por uma bola de primeiro arremesso lançada por Hamilton, que lhe esmagou a face esquerda, fraturou o osso molar, deslocou a mandíbula e prejudicou tanto sua visão que lhe interrompeu a carreira. O jogo foi em uma noite de sexta-feira, o primeiro de quatro na última ida dos Angels a Boston naquela temporada. Conigliaro era o sexto rebatedor no *lineup* do Red Sox e era o quarto turno, nenhum tento, dois eliminados, ninguém dentro. Quando Tony Conigliaro morreu de insuficiência renal em 1990, depois de ficar sob cuidados médicos vinte e quatro horas por dia desde que sofrera um ataque cardíaco em 1982, Dave Anderson, do *New York Times*, entrevistou Jack Hamilton sobre aquele arremesso fatídico (terça-feira, 27 de fevereiro, p. B9). Hamilton se lembrava que foi um jogo diurno porque "tentei vê-lo no hospital no fim da tarde ou começo da noite, mas só estavam permitindo a entrada da família". Também se lembrava que seu empresário deixou que ele decidisse se acompanharia ou não o time na série seguinte em Boston naquela mesma temporada. (Ele disse que foi.) E se lembrava que "era o sexto turno, quando aconteceu. Creio que a marcação era 2 a 1 e ele era o oitavo rebatedor na ordem de arremesso deles. Com o arremessador seguinte acima, eu não tinha motivo para arremessar contra ele".

Não há, naturalmente, nenhuma dúvida sobre o fato desse acidente. Mas, embora confessasse que "tenho de viver com isso; penso muito nisso", Hamilton deu cinco detalhes errados em sua recordação do que aconteceu. Foi um jogo noturno, não diurno; era a última rodada dos Angels em Boston naquela temporada; o rebatedor era o sexto, não o oitavo, na ordem de arremesso; a marcação era 0 a 0, não 2 a 1, e era o quarto, não o sexto turno. Todos esses, já se vê, são erros de memória muito pequenos e bastante típicos. Mas observe três aspectos desse exemplo. Mesmo (ou especialmente) em uma experiência tão traumática, os detalhes não são protegidos pela natureza indelével do fato em si. Além disso, na memória de Hamilton, não há distinção clara entre detalhes corretos e falsos, embora neste caso tenhamos a capacidade independente de verificarmos e fazermos nós mesmos essa distinção. Por fim, parece haver uma lógica nesses erros de memória. Hamilton negou motivação duas vezes na entrevista: "Sei, no fundo do coração, que não estava tentando atingi-lo" e "eu não tinha motivo para arremessar contra ele". Seus erros de memória inclinaram-se, em geral, a apoiar essas alegações, livrando-o de qualquer suspeita de premeditação em vez de acidente. Hamilton também se lembrou de detalhes que punham a culpa alhures: "Ele já havia sido atingido uma porção de vezes", disse Hamilton. "Ele atravancava o campo".

Como Hamilton se lembrava e tinha "de viver com isso", o ferimento de Conigliaro e sua inocência fundiram-se não apenas para recordar o fato de maneira exata, mas ainda para reproduzi-lo de forma apropriada. "O princípio geral", como recentemente escreveu Daniel Schacter, "que as lembranças são não simplesmente imagens ativadas na mente, mas construções complexas formadas de múltiplas contribuições ... também se aplica a lembranças emocionalmente traumáticas" (p. 209).

Caso 2

Ouvimos dizer que as pessoas recordam com grande exatidão onde estavam e o que faziam quando receberam a notícia do assassinato do presidente Kennedy em 22 de novembro de 1963, ou da explosão do ônibus espacial *Challenger* em 28 de janeiro de 1986. Esses casos ampliam aquela memória individual de um impressionante acidente traumático para a lembrança geral de um desastre nacional traumático. Em 1977, dois psicólogos experimentais, Roger Brown e James Kulik, da Universidade de Harvard, inventaram a expressão *flashbulb memories* [memórias de instantâneos] para recordações das "circunstâncias nas quais a pessoa recebeu a notícia de um acontecimento muito surpreendente e significativo (ou emocionante)" (p. 73). A *flashbulb memory* é "muito semelhante a uma fotografia, que preserva indiscriminadamente a cena em que cada um de nós se encontrava quando o instantâneo foi tirado" (p. 74) e fica "gravada por um tempo bastante longo e, é de imaginar, permanente, variando em complexidade conforme as conseqüências, mas, uma vez criada, fica sempre ali, sem necessitar de maior fortalecimento" (p. 85). Eles até afirmaram haver um mecanismo biológico especial para a clareza bastante intensa e detalhada dessas lembranças notavelmente gravadas na memória. Assim, por exemplo, 13 anos após o assassinato do presidente Kennedy, só 1% dos que responderam ao teste haviam esquecido as circunstâncias em que receberam a notícia. Porém, infelizmente, não havia meios para testar a exatidão dos detalhes (distinta da imaginação de detalhes) dessas lembranças. Não foi imediatamente estabelecida nenhuma linha básica de memória contra a qual lembranças mais tardias pudessem ser testadas para verificação de incoerência.

Na manhã seguinte à explosão do *Challenger*, os 106 alunos do curso de Psicologia 101 ("Desenvolvimento da Personalidade") da Universidade de Emory responderam a um questionário sobre como tinham sabido do desastre. Isso estabeleceu uma linha básica para suas lembranças dentro de 24 horas do incidente em si, em janeiro de 1986. Em outra ocasião, em outubro de 1988, os 44 dos 106 alunos que ainda estavam em Emory responderam a outro questionário (só 25% se lembravam do questionário original!) e tiveram as duas respostas comparadas. Finalmente, em março de 1989, foram feitas entrevistas de seguimento com os 40 estudantes dispostos a participar da fase final do experimento. Eis um exemplo das respostas ao questionário, da

mesma pessoa:

Relatório de memória
Após 24 horas (jan. 1986)

Estava na aula de religião e algumas pessoas entraram e começaram a falar (sobre o desastre). Eu não soube dos detalhes, só que havia explodido e os alunos do professor tinham assistido, o que achei muito triste.

Então, depois da aula, fui para o quarto e assisti ao pro-

grama de tevê que falava do desastre e fiquei sabendo dos detalhes.

Relatório de memória
Após 2 ½ anos (out. 1988)

Quando soube da explosão, estava sentado no dormitório com meu colega de quarto, assistindo à tevê. Deu em edição extraordinária e ambos ficamos muito chocados. Fiquei realmente transtornado, fui ao andar superior

conversar com um amigo e em seguida telefonei a meus pais.

Esse caso, como explicam os pesquisadores, não foi incomum: "Nenhuma das lembranças que perduraram estava inteiramente correta e ... muitas estavam no mínimo bem longe da verdade... Esses questionários revelaram alta incidência de erros substanciais" (Neisser & Harsch, pp. 9 e 12). Uma estudante, por exemplo, que mais tarde recordou ter ouvido a notícia de uma garota que correu aos gritos pelo corredor do dormitório, na verdade a ouviu no restaurante e se sentiu mal, a ponto de não conseguir acabar de almoçar. Outra mais tarde pensou que estava com os pais quando aconteceu, embora, na verdade, estivesse no *campus*.

Quando essas segundas versões foram comparadas com as primeiras para verificar a exatidão, e graduadas em uma escala de 0 a 7 sobre as características principais (*local, atividade, informante*) e secundárias (*tempo, outras*) do acidente, "a média foi 2,95 de um 7 possível. Onze dos que responderam (25%) estavam errados sobre tudo e tiveram zero. Vinte e dois deles (50%) tiveram 2 ou menos; isso significa que se estavam certos sobre uma característica principal, estavam errados nas duas outras. Só três participantes (7%) alcançaram a marca máxima possível de 7 pontos, embora nesses casos houvesse pequenas discrepâncias (p. ex., sobre a hora do incidente) entre a relembrança e o relatório original. O que torna essas marcas baixas interessantes é o alto grau de certeza que acompanhava muitas delas" (p. 18).

A confiança na inexatidão é, com certeza, muito mais inquietante que a inexatidão em si, e a nitidez visual com a qual a inexatidão foi relembrada é ainda mais inquietante. A média de exatidão foi 2,95 de 7, como mencionei; a média de certeza foi 4,17 de 5; e a média de "nitidez *visual*" foi 5,35 de 7! No exemplo dado, a estudante calculou a certeza de sua lembrança de 1988 em 5 ("absolutamente certo") para *local, atividade, informante, outros* e em 4 para *tempo* (2 ou 3 horas da tarde, em vez de 11h39min da manhã, horário da costa leste). Sua marca real foi zero em todas as avaliações.

Nas entrevistas de seguimento depois que os dois questionários foram comparados, os pesquisadores fizeram outra descoberta significativa. As lembranças dos participantes dos relatos da segunda versão permaneceram "notavelmente coerentes" entre outubro de 1988 e março de 1989 e, quando os pesquisadores tentaram ajudá-los a recuperar os relatos da primeira versão, descobriram que "nenhum dos procedimentos surtiu efeito!" (Neisser & Harsch, p. 13). Mesmo quando seus primeiros relatórios lhes foram mostrados, os participantes "nem sequer fingiram que agora recordavam o que constava no relato original. Pelo contrário, insistiram em dizer: 'Como eu lhe disse, não me lembro de nada' ou 'ainda penso que aconteceu da outra maneira'. Pelo que sabemos, as lembranças originais desapareceram" (p. 21). As *flashbulbs* [lâmpadas de magnésio] iluminam, mas também cegam: pelo menos neste caso, em que a comparação foi possível, nem a nitidez visual, nem a afirmação confiante tinham maior relação com a exatidão.

A ficção se transforma em fato

Uma saudável desconfiança da própria memória e da memória em geral não é má idéia. Tudo bem considerado, a memória é seletiva; o mecanismo da memória é seletivo sobre o que entra e seletivo sobre como isso muda com o tempo... Parece que fomos propositalmente construídos com um mecanismo para apagar a fita de nossa memória ou, pelo menos, torcer a fita da memória, para podermos viver e funcionar sem sermos perseguidos pelo passado... A maleabilidade da memória humana representa um fenômeno que é, ao mesmo tempo, desconcertante e vexatório. Significa que nosso passado pode não ser exatamente como o lembramos. A própria natureza da verdade e da certeza está abalada. É mais confortante acreditarmos que, em algum ponto de nosso cérebro, embora bem escondido, há um fundamento de memória que corresponde com exatidão aos acontecimentos passados. É uma pena, mas simplesmente não fomos planejados dessa maneira.

Elizabeth F. Loftus, *Memory* [*Memória*], pp. 147 e 190.

A próxima situação envolve o movimento de *ficção* para *fato*. Nos exemplos citados para a situação anterior, o fenômeno central era sempre concretamente certo. Hamilton atingiu Conigliaro e efetivamente acabou com a carreira da vítima. O presidente Kennedy morreu, o *Challenger* explodiu e as pessoas ouviram a respeito desses acontecimentos. Os detalhes se perderam e foram substituídos por erros. A certeza passou de maneira ilegítima do centro para a periferia. Mas pelo menos os fatos centrais realmente aconteceram e foram lembrados. Nos exemplos a seguir, entretanto, a memória transformou uma história fictícia em história real.

Caso 1

Há uma nota de rodapé muito famosa em um dos livros de Jean Piaget sobre a infância. Piaget examina por que não temos lembranças de nossos primeiros anos e, nesse contexto, narra a história seguinte: "Há também a questão de lembranças que dependem de outras pessoas. Por exemplo, uma de minhas primeiras lembranças dataria, se fosse verdade, de meu segundo ano de vida. Ainda vejo, com toda a clareza, a cena seguinte, na qual acreditei até os quinze anos. Estava sentado em meu carrinho, que a pajem empurrava nos Champs Elysées, quando um homem tentou me raptar. Fiquei seguro pelo cinto que me prendia, enquanto a pajem bravamente procurava ficar entre mim e o ladrão. Ela recebeu vários arranhões e ainda vejo vagamente os de seu rosto. Então juntou muita gente, surgiu um policial com uma capa curta e um bastão branco e o homem deu no pé. Ainda vejo toda a cena e até posso localizá-la perto da estação do metrô. Quando eu tinha uns quinze anos, meus pais receberam uma carta de minha antiga pajem, na qual ela dizia que se convertera ao Exército da Salvação. Queria confessar as faltas passadas e, em especial, devolver o relógio que ganhara como recompensa naquela ocasião. Inventara a história toda, simulando os arranhões. Portanto, quando criança, devo ter ouvido essa história, na qual meus pais acreditaram, e a projetei para o passado, em forma de memória visual que era a memória de uma memória, mas falsa. Muitas lembranças reais são, sem dúvida, da mesma ordem" (pp. 187-188, nota 1). Observe a última parte: reconstrução, visualização e até detalhes lembrados de maneira nova não garantem a exatidão. A mentira se transformou em memória; a ficção se transformou em fato.

Caso 2

Uma cena do filme de 1944, *Uma asa e uma prece*, concentrou-se nos três homens da tripulação de um torpedeiro da marinha no sul do Pacífico. Enquanto o avião danificado caía e o artilheiro se preparava para saltar de pára-quedas, o piloto ferido e imobilizado dizia ao radiotelegrafista : "Faremos esta viagem juntos". Em matéria assinada de "A flying fortress base, England, Feb., 1, 1944" ["Uma base de fortalezas voadoras, Inglaterra, 1º de fevereiro de 1944"], Jack Tait, no *New York Herald Tribune*, relatou uma história parecida, mas agora era um atirador que ficava com outro atirador imobilizado: "Tenha calma, vamos fazer esta viagem juntos". Tait admitiu não poder confirmar a história, exceto como "algo que circulava nesta base e já se tornara lenda". Essa restrição foi omitida quando o *Reader's Digest* condensou a história em seu número do abril seguinte.

Ronald Reagan contou esse episódio como fato histórico durante suas campanhas presidenciais de 1976 e 1980 e o repetiu em 12 de dezembro de 1983, para a convenção anual da Medalha de Honra do Congresso, em New York. A história envolvia o piloto e o atirador da torre de um B-17 sobre o canal da Mancha: "Ele pegou a mão do rapaz e disse: 'Não se preocupe, filho, faremos esta viagem juntos'. Medalha de Honra do Congresso, conferida postumamente".

Entretanto, a última questão ficou sujeita a confirmação e, quando Lars-Erik Nelson, chefe da agência do *New York Daily News* em Washington, verificou as 434 menções de Medalha de Honra da Segunda Grande Guerra, não encontrou em lugar algum o registro desse ato de heroísmo. Quando lhe perguntaram sobre a exatidão da história, o porta-voz da presidência, Larry Speakes, disse: "Se a mesma história é contada cinco vezes, passa a ser verdade". O presidente Reagan, que assistira a *Uma asa e uma prece* e era leitor assíduo do *Reader's Digest*, alegou que se recordava de "ter lido uma menção" recomendando a medalha por um ato tão heróico, quando ele próprio estava no exército (Cannon, pp. 58-60).

É desnecessário alegar que Reagan não distinguiu a ficção do fato ou a propaganda da história. O que aconteceu em sua memória não era tão incomum quanto gostaríamos de pensar. A ficção se transformou em fato e, por isso, ficou inacessível a críticas. Quem pode provar que não houve tal menção recordada do tempo que Reagan estava no exército? Mas, por outro lado, quem acredita que *houve* uma?

O NÃO-FATO SE TRANSFORMA EM FATO

> Será que a memória de Eileen [supostamente reprimida durante vinte anos, de seu pai, George Franklin, ter assassinado sua melhor amiga, Susan Nason, em Foster City, perto de San Francisco, em 22 de setembro de 1969] não teve origem em uma imaginação demasiadamente ativa, propensa à fantasia, com detalhes da história real fornecidos por reportagens de jornal, notícias televisuais e conversas que aconteceram ao longo dos anos?
>
> Elizabeth F. Loftus e Katherine Ketcham, *The myth of repressed memory*
> [*O mito da memória reprimida*], p. 93.

A terceira situação envolve o movimento do *não-fato* para o *fato*. Não diz respeito a detalhes inventados de um acontecimento, mas sim à invenção de um acontecimento em si. É, com certeza, o mais inquietante dos três casos, mas não faz mais que levar os dois anteriores à sua conclusão lógica.

Caso 1

Elizabeth Loftus descreve outro experimento psicológico sobre lembranças de colegas de escola do ensino médio – experimento que continuou em muitas sessões, durante dias e até meses. "Quanto mais procuravam se lembrar, mais nomes lhes vinham à mente. O gráfico ao lado mostra o progresso de uma participante para lembrar os colegas" (1980, p. 130). O gráfico mostrava o "número de sessões de recordação" (= 10) contra o "número de nomes [corretos] recordados" (= 220). Isso impressiona muitíssimo: 220 nomes corretos entre 600 possíveis, depois de dez horas de tentativa. Mas o gráfico também mostrou o número de "invenções" (= 100). "A participante que a cada tentativa se lembrava de mais nomes também produzia mais construções falsas ou invenções. Muitas vezes a invenção era o nome de uma pessoa real, mas de outra turma ou de outra parte da vida da mulher. Um número considerável de nomes dos quais as participantes se lembraram eram invenções. Neste estudo, lá pela décima hora de recordação, quase metade dos nomes recém-lembrados era falsa" (1980, p. 133). Em um experimento controlado como esse, com uma base de dados documentados, foi possível, já se vê, verificar a memória e registrar 220 certas e 100 erradas de um universo de 600. Na vida normal, porém, tais invenções são não-fatos que facilmente se transformam em fatos.

Caso 2

Loftus também descreve um experimento seu – que ela planejou para avaliar a possibilidade de criar nas crianças uma memória falsa e traumática completa e fazê-la daí em diante ser considerada fato. Para evitar uma impropriedade ética, o incidente traumático tinha de ser temporário e ter final feliz: "Seria possível fazer alguém acreditar que, em criança, ficou perdido em um *shopping center* em que nunca havia se perdido?" (Loftus e Ketcham, 1994, p. 96). O experimento, que era apenas uma investigação preliminar para outra mais científica que se seguiria, envolveu cinco pessoas, com idades entre 8 e 42 anos, às quais um membro da família disse que, aos cinco ou seis anos de idade, haviam se perdido em algum grande conjunto de edifícios. Em todos os casos, a falsa lembrança foi aceita como verdadeira e imediatamente ampliada com detalhes recém-inventados. "A disposição dos participantes para ampliar a lembrança e dar detalhes que não foram nem sequer insinuados na sugestão inicial pareceu indicar que a lembrança era, na verdade, bem real" (p. 99). Basta um exemplo.

Um irmão mais velho apresentou ao garoto de 14 anos a descrição em um único parágrafo de quatro fatos da infância, três verdadeiros e um falso. Foi-lhe pedido que escrevesse sobre os quatro incidentes diariamente durante cinco dias e registrasse tudo de que se lembrasse sobre cada um deles. Se não conseguisse se lembrar, devia simplesmente registrar essa circunstância. Eis a falsa lembrança, seguida pelos comentários do garoto sobre ela em cada um dos cinco dias:

> Foi em 1981 ou 1982. Lembro-me que Chris tinha cinco anos. Tínhamos ido fazer compras no *shopping center* da Cidade Universitária em Spokane. Depois de entrarmos em pânico, encontramos Chris sendo conduzido pelo *shopping center* por um velhote alto (acho que ele vestia uma camisa de flanela). Chris estava chorando e segurava a mão do homem. Este explicou que, alguns minutos antes, encontrara Chris andando sem rumo e aos prantos, e estava ajudando-o

a encontrar os pais.

Primeiro dia: Tenho uma vaga lembrança daquele homem. Lembro-me que pensei: "Puxa! Ele é mesmo tranqüilo!"

Segundo dia: Naquele dia fiquei apavorado com medo de nunca mais ver minha família. Sabia que estava em perigo.

Terceiro dia: Lembro-me que mamãe me disse para nunca mais fazer aquilo.

Quarto dia: Também me lembro da camisa daquele velho.

Quinto dia: Tenho uma vaga lembrança das lojas.

Chris também recordou uma conversa com o homem – "Lembro-me que o homem me perguntou se eu estava perdido" – e se lembrou que ele estava ficando calvo e usava óculos. Chris enfeitou à vontade sua memória do falso fato (embora, sobre um dos fatos verdadeiros, não parasse de dizer durante cinco dias: "Ainda não consigo me lembrar"). Por outro lado, a mãe de Chris sustentou coerentemente durante os cinco dias que não se lembrava do fato. No quinto, por exemplo, disse: "Por alguma razão, sinto-me culpada a respeito, mas não consigo me lembrar" (pp. 97-99).

A memória em oposição à mística

Estudos da tradição de Jesus no Novo Testamento, a qual abrange só décadas e não gerações e é propriedade querida de uma minoria apenas..., cairiam na esfera do *testemunho oral* e não da *tradição oral*.
Øivind Andersen, in *Jesus and the oral gospel tradition* [*Jesus e a tradição oral do evangelho*], p. 17.

Não sugiro que nunca nos lembramos corretamente de alguma coisa. Isso seria absurdo. Nem sugiro que a memória não passa de outro nome para imaginação, ou que inventamos tudo sob a influência de sugestões e da sociedade. Isso também seria absurdo. Mas todos esses casos precedentes servem, primeiro, para atenuar a serena complacência do senso comum sobre a memória e, segundo, para nos advertir que, embora certamente nos lembremos, lembramos por um processo reconstrutivo. O processo reconstrutivo mistura fatos recordados de uma ocorrência real com outros vistos, ouvidos ou imaginados de ocorrências semelhantes. Esse processo reconstrutivo recorda a essência em vez do detalhe, o centro em vez da periferia – e alguém precisa então decidir o que é o quê. (No testemunho ocular para a identificação de um assassino, por exemplo, a barba é essência ou detalhe, centro ou periferia?) Esse processo reconstrutivo muitas vezes reivindica exatidão e veracidade iguais para aquilo que realmente recordamos e para o que criativamente inventamos.

Contudo, o mais importante aqui e agora é contrapor este capítulo sobre a memória, sobre o que a psicologia experimental pode mostrar e a neurociência explicar, ao Capítulo 3, "A mística da tradição oral". Recordemos o uso que Brown faz da tradição oral para explicar aquelas concordâncias menores de Mateus e Lucas em oposição a Marcos, nas narrativas da paixão. Recordemos também sua explicação do *Evangelho de Pedro* como memória da audição ou da leitura dos evangelhos neotestamentários em um passado distante. Com base em que teoria da memória é possível alegar que, ao usar uma fonte escrita, o autor utiliza pouco essa versão escrita, privilegiando uma recordação sintática precisa da tradição oral? Com base em que teoria da memória é possível explicar as diferenças entre Pedro e Mateus, e ainda com Marcos, Lucas ou João como recordações inexatas de Pedro? Como e por que tal reconstrução se verificou assim?

Vejamos outro exemplo. Ao escrever sobre a multiplicação dos pães e peixes, James Dunn observa que "em todos os casos em que é dado um número, há concordância precisa entre os quatro evangelhos – 200 denários... 5 pães e 2 peixes... 5.000 homens... 12 cestos cheios de pedaços" (p. 363). Dessa observação perfeitamente correta, ele tira a seguinte conclusão: "Os pontos fixos parecem ter sido os números, os outros detalhes de concordância são, na maior parte, dependentes deles e, de modo quase inevitável, envolvem-se no desenrolar de uma história em torno desses detalhes. Mas isso é precisamente o que esperaríamos da tradição oral – pontos fixos de detalhes que o cristão que repetisse a narração da história desenvolveria em suas próprias palavras, de modo que, embora a linguagem e outros detalhes divergissem e divergissem de forma marcante ..., a essência da história permanecia constante" (p. 364). Mas, é a pergunta, a memória humana e a tradição oral operam pela lembrança exata desses números e pela recriação da história ao redor deles, ou pela lembrança do centro, da essência da narrativa, do esboço, e pela recriação desses números na execução? E, se a última hipótese é a mais provável, a persistência absoluta desses números específicos em versões intracanônicas e extracanônicas deve indicar uma ritualização bastante primitiva da história.

No entanto, talvez um grupo incapaz de escrever e, portanto, muito mais dependente da tradição oral tenha memórias diferentes ou melhores do que as nossas. Todos os casos citados acima foram contemporâneos, provenientes de uma cultura escrita. Como a cultura de Jesus era entre 95 e 97% analfabeta, a memória e a oralidade podem ter interagido de maneira muito diferente do mundo moderno. Em seguida, é necessário examinar a interseção da memória, oralidade e alfabetização. Mas, no que segue, sempre presumo que este capítulo nos adverte para termos bastante cuidado com a memória, mesmo quando ela está muito segura de si mesma. Não creio que as testemunhas oculares estejam sempre erradas; mas, por exemplo, se o testemunho ocular é a *única* prova da acusação, há, sempre e intrinsecamente, uma *dúvida razoável* contra ele, *sempre*. Como expressaram John Bohannon e Victoria Symons: "Em estudos de testemunhos oculares, as estimativas mais favoráveis da correlação entre certeza e exatidão são de 0,40" (p. 67).

Capítulo 5

História de dois professores

Tive o privilégio de estudar com Milman Parry [1902-1935] durante o período, interrompido tão prematuramente, em que ele lecionou Estudos Clássicos na Universidade de Harvard... Ninguém que conheceu Parry provavelmente esquecerá seus incisivos poderes de formulação ou subestimará o alcance e a profundidade de sua mente cosmopolita. Ele foi saudado, apropriadamente, como o Darwin da literatura oral.

Harry Levin, no prefácio a Albert B. Lord, *The singer of tales*
[*O cantador de histórias*], p. não numerada.

Foi [da Universidade] de Cambridge que [Sir Frederic C.] Bartlett lançou seu desafio quixotesco aos estudiosos da memória das décadas de 1920 e 1930. Ele estava convencido de que seus contemporâneos não entendiam nem o objetivo nem a natureza da memória e que os procedimentos laboratoriais comuns simplesmente obscurecem suas características reais. Seu desafio passou quase despercebido durante quarenta anos, desde a publicação de *Remembering* [*Lembrando*] (1932) até esta década [de 1970], porém já não mais está despercebido.

Ulric Neisser, *Memory observed* [*Memória observada*], pp. 3-4.

E ste capítulo é sobre dois professores que, no início da década de 1930, publicaram pesquisas importantíssimas sobre a interseção de memória, oralidade e alfabetização. Como se vê nas epígrafes acima, as teorias e os experimentos de Parry causaram, desde o início, importante atividade acadêmica, enquanto as teorias e os experimentos de Bartlett ficaram, na maior parte, ignorados até bem recentemente. Entretanto eu os uno, aqui, para estabelecer e enfatizar os parâmetros dessa interseção entre memória, oralidade e alfabetização.

Homero em um café balcânico

A proeza humana de extensa recordação literal (cinqüenta palavras ou mais) surge como adaptação ao texto escrito e não aparece em ambientes culturais em que os textos são desconhecidos. A suposição que culturas iletradas estimulam a extensa recordação literal é a projeção errada que os letrados fazem de estruturas de referência dependentes de texto.

Ian M. L. Hunter, in *Progress in the psychology of language* [*Progresso na psicologia da linguagem*], p. 207.

Tive contato com Homero pela primeira vez em um curso clássico no ensino médio na Irlanda entre 1945 e 1959. Nós o líamos em grego, usávamos o "burro" em inglês e o traduzíamos para o gaélico (não havia "burro" nem "pai velho" em gaélico). E sabíamos, com precisão adolescente, traduzir de um jeito que fazia os professores nunca terem certeza se era o grego ou o gaélico que não sabíamos. Até hoje me lembro de certas frases estereotipadas, repetidas com regularidade previsível e até monótona. Não me lembro de nenhuma em gaélico, mas me lembro de algumas em grego e de todas em inglês. Talvez parecessem menos estranhas em grego ou gaélico – línguas que, de qualquer modo, achávamos um tanto estranhas. Por exemplo, os heróis homéricos eram os "gregos com boas grevas"; a manhã era "a alvorada de dedos róseos"; o Egeu era "o mar escuro como o vinho". Mas, mesmo que os guerreiros gregos usassem boa proteção de bronze nas pernas e por isso estivessem sempre com "boas grevas", o alvorecer do inverno grego certamente nem sempre tem "dedos róseos" e o mar do verão grego nem sempre é "escuro como o vinho". Por que essas frases estereotipadas e repetidas são típicas da poesia homérica?

Essa questão foi o centro da tese de mestrado de Milman Parry na Universidade da Califórnia (Berkeley) em 1923 e de suas teses de doutorado maior e menor na Universidade de Paris (Sorbonne) em 1928. Parry falou dessas frases como "epítetos tradicionais" ou "fórmulas" e as estudou em termos de métrica e estilo homéricos. Naquele mesmo ano, 1928, Matija Murko fez três palestras no Instituto de Estudos Eslavos da Sorbonne sobre poesia épica contemporânea na Iugoslávia. O filho de Parry, Adam, que editou toda a obra do pai em um volume de 1971, observou que "podem ter sido Murko e sua obra que em primeiro lugar sugeriram a Parry a possibilidade de encontrar em uma poesia contemporânea um análogo observável à poesia de Homero" (xxiv). Em todo caso, foi a justaposição criativa do estilo homérico antigo e da técnica balcânica moderna que levou Parry à conclusão básica de que os dois fenômenos surgiram da poesia épica popular representada oralmente por um tradicional "cantador de histórias". O trabalho de campo de Parry na Iugoslávia durante 1934-1935 levou a Harvard mais de 12.500 textos – canções cantadas por cantores e conversas com cantores obtidas ou por meio de ditado ou em mais de 3.500 discos de vitrola de acetato de 12 polegadas. Ele começava a escrever um livro chamado *O cantador de histórias* quando um tiro acidental acabou com sua vida e sua pesquisa.

Albert Bates Lord, que estudou com Parry em Harvard e o acompanhou à Iugoslávia em 1934-1935, escolheu o mesmo título, *O cantador de histórias*, para publicação, em 1960, de sua tese de doutorado de 1949 no Departamento de Literatura Comparada, em Harvard. Também estendeu o trabalho de campo balcânico à Albânia em 1937, novamente à Iugoslávia em 1950-1951 e à Bulgária em 1958-1959. Ao comparar a tradição homérica antiga e a tradição eslava moderna, a afirmação de Parry e Lord é "que uma compreensão da poesia oral só pode vir do conhecimento íntimo da maneira como foi produzida; que uma teoria de composição precisa basear-se não em outra teoria, mas nos fatos da prática da poesia", como Lord expressou no Prefácio de seu livro. De maneira específica, como funciona de fato a tradição servo-croata de canção épica por artistas analfabetos, tradição ainda viva nas décadas de 1920 e 1930? E, quando

Parry e Lord transcreveram essa apresentação em formato escrito, foi isso que alguém fez para Homero, muito tempo atrás? De modo mais geral, como poetas analfabetos produzem milhares e milhares de versos quando lhes pedem? Como se lembram? Recordam milhares de versos *verbatim*? Como compõem?

Desempenho da tradição

No princípio, existe a tradição. Esta dá aos artistas três elementos estruturais com os quais trabalham de modo criativo, dinâmico e interativo. Primeiro, dá-lhes as *histórias* gerais, as narrativas totais. Por exemplo, os muçulmanos bósnios falam "dos velhos tempos, das façanhas dos grandes homens de antigamente e dos heróis dos dois lados, no tempo em que Solimão, o Magnífico dominava o império. Então o império dos turcos estava no auge. Tinha 360 províncias, e a Bósnia era sua fechadura e suas chaves de ouro e um lugar de toda boa confiança contra o inimigo" (Parry 1974, p. 13). Em seguida, dá-lhes os *temas*, que são misturados e combinados naquelas estruturas narrativas. Temas comuns são, por exemplo, o conselho do governante, a revista de tropas do exército, ou os convidados para bodas. Por fim e, de modo muito especial, dá-lhes centenas de *formulae*, frases estereotipadas que também podem ser misturadas e combinadas para formar esses temas e dali essas narrativas. Na definição de Parry, a fórmula é "um grupo de palavras regularmente empregado sob as mesmas condições métricas para expressar certa idéia essencial" (Lord, p. 30). Mas, para que isto não soe mecanicista e automático, eis um conjunto de variações de uma fórmula sobre *montar o próprio cavalo*, selecionadas de vários lugares (pp. 52-53):

Então ele montou seu cavalo alado.
Então ele montou sua égua beduína.
Bem, ela montou seu cavalo branco.
Então eles montaram seus cavalos no pátio.
Montaram dois cavalos da posta.
Com um brado a Alá, ele montou e partiu para Budim.
Đulić montou seu cavalo alazão.
Montaram seus cavalos ligeiros.

A fórmula, com seu ritmo gravado bem abaixo da memória consciente, é o coração da poesia épica tradicional. Mas, novamente, para que isto não soe como justaposição em vez de

Halil Bajgorić	
Gravado em 1935	Gravado em 1950
Um árabe moreno soube disto	Um árabe negro soube disto
Pelo escuro mar azul, o abismo,	Pelo mar, azul escuro, profundo
Então ele montou sua égua beduína.	Que Stocevic Alija tinha morrido,
Ela era negra como um corvo.	E se protegeu e à sua égua.

virtuosismo criativo, eis duas versões do mesmo momento na mesma história pelo mesmo cantador, registradas com uma diferença de quinze anos (Lord, p. 62).

Lembremos, também, que os padrões instáveis na epopéia servo-croata têm o apoio da *gusla*, instrumento de uma só corda, parecido com o bandolim, tocado no colo com um arco. A gusla fornece a batida rítmica para versos de dez sílabas, nos quais as fórmulas instavelmente estabelecidas podem ser inseridas com rapidez durante a composição de dez a vinte versos por minuto. Dois casos servem de exemplo e preparam o entendimento do que significa "dez mil versos *verbatim*" na execução oral tradicional para bardos épicos analfabetos.

Caso 1

Petar Vidić, de Stola, na Herzegovina, era, segundo Lord, "não mais que um cantador medíocre ..., o tipo de cantador que precisa aguentar o rojão da transmissão da arte" (Lord, p. 113). É, em outras palavras, exemplo típico, não extraordinário. A coleção Parry em Harvard agora contém quatro versões completas de *Marko e Nina de Kostur*, desse artista, como se segue (pp. 71 e 236-241):

1. Parry n. 6: ditada em agosto de 1933, com um total de 154 versos

2. Parry n. 805: ditada em 7 de dezembro de 1934, com um total de 234 versos

3. Parry n. 804: gravada em 7 de dezembro de 1934, com um total de 279 versos

4. Parry n. 846: gravada em 9 de dezembro de 1934, com um total de 344 versos

Esses totais de versos divergentes nos previnem imediatamente de que a mesma narrativa, com o mesmo cantador, não é a mesma todas as vezes. E, para comparação, foram gravadas duas versões dela por outro cantador, Halil Bajgorić, como segue:

5. Parry n. 6695: gravada (em disco) em 1935, com um total de 464 versos

6. Lord n. 84: gravada (em fita) em 1950, com um total de 209 versos

Uma comparação detalhada é ainda mais interessante. Além das quatro versões completas mencionadas acima, Petar Vidić fez mais duas séries experimentais (Parry, nn. 803a, 803b) dos vinte primeiros versos em preparação para a gravação em Parry, n. 804. Eis as seis versões das estrofes iniciais da história (Lord, pp. 74-75):

Parry #6 [8 versos] Marko Kraljević	Parry #803a [9 versos]	Parry #803b [7 versos]	Parry #804 [7 versos]	Parry #805 [6 versos]	Parry #846 [5 versos]
	Marko Kraljević levantou-se cedo Em sua torre branca bem construída Em Prilip, a cidade alva, Levantou-se e tomou todo o seu café	Marko Kraljević levantou-se cedo Em sua torre branca bem construída, Antes do amanhecer e do dia alvo.	Marko Kraljević levantou-se cedo Em sua torre branca de pedra.	Marko Kraljević levantou-se cedo Em Prilip, em sua torre branca,	Marko Kraljević levantou-se cedo Em sua torre branca de pedra,
bebe vinho	E começou o conhaque puro		Levantou-se, começou seu conhaque, E Marko tomou o conhaque.		
Com sua velha mãe,	Com ele estava sua velha mãe, Era sua velha mãe,	A seu lado, sua velha mãe,	A seu lado sua velha mãe,	E, a seu lado, sua velha mãe	E, a seu lado, sua velha mãe
E com seu verdadeiro amor,	E, ao lado da mãe, a mulher de Kraljević,	Ao lado de sua mãe, seu verdadeiro amor,	Ao lado de sua mãe, seu verdadeiro amor,	E, ao lado da mãe, seu verdadeiro amor,	E, ao lado de sua mãe, seu verdadeiro amor,
E com sua única irmã.	E, ao lado de sua mulher, a bem adornada Anđelija.	E, ao lado de seu amor, a bem adornada Anđelija. Essa era sua irmã verdadeira.	E, ao lado de seu amor, a bem adornada Anđelija.	E, ao lado de seu amor, sua irmã Anđelija.	E, ao lado de seu amor, sua verdadeira jovem esposa [erro por irmã]
Quando Marko bebeu o vinho, Então Marko encheu o copo até a borda À saúde de sua velha mãe, E seu amor e sua única irmã.				Ele as brindou com conhaque claro	

Essas aberturas, que variam de cinco a nove versos, indicam com toda a clareza como as possibilidades de fórmulas aparecem e reaparecem de maneira criativa. Mas mesmo os nn. 803a e 803b, ditados em preparação para o 804 no mesmo dia, não mostram nenhuma tentativa de memorizar o que chamaríamos de forma *verbatim*.

Caso 2

Se Petar Vidić era um cantador comum, Abdullah (ou Avdo) Međedović era extraordinário. A respeito dele, Nikola Ivanov Vujnović, assistente de campo de Parry de 1933 a 1935, disse em 1939: "Quando Avdo já não estiver entre os vivos, não haverá ninguém que cante como ele". Quando Međedović morreu em 1955 aos oitenta e cinco anos, Lord concordou com essa avaliação: "Pode bem ser que ele fosse o último dos cantadores épicos verdadeiramente grandes da tradição eslava balcânica da canção narrativa oral" (Parry 1974, pp. 11-12). Se Homero era o antigo cantador grego de histórias, Avdo Međedović "é nosso cantador de histórias balcânico dos dias atuais" (Lord, Prefácio). Ele nasceu por volta de 1870 e, aos quinze anos, já acompanhava o pai no abate de animais e nas canções. Aprendeu turco durante nove anos no exército, mas nunca aprendeu a ler e escrever em nenhuma língua. Sua superioridade como artista era questão de quantidade e qualidade.

Quantidade. Međedović tinha um repertório de 58 epopéias. Em 1935, quando já não se considerava no auge, recitou nove epopéias para Parry e Lord, com um total de 44.902 versos gravados e 33.653 ditados. Em 1950-1951, quando Lord voltou a Bijelo Polje, Međedović gravou mais três epopéias com um total de 18.168 versos. Isso coloca suas canções transcritas em pouco menos de 100.000 versos. Além disso, duas das canções mais longas da tradição eslava da epopéia oral foram transcritas de seu repertório em 1935, uma com 12.323 versos e outra com 13.331. "Avdo entoava canções da extensão da *Odisséia* de Homero. Um açougueiro analfabeto em uma cidadezinha dos Bálcãs centrais igualava a façanha de Homero, pelo menos quanto ao tamanho da canção" (Parry 1974, p. 8).

Qualidade. Em 1935, Lord deliberadamente organizou um experimento com Međedović. Outro cantador, Mumin Vlahovljak de Plevlje, apresentou uma canção de 2.294 versos que Međedović ouviu pela primeira vez. Então Parry, sem aviso, perguntou se Međedović podia repetir a apresentação. Ele dedicou sua versão respeitosamente a seu "colega Muminaga", mas sua repetição chegou a 6.313 versos (Parry 1974, p. 11). Essa expansão quase três vezes maior está exemplificada a seguir nas duas descrições do herói da história, Bećiragić Meho, como essas versões completas originais são resumidas por Lord (p. 223):

Bećiragić Meho por Mumin Vlahovljak
[descrição de Meho:
11 versos na versão original completa]
O pobre órfão Meho estava ao pé da assembléia, perto da porta.

Vestia apenas calças e camisa de algodão, mas tinha uma bela faixa e duas lindas pistolas douradas.

Ninguém na assembléia ofereceu-lhe café ou fumo, ou um copo.
Ele fitava o grupo com tristeza.

Bećiragić Meho por Avdo Meðedović
[descrição de Meho:
34 versos na versão original completa]
Perto dos pobres da taverna estava sentado um jovem tristonho.
Não usava peitoral, nem elmo com plumas, mas apenas calças de algodão e camisa de seda; sobre sua bela faixa havia um cinturão onde estavam duas pistolas douradas.
(Elas são descritas)
Ele inclinava a cabeça e fitava os *aghas*.
Ninguém falou com ele nem lhe ofereceu um copo.

Seu coração estava murcho como uma rosa nas mãos de um rude solteirão.

Diferença um tanto similar apareceu em duas versões de *As bodas de Smailagić Meho*, apresentada pelo próprio Meðedović, conforme transcrita primeiro para Parry em 1935 e depois, sem nenhuma apresentação intermediária, para Lord, em 1950. A história de Mehmed (ou Meho), filho de Smail, chegou a 12.323 versos na primeira versão, mas a só 8.488 versos na segunda. Em 1950, Meðedović estava muito mais velho, mais doente e mais fraco. Mesmo assim, como Lord observou, essa extensão ainda era "um desempenho prodigioso que poucos homens mais jovens conseguiriam, talvez nenhum" (Parry 1974, p. 11).

O artista se encontra com o gravador

Os casos precedentes deixam claro que antes que encontrassem um transcritor letrado, um Homero e um Meðedović operavam em um meio de comunicação que era tradicional em história, tema e fórmula, estrutural e rítmico em composição e criativamente multiforme em apresentação. Mas eis um pós-escrito muito interessante sobre o assunto da repetição literal da exatidão de palavra por palavra e verso por verso, naquela interseção muito interessante de memória, oralidade e alfabetização. Nos quatro exemplos seguintes, observe como o escriba letrado e o poeta analfabeto se desentendem sobre esse assunto. Observe como as próprias expressões *mesmo* e *não diferente* não são *a mesma coisa*, mas sim *diferentes* para cada interlocutor. Observe, em especial, um certo nervosismo ou até truculência quando o cantador contende com o escritor. Ele reconhece sua sina.

Caso 1

O cantador, Ðemó Zogić, contou a Nikola Vujnović, pesquisador assistente de Parry nos Bálcãs, que durante um ramadã ele ouviu outro cantador, Sulejman Makić, entoar uma canção que nunca ouvira antes e que conseguira repeti-la na noite seguinte (Lord, p. 27):

N: Era a mesma canção, palavra por palavra e verso por verso?

Đ: A mesma canção, palavra por palavra e verso por verso. Não acrescentei um verso sequer e não cometi nenhum erro....

N: Diga-me uma coisa: Se dois bons cantadores ouvem um terceiro cantador que é ainda melhor e ambos se gabam de ser capazes de aprender uma canção se a ouvirem uma vez apenas, acha que haveria alguma diferença entre as duas versões?...

Đ: Haveria... Não poderia ser de outra maneira. Eu já lhe disse que dois cantadores não cantam a mesma canção de modo igual.

Nas contradições existentes nesse diálogo, já dá para ver o conflito entre a imaginação oral e a escrita: o analfabeto Đemó atribuiu a "palavra por palavra e verso por verso" um sentido diferente do que lhe é atribuído pelo letrado Nikola. E a última linha soa um pouquinho truculenta, como se Đemó soubesse que "igual" é conceito diferente para cada um dos interlocutores. Na verdade, a versão de Makić e a de Zogić foram gravadas por Parry e, como Lord salienta, "eram versões reconhecíveis da mesma história", mas "não eram parecidas o bastante... para serem consideradas 'exatamente iguais'" (p. 28). É claro que não. Mas Zogić não mentiu, pois, para ele, literalmente significava apenas de forma *tradicional*. O ator letrado pode decorar e apresentar milhares de versos de poesia épica. O cantador analfabeto também pode decorar e apresentar milhares de versos de poesia épica. Ambos podem alegar fidelidade exata e até literal. Mas entre eles há a presença do texto escrito e, portanto, a memorização, o desempenho e a exatidão assumem significados diferentes em cada um.

Caso 2

Em outro exemplo, Avdo Međedović conversava com Nikola Vujnović sobre dois cantadores de quem ouvira a mesma história (Parry 1974, p. 73):

A: Não percebi nenhuma diferença.

N: Cantaram a mesma versão?

A: Cantaram exatamente igual.

N: Você quer dizer tudo exatamente igual?

A: Tudo. Não mais que dez palavras de diferença na canção toda.

N: Mas aposto que a ornamentação da canção foi diferente, não foi, as coisas de que revestiram a canção?

A: É exatamente a isso que me refiro – não era.

N: Nada, em absoluto, diferente?

A: Nada, eu juro, nem mais nem menos.

N: É ao menos possível que você a cante com um pouquinho mais de amplitude que eles?

A: Bem, talvez eu a ornamente melhor.

A esta altura, mesmo sem a prova transcrita da versão desses outros dois cantadores, podemos considerar líquido e certo que as diferenças ultrapassaram dez palavras. Mas, em todas essas discussões, é necessário se lembrar do princípio anunciado por Meðedović de que, "seja qual for, a versão melhor é a verdadeira" (Parry 1974, p. 60).

Caso 3

Embora muitos bardos analfabetos dos Bálcãs atuassem em uma tradição puramente oral na ocasião da pesquisa de Parry e Lord, a escrita era, já se vê, um fato da vida em volta deles. Lord advertiu sobre esse problema: "Até em um país como a Iugoslávia, onde coleções publicadas recebem muita atenção há mais de um século e algumas se tornaram quase sacrossantas, o coletor precisa ser cauteloso, pois vai encontrar cantadores que decoraram canções dessas coleções" (Lord, p. 14). Depois de decorar de um texto escrito, o cantador já não é um artista oral, e sim um artista que apresenta oralmente o que está escrito. Há aqui, no entanto, uma interface entre o oral e o escrito, a qual nos leva de volta a Avdo Meðedović e *As bodas de Smailagic Meho*. Como ele ouviu pela primeira vez esta história da traição ao sultão muçulmano do império turco feita pelo vizir cristão de Buda, em meados do século XVI? Quem faz as perguntas é, como sempre, Nikola Vujnović (Parry 1974, p. 74):

N: E *As bodas de Smailagić Meho?*

A: Vejamos – já lhe contei como a ouvi de um livro de canções?

N: De um livro de canções?

A: Sim.

N: Acho que contou. Quem a leu para você?

A: Hivzo Džafić. Um rapaz aqui no matadouro conseguiu-o em algum lugar....

N: Quantas vezes ele a leu para você?

A: Umas cinco ou seis vezes.

N: Alguma vez ouviu alguém cantá-la acompanhado à gusla?

A: Não.

N: Tem certeza que nunca ouviu ninguém cantá-la? – sim.

A: Não, nunca ouvi.

Mas Meðedović tratou a versão escrita ouvida como se fosse outra versão oral. Informou a Nikola que sua versão era mais longa, "sim, maior, pelo menos o dobro"; e, como Lord enfatizou ao elogiar a originalidade de sua adaptação, "a magnificência é a nota tônica da expansão feita por Avdo" do texto escrito (Parry 1974, p. 13).

Mais ou menos uma semana depois, em agosto de 1935, Nikola Vujnović foi perguntar a Hivzo Džafić sobre o livro de canções que ele lera para Avdo Međedović. O tema é, mais uma vez, "igual" e "diferente", mas observe as hesitações nas respostas (Parry 1974, p. 77):

N: Ele [Međedović] cantou-a exatamente como estava no poema, ou cantou mais?

H: Não, não, ah – ele, por assim dizer, uh – cantou tudo exatamente como está no livro, mas o que quero dizer é que a história ficou bem longa quando ele terminou, porque você sabe, uh – leva-se mais tempo para cantá-la do que para lê-la.

N: Naturalmente. Mas você acha possível que houvesse alguma diferença, que ele pudesse ter acrescentado algo aqui ou ali?

H: Oh, não sei julgar isso.

N: Então não houve acréscimo nenhum?

H: Dou-lhe minha palavra de honra que não notei nada que merecesse ser criticado... Está no livro do mesmo jeito que ele canta. Se eu apanhasse o livro e o abrisse enquanto ele ditava, veria com os olhos a mesma coisa que ele dizia.

É como se o respondedor dissesse: "O cantador é bom. Se ser bom significa que a versão é exatamente a mesma, então é isso que acontece; se ser bom significa que a versão é diferente, então é *isso* que acontece. O que você quer que eu diga?"

Caso 4

Por último, em conversa anterior, em julho de 1935, Nikola Vujnović mais uma vez fez perguntas a Avdo Međedović sobre sua arte. "Um dos rapazes" leu "diversas vezes" O *cerco de Osjek* para ele, de um livro de canções. Ele então cantou a canção diante de uma multidão, no café (Parry 1974, p. 66):

Quando acabei de cantar, o garçom trouxe-me uma xícara de chá e uma moeda. Eu lhe perguntei:

– Quem mandou isto?

– O tenente ali deseja homenageá-lo com o chá.

E realmente lá estava ele, sentado perto da lareira.

– E a moeda é para você comprar fumo.

Eu disse:

– Agradeça-o por mim.

De onde estava sentado, ele me falou:

– Meu velho, você sabe ler?

Tudo isto aconteceu no ano retrasado

– Não, não sei.

– Então não lê os jornais?

– Não.

– Bravo! Venho lá de Lauž e aqui está o livro com essa canção. Em minha opinião, você não cometeu um único erro.

Lá, o terreno está todo preparado para o triunfo final da alfabetização sobre a oralidade. Em uma primeira etapa, com Homero, por exemplo, só havia a tradição da narrativa épica rítmica e, embora naturalmente ela fosse tradicional em história, tema e fórmula, era pluriforme em composição, combinação e execução. Em uma etapa seguinte, a escrita e a alfabetização entram no quadro, mas o poeta oral ainda trata o texto escrito apenas como uma entre muitas execuções possíveis. Porém agora sobejam ambigüidades e perguntadores alfabetizados intrometidos não querem saber se aquela execução é melhor ou pior, mas se é ou não ao pé da letra. Finalmente, a escrita triunfa, e até a criatividade oral se defende como exatidão textual. Há algo terrivelmente triste no orgulho de Avdo Međedović ao relatar um elogio que condena sua arte à inevitável irrelevância. Mas, já se vê, havia acontecimentos mais tristes que esse, reservados para os balcânicos e para a cidade de Saravejo onde Hivzo Džafić comprou seu livro de canções.

A memória em um laboratório de Cambridge

> Em sua forma escrita, as histórias orais podem ser versões extraordinariamente esquemáticas ou até mesmo resumidas de qualquer nova narração. O esquema só preserva a forma geral da história, ao mesmo tempo que permite a um narrador aperfeiçoar os detalhes de acordo com interesses e propósitos individuais.
>
> Jean M. Mandler e Nancy S. Johnson, *Remembrance of things parsed* [*Análise da lembrança de coisas*], p. 113, nota 1.

Nesta história de dois professores que estudaram a memória de forma indutiva no início da década de 30 do século XX, passo agora de Milman Parry para Frederic Bartlett. O que Parry descobriu sobre as memórias de cantadores analfabetos que atuaram em uma tradição oral, épica e rítmica não tem, para todos os propósitos práticos, nada a ver com as memórias de camponeses analfabetos que atuaram na tradição de Jesus. De fato, a própria expressão "tradição oral" não pode ser usada para as duas transmissões sem provocar sérios equívocos e má aplicação. Propor que, precisamente por serem camponeses analfabetos, Jesus e seus primeiros seguidores compartilhavam lembranças semelhantes às dos bardos balcânicos de Parry, por exemplo, é ignorar a presença da tradição secular no caso balcânico e da novidade total no caso de Jesus. Se, por outro lado, as tradições sobre Jesus permanecessem vivas, durante séculos, primordialmente entre camponeses galileus analfabetos, sua transmissão bem poderia criar procedimentos análogos aos usados por um Homero ou um Meðedović. Neste caso, entretanto, os experimentos de Bartlett são mais úteis que os de Parry para avaliar corretamente o papel da memória na transmissão dos elementos de informação sobre Jesus. E, com Bartlett, volto novamente a uma avaliação seriamente crítica da exatidão da memória, até (ou principalmente) quando ela é mais enfática, convicta, certa e segura de si mesma.

O experimento de Bartlett envolveu a recordação de oito histórias diferentes, ou por diversos indivíduos depois de se passarem tempos diferentes, que ele denominou *reprodução repetida*, ou por diversos indivíduos que transmitiram a história um para o outro, que ele denominou *reprodução serial*. A história usada como exemplo principal "foi adaptada da tradução pelo dr. Franz Boas de um conto folclórico norte-americano" (Bartlett, p. 64). Mas fui conferir a fonte de Bartlett em Boas e descobri dois detalhes interessantes. A publicação original de Boas atribui a história a Charles Cultee, de Bay Center, Washington, falando em *kathlamet*, o dialeto do alto chinook, usado no vale inferior do rio Colúmbia, e resume a história assim (Boas, p. 161):

> Dois homens se deparam com uma canoa, cujos ocupantes desta os convidam a juntar-se a uma expedição de guerra. Um deles se recusa, o outro vai e é ferido em combate, embora não sinta nenhuma dor. Eles o carregam para casa e ele descobre que são fantasmas. Na manhã seguinte ele morre.

Eis, porém, um detalhe interessante que Bartlett ignorou. "Para verificar a exatidão de seu modo de narrar", relata Boas, "eu tinha [A guerra dos fantasmas]... que Cultee narrara no verão de 1891, repetida três anos e meio mais tarde, em dezembro de 1894... Mostram grande semelhança..." (Boas, p. 5). Temos, portanto, para essa história, duas versões, de 1891 e 1894 (Boas, pp. 182-184, 185-186). Isso nos permitiu não só comparar as duas versões de Boas, uma com a outra, mas também comparar ambas com a transcrição de Bartlett. Como meu assunto aqui é a interface entre memória, oralidade e alfabetização, achei essa comparação muito interessante. Eis os finais das versões de Boas de 1891 e 1894 e da transcrição de Bartlett de 1932, que não menciona essa dualidade. O trecho descreve a morte do homem que foi com os fantasmas.

Observemos dois pequenos detalhes na parte que grifei. As mudanças entre 1891 e 1894 são variações orais típicas. A *estrutura* subsiste na memória: algo sai das duas extremidades. Mas os *elementos* podem ser livremente organizados na execução: preto/boca e sangue/ânus ficam sangue/boca e preto/ânus. É possível também imaginar duas outras execuções igualmente válidas dessa mesma estrutura: sangue/ânus e preto/boca ou preto/ânus e sangue/boca. Essas mudanças são variações de execução, a livre atuação de elementos (preto, sangue, boca, ânus) em um padrão

A guerra dos fantasmas

(1891)

Ele contou tudo e então se calou.
Quando o sol nasceu, ele caiu.

*Saiu-lhe algo preto da boca e saiu
sangue de seu ânus.*
Seu rosto se contorceu.
Ele morreu.
As pessoas se sobressaltaram e
gritaram.
Ele continuou morto.

(1894)

Ele lhes contou o caso.
O dia amanheceu na casa. Então
ele caiu morto.
*Saiu-lhe sangue da boca e saiu algo
preto de seu ânus.*

Pareciam bagas de salal. Seu amigo
estava bem. Não morreu, porque
não acompanhou os fantasmas.

(1932)

Ele contou tudo e então se calou.
Quando o sol nasceu, ele caiu.

Saiu-lhe algo preto da boca.

Seu rosto se contorceu.

As pessoas se sobressaltaram e
gritaram.
Ele morreu.

estrutural fixo (algo sai das duas extremidades do corpo humano). Mas veja agora a versão de Bartlett. Não é a livre variação da execução oral, mas a mudança deliberada da cópia escrita. Vamos chamá-la variação hermenêutica, não de execução, efeito de mudança deliberada e não execução aleatória. Em outras palavras, suponho que represente um gesto de delicadeza, uma pequena censura da transmissão da história, uma decisão que o ânus não tem espaço em Cambridge. Mas tanto a diferença oral entre 1891 e 1894 como a mudança escrita entre Boas e Bartlett são, além disso, indícios de como é delicado o lugar onde memória, oralidade e alfabetização se cruzam.

Reprodução repetida

Nesse primeiro conjunto de experimentos, vinte indivíduos – treze mulheres e sete homens – inicialmente leram a história toda duas vezes, em suas velocidades normais de leitura (Bartlett, pp. 65, 79). Foram-lhes pedidas reproduções escritas imediatamente e reproduções subseqüentes em intervalos diferentes de horas, semanas, meses e anos. Bartlett, já se vê, não só dá a narrativa toda de "A guerra dos fantasmas", mas também versões completas de várias reproduções dos participantes. É possível ler, por exemplo, como o participante P reproduziu a história imediatamente, depois de uma quinzena, um mês, dois meses e por fim, de dois anos e meio. Mas os parâmetros extremos dessa experiência são estabelecidos por dois indivíduos.

O participante W não tinha reproduzido a história depois de sua primeira e imediata versão e tentou, uma outra vez, seis anos e meio mais tarde. Escreveu a história com memória de longa distância, utilizando breves itens numerados de modo tal que é possível ver o processo real de recordação e reconstrução, invenção e racionalização. "Este é um exemplo brilhante de lembrança obviamente construtiva", Bartlett comenta. "O participante ficou muito contente e satisfeito com o resultado de seu esforço e, na verdade, considerando a extensão do intervalo envolvido, ele é notavelmente exato e detalhado. Há muita invenção e foi precisamente a respeito de sua invenção que o participante ficou mais contente e mais seguro. O totem, a piedade filial, a peregrinação – eram o que ele considerava suas mais brilhantes recordações e estava quase igualmente seguro da floresta negra, depois que ela entrou... É de se notar que a história que ele construiu está cheia de racionalizações e explicações e que muitos dos sucessivos comentários do participante diziam respeito à interconexão dos vários elementos para fazer toda a narração parecer a mais coerente possível" (p. 78). Não tenho certeza se "notavelmente exato" é notavelmente exato. Totem, piedade filial, peregrinação e floresta negra são puras invenções e o que o participante W faz é criar com brilhantismo uma história totalmente diferente, com base em sua recordação de canoa, grupo de guerra e dois "irmãos" (na história original eram "dois jovens"), um deles morrendo com "algo preto saindo da boca". É difícil dar um exemplo mais clássico de *lembrança exata* como *transformação criativa*.

Com a participante C houve um intervalo de tempo ainda maior: dez anos. Na história original os dois jovens protagonistas eram de "Egulac" e subiram "o rio em direção a uma cidade do outro lado de Kalama". Mas, como Bartlett relata, "Mais cedo ou mais tarde, os nomes próprios sumiram de todas as reproduções, com a única exceção daquela na qual eles pareciam, após dez anos, serem o único detalhe prontamente acessível. Via de regra, antes de desaparecerem por completo, sofriam mudanças. Egulac virou Emlac, Eggulick, Edulac, Egulick; Kalama virou Kalamata, Kuluma, Karnac, para dar só algumas das variações... A participante C leu a história na primavera de 1917. Em 1919, ao me ver, inesperadamente, passar por ela de bicicleta, de imediato se viu murmurando 'Egulac', 'Kalama'. Então me reconheceu e se lembrou de ter lido a história e que esses nomes faziam parte da história. No verão de 1927, concordou em tentar se lembrar definitivamente da história. Na mesma hora anotou 'Egulac' e 'Calama', mas aí parou e disse que não podia ir além. Então disse que tinha a imagem visual de um banco de areia e de dois homens que desciam o rio em um barco. Ela contudo parou aí" (pp. 82, 78).

Os participantes W e C são casos extremos impressionantes. Um se lembra de alguns detalhes e, a partir desse resíduo, constrói um enredo totalmente diferente, mas muito detalhado e coerente. A outra não se lembra de quase nada, além dos dois topônimos que todos os outros mudam ou omitem. Isso serve para nos advertir que, a respeito da memória individual, o prognóstico científico prévio é impossível, mesmo que seja possível a explicação plausível posterior. Creio, por exemplo, que não poderia prever, mas provavelmente posso explicar, como Egulac se tornou Eggulick.

Desses experimentos em reprodução repetida, Bartlett tira 14 conclusões, duas com subdivisões (pp. 93-94). Elas são longas demais para serem citadas por inteiro, por isso apresento aqui as informações mais importantes para meu propósito atual. Primeiro, "a exatidão da reprodução, em sentido literal, é a rara exceção e não a regra". Segundo, "com a reprodução freqüente, a forma e as informações dos detalhes lembrados bem depressa se tornam estereotipadas e, dali em diante, sofrem pouca mudança", mas "com a reprodução infreqüente, a omissão de detalhes, a simplificação de fatos e de estrutura, e a transformação de informações em detalhes mais bem conhecidos continuam indefinidamente, ou enquanto é possível a recordação sem ajuda". Terceiro, "em todas as recordações sucessivas, a racionalização, a redução do material a uma forma com que se pode lidar pronta e 'satisfatoriamente' é muito proeminente". Bartlett também enfatiza que "vários dos fatores que influenciam o observador individual são sociais em origem e caráter... Muitas das transformações... deveram-se diretamente à influência de convenções sociais e crenças comuns do grupo ao qual o participante pertencia" (p. 118). Concluo com esta advertência permanente sobre a memória como criação: "Um observador que completou uma de suas reproduções [depois de seis semanas] mencionou casualmente: 'Tenho a sensação de que havia algo a respeito de um rochedo, mas não consigo encaixá-lo'. Não pensou muito no assunto e acabou por rejeitar a idéia. Dois meses mais tarde, sem uma palavra de comentário ou explicação, o rochedo assumiu seu lugar na história. Não havia nenhum rochedo no original" (p. 91).

Reprodução serial

Como seria de temer, as coisas não melhoram com a mudança da reprodução repetida para a reprodução serial. Por exemplo, quando a história foi transmitida ao longo de uma série de dez participantes, detalhes que não satisfaziam as expectativas eram regularmente omitidos e outros eram racionalizados até satisfazerem *mesmo* as expectativas. No plano da história em geral, ao final "não sobrou nem sinal de um elemento estranho ou sobrenatural: temos a narrativa perfeitamente contínua de luta e morte". Com relação aos detalhes específicos, Egulac se transformou em Malagua, Momapan, Mombapan e, finalmente, na baía de Mampapan (pp. 120-125).

Eis outro exemplo ao longo da série décupla. Na história original, o jovem que lutou ao lado do grupo guerreiro de fantasmas foi ferido, voltou para casa e contou a todo o mundo sobre a luta. Na transcrição que Bartlett fez em 1932, a narrativa concluía: "Quando o sol nasceu, ele caiu. Saiu-lhe algo preto da boca. Seu rosto se contorceu. As pessoas se sobressaltaram e gritaram. Ele morreu" (p. 65). Em outras palavras, a história começou "uma noite" e terminou "quando o sol nasceu". Mas eis como esse incidente final foi transformado ao passar de um narrador para outro ao longo de uma série de dez participantes (p. 127, numeração minha):

1. Quando o sol nasceu, ele caiu. E deu um grito e, ao abrir a boca, uma coisa preta precipitou-se para fora dela.

2. Quando o sol nasceu, de repente ele se sentiu fraco e, quando quis se levantar, caiu e uma coisa preta precipitou-se para fora de sua boca.

3. Ele não sentiu nenhuma dor até o nascer do sol no dia seguinte quando, ao tentar se levantar, uma grande coisa preta escapou-lhe da boca.

4. Ele viveu aquela noite e o outro dia, mas ao pôr-do-sol a alma fugiu-lhe preta pela boca.

5. Ele sobreviveu a noite e o dia seguinte, mas ao pôr-do-sol a alma fugiu-lhe preta pela boca.

6. Ele viveu durante a noite e o dia seguinte, mas morreu ao pôr-do-sol e a alma saiu-lhe pela boca.

7. Antes que o barco escapasse do conflito, o índio morreu e seu espírito fugiu.

8. Antes que pudesse ser carregado até o barco, seu espírito deixou este mundo.

9. Seu espírito deixou o mundo.

10. ("Bobagem", disse um dos outros, "você não vai morrer".) Mas ele morreu.

Tais exemplos de reprodução serial motivam este inevitável juízo de Bartlett: "Normalmente, a reprodução serial provoca alterações surpreendentes e radicais no material utilizado. Epítetos mudam para seus opostos; incidentes e fatos têm a ordem invertida; nomes e números raramente subsistem intactos por mais de algumas reproduções; opiniões e conclusões são invertidas – parece que quase toda variação possível acontece, mesmo em uma série relativamente curta. Ao mesmo tempo, os participantes ficam muito satisfeitos com seus esforços, acreditando terem transmitido todos os aspectos importantes, com pouca ou nenhuma mudança, e que apenas, talvez, omitiram questões não-essenciais" (p. 175).

Ao estudar os experimentos de Bartlett com a reprodução repetida ou a reprodução serial de "A guerra dos fantasmas" e outras histórias, é difícil evitar sua conclusão básica sobre "o caráter construtivo da recordação" (p. 176) e enfatizo que seu termo *construtivo* significa obviamente "criativo" ou "inventivo". "A lembrança humana está normalmente excessivamente sujeita a erro. Parece que o que é dito para ser reproduzido, muito mais geralmente do que se costuma admitir, é uma construção, que serve para justificar qualquer impressão que possa ter sido deixada pelo original. É essa "impressão", raramente definida com muita exatidão, que mais facilmente persiste. Desde que os detalhes que possam ser construídos ao redor dela sejam tais que lhe proporcionem um cenário 'razoável', ficamos bem satisfeitos e inclinados a pensar que o que construímos foi o que conservamos literalmente" (pp. 175-176).

Estou agora de volta ao ponto em que este capítulo começou. Desde os alunos da Universidade de Cambridge no primeiro quartel do século XX, até os alunos da Universidade de Emory no seu último quartel, os experimentos estão de acordo em nos advertir que a memória é muito menos exata do que pensamos e que *pode ser menos exata quando está mais segura*. Concluímos, então, que a memória é um fracasso radical? A memória é um sistema humano totalmente falho? A memória é puro delírio? Em absoluto. Por um lado, sua função é ligar-nos ao passado de maneira tal que possamos sobreviver no presente e projetar o futuro. Ela faz isso admiravelmente. Por outro lado, se a memoria retivesse tudo que ouviu ou viu, nosso sistema humano seria levado à imobilidade. E se não fosse programada para organizar e reorganizar o passado, para recriar e reinventar o passado, é provável que ficássemos congelados no tempo e no espaço para sempre. "Nossos sistemas de memória", como Daniel Schacter os resume, "fazem um trabalho notavelmente bom para preservar os contornos de nosso passado e para registrar corretamente muitas das coisas importantes que nos acontecem. De outro modo, não teríamos evoluído como espécie... Contudo, nossas histórias se constroem com muitos ingredientes diferentes: fragmentos do que realmente aconteceu, pensamentos sobre o que poderia ter acontecido e crenças que nos guiam, quando tentamos nos lembrar. Nossas memórias são os produtos frágeis, mas poderosos, do que recordamos do passado, acreditamos sobre o presente e imaginamos sobre o futuro" (p. 308).

Nada disso argumenta contra a existência dos que se dedicam à mnemônica, indivíduos normais ou anormais sob outros aspectos que realizam façanhas de memória extraordinária (que naturalmente só podem ser verificadas contra um arquétipo fixo ou escrito). O letão especialista em mnemônica, que os psicólogos cognitivos chamam VP, leu a transcrição que Bartlett fez de "A guerra dos fantasmas" e em seguida (sem ter sido avisado que lhe pediriam para repeti-la) reconstruiu-a, quando lhe pediram, após uma hora, em seguida após seis semanas e, finalmente, após um ano. Suas duas últimas recordações retiveram corretamente 55% dos substantivos e 49% dos verbos contidos no original (Neisser 1982, pp. 392, 396-398). Todavia, as exceções comprovam a regra. Mas há, como vimos, profunda diferença entre mil versos apresentados a partir da tradição oral e dez mil versos memorizados a partir da transcrição escrita.

Capítulo 6

Lacuna ou interface?

Parece que a descoberta da psicodinâmica de culturas orais primitivas produziu em alguns intelectuais ocidentais contemporâneos uma tendência à oralidade em vez de uma tendên-cia à quirografia... Apropriam-se do conceito de oralidade primária de culturas que não tinham nenhum conhecimento da escrita e a transferem com demasiada facilidade para o Israel bíblico e Qumrã, o cristianismo primitivo e o judaísmo rabínico, e, desse modo, introduzem nesses meios, gratuitamente, a ficção de uma dicotomia divergente entre a tradição oral e a transmissão escrita. Esse procedimento precisa de revisão.

> Shemaryahu Talmon, in *Jesus and the oral gospel tradition*
> [*Jesus e a tradição oral do evangelho*], p. 149.

A onde tudo isso nos leva? Leva-nos à necessidade de caminhar com muito, mas muito cuidado mesmo. Se a transição do Jesus histórico para o cristianismo mais primitivo depende principalmente da memória, precisamos indicar com clareza que teoria da memória usamos em nossa análise e que prática da memória observamos em nossas provas. Se invocamos a *tradição* oral, precisamos explicar em detalhe como os dados sobre Jesus se transformaram em *tradição* e que provas temos dos controles que fazem uma tradição ser mais que mexerico, rumor, boato ou mesmo lembrança. Se falamos de *transmissão* oral e/ou recepção auricular, precisamos ser precisos sobre o que o ouvido reteve de textos lidos ou das palavras faladas que ouviu. Contra todo esse pano de fundo, porém, duas distinções terão importância especial em todo o restante deste livro.

Uma primeira distinção é entre *matriz* e *formato*. Um exemplo ajuda a esclarecer a distinção. À medida que lhe faço três perguntas, responda-as para si mesmo antes de continuar a ler, mas observe como sua mente funciona enquanto responde. Primeira pergunta: Lembra-se de alguém dizer algo sobre temer o medo? Segunda pergunta: Recorda se o interlocutor era a favor ou contra temer o medo? Última pergunta: O que essa pessoa disse, exata e precisamente? *Matriz* é aquela estrutura não-expressa, existente na memória, que lhe diz que o presidente Franklin Delano Roosevelt advertiu os Estados Unidos devastados pela crise econômica (em seu primeiro discurso de posse, creio eu) que só o medo devia ser temido. Mas note que até para descrever essa matriz tive de formulá-la de maneira seqüencial e sintática. Em nossa cabeça temos, por assim dizer, uma concomitância rodopiante ou dança simultânea de (sem ordenação!): não tema, Roosevelt, o próprio medo, crise econômica. É possível até perder Roosevelt e a crise econômica, mas ainda recordar que alguém, outrora, advertiu contra temer o medo.

Formato, por outro lado, é a formulação exata e individual. Qual das frases seguintes Roosevelt disse realmente, se é que disse alguma delas?

A única coisa que há para temer é o medo.
O medo é a única coisa que há para temer.
Não há nada a temer além do medo.
O medo é tudo que há para temer.

Naturalmente, essas opções poderiam se multiplicar. Em vez de "há", poderíamos dizer "vocês têm" ou "nós temos" etc. O que realmente foi dito é: "A única coisa que temos a temer é o medo". Essa é a *uniformidade escrita*, a única citação correta do desafio de Roosevelt. Mas, para uma tradição oral não há uniformidade, há só *multiformidade oral*. Há múltiplos modos, igualmente válidos, de dizer e redizer essa frase. Uma única matriz ou estrutura central nos dá a multiformidade de execução. Mas, vejamos bem, uma formulação que afirma que se *deve* temer o medo não é outra multiformidade, mas um simples erro crasso – oral, escrito ou seja lá o que for.

Dou outro exemplo, mas agora da tradição de Jesus. No discurso oral, Jesus faz uma conjunção que seus ouvintes lembram como equação estranha e perturbadora de *crianças* e *Reino*. Pensemos nessa conjunção, em qualquer ordem, como sendo a matriz. Jesus pode tê-la dito em dezenas de maneiras diferentes, ou em dezenas de ocasiões diferentes. Mas cada ocasião exigiu uma seqüência sintática aceitável, não apenas a expressão vocal de duas palavras isoladas em qualquer ordem. Pensemos nessa pluralidade como *multiforme*. Porém a memória dos ouvintes não é de uma frase sintaticamente seqüencial, mas de um relacionamento estruturalmente interativo. É uma matriz, não uma fala, que é recordada. Observemos que, naturalmente, até para expressá-la em um formato mínimo foi preciso decidir que termo vinha primeiro. Na memória, entretanto, os dois termos ficam simultaneamente presentes. Mas, para expressá-los, ou na fala ou por escrito, é preciso escolher uma seqüência específica. Eis alguns exemplos:

Escolha primeiro *crianças*:	"As crianças enchem o Reino".
Escolha primeiro o *Reino*:	"O Reino só contém crianças".
Escolha o formato negativo:	"Quem não for criança não entrará no Reino".
Escolha o formato positivo:	"Os que entram no Reino são as crianças".
Escolha o verbo principal:	"Entrar", "obter", "possuir" ou "receber".
Escolha o início:	"Quem quer que", "Os que" ou "Se alguém".

O conceito de matriz ajuda a explicar todos os vários formatos desta fala (e de outras) agora presentes em nossos evangelhos. A oralidade retém uma matriz baseada nessa surpreendente conjunção de *crianças* e *Reino* e cada vez formula sua articulação de um jeito novo (embora, já se vê, uma formulação possa se tornar habitual para um dado indivíduo). Então a alfabetização põe-na por escrito e confronta todos os formatos futuros com o formato original estabelecido.

Nada disso justifica a presunção de que podia haver multiformidade sem alguma estrutura controladora, que podia haver multiformidade oral sem matriz tradicional. Ao discutir meu livro *O Jesus histórico*, Werner Kelber, por exemplo, comenta esse exemplo: "Os quatro testemunhos independentes do dito sobre 'o Reino e as crianças' sugerem uma latente metáfora 'central e chocante' que remonta a Jesus (Crossan 1994a, p. 306). A questão é se podemos *tentear* o caminho pela tradição até a *mente* de Jesus, reconstruindo um complexo central. Toda essa reconstrução não deve permanecer *especulativa*?... Coletar e colocar lado a lado todas as versões de uma fala dominical e traçar uma trajetória que remonte à estrutura central vai nos dar algo que não existia em forma oral ou textual. Mesmo se conseguíssemos extrair um padrão comum a todas as versões existentes de uma fala, teríamos conseguido apenas obter uma *estabilidade estruturalista* que, pelos padrões históricos orais, é um constructo ficcional" (1994, p. 149). (Grifei os movimentos retóricos na passagem.)

Concordo, naturalmente, que acabamos ficando com um constructo ficcional, mas e daí? Até mesmo em uma cultura oral absolutamente pura (com a escrita ainda não inventada), deve haver alguma maneira de reconhecer versões do mesmo tema, enredo ou história, distintas de temas, enredos ou histórias diferentes. Chamemos a isso *estabilidade estruturalista*, se quisermos, mas é simplesmente como reconhecemos outra versão de uma piada que sabemos ser diferente de uma piada novíssima. E ela com certeza existe na memória como matriz para as variantes pronunciadas oralmente ou registradas por escrito. Posso imaginar uma dezena de versões da epopéia grega sobre a guerra troiana e também uma dezena de versões da epopéia gaélica sobre o Tain Bo Cuailnge, mas nenhuma das primeiras é uma variante das segundas (ou vice-versa). Sem dúvida, é possível falar, em certo grau transcendente de abstração, sobre uma exigência comum da devolução da propriedade reclamada, sobre um rei grego chamado Menelau que exigia a devolução de sua bela esposa e de uma rainha irlandesa chamada Medb que exigia a devolução de seu touro magnífico. Confesso ter certo interesse em comparar epopéias tão diversamente engendradas, mas, aqui e agora, pergunto algo mais simples: O que diferencia uma *multiformidade* oral de outra? Como prestar a mesma atenção ao *multi* e à *forma*? Como distinguir a tradição de sua realização? Como reconhecer a realização de uma unidade tradicional da realização de outra unidade tradicional? Tem de haver uma matriz ou estrutura central que faz, por exemplo, a *Ilíada* não ser uma epopéia multiforme da *Odisséia*, a fala do Reino/crianças não ser repetição multiforme de Reino/violência.

Uma segunda distinção é entre *lacuna* e *interface*. É melhor considerar lacuna ou interface o relacionamento entre cultura oral e escrita? Há, já se vê, certa necessidade terapêutica e benefício estratégico em nos tirar de nossos preconceitos devidos à escrita, afirmando uma oposição pronunciada entre oralidade e alfabetização, uma grande divisão entre a cultura oral e a cultura escrita. Werner Kelber, por exemplo, reconhece que se a "ênfase [em seu livro de 1983] caiu sobre essa divisão, foi porque uma abordagem nova exige uma tese forte" (1994, p. 159). Suponho que o mesmo propósito e justificação também possam ser apresentados para aquela ênfase anterior na multiformidade de realização, com a exclusão quase total da matriz tradicional. Seja como for, a grande divisão-compreensão da oralidade *versus* alfabetização não dá certo porque, embora haja culturas orais sem alfabetização, não há culturas letradas sem oralidade. A divisão, grande ou gradativa, não é oral *versus* letrado, mas *oral sozinho versus oral e letrado* juntos. Esse ponto foi afirmado em diversos estudos muito importantes na última década. Eis quatro exemplos recentes.

O primeiro exemplo é de Brian Stock em 1983: "Não há, de fato, nenhum ponto claro de transição de uma sociedade analfabeta para uma sociedade letrada... A mudança não é tanto de oral *para* escrita quanto de um estado mais primitivo, predominantemente oral, para várias combinações de oral *e* escrita" (p. 9). O segundo exemplo é de Brian Street em 1984: "[Distinto de um modelo 'autônomo'] o modelo 'ideológico' de alfabetização ... concentra-se na sobreposição e interação de modelos orais e letrados em vez de ressaltar uma 'grande divisão'" (pp. 2-3). O terceiro exemplo é de Jack Goody em 1987: "É um erro dividir as 'culturas' em orais e escritas: a divisão é antes entre a oral e a oral mais escrita, impressa etc. Sendo esse o caso, para o indivíduo há sempre o problema da interação entre os registros e os usos, entre as chamadas tradição oral e tradição escrita" (p. xii). O último exemplo é de James Fentress e Chris Wickham, em 1992: "O simples fato de uma sociedade ter adquirido a habilidade de representar seu conhecimento em formas escritas não significa que tenha cessado de ser, de igual modo, uma cultura oral. Permanecemos uma sociedade oral, e os meios pelos quais moldamos nossa memória social continuam a refletir, embora de forma alterada, as mesmas práticas e processos de pensamento de culturas pré-letradas. Escrever pode nos eximir da necessidade de aprender mnemotécnicas complexas; não nos exime da necessidade de falar" (p. 46).

Portanto, em todo este livro, vou trabalhar não com lacuna, mas com interface, não com uma grande divisão entre mundos orais e escritos, mas com sua múltipla interação e com as sutilezas exigidas por essa dialética.

Concluo com um exemplo do que quero dizer com interface oral-escrita, de um mundo ao mesmo tempo distante e próximo do de Jesus e seus contemporâneos. Em *Angela's Ashes* [*As cinzas de Ângela*], ensaio de evidente horror sobre a infância, Frank McCourt recorda os últimos dias de sua amiga Patrícia Madigan. Eles se encontram no Hospital da Febre em Limerick, onde, aos dez anos, ele se recupera de tifo e, aos catorze, ela está morrendo de difteria. Conversam de um quarto para o outro e "ela me lê parte de um poema que tenho de lembrar a fim de dizê-lo para ela de manhã cedo ou tarde da noite, quando não há freiras nem enfermeiras por perto". Eles trabalham todos os dias, estrofe por estrofe da narrativa cheia de suspense sobre "o salteador" que chegou a cavalo "na porta da velha pousada". Mas antes de acabarem, a enfermeira muda Frank para o andar de cima porque "difteria não tem permissão para conversar com tifo". Patrícia morre dois dias depois e Frank fica a imaginar como o poema termina. Seamus, que varre as enfermarias, "não conhece poesia nenhuma, em especial poesia inglesa... Mesmo assim, vai perguntar aos freqüentadores do bar local, onde há sempre alguém recitando alguma coisa, e vai trazê-la para mim". Mais tarde, Seamus relata que um "homem em seu bar conhecia todos os versos do poema do salteador, que tem um fim muito triste. Gostaria que ele o declamasse, pois nunca aprendeu a ler e teve de trazer o poema na cabeça. Posta-se no meio da enfermaria, apoiado no esfregão e recita" as estrofes finais. "Agora, se quiser conhecer outros poemas, Frankie, diga-me que eu os consigo no bar e trago para você na cabeça" (pp. 196-201). Esse é um dos modos nos quais opera a sutil interface de transmissão oral e escrita. Este livro é sobre alguns outros modos.

Parte III

EVANGELHOS E FONTES

Quanto às parábolas e às falas... não há... razão para supor que cada narrativa foi contada em uma única ocasião. Pelo contrário, parece muito provável que fossem repetidas reiteradamente – às vezes em palavras idênticas, outras vezes com variações. (Assim, as parábolas dos convidados que recusam o banquete e do banquete nupcial têm toda a aparência de serem a mesma narrativa, modificada conforme a ocasião; as parábolas dos talentos e das minas apresentam uma "duplicata" semelhante, como também as alegorias do construtor imprevidente e do rei imprevidente.) Não precisamos pensar que o aparecimento da mesma narrativa em contextos diferentes demonstra inexatidão ou contradição, ou que a versão de um evangelista é mais autêntica que a de outro. O mestre que pensasse em uma história como a do bom samaritano ou a do filho pródigo, na verdade, seria tolo se a restringisse a uma única platéia. Deveria repeti-la muitas vezes, até que seus discípulos a soubessem de cor em todas as variações... Deve ser lembrado que, dos quatro evangelhos, o de são João é o único que proclama ser o relato direto de uma testemunha ocular. E, para qualquer um que esteja acostumado ao manuseio imaginativo de documentos, as provas internas corroboram essa alegação. De modo geral, os autores dos sinóticos relatam "as peças de conjunto"; é são João quem relata as palavras e ações da ocasião especial, não repetida, recuperando-as do repertório da memória treinada que, entre pessoas que não ficaram esquecidas por causa do uso excessivo de papel e tinta, substitui os registros arquivados e o bloco do estenógrafo... De fato, de modo geral, o evangelho de são João parece a narrativa de uma testemunha ocular que preenche as lacunas de matéria já publicada, corrige erros ocasionais e acrescenta material que autores anteriores ou não lembraram ou desconheciam... Nas biografias modernas escritas por pessoas reais sobre outra pessoa real, devemos esperar esse mesmo tipo de diversidade que encontramos nos evangelhos... Considere, por exemplo, os diversos relatos das aparições da ressurreição no sepulcro. À primeira vista, as divergências parecem muito grandes... Mas acontece que *todos* eles, sem exceção, podem ser arrumados em uma única narrativa ordenada e coerente, sem a menor contradição ou dificuldade e sem nenhuma supressão, invenção ou manipulação, além de um esforço insignificante para *imaginar* o comportamento natural de um punhado de gente sobressaltada correndo ao amanhecer entre Jerusalém e o jardim.

Dorothy L. Sayers, *The man born to be king* [*O homem nascido para ser rei*], pp. 26-29.

As partes II e III são uma série que examina os dados, o *onde* que liga o *porquê* da Parte I ao *como* das partes IV e V. A Parte II tratou das memórias e da tradição oral. A Parte III trata de manuscritos e transmissão escrita. E o que dizer sobre os evangelhos escritos como fontes para reconstruir o Jesus histórico, as origens cristãs e, em especial, o inter-relacionamento mais próximo, discernível entre eles?

A Parte III tem três capítulos. O Capítulo 7 examina a necessidade inevitável de juízos históricos sobre a natureza, o número, os conteúdos e os relacionamentos dos evangelhos que foram conservados, como preparação para fazer a reconstrução histórica de Jesus e do cristianismo mais primitivo. Quais são meus atuais pressupostos a partir da história passada erudita da pesquisa sobre os evangelhos?

O Capítulo 8 considera evangelhos dependentes e independentes e analisa como podemos determinar a dependência ou independência entre dois evangelhos. Também considera os evangelhos extracanônicos e os intracanônicos – isto é, os que estão fora e os que estão dentro do Novo Testamento canônico oficial. Devem os dois tipos ser usados para a reconstrução histórica? Deve um ser privilegiado em relação ao outro? Quais são minhas respostas a estas perguntas?

O Capítulo 9 reconhece que as perguntas anteriores são cada vez mais controversas e que os debates sobre elas se tornam cada vez mais polêmicos. Há alguma prova relativamente objetiva que indique como os evangelhos agora dentro ou fora do cânon eram vistos antes de haver um cânon definitivamente fechado? Há três aspectos que atravessam nossa distinção entre os de dentro e os de fora, e dois desses aspectos apontam para uma autoridade centralizada com os evangelhos intracanônicos e extracanônicos enquadrando-se nesse controle unificado. Esses dois aspectos são a preferência cristã muito primitiva pelo códice em detrimento do rolo e o uso cristão igualmente primitivo de abreviações para certas expressões teológicas fundamentais.

Escolhi cuidadosa e deliberadamente a epígrafe para a Parte III. Foi escrita há mais de cinqüenta anos por uma estudiosa, romancista e teatróloga. Escolhi-a porque exala bom senso em cada linha, chegando a sugerir que uma interpretação alternativa parece indicar a excentricidade da erudição que busca subverter a normalidade da inteligência. Permitam-me, porém, mais dois detalhes autobiográficos antes de prosseguir.

Durante a maior parte da vida adulta, como já mencionei, lecionei principalmente educação geral obrigatória na Universidade DePaul em Chicago. Sempre que abordávamos os quatro evangelhos, o que costumava ser com certa pressa e de passagem, os alunos achavam a pesquisa bíblica sobre os relacionamentos de fontes *entre* os evangelhos surpreendentemente inacreditável. Por que não considerá-los mais ou menos como Dorothy Sayers fez nessa epígrafe? São quatro versões do mesmo acontecimento e tudo que temos a fazer é integrá-los em um todo sintético. Ou, de outro modo, temos versões diferentes do mesmo acontecimento porque o relator disse a mesma coisa de modos diferentes em tempos diferentes. Por que *eu* não considero os evangelhos assim? O que separa meus pressupostos sobre os evangelhos dos de meus alunos ou minhas conclusões sobre os evangelhos das de uma Dorothy Sayers?

Passei a década de 1960 estudando cuidadosamente os quatro evangelhos em colunas paralelas, palavra por palavra e unidade por unidade, dia após dia e ano após ano. Estudei a hipótese erudita sobre alguns desses evangelhos terem usado outros como fontes – em outras palavras, fiz *crítica das fontes* – e no fim achei-a completamente convincente. Pressupondo aquela primeira hipótese, também testei uma segunda: era possível obter um vislumbre muito bom do coração e da mente de um autor, observando como uma fonte foi revisada ou redigida – isto é, fiz *crítica redacional*. (Eu sei, aliás, que outros tiveram atividades mais interessantes nos anos 60, mas eu os passei em um mosteiro, onde atividades alternativas eram um tanto restritas.) De qualquer modo, esses dois processos – crítica das fontes e crítica redacional – eram os dois lados da mesma moeda. Mantinham-se de pé ou caíam juntas; confirmavam ou negavam uma à outra. Outro termo, *crítica da tradição*, poderia ser usado para descrever o processo mais completo em que se enquadravam. Se a Unidade A (a *fonte*) era usada pela Unidade B (a *redação*), desenvolvia-se uma *tradição* contínua. A validade fundamental desse duplo processo é o principal pressuposto a ser delineado nesta parte. Se estiver errado, quaquer reconstrução histórica de Jesus e de seus seguidores, baseada nele, é metodologicamente inválida. Idem, naturalmente, para toda hipótese alternativa. São as conclusões eruditas da *crítica da tradição*, alcançadas com muito esforço pela erudição evangélica nos últimos duzentos anos (mas também confirmadas por meu estudo pessoal), que me separam da simplicidade do bom senso que aqui, como alhures, pode se transformar em *contra*-senso *in*comum.

Capítulo 7

Aceitação dos pressupostos evangélicos

Os muito alardeados "instrumentos críticos normais", em especial a crítica formal, estão sendo tacitamente (e, em minha opinião, corretamente) ignorados na busca de Jesus; a investigação prossegue por meio de um método de hipótese e verificação apropriado e quase sempre expresso com clareza... Grande parte do estímulo ao estudo crítico-formal e crítico-redacional surgiu do pressuposto de que este ou aquele fragmento de material sinótico sobre Jesus *não podia* ser histórico; em outras palavras, que *já era possível pressupor uma hipótese histórica sobre Jesus* a qual exigia uma outra hipótese histórica de tradição para explicar essa prova.

Entretanto, se uma hipótese histórica alternativa viável – quer sobre Jesus, quer sobre a Igreja primitiva – for proposta, discutida e mantida, a necessidade de crítica da tradição na busca de Jesus (para não dizer nada sobre seu indubitável valor em outros empreendimentos históricos) poderá, em princípio, ser substancialmente reduzida e ter sua forma alterada... Descobre-se que, afinal de contas, todos os tipos de coisas nos evangelhos que, segundo o paradigma de Bultmann, precisavam ser explicadas por complexos epiciclos de *Traditionsgeschichte* [crítica da tradição] encaixam-se tranqüilamente no ministério de Jesus.

N. Thomas Wright, *Jesus and the victory of God* [*Jesus e a vitória de Deus*], p. 87.

Primeiro, conforme estão usados nesta parte, os pressupostos não são dogmáticos nem atos teológicos de fé. São apenas conclusões históricas alcançadas antes, mas aqui consideradas ponto pacífico. Uma argumentação mais completa sobre eles já foi feita em ocasiões anteriores e está publicamente disponível nesse estudo anterior. Nenhum estudioso bem conceituado usa tais pressupostos sem, pelo menos, conferi-los mais uma vez. Contudo, eles são necessários, porque, sem eles, teríamos sempre de partir do zero a respeito de tudo.

Segundo, ninguém pode evitar pressupostos, embora seja possível evitar *estes* em favor *daqueles*. Você pode recusar os meus e preferir os seus. Na pesquisa do Jesus histórico, ninguém pode evitar pressupostos sobre os evangelhos – sobre seu número, sua natureza e seus relacionamentos. E ninguém pode recusar os pressupostos de outra pessoa alegando que eles são apenas isso. Os pressupostos só podem ser rejeitados por juízos de inadequação, ilegitimidade ou invalidade. Eles serão, então substituídos por outros pressupostos, que se revelem mais adequados, legítimos e válidos.

Terceiro, quando há um grande consenso sobre certos aspectos dos evangelhos, é possível verificar, aceitar e pressupor essa opinião da maioria. Naturalmente, a opinião da maioria não está necessariamente certa, mas quem discordar dela, deve argumentar contra ela, e não apenas ignorá-la. Não basta simplesmente acusá-la de tendenciosidade, preconceito, paranóia ou delírio.

Quarto, superestruturas são construídas sobre alicerces. Conclusões e decisões sobre o Jesus histórico são construídas por qualquer um com base em seus pressupostos relativos aos evangelhos. Erros nos alicerces fazem as superestruturas desmoronar parcial ou totalmente. Mas, por outro lado, uma forma de testar os alicerces ou os pressupostos é construir em cima deles o mais pesadamente possível e esperar que as rachaduras apareçam. Os pressupostos são constantemente testados pelas estruturas construídas em cima deles. Pressupostos errados, conclusões erradas. O mesmo julgamento para mim, para você e para todo mundo.

Toda a pesquisa do Jesus histórico, repito, trabalha com certos pressupostos relativos aos evangelhos – sobre seu número, natureza e relacionamentos. Mas, não importa o que sejam, fique isso absolutamente claro: pode ser que uma criança egípcia, brincando amanhã na orla do deserto da Líbia, desenterre uma ânfora cheia de papiros que torne todos esses pressupostos obsoletos e force os estudiosos a começar tudo de novo. No ínterim, e dependente da liderança dessa criancinha, esta seção expõe pressupostos relativos aos evangelhos que são importantes para o que se segue sobre *texto* nas partes VI a X deste livro. Por isso, meu propósito aqui é enfatizar a inevitabilidade de pressupostos, pelo exame da obra de N. Thomas Wright sobre o Jesus histórico, resumida na epígrafe precedente, e nas duas epígrafes a seguir.

IgNORANdo A ERUdição ANTERioR

Schweitzer disse que Jesus vem a nós como alguém desconhecido. Epistemologicamente, se estou certo, esse é o caminho errado. *Nós* vamos a *ele* como desconhecidos, rastejando da terra distante, onde desperdiçamos nossa substância em historicismos turbulentos mas desastrosos. Contudo os desentendimentos – os "resultados seguros da crítica moderna" – nos lembraram aquele conhecimento que a arrogância tinha quase eliminado, e iniciamos a viagem para casa.

N. Thomas Wright, *Jesus and the victory of God* [*Jesus e a vitória de Deus*], p. 662.

Nessas epígrafes, Wright fala dos "muito alardeados 'instrumentos críticos normais'" e dos "resultados seguros da crítica moderna" e suas aspas nos preparam para sua rejeição. Esse é seu primeiro ponto. Há três procedimentos históricos principais envolvidos e mencionei dois deles na seção anterior. A *crítica das fontes* busca determinar se existem relacionamentos genéticos entre textos e quais são eles. Quem usou o que como fonte? Ao reverter esse processo, a *crítica redacional* busca determinar o desenvolvimento autoral dessas fontes. Que omissões, adições e mudanças estiveram envolvidas na redação de uma fonte mais primitiva por um autor mais tardio? A *crítica formal* busca determinar as formas em que as unidades orais foram transmitidas e relacioná-las com as situações que as produziram e usaram. A forma pode, por exemplo, ser um aforismo, uma parábola, um diálogo, um debate etc. Todos esses procedimentos se juntam sob o cabeçalho *crítica da tradição* (ou *análise transmissiva*), que procura traçar o relacionamento genético e a trajetória histórica de unidades grandes e pequenas da tradição de Jesus. Esse trabalho sintético baseia-se, é claro, em conclusões combinadas sobre formas, fontes e redações. O estudioso pode ignorar todo esse trabalho anterior e os pressupostos sobre o evangelho aí contidos? Com certeza, seria possível opor-se a ele, argumentar contra ele e enunciar pública e precisamente conclusões alternativas como novos pressupostos. Mas não creio que seja possível *ignorá-lo*.

O segundo ponto de Wright é que esses procedimentos são todos ilegítimos porque presumem uma hipótese anterior sobre Jesus. Isso está categoricamente incorreto. Muitos estudiosos anteriores a ele acharam que tais procedimentos os levariam de volta, direta e automaticamente, ao Jesus histórico. Isso não deu e jamais dará certo. Se Mateus usou Marcos, disso não se infere que Marcos nos dá o Jesus histórico. Mas disso se infere que, nas passagens em que copia Marcos, Mateus nos dá o Marcos histórico e não o Jesus histórico. Esses procedimentos analíticos mantêm-se ou caem por si. Não se mantêm ou caem conforme as intenções ou expectativas, visões teológicas ou programas históricos dos que os inventaram ou foram os primeiros a usá-los. Não podem ser "ignorados" nem desprezados por se basearem no "pressuposto de que este ou aquele fragmento de material sinótico sobre Jesus *não podia* ser histórico". A primeira posição é insensata. A segunda é falsa.

O terceiro ponto pressupõe uma alternativa à construção sobre essa crítica da tradição. Wright se propõe apresentar uma hipótese importante sobre o Jesus histórico e depois verificá-la, determinando até que ponto ela explica bem todos os dados disponíveis. Mais adiante, volto a examinar como isso funciona, mas, por enquanto, vejamos como ela faria distinção entre as duas reconstruções seguintes. Ed Sanders proclama o princípio de que "os evangelhos sinóticos devem ser preferidos como nossa fonte básica de informações sobre Jesus" (1993, p. 73). Em teoria, Wright não proclama uma hipótese semelhante, mas parece usá-la na prática. O "Índice de fontes antigas" no fim de seu livro tem 25 colunas de referências aos três evangelhos sinóticos, mas só uma coluna de referências a João. Creio que essa ênfase está correta, mas por que deve ser seguida no novo modelo de hipótese e verificação criado por Wright, que ignora as conclusões históricas anteriores sobre os evangelhos? Por que não formular a hipótese de que João estava historicamente correto, que Jesus falou em longos discursos nos quais fazia proclamações absolutamente transcendentais sobre si mesmo e que os sinóticos dividiram tudo isso em formas e conteúdos mais seguros, mais simples e menores? Essa é, afinal de contas, a hipótese igualmente plausível de Dorothy Sayers na epígrafe à Parte III. Não creio que esta segunda proclamação funcione como hipótese – para a maioria dos estudiosos, ela já fracassou nos testes –, mas é, com certeza, uma *possibilidade*. E a recente hipótese formulada por Stevan Davies de que Jesus curava em êxtase e ensinava aos outros como encontrar Deus em êxtase (1995)? O próprio Jesus falava à maneira joanina, quando em êxtase; e à maneira dos sinóticos, quando não em êxtase. Isso explica aquelas duas tradições como igualmente primitivas e também explica aquela grande sensação de êxtase por estar possuída pelo Espírito, presente na Igreja primitiva. É fácil zombar dessa teoria e alegar, rindo, que ela dá novo sentido à frase: "Reino nas alturas". Mas o que está errado com ela como hipótese e verificação?

O último ponto é, sem dúvida, supremamente irônico. O único nome muito associado a esses métodos históricos e procedimentos analíticos que acabamos de mencionar, com o que é conhecido em alemão como *Traditionsgeschichte* [crítica da tradição; literalmente história da tradição], e em inglês como crítica da tradição [*tradition-criticism*] é o de Rudolf Bultmann. Mas ele é ainda mais famoso pelas posições teológicas e descrições gerais históricas que ele elaborou sobre esses procedimentos e ainda em torno e por meio deles e de acordo com eles. Por exemplo, interpretou a linguagem mitológica ou escatológica como desafio existencial ou decisão pessoal e privilegiou as palavras de Jesus com a exclusão quase total de suas ações. Muitos estudiosos, entre os quais me incluo, aceitam esses procedimentos analíticos, mas rejeitam as estruturas teológicas ou até mesmo históricas em que se encaixam. Wright rejeita-os como um todo complexo e corrompido. Há nisso suprema ironia. Bultmann era um protestante luterano que pesquisou os evangelhos e ali encontrou a tradição. Wright é um católico anglicano que pesquisou os evangelhos e ali encontrou a Escritura. Creio que Bultmann estava certo. A tradição estava lá antes, durante e depois dos evangelhos. Não é possível ignorá-la.

Hipótese e verificação

> Ninguém se queixa de um livro sobre Alexandre Magno se, ao narrar a história, o autor "harmonizar" duas ou três fontes; é esse seu trabalho, desenvolver hipóteses que juntem os dados em uma estrutura coerente, em vez de deixá-los espalhados.
>
> N. Thomas Wright, *Jesus and the victory of God* [*Jesus e a vitória de Deus*], p. 88.

A proposta alternativa de Wright é hipótese e verificação, mas sem juízos prévios sobre fontes e tradições. "É imprescindível que esta questão de método seja entendida desde o início... A tarefa para o historiador sério de Jesus não é, em primeiro lugar, concebida como a reconstrução de tradições sobre Jesus, segundo o lugar que ocupam na história da Igreja primitiva, mas sim é o desenvolvimento de hipóteses históricas sérias – isto é, o relato de narrativas em grande escala – sobre o próprio Jesus e o exame dos fatos relevantes *prima facie* para ver como se encaixam". Ele usa o exemplo da epígrafe acima para mostrar o que quer dizer e põe em nota de rodapé o seguinte comentário do historiador J. Michael Wallace-Hadrill: "Quando eu as apanho em erro, creio que as fontes literárias exageram mas, de outro modo, dou-lhes o benefício da dúvida... Não devemos nos aproximar de nenhuma delas com espírito de ceticismo resistente" (1996, pp. 87-88). "De outro modo", como Wright acrescenta mais adiante, "a 'história crítica' torna-se mera paranóia, insistindo em teorias de conspiração e incapaz de divisar o caminho que as provas reais indicam" (p. 105). Assim como as palavras de Sayers antes, tudo isso soa muito sensatamente óbvio e muito obviamente correto. Wright explica versões divergentes da mesma fala ou parábola, do mesmo acontecimento ou incidente, com a suposição perfeitamente plausível de que Jesus fez e disse a mesma coisa de modos ligeiramente diferentes em lugares diferentes e em ocasiões diferentes. Entretanto, eis um exemplo para complicar as coisas.

Lembremo-nos, do Capítulo 2 deste livro, que assim como temos quatro biografias de Jesus, por Mateus, Marcos, Lucas e João, temos quatro biografias do imperador Tibério, sob quem Jesus foi crucificado, por Veléio Patérculo, Tácito, Suetônio e Díon Cássio. Imaginemos, agora, historiadores clássicos reconstruindo a vida de Tibério a partir dessas fontes. Como Wright observa a respeito de Alexandre, eles fariam uma harmonização crítica, mas sintética, dos quatro relatos. Mas imaginemos, em seguida, uma situação complicadora. Suponhamos que alguns, muitos, a maioria, ou todos os historiadores clássicos chegassem às seguintes conclusões eruditas: Primeiro, Veléio Patérculo não foi contemporâneo de Tibério, mas escreveu logo no início da década de 70. Segundo, Tácito e Suetônio copiaram um tanto maciçamente Patérculo, mas mudaram, omitiram e acrescentaram a seus relatos, de acordo com seus propósitos bastante discerníveis. Terceiro, Díon Cássio copiou dos três antecessores, usando essas duas últimas fontes de maneira ainda mais radical do que eles usaram a primeira. Isso com certeza mudaria tudo. Se a análise de *fonte* e *redação* sugerisse essa corrente de *tradição*, então qualquer forma de harmonização seria completamente excluída. Uma unidade encontrada nas quatro fontes, por exemplo, não teria valor como dado histórico nas últimas três e só poderia ser estudada onde apareceu primeiro. Cada autor poderia, já se vê, ter outras fontes independentes disponíveis para outros detalhes. Mas em tal situação, sua grande dependência de uma única fonte salientaria suas limitações históricas. Antes de continuar, deixe-me enfatizar duas questões laterais. Fosse essa a situação real dos quatro historiadores clássicos, eu não *presumiria* serem eles todos impostores ou mentirosos. Talvez eles julgassem que a história devia ser escrita assim – como uma corrente de tradição geneticamente unida, com historiadores posteriores reescrevendo os anteriores. E nem presumiria que a versão final não tinha valor. Mesmo se tivesse apenas dados copiados e nenhum fato novo próprio, ainda assim talvez fizesse uma interpretação mais convincente do que todas as anteriores reunidas.

Esse cenário clássico imaginário é o bíblico real. Uma grande maioria dos biblistas no século XX julga que Marcos foi usado por Mateus e Lucas como fonte principal e uma maioria igual inclinou-se de um lado para outro, e voltou aos três sinóticos como fonte principal de João. Incluo-me entre esses biblistas, para os quais não há possibilidade de ignorar fontes, redações e tradições nos evangelhos. Decisões sobre elas precisam ser tomadas e essas decisões tornam--se, então, pressupostos para pesquisas posteriores sobre o Jesus histórico e o nascimento do cristianismo. Na verdade, não faz nenhuma diferença, qual paranóia ou suspeita, qual motivação ou preconceito, qual posição teológica ou até suposição histórica, possa ter levado a essas conclusões. Em última análise, a única pergunta é: São válidas? Se eu odiasse Tácito e pretendesse destruir sua reputação mostrando que ele copiou maciçamente de Patérculo, isso, na verdade, seria irrelevante. Se eu detestasse os classicistas e quisesse mostrar que eram todos tolos mal orientados, isso também seria irrelevante. Na análise final, há só um ponto importante: Lidamos ou não lidamos com versões geneticamente independentes? Naturalmente, entende-se que este é não um caso legal de plágio, mas sim uma tentativa de discernir onde temos testemunhos diferentes e onde temos tradições dependentes. Nada, portanto, que Wright diga, quase sempre com muita razão, sobre as motivações teológicas específicas ou mesmo as descrições históricas gerais dos que primeiro defenderam ou que agora usam fontes, redações e tradições evangélicas, invalida esses processos em si.

Pressupostos sobre elementos de informações evangélicas portanto ditam e controlam de maneira crucial o método de cada um para pesquisa sobre o Jesus histórico e o cristianismo mais primitivo. Esses pressupostos tocam na natureza e função dos evangelhos, mas também nos contatos e relacionamentos entre eles. Imaginemos, em conclusão, três modelos muito diferentes para essas funções e esses contatos. Imaginemos que ouvíssemos pela primeira vez falar a respeito dos evangelhos e ainda não tivéssemos tirado nenhuma conclusão sobre eles. Qualquer uma das seguintes hipóteses poderia ser a hipótese inicial, para ser testada contra os dados e nenhuma poderia ser invalidada no início, só por ser uma hipótese.

Primeiro, os evangelistas são como *quatro testemunhas que prestam depoimento legal*. Como no tribunal, todas fazem o possível para dizer exatamente o que aconteceu, da maneira mais completa que consigam se lembrar. Pode haver ligeiras divergências, mas isso só prova os caprichos normais da memória. O fenômeno descrito é em que, mais seguramente, as quatro concordam. Neste modelo, a reconstrução do Jesus histórico depende desse *estrato consensual*, dessa concordância quádrupla para seus dados mais seguros. O testemunho triplo, duplo ou único fornece os dados sucessivamente menos seguros.

Segundo, os evangelistas são como *quatro estudiosos que fazem pesquisa básica*. Todos voltam aos dados do passado e, embora não ignorem o trabalho anterior, buscam, em cada vez, escrever um relatório novo em folha e mais exato. Neste modelo, quanto mais tardio o autor, mais histórico será o relatório. Entendendo assim os quatro evangelhos, o *estrato mais tardio* fornece os dados mais seguros sobre o Jesus histórico.

Terceiro, os evangelistas são como *quatro historiadores que realizam entrevistas orais*. Se, nesta história oral, o entrevistado apresentasse variações em certos temas em diferentes ocasiões e lugares, os coletores acabariam com versões diferentes, não apenas de memórias caprichosas, mas também de ocasiões parecidas. Neste entendimento dos quatro evangelhos, todas as versões são igualmente corretas. A diversidade indica apenas que Jesus disse ou fez a mesma coisa de maneiras ligeiramente diferentes.

Quarto, os evangelistas são como *quatro evangelistas que reescrevem a tradição mais primitiva*. Há dois pontos independentes nesta descrição, *evangelho* e *tradição*. Já abordei duas vezes o primeiro ponto, mas ele merece repetição porque é fundamental para este livro. O evangelista é alguém com *boa-nova* para transmitir. *Boa* indica que a nova é considerada do ponto de vista de alguém, da interpretação judaico-cristã, em vez da interpretação imperial romana. *Nova* indica que comporta uma atualização periódica. Indica que Jesus está constantemente sendo atualizado para novos tempos e lugares, situações e problemas, autores e comunidades. Esse segundo ponto é igualmente importante. Lidamos com uma tradição contínua e em desenvolvimento, mas é uma tradição contínua e em desenvolvimento *que parece engolir integralmente suas predecessoras*. Os evangelhos mais tardios absorvem completamente o mais primitivo que usaram como fonte. Eles o absorvem, redigem e, portanto, o transformam. Por exemplo, a Tradição das Falas Comuns, que depois discutiremos muito mais, foi absorvida no *Evangelho Q* e no *Evangelho de Tomé*. O *Evangelho Q* e Marcos foram absorvidos em Mateus e Lucas. Os sinóticos foram absorvidos parcial ou totalmente em João. Se essa é sua visão dos evangelhos – e ela *é* a minha –, o problema do Jesus histórico empurra-o cada vez mais para trás no caminho absorvente do estrato mais primitivo da tradição.

Em tudo isto, repito, minha intenção não é debater esses pressupostos específicos, mas sim, primeiro, enfatizar que cada um precisa ter um conjunto de conclusões evangélicas e, segundo, mostrar quais são as minhas e por que as sustento. Quem considerar os quatro evangelhos intracanônicos como quatro testemunhas independentes para o Jesus histórico agirá de uma forma com base nesse pressuposto. Quem considerar os quatro evangelhos intracanônicos, basicamente, como uma corrente de tradição ligada agirá de outra forma com base nesse outro pressuposto. Qualquer trabalho feito com um pressuposto errado ficará gravemente enfraquecido, ou até totalmente invalidado. Admitindo-se tudo isso, então, quais são meus pressupostos relativos às tradições evangélicas e como tais pressupostos justificam meu enfoque metodológico para a pesquisa do Jesus histórico, na camada *mais primitiva* dessa tradição?

Capítulo 8

Relações entre conteúdos evangélicos

A insistência de Crossan em que todas as tradições de Jesus – os escritos apócrifos da mesma forma que os canônicos – precisam ser postas em pé de igualdade parece simples imparcialidade e rigor intelectual: ele exige que todo elemento da tradição prove a si mesmo! Contudo, um exame mais rigoroso sugere que o jogo é manipulado. A notável datação primitiva de Crossan de praticamente todos os materiais apócrifos, e sua correspondente datação tardia de praticamente todos os materiais canônicos, junto com sua freqüente asserção de que as fontes extracanônicas não foram afetadas pelas fontes canônicas e, portanto, têm valor comprobatório independente, baseia-se em pouco mais do que em suas asserções e nas dos colegas da mesma opinião que cita. Ele jamais entra em debate com os que não compartilham tais opiniões. Em outras palavras, a posição é presumida, não provada.

Luke Timothy Johnson, *The real Jesus* [O *Jesus real*], p. 47.

Como é possível ver por essa epígrafe, o uso de *ambos* os evangelhos, intracanônicos (canônicos) e extracanônicos (apócrifos), é bastante controverso. A acusação de ter "manipulado" as provas é a mais grave que um estudioso pode fazer contra outro. Essa acusação serve para apresentar o problema de relacionar os conteúdos evangélicos, avaliar as relações evangélicas, decidir se alguns evangelhos são, no todo ou em parte, dependentes de outros evangelhos e comparar evangelhos intracanônicos e extracanônicos. Repito, mais uma vez, que precisamos escolher nossos pressupostos sobre tradições evangélicas antes de reconstruir tanto o Jesus histórico como o cristianismo mais primitivo. Todos precisam fazer isso. Todos fazem.

Evangelhos dependentes e independentes

Suponho que temos duas versões da parábola dos que recusam o banquete, duas versões da parábola dos talentos e das minas e duas versões das bem-aventuranças, não porque uma é adaptada da outra, ou ambas são adaptadas de uma única fonte escrita, mas porque são duas entre uma dezena ou mais de variações possíveis que, se estivéssemos na Galiléia com um gravador, poderíamos ter "coletado". Quem sugira que não é assim deve, creio eu, ou estar apegado obstinadamente à imagem da Igreja primitiva que critiquei no primeiro volume, *The New Testament and the people of God* [O *Novo Testamento e o povo de Deus*], ou estar escravizado a uma visão altamente dogmática da

Escritura, ou simplesmente não ter imaginação histórica de como seria um ministro itinerante, em uma cultura camponesa.

N. Thomas Wright, *Jesus and the victory of God* [*Jesus e a vitória de Deus*], p. 170.

Essa epígrafe nos revela que Wright não aceita a existência do que outros biblistas denominam o *Evangelho* Q como a melhor explicação para as versões parecidas, mas divergentes, das três "unidades" (citadas anteriormente), encontradas em Mt 22,1-10 = Lc 14,16-24 (a parábola dos convidados que recusam o banquete), Mt 25,14-30 = Lc 19,12-27 (a parábola dos talentos/minas) e Mt 5,3-4.6.11-12 = Lc 6,20b-26 (as bem-aventuranças). Em outras palavras, ele tem pressupostos diferentes sobre fontes e redações evangélicas. Proponho esses três exemplos e o que se segue, não como debate sobre tais pressupostos, mas antes como indicação de que os pressupostos evangélicos ditam necessariamente métodos e modelos para a pesquisa sobre o Jesus histórico e o cristianismo mais primitivo.

A primeira pergunta diz respeito a *evangelhos dependentes e independentes*. Como saber se um evangelho depende ou não de outro? O que acontece, por exemplo, quando temos dois textos semelhantes que são parecidos demais em ordem e/ou conteúdo para a coincidência servir como explicação? Há quatro explicações possíveis para a demasiada semelhança de dois textos não se dever à pura coincidência. As duas primeiras envolvem uma fonte comum (oral ou escrita) usada por autores mais tardios independentemente uns dos outros. As duas últimas envolvem a dependência literária (direta ou indireta) de um autor posterior em relação a um autor anterior.

Matriz oral comum

Uma explicação é que ambos são efetivações de uma matriz oral comum. Eis um exemplo clássico dessa possibilidade que envolve um texto evangélico e um não evangélico:

Lc 12,35	Did. XVI,1
Tende os rins cingidos e as lâmpadas acesas.	Não deixem que suas lâmpadas se apaguem, nem soltem o cinto dos rins.

O centro da matriz oral são esses dois símbolos semelhantes de prontidão, em ordem não estabelecida. As efetivações precisam então escolher ou rins/lâmpadas ou lâmpadas/rins como seqüência e o afirmativo ("tende") ou o negativo ("não deixem") como formulação. Prefiro essa explicação à dependência direta de um texto em relação a outro.

Fonte literária comum

Outra explicação para esses textos semelhantes um a outro, é que ambos dependem de uma fonte literária comum. Eis um exemplo clássico de tal possibilidade:

Mt 3,7-10	Lc 3,7-9
Como visse muitos fariseus e saduceus que vinham ao batismo, disse-lhes: "Raça de víboras, quem vos ensinou a fugir da ira que está para vir? Produzi, então, fruto digno de arrependimento e não penseis que basta dizer: 'Temos por pai a Abraão'. Pois eu vos digo que mesmo destas pedras Deus pode suscitar filhos a Abraão. O machado já está posto à raiz das árvores e toda árvore que não produzir bom fruto será cortada e lançada ao fogo".	Ele dizia às multidões que vinham para ser batizadas por ele: "Raça de víboras! Quem vos ensinou a fuga da ira que está para vir? Produzi, então, frutos dignos do arrependimento e não comeceis a dizer em vós mesmos: 'Temos por pai a Abraão'. Pois eu vos digo que mesmo destas pedras Deus pode suscitar filhos a Abraão. O machado já está posto à raiz das árvores e toda a árvore que não produzir bom fruto será cortada e lançada ao fogo".

Essa acusação por João Batista, com mais de sessenta palavras em grego, é literalmente a mesma em Mateus e Lucas, exceto por quatro mudanças muito insignificantes (todas sujeitas a debate textual). Essas versões parecidas não são as efetivações independentes de uma matriz oral, mas as reproduções muitíssimo fiéis de uma fonte escrita. Essa fonte, sobre a qual voltaremos a falar abaixo, é o *Evangelho* Q. Observe as introduções divergentes que precedem o ataque.

Contudo, e se uma fonte comum, seja ela matriz oral ou texto escrito, não for a explicação adequada? E se um texto for dependente do outro? Como saber quando isso acontece e qual deles usou o outro? Por exemplo, o que convenceu uma grande maioria de biblistas que Marcos foi usado por Mateus e Lucas, de preferência a qualquer outra explicação para sua ordem e seu conteúdo notavelmente similares? Repetindo uma declaração anterior, esses três evangelhos são tão semelhantes que podem facilmente ser colocados em colunas paralelas e examinados *em um relance* – daí seu título usual, evangelhos *sinóticos*. Com certeza, não existem respostas fáceis para essa pergunta (como se as passagens mais curtas ou mais longas fossem sempre as primeiras, ou as mais bem escritas ou as mais mal escritas fossem sempre as primeiras). O processo é muito mais complicado na teoria e muito mais controverso na prática.

Dependência literária direta

Esta explicação deve ser apoiada por dois argumentos mutuamente corroborantes: um é o *relacionamento genético* e o outro a *confirmação redacional*. *Relacionamento genético* significa que certos elementos de ordem e conteúdo caracteristicamente marcanos encontram-se em Mateus e Lucas. Não estamos falando de tradição geral comum aos três evangelhos, mas de aspectos editoriais específicos de seqüência ou estilo marcanos cuja presença naqueles dois outros textos indica cópia. O que procuramos, por assim dizer, são impressões digitais marcanas ou o DNA teológico marcano nos evangelhos de Mateus e Lucas. Eis um clássico exemplo dessa possibilidade.

Um dos esquemas composicionais marcanos mais característicos tem sido chamado *intercalação* ou *sanduíche*. O esquema tem dois elementos. Primeiro, apresentação literária:

o Acontecimento A começa (A¹); em seguida o Acontecimento B começa e termina (B); e, finalmente, o Acontecimento A termina (A²). Segundo, significado teológico: o propósito da intercalação não é mera exibição literária; presume que os dois acontecimentos – chamemo-los o "acontecimento emoldurador" e o "acontecimento inserido" – sejam mutuamente interativos, que interpretem um ao outro para enfatizar a intenção teológica de Marcos. É essa combinação de estrutura literária *e* significação teológica que torna essas intercalações caracteristicamente, se não singularmente, marcanas.

Há concordância razoavelmente ampla sobre os seis casos seguintes como exemplos de intercalações marcanas:

A¹:	3,20-21	5,21-24	6,7-13	11,12-14	14,1-2	14,53-54
B:	3,22-30	5,25-34	6,14-29	11,15-19	14,3-9	14,55-65
A²:	3,31-35	5,35-43	6,30	11,20-21	14,10-11	14,66-72

Diversos biblistas concordam sobre esses seis casos, mas acrescentam outros. Por exemplo, Frans Neirynck dá sete exemplos (1972, p. 133), John Donahue também dá sete (p. 42 nota 2, pp. 58-59) e James Edwards dá nove (pp. 197-198). "O evangelista", como Tom Shepherd resume o propósito de Marcos nesses seis casos, "juntou duas narrativas e, contudo, deixou-as separadas em contraste uma com a outra, para motivar uma interpretação". Em 14,53-72, por exemplo, há um contraste extremamente irônico: "Jesus faz uma confissão sincera de sua messianidade e recebe a sentença de morte [A¹ + A²]. Pedro nega o Senhor três vezes e se livra do sofrimento [B]" (pp. 523, 532).

O que me dá a certeza de que o esquema não parte de Mateus ou Lucas para Marcos, mas sim vice-versa é o fato, como Edwards observa, "de Mateus conservar o padrão A-B-A de Marcos cinco vezes e Lucas conservá-lo quatro vezes" (p. 199). É provavelmente justo dizer que Mateus e Lucas acham essa intercalação um fenômeno estranho e, com freqüência, a eliminam sem piedade. Vejamos, por exemplo, a forma como Marcos intercala a destruição simbólica do templo, em 11,15-19, na narrativa da figueira amaldiçoada, em 11,12-14 e seca em 11,20-21. Essa estrutura nos revela como Marcos interpreta a ação um tanto enigmática de Jesus no templo. É uma destruição simbólica do templo, exatamente como a maldição da figueira é real. Segundo Marcos, é um caso de destruição, não de purificação. Lucas, no entanto, omite todo o incidente da figueira; e Mateus, que o inclui, junta a maldição e a esterilidade da figueira em 21,18-19 ("E a figueira secou no mesmo instante"), mas após a ação no templo em 21,12-13 e separada dela pelos acontecimentos intervenientes em 21,14-17. A presença desses elementos específicos, pessoais ou composicionais, sejam eles de ordem ou conteúdo, tema ou estilo, é a prova mais segura da dependência de um texto em relação a outro.

Dois comentários rápidos: primeiro, a presença desses componentes individuais de um evangelho no outro precisa ser verificada com cuidado, caso por caso, para que, no fim, o argumento seja cumulativo. Segundo, nenhuma conclusão sobre dependência é absoluta, ou está fora de contestação, pois todas essas decisões são, com efeito, hipóteses de trabalho ou teorias operacionais. Mas, com efeito, não se pode *não* tê-las, pois isso também não passa de outra hipótese prática!

A *confirmação redacional* apóia o *relacionamento genético*. Não é, na verdade, uma segunda prova, mas sim um meio de testar um relacionamento genético postulado. Quem, por razões como as dadas no exemplo anterior, postular a dependência mateana e lucana em relação a Marcos, deve explicar cada omissão, adição ou alteração em Mateus e Lucas a respeito de sua fonte marcana. Porque, naturalmente, ainda temos Marcos. Para muitos biblistas, entre os quais me incluo, foi o sucesso desses trabalhos de crítica redacional que serviu retroativamente para confirmar a primazia histórica de Marcos. Há mais de vinte e cinco anos, por exemplo, Joseph Fitzmyer observou que esse argumento do uso bem-sucedido é "critério válido, mas extrínseco, para julgar o valor dessa hipótese" (1970, p. 134; 1981-1985, p. 65).

Mas agora começa a surgir um problema. Ele tem a ver com a diferença entre provar um positivo e provar um negativo, a diferença entre argumentar pela dependência e argumentar pela *in*dependência. Voltemos ao exemplo de intercalação marcana. E se Mateus e Lucas antipatizassem tanto com esse esquema a ponto de o eliminarem completamente? Onde estaríamos então? Como os textos *realmente* incluem a intercalação, temos um argumento para sua dependência de Marcos. Mas, se *não* a incluíssem, teríamos um argumento para sua *in*dependência de Marcos? Muitas vezes considera-se ponto pacífico que o argumento do relacionamento genético funciona do mesmo jeito para situações positivas e negativas. Mas não podemos empregar isso com a mesma segurança; exatamente como os indícios materiais provam a culpa, mas sua ausência não prova a inocência. O que acontece quando, ao contrário dessa situação sinótica, temos dois textos parecidos demais para haver pura coincidência ou simples execução divergente, mas faltando ali traços específicos de um no outro?

Dependência literária indireta

Esta questão é urgente pois, recentemente, Raymond Brown pôs em dúvida se o modelo de *dependência literária direta* deveria ser o modelo único, ou mesmo dominante, para relações de dependência. Nesse modelo, podemos imaginar Mateus e Lucas trabalhando com o texto de Marcos *diretamente* à sua frente, seja sobre a escrivaninha, seja lido para eles por um escravo, um servo ou um colega. É precisamente porque Mateus e Lucas copiaram Marcos com certa fidelidade que foi possível obter um consenso maciço entre os estudiosos sobre sua dependência. No entanto e se, como Brown sugere, um autor tivesse ouvido ou lido outro texto e o escrevesse de memória, muitos anos mais tarde? Como vimos antes, é assim que ele julga o *Evangelho de Pedro* dependente dos evangelhos de Mateus, Lucas e João. Recorre a essas versões canônicas, "não necessariamente a seus textos escritos, mas, com freqüência, às lembranças preservadas por terem sido ouvidos e recontados oralmente" – isto é, à "memória distante de tê-los ouvido"; em outras palavras, o *Evangelho de Pedro* não foi criado "em uma escrivaninha por alguém com fontes escritas erguidas à sua frente" (1994, pp. 1001, 1306, 1336). Eu chamaria isso um caso de *dependência literária indireta*. À lembrança de um texto ouvido ou lido anos antes faltariam, com toda probabilidade, quaisquer traços identificadores característicos, individuais ou pessoais, encontrados no original – tais como as intercalações marcanas. Por exemplo, alguém que reescrevesse hoje Marcos de memória e não soubesse da importância das intercalações, provavelmente nem mesmo se lembraria da presença delas. Isso impossibilitaria um argumento de relacionamento genético, mesmo onde ele existisse. Estamos em um impasse nesse caso? Não exatamente. Ainda temos aquele segundo argumento mencionado anteriormente, o da *confirmação redacional*. Se supomos um autor escrevendo com base na memória distante de um texto ouvido ou lido, ainda devemos ser capazes de fazer a crítica redacional sobre essa hipótese. Como e por que esse autor se lembrou dessa maneira? Que teoria da memória explica essa produção? Que propósitos literários e/ou teológicos explicam a composição final? Volto a essa dificuldade no Capítulo 25.

Evangelhos intracanônicos e extracanônicos

As tradições evangélicas e os escritos evangélicos mais primitivos contêm ao mesmo tempo a semente ... da heresia e da ortodoxia posteriores. Para a descrição da história e do desenvolvimento da literatura evangélica no período mais primitivo do cristianismo, os epítetos "herege" e "ortodoxo" não têm sentido. Só o preconceito dogmático afirma que os escritos intracanônicos têm direito exclusivo à origem apostólica e, assim, à prioridade histórica.
Helmut Koester, *Ancient christian gospels* [*Evangelhos cristãos antigos*], p. xxx.

Não simpatizo com a tendência simplista de considerar as obras extracanônicas a chave do verdadeiro cristianismo em contraste com uma censura intolerante representada pelo Novo Testamento.
Raymond Brown, *The death of the Messiah* [*A morte do Messias*], p. 1347.

Uso deliberadamente termos neutros para descrever dois conjuntos de evangelhos. Uso *intracanônico* e *extracanônico* em vez de palavras com mais juízo de valor, como *canônico* e *apócrifo* ou *ortodoxo* e *herege*. Não é questão de quais evangelhos são considerados mais religiosamente significativos ou teologicamente válidos, por mim ou por qualquer outra pessoa. É apenas uma tentativa de lidar com todas as provas históricas honesta e cuidadosamente. Estudar o *Evangelho de Tomé*, por exemplo, e decidir que ele contém tradição primitiva de Jesus canonicamente independente, mas muito presente, não significa, *pelo menos para mim*, que ele seja de algum modo melhor ou mais normativo que qualquer um dos evangelhos intracanônicos, que também contêm tradição primitiva de Jesus e também estão ali muito presentes. Ele simplesmente existe e precisa ser investigado. Observando o tom das epígrafes precedentes, dá para perceber quanto esta discussão é controversa. Quando expressões como "preconceito dogmático" e "censura intolerante" entram no discurso, é porque há muito tempo já morreu a esperança de haver um debate acadêmico útil.

Relações entre conteúdos evangélicos

Pressupostos sobre os evangelhos intracanônicos

Tenho (e gostaria de resumir aqui) três pressupostos a respeito das relações entre os evangelhos intracanônicos. Falando de *pressupostos* não me refiro a posições fora do debate atual ou mesmo não sujeitas a mudança futura. Nem tenho em mira compromissos teológicos. Refiro-me, antes, a juízos históricos baseados em provas atuais e que exigem constantes testes futuros contra novas teorias, métodos, provas, ou experiências. Aprendi esses pressupostos com a tradição erudita, estudei-os internamente, testei-os externamente e achei-os consistentemente mais persuasivos do que suas alternativas. Mas, se estiverem errados, então tudo o que se baseie neles será questionável e, se se *provar* que estão errados, então tudo que se baseie neles terá de ser refeito. No ínterim, *preciso* assumir uma posição sobre questões de fontes e relações evangélicas, a fim de realizar um estudo histórico, porque não fazê-lo é simplesmente fazê-lo de modo diferente.

Primeiro pressuposto

Em 1789-1790, o biblista alemão Johann Jakob Griesbach explicou o relacionamento genético entre os três evangelhos sinóticos, propondo que Mateus veio primeiro, Marcos copiou Mateus e Lucas copiou dos dois. Hoje, essa teoria ainda é aceita por biblistas como Hans-Herbert Stoldt na Alemanha e William Farmer nos Estados Unidos. Em 1835, porém, Karl Lachmann defendeu uma gênese diferente: Marcos veio primeiro e Mateus e Lucas copiaram dele (mas independentemente um do outro). Essa teoria é defendida hoje por um consenso razoavelmente maciço (mas de modo algum total) de estudiosos críticos contemporâneos. Meu primeiro pressuposto, então, é a validade da prioridade marcana, a teoria que Marcos foi usado por Mateus e Lucas como a primeira de suas principais fontes consecutivas. Presumo, naturalmente, que estudiosos que trabalham dentro de um consenso estudam os dados, verificam as provas e confirmam as conclusões por si mesmos. Também presumo que adotar uma hipótese significa continuar a testá-la contra as contínuas pesquisas pessoais. Mas é provavelmente justo dizer que a prioridade genética de Marcos dentro da tradição sinótica é o consenso básico para a crítica histórica moderna dos evangelhos. Afirmar prioridade cronológica ou mesmo genética não é, já se vê, afirmar prioridade religiosa ou teológica. Além disso, não afirmo que o consenso precisa estar correto nem que o dissidente solitário está, assim, errado. Digo, simplesmente, que cada um precisa tomar uma decisão, *de um jeito ou de outro*, sobre a prioridade marcana e depois trabalhar com esse pressuposto. Errado aí, errado daí em diante.

Segundo pressuposto

Em 1838, Christian Hermann Weisse desenvolveu algumas idéias de Friedrich Schleiermacher e sugeriu que Mateus e Lucas usaram outra importante fonte consecutiva, além de Marcos. Depois, em 1863, Julius Holtzmann deu a essa fonte um nome ou designação: Λ abreviação de Λόγια, palavra grega para "ditos [de Jesus]". Por fim, em 1890, ao escrever a

151

respeito da controvérsia sobre Belzebu em Mt 12,22-32 = Lc 11,14-26, Johannes Weiss afirmou que eles não haviam tirado esse incidente de Mc 3,22-27, mas de outra fonte comum (fonte é *Quelle* em alemão), a saber, Q, abreviada, conforme citado por Frans Neirynck (1982, p. 686).

Entretanto, é um pouco depreciativo chamar Q de apenas uma fonte, como se não tivesse integridade, continuidade ou teologia próprias. Dificilmente é correto definir algo por seu uso mais tardio em vez de por seu propósito primordial. Imaginemos, por exemplo, chamar nosso segundo documento intracanônico, não de evangelho de Marcos, mas de Fonte Narrativa Sinótica. Assim, "em anos recentes", como Frans Neirynck observou, "alguns biblistas norte-americanos sugeriram introduzir a palavra 'evangelho' na designação de Q, com seu nome completo: *Evangelho de Sentenças* Q (1995a, p. 421). Pertenço a esse grupo mas, como o *Evangelho de Tomé* também é um evangelho de sentenças, prefiro chamar Q de *Evangelho* Q. Isso serve para respeitar sua integridade textual e teológica (Q como evangelho) e também para nos lembrar que só o conhecemos pela reconstrução erudita (Q como fonte).

Um aparte. A questão aqui não é como se chamam certos textos. O documento Q não chama a si mesmo de evangelho – mas, então, nem o fazem Mateus, Lucas e João. A questão é como os *estudiosos* denominam esses textos. Há propensão em privilegiar nossos quatro textos canônicos como evangelhos, mesmo quando eles não contenham esse título, mas como recusá-lo a outros, mesmo quando possuam o mesmo conteúdo? Em um nível mais prosaico, há uma tendência em jamais grifar os títulos dos evangelhos intracanônicos – os de Mateus, Marcos, Lucas e João – mas sempre de fazê-lo para os evangelhos extracanônicos, tais como o *Evangelho de Tomé* ou o *Evangelho de Pedro*? O único modo neutro de controlar a tendência dos estudiosos, que posso excogitar, é aceitar a dupla sugestão de Helmut Koester. Do ponto de vista positivo, devemos incluir na "literatura evangélica ... todos os escritos constituídos pela transmissão, o uso e a interpretação de materiais e tradições de ou sobre Jesus de Nazaré". Do ponto de vista negativo, devemos excluir documentos que "não se relacionam com as fontes que contêm materiais de ou sobre Jesus de Nazaré nem são constituídos pelo desenvolvimento contínuo delas" (1990a, pp. 46, 47). Seja como for, de volta ao *Evangelho* Q.

O *Evangelho* Q, portanto, é um documento hipotético cuja existência é postulada de maneira persuasiva para explicar a quantidade de material não-marcano encontrado com ordem e conteúdo similares em Marcos e Lucas. Esse postulado não tem o consenso maciço que a prioridade marcana tem, mas é, com certeza, importante conclusão dos estudiosos. No entanto, mesmo dentro dessa conclusão compartilhada, há uma crescente diferença entre os que consideram o *Evangelho* Q, texto evangélico importante, e os que aceitam sua existência e conteúdo, mas não sua importância e implicações. John Meier, por exemplo, aceita sua presença em Mateus e Lucas, mas conclui: "Não consigo deixar de pensar que os estudos bíblicos experimentariam um grande avanço se os exegetas repetissem todas as manhãs, como um mantra: 'Q é um documento hipotético, do qual o tamanho, a redação, a comunidade originária, os estratos e os estágios de escrita exatos *não são* conhecidos'" (1996, p. 244, itálicos meus). Mas como ele sabe que essas coisas *não são* conhecidas, a menos que tenha debatido em detalhe com os estudiosos alternativos de um quarto de século que vão, por exemplo, de Robinson (1971) a Kloppenborg (1990) e se estendem ao Seminário sobre Q da Sociedade de Literatura Bíblica e ao Projeto Q Internacional? Ademais, há outro mantra ainda mais fundamental que esses mesmos exegetas devem repetir todas as manhãs ao se levantar: "Hipóteses devem ser testadas". E o jeito de testá-las é empurrar, empurrar, empurrar, até ouvir alguma coisa estalar. Então é preciso examinar o estalo para saber como proceder. Q era bastante aceitável enquanto não passava de uma fonte a ser encontrada nos seguros confins intracanônicos de Mateus e Lucas. Mas agora o *Evangelho* Q começa a ficar ligeiramente parecido com um cavalo de Tróia, um evangelho extracanônico oculto dentro de dois evangelhos intracanônicos. Se certos estudiosos sustentam que todos os evangelhos não-canônicos são tardios e dependentes, o que vão fazer agora com um evangelho não-canônico que não é só primitivo e independente, mas do qual dois evangelhos intracanônicos são, eles próprios, dependentes? Assim, meu segundo pressuposto aceita a existência do *Evangelho* Q, a teoria de que foi usado por Mateus e Lucas como a segunda de suas principais fontes consecutivas. Também levo muito a sério todos os estudos recentes sobre Q e a eles sou profundamente grato. Se estão errados sobre Q, então também estou errado sobre o Jesus histórico e o cristianismo mais primitivo. Naturalmente, o mesmo se aplica aos que, em teoria, negam a existência do *Evangelho* Q ou, na prática, ignoram sua importância. Todos nos baseamos em nossos pressupostos e todos dependemos de sua validade.

Terceiro pressuposto

Meu terceiro pressuposto, que é mais complicado, diz respeito ao relacionamento de João com os três evangelhos sinóticos. É um problema sobre o qual, e no século XX, os estudos oscilaram fortemente de uma alternativa a outra. Dwight Moody Smith fez um exame bastante completo desse processo e aqui está seu resumo: "No início do século vinte, o exegeta ou comentarista podia, com segurança, presumir que João conhecia os sinóticos. Passamos então por um período de um quarto de século ou mais (1955-1980) no qual a suposição contrária era mais segura: talvez João desconhecesse os sinóticos, fosse com certeza independente deles. Chegamos agora a um ponto em que nenhuma dessas duas suposições é segura, isto é, nenhuma pode ser considerada líquida e certa" (1992a, p. 189). Quando apresentou os documentos publicados de um encontro internacional sobre João e os evangelhos sinóticos na Universidade de Leuven, na Bélgica, Adelbert Denaux afirmou, com muita segurança, que agora havia "um crescente consenso de que o autor do quarto evangelho tinha ligação e, de um modo ou de outro, era dependente de um ou mais dos evangelhos sinóticos" (p. viii).

Minha posição leva em conta a independência e a dependência. Não é apenas uma tola tentativa de manter posições opostas, mas uma conclusão necessária de minha pesquisa. No início da década de 1980, ao examinar os aforismos de Jesus para *In Fragments* [Em fragmentos], descobri que os contidos em João eram independentes dos evangelhos sinóticos (1983, p. x), mas, no fim da década de 1980, ao examinar a paixão e ressurreição de Jesus para *The cross that spoke* [A cruz que falava], descobri que o contrário era verdade (1988, pp. xii-xiv). Julgo que o evangelho de João desenvolveu-se em certas etapas importantes. Primeiro, houve uma coletânea independente de milagres e aforismos que foram criativamente integrados, de modo que os sinais de milagres representam, enquanto acontecimentos materiais (pão, visão etc.) o que era anunciado pelo diálogos de aforismas como acontecimentos espirituais ("Eu sou o pão, luz"etc). Segundo, a pressão de grupos que aceitavam os evangelhos sinóticos como o modelo cristão dominante criou a necessidade de acrescentar tradições de João Batista, no início das tradições da paixão e ressurreição, no fim de um evangelho que, se deixado em paz, começaria com aquele hino magnífico no início, em Jo 1,1-18 (sem o Batista, já se vê) e concluiria com aquele discurso igualmente magnífico de Jesus no final, em Jo 14-17. Terceiro, a pressão de grupos que aceitavam Pedro como o líder cristão dominante tornou necessária a adição de Jo 21. É tudo isso absolutamente seguro e explícito? É claro que não. Porém, mais uma vez, o estudioso tem de decidir e arriscar a validade geral do trabalho futuro nessa decisão, seja ela qual for, e seja qual for o caminho tomado.

Consideremos a narrativa da paixão em João, como é vista por dois biblistas importantes, para um exemplo específico do problema precedente. Raymond Brown julga que João é independente dos evangelhos sinóticos: "Ao escrever seu relato, João não usou nenhuma das NPs (narrativas da paixão)". Em seguida, ele constrói seu magistral comentário sobre a paixão com base nesse pressuposto e, de modo explícito, reconhece a importância de sua hipótese da independência: "Como Marcos e João escreveram independentemente um do outro, a concordância de suas NPs é, com freqüência, importante indicador de ordem e narrativas anteriores aos evangelhos" (1994, pp. 92-93). Por outro lado, em uma série de artigos tão minuciosamente detalhados e perfeitamente documentados quanto o livro de Brown, Maurits Sabbe conclui que a combinação de dependência direta e criatividade literária é a melhor explicação para o relacionamento de João com os outros três evangelhos (1991, pp. 385, 513; 1995, p. 219). Por exemplo, sobre a morte de Jesus em Jo 19,16b-42, ele afirma que "a hipótese de uma dependência direta dos sinóticos, combinada com certa criatividade literária joanina, parece ser a explicação mais provável para as semelhanças e dessemelhanças entre o quarto evangelho e os evangelhos sinóticos precedentes" (1994, p. 34).

Concordo com Sabbe em vez de Brown sobre a dependência das passagens da paixão e ressurreição em João, mas *ainda não* estou convencido da dependência das passagens discursivas sobre os milagres e, por enquanto, deixo-as de lado. Por que com Sabbe em vez de Brown? Por duas razões – uma negativa, outra positiva. Brown zomba da "imagem do evangelista joanino consultando diretamente a NP (narrativa da paixão) escrita, de Marcos, fazendo dezenas de mudanças inexplicáveis de ordem e palavras e, assim, produzindo a NP muito diferente que aparece em João" (1994, p. 83). Mas já que, como acabamos de ver, Brown apresentou a possibilidade de dependência literária *indireta* em vez de *direta*, ele já não supõe que o único modo de uso sinótico por parte de João deva ser a cópia direta (sobre a escrivaninha). Poderia ser literariamente dependente, mas filtrada pela memória distante, liturgia repetida, meditação profunda e criatividade teológica, ou tudo isso.

Esse é o aspecto negativo desta questão, mas o positivo é mais importante para mim. Recorde as intercalações marcanas dadas anteriormente (p. 142) e concentre-se no último exemplo da lista. O que Marcos fez foi intercalar a confissão de Jesus sob julgamento, em 14,55-65 (= B), entre o início em 14,53-54 (= A¹), e o término, em 14,66-72 (= A²), das negações de Pedro. Como a comunidade de Marcos é repetidamente advertida sobre perseguições, o problema dessa justaposição intercalada é muito claro. Jesus deve ser tomado como modelo para confissão corajosa e clara da verdade sob julgamento. Mas, para quem negar Jesus sob pressão e até amaldiçoá-lo para provar a própria inocência, ainda há esperança de arrependimento e perdão. Com certeza uma dupla mensagem muito consoladora *sobre* cristãos que morreram bravamente pela confissão e *para* cristãos que sobreviveram em segurança pela negação.

Essa inclusão A¹-B-A² de Mc 14,53-72 é conservada em Mt 26,57-75, mas eliminada em Lc 22,56-71, onde as negações de Pedro em 22,54-62 simplesmente precedem a confissão de Jesus em 22,63-71. Mas eis o ponto importante: João não só apresenta o mesmo padrão A¹-B-A², como intensifica-o fazendo uma negação preceder (18,13-18) a confissão de Jesus (18,19-24) e duas outras seguirem-na (18,25-27). Provavelmente, seu propósito era não apenas contrastar Jesus e Pedro, como fez Marcos, mas também contrastar Pedro e "o outro discípulo":

> Ora, Simão Pedro, junto com outro discípulo, seguia Jesus. Esse discípulo, era conhecido do Sumo Sacerdote e entrou com Jesus no pátio do Sumo Sacerdote. Pedro, entretanto, ficou junto à porta, de fora. Então, o outro discípulo, conhecido do Sumo Sacerdote, saiu, falou com a porteira e introduziu Pedro. A criada que guardava a porta disse então a Pedro: "Não és, tu também, um dos discípulos deste homem?" Respondeu ele: "Não sou".
>
> (Jo 18,15-17)

É significativo que nada seja dito sobre *aquele outro discípulo*, que se presume seja o mesmo que o discípulo a quem [Jesus] amava, negar Jesus! A transferência dessa estrutura literária e teológica característica ou até singularmente marcana, de Mc 14,53-72 para Jo 18,13-27, me persuade a aceitar, pelo menos como hipótese de trabalho, a dependência do relato da paixão de João em relação ao de Marcos.

Por conseguinte, meu terceiro pressuposto sobre os evangelhos intracanônicos é que João depende dos evangelhos sinóticos *pelo menos e especialmente* para as narrativas da paixão (aqui concordo com Maurits Sabbe [1991, pp. 355-388, 467-513; 1994; 1995]) e para as narrativas da ressurreição (com Frans Neirynck [1982, pp. 181-488; 1991, pp. 571-616]). Mais uma vez, se isso está errado, tudo o que fundamento nele é inválido. E o mesmo vale para a posição contrária.

Pressupostos sobre os evangelhos extracanônicos

Exatamente os mesmos princípios usados para determinar as relações entre os evangelhos intracanônicos são usados para determinar as relações entre os evangelhos intracanônicos e os extracanônicos. Para a *dependência literária direta*: nesta situação, estabelece-se o *relaciona-mento genético* encontrando-se traços estilísticos específicos de um evangelho dentro de outro evangelho e usando a *confirmação redacional* para explicar por que essa versão mais tardia usou a primeira da forma como o fez. Na ausência desses traços que mostram provas de dependência literária direta em uma ou outra direção, a independência pode ser hipoteticamente proposta. Para a *dependência literária indireta*: nesta situação, em que traços estilísticos específicos de um evangelho não estão presentes em outro, a *confirmação redacional* é o único método disponível para argumentar em qualquer direção. Esses princípios serão exemplificados no que se segue, mas antes é preciso enfrentar um problema ainda mais fundamental.

As provas são manipuladas?

Por que aqui é necessário fazer uma distinção entre evangelhos intracanônicos e extracanônicos, se exatamente os mesmos princípios estabelecem dependência ou inde-pendência entre eles todos? Voltemos e leiam a epígrafe deste capítulo, uma passagem do livro de Luke Johnson, *The real Jesus* [*O Jesus real*], com acusações de que meu método é "manipulado"; que atribuí uma data primitiva e posição independente a "praticamente todos os materiais apócrifos" e uma correspondente data tardia e posição dependente a "praticamen-te todos os materiais canônicos"; e que meus únicos argumentos são citações de "colegas da mesma opinião". Obviamente, algo acontece com a cortesia universitária colegial, a integridade erudita e a exatidão acadêmica quando evangelhos extracanônicos entram no debate. Mas, como princípios, e não apenas polêmica, estão envolvidos nessa acusação, vou usá-la para rever minha metodologia.

Primeiro, é muito, mas muito grave mesmo, acusar outro estudioso de ter "manipulado" sua metodologia de pesquisa. Nossa única integridade como estudiosos não é estarmos certos e corretos, mas sermos honestos e sinceros. "Manipular" dados demonstra a intenção deliberada de enganar. Quando um estudioso acusa outro de manipular as provas, alguém perdeu a integridade. Outros terão de decidir se foi Johnson ou fui eu.

Segundo, não estabeleço uma "datação tardia de praticamente todos os materiais canôni-cos". Eu lhes atribuo datas exatamente como todos os outros fazem (naturalmente, de acordo com aqueles três pressupostos mencionados anteriormente). Há um inventário completo da tradição de Jesus no Apêndice 1 de *O Jesus histórico* e, onde aplicável, Paulo está sempre em primeiro lugar, pois suas cartas autênticas datam com toda a segurança da década de 50. Portanto, Paulo acaba presente em 14 das 29 unidades com mais que tripla atestação independente em meu primeiro estrato (1994, pp. 465-467). Também considero que o *Evangelho* Q data dessa mesma década de 50, o que suponho ser a posição de consenso de especialistas nesse texto, como revela este exemplo: "Todo o desenvolvimento de Q... tem de ser datado dentro das primeiras três décadas depois da morte de Jesus" (Koester 1990, p. 170).

Também não estabeleço uma "notável datação primitiva de praticamente todos os materiais apócrifos". De fato, nem mesmo abordo mais que uma pequena fração deles: os apócrifos formam um conjunto imenso de materiais e deixei a grande maioria de lado, julgando-os ou dependentes ou a par dos textos evangélicos intracanônicos. Eis, quase aleatoriamente, quatro exemplos dessa dependência: a *Epistula apostolorum*, o *Evangelho da Infância, de Tomé* ou *Evangelho Pseudo-Tomé*, o *Proto-evangelho de Tiago* e o *Evangelho dos nazarenos*. Mas também destaquei quatro textos evangélicos extracanônicos que julguei essencialmente importantes para o entendimento da tradição de Jesus. Três eram independentes dos textos intracanônicos: o *Evangelho de Tomé*, o *Evangelho de Egerton* e o *Evangelho secreto de Marcos*. O quarto texto, o *Evangelho de Pedro*, depende dos textos intracanônicos, mas também contém uma fonte independente, que denominei o *Evangelho da cruz* (como o *Evangelho* Q dentro de Mateus e Lucas). Por causa da importância desses quatro evangelhos para a minha pesquisa do Jesus histórico, publiquei, em 1985, *Four other gospels* [*Quatro outros evangelhos*] e indiquei explicitamente minha posição sobre dependência ou independência para cada um dos quatro. Não posso, porém, reivindicar originalidade para nenhuma dessas afirmações; embora certamente controversas, estão presentes desde que esses documentos foram descobertos em 1945, 1934, 1958 e 1886-1887, respectivamente.

Dwight Moody Smith, por exemplo, resumiu cautelosamente a situação a respeito desses quatro evangelhos em 1992, ao dizer que, "em todos os casos, os argumentos a favor da independência em relação aos intracanônicos, diferente da prioridade sobre eles, têm certa plausibilidade, e Crossan não é, absolutamente, o primeiro nem o único biblista a propô-los". Ele descobriu, na pesquisa atual sobre os evangelhos extracanônicos, "a tendência a afirmar que suas raízes tradicionais e eclesiásticas lhes dão uma posição igual à dos evangelhos intracanônicos, que, por assim dizer, os venceram na luta que deu origem ao cânon neotestamentário. Apesar de reservas sobre algumas posições específicas assumidas, creio ser útil esse esforço para ver as origens dos evangelhos intracanônicos e apócrifos juntas, como um único processo" (1992b, pp. 151-152).

Em todo caso, quando concluí *Four other gospels* [*Quatro outros evangelhos*], eu sabia que o proposto *Evangelho da cruz* em particular e o maior *Evangelho de Pedro* eram tão importantes para entender o desenvolvimento das narrativas da paixão e ressurreição que exigiam um livro só para eles. Em 1988, *The cross that spoke* [*A cruz que falava*] apresentou uma defesa erudita de minha posição sobre o relacionamento do *Evangelho de Pedro* extracanônico com as narrativas intracanônicas da paixão e ressurreição. (Quando preciso estabelecer uma posição, escrevo um livro, não uma nota de rodapé.) Mas, para não dizer coisa pior, é excesso retórico descrever uma datação primitiva daqueles quatro textos (ou, no caso do *Evangelho de Pedro*, de uma fonte dentro dele) como "datação primitiva de praticamente todos os materiais apócrifos". O debate erudito, já se vê, precisa continuar em todas essas posições.

Terceiro, cito, naturalmente, "colegas da mesma opinião". Sou, por exemplo, profundamente grato aos especialistas no *Evangelho* Q, de Robinson a Kloppenborg, como já mencionei, e aos especialistas no *Evangelho de Tomé*, de Koester a Patterson, para só mencionar colegas dos Estados Unidos. Se sua obra está basicamente errada, a minha também está.

Avaliação das provas

Como ilustração e porque o *Evangelho de Tomé* é tão importante para o que se segue, concentro-me nele aqui, como exemplo de meu modo de avaliar (não manipular) as provas. Minha posição a respeito dele representa um quarto importante pressuposto sobre as fontes evangélicas disponíveis para a reconstrução do Jesus histórico e do cristianismo primitivo.

Antes de mais nada, o *Evangelho de Tomé* não é uma necessidade hipotética (como o *Evangelho* Q), mas um documento existente, disponível parcialmente em grego (em fragmentos de três manuscritos diferentes) e por inteiro em copta (em tradução de um único manuscrito).

Os fragmentos gregos foram descobertos por Grenfell e Hunt em 1896-1897 e 1903-1904 na antiga Oxirrinco (1897; 1898; 1904ab). O que descobriram, sem que ninguém soubesse na ocasião, eram fragmentos do *Evangelho de Tomé* no grego original. Eis os três papiros com números e datas do catálogo van Haelst:

#593: *Papiro de Oxirrinco* 654 = *Ev. Tomé* Prólogo e 1–7

#594: *Papiro de Oxirrinco* 1 = *Ev. Tomé* 26–33 (com 77b anexado a 30)

#595: *Papiro de Oxirrinco* 655 = *Ev. Tomé* 24 e 36–39

P. Oxi. 654, agora na Biblioteca Britânica de Londres, compõe-se de um único fragmento de rolo reutilizado, datado de meados do século III. *P. Oxi.* 1, agora na Biblioteca Bodleian de Oxford, compõe-se de um único fragmento de um códice, datado do início do século III. *P. Oxi.* 655, agora na Biblioteca Houghton de Harvard, compõe-se de oito fragmentos de um rolo de papiro, datado do início do século III. As datas, naturalmente, referem-se a quando os manuscritos foram copiados e não a quando o evangelho foi composto.

Grenfell e Hunt tiram conclusões bastante decisivas sobre o texto contido em seu *P. Oxi.* 1. Naturalmente, não sabiam que esse texto fazia parte do *Evangelho de Tomé*, mas cito o resumo que escreveram porque, em minha opinião, aplica-se perfeitamente àquele evangelho como um todo. Eles estabeleceram "quatro pontos: 1) que temos aqui parte de uma coleção de sentenças, não trechos de um evangelho narrativo; 2) que não eram heréticos; 3) que eram independentes dos quatro evangelhos na forma que estes agora têm; 4) que eram anteriores a 140 d.C. e talvez remontassem ao século I" (1898, p. 2; veja 1897, pp. 16-20). Enfatizo que esses fragmentos eram de três cópias *diferentes* do *Evangelho de Tomé*, o que indica uma popularidade razoavelmente alta para esse texto (pelo menos no Egito do século II).

A tradução copta foi descoberta em 1945 por um grupo de camponeses egípcios que cavavam em busca de fertilizante rico em nitrato, no sopé do penhasco Jabal al-Tarif nas proximidades de

Nag-Hammadi atual, cerca de 400 km ao sul de Oxirrinco, também na margem oeste do Nilo. Fazia parte do que veio a ser conhecido como Biblioteca de Nag-Hammadi, doze códices completos e parte de um décimo terceiro, que continham ao todo 52 obras. O *Evangelho de Tomé*, por exemplo, é a obra 2 do códice 2, e o nome é dado não no prólogo da obra, mas em separado, no fim (Robinson 1979). Está agora preservado no Museu Copta no Cairo Antigo. (*Copta* designa a língua egípcia escrita com o alfabeto grego e diversas outras letras especiais. Mas também designa o cristianismo egípcio, sem cuja venerável antiguidade todos esses papiros intracanônicos e extra-canônicos nunca teriam existido, e sido enterrados, para só recentemente serem descobertos.)

Segundo, eis por que o julgo independente dos evangelhos intracanônicos (1985, pp. 35-37 = 1992, pp. 17-19). Se estivesse em dependência literária direta, isto é, se, enquanto escrevia, o autor do *Evangelho de Tomé* tivesse à disposição os evangelhos intracanônicos – seria de se esperar que a ordem e o conteúdo individualmente específicos destes últimos exercessem alguma influência na composição de *Tomé*.

Sobre a ordem: Em 1979, Bruno de Solages colocou as sentenças do *Evangelho de Tomé* em uma coluna em sua ordem e seus equivalentes conforme aparecem em cada um dos evangelhos intracanônicos (e também em Q) em outras colunas na ordem deles. Em seguida, traçou linhas entre as versões equivalentes da mesma fala. O que resultou foi uma total confusão de linhas que não mostravam absolutamente nenhuma ordem comum em parte alguma.

Sobre o conteúdo: Em 1966, a tese de doutorado de John H. Sieber, na Escola de Pós--graduação de Claremont, concentrou-se, não em materiais tradicionais comuns ao *Evangelho de Tomé* e aos evangelhos sinóticos, mas sim em detalhes estilísticos ou redacionais individualmente específicos nos sinóticos, para ver se essas informações apareciam em *Tomé*. Concluiu que "há muito poucas provas redacionais, se é que há alguma, para afirmar que nossos evangelhos sinó-ticos foram as fontes das sentenças sinóticas de Tomé. Na grande maioria dos casos, tais provas são totalmente inexistentes" (p. 262). A mesma conclusão, alcançada por meio de rigorosa metodologia semelhante, apareceu em outra tese de Claremont – a de Stephen J. Patterson, em 1988. Ele concluiu que, "embora Tomé e os textos sinóticos de fato compartilhem um grande conjunto de material comum, não há nem um padrão consistente de dependência de um texto em relação ao outro, nem uma quantidade considerável de concordância na forma em que cada texto organizou o material que compartilham" (1993, p. 16).

Mas e se alguém levantar a possibilidade de dependência literária indireta, isto é, a possi-bilidade de ter o autor de *Tomé* criado uma coletânea de sentenças depois de ter ouvido ou lido os evangelhos sinóticos em um passado distante? Então a ênfase muda, naturalmente, da falta de qualquer ordem ou conteúdo em *Tomé* derivados de fontes sinóticas para a intenção e a compo-sição redacionais em *Tomé*. Por que o autor escolheu para inclusão *aquelas* sentenças em vez de todas as outras disponíveis? Para dar um exemplo específico, por que o autor conseguiu ouvir ou ler aquele *conjunto* de bem-aventuranças em Mateus e Lucas e lembrou-as como as sentenças distintas contidas em *Ev. Tomé* 54 (os pobres), 68–69,1 (perseguidos) e 69,2 (que têm fome)?

O *Evangelho de Tomé* é claramente único entre os evangelhos extracanônicos propostos como canonicamente independentes porque não é um texto fragmentário, mas um texto completo. Quem não estiver convencido de sua independência dificilmente se convencerá da independência de qualquer outro texto extracanônico atualmente disponível. Em 1978, o falecido George MacRae concluiu que "agora parece que a maioria dos estudiosos que investigaram a questão com seriedade passaram para o lado da independência de 'Tomé' em relação aos evangelhos intracanônicos, embora esses estudiosos mantenham uma variedade de opiniões sobre a história real da composição do '*Evangelho de Tomé*'" (p. 152). Seja como for, a teoria da independência intracanônica de *Tomé* tem agora o forte apoio de especialistas, o que é suficiente para começar a edificar sobre ela e, assim, testá-la ainda mais. Fiz isso no passado e é o que pretendo fazer a seguir, até mais detalhadamente.

Método e debate

Em conclusão, apesar do exagero de Johnson, o debate nunca foi que alguns biblistas, até mesmo eu, consideram "praticamente todas" as tradições extracanônicas de Jesus primitivas e independentes e "praticamente todos" os textos intracanônicos tardios e dependentes. O fato é que um número muito pequeno de fontes evangélicas extracanônicas têm sido propostas como canonicamente independentes por alguns biblistas, até mesmo eu, enquanto biblistas adversários declaram *todos* os textos extracanônicos tardios e canonicamente dependentes. Além de argumentos detalhados em casos específicos, tenho um problema inicial com essa conclusão geral.

Depois que alguns estudiosos – por exemplo, Neirynck (1989), na Bélgica, e Meier (1993-1996, I, pp. 116-143), nos Estados Unidos – declararam que *todos* os evangelhos extracanônicos descobertos até agora são canonicamente dependentes, com base em que princípios poderá qualquer descoberta futura ser avaliada de outro modo? Meus princípios para julgar a *dependência literária direta* são estes: o *relacionamento genético* é estabelecido pela presença de ordem ou conteúdo individualmente específicos do texto independente para o texto dependente, e a *confirmação redacional* é estabelecida mostrando-se onde, como e por que o texto dependente modificou o independente. A *dependência literária indireta* é, já se vê, muito mais difícil para argumentos em qualquer direção, pois, neste caso, o relacionamento genético é geralmente excluído. Tudo que resta é a *confirmação redacional* da opção que for escolhida. Assim, por exemplo, se há algum tipo de relacionamento literário indireto entre o *Evangelho de Pedro* e nossos evangelhos intracanônicos, seja ele em uma direção como fonte (Crossan 1988; 1995), ou na direção oposta como compilação (Brown 1987; 1994), é preciso saber explicar pela confirmação redacional como um autor passou do(s) evangelho(s) independente(s) para o(s) dependente(s). Esse, então, é meu desafio: Com base em que princípios poderá *qualquer* texto extracanônico futuro ser julgado canonicamente independente pelos que até agora negaram essa posição a todos os textos extracanônicos passados? Em outras palavras: Como a posição de alguém pode ser falsificada? Minha teoria sobre o *Evangelho de Pedro*, por exemplo, seria falsificada para minha satisfação se alguém explicasse um autor que conhecesse os relatos intracanônicos da paixão e ressurreição e surgisse com *aquela* versão deles.

Neste capítulo, mencionei quatro pressupostos distintos de fontes e mais dois serão acrescentadas nos capítulos 21 (a *Didaqué*) e 25 (o *Evangelho de Pedro*). Mas, para facilidade de referência, apresento já todos os seis pressupostos. Estas seis decisões críticas sobre fontes formam a base deste livro. Ei-las em resumo:

1º pressuposto: A prioridade de Marcos

Marcos é fonte importante usada por Mateus e por Lucas. É a base para toda a pesquisa evangélica crítica moderna, porque comparamos os três textos e a partir daí entendemos processos de composição evangélica, desenvolvimento da tradição e criação "da história".

2º pressuposto: A existência do *Evangelho* Q

O *Evangelho* Q é a outra fonte importante usada por Mateus e Lucas. É um evangelho por seus próprios méritos, com integridade textual, genérica e teológica e não apenas fonte deles. Também é possível discernir camadas redacionais na história de sua composição.

3º pressuposto: A dependência de João

João depende dos evangelhos sinóticos para suas estruturas narrativas iniciais sobre João Batista e para suas estruturas terminais sobre a paixão e ressurreição de Jesus. Tem também uma tradição independente de sentenças e milagres, nas quais os milagres materiais transformam-se em sinais de realidades espirituais.

4º pressuposto: A independência do *Evangelho de Tomé*

O *Evangelho de Tomé* é independente de todos os quatro evangelhos intracanônicos. Foi composto originalmente sem o uso deles (antes que existissem?), mas pode haver traços insignificantes da influência deles durante a transmissão e a transcrição posteriores.

5º pressuposto: A independência da *Didaqué*

Não é evangelho, mas regra da comunidade, e apresenta uma percepção fascinantemente diferente das que vislumbramos nas cartas de Paulo. Considero-a *inteiramente* independente de nossos quatro evangelhos intracanônicos.

6º pressuposto: A existência e independência do *Evangelho da cruz*

Existe dentro do *Evangelho de Pedro* atual uma fonte consecutiva que, por conveniência, denomino o *Evangelho da cruz* (o nome é irrelevante; se preferir, chame-o de *Fonte X*). O *Evangelho da cruz* é uma narrativa da paixão e ressurreição muito diferente da contida em Marcos.

Desses seis pressupostos decisivos, três dizem respeito a textos intracanônicos e três a textos extracanônicos. Alguns acabamos de examinar e outros ainda estão para serem analisados. Nenhum é original e nenhum é infalível. Em geral, ficam mais controversos à medida que descemos na lista. Mas nenhum estudioso que trabalhe na reconstrução do Jesus histórico ou do cristianismo mais primitivo pode deixar de tomar uma decisão sobre cada um desses itens. Errado em qualquer ponto aí, errado em todos os pontos a partir daí. E isso vale para *todos*.

Capítulo 9

Comparação entre manuscritos evangélicos

Há dois estigmas de textos cristãos ...: o uso primitivo e contínuo do códice e os *nomina sacra*... Não causa, em absoluto, nenhum espanto o fato de alguns de nossos manuscritos cristãos mais primitivos serem do Antigo Testamento. É espantoso que o formato em que estão escritos seja o códice e não o rolo; essa surpreendente ruptura com a tradição judaica indica, creio eu, que esses manuscritos primitivos do Antigo Testamento foram precedidos de obras especificamente cristãs das quais o novo formato se originou... Como expressão na paleografia grega e latina, *nomina sacra* designa um número de palavras estritamente limitado, no máximo quinze, cujo caráter sacro, intrínseco ou contextual, é enfatizado por sua abreviação, normalmente por contração [primeira e última letras] e, ocasionalmente, no período mais primitivo, por suspensão [primeiras letras]. Uma linha horizontal é colocada acima da abreviação, para advertir que a palavra não se pronuncia como está escrita, como acontecia em documentos com numerais; e onde a contração é usada, como de costume, regras estritas governam o tratamento do fim da palavra.

Colin H. Roberts, *Manuscript, society, and belief in early christian Egypt* [*Manuscrito, sociedade e crença no Egito cristão primitivo*], pp. 19, 20, 26.

Antes de qualquer reconstrução do Jesus histórico ou do nascimento do cristianismo, os historiadores já devem ter seus juízos históricos sobre as relações entre *todos* os evange lhos primitivos, dependência e independência entre eles e possíveis fontes ocultas neles. Admitida essa necessidade e admitido também o tom polêmico da atual discussão erudita, há alguma prova relativamente objetiva que possa ser apresentada no debate? Podemos ter um vislumbre do que agora se divide em intracanônico e extracanônico *antes* de que tal divisão existisse? (A propósito, no que se segue, observe com atenção a diferença entre *materiais* para escrever, tais como o papiro vegetal ou o pergaminho animal, e *formatos* para escrever, tais como rolos ou códices semelhantes a livros.)

Há três aspectos comuns aos evangelhos mais primitivos que transcendem essa diferença mais tardia. Os evangelhos, tanto fora como dentro do cânon atual, mostram datas igualmente primitivas para manuscritos que foram conservados, preferências igualmente claras por códices de papiro e usos igualmente estabelecidos para abreviações sagradas. À medida que prosseguirmos, esses dois últimos pontos vão reclamar atenção mais completa, pois eles são extremamente importantes porque, juntos, indicam que alguma autoridade centralizada controlou a criação desses manuscritos evangélicos mais primitivos.

Datas primitivas comuns

A diferença entre textos bíblicos e não-bíblicos não era tão óbvia para seus usuários como é para nós, e o *Evangelho de Egerton* e o *Pastor de Hermas* podem ter sido considerados indistinguíveis dos livros canônicos do Novo Testamento... Até certo ponto, a distinção entre obras bíblicas e não-bíblicas é anacrônica, pelo menos no século II.

Colin H. Roberts e T. C. Skeat, *The birth of the codex* [O nascimento do códice], p. 42.

A palavra *papiro*, que aparece repetidas vezes nestes capítulos, designa um material para escrever feito da medula da planta prensada. T. C. Skeat dá esta descrição sucinta de como a substância era manufaturada: "A planta cresce com as raízes submersas na água, cuja haste, de seção triangular, sem entrenó, se eleva à altura de 3 a 5 metros e termina em um tufo de flores. Para a manufatura do papiro, derrubava-se a planta e dividia-se o caule em partes; a altura do rolo de papiro a ser feito era determinada pelo comprimento dessas partes. Retirava-se o revestimento exterior delas e, enquanto ainda estava fresca, cortava-se a medula no comprido, em tiras finas. Essas tiras eram estendidas lado a lado, ligeiramente sobrepostas, em uma superfície dura, e uma segunda camada era estendida sobre elas, em ângulo reto com as da primeira camada. Golpeadas e prensadas, as duas camadas eram então fundidas e postas para secar. A folha assim formada era aparada e a superfície alisada com pedra-pomes e polida com objetos arredondados de concha ou marfim. Por fim, algumas folhas eram coladas umas às outras com polvilho, para ficarem longas e depois eram enroladas para armazenagem ou transporte" (1969, p. 55). Em artigo mais recente sobre o preço do papiro, Skeat calculou que "o papiro saía das fábricas em rolos padronizados de 20 folhas", com cerca de 30 cm de altura por 3,50 m de comprimento e, enquanto "no século I d.C., o salário diário de um trabalhador raramente excedia 1 dracma", o preço de um rolo desses era "em meados do século I d.C., 2 dracmas" (1995, pp. 88-89).

A escavação de montes de lixo

No final do século III, Oxirrinco, 400 km ao sul de Alexandria, a oeste do Nilo, na orla do deserto da Líbia, era uma cidade murada com cinco portas, um teatro de 11.200 lugares e o título honorífico de "ilustre e ilustríssima". No final do século XIX, Oxirrinco – atual El Bahnasa – era, nas palavras de Eric Turner, "um terreno baldio cheio de montes de lixo e areia impelida pelo vento... lugar espoliado e em ruínas, onde as edificações haviam sido derrubadas até os alicerces para ficarem com as pedras, e sua localização era marcada, quando muito, por linhas de fragmentos na areia" (1952, p. 80). Em 1896, a recém-criada Curatela greco-romana do Fundo londrino para a pesquisa no Egito enviou dois arqueólogos da Universidade de Oxford, Bernard

Pyne Grenfell (1869-1926) e Arthur Surridge Hunt (1871-1934), com o propósito bem claro de procurar papiros. Eles cavaram fossos de mais de 7 m de profundidade através dos montes de lixo antigos e escavaram durante seis temporadas, uma em 1896-1897, as outras entre 1903 e 1907. A vasta quantidade de papiros que descobriram, entre eles fragmentos de três cópias diferentes do *Evangelho de Tomé*, ainda está sendo, lenta mas regularmente, publicada em volumes dos *Papiros de Oxirrinco*, que agora já são mais de cinqüenta e continuam a aumentar.

Eles disputavam com outros cavadores, os camponeses egípcios que usavam aquela terra beneficiada pelo papiro para fertilizar seus campos e jardins. Cinqüenta anos mais tarde e outros 400 km ao sul, ao longo do Nilo, esses cavadores encontraram os códices de Nag Hammadi em um jarro lacrado enterrado sob os penhascos à margem do Nilo. Em uma peça de 1988 intitulada *The trackers of Oxyrhynchus* [*Os rastreadores de Oxirrinco*], o poeta e dramaturgo britânico Tony Harrison descreveu de maneira divertida a corrida entre cavadores eruditos e cavadores camponeses. Um dos papiros de Grenfell e Hunt continha cerca da metade de uma desaparecida comédia de Sófocles, chamada Os *rastreadores*. Harrison refez com criatividade os quatrocentos versos quebrados para a primeira e única apresentação mundial no estádio de Delfos na Grécia. Incluiu Grenfell e Hunt, rastreadores de papiros, e os felás egípcios, rastreadores de fertilizantes (*sebakh*), na peça fragmentada sobre os sátiros, rastreadores da lira perdida de Apolo. Pôs estas palavras nos lábios de Grenfell (1990, p. 10):

> Papiros! Insetos os mordem. O tempo os corrói
> e as plantas nativas repousam no adubo das Odes de Píndaro!
> Horrível de ver! Como alguém pode dormir
> enquanto Sófocles apodrece em um monte de lixo antigo?
> No entanto, nossos felás não têm muita certeza
> se Menandro não lhes seria mais útil como esterco!
> Eles procuram fertilizantes, e eu e Hunt rastreamos
> filosofia e drama em *sebakh* nitrogenado.
> Agora o espinafre viceja graças ao rolo reduzido a polpa,
> que ainda guardava segredos ocultos da alma de Safo.

É indubitável que todos os cavadores e rastreadores têm integridade e valor, mas os "caixotes e mais caixotes" e "carregamentos e mais carregamentos" que Grenfell e Hunt despacharam para a Inglaterra podem servir aqui de introdução e cenário para meu enfoque atual no formato e no estilo dos papiros cristãos. A propósito, seria preciso sólidas provas em contrário para mudar a imagem geral surgida até agora.

Papiros cristãos

Os manuscritos mais primitivos do Novo Testamento estão todos em papiro e os estudiosos os contam até o momento do *Papiro* 1 ao 99 ou P^1 a P^{99}. Como esse número pode bem estar desatualizado quando você ler este livro, confira-o com os dados atualizados disponíveis por intermédio do Electronic New Testament Manuscript Project na internet em <http://www.entmp. org>. Aguardamos não só novas descobertas, mas também a publicação completa das mais antigas.

Além dos números P, os papiros do Novo Testamento também podem ter outro título, derivado do lugar onde foram encontrados, da pessoa que os conseguiu, do fundo que os comprou, ou do museu onde estão agora. P^{90}, por exemplo, é também *Papiro de Oxirrinco* (ou *P. Oxi.*) 3523, só publicado em 1983, proveniente da enorme provisão de entulho recuperado por Grenfell e Hunt. É uma única folha de códice, com uma única coluna de texto em ambos os lados. Está bastante truncado e seu editor, T. C. Skeat, datou-o do século II. Contém Jo 18,36–19,7 (*NDIEC* 7,243-243). Isso serve para nos lembrar que, entre os papiros evangélicos descobertos, no momento a contagem é João com 22 espécimes, Mateus com 18, Lucas com 8 (Atos com 13) e Marcos com 3 (*NDIEC* 7,257). Um papiro numerado pode ser um fragmento diminuto, como P^{52} (*Papiro Rylands*, grego 457), que data do início do século II, mas só contém partes de Jo 18,31-34.37-38; ou um evangelho inteiro, como P^{66} (*Papiro Bodmer* II), que data do século II, mas contém João quase completo.

O *reto* é o lado de uma folha de papiro com fibras horizontais, o *verso* é o lado com fibras verticais. Em geral, um rolo só está escrito no lado reto, mas o códice está escrito nos dois lados. É por isso que até um fragmento diminuto, como P^{52} acima, identifica-se claramente como códice e não rolo. O códice original, do qual só se conservou P^{52}, era um livro encadernado com quase 3 cm de espessura, que continha 110 páginas de 18 por 21 cm, segundo os cálculos de Skeat (1994, p. 264). O rolo, já se vê, pode ser reutilizado no verso para um novo texto. Conhecido como *opistógrafo*, o rolo com dupla função não é julgado escolha genuína de rolo em detrimento de códice para o texto novo e secundário.

Manuscritos evangélicos primitivos

Aqui me concentro nos evangelhos em papiro até no início do século III, conforme relacionados no valioso catálogo do padre Joseph van Haelst, de papiros literários judeus e cristãos (1976, pp. 209, 409-410). O que importa não é se ele é infalível ou mesmo completo, mas que é uma fonte neutra e sólida. Eis essa lista, com as datas sugeridas e os números de catálogo de van Haelst, com o número P de cada texto no rol progressivo de papiros neotestamentários, o conteúdo geral (mas com freqüência bastante fragmentário) de cada um e a identificação como c (códice) ou s* (rolo):

---

* De *scroll*, em inglês, rolo (N.R.)

Início do século II:	1)c #462	P^{52}	João
século II:	2)c #426	P^{66}	João
	3)c #586	*Evangelho Egerton*	narrativas sobre Jesus
sécs. II e III:	4)c #336 + #403	P^{67} & P^{64} & P^4	Mateus & Lucas
	5)c #372	P^{77}	Mateus
	6)c #406	P^{75}	Lucas & João
	7)s #592	P. Oxi. 2949	*Evangelho de Pedro*
A partir do séc. III:	8)c #594	P. Oxi. 1	*Evangelho de Tomé*
	9)s #595	P. Oxi. 655	*Evangelho de Tomé*
	10)c #1065	*P. Rylands,* grego 463	*Evangelho de Maria*

Tenho três comentários preliminares sobre essa lista. Primeiro, oito desses dez itens provêm de códices; só dois (7 e 9) são de rolos. Por um lado, esses dois casos são de evangelhos extracanônicos; por outro, há três casos (3, 8 e 10) em que evangelhos extracanônicos estão em códices. Entretanto, não há, nessa lista, evangelhos intracanônicos em rolos; de fato, há só um exemplo atual desse caso (#459, P^{22} ou *P. Oxi.* 1228, que contém dois fragmentos diminutos de Jo 15–16, datados do século III).

Segundo, é controverso se #403 (P^4) (veja o quarto item na lista acima) faz parte do mesmo códice que o # 336 ($P^{67 + 64}$). Ambos têm duas colunas por página, mas sua descoloração é bastante diferente. O padre von Haelst disse que eram "provavelmente o mesmo códice" (1976, p. 146) e Colin Roberts afirmou "em minha opinião não há dúvida de que todos esses fragmentos vêm do mesmo códice" (1979, p. 13; veja também 1962, pp. 58-60). Mais recentemente, depois de reestudar os três fragmentos, T. C. Skeat sustentou que eles provinham do mesmo códice do fim do século II e sugeriu que era o códice dos quatro evangelhos mais primitivo ainda existente (1997, pp. 30-31). Por outro lado, Philip Comfort concluiu que os três textos não eram do mesmo códice, mas apenas do mesmo escriba. "Não posso, com segurança, fazer uma identificação absoluta dos três manuscritos como pertencentes ao mesmo códice. Sugiro que o mesmo escriba produziu os três manuscritos, tendo talvez copiado o evangelho de Mateus um pouco antes que o evangelho de Lucas – e usou um estilo diferente (mais grosso para Mateus que para Lucas)" (1995, p. 51). Porém, para meu propósito presente, deixo a lista como está, com esses dez itens.

Terceiro, observe como a maioria dos itens é pequena. Com exceção dos papiros Bodmer em #426 e #406, o restante são, na maior parte, fragmentos de uma única folha ou, quando muito, algumas folhas (naturalmente, com dois lados ou duas páginas por folha). Em contraste, dos grandes códices da Bíblia completa pós-constantinianos dos séculos IV e V, foram conservadas entre 730 e 820 páginas. Além disso, como outro exemplo dos caprichos da conservação, aquele duo #336 e #403 foi reutilizado e por isso se conservou como capa para uma obra do filósofo judeu do início do século I, Fílon de Alexandria.

Ao ler o conteúdo da lista anterior, observemos a interessante comparação entre o que *agora* chamamos de evangelhos intracanônicos e extracanônicos. Até o início do século III, temos provas de três evangelhos intracanônicos: João (3 exemplos), Mateus (dois exemplos) e Lucas (dois exemplos). Mas também temos provas de quatro evangelhos extracanônicos: *Egerton* (um exemplo), *Pedro* (um exemplo), *Tomé* (dois exemplos) e *Maria* (um exemplo). Em outras palavras, dos dez itens, cinco referem-se a subseqüentes evangelhos intracanônicos, cinco a subseqüentes evangelhos extracanônicos. A partir desse ponto, a ascendência dos evangelhos intracanônicos fica cada vez mais clara no registro numérico. Não pretendo insistir demais nessa comparação. Quero apenas afirmar que, se não soubéssemos nada sobre distinções intracanônicas e extracanônicas, nem sobre opiniões ortodoxas e heréticas, mas conhecêssemos só as descobertas inventariadas até por volta de 200, provavelmente concluiríamos que *todos* esses sete evangelhos eram significativos no cristianismo primitivo.

Nada do que eu disse foi com a intenção de negar a subseqüente ascendência do evangelho quádruplo no cristianismo católico. Mas a reconstrução histórica exige o reconhecimento de que, se examinássemos apenas o registro de papiros até o início do século III, seríamos incapazes de decidir quais evangelhos são "intracanônicos" e quais são "extracanônicos". Por isso, considero esses evangelhos mais primitivos em papiro indicação relativamente objetiva de que nossa distinção nítida entre evangelhos extracanônicos e intracanônicos não é historicamente útil para o estudo de ambos.

Códices papíreos comuns

Três tipos diferentes de materiais de escrita, papiro, pergaminho e tabuinhas de madeira, contribuíram, embora de maneira muito diferente, para a formação do livro cristão, e todos eram de uso comum na Palestina e na maior parte do Oriente Próximo durante o século I d.C... As grutas do mar Morto e outros lugares do deserto da Judéia ... renderam fragmentos ... de quase 800 manuscritos... Até onde foi possível determinar, todos são em forma de rolos e a grande maioria está em pele ou pergaminho ... Quando, porém, nos voltamos para a literatura cristã, a situação é completamente outra ... [e] o contraste com a literatura pagã, é, podemos dizer, ainda mais nítido... No passado, todas as razões foram apresentadas para explicar a preferência cristã pelo código [semelhante a livro] [em detrimento do rolo].

T. C. Skeat, *Early christian book-production*
[*Produção de livros no cristianismo primitivo*], pp. 54, 64 e 69.

Colin Roberts relacionou quatorze itens como a prova manuscrita mais primitiva da literatura cristã. Com "mais primitiva", ele queria dizer "os textos que, segundo opinião geral dos paleógrafos, são atribuídos ao século II". Ele próprio omitiria, por exemplo, #426 (P^{66} ou *P. Bodmer* II de João) de minha lista anterior. Eis sua lista, com os números do inventário de van Haelst, os nomes dos papiros e o conteúdo geral (que pode, já se vê, ser bastante fragmentário) (1979, pp. 13-14):

Séc. II:	1) #462	P^{52}	João
	2) #33	*P. Baden* 4,56	Êxodo & Deuteronômio
	3) #12	*P. Yale* i,1	Gênesis
	4) #52	*P.* Chester Beatty VI	Números e Deuteronômio
	5) #179	*P. Ant.* i,7	Salmos
	6) #224	*P. Lips.* 170	Salmos
	7) #151	Bodl. MS. Gr. Bibli.g.5(P)	Salmos
	8) #336 + #403	$P^{67} + P^{64} + P^4$	Mateus e Lucas
	9) #534	P^{32}	Tito
	10) #372	P^{77}	Mateus
	11) #586	*Evangelho Egerton*	narrativas sobre Jesus
	12) #657	*P. Michigan* 130	de Hermas, *Pastor*
	13) #594	*P. Oxi* 1	*Evangelho de Tomé*
	14) #671	*P. Oxi.* 405	Irineu, *Adversus haereses*

Com exceção de dois, todos os itens dessa lista são de códices. Desses dois, o décimo segundo item está "escrito no verso de um rolo que traz um texto documentário do terceiro quarto do século II" (1979, p. 14), o que prova o uso de papiro inaproveitado disponível, em vez de uma verdadeira escolha do formato de rolo. O décimo quarto item é a única escolha verdadeira do formato de rolo nas obras cristãs do século II subsistentes.

Roberts e Skeat trazem essa mesma lista com o acréscimo de mais um exemplo – um texto que Skeat havia editado recentemente, o texto P. Oxi. 3523 de Jo 18,36–19,7, conhecido como P^{90} neotestamentário (1983, pp. 40-41; *NDIEC* 7,242-244). Esse também é um códice em papiro, por isso a questão continua a mesma. O futuro pertenceria, se não a esse material, pelo menos a esse formato.

POR QUE O CÓDICE CRISTÃO?

A preferência cristã pelo códice de papiro é bastante notável quando se contrasta a proporção de rolo para códice nessa produção, com a proporção existente na literatura grega pagã nas descobertas datadas de antes de 400 d.C., publicada por Roberts e Skeat (1983, pp. 38-44; *NDIEC* 7,251). Na literatura grega pagã, a proporção de rolo para códice é de oito para um. Na literatura cristã primitiva é quase o contrário. Ali, a proporção de rolo para códice é de um para sete. Só nos anos 300 a proporção de rolo para códice se reverte, final e irrevogavelmente, em favor do formato de livro na literatura grega (a proporção de rolo para códice é de um para três). Mas, mesmo nos anos 200, a proporção cristã de rolo para códice era de um para treze. Essa vitória do códice sobre o rolo aconteceu só devagar e tarde para a literatura grega, mas quase instantaneamente e logo para a literatura cristã. Porém, "ao adotar o formato de códice, a Igreja primitiva parece ter optado por uma qualidade inferior de produção ..., um *status* de segunda classe em comparação com seu rival contemporâneo, o rolo" e daí esta pergunta: "Se os evangelhos foram primeiro escritos em rolos, como se presume com freqüência quando se considera sua extensão, quais foram as razões que levaram à sua mudança de formato?" (*NDIEC* 7,254.256). Por que os cristãos passaram tão depressa para o formato de códice, voltando-se, desse modo, contra a tradição greco-romana e também a judaica, que preferiam o rolo para obras literárias?

Diversas razões têm sido sugeridas para essa mudança cristã para o códice (ou a possível invenção cristã do códice); mas embora uma ou todas elas possam estar corretas, nenhuma é muito convincente, como Roberts e Skeat demonstraram (1983, pp. 45-53). As razões mencionadas incluem economia, condensação, capacidade, conveniência e facilidade de referência. Mas todas são questionáveis como fato e, mesmo se forem verdadeiras, talvez sejam mais evidentes para nós, para quem o formato de códice é natural, do que para os que cresceram com rolos como formato predominante.

Em dois artigos recentes, Skeat propôs uma nova razão. Sugere que o códice foi preferido ao rolo porque podia, com facilidade, conter todos os "quatro evangelhos". Embora "seja certamente verdade que muitos dos fragmentos evangélicos mais primitivos venham ou pareçam vir de códices de um único evangelho ..., esses códices de um único evangelho são, de fato, prova da existência do códice dos quatro evangelhos ... [porque] o códice dos quatro evangelhos já existia e havia, assim, estabelecido o padrão para manuscritos de evangelhos isolados" (1994, p. 264). Mais tarde, Skeat repetiu essa proposta e explicou que "a razão pela qual, talvez por volta de 100 d.C., logo após a publicação do evangelho de João, os cristãos decidiram adotar o códice era que só o códice podia conter todos os quatro evangelhos... O motivo para essa decisão era o desejo de assegurar a sobrevivência dos quatro evangelhos mais conhecidos e mais amplamente aceitos e, ao mesmo tempo, impedir o acréscimo de outros evangelhos que não se supunha conterem informações autênticas, e que poderiam, mais exatamente, procurar propagar doutrinas que a Igreja rejeitara" (1997, p. 31). Esse, no entanto, é, com certeza, um argumento muito estranho e uma interpretação bastante contraditória das provas: códices de um único evangelho, para os quais temos provas documentadas mais primitivas, derivam de códices dos quatro evangelhos, para os quais só temos provas documentadas mais tardias.

Na referência de Graham Stanton à proposta de Skeat, a estranheza de sua argumentação é, mais uma vez, bastante óbvia: "[Skeat] aceita que evangelhos separados circulassem como códices, mas só como 'benefícios marginais', digamos assim, do códice que continha os quatro evangelhos... Se (como Skeat sugere) o códice que continha os quatro evangelhos precedeu a circulação dos códices de um único evangelho, ele deve ter sido adotado logo após o início do século II, pois temos em P^{52} (que costuma ser datado de *ca.* 125 d.C.) um códice de um único evangelho. Mas é difícil conciliar uma data logo depois da virada do século com a maneira como os evangelhos escritos e as tradições evangélicas orais eram usados na época" (pp. 337, 338). Seguindo as provas subsistentes, Stanton conclui que "os escribas cristãos experimentaram primeiro os códices de um único evangelho" e que "sua postura contracultural geral os teria tornado mais dispostos que os colegas não-cristãos a romper com a preferência quase unânime pelo rolo e experimentar o códice que não era o padrão" (pp. 338, 339). Mesmo que não seja *uma* (e muito menos *a*) razão para a escolha do códice em papiro, essa "postura contracultural" é, de qualquer maneira, significativa por seus próprios méritos.

Uma base documentária?

Em geral, os papiros são ou *documentários* ou *literários*. Os papiros documentários são aqueles milhares e milhares de cartas e registros, contas e empréstimos, aluguéis e contratos, demandas e processos que fizeram aparecer com tanta vida, clareza e força, os afazeres cotidianos das pessoas comuns do antigo Egito. Os papiros literários vão dos textos mais antigos de Homero, o clássico grego encontrado com mais freqüência no antigo Egito, ao texto mais antigo de Virgílio, um fragmento diminuto da *Eneida* 4,9, deixado por um dos conquistadores romanos que tomaram de assalto a fortaleza judaica em Massada, em 73-74 d.C. Incluíam ainda a maioria dos manuscritos do mar Morto, textos bíblicos e também sectários e alguns dos escritos constantes da lista de quatorze itens dos papiros cristãos organizada por Roberts que vimos anteriormente. Existe, já se vê, uma nítida diferença entre o estilo competente mas essencialmente funcional do escriba documentário e o estilo caligráfico ou deliberadamente refinado do copista literário.

Roberts descreveu os autores dos itens em sua lista como "longe de serem inábeis", mas, com exceção dos que produziram os itens 8, 10 e 14, eles não haviam sido "treinados em caligrafia e, por isso, não estavam acostumados a escrever livros, embora estivessem familiarizados com eles; empregam o que é, basicamente, uma composição documentária, mas ao mesmo tempo estão cônscios de estarem ocupados com um livro, não um documento. Não são composições pessoais ou particulares; a maioria almeja e alcança certo grau de regularidade e clareza. Essas composições podem ser descritas como 'documentários reformados'. (Nessas composições, uma vantagem para o paleógrafo é que, graças a suas ligações estreitas com os documentos, elas são um pouco menos difíceis de datar do que composições puramente caligráficas)". O resultado é, por exemplo, um claro "contraste entre a elegância hierática dos rolos greco-judaicos da Lei e a aparência prosaica dos primeiros códices cristãos (quer do Antigo Testamento, quer de escritos cristãos primitivos)... Sua escrita baseia-se, com algumas mudanças e exceções, no modelo dos documentos, não no dos manuscritos clássicos gregos, nem no da tradição greco-judaica... Por trás desse grupo de papiros não é difícil imaginar os homens que conhecemos por intermédio dos papiros documentários em Arsinoite ou Oxirrinco; comerciantes, lavradores, pequenos funcionários públicos, para os quais o conhecimento do grego e da escrita grega era habilidade essencial, mas que tinham pouco ou nenhum interesse literário" (1979, pp. 14, 19, 20, 21).

Os estilos próprios para lidar com papiros documentários não parecem exatamente iguais aos estilos caligráficos para copiar clássicos literários. Roberts dá diversos exemplos que revelam a herança documentária desses escribas do século II. Um caso óbvio é usar algarismos para números, em vez de escrevê-los por extenso – por exemplo, *12* em vez de *doze*. Mas isso também é "documentário com uma diferença", pois esses textos primitivos com freqüência contêm auxílios e marcas de leitura: a finalidade dos textos é serem lidos em público; são para uso comunitário (1979, p. 21).

O conservadorismo dos copistas, que tornou o paganismo tão lento na adoção do códice para obras literárias, pode ter sido muito menos atuante com escritores que tinham antecedentes primordialmente funcionais na redação de cartas e na manutenção de registros. Estavam acostumados ao códice; este era, portanto, o que usavam. "Fatores econômicos e sociais, bem como religiosos, estavam em ação e", como Roberts conclui, "a composição metódica dos textos primitivos reflete o caráter e as circunstâncias das comunidades que os usavam" (1979, p. 20). Em análise mais recente da questão toda, Harry Gamble remonta a predominância do códice na literatura cristã primitiva ao uso paulino. Porém, mais uma vez, a razão que ele encontra é pragmática: "O códice, tanto de pergaminho como de papiro, era conhecido de um pequeno mercador como Paulo e dos círculos onde ele se movia... É concebível que [suas cartas] fossem escritas em pequenos códices" (p. 64). Dos dezessete textos *não*-cristãos do século II em códices, um terço é o que Gamble denomina "manuais profissionais" e mesmo alguns dos outros textos literários podem ter tido a finalidade de "uso educacional" semelhante (p. 65). Os cristãos primitivos preferiram o códice ao rolo imediata e esmagadoramente, não por qualquer razão teológica, exegética, econômica ou polêmica. Foi "uma atitude essencialmente utilitária": "os cristãos primitivos adaptaram um meio prático e bem conhecido para um propósito novo, mas, ainda assim, prático. Os textos cristãos vieram a ser escritos em códices, não por gozarem de *status* especial como objetos estéticos ou de culto, mas por serem livros práticos para o uso cotidiano: os manuais, por assim dizer, da comunidade cristã" (pp. 65-66).

Abreviações sagradas comuns

Os escribas cristãos desejavam dar expressão gráfica à equação teológica já presente na pregação apostólica mais primitiva, na qual *kyrios* [SENHOR], o nome do Deus de Israel, era usado como título para Jesus Cristo. Em outras palavras, os quatro nomes [SENHOR, DEUS, JESUS, CRISTO], que recebem universalmente tratamento especial nos papiros primitivos do Novo Testamento, não são simplesmente *nomina sacra* [nomes sagrados], mas antes *nomina divina* [nomes divinos].

Schuyler Brown, *Concerning the origin of the* Nomina Sacra
[*A respeito da origem dos* Nomina Sacra], p. 19.

A segunda diferença importante entre os textos cristãos mais primitivos e outros textos literários judaicos ou greco-romanos é igualmente notável. É o uso dos chamados *nomina sacra*, expressão tirada do título da obra pioneira de Ludwig Traube, de 1906. São *nomes sagrados* ou, mais precisamente, abreviações comuns de certos nomes sagrados. Na descrição de Roberts, a expressão "designa um número de palavras estritamente limitado, no máximo quinze, das quais o caráter sacro, intrínseco ou contextual, é enfatizado pela abreviação da palavra em apreço, normalmente por contração e, ocasionalmente, no período mais primitivo, por suspensão". Uma linha horizontal é colocada acima da abreviação, para advertir que a palavra não se pronuncia como está escrita (1979, p. 26). Se o nome JESUS aparece como JE, com o uso das duas primeiras letras, é abreviação por suspensão. Se aparece como JS, com o uso da primeira e da última letras, é abreviação por contração.

Há quase quarenta anos, Anton Paap examinou cuidadosamente todos os manuscritos cristãos até o ano 500 e descreveu em linhas gerais as provas para o uso das quinze palavras sagradas. Concentro-me, apenas como exemplo, em seus dados para os textos mais primitivos, os datados por seus editores até *ca.* 200 (1959, pp. 6-11; #3-#15A). Nessa data, dez das palavras já haviam aparecido com estas porcentagens:

DEUS está abreviada em 8 de 14 textos = 57%

SENHOR está abreviada em 8 de 14 textos = 57%

JESUS está abreviada em 6 de 14 textos = 43%

ESPÍRITO está abreviada em 5 de 14 textos = 36%

PAI está abreviada em 4 de 14 textos = 29%

HOMEM está abreviada em 3 de 14 textos = 21%

CRISTO está abreviada em 3 de 14 textos = 21%

FILHO está abreviada em 2 de 14 textos = 14%

ISRAEL está abreviada em 1 de 14 textos = 7%

CRUZ está abreviada em 1 de 14 textos = 7%

Mas, em 200, as outras cinco – CÉU, DAVI, JERUSALÉM, SALVADOR E MÃE – ainda não haviam sido abreviadas. Cito estas estatísticas aqui (embora precisem ser recompostas e atualizadas em função de descobertas e publicações posteriores à década de 1950) para deixar a lista de nomes repercutir como teologia condensada ou concentrada daqueles cristãos que usavam essas abreviações. Sua linha horizontal acima da palavra é como nosso ato de sublinhar, uma ênfase em algumas delas, fundamentais, elevadas acima do nível comum, mesmo em textos já sagrados em geral.

Outro exemplo (mas mais novo) desse mesmo período é o manuscrito P. Oxi 3523 de Jo 18,36–19,7 mencionado anteriormente (P^{90}). As linhas 35-36 do verso bastante truncado contêm Jo 19,5 e há uma clara abreviação sagrada do nome de Jesus: "J̄S̄, então, [saiu] fora traz[endo] a coroa [de espi]nhos [e o] manto de [púr]pura". A palavra JESUS aparece com apenas a primeira e a última letras e um traço sobre elas. Uma abreviação semelhante precisa ser restaurada para o nome de Jesus em dois casos no lado reto igualmente truncado. A linha 6 é Jo 18,36 com ["J̄S̄ respondeu"] e a linha 24 é Jo 19,1 com "Pil[atos, então, tomou J̄S̄]". A restauração para J̄S̄ em vez de para JESUS é ajudada pela esticometria, o número relativamente regular de letras por linha em colunas de texto em rolo ou códice, mas naturalmente, nesses casos nunca é possível ter certeza absoluta.

Essa mesma abreviação sagrada encontra-se não só nos fragmentos gregos do *Evangelho de Tomé*, mas também na tradução copta, onde "JESUS [como J̄S̄] disse" inicia a grande maioria de suas falas. Outro exemplo ainda mais notável é o *Evangelho de Egerton* extracanônico, citado nas duas listas anteriores. (A propósito, chama-se assim por causa do fundo que financiou sua compra.) Suas nove abreviações diferentes são irregulares, tanto na escolha das usadas como na maneira como são abreviadas.

Três nomes sagrados estão presentes sem nenhuma surpresa especial: D̄S̄ para DEUS, S̄R̄ para SENHOR e J̄S̄ para JESUS. Segundo os dados de Paap, de 87 fontes que mencionam Jesus nos cinco primeiros séculos cristãos, J̄Ē é usado por 8%, J̄ĒS̄ (contração, não suspensão) por 28% e J̄S̄ por 64%. O total exato, não por fontes, mas por ocorrências é, respectivamente, 5, 15 e 80% (1959, p. 108). O futuro pertence à abreviação por contração.

Uma quarta abreviação que não causa surpresa no *Evangelho de Egerton* é a usada para PAI com o emprego da primeira letra e das duas últimas. O uso de uma ou mais das letras iniciais ou finais parece característico do modo de contração deste evangelho. Uma quinta abreviação usada no *Evangelho de Egerton* é muito rara; aparece só em dois outros textos, muito mais tardios. Não é possível expressá-la de forma adequada na tradução inglesa ou portuguesa. A pergunta a Jesus sobre o imposto "a César", em Mc 12,14, é aqui expressa como o imposto "a reis", palavra grega de dez letras, abreviada, no *Evangelho de Egerton*, pelas duas primeiras e as seis últimas letras. Um jeito estranho de fazê-lo – e talvez seja ainda mais estranho que isso tenha sido feito. Afinal de contas, não é um nome muito sagrado e dificilmente igual ao do próprio Jesus como Rei dos reis.

Finalmente, há os quatro casos exclusivos deste evangelho. Um é M̄Ō para MOISÉS (baseado na analogia de J̄Ē para JESUS), que usa a abreviação por suspensão em vez de contração. Outra é ĪSĀS̄, abreviação de ISAÍAS usando as duas primeiras e as duas últimas letras, mistura de suspensão e contração. Ainda outra é P̄R̄O̅F̅A̅S̅ por PROFETAS, pelo uso das quatro primeiras e das duas últimas letras de uma palavra grega de oito letras. O último caso é P̄R̄O̅F̅E̅Z̅O̅U̅ por PROFETIZOU, com o uso das cinco primeiras e das três últimas letras de uma forma verbal grega de doze letras. Acima de todas essas palavras há linhas indicativas de abreviação.

Chegamos a algumas conclusões um tanto óbvias a respeito do sistema de abreviações neste particular evangelho extracanônico. O autor parece preso entre suspensão e contração (às vezes, usa ambas para a mesma palavra) e acaba por fazer abreviações quase tão longas quanto as palavras originais. Além disso, como Jon Daniels afirma em sua tese de doutorado extremamente útil sobre o *Evangelho de Egerton*, "é razoável supor que figuras proféticas da história e da tradição judaicas ocupassem um lugar especial para o escriba de Egerton ou a tradição na qual ele ou ela recebeu instrução" (1990, p. 7). Por fim, ao falar dessa ênfase profética por abreviação, Roberts conclui que "a data primitiva e também a ligação entre os membros deste grupo os colocam à parte. Essa ênfase parece representar uma fase experimental na história do sistema quando seus limites não estavam claramente estabelecidos, embora as palavras básicas estivessem... No fim do século II, a lista estava enxuta e efetivamente encerrada" (1979, p. 39). Não admira que H. I. Bell e T. C. Skeat, curadores dos manuscritos do Museu Britânico e editores oficiais do *Evangelho de Egerton*, declararam que o documento data "de meados do século II" e descreveram essa data como "altamente provável e ..., se houver erro, ele estará do lado da cautela, pois há aspectos na composição que podem sugerir um período mais no início do século" (1935a, p. 1).

Como e por que os nomes sagrados foram inventados e usados no cristianismo mais primitivo é quase tão controverso quanto como e por que os códices de papiro foram adotados (ou inventados) em tal ambiente nessa mesma, época. Ludwig Traube e Anton Paap pensavam que a prática de nomes sagrados originava-se diretamente da maneira judaica de escrever o nome de Deus, mas Schuyler Brown defende uma ligação mais indireta. Em textos hebraicos sem os pontos indicativos de vogal ou não falados, o nome sagrado de Deus se parece com qualquer outra palavra. A fim de dar a ênfase apropriada à sua santidade, a tradição judaica pronunciava-o com uma pronúncia especial, escrevia-o com um cursivo arcaico, ou decorava-o com folha dourada. Talvez, então, essa prática desse aos cristãos judeus a *idéia* de tratar certos nomes como incomparavelmente especiais para eles. Notemos, portanto, esta conclusão severamente comedida de Colin Roberts: "A inefabilidade do nome de Deus, expressa, quando a Lei era lida em hebraico, pela substituição das vogais a ele apropriadas pelas de Adonai ('Senhor'), é, direta ou indiretamente, a origem psicológica dos *nomina sacra*" (1979, p. 29).

De qualquer modo, é preciso enfatizar que enfrentamos duas enormes transições da imaginação no cristianismo mais primitivo. Uma transição gigante foi a de cadernos ocasionais de pergaminho para códices sagrados de papiro. A outra foi do caso singular de um único nome sagrado (YHWH), como nome que podia ser escrito normalmente, mas não pronunciado normalmente, para um conjunto de nomes sagrados pronunciados normalmente, mas não escritos normalmente. *Nenhuma quantidade de debates sobre o como ou o porquê exatos deve obscurecer o fato de que essas duas transições ocorreram tão primitivamente quanto os vestígios materiais nos permitem ir.* O que esse duplo fenômeno diz sobre autoridade central e tradição copista no cristianismo mais primitivo?

Controle central de manuscritos?

Talvez possamos imaginar que a invenção se originou com alguma figura dominante da Igreja primitiva, que, fosse qual fosse a fonte definitiva de sua inspiração, conseguiu delinear um formato característico para os manuscritos cristãos das Escrituras, diferenciados igualmente do rolo de pergaminho do judaísmo e do rolo de papiro do mundo pagão e impor seu uso em toda a Igreja... A introdução dos *nomina sacra* parece corresponder bem de perto à adoção do códice de papiro... Não é menos notável que pareçam indicar um grau de organização, de planejamento consciente e uniformidade de prática entre as comunidades cristãs, que até aqui não tínhamos razão para suspeitar e que lança uma nova luz sobre a história primitiva da Igreja.
T. C. Skeat, *Early christian book-production* [*Produção de livros no cristianismo primitivo*], pp. 72-73.

Datas primitivas comuns, códices de papiro comuns e abreviações sagradas comuns são três aspectos que transcendem nossa distinção de evangelhos intracanônicos e extracanônicos nas provas de manuscritos mais primitivos atualmente disponíveis. Concentro-me, em especial, nesses dois últimos aspectos porque, como a epígrafe menciona, sua onipresença exige certa uniformidade centralizada e certa autoridade unificada. Mas essa autoridade centralizada controlava igualmente os evangelhos que agora temos no cânon e os que temos fora dele.

Naturalmente, é possível que a criação de códices de papiro e o uso de abreviações sagradas fossem invenções bem independentes de comunidades cristãs primitivas diferentes. Mas sua antiguidade e onipresença parecem exigir certa autoridade central e certo controle organizado de uma base comum, algum consenso cristão comunitário que se movesse contra normas e hábitos contemporâneos de tradições copistas, quer judaicas quer pagãs. Mas o que criou e controlou esse consenso incomum e quase imediato? Estudiosos propuseram uma autoridade centralizada ou um modelo dominante, seja ele a carta paulina ou o evangelho marcano (Horsley [Llewelyn & Kearsley] 7,257).

Onde tal centro oficial teria existido no cristianismo mais primitivo? Roma é uma possibilidade óbvia e foi proposta como tal por Joseph van Haelst (1989, p. 35), mas os manuscritos cristãos mais primitivos em latim não parecem familiarizados com o sistema. Roberts propôs Jerusalém, "provavelmente antes de 70 d.C." (1979, p. 46), porém mais tarde em obra escrita em parceria com Skeat, preferiu Antioquia, capital da província romana da Síria, reconhecendo que, "entretanto, não é necessário pensar em Jerusalém e Antioquia como mutuamente excludentes. Por causa das estreitas ligações entre elas, uma ou as duas inovações podem ter ocorrido por meio de uma consulta entre as duas Igrejas" (1983).

Temos, na verdade, um único exemplo de meados do século I, quando Tiago e Jerusalém, mesmo de acordo com os relatos um pouco diferentes de Gl 2 e At 15, deram ordens a Antioquia e foram obedecidos por aquela comunidade. Paulo discordou, perdeu e saiu. A questão era se os membros de uma comunidade mista de cristãos judeus e gentios tinham de observar juntos certas normas mínimas de pureza. No relato de Paulo, todos discordaram dele e estavam errados. No relato de Lucas, todos ficaram de acordo e estavam certos. Mas, nos dois relatos, foram Tiago e Jerusalém que, em última análise, decidiram a questão e transmitiram a conclusão a Antioquia, como ordem hierárquica. Quando, em contraste, no fim daquele século, a comunidade romana escreveu aos coríntios as cartas conhecidas como *1 Clemente*, a respeito de uma "sedição ímpia" criada por "algumas pessoas temerárias e rebeldes", argumentou, em vez de ordenar, e a linguagem não parece mera retórica cortês que mal disfarçasse uma ordem categórica.

Parece-me que, no século I, só Jerusalém tinha autoridade, fosse ela exemplar ou de comando, para estabelecer inovações tão surpreendentes quanto códices de papiro e abreviações sagradas para todas as comunidades cristãs. Em outras palavras, esse sistema pode ter passado de Jerusalém para Antioquia, mas deve ter *começado* com Jerusalém e isso remonta o processo a antes de 70 d.C. Meu assunto atual, porém, não depende de como se explica esse consenso, mas apenas de sua existência concreta. A autoridade desse consenso, seja ela de modelo dominante ou de um lugar de comando, funciona igualmente para evangelhos intracanônicos e extracanônicos, sem distinção.

O deserto egípcio, abaixo do delta e acima do lençol freático, não fazia distinção entre evangelhos intracanônicos e extracanônicos. Independente das origens do consenso discutido anteriormente a respeito do uso do códice de papiro e da presença das abreviações sagradas, aqueles evangelhos primitivos originaram-se em um tempo quando esse consenso era aceito por todos os integrantes da tradição copista cristã atualmente disponível em manuscritos de papiro. As distinções entre intracanônicos e extracanônicos surgiram mais tarde e destruíram esse consenso para sempre. Assim, por exemplo, no século IV, temos, como mencionado antes, 22 manuscritos em papiro do evangelho de João e 18 do evangelho de Mateus, contudo só aqueles três do *Evangelho de Tomé* e um do *Evangelho de Pedro*.

Parte IV

Metodologia e Antropologia

Encravadas atrás de uma colina pedregosa estão cerca de cem casas térreas, irregulares e disformes, escurecidas pelo tempo e caindo aos pedaços por causa do vento e da chuva, com os telhados mal cobertos por telhas e lixo de todo tipo. A maioria desses casebres tem só uma abertura que serve de entrada, janela e conduto de chaminé. No interior, de terra batida e paredes frias, moram, dormem, comem e procriam juntos nas esteiras de palha, homens, mulheres e seus filhos, burros, porcos, cabras e galinhas... O mesmo céu, a mesma terra, a mesma chuva, a mesma neve, as mesmas casas, os mesmos dias de festa, a mesma comida, a mesma pobreza: pobreza transmitida pelos pais, que a herdaram dos avós, que a herdaram dos antepassados. A vida de homens, bestas e terra sempre parece fechada em um círculo imóvel, afastada das mudanças do tempo. Fechada em um círculo natural próprio. Primeiro semear, em seguida capinar, depois podar, depois sulfurar, depois ceifar e colher. E depois o quê? Depois, outra vez. Semear, capinar, podar, sulfurar, ceifar e colher. Sempre a mesma coisa, imutável. Sempre. Os anos passavam, os anos se acumulavam, os jovens envelheciam, os velhos morriam e eles semeavam, capinavam, podavam, sulfuravam, ceifavam e colhiam. E depois o quê? A mesma coisa. E depois o quê? Sempre a mesma coisa. Todo ano igual ao ano anterior, toda estação igual à estação anterior. Nos meses de mau tempo, eles organizavam os assuntos familiares. Isto é, brigavam a respeito deles. Não há duas famílias ... que não tenham parentesco uma com a outra. Em lugarejos, em geral todas as famílias são aparentadas umas com as outras. Por essa razão, todas as famílias brigam umas com as outras. Sempre as mesmas contendas, contendas intermináveis, transmitidas de geração a geração, em intermináveis litígios, com intermináveis pagamentos de honorários, tudo para decidir quem é o dono de um matagal ou outro. O matagal podia se incendiar, mas eles continuavam brigando. Não havia saída. Punham de lado vinte *soldos* por mês, trinta *soldos* por mês, até cem *soldos* no verão, e estes podiam, em um ano, chegar a trinta *liras*. Mas então surgia uma doença, ou algum outro infortúnio e consumia as economias de dez anos. E então tudo começava de novo: vinte *soldos,* trinta *soldos,* cem por mês. E depois tudo se repetia mais uma vez.

Ignazio Silone, *Fontamara*, pp. vii-x.

A Parte I considerou o *porquê*, a razão deste livro. O conjunto em série das partes II e III estudou o *onde*, as fontes para este livro. E agora outro conjunto em série, as partes IV e V, continua com o *como*, os métodos a serem usados neste livro.

Presumindo, pelas partes II e III, a situação das tradições orais e escritas, de evangelhos intracanônicos e extracanônicos, de textos independentes e dependentes, que método devo usar para me concentrar nessa primeira continuação de antes para depois da execução de Jesus? Já que os evangelhos aberta e sinceramente se proclamam escritos conforme a fé, para a fé, pela fé, como fazer a reconstrução histórica sem que ela se torne apologética ou polêmica, sem que transforme a história em teologia, ou volte a história contra a teologia? Esse é o problema do *como*, do *método*.

Como acabei de mencionar, as partes IV e V formam um par concatenado. A Parte IV examina o problema da metodologia e então inicia a apresentação de meu método interdisciplinar baseado na antropologia intercultural. A Parte V continua essa apresentação, construindo sobre a base antropológica, primeiro a história judaico-romana e depois a arqueologia da Baixa Galiléia. Nestas duas partes, enfatizo como as três camadas interdisciplinares se juntam no ponto da urbanização romana e da comercialização rural na Baixa Galiléia do início do século I.

A Parte IV tem dois capítulos. O Capítulo 10 é sobre metodologia – isto é, trata da lógica do meu método. Por que uso este em vez de outro? Com um exemplo no início, lembro-lhe, leitor, da natureza de um evangelho e da necessidade de todo método originar-se de decisões sobre a natureza de nossas fontes. Finalmente, termino esse capítulo com um esboço introdutório de meu método.

O Capítulo 11 estabelece o substrato básico desse método interdisciplinar na antropologia intercultural. O que podemos dizer sobre impérios agrários e sociedades camponesas, sobre classe e gênero, sobre resistência e liderança, a partir da antropologia cultural e social? Que expectativas gerais a antropologia estabelece, dentro das quais precisam ser localizadas e processadas forças históricas determinadas e descobertas arqueológicas especiais?

Uma palavra a respeito da epígrafe sobre camponeses italianos do início do século XX. Ela descreve só os bons tempos. Não menciona os maus tempos de fome e doença, invasão e guerra. Os camponeses judeus que viveram de cem anos antes a cem anos depois de Jesus, da década de 60 a.C. à década de 130 d.C., tiveram maus tempos com mais freqüência que bons.

Capítulo 10

O problema da metodologia

Em minha opinião, uma pesquisa que tenha como objetivo a inovação não deve ser cerceada por regras estritas e predeterminadas. Na verdade, embora esta afirmação, vinda de alguém nascido na Hungria, educado na Bélgica e na França e cidadão do Reino Unido apenas por naturalização, possa provocar uma ligeira reação divertida, orgulho-me de ser um verdadeiro pragmatista *britânico*. A metodologia me enfurece, sem dúvida irracionalmente, talvez porque mais de uma vez eu tenha sido censurado por dogmáticos do além-atlântico por chegar ilegitimamente à conclusão *correta*, seguindo um caminho não sancionado pelo sagrado livro de regras de meus críticos.

Geza Vermes, *A religião de Jesus, o judeu*, p. 14.

N a sentença anterior à passagem citada, Vermes menciona o "grandiloqüente rótulo de *metodologia*, tão em moda". Entretanto, não há nada particularmente estranho a respeito da metodologia, nem no termo nem no conceito. *Método* é *como* se faz alguma coisa. Metodologia é *por que* se faz a coisa dessa e não de outra maneira. Metodologia é simplesmente a teoria ou lógica do método empregado. É o processo adequado normal do discurso público.

Publico obras sobre o Jesus histórico desde 1969. Em todo esse tempo, trabalhei em duas frentes simultaneamente, estudando materiais e métodos. Sobre materiais, estudei parábolas e aforismos e também evangelhos intracanônicos e extracanônicos. Sobre métodos, comecei com a crítica histórica, em seguida incorporei a crítica literária e, por fim, acrescentei a crítica macrossociológica para formar um modelo interdisciplinar integrado. Quando finalmente publiquei O *Jesus histórico* em 1991 (publicado em português no Brasil, em 1994), pretendi não só apresentar outra reconstrução de Jesus, mas iniciar entre meus colegas um debate amadurecido a respeito da metodologia. Não dediquei nenhum tempo ao debate de outras concepções de Jesus porque, sem metodologia, método e inventário, uma concepção era tão válida quanto a outra. Ao escolher o que se quer, tem-se o que se precisa. Ainda não há nenhuma discussão séria de metodologia na pesquisa do Jesus histórico e o mesmo se aplica ao nascimento do cristianismo. Isso não me deixa muito orgulhoso de mim mesmo e de meus colegas eruditos. Para que isso não pareça um tanto exagerado, dou um exemplo imediato dessa fuga da discussão metodológica.

Em 1994, Bruce Chilton e Craig Evans editaram um levantamento extenso e muito útil da pesquisa atual a respeito do Jesus histórico. Chegou a mais de seiscentas páginas e, publicado por Brill, de Leiden, custava cerca de cento e setenta e cinco dólares. Abrange todos os assuntos óbvios com discussão muito útil e documentação completa. Abrange todos os assuntos óbvios, isto é, exceto um: não há nenhum capítulo sobre método ou metodologia. Não estou certo se essa falta é uma acusação ao livro ou aos estudos recentes. Afinal de contas, há muito poucos estudos metodológicos na pesquisa do Jesus histórico para avaliar ou analisar. Mas, teria sido melhor um capítulo para discutir essa falha?

A necessidade de estratificação

De que maneira devemos usar os evangelhos como fontes para construir uma imagem do Jesus histórico?... Os evangelhos são, literalmente, as vozes de seus autores. Por trás deles estão as vozes anônimas da comunidade, que falam de Jesus. E, embutidas em suas vozes, estão a voz de Jesus e também os feitos de Jesus (pois algumas das narrativas eram sobre feitos). A construção de uma imagem de Jesus – que é do que trata a busca do Jesus histórico – envolve dois passos decisivos: o primeiro é discernir o que tem probabilidade de remontar a Jesus; o segundo é colocar esse material no contexto histórico da terra natal judaica do século I.

Marcus J. Borg, *The historical study of Jesus and christian origins*
[*O estudo histórico de Jesus e das origens cristãs*], p. 144.

Se você e eu pretendêssemos debater a epístola de Paulo aos Romanos, por exemplo, teríamos exatamente o mesmo texto diante de nós. Usaríamos a edição mais recente do Novo Testamento grego publicada pelas United Bible Societies, completa com as principais variantes textuais e os julgamentos da comissão editorial a respeito das interpretações divergentes. E o mesmo aconteceria com qualquer outro livro do Novo Testamento. O *inventário*, chamemo-lo assim, já está feito e podemos passar imediatamente para a *interpretação*. Poderíamos, já se vê, ter desacordos pronunciados sobre interpretação, mas pelo menos discordaríamos sobre o mesmo texto. Essa não é – enfaticamente, *não* é – a posição para a pesquisa nem do Jesus histórico nem do nascimento do cristianismo. É preciso enfatizar essa diferença para entender a importância absoluta da metodologia para esse tipo especial de estudo.

Na epígrafe acima, Borg resume a perspectiva erudita comum sobre a estratificação evangélica. Ela flui, de fato, necessária e legitimamente, da própria natureza do *evangelho* como *boa-nova* (natureza já discutida diversas vezes). Todos os textos evangélicos, quer dentro, quer fora do cânon, juntam três camadas, estratos ou vozes. Há, como estrato mais primitivo, "a voz de Jesus". Como estrato intermediário, temos "as vozes anônimas da comunidade, que falam de Jesus". "As vozes de seus autores [dos evangelhos]" constituem o último extrato. Mas as três vozes estão integradas em um só coro. São citadas como se todas fossem a voz do próprio Jesus. Se, como eu, você está interessado no Jesus histórico, ou, como eu, na continuação comunitária mais primitiva desse Jesus, o problema é estabelecer os estratos específicos apropriados para esses interesses. O desafio *metódico* é como fazê-lo e por que fazê-lo *dessa* e não de alguma outra maneira.

Aqui não podemos agir como se todos tivéssemos, nas mãos ou na escrivaninha, o mesmo inventário de materiais – o mesmo "texto", por assim dizer. E, já se vê, nossos resultados e conclusões serão diferentes quando começarmos com bancos de dados ou inventários de materiais diferentes de primeiro estrato. Portanto, não há motivo para os estudiosos debaterem resultados e conclusões antes de debaterem teoria e método. Dou um exemplo, para que isto não fique muito abstrato.

Imaginem que estamos debatendo a paixão do Jesus histórico e seu inventário é Mc 14–15, enquanto o meu é Jo 18–19. (Por favor, perdoe o excesso de simplificação.) Veja como esses relatos divergem, por exemplo, tanto no início como no fim.

Ambos começam no jardim (João) de Getsêmani (Marcos), do outro lado da torrente do Cedron (João) no monte das Oliveiras (Marcos). Mas, daí em diante, a descrição diverge radicalmente, mesmo quando relatam os mesmos acontecimentos. Concentro-me, em especial em três elementos – terra, cálice e fuga – para enfatizar como cada autor interpreta de maneira diferente os mesmos detalhes.

Terra

Quem cai por terra? Para Marcos é o próprio Jesus. Mas para João, é a *coorte* que vai prender Jesus – isto é, todo o conjunto de cerca de seiscentos soldados pagãos que protegiam Jerusalém. Chamamos esse incidente a agonia no jardim; no entanto, para Marcos, há agonia sem jardim e, para João, há jardim sem agonia:

> [Jesus]... começou a apavorar-se e a angustiar-se. E disse... "A minha alma está triste até a morte"... E indo um pouco adiante, caiu por terra.
>
> (Mc 14,33-35)

> Sabendo Jesus tudo o que lhe aconteceria, adiantou-se e lhes disse: "A quem procurais?" Responderam: "Jesus, o Nazareu". Disse-lhes: "Sou eu"... Quando Jesus lhes disse "Sou eu", recuaram e caíram por terra.
>
> (Jo 18,4-6)

Cálice

Para Marcos e também para João, Jesus é, naturalmente, obediente à vontade de Deus. Mas, em Marcos, ele ora para que, se for possível, o cálice do sofrimento seja afastado dele, enquanto em João não há tal hesitação. Outros podem ter problema com esse destino, mas, para João, Jesus não tem:

[Jesus] orava para que, se possível, passasse dele a hora. E dizia: *"Abba*! Ó Pai! Tudo é possível para ti: afasta de mim este cálice; porém não o que eu quero, mas o que tu queres"... Um dos que estavam presentes, tomando da espada, feriu o servo do Sumo Sacerdote e decepou-lhe a orelha.

(Mc 14,35-36.47)

Então, Simão Pedro, que trazia uma espada, tirou-a feriu o servo do Sumo Sacerdote, a quem decepou a orelha direita. O nome do servo era Malco. Jesus disse a Pedro: "Embainha a tua espada. Deixarei eu de beber o cálice que o Pai me deu?"

(Jo 18,10-11)

Fuga

Em Marcos, todos os discípulos abandonam Jesus e fogem. Mas, em João, eles se retiram por ordem de Jesus, para que se cumpram as Escrituras. E essa ordem é dada, não a eles, mas aos captores de Jesus:

Então, abandonando-o fugiram todos. Um jovem o seguia, e a sua roupa era só um lençol enrolado no corpo. E foram agarrá-lo. Ele, porém, deixando o lençol, fugiu nu.

(Mc 14,50-52)

[Jesus] perguntou-lhes, então novamente: "A quem procurais?" Disseram: "Jesus, o Nazareu". Jesus respondeu: "Eu vos disse que sou eu. Se, então, é a mim que procurais, deixai que estes se retirem", a fim de se realizar a palavra que diz: *Não perdi nenhum dos que me deste.*

(Jo 18,7-9)

Duas interpretações radicalmente diferentes do mesmo acontecimento. Marcos descreve o Filho de Deus quase descontrolado, com agonia, medo e abandono ao ser preso. João descreve o Filho de Deus com total controle, manifestando presciência, triunfo e domínio na hora de sua prisão.

Morte

Se nos voltarmos para o fim da paixão em Marcos e João, encontramos um processo exatamente igual. Nos dois, o momento é o mesmo, as últimas palavras de Jesus na cruz pouco antes de morrer:

Jesus deu um grande grito, dizendo: *"Eloi, Eloi, lemá sabachtháni"*, que, traduzido, significa: *"Deus meu, Deus meu, por que me abandonaste?"* Alguns dos presentes, ao ouvirem isso, disseram: "Eis que ele chama por Elias!" E um deles, correndo, encheu uma esponja de *vinagre* e, fixando-a numa vara, *dava-lhe de beber*, dizendo: "Deixai! Vejamos se Elias vem descê-lo!" Jesus, então, dando um grande grito, expirou.

(Mc 15,34-37)

Depois, sabendo Jesus que tudo estava consumado, disse, para que se cumprisse a Escritura até o fim: "Tenho sede!" Estava ali um vaso cheio de vinagre. Fixando, então, uma esponja embebida de vinagre num ramo de hissopo, levaram-na à sua boca. Quando Jesus tomou o vinagre, disse: "Está consumado!" E, inclinando a cabeça, entregou o espírito.

(Jo 19,28-30)

Em Marcos, os presentes confundem as últimas palavras de Jesus, entendendo "Elias" em vez de "Eloi" e, por troça, tentam mantê-lo vivo por mais alguns minutos para ver se o profeta vem em seu auxílio. A bebida é sua idéia zombeteira. Em João, naturalmente, não há grito de desolação nem zombaria, e a bebida é idéia de Jesus, trazida por ordem sua. Ambos falam igualmente, mas de maneira divergente, a épocas e lugares, situações e comunidades diferentes. O Jesus de Marcos fala a uma comunidade perseguida e mostra-lhe como morrer. O Jesus de João fala a uma comunidade derrotada e mostra-lhe como viver.

Nenhum desses relatos é *história* do que realmente aconteceu. Ambos são *evangelho* – mas para situações e comunidades diferentes. Porém meu ponto é este: Se você e eu debatemos a historicidade da paixão de Jesus, mas você usa Marcos enquanto eu uso João (o que eu não faria) ou você usa os dois enquanto eu não uso nenhum (o que eu faria), não somos apenas navios que passam na noite, somos navios que passam em oceanos de horas noturnas diferentes. Temos inventários radicalmente divergentes. Assim, *o inventário precede a interpretação*, e *o método precede o inventário*. Precisamos sempre começar perguntando: Que textos você usa para entender o nascimento do cristianismo e por que esses em vez de outros?

Critérios não são método

As mentes semitas por trás de boa parte de nossa literatura bíblica não estavam nem um pouco preocupadas com nosso princípio filosófico ocidental da não-contradição... A antiga mente semita, semelhante ao ponto de vista de muitos povos do terceiro mundo hoje em dia, não se preocupava muito com o princípio da não-contradição, por mais importância que a lógica ocidental dê ao mesmo... O problema da coerência lógica levantado pela moderna mente ocidental com relação aos escritos sistemáticos de um Spinoza podem ser irrelevantes quando se trata de um pregador e taumaturgo judeu itinerante na Palestina do século I d.C. Nossa preocupação com o princípio da não-contradição talvez fosse saudado com um sorriso curioso pelo Nazareno e seus ouvintes.

John P. Meier, *Um judeu marginal*, v. II, livro 1, p. 24; livro 2, pp. 214 e 285.

John Meier começa sua obra com uma lista explícita de critérios primários que representam sua séria tentativa de usar um método disciplinado. Meier dá em detalhes seus critérios primários no primeiro volume de seu estudo em andamento do Jesus histórico (1992, pp. 170-180) e os resume no início do segundo volume (1996, p. 17). O primeiro critério é o do *constrangimento* que "aponta o material dos evangelhos que dificilmente teria sido inventado pela Igreja primitiva, pois poderia criar constrangimento ou dificuldades teológicas para a Igreja, mesmo durante o período do NT". O segundo critério é o da *descontinuidade*, que "enfoca as palavras ou atos de Jesus que não podem ser originários nem do(s) judaísmo(s) de seu tempo, nem da Igreja primitiva". O terceiro critério é o da *múltipla confirmação*, que "dirige seu foco sobre palavras ou atos de Jesus atestados em mais de uma fonte literária independente ... e/ou em mais de um gênero ou forma de literatura". O quarto critério é o da *coerência*, pelo qual "palavras e atos que se ajustam bem à 'base de dados' preliminar estabelecida pelos outros critérios têm boa probabilidade de serem históricos". O quinto e último critério é o da *rejeição e execução*, que "se volta para o padrão mais amplo do ministério de Jesus e indaga quais de suas palavras e atos se encaixam com e explicam seu julgamento e crucificação". É preciso reconhecer imediatamente que todos esses critérios já existem há algum tempo e seu emprego não criou consenso a respeito de nada. É provável que esse conhecimento anterior influencie minha reação a eles. Por que até agora não serviram para criar nem mesmo um vestígio de consenso? A pergunta fundamental que faço é: uma lista de critérios – *qualquer* lista de quaisquer critérios – representa um método? Critérios são a *mesma coisa* que método? Essa pergunta básica tem três partes.

Primeiro, qual o fundamento teórico desses cinco critérios? Dois exemplos. Comecemos com o primeiro critério. Em Marcos, há bastante material constrangedor a respeito dos discípulos e parentes de Jesus, até, por exemplo, a negação jurada de Jesus por Pedro no julgamento. Esse material é histórico, da época de Jesus, ou editorial, para servir ao propósito de Marcos? Em outras palavras, Marcos, de maneira polêmica, criou esse constrangimento para Pedro e os principais discípulos de Jesus? Passemos ao segundo critério. Como sabemos, antes de começar, que há uma dupla descontinuidade entre judeus e judaísmo de um lado e Jesus e o cristianismo do outro? Isso não é conclusão em vez de critério? Além disso, sendo Jesus judeu, tudo o que o Jesus judeu dissesse e fizesse já não estaria dentro do(s) judaísmo(s) do início do século I? Se, para dar um exemplo absurdo, Jesus dissesse que Deus tinha duas cabeças, não deveríamos concluir que um Deus bicéfalo era opção para pelo menos uma pessoa dentro do judaísmo do século I?

Segundo, como esses critérios estão organizados do ponto de vista operacional? Simplesmente se usa ora um, ora outro, aqui este, ali aquele? Deixo de lado o quarto critério, pois ele se subordina a todos ou a alguns dos outros. Se Meier indicasse, por exemplo, um inventário primário estabelecido de materiais em que *todos esses quatro* critérios restantes fossem atendidos, teríamos o início, confessadamente inexpressivo e mecânico, de um movimento de critérios para método. Mas com múltiplos critérios todos operando de maneira independente, fica fácil demais passar de um para o outro.

Terceiro, são esses critérios publicamente usáveis? Se um grupo de estudiosos os aceitasse e aplicasse às tradições evangélicas, esses estudiosos chegariam a um inventário razoavelmente comum? Se não (e sugiro que não chegariam, porque não *chegaram*), esses critérios são muito gerais, amplos, ou vagos para o uso comum. Em suma, *critérios*, por melhor que sejam, não constituem um *método*, a menos que sejam organizados, com base teórica, em algum sistema operacional que possa ser usado por todos.

Por fim, a fragilidade ou imprecisão desses critérios no nível metodológico acaba por aparecer na interpretação que Meier apresenta da escatologia de Jesus. E essa é a crítica mais grave que lhes faço. Indo de trás para diante de um desses critérios para o outro, Meier conclui que o Jesus histórico proclamava "a chegada futura, definitiva e iminente do domínio régio de Deus", mas "também afirmava que *de uma certa forma* o reino já havia chegado – embora parcial e simbolicamente – em suas próprias palavras e ações" (v. II, livro 2, p. 213). A frase que sublinhei reaparece vezes sem conta de várias maneiras: "de alguma forma" (v. II, livro 2, p. 283), "de um certo modo" (v. II, livro 2, p. 255) e, em especial, "num certo sentido" ou "de uma certa forma" (v. II, livro 2, pp. 215, 219, 247, 288). Não faz parte do trabalho do intérprete definir esse "de um certo modo" o mais rigorosamente possível e não simplesmente repetir, como se a repetição, fosse *de um certo modo*, explicação?

Com certeza, é possível reconciliar um reino aqui-agora e entretanto-iminente, porque é precisamente essa a posição de Paulo e está bem claro por que ele se apega a ela. Como fariseu, já acreditava na ressurreição geral no fim dos tempos e passou a crer que a ressurreição de Jesus iniciara esse processo. Jesus era as "primícias dos que adormeceram", como afirmou em 1Cor 15,20. Era o início da colheita apocalíptica, o início do fim (mas não o fim em si). Pela misericórdia divina, para dar tempo ao arrependimento e à salvação dos gentios, o fim não era um instante abrupto, mas um breve período. A teologia de Paulo, de um fim já iniciado, mas ainda não completado, é perfeitamente clara e coerente. Qual é, então, o entendimento que Jesus tem do fim como já presente, porém ainda iminente?

Meier está bem consciente de que "de um certo modo" não basta e de que deve aos leitores pelo menos uma tentativa de explicação. Apresenta três desculpas e acho o tom delas tão significativo quanto seu conteúdo. Ele fica cada vez mais agressivo à medida que passa por essas três opções para explicar a escatologia de que Jesus virá logo, mas já está aqui.

Primeiro, "o reino de Deus que [Jesus] proclama para o futuro num certo sentido já está presente. Como – ou se – isto está de acordo com o que Jesus diz sobre o reino a chegar em breve, continua uma questão aberta. Mas este problema adicional não nos deve levar a suprimir ou torcer algumas das provas que criam o problema, tudo no interesse de uma clara sistematização, que não era a principal preocupação de Jesus" (v. II, livro 2, p. 247).

Segundo, Meier afirma que Jesus viu uma "ligação orgânica entre seu próprio ministério no presente e a chegada completa do governo escatológico de Deus no futuro breve". Mas, ele continua: "Em minha opinião, isto é tudo que se pode dizer. Ir além dessa explicação mínima sobre o reino presente, porém futuro, é abandonar a exegese e entregar-se à teologia sistemática" (v. II, livro 2, p. 247).

Terceiro, Meier apresenta três vezes a desculpa ou explicação que considero a principal: a desculpa usada como epígrafe desta seção. Acho que além de não convencer ela é condescendente. Mostro aqui as três repetições por ele apresentadas em contexto mais completo. Uma primeira vez: "Recentemente, alguns críticos reclamaram que um reino ao mesmo tempo futuro e presente é uma contradição inaceitável em termos. Poder-se-ia responder que as mentes semitas por trás de boa parte de nossa literatura bíblica não estavam nem um pouco preocupadas com nosso princípio filosófico ocidental da não-contradição" (v. II, livro 1, p. 24). Uma segunda vez: "O reino prometido por [Jesus] para o futuro próximo estava, de maneira paradoxal e um tanto estranha, já presente em sua obra? Para algumas mentes modernas, tal paradoxo pode parecer uma contradição inaceitável... A antiga mente semita, semelhante ao ponto de vista de muitos povos do terceiro mundo hoje em dia, não se preocupava muito com o princípio da não-contradição, por mais importância que a lógica ocidental dê ao mesmo (v. II, livro 2, p. 214). Uma última vez: "O problema da coerência lógica levantado pela moderna mente ocidental com relação aos escritos sistemáticos de um Spinoza podem ser irrelevantes quando se trata de um pregador e taumaturgo judeu itinerante na Palestina do século I d.C. Nossa preocupação com o princípio da não-contradição talvez fosse saudada com um sorriso curioso pelo Nazareno e seus ouvintes (v. II, livro 2, p. 285).

Espero ser tão aberto ao mistério e ao paradoxo como todo mundo. Um Reino de Deus já presente e que está para vir logo é fácil de explicar, por exemplo, no caso de Paulo (como mencionei anteriormente). Esse não é o problema. Mas essas várias desculpas indicam que Meier tem conhecimento de um grave problema em sua reconstrução. Talvez todas essas defesas sejam necessárias apenas porque os critérios de Meier não são metodológicos o bastante para distinguir com precisão entre as diversas camadas da tradição. Ele termina sinceramente incapaz de combinar o que são estratos da tradição de Jesus não só divergentes, mas também opostos. E isso salienta meu desafio. Sem método, não há inventário autocrítico de textos para o nível do Jesus histórico nem para o nível das comunidades mais primitivas. Mas, com um método apropriado, até a interpretação desse inventário fica muito mais disciplinada.

Um método interdisciplinar

A dura realidade é não podermos decidir se usamos ou não modelos. Em vez disso, nossa escolha é decidir se os usamos consciente ou inconscientemente... O benefício mais imediato conferido pelo uso de modelos interculturais é o de induzir no usuário uma forma de "choque cultural"... Os modelos devem ter o efeito de expandir, não de inibir, o senso que a pessoa tem do que é possível na pesquisa... O melhor modelo é o que consegue os melhores resultados a partir de um determinado conjunto de dados para determinado problema. Os modelos só são bons na proporção dos resultados conseguidos.

Thomas F. Carney, *The shape of the past* [*O formato do passado*], pp. 5, 16, 37.

Primeiro, meu método é interdisciplinar e aplica a antropologia, a história, a arqueologia e a crítica literária ao mesmo assunto. Segundo, é interativo e envolve a interação recíproca dessas disciplinas. Terceiro, é hierárquico, movendo-se para cima, por assim dizer, da primeira para a última dessas quatro disciplinas. Quarto e, acima de tudo, envolve três etapas que codifico com as palavras *contexto*, *texto* e *conjunção*. Finalmente, meu método não começa com o *texto*, mas sim com o *contexto*, o que mostro neste esboço do processo:

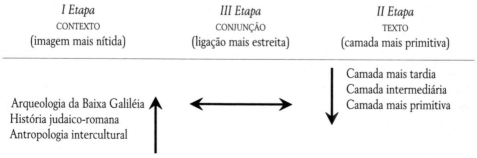

A primeira etapa estabelece a reconstrução mais nítida possível do contexto. A segunda etapa estabelece a camada mais primitiva possível da tradição. A terceira etapa estabelece a ligação mais estreita possível entre esse contexto e esse texto. Neste livro, as partes IV e V são sobre o contexto, as partes de VI a X são sobre o texto e o livro todo é sobre sua conjunção. Mas antes, algumas observações preliminares.

Contexto

Por que começar com o contexto? A seqüência é decisiva, embora também um pouco artificial. Supõe, já se vê, uma base preliminar texto/contexto. Por exemplo, não começo com a Dublin oitocentista como contexto. Sei que não posso eliminar o texto de minha mente e nem mesmo do contexto. (Sem texto, como eu iria saber de que contexto Jesus faz parte?) Mas, durante algum tempo, eu o coloco entre parênteses, por assim dizer, e me volto para o contexto. A principal razão é que, quando mais tarde eu me voltar para o texto, tirarei elementos de sua atual posição contextual em, digamos, o *Evangelho de Tomé*, Marcos, João, ou onde quer que estejam. É preciso haver um contexto validamente estabelecido, no qual eu os relocalizo, ou podem se tornar palavras e atos sem sentido. No fim, será preciso haver uma interação de contexto e texto, mas o contexto terá de estar ali primeiro.

A pergunta seguinte é *qual* contexto? Por contexto, entendo a *reconstrução mais nítida possível dos anos 20 na Baixa Galiléia*. Não significa o mundo mediterrâneo em geral, o Império Romano em geral, o judaísmo em geral, e nem mesmo a terra natal judaica em geral. Tudo isso é importante, mas preciso, como contexto, da imagem mais detalhada possível daquele lugar e tempo específicos.

A última pergunta é *como* obter esse contexto? Eu o obtenho pela construção de três camadas de dados, cada vez mais específicas e detalhadas, uma sobre a outra. Mas lembremos que este processo é interdisciplinar e interativo. Começo com a estrutura mais ampla e mais geral fornecida pela antropologia intercultural. O que, por exemplo, uma tal análise macrossociológica conclui sobre impérios agrários e sociedades camponesas vistos através de tempo e lugar? O passo seguinte é colocar a história dentro ou em cima dessa estrutura antropológica geral e procurar, em especial, pontos onde as duas camadas imbricam-se firmemente. Como, por exemplo, na terra natal judaica, a tradição judaica reagiu ao imperialismo romano no século I da era cristã? E como isso estava de acordo ou em desacordo com as expectativas vindas da antropologia intercultural? O último passo é localizar a arqueologia da Baixa Galiléia dentro e em cima dessa camada histórica. A arqueologia enfatiza vestígios materiais, e a história enfatiza vestígios textuais, por isso deixo-os, deliberadamente, em tensão criativa. Porém, mais uma vez, procuro principalmente entrelaçamentos firmes entre dados arqueológicos e dados históricos e antropológicos. Talvez um exemplo ajude, embora com isso eu me adiante.

A antropologia intercultural indica que a agitação e a resistência camponesas aumentam à medida que os impérios agrários intensificam suas atividades de comercialização e tomam a terra dos camponeses (não apenas o excedente camponês). A história conclui que, no século I da era cristã, o Império Romano estava em explosão econômica (uma vez que a economia antiga podia explodir) sob a paz italiana e a prosperidade augustana. Mas a história também mostra minuciosamente a firme e crescente agitação camponesa na terra judaica desse mesmo período. Isso se deveu à comercialização? E, por último, havia comercialização na Baixa Galiléia dos anos 20, ou era essa região um lugar atrasado, estagnado fora da explosão econômica?

O resultado dessa primeira etapa, ou etapa de contexto, é a *reconstrução mais nítida possível do fim da década de 20 na Baixa Galiléia obtida pela sobreposição hierárquica dessas três disciplinas*. Esse processo, como é natural, permite camadas disciplinares adicionais, visões disciplinares divergentes e interações disciplinares diferentes na pesquisa futura. O que *não* permite é a exclusão da antropologia e da sociologia, nem evitar a arqueologia.

Texto

Não creio que, após duzentos anos de tentativas, haja algum modo, aceitável no discurso público ou no debate erudito, pelo qual se possa ir diretamente ao grande monte da tradição de Jesus e separar a camada do Jesus histórico de todos os estratos mais tardios. Como mencionei anteriormente, pode-se fazer isso se já foi decidido quem Jesus era. Naturalmente, funciona, mas é apologética, não pesquisa. Recordemos, por exemplo, aquele critério de *descontinuidade*, mencionado antes na análise da obra de John Meier. Esse critério presume que Jesus é diferente de todos os outros judeus. Em seguida afirma que nenhum outro judeu diz ou faz alguma palavra ou ação específicas do texto. Conclui, portanto, que essa palavra ou ação vem de Jesus. Mas isso é círculo vicioso, não espiral interpretativa.

É possível, porém, com integridade acadêmica, argumentar para descobrir qual é o estrato discernível mais primitivo da tradição. Com efeito, é isso que vem fazendo a pesquisa sobre os evangelhos nos últimos duzentos anos. Mas qualquer estratificação desse tipo pressupõe toda uma série de decisões a respeito de fontes e relações. Alguém pode estar errado em algumas dessas decisões ou em todas elas, mas o mesmo pode acontecer com o oponente. De qualquer forma, não há um jeito para evitar tomar decisões e correr o risco de errar. No entanto, esse argumento a partir da estratificação contém um pressuposto muito importante. Por que o mais primitivo e não o mais tardio? Por que o mais primitivo e não o mais comum? Por que o mais primitivo e não todos? Minha resposta presume o que foi visto na Parte III. A julgar pelo consenso erudito de duzentos anos de pesquisa (como descrevemos no Capítulo 9), a tradição evangélica é um processo altamente genético. Por exemplo, é porque o *Evangelho* Q e Marcos estão absorvidos maciçamente em Mateus e Lucas que esses textos mais primitivos recebem ênfase especial. Se todos os evangelhos fossem textos mutuamente independentes, os mais primitivos talvez não tivessem nenhuma importância.

Conjunção

Este método, por fim, coloca a pergunta se existe uma estreita ligação entre aquela imagem mais nítida de contexto e aquela camada mais primitiva de texto. Se existe, é a melhor reconstrução, atualmente disponível, do Jesus histórico e de seus companheiros. Essa camada mais primitiva fala da situação dos anos 20 na Baixa Galiléia e para ela? Se é assim, constitui a melhor reconstrução do Jesus histórico e de seus companheiros atualmente disponível.

Um último comentário. Um modelo é mapa conceitual, estrutura consciente que, por ser consciente, é, ela mesma, mudada, abandonada ou substituída e, como estrutura, organiza, interpreta e até prediz os dados que contém ou imagina. Nossa escolha de modelos não é se devemos usá-los ou não, mas se devemos usá-los com autoconsciência e autocrítica ou deixar que eles nos usem voluntária ou involuntariamente. O valor do modelo multicultural, intercultural ou comparativo é que ele nos ajuda a disciplinar a tendência inevitável de tomar nossas experiências perfeitamente válidas, mas pessoais, e elevá-las com demasiada rapidez a proposições universais humanas.

Capítulo 11

Antropologia intercultural

Um fato causa impressão em quase todos os observadores das sociedades agrárias, em especial naquele que as examina em uma perspectiva comparativa de modo geral. É o fato da *acentuada desigualdade social*. Sem exceção, encontramos diferenças pronunciadas de poder, privilégio e honra associadas a economias agrárias amadurecidas.

Gerhard E. Lenski, *Power and privilege* [*Poder e privilégio*], p. 210 (itálicos dele).

As sociedades agrárias de Lenski... incluem sociedades em que os mercadores se tornaram tão poderosos que já não são puramente *tradicionais*, mas *mercantis* ou mais ou menos modernas, como o Império Romano mais tardio... Diferencio impérios aristocráticos *tradicionais* de sociedades mais ou menos "modernas", *mercantis*, coloniais e industriais.

John H. Kautsky, *The politics of aristocratic empires*
[*A política dos impérios aristocráticos*], pp. 20, 21 (itálicos meus)

N este capítulo explico o suporte antropológico fundamental em que se apóia meu modelo interdisciplinar. É o primeiro passo na primeira etapa do método. Tem três componentes, igualmente importantes: uma antropologia de classe, de gênero e de resistência. Em minha pesquisa anterior para O *Jesus histórico*, usei só uma antropologia de classe, mas é preciso incluir também uma antropologia de gênero e de resistência. Marianne Sawicki, por exemplo, observou que o modelo de Lenski não tem, em absoluto, nada a respeito de gênero (1994a, p. 12, nota 6). Isso está positivamente correto; é um modelo para a classe social. Mas não pretendo perder o que aprendi com ele (Lenski), ao desenvolver uma ênfase igual sobre gênero (Rogers) e sobre resistência (Kautsky).

Antropologia de classe

Classe, então, essencialmente uma relação, é, acima de tudo, a expressão social coletiva do *fato da exploração* (e, naturalmente, de resistência a ele): a divisão da sociedade em classes econômicas é, pela própria natureza, a maneira em que se dá a exploração, com as classes proprietárias vivendo à custa das não-proprietárias. Admito que, em meu uso dela, a palavra "exploração" inclina-se com freqüência, a assumir um tom pejorativo; mas, em essência, é uma expressão "livre de valores" e significa apenas que uma classe proprietária está livre do trabalho de produção por sua capacidade de se manter à custa de um excedente extraído dos produtores primários, quer por coação quer por persuasão ou (como na maioria dos casos) por uma mistura das duas.

G. E. M. de Ste. Croix, Karl Marx and the history of classical antiquity
[Karl Marx e a história da antiguidade clássica], p. 26.

Uso a expressão *classe social* como de Ste. Croix a usa nessa epígrafe e como Norman Gottwald a usou no discurso presidencial de 1992 para a Sociedade de Literatura Bíblica: "Pode-se dizer que as classes sociais existem sempre que um grupo social é capaz de se apropriar do produto do trabalho excedente de outros grupos. Nessa situação de exploração, a riqueza e o poder advêm desproporcionalmente aos que são capazes de reivindicar e utilizar o que outros produzem. Os que têm esse poder de controle econômico inclinam-se também a ter predominância política e hegemonia ideológica" (1993, p. 4).

Meu paradigma básico para uma antropologia intercultural de classe é o que chamo de modelo de Lenski-Kautsky. Esse modelo combina dois elementos igualmente importantes. Um é a tipologia das sociedades humanas, de Gerhard Lenski, baseada na ecologia e na tecnologia e que localiza a sociedade agrária em um *continuum* que passa das sociedades colhedoras-caçadoras para as sociedades industriais. Outra é a distinção que John Kautsky faz, dentro das sociedades agrárias de Lenski, entre tipos tradicionais e mercantis (sendo o Império Romano exemplo desse segundo tipo). A seguir, abordo esses dois elementos um de cada vez – mas antes, uma objeção um tanto óbvia.

É a escolha deste modelo uma opção preconceituosa? Existe outro modelo que me forçaria a tomar uma direção totalmente diferente? Considerei um outro estudo macrossociológico como um modelo alternativo à síntese de Lenski-Kautsky, mas que não teria mudado nada de significativo para este livro. Essa alternativa é o livro de Shauel Noah Eisenstadt recentemente reeditado, *The political systems of empires* [*Os sistemas políticos dos impérios*]. Eisenstadt preocupa-se "com um grande tipo de sistema político, a saber, com os impérios ou estados burocráticos históricos centralizados", cujos "exemplos mais importantes" são "os impérios romano e helenístico" (p. 11). Mas ele se concentra principalmente em relações políticas entre os níveis mais elevados de estratificação social; só menciona os níveis inferiores quase de passagem. Naturalmente, ele sabe que em um Estado como o Império Romano, os "produtores agrícolas" dividem-se em estratos diferentes: "1) a aristocracia e a pequena nobreza; 2) os camponeses independentes; e 3) vários tipos de arrendatários e classes rurais dependentes, semi-servis, controlados pelos senhores feudais e a pequena nobreza" (p. 34). Naturalmente, ele também sabe que, na estratificação, "os camponeses ficam abaixo de todos" (p. 82), que "numericamente, os grupos camponeses médios e inferiores eram a maior parte da população rural" e que "a classe dos camponeses carregava o peso maior da tributação e da mobilização militar" (p. 207). Contudo, o sumário extremamente detalhado no início do livro só menciona esses camponeses uma única vez, sob a rubrica: O lugar da classe camponesa na luta política. (São colocados em último lugar em uma lista de títulos semelhantes que descrevem "o lugar" da burocracia, do exército, da aristocracia, de grupos religiosos e culturais, das elites profissionais, do grupo econômico e social urbano e da pequena nobreza "na luta política" [p. x].) No livro propriamente dito, a classe camponesa recebe apenas quatro páginas (pp. 207-210). É isso tudo que se precisa saber sobre a classe camponesa, a grande maioria da população do mundo na história registrada? Mas na macrossociologia de Eisenstadt a respeito de Roma entre impérios políticos não acho nada que discorde, para os meus propósitos, da macrossociologia de Roma entre impérios agrários examinada por Lenski ou da de Roma entre impérios mercantis analisada por Kautsky. Volto, portanto, a considerar os dois componentes daquele modelo de Lenski-Kautsky.

Acentuada desigualdade social

A tipologia de Gerhard Lenski tem diversas vantagens eficazes, em especial dentro da matriz de ecologia-tecnologia da qual faz parte (pp. 189-296). Primeiro, a preocupação primordial de Lenski é com o processo distributivo, com quem obtém o quê e por quê, nos diversos tipos de sociedades que a engenhosidade humana arquitetou. Segundo, esse enfoque na maneira como o excedente material é manipulado permite-lhe equilibrar as duas ênfases antagônicas da análise funcional e da conflituosa dentro das ciências sociais. Os funcionalistas enfatizam os interesses comuns, as vantagens comuns, consenso e cooperação; os estudiosos da conflituosidade enfatizam a divisão de interesses, o domínio, a exploração e a coerção. Lenski sintetiza as duas abordagens e, com certeza, as duas juntas são mais precisas que uma ou outra isolada. Terceiro, com base na ecologia e na tecnologia, ele divide as sociedades humanas em sociedades colhedoras-caçadoras, de horticultura simples, de horticultura avançada, agrárias e industriais. Dentro dessa tipologia, por exemplo, o Império Romano era uma sociedade agrária, caracterizada pela roda, o velame, o arado de ferro, a força animal arreada, a metalurgia básica e (para repetir a epígrafe deste capítulo) "acentuada desigualdade social" (p. 210). A produtividade agrícola aumentou, a apropriação dos excedentes camponeses pelas elites aumentou, e a desigualdade entre os produtores e os tomadores aumentou. Três aspectos característicos facilitaram esse aumento da desigualdade social. O primeiro foi a urbanização: "O padrão normal nas sociedades razoavelmente amadurecidas envolve uma multiplicidade de centros urbanos razoavelmente grandes e relativamente permanentes" (p. 199, nota 30). O segundo aspecto foi a amoedação: "Com o desenvolvimento de sistemas monetários, os débitos foram ampliados e o empréstimo de dinheiro proporcionou mais um instrumento para controlar os camponeses e separá-los do excedente que produziam" (p. 207). O terceiro aspecto foi a escrita: "A escrita também serviu para aumentar o abismo tradicional entre as classes dirigentes e a gente comum, ao introduzir importante diferença cultural entre a minoria alfabetizada e a maioria analfabeta. Nas sociedades agrárias, a regra era a *alfabetização limitada*" (p. 208). Por último, o modelo não é construído dedutivamente a partir de pressupostos teóricos, mas sim indutivamente a partir de estudos históricos e análises detalhadas de sociedades empíricas. São esses quatro aspectos que dão ao modelo de Lenski sua tremenda força descritiva e persuasiva.

O modelo divide as sociedades agrárias em estratos superiores e inferiores, e estas são as classes propostas por Lenski em cada lado dessa grande divisão:

Soberano

Classe governante	Classe camponesa
Classe servidora do Estado	Classe artesã
Classe mercantil	Classe impura e degradada
Classe sacerdotal	Classe descartável

A respeito do soberano e da classe governante, Lenski comenta: "Com base nos dados disponíveis, parece provável que *as classes governantes das sociedades agrárias recebessem pelo menos um quarto da renda nacional da maioria dos Estados agrários e que, juntos, a classe governante e o soberano geralmente recebessem não menos que a metade.* Em alguns casos sua renda combinada pode ter-se aproximado de dois terços do total" (p. 228). Em outras palavras, 1 a 2% da população tomava de 50 a 65% do que produzia a nação.

A classe servidora do Estado abrangia as hierarquias militares e burocráticas cujo propósito primordial era apoiar e defender a classe governante. Sem a ajuda desses funcionários estatais, a diminuta classe governante minoritária dificilmente teria controlado a grande maioria que produzia o excedente extraído, à custa do qual essa minoria vivia no luxo. Embora representassem só cerca de 5% da população, pela espada e pela pena os servidores estatais possibilitavam todo o processo de apropriação do excedente. Coletivamente, eram indispensáveis; individualmente, eram descartáveis e (mesmo que a pena fosse mais poderosa que a espada) era só dos militares, não dos servidores escribas, que o soberano e a classe governante chegavam a sofrer ameaças reais.

A classe mercantil provavelmente derivou, de forma ascensional, da classe camponesa. Dependendo mais do mercado que das relações de autoridade, os mercadores muitas vezes ultrapassavam a classe governante na aquisição de riqueza e até poder. Entretanto, mesmo quando alcançavam o maior sucesso, sua riqueza usualmente era aplicada na terra. Isso significava que a classe mercantil inseria-se, sempre que possível, na classe governante. Em conseqüência, os mercadores nunca formaram uma verdadeira classe média na antiguidade.

A classe sacerdotal, "o último mas não o menor entre os elementos da sociedade agrária", possuía, por exemplo, 15% da terra do Egito no século XII a.C. e 15% da terra da França no século XVIII d.C. (pp. 256-257). Voltarei a esta classe mais adiante, em minha análise da resistência e sua liderança.

A classe camponesa, aquela imensa maioria da população, era mantida "no nível de subsistência ou perto dele" (p. 271), para que seu excedente apoderado pudesse permitir um alto consumo da elite. Essas apropriações alcançavam cumulativamente até "dois terços da safra total"

(p. 267). Mas "as religiões do Oriente, em especial o hinduísmo e o confucionismo, eram compatíveis com extremos de exploração não empregados pelo judaísmo e cristianismo; os primeiros deixaram a classe camponesa mais indefesa que os últimos" (276-277).

A classe artesã "era originalmente recrutada das fileiras da classe camponesa esbulhada e de seus filhos não herdeiros e era continuamente reabastecida por essas fontes. Além disso, apesar da sobreposição substancial entre a riqueza e a renda dos camponeses e dos artesãos, aparentemente, a renda média dos artesãos não era tão grande quanto a dos camponeses" (p. 278). Quanto à classe social, os artesãos camponeses eram inferiores, não superiores, aos agricultores camponeses.

A classe impura e degradada é a expressão que Lenski usa para grupos como, por exemplo, os "intocáveis" na sociedade hindu. Esta classe incluía os que, como carregadores, mineiros e prostitutas, "tinham só seu corpo e sua energia animal para vender e eram forçados a aceitar ocupações que depressa os destruíam" (p. 281). De fato, é difícil distingui-los do grupo inferior seguinte, a classe descartável, exceto onde desempenhavam funções ao mesmo tempo "necessárias" e "desprezíveis ou ofensivas", como as no curtume (p. 280).

A classe descartável é o título terrível dado por Lenski à parte mais baixa desta estrutura social. "Incluía uma variedade de tipos, de pequenos ladrões e foragidos a mendigos e trabalhadores itinerantes sub-empregados e abrangia todos os indivíduos forçados a viver só de expediente ou caridade" (p. 281). Por que essa classe era mantida e qual era seu propósito estrutural na sociedade? A explicação é tão terrível quanto o título: "Apesar dos altos índices de mortalidade infantil, a prática ocasional do infanticídio, a prática mais freqüente do celibato e a mortalidade adulta causada pela guerra, a fome e a doença, em geral as sociedades agrárias produziam *mais gente do que as classes dominantes achavam lucrativo empregar*" (pp. 281-282). Qual era a origem dos membros da classe descartável? "Muito raramente conseguiam manter casamentos normais e por causa do infanticídio, desnutrição, doenças e privações, raramente se reproduziam", mas esses "altos índices de mortalidade eram, em geral, contrabalançados pela torrente constante de novos recrutas forçados a ingressar em [suas] fileiras, vindos das classes imediatamente acima [deles]. Esses recrutas eram em grande parte os filhos e filhas de camponeses e artesãos pobres que herdavam pouco mais que a roupa do corpo e a bênção paterna" (pp. 282-283). O que os descartáveis faziam? "Parece seguro dizer que a atividade ilegal era a melhor esperança dos que caíam nesta classe e também dos camponeses mais pobres" (p. 282). Qual era seu número? "A melhor estimativa... é que, em tempos normais, de 5 a 10% da população encontrava-se nesta classe depreciada, com os números subindo até 15% em algumas ocasiões e caindo quase a zero em outras" (p. 283).

Um último detalhe. Deve ter sido notado quanto espaço dediquei à classe descartável. A razão é que essa classe é o preço *sistêmico* necessário para manter o maior número possível de camponeses no nível de subsistência. Alguns se elevam acima desse nível; um número maior precisa cair abaixo dele. No final dos dois capítulos sobre sociedades agrárias, Lenski acrescentou uma "nota sobre justiça distributiva", de duas páginas. Cito longamente parte dessas páginas, porque elas indicam formas diferentes de mal que, embora entrelaçadas e interativas, precisam ser mantidas distintas: "De um modo geral, as sociedades agrárias dão a impressão de gritante injustiça na esfera distributiva. Como vimos, um pequeno número de indivíduos gozava de imenso luxo, consumindo em um só dia bens e serviços suficientes para sustentar um grande número de pessoas comuns durante um ano. Ao mesmo tempo, a uma parte considerável da população era negada a satisfação das necessidades básicas da vida e estava destinada pelo sistema social à morte sumária. Não é preciso muita imaginação para pensar em um método de distribuição mais justo. Entretanto, quando introduzimos o fator demográfico na análise, de repente descobrimos que o problema nunca foi tão simples como às vezes parece a nós que vivemos no conforto de uma sociedade industrial moderna. Apesar dos estragos da guerra, da fome, da peste e de outros desastres, e apesar das influências do infanticídio, do aborto, do monasticismo e da prostituição, os segmentos da população que estavam no nível de subsistência, ou acima dele, continuavam a produzir mais filhos do que era possível empregar, exceto pela constante redução de privilégios. Assim, salvo um método eficiente de controle de fertilidade que nenhuma sociedade agrária jamais descobriu, parece não ter havido outra alternativa à existência de uma classe de descartáveis, por mais sombria que essa declaração possa soar a ouvidos modernos. A eliminação temporária desta classe pelo curto tempo que o crescimento populacional levaria para acabar com o excedente econômico seria o máximo que se conseguiria, se a elite permitisse" (p. 295).

No caso de tudo isso ser abstrato demais, dou um exemplo tirado da recente descrição sucinta que Charles Morris fez da Grande Fome na Irlanda, no livro *American Catholic*: "Por um breve período no início do século XIX, talvez a vida fosse quase idílica até mesmo para os camponeses de língua irlandesa... A prosperidade irlandesa desencadeou uma assustadora explosão populacional agrícola. Entre 1779 e 1841, principalmente por causa da dieta rural melhorada, baseada na batata, a população irlandesa aumentou em quase inacreditáveis 172% e a vida dos camponeses irlandeses passou a ser dominada pela luta desesperada por um pedaço de terra onde cultivar batatas... Estimativas cautelosas dão conta de que entre 2,5 e 3 milhões de irlandeses estavam em estado de quase inanição muitos anos antes da Grande Fome" (pp. 31, 32). Então vieram a praga da batata do fim da década de 1840, os "navios-ataúdes" para o Canadá, com o registro geral de um terço de mortos na viagem e outro terço de mortos após a chegada, e a contínua imigração nas décadas seguintes. Às vésperas da Grande Fome, a Irlanda tinha 9 milhões de habitantes. No final do século, a população irlandesa "estabilizou-se em 4 milhões, o mesmo número de 1750" (p. 36). O mal *ecológico* não justifica o mal *sistêmico* do desgoverno colonial que tornou o desastre inevitável e a restauração impossível. O mal *sistêmico* não justifica o mal *pessoal* de Lord Palmerston de Sligo, que pagou a passagem para todos os seus dois mil camponeses, despejou-os (muitos nus, famintos e doentes) nas docas de New Brunswick e, desse modo, conseguiu de volta suas terras para pastagem e teve suas cotas de previdência social bastante reduzidas.

A partir de tudo isso, imagino três círculos de mal que se ampliam. O primeiro círculo é pessoal e individual. Exemplo é o senhor brutalizar o escravo, o dono agredir, violentar ou matar o escravo. O segundo círculo é estrutural e sistêmico. Exemplo é toda uma sociedade basear-se no trabalho escravo e considerar o processo ideologicamente apropriado e até natural. A existência desse segundo círculo não justifica nada no primeiro. O mal sistêmico não justifica o mal pessoal. Mas a bondade pessoal também não apaga o mal sistêmico. Nenhuma quantidade de esmolas releva a injustiça pública que a torna necessária. O terceiro círculo é ecológico ou cósmico. É o que Lenski descreveu ao explicar a classe descartável. Sem a exploração e a opressão pelo Império Romano, teria havido um desastre ecológico na bacia do Mediterrâneo. Isso justifica a opressão? Este livro vai afirmar que Jesus preocupa-se primordialmente com o mal sistêmico, não com o mal individual, mas aquele terceiro fantasma do desastre ecológico estará sempre presente no fundo de cena.

Comercialização agrária

John Kautsky diferencia dois subtipos diferentes dentro dos impérios agrários de Lenski: "As sociedades agrárias de Lenski ... incluem sociedades onde os mercadores se tornaram tão poderosos que já não são puramente *tradicionais*, mas *mercantis* ou mais ou menos modernos, como o Império Romano mais tardio... Diferencio impérios aristocráticos *tradicionais* de sociedades mais ou menos 'modernas', *mercantis*, coloniais e industriais" (pp. 20, 21, itálicos meus). Para Kautsky, "a Atenas e a Roma antigas são impérios agrários mercantis" (p. 25, nota 31).

Aceito a distinção que Kautsky faz entre *tradicionais* e *mercantis* como emenda amigável ao modelo que Lenski apresenta para sociedades ou impérios *agrários*. Falando com franqueza: no império agrário tradicional, a aristocracia toma o *produto excedente* da classe camponesa; no império agrário mercantil, a aristocracia toma a *terra* da classe camponesa. O primeiro devora o esforço e o produto dos camponeses, o segundo a própria identidade e dignidade deles. A comercialização empurra um número crescente de camponeses ladeira abaixo, de dono de uma pequena propriedade livre para arrendatário, para diarista, para mendigo ou bandido.

Ao analisar os impérios agrários tradicionais, Kautsky repete inúmeras vezes, como um rufo de tambor esclarecedor, que os aristocratas "vivem à custa" dos camponeses (pp. 4, 6, 18, 24). Esse é, já se vê, o entendimento relacional ou interacionista apropriado da palavra *camponês*, que não é só palavra romântica ou nostálgica para "lavrador" e muito menos palavra cortês para "labrego", "roceiro" ou "campônio rude". O camponês é, bem simplesmente, um lavrador *explorado*. Kautsky não se deixa persuadir por alegações de mutualidade. É "uma relação bastante unilateral: o aristocrata toma e o camponês dá... Em geral, não há reciprocidade na relação entre o camponês e o aristocrata" (pp. 110, 113). Mas as aristocracias costumam camuflar a exploração como reciprocidade, alegando que a lei, a ordem, a paz e a proteção são compensações para o excesso de produção da classe camponesa de que se apropriam. Raramente dizem: Somos maiores e mais fortes que vocês. Portanto, vamos tomar sua produção excedente e impedir que outros façam o mesmo. Vocês vêem algum problema nisso?

A principal vantagem da diferenciação de Kautsky tem a ver com revoltas, rebeliões e insurreições camponesas. Sua tese é que esses incidentes dizem respeito muito mais a impérios agrários ou aristocráticos mercantis do que aos tradicionais. Nos impérios tradicionais, a classe camponesa e a aristocracia viviam quase em mundos diferentes; além da expropriação da produção excedente em forma de aluguéis, pedágios, impostos, ou exigências de trabalho, a última quase não interferia na vida da primeira. Nos impérios mercantis, a incidência de resistência aumenta constantemente e não é difícil entender a razão. A aristocracia pode aumentar impostos só até certo ponto, empurrar os camponeses para baixo dos níveis de subsistência só até certa cota, antes que ocorra a insurreição. Mas e se a aristocracia tomasse as terras dos camponeses e reduzisse os camponeses a arrendatários ou trabalhadores nas terras que outrora possuíam como herança de família? Seria inevitável que não só a tributação crescente mas também o endividamento progressivo levassem à expropriação da terra à medida que os devedores se tornassem insolventes e as hipotecas fossem executadas. Daí a tese principal e repetida de Kautsky: "As declarações da literatura que afirmam ou subentendem que as revoltas camponesas ocorriam ou até mesmo eram comuns nos impérios aristocráticos são o resultado típico da incapacidade de distinguir com clareza entre os impérios aristocráticos tradicionais e as sociedades sujeitas a certa comercialização... [pois] essas revoltas só se manifestam depois e presumivelmente em conseqüência da comercialização... Parecem manifestar-se dentro de um ou dois séculos da transição do império aristocrático tradicional para a comercialização... [mas] continuam relativamente raras... mesmo nas sociedades mercantis" (pp. 280, 281, 288, 289, 291).

A principal indicação que ele dá para essa mudança do império tradicional para o mercantil é a alienabilidade da terra. "A terra só se torna alienável e mercadoria sob o impacto da comercialização, como aconteceu na Grécia, em Roma, no império chinês e na Europa medieval" (p. 273); e outra vez: "A alienabilidade da terra... [significa que] surgem camponeses sem terra, dependentes dos que lhes adquiriram a terra e por eles explorados... [em] conseqüência da comercialização... [e isso] é tremendamente perturbador para camponeses antes dedicados à agricultura de subsistência em sua própria terra" (p. 291). No império agrário tradicional, a terra é herança familiar a ser conservada pela classe camponesa. No império agrário mercantil, a terra é mercadoria empresarial a ser explorada pela aristocracia. A comercialização rural, a expropriação da terra e o esbulho dos camponeses são mais ou menos sinônimos. E, à proporção que aumentam, aumentam também as incidências de resistência, rebelião ou revolta camponesa.

No funcionamento estatal constante de um império agrário tradicional, os camponeses vêem a aristocracia como algo semelhante a um mal natural. Secas e enchentes, doença e desastre, morte e impostos, modo de vida de subsistência e a apropriação dos produtos excedentes parecem fazer parte de um ciclo natural que não é preciso apreciar, mas que não se pode mudar. Uma expropriação local brutal demais pode, já se vê, resultar em uma reação local igualmente brutal, mas esse resultado é, em geral, defensivo e desesperado. Por outro lado, a comercialização deixa terrivelmente claro que as coisas *podem* mudar e, de fato, estão mudando – *para pior*.

Mas os camponeses então perguntam: se as coisas podem mudar para pior, não podem também mudar *para melhor?*

Isso explica por que as reações camponesas à comercialização, como Kautsky observa, "caracterizam-se também tipicamente por quiliasmo e utopismo, que envolvem extensas exigências de igualdade e o fim da exploração aristocrática" (p. 308). Os camponeses, que durante séculos aceitaram o modo de vida de subsistência e a apropriação do excedente, sentem na comercialização o cheiro da ruína e se esforçam por obter não só a restauração da exploração tradicional, mas visões radicais, utópicas e igualitárias de um mundo ideal. "Só as mudanças às quais a comercialização sujeita os camponeses fazem com que acreditem poder realizar a mudança social. Depois de sofrer mudanças adversas, exigem mudanças favoráveis e agora estas podem ir muito além da restauração de formas mais antigas de exploração e alcançar as utopias comunistas" (p. 318). São, naturalmente, visões de revolução em vez de apenas rebelião, visões de um mundo sem nenhuma exploração e opressão em vez de apenas restaurado aos níveis antigos e tradicionais de ambas.

Antropologia de gênero

A sociedade de classes define-se por desigualdades de produção, distribuição, troca e consumo, embora essas características não sejam tão marcantes quanto na sociedade estratificada... O que fez as classes se desenvolverem? A existência de relações igualitárias em algumas sociedades exclui a resposta da ciência popular de que as desigualdades surgem da competitividade da natureza humana... Uma linha de raciocínio seguida por muitos antropólogos é que o início da organização hierárquica deve ter tido algo a ver com o crescimento populacional... Uma hipótese alternativa para o desenvolvimento de classes, e a mais provável em minha opinião, é que o crescimento do comércio foi decisivo... Isso não significou o desaparecimento das tradições igualitárias, mas significou o acesso desigual a importantes recursos que solapavam a estrutura econômica do igualitarismo... Os bandos igualitários de colheita e caça e os horticultores das aldeias comunitárias dedicavam-se todos a algum comércio, mas o ponto em que tal comércio tornou-se importante o bastante para levar à especialização e à conseqüente reorganização das relações de produção foi decisivo para o desenvolvimento das classes.

Mona Etienne e Eleanor Leacock, introduction to *Women and colonization* [introdução a *Mulheres e colonização*], p. 13.

Há sempre o perigo de antropólogos observadores inconscientemente imporem seus pressupostos culturais à sociedade que observam e descrevem. Há também o perigo complementar de que informantes cooperem para essa ilusão, respondendo aos pesquisadores o que estes querem ouvir. Se, por exemplo, antropólogos do sexo masculino, vindos de sociedades dominadas pelos homens, observam e indagam sobre as relações entre homens e mulheres em outras sociedades, será que não vêem e ouvem só o que consideram humanamente normativo?

As mulheres nas sociedades pré-industriais

Para discernir esse preconceito, muitas vezes é necessário ler nas entrelinhas das descrições masculinas das relações entre homens e mulheres. Eis outros dois exemplos dessa interpretação contrária, ambos envolvendo os montagnais-naskapi da península do Labrador canadense, na citação de Eleanor Leacock (pp. 26-27, 39-40).

Os dois primeiros relatos, um da década de 1630 e o outro da de 1890, respectivamente, concordam estreitamente sobre as tarefas realizados pelas mulheres e as julgam trabalho servil:

> Além do papel oneroso de dar à luz e criar os filhos, as mulheres... também transportam a caça do lugar onde caiu; são lenhadoras e aguadeiras; fazem e consertam os utensílios domésticos; preparam a comida; esfolam a caça e preparam o couro como pisoeiras; costuram roupas; pescam e apanham mariscos para o consumo; muitas vezes até caçam; fazem as canoas, isto é, esquifes de rapidez surpreendente, da casca de árvores; erguem as tendas quando e onde param para passar a noite – em suma, os homens não se preocupam com nada além das caçadas mais trabalhosas e de guerrear... Suas mulheres são consideradas e tratadas como escravas.

> Os sexos têm tarefas específicas. As mulheres desempenham o trabalho servil e trazem para casa a caça abatida pelos maridos, buscam lenha e água, curtem as peles e as transformam em roupas. Cabe-lhes o trabalho de erguer as tendas e puxar os trenós na viagem durante o inverno e, de fato, desempenham a maior parte do trabalho braçal. São consideradas inferiores ao homem e, na vida social, logo demonstram os efeitos das agruras que sofrem.

É preciso comparar esses dois relatos com estes dois outros das mesmas épocas e fontes, que indicam cuidado na descrição, apesar do entendimento preconceituoso:

> As mulheres têm grande poder... Um homem promete alguma coisa e se não mantém a promessa, pensa que se justifica suficientemente quando afirma que sua mulher não quis que ele a cumprisse... As mulheres sabem o que devem fazer e os homens também; e nunca um se intromete no trabalho do outro... Os homens deixam a organização da casa por conta das mulheres, sem interferir; elas escolhem, decidem e desistem como querem, sem que o marido se zangue. Nunca vi meu anfitrião perguntar a uma jovem leviana com quem ele morava o que acontecia com as provisões, embora estas desaparecessem com muita rapidez... A escolha de planos, de empreendimentos, de viagens, do lugar para passar o inverno fica, quase sempre, nas mãos da dona-de-casa.

> Um incidente engraçado ocorreu à curta distância do forte Chimo. Enraivecida, a mulher de um índio arrancou-lhe as roupas do corpo. Em seguida, arrancou a tenda das estacas, deixando-o nu. Pôs todos os bens do casal na canoa e remou alguns quilômetros rio acima. Ele seguiu ao longo da margem, até que ela cedeu e então reataram as relações anteriores, como se nada tivesse perturbado

a harmonia de suas vidas. O homem foi tão importunado pelos companheiros que durante muitos dias mal pôs a cabeça fora da tenda.

Mas o problema é precisamente a frase "os bens do casal". Como Leacock comenta: "Traduzindo o incidente para os termos da economia política, as mulheres mantinham o controle dos produtos de seu trabalho. Esses produtos não eram alienados e a produção de roupa, abrigo e revestimento para as canoas pelas mulheres dava-lhes concomitantes controle prático e influência, apesar das declarações formais de domínio masculino que estranhos podiam evocar" (p. 40). Se a descrição for exata, poderá ser interpretada contra os pressupostos do descritor homem e até usada para contradizê-los.

As citações precedentes são de um conjunto de estudos feministas sobre mulheres e colonização que se concentram em sociedades de colheita e caça, mas incluem também alguns grupos hortícolas adiantados. "Exemplificam a realidade da complementaridade homem-mulher", como explicam as editoras Mona Etienne e Eleanor Leacock e "documentam o choque entre o princípio igualitário e a organização hierárquica que a colonização européia ocasionou em muitas partes do mundo" (p. 10).

Há vinte anos, Martin King Whyte relatou os resultados de uma investigação por amostragem de 93 sociedades pré-industriais que começou com a intenção de "examinar em um estudo intercultural como uma ampla série de aspectos do *status* das mulheres é mais alta em algumas sociedades e mais baixa em outras" (p. 12). Um terço dessas sociedades pré-industriais era formado de culturas de colheita e caça, outro terço de "comunidades camponesas dentro de civilizações agrárias complexas" e o último terço de sociedades que ficavam entre esses dois outros tipos (p. 5). Eis três importantes conclusões desse projeto de pesquisa que durou cinco anos (pp. 167, 170, 172-173):

A primeira conclusão contesta as alegações de que o domínio do homem sobre a mulher é universal: "Não encontramos um padrão de domínio masculino universal, mas muita variação de cultura para cultura, em praticamente todos os aspectos da posição das mulheres com respeito aos homens. É verdade que nossas descobertas nos levam a duvidar que existam culturas nas quais as mulheres exerçam domínio total sobre os homens... [mas] há considerável variação, de sociedades com domínio masculino bastante generalizado a outras sociedades nas quais há ampla igualdade e até alguns tipos específicos de domínio das mulheres sobre os homens".

A segunda conclusão contesta que haja um *status* único e unitário das mulheres: "Não podemos mais supor que exista uma coisa tal como *o status* das mulheres do ponto de vista intercultural. Nem podemos supor que uma posição favorável às mulheres em qualquer área determinada da vida social se relacione com posições favoráveis em outras áreas. Também não podemos buscar *o melhor* indicador do *status* das mulheres, nem a variável-*chave* que influencia o *status* das mulheres... Em outras palavras, cada aspecto do *status*, dos papéis e do relacionamento das mulheres com respeito aos homens precisa ser examinado e explicado separadamente, a não ser que pesquisas adicionais mostrem uma realidade intercultural que seja muito diferente dos padrões que descobrimos".

A terceira conclusão compara as mulheres em sociedades pré-industriais simples e mais complexas e "mostra os resultados mais sólidos e mais consistentes. Nas culturas mais complexas, a tendência é as mulheres terem menos autoridade doméstica, menos solidariedade independente com outras mulheres, mais restrições sexuais desiguais e talvez recebam mais temor ritualista da parte dos homens e tenham menos direitos de propriedade do que é o caso nas culturas mais simples. Ao mesmo tempo, nessas culturas mais complexas, a tendência é as mulheres terem mais influência informal e talvez de alguma maneira mais participação conjunta com os homens... Em geral e mesmo levando em conta o fato de nem todos os nossos padrões terem implicações claras de *status*, na nossa amostragem, a sorte das mulheres parece um tanto melhor nas sociedades mais simples do que nas mais complexas". O espectro pré-industrial de sociedades simples a complexas está especificado nestas palavras: "Incluem-se tanto os bandos caçadores pré-alfabetizados como as comunidades em impérios agrários estabelecidos".

Como meus interesses atuais dizem respeito às mulheres na Galiléia do século I – isto é, mulheres em "comunidades camponesas em civilizações agrárias complexas" – sou levado a imaginar o que se pode dizer sobre sua situação exata. Em outras palavras, de que forma classe e gênero cruzam-se como variáveis iguais no caso específico de mulheres camponesas?

As mulheres nas sociedades camponesas

Susan Carol Rogers propôs uma teoria de distribuição de poder camponês e de diferenciação sexual camponesa baseada em experiência de campo em uma aldeia camponesa francesa durante seis meses em 1971 (com breves retornos em 1972 e 1973) e ainda em literatura feminista antropológica sobre situações semelhantes.

Em um primeiro artigo, de 1975, ela se concentrou em dois tipos diferentes de distribuição de poder na sociedade camponesa. Um é aberto, direto, simbólico e formal. O outro, dissimulado, indireto, real e informal.

Rogers afirmou que, "embora monopolizem as posições de autoridade e recebam a deferência pública das mulheres e, assim, em uma análise superficial, pareçam dominantes, os homens camponeses exercem relativamente pouco poder real. Sua autoridade é, em grande parte, impotente, muitas vezes acompanhada de uma sensação de impotência, tanto em face do mundo em geral, como da própria comunidade camponesa. Por outro lado, no contexto da sociedade camponesa, as mulheres controlam pelo menos a maioria dos recursos e decisões importantes. Em outras palavras, se limitarmos nossa investigação ao poder real relativo de homens e mulheres camponeses, eliminando por enquanto as fontes de poder do mundo exterior que estão fora do alcance dos camponeses, quer homens, quer mulheres, parece que as mulheres são, em geral,

ANTROPOLOGIA INTERCULTURAL

mais poderosas. Ao mesmo tempo, o poder 'simbólico' dos homens não deve ser subestimado, nem pode deixar de ser explicado" (1975, pp. 728-729).

Pensemos, por exemplo, em dois aspectos da sociedade camponesa. Imaginemos que os homens tenham responsabilidade pública e política e as mulheres tenham responsabilidade particular e doméstica. Mas, por definição, a sociedade camponesa não tem, em si mesma, nenhum poder público e político para os homens exercerem e a atividade doméstica, longe de ser privada, "é de primordial importância econômica, política e social, de modo que o poder da mulher nessa esfera se estende para a aldeia em geral" (1975, p. 733). Rogers conclui que "o que vemos agindo na sociedade camponesa é uma espécie de dialética, uma oposição delicadamente equilibrada de diversos tipos de poder e autoridade: aberto e velado, formal e informal, direto e indireto. Por essa razão, sugiro que o modelo do grupo de um sexo em papel 'primário' ou dominante e o do outro em papel 'secundário' é ilusório e ignora a complexidade da situação" (1975, p. 746). Talvez seja precisamente porque os homens camponeses são relativamente impotentes que as mulheres camponesas lhes manifestam deferência pública e respeito formal. As mulheres camponesas têm poder real como controle. Os homens camponeses têm poder "mítico" como *status*.

Em um segundo artigo, em 1978, Rogers ampliou esse primeiro. Agora, concentrou-se em dois tipos distintos de diferenciação sexual dentro da sociedade camponesa. O primeiro, a diferenciação *comportamental*, tem a ver com papéis, tarefas e responsabilidades específicas do sexo. Algumas dessas diferenças originam-se da natureza, algumas da cultura, outras da delicada interface da natureza e da cultura e a maioria origina-se da cultura disfarçada de natureza. O segundo é a diferenciação *ideológica*, que trata não apenas da separação de papéis e responsabilidades, mas, de maneira mais profunda, da separação dos sexos em si, em espécies quase gêmeas. Diferenciação comportamental significa que homens e mulheres são espécies diferentes. Maçãs e laranjas, digamos, têm diferenças comportamentais e ideológicas. Então qual é a melhor? As maçãs, sem dúvida, acham que as maçãs são melhores. As laranjas, idem.

Rogers sugere que a diferenciação sexual *comportamental*, na qual "cada sexo desempenha papéis diferentes, participa de atividades diferentes etc.", é "evidentemente universal". O mesmo não acontece com a diferenciação sexual *ideológica*, pela qual "homens e mulheres consideram-se fundamentalmente diferentes uns dos outros, por exemplo, como entidades ou espécies separadas. No que são ideologicamente diferenciados, espera-se que cada sexo tenha uma percepção do universo, valores, objetivos etc. próprios (dentro dos valores fundamentais e gerais da sociedade)... Isto é, as mulheres, por exemplo, consideram alguns recursos controlados pelos homens relativamente sem importância e atribuem alto valor aos próprios, enquanto os homens mantêm a avaliação contrária"; ou "os recursos masculinos podem ser publicamente reconhecidos como mais importantes por ambos os sexos e privadamente menosprezados por um ou ambos" (1978, pp. 154-155). Essa distinção é importante porque, no ideal norte-americano contemporâneo, inclinamo-nos a negar a validade das *duas* diferenciações e, portanto, talvez não nos preocupemos em distingui-las ou mesmo reconhecê-las. Seja como for, é especialmente difícil para nós entendermos, por exemplo, sociedades em que essas duas diferenciações estão forçosa e abertamente presentes. Mas o principal interesse de Rogers está justamente nessas sociedades.

Quando há uma combinação de diferenciações comportamentais e ideológicas "é mais provável ocorrer um equilíbrio de poder... [já que] os dois grupos... são percebidos como duas realidades diferentes... relacionadas dialeticamente, ao mesmo tempo opostos um ao outro e igualmente dependentes um do outro... Esse primeiro padrão... é o mais comum interculturalmente e no qual um relacionamento de dominante/subordinado entre os sexos tem menos probabilidade de ocorrer". O segundo padrão envolve a diferenciação comportamental sem a ideológica, e aqui "uma relação hierárquica entre os sexos – com um claro desequilíbrio de poder – torna-se mais provável. Acredita-se que homens e mulheres sejam fundamentalmente o mesmo... Entretanto, é provável que os recursos controlados por um grupo sejam mais altamente valorizados por ambos. Como o acesso diferenciado ao controle de recursos não se baseia firmemente em ideologia diferente, a diferenciação comportamental pode ser percebida como injusta, imoral ou ilegal, ao menos pelo grupo do sexo que não tem acesso a recursos altamente valorizados" (1978, pp. 155-156).

Rogers encontra essa primeira combinação presente "nas sociedades camponesas européias" e também "em sociedades africanas ocidentais pré-coloniais", mas "provas de uma transformação do primeiro no segundo padrão também se encontram nessas duas áreas mundiais" (1978, p. 157). A mudança do primeiro para o segundo padrão – isto é, dos relacionamentos homem-mulher dialéticos para os hierárquicos – estava ligada, em especial, à "colonização na África Ocidental e à industrialização na Europa". É óbvio que essa mudança não foi em benefício da mulher, mas Rogers faz a mesma precisão muito interessante nos dois casos.

Com respeito à colonização na África Ocidental: "Embora o crescimento econômico induzido pela colonização a princípio inclinasse a balança do poder a favor das mulheres, há alguma indicação de que com a integração em sistemas econômicos mais amplos, os homens assumem e ultrapassam as mulheres no controle de recursos antes femininos. Podem, assim, alcançar uma posição de maior poder que as mulheres". Com respeito à industrialização na Europa: "À medida que a industrialização invade o campo, os homens camponeses perdem o controle de seus recursos, ou estes são desvalorizados pelo grupo como um todo, com a subseqüente elevação do valor relativo dos recursos femininos e um desequilíbrio que favorece as mulheres. O controle masculino reemerge, com novos recursos, principalmente os relativos à integração em um grupo maior" (1978, pp. 158-159). *A princípio* e *temporariamente*, então, confrontadas com a comercialização nacional ou estrangeira, as mulheres camponesas saem-se ligeiramente melhor que os homens camponeses. Esse, aliás, é o ponto onde as antropologias de classe e gênero se cruzam da maneira mais eficaz para minhas preocupações atuais. O modelo de Lenski-Kautsky indica que a comercialização (como no Império Romano do século I) é o prelúdio normal para a resistência e a rebelião camponesas. Mas a colonização e a industrialização são apenas formas de comercialização, a primeira antiga e moderna, a segunda de um tipo relativamente contemporâneo. Se a análise de Rogers está correta, as etapas iniciais da comercialização colonial na Baixa Galiléia, por exemplo, deixavam as mulheres camponesas em situação temporariamente melhor que os homens camponeses. Esse fato é muito importante para nossa compreensão das mulheres camponesas companheiras de Jesus.

Antropologia de resistência

Por terem uma nítida percepção de suas relações com as elites rurais, os camponeses não sentem dificuldade em reconhecer quando lhes é exigido cada vez mais e, em troca, lhes é dado cada vez menos. Assim, os camponeses não estão muito sujeitos à "mistificação" sobre relações de classes; não precisam que estranhos a eles os ajudem a reconhecer um padrão de crescente exploração que experimentam diariamente. Isso não significa que os estranhos sejam irrelevantes. Ao contrário, são, com freqüência, decisivos para os movimentos camponeses, não por convencerem os camponeses de que são explorados, mas por proporcionarem, no contexto da exploração, o poder, a ajuda e a organização que transcende o local, para ajudar os camponeses a *agir*. Portanto, é no nível da ação coletiva que a escala tipicamente pequena da vida social camponesa constitui uma deficiência, não no nível da avaliação de relações.
James C. Scott, *The moral economy of the peasant* [A economia moral do camponês], pp. 173-174.

O modelo de Lenski-Kautsky indica que a resistência camponesa aumenta à medida que a comercialização rural vai destruindo o modo de vida camponês tradicional, rompe a rede de segurança das relações de parentesco e contatos na aldeia e muda a terra de herança familiar inalienável para mercadoria comercial negociável. Mas, nesse modelo e também nas citações de Eisenstadt dadas anteriormente (bem como em todos os outros antropólogos interculturais que já li), o problema da liderança surge assim que se menciona a resistência camponesa. Aparece de forma especial em lideranças, vindas de classes acima da dos camponeses, dos "estranhos" mencionados na epígrafe acima de James Scott. Em muitos casos, ou mesmo na maioria deles, esses estudiosos pensam em revoltas militares e na liderança de classes servidoras* ou aristocráticas dissidentes. Quero, porém, ampliar a questão de resistência e liderança, para incluir a ideologia e também o exército, as situações ligadas aos letrados e também aos ofícios marciais. E se sacerdotes, profetas, letrados, burocratas, ou servidores, agindo de maneira institucional ou carismática, instigam uma revolução *ideológica*? Enquanto lê as citações a seguir sobre resistência camponesa e liderança externa, não imagine apenas chefes militares comandando exércitos de camponeses.

Resistência e liderança

Minha primeira citação é do próprio Kautsky: "A falta de liderança adequada entre os camponeses das aldeias tradicionais [é] outra razão para a ausência de organização e, por conseguinte, de revoltas, atingindo quando muito algumas aldeias vizinhas... Por causa do ambiente e experiência diferentes, a gente da cidade pode ter desenvolvido atributos como habilidades de comunicação e organização de estranhos e ter os recursos materiais necessários para praticar

---

* No inglês, *Retainer Classes*, classes dependentes ou servidoras. São as classes que vivem de salário, no exército, na administração, na magistratura ou em ocupação de nível médio ou alto na economia privada (N.R.). Serviríamos aos interesses das classes proprietárias dominantes.

essas habilidades. Para que as revoltas se espalhem amplamente e se mantenham, são necessários essas habilidades e esses recursos de líderes estranhos aos camponeses que superem o localismo deles... Parece que todas as revoltas camponesas que se espalham além dos limites locais em sociedades passando pela comercialização ou modernização vindas de fora fizeram-no sob liderança não-camponesa ou em coalizão com movimentos não-camponeses... Se as revoltas camponesas só se espalham graças à liderança não-camponesa, então a ausência delas nos impérios aristocráticos tradicionais talvez seja razão importante para a inexistência virtual de revoltas camponesas que transcendessem os limites locais nesses impérios. A comercialização e, mais recentemente, a modernização vindas de fora são seguidas por revoltas camponesas, não só porque afetam as condições nas quais os camponeses vivem, mas também porque produzem grupos revolucionários nas cidades, colocam os camponeses em contato com eles e os fazem disponíveis como líderes dos camponeses" (pp. 304, 306).

Isso leva a um ponto muito interessante. A comercialização (e tudo que a acompanha) transtorna não só a vida camponesa tradicional, mas também a vida tradicional na cidade e até na metrópole. E se, por exemplo, ela tornasse relativa a importância de *nossos* sacerdotes, negasse o valor de *nossos* templos, mudasse a validade de *nossas* leis, *nossos* costumes e *nossa* moralidade? E se eu fosse um pequeno letrado cuja subsistência fosse ameaçada pela mudança na linguagem dominante para facilitar o comércio internacional – a mudança, digamos, do aramaico para o grego? Sacerdotes ou letrados dissidentes tornam-se líderes de camponeses ou artesãos dissidentes. E essa é uma combinação um tanto perigosa. Novamente, de Kautsky: "Os estranhos à classe camponesa que formulam programas e exigências de mais longo alcance em benefício de camponeses, que visualizam a realização de um mundo diferente daquele que existe, que lideram um movimento ativista, são eles mesmos fruto da comercialização e modernização" (p. 309). Esse é um ponto muito importante e saliento suas implicações estruturais. As deslocações sistêmicas criadas pela comercialização criam um ambiente propenso à resistência ou rebelião camponesa e fornecem os quadros dissidentes que se tornam seus líderes.

A segunda citação é de Eisenstadt. Observe a análise de diversas formas de liderança, ainda que de passagem: "A classe camponesa só se tornou politicamente ativa em raras ocasiões. E, mesmo quando isso aconteceu, em geral não se tornou ativa de forma independente, mas quase sempre em união com outros grupos e estratos, como o exército, ou movimentos religiosos... Com freqüência [os camponeses] tomaram parte em rebeliões e às vezes até as iniciaram, sob a liderança ou de seu povo ou de burocratas rompidos com seu meio, da pequena nobreza rural ou de líderes religiosos" (pp. 207-208). Mais uma vez, a combinação perigosa é formada por uma classe camponesa insatisfeita, dirigida não apenas por si mesma, mas por quadros descontentes, sejam eles letrados ou sacerdotes.

A última citação é do clássico estudo de camponeses por Eric Robert Wolf: "O surgimento de um mito comum de justiça transcendental muitas vezes pode mover e move os camponeses à ação, enquanto outras formas de organização não conseguem fazê-lo, mas isso proporciona

ANTROPOLOGIA INTERCULTURAL

apenas uma visão comum, não uma estrutura organizacional para a ação. Esses mitos unem os camponeses, não os organizam. Se às vezes o grupo camponês atravessa o campo como avalanche, também como avalanche exaure-se contra a resistência e se dissolve, quando não lhe é proporcionada liderança adequada de fora" (p. 108).

Todas as citações anteriores concentram-se em como a resistência ou revolta camponesa separa-se do localismo e do regionalismo, em geral sob liderança não-camponesa.

Interlúdio para um exemplo

Para que essas múltiplas citações não pareçam abstratas demais, faço uma pausa e dou um exemplo concreto daquilo sobre o que tratam. Aliás, nada vejo de romanticamente maravilhoso na revolta camponesa ou no terrorismo rural. Mas também não vejo nada romanticamente maravilhoso na exploração imperial que provoca esses atos. A brutalidade brutaliza.

O exemplo é tirado do estudo fascinante de *Peasants and power* [*Os camponeses e o poder*], de Michael Beames. O caso se passa na Irlanda oitocentista, nas décadas entre o fim das guerras napoleônicas e o início da Grande Fome. Naqueles anos havia "um processo gradual pelo qual pressões externas forçavam os camponeses irlandeses em pedaços de terra cada vez mais inseguras e menores, com a ameaça futura de descer a um lumpemproletariado rural" de mendicância e/ou banditismo (p. 127). Essa pressão externa era a comercialização ou a especulação com a terra. "Os 'especuladores' consideravam a terra uma mercadoria a ser adquirida e mantida segundo critérios comerciais. Os *Whiteboys* [garotos brancos] (rebeldes rurais), por outro lado, consideravam-na não só um meio essencial de subsistência, mas também o recurso no qual se baseavam as relações sociais camponesas e, assim, algo sobre o qual os camponeses tinham o direito de exercer controle" (pp. 137-138). Em todo o país, a resposta a essa pressão externa foi o terrorismo rural que envolveu vários grupos com nomes diferentes e lugares diferentes; mas o termo *Whiteboys* tornou-se o nome genérico para a resistência violenta que envolvia, primeiro, aviso ou ameaça e, depois, se isso fracassasse, incêndio premeditado ou assassinato.

Naqueles anos, a Irlanda, legalmente, fazia parte da Grã-Bretanha e por isso foram nomeadas algumas comissões britânicas para resolver a situação. Temos os registros do testemunho de diversos indivíduos sobre esses acontecimentos e podemos realmente ouvir a voz dos próprios camponeses. As declarações a seguir, de três pessoas diferentes (registradas pela *Comissão régia para investigar a condição das classes mais pobres na Irlanda* em 1836 e citadas em Bedames [pp. 126-127]) dão um vislumbre de seu sentimento de ultraje moral:

> [*Trabalhador do condado de Galoway, chamado Ward:*] E é isso que deixa os homens perturbados e contra a lei, quando se vêem e aos que estão à sua volta sem rumo no mundo; é isso que leva os "Terries" [*Whiteboys*] para o campo. Quando me tiram a terra, podem também tirar-me a vida; de que vale a existência sem um lugar (isto é, um pedaço de terra).

2ll

[*Trabalhador do condado de Galoway, chamado Byrne:*] Uns três anos atrás, um homem que mantinha um sítio havia oito ou nove anos e pagou até o último vintém do arrendamento foi posto para fora, embora se prontificasse a pagar o mesmo aluguel que o homem posto em seu lugar. Os "Terries" [*Whiteboys*] vieram (vinham lá de Clare para a vingança) e fizeram o recém-chegado jurar que ia desistir da terra; este não cumpriu o juramento; depois de uma semana, um homem chegou ao meio-dia; mandou chamar Flanagan na casa e, quando este saiu para atendê-lo, onde estavam três ou quatro de seus trabalhadores, o estranho sacou uma pistola e atirou nele.

[*Arrendatário despejado do condado de Queen:*] Quando levados a tal desespero, os pobres preferem perder a vida a submeter-se calmamente à expulsão de suas terras, pois não têm outro meio de vida e, se desistirem da terra, vão se transformar em andarilhos famintos pelo mundo, pois até os parentes e antigos amigos lhes viram as costas, considerando-os um estorvo; quando o arrendatário pobre expulso recorre a eles e lhes conta sua desgraça, não lhe dão ouvidos, exceto se for para incentivá-lo a se vingar dos opressores.

O governo, já se vê, sabia exatamente o que estava em jogo nessa resistência – em especial nas reivindicações morais de justiça social por parte dos camponeses. Vinte e cinco anos antes, Lord Norbury, por exemplo, explicou isso muito bem, com admirável clareza, conforme está citado por Beames (p. 138):

[O princípio da economia do *laissez-faire*] o primeiro princípio em um país comercial e a primeira conseqüência da prosperidade nacional é a propriedade ficar em estado de transferência e circulação perpétuas. Nenhuma legislatura, por mais forte e poderosa que seja, jamais é ousada ou forte o bastante para tentar impedir esse progresso natural, desviar esse movimento perpétuo na grande máquina da sociedade humana; e o que o mais sábio dos homens e o melhor dos governos hesitaria em assegurar como praticável, e rejeitaria como indesejável, esses legisladores do populacho e re-formadores bandidos anunciam como lei de sua associação e impõem sua observância pela tortura e assassinato. O campo, dizem eles, não deve prosperar e a propriedade não pode mudar de dono. Suas ordens dirigem-se igualmente a todas as fileiras, aos ricos e aos pobres.

Uma aristocracia para a qual a terra é mercadoria empresarial choca-se de maneira violenta e profunda com a classe camponesa para a qual a terra é meio inalienável de vida. Considerando esse choque na Irlanda do início do século XIX, quem ofereceu liderança aos camponeses naqueles anos de terrorismo rural? Não aristocratas dissidentes, pequena nobresa rural ou clérigos recalcitrantes, mas mestres-escolas rurais – o que, naquele tempo, significava mestres-escolas "de cercas vivas", que lecionavam ao ar livre. Mais uma vez, cito Beames (p. 61):

Os mestres-escolas "de cercas vivas" eram independentes do controle do Estado, da Igreja ou do fidalgo rural local; confiavam no apoio e na boa vontade da classe camponesa. Até certo ponto, o "povo" controlava a própria educação... Se esses mestres-escolas realmente participaram ou não dos movimentos dos *Whiteboys*, talvez seja menos importante que o fato de proporcionarem um enfoque alternativo, uma fonte de autoridade e educação para a classe camponesa, diferente de proprietário, sacerdote e pároco. Por causa do estreito envolvimento com a comunidade camponesa de quem dependiam, parece altamente provável que agissem como catalisadores para a articulação dos ressentimentos camponeses. Sua contribuição para o movimento dos *Whiteboys* deve ter sido, no mínimo, a de ensinar a escrever aos autores de cartas ameaçadoras.

Embora um mestre-escola "de cercas vivas", mesmo o que recordava a tradição celta do poeta-estudioso itinerante, ocupasse uma posição inferior entre os letrados do país, a combinação de mestre dissidente e camponeses dissidentes é sempre perigosa, em especial no nível ideológico.

A classe sacerdotal revisitada

À luz dessas considerações sobre liderança, volto a examinar mais detalhadamente o que Lenski diz sobre a classe sacerdotal. Servirá para concluir este capítulo sobre a antropologia intercultural e para criar uma ligação firme com o capítulo seguinte relativo à história judaico-romana.

A divisão que Lenski faz da classe de servidores e da classe sacerdotal precisa ser reconsiderada para uso neste estudo. As razões são internas e externas. No lado interno, há um aviso ligeiro mas significativo de dificuldade, quando passamos da descrição que Lenski faz dessas classes em seu texto à representação delas em seu modelo visual. Na descrição, elas se diferenciam de modo claro uma da outra, como "a classe servidora" e "a classe sacerdotal" (pp. 256-266), mas no modelo visual aparecem juntas como "servidores e sacerdotes" (p. 284).

No lado externo, estudiosos recentes do cristianismo mais primitivo, usando a classificação de Lenski, parecem ter percebido esse problema. Em 1991, David Fiensy adaptou o modelo de Lenski à "estrutura social da Palestina no período herodiano". O diagrama de Fiensy coloca as famílias sumo sacerdotais entre a classe governante, e os "intendentes, cobradores fiscais autorizados e burocratas governamentais" entre a dos servidores (p. 158). Essa adaptação é aceita, com o acréscimo de porcentagens da população, na edição que Dennis Duling fez em 1994 da introdução ao Novo Testamento de Norman Perrin (p. 56). A classe sacerdotal de Lenski parece ter desaparecido (exceto, já se vê, para aqueles poucos aristocratas sacerdotais bem no pináculo do poder dentro da classe governante). Mas, nesse processo de evolução, perdeu-se algo mais importante que uma categoria. Perdeu-se o potencial que a classe sacerdotal, conforme Lenski a definiu, tinha de iniciar a revolta ideológica contra a aristocracia ou realeza em nome da própria divindade.

É necessário considerar em detalhe o que Lenski quer dizer com a classe sacerdotal: "Em sentido estrito, essa expressão refere-se só àqueles que medeiam as relações entre Deus, ou os deuses, e os homens, por meio da realização de ritos sacrificais. Vou, no entanto, usar a expressão de modo mais amplo, para incluir monges, ministros, rabinos, imames e todos os outros líderes religiosos cuja sobrevivência e *status* na sociedade dependiam, em princípio, de seu papel de liderança no sistema religioso. A natureza da classe sacerdotal variava consideravelmente de uma sociedade agrária para outra... Em razão de todas essas variações, é extremamente perigoso generalizar o papel da classe sacerdotal. A natureza desta classe talvez até fosse o aspecto mais variável de importância nas sociedades agrárias, quando consideradas do ponto de vista do processo distributivo" (pp. 256-257). Em outras palavras, a classe sacerdotal compreendia todos os que, de maneira institucional ou carismática, oficial ou popular, reivindicavam autoridade e liderança *religiosa* em uma sociedade agrária. Por que a classe sacerdotal é tão desigual e difícil de abranger até em uma generalização tipológica?

Por um lado, era bastante vantajoso para o soberano e a classe governante que a classe sacerdotal legitimasse sua autoridade "para separar as pessoas comuns da maior parte do que produziam" (pp. 260) e era bastante vantajoso para a classe sacerdotal ter as elites políticas protegendo seus direitos, embelezando seus templos e até pagando seus salários. Por outro lado, havia sempre "o fato da autoridade dividida" (p. 261). É essa a raiz do problema. A classe sacerdotal proclamava um mandato divino, até sem nenhuma força, coerção ou violência, e o soberano ou a classe governante, até quando também proclamava um mandato divino, fazia isso com o exército sempre de prontidão. Não importa o quanto as sociedades agrárias difiram ao lidar com ela (ou mesmo na tentativa de negá-la totalmente – digamos, com soberanos sacerdotes ou Estados teocráticos), essa divisão está sempre presente, como gigantesca paráclase na estrutura da autoridade. E é ao longo dessas paráclases que ocorrem os terremotos.

Para Lenski, portanto, ao contrário da classe servidora, a classe sacerdotal se define não pelo serviço ao soberano, mas pelo serviço ao mandato divino ou transcendental que alegam ter e cumprir. Mas, e se esse mandato divino envolver uma preocupação com a justiça social e a compaixão humana? Sem, de modo algum, negar até que ponto a classe sacerdotal foi cooptada ou desacreditada mesmo em tradições que reconheciam tal mandato, Lenski afirma que esses líderes religiosos "desempenharam um papel singular entre as classes privilegiadas das sociedades agrárias. Em um tipo de sociedade onde os homens de poder providenciavam para que houvesse um grande fluxo de bens e serviços dos muitos para os poucos, alguns membros da classe sacerdotal conseguiam retardar esse movimento e até estimular um pequeno fluxo na direção oposta. *Com referência a isso, a classe sacerdotal tendia a funcionar como preservadora da antiga Ética Redistributiva das sociedades primitivas, nas quais o acúmulo de bens em mãos de particulares servia como forma de seguro comunitário em vez de propriedade privada.* Em que medida a classe sacerdotal desempenhou essa importante função varia consideravelmente de religião, para religião e, dentro das religiões, de século para século, e de região para região. De todos os fatores responsáveis por essa variação, o mais importante parece ter sido o conteúdo real de uma fé e o grau em que se acreditava que Deus se preocupava com a justiça social" (p. 266). A classe sacerdotal significa liderança *religiosa*, quer lidemos com sacerdote, quer com profeta, com visionário ou mestre, personagem institucional ou carismática, individual, oficial ou popular – *desde que a autoridade proclamada seja transcendental ou divina.*

A classe sacerdotal de Lenski abrange todos os que se proclamam líderes religiosos em uma sociedade agrária, todos os que façam uma reivindicação de autoridade não intrinsecamente dependente da classe governante ou do soberano, todos aqueles dos quais a lealdade à exploração aristocrática é sempre um pouco suspeita (pelo menos em uma sociedade onde a religião se preocupa com a justiça social). Portanto, na terra judaica do século I, saduceus, fariseus, essênios, João Batista e Jesus pertenciam, todos, à classe sacerdotal de Lenski – resultado tão confuso que uma classificação modificada é, obviamente, necessária.

Minha proposta é manter a expressão *classe servidora* – pois, em geral, o papel do servidor é apoiar a classe governante –, mas considerar três grupos dentro dela. (Observemos, nos três casos, a ambigüidade que o apoio aos que exercem o poder tornou necessária. Se a classe governante precisa da classe servidora, por que os servidores não são os governadores?) O primeiro subgrupo é o dos *servidores militares*, que inclui todos os peritos em violência e que vai do exército à polícia e aos que impõem a lei. O perigo ligado a este grupo é óbvio: E se eles se rebelarem ou tentarem usurpar as prerrogativas governamentais? Mas, naturalmente, toda vez que eles o fazem precisam também revelar a força e a coerção indisfarçadas que sustentam todo o sistema, seja qual for sua justificativa moral. O segundo subgrupo é o dos *servidores religiosos*, que inclui todos os peritos em divindade e que vai de sacerdotes a profetas, de ministros ordenados a carismáticos populares. Mais uma vez, o perigo é óbvio: E se, em nome de seu poder sagrado, eles se virarem contra o soberano e a classe governante? Que dizer, na frase adequada de Lenski, sobre "o fato da autoridade dividida" (p. 161), de uma lealdade dividida entre o céu e a terra? O terceiro subgrupo é o dos *servidores letrados*, que inclui todos os peritos em leitura e escrita ou contabilidade e que vai de burocratas a advogados. Qualquer perigo deles surgirá provavelmente em conjunção com um dos dois outros subgrupos – a menos, já se vê, que eles se movimentem para reivindicar o *status* de servidores militares ou religiosos por seus próprios méritos.

O propósito dessas modificações não é estabelecer quadradinhos taxonômicos, mas sim enfatizar a ambigüidade estrutural, primeiro, de toda a classe servidora como tal e, segundo, dos subgrupos militares, religiosos e dos letrados que sempre interagem dentro dela. Em tudo isso, meu interesse principal está nas paráclases sistêmicas e, em especial, não quero perder a ênfase que Lenski dá às paráclases dentro do que ele chamou de classe sacerdotal. Ele próprio mencionou que "em muitas ocasiões, principalmente na tradição judaico-cristã, embora não só ali, a classe sacerdotal opunha-se à tirania e à injustiça e apoiava as necessidades e os interesses dos elementos mais fracos da sociedade" e o fazia a partir da "tradição personificada nas religiões ocidentais que afirmam ser Deus acima de tudo um Deus de justiça e que seu espantoso poder será usado para punir os injustos" (p. 263).

Uma última questão. Este é outro caso em que o modelo de Lenski-Kautsky e o modelo de Eisenstadt estão em completo acordo, mas, como de costume, o segundo é muito mais geral que o primeiro. Eisenstadt observa que "na maioria das sociedades estudadas, os sistemas de valores das religiões principais diferenciavam-se o bastante para conter um forte ingrediente de orientações universalistas e/ou transcendentais. Desse modo, constituíam fontes potenciais de orientações autônomas, de mudança e de dissensão... A latente predileção por mudança que caracterizava algumas das instituições, ordens e grupos religiosos explicava sua freqüente participação em movimentos sociais e políticos 'radicais' – por exemplo, em revoltas camponesas e em conspirações e movimentos urbanos" (p. 190). Um mandato transcendente muitas vezes justifica a situação política ou social. Mas também pode transformá-la inteiramente. Não importa como sejam chamados, diferenciados ou combinados, o clero e a aristocracia representam fontes diferenciadas de poder e essa paráclase social não é eliminada sem a erradicação da religião ou da política. É provável que nem mesmo assim.

Parte V

HISTÓRIA E ARQUEOLOGIA

Governos, teocracias e exércitos são, naturalmente, mais fortes que os camponeses dispersos. Por isso, os camponeses têm de se resignar a ser dominados, mas não sentem como suas as glórias e as realizações de uma civilização que é, radicalmente, sua inimiga. As únicas guerras que lhes tocam o coração são aquelas nas quais lutaram para se defender contra essa civilização, contra a história e o governo, a teocracia e o exército. Lutaram essas guerras sob suas flâmulas pretas, sem liderança nem treinamento militar e sem esperança; são guerras malfadadas que eles estavam destinados a perder, guerras aterradoras e desesperadas, incompreensíveis para os historiadores... Mas o mito dos bandoleiros é-lhes caro ao coração e faz parte de suas vidas, a única poesia em sua existência, sua epopéia sombria e desesperada. Até a aparência dos camponeses hoje recorda a dos bandoleiros: são silenciosos, solitários, melancólicos e carrancudos em seus trajes e chapéus negros e, no inverno, sobretudos negros, armados, sempre que saem para os campos, de fuzil e machado. Têm coração meigo e alma paciente; séculos de resignação pesam-lhes nos ombros, juntamente com uma percepção da vaidade de todas as coisas e do poder dominador do destino. Mas quando, após infinita resignação, são sacudidos no íntimo de seu ser e arrastados por um instinto de autodefesa ou justiça, sua revolta não conhece limites nem medida. É uma revolta desumana, cujos pontos de partida e final são igualmente a morte, na qual a ferocidade nasce do desespero. Os bandoleiros, de forma irracional e sem esperança, defendiam a vida e a liberdade dos camponeses contra as usurpações do Estado. Por má sorte, eram instrumentos involuntários da história e, sem que soubessem, a história trabalhava contra eles; estavam do lado errado e caminhavam para a destruição. Mas, por meio dos bandoleiros, os camponeses se defendiam contra a civilização hostil que jamais os entende, mas perenemente os escraviza; por instinto, consideravam os bandoleiros heróis. O mundo camponês não tem governo nem exército; suas guerras são apenas explosões esporádicas de revolta, fadadas à repressão. Ainda assim, esse mundo sobrevive, entregando aos conquistadores os frutos da terra, mas impondo-lhes suas medidas, suas divindades terrenas e sua linguagem.

Carlo Levi, *Christ stopped at Eboli* [*Cristo parou em Eboli*], pp. 137-140.

A conclusão geral da Parte IV foi que os deslocamentos camponeses criados pela comercialização rural aumentam a possibilidade ou a inevitabilidade de resistência, rebelião e até revolução. Baseando-se diretamente na Parte IV, a Parte V considera a tradição judaica e a história romana em uma rota de colisão nesse ponto exato de comercialização rural incipiente no século I. O que acontece quando a urbanização romana e sua concomitante ruralização chegam finalmente à Baixa Galiléia?

A Parte V tem dois capítulos. O Capítulo 12 examina o que deu tão terrivelmente errado entre a política romana imperial e a religião judaica tradicional nos duzentos primeiros anos de sua interação. As tradições constitutivas do judaísmo envolviam um Deus de justiça e direito em relacionamento pactual com um povo de justiça e direito sob uma lei de justiça e direito em uma terra de justiça e direito. Esse Deus não *podia* ser outro, e esse povo não *devia* ser outro. A Lei de Deus não era questão apenas de vontade divina ou mandamento divino, mas de natureza divina e caráter divino. Na lei sagrada, na crítica dos profetas e na sabedoria dos escribas, este Deus levantava-se contra a opressão e a exploração, contra o endividamento, a escravidão e a perda da propriedade, contra tudo que aumentasse a desigualdade e destruísse a igualdade. Como fundamento da vida, a terra não era simplesmente uma mercadoria para a manipulação empresarial comum: a terra pertencia a Deus; os membros do povo de Deus eram todos arrendatários da propriedade divina. Então surgiu o imperialismo romano, que procurava terra para exploração comercial e também expansão territorial. Era previsível que a tradição judaica se chocasse com essa política romana. E se chocou, não só porque em geral os camponeses resistem à comercialização rural, mas também (e principalmente) porque os camponeses judeus tinham uma tradição longa e sagrada de tal resistência.

O Capítulo 13 coloca a terceira e última camada em meu modelo interdisciplinar de contexto. Depois de reconhecidas essas camadas antropológicas e históricas, há ainda mais uma pergunta. Era a Galiléia apenas um lugar romano atrasado, sem nenhum valor para urbanização ou comercialização? A arqueologia indica com precisão o que aconteceu na Baixa Galiléia nos vinte primeiros anos do século I da era cristã. Herodes Antipas procurou urbanizar a Baixa Galiléia, como seu pai, Herodes I, o Grande, já fizera na Judéia e na Samaria. A reconstrução de Séforis e a fundação de Tiberíades representaram centros para a comercialização rural e, com sua chegada, a antropologia, a história e a arqueologia juntaram-se no ponto exato onde se podia esperar resistência. O tempo e o lugar estavam agora prontos para o movimento do batismo no Jordão fundado por João e para o movimento do Reino de Deus fundado por Jesus.

Capítulo 12

História Judaico-romana

A noção de justiça social estava profundamente enraizada nos mandamentos e na lei oral conforme haviam se desenvolvido por 1.200 anos, fossem quais fossem as diferenças de interpretação entre os judeus, diferenças que provavelmente derivavam das classes de origem dos intérpretes... O problema básico de valores e práticas morais que o povo judeu desenvolveu através dos séculos e sua estreita união de moralidade e identidade comum produziram uma consciência nacional que excedia em muito a dos vizinhos em solidariedade e raízes. Além disso, uma parte importante da legislação judaica regulamentava questões vitais como governo local, escravidão, propriedade da terra, plantio, guarda do sábado, dívidas e contribuições para o santuário central – todas elas com implicações econômicas... É bom mencionar que a resistência organizada que se tornou a força propulsora da revolta judaica de 66-74 originou-se de um conceito fortemente religioso e ético – que a terra pertencia à Divindade – a primeira declaração de fé protestante. Essa fé evocava a resistência a uma situação econômica injusta e a resistência intensificava o confisco e evicção e o aumento dos sem-terra, que compunham a maior parte dos movimentos de resistência ativa.

> Shimon Applebaum, *Josephus and the economic causes of the Jewish War* [*Josefo e as causas econômicas da Guerra dos Judeus*], pp. 237-238, 256-257.

A expressão *judaico-romana* no título deste capítulo não é propriamente comum. Nesta análise, porém quero concentrar-me o mais possível na interação entre o imperialismo romano e o judaísmo tradicional na terra judaica. O pano de fundo geral é o mundo helenístico, o cosmopolitismo cultural e o internacionalismo econômico que resultaram das conquistas do Mediterrâneo oriental por Alexandre, perto do fim do século IV a.C. Mas me concentro aqui em especial nas relações judaico-romanas na terra judaica.

Essa terra estava sob o domínio imperial pagão desde o século VI a.C. Os romanos não foram seus primeiros suseranos imperiais. O que, então, deu tão errado entre a política romana e a tradição judaica? Pensemos nestes números arredondados: nos quatrocentos primeiros anos de controle estrangeiro, sob o Império Persa e seus substitutos gregos, houve só uma revolta, bem no fim desse período. Mas nos duzentos primeiros anos de controle romano houve três grandes revoltas, uma sob Nero e Vespasiano em 66-74, outra sob Trajano em 115-117 e uma última sob Adriano em 132-135. Em mais detalhes:

Sob o Império Persa	208 anos (539-331 a.C.)	sem revoltas
Sob Alexandre e generais	29 anos (331-302 a.C.)	sem revoltas
Sob o Império Greco-egípcio	104 anos (302-198 a.C.)	sem revoltas
Sob o Império Greco-sírio	31 anos (198-167 a.C.)	uma revolta
Sob o Império Romano	172 anos (63 a.C.-135 d.C.)	três revoltas

As três guerras terríveis contra o Império Romano resultaram, respectivamente, no incêndio do templo, na destruição do judaísmo egípcio e na paganização de Jerusalém. A primeira e a última revoltas aconteceram na própria terra judaica. A do meio propagou-se do Egito e de Cirene para Chipre, Palestina e até mesmo Mesopotâmia. Há sempre diversas razões para a revolta muito espalhada que leva à guerra total, mas por que as relações judaicas com Roma – *especificamente* com Roma – se arruinaram tanto e acabaram tão desastradamente?

O estrato básico da antropologia intercultural a partir do modelo de Lenski-Kautsky enfatizou como a comercialização provocou a resistência camponesa nos impérios agrários. Também considerou Roma exemplo desses impérios agrários mercantis. O passo seguinte é estabelecer uma ligação firme entre a antropologia e a história dentro do plano interdisciplinar de meu método. Essa ligação firme é a *comercialização rural*, que o Império Romano aceitava como destino imperial manifesto e grande parte da tradição judaica rejeitava como injustiça divinamente proibida. Neste capítulo, então, examino primeiro a estrutura social geral do Império Romano e depois as tradições judaicas sobre a comercialização rural.

É melhor ser escravo que camponês?

O Império Romano foi o mais completo sistema pré-industrial que jamais existiu, com a possível exceção da China dinástica.

Stephen L. Dyson, *A classical archaeologist's response to the 'New Archaeology'* [*A resposta de um arqueólogo clássico à "nova arqueologia"*], p. 10.

No Império Romano, os estratos sociais mais oprimidos eram os segmentos claramente pobres e empobrecidos da população rural. Entre esses setores, os que mais sofriam não eram os escravos nos latifúndios, que tinham valor para os amos e eram pelo menos regularmente alimentados, mas sim a massa de camponeses nominalmente "livres", que não tinham meios de subsistência e que, nas províncias, muitas vezes, também não tinham o *status* privilegiado de um cidadão romano. Por exemplo, a vida dos camponeses "livres" da Judéia e do Egito era muito pior que a dos escravos em uma grande propriedade [italiana].

Géza Alföldy, *The social history of Rome* [*A história social de Roma*], pp. 145-146.

Géza Alföldy dá um modelo histórico específico da estrutura social do Império Romano (1985, p. 146), que se sobrepõe facilmente ao modelo antropológico geral de Gerhard Lenski que já vimos (1966, p. 284). Uma vantagem do modelo histórico de Alföldy é sua clara distinção entre as classes mais altas e mais baixas. Na antiguidade não havia classe média. Havia, já se vê, uma dispersão de riqueza por todo o espetro, de muito alta até muito baixa, mas *riqueza* média não significa *classe* média. Na agricultura, a linha divisória clara ficava entre os que possuíam terra que outros cultivavam para eles, e os que por si cultivavam sua terra (mesmo que a família de lavradores também pudesse ter ajuda sazonal ou escravos permanentes).

Outra vantagem deste modelo é seu esboço das distinções e anomalias nas classes altas do Império Romano primitivo. Ali, na verdade, estavam latentes as sementes de desastre, não tanto nas distinções como nas anomalias. Roma começou sua existência imperial quando ainda era uma república governada por dois cônsules substituídos anualmente. Pensemos neles como uma dupla de *reis por um ano*, com todas as vantagens de *reis* e com as desvantagens mitigadas por ser uma *dupla* e governando *por um ano*. Mas a sina já estava decretada nos anos 80 a.C., quando Lúcio Cornélio Sula voltou da conquista da Grécia e da Ásia Menor com despojos suficientes para pagar um milhão de legionários durante um ano. Isso deu novo sentido à expressão *por um ano*. Como os cônsules controlariam esses comandantes e o que impediria cônsules ou ex-cônsules de se tornarem comandantes? A escolha era entre guerra civil permanente ou governo monárquico estabelecido (mas sem esse adjetivo!). No fim da década de 30, Otávio, filho adotivo e herdeiro designado de Júlio César, estava prestes a se tornar *Princeps* e *Augustus*, no nome menos que rei, mas de fato mais que rei.

Uma noção dos valores monetários antigos é útil para apreciar o que se segue. A melhor maneira de entender esses valores é pelo exame de custos e preços do período em questão, em vez de tentar traduzir moedas antigas para moedas atuais. Relacionados abaixo estão alguns exemplos (selecionados de Sperber, p. 190; Duncan-Jones, pp. 10-11, 208, 349-350). As quantias são todas dadas em sestércios. Lembremo-nos de que quatro sestércios romanos equivaliam a um denário romano ou uma dracma grega, ou um quarto de siclo judaico.

Salário normal de um diarista:	1-3 sestércios por dia
Custo de manutenção de um escravo urbano:	350-500 sestércios por ano
Preço de um escravo não especializado:	600 sestércios (no mínimo)
Estipêndio para um escravo liberto:	850-1.000 sestércios por ano
Salário de um soldado romano:	900 sestércios por ano
Salário de um importante governador provincial:	1.000.000 de sestércios por ano

Com um capital de cerca de 20 milhões de sestércios, Plínio, o Moço, deixou doações para escravos libertos que renderiam entre 850 e 1.000 sestércios para cada um por ano. Portanto, essa quantia pode ser considerada um gasto básico para a subsistência durante um ano.

No vértice do modelo de Alföldy ficavam o imperador e sua família dinástica. Imediatamente abaixo dele ficava a ordem senatorial; seus 600 membros, reconhecidos pela larga faixa púrpura em suas togas, tinham de possuir o capital *mínimo* de 1 milhão de sestércios (que, a 6%, renderiam 60.000 sestércios por ano).

Abaixo da ordem senatorial ficava a ordem eqüestre, assim chamada porque, originalmente, os cavalos de sua cavalaria eram subsidiados pelo Estado. Esta ordem era reconhecida pela estreita faixa púrpura em suas togas e cada um dos 20.000 membros tinha de possuir um capital de, no mínimo, 400.000 sestércios. Sua riqueza e poder dependiam, como no caso dos senadores, de nomeações civis e militares, da propriedade de terras e do empréstimo de dinheiro; para eles, em especial, a riqueza e o poder também dependiam de várias operações comerciais, industriais, fiscais e profissionais. Nesse aspecto estava uma primeira anomalia: os éqüites podiam acabar muito mais ricos que os senadores, para quem, pelo menos em teoria, essas últimas ocupações estavam abaixo de sua dignidade. E uma segunda anomalia: Será que o imperador, que podia bem vir ele próprio da ordem eqüestre, não haveria de preferir confiar mais neles que nos senadores os quais, afinal de contas, guardavam algumas lembranças nostálgicas do poder que haviam perdido?

Abaixo da ordem eqüestre como tal (mas freqüentemente idêntica a ela em casos específicos) ficava a ordem conselheira ou dos decuriões. Não era uma ordem que abrangia todo o império, mas apenas as elites independentes de cada cidade, que, em geral, envolvia cerca de 100 membros da câmara consultiva e os magistrados. É provável que houvesse entre 100.000 e 150.000 decuriões espalhados pelas cerca de 1.000 cidades do Império Romano e os requisitos de capital para ocupar essa posição variavam de 20.000 a 100.000 sestércios. Entretanto, lembremo-nos dos números: "Se somarmos o número de senadores, *éqüites* e decuriões sem *status* eqüestre, chegamos a um total de não mais que 200.000 adultos do sexo masculino: estes, juntamente com suas mulheres e seus filhos, não chegam a 1% da população total do império" (p. 147). Assim os "estratos superiores" (as três ordens descritas acima) e os "estratos inferiores" de Alföldy representam, respectivamente, 1% e 99% do Império Romano.

Já chamei a atenção para uma anomalia no modelo de Alföldy: os éqüites superiores podiam ficar muito mais ricos que os senadores inferiores. Há duas outras categorias sociais ainda mais anômalas: a família de César e os escravos libertos. Os imperadores administravam o império como se este fosse uma extensão do lar, de modo que era comum os membros escravizados e libertos da "família de César" alcançarem enorme poder e riqueza. Mesmo para quem pertencia às ordens senatorial, eqüestre ou conselheira, o acesso ao imperador bem podia ser por intermédio dos departamentos financeiros, legais ou políticos controlados por burocratas escravizados ou libertos. Tal situação só podia diminuir a lealdade da aristocracia ao novo sistema imperial.

Mesmo sem essa anomalia, só a possibilidade de existirem pessoas *ricas* mas *libertas* já criava um problema social, não para elas, naturalmente, mas para as ordens da elite, que, em teoria, estavam acima delas. É preciso lembrar que as conquistas romanas produziram multidões de escravos tão inteligentes, cultos e educados quanto seus captores – e, com freqüência, mais. Imagine proprietários de terra romanos que sabiam ser possível ganhar muito dinheiro em empreendimentos comerciais, mas não queriam sujar as mãos, arriscar a reputação ou demonstrar sua ignorância na tentativa de ganhar esse dinheiro. Possuíam escravos inteligentes, capturados no Oriente, que eram bem versados em operações comerciais. Davam-lhes *peculia*, quantias de dinheiro com as quais negociavam ou regateavam como se fossem suas, mas todo lucro tinha de ser repartido entre escravo e amo. (É óbvio que os amos podiam ordenar aos escravos que fizessem transações comerciais para eles, sem nenhum acordo de *peculia*, mas, nessas circunstâncias, recompensas funcionam melhor que castigos.) Finalmente, quando conseguiam lucro suficiente, os escravos compravam a liberdade, por qualquer preço combinado, o que, em geral, acontecia por volta dos 30 anos de idade, a má notícia sendo que a idade média em que os adultos morriam era de 38,8 anos para os homens e 34,2 para as mulheres (Morris, p. 74), estatística muito pouco reveladora pelo fato de um terço dos nascidos vivos morrerem antes dos 6 anos e dois terços até os 16 (Carney, p. 88).

A alforria ou manumissão concedida por um cidadão romano conferia a cidadania romana ao escravo liberto. Apenas cerca de 25% dos membros do Império Romano eram cidadãos no início do século I da era cristã e tem sido sugerido que os cidadãos libertos podem ter constituído 80% desse grupo. Os escravos libertos eram sempre designados como *libertos*, em vez de *nascidos livres* e sempre tinham deveres para com a família benfeitora que lhe concedera a liberdade, mas os filhos nascidos após a manumissão eram sempre cidadãos romanos *nascidos livres*. Não admira que, como Alföldy afirmou na epígrafe a este capítulo, muitas vezes era melhor ser escravo em uma casa romana que camponês judeu livre. Mais uma vez, porém, a anomalia social dos libertos ricos cuja fortuna excedia seu poder e cujo poder excedia seu *status* lançava sombras sobre as distinções teóricas da elite aristocrática romana. Era, já se vê, uma situação muito boa para os escravizados e os libertos, mas como um sistema sobreviveria depois de ter hipotecado a lealdade dos que ainda mantinha em seu pináculo?

Era esse, em resumo brevíssimo, o sistema social romano. Um comentário geral sobre ele antes de nos voltarmos para a terra judaica. Dyson fez uma pesquisa completa sobre revoltas nativas contra o imperialismo romano. Como estava interessado primordialmente nas sociedades tribais do Ocidente e não nas sociedades antigas do Oriente, ele não incluiu áreas como a Grécia ou a Judéia. Concluiu, no entanto, que "o processo de romanização produziu graves tensões sociais e econômicas que levaram a população nativa a repetidas demonstrações de rebelião... As tensões produzidas pelo contraste de estilos diferentes de vida econômica foram fator importante de rebelião em toda a história romana" (1975, p. 171). O imperialismo romano significava não apenas tributação de uma economia já estabelecida, mas a comercialização da economia local para mais impostos e rendas no futuro. Como esse programa se entrosou com a tradição judaica na terra judaica?

Sede de justiça divina

> Percebemos uma tensão nas atitudes com relação à posse da terra no antigo Oriente Próximo. Por um lado, havia o reconhecimento de que a terra era um recurso único que precisava ter normas específicas para evitar a ruína do povo. Por outro lado, havia um movimento rumo a uma maior liberdade individual no uso e na transmissão da terra, que incluía a possibilidade do latifundismo [agricultura em larga escala] e a pauperização das massas do povo. Parece que o antigo Oriente Próximo foi puxado para essa segunda direção e foi nesse contexto que Israel nasceu.
>
> Jeffrey A. Fager, *Land tenure and the biblical jubilee* [*A posse da terra e o jubileu bíblico*], p. 27.

Começo com alguns pontos preliminares. Há nesta parte três elementos que não se separam uns dos outros, embora com freqüência tentemos separá-los. O direito divino, a justiça social e a pureza ritual estão entrelaçadas na tradição judaica como três fios da mesma corda. Não importa que palavra se use, os três estão presentes. Talvez a repetição de palavras bíblicas como *direito*, *justiça* ou *pureza* nos tenha deixado insensíveis a seu significado. Essa insensibilidade (ou até aturdimento) de nossas mentes é o principal problema desta parte do livro. Em toda ela, vou enfatizar de que forma palavras e idéias que ouvimos como se fossem exclusivamente religiosas e teológicas eram originalmente isso, mas também eram econômicas, políticas e sociais – estando todos esses aspectos entrelaçados. Para enfatizar tal união, intitulei esta parte não "Sede de justiça social", que teria sido um título perfeitamente válido, mas sim "Sede de justiça divina", que é ainda mais preciso. O assunto é a justiça de Deus para esta terra. E como sabemos que Deus é justo? Porque Deus ficou contra o Império Egípcio para salvar alguns escravos condenados. Deus não prefere simplesmente os judeus aos egípcios. Deus não prefere simplesmente escravos a amos. O único Deus verdadeiro prefere a justiça à injustiça, o direito à iniqüidade e é, portanto, o Deus Libertador. Essa antiga tradição judaica estava destinada a se chocar profunda e ferozmente com a comercialização, urbanização e amoedação romanas na terra judaica do século I.

Outra questão preliminar. No que se segue, concentro-me em textos bíblicos, nos documentos constitutivos e normativos do judaísmo em si. Sei, naturalmente, que esses textos originam interpretações violentamente conflitantes e que *classe*, por exemplo, representa uma diferença decisiva na maneira como a pessoa interpreta e aplica a justiça divina nesta terra. Por um lado, é bastante fácil ficar a favor da justiça e do direito. Poucos indivíduos, grupos ou divindades se proclamam contra essas virtudes ou a favor da injustiça e da iniqüidade. Mas, por outro lado, os textos bíblicos indicam repetidamente o que tal justiça acarreta. E a lógica por trás dessa justiça divina é a igualdade humana, um igualitarismo radical que se mostra não em manifestos abstratos, mas em leis específicas. Deixe-me explicar exatamente o que quero dizer, por meio de uma comparação entre Atenas e Jerusalém, entre a filosofia grega e a teologia judaica.

Quarenta anos atrás, Karl Polanyi escreveu sobre a necessidade de entender que o filósofo grego Aristóteles, que viveu entre 384 e 322 a.C., "atacou o problema da subsistência humana com um radicalismo do qual nenhum autor posterior foi capaz ao escrever sobre o assunto – nenhum penetrou mais fundo na organização material da vida humana. Com efeito, ele propôs, em toda a sua amplitude, a questão do lugar ocupado pela economia na sociedade" (p. 66). Nem todos os historiadores econômicos concordam com essa opinião. Em uma obra publicada pouco antes do louvor de Polanyi, Joseph Schumpeter achou Aristóteles cheio de "bom senso decoroso, vulgar, ligeiramente medíocre e mais que ligeiramente empolado" (p. 57). Seja como for, Aristóteles ensinou que justiça significava *desigualdade*. Moses Finley assim resume sua idéia de justiça: "A distribuição de quinhões iguais entre pessoas desiguais seria injusta. O princípio da justiça distributiva é, portanto, equilibrar esse quinhão com o valor da pessoa" (1970, p. 29). Ou, falando com mais franqueza, de Finley, que cita Marx: "'A sociedade grega fundamentava-se na escravidão e, assim, tinha por base natural a desigualdade dos homens e seu poder de trabalho'. Que a desigualdade natural é fundamental para o pensamento aristotélico está fora de discussão: ela impregna sua análise da amizade na *Ética* e da escravidão na *Política*" (1970, p. 38). A escravidão era natural. Portanto, a *des*igualdade era natural. E, portanto, a justiça distributiva exigia a desigualdade.

Voltemos agora dos filósofos da Grécia para os teólogos de Israel. Na Bíblia hebraica, não encontramos nenhum manifesto anunciando que todas as pessoas, ou mesmo todos os judeus, são iguais. Nem encontramos afirmações que a escravidão é antinatural ou contra a vontade de Deus. Mas ali encontramos decretos e decisões, ameaças e promessas que só fazem sentido no pressuposto de que a justiça de Deus luta insistentemente contra a desigualdade no meio do povo de Deus. Se endividamento, escravização e perda da propriedade são simplesmente caprichos da vida, tão naturais quanto a seca, a doença e a morte, por que Deus busca reduzir o endividamento, controlar a escravização e revogar a perda da propriedade? Por que é o impulso em direção à igualdade e ao igualitarismo uma espécie de ideal fundamental?

É verdade, a tradição hebraica não proclamou manifestos filosóficos sobre igualdade. Mas sem ter isso como sua profunda presunção, suas palavras e ações contra o aumento da desigualdade não fazem sentido. O problema é, já se vê, que quando Deus se manifesta libertando do controle imperial escravos condenados, o futuro se choca com a dominação, a opressão e a exploração – mesmo quando essas ações são exercidas por um povo contra si mesmo. Nos textos bíblicos, são feitas acusações de injustiça contra os ricos e poderosos dentro do próprio judaísmo. Isso acontece porque na ocasião os judeus governavam seu povo e sua terra. Nos textos pós-bíblicos, são feitas acusações de injustiça contra as nações pagãs, os grandes impérios e os deuses imperiais. Isso acontece porque nessa outra ocasião eles governavam o povo judeu e a terra judaica. Mas o que está sempre em jogo é o Deus judaico de justiça, que se levanta contra a injustiça, contra indivíduos injustos, contra impérios injustos e contra deuses injustos. A justiça como igualdade é exigida não só por decreto divino, mas pelo caráter divino, e cabe aos seres humanos entender como isso funciona na prática.

Um último ponto preliminar. Muitos estudiosos falam agora sobre judaísmos, no plural em vez do singular. A palavra enfatiza corretamente a pluralidade e diversidade dessa religião nos primeiros séculos da era cristã. Também reage apropriadamente contra a tendência de aplicar normas posteriores de ortodoxia a um período mais primitivo e muito mais diversificado.

Por outro lado, deve ter havido alguma coisa que unia esses diversos judaísmos, alguma coisa dentro da qual a oposição de uns aos outros fazia sentido. Para meu propósito atual, não quero argumentar a favor nem contra uma palavra como *judaísmos*. O que descrevo a seguir pode ser identidade judaica comum ou fundamental na terra judaica, ou pode ser só mais um aspecto entre muitos. De qualquer modo, é o aspecto que me interessa e não parece ser marginal, periférico, ou idiossincrático. Origina-se bem dentro dos documentos constitucionais do povo judeu.

O ANTIGO ORIENTE PRÓXIMO

De Léon Epsztein em 1986 a Moshe Weinfeld em 1995, está meridianamente claro que os pressupostos do antigo Oriente Próximo sobre justiça divina, régia, social e popular são o fundamento de certas tradições judaicas antigas. "Graças às descobertas dos dois últimos séculos", diz Epsztein, "é possível demonstrar a partir dos textos a existência de uma aspiração geral à justiça que se estendia pelas várias regiões do antigo Oriente Próximo... A busca de justiça que aparece em Israel tem analogias com a que apareceu entre seus vizinhos. A noção hebraica de justiça pode ser comparada a Maat [no Egito]... a divindade, filha do deus sol, Re, símbolo da boa ordem, do verdadeiro estado da natureza e da sociedade como foi fixado pelo ato criador... Encontramos antecedentes distantes para o par de palavras bíblicas *mishpat/ tsedeqa* [justiça/direito], que é não fórmula abstrata, mas noção profundamente ligada à vida específica do povo de Israel... na Babilônia e entre os semitas ocidentais" (p. 45). De modo semelhante, o estudo de Weinfeld da "prática do *direito e justiça* no domínio sociopolítico" argumenta que "ela se refere primordialmente a atos em benefício das classes pobres e menos afortunadas do povo... postos em prática por meio de legislação social, iniciada pelos reis e os círculos governantes". Portanto, ele compara "a prática da justiça e do direito... pelos governantes de Israel, com o estabelecimento do... direito na Mesopotâmia e a proclamação da 'liberdade' no Egito. Em geral, essas instituições sociais eram introduzidas pelos reis quando subiam ao trono ou em outras ocasiões decisivas na história da nação" (pp. 8-9). Nos textos a seguir, da Mesopotâmia, passando por Ugarit, ao Egito, há, por exemplo, menção explícita de justiça para viúvas e órfãos, de especial proteção divina e, portanto, régia, para os que já não estavam protegidos pela ligação paterna nas redes de segurança do parentesco. Uma ênfase semelhante aparece nas três partes da Bíblia hebraica: por exemplo, na Lei (Ex 22,21-23), nos Profetas (Zc 7,9-10) e nos Escritos (Jó 24,3.9).

Na Mesopotâmia, nos primeiros séculos do segundo milênio a.C., os Prólogos aos antigos códigos legais mencionam como os deuses e deusas chamavam o rei para ser protetor da justiça. Na primeira metade do século XIX a.C., Lipit-Ishtar foi "chamado... ao principado da terra a fim de estabelecer a justiça na terra" e ele "estabeleceu justiça em Sumer e em Acad... fez existirem o direito e a verdade; trouxe bem-estar aos sumérios e aos acádicos". Um século e meio mais tarde, Hamurabi da Babilônia foi "nomeado... para fazer a justiça prevalecer na terra, destruir os iníquos e os maus, para que os fortes não oprimissem os fracos... para que fosse feita justiça ao órfão e à viúva... para fazer justiça aos oprimidos" (*ANET*, pp. 159, 161, 164, 178).

Em Ugarit, imediatamente ao norte do que seria Israel no século XIV a.C., há um poema sobre certo Yassib, o Rapaz, que resolve usurpar o trono do pai, Keret, o Nobre. Em "A lenda do rei Keret", ele anuncia a boa-nova ao pai (*ANET*, p. 149, ligeiramente modificado):

> Escuta, eu te imploro, Keret, o Nobre!
>   Ouve e presta atenção....
> Deixaste tua mão cair na maldade.
> Não julgas a causa da viúva,
>   Nem decides o caso do desventurado;
>   Não expulsas os que oprimem os pobres;
> Não alimentas os órfãos de pai diante de ti,
>   A viúva às tuas costas.
> Tornando-te irmão do leito do enfermo,
>   Companheiro do leito dos que sofrem,
> Desce da realeza – eu vou reinar;
>   Da parte de tua autoridade – vou sentar no trono.

O texto se interrompe logo depois dessa proposta, com a súplica de Keret para que o deus quebre a cabeça de Yassib, a deusa quebre sua cachola. (Aliás, dá para ver de onde a Bíblia tirou a tradição de paralelismo poético.)

No Egito, há uma parábola particularmente interessante do Médio Império dos séculos XX a XVIII a.C. "Os protestos do camponês eloqüente", é seu nome, descreve como um camponês chamado Khun-Anup obteve justiça diretamente do intendente-chefe do Egito. Induzindo as bestas a comer um bocado de grama, certo Thut-nakht o surrara e o despojara de seus burros carregados de produtos. Thut-nakht era pessoa importante, vassalo do intendente-chefe, Rensi, por isso ignorou as súplicas do camponês. Mas Khun-Anup dirigiu-se ao próprio Rensi e o censurou por sua lentidão na resposta (*ANET*, pp. 408-409):

> Por seres o pai do órfão, o marido da viúva, o irmão da divorciada e o protetor do que não tem mãe. Deixa-me fazer teu nome nesta terra, de acordo com todas as boas leis: um líder livre da cobiça, um grande homem livre da maldade, que destrói a falsidade e faz com que a justiça exista e que atende ao clamor do que grita... Não roubes de sua propriedade um pobre homem, um fraco como o conheces. Sua propriedade é a (própria) respiração de um sofredor, e aquele que a tira é alguém que tapa seu nariz. Foste nomeado para conduzir audiências, para julgar entre dois homens e punir o bandido, (mas) veja, é o defensor do ladrão que queres ser. Confio em ti, ao passo que tu te tornaste um transgressor. Foste designado para ser um dique para o sofredor, cuidando para que ele não se afogue, (mas) veja, és seu lago corrente.

No fim, Rensi cede, prende Thut-nakht, confisca seus bens e entrega-os todos a Khun--Anup como indenização.

CRIAÇÃO, ÊXODO, FIM DOS TEMPOS

De modo algum esses paralelos mesopotâmicos, ugaríticos ou egípcios diminuem a maneira muito mais séria em que o direito e a justiça, em especial como proteção das viúvas e dos órfãos, dos pobres e dos desgraçados, foram considerados na Bíblia. Nesta última era o direito e bondade do Deus uno e único da Aliança que estava em jogo. Nela era a justiça da contínua existência de Israel na terra de Deus que estava em jogo. E tudo começou já neste texto:

> Pois eu o escolhi [Abraão] para que ele ordene a seus filhos e à sua casa depois dele que guardem o caminho de Iahweh, realizando a justiça e o direito; deste modo Iahweh realizará para Abraão o que lhe prometeu.
>
> (Gn 18,19)

O direito e a justiça vêm de Deus para Abraão, e as promessas divinas para sua descendência dependem da instituição e manutenção desse direito e dessa justiça na terra.

Duas vezes, uma no início e outra no fim do livro, Moshe Weinfeld resume a instituição divina de direito e justiça em três ocasiões especiais: na Criação, no Êxodo e no fim dos tempos: "Assim, a presença de Deus para julgar segundo o direito no passado, no presente e no futuro significa: 1) a redenção da terra e todas as suas criaturas durante a Criação; 2) a redenção de Israel da escravização do Egito, a entrega da Lei no Sinai (redenção social) e a salvação de Israel dos inimigos em Canaã; 3) a redenção de Israel e das nações no futuro escatológico" (p. 21). Eis exemplos desses três momentos paradigmáticos, todos dos Salmos:

> A palavra de Iahweh é reta, e sua obra é verdade; ele ama a justiça e o direito, a terra está cheia do amor de Iahweh. O céu foi feito com a palavra de Iahweh, e seu exército com o sopro de sua boca. Ele represa num dique as águas do mar, coloca os oceanos em reservatórios.
>
> (Sl 33,4-7)

> A força de um rei é amar o Direito. És tu que firmaste a retidão; em Jacó, Direito e Justiça és tu que fizeste... Falava com eles da coluna da nuvem, e eles guardavam os seus testemunhos, a Lei que lhes dera... Iahweh realiza atos justos, fazendo justiça a todos os oprimidos; revelou seus caminhos a Moisés e suas façanhas aos filhos de Israel.
>
> (Sl 99,4.7; 103,6-7)

> Que o céu se alegre! Que a terra exulte! Estronde o mar, e o que ele contém! Que o campo festeje, e o que nele existe! As árvores da selva gritem de alegria, diante de Iahweh, pois ele vem para julgar a terra: ele vai julgar o mundo com justiça, e as nações com sua verdade.
>
> (Sl 96,11-13)

Weinfeld volta àquele resumo para concluir: "Deus, o soberano do universo, proclama 'liberdade' e 'libertação' – isto é, realiza [direito e justiça]", primeiro, no alvorecer da Criação, depois no êxodo do Egito e, finalmente, "no futuro [messiânico], quando Ele reinará sobre toda a terra" (pp. 205-206). É difícil pôr ênfase excessiva nessa tradição central. O povo judeu estava em aliança com um Deus que o livrara da escravidão opressiva e do iminente extermínio sob o Faraó no Egito. Portanto, esse Deus era uma divindade que libertava os oprimidos – ao contrário dos deuses e deusas estrangeiros, divindades que os haviam escravizado. Deus pretendia apenas mudar a escravidão e a injustiça para outro lugar? Deus efetuou uma libertação primordial só para permitir uma escravidão posterior igualmente intolerável? Sob outro Faraó? Até mesmo sob um Faraó de seu povo?

A Lei

Com freqüência se afirma, principalmente em comentários cristãos, que os profetas falavam em nome do espírito interior e da justiça, mas que os sacerdotes defendiam a lei exterior e o culto. Sem dúvida alguns judeus não viviam segundo o direito da Aliança, mas o problema não era simplesmente dos profetas que o defendiam e dos sacerdotes que não o defendiam. Na verdade, como Norman Gottwald afirmou, "a Lei e os Profetas iam se tornar duas coletâneas independentes e firmemente delimitadas de escritos autorizados, que constituíram a primeira e a segunda divisões da Bíblia hebraica de três partes. Apesar da divisão entre as duas coletâneas, é evidente que esses dois conjuntos de tradições interagiram intimamente dentro da vida institucional de Israel por aproximadamente oito séculos, de 1050 a 250 a.C." (1985, p. 458). Mas, para o que se segue, eis o que tem importância especial: quando articularam a lei tradicional, *os sacerdotes não substituíram a santidade e a pureza pela justiça e o direito, mas sim combinaram todos eles.* Na verdade, essa combinação de justiça e pureza na Lei de santidade, em Lv 25, contém uma das propostas mais radicais para a igualdade social em toda a Bíblia (e em qualquer outro lugar?).

Lidamos com três principais coletâneas legais e elas se correlacionam com os períodos de crítica profética na unidade seguinte. Uma é o Código da Aliança, em Ex 20,22–23,19, que se originou na metade norte da terra judaica, no século IX, o período da injustiça socioeconômica atacada por Elias e Eliseu. Outra é o Código Deuteronômico, em Dt 12–16, que foi trazido para o sul depois da destruição da metade norte no fim do século VIII. No século VII, mais ou menos no tempo de Jeremias, foi então adaptado para a metade sul da terra judaica, que ainda existia. Um último texto é a Lei de santidade em Lv 17–26, que se origina de círculos sacerdotais daquela metade sul no mesmo período do século VII. Concentro-me em quatro pontos importantes desses códigos de direito e analiso, em especial, como esses pontos alcançam o auge sob o controle e ênfase sacerdotais na Lei de santidade. É ali que vemos com toda a clareza como o direito e a justiça combinam com a santidade e a pureza. Sempre seria possível debater, naquele tempo ou agora, o que deve ser posto na categoria de justiça-pureza, mas tais debates não validam a separação entre a justiça e a pureza nem a redução de justiça-pureza a pureza apenas. Os quatro pontos a serem estudados são descanso, endividamento, escravização e perda da propriedade.

Instituição do descanso

Ponho este elemento primeiro, pois ele é um tanto notável por ser inesperado. Diz respeito ao sábado e ao ano sabático. A idéia de dias sagrados destinados ao culto divino, à celebração comunitária e a festas especiais é perfeitamente usual e bastante comum na tradição pagã e também na judaica. Mas a idéia de que todo sétimo dia precisa ser destinado ao descanso sagrado é distinta e unicamente judaica. Origina-se do descanso de Deus como conclusão e clímax da criação. Não se deve a nenhuma designação humana e está, portanto, fora do controle humano. Mas por que o descanso deve ser tão importante? Descanso de quê? Descanso para quê?

O sábado é mencionado no Código da Aliança e novamente no Deuteronômio, mas não no Código Deuteronômico propriamente dito. Observe os resultados e depois deduza as razões para esse descanso no sábado:

> Durante seis dias farás os teus trabalhos e no sétimo dia descansarás, para que descanse o teu boi e o teu jumento, e tome alento o filho da tua serva e o estrangeiro.
>
> (Ex 23,12)

> Guardarás o dia de sábado para santificá-lo, conforme ordenou Iahweh teu Deus. Trabalharás durante seis dias e farás toda a tua obra; o sétimo dia, porém, é o sábado de Iahweh teu Deus. Não farás nenhum trabalho, nem tu, nem teu filho, nem tua filha, nem teu escravo, nem tua escrava, nem teu boi, nem teu jumento, nem qualquer dos teus animais, nem o estrangeiro que está em tuas portas. Deste modo o teu escravo e a tua escrava poderão repousar como tu. Recorda que foste escravo na terra do Egito, e que Iahweh teu Deus te fez sair de lá com mão forte e braço estendido. É por isso que Iahweh teu Deus te ordenou guardar o dia de sábado.
>
> (Dt 5,12-15)

O sábado representa uma pausa temporária contra a desigualdade, um dia de descanso para todos igualmente, para animais, para escravos e amos, para crianças e adultos. Por quê? Porque é assim que Deus vê o mundo. O descanso no sábado devolve todos igualmente ao igualitarismo simbólico. É uma pausa regular contra a atividade que produz a desigualdade nos outros dias da semana.

O ano sabático é para os anos o que o sábado é para os dias. Todo sétimo ano também é especial. Representa outra pausa contra a desigualdade. Observe, mais uma vez, como sua razão está formulada naquele Código da Aliança mais primitivo:

> Durante seis anos semearás a tua terra e recolherás os seus frutos. No sétimo ano, porém, a deixarás descansar e não a cultivarás, para que os pobres do teu povo achem o que comer, e o que restar comam os animais do campo. Assim farás com a tua vinha e com o teu olival.
>
> (Ex 23,10-11)

Deixar periodicamente a terra sem cultivo para que ela se reabasteça de minerais por meio da pastagem de animais e do adubo orgânico não é particularmente incomum. Mas o que exatamente está simbolizado *nessa* lei? Léon Epsztein sugere que a terra "não era deixada sem cultivo. Era cultivada, mas, depois da colheita, esta não era recolhida, o milho era deixado espalhado pelo chão, para ficar ali à disposição dos que precisavam dele... É improvável que essa medida fosse aplicada a todo o Israel ao mesmo tempo; é mais provável que cada lavrador adotasse a medida a intervalos regulares em alternância" (p. 132). Norman Habel afirma, ao contrário, que "diferente da lei sobre a ausência de cultivo, o sábado da terra aplica-se a toda terra cultivável durante o ano sabático; a cada sete anos, a agricultura deve cessar na terra" (p. 103). Essa parece ser uma interpretação mais correta da lei, em especial porque Josefo registra este decreto de Júlio César em 47 a.C., a respeito de impostos cobrados da terra judaica:

> Gaio César, imperador pela segunda vez, decreta que eles paguem um imposto pela cidade de Jerusalém, Jope excluída [incluída?], todos os anos, exceto no sétimo ano, que eles chamam de ano sabático, porque nessa época eles não colhem as frutas das árvores, nem semeiam.
>
> (*Antiguidades judaicas* XIV,202)

Deixo de lado a forma exata *como* se realizava o ano sabático e, em vez disso, ressalto a razão dada para o *porquê* de realizá-lo. Os cereais, as azeitonas e as uvas pertenciam, por assim dizer, não só aos donos, mas também aos pobres indigentes e até às feras selvagens. A terra pertencia a Deus e, portanto, de maneira fundamental, igualmente a todos os residentes.

A formulação do descanso do ano sabático na Lei de santidade é ainda mais notável. Repete o que foi dito no Código da Aliança, mas acrescenta e enfatiza algo diferente em primeiro lugar. A *própria* terra merece descanso. É uma questão não de ausência humana de cultivo, mas de santificação divina:

> Quando entrardes na terra que eu vos dou, a terra guardará um sábado para Iahweh. Durante seis anos semearás o teu campo; durante seis anos podarás a tua vinha e recolherás os produtos dela. Mas no sétimo ano a terra terá o seu repouso sabático, um sábado para Iahweh: não semearás o teu campo e não podarás a tua vinha, não ceifarás as tuas espigas, que não serão reunidas em feixes, e não vindimarás as tuas uvas das vinhas, que não serão podadas. Será para a terra um ano de repouso. O próprio sábado da terra vos nutrirá, a ti, ao teu servo, à tua serva, ao teu empregado, ao teu hóspede, enfim a todos aqueles que residem contigo. Também ao teu gado e aos animais da tua terra, todos os seus produtos servirão de alimento.
>
> (Lv 25,2b-7)

O descanso põe tudo, até a própria terra, de volta a um estado de estase, eqüidade, igualdade. Dessa ênfase se deduz um corolário interessante: O*s pobres têm direito, não só a esmolas, mas à terra e a seus produtos.* Eis outro exemplo do livro do Deuteronômio, fora da seção do código propriamente dito. Está também na Lei de santidade:

Quando estiveres ceifando a colheita em teu campo e esqueceres um feixe, não voltes para pegá-lo: ele é do estrangeiro, do órfão e da viúva, para que Iahweh teu Deus te abençoe em todo trabalho das tuas mãos. Quando sacudires os frutos da tua oliveira, não repasses os ramos: o resto será do estrangeiro, do órfão e da viúva. Quando vindimares a tua vinha, não voltes a rebuscá-la: o resto será do estrangeiro, do órfão e da viúva.

(Dt 24,19-21)

Quando segardes a messe da vossa terra, não segareis até o limite extremo do campo. Não respigarás a tua messe, não rebuscarás a tua vinha nem recolherás os frutos caídos no teu pomar. Tu os deixarás para o pobre e para o estrangeiro. Eu sou Iahweh vosso Deus.

(Lv 19,9-10)

O pedaço intocado, o produto derrubado e os frutos do sétimo ano pertencem por direito aos pobres. Nas palavras de Léon Epsztein, a Lei de santidade dá aos pobres "a oportunidade de partilhar do próprio ato da produção" (p. 113), não apenas do ato do consumo. Eles obtém um direito e uma participação, não apenas uma esmola e um donativo.

O descanso que indica a igualdade geral e faz todo o mundo retornar temporariamente ao momento igualitário tem três adversários: o endividamento, a escravização e o esbulho. A remissão de todos esses três problemas era bem conhecida no antigo Oriente Próximo, na ocasião, por exemplo, da ascensão ao trono de um novo rei ou de uma nova dinastia. Aqui o importante é como essas remissões ocasionais eram ordenadas com regularidade em Israel e estavam profundamente implantadas no relacionamento da Aliança entre Deus, a Lei, o Povo e a Terra. Ali a implantação não foi deixada por conta da decisão nem do senso de oportunidade dos homens, mas foi estabelecida por mandamento divino baseado na própria natureza do Deus de Israel.

Controle do endividamento

A estase ou o descanso de igualdade podia ser interrompido e a desigualdade desenvolvida pelo débito. Quer por preguiça, quer por incompetência, seca ou fome, desastre ou morte, ocasionalmente uma família precisava emprestar de outra. Os códigos de direito procuravam controlar, se não eliminar, a desigualdade do endividamento crescente de várias maneiras, até mesmo com a proibição da cobrança de juros, o controle das cauções e o estabelecimento da remissão.

Examinemos a primeira, a proibição da cobrança de juros. Era proibido cobrar juros sobre empréstimos aos compatriotas judeus e aos pobres estrangeiros residentes, mas não aos estrangeiros mercadores e investidores. Como os últimos cobravam juros sobre empréstimos aos judeus, em troca era permitido cobrar-lhes juros. "Quando os israelitas fazem empréstimos de estrangeiros cujos códigos civis permitem a cobrança de juros... os tomadores sofrem 'prejuízos' do ponto de vista da lei mosaica", segundo Barry Gordon. "É, então, eqüitativo e justo que, quando assumem o papel de emprestador, os israelitas recebam uma compensação equivalente por esses prejuízos" (p. 412). A injunção é declarada de maneira sucinta no Código da Aliança e no Deuteronômio (mas fora do Código Deuteronômico):

> Se emprestares dinheiro a um compatriota, ao indigente que está em teu meio, não agirás com ele como credor que impõe juros.
>
> (Ex 22,24)

> Não emprestes ao teu irmão com juros, quer se trate de empréstimo de dinheiro, quer de víveres ou de qualquer outra coisa sobre a qual é costume exigir um juro.
>
> (Dt 23,20)

Mas essa injunção expande-se bastante na Lei de santidade. Essa lei também deixa explicitamente claro que os juros proibidos incluem o juro prévio, devido quando o empréstimo é recebido, e o juro posterior, devido quando o empréstimo é pago:

> Se o teu irmão que vive contigo achar-se em dificuldade e não tiver com que te pagar, tu o sustentarás como a um estrangeiro ou hóspede, e ele viverá contigo. Não tomarás dele nem juros nem usuras, mas terás o temor do teu Deus, e que o teu irmão viva contigo. Não lhe emprestarás dinheiro a juros, nem lhe darás alimento para receber usura.
>
> (Lv 25,35-37)

Mesmo na ausência de juros, era, já se vê, muito fácil ficar cada vez mais endividado. Por isso, o passo seguinte era pelo menos algum controle sobre os credores e o que eles podiam fazer com garantias dadas como caução.

O segundo passo, então, era o controle de cauções para evitar ações de opressão ou vingança. O Código da Aliança é, como sempre, bastante sucinto. Sua fórmulação expande-se no Deuteronômio (mas, novamente, fora do Código Deuteronômico propriamente dito):

> Se tomares o manto do teu próximo em penhor, tu lho restituirás antes do pôr-do-sol. Porque é com ele que se cobre, é a veste do seu corpo: em que se deitaria? Se clamar a mim, eu o ouvirei, porque sou compassivo.
>
> (Ex 22,25-26)

> Não tomarás como penhor as duas mós, nem mesmo a mó de cima, pois assim estarias penhorando uma vida... Quando fizeres algum empréstimo ao teu próximo, não entrarás em sua casa para lhe tirar o penhor. Ficarás do lado de fora, e o homem a quem fizeste o empréstimo virá trazer-te o penhor. Se for um pobre, porém, não irás dormir conservando o seu penhor; ao pôr-do-sol deverás devolver sem falta o penhor, para que ele durma com o seu manto e te abençoe. E quanto a ti, isso será um ato de justiça diante de Iahweh teu Deus.
>
> (Dt 24,6.10-13)

Por último, o terceiro passo era a remissão das dívidas. O Código Deuteronômico tomou a idéia do descanso do sétimo ano e, em movimento um tanto extraordinário, aplicou-o às dívidas. A remissão das dívidas seguia o mesmo padrão da proibição de juros. Não se aplicava ao mercador estrangeiro de quem, já que ele exigia juros dos israelitas, estes podiam, em troca, exigir juros. Não estava presente no Código da Aliança, mas foi colocado no Código Deuteronômico como parte da liberação do ano sabático:

> A cada sete anos farás remissão. Eis o que significa esta remissão: todo credor que tinha emprestado alguma coisa a seu próximo remitirá o que havia emprestado; não explorará seu próximo, nem seu irmão, porque terá sido proclamada a remissão em honra de Iahweh... Quando houver um pobre em teu meio, que seja um só dos teus irmãos numa só das tuas cidades, na terra que Iahweh teu Deus te dará, não endurecerás teu coração, nem fecharás a tua mão para com este teu irmão pobre; pelo contrário: abre-lhe a mão, emprestando o que lhe falta, na medida da sua necessidade. Fica atento a ti mesmo, para que não surja em teu coração um pensamento vil, como o dizer: "Eis que se aproxima o sétimo ano, o ano da remissão", e o teu olho se torne mau para com o teu irmão pobre, nada lhe dando; ele clamaria a Iahweh contra ti, e em ti haveria um pecado. Quando lhe deres algo, não dês com má vontade, pois, em resposta a este gesto, Iahweh teu Deus te abençoará em todo teu trabalho, em todo empreendimento da tua mão. Nunca deixará de haver pobres na terra; é por isso que eu te ordeno: abre a mão em favor do teu irmão, do teu humilde e do teu pobre em tua terra.
>
> (Dt 15,1-2.7-11)

Deixo de lado, mais uma vez, a maneira como tudo isso era organizado – ou mesmo se chegou a ser aplicado na prática. Martin Goodman, no entanto, indica provas de sua aplicação no século I. Cita a instituição do *prosbul*, que foi ligado a Hillel naquele século. Era "a declaração pública perante um tribunal, pelo homem que procurasse um empréstimo, de que aceitaria o dever legal de pagar o empréstimo, mesmo depois do advento do ano sabático". Também parece haver referência ao ano sabático "em um dos contratos de empréstimo do início do século II d.C., encontrados no deserto da Judéia" (1987, pp. 57-58). De qualquer modo, volto a enfatizar o ideal legal, independente da prática real.

Libertação de escravos

Indivíduos ou famílias vendiam-se como escravos ou eram escravizados por credores, quando as dívidas ficavam irrecuperáveis. Ainda falamos de endividamento, em outras palavras – mas agora como caso extremo. A libertação dos escravos no ano sabático era ordenada no Código da Aliança. Havia uma diferença entre escravidão masculina e feminina, porque, como concubina, a mulher precisava de proteção especial:

> Quando comprares um escravo hebreu, seis anos ele servirá; mas no sétimo sairá livre, sem nada pagar... Se alguém vender sua filha como serva, esta não sairá como saem os escravos. Se ela

desagradar ao seu senhor, ao qual estava destinada, este a fará resgatar; não poderá vendê-la a um povo estrangeiro, usando de fraude para com ela. Se a destinar a seu filho, este a tratará segundo o costume em vigor para as filhas. Se tomar para si uma outra mulher, não diminuirá o alimento, nem a vestimenta, nem os direitos conjugais da primeira. Se a frustrar nessas três coisas, ela sairá sem pagar nada, sem dar dinheiro algum.

(Ex 21,2.7-11)

Nenhuma distinção desse tipo é feita no Código Deuteronômico, que imagina a soltura para escravos dos dois sexos no ano sabático. Mas este código também ordena formas de pagamento de ruptura para o escravo libertado e adverte contra a avareza:

Quando um dos teus irmãos, hebreu ou hebréia, for vendido a ti, ele te servirá por seis anos. No sétimo ano tu o deixarás ir em liberdade. Mas quando o deixares ir em liberdade, não o despeças de mãos vazias: carrega-lhe o ombro com presentes do produto do teu rebanho, da tua eira e do teu lagar. Dar-lhe-ás conforme a bênção que Iahweh teu Deus te houver concedido... Que não te pareça difícil deixá-lo ir em liberdade: ele te serviu durante seis anos pela metade do salário de um diarista. E Iahweh teu Deus te abençoará em tudo o que fizeres.

(Dt 15,12-14.18)

A reversão da perda da propriedade

Mais uma vez falamos de endividamento quando ele cria uma situação de desespero – desta vez não a escravização, mas a alienação da propriedade, a perda daquela terra que era a máxima garantia para os empréstimos. A herança que os antepassados receberam de Deus não devia nunca ser alienada em caráter permanente. A terra não era mercadoria disponível por uma troca justa ou um bom preço. O Deuteronômio, por exemplo, adverte contra qualquer mudança de fronteiras ou limites antigos:

Não deslocarás as fronteiras do teu vizinho, colocadas pelos antepassados no patrimônio que irás herdar, na terra cuja posse Iahweh teu Deus te dará.

(Dt 19,14)

Maldito seja aquele que desloca a fronteira do seu vizinho! E todo o povo dirá: Amém!

(Dt 27,17)

Mas e se a perda da propriedade *realmente* acontecesse? Não devia acontecer, mas e se acontecesse? A Lei de santidade estabeleceu algo que é tão especial para ela quanto a remissão das dívidas o é para o Código Deuteronômico. Ordena um sábado de anos sabáticos, um super--sábado, um ano do jubileu especial no quinqüagésimo ano, depois de sete séries de sete anos:

Contarás sete semanas de anos, sete vezes sete anos, isto é, o tempo de sete semanas de anos, quarenta e nove anos. No sétimo mês, no décimo dia do mês, farás vibrar o toque da trombeta;

no dia das Expiações, fareis soar a trombeta em todo o país. Declarareis santo o quinqüagésimo ano e proclamareis a libertação de todos os moradores da terra. Será para vós um jubileu: cada um de vós retornará a seu patrimônio, e cada um de vós voltará ao seu clã. O quinqüagésimo ano será para vós um ano jubilar: não semeareis, nem ceifareis as espigas que não forem reunidas em feixe, e não vindimareis as cepas que tiverem brotado livremente. O jubileu será para vós coisa santa e comereis o produto dos campos. Neste ano do jubileu, tornará cada um à sua possessão... A terra não será vendida perpetuamente, pois que a terra me pertence e vós sois para mim estrangeiros e hóspedes.
(Lv 25,8-13.23)

A idéia de *proclamar a libertação* não é, de modo algum, exclusiva de Israel. Enquadra-se, mais uma vez, no cenário do antigo Oriente Próximo. Como observou Moshe Weinfeld, o anúncio de "'libertação' (*anduråru*) durante o período neo-assírio acarretou a volta de deportados a seus lares, a restauração de cidades e templos, a soltura de prisioneiros etc. Também no Egito, a 'soltura' expressava-se na libertação de condenados, rebeldes e vários outros indivíduos culpados e, em especial, na volta de deportados a seus lares" (p. 12). Mas há, como sempre, uma notável diferença em relação a Israel. Em seu recente estudo do ano do jubileu, Jeffrey Fager comenta que "os reis muitas vezes proclamavam uma 'soltura' que incluía a alforria de escravos, o cancelamento de dívidas e a devolução de terra perdida. Ainda não sabemos com que freqüência ou com que regularidade tais editos eram proclamados e não há provas de que ocorressem com a regularidade automática exigida pelo jubileu bíblico" (p. 25). Mas o que tem importância especial para a ideologia bíblica é aquela última sentença em Lv 25,23: "A terra não será vendida perpetuamente, pois que a terra me pertence e vós sois para mim estrangeiros e hóspedes". Isso diferencia Israel das práticas da Mesopotâmia e do Egito. Mais uma vez, estão juntos para o que der e vier: Deus, Lei, Povo e Terra (e a Aliança que os une) e um incessante impulso em direção à igualdade que resulta, no mínimo, em *incessante impulso* contra a *crescente desigualdade*. Todavia, há duas questões importantes sobre esse texto.

Primeira, qual era o propósito do ano do jubileu? E, por falar nisso, notemos que ele começava no dia das Expiações. Pelo menos aqui a resposta é muito clara. De Léon Epsztein: "... a fim de restringir a criação de *latifúndios* [, isto é,] para impedir a concentração de propriedades rurais". De Norman Habel: A "política proporcionava um mecanismo para, a curto prazo, desencorajar e, a longo prazo, impedir, os monopólios de terra de latifundismo, o processo de acumulação de terras nas mãos de alguns proprietários em detrimento dos pequenos proprietários camponeses" (p. 105). De Jeffrey Fager: "Tentava restringir o latifundismo que prevalecia no antigo Oriente Próximo, a fim de manter os meios de produção distribuídos com equilíbrio entre famílias independentes" (p. 88). Ou, como disse Is 5,8, tinha a intenção de derrotar "os que juntam casa a casa, [os] que acrescentam campo a campo até que não haja mais espaço disponível, até serem eles os únicos moradores da terra". Queria impedir a transformação de pequenas propriedades múltiplas em grandes propriedades únicas, desencorajar a erradicação da propriedade rural familiar e a criação e extensão do latifundismo ou a agricultura em larga escala. Isso, já se vê, punha a tradição divina em rota de colisão com a comercialização rural.

Segunda, o ano do jubileu chegou a ser cumprido? Esta pergunta é mais delicada e mais difícil que a precedente. Seria possível responder com uma negativa e ainda assim não compreender absolutamente nada. Léon Epsztein, por exemplo, diz que "não está comprovado que o ano do jubileu foi aplicado em Israel" (p. 134). Norman Habel e Jeffrey Fager concordam, mas com respostas muito mais matizadas. Norman Habel conclui que "não há nenhuma prova clara de que o programa do ano do jubileu chegou a ser implantado em bases regulares, segundo o plano esboçado em Lv 25. Entretanto, essa falta de provas históricas não invalida a importância do jubileu como símbolo ideológico de um programa radical de reforma rural que promovia os direitos do camponês" (pp. 107-108). Fager tem idéia semelhante e a enfatiza repetidamente. Rejeita a escolha *tanto* da prática real *como* do ideal utópico e insiste que o jubileu foi descrito como *algo que podia ser feito neste mundo, mesmo que nunca tenha sido feito*. "O jubileu pode ser visto não tanto como conceito utópico de outro mundo (embora suas normas possam não ser economicamente práticas), mas como declaração de que a distribuição apropriada da terra pode ser alcançada e mantida dentro dos confins deste mundo... Os sacerdotes não espiritualizaram tanto a lei a ponto de transformá-la em mera abstração; a terra devia ser distribuída igualmente entre o povo e mantida assim. Contudo, o jubileu era considerado como um catalisador desse processo, não como o processo em si; era um sinal para o povo, levando-o a um relacionamento apropriado com a terra... O jubileu como agora o temos ocupa um 'terreno médio' entre a norma prática para a existência cotidiana e a visão idealista de um mundo que não existe" (pp. 80-81, 111, 115).

Se os sacerdotes que criaram essa legislação quisessem apenas estabelecer um ideal utópico, dificilmente teriam feito o ano do jubileu ocorrer só a cada cinqüenta anos. Para utopia, por que não a cada sete anos? E também não teriam feito esta notável restrição:

> Quando alguém vender uma casa de moradia em uma cidade com muralhas, terá o direito de resgate, até o final do ano que se segue à venda; o seu direito de resgate durará um ano e, se não for feito o resgate no final do ano, a casa na cidade com muralhas será propriedade daquele que a adquiriu e dos seus descendentes, para sempre: não será liberada no jubileu. Contudo, as casas das aldeias sem muralhas serão consideradas como situadas no campo e haverá para elas direito de resgate e o comprador deverá liberá-las no jubileu.
>
> (Lv 25,29-31)

O ponto está claro. Devemos proteger as propriedades camponesas e as aldeias rurais, embora possamos fazer o que quisermos com as propriedades comercializadas dentro de cidades muradas. *O ano do jubileu pode ser ideal utópico, mas está formulado de maneira a ser realmente possível*. Josefo, de fato, relata como fazer isso com três exemplos que não têm base bíblica:

> [Quando chega o ano do jubileu] o vendedor e o comprador da propriedade se reúnem e relacionam os produtos dela e as despesas feitas com ela. Então, se a renda excede as despesas, o vendedor recupera a propriedade; mas se os gastos preponderam, precisa pagar uma soma suficiente para cobrir o déficit ou perder o direito à propriedade; por último, se os números da receita e da despesa são iguais, o legislador devolve a terra a seus antigos possuidores.
>
> (*Antiguidades judaicas*, III, 283-284)

Isso também pode ser tudo sonho. Mas não se origina do texto bíblico e pelo menos imagina a maneira de lidar com os contratos no jubileu. Podia ser feito. *Devia* ser feito. Então, o que acontecia quando não era feito?

Os Profetas

Pus deliberadamente esta parte em segundo lugar em relação à precedente. É quase lugar-comum que os profetas judeus bíblicos reclamavam a justiça social como responsabilidade proveniente da Aliança. Não a sugeriam como um modo melhor de convivência. Não a propunham para criar um país mais bondoso, mais gentil. Para eles, a justiça social era a face humana da justiça divina. "Se", como insiste Léon Epsztein, "lhes perguntassem se se consideravam primordialmente reformadores religiosos ou reformadores sociais, eles, com toda a probabilidade, protestariam violentamente contra a diferenciação" (p. 92). Estariam certos. O Deus único, o Deus de direito e justiça, fez uma Aliança com um povo de direito e justiça, para viver em uma terra de direito e justiça, sob uma lei de direito e justiça. Em outras palavras, os profetas judeus não inventaram algo novo e passageiro. Exigiam algo antigo e permanente, em novas circunstâncias.

Uma tradição de crítica implacável

Logo que conseguiu um rei próprio, o povo judeu obteve também um profeta para invocar a justiça do Deus da Aliança como constituição para o governo desse monarca. O profeta Samuel advertiu o povo antes de Saul ser ungido como seu primeiro rei:

> [Ele] tomará os vossos campos, as vossas vinhas, os vossos melhores olivais, e os dará aos seus oficiais. Das vossas culturas e das vossas vinhas ele cobrará o dízimo, que destinará aos seus eunucos e aos seus oficiais. Os melhores dentre os vossos servos e as vossas servas, os vossos bois e os vossos jumentos, ele os tomará para o seu serviço. Exigirá o dízimo dos vossos rebanhos, e vós mesmos vos tornareis seus escravos. Então, naquele dia, reclamareis contra o rei que vós mesmos tiverdes escolhido, mas Iahweh não vos responderá, naquele dia!
>
> (1Sm 8,14-18)

Tudo isso era apenas a normalidade do privilégio dos reis no antigo Oriente Próximo. Mas, como Deus informou a Samuel, aceitar aquele estilo de governo significava rejeitar o estilo de governo de Deus. Não era possível ter um monarca de injustiça e desigualdade sob um Deus de justiça e igualdade. "Eles rejeitam... a mim, porque não querem mais que eu reine sobre eles", como Deus disse a Samuel em 8,7. Preferiram a injustiça e opressão à justiça e libertação. Era, já se vê, completamente possível opor essa ideologia anti-monárquica a uma pró-monárquica. No Salmo 2, por exemplo, o governante pode ser chamado por Deus para ser rei e príncipe, ser ungido como filho de Deus e rei de Sião. Mas, apesar dessas defesas, a crítica profética não desapareceu.

Alimento e vida

Recordemos as viúvas, os órfãos, os pobres e os aflitos que deviam ser a principal preocupação da divindade e da monarquia desde a Mesopotâmia, passando por Ugarit, até o Egito. Durante o século IX a.C., na parte norte da terra judaica, os profetas Elias e Eliseu opuseram-se a deuses estrangeiros e injustiças por parte do rei, como dois lados da mesma moeda. Mas eles não *falaram* apenas sobre viúvas e órfãos, *fizeram* algo a respeito deles. E suas ações, não apenas suas palavras, eram lembradas. Recordaremos, a seguir, que em uma sociedade patriarcal "viúvas e órfãos" são um par fixo. Ambos são sistematicamente vulneráveis por não terem a proteção masculina normal – a viúva por não ter marido, o "órfão" por não ter pai.

Em 1Rs 17,8-16, uma pobre viúva com um filho único órfão está morrendo de fome. Milagrosa e continuamente, Elias reabastece a farinha e o azeite da viúva. Então, em 17,17-24, o filho da viúva morre e Elias milagrosamente o traz à vida. Um conjunto de milagres semelhante, mas muito mais desenvolvido, é relatado a respeito do sucessor de Elias, Eliseu. Em 2Rs 4,1-7, os dois filhos de uma pobre viúva com apenas um pouco de óleo em casa estão para ser tomados como escravos pelos credores. Milagrosamente, Eliseu enche de óleo todas as ânforas que ela consegue encontrar e ela paga sua dívida. Então, em 4,8-37, ele promete um filho a uma mulher rica, mas estéril, e mais tarde, quando ele morre de insolação, reanima-o. Mas esses dois profetas não ajudavam só viúvas e órfãos; também se opunham impiedosamente ao deus pagão local, Baal, e derrubaram uma dinastia judaica que aceitara seu culto. Do ponto de vista deles, tudo isso caminhava junto. O deus judaico Iahweh era uma divindade que exigia direito e justiça tradicionais. O deus pagão Baal supunha uma sociedade muito menos igualitária. Divindades diferentes geravam monarquias diferentes e estas originavam direitos e justiças diferentes.

No entanto, há uma história muito significativa na qual a divindade estrangeira e a violência interna se juntam de maneira bastante clara. O rei judeu Acab era casado com uma princesa fenícia chamada Jezabel e, como parte do que ele considerava relações exteriores sensatas, Acab combinava o culto de Deus, a divindade da Aliança de seu povo, com o de Baal, o deus da fertilidade cultuado pelos pagãos locais. Em 1Rs 21,2, o rei Acab pede a Nabot sua vinha "para que eu a transforme numa horta, já que ela está situada junto ao meu palácio; em troca te darei uma vinha melhor, ou, se preferires, pagarei em dinheiro o seu valor". Isso poderia nos parecer bastante justo. O rei não exerce o direito régio de domínio eminente; não a toma simplesmente. Em vez disso, oferece a escolha de troca ou dinheiro por ela. Nabot responde em 21,3: "Iahweh me livre de ceder-te a herança dos meus pais!" Aborrecido, Acab dá-se por vencido, mas Jezabel faz Nabot ser acusado de amaldiçoar a Deus e ao rei. Depois que ele é apedrejado até a morte por esse crime, sua vinha se torna propriedade do rei. Nesse episódio, o choque fundamental é entre a terra como mercadoria que pode ser sensatamente comprada e vendida ou a terra como herança dos antepassados que nunca deve sair da família. O primeiro é o pressuposto de Jezabel; o segundo é a tradição judaica de Nabot. Vender a terra é direito e justo entre os pagãos, sob Baal; manter a terra é direito e justo entre os judeus, sob Deus. Mas e a respeito das outras coisas?

Fracos e indigentes

Por volta de 760 a.C., o profeta Amós ficou horrorizado pela discrepância cada vez maior entre ricos e pobres na estrondosa prosperidade dos trinta anos de reinado de Jeroboão II sobre a metade norte do país judaico. Nas citações seguintes, observemos os pares de palavra que ele usa (itálicos meus): justo e indigente, fracos e pobres, indigente e pobres. É para essas pessoas que ele exige esse outro par de palavras: o direito e a justiça:

> Assim falou Iahweh: Pelos três crimes de Israel, pelos quatro, não o revogarei! Porque vendem o *justo* por prata e o *indigente* por um par de sandálias. Eles esmagam sobre o pó da terra a cabeça dos *fracos* e tornam torto o caminho dos *pobres*; um homem e seu pai vão à mesma jovem para profanar o meu santo nome. Eles se estendem sobre vestes penhoradas, ao lado de qualquer altar, e bebem vinho daqueles que estão sujeitos a multas, na casa de seu deus.
>
> (Am 2,6-8)

> Eles que transformam o *direito* em veneno e lançam por terra a *justiça*... Eles odeiam aquele que repreende à Porta e detestam aquele que fala com sinceridade. Por isso, porque oprimis o *fraco* e tomais dele um imposto de trigo, construístes casas de cantaria, mas não as habitareis; plantastes vinhas esplêndidas, mas não bebereis o seu vinho. Pois eu conheço vossos inúmeros delitos e vossos enormes pecados! Eles hostilizam o *justo*, aceitam suborno, e repelem os *indigentes* à porta.
>
> (Am 5,7.10-12)

> Ouvi isto, vós que esmagais o *indigente* e quereis eliminar os *pobres* da terra, vós que dizeis: "Quando passará a lua nova, para que possamos vender o grão, e o sábado, para que possamos vender o trigo, para diminuirmos o efá, aumentarmos o siclo e falsificarmos as balanças enganadoras, para comprarmos o fraco com prata e o indigente por um par de sandálias e para vendermos o resto do trigo?" Iahweh jurou pelo orgulho de Jacó: Não esquecerei jamais nenhuma de suas ações.
>
> (Am 8,4-7)

Observemos os detalhes bem específicos dessas acusações. Não são generalidades sobre a prática da justiça ou a proteção dos que não têm as defesas normais de relações familiares e ligações de aldeia. Descem a transações comerciais nas quais os proprietários de terras ou mercadores "espertos" fraudam os camponeses ou trabalhadores "tolos" com falsos pesos e medidas.

A crítica continua

Amós não estava sozinho nessas acusações. Nos 250 anos de 750 a 500 a.C., poderosos Estados imperialistas partiram da Mesopotâmia em direção a oeste contra a terra judaica. Sob Sargon II, o Império Assírio ressurgente destruiu a metade norte do país em 721 a.C. Depois que os assírios renderam-se ao Império Babilônico, a metade sul da terra judaica foi destruída por Nabucodonosor em 587 a.C. e seus líderes foram deportados para a Babilônia. Mas em seguida o Império Persa tomou a Babilônia em 539 a.C. e mandou a aristocracia judaica exilada de volta para restaurar seu país, a capital, o templo e a lei dos antepassados. É nesse longo cenário imperial que ouvimos o implacável rufo de tambor da exigência profética de justiça social – isto é, da justiça divina na terra. A tradição inicia-se com Oséias, Isaías e Miquéias na segunda metade do século VIII, passa por Jeremias no fim do século VII e vai até Ezequiel e Zacarias no início e no fim do século VI. Eis um único exemplo de cada uma dessas vozes proféticas. Observemos que o ataque vem sempre de Deus. O interlocutor alega, não um ponto de vista pessoal, mas o mandato divino, baseado, naturalmente, nas relações da Aliança e das tradições antigas:

> Canaã tem em sua mão uma balança falsa, ele gosta de extorquir. Efraim disse: "Em verdade tornei-me rico, consegui uma fortuna"; mas de todos os seus ganhos nada lhe restará, por causa da falta de que se tornou culpado. Eu sou Iahweh, teu Deus, desde a terra do Egito. Eu te farei novamente morar em tendas como nos dias do Encontro.
>
> (Os 12,8-10)

> Iahweh entra em julgamento com os anciãos e os príncipes do seu povo: "Fostes vós que pusestes fogo à vinha; o despojo tirado ao pobre está nas vossas casas. Que direito tendes de esmagar o meu povo e moer a face dos pobres?" Oráculo do Senhor Iahweh dos Exércitos.
>
> (Is 3,14-15)

> Se cobiçam campos, eles os roubam, se casas, eles as tomam; eles oprimem o varão e sua casa, o homem e sua herança... Por acaso não cabe a vós conhecer o direito, a vós que odiais o bem e amais o mal, (que lhes arrancais a pele, e a carne de seus ossos)?
>
> Aqueles que comeram a carne de meu povo, arrancaram-lhe a pele, quebraram-lhe os ossos, cortaram-no como carne na panela e como vianda dentro do caldeirão.
>
> (Mq 2,2; 3,1b-3)

> Assim disse Iahweh: Praticai o direito e a justiça; arrancai o explorado da mão do opressor; não oprimais estrangeiro, órfão ou viúva, não os violenteis e não derrameis sangue inocente neste lugar... Ai daquele que constrói a sua casa sem justiça e seus aposentos sem direito, que faz o seu próximo trabalhar de graça e não lhe dá o seu salário... Teu pai, porventura, não comeu e bebeu? Mas ele praticou o direito e a justiça! E corria tudo bem para ele! Ele julgou a causa do pobre e do indigente. Então tudo corria bem. Não é isto conhecer-me? – oráculo de Iahweh. Mas tu não tens olhos nem coração senão para o teu lucro, para o sangue inocente a derramar, para a opressão e para a violência a praticar.
>
> (Jr 22,3.13.15b-17)

> Assim diz o Senhor Iahweh: Basta, príncipes de Israel! Afastai-vos da extorsão e da exploração; praticai o direito e a justiça; parai com as violências praticadas contra o meu povo, oráculo do Senhor Iahweh. Usai balanças justas, efá justo e bat justo. O efá e o bat terão a mesma medida, equivalendo o bat a um décimo de hômer, e o efá a um décimo de um hômer. A medida de ambos

se fixará a partir do hômer. Quanto ao siclo deverá equivaler a vinte geras. Vinte siclos mais vinte e cinco siclos mais quinze siclos farão uma mina.

(Ez 45,9-12)

(Assim fala Iahweh dos Exércitos): Fazei um julgamento verdadeiro, praticai o amor e a misericórdia, cada um com o seu irmão. Não oprimais a viúva, o órfão, o estrangeiro e o pobre, não trameis o mal em vossos corações, um contra o outro.

(Zc 7,9-10)

Essa tradição consistente, de 750 a 500 a.C., repete os mesmos temas vezes sem conta. Não é a visão excêntrica de um indivíduo aqui ou ali, mas a visão constante de uma tradição que envolve este Deus, este povo, esta terra, esta justiça.

Os profetas como progressistas sentimentais

Morris Silver escreveu uma fascinante defesa dos profetas judeus bíblicos. Afirma que eles tentavam inventar uma nova religião de justiça social. Além disso, "assim como o amor pela justiça social pode vir acompanhado de ódio por seres humanos, também o universalismo pode se transformar em cáustico ódio por si mesmo. As duas tendências estão evidentes nos escritos dos profetas clássicos de Israel" (p. 129). Por fim, eis seu sumário conclusivo: "No início do século VIII, Israel e Judá [as partes norte e sul da terra judaica, independentes uma da outra] haviam se projetado em uma era brilhante de prosperidade e poder... Como um número apreciável de israelitas se tornaram homens de posses, não nos surpreende que os séculos VIII e VII reverberassem com o clamor pela justiça social... Entretanto, como economista e cientista social, afirmo que, fossem quais fossem suas supostas virtudes morais, os conselhos dos profetas clássicos eram destrutivos do ponto de vista da riqueza econômica e da força política" (pp. 246-248). Em outras palavras, por sua conduta, os profetas clássicos provocavam a destruição que profetizavam. Diziam, com efeito: Se não estabelecerdes a justiça, sereis destruídos. Mas o povo foi destruído porque a estabeleceu.

Dois pontos importantes, em resposta. Primeiro, é fácil e tentador menosprezar a afirmação de Silver como ataque indireto ao sistema de bem-estar social americano. Ao falar de Amós, por exemplo, ele atrai explícita atenção ao fato de "ser bem-conhecida dos norte-americanos a imagem central, a saber, a praga da pobreza em meio à riqueza" (p. 124). Em seguida: "O progressismo moderno... é a analogia contemporânea mais próxima do programa dos profetas" e, "como seria de esperar, os profetas se opunham ao militarismo e patriotismo expansionista" (p. 129). Por fim, ele reconhece "certa apreensão, pois é previsível que alguns de vocês fechem este livro com raiva e me acusem de 'transferir o século XX para o antigo Israel' ou de me dedicar 'não à erudição histórica, mas a uma polêmica conservadora contra os reformadores sociais progressistas'" (p. 134). Mas, seja como for e, independente de pressupostos e intenções, que dizer dos argumentos e conclusões?

Segundo, então, é esse um bom caso contra a profecia judaica clássica? Uma objeção: A mensagem profética era inteiramente tradicional e estava profundamente enraizada na fé da Aliança e no monoteísmo judaico. Os profetas eram não liberais radicais, e sim, quando muito, tradicionalistas conservadores. Outra objeção: Uma insistência de 250 anos indica que sua mensagem não era exatamente aceita, seguida, ou amplamente praticada. Uma última objeção: Nada que alguém fizesse ou deixasse de fazer na terra judaica teria impedido a ação estrangeira imperial vinda das planícies mesopotâmicas ou do delta do Nilo. Mas, se a terra judaica estava, de qualquer modo, quase certamente destinada ao domínio imperial, talvez fosse mais importante possuir uma tradição pela qual o povo viveria e morreria, uma tradição que insistia que esse domínio não era direito e não era justo. É assim que um povo sobrevive não apenas no futuro imediato, mas por um longo período.

Por que indispor a justiça com o ritual?

Naquela tradição profética de 250 anos há um elemento que exige justiça em nome do monoteísmo da Aliança, que precisa de atenção especial e que, com freqüência, tem sido mal interpretado, em especial a partir da Reforma. Às vezes, estudiosos protestantes insistiam que as proclamações proféticas contra o culto e o ritual equivaliam à sua oposição ao catolicismo romano. Dou aqui exemplos de cinco dos profetas mencionados anteriormente. Mais uma vez, observemos que é Deus quem rejeita o ritual na ausência da justiça e rejeita o culto na ausência do direito. Os profetas falam em nome de Deus:

> Ouvi esta palavra, vacas de Basã, que estais sobre o monte de Samaria, que oprimis os fracos, esmagais os indigentes e dizeis aos vossos maridos: "Trazei-nos o que beber!"... Entrai em Betel e pecai! Em Guilgal, e multiplicai os pecados! Oferecei, pela manhã, os vossos sacrifícios, e ao terceiro dia os vossos dízimos! Queimai pão fermentado como sacrifício de louvor, proclamai vossas oferendas voluntárias, anunciai-as, porque é assim que gostais, filhos de Israel, oráculo do Senhor Iahweh... Eu odeio, eu desprezo as vossas festas e não gosto de vossas reuniões. Porque, se me ofereceis holocaustos..., não me agradam as vossas oferendas e não olho para o sacrifício de vossos animais cevados. Afasta de mim o ruído de teus cantos, eu não posso ouvir o som de tuas harpas! Que o direito corra como a água e a justiça como um rio caudaloso!
>
> (Am 4,1.4-5; 5,21-24)

> Porque é amor que eu quero e não sacrifício, conhecimento de Deus mais do que holocaustos.
>
> (Os 6,6)

> Ouvi a palavra de Iahweh, príncipes de Sodoma, prestai atenção à instrução do nosso Deus, povo de Gomorra! Que me importam os vossos inúmeros sacrifícios?, diz Iahweh. Estou farto de holocaustos de carneiros e da gordura de bezerros cevados; no sangue de touros, de cordeiros e de bodes não tenho prazer. Quando vindes à minha presença quem vos pediu que pisásseis os meus átrios? Basta de trazer-me oferendas vãs: elas são para mim um incenso abominável. Lua nova,

sábado e assembléia, não posso suportar iniqüidade e solenidade! As vossas luas novas e as vossas festas, a minha alma as detesta: elas são para mim um fardo; estou cansado de carregá-lo. Quando estendeis as vossas mãos, desvio de vós os meus olhos; ainda que multipliqueis a oração não vos ouvirei. As vossas mãos estão cheias de sangue: lavai-vos, purificai-vos! Tirai da minha vista as vossas más ações! Cessai de praticar o mal, aprendei a fazer o bem! Buscai o direito, corrigi o opressor! Fazei justiça ao órfão, defendei a causa da viúva!

(Is 1,10-17)

Com que me apresentarei a Iahweh, e me inclinarei diante do Deus do céu? Porventura me apresentarei com holocaustos ou com novilhos de um ano? Terá Iahweh prazer nos milhares de carneiros ou nas libações de torrentes de óleo? Darei eu o meu primogênito pelo meu crime, o fruto de minhas entranhas pelo meu pecado? Foi-te anunciado, ó homem, o que é bom, e o que Iahweh exige de ti: nada mais do que praticar o direito, gostar do amor e caminhar humildemente com o teu Deus!

(Mq 6,6-8)

Porque, se realmente melhorardes os vossos caminhos e as vossas obras, se realmente praticardes o direito cada um com o seu próximo, se não oprimirdes o estrangeiro, o órfão e a viúva, se não derramardes sangue inocente neste lugar e não correrdes atrás dos deuses estrangeiros para vossa desgraça, então eu vos farei habitar neste lugar, na terra que dei a vossos pais há muito tempo e para sempre.

(Jr 7,5-7)

Esse último exemplo de Jeremias é particularmente notável e serve de resumo e clímax adequados. Eis o contexto:

No ano de 609 a.C., com o Império Assírio nos estertores da morte, Jeremias foi ao Templo de Jerusalém e anunciou que Deus abandonaria aquele lugar se o povo persistisse na injustiça social:

Não é assim? Roubar, matar, cometer adultério, jurar falso, queimar incenso a baal, correr atrás de deuses estrangeiros, que não conheceis, depois virdes e vos apresentardes diante de mim, neste Templo, onde o meu nome é invocado, e dizer: "Estamos salvos", para continuar cometendo estas abominações! Este templo, onde o meu Nome é invocado, será porventura um covil de ladrões a vossos olhos? Mas eis que eu também vi, oráculo de Iahweh.

(Jr 7,9-11)

Pensais, diz Jeremias em nome de Deus, que estais seguros, não importa que deus estrangeiro adorardes nem que injustiça social praticardes, desde que venhais regularmente ao Templo de Jerusalém. Vós vos sentis seguros, diz ele, como ladrões que voltaram em segurança a seu covil. (Um aparte: com relação a Jesus e o templo, muito mais tarde na história, observemos que um covil de ladrões não é onde ladrões roubam os outros, mas para onde correm em busca de segurança, depois de roubarem os outros alhures.) A ameaça é clara: se usardes meu templo para evitar a justiça social, destruirei meu templo. Esse oráculo, aliás, quase custou a vida a Jeremias. Sacerdotes e profetas acusaram-no, em 26,11: "Este homem merece a morte, porque profetizou contra esta cidade como ouvistes com os vossos ouvidos!". Mas os príncipes e "todo o povo" lhes responderam, em 26,16: "Este homem não merece a morte, pois ele nos falou em nome de Iahweh nosso Deus".

Mas por que há essa alternativa de ritual *ou* direito, de culto *ou* justiça? Em geral, os intérpretes insistem que isso é hipérbole profética, que os profetas realmente exigem *ambos*, tanto culto *como* justiça social, em vez de um *ou* outro. Isso é certamente verdade, mas a questão ainda pressiona. Por que não expressá-la assim: Deus exige ambos/e em vez de um ou outro? Mas notemos que, embora não haja problema para encontrar declarações proféticas bíblicas nas quais Deus rejeita o culto na ausência da justiça, não há uma só declaração bíblica na qual Deus rejeite a justiça na ausência de culto. Há mais uma coisa envolvida aqui do que ambos/e. O que é?

Adoração, ritual, culto e templo não são apenas a celebração do Deus da Aliança, mas a celebração desse Deus como libertador da opressão e do domínio, da escravidão e da morte no Egito, para uma terra onde reinam os opostos, uma terra de justiça, direito e liberdade. O culto judaico celebra *esse* Deus *dessa* justiça. E esse Deus é digno de liturgia e adoração, digno de festa e celebração. Mas, na ausência da justiça social, tal celebração é a mais pura hipocrisia. Não se pode dizer: vosso ritual está certo, mas precisais acrescentar vossa justiça. Na tradição judaica, o ritual expressa a justiça, o culto cultua o Deus de justiça. Naturalmente, insiste esse Deus, a justiça é suprema e sem ela o ritual é hipocrisia.

E a justiça sem ritual? Pode existir? O elo entre ritual e justiça é, realmente, muito estreito. Os que diminuem ou abandonam o ritual precisam se proteger contra o enfraquecimento ou a perda da justiça ao mesmo tempo. Quando, muito mais tarde, o cristianismo deixou de lado o ritual judaico, também deixou de lado a justiça judaica e, portanto, o Deus judaico?

Os Escritos

Começo com um exemplo do livro de Jó escrito entre o início do século VI e o fim do século V a.C. Ao ler este único versículo, observemos que *conteúdo* imaginamos que o próprio Jó expressa em 29,14:

A justiça vestia-me como túnica,
o direito era meu manto e meu turbante.

Esses dois versos estão em paralelismo poético. Assim como "vestia-me como túnica" faz paralelo com "meu manto e meu turbante", também "justiça" faz paralelo com "direito". "Justiça" e "direito" são duas palavras diferentes para a mesma realidade; e, como já vimos, elas repetidamente aparecem em série na Bíblia. O que você imagina como conteúdo desse conjunto duplo? O que significa?

No início do livro, em 1,8, Deus reconhece a respeito de Jó que "na terra não há outro igual: é um homem íntegro e reto, que teme a Deus e se afasta do mal". Mais tarde, no contexto atual, Jó descreve como eram as coisas antes que a calamidade o atingisse e como ele era venerado por jovens e velhos, honrado por nobres e príncipes. Por quê? Em 29,12-17, ele diz:

Porque eu livrava o pobre que pedia socorro
    e o órfão que não tinha auxílio.
A bênção do moribundo pousava sobre mim,
    e eu alegrava o coração da viúva.
A justiça vestia-me como túnica,
    o direito era meu manto e meu turbante.
Eu era olhos para o cego,
    era pés para o coxo.
Era o pai dos pobres
    e examinava a causa de um desconhecido.
Quebrava as mandíbulas do malvado,
    para arrancar-lhe a presa dos dentes.

O contexto mais completo nos dá o conteúdo de justiça e direito nessa passagem. Julguemos se os atos de Jó eram o que havíamos imaginado. Observemos que, naturalmente, eles são *atos*, não idéias, e que podemos chamá-los atos de justiça social, isto é, de justiça divina para a terra.

O que é direito e o que é justo são mandamentos da Aliança para Israel e são, portanto, imposições divinas para a criação toda. Morris Silver afirmou, como podemos nos lembrar, que a exigência profética de justiça social arruinou a prosperidade econômica, a força social e o poder militar do antigo Israel. Mas ele também descobriu "que o tema da justiça social difundiu-se na literatura de oração e sabedoria" (p. 178). Encontra-se, para falar de modo mais amplo, não só na Lei e nos Profetas, mas também nos Escritos. Em outras palavras, está em todas as três importantes divisões da Bíblia hebraica.

No livro dos Provérbios, às vezes os pobres são mencionados como uma categoria a ser colocada contra os ricos de um modo proverbial em vez de ético – por exemplo, em 10,15; 13,7; 15,15; 18,23; 19,4; 19,22. Mas há também textos como estes:

Não despojes o fraco, por ser fraco, nem oprimas o pobre no julgamento. Porque Iahweh disputará a sua causa e tirará a vida dos que os defraudaram.

(Pr 22,22-23)

Não desloques o marco antigo, e não entres no campo dos órfãos, pois o seu vingador é forte: disputará a causa deles contra ti.

(Pr 23,10-11)

Nos Salmos encontramos, naturalmente, essa seguida menção de justiça e direito. É, em primeiro lugar e acima de tudo, o atributo de Deus em Sl 33,5; 89,15; 96,13; 97,2; 99,4. Mas, por conseguinte, supõe-se que seja atributo do rei terreno como representante de Deus, em Sl 72,1.7. Por último, precisa ser atributo de todos em Sl 106,3; 112,5-6. Eis um exemplo de cada um desses três casos:

[Iahweh,] Justiça e Direito são a base do teu trono, Amor e Verdade precedem a tua face.

(Sl 89,15)

Ó Deus, concede ao rei teu julgamento e a tua justiça ao filho do rei; que ele governe teu povo com justiça, e teus pobres conforme o direito. Montanhas e colinas, trazei a paz ao povo. Com justiça ele julgue os pobres do povo, salve os filhos do indigente e esmague seus opressores.

(Sl 72,1-4)

Feliz quem observa o direito e pratica a justiça em todo o tempo!

(Sl 106,3)

Também encontramos menção ao órfão e ao oprimido em Sl 10,18, aos pobres e necessitados (indigentes) em Sl 12,6 e 72,12, à usura e ao suborno em Sl 15,5, ao fraco e ao órfão em 82,3 e à viúva, ao estrangeiro e aos órfãos em 94,6. Há um salmo magnífico que serve de resumo culminante dos precedentes. Deus está sentado no conselho divino dos deuses. Acusa-os de negligência por não estabelecerem a justiça na terra, rebaixa-os do nível de deuses imortais para o de príncipes mortais e assume o controle do universo. Cito por inteiro o Sl 82,1-8:

Deus se levanta no conselho divino,
  em meio aos deuses ele julga:
"Até quando julgareis injustamente,
  sustentando a causa dos ímpios?
Protegei o fraco e o órfão,
  fazei justiça ao pobre e ao necessitado,
  libertai o fraco e o indigente,
  livrai-os da mão dos ímpios!
Eles não sabem, não entendem, vagueiam em trevas:
  todos os fundamentos da terra se abalam.
Eu declarei: Vós sois deuses,
  todos vós sois filhos do Altíssimo;
  contudo, morrereis como um homem qualquer,
  caireis como qualquer dos príncipes".
Levanta-te, ó Deus, julga a terra,
  pois as nações todas pertencem a ti!

Finalmente, está claríssimo. Não que o Deus de Israel seja um entre muitos, ou mesmo um *sobre* muitos deuses. O Deus de Israel é o Deus único e verdadeiro de toda a terra e de todas as nações porque somente este é um Deus de justiça e direito para os sistematicamente vulneráveis, para o fraco, o órfão, os humildes, os indigentes e os necessitados. Este Deus se levanta contra a injustiça e a maldade porque essa é a natureza e esse é o caráter deste Deus. Os deuses e suas nações abandonaram os desventurados da terra.

Capítulo 13

Arqueologia galiléia

Aarqueologia, já se vê, tem sido fascinada por impérios desde o início da história da disciplina como, entre muitos outras, a pesquisa a respeito dos casos assírio, asteca, inca e romano serve para demonstrar. Contudo, na maior parte da história, foram as elites, culturas de bases palacianas, com suas "grandes tradições", que dominaram a atenção arqueológica: a iconografia régia, a arquitetura imperial e mercadorias de prestígio como objetos dignos de curiosidade e perícia. Hoje, em vez de se concentrarem nas vantagens do vencedor, os arqueólogos ocupam-se dos efeitos da expansão imperialista sobre os povos subjugados, o que gera um novo tipo de "arqueologia do imperialismo". Uma série de técnicas arqueológicas volta-se para questões como níveis mutáveis de exploração, mudanças no comportamento econômico e social, aculturação e resistência. Estudos de povoamento, muitas vezes possíveis pela primeira vez como resultado de levantamentos arqueológicos, revelaram-se, em numerosos casos, indicadores essenciais da vida de uma população conquistada.

Susan E. Alcock, *Graecia capta [A Grécia subjulgada]* *, p. 5.

Consideremos onde estamos agora nesta análise de meu método interdisciplinar para esta belecer o *contexto* o mais claramente possível. Descrevi o estrato básico ou antropológico com ênfase em classe, gênero e resistência. A principal conclusão é que a resistência camponesa tende a se desenvolver cada vez mais intensamente à medida que os impérios agrários se tornam, de forma crescente, comerciais. Em outras palavras, as variáveis da comercialização rural e da rebelião camponesa são correlatas. Essa era a situação do Império Romano no tempo da paz e prosperidade de Augusto. Era mercantil, em vez de tradicional. Estava interessado não apenas em manter a posse de territórios e cobrar impostos, mas também em desenvolver territórios e aumentar receitas. Sobre essa base antropológica geral, sobrepus a tradição mais específica do judaísmo, com sua insistência em um Deus de direito e justiça, que mantinha um povo no direito e na justiça, por uma lei de direito e justiça em uma terra de direito e justiça. A antropologia e a história entrelaçam-se fortemente no ponto da comercialização rural, pois os romanos consideram a terra um bem empresarial, e alguns judeus ou todos eles consideram-na dádiva divina. Já neste ponto da análise, entendo por que, na nação judaica e em torno dela, as relações entre os romanos imperiais e os judeus coloniais poderiam se tornar desesperadas e desastrosas.

---

* Trata-se do início da frase de Horácio, que é: *Graecia capta ferum victorem cepit et artes intulit agresti Latio* (A Grécia subjugada subjugou o altivo vencedor e introduziu as artes no agreste Lácio) (N.R.).

Essa conjunção de dados antropológicos e históricos explica não apenas as três grandes rebeliões entre 66 e 135 d.C., mas também, antes delas, a freqüência de distúrbios tão bem detalhada na obra de Richard Horsley (1985). Entre a morte de Herodes, o Grande, em 4 a.C. e a primeira revolta, houve constantes sinais de resistência da classe baixa ao poder imperial romano na terra judaica. Os *protestadores* se reuniam freqüentemente para fazer apelos desarmados perante o prefeito romano de segunda classe da Palestina, ou perante o governador da Síria, distante, mas de primeira classe. Às vezes, eram eficazes em seus protestos; outras vezes eram massacrados. Os *profetas* reuniam grandes grupos de seguidores e os conduziam ao deserto, para que atravessassem o Jordão e chegassem àquela terra, que Deus então lhes devolveria, tirando-a dos romanos, como outrora a tirara dos cananeus. Como esperavam a libertação divina e não a violência humana, em geral esses profetas e seus seguidores estavam desarmados. Eram sempre massacrados. O número de *bandidos* aumentava à medida que os agricultores eram forçados a sair de suas terras por causa de dívidas ou calamidades e preferiam o banditismo nas colinas à mendicância nas estradas. Surgiam *messias*, que invocavam o antigo ideal de Davi e proclamavam a guerra contra Roma, em nome de Deus.

Meu próximo e último passo é a sobreposição da arqueologia e, em especial, da arqueologia da Baixa Galiléia a esses dois estratos anteriores. A antropologia indica-nos as condições gerais nas quais a resistência ou rebelião camponesa podem surgir e nos mostra que, no caso específico do Império Romano mercantil, tais condições estavam presentes. Mas essas condições estavam real e particularmente presentes na *Galiléia romana primitiva*? E se tudo que acabamos de citar a respeito da antropologia camponesa e da tradição judaica fosse verdade, mas não houvesse nem o mais leve indício de comercialização na Galiléia no primeiro terço do século I, nem as mais ligeiras mudanças na cultura galiléia nos cem anos que se passaram desde a chegada de Herodes I, o Grande, até a primeira guerra romano-judaica? E se todos os indícios mostrassem a Galiléia como um distrito rural atrasado que nem o Império Romano nem a dinastia herodiana acharam que valia a pena explorar? Qual é a aparência da cultura romana primitiva para a arqueologia galiléia, *em especial quando esses dados são sobrepostos à antropologia intercultural do império agrário e da sociedade camponesa?*

É uma ótima ocasião para fazer essas perguntas. Em sua tese de doutorado, Jonathan Reed resumiu a situação atual da arqueologia galiléia, ao observar: "Durante a última década, houve uma explosão de novas escavações na Galiléia e em torno dela. Nos últimos anos, a pá entrou em ação nas antigas cidades de Tiberíades, Betsaida, Gaba e Cesaréia de Filipe. Outras escavações estão em fase inicial em Hipos e Jetebata. Diversos sítios importantes também voltaram a ser escavados desta vez com o uso de modernos métodos de campo: Cafarnaum, Séforis e Citópolis. As aldeias galiléias de Gush-Halab, Kefar Hananya, Khirbet Shema', Merom e Nabratein também foram examinadas pela primeira vez. Finalmente, o registro arqueológico da Galiléia helenística e romana chegou a uma massa crítica que a erudição neotestamentária precisa abordar" (1994a, pp. 6-7). Mas há um problema inicial para tratar antes que eu possa usar a arqueologia galiléia – um problema que vai continuamente complicar o processo da integração interdisciplinar neste capítulo.

Opções na arqueologia

Afirmamos que a arqueologia é prática interpretativa, intervenção ativa que se empenha em um processo crítico de trabalho teórico relacionando passado e presente. É totalmente enganador propor o problema do entendimento e da explicação do passado seja como uma representação puramente factual ligada ao passado e purificada de "preconceitos" subjetivos, seja como uma busca de hoje da libertação da carga dogmática do registro arqueológico mediante ficcionismo e mitificação sem peias. A interpretação é ato que não se reduz ao meramente subjetivo. Todo relato arqueológico envolve a criação de um passado em um presente e seu entendimento. Nesse sentido, a arqueologia é um esforço de realização e transformação, transformação do passado na luz do presente. Esse processo não é livre nem criativo em sentido ficcional, mas envolve a tradução do passado de maneira delimitada e específica. Os fatos do caso só se tornam fatos em relação a convicções, idéias e valores. Entretanto, a arqueologia significaria um exercício de desvario narcisista se *só* equivalesse a uma projeção deliberada no passado de preocupações presentes. O próprio registro arqueológico contesta o que dizemos como sendo inadequado de uma ou de outra maneira. Em outras palavras, os dados representam uma rede de resistências à apropriação teórica. Estamos envolvidos em um discurso mediando o passado e o presente e essa é uma questão bidirecional.

Michael Shanks e Christopher Tilley, *Re-constructing archaeology* [*Reconstrução da arqueologia*], pp. 103-104.

Essa é uma epígrafe um tanto longa e complicada. Eis alguns resumos aforísticos de sua tese. Ian Hodder assim o exprimiu no prefácio do livro: "Todos os textos arqueológicos reapresentam o mundo de hoje no passado" (p. xvi). Os próprios Shanks e Tilley o reformularam em um livro posterior nestas palavras: "Como prática cultural, a arqueologia é sempre uma política, uma moralidade" e, novamente: "A arqueologia nada é se não é crítica" (1988, pp. 212, 213).

Essa concepção de arqueologia é idêntica à minha concepção de história no início deste livro. E isso, já se vê, não é coincidência. São duas tentativas de empregar de forma rigorosa e sincera a correta afirmação do pós-modernismo que o objeto conhecido é mudado pelo sujeito que o conhece. Como, então, traçamos um caminho entre objetivismo e subjetivismo, entre historicismo e relativismo, entre positivismo e narcisismo? Minha resposta, como já se sabe, é que o presente precisa reconstruir o passado em uma interação abertamente reconhecida para que um desafie e mude o outro. E precisamos conduzir essa interação por argumentos discutidos em debate público. É esse debate público em vez de qualquer confissão anterior (sou branco, europeu, heterossexual, cristão, supostamente vivo etc.) o que conta. Como agora já se sabe, para mim tudo isso reduz-se a *método*, em fazer o método próprio o mais autoconsciente e autocrítico possível e em apresentá-lo de uma forma que torne o debate o mais aguçado e preciso possível. Seja como for, a visão de arqueologia nessa epígrafe é a última de três opções metodológicas atuais descritas por Marianne Sawicki em recente artigo muito interessante.

O primeiro e mais antigo tipo chama-se arqueologia clássica, histórica ou pré-processual. Sob seus piores aspectos, tendia para o saque cultural – tomar, mas, desse modo, às vezes preservar, artefatos antigos de países coloniais ou orientais para museus imperiais ou ocidentais.

Todavia, mesmo em seus melhores aspectos, era, com freqüência, "guiada pelo texto", de modo que "seus resultados tendem a corroborar qualquer versão do passado que tenha sido transmitida nos textos", embora "às vezes corrigisse os textos históricos que a inspiraram". Porém o problema mais sério é que "em suas premissas, este tipo de arqueologia não é crítica", segundo Sawicki (1994, pp. 319, 320).

O tipo seguinte é a arqueologia processual, a chamada nova arqueologia, das décadas de 1960 e 1970. Seu enfoque estava, especialmente, na pré-história, em que, por definição, não havia textos disponíveis para serem confirmados ou negados. "Na universidade, essa arqueologia tornou-se um dos ramos da antropologia, não dos clássicos nem da história". Embora preparada especialmente para a pré-história, onde não havia textos, foi usada também para a história, onde eles existiam, permitindo às ruínas materiais oferecer critérios de aferição e controle às ruínas verbais. Mas, acima de tudo: "Também facilita o acesso aos restos materiais da grande maioria de pessoas que não nos deixaram nenhum texto" (1994, p. 320). Isso tem extrema importância. "Como os textos representam os setores de elite da sociedade, a 'pré-história' dura até o presente para a maioria das mulheres e muitos outros grupos que não faziam parte das elites. A reconstrução da vida dos operários do século XVIII, por exemplo, emprega muitas das mesmas técnicas de escavação usadas para reconstruir a vida dos antigos caçadores-coletores" (1994, p. 334). Esse novo estilo de arqueologia enfatiza a causalidade material e empírica que age dentro de sistemas ou processos integrados (daí o nome *processual*). O exemplo de Sawicki é também uma crítica: "Nesta interpretação, o 'porquê' da existência e localização de uma grande cidade como Séforis é dado em razão do abastecimento alimentar e do clima. Todos os outros fatores sociais e criativos reduzem-se, em última análise, àquelas condições físicas" (1994, p. 322).

O terceiro tipo, a arqueologia pós-processual, tem sido, desde o início da década de 1980, uma reação deliberadamente crítica ou corretiva ao tipo anterior. "Os pós-processualistas afirmam que atuação histórica e estratégia egoísta são os termos fundamentais da compreensão arqueológica. Além disso, insistem em que as estratégias científicas de hoje comparam--se e interagem com as próprias estratégias sociais do passado que estejam sob investigação. O próprio *status* social dos arqueólogos – determinado, por exemplo, por sua inexistência de trabalho segundo o sexo ou por sua organização política – está em jogo sempre que esses arqueólogos estão trabalhando. Assim, a 'ciência' é subjetiva e sua objetividade só é alcançada por meio de sua subjetividade" (1994, p. 322). Toda reconstrução do passado interage com o presente. Nossas posições pessoais e individuais, sociais e culturais relativas a raça, cor, credo, sexo, classe, e tudo o mais também, estão em jogo nessa reconstrução. "Os pós-processuais... argumentam [que] a arqueologia é um empreendimento ideológico feito no presente para servir aos interesses do presente... As dimensões escolhidas para representar o passado são as que são significativas e, por isso, calorosamente contestadas nas sociedades hodiernas... A reconstrução do passado é um componente da construção social do presente... Os supostos fatores subjetivos não são 'interferência na linha' para a transmissão de dados arqueológicos; são a própria linha" (1994, pp. 323, 330).

Considero isso absolutamente correto. Mas, a partir daí, aonde vamos? Basta prefaciar todas as obras com uma confissão autobiográfica? Sawicki vê o problema com extrema clareza e tira três conclusões. A primeira é que "as diferenças entre a arqueologia processual e pós-processual pouco importam em campo ou no laboratório, mas se tornam significativas num ponto, quando se tenta fazer um relato sintético de uma sociedade passada". (Mas é esse exatamente o ponto em que estou agora. Como a arqueologia da Baixa Galiléia constrói uma imagem global desse lugar e desse tempo passados?) Outra conclusão é que "o pós-processualismo não apresenta uma teoria com coerência interna e não parece ser capaz de escapar sozinho a um relativismo debilitante" (1994, p. 323). Esse, já se vê, é o buraco negro que ameaça todo o pós-modernismo. Uma última conclusão apresenta solução teórica. Esse debate de três vias deixa a arqueologia em estado de desassossego teórico, mas Sawicki sugere que "ela se move em direção a um *realismo disciplinado*", que ela descreve muito apropriadamente como "plantar os dois pés firmemente na arqueologia processual científica e, ao mesmo tempo, curvar-se ao vento do pós-processualismo" (1994, pp. 323, 324). Um pequeno aspecto desse realismo disciplinado seria os arqueólogos prestarem ao menos alguma atenção à antropologia intercultural, mesmo se não à epistemologia pós-moderna. Mas o que tudo isso tem a ver com a arqueologia da Baixa Galiléia nos anos 20 do século I como o terceiro estrato de meu modelo interdisciplinar a fim de obter o contexto mais bem definido possível para o Jesus histórico e o nascimento do cristianismo?

Em primeiro lugar, trabalho com um modelo geral para contexto porque, sem ele, posso interpretar os dados quase à vontade. Segundo, os três níveis de meu modelo interagem uns com os outros e, potencialmente, corrigem uns aos outros. Terceiro, dentro dessa interação, ainda presumo certa hierarquia de estratificação: da antropologia, por intermédio da história, à arqueologia. Para mim, as ruínas textuais da história e as ruínas materiais da arqueologia localizam-se dentro de matrizes antropológicas ou macrossociológicas gerais. Quarto, tenho um grande problema neste capítulo. Quando leio os resultados publicados da arqueologia galiléia recente, encontro um fenômeno estranho. Os estudiosos não descrevem simplesmente o que encontraram, mas também fazem comentários sociais interpretativos sobre esses dados. Com freqüência, esse comentário critica um tanto causticamente o que alguém como eu pode dizer a respeito do Jesus histórico. Mas de onde vem *sua* matriz social mais ampla? Onde *eles* a conseguiram?

Deixe-me dar um exemplo. Vamos supor que concordemos que houve extensa urbanização na Baixa Galiléia nos primeiros 25 anos do século I. Como decidimos, em geral, se isso foi boa ou má notícia para os camponeses locais? E a notícia foi boa ou má para a maioria, para muitos, ou só para alguns deles? Como responderíamos a essa pergunta arqueologicamente? E, se não sabemos respondê-la pela arqueologia específica, devemos respondê-la pela antropologia geral? Devemos, pelo menos, saber que tais respostas gerais existem e devem ser presumidas no decorrer de objeções específicas?

Portanto, observe com muito cuidado o que faço neste capítulo. Escolho três ênfases básicas da recente arqueologia galiléia. Em cada um dos casos uso uma epígrafe do modelo de Lenski-Kautsky – isto é, da antropologia – que, no mínimo, deve sensibilizar o arqueólogo para possíveis interpretações gerais dos dados descobertos. Em seguida, examino sua interpretação geral desses dados e, em especial, as conclusões sociais que anunciam depois dela, ou supõem, antes dela. Finalmente, meu ponto abrangente é que o que os arqueólogos descobriram ajusta-se muito bem, muitas vezes apesar de suas próprias afirmações, ao modelo de Lenski-Kautsky de comercialização que precipita a resistência.

Um último comentário. Não sou arqueólogo de campo. Vivi dois anos, entre 1965 e 1967, na Escola Bíblica e Arqueológica Francesa, um pouco ao norte da porta de Damasco da cidade velha de Jerusalém. Como parte de meus estudos, visitei todos os principais sítios arqueológicos, não só na Jordânia e em Israel, mas da Síria ao Iraque e Irã, da Grécia e da Turquia a Marrocos, Tunísia e Egito. Sou profundamente grato ao difícil trabalho dos arqueólogos do Oriente Próximo e, como leigo, aprecio seus problemas financeiros, logísticos e, em especial, políticos. Respeito suas conclusões arqueológicas, que quase sempre só tenho tempo de ler em resumos populares e que aceito no nível de dados honestos. Discordo de suas conclusões sociais, que parecem contradizer as conclusões antropológicas gerais e que, por isso, precisam de argumentos e provas que as sustentem.

O campo e a cidade

Outra importante característica das sociedades agrárias era a existência regular e difundida de comunidades urbanas... [que] nunca constituíam mais que 10% do total [da população de um império agrário] e, em alguns casos, eram responsáveis por menos de 5%... [Mas] apesar desse fato, em geral os residentes dos centros urbanos dominavam as sociedades agrárias política, econômica, religiosa e culturalmente.

Gerhard E. Lenski, *Power and privilege* [*Poder e privilégio*], pp. 198, 200.

Meu primeiro exemplo diz respeito à relação geral entre a cidade e o campo, no modelo de Lenski-Kautsky, para as sociedades agrárias antigas enquanto distintas das sociedades industriais ou pós-industriais posteriores. Esse modelo nos adverte contra a suposição de que a palavra *camponeses* seja simplesmente um termo arcaico e nostálgico para lavradores independentes ou de que, nessas sociedades, os camponeses fossem agricultores isolados.

Em reação ao romantismo rural de *A vida de Jesus*, de Ernest Renan, que o situou "no meio de verdes colinas e fontes de águas claras" de sua "amada Galiléia" (p. 118), é possível situá-lo em ambiente urbano igualmente romântico. Em *Jesus and the forgotten city* [*Jesus e a cidade esquecida*], Richard Batey descreve como "Séforis se eleva como reluzente *Camelot*" (p. 80) e imagina Jesus ali para freqüência regular ao teatro. Porém, no meio desses extremos igualmente irreais, o que sabemos das relações rurais-urbanas no tempo e no local de Jesus e, mais acentuadamente, o que sabemos sobre camponeses e cidades, desse tempo e de sempre?

Pensemos, primeiro, em cidades. Há mais de uma década, James Strange dirige uma das expedições que escavam em Séforis, na Baixa Galiléia. Em um ensaio metodologicamente programático, ele usa uma expressão surpreendentemente benigna para a urbanização romana na Galiléia. Ele a chama de "revestimento urbano" (1992a, p. 31), mas também menciona "a cidade como símbolo de poder" (1992a, p. 53, nota 41). Deixa bem claro que "a cultura material é produto do mundo conceitual e simbólico do qual se origina" (1992a, p. 29) e que "os símbolos da cultura especificamente romana, às vezes em bases helenísticas cooptadas, incluem *banhos*, hipódromos, teatros, anfiteatros ou circos, odeãos, ninfeus, murais adornados, estátuas, monumentos triunfais, templos (de Augusto, de Tibério) etc."(1992a, p. 33, itálico meu). Consideremos, no entanto, o primeiro item, banhos, em especial em seu simbolismo cultural romano. Ao apresentar uma série de reuniões datadas de 1987 entre arqueólogos e historiadores sobre a cidade e o campo no mundo antigo, Andrew Wallace-Hadrill menciona a interação simbólica de água, aqueduto e banho: "A relação [entre a cidade e o campo] é mais visível quando imaginamos os tentáculos estendidos pela cidade romana pelo interior do país, na forma de aquedutos [em vez de estradas]: simbolicamente sugando... os recursos da terra para o centro urbano, para alimentar os banhos públicos onde a água importada age como centro de sociabilidade e como símbolo do modo de vida 'lavado' e civilizado que rejeita o fedor do homem rústico. No aqueduto está implícita uma dinâmica de poder, que flui entre o campo e a cidade; e se desejarmos representar a dinâmica como explorativa, poderemos estender nossa imagem aos esgotos para os quais a água escoa posteriormente... como imagem do consumo desperdiçador da cidade" (p. x). Mesmo que essa água não fizesse falta para os camponeses, a alta visibilidade material e o grande custo dos aquedutos salientavam outro escoamento do campo para a cidade, o de impostos e suprimentos. Em ensaio originário das mesmas reuniões de 1987, Mireille Corbier acrescenta: "Entre as imagens que evocam o modo como as cidades tiravam recursos de seu território, podemos recordar sucintamente dois movimentos centrípetos: a canalização da água e o armazenamento de cereais" (p. 222). Os símbolos representam algo além de si próprios. Então qual, perguntamos, era o melhor símbolo da interação rural-urbana antiga, a estrada aparentemente de duas mãos, ou o aqueduto claramente de mão única?

Em seguida, pensemos nos camponeses. É importante jamais confundir um termo genérico como *rural, isolado*, ou *lavrador*,* com um termo técnico como *camponês*, já que, para a antropologia intercultural, um camponês isolado ou absolutamente rural é uma contradição em termos. Expliquei com bastante clareza o que o termo camponês significa, em meu livro O *Jesus histórico*: a vida de um camponês judeu do Mediterrâneo (pp. 160-164) e, novamente, em *Jesus: uma biografia revolucionária* (p. 41). *Camponês* é termo interativo para lavradores explorados e oprimidos – definição que presume existir em algum lugar exploradores e opressores. Essa definição também está contida no modelo de Lenski-Kautsky. Observe a epígrafe a esta seção e recorde a insistência de Kautsky, já mencionada, de que os aristocratas "vivem à custa" dos camponeses. Admitindo que eles vivam *à custa* dos camponeses, onde *viviam*? Nas cidades, naturalmente. Em impérios agrários, camponeses e elites sugerem, em outras palavras, camponeses e cidades. Um camponês sem uma

---

* No original, *farmer* (lavrador) está contraposta a *peasant* (camponês). Camponês é o mero trabalhador rural; *farmer*, no caso, é o lavrador com um certo grau de independência que lhe vem do domínio, posse ou administração da terra (N.R.).

cidade é, simplesmente, um lavrador feliz. Reformulando Kautsky: as *cidades* "vivem à custa" dos camponeses. E, como de costume, as exceções confirmam a regra: "Há", como Lenski observa, "alguns casos de sociedades agrárias nas quais as comunidades urbanas estavam total ou grandemente ausentes, como em partes da Europa no início da Idade Média, quando o colapso no sistema político levou ao desaparecimento quase total da vida urbana" (p. 199, nota 30). Teoricamente, já se vê, aristocratas morando em *castelos* podiam "viver à custa" dos camponeses exatamente como os aristocratas *citadinos*, mas esses castelos acabavam por lutar entre si, por isso a cidade era necessária como o lugar onde as elites se reuniam para competir umas com as outras em consumo conspícuo em vez de em guerra contínua.

Mas e os camponeses na arqueologia galiléia? James Strange argumenta, no início do ensaio já mencionado, contra a proposição de que "a Galiléia se prestava de modo especial a um estilo de vida rural ou camponês" (1992a, p. 28) e insiste, no fim, que "já não é mais possível afirmar simplesmente que o movimento cristão mais primitivo originou-se em uma atmosfera rural simples" (1992a, p. 47). Ele está absolutamente correto, Jesus, o movimento do reino de Deus e o cristianismo mais primitivo surgiram todos no intercâmbio urbano-rural da Baixa Galiléia. Mas o intercâmbio urbano-rural está agora e sempre contido no próprio termo *camponês*. Há rural sem urbano, mas não urbano sem rural. Nem mesmo os romanos podiam comer mármore. E não há camponeses sem interação urbano-rural (para usar uma expressão benigna). Nada que a arqueologia galiléia tenha descoberto sobre a urbanização da Baixa Galiléia no início do período romano desmente sua sociedade basicamente camponesa – a menos, já se vê, que erroneamente se suponha que camponeses equivalem a lavradores isolados em um lugar rural atrasado.

A mesma compreensão errônea do termo *camponês* reaparece em um ensaio posterior no qual Strange indaga sobre a capacidade da arqueologia "de nos dizer alguma coisa a respeito das realidades sociais da Galiléia do século I" (1994, p. 88). Sua resposta parece, mais uma vez, supor que o termo *camponês* exclui artesãos e/ou que artesãos camponeses são algum tipo de empresário em melhor situação. "Levantamentos arqueológicos da Galiléia e de outras regiões da Palestina antiga confirmam que grandes casas de fazenda, presumivelmente de ricos proprietários de terra, pontilham a paisagem. É prematuro fazer estimativas seguras de quanto da terra estava nas mãos de proprietários de terra abastados, mas já dá para ter uma idéia do desenrolar da realidade social no século I. Pelos levantamentos arqueológicos da Galiléia é possível pressupor outra dimensão da realidade social. Parece que há mais lavradores em pequenos pedaços de terra do que esses lotes comportam, o que sugere que o pequeno proprietário de terra tinha de trabalhar para outros pelo menos parte do tempo, ou então desenvolver, nas horas vagas, uma especialidade que fosse vendável. Assim, a simples designação 'camponês' para este estrato social é enganosa, pois parece que essas pessoas também eram artesãos e pequenos empresários além de trabalhadores agrícolas. Esse fato da vida parece ter imposto uma diversificação nos papéis sociais, que, em grande parte, continuam não reconhecidos na erudição moderna" (1994, p. 89). Mas o modelo de Lenski-Kautsky já inclui a pressão permanente que, na melhor das hipóteses, força os pequenos proprietários camponeses a serem *também* artesãos camponeses ou, na pior das hipóteses, força os pequenos proprietários camponeses a se tornarem *só* artesãos camponeses. E jamais pressupõe que novas cidades transformam camponeses infelizes em empresários felizes. Em tudo isso, falo de sistemas e estruturas, não de indivíduos e pessoas. Minha posição não é que a arqueologia precisa obedecer à antropologia, mas que um modelo antropológico intercultural advertiria Strange de que o que ele claramente descreveu anteriormente sobre lotes grandes e pequenos é o resultado bastante previsível da comercialização por meio da urbanização e de que o resultado igualmente previsível é o aumento da tensão entre camponês e cidade.

Acho, aliás, uma confusão semelhante a respeito dos camponeses em outros arqueólogos galileus. Em seu artigo mais recente sobre o regionalismo galileu, Eric Meyers diz que "em vista do sistema de estradas e dos padrões comerciais romanos, o isolamento da Baixa Galiléia é simplesmente um dado que não se confirma. É desnecessário dizer que a maior parte da Palestina fora dos centros urbanos refletia o estilo de vida camponês ou agrícola" (1985, p. 117). Mas os camponeses não estão simplesmente fora da cidade. São a base necessária para seu poder. Meyers, pelo menos, reconhece que "durante o período romano, os povoamentos de Séforis e Tiberíades exacerbaram as tensões entre os camponeses e a gente da cidade" (1985, p. 118).

O mesmo acontece com Tom Longstaff. Ele observa, primeiro, que "a Galiléia surge como área transformada pela presença de cidades romanas e influenciada por instituições e ideais romanos. Séforis... é um bom exemplo de como o processo de urbanização afetou uma população heterogênea, na própria cidade e em suas aldeias dependentes... Já não é mais possível pensar em Jesus como um simples camponês de Nazaré (alguém ousa dizer 'bom rapaz do campo'?), nem descrever os discípulos como 'matutos da Galiléia'" (p. 14). Tudo isso está tão correto quanto sua oposição entre camponeses e urbanização é inadequada. Porém, mais uma vez, Longstaff, pelo menos, reconhece que, "apesar de argumentar que a influência da urbanização romana era onipresente, não se deve entender que [seu] ensaio trate de maneira romântica a cultura urbana. Embora a cultura urbana ofereça muitas vantagens, também apresenta desvantagens. Muitas vezes a urbanização traz consigo certo grau de opressão. O hiato entre os ricos e os pobres aumenta freqüentemente. É comum os que prosperam na cidade fazerem-no à custa dos que vivem nas aldeias dependentes e não prosperam" (p. 14). Embora palavras como *muitas vezes* e *freqüentemente* abafem um pouco a injustiça sistêmica ou estrutural das relações entre os camponeses e a cidade, isso ao menos adverte contra a mudança do romantismo rural de Renan para o romantismo urbano de Batey.

Três comentários finais sobre camponeses e cidades. De Robert Redfield: "Antes das primeiras cidades não havia camponeses. E os povos primitivos sobreviventes que não vivem de acordo com a cidade não são camponeses" (p. 31). De George Foster: "O critério primordial para definir a sociedade camponesa é estrutural – a relação entre a aldeia e a cidade (ou o Estado)" (p. 8). De Moses Finley: "O camponês era elemento essencial na cidade antiga" (1977, p. 322). É necessário, de uma vez por todas, deixar de confundir *isolado* e *rural* com *camponês* e começar a considerar o termo *camponês* como ele é usado na antropologia intercultural. Do contrário, exegetas que usam a antropologia intercultural, e arqueólogos que não a usam vão simplesmente continuar para sempre se ignorando mutuamente. *Camponeses e cidades seguem de mãos dadas. São os lados necessariamente geminados de um sistema opressivo ou explorador.*

Séforis e Tiberíades

Todas as sociedades agrárias mais avançadas eram semelhantes a uma árvore ou planta com um sistema de raízes alimentadoras que se espalhavam sobre uma vasta área, extraindo o excedente e o levando, por etapas, aos consumidores finais, a população urbana. Nos limites exteriores desse sistema, havia milhares, até mesmo centenas de milhares, de pequenas aldeias camponesas, cada uma contendo, tipicamente, algumas centenas de residentes... Por um lado, havia o fluxo constante de mercadorias das aldeias camponesas para os centros urbanos. Em troca, as aldeias recebiam certos serviços de natureza política, cultural, religiosa, educacional e comercial... Assim, as relações que se desenvolveram entre as aldeias e os centros urbanos tinham caráter essencialmente simbiótico, mas com implicações claras de parasitismo... Essa relação era parasita na medida em que a superioridade militar da elite de base urbana forçava os aldeãos a entregar uma parte maior de suas colheitas ou a aceitar menos em troca delas do que aceitariam se as duas partes tivessem negociado a partir de uma posição de igual força política. Entretanto, como a participação dos aldeãos não dependia apenas da coerção, a relação não pode ser considerada meramente parasita.

Gerhard E. Lenski, *Power and privilege* [*Poder e privilégio*], pp. 205-206.

Meu segundo exemplo pergunta, tendo como pano de fundo geral o modelo de Lenski-Kautsky, o que se pode esperar quando duas cidades são construídas ou reconstruídas no espaço de vinte anos, e a trinta quilômetros uma da outra em um império agrário. Esse modelo nos adverte contra a presunção de que novas cidades são boa-nova para os camponeses locais.

Os quase 1.300 km² da Baixa Galiléia, ricos de grãos e cereais nos vales e de vinhas e oliveiras nas colinas, consistem em quatro linhas alternadas de colinas e vales que vão na direção geral oeste-leste. A aldeia de Nazaré, localizada em uma bacia a pouco mais de 335 m de altitude, na cordilheira que em alguns pontos se eleva a 490 m, dá vista para os acessos meridionais da Baixa Galiléia. A cidade de Séforis, a uma hora de caminhada para o nordeste de Nazaré, situa-se a 100 m de altitude, em um outeiro a oeste do vale de Tir'an e ao sul do vale de Bet- Netofa. No extremo oriental desse mesmo vale de Tir'an, situa-se a cidade de Tiberíades. Mas Séforis e Tiberíades eram duas cidades, uma construída e a outra reconstruída, a trinta quilômetros uma da outra e com vinte anos de diferença. O que sua *presença nova ou renovada* significava para os camponeses locais? Ouçamos, como fundo, estes comentários das reuniões de 1987 mencionadas na seção anterior. De Corbier: "Onde quer que existisse, a cidade era a unidade básica para a arrecadação de impostos" (p. 231). De Wallace-Hadrill: "A urbanização é o resultado inequívoco do controle romano" (p. 249). Mas, em especial, este resumo introdutório do último: "O império é visto como um tabuleiro de xadrez de cidades, cada qual com um conjunto próprio de comunidades dependentes; exatamente como o poder e a riqueza do proprietário de terras dependia de sua habilidade para extrair aluguéis e lucros dos locatários e trabalhadores, assim o poder e a riqueza de cada cidade dependia da extração de impostos, aluguéis e tributos de sua rede de aldeias e povoamentos, enquanto a própria Roma dependia da extração de impostos das províncias e suas cidades componentes" (p. xiv).

Por um momento, pensemos na densidade populacional dessas duas novas cidades, em especial à luz dos estudos de Jonathan Reed e computemos os 10.000 m² de cada hectare. "Na Galiléia", diz Reed, "as ruínas de Séforis abrangem uma área de 60 hectares, e as ruínas de Tiberíades abrangem quase 80 hectares. A extensão das ruínas dessas duas cidades galiléias não se compara com as quatro cidades principais do Levante – Tiro, Ptolemaida, Cesaréia Marítima e Citópolis, que ocupam todas bem mais de 100 hectares. Mas a extensão das ruínas de Séforis e Tiberíades ultrapassam bastante qualquer outro sítio da Galiléia e também os sítios herodianos na periferia da Galiléia. As ruínas no alto do monte de Betsaida, o sítio construído em Júlia por Herodes Filipe, abrangem apenas 10 hectares; Gaba, construída por Herodes, o Grande, para sua cavalaria aposentada, mede 14 hectares. O tamanho das povoações maiores da Galiléia é, em comparação, quando muito, 17 hectares para a Cafarnaum do século I, e o das povoações menores, quando muito, 5 hectares para Gat Ofer. Outros pequenos sítios da Galiléia, tais como aldeolas ou fazendas nucleadas, têm apenas um único hectare ou menos" (Reed, 1994a, pp. 68-69).

Mas como ir de hectares a pessoas? É preciso primeiro conhecer, com a maior exatidão possível, a circunferência do local. Que tamanho tinha no tempo em questão: Quantos hectares? É preciso, então, decidir que densidade populacional seria de esperar em tal local: Quantas pessoas por hectare? Erros ou discordâncias em um ou ambos os pontos resultam em conclusões amplamente divergentes em uma povoação grande, não murada, da Baixa Galiléia do século I, por exemplo, Cafarnaum, como demonstram estas conclusões, primeiro de Reed (1992, p. 15) e depois de Meyers e Strange (p. 59):

Cafarnaum: 17 hectares = 100-150 pessoas por hectare = 1.700-2.550 habitantes
Cafarnaum: 30 hectares = 400-500 pessoas por hectare = 12.000-15.000 habitantes

Com relação a hectares e pessoas, os modelos-padrões e mais bem preservados para cidades romanas são Óstia, o porto romano densamente povoado na foz do Tibre, com seus edifícios de três a cinco andares, e Pompéia, na baía de Nápoles, cidade italiana povoada de maneira mais normal, com edifícios de um e dois andares. De Reed, eis as populações mais prováveis para essas cidades paradigmáticas (1992, pp. 12-14):

Óstia: 69 hectares = 435 pessoas por hectare = 30.000 habitantes
Pompéia: 64 hectares = 125-156 pessoas por hectare = 8.000-10.000 habitantes

Mesmo com dimensões *grosso modo* iguais, essas duas cidades tinham densidades populacionais bastante diferentes – diferentes, de fato, por um fator de mais ou menos três para um. Reed observa que, como Óstia e Pompéia, "Séforis e Tiberíades eram cidades muradas, o que aumenta a densidade populacional. Comparações históricas e etnográficas mostram que, via de regra, povoações muradas são mais densamente povoadas que povoações abertas. Nos primeiros sítios, o crescimento se faz pelo aumento do número de cômodos à custa do tamanho, ou pelo acréscimo de edifícios com mais de um andar. Na verdade, nos sítios de Séforis e Tiberíades, muitas fundações dos edifícios eram maciças e sustentavam mais de um andar, enquanto sítios não murados na Galiléia tendem a ter fundações feitas grosseiramente e paredes nos aposentos domésticos que não teriam suportado um segundo andar" (1994a, pp. 69-70). Eis os números que Reed propõe:

Tiberíades: 80 hectares = 300 pessoas por hectare = 24.000 habitantes
Séforis: 60 hectares = 300 pessoas por hectare = 18.000 habitantes

Mais tarde Reed corrigiu esses números com relação a Séforis: "Estimativa mais recente, por James Strange, das escavações da USF (University of South Florida), põe a área fechada pelos muros um pouco abaixo de 50 hectares – mas ele observa que as ruínas fora dos muros, para o sudeste *talvez se estendam* por outros 50 hectares... Se supusermos a densidade populacional de 300 pessoas por hectare para a cidade murada de Séforis e só 175 para a área habitada extramuros, então [como Tiberíades], Séforis também teria tido uma população de cerca de 24.000" (1994b, p. 213). Portanto, em resumo:

Séforis: 50 hectares (intramuros) = 300 pessoas por hectare = 15.000 habitantes
Séforis: 50 hectares (extramuros) = 175 pessoas por hectare = 8.750 habitantes

Mas mesmo trabalhando com a população que atribuiu anteriormente a Séforis, Reed observara que "uma população de 18.000 requeria toda a produção dos vales de Bet Netofa e Tir'an [ao norte e a leste, respectivamente], bem como a terra ao longo do Nahal Sippori [a oeste]" (1994a, p. 71). Se esse foi o "impacto na agricultura" apenas de Séforis, qual foi o impacto quando duas cidades assim, Séforis e Tiberíades, foram construídas no espaço de vinte anos e a trinta quilômetros uma da outra? "Considerando apenas os alimentos", conclui Reed, "as práticas agrícolas da Galiléia foram completamente reorganizadas e estendidas com a fundação dessas duas cidades. A imagem de numerosas fazendas ou aldeolas auto-suficientes na Galiléia foi radicalmente mudada. Todo o enfoque agrícola voltou-se para alimentar Séforis e Tiberíades" (1994a, p. 70). Mas o que pensaram os camponeses dessas duas cidades e do que elas faziam para sua subsistência e suas vidas? A fundação de cidades em maior número e mais próximas foi boa ou má notícia para os camponeses locais?

Jonathan Reed faz ele mesmo essa pergunta, mas não consegue respondê-la a partir de ruínas materiais apenas: "Como a população galiléia nativa reagiu a Séforis e Tiberíades? As atitudes e os sentimentos não são discerníveis no registro arqueológico" (1994a, p. 94). Porém, mesmo independentemente da antropologia intercultural, a arqueologia comparativa pode nos advertir contra aceitar, por causa dessa ausência, o ponto de vista normativo das elites urbanas. Eis um exemplo arqueológico de como não aceitar esses pontos de vista sem críticas.

Ao estudar "'a romanização' – os efeitos que o domínio romano provocou na economia e nas sociedades do Mediterrâneo antigo", John Patterson concentrou-se em duas regiões montanhosas, Sâmnio, nos Apeninos italianos centrais, e Lícia, no sudeste da Turquia, para testar a hipótese de haver um relacionamento estrutural geral entre "três importantes facetas de relações entre a cidade e o campo – construções públicas nas cidades, mudança de povoamento no campo e a mobilidade mostrada por aqueles membros das elites que adquiriram sua riqueza no campo, mas gastaram-na principalmente nas cidades" (pp. 147, 148). Concentro-me aqui no segundo elemento, na mudança de povoamento rural, à medida que pequenos proprietários camponeses sucumbiam à "crescente aglomeração de grandes propriedades rurais" pertencentes às elites urbanas (p. 155). "Surge, então, o problema de saber o que essa mudança realmente significou na prática para a gente comum que possuía ou ocupava essas grandes propriedades. Existem várias possibilidades: os camponeses permaneceram na terra como arrendatários dos proprietários maiores, vivendo em condições de pobreza e miséria; ou deixaram a terra para se tornarem bandidos... ou abandonaram a terra de vez e foram para a cidade" (p. 155). Falando de maneira sistemática em vez de individual, suponho que nenhuma dessas três opções é particularmente feliz para os camponeses envolvidos. Um arqueólogo pode fazer, sobre Séforis e Tiberíades, uma pergunta semelhante à formulada por Patterson a respeito de Sâmnio e Lícia? É discernível algum relacionamento entre o crescimento das cidades e a aglomeração territorial rural? E, se lotes rurais menores unificam-se em propriedades maiores, é legítimo inferir alguma coisa sobre como essas cidades influenciam "na subsistência e na vida" dos camponeses (e, portanto, em seus "sentimentos e atitudes" sobre elas)?

Em todo caso, é digno de nota que Séforis nunca é mencionada nos evangelhos e Tiberíades só é mencionada em João, uma vez diretamente, em 6,23, e duas vezes indiretamente, em 6,1 e 21,1. Qual a razão disso? Andrew Overman faz (e também responde) esta pergunta óbvia: "Por que essas cidades [Tiberíades, Mágdala e Séforis] não figuram com maior proeminência na tradição evangélica?... Pressupomos que a ausência desses centros urbanos significativos e inevitáveis relaciona-se com a questão de poder que esses centros representam e possuem" (1988, p. 167). Em artigo mais recente, ele repete essa ligação de *cidade* e *poder*: "Proponho que a designação *cidade* tem muito a ver com poder, quer econômico, quer político ou simbólico... De modo algum afirmo que todos se sentiam satisfeitos com a carga desse símbolo. Porém sou de opinião que, na Galiléia, muita gente estava familiarizada com o símbolo e suas implicações e também com suas concretas ramificações econômicas e culturais... Todo programa hipotético para o movimento de Jesus ou uma análise das parábolas ou aforismos nos evangelhos deve levar em conta essas informações do mundo material galileu" (1993, pp. 47-48). Tudo isso é absolutamente correto, mas pergunto se a expressão "não satisfeitos com" não é formulação benigna demais para a reação dos que podem ter-se oposto à urbanização romana porque ela deslocava o modo de vida camponês tradicional e empurrava os indivíduos da pobreza para a indigência, de pequeno proprietário de terras para arrendatário, de arrendatário para trabalhador diarista e de trabalhador diarista para mendigo ou bandido.

Camponeses e artesãos

Mesmo no nível da aldeia [nos impérios agrários], não era raro certo grau de especialização, pois, fora da estação agrícola, era comum os camponeses serem obrigados a se voltarem para o artesanato a fim de equilibrar o orçamento e, com o tempo, certos povoados criaram fama pela habilidade superior na produção de determinado artigo.

Gerhard E. Lenski, *Power and privilege* [*Poder e privilégio*], p. 204.

Este é meu terceiro exemplo e, de certa maneira, é o mais importante. A razão para sua importância (se for possível me adiantar) é que Jesus era, provavelmente, um artesão camponês, não um pequeno proprietário camponês. Mas talvez artesãos camponeses estejam em melhor situação que os pequenos proprietários camponeses? Talvez em povoados especializados nesta ou naquela habilidade, a urbanização aumentasse bastante a base de fregueses e, assim, fosse boa em vez de ruim para a subsistência dos artesãos camponeses?

Há um caso galileu bastante específico que tem sido usado para sugerir que o relacionamento das cidades com os camponeses era relativamente benéfico, pois os camponeses usavam a cidade como importante parceiro de negócios. Minha opinião é, mais uma vez, que uma percepção anterior de dados antropológicos interculturais – por exemplo do modelo de Lenski-Kautsky – matizaria não a possibilidade do comércio do povoado com a cidade, mas todas as generalizações precipitadas demais sobre a benignidade da cidade para com o povoado nas sociedades e impérios agrários.

Descrição material e conclusão social

Em primeiro lugar, é necessário ver claramente os dados materiais em sua integridade. Então, e só então, é possível discutir as conclusões a respeito das implicações desses dados. Os dados materiais em questão dizem respeito à indústria de cerâmica de um povoado galileu muito especial, Kefar Hananya. (No que se segue, tomei a liberdade de grafar esse nome sempre como *Hananya*.)

Argila e cerâmica

Fragmentos de cerâmica são praticamente indestrutíveis e a argila nesses cacos é pesquisada por análise de ativação neutrônica (que imagino ser algo como o DNA da cerâmica) até o local do terreno ou do barro de onde veio. Em outras palavras, essa argila traz em si os traços das rotas comerciais locais antigas. A tese de doutorado de David Adan-Bayewitz em 1985, na Universidade Hebraica de Jerusalém, usou esse processo cientificamente preciso para identificar a fonte ou a proveniência da cerâmica doméstica comum na Galiléia, a oeste do lago, e em Gaulanítide (atualmente Colinas de Golã), a leste do lago, dos tempos romanos primitivos aos tempos bizantinos primitivos. Ele descobriu, conforme resumiu em um artigo escrito em conjunto com Isadore Perlman, que "o grosso da cerâmica doméstica comum usada na Séforis romana [de cerca de 50 a.C. a 430 d.C.] provém de dois grupos distintos. O primeiro grupo [Galiléia romana I], que inclui a maioria dos utensílios de cozinha comuns da cidade, era fabricado em Kefar Hananya. O segundo grupo [Galiléia romana II] inclui os jarros de armazenagem galileus do período, tigelas e cântaros especiais... [e era] manufaturado no centro cerâmico de Shikhin, adjacente a Séforis. Esses dois grupos de proveniência de cerâmica, responsáveis pela maioria da cerâmica comum usada na Galiléia romana, eram produzidos em centros manufatureiros das cidades ou dos povoados e não pelas cidades importantes da Galiléia" (p. 170).

Esse é um estudo extraordinariamente importante, em seus métodos gerais e em suas conclusões específicas a respeito da Galiléia e, em especial, de Séforis. A maioria da cerâmica galiléia originou-se, durante meio milênio, de dois povoados, Kefar Hananya, atual Kafr Inan, exatamente a leste de Aco-Ptolemaida, bem na fronteira entre a Alta e a Baixa Galiléia (mas mais próximo das Colinas de Golã que da costa mediterrânea) e (Kefar) Shikhin, identificada por James Strange em 1988 com algumas ruínas, cerca de dois quilômetros a noroeste de Séforis (1992b, p. 351).

Há duas conclusões que Adan-Bayewitz tira de seus dados cerâmicos esplendidamente coletados e claramente apresentados. A primeira é secundária e envolve uma contradição interna. A segunda é importante e envolve uma contradição externa.

Manufatura e distribuição

A conclusão secundária diz respeito ao relacionamento entre a manufatura e a distribuição. Que papel Séforis e Tiberíades desempenharam no processo de distribuição? Se, por exemplo, elas eram importantes para a distribuição, isso era bom ou ruim para os fabricantes estabelecidos nos povoados? "Há boa razão", diz Adan-Bayewitz, "para suspeitar que, provavelmente, a comercialização da louça de Kefar Hananya por oleiros itinerantes não era um importante meio de distribuição. Não é fácil explicar a predominância da louça de Kefar Hananya em cidades e povoados a 25 km do centro manufatureiro, exceto se as considerarmos centros de comercialização... Mercados centrais prováveis para a louça de Kefar Hananya incluem as cidades galiléias de Séforis e Tiberíades" (1992, p. 233). Essa conclusão me parece em flagrante contradição com os dados claramente descritos pelo próprio Adan-Bayewitz.

Eram Séforis e Tiberíades mercados centrais para a venda da louça de Kefar Hananya? Era a produção do povoado trazida a essas cidades por serem elas centros de distribuição para sua comercialização? Se elas eram tais centros, pode bem ser que ceramistas e outros artesãos dos povoados considerassem essas cidades uma boa notícia para os negócios, o que significaria que a urbanização chegou a eles como fenômeno predominantemente positivo. Na visão de Adan-Bayewitz, a venda e a distribuição da louça de Kefar Hananya concentravam-se não nesse povoado manufatureiro e a partir dele, mas a partir dessas duas novas cidades galiléias, ambas distantes cerca de 25 km. Mas eis uma notável objeção a essa alegação, baseada nos dados do mesmo autor. Se a cerâmica desse povoado era vendida para esses mercados centrais, seria de esperar que a presença cada vez menor de seus cacos se espalhasse para fora a partir delas, não do principal povoado manufatureiro. Contudo, os indícios arqueológicos e a insistência de Adan--Bayewitz indicam que, "embora a louça de Kefar Hananya seja abundante em toda a Galiléia, a diminuição das quantidades relativas de louça de Kefar Hananya é evidente com a distância cada vez maior do *centro manufatureiro*" (1990, p. 158, itálicos meus), que "a quantidade relativa de louça de Kefar Hananya recuperada em sítios galileus relaciona-se inversamente com a distância do sítio do *centro manufatureiro*" (1992, p. 219, itálicos meus; e veja o gráfico da percentagem encontrada *versus* a distância percorrida, em 1992, p. 212). Em outras palavras, "a cerâmica era comercializada de maneira unidirecional a partir de Kefar Hananya, *o local de sua manufatura*, até o sítio onde foi recuperada, seu lugar de uso" (1992, p. 247, itálicos meus). Conforme minha análise e compreensão desses dados, a cerâmica de Kefar Hananya era vendida e distribuída, fosse por aquisição direta ou por entrega, a partir do próprio povoado, e não de mercados centrais em Séforis e Tiberíades. Minha conclusão é que, embora aumentasse o mercado para a cerâmica, a presença dessas cidades não parece ter mudado o processo de distribuição. Aquela afirmação precisa ser deixada de lado, como uma confusão, de uma forma ou de outra.

Cerâmica e exploração

A principal conclusão a que chegou Adan-Bayewitz é, para meu propósito atual, muito mais importante. No final do artigo em co-autoria e também de seu livro, Adan-Bayewitz faz um comentário social bastante específico. O comentário é feito quase de passagem, superficial, mas sua localização final lhe dá certa importância culminante. O artigo conclui assim: "A distribuição quantitativa da louça de Kefar Hananya, por um lado, e a comercialização direta para o consumidor de cerâmica em Kefar Hananya e Shikhin..., por outro, não parecem coerentes com a imagem, comum entre alguns estudiosos, da exploração dos camponeses galileus pelos ricos urbanos. Finalmente, parece que alguns estudiosos têm a concepção errônea de que, no início do período romano, a Galiléia rural era exclusivamente agrícola. As provas atuais contribuem para uma perspectiva mais exata da economia galiléia" (1990, pp. 171-172). O livro insiste no mesmo ponto, com as mesmas palavras: "Também se pode notar que o padrão de distribuição da louça de Kefar Hananya não parece coerente com a imagem, comum entre alguns estudiosos, da exploração dos camponeses galileus pelos ricos urbanos, no início do período romano" (1992, p. 219).

Talvez, então, a chegada de duas cidades, a Séforis reconstruída e a recém-construída Tiberíades, não fosse má notícia para os camponeses galileus. Seria apenas uma oportunidade para o aumento do comércio, para mercados maiores? Devemos imaginar não camponeses infelizes, mas oleiros felizes; não lavradores oprimidos, mas comerciantes fortalecidos? Em outras palavras, a urbanização foi boa para esses aldeãos artesãos? Para testar essa possibilidade examino rigorosamente as descrições materiais e as conclusões sociais de Adan-Bayewitz, não só em si mesmas, mas, em especial, do ponto de vista da antropologia intercultural da *cerâmica*.

Teoria da cerâmica e processo cultural

Há uma grande discordância entre essas conclusões sociais que acabamos de citar e as conclusões a que chegou Dean Arnold em sua obra antropológica intercultural sobre *Ceramic theory and cultural process* [*Teoria da cerâmica e processo cultural*]. Essa discordância é mais notável em vista das repetidas referências de Adan-Bayewitz a Arnold, em seu livro (1992, pp. 235-238). Foram, de fato, essas referências que me levaram a ler Arnold. Como se refere à exploração camponesa sob o domínio urbano, é essa discordância a que mais me interessa neste contexto.

Suponho que Kefar Hananya não seja apenas um povoado de artesãos explorados, usado, controlado, e sobretaxado por gente de fora. Parece muito mais provável que sua posição no centro da Galiléia lhe permitisse controlar seu destino e distribuir seus produtos, na maior parte das vezes, do produtor para o consumidor, com pouquíssima interferência. Mas isso muda a imagem geral da exploração camponesa na Galiléia? Em outras palavras, qual é o relacionamento entre a produção cerâmica e a terra agrícola? O oleiro camponês deliberada e voluntariamente abandona a vida de pequeno proprietário camponês pelas possibilidades presumivelmente mais lucrativas da atividade empresarial? Não é isso que a antropologia intercultural da cerâmica parece indicar.

Recordemos, do que foi dito anteriormente, a posição dos artesãos como "camponeses despossuídos", segundo o modelo de Lenski-Kautsky. Com esse pano de fundo, leio a tese de Arnold de "que, envolvendo a cerâmica, há certos processos universais ligados a fatores ecológicos, culturais e químicos. Esses processos ocorrem em sociedades de todo o mundo e proporcionam sólida base empírica (em oposição à especulativa) para interpretar a cerâmica antiga. Em escala mais modesta, o livro apresenta métodos interculturais que relacionam a cerâmica com fenômenos culturais ambientais e não cerâmicos... [e respondem] à pergunta por que a fabricação de cerâmica se desenvolve em uma área e por que evolui para um ofício em tempo integral" (pp. ix-x). Em outras palavras, seu livro apresenta uma antropologia intercultural de fabricação de cerâmica: "O livro vai tentar proporcionar generalizações interculturais sobre o relacionamento que se aplica a muitas sociedades diferentes do presente e do passado... A partir de generalizações de culturas modernas, é possível entender e explicar como a cerâmica se vincula ao resto da cultura e do ambiente. Aplicando essas generalizações ao passado, é possível desenvolver uma interpretação mais precisa de como a cerâmica arqueológica se relaciona com a cultura e o ambiente antigos" (p. 16). Mas se compararmos as descrições materiais de Adan-Bayewitz com a antropologia da cerâmica de Arnold, chegaremos a conclusões *sociais* muito diferentes.

Os sistemas de produção cerâmica movem-se, segundo Arnold, da produção doméstica, por intermédio da indústria doméstica e da indústria de oficina, para a indústria em grande escala. Vendo as descrições a seguir, observemos como a pressão populacional e a perda concomitante da lavoura de subsistência forçam os pequenos proprietários camponeses a se tornarem artesãos camponeses. *Eles não são atraídos a essa mudança pela oportunidade empresarial, mas sim são forçados a ela pela necessidade agrícola.* Para mim, é esse o ponto decisivo.

Tipos de produção cerâmica

O primeiro tipo de produção cerâmica é a *produção doméstica*. "Todas as mulheres adultas aprenderam a arte e têm o mesmo potencial para fabricar recipientes" (p. 226). Cada lar faz sua própria cerâmica e, como estão presas ao lar por causa dos filhos, as mulheres são as oleiras.

O segundo tipo é a indústria doméstica. "A pressão populacional força os homens ao ofício e, assim, a posição social dos oleiros baixa por causa de seu acesso limitado à terra agrícola ou à propriedade dela... [e] também força os lavradores a se afastarem cada vez mais para obter terra agrícola adequada... A uma distância de 7-8 km... a viagem para seus campos não compensa e as pessoas preferem explorar recursos como matérias-primas de cerâmica mais perto de casa... A fabricação de cerâmica no modo de produção da indústria doméstica é, assim, a adaptação de uma população a tipos particulares de recursos não-agrícolas; é uma adaptação à terra que é pobre ou limitada agriculturalmente, mas que tem recursos cerâmicos" (pp. 226-227).

O terceiro tipo é a *indústria de oficina*. "A pressão populacional eliminou em grande parte, se não completamente, a agricultura como base de subsistência para os oleiros. As atividades de subsistência não são incompatíveis com a fabricação de cerâmica e, por isso, os homens são oleiros, já que não têm meios alternativos de subsistência. Quando cessa a produção direta de alimentos, a família do oleiro depende desse ofício para viver e os riscos inerentes à fabricação de cerâmica precisam ser reduzidos, para que ela tenha uma renda confiável... A fim de exercer um crescente controle sobre o processo, o oleiro precisa de investimento de capital (tal como a construção de um barracão para formar e secar a cerâmica, a construção de um forno e a compra ou fabricação de moldes ou de uma roda). Como os oleiros da indústria doméstica [o segundo modo de produção] são pobres e economicamente marginais, muitos oleiros não têm condições de fazer o investimento de capital que essas inovações exigem e são, portanto, forçados a se empregar para os que os têm... Essa mudança tira a produção de cerâmica do âmbito doméstico e, desse modo, elimina totalmente as mulheres do processo de fabricação de cerâmica... Por causa do *status* baixo da fabricação de cerâmica e da marginalidade econômica dos oleiros em uma indústria doméstica [o segundo modo de produção], não é com freqüência que os oleiros decidem desenvolver um ofício mais intensivo, pois preferem melhorar seu *status*. Talvez acabem por abandonar a fabricação de cerâmica por uma ocupação de mais prestígio e mais lucrativa como intermediário ou proprietário de uma oficina de cerâmica. Assim, o desenvolvimento de um modo de produção de oficina com investimento de capital (necessário para obter inovações e pagar os operários em bases regulares) é um padrão iniciado por indivíduos de *status* mais alto que são completamente estranhos à fabricação de cerâmica ou social e economicamente marginalizados em relação ao ofício" (pp. 227-229).

O quarto tipo é a *indústria em grande escala*. "Caracteriza-se por substancial investimento de capital na produção para um máximo resultado e um mínimo custo por unidade. Os efeitos reguladores das intempéries e do clima são totalmente eliminados... as inovações têm ... eficiência maximizada... a produção é em tempo integral durante o ano todo... as mulheres são totalmente eliminadas... os oleiros são homens... e a produção em tempo integral requer extensa distribuição de cerâmica, a fim de proporcionar remuneração para o oleiro comprar comida" (p. 231).

Agricultura e cerâmica

Suponho que a produção de Kefar Hananya não esteja no primeiro nem no quarto sistema. Deve, então, estar no segundo ou terceiro sistema, onde, para Arnold, é a pressão populacional e a indisponibilidade de terra agrícola adequada em quantidade e/ou qualidade que forçam as pessoas a fazerem uso de recursos cerâmicos disponíveis. Não é a disponibilidade de tais recursos de argila que os convence a desistir da lavoura de subsistência adequada e assumir a vida arriscada de empresários comerciais.

Eis algumas afirmações explícitas de Arnold, além das que acabamos de citar sobre a evolução da fabricação de cerâmica, da fabricação doméstica em pequena escala para a produção comercial em grande escala. Ele propõe como "princípio geral" que "quando uma população excede a capacidade da terra para sustentá-la (e, assim, excede sua capacidade de manutenção), há um movimento para outras ocupações, como a fabricação de cerâmica" (p. 168). Desse modo, por exemplo, "não é incomum que a fabricação de cerâmica e outros ofícios sejam uma segunda escolha para a agricultura e à qual recorre quem tem terra de má qualidade, insuficiente ou mesmo não tem terra. Enquanto a agricultura proporciona alimento à família diretamente, a produção artesanal não o faz, mas exige trabalho adicional e riscos maiores que a agricultura... Não é incomum, então, que a fabricação de cerâmica, como técnica indireta de subsistência, seja o resultado da pressão populacional e não uma ocupação desejável para muitos lavradores... Havendo um melhor meio de vida na agricultura ou um trabalho mais seguro ou regular, a fabricação de cerâmica é abandonada" (p. 193). Novamente: "Os oleiros que dependem de seu ofício para viver fabricam cerâmica só por necessidade econômica [, por isso], quando existem melhores oportunidades, abandonam o ofício" (p. 194). E outra vez: "Com exceção de quem fabrica cerâmica só para uso próprio, é provável que ninguém decidisse ser oleiro se seus meios de subsistência (p. ex., agrícola) fossem adequados" (p. 200).

Tudo que acabei de citar de Arnold (e até certas partes da obra de Adan-Bayewitz, em que ele próprio se refere ao livro de Arnold) acautela fortemente contra generalizações sobre a fabricação de cerâmica em Kefar Hananya que neguem a sociedade camponesa comum da Galiléia ou a exploração usual desses camponeses no início do período romano. Tais generalizações inexatas ou mesmo românticas poderiam ter sido disciplinadas por um modelo específico, como o antropológico intercultural de Arnold para a produção de cerâmica. Também poderiam ter sido disciplinadas por um modelo antropológico intercultural mais geral para o império agrário, tal como o próprio modelo de Lenski-Kautsky.

Jonathan Reed observa: "Não tenho certeza de como avaliar a qualidade de vida percebida, a partir das fontes arqueológicas, dos aldeões que trabalharam em Kefar Hananya. Pelo registro arqueológico, não dá para estimar se estavam ou não contentes com seu relacionamento" (1994a, p. 81, nota 90). É isso realmente o melhor que podemos fazer? Ou simplesmente não tentamos fazer melhor? Com certeza é possível aplicar a antropologia *e* a arqueologia a essa pergunta. Quase duas décadas atrás, William Dever expressou o desafio: "Seria um excesso de simplificação dizer que a arqueologia *histórica* do Oriente Próximo tradicional dava lugar à arqueologia *antropológica* mais característica de pré-historiadores e arqueólogos do Novo Mundo, mas a *aproximação* entre orientações antes consideradas antitéticas é pertinente... Mais fundamental ainda é saber se a arqueologia do antigo Oriente Próximo deve ser histórica ou antropologicamente orientada – ou as duas coisas... De muitas maneiras essa dicotomia é, já se vê, falsa, mas os pressupostos da arqueologia antropológica, tirados em grande parte da pré-história, precisam, no mínimo, ser examinados e aplicados crítica e seletivamente à arqueologia do Oriente Próximo, que tem uma *história*, baseada em ruínas de artefatos e na abundância de fontes literárias, que remontam a 5.000 anos" (pp. 15, 21).

As respostas mais adequadas vêm de uma combinação interdisciplinar dos três fatores – da antropologia, da história e da arqueologia juntas. A antropologia nos diz o que esperamos de camponeses sob a comercialização rural. A arqueologia nos fala da comercialização rural por intermédio dos processos de urbanização de Antipas na Baixa Galiléia do início do século I. A história nos diz algo assim, conforme Keith Hopkins, ao apresentar um livro de ensaios especificamente sobre o comércio na economia antiga: "Nos séculos I e II d.C., proporcionalmente, menos produtores de alimentos cultivavam mais alimentos do que nunca para mais produtores não-agrícolas... A produtividade agrícola aumentou, acima de tudo por causa da crescente pressão da exploração. Dois tipos de exploração precisam ser diferenciados. Primeiro, escravos agrícolas eram forçados a trabalhar mais que homens livres e recebiam, em média, mais terra para cultivar que muitos camponeses livres podiam se dar ao luxo de possuir. Segundo, os camponeses livres e os donos de escravos eram forçados a trabalhar mais arduamente a fim de produzir impostos para o Estado e, em significativa minoria de casos, produzir aluguel para os proprietários legais da terra que cultivavam... A quantidade total e a proporção da produção total extraídas de produtores primários em impostos e em aluguel aumentou. Em outras palavras, aumentou a pressão da exploração" (1983, pp. xvi, xvi-xvii, xix). Mas a história também nos diz que o povo judeu acreditava em um Deus da aliança de direito e justiça, na eqüidade e igualdade em uma terra que pertencia a Deus. Quando essa antropologia, essa história e essa arqueologia se juntam, temos a situação da Baixa Galiléia nos anos 20 do século I da era cristã – tão bem definida quanto possível.

Camponeses e Letrados

O *Evangelho de Tomé* e Q partilham os seguintes aspectos sociais: alfabetização e mentalidade de letrado, um provável ambiente na vida aldeã ou citadina, uma organização de grupo que não se afastava inteiramente do mundo maior do qual fazia parte e uma mentalidade de grupo caracterizada mais que qualquer outra coisa pela adoção de uma determinada concepção do mundo e uma ética correspondente. Além disso, os dois documentos foram compostos em um contexto no qual a crescente exploração do campo e dos camponeses pelas elites urbanas contribuía para considerável desintegração social e revés econômico (tal como dívida, perda da propriedade, arrendamento, empobrecimento e fome). Os dois grupos respondem a essa crise com a adoção de uma atitude altamente crítica em relação às convenções sociais e estruturas políticas comuns, uma crítica da riqueza, uma inversão dos valores normais e uma rejeição ou crítica das instituições religiosas de bases urbanas.

William E. Arnal, *The rhetoric of marginality* [*A retórica da marginalidade*], pp. 491-492.

Christopher Seeman formulou uma pergunta extremamente óbvia, mas raramente feita: Por que o movimento de Jesus surgiu na Baixa Galiléia durante o reinado de Herodes Antipas, em vez de em algum outro tempo e lugar? Por que na Galiléia em vez de na Judéia e por que na Baixa Galiléia em vez de na Alta Galiléia? Por que sob Antipas em vez de sob seu pai, Herodes I, o Grande, que governou de 37 a 4 a.C., ou sob seu neto, Herodes Agripa I, que governou de 40 a 44 d.C.? E, como Herodes Antipas governou entre 4 a.C. e 39 d.C., por que no fim dos anos 20 em vez de em qualquer outro período desse longo reinado? Por que precisamente ali? Por que exatamente nesse tempo? Ou, ampliando a pergunta de Seeman: Por que surgiram *dois* movimentos no fim dos anos 20 do século I da era cristã nas *duas* regiões separadas do território de Antipas: o movimento do batismo de João na Peréia (a leste do Jordão) e o movimento do Reino de Deus de Jesus na Galiléia (em seu noroeste)? Seeman acha a resposta no programa de urbanização de Antipas para a Baixa Galiléia: "As conseqüências políticas, econômicas e demográficas das fundações de cidades por Antipas geraram uma nova *situação* social para os camponeses galileus. A facção de Jesus surgiu em *resposta* a essa situação e, ao *representar* os interesses deles, alcançou influência entre os camponeses" (p. 84). A antropologia, a história e a arqueologia combinam-se para predizer alguma forma de resistência camponesa na Baixa Galiléia no fim dos anos 20. Surgiu com João e Jesus. Mas no fim dos anos 60 a situação era muito pior.

Ao defender seu papel na Galiléia durante 66-67 d.C., no início da primeira guerra romano-judaica, Flávio Josefo conta como os camponeses galileus atacaram (ou tentaram atacar) Séforis e Tiberíades. Observe a dupla menção que este texto faz a *ódio*, *aversão* e *extermínio* (itálicos meus):

Marchei contra Séforis com as tropas que tinha e tomei de assalto a cidade. Aproveitando a oportunidade, boa demais para perderem, de manifestar seu *ódio* por uma das cidades que *detestavam*, os galileus avançaram com a intenção de *exterminar* a população, até mesmo os estrangeiros. Forçando a entrada na cidade, atearam fogo às casas, que encontraram desertas, pois os aterrorizados habitantes haviam fugido em massa para a cidadela. Pilharam tudo, sem poupar os compatriotas de nenhuma forma de devastação concebível... No entanto, como se recusassem a ouvir admoestações ou ordens, minhas exortações sendo vencidas por seu *ódio*, instruí alguns de meus amigos a espalhar a notícia de que os romanos haviam se dirigido a outra parte da cidade com uma grande força... para que... eu pudesse conter a fúria dos galileus e assim salvar Séforis... Da mesma forma, Tiberíades escapou por pouco de ser saqueada pelos galileus... [que] ruidosamente denunciavam os habitantes como traidores e amigos do rei [Agripa II] e [pediam] permissão para descer e *exterminar* a cidade. Pois tinham pelos habitantes de Tiberíades a mesma aversão que nutriam pelos habitantes de Séforis.

(Autobiografia 374-384)

Essas elites renovadas ou novas de Séforis e Tiberíades precisavam de terra no campo circundante e isso significava a possibilidade de força e violência e também a realidade de empréstimos e dívidas, hipotecas e cobranças executivas. Nos impérios agrários, encontra-se entre os camponeses e as cidades (embora disfarçada de reciprocidade ou camuflada de mutualidade) a presença do poder nu e da força militar. Mas só os camponeses estavam envolvidos nessa resistência no tempo de João e de Jesus? A análise dessa pergunta serve de conclusão às partes IV e V e também de introdução às partes VI e VII.

Está claro que a urbanização de Antipas criou deslocamento e perda de propriedade entre os camponeses, o que resultou, com toda a probabilidade, em várias formas de resistência. Mas meu interesse nesta última parte não está na resistência apenas entre a classe camponesa, mas também na resistência entre a chamada classe servidora de Lenski (examinada no Capítulo 11). Envolve, portanto, essa perigosa combinação de descontentamento camponês e liderança dos servidores. Em outras palavras, e o papel dos letrados em tudo isso? Naturalmente, é sempre possível para os indivíduos resistirem à injustiça, mesmo quando os interesses de sua classe em particular não estão ameaçados. Em especial, é possível (se não inevitável), na tradição judaica de um Deus de justiça. Mas, independentemente disso, que efeito tiveram os programas de Antipas nos servidores letrados – isto é, nos que sabiam ler e escrever, registrar e arquivar, gerenciar e administrar o governo dele, até mesmo nos níveis mais baixos da burocracia?

Pensemos, por um momento, em exatamente qual é a política de Antipas, tendo como pano de fundo geral o domínio romano e a colaboração herodiana. Seu pai, Herodes I, o Grande, governara todo o país por mais de trinta anos com o título oficial de "rei dos judeus". Ele era da Iduméia, ao sul da Judéia, território anexado e convertido ao judaísmo havia apenas um século. Mas ele se casou com uma princesa asmonéia chamada Mariana e, desse modo, ligou-se publicamente à tradição judaica mais original e à realeza judaica mais autêntica. Porém era uma associação estreita demais para sua paranóia: ele executou Mariana em 29 a.C. e, em 7 a.C., os dois filhos que tivera com ela, Alexandre e Aristóbulo. Entre os muitos projetos de construção que levou a cabo, dois se destacam; ambos estavam sendo realizados simultaneamente nos anos 10 a.C. Por um lado, construiu uma grande cidade para os pagãos na Torre de Estratão no meio da costa mediterrânea, deu-lhe um magnífico porto protegido, erigiu um templo a Roma e Augusto em uma colina central e chamou tudo de Cesaréia. Para os judeus, por outro lado, iniciou a reconstrução igualmente magnífica do Templo de Jerusalém, que, mal ficou pronto, foi destruído em 70 d.C. Nos últimos dias de vida, Herodes alterou seu testamento para nomear Arquelau, e não Antipas, seu herdeiro. Quando morreu, em 4 a.C., houve levantes armados em todas as regiões do país e foram precisos o legado sírio e suas legiões para restaurar o controle romano. Augusto aceitou o testamento de Herodes apenas em parte. Deu as regiões central e meridional do país – Iduméia, Judéia e Samaria –, com a renda anual de 600 talentos, a Arquelau, mas com o título de *etnarca* (governante do povo), não *rei* (governante régio). Antipas ficou com a Galiléia ao norte e a Peréia a leste do Jordão com a renda de 200 talentos, mas recebeu só o título de tetrarca (governante seccional). Filipe, um terceiro filho, recebeu territórios ainda mais distantes ao norte e a leste, com a renda de 100 talentos e outro título de tetrarca. Quando Arquelau foi deposto, em 6 d.C., Augusto nomeou, não Antipas, como este esperava, mas um prefeito romano para ser governador das regiões central e meridional do país.

Antipas ficou muito desapontado. Mas também ficou cauteloso ao extremo. Restaurou a capital, Séforis, devastada na rebelião que se seguiu à morte de Herodes I, o Grande. E esperou a morte de Augusto, que ocorreu em 14 d.C. Aí Antipas começou imediatamente a construir uma capital totalmente nova na costa ocidental do mar da Galiléia, completando-a em 18 ou 19 d.C. Sem dúvida, a nova capital facilitava o acesso às duas metades de seus territórios separados, mas se esse fosse o único benefício, ele não teria levado cerca de 25 anos para imaginá-la. Augusto se fora, Tibério era imperador e a nova capital, com as primeiras moedas cunhadas por Antipas, recebeu o nome de Tiberíades. Herodes I, o Grande, construiu Cesaréia, sua nova capital na costa; Antipas construiu Tiberíades, sua nova capital no lago. Os nomes das duas homenageavam imperadores romanos reinantes. A lógica dessa política é clara. Talvez sob Tibério, ele se tornasse rei do país todo, como seu pai tinha sido sob Augusto. Mas ele próprio era filho de Herodes e da samaritana Maltace, por isso uma ligação asmonéia era necessária. No fim dos anos 20 d.C., ele rejeitou sua mulher nabatéia e se casou com Herodíades, mulher de seu meio-irmão Filipe, neta da asmonéia executada, Mariana, e filha do asmoneu executado, Aristóbulo. No entanto, era tarde demais e, embora tivesse governado uma década a mais que o pai, Antipas nunca obteve a realeza. Morreu no exílio, o mais para oeste que Calígula conseguiu mandá-lo.

Voltemos, porém, a Tiberíades. A existência de Séforis e Tiberíades, duas cidades recons-truídas ou construídas no espaço de vinte anos e a trinta quilômetros uma da outra nos quase 1.300 km^2 da Baixa Galiléia, motivou, como vimos, grave tensão na vida camponesa e criou sérias mudanças na distribuição agrícola. Mas, precisamente, o que a mudança da capital de Séforis para Tiberíades provocou? Como isso afetou a classe dos letrados, vivendo na própria cidade e nos povoados circundantes? Eis a descrição que Flávio Josefo faz da fundação de Tiberíades:

> Para esta fundação, ele reuniu um bom número de pessoas, que se achavam na própria Galiléia, mas também todos aqueles que ele obrigou a se expatriarem de alguma região importante da sua jurisdição e que mandou levar à força para povoar a nova cidade e inclusive certos anciãos e homens notáveis. Como concidadãos, deu-lhes indigentes vindos de toda parte, dos quais alguns não eram certamente homens livres. Dispensou-os de toda espécie de obrigações, impondo-lhes,

273

porém, a obrigação de não deixar a cidade; transformando-se no seu benfeitor, construindo-lhes casas com seus próprios recursos e dando-lhes terras. Com efeito, ele sabia que esta fundação era contrária à Lei e às regras ancestrais dos judeus, já que a construção de Tiberíades se fazia sobre sepulturas destruídas, aliás numerosas neste local; ora, nossa Lei declara manchados por sete dias os que se instalam num tal lugar.

(Antiguidades judaicas XVIII,38)

Isso faz Tiberíades parecer uma cidade bem estranha. Fundou-se em impureza permanente, não apenas de sete dias. Foi povoada à força com ex-camponeses ("galileus") e ex-escravos. Até alguns dos administradores tiveram de ser levados para lá à força. Naturalmente, devemos ter em conta os problemas de Josefo com as classes baixas de Tiberíades durante o pouco tempo em que ocupou o cargo de representante militar de Jerusalém ali, em 66-67 d.C. Ao ler a descrição acima, precisamos também nos lembrar do que aconteceu ao próprio Josefo em Tiberíades:

A segunda facção (*stasis*), composta das pessoas mais insignificantes, inclinava-se à guerra [contra Roma]... Jesus, filho de Safias [era] o cabecilha... do partido (*stasis*) dos marinheiros e da classe destituída... O principal instigador da turba era Jesus, filho de Safias, na ocasião chefe dos magistrados de Tiberíades, velhaco com instinto para introduzir a desordem em assuntos sérios e incomparável para fomentar sedição e revolta. Com uma cópia das leis de Moisés nas mãos, adiantou-se e disse: "Cidadãos, se, por amor a vós mesmos, não detestais Josefo, fixai vosso olhar nas leis de vosso país, que vosso comandante-em-chefe pretendia trair e, por amor a elas, odiai o crime e castigai o criminoso insolente".

(Autobiografia 34.66.134-135)

Dificilmente poderia haver uma descrição mais justa da cidade da qual Josefo escapou com vida por um fio. Ainda assim, mesmo levando em conta tudo isso, a nova Tiberíades de Antipas deve ter deslocado não só lavradores camponeses, mas também servidores letrados.

Quase por definição, os camponeses são analfabetos. William Harris calculou que "é quase certo que o provável nível de analfabetismo geral do Império Romano sob o principado estivesse acima de 90%" (p. 22). Meir Bar-Ilan mencionou os "dados de analfabetismo colhidos de diversas sociedades da primeira metade do século XX: Turquia em 1927: 91,8%; Egito em 1927: 85,7%; África do Sul em 1921: 90,3%; Índia em 1921: 90,5%; Afeganistão, Irã, Iraque, Arábia Saudita antes de 1950: acima de 90%" (p. 47). Perguntou retoricamente (mas de acordo com os números de Harris): "Não é possível chegar a uma conclusão provisória que nas sociedades 'tradicionais' antigas a porcentagem de alfabetização estava abaixo de 10%?" (p. 47). Em seguida, enfocou a pergunta nos primeiros séculos da era cristã, na terra judaica, e concluiu: "Os dados comparativos mostram que, sob o domínio romano, a porcentagem de alfabetização judaica melhorou na terra de Israel. Entretanto, fontes rabínicas corroboram provas de que a alfabetização estava abaixo de 3%. Essa porcentagem de alfabetização, pequena fração da sociedade, embora baixa pelos padrões modernos, não era, em absoluto, baixa se levarmos em consideração as necessidades de uma sociedade tradicional no passado" (p. 56). Jesus era um camponês de um povoado camponês.

Portanto, para mim, Jesus era analfabeto até que o contrário seja comprovado. E não é comprovado, mas apenas presumido por Lucas, quando ele faz Jesus ler o profeta Isaías na sinagoga de Nazaré, em 4,16-20. Mas os textos evangélicos primitivos mencionados na epígrafe de Arnal (e fundamentais para as duas partes seguintes deste livro) são, já se vê, textos escritos. Assim, mesmo que Jesus fosse um camponês falando a camponeses, outros, além de camponeses, o ouviam. Não foram camponeses que *escreveram* esses dois evangelhos, o *Evangelho Q* e o *Evangelho de Tomé*.

Há algum tempo, John Kloppenborg chamou a atenção para isso a respeito do *Evangelho Q*. Ao falar de seu estrato mais primitivo, menciona duas pistas para sua localização social: "A primeira pista é o fato talvez surpreendente de nem o templo, nem o sacerdócio, nem as purificações, nem as *kashrut* [regras de pureza], nem a história épica de Israel, nem a Torá, figurarem de maneira importante como meio de redenção para esse estrato de Q... Encontramos apenas confiança absoluta na proximidade da presença divina na vida comum e na disponibilidade da beneficência divina sem necessidade de outros intercessores... Uma segunda pista é a freqüência de ditos que idealizam a pobreza e a vida simples e que advertem contra a aquisição ou o serviço da riqueza" (1991, p. 84). Ele não crê que o "público do estrato formativo fossem pequenos proprietários camponeses, trabalhadores agrícolas e trabalhadores manuais itinerantes", pois "o radicalismo visível e excessivamente social de Q parece atípico de protestos camponeses. Um ambiente muito mais provável para esse estágio de Q está entre os que podem, de maneira anacrônica, ser chamados de 'pequenos burgueses' no setor administrativo inferior das cidades e dos povoados" (1991, p. 85). Na epígrafe desta seção, William Arnal concorda com esse julgamento para ambos, o *Evangelho Q* e o *Evangelho de Tomé*. Descreve o mencionado radicalismo dos letrados como "posição contracultural em resposta à crescente exploração do campo pelos ricos urbanos, uma intensificação do mercado decorrente do recente estabelecimento por Antipas de Tiberíades e Séforis como centros administrativos e aí refletida" (p. 491).

Como Jesus não escreveu – e, em minha opinião não sabia fazê-lo – e como o *Evangelho Q* e o *Evangelho de Tomé* são textos escritos, formulo a articulação entre as parte IV-V e VI-VII deste livro, como se segue: *o movimento do Reino de Deus de Jesus começou como movimento de resistência camponesa, mas abandonou seu caráter localista e regionalista sob a liderança dos letrados.*

Parte VI

REINO E ESCATOLOGIA

O âmago da questão é que o ascetismo rigoroso era dissidente e a dissidência era perigosa. Estridentes e muitas vezes desordeiros, os praticantes do ascetismo físico eram considerados suspeitos pelas autoridades políticas, sociais e culturais da época e tal apreensão pôs a prática do ascetismo físico sob uma nuvem de suspeita geral. Essa desconfiança dos ascetas originava-se do fato de serem percebidos como radicais que expressavam descontentamento com o *status quo*, defendendo normas e valores antitéticos à ordem social e à política aceita, e reivindicavam uma autoridade pessoal independente dos controles tradicionais de sua sociedade e cultura. Dito em palavras simples, eram considerados ameaça à existência contínua e pacífica do Império Romano. O conflito entre o ascetismo e a autoridade se relacionava com questões sociais e culturais... A reputação popular traduz-se em poder pessoal. Da mesma maneira, com base em suas vidas austeras e disciplinadas, os ascetas desafiavam a autoridade dos líderes políticos, as normas sociais e as tradições culturais e estabeleciam-se como autoridades por sua própria conta.

Os conservadores cultos da Igreja achavam os ascetas cristãos radicais censuráveis, da mesma maneira que seus equivalentes fora da Igreja. No cristianismo, os ascetes, com suas reivindicações de autoridade carismática, representavam o mesmo tipo de ameaça à autoridade hierárquica como também à autoridade institucional do Estado. Colocado diante de um conflito semelhante, o cristianismo tomou uma resolução semelhante. Os missionários cristãos conservadores criaram uma forma de evitar as "palavras duras" dos evangelhos – os textos de prova dos ascetas radicais – espiritualizando os ideais de pobreza, castidade e igualdade. Nisso, tomaram emprestado os conceitos de *apatheia* e *ataraxia* [imperturbabilidade] dos estóicos, fazendo da virtude mais uma questão de atitude interior do que de prática física exterior. Esses ideais foram assim despojados de seu caráter social radical e de sua ameaça à ordem social, o que também permitiu ao cristianismo apelar a muito mais pessoas de posses e de posição elevada do que se tivesse atacado suas riquezas e seu *status* em termos materiais simples. Isso mostrava que [como Clemente de Alexandria denominou seu livro] o "rico podia, na verdade, ser salvo".

James A. Francis, *Subversive virtue* [*Virtude subversiva*], pp. xiii-xiv, 2, 188.

As partes IV e V estabeleceram o *contexto* imediato para Jesus e seus companheiros o mais clara e vivamente possível. Por fim chegou a hora de ver o *texto* que precisa ser posto em ligação com esse *contexto* muito específico. Isso toma o resto do livro.

A Parte VI examina dois dos evangelhos extracanônicos mais primitivos a que temos acesso: o *Evangelho Q* e o *Evangelho de Tomé*. Ambos foram descritos separadamente no Capítulo 8 e agora serão considerados juntos nos três capítulos desta Parte VI. Nenhum dos dois é dependente de nossos quatro intracanônicos (embora, naturalmente, o *Evangelho Q* esteja agora presente em Mateus e Lucas e, nesse sentido, seja "intracanônico"). São também independentes um do outro, embora ligados de várias maneiras.

O Capítulo 14 começa com um lembrete antropológico da importância de listas à medida que a oralidade é substituída pela alfabetização, à medida que a tradição oral dá lugar à versão registrada pelo escriba. Isso leva à comparação daqueles evangelhos muito semelhantes a listas, o *Evangelho Q* e o *Evangelho de Tomé*, quanto a sua estrutura formal, gênero constitutivo, conteúdo paralelo e estratificação proposta. Está claro que esses evangelhos não são narrativas biográficas, como os evangelhos canônicos, então, como foram elaborados e organizados? Há algum gênero ou tipo geral de escrita no qual ambos se encaixam? Como é que os dois evangelhos têm cerca de um terço de seu conteúdo em comum (alta porcentagem para dois documentos que não copiam um do outro) e qual é a natureza do material específico de cada um? O capítulo conclui com uma estratificação correlata dos dois evangelhos, que enfatiza como foi redigido de forma diferente seu conteúdo comum.

O Capítulo 15 estabelece o sentido da *escatologia* e continua com uma descrição muito precisa dos dois tipos de escatologia presentes no *Evangelho Q* e no *Evangelho de Tomé*. No capítulo 15, essas escatologias divergentes são descritas como *apocaliptismo* e *ascetismo*. Em outras palavras, o material comum encontrado nesses dois evangelhos – aquele um terço compartilhado – é redigido em cada evangelho de modo diferente – em uma, em ambas, ou em nenhuma dessas duas direções escatológicas. Mas esse material comum em si – as 37 unidades que constituem o que chamo de Tradição de Ditos Comuns – não favorece nenhuma das duas escatologias.

O Capítulo 16 é a análise preliminar de um terceiro tipo de escatologia, a que está presente na própria Tradição de Ditos Comuns. Propõe e explica a expressão *escatologia ética* para esse terceiro tipo, que não é nem escatologia *apocalíptica* como no *Evangelho Q*, nem escatologia *ascética* como no *Evangelho de Tomé*. Esse capítulo faz a preparação para a Parte VII, que é um estudo detalhado da Tradição de Ditos Comuns, segundo essa escatologia proposta.

Voltemos, por um instante, à epígrafe, que foi cuidadosamente escolhida para ser surpreendente. Os estudiosos bíblicos estão acostumados a expressões como *escatologia apocalíptica*, um meio de proclamar o iminente julgamento divino de um mundo injusto. Mas e as formas de ascetismo socialmente crítico, primeiro pagão e depois cristão, conforme descreve aquela epígrafe? É outro tipo de escatologia? Como o apocaliptismo e o ascetismo relacionam-se um com o outro? Essa epígrafe aí está para nos fazer pensar nessa questão a partir desse ponto.

Por último, esta Parte VI está em diálogo com a pesquisa fundacional de Helmut Koester a Stephen Patterson relativa ao *Evangelho de Tomé* e de James Robinson a John Kloppenborg sobre o *Evangelho Q*. Escrevo com gratidão e apreço por seu trabalho seminal.

Capítulo 14

Comparação entre dois evangelhos primitivos

Como um todo, os discursos sapienciais de Q não tratam da questão da lei e da tradição... É de supor que essa situação existisse em qualquer lugar durante os primeiros anos após a morte de Jesus... a questão da lei, iniciada pela missão paulina, ainda não era uma preocupação. Um ambiente de língua grega é mais provável que uma região de cidades e povoados na qual a língua predominante era o aramaico... É... tentador supor que a redação de Q aconteceu em algum lugar da Galiléia e que o documento como um todo reflete a experiência de uma comunidade galiléia de seguidores de Jesus... Todo o desenvolvimento de Q, desde a primeira coletânea dos ditos de Jesus e sua reunião em discursos sapienciais até a redação apocalíptica e, por fim, a redação pré-mateana, precisa ser datado dentro das três primeiras décadas após a morte de Jesus.
Helmut Koester, *Ancient christian gospels* [*Evangelhos cristãos antigos*], pp. 162, 164, 170.

O texto [do *Evangelho de Tomé*] data de um período no qual a autoridade ainda era *pessoal* ou dependente do carisma pessoal e dos poderes de persuasão de um líder e, para ser exato, ainda não era *apostólica*... Tudo isso sugere uma data próxima a Paulo... ou Marcos... A coletânea básica de Tomé já existia quando o Prólogo, Tomé 13 e Tomé 114 foram acrescentados, presume-se que ainda naquele período primitivo de agressivas reivindicações pessoais de autoridade. É possível que nunca saibamos com exatidão quando este estrato de Tomé foi acrescentado ou qual era sua extensão. Talvez possamos especular que ela coincidiu, mais ou menos, com o martírio de Tiago, em 62 d.C.
Stephen J. Patterson, *The Gospel of Thomas and Jesus* [*O Evangelho de Tomé e Jesus*], pp. 116-117.

Lembremos que a análise das tradições evangélicas no Capítulo 8 mostrou que aceito, como pressupostos eruditos, a independência canônica do *Evangelho de Tomé* e a existência escrita do *Evangelho Q*. Se essas posições são basicamente inválidas – se o *Evangelho Q* não existe nem o *Evangelho de Tomé* é canonicamente independente –, então esta parte também é completamente inválida. (De forma semelhante, já se vê, para as posições contrárias.) Mas se minhas posições estão corretas, o que se segue? Agora estendo esses pressupostos, seguindo propostas de estudiosos como Koester e Patterson sobre o *Evangelho de Tomé*, e Robinson e Kloppenborg sobre o *Evangelho Q*. O par de epígrafes acima dá datas aproximadas para os dois evangelhos e indica o que quero dizer com "primitivos" no título do capítulo.

No princípio era a lista

A forma mais característica [nas primeiras fases das culturas escritas] é algo que raramente ocorre no discurso oral (embora às vezes apareça em ritual), a saber, a lista.
Jack Goody, *The domestication of the savage mind* [*A domesticação da mente selvagem*], p. 80.

A oralidade não conhece listas... Na verdade, a escrita foi, em certo sentido, inventada, em grande parte, para fazer algo como listas... As listas começam com a escrita.
Walter J. Ong, *Orality and literacy* [*Oralidade e alfabetização*], pp. 98, 99, 123.

A lista é, talvez, o mais arcaico e difundido dos gêneros. Surpreendentemente, tem recebido atenção dos estudiosos.
Jonathan Z. Smith, *Imagining religion* [*Imaginando a religião*], p. 44.

Esta seção antropológica sobre listas faz a preparação para o exame de dois importantes textos cristãos primitivos semelhantes a listas, o *Evangelho de Tomé* e o *Evangelho Q*. Mas, para começar, pense um pouco em listas e relações. Se um grupo de estudantes bíblicos dissessem: "Jesus falava em parábolas, por exemplo,..." e em seguida mencionasse dez parábolas, essas dez seriam, em conteúdo e seqüência, diferentes para todos nós (e até diferentes para cada um de nós em diferentes ocasiões). Poderíamos, suponho, descrever todos esses conjuntos especiais *ad hoc* como *listas orais*, mas teríamos de ser muito cuidadosos com o sentido dessa expressão. O que temos em nossa cabeça é uma desordem codificada (ou uma matriz, se preferirmos) de material que podemos processar em uma lista de qualquer tipo que for necessário para qualquer propósito. Temos, por assim dizer, um monte na cabeça, mas uma lista nos lábios. Se sempre citássemos uma seqüência fixa de parábolas, isso significaria que estávamos pensando à maneira *escrita*, não *oral*, e seria melhor descrever esses conjuntos fixos como *listas escritas transmitidas oralmente*. Essa operação oral fixa, com exceção de fórmulas mágicas, rituais ou outras, breves e estritamente controladas, não ocorreria nem poderia ocorrer antes de existir o começo de um formato ou seqüência escrita – isto é, antes da chegada da alfabetização em dado cenário. Em certo sentido, portanto, e mesmo fazendo desconto do uso incorreto que acabamos de mencionar, a expressão *lista oral* é um tanto ambígua e deve ser evitada. No uso mais estrito, é um tanto contraditória em termos, como Jack Goody enfatizou no livro do qual tirei a primeira epígrafe para esta seção. Ele observou que a alfabetização inicial pode conter "listas de indivíduos, objetos ou palavras de uma forma que talvez não tenha, em absoluto, nenhum equivalente oral" (1977, p. 86). Em seu livro, há um capítulo intitulado "O que há em uma lista?", do qual tiro os comentários a seguir: "Em especial nas fases primitivas das culturas escritas nos primeiros mil e quinhentos anos da história documentada do homem, os materiais [burocráticos] eram, com freqüência, apresentados de uma forma muito diferente da fala comum, na verdade de quase qualquer fala. E a forma mais característica é algo que raramente ocorre no discurso oral (embora às vezes apareça em rituais), a saber, a lista... As listas são consideradas características dos usos primitivos da escrita, sendo desenvolvidas em parte pelas exigências da complexa organização econômica e estatal, em parte pela natureza do treinamento dos letrados, e em parte pelo elemento de 'jogo', que procura explorar as potencialidades deste novo meio de comunicação. Representam uma atividade que é difícil nas culturas orais e que incentiva as atividades dos historiadores e das ciências de observação, e também, em nível mais geral, favorecem a exploração e definição de esquemas classificatórios... A lista... aumenta a visibilidade e o caráter explícito das classes, facilita ao indivíduo empenhar-se na organização e, mais especialmente, na ordenação hierárquica de informações que sejam decisivas para muita recordação" (pp. 80, 108, 111). Portanto, quando lidamos com a interface entre o oral e o escrito – principalmente com a transição inicial do oral para o escrito no cristianismo mais primitivo – devemos prestar muita atenção às listas em todas as suas várias permutas e combinações.

Volto-me, então, para dois evangelhos que contêm alguns dos escritos cristãos mais primitivos, com exceção das cartas paulinas autênticas. Esses documentos são o *Evangelho de Tomé* e o *Evangelho Q*, que estão redigidos como listas – ou, se preferirmos, listas de listas, ou listas de ditos relacionados com Jesus.

Formato e estrutura

O uso de palavras associadas é, em si, princípio organizador, com lógica interna própria... De qualquer modo, a associação de palavras é o princípio segundo o qual os ditos no *Evangelho de Tomé* foram inicialmente reunidos.
Stephen J. Patterson. *The Gospel of Thomas and Jesus* [O *Evangelho de Tomé e Jesus*], p. 102.

Que tipos de organização literária Q apresenta? Talvez a forma mais óbvia seja *temática*. Os ditos não estão simplesmente reunidos, mas arranjados em grupos coerentes... Está claro que os ditos de Q foram organizados conscientemente em grupos temáticos.
John S. Kloppenborg, *The formation of Q* [*A formação de Q*], pp. 90, 92.

A primeira comparação entre os dois evangelhos que levaremos em conta é a estrutura formal em ambos os documentos. Como estão organizados e unificados? Enquanto os quatro evangelhos intracanônicos têm estruturas narrativas e biográficas, estes dois evangelhos extracanônicos não possuem o mencionado tipo de organização global. Que tipo de estrutura *têm*?

Evangelho de Tomé

O *Evangelho de Tomé* contém 114 unidades na numeração erudita agora padronizada e essa numeração externa segue certos indicadores internos. As 114 unidades numeradas são facilmente reconhecidas, já que todas começam ou com uma declaração *de* Jesus, ou com um comentário *a* Jesus. Mas a artificialidade dessa construção é evidente pelo fato de muitas das unidades agora numeradas conterem vários ditos independentes. A contagem separada de versões múltiplas do mesmo dito eleva o total para 146 ditos. Por exemplo, eis o *Ev. Tomé* 111,1-3:

> Jesus disse: – Em vossa presença, os céus se dobrarão e o Vivente (saído) do Vivente não verá morte nem (medo) porque Jesus disse: "O mundo não é digno daquele que encontrar a si mesmo".

Essa unidade contém uma combinação de dois ditos, um direto ("Jesus disse") e outro indireto ("porque Jesus disse").

A coletânea toda do *Evangelho de Tomé* tem o mínimo possível de organização – a saber, ligação por elos de palavras ou associação de palavras-chave. Esses elos verbais foram mencionados repetidamente, de Garitte em 1957 (pp. 63-64) a Patterson em 1993a (pp. 100-102). Garitte citou 35 casos, e Patterson apresentou 64 que envolviam elos entre dois ditos (52 exemplos), três ditos (dez exemplos) e até quatro ditos (dois exemplos). Mas elos verbais às vezes se ampliam em elos formais e até temáticos.

Elos verbais

Eis um exemplo de ligação de palavras entre duas, três e quatro unidades, no *Ev. Tomé* 25-26, 20-22 e 96-99, respectivamente; os elos estão em negrito:

1. Jesus disse: – Ama a teu **irmão** como à tua alma; vela por ele como pela menina dos teus **olhos**.
2. Jesus disse: – Tu vês o argueiro que há no **olho** de teu **irmão**, mas não vês a trave que está em teu **olho**. Quando retirares a trave de teu **olho**, então poderás ver para retirar o argueiro do **olho** de teu **irmão**.

1. Os discípulos disseram a Jesus: – Mostra-nos a que se **assemelha** o reino dos céus.
   Ele lhes disse: – Ele se **assemelha** a um grão de mostarda....
2. Maria disse a Jesus: – A quem se **assemelham** teus discípulos?
   Ele disse: – São **semelhantes** a meninos...
3. Jesus viu algumas criancinhas que mamavam. Ele disse a seus discípulos: – Esses pequeninos que mamam se **assemelham** àqueles que entram no reino...

1. Jesus disse: – O **Reino** do Pai se assemelha a (uma) mulher...
2. Disse Jesus: – O **Reino** do Pai assemelha-se a uma mulher...
3. Disse Jesus: – O **Reino** do Pai assemelha-se ao homem...
4. Os discípulos lhe disseram: – Teus irmãos e tua mãe estão aí fora. Ele lhes disse: – Estes que estão aqui, que fazem a vontade de meu Pai, são estes os meus irmãos e minha mãe: eles entrarão no **Reino** de meu Pai.

Portanto, a ligação verbal estende-se por duas, três ou até quatro de nossas unidades numeradas atuais.

Elos formais

As três primeiras unidades nesse último conjunto mostram não só ligações verbais, mas também formais. Em outras palavras, os versículos 96-98 do *Evangelho de Tomé* estão ligados não só por palavras comuns, mas também por sua forma comum, enquanto parábolas. Há um conjunto semelhante de três parábolas no *Ev. Tomé* 63-65; têm ligação verbal, formal e provavelmente até temática:

1. Jesus disse: – Havia um **[homem]** rico... [parábola do rico lavrador]. Aquele que tem ouvidos para ouvir ouça! (63)
2. Jesus disse: – Um **homem** tinha convidados... [parábola do banquete]. Os compradores e os comerciantes não entrarão nos lugares de meu Pai. (64)
3. Ele disse: – Um **homem** de bem possuía uma vinha... [parábola dos trabalhadores da vinha]. Quem tem ouvidos para ouvir ouça! (65)

A ligação é verbal ("homem"), formal (parábolas) e temática (riqueza). As três advertem contra a riqueza – isto é contra a preocupação com as atividades mundanas normais. Essa unidade temática das três parábolas é salientada pelo fato de todas concluírem com um comentário extraparabólico, sendo o primeiro e o terceiro iguais. Mas esses conjuntos temáticos ou mesmo formais são bastante incomuns no *Evangelho de Tomé*. Conjuntos verbais ou associações de palavras-chave são muito mais comuns.

É significativo que a ligação ou associação por meio de palavras-chave ocorra interna e externamente entre as unidades. Também é significativo que não ocorra sempre. A ligação interna indicaria a transmissão oral, e a ligação externa a transmissão escrita? Devemos enfatizar a dificuldade de encontrar exemplos dessas combinações em textos independentes. Contudo, esses testemunhos independentes são o único meio pelo qual temos certeza de que as combinações remontam ou à transmissão oral ou à tradição escrita. Pode bem ser que essas combinações foram criadas para esse fim específico, à medida que a memória inspirava o orador ou o autor a compor grupos desses ditos para discussão. "Nesse caso", como Steve Patterson comenta, "as palavras-chave não foram produto de nenhum desígnio consciente por parte do editor, mas apenas resultado de seu processo de lembrança" (1993a, p. 102).

Evangelho Q

O *Evangelho Q* é muito mais organizado que o *Evangelho de Tomé* em sua estrutura geral e não são tanto as associações verbais ou formais, mas mais as ligações temáticas que dominam a composição. Como John Kloppenborg observou: "Não só os ditos estão reunidos em diversos grupos tematicamente coerentes, mas há também certa medida de união e coerência entre os diversos grupos, além de desenvolvimento lógico e temático em toda a coletânea". Naturalmente, se compararmos sua estrutura com a dos evangelhos narrativos, ela ainda parece bastante episódica e quase aleatória, mas considerando seu gênero (sobre o qual falaremos mais a seguir), "classifica-se no nível dos produtos mais sofisticados de sua categoria" (1987a, p. 89). Kloppenborg insiste "que os ditos de Q foram organizados conscientemente em grupos temáticos" e propõe 14 desses grupos (1987a, p. 92):

A pregação por João daquele que há de vir	=	Q 3,7-9.16-17
A tentação de Jesus	=	Q 4,1-13
O sermão inaugural de Jesus	=	Q 6,20b-49
João, Jesus e "esta geração"	=	Q 7,1-10.18-28; (16,16); 7,31-35
Discipulado e missão	=	Q 9,57-62; 10,2-4
Sobre a oração	=	Q 11,2-4.9-13
Controvérsias com Israel	=	Q 11,14-52
Sobre a pregação destemida	=	Q 12,2-12
Sobre a ansiedade por necessidades materiais	=	Q 12,(13-14.16-21)22-31.33-34
Preparação para o fim	=	Q 12,39-59
Duas parábolas de crescimento	=	Q 13,18-19.20-21
Os dois caminhos	=	Q 13,24-30.34-35; 14,16-24.26-27; 17,33; 14,33-34
Várias parábolas e ditos	=	Q 15,3-7; 16,13.17-18; 17,1-6
Discurso escatológico	=	Q 17,23-37; 19,12-27; 22,28-30

Observe que agora é costume designar uma unidade do *Evangelho* Q – digamos, Lc 3,7-9.16-17 = Mt 3,7-12 – simplesmente como Q 3,7-9.16-17. Mas em todos os casos, o conteúdo exato precisa ser reconstruído pela comparação de Lucas e Mateus. É disso, por exemplo, que trata o Projeto Q Internacional sob James Robinson e seus colegas.

A unidade geral e mesmo a organização *dentro* de cada um desses grupos é bastante clara, mas a seqüência global *entre* eles é muito menos evidente. Por exemplo, as quatro primeiras unidades temáticas e a última estão em justaposição razoavelmente óbvia. Esses segmentos não estão só unificados internamente pelo conteúdo temático; estão também unificados externamente por limitações cronológicas: João surge antes de Jesus no início, e o apocalipse vem no fim. Esse início quase nos faz pensar que uma estrutura biográfica estava para aparecer. Mas quando examinamos os segmentos centrais da lista de Kloppenborg, não há nenhuma razão que forçosamente leve a uma seqüência total. Esses segmentos poderiam trocar de lugar entre si, sem nenhuma mudança de importância. Se o *Evangelho de Tomé* é uma *lista* com ligações principalmente verbais, algumas formais e um menor número de temáticas, e nenhuma estrutura geral, o *Evangelho Q* é uma *lista de listas*, principalmente com ligações temáticas em cada lista, mas também com alguma estrutura geral. Aliás, não devemos presumir que a falta de estrutura seja sinal de incompetência composicional. Pode ser que, ao contrário, seja imposição da visão teológica. Talvez não caiba aos seres humanos organizar excessivamente a sabedoria divina.

Gênero e destino

> É difícil encontrar uma tradução adequada para λόγος [*logos*] e seu plural λόγοι [*logoi*], pois o termo abrange um amplo espectro de sentidos. O termo *palavra* é o que mais proporciona uma amplitude comparável. Não só designa um vocábulo individual, cujo plural designa uma seqüência de vocábulos palavra por palavra... Também designa toda uma declaração, em expressões como "uma palavra para hoje" ou "a bom entendedor meia palavra basta". Esse emprego corresponde ao uso do termo *palavra* para designar a própria pessoa em compromisso responsável, em expressões como: "dar a palavra" e "ser de palavra".
>
> James M. Robinson, LOGOI SOPHON, pp. 73-74, nota 9.

A segunda comparação entre os dois evangelhos é seu gênero comum, o que James Robinson reconheceu há mais de trinta anos em artigo seminal a respeito da identidade genérica comum do *Evangelho de Tomé* e do *Evangelho Q* (1971).

Robinson chamou o gênero de "Palavras dos sábios" ou "Ditos dos sábios". Aludiu às origens do gênero na tradição dos letrados da Mesopotâmia e do Egito que haviam inspirado as coletâneas judaicas como as contidas no livro bíblico de Provérbios. As coletâneas menores, nos capítulos 30–31 de Provérbios, por exemplo, começam respectivamente com: "Palavras de Agur, filho de Jaces" e "Palavras de Lamuel, rei de Massa". A trajetória do gênero continuou daí para o judaísmo e o cristianismo. No cristianismo, dividiu-se nas correntes católica e gnóstica. O *Evangelho Q*, por exemplo, persistiu na tradição sinótica e adotou o formato narrativo e biográfico do formato evangélico clássico do cristianismo católico. Por outro lado, o *Evangelho de Tomé* acabou dentro da tradição de Tomé e adotou o formato de diálogo-e-discurso do formato evangélico clássico do cristianismo gnóstico. Essas são, entretanto, duas importantes precisões para a proposta bastante persuasiva de Robinson sobre o gênero do *Evangelho Q* e do *Evangelho de Tomé*.

Primeiro, não há nada intrinsecamente judaico porque contra cristão, ou cristão católico porque contra cristão gnóstico, a respeito do gênero denominado Ditos dos sábios. "Foi salientado repetidas vezes", observa John Kloppenborg, "que, além do *Evangelho de Tomé*, nenhum dos outros exemplos do gênero mostra alguma tendência gnóstica" (1987a, p. 13). A abertura formal de uma coletânea de ditos faz com que seja fácil puxá-la em diversas direções, mas esses puxões externos não são impulsos internos. O que acaba acontecendo com eles deriva do uso social e não de propensão inevitável do gênero. Vista após o fato, já se vê, a história sempre parece destino.

Segundo, Ditos dos sábios, o título genérico proposto por Robinson, coloca esses evangelhos nas tradições sapienciais do antigo Oriente Próximo em geral e do judaísmo em particular. Mas isso requer cuidadosa especificação. As tradições de sabedoria ou *sapienciais* (de *sapientia*, sabedoria em latim) são a ideologia especial de mestres, escribas e burocratas dentro de Estados aristocráticos ou impérios agrários. Como tais, é comum a suposição de serem necessária e convencionalmente favoráveis à ordem estabelecida. São considerados, inevitavelmente, partidários das instituições de elite que empregam os talentos dos letrados com sua capacidade treinada para ler e escrever, contar e registrar, gerenciar e administrar. Sob as pressões extremas do internacionalismo helenístico e do imperialismo romano, todos os aspectos da tradição na terra judaica passaram por certa radicalização nos séculos imediatamente antes e depois da era cristã. As tradições legais foram radicalizadas primeiro pelos fariseus e depois pelos rabinos, quando declararem uma Torá dual ou uma Lei dupla, uma escrita e outra oral, ambas igualmente originárias de Moisés no Sinai. As tradições proféticas foram radicalizadas por videntes e autores apocalípticos que declararam uma dupla era da história, a era maligna atual que logo será destruída e a iminente era de direito e justiça a ser em breve estabelecida por Deus. As tradições sapienciais foram radicalizadas com a declaração de uma dupla sabedoria – não apenas a sabedoria cotidiana comum da vida humana normal, mas também uma sabedoria radical, pela qual a pessoa vivia a justiça divina em um mundo mau. Volto a esse último ponto a seguir, ao analisar a escatologia dos dois evangelhos. Em outras palavras, não podemos supor que os escribas sapienciais, ou mesmo as tradições sapienciais, são sempre conservadores e nunca radicais. Os componentes do gênero Ditos dos sábios não *precisam* acabar na gnose, por um lado, e, por outro, *podem* acabar no radicalismo.

Conteúdo e estratificação

Entre os ditos do *Evangelho de Tomé* que têm paralelos nos evangelhos sinóticos, o maior número são ditos tirados por Mateus e/ou Lucas da Fonte de Ditos Sinóticos [Q]. Há pelo menos 36 ditos que pertencem a esta categoria, talvez até 45, se incluirmos as sobreposições Q-Marcos e os ditos que talvez Lucas tenha tirado de Q, embora não haja paralelos mateanos. Por outro lado, há apenas 14 ditos que o *Evangelho de Tomé* partilha com Marcos (17 se contarmos as sobreposições Q-Marcos), 13 que ele partilha só com Mateus e seis que só têm paralelos em Lucas... Q contém o maior número de paralelos ao *Evangelho de Tomé*, por qualquer contagem... [contudo] é óbvio que o *Evangelho de Tomé* não pode simplesmente ser considerado variante ou forma primitiva da Fonte de Ditos Sinóticos [Q], nem é possível considerar Q a fonte de nenhum dos ditos do *Evangelho de Tomé*. Contudo, o exame dos paralelos de Q no *Evangelho de Tomé* é tão instrutivo quanto é enigmático se for feita [esta pergunta]: A que estrato do desenvolvimento de Q pertencem os paralelos presentes no *Evangelho de Tomé*?

Helmut Koester, Q *and its relatives* [Q *e seus dependentes*], pp. 55-56.

A terceira comparação entre os dois evangelhos – e a mais importante – diz respeito à estratificação de conteúdo em cada um e, em especial, na ligação entre esse processo para ambos. A estratificação refere-se a manifestações de sucessivas camadas de conteúdo dentro de um texto. O estudo da estratificação envolve o discernimento de onde se acrescentou material mais tardio a material mais primitivo. A questão aqui é se há ligações diretas entre processos discerníveis de estratificação no *Evangelho* Q e no *Evangelho de Tomé*.

Os números dados na epígrafe serão aprimorados à medida que eu prosseguir, mas suas diferenças em nível geral se manterão válidas: muito mais do conteúdo do *Evangelho de Tomé* tem paralelo no *Evangelho* Q do que em algum outro documento cristão primitivo que agora conhecemos. Esse alto paralelismo de conteúdo é a primeira indicação de um relacionamento mais estreito do que a estrutura semelhante e o gênero comum. Questões de estratificação aumentam as indicações de relacionamento estreito e preenchem seus detalhes. Mas essa epígrafe esboça sucintamente o problema desta seção. Primeiro, o maior número de paralelos de conteúdo é entre o *Evangelho* Q e o *Evangelho de Tomé*. Segundo, nenhum desses evangelhos deriva do outro. Terceiro, é "enigmático" quando tentamos correlacionar a estratificação do *Evangelho* Q com o paralelo no *Evangelho de Tomé*. É precisamente aí que está o problema. Qual é o relacionamento entre etapas anteriores desses dois evangelhos semelhantes? Alhures, Koester assim expõe a dificuldade: "Os materiais que o *Evangelho de Tomé* e Q compartilham devem pertencer a uma etapa muito primitiva da transmissão dos ditos de Jesus... Assim, ou o *Evangelho de Tomé* é dependente da versão mais primitiva de Q ou, o que é mais provável, partilha com o autor de Q uma ou diversas coletâneas muito primitivas dos ditos de Jesus... Os estreitos relacionamentos do *Evangelho de Tomé* com Q não são acidentais... O *Evangelho de Tomé* é dependente ou da versão mais primitiva de Q ou de grupos de ditos empregados em sua composição" (1990a, pp. 95, 150). Aqui, então, tentamos solucionar a questão "enigmática" da estratigrafia *correlata* entre esses dois evangelhos.

Conteúdo paralelo

Meu primeiro passo é examinar esse conteúdo comum entre o *Evangelho* Q e o *Evangelho de Tomé* e enfatizar como é notável a quantidade de material paralelo envolvido. Uso três conjuntos de paralelos para fundamentar o caso.

O primeiro conjunto de paralelos é entre o *Evangelho de Tomé* e o *Evangelho* Q. Este conjunto é o mais significativo para o meu propósito neste livro (veja o Apêndice 1A):

28% (37 unidades de um total de 132) do *Evangelho de Tomé* tem paralelos no *Evangelho* Q.

37% (37 unidades de um total de 101) do *Evangelho* Q tem paralelos no *Evangelho de Tomé*.

Esse primeiro conjunto de comparações também significa que 72% (95 unidades do total de 132) do *Evangelho de Tomé* não tem nenhum paralelo no *Evangelho* Q (veja o Apêndice 2A) e que 63% (64 unidades do total de 101) do *Evangelho* Q não tem paralelos no *Evangelho de Tomé* (veja o Apêndice 2B). Mas, para meus propósitos imediatos, cerca de um terço de cada evangelho tem paralelos no outro e esse alto índice deve ser comparado com os dois conjuntos seguintes de paralelos.

O segundo conjunto de paralelos é entre o *Evangelho de Tomé*, o *Evangelho* Q e o evangelho de Marcos, mas observando a diferença entre o que os próprios *Evangelho de Tomé* e *Evangelho* Q têm em comum – a saber, 37 unidades (Apêndice 3A) – e o que cada um tem de específico – a saber, 95 unidades (Apêndice 3B) e 64 unidades (Apêndice 3C), respectivamente.

30% (11 unidades de um total de 37) do que é comum ao *Evangelho de Tomé* e ao *Evangelho* Q tem paralelos em Marcos.

17% (16 unidades de um total de 95) do que é específico ao *Evangelho de Tomé* tem paralelos em Marcos.

19% (12 unidades de um total de 64) do que é específico ao *Evangelho* Q tem paralelos em Marcos.

Essas são também estatísticas muito interessantes. Em termos do material comum, mais uma vez vemos que cerca de um terço tem paralelos em Marcos (embora, com certeza, essa seja uma parte muito pequena do evangelho de Marcos). Mas mesmo o que é específico ao *Evangelho de Tomé* e ao *Evangelho* Q tem, em cada caso, cerca de um quinto desse material independente com paralelos em Marcos.

Vemos um terceiro conjunto de paralelos entre o *Evangelho de Tomé* e outras fontes, tais como o Mateus Especial (Apêndice 4A), Lucas Especial (Apêndice 4B) e João (Apêndice 4C):

12% (16 unidades de um total de 132) do *Evangelho de Tomé* tem paralelos no Mateus Especial.

7% (9 unidades de um total de 132) do *Evangelho de Tomé* tem paralelos no Lucas Especial.

9% (12 unidades de um total de 132) do *Evangelho de Tomé* tem paralelos em João.

Os números estatísticos muito mais baixos nesse terceiro conjunto de paralelos ajudam a enfatizar os índices mais altos nos conjuntos anteriores, em especial no primeiro. A maior quantidade de material comum no *Evangelho de Tomé* e no *Evangelho* Q é mais notável em contraste com esses números estatísticos mais baixos. Essa ocorrência comum, naturalmente, ressalta mais uma vez a estreita relação entre esses dois evangelhos já vista quanto à estrutura formal e ao gênero constitutivo.

Uma pergunta antes de prosseguir. Poderia haver alguma fonte documental ou escrita comum a estes dois evangelhos que explicasse a grande quantidade de dados paralelos? Isso parece muito improvável, em grande parte por causa da absoluta falta de alguma ordem comum ou seqüência paralela na maneira como o material comum é apresentado nos dois evangelhos.

Recordemos, como contraste, que um dos argumentos para a existência do *Evangelho* Q como fonte documental é a quantidade de seqüência comum para seu conteúdo conforme usado por Mateus e Lucas. Neste caso, porém, se compararmos esses ditos comuns dentro de suas posições seqüenciais no *Evangelho* Q e no *Evangelho de Tomé*, não encontramos nenhum padrão comum. Também não há nenhuma razão pela qual dois evangelhos organizados de maneira tão imprecisa teriam necessidade de rever um padrão comum original, estivesse ele presente. Mas todo esse conteúdo paralelo, ou material comum, em especial na ausência de fonte documental, exige a questão da estratificação correlativa. Quando e como esses dois evangelhos interagiram um com o outro?

ESTRATIFICAÇÃO CORRELATIVA

Examino aqui três proposições a respeito da estratificação nos dois evangelhos. A primeira proposição é a de John Kloppenborg para o *Evangelho* Q. A segunda proposição é a William Arnal para o *Evangelho de Tomé*. A terceira é a de Stephen Patterson para o *Evangelho* Q e o *Evangelho de Tomé* juntos. A sugestão de Patterson, a primeira estratificação completamente correlacionada para os dois evangelhos juntos, é fundamental para meu argumento neste livro. Considero as duas primeiras proposições corretas, mas têm de ser integradas à análise de Patterson, não o contrário. Estou, de qualquer modo, profundamente grato a esses três autores por seus estudos detalhados.

Há, de fato modos divergentes de estratificação envolvidos nas três proposições. Primeiro, há a *estratificação composicional*, a seqüência na qual dois ou mais estratos de materiais são inseridos em uma composição já terminada. O Estrato A foi completado e, mais tarde, o Estrato B lhe foi acrescentado. Mas isso nada nos diz, de um modo ou de outro, sobre as datas comparativas desses estratos. Fala-nos apenas a respeito dos momentos sucessivos em que um autor os reuniu. Segundo, há a *estratificação tradicional, a* seqüência na qual uma tradição foi criada. O Estrato A já existia e mais tarde desenvolveu-se o Estrato B. John Kloppenborg enfatiza que sua estratificação do *Evangelho* Q é composicional, não tradicional. "Dizer que os componentes sapienciais foram formativos para Q e que os oráculos de julgamento proféticos e os apotegmas que descrevem o conflito de Jesus com 'esta geração' são secundários não implica afirmação alguma sobre a origem tradicional-histórica definitiva de qualquer dos ditos. É, na verdade, possível, mais ainda, na verdade, provável, que alguns dos materiais da fase composicional secundária sejam dominicais ou, no mínimo, muito antigos, e que alguns dos elementos formativos sejam, do ponto de vista da autenticidade ou da história da tradição, relativamente novos. História da tradição não é sinônimo de *história literária* e é desta última que tratamos aqui" (1987a, pp. 244-245). Em outras palavras, alguns dos materiais que um autor usou como primeiro estrato de uma composição poderiam ser criados naquele exato momento e alguns dos inseridos como segundo estrato poderiam estar ali há muito tempo. *A estratificação da composição de um escrito não é a mesma coisa que a estratificação da história de uma tradição.*

No que segue, Kloppenborg e Arnal falam principalmente de estratificação composicional. Patterson, no entanto, preocupa-se com a questão mais fundamental da estratificação tradicional, e o mesmo faço eu. Nenhum de nós acha ser possível transformar automaticamente um no outro. Sobre esse ponto, Kloppenborg está absolutamente correto. Mas a maior importância da estratificação de Patterson, diferente da de Kloppenborg e da de Arnal, é permitir que a questão da trajetória da tradição seja formulada o mais energicamente possível.

Evangelho Q

John Kloppenborg apresentou uma estratigrafia brilhante e persuasiva do texto do *Evangelho* Q (1987a). Com base em estudos anteriores de Dieter Lührmann em 1969 e de Arnold Jacobsen em 1978, propôs a existência de três estratos principais no evangelho: um estrato sapiencial (Q^1), um estrato apocalíptico (Q^2) e um estrato biográfico (Q^3), combinados nessa seqüência. Eis seu resumo: "O componente formativo de Q consistia em um grupo de seis 'discursos de sabedoria' que eram de natureza exortativa e sapienciais no modo de argumentação. Subseqüentemente, expandiu-se esse estrato pelo acréscimo de grupos de ditos, muitos estruturados como *chriae* [breves ditos enérgicos que recebem uma introdução ou colocação concisa], que adotaram uma postura crítica e polêmica com relação a Israel. O acréscimo mais recente a Q parece ter sido a narrativa da tentação, ajuntado a fim de proporcionar uma etiologia e legitimação para a ética radical de Q, mas, ao mesmo tempo, introduzindo uma dimensão biográfica na coletânea" (1987a, p. 317). O dito sapiencial apela para a razão ou sabedoria comum, para aquilo que está, pelo menos teoricamente, ao alcance de todos. Diz: Antes que cases, vê o que fazes; ou: Quem teme a Deus será feliz. O dito apocalíptico apela a informações ou revelações especiais. Diz: Arrependei-vos, pois o fim está próximo; ou Vigiai, pois não sabeis nem o dia, nem a hora.

O primeiro estrato, ou estrato formativo, é sapiencial, composto de seis discursos sapienciais, dirigidos interiormente aos que já aceitaram o Reino de Deus; caracterizam-se pela persuasão, em vez da recriminação, pela pregação em vez da polêmica; e têm "importantes semelhanças quanto ao público subentendido, nas formas constitutivas, nos motivos e temas e até na estrutura e argumentação" (1987a, p. 243). Exemplo típico é o discurso inaugural de Jesus, anunciando "uma ética que responde ao caráter radical do Reino" (1987a, p. 190). Aparece agora como o sermão *fora da* montanha, em Lc 6,20b-49 e, em forma grandemente expandida, como o sermão *na* montanha, em Mt 5-7.

O segundo estrato é apocalíptico, composto de cinco discursos de julgamento, dirigidos externamente aos que recusaram o Reino de Deus; caracterizam-se por recriminações em vez de persuasão, polêmica em vez de pregação e, mais uma vez, "a presença de formas comuns (em especial ditos proféticos e *chriae*), motivos compartilhados e a concordância no público planejado unem esses cinco conjuntos" (1987a, p. 170). Exemplo típico é o sermão final de Jesus, anunciando "a proclamação profética do julgamento que há de vir... para os não-convertidos, advertindo-os para se converterem antes que a catástrofe os surpreenda" (1987a, p. 166). Isso agora aparece como o discurso escatológico em Lc 17,23-37 e, combinado com Mc 13, em Mt 24,26-41.

O terceiro estrato é introdutório e biográfico, composto da narrativa das três tentações de Jesus no deserto, localizado imediatamente após o relato de João Batista no *Evangelho Q* original e agora presente em Lc 4 e Mt 4. Seu propósito, com toda a probabilidade, era "ilustrar e legitimar o modo de comportamento e as características do grupo de Q. Como herói e líder da comunidade de Q, Jesus deu exemplo da atitude absolutamente dependente, não defensiva e apolítica de seus seguidores" (1987a, p. 256). A palavra *apolítica* significa, já se vê, não agir segundo a política de um mundo cujo poder é maligno e cujo domínio é demoníaco.

É importante observar que a análise de Kloppenborg não é um círculo vicioso, como se ele decidisse que os materiais sapienciais surgiram primeiro e os apocalípticos depois e arranjasse as coisas dessa maneira. O que ele fez foi primeiro notar a distinção relativa a forma, conteúdo e público entre esses dois conjuntos de sermões, um sapiencial e o outro apocalíptico, e depois observar que foi o último que irrompeu nos produtos acabados do primeiro, não o contrário. Basta um exemplo: Comparemos a forma e o conteúdo das quatro bem-aventuranças que iniciam o sermão inaugural de Jesus no *Evangelho* Q, como estão agora visíveis em Lc 6,20b-23 = Mt 5,3-4.6.11,12. As três primeiras bem-aventuranças, que falam dos pobres, famintos e tristes, assemelham-se bastante entre si. Embora se enquadre *em geral* nas três precedentes, a quarta, que trata dos rejeitados, difere totalmente delas *em detalhe*. Observemos o formato e o conteúdo diferentes usados na quarta: "Bem-aventurados sereis quando... por causa [de Jesus]... no céu... recompensa... tratavam os profetas". Essa última frase e talvez até algumas das precedentes devem ser entendidas como "inserção em uma coletânea originalmente sapiencial" de bem-aventuranças (1987a, p. 243).

Evangelho de Tomé

Deixando de lado, por enquanto, aquela breve introdução biográfica inicial (Q^3), na estratificação de Kloppenborg do *Evangelho* Q, os dois principais estratos são os materiais sapienciais (Q^1) e e os apocalípticos (Q^2). William Arnal sugeriu um processo de duas etapas um tanto semelhante para o *Evangelho de Tomé*, mas em sua abordagem os estratos sucessivos não são sapienciais e apocalípticos, e sim sapienciais e gnósticos. (Deixo assim essa designação, *gnóstico*, por enquanto, mas volto a ela a seguir, para uma análise mais detalhada.)

É, afirma Arnal, "a incongruência formal e temática de cada um desses dois elementos principais [o sapiencial e o gnóstico] que sugere uma estratificação, em vez de um modelo unitário ou de agregação para a composição do documento. É o sintoma de um esforço para obter a coerência redacional no documento como um todo que nos permite discernir a mão do redator e distingui-la dos vestígios da coletânea mais primitiva que esse redator modificou" (p. 476). Em outras palavras, cada elemento é um todo coerente, e é o gnóstico que foi imposto ao sapiencial, não vice-versa.

O primeiro desses dois elementos ou estratos principais "caracteriza-se, da mesma forma que os materiais em Q, como ditos sapienciais, em forma e em conteúdo" (p. 476). Esse elemento inclui parábolas, bem-aventuranças e aforismos, além de ditames com ou sem sentenças motivadoras. Usa "comparações argumentativas, explícitas ou implícitas e observações sobre a natureza, apelos a ela, a experiências comuns e ao bom-senso" (p. 476). Mas, da mesma maneira que o estrato sapiencial de Kloppenborg no *Evangelho Q* contém sabedoria não normal, mas radical – contém, por assim dizer, uma sabedoria contrária ao bom-senso e à atitude comum –, assim também aqui. "Todas, ou quase todas as observações feitas nesses estilos são inversionistas (sem serem esotéricas), embora também apelem ao bom-senso e à observação sensata" (p. 476). Arnal chama isso de "sabedoria inversionista" (p. 479) e cita estas 32 unidades como os exemplos mais claros deste estrato: o *Ev. Tomé* 3, 5, 6, 9, 14, 16, 20, 26, 31, 34-36, 42, 45, 47, 54, 55, 57, 63-65, 74, 76, 86, 89, 95-98, 107, 109, 110 (p. 478, nota 17). Eis um exemplo:

> Jesus disse: – Quem encontrou o mundo e tornou-se rico, que possa renunciar ao mundo.
>
> (*Ev. Tomé* 110)

O segundo dos dois principais elementos é imposto a esse estrato anterior. "Em contraposição ao estrato sapiencial, outro conjunto de ditos no *Evangelho de Tomé* caracteriza-se por uma orientação gnóstica, manifestada de maneira mais incisiva na invocação de motivos mitológicos gnósticos" (p. 478). A sabedoria inversionista ou radical agora se torna sabedoria esotérica ou gnóstica. Arnal coloca, da maneira mais segura, 20 unidades neste estrato: o *Ev. Tomé* 11, 13, 15, 18, 21-22, 27-28, 49-50, 51, 60, 61, 83, 84, 101, 105, 108, 111, 114 (p. 479, nota 32). Eis um exemplo:

> Jesus disse: – Felizes os solitários e (os) eleitos. Com efeito, vós encontrareis o Reino, pois foi, dele que saístes (e) a ele retornareis de novo. Jesus disse: – Se eles vos dizem: "De onde vindes?" dizei-lhes: "Nós viemos da luz, do lugar onde a luz nasceu dela mesma; ela (se ergueu) e revelou-se em sua imagem". Se vos perguntarem: "Quem sois vós?" dizei: "Nós somos seus filhos, pois nós somos os eleitos do Pai vivo". Se eles vos perguntam: "Qual é o sinal de vosso Pai que está em vós?" dizei-lhes: "É movimento e repouso".
>
> (*Ev. Tomé* 49-50)

Essa é a mais forte indicação de gnose no *Evangelho de Tomé*. É de presumir que essas perguntas partam dos *arcontes*, os poderes hostis que guardam as sucessivas esferas do cosmo celeste e que procuram impedir a volta da alma ao Pai vivo de onde ela veio. É dito ao gnóstico que responda a suas perguntas e, assim, passe em segurança a caminho de casa. No Capítulo 15, volto à questão da gnose deste evangelho.

Tradição de Ditos Comuns

Todas essas estratificações são bastante persuasivas e, se esses dois evangelhos fossem textos bem independentes, não haveria problema. Mas como essas estratificações se relacionam entre si? Minha resposta aceita, com gratidão e apreço, a obra seminal de Stephen Patterson sobre a estratigrafia comparativa do *Evangelho* Q e do *Evangelho de Tomé* (1993b). Examinei suas sugestões detalhadamente e, à medida que eu prosseguir, vou indicar as diferenças que encontrei. Mas, quero enfatizar mais uma vez, a idéia básica e muito importante é dele.

O primeiro passo estabelece a *existência* desse *corpus* comum de materiais já mencionado. Patterson começa com o que chama de Tradição Comum e que adapto ligeiramente para chamar de Tradição de Ditos Comuns. É o *corpus* de materiais comuns ao *Evangelho* Q e ao *Evangelho de Tomé*. Calculo essas unidades de maneira mais conservadora que Patterson e ignoro as que *poderiam* estar no *Evangelho* Q, mas não estão presentes ali com certeza absoluta (Apêndice 1, Nota Preliminar). Portanto, para mim, eis essa Tradição de Ditos Comuns (Apêndice 1A):

28% (37 unidades de um total de 132) do *Evangelho de Tomé* tem paralelos no *Evangelho* Q.

37% (37 unidades de um total de 101) do *Evangelho* Q tem paralelos no *Evangelho de Tomé*.

Não colocamos em itálico essa expressão, a Tradição Comum (de Ditos) porque, ao contrário da situação com o *Evangelho* Q ou o *Evangelho de Tomé*, não presumimos uma fonte documental nem um texto escrito.

O segundo passo estabelece a *redação* desse *corpus* comum de materiais. Patterson observou que essas 37 unidades mostram diferenças muito interessantes na maneira de cada evangelho aceitá-las, usá-las e adaptá-las. Em outras palavras, cada evangelho as edita de maneira bastante divergente, segundo sua teologia particular. Para Patterson, essas teologias são o apocaliptismo para o *Evangelho* Q e a gnose para o *Evangelho de Tomé*.

Há três maneiras de uma unidade tradicional ser expressa de acordo com a teologia básica de um documento como o *Evangelho de Tomé* ou o *Evangelho* Q. Primeiro, no enfoque mais amplo, a *direção geral* ou o contexto total de cada evangelho muda tudo dentro dele. Esse contexto geral dirige a interpretação de cada unidade individual segundo a direção principal do documento todo. Lemos partes isoladas à luz do todo. Segundo, no enfoque mais restrito, o *contexto imediato* – as unidades imediatamente antes ou imediatamente depois dessa unidade tradicional – serve para pô-la de acordo com seu entendimento. Só a justaposição já faz isso, até mesmo sem ligação direta nem específica. Terceiro, no enfoque mais próximo, há *mudança interna* ou específica dentro da própria redação da unidade tradicional em si. Patterson concentra-se, em especial, na mudança interna como o melhor indicador da mudança redacional de materiais comuns em cada documento. Essas comparações nos ajudam a ver como as 37 unidades da Tradição de Ditos Comuns movem-se ou não se movem em direções diferentes em cada evangelho.

O terceiro passo estabelece a tipologia desse *corpus* comum de materiais conforme ele é ou não redigido internamente influenciado pela gnose no *Evangelho de Tomé* ou influenciado pelo apocaliptismo no *Evangelho* Q. Há quatro "tipos" diferentes envolvidos. As estatísticas com relação à redação desses tipos, resumidas a seguir, são notáveis – em especial a última (Apêndice 1B):

Tipo 1: 24% (9 unidades de um total de 37) está redigido no *Evangelho de Tomé*, mas não no *Evangelho Q*.

Tipo 2: 8% (3 unidades de um total de 37) está redigido no *Evangelho Q*, mas não no *Evangelho de Tomé*.

Tipo 3: 19% (7 unidades de um total de 37) está redigido no *Evangelho de Tomé* e também no *Evangelho Q*.

Tipo 4: 49% (18 unidades de um total de 37) não está redigido nem no *Evangelho de Tomé* nem no *Evangelho Q*.

Aliás, dois elementos são particularmente úteis para a avaliação de desenvolvimentos redacionais da Tradição de Ditos Comuns no *Evangelho Q* e/ou no *Evangelho de Tomé*. Primeiro, há, com freqüência, paralelos independentes em outros textos cristãos primitivos, em especial no evangelho de Marcos (Apêndice 3A). É uma ajuda externa para avaliar o que é redacionalmente específico ao *Evangelho Q* ou ao *Evangelho de Tomé*. Segundo, muitas vezes há múltiplas versões da mesma unidade no próprio *Evangelho de Tomé* (Apêndice 5). Nesses casos, uma versão está muito mais próxima da do *Evangelho Q* e a outra ou outras se afastam dela em direção a uma teologia específica de Tomé. É uma ajuda interna para a avaliação da trajetória de mudança dentro do Evangelho.

Essas conclusões, repito, baseiam-se em uma análise detalhada de todos os 37 itens. Concordo plenamente com Patterson sobre a conclusão inevitável: *a Tradição de Ditos Comuns original não continha nem gnose nem apocaliptismo, mas precisou de adaptação redacional para uma ou para as duas escatologias*. Como Patterson concluiu: "Em Q e *Tomé* temos os restos de uma tradição cristã primitiva que enfatizava as palavras de Jesus; essa tradição é, assim, sapiencial, no sentido mais amplo. Em suas manifestações mais tardias – em *Tomé* e no Q^2 de Kloppenborg – essa orientação sapiencial primitiva deu lugar a paradigmas teológicos mais bem conhecidos de gerações cristãs mais tardias: a gnose e o apocaliptismo respectivamente. Mas as dúvidas permanecem. Se Q e *Tomé* estão em trajetórias divergentes, cada uma fundamentada em uma tradição sapiencial primitiva, mas dela se afastando, o que se pode dizer desta tradição primitiva em si?" (1993b, p. 194).

Essa última pergunta será o tema da Parte VII, porque essa "tradição primitiva" na Tradição de Ditos Comuns não revista é o primeiro *texto* que pretendo pôr em *ligação* com o contexto já estabelecido nas partes IV e V deste livro. Mas, antes disso, quero examinar mais de perto os termos *apocaliptismo* e *gnose*, para torná-los o mais precisos possível no contexto do *Evangelho Q* e do *Evangelho de Tomé* e, então, perguntar que outro tipo de teologia – algo nem apocalíptico, nem gnóstico – encontra-se naquela Tradição de Ditos Comuns.

Capítulo 15

Escatologia apocalíptica e ascética

"Escatologia" e "apocalíptica"... foram inicialmente usadas nos estudos de Jesus para se referir ao fim do mundo da história comum. Mas estudos subseqüentes neste século deram a esses termos muitos sentidos diferentes. "Escatológico" é usado metaforicamente em um sentido não de fim do mundo: como sinônimo matizado de "decisivo", ou como "destruidor do mundo", ou para indicar a entrada do *telos* na história, mas não de maneira a terminar a história. Estamos descobrindo que até "apocalíptico" não precisa se referir ao fim do mundo; certa literatura apocalíptica descreve experiências de outro mundo (visões ou viagens espirituais) e não se refere ao iminente fim do mundo da história comum. Assim, há considerável confusão terminológica na disciplina. Por exemplo, ouvi um estudioso argumentar que a mensagem de Jesus era escatológica, mas não apocalíptica, isto é, preocupada com uma decisiva mudança na história, mas não com o fim do mundo. Ouvi outro estudioso afirmar que a mensagem de Jesus era apocalíptica, mas não escatológica; isto é, fundamentada na experiência de outro mundo, mas não preocupada com o fim deste mundo.

Marcus J. Borg, *Jesus in contemporary scholarship* [*Jesus na erudição contemporânea*], pp. 8-9.

Este capítulo é uma espécie de interlúdio entre o capítulo anterior e os seguintes. Meu enfoque ainda está naqueles dois textos próximos, o *Evangelho Q* e o *Evangelho de Tomé* e, em especial, na Tradição de Ditos Comuns que ambos compartilham. Mas paro aqui para estabelecer termos e tipos dentro da escatologia. A epígrafe acima nos adverte, de maneira bastante precisa, sobre "a confusão terminológica" que cerca esse tema na pesquisa do Jesus histórico. Minha tentativa é discernir a raiz dessa confusão e, quer seja quer não seja bem-sucedido nesse ponto, esclarecer com muita exatidão meu uso no que se segue. Tem importância decisiva para mim o esboço o mais nítido possível das escatologias divergentes que fazem parte do *Evangelho Q*, do *Evangelho de Tomé* e da Tradição de Ditos Comuns.

Desde o início de minha pesquisa, insisto que o Jesus histórico era escatológico, mas não apocalíptico, embora sempre tenha sido difícil para mim dar um nome mais positivo a essa escatologia não-apocalíptica. Meu primeiro livro sobre Jesus, *In parables* [*Em parábolas*] (1973) diferenciou a escatologia profética da apocalíptica em termos de "acabar um mundo" contra "destruir o globo" (pp. 25-27). Nos últimos 25 anos tenho continuado a afirmar que Jesus era escatológico e não apocalíptico e procurado a melhor maneira de expressar positivamente seu modo não apocalíptico de negação do mundo. Esta análise presente é apenas mais uma tentativa de definir minha terminologia da maneira mais clara possível antes de prosseguir. Meu propósito não é forçar os outros a adotarem minha terminologia, mas sim esclarecê-la e convidar os outros a fazerem o mesmo.

A escatologia como gênero

Quando usaram o que podemos chamar de metáfora cósmica para descrever a nova era que há de vir, não se deve ler essa linguagem de um jeito crassamente literalístico sem cometer uma grande violência contra ela... Para o judeu do século I, muito mais importantes que questões de espaço, tempo e cosmologia literal eram as questões fundamentais, do Templo, da Terra e da Torá, de raça, economia e justiça. Quando o Deus de Israel agisse, os judeus receberiam de volta seus direitos ancestrais e praticariam sua religião ancestral, e o resto do mundo assistiria reverente e/ou faria peregrinações a Sião e/ou seria esmagado sob os pés judaicos... Dentro dos principais escritos judaicos deste período, que abrange uma ampla variedade de estilos, gêneros, persuasões políticas e perspectivas teológicas, *não há praticamente nenhum indício de que os judeus esperavam o fim do universo de tempo e espaço*. Há indícios abundantes de que eles... reconheciam uma boa metáfora quando a viam e usavam imagens cósmicas para expressar o pleno significado teológico de acontecimentos sociopolíticos cataclísmicos... Acreditavam que a *ordem universal presente* chegaria ao fim – a ordem universal na qual os pagãos tinham poder, e os judeus, o povo da Aliança do Deus criador, não tinha.

N. Thomas Wright, *The New Testament and the people of God* [*O Novo Testamento e o povo de Deus*], pp. 284, 285, 333.

A palavra escatologia refere-se, literalmente, ao debate sobre os *eschata*, o termo grego para as "últimas coisas". Mas são essas as últimas coisas da terra física ou do mundo humano? É um fim de espaço e tempo ou de poder e dominação? O resultado é a terra lá em cima no céu ou o céu aqui em baixo na terra? Na epígrafe acima, Wright insiste que, naquele distante passado judaico e cristão, essa linguagem referia-se a acontecimentos cataclísmicos como a queda de grandes nações ou o fim dos poderes imperiais e o subseqüente triunfo e ascendência do povo de Deus. Essa interpretação está de acordo com a visão costumeira da escatologia, que inclui a idéia de que tal fim surge por causalidade divina ou transcendental, seja ela de anjos ou ancestrais, espíritos ou demônios, deuses ou Deus.

À primeira vista, então, *escatologia* significa a mesma coisa que *apocalipse*. Esta última palavra refere-se, literalmente, a um *apokalypsis*, o termo grego para uma revelação divina especial (particularmente sobre um fim iminente do mundo) e, em geral, inclui a idéia da bondade vingada e da maldade eliminada. Por isso, a erudição contemporânea usa regularmente os adjetivos *escatológico* e *apocalíptico* para designar exatamente o mesmo fenômeno. Mas, por outro lado, essa mesma erudição contemporânea também fala de *escatologia realizada* e de *escatologia presente*, que se deve diferenciar de outro tipo de escatologia – em geral a *escatologia apocalíptica* (mesmo quando o adjetivo *apocalíptica* não está acrescentado). Essa confusão também aparece no uso do termo *apocalíptico* como substantivo e adjetivo. Ao usá-lo como substantivo, falamos simplesmente de *apocalíptico* em vez de *apocaliptismo*. Ao usá-lo como adjetivo, falamos de uma *estrutura apocalíptica*, ou uma *seita apocalíptica*. Como substantivo, *apocalíptico* iguala-se a *escatologia*, mas como adjetivo precisa subordinar-se a ela (ou ao menos a outra coisa que qualifique).

O único jeito de esclarecer essa confusão é considerar *escatologia* um termo no nível de gênero e colocar a escatologia *futura, apocalíptica, presente, realizada*, ou de qualquer outro *tipo*, como distinção no nível de espécie sob aquela abrangência. Não uso aqui *gênero* e *espécie* de modo profundamente teórico, taxonomicamente exato ou mesmo gramaticalmente preciso. Proponho apenas um termo de nível superior e seus termos de nível inferior. E insisto que, nesse caso, um termo de nível inferior não deve ser privilegiado acima de todo o resto, sendo implícita ou explicitamente igualado ao superior. Uso esses termos no seguinte sentido bastante geral: Há pássaros (gênero) e há gralhas e andorinhas (espécie). Não se deve iniciar uma discussão onde alguém diz: "Aquilo é um pássaro" e o outro responde: "Não, aquilo é uma gralha". Termos de nível superior não devem ser confundidos com termos de nível inferior.

Considerar a escatologia gênero ou termo de nível superior harmoniza-se, na verdade, com a prática erudita do uso de frases como *escatologia realizada, escatologia consumada, escatologia iminente, escatologia presente, escatologia futura* e até (às vezes, mas não congruentemente) *escatologia apocalíptica*. Também nos ajuda ver com que facilidade podemos misturar e comparar diferentes tipos de escatologia, e com que facilidade podemos escorregar ou deslizar de um para outro, com que presteza um visionário pode propor um tipo, e o público ouvir um tipo diferente. Mas considerar aberta e explicitamente *escatologia* um gênero significa que precisamos defini-la como tal, separadamente e antes de mencionar qualquer espécie. Então, aí vai.

A escatologia é uma das grandes e fundamentais opções do espírito humano. É um *não* profundamente explícito ao *sim* profundamente implícito com o qual costumamos aceitar as circunstâncias normais da vida, os pressupostos da cultura e os dissabores da civilização. É negação ou rejeição do mundo, básica e incomum, oposta à afirmação ou aceitação do mundo igualmente básica, porém mais comum. Por mim, se pudesse fazer o que quero, seria preferível enterrar o termo *escatológico* e, em vez dele, usar um termo como *negação do mundo*. Mas suponho que *escatológico* continuará a ser empregado, por isso continuo a usá-lo.

Da maneira como o emprego, *escatológico*, conceito e termo, tem três componentes necessários. Primeiro, indica uma visão e/ou programa que é radical, contracultural, utópico ou negador deste mundo. Presume haver algo fundamentalmente errado com o procedimento do mundo – não algo fácil de consertar, mudar ou melhorar, mas algo tão profundo e radicalmente errado que só algo profundo e radicalmente contrário poderia remediá-lo. Segundo, o mandato dessa visão e/ou programa é considerado divino, transcendental, sobrenatural; isto é, não deriva simplesmente de forças ou idéias naturais ou humanas. A escatologia é, por assim dizer, utopia divinamente ordenada, radicalismo divino. Terceiro, dependendo de *por que* alguém anuncia esse *não* radical e cósmico e de *como* esse alguém pretende viver esse *não* em um mundo profundamente negado, há vários tipos e modos do desafio escatológico. Esses tipos são espécies do termo do nível do gênero *escatologia* ou negação do mundo. Três dessas espécies vão ser importantes à medida que prossigo. Quero afirmar novamente que minha intenção não é forçar os outros a usar essas expressões, mas sim esclarecer os *conceitos* que uso e os *termos* que aceito para eles. Se outros discordam de meus conceitos e/ou termos, só peço que esclareçam suas posições tão completamente quanto tento fazer aqui. Entretanto, o importante é diferenciarmos os *conceitos* significativos envolvidos e não apenas discutirmos sobre *palavras* diferentes para os mesmos conceitos.

Contra esse pano de fundo geral, examino em seguida as teologias do *Evangelho* Q e do *Evangelho de Tomé* para especificar com a maior exatidão possível os tipos de escatologia que eles contêm, o que tomará o resto deste capítulo. Depois, no próximo capítulo, sugiro o tipo de escatologia presente na Tradição de Ditos Comuns. Graças a nosso exame sucinto da tipologia redacional quádrupla de Patterson no capítulo anterior, já sabemos que a escatologia da Tradição de Ditos Comuns não é a do *Evangelho* Q nem a do *Evangelho de Tomé*; é um terceiro tipo de escatologia. Mas antes, então, o que dizer da escatologia de nossos dois evangelhos de ditos?

Escatologia apocalíptica

[Em Q¹], o *discipulado* é concebido nos termos mais radicais, sociais e pessoais. É rigoroso ao extremo... e envolve a separação da família e a rejeição das normas da macrossociedade... e a preparação para a pobreza, a falta de um lar e o martírio... De maneira mais positiva, é entendido como imitação do Deus misericordioso e generoso... e como "seguir", "ouvir", ou "ir" a Jesus.

John Kloppenborg, The formation of Q [A formação de Q], p. 241.

Os elementos sapienciais desempenham um papel importante em todo relato de Q. É difícil deixar de notar o teor escatológico difuso desses elementos sapienciais. Mas, se o termo apocalíptico é ou não uma caracterização exata para o deslocamento desses materiais sapienciais, é outro problema.

John S. Kloppenborg, Symbolic eschatology and the apocalypticism of Q
[A escatologia simbólica e o apocaliptismo de Q], p. 291.

Começo com uma análise sucinta do apocaliptismo em geral como forma de reiterar uma descrição de meu livro anterior sobre O *Jesus histórico* (pp. 139-142). Esta breve seção baseia-se em dois artigos recentes que dão uma definição de apocaliptismo – uma restrita demais e a outra ampla demais. Servem, portanto, de introdução ao apocaliptismo no *Evangelho* Q.

Sabedoria não empregada

Há uns vinte anos, Jonathan Z. Smith deliberadamente partiu de materiais apocalípticos judaicos e cristãos para examinar modelos babilônicos e egípcios anteriores, até, em especial, "uma variedade de apocalipses desenvolvidos do Egito, abrangendo o período de quase dois milênios". Ele propôs a seguinte definição baseada nesses materiais: "Apocaliptismo [é] *sabedoria sem patrono real*. (Definição que, espero, sirva ao menos para questionar a 'teoria lacrimosa' de que o apocaliptismo surgiu numa situação de perseguição geral e a teoria, popular no momento, de que ele reflete os interesses das classes menos favorecidas.) ... O apocaliptismo é a sabedoria sem uma corte e um patrono régios e, portanto, vem à tona durante o período da antiguidade remota, não como resposta à perseguição religiosa, mas como expressão do trauma causado pela cessação da realeza nativa. O apocaliptismo é fenômeno religioso culto, não popular. Está amplamente espalhado pelo mundo mediterrâneo e é mais bem entendido como parte da história interna da tradição dentro da qual ocorre, em vez de como sincretismo com influências estrangeiras (mais comumente consideradas iranianas)" (1975, pp. 141, 149, 154-155).

Algumas restrições, em especial sobre a observação parentética a respeito dos interesses das classes menos favorecidas e as situações de perseguição. Nossos textos escritos expressam, por definição, os interesses de servidores ou sacerdotes cultos. É outra questão a aparência que teria o apocaliptismo popular, não escrito. Não há razão para supor que a Grande Tradição (isto é, a tradição da diminuta minoria de elite) não tivesse um equivalente na Pequena Tradição (isto é, a tradição da vasta maioria camponesa) a respeito do apocaliptismo. Em todo caso, quando constrói o que chama de "apocalipse egípcio modelar", Smith enfatiza que a retirada do apoio régio liga-se ao fato de "terem aparecido estrangeiros que agem como se fossem egípcios" e observa que o futuro ideal acarreta a esperança de que "os estrangeiros sejam expulsos" (1975, pp. 142-143). Considero a dominação estrangeira uma forma de perseguição e até admito que os assim oprimidos pudessem chorar e também escrever. A definição de Smith é por demais restrita.

Privação percebida

Adela Yarbro Collins escreveu mais recentemente que "a fé apocalíptica muitas vezes se correlaciona com a marginalidade, a dissonância cognitiva e a privação relativa. A 'marginalidade' é termo sociológico que se refere ao *status* social de um indivíduo ou grupo como anômalo, periférico, ou estranho. A 'dissonância cognitiva' refere-se ao estado mental que surge quando há significativa disparidade entre as expectativas e a realidade. 'Privação relativa' é termo sociocientífico estreitamente relacionado. A 'privação' simples ou absoluta descreve a situação difícil dos afetados por catástrofes e desastres inequívocos, dos 'mais pobres dos pobres'. A 'privação relativa' identifica a compreensão de si mesmos daqueles cujas expectativas ou necessidades percebidas não estão sendo satisfeitas" (1992, p. 306). Entretanto, antes mesmo de prosseguir, quero diferenciar medicamente a privação percebida e a paranóia evidente e ponderar moralmente a experiência do desespero pessoal ou comunal e a imaginação de catástrofe cósmica como sua solução.

Collins também observa que estruturas apocalípticas são invocadas não só para subverter, mas também para apoiar o *status quo*. "Os propensos à concepção do apocaliptismo como socialmente revolucionário podem perguntar se a retórica que apóia a ordem social tem tanto direito de ser chamada apocalíptica quanto a que se opõe à ordem existente" (1992, p. 307). Tal uso favorável ao sistema vigente acontece com freqüência, como no apocaliptismo cristão medieval, quando o contra-apocaliptismo transforma cenários ofensivos em defensivos. Pode, já se vê, ser usado nas duas direções e isso também tem uma longa história. As profecias judaicas em Dn 2 e 7, escritas por volta de 165 a.C., esperavam um Quinto Império, depois dos domínios babilônico, medo, persa e grego. Nesse futuro ideal, Deus daria poder a seu povo perseguido sob seus protetores angelicais. Mas Caio Veléio Patérculo, ao escrever seu *Compêndio de história romana*, nas primeiras décadas do século I a.C., citou Emílio Sura, que escreveu nas primeiras décadas do século II a.C., para explicar como os quatro impérios dos assírios, medos, persas e macedônios cederam lugar a um Quinto Império quando o "poder universal passou para o povo romano" (1,6; Shipley, pp. 14-15). Esse uso pelos que estavam no poder não deveria levar à conclusão de Collins de que "a função da literatura e da retórica apocalípticas pode ser descrita como tentativa de interpretar os tempos no quadro universal do verdadeiro sentido da realidade e da história e de levar o público a adotar essa interpretação e viver de acordo com ela" (1992, pp. 306, 307, 308). Essa é, naturalmente, uma descrição da religião em geral e não do apocaliptismo em particular. Se a definição de Smith é estreita demais, a de Collins é agora ampla demais.

O apocaliptismo é o contra-ataque dos que se percebem marginalizados religiosa e/ou teologicamente, espiritual e/ou materialmente, política e/ou economicamente, em um nível profundo demais para qualquer solução menos radical. A doença é fatal; só a intervenção transcendental efetua a cura. Tendo essa noção como fundo de quadro, reflito sobre o apocaliptismo do *Evangelho* Q.

Sabedoria radical

John Kloppenborg descreve a mensagem escatológica de Q[1] dentro do *Evangelho* Q em termos do radicalismo social do Reino de Deus. Sobre as bem-aventuranças, ele observa: "Proclamam bênçãos sobre um grupo definido por circunstâncias sociais e econômicas: pobreza, fome, tristeza e perseguição... As bem-aventuranças são 'anti-bem-aventuranças'; contrastam com as visões da sabedoria convencional segundo a qual os que vivem na riqueza e em segurança são abençoados... Vistas nessa luz, embora não tipicamente sapienciais em conteúdo, as bem-aventuranças de Q podem bem se caracterizar como 'a sabedoria radical do Reino'... As bem-aventuranças e as advertências [no sermão inaugural de Jesus em Q] são formas sapienciais impregnadas de conteúdo escatológico; umas e outras manifestam a presença do Reino, sua natureza radical e suas exigências radicais" (1987a, p. 189). Mais adiante, essa mesma frase

304

Escatologia apocalíptica e ascética

amplia-se para descrever todo o estrato sapiencial de Q^1 dentro do *Evangelho* Q: "Com algum fundamento, este estrato de Q poderia se chamar 'sabedoria radical do Reino de Deus'. O Reino que desponta motiva a ética radical de Q e, sucessivamente, os membros da comunidade, por seu modo de ação simbólica (pobreza voluntária, não-violência, amor aos inimigos etc.), indicam a presença do Reino de Deus entre eles" (1987a, p. 242). Isso significa, como já mencionamos a respeito do título genérico de Robinson, Ditos dos sábios, que, "em contraste com o comportamento geralmente conservador da instrução [sapiencial], Q apresenta uma ética de discipulado radical que reverte muitas das convenções que permitem a uma sociedade operar, como os princípios de retaliação, os atos ordenados de tomar e fazer empréstimos de capital, o tratamento apropriado dos mortos, meios responsáveis para a própria subsistência, a autodefesa e a honra dos pais" (1987a, p. 318). Novamente: "Por meio de sua conduta radical, os discursos sapienciais de Q cumprem uma função querigmática e indicam a natureza radical do Reino que está em processo de manifestação. Analogamente, os imperativos especificam o tipo de ética radical que é a característica dos que respondem de maneira apropriada a essa nova realidade" (1987a, pp. 320-321). Note, mais uma vez, para consulta futura, que, como a "sabedoria inversionista" de Arnal vista anteriormente, a "sabedoria radical" de Kloppenborg não é apenas uma questão das palavras de Jesus ou mesmo de fé nas palavras de Jesus; é, antes, uma questão de aceitar o estilo de vida de Jesus, seguir o programa de Jesus e, desse modo, viver dentro do radicalismo do Reino de Deus aqui e agora. Mas o que acontece a essa sabedoria radical ou escatologia sapiencial de Q^1, quando a ela se acrescenta Q^2? Em outras palavras: o apocaliptismo de Q^2 é o mesmo do de Paulo antes dele ou de Marcos depois dele?

Primário ou secundário

Mesmo quando se acrescenta Q^2 a Q^1 e todo o *Evangelho* Q propõe uma escatologia apocalíptica, isso é mais aditivo que constitutivo, mais corretivo que determinativo, mais secundário que primário. Em outras palavras, é um tipo de escatologia apocalíptica um tanto diferente do de Paulo ou Marcos. Uso os termos *primário* e *secundário* para diferenciar os dois tipos de apocaliptismo, mas o que está em jogo nessa diferenciação? É o apocaliptismo essencial ou periférico? Diz ele: O fim está iminente e, portanto, precisas fazer isto; se não estivesse iminente, não terias de fazê-lo. Ou: Precisas fazer isto, quer o fim esteja, quer não esteja iminente; mas é melhor que o faças, porque ele está próximo. O primeiro diz para não comprar uma hipoteca porque o fim está próximo. O segundo diz para não roubar um banco porque o fim está próximo. Na segunda concepção, o apocaliptismo é acrescentado como ameaça coercitiva e cósmica para conseguir obediência ao que, de qualquer maneira, se deveria fazer.

Kloppenborg chama este segundo apocaliptismo, ou apocaliptismo do tipo Q^2, de *escatologia simbólica* (1987b). Note, mais uma vez, essa confusão de terminologia, mas agora (da passagem usada como epígrafe desta seção) com *escatologia* e *apocalíptica* sendo considerados conceitos opostos: "Os elementos sapienciais desempenham um papel importante em todo relato de Q. É difícil deixar de notar o teor escatológico difuso desses elementos sapienciais. Mas, se o termo apocalíptico é ou não uma caracterização exata para o deslocamento desses materiais

305

sapienciais... É importante perguntar se a presença de um horizonte escatológico justifica ou não o rótulo 'apocalíptico'" (1987, pp. 291-292). Kloppenborg argumenta que "Q usa ameaças de julgamento e metáforas apocalípticas perturbadoras, não porque fala a partir de uma 'situação apocalíptica' de anomia, mas por ser possível voltar o caráter simbólico da linguagem apocalíptica para os objetivos específicos de Q" (1987b, p. 304). A mensagem fundamental do *Evangelho* Q ainda é a de Q^1, mas agora Q^1 está reforçado pelas sanções ameaçadoras de Q^2. "Talvez o mais surpreendente de tudo seja o comedimento de Q ao descrever o 'resultado' positivo da intervenção escatológica. Embora haja uma avalanche virtual de imagens a respeito do julgamento e destruição dos impenitentes, não há, em absoluto, nenhuma menção à ressurreição e só referências superficiais aos motivos de transformação cósmica, recriação, restauração etc." (1987, p. 299).

Recentemente, David Seeley fez uma observação bastante parecida. No *Evangelho* Q, "a escatologia futurista jamais aparece nas passagens que estabelecem a ética e os valores nos quais se fundamenta uma comunidade. Em vez disso, com duas exceções [Q12,54-56 e Q17,40-41,], aparece só nas situações em que a ética e os valores já foram estabelecidos, mas encontraram algum tipo de resistência... Mesmo nas duas exceções, continua a não haver nenhum elo entre a escatologia futurista e a formação social". Além disso, "quando se procuram passagens de Q que contenham ética e valores, elas não se prestam a uma leitura em termos escatológicos e futuristas". Como a de Kloppenborg, sua conclusão é que a "escatologia futurista foi um acontecimento tardio na comunidade de Q, que se formou sem ela... Mais tarde, depois que encontrou resistência em estranhos e dúvidas em seus membros, a comunidade empregou ameaças escatológicas futuristas" (pp. 144-145, 152-153).

O apocaliptismo do *Evangelho* Q é, com certeza, diferente do apocaliptismo paulino ou mesmo do marcano, mas não acho que *escatologia simbólica* seja um termo muito útil para salientar essa distinção. Prefiro *escatologia apocalíptica* para os três autores, diferenciando a escatologia apocalíptica *primária* de Paulo e Marcos, da escatologia apocalíptica *secundária* de Q^2. Insisto, já se vê, que esses termos não são juízos, mas descrições. Não presumo que a primária seja melhor que a secundária. É apenas diferente. O apocaliptismo secundário é como um castigo cósmico – no qual naturalmente se crê, mas acrescentado só quando a mensagem primária e essencial foi recusada e rejeitada. É melhor ouvires, diz ele, ou serás castigado a qualquer momento e sem aviso. Portanto, minha qualificação para o *Evangelho* Q completo é *escatologia apocalíptica secundária*, mas com isso quero expressar exatamente o mesmo conceito descrito pela expressão de Kloppenborg, *escatologia simbólica*. No que segue, a presença ou ausência dessa teologia vai determinar quando textos da Tradição de Ditos Comuns foram ou não revistos dentro do *Evangelho* Q.

Escatologia ascética

A cristologia ou "jesuologia" de Tomé... origina-se da aplicação simplista a Jesus da complexa reflexão sapiencial [judaica]... A cristologia da sabedoria [isto é, baseada na reflexão sapiencial judaica] existia antes do que muitos chamam de gnose ou ignorava sua existência... Não pode ser considerada gnóstica em nenhum sentido expressivo.

Stevan L. Davies, *The Gospel of Thomas and christian wisdom* [O *Evangelho de Tomé* e a sabedoria cristã], pp. 146-147.

A gnose parece proporcionar o quadro teológico mais provável dentro do qual se pode entender a tendência esotérica que se encontra em todas as partes de Tomé. É vista em alguns ditos exclusivos de Tomé, cujo sentido tornou-se quase completamente obscuro. Mas, o que é mais importante, é vista na maneira de Tomé tratar alguns ditos também conhecidos na tradição sinótica.

Stephen J. Patterson, *The Gospel of Thomas and Jesus* [O *Evangelho de Tomé e Jesus*], p. 227.

Qual é exatamente a teologia do *Evangelho de Tomé*? Essa é uma pergunta muito mais difícil que a anterior a respeito da teologia do *Evangelho Q*. As opiniões dadas nessas epígrafes são diametralmente opostas uma à outra: *não* é gnóstica para Davies; *é* gnóstica para Patterson. Contudo, esses dois livros trazem as melhores, mais claras e mais completas interpretações em língua inglesa deste evangelho. Há, na verdade, dois aspectos diferentes nesse desacordo – o segundo, em minha opinião, ainda mais importante que o primeiro. A primeira questão é se a teologia do *Evangelho de Tomé*, seja ela gnóstica ou não-gnóstica, é teórica ou prática.

Antes de começar essa análise, talvez seja útil repetir a definição de gnose de Kurt Rudolph, usada como epígrafe do prólogo deste livro: "Esta 'religião do conhecimento', ou da 'introspecção', como a palavra grega *gnosis* pode ser traduzida, é... uma religião dualista, formada por diversas escolas e movimentos que assumiram atitude definitivamente negativa em relação ao mundo e à sociedade da época; e que proclamou uma libertação ("redenção") do homem, precisamente das limitações da existência terrena, por meio da "introspecção" em sua relação essencial – quer como "alma", quer como "espírito", relação essa temporariamente obscurecida – com uma região supramundana de liberdade e de descanso. Difundiu-se pelo tempo e o espaço, a partir do início de nossa era, desde a parte ocidental do Oriente Próximo (Síria, Palestina, Egito, Ásia Menor) até a parte central e oriental da Ásia e da Europa medieval (séc. XIV)... Quase podemos dizer que a gnose seguiu a Igreja como uma sombra; a Igreja nunca pôde vencê-la, pois sua influência se aprofundou demais. Por causa de sua história comum, elas continuam sendo duas irmãs – hostis" (1983, pp. 2, 368). Supondo que aceitemos tal definição de *gnose*, devemos considerar gnóstico o *Evangelho de Tomé*, um texto do cristianismo gnóstico? Continuo agora a análise sob três títulos.

Futuro ou passado

Se nossa experiência do mundo presente acha-o radicalmente errado, só podemos ir, quanto ao tempo, ou para o futuro ou para o passado, a fim de encontrar o mundo ideal ou utópico cuja existência subverte de maneira profunda as circunstâncias presentes, e critica de maneira fundamental as realidades atuais. A negação do mundo presente recua ou se adianta no tempo para localizar essa alternativa perfeita do outro mundo. O *Evangelho Q*, por exemplo, ficou na expectativa do fim e imaginou seu mundo perfeito por intermédio da escatologia apocalíptica. Mas o *Evangelho de Tomé* escolheu o caminho oposto: recuou até um princípio perfeito, em vez de avançar até um fim perfeito.

Comecemos com a reflexão judaica sobre a Sabedoria divina, sem nos esquecermos de que, em hebraico, aramaico, grego e latim, *sabedoria* é substantivo feminino:

> Iahweh me criou, primícias de sua obra, de seus feitos mais antigos. Desde a eternidade fui estabelecida, desde o princípio, antes da origem da terra.
>
> (Pr 8,22-23)

> Criou-me antes dos séculos, desde o princípio, e para sempre não deixarei de existir.
>
> (Eclo 24,9)

> Pois ela [a Sabedoria] é um reflexo da luz eterna, um espelho nítido da atividade de Deus e uma imagem de sua bondade.
>
> (Sb 7,26)

Junte *criação*, *sabedoria*, *luz* e *imagem*, releia o relato da criação em Gn 1,1–2,2 contra esse pano de fundo e aplique essas interpretações a Jesus e aos cristãos.

Deus começa dizendo, em Gn 1,3: "'Haja luz' e houve luz". Assim, Jesus diz no *Evangelho de Tomé* 77,1: "Eu sou a luz que está acima de tudo. Eu sou o todo. O todo saiu de mim e o todo volta a mim". Deus termina suas proclamações criativas, em Gn 1,26, dizendo: "Façamos o homem à nossa imagem, como nossa semelhança" e a narrativa finda, em Gn 2,2, com estas palavras: "Deus concluiu no sétimo dia a obra que fizera e no sétimo dia descansou, depois de toda a obra que fizera". Assim, o *Evangelho de Tomé* 50 apresenta um pequeno resumo catequético da existência cristã, derivada de Deus, luz, imagem e descanso:

> Disse Jesus: "Se eles vos dizem: 'De onde vindes?', dizei-lhes: 'Nós viemos da luz, do lugar donde a luz nasceu dela mesma; ela (se ergueu) e revelou-se em sua imagem'. Se eles vos dizem: 'Quem sois vós?', dizei: 'Nós somos seus filhos, pois nós somos os eleitos do Pai vivo'. Se vos perguntam: 'Qual é o sinal do vosso Pai que está em vós?', dizei-lhes: 'É movimento e repouso'".
>
> (*Ev. Tomé* 50,1-3)

Mas e Gn 2–3? E a narrativa do primeiro pecado, a queda, e a expulsão do Éden? Para retornar àquele momento inaugural de criação, de sabedoria e de luz, de movimento e descanso, teríamos de voltar para antes da narrativa da queda. Seria necessário voltar para antes do pecado – melhor ainda, até antes, antes que aquele ser andrógino chamado Adão, habitante da terra, fosse dividido em Adão, o homem, e Eva, a mulher. Foi aquele ser primeiro e ainda indiviso que Deus fez à sua imagem. Foram aqueles seres divididos, Adão e Eva, que pecaram, caíram e foram expulsos do paraíso. O estado ideal imaginado pelo *Evangelho de Tomé* é o do ser humano primordial, Adão como um só, como um único e indiviso, nem homem nem mulher, assexual. Primeiro veio a divisão, depois vieram os sexos, depois veio o pecado. O *Evangelho de Tomé* trata da volta a esse momento inaugural no alvorecer da criação, antes do pecado, antes da serpente, antes da divisão. Trata do paraíso recuperado do passado, não da parusia esperada no futuro.

Sapiencial ou gnóstico

Toda a análise precedente está absolutamente dentro da esfera da reflexão sapiencial judaica focalizada nas origens cósmicas conforme relatadas em Gn 1–3 e agora aplicada a Jesus e aos cristãos. Stevan Davies está perfeitamente correto ao enfatizar esse pano de fundo, e ninguém o fez melhor que ele. Está também tecnicamente correto ao chamá-lo, não de escatologia, relativo aos *eschata*, ou últimas coisas, mas de protologia, relativo a *prota*, ou primeiras coisas. Entretanto, a escatologia e a protologia envolvem uma radical negação do mundo e o termo *escatologia* pode ser usado para ambas, desde que se reconheça que o tempo presente pode ser negado igualmente com o exame dos inícios passados ou dos fins futuros. Mas ainda fica uma questão básica: a escatologia (ou protologia) do *Evangelho de Tomé* é sapiencial ou gnóstica?

Eis as provas. Primeiro, o *Evangelho de Tomé* foi descoberto em uma biblioteca gnóstica em Nag Hammadi. No entanto, esse fato prova, não como ele foi escrito, mas como foi lido. Outras coletâneas não-gnósticas de ditos, tais como os *Ensinamentos de Silvano* e as *Sentenças de Sexto*, também foram encontradas entre esses códices, sem falar de uma parte da *República* de Platão. Segundo, sua trajetória continuou até o *Livro de Tomé, o Atleta*, e os *Atos de Tomé*. Esse fato prova para onde ele ia, mas não de onde veio. Terceiro, com certeza o *Evangelho de Tomé* não tem a teologia completa da gnose mais tardia. Tem, como Davies diz, "a falta do dualismo maniqueu ou marcionita, a ausência de qualquer mitologia da queda de Sofia ou da ascensão ou descida de Cristo através de reinos hostis povoados por arcontes inimigos" ou espíritos governantes (1983, p. 146). Naturalmente, Patterson concorda com essa avaliação: "Tomé não é um evangelho gnóstico desenvolvido" (1993a, p. 227). Sua descrição final e bastante cuidadosa é esta: "O que temos em Tomé é, de um lado, um livro que se coloca entre a coletânea sapiencial e, de outro, o diálogo gnóstico de revelação, no qual o redentor revela a seus seguidores palavras secretas de conhecimento (gnose). Ajuda, portanto, a documentar aquele ponto muito importante, embora obscuro, de inter-relacionamento entre a sabedoria judaica (e outras tradições do Oriente Próximo que usam o mito do redentor que desce e ascende) e a gnose" (1993a, p. 227).

O que precisamos fazer é não continuar um debate improdutivo entre gnóstico e não--gnóstico, mas ver se é possível descrever a teologia do *Evangelho de Tomé* de tal maneira que mais tarde ele vá em uma das duas direções. E aqui surge entre Davis e Patterson uma segunda e mais séria divergência a respeito de teoria ou práxis. Seu exame ajuda a resolver essa primeira divergência sobre o texto ser gnóstico ou não-gnóstico.

Teórico ou prático

A questão é se o *Evangelho de Tomé* defendia uma renúncia puramente interior a bens materiais e interesses mundanos, mas permitia ou presumia seu pleno uso exterior (acompanhado, naturalmente, de desprendimento espiritual), ou se exigia ações sociais específicas como ascetismo e celibato. Foi a volta a uma etapa anterior à divisão, no início da criação, efetuada precisamente pelo ascetismo celibatário?

Davies acha que "o grau até onde esta renúncia deve governar o comportamento social é discutível. 'Se não jejuardes em relação ao mundo, não encontrareis o reino' (dito 27) defende, provavelmente, que se evite a perspectiva comum sobre o mundo, a favor da perspectiva preferida. Se o jejum faz parte desse sortimento intelectual, significa que não se podem adotar duas perspectivas contraditórias ao mesmo tempo. Em outras palavras, não se pode entender que o mundo é o reino e, ao mesmo tempo, que não é o reino. Como o jejum de comida é reprovado duas vezes (ditos 14, 104) e nenhuma práxis ascética é recomendada diferentemente, jejuar do mundo *não* deve ser considerado ascetismo" (1992, p. 673). Discordo. A razão pela qual o jejum temporário em um dia ou outro é negado no *Evangelho de Tomé*, juntamente com todas as outras devoções comuns, é não ser, nem de longe, bastante radical. Não jejuamos temporariamente de pão; jejuamos permanentemente do mundo. Portanto, minha hipótese de trabalho é que a renúncia mundana no *Evangelho de Tomé* envolvia uma práxis muito específica – a saber, o ascetismo celibatário. Pode ser deixado em aberto se todos os cristãos seguidores de Tomé *observavam* esse rigor, ou se havia, como é comum nessas religiões que negam o mundo, uma diferenciação entre a minoria dos perfeitos e eleitos (a elite espiritual que aceitava a plena renúncia exterior) e a maioria de fiéis comuns (que aceitava, quando muito, um desprendimento interior). De qualquer modo, neste ponto, Patterson é muito mais convincente que Davies.

No início de seu livro, Patterson propõe que "o etos dominante entre os cristãos seguidores de Tomé era uma espécie de radicalismo social... inclusive (embora não primordialmente) a renúncia a um lar, a pobreza voluntária, a mendicância, a rejeição da família e da devoção local e a crítica dos poderes políticos constituídos" (1993a, p. 4). Ele repete essa tese na conclusão do livro: "[No *Evangelho de Tomé*] a rejeição da escatologia apocalíptica a favor da noção de que o reino pode ser realizado aqui e agora combina bem com o radicalismo social deste movimento. O radicalismo social é a tentativa de viver uma realidade alternativa, um domínio alternativo. Como tal, é a práxis de uma visão teológica" (1993a, p. 214). É prática, não apenas teórica, física, não apenas mental, material, não apenas intelectual. É do corpo e não apenas da mente. Toca a sociedade, não apenas como idéia, mas como ação.

Além disso, para Patterson, "isso não é escatologia discernida, é escatologia realizada. Se o reino deve, de algum modo, existir, cabe ao cristianismo de Tomé fazê-lo existir, ser o fermento (*Tomé* 96), iluminar o mundo (*Tomé* 24), permitir que os homens vejam o reino em todo o seu potencial 'espalhado pela terra' (*Tomé* 113). Dessa maneira, o reino está presente, é real. Precisa ser cultivado, para não escapulir (*Tomé* 97); precisa ser mantido em boa forma, bem resistente

(Tomé 98)" (1993a, p. 210). Nesse sentido, o melhor termo talvez seja *escatologia discernível* ou *realizável* em vez de *discernida* ou *realizada*. É algo potencial e possível, não apenas real e realizado. Termos como "radicalismo social" de Patterson para o *Evangelho de Tomé* e "sabedoria radical" de Kloppenborg para o *Evangelho* Q ajudam a compreender melhor o que Koester chamou de a "escatologia discernida" desses dois textos. Todavia, o que é ainda mais importante, indicam que a escatologia era discernida ou discernível não apenas nas *palavras*, mas também nos *feitos* de Jesus e seus companheiros. Era uma escatologia presente na sabedoria do radicalismo social. Concordo plenamente com Patterson, contra Davies, que a teologia do *Evangelho de Tomé* teve conseqüências sociais públicas.

Em seguida, o radicalismo social do *Evangelho de Tomé* envolvia o ascetismo celibatário. "Se a escatologia", como Patterson continua, "é desafio mitológico para o mundo como ele existe, a expressão mitológica de esperança de algo melhor, o ascetismo apresenta um desafio real e presente para o mundo. Faz objeção aos caminhos do mundo, seus padrões, suas metas, sua noção do que é significativo na vida. Como forma de ascetismo, o radicalismo social do cristianismo de Tomé tem precisamente esse efeito" (1993a, p. 211).

Por fim, é muito possível derivar o ascetismo celibatário do tipo de reflexão judaica a respeito do papel da sabedoria em Gn 1–3 que foi visto anteriormente. É possível até alegar que o ascetismo celibatário era imposição oculta naqueles textos e que envolvia a sabedoria esotérica ou secreta. Mas o *Evangelho de Tomé* busca encontrar essa sabedoria oculta não só em Gn 1–3, mas nas palavras de Jesus, para que elas próprias se tornem fonte de sabedoria oculta. Em outras palavras, para o *Evangelho de Tomé*, a negação ascética do mundo é também esotérica, secreta, oculta. O texto exige, em suas palavras iniciais, que se entendam "as palavras secretas ditas por Jesus, o Vivente, escritas por Judas Tomé, o Gêmeo", pois, como disse Jesus, "Aquele que encontrar a interpretação destas palavras não provará a morte". A esta altura, é necessário distinguir essa escatologia ascética *esotérica* da escatologia ascética *comum*. Nessa segunda teologia, a pessoa abandona o mundo porque ele é tentador ou dispersivo em demasia. Essa escatologia ascética pode apelar ao bom senso ou até para a teoria da escolha racional. Pode argumentar que é, obviamente, mais razoável passar esta curta vida em total e exclusiva preparação para uma vida eterna próxima. Essa teologia não requer nenhuma interpretação oculta ou esotérica. Mas o *Evangelho de Tomé* é escatologia ascética esotérica, negação do mundo baseada em sabedoria secreta que exige o celibato como volta ao estado indiviso do Ser Andrógino Primevo.

Alguns pensamentos em resumo. O debate sobre o *status* gnóstico *versus* não-gnóstico relativo ao *Evangelho de Tomé* não é produtivo. Como Davies demonstrou de maneira bastante adequada, esse evangelho pode ser totalmente entendido dentro da reflexão judaica sobre criação, sabedoria e Gn 1–3, e poderia ser assim entendido mesmo se a gnose nunca tivesse existido. Por outro lado, posto que a gnose realmente existiu, é difícil não ver no *Evangelho de Tomé* o que Patterson chamou de "gnose rudimentar", mesmo admitindo que "a extensão de seu caráter gnóstico ainda não esteja completamente caracterizada" e que "ele não é um evangelho gnóstico desenvolvido" (1993a, pp. 218, 133, 226). É, de fato, precisamente um texto limítrofe que poderia ter sido aproximado ou afastado da gnose. Foi, pelo desenrolar da história, empurrado mais na primeira direção. Entretanto, acho muito mais útil defini-lo em termos que especifiquem, mais estritamente do que *gnóstico* ou *não-gnóstico*, sua forma precisa de negação do mundo. Ele é, como já mencionei, *escatologia ascética esotérica*, e é a presença ou ausência dessa teologia que, no que se segue, vai determinar quando os textos da Tradição de Ditos Comuns foram (ou não) revistos no *Evangelho de Tomé*.

Capítulo **16**

Escatologia ética

> Ele vem a nós como Alguém desconhecido, sem nome, como outrora, às margens do lago, Ele veio àqueles homens que não O conheciam: "Segue-me!" e nos encarrega das tarefas que Ele tem de realizar para o nosso tempo. Ele ordena. E, aos que O obedecem, sejam eles sábios ou simples, Ele Se revela na labuta, nos conflitos, no sofrimento pelos quais eles passam em Sua companhia e, como mistério inefável, aprendem por experiência Quem Ele é.
>
> Albert Schweitzer, *The quest of the historical Jesus* [*A busca do Jesus histórico*], p. 402.

Para recordar onde estamos, vamos ligar a tipologia quádrupla de Patterson para a redação da Tradição de Ditos Comuns (analisada no Capítulo 14) com as duas teologias escatológicas do *Evangelho* Q e do *Evangelho de Tomé*. Os resultados estatísticos agora ficam assim:

Tipo 1: 24% (9 unidades de um total de 37) está redigida concernente à escatologia ascética esotérica no *Evangelho de Tomé*, mas não próximo à escatologia apocalíptica secundária no *Evangelho* Q.

Tipo 2: 8% (3 unidades de um total de 37) está redigida concernente à escatologia apocalíptica secundária no *Evangelho* Q, mas não à escatologia ascética esotérica no *Evangelho de Tomé*.

Tipo 3: 19% (7 unidades de um total de 37) está redigida concernente à escatologia ascética esotérica no *Evangelho de Tomé* e também à escatologia apocalíptica secundária no *Evangelho* Q.

Tipo 4: 49% (18 unidades de um total de 37) não está redigida concernente à escatologia ascética esotérica no *Evangelho de Tomé* nem concernete à escatologia apocalíptica secundária no *Evangelho* Q.

Os dados impõem a pergunta já feita por Patterson: "Se Q e *Tomé* seguem trajetórias divergentes, cada uma com base em uma tradição sapiencial primitiva, mas da qual se afasta, o que dizer dessa tradição primitiva em si?" (1993b, p. 194). Negativamente, já sabemos o que a "tradição primitiva" *não* é. Não é nem escatologia ascética esotérica, nem escatologia apocalíptica secundária. Positivamente, então, o que ela *é*? Esta é minha pergunta primordial neste capítulo: Qual ideologia, teologia ou escatologia está presente na Tradição dos Ditos Comuns? Em resposta, identifico o que chamo de *escatologia ética* e, na Parte VII, demonstro a presença dessa doutrina na Tradição dos Ditos Comuns. Mas antes, neste último capítulo da Parte VI, quero apresentar e refletir sobre este terceiro tipo de escatologia.

Escolhi com muito cuidado a epígrafe anterior e a próxima, ambas de Albert Schweitzer, que viveu de 1875 a 1965. Em 1906, ele publicou uma crítica da pesquisa anterior sobre o Jesus histórico (republicada em 1969) e declarou-a totalmente imperfeita porque essa pesquisa se recusava considerar a visão escatológica de Jesus. Inicio com Schweitzer porque ele indica de maneira convincente as duas dificuldades semelhantes para entender essa escatologia. Primeiro, ele próprio iguala os termos *apocalíptico* e *escatologia* e o faz sem nenhuma análise explícita. (Em geral, usa o termo *escatologia*, mas de maneira tal que significa *apocalíptico*.) Na verdade, a confusão terminológica e até lógica vista no Capítulo 15 – confusão que impregna a discussão contemporânea da escatologia e do apocaliptismo – decorre em grande parte do próprio Schweitzer. Segundo, embora descreva Jesus como escatologista apocalíptico mal orientado, Schweitzer ainda acha possível seguir Jesus; na verdade, acha obrigatório para o cristão fazê-lo. A epígrafe anterior cita as últimas linhas de seu impressionante clássico de 1906. Mas são suas palavras apenas sentimentalismo culminante, peroração romântica, Renan na alemanha? Pois esta é a pergunta que evocam: Qual tipo de escatologia é, ao mesmo tempo, imprecisa e imperativa, mal orientada e obrigatória, errada e certa?

DA EUROPA

Os homens temiam que a aceitação das alegações da escatologia eliminasse o significado de Suas palavras para o nosso tempo; e por isso havia uma ansiedade febril para descobrir nelas alguns elementos que pudessem ser considerados não condicionados escatologicamente... Mas, na verdade, o que é eterno nas palavras de Jesus deve-se ao próprio fato de se basearem em uma visão *escatológica* do mundo e conterem a expressão de um intelecto para o qual o mundo contemporâneo, com suas circunstâncias históricas e sociais, já não existia... Porque se preocupa assim com o geral, o universal, a teologia moderna está determinada a encontrar sua ética de *aceitação do mundo* no ensinamento de Jesus. Aí está sua fraqueza. O mundo se *afirma* automaticamente; o espírito moderno não pode fazer nada além de *afirmá-lo*. Mas por que, com base nisso, suprimir o conflito entre a vida moderna, com o espírito de *afirmação do mundo* que a inspira como um todo, e o espírito de *negação do mundo* de Jesus? Por que poupar ao espírito do indivíduo a tarefa que lhe compete de abrir seu caminho com esforço através da negação do mundo de Jesus, em contenda com Ele, a cada passo, sobre o valor dos bens materiais e espirituais – um conflito no qual o indivíduo talvez nunca tenha descanso? Entretanto, para ser cristã, essa *afirmação* geral do mundo precisa se cristianizar no espírito individual e se transfigurar pela *rejeição* pessoal do mundo que é pregada nos ditos de Jesus.

Albert Schweitzer, *The quest of the historical Jesus* [*A busca do Jesus histórico*], p. 402.

As palavras postas em itálico por mim nessa epígrafe são fundamentais para meu argumento. No primeiro parágrafo, Schweitzer estabelece uma dicotomia entre a mensagem escatológica de Jesus e os modernos que se recusam a aceitá-la como tal. Mas a seguir muda essa dicotomia para outra, localizada entre a mensagem de Jesus de negação do mundo e a interpretação dos pesquisadores modernos de afirmação do mundo. Schweitzer reitera aí essa disjunção algumas vezes. Por um lado, há a "ética de aceitação do mundo... o espírito de afirmação do mundo... a afirmação geral do mundo" dos modernos. Por outro, há o "espírito de negação do mundo... a negação do mundo... a rejeição pessoal do mundo" de Jesus. Para Schweitzer, então, *escatologia* e *negação do mundo* são sinônimos.

Entretanto, Schweitzer também interpõe o termo *apocalíptico* neste debate. Por um lado, usa *escatologia* e *apocalíptico* para significar a mesma coisa e, em páginas subseqüentes, refere--se, primeiro, à "escatologia do tempo de Jesus" (1969, p. 368) e, em seguida, ao "movimento apocalíptico do tempo de Jesus" (1969, p. 370). Por outro lado, no meio, ele distingue entre "duas escatologias" – uma profética, com Elias como herói, e outra apocalíptica, com Daniel como herói. Ele as diferencia, afirmando que a escatologia apocalíptica é criada por "acontecimentos externos", e a escatologia profética é criada por "grandes personalidades" (1969, p. 370), diferenciação cujo romantismo provavelmente não resiste a um exame minucioso. Mas, deixando essa explicação de lado, agora temos 1) *escatologia* usada como gênero, com pelo menos duas espécies (*apocalíptica* e *profética*) e 2) *escatologia* usada como sinônimo para uma dessas duas espécies. Essa, penso eu, é a raiz de nosso problema de definição. Não podemos manter as duas posições; não podemos, sob quaisquer definições, ter *apocalíptico* igual a *escatologia apocalíptica* igual a *escatologia*. Quando tentamos fazer isso, privilegiamos uma espécie considerando-a igual a seu gênero.

Schweitzer reconstruiu um Jesus que estava bastante enganado a respeito do fim iminente do mundo e bastante errado em sua tentativa de forçar a mão de Deus, indo deliberadamente para o martírio em Jerusalém. Eis sua descrição justamente famosa desse engano: "Há silêncio em toda a volta. O Batista aparece e brada: 'Arrependei-vos, porque o Reino dos Céus está próximo'. Logo depois, chega Jesus e, sabendo ser Ele o Filho do Homem que está chegando, apodera-se do leme do mundo para fazê-lo realizar aquela última rotação que deve encerrar toda a história comum. O leme não se move e Ele Se atira sobre ele. Então o leme gira; e O esmaga. Em vez de introduzir as condições escatológicas, Ele as destruiu. O leme gira para a frente e o corpo mutilado do único Homem imensuravelmente grande que foi forte o bastante para pensar em Si mesmo como o governante espiritual da humanidade e para submeter a história a Seu propósito, ainda pende dele. É essa Sua vitória e Seu reinado" (1969, pp. 370-371).

Tudo isso é bastante claro, mas, depois de afirmar que Jesus estava categoricamente enganado em sua missão e mensagem, Schweitzer não respondeu com o abandono da Igreja cristã. Respondeu com o abandono da Europa imperial. E eis, em suas próprias palavras, como seus amigos reagiram: "O que, a meus amigos, parecia a coisa mais irracional em meu plano, era eu querer ir à África, não como missionário, mas como médico e, assim, já com trinta anos de idade, sobrecarreguei-me, para começar, com um longo período de estudo árduo... Queria ser médico para poder trabalhar sem ter de falar. Durante anos eu me externara em palavras e foi com alegria que segui a vocação de mestre teológico e de pregador. Mas não podia representar para mim mesmo essa nova forma de atividade falando sobre a religião do amor, mas só pondo-a realmente em prática" (1933, pp. 114-115).

A ironia é, já se vê, que ele não teria sido aceito como *missionário*. Por causa de sua crítica histórica do Novo Testamento, quase não foi aceito, nem mesmo como médico. A Comissão da Sociedade Missionária de Paris havia recentemente rejeitado um missionário "porque sua convicção científica não lhe permitiu responder com um *Sim* irrestrito se considerava o Quarto Evangelho obra do apóstolo João". Quando o convidaram a comparecer diante da mesma comissão para ser examinado sobre sua ortodoxia, Schweitzer se recusou. Jesus, disse ele, não sujeitara os primeiros discípulos a esse exame. Só os convidara "a segui-Lo". Como transigência, Schweitzer concordou em visitar os membros da comissão individualmente e permitir perguntas teológicas naquela base. Acabou sendo aceito, mas com duas condições. Não devia confundir os missionários com sua erudição, nem os nativos com sua pregação (1933, pp. 128-139).

Esse era Schweitzer em 1913. Agora, deixe-me recuar a um ponto anterior em sua autobiografia. A idéia de ir para a África estava em sua mente havia muito tempo. Foi "concebida já em meu tempo de estudante. Parecia-me incompreensível que eu levasse uma vida tão feliz, enquanto via tanta gente à minha volta lutando com preocupações e sofrimentos. Até mesmo na escola emocionava-me quando vislumbrava o ambiente miserável de alguns de meus colegas e o comparava com as condições absolutamente ideais em que vivíamos na residência paroquial em Günsbach... Não conseguia parar de pensar naqueles a quem as circunstâncias materiais ou a saúde negavam essa felicidade. Então, uma esplêndida manhã de verão em Günsbach, durante a festa de Pentecostes – era 1896 – quando acordei, ocorreu-me a idéia de que não deveria aceitar essa felicidade com naturalidade, mas deveria dar algo em troca... Eu me consideraria justificado por viver até os trinta dedicado à ciência e à arte, para, a partir daí dedicar-me ao serviço direto da humanidade. Muitas vezes eu já tentara descobrir que sentido se ocultava para mim na fala de Jesus! 'Aquele que acha a sua vida, vai perdê-la, mas quem perde a sua vida por causa de mim, vai achá-la'. Eu achara a resposta. Além da felicidade exterior, agora tinha a interior" (1933, pp. 102-103). Sua intenção inicial foi "alguma atividade na Europa", e ele aí trabalhou por algum tempo, educando "crianças abandonadas ou desatendidas", ademais de ajuda "vadios e prisioneiros libertados" (1933, pp 103-104). Essa obra social, que ele realizou em conjunto com a pesquisa erudita, não surpreendeu ninguém. O que os amigos acharam um tanto escandaloso, como ele admitiu acima, foi trocar a pesquisa teológica pelo estudo da medicina, e a Europa pela África.

A vida de Schweitzer adverte-nos que sua escatologia apocalíptica pode não ser tão simples como imaginamos. Em uma das citações anteriores, ele resumiu a mensagem de Jesus que anuncia a chegada do Reino de Deus, "aquela última revolução que deve encerrar toda a história comum" (1969, p. 370). Entendo que isso significa o fim do universo de tempo e espaço. Após essa consumação, só se poderia imaginar uma espécie de céu ou inferno. Tal visão não proclamaria nenhuma vida nesta terra, ideal ou utópica. Se entendo corretamente o Jesus de Schweitzer, temos, não o céu na terra, mas a terra no céu. Mas, depois de descrever a visão de Jesus como categoricamente errônea, Schweitzer nos deu a primeira epígrafe anterior, a célebre conclusão de seu livro sobre a busca do Jesus histórico.

Entretanto, essas palavras são apenas *palavras* – palavras grandiosas e belas, com certeza, mas, ainda assim, apenas um crescendo magnífico para um livro magnífico. Todavia, também sabemos o que Schweitzer pretendia fazer durante toda uma década antes de escrever essas palavras – o que acabou realmente *fazendo*. Ele não abandonou o cristianismo porque Jesus estava errado; abandonou a Europa porque Jesus estava certo. E, no caso de compreendermos mal, na autobiografia ele nos lembra que saiu de casa "na Sexta-Feira Santa de 1913" (1933, p. 210). Foi para Lambaréné, no interior da costa atlântica e ao sul do Equador, às margens do rio Ogowe, no que era então a colônia francesa do Gabão. Ele e Helena Bresslau, com quem se casou em 1912, foram à própria custa, para poupar à Sociedade Missionária de Paris qualquer ônus financeiro. Mas tinham de obter subsídios em algum lugar, o que significou "uma série de visitas de pedidos entre meus conhecidos", durante as quais "o tom de minha recepção mudava de maneira marcante quando se descobria que eu ali estava, não como visitante, mas como pedinte" (1933, p. 136).

A julgar pela dedicação de Schweitzer ao serviço, a desafiadora "negação do mundo" de Jesus estava profundamente certa, embora sua expressão apocalíptica ou escatológica fosse mal orientada e até mesmo ilusória. Essa negação do mundo exigia de Schweitzer uma resposta muito precisa. Quando os amigos lhe perguntavam por que não decidira ser *missionário* na África ou médico na *Europa* – em outras palavras, por que, especificamente, *médico* na *África* – ele explicou que era tudo muito pessoal e individual. Não era político nem social. Contudo, na base, tinha a ver com ética e injustiça, com a intuição que a desigualdade humana não pode ser simplesmente ignorada ou aceita.

Tomo bastante cuidado para não fazer de Schweitzer um teólogo da libertação à frente de seu tempo. Ele não disse que a ganância européia criou a miséria africana. Não levantou questões econômicas, políticas e sociais. Não agiu em protesto radical contra o imperialismo europeu (que, quando ele partiu para a África, tinha cerca de mais seis meses de vida, antes de causar a si mesmo horrores tão insuportáveis quanto os que antes infligira a suas colônias). Não disse que se afastava dos males coloniais criados por seu país e seu continente e que, em protesto contra eles, partia para curar o que eles tinham magoado. Não foi a escatologia apocalíptica que enviou os Schweitzers à África, embora em 1913 o mundo europeu avançasse em direção a Harmagedôn. Não foi a escatologia ascética que os enviou para lá, embora na África provavelmente levassem uma vida mais dura que a de muitos mosteiros. Preciso de outra expressão e *escatologia ética* é a melhor que encontro. Repito que essa escatologia é, por assim dizer, um fim do mundo pessoal e individual, mas sua lógica, mesmo que Schweitzer não soubesse disso, apontava para além de si mesmo. Ele sabia que ela apontava de volta para Jesus, mas não disse que apontava para a resistência ao mal sistêmico nos procedimentos políticos e econômicos (e não apenas pessoais e individuais).

Jesus, Schweitzer poderia ter dito, estava completamente certo e completamente errado a respeito da escatologia. Schweitzer, eu diria, estava completamente certo e completamente errado a respeito de Jesus. Mas, em ambos os casos, o certo foi decisivo, o errado foi irrelevante. Schweitzer chamou sua autobiografia *Out of my life and thought* [*Da minha vida e pensamento*] e essa ordem é significativa. Schweitzer entendeu o Jesus histórico de maneira certa ou errada? Em seu pensamento, entendeu-o errado, mas, em sua vida, entendeu-o certo. E, assim, da maneira mais apropriada, recebeu o prêmio Nobel, não de literatura, mas da paz.

Radicalismo itinerante

> O *radicalismo ético* torna os ditos de Jesus absolutamente impraticáveis como regras para o comportamento cotidiano. Assim, da mais inevitável maneira ficamos diante da pergunta: Quem transmitiu oralmente ditos como esses durante um período de mais de trinta anos? Quem os levou a sério?... A tradição dos ditos caracteriza-se por um *radicalismo ético* que se mostra mais notável na renúncia a um lar, família e bens. A partir dos preceitos que têm a ver com essas coisas, chegamos analiticamente a algumas conclusões a respeito do estilo de vida que era característico das pessoas que transmitiram os textos... Agora podemos formular nossa tese: o *radicalismo ético* dos ditos a nós transmitidos é o radicalismo de itinerantes... Só neste contexto os preceitos éticos que desafiam o modo de vida são transmitidos sem serem inconvincentes... E isso só era possível para os carismáticos sem teto.
>
> Gerd Theissen, *Social reality and the early christians* [*Realidade social e os cristãos primitivos*], pp. 36, 37, 40.

As palavras que coloquei em itálico nessa epígrafe indicam por que escolhi a expressão *escatologia ética* para a perspectiva encontrada na Tradição dos Ditos Comuns. Esse novo rótulo combina, por assim dizer, a "escatologia" da "negação do mundo" de Schweitzer com o "radicalismo ético" de Theissen. Aliás, para que não se pense que invento uma teologia singular para um Jesus singular, quero assegurar que encontro a escatologia ética na resistência não-violenta ao mal estrutural formulada por pessoas tão diferentes como o jainista Mahatma Gandhi, a católica Dorothy Day e o protestante Martin Luther King Jr. Se bastante gente vivesse como *eles* viveram – vivesse em protesto não-violento contra o mal sistêmico, contra as situações usuais da discriminação, exploração e opressão deste mundo –, o resultado seria um mundo novo quase inimaginável. Isso é escatologia – talvez o único tipo real disponível para nós.

Mas, de qualquer modo, voltemos a Theissen. Embora eu adapte sua linguagem, minha *escatologia ética* é um pouco diferente de seu *radicalismo ético*. Inicialmente, porém, enfatizo meu grande respeito por sua obra básica sobre este assunto e meu profundo apreço por sua contribuição.

Quando abordou este assunto, na década de 1970, Theissen analisou o cristianismo mais primitivo na terra judaica com o uso de palavras traduzidas como "radicalismo itinerante", "radicalismo ético", "carismáticos itinerantes" e "mendicância carismática". Mais tarde, ele chamou a atenção para as semelhanças entre esses pregadores itinerantes e os missionários cínicos dos dois primeiros séculos (1992, pp. 33-59). Mas também enfatizou as comunidades locais que apoiavam esses itinerantes e, em *Sociology of early palestinian christianity* [*Sociologia do cristianismo palestino primitivo*], dedicou um capítulo aos "carismáticos itinerantes" e um outro aos "simpatizantes, nas comunidades locais". Nesse livro, observou que "havia uma relação complementar entre os carismáticos itinerantes e as comunidades locais: os carismáticos itinerantes eram as autoridades espirituais decisivas nas comunidades locais, e as comunidades locais eram a indispensável base social e material para os carismáticos itinerantes... É impossível entender o movimento de Jesus e a tradição sinótica exclusivamente em termos dos carismáticos itinerantes. Além deles havia 'comunidades locais', grupos de simpatizantes estabelecidos" (1978, pp. 7, 17).

Richard Horsley critica a análise de Theissen em diversos pontos importantes. Primeiro, acha sua base sociológica conservadora demais para lidar adequadamente com a crítica radical da sociedade que se origina do programa de Jesus. "O que, nas tradições evangélicas, parece apresentar um nítido desafio aos grupos governantes da sociedade transforma-se, por meio da sociologia funcionalista, em movimento que, supostamente, luta para controlar o conflito e manter o sistema social" (1989, p. 39). Uma sociologia com ênfase no conflito e na resistência seria mais útil para Theissen que uma com ênfase na harmonia funcional e no equilíbrio estrutural.

Segundo, apesar de usar a palavra *complementaridade* para descrever a relação entre itinerantes e chefes de família, entre carismáticos itinerantes e simpatizantes locais, Theissen parece privilegiar, com regularidade, os carismáticos itinerantes como sendo, de algum modo, mais importantes, mais significativos e até mais cristãos. E, contudo, como Horsley observa, há ditos importantes que "estabelecem preceitos para a forma como os pregadores e itinerantes que realizam curas devem obter apoio das comunidades locais. Desse modo, eles proporcionam uma espécie de divisão elementar de trabalho dentro do incipiente movimento de Jesus. Simplesmente não há justificativa nas fontes para o escrito de Theissen... como se o movimento de Jesus consistisse primordialmente de carismáticos itinerantes. De modo semelhante, a alegação de Theissen de que os carismáticos itinerantes são a chave para entender o movimento de Jesus simplesmente não tem apoio nas provas" (1989, p. 50). Isso está perfeitamente correto. Quando Jesus diz às pessoas para fazerem o mesmo que ele faz, em ditos decisivos a serem vistos a seguir – por exemplo, o *Evangelho* Q em Lc 10,4-11 ou Mc 6,7-13 –, há uma interação dos atos de comer e curar, de itinerantes e chefes de família, dos destituídos e dos pobres.

Terceiro, a respeito dos ditos mencionados por último, Horsley argumenta que "a 'missão' parece, assim, ter mais a ver com a revitalização da vida da comunidade local que com um novo 'modo de vida' itinerante como objeto em si. A chave parece ser o propósito e o padrão da vida itinerante focalizados na renovação social, não no estilo de vida individual de auto-suficiência e independência" (1989, p. 117). Mais uma vez, isso está bastante correto e a seguir analiso como essa "revitalização da vida comunitária local" atua de fato na dialética de itinerante e chefe de família.

Finalmente, com relação às comparações de Theissen entre o movimento do Reino de Deus e o movimento dos cínicos, Horsley declara que, "enquanto os cínicos viviam sem moradia nem bens como 'modo de vida' intencional, os representantes de Jesus deixaram para trás casas, bens e família *temporariamente* como fato inevitável, contudo mais incidental, forçado pela missão" (1989, p. 117, itálico meu). Isso, creio eu, está apenas meio certo. Como veremos a seguir, há uma clara diferença entre os trajes simbólicos dos itinerantes cínicos e os dos itinerantes do Reino. Para os primeiros, levar mochila e cajado era sinal de auto-suficiência. Para os segundos, *não* levar mochila e cajado era sinal de dependência comunitária. Até aqui tudo bem. Mas todos esses ditos veementes e terríveis sobre casa, família e bens significam apenas partidas temporárias e abandonos *passageiros*? Isso traz à baila uma crítica muito mais eficaz e uma explicação muito melhor daquilo que realmente estava em jogo.

Uma década antes de Horsley, Wolfgang Stegemann criticou a proposta de vida itinerante de Theissen em uma questão mais fundamental ainda. Esses itinerantes deixaram casa, família e bens voluntariamente, ao chamado de Jesus, ou já os tinham perdido? Jesus *exigia* o abandono dos bens ou o *presumia*? "O conceito de 'normas éticas' (ou 'radicalismo ético') supõe que *renúncias voluntárias* não estão em discussão aqui... Para Theissen, a 'falta de bens' significa a 'renúncia a bens' e não simplesmente a situação do pobre que nada tem. O abandono da família... não é o resultado de algum constrangimento social, mas a conseqüência 'ética' do chamado ao discipulado. Por essa razão, Theissen está certo ao comparar os cristãos carismáticos itinerantes primitivos aos filósofos cínicos itinerantes. Como Theissen os vê, esses dois movimentos não fizeram da necessidade social (mendicância) uma virtude ética, mas sim tomaram a verdadeira mendicância como modelo de seu comportamento dissidente" (p. 155).

Isso influi bastante na questão básica. Esse modo de vida itinerante era de origem voluntária? Começou como forma de renúncia livremente escolhida? Era, em outras palavras, ascetismo? Stegemann sugere uma interpretação alternativa, melhor que o abandono *voluntário* de Theissen ou o abandono *temporário* de Horsley da vida normal. "Como o mestre, os primeiros seguidores de Jesus estavam entre os pobres e famintos, não em resultado de nenhuma renúncia a bens, mas porque, de fato, nada possuíam" (p. 166). Afirma que os prósperos exegetas modernos talvez achem difícil aceitar isso porque a crítica é, então, "expressa não por heróis da renúncia, motivados eticamente, mas provavelmente por personagens sem nenhum atrativo" (p. 166). Entretanto, para ser exato, o próprio Theissen mencionou (mas não enfatizou) esse mesmo ponto, não no ensaio original de 1974, mas em artigo de 1977: "Sem dúvida agora está claro que, em sua maioria, as pessoas socialmente desarraigadas vinham da classe média. Foram os que desceram à pobreza, não os que nasceram na pobreza, que se dispuseram a passar a vida além das fronteiras da vida normal, ou até mesmo a buscar meios de renovar a sociedade" (1992, p. 88). Embora a expressão "classe média" possa ser imprecisa para as realidades do século I, a distinção entre "desceram à" pobreza e "nasceram na" pobreza é decisiva para entender Jesus e seus primeiros companheiros.

Portanto, aceito a proposta de Theissen e a ênfase de Stegemann de que o movimento do Reino de Deus começou fazendo "da necessidade social uma virtude ética" – isto é, recusando--se a considerar a injustiça que sofriam, normal e aceitável a Deus. Como o próprio Jesus, esses primeiros itinerantes eram primordialmente proprietários, arrendatários ou meeiros camponeses despossuídos de seus direitos anteriores. Não foram convidados a desistir de tudo, mas a aceitar a perda de tudo como julgamento não deles, mas do sistema que lhes fez isso. Era ético aceitar o abandono desse sistema e não mais participar de sua normalidade exploradora.

Esse entendimento será esclarecido durante o estudo de unidades individuais da Tradição dos Ditos Comuns no próximo capítulo. Porém, antes de nos voltarmos para isso, quero examinar, em conclusão, o apocaliptismo, o ascetismo e o eticismo como modos de escatologia independentes uns dos outros, mas capazes de diversas combinações entre si.

Apocaliptismo, ascetismo e eticismo

O conflito sobre o ascetismo e seu triunfo final não deve ser considerado em termos de um debate sobre o que é santo, ou de uma reação contra o racionalismo e um aumento da superstição e da credulidade, mas em termos da natureza do poder na sociedade. De um lado estão a estrutura, a instituição, a autoridade e as normas aceitas, do outro estão a inspiração, o individualismo, a liderança carismática e os valores alternativos. Enquanto o último conjunto foi visto como antitético em relação ao primeiro e destruidor dele, o asceta radical, que era o lócus desses fenômenos, permaneceu suspeito e inimigo da ordem social predominante.

James A. Francis, *Subversive virtue* [*Virtude subversiva*], p. 185.

Escatologia é radicalismo divino. É uma negação fundamental da normalidade do mundo atual, baseada em mandato transcendental. Na tradição com a qual estamos envolvidos, esse mandato transcendental era a vontade ou a lei do Deus da Aliança do judaísmo. Como vimos no Capítulo 12, era um Deus de direito e justiça para toda a terra, um Deus que ficava do lado do oprimido contra o opressor, um Deus que se opunha ao mal sistêmico não por ser sistêmico, mas por ser mal. Nessa tradição, o Reino de Deus era sempre desafio escatológico. Posicionava-se contra o reino de injustiça e solapava, em visão e programa, sua aparente inevitabilidade.

A primeira indicação de que a Tradição de Ditos Comuns era escatológica é que ela, assim como o *Evangelho Q* e o *Evangelho de Tomé* depois dele, fala repetidamente do Reino de Deus. Eis a prova em números estatísticos resumidos (com os detalhes dados no Apêndice 6):

Evangelho de Tomé	17 casos de um total de 132 ditos	13%
Evangelho Q	10 casos de um total de 101 ditos	10%
Tradição de Ditos Comuns	4 casos de um total de 37 ditos	11%

Essa porcentagem é relativamente constante nas três fontes. E mostra, acima de tudo, que o Reino – seja ele de Deus, do Pai ou dos Céus – estava solidamente presente na tradição a partir da prova mais primitiva que temos. (Aliás, todas essas qualificações indicam a mesma realidade.) A escatologia do Reino não surgiu no *Evangelho Q* nem no *Evangelho de Tomé*. Já estava presente na Tradição dos Ditos Comuns. Em outras palavras, tratamos de três escatologias divergentes do Reino de Deus.

Distinção e combinação

A *escatologia apocalíptica* (ou *apocaliptismo*) nega este mundo anunciando que, no futuro, e, em geral, no futuro iminente, Deus agirá para restaurar a justiça em um mundo injusto. Se o resultado será a terra no céu ou o céu na terra, permanece bastante vago e discutível. Se o universo de tempo e espaço da experiência comum continuará ou não a existir, também permanece vago e discutível. Mas se o que se tenciona é o apocaliptismo, dois aspectos são obrigatórios. O primeiro é que o acontecimento primordial seja um ato interventivo de Deus. Os protagonistas humanos são, com certeza, importantes na *preparação*, por seus sofrimentos, na *iniciação*, por suas atividades simbólicas, e até mesmo na *cooperação*, pela ação militar sob um controle angélico ou divino. Todos esses detalhes humanos são passíveis de discussão, mas o fato de um ato interveniente de poder divino irresistível ser imaginado e invocado não é questionável. Em linguagem simples, aguardamos Deus.

O segundo aspecto obrigatório é a ausência total do mal e da injustiça após acontecer a consumação apocalíptica. Não será o caso de uma injustiça mais bondosa, mais tolerante, mas sim de um mundo perfeitamente justo. Nesse mundo pós-apocalíptico não haverá mal nem malfeitores. Imaginamos uma revelação apocalíptica de Deus tal que, a partir de então, todos os seres humanos viverão juntos, livre e voluntariamente, em justiça, paz e amor perfeitos. De boa vontade e sem constrangimento. Afinal de contas, é assim que a teologia sempre explicou o livre-arbítrio humano em um céu posterior a esta vida. Mas esse não é o cenário apocalíptico padrão para o injusto. Com demasiada freqüência, há uma transição da justiça para a vingança, uma vingança divina que resulta em mortandade humana. Quando esses dois aspectos se combinam, é quase inevitável que a escatologia apocalíptica suponha um Deus violento que estabelece a justiça da não violência por meio da injustiça da violência. Isso bem pode ser compreensível em circunstâncias humanas especiais. Isso pode bem ser compreensível quando um genocídio *deles* lá de cima é invocado para impedir seu genocídio de *nós* aqui embaixo. Mas, com demasiada freqüência, seja de pagãos por judeus ou de judeus por cristãos, o apocaliptismo é percebido como purificação étnica divina cujo coração genocida supõe um Deus de vingança violento em vez de um Deus de justiça não-violento.

A *escatologia ascética* (ou *ascetismo*) nega este mundo afastando-se da vida humana normal quanto a alimento, sexo, fala, trajes e ocupação. É pessoal, como acontece com os eremitas ou anacoretas, ou comunitária, como acontece com monjas e monges. Pode se realizar em particular, de modo que ninguém mais saiba a respeito, ou ser praticada em público, de modo que todos saibam a respeito. É praticada em pequenas grutas no vazio do deserto ou vivida atrás de altos muros no meio da cidade. Como envolve o celibato, se bastante gente aceitasse a visão ascética, este mundo humano chegaria certa e definitivamente ao fim. Para ser humanamente tolerável, a escatologia ascética exige uma vocação divina e, na verdade, requer constante fortalecimento divino. Eu mesmo fui monge durante vinte anos em uma ordem medieval católica romana e entendia-se que, durante o primeiro ano de noviciado, não se tinha permissão para ir para casa nem mesmo por ocasião de funerais na família. Até o funeral de um dos pais pertencia "ao mundo" e nós já não pertencíamos. Estávamos "fora deste mundo". Isso aconteceu em 1950 e a observância era estrita. (Em 1951, vindo da Irlanda para os Estados Unidos fui colocado no primeiro beliche disponível, por acaso na segunda classe do *Queen Mary*. Isso também era fora deste mundo.) Há muitas explicações diferentes para a necessidade da escatologia ascética. O mundo seria intrinsecamente mau como produto de um criador mau. Teria se tornado mau por causa da injustiça humana. Seria bom, mas simplesmente inferior a realidades mais elevadas. O mundo material e o corpo físico seriam considerados distrações para a mente, a alma ou o espírito. Embora as razões e as explicações variem, até fundamentalmente, o estilo de vida do ascetismo celibatário permanece o mesmo. A pessoa afasta-se da normalidade do mundo, abstendo-se totalmente de sexo e procriação e moderadamente de comida e bebida e de fala e conversa.

A *escatologia ética* (ou *eticismo*) nega o mundo, protestando ativamente e resistindo não violentamente a um sistema considerado mau, injusto e violento. A questão não é este grupo ou aquele governo precisar de algumas mudanças ou melhorias. A escatologia ética dirige-se às situações de discriminação e violência, exploração e opressão, iniqüidade e injustiça, *normais* no mundo. Examina o mal sistêmico ou estrutural que cerca e envolve a todos nós e, em nome de Deus, recusa-se a continuar a cooperar ou tomar parte nesse processo. Em vez disso, começa a se opor ao mal sistêmico, sem sucumbir à sua violência. No eticismo, diferentemente do apocaliptismo, Deus espera nossa atuação. E, no eticismo, diferentemente do apocaliptismo, Deus não é um Deus violento. O eticismo está presente onde quer que surja a resistência ao mal estrutural deste mundo. E a coragem para ele deriva da união com a não-violência transcendental. Estava presente, por exemplo, nestes dois casos, acontecidos antes e depois do ministério de Jesus:

Judeus desarmados reuniram-se diante do governador Pilatos na sede romana em Cesaréia, provavelmente em 26 ou 27 d.C., para protestar contra sua colocação de imagens imperiais nos estandartes militares conduzidos a Jerusalém. Após cinco dias de demonstração pacífica, Pilatos chamou suas tropas; entretanto, segundo Josefo, em *A guerra dos judeus* II,174, "como em uma ação planejada, os judeus lançaram-se todos com o rosto em terra e declararam-se prontos para morrer antes de infringir a lei". Em outro incidente, judeus desarmados reuniram-se diante do legado Petrônio, que planejava, com uma força de duas ou três legiões, colocar uma estátua do imperador Calígula no Templo de Jerusalém. Diante dessa iminente profanação, em 40 d.C., uma "vasta multidão" de homens, mulheres e crianças enfrentou Petrônio em Tiberíades na Baixa Galiléia. Disseram-lhe, mais uma vez segundo Josefo em *A guerra dos judeus* II,197, que, para prosseguir, "ser-lhe-ia necessário primeiro oferecer em sacrifício a nação judaica inteira; e acrescentaram estar dispostos a se deixarem degolar com suas mulheres e filhos". Essa é a voz da escatologia ética.

Tiro dois corolários dessa concepção de escatologia ética. Um corolário é *jamais separar a morte de martírio da vida de resistência*. O martírio é testemunho público, no qual a autoridade oficial desencadeia seu pleno poder destruidor sobre uma consciência individual. Mas é uma necessidade lamentável, uma inevitabilidade supérflua de resistência consciente ao mal sistêmico. De outro modo, a própria resistência fica conivente com a violência à qual se opõe. Essa conivência acarreta, no mínimo, o desejo ou a provocação do martírio (mas todo mártir precisa de um assassino). Acarreta, no máximo, a greve de fome, ou o ataque suicida. Tais ações coniventes podem ser ou não humanamente éticas, mas não são escatologicamente éticas. Outro corolário é *separar a vítima do mártir*. Digo isso em desacordo deliberado com a opinião de Helmut Koester, em "Jesus, a Vítima" de 1992. Se tivesse sido morto por acaso em uma limpeza punitiva pelas legiões sírias na Baixa Galiléia, Jesus seria vítima. Há, de fato, muitas maneiras de ser vítima, em geral tristes e trágicas. Jesus, entretanto, não foi vítima, mas sim mártir. Pilatos entendeu corretamente: ele era subversivo, era perigoso – mas era muito mais subversivo e muito mais perigoso do que Pilatos imaginava.

Os três tipos de escatologia – apocalíptica, ascética e ética – não são, já se vê, os únicos possíveis. São simplesmente os constantes nesta discussão. Era necessário, antes de tudo, considerar esses três tipos de escatologia como claramente distintos. Agora que fizemos isso, certas possibilidades tornam-se mais evidentes. Primeiro, é possível passar gradativamente de um tipo específico para outro, dentro do gênero abrangente da escatologia. Segundo, é possível o orador enfatizar um tipo e grupos individuais ouvirem outros tipos. Terceiro, é possível oradores e ouvintes, autores e leitores, fazerem certas combinações com esses três tipos. Eis, por exemplo, algumas combinações possíveis.

Apocaliptismo e ascetismo combinam-se facilmente. Já que o julgamento de Deus sobre este mundo está iminente, o afastamento de sua vida normal pode ser sensato ou mesmo necessário. O apóstolo Paulo é exemplo dessa combinação:

> Eis o que vos digo, irmãos: o tempo se fez curto. Resta, pois, que aqueles que têm esposa, sejam como se não a tivessem; aqueles que choram, como se não chorassem; aqueles que se regozijam, como se não se regozijassem; aqueles que compram, como se não possuíssem; aqueles que usam deste mundo, como se não usassem plenamente. Pois passa a figura deste mundo.
>
> (1Cor 7,29-31)

Paulo pratica uma combinação de apocaliptismo e ascetismo ou, pelo menos, de celibato ascético, mas ele o recomenda, em vez de impô-lo aos outros.

Ascetismo e eticismo também se combinam facilmente. No início da Parte VI e novamente neste capítulo, usei epígrafes do estudo cheio de discernimento de James Francis, *Subversive virtue*, sobre o conflito no paganismo romano entre ascetismo e autoridade, que chegou a um clímax naquele século II d.C. Por um lado, os cristãos não inventaram o apocaliptismo; adotaram--no do judaísmo. Por outro, os cristãos não inventaram o ascetismo; adotaram-no do paganismo. "É essencial manter isso em mente", como Francis insiste, "para que o ascetismo cristão não seja descrito como fenômeno completamente novo no mundo romano, e o ponto importante de sua familiaridade para os observadores pagãos – e assim o preconceito da suspeita contra ele – não seja notado" (p. 183, nota 1).

Em um nível básico, já se vê, o ascetismo é, *inerentemente*, uma ameaça à normalidade social, pois anuncia outro mundo antitético às supostas inevitabilidades deste. Mas ele é, embora de maneira paradoxal, cooptado para apoiar este mundo. Um conquistador cristão, por exemplo, fundava um mosteiro no lugar onde ascetas rezaram pelo sucesso de suas campanhas militares. Essa cooptação era exatamente o que as sociedades pagãs e as comunidades cristãs conseguiram fazer com seus ascetas no século III: "O mesmo tipo de controvérsia que aconteceu na sociedade imperial mais ampla entre os radicais ascéticos e os conservadores autoritários ocorreu dentro da própria Igreja", como Francis afirmou; "e assim como a sociedade pagã acabou por encontrar um meio de incorporar os radicais a suas fileiras, o mesmo fez a Igreja. Em ambas, os ascetas radicais foram privados de sua ameaça, inseridos, heroicizados e transformados de rivais da autoridade (quer de imperador quer de bispo), em seus aliados e modelos de seus valores. Visto nessa perspectiva, o monasticismo cristão significa domesticação e incorporação institucional do radicalismo – teoria que afetaria profundamente o estudo da história da Igreja" (p. 188). Na verdade, afetaria. Mas é precisamente essa combinação de ascetismo *e* eticismo, em vez de só ascetismo, que torna o ascetismo socialmente subversivo na prática. Se autoridades, religiosas ou políticas, dissociam o ascetismo do eticismo, o ascetismo é facilmente cooptado na prática (mesmo que não na teoria) para apoiar a normalidade estabelecida, por mais violenta que esta seja. Eis, então, a pergunta-chave: É o ascetismo um abandono da injustiça do mundo ou simplesmente um estilo de vida alternativo, escolhido sem essa crítica? E se começa como o primeiro, pode-se converter para o segundo?

A união do apocaliptismo e do eticismo é questão muito mais difícil e delicada. Eles se combinam? Desde que o apocaliptismo envolva um Deus que usa a força e a violência para acabar com a força e a violência, não se combinam; é preciso escolher entre eles. Isso está implícito em minha terminologia. O eticismo, abreviação de escatologia ética, é radicalismo ético com mandato divino baseado no caráter de Deus. O que o torna ética *radical* ou *escatológica* é, acima de tudo o mais, o fato de ser resistência não-violenta à violência estrutural. É fé absoluta em um Deus não-violento e tentativa de viver e agir em união com esse Deus. *Não* afirmo que o apocaliptismo e o ascetismo não sejam éticos. É claro que são. Também é ético ir para a guerra em nome de um Deus vingador. Mas toda ética não é escatológica nem divinamente radical. A meu ver, a escatologia ética é, por definição, resistência não-violenta à violência sistêmica.

Aqui, uma questão derivada é a diferença entre a vingança divina e a justiça divina. Vingança e justiça estão estreitamente juntas em nossos corações humanos e dali se projetam, em união igualmente estreita, para nosso Deus. No entanto, parece-me que Jesus diferenciava o movimento do Reino de Deus do movimento do batismo, precisamente nesse ponto. Pode bem ter sido a ausência de Deus vingador antes, durante ou depois da execução de João Batista que convenceu Jesus de um tipo diferente de Deus – o Deus não violento de um Reino não violento, um Deus de *resistência* não violenta ao mal estrutural e também individual.

Violência e não-violência

Um ponto precisa ser salientado. Rejeito enfática e absolutamente qualquer insinuação de que o Deus do judaísmo era um Deus de força violenta e o Deus do cristianismo era um Deus de amor não violento. *As duas* religiões levaram a violência e a não-violência de seu Deus para suas tradições e suas ruas. Mas a questão da escatologia ética ou eticismo deriva, em última instância da natureza, do caráter e da identidade do Deus judeu visto nos preceitos legais, nas críticas proféticas e nos textos salmistas do Capítulo 12. Talvez a escatologia ética nem sempre fosse evidente, mas estava sempre ali.

Esse último ponto merece ênfase por causa da velha calúnia de que o Antigo Testamento e o judaísmo tratam de vingança e violência, enquanto o Novo Testamento e o cristianismo tratam de justiça e amor. A bem da verdade, essas opções disjuntivas atravessam o judaísmo, o cristianismo e, aliás, também o islamismo. Não basta dizer que todas as religiões reverenciam o mesmo Deus. As questões mais profundas são *onde*, em cada religião, temos um Deus de violência ou um Deus de não-violência e *como* esse Deus e/ou o povo desse Deus responde à presença inicial da violência imperial (se por meio do milagre, do martírio, ou da revolta).

Quero exemplificar meu ponto com quatro documentos judaicos escritos contra o domínio imperial, a perseguição religiosa e a profanação do templo, em duzentos anos de resistência constante na terra judaica. Escolhi estes textos um tanto aleatoriamente. Começam, em *1 e 2 Macabeus*, com a resistência ao imperialismo sírio sob Antíoco IV Epífanes, em meados dos anos 160 a.C., e terminam, em *3 e 4 Macabeus*, com a resistência ao imperialismo romano sob Caio Calígula no início dos anos 40 d.C.

O primeiro exemplo é *1 Macabeus*, escrito no final do século II ou início do século I a.C. Aqui, a resposta à violência imperial é a violência local – a *revolta* militar em forma de guerra de guerrilhas e batalha campal. A situação histórica é a tentativa de Antíoco IV Epífanes de anexar a terra judaica a seu império greco-sírio, a colaboração de alguns aristocratas judeus com esse desígnio e a revolta da família dos asmoneus, alcunhada os macabeus, contra seus planos. *1 Macabeus* relata os sucessos de três gerações macabéias, de 167 a 134 a.C., e não menciona Deus, de modo algum. Se é presumida a ajuda divina, ela permanece totalmente implícita. A revolta foi muitíssimo bem-sucedida militarmente e instituiu uma dinastia judaica na terra judaica, durante cem anos – isto é, até a implacável expansão de Roma para o leste estar pronta para a etapa seguinte, em 63 a.C.

Um segundo exemplo é *2 Macabeus*, que resume uma obra maior da primeira metade do século II a.C. A resposta descrita aqui combina as três soluções possíveis para a opressão imperial: *milagre* divino, *martírio* corajoso e *revolta* militar. A situação histórica é igual à descrita anteriormente, mas é relatada apenas de 167 a 161 a.C. Primeiro, *milagre*. Em 2Mc 3, certo Heliodoro, agindo em nome do monarca sírio, tenta roubar o tesouro do Templo de Jerusalém. Ele é açoitado e cai por terra por causa da intervenção angélica, e só as orações do sumo sacerdote obtêm "a graça da vida a quem jazia inegavelmente no último alento". Em seguida, *martírio*. Em 2Mc 6-7, um homem já avançado em idade e uma mãe com sete filhos recusam-se a igualar Zeus a Iahweh e preferem sofrer o martírio a submeter-se à quebra das tradicionais leis dietéticas judaicas. Por fim, *revolta*. Em 2Mc 8-15, Deus é invocado para escutar "os clamores do sangue que gritava até ele" e, então, só então, mortes de mártires garantem vitórias macabéias. As três respostas paradigmáticas estão presentes em *2 Macabeus*, mas há também certa seqüência necessária do milagre por meio do martírio à revolta.

Um terceiro exemplo é *3 Macabeus*, escrito possivelmente nos anos 40 d.C., depois que a ameaça de Calígula ao judaísmo egípcio terminou, quando ele foi assassinado. Essa resposta é, mais uma vez, *milagre*, mas de natureza muito mais letal que a vista em 2Mc 3. A história relata a tentativa de um *pogrom* de judeus egípcios sob Ptolomeu IV Filópator no final do século III a.C. Os elefantes enfurecidos por uma bebida deviam massacrar os judeus, mas "se voltaram contra as forças armadas que os seguiam e começaram a pisoteá-los e destruí-los" (6,21). O rei imediatamente se arrepende, liberta e festeja os judeus e até permite que castiguem os companheiros que haviam renegado o judaísmo sob a perseguição régia. "Nesse dia, mataram mais de trezentos homens e estabeleceram o dia como festa comemorativa, pois haviam destruído os profanadores" (7,15). Nesta resposta pelo *milagre*, a violência imperial é impedida pela violência divina e consumada com violência humana.

Um quarto exemplo é *4 Macabeus*, escrito possivelmente na mesma época que *3 Macabeus*. A resposta exemplificada aqui é o martírio. Exatamente como as três soluções – milagre, martírio e revolta – estavam presentes em *2 Macabeus*, agora temos cada uma recebendo ênfase independente em um texto isolado: milagre em *3 Macabeus*, martírio em *4 Macabeus*, e revolta em *1 Macabeus*. Ao que parece, lidamos com opções humanas básicas de resistência. O autor de *4 Macabeus* planeja provar que "a razão devota é soberana sobre as emoções (1,1), que, por exemplo, "assim que alguém adota um modo de vida de acordo com a Lei, embora seja amante do dinheiro, é forçado a agir de forma contrária aos modos naturais e a emprestar sem juros aos necessitados e cancelar o débito quando chega o sétimo ano. Se alguém é ganancioso, é governado pela lei por meio da razão, de modo a nem respigar a colheita nem apanhar as últimas uvas da vinha. Em todos os outros assuntos, reconhecemos que a razão governa as emoções" (2,8-9). Mas, acima de todos os outros argumentos, há uma descrição ainda mais extensa dos mártires que acabamos de ver em 2Mc 6,7. Essas mortes não só venceram a emoção pela razão e o prazer pela sabedoria, como também venceram a tortura pelo sofrimento e a tirania pela resistência. E o fizeram na arena pública. De modo paradoxal, preciso e público, quando vence, o tirano perde; quando perde, a mártir vence: Pelo martírio, a tirania é "vencida" (1,11), "anulada" (8,15), "derrotada" (9,30) e "paralisada (11,24). Nas palavras de Brent Shaw, os mártires macabeus derrotaram o poder da violência pela "produção consciente de uma concepção bastante esmerada da resistência passiva", ou melhor, "resistência ativa por meio do corpo paciente" (pp. 288, 300).

As três respostas à opressão exemplificadas anteriormente vieram da mesma tradição judaica e estavam presentes no século I. A *revolta*, do banditismo ao campo de batalha, supõe violência humana, com ou sem ajuda da violência divina. O milagre, da intervenção individual à consumação apocalíptica, podia presumir a não-violência divina (os elefantes poderiam ter todos caído no sono), porém com mais freqüência presume a violência divina, com ou sem ajuda da violência humana. Entre essas respostas, só o martírio aceita a violência humana e a ela se opõe não violentamente, embora, já se vê, também ele possa invocar a violência divina futura como castigo. No entanto, quando presume um Deus não violento, não pode fazer tal invocação. De qualquer modo, o martírio é o ato definitivo e público da resistência não violenta à autoridade violenta e, por sua não-violência individual desnuda a violência coletiva que enfrenta. O martírio é, portanto, o ato final da escatologia ética.

Parte VII

OS QUE CURAM E OS ITINERANTES

[Há] boatos e relatos maléficos a respeito de homens desavergonhados que, sob o pretexto do temor de Deus moram com donzelas e assim se expõem ao perigo, e andam com elas pela estrada e em lugares solitários somente... Outros, também, comem e bebem com elas em lugares de entretenimento, permitindo-se comportamento promíscuo e muita impureza – tal como não deveria haver entre fiéis e, em especial, entre os que escolheram para si mesmos uma vida de santidade. Outros, ainda, reúnem-se para conversa e diversão vãs e fúteis e para falar mal uns dos outros; e procuram histórias uns contra os outros e ficam ociosos: pessoas com as quais não permitimos nem que se parta o pão. Então, outros perambulam pelas casas de irmãos ou irmãs virgens, sob o pretexto de visitá-los ou ler-lhes as Escrituras, ou exorcizá-los. Visto que estão ociosos e não trabalham, intrometem-se onde não são chamados e, por meio de palavras plausíveis, transformam o nome de Cristo em mercadoria....

Já nós, com a ajuda de Deus, nos comportamos assim: com donzelas não moramos, nem temos nada em comum; com donzelas não comemos, nem bebemos; e não dormimos onde dorme uma donzela; mulheres não lavam nossos pés, nem nos ungem e de modo algum dormimos onde dorme uma jovem que não é casada ou que fez o voto [de celibato]: embora ela esteja em algum outro local, se está sozinha, não passamos a noite ali. Além disso, se a hora do repouso nos surpreende em um lugar, quer no campo, quer em um povoado, ou em uma cidade, ou em uma aldeia, ou onde quer que estejamos, e nesse lugar se encontrem irmãos, voltamo-nos para [eles... que] nos servem pão e água e o que Deus provê, e nós... passamos a noite com eles... Mas as mulheres envolvem as mãos em suas vestes e nós também, com circunspeção e com toda a pureza, nossos olhos voltados para o alto, envolvemos a mão direita em nossas vestes e elas vêm nos dar a saudação sobre a mão direita envolta em nossas vestes.

Pseudo-Clemente de Roma, *Two epistles concerning virginity*
[Duas epístolas a respeito da virgindade]) (ANF 8,58.61).

A Parte VI estabeleceu as diferenças entre apocaliptismo, ascetismo e eticismo, como opções escatológicas. É possível ter um sem o outro, mas também é possível combiná-los de maneiras diferentes e até passar de um para o outro. Porém, a partir de agora, a ênfase estará na escatologia ética dentro da Tradição de Ditos Comuns.

As partes VII e VIII formam outro conjunto que representa uma dialética ou relação interativa entre os destituídos e os pobres, entre os itinerantes e os chefes de família, entre os que trazem cura e os que oferecem comida. Essa dialética está presente até onde consigo remontar ao movimento mais primitivo do Reino de Deus e considero-a essencial para esse programa.

A Parte VII concentra-se nos itinerantes que curavam na Tradição de Ditos Comuns, à medida que nos aprofundamos no mundo do *texto*. Agora tudo se sustenta ou cai em leituras detalhadas de ditos específicos dessa tradição extremamente primitiva. Começo esta parte com um prólogo sobre a cura, devido à importância desse assunto para toda esta seção. O Reino de Deus não é uma idéia na mente, mas sim uma ação no corpo. Portanto, a primeira questão é o sentido da cura – em especial da cura física como resistência corporal, a resistência não-violenta básica que coloca Deus ao lado dos feridos pela exploração, desnutrição e doença.

Os capítulos 17 e 18 analisam a escatologia ética da Tradição de Ditos Comuns. No Capítulo 17, a Tradição de Ditos Comuns nega a escatologia apocalíptica na tradição do Batista, mas o faz com respeito e apreço. Contudo, o movimento de batismo de João e o movimento do Reino de Deus de Jesus são soluções alternativas para o mesmo problema. No Capítulo 18, a Tradição de Ditos Comuns confirma o estilo de vida do movimento do Reino, pelo qual a presença de Deus se faz claramente manifesta na terra. Concluo esta Parte VI com um epílogo sobre o *status* social de Jesus, por causa de suas implicações para o *status* social de pelo menos alguns de seus companheiros. Aqui, meu ponto é que, se Jesus era artesão rural diarista – isto é, camponês marginalizado ou despossuído –, ele tem o mesmo *status* que esses itinerantes. É um deles, mas também os lidera na resistência ao mal sistêmico da comercialização romana, que é o oposto do Reino de Deus – isto é, da vontade do Deus judaico para toda a terra.

Prólogo

O sentido da cura

Os afro-americanos obrigados a sofrer discriminação em silêncio têm pressão sangüínea mais alta do que os que conseguem desafiar o tratamento racista. Essa descoberta explica por que os negros como um grupo têm porcentagens tão altas de derrame, cardiopatia e insuficiência renal.

Revista *Time*, Health report: the bad news
[Relatório sobre a saúde: a má notícia], 4 de novembro de 1996, p. 20.

N a Parte I deste livro falei sobre a história como interação entre presente e passado, como reconstrução do passado que não pode, em absoluto, ser interrompida, mas apenas metodologicamente disciplinada pelo controle da influência de nossas personalidades presentes em outras do passado ou pelo controle da influência do presente sobre o passado. O presente sempre leva vantagem sobre o passado, porque o presente sabe o que aconteceu com o passado, mas este não sabia o que lhe ia acontecer. Como o presente pode não se sentir superior ao passado, levando em conta apenas esse conhecimento? Em outras palavras, o desafio deles para nós pode pelo menos ter tanta força quanto o de nós para eles? Naturalmente pode ter, porque o futuro desconhecido do passado nos lembra que o futuro desconhecido de nosso presente nos coloca exatamente na mesma posição de ignorância.

Aqui está um caso em que a honestidade dessa interação precisa ser encarada com franqueza. Na seção a seguir, falo de Jesus e seus companheiros que curavam os outros. O que exatamente isso significava para eles e o que significa para nós em relação a eles? Não estou satisfeito com explicações que dizem algo assim: os antigos tinham idéias estranhas e até esquisitas, mas temos de simplesmente aceitá-las e descrevê-las. Ou isto: eles têm direito a suas superstições e não devemos menosprezá-las. Explicadas dessa maneira, as idéias antigas não nos desafiam. Simplesmente confirmam nossa superioridade e nosso conhecimento mais adequado de como o mundo funciona. Na verdade, devemos ser especialmente admirados por refrearmos nosso desprezo exterior, mesmo quando a condescendência interior esteja presente. Eles falavam sobre maus espíritos e forças demoníacas responsáveis pela doença e a morte. Nós falamos de saneamento e nutrição, de bactérias e germes, de micróbios e vírus. Como eles não estão errados, se nós estamos certos e vice-versa?

Cura e tratamento*

> As moléstias são *experiências* de mudanças para pior em estados de ser e na função social; as doenças, no paradigma científico da medicina moderna, são *anormalidades* na *estrutura* e na *função* dos órgãos e do sistema do corpo.
>
> Leon Eisenberg, *Disease and illness* [*Doença e moléstia*], p. 11.

> Uma axioma fundamental na antropologia médica é a dicotomia entre dois aspectos da enfermidade: doença e moléstia. *Doença* refere-se ao mau funcionamento de processos biológicos e/ou psicológicos, enquanto o termo *moléstia* refere-se à experiência psicológica e social e ao significados da doença percebida.
>
> Arthur Kleinman, *Patients and healers in the context of culture*
> [*Pacientes e médicos no contexto da cultura*], p. 72.

Estudiosos que trabalham com a antropologia médica, a etnomedicina comparativa e o estudo intercultural da cura "nativa" propuseram uma distinção entre *tratar a doença* e *curar a moléstia*. As epígrafes precedentes são duas descrições clássicas dessa dicotomia. Para distinguir ainda mais os dois componentes poderíamos dizer que o cirurgião sai-se melhor no tratamento de uma doença e o xamã sai-se melhor na cura de uma moléstia, o que poderia estar certo, já se vê, se os dois processos fossem sempre totalmente separados.

Ao explicar essa distinção aos estudantes da Universidade DePaul, como base para a análise de Jesus como curandeiro nativo, eu costumava ser recebido com descrença deferente – isto é, tome nota, devolva, esqueça. Até que surgiu o filme *Philadelphia* e então o silêncio na sala de aula passou a ser palpável. O protagonista, representado por Tom Hanks, tinha aids, doença causada por um vírus que ataca o sistema imunológico. Pode ser que algum dia essa doença seja curável, ou por uma vacina que destrua o vírus, ou por uma droga que controle seus efeitos. Mas o filme não era sobre a *doença*, que, para Hanks, podia ser *tratada*, mas sobre a *moléstia*, para a qual a *cura* era possível. A moléstia envolvia a reação do sujeito à sua doença, e também as reações do amante, da família, do empregador, do advogado e da sociedade em geral, por intermédio do sistema judiciário. Ele foi demitido pelo empregador, não exatamente por ter aids, mas por ter se infectado como homossexual e, por essa discriminação, processou com sucesso a firma. Em *Philadelphia*, a diferença entre *tratar a doença* e *curar a moléstia* era devastadoramente óbvia. Mas o mesmo se pode dizer da cura interativa entre os dois processos paralelos da doença e da moléstia. O sistema imunológico do paciente estava, na verdade, sob ataque, em duas frentes. O estresse de ser demitido serviu, como sempre acontece, para pôr em perigo o sistema imunológico. Por outro lado, o apoio firme da namorada e da família, do advogado e dos jurados fortaleceu

---

* Nesta parte do trabalho o autor, com base em terminologia utilizada na antropologia médica, na etnomedicina comparativa e em estudos interculturais sobre a cura em povos primitivos, atribui um significado próprio a *to heal*, *to cure*, *illness*, *disease* e *sickness*. *To heal* em geral traduzido por curar; *to cure* por tratar; *illness* por moléstia; *disease* por doença; *sickness* por enfermidade (N.R.)

esse sistema imunológico e neutralizou o estresse. Essa história deu sentido à distinção e mostrou como se podia ter uma cura bem-sucedida, onde não era possível um tratamento bem-sucedido. Também mostrou como, em outros tempos e lugares, onde o tratamento geralmente não era possível, a cura ainda era muito importante. Isso ocasionou uma discussão séria na sala de aula sobre a necessidade de ter os dois processos igualmente à disposição em um sistema adequado de assistência médica. Mas, como afirmam Arthur Kleinman e Lilias H. Sung, embora "o ideal seja o tratamento clínico abranger a doença e a moléstia... a assistência médica moderna tende a tratar a doença, mas não a moléstia; enquanto, em geral, os sistemas nativos de cura tendem a tratar a moléstia, não a doença" (1979, p. 8).

Meus alunos contemporâneos tinham outra grande dificuldade com esse assunto, mesmo quando a distinção entre doença e moléstia ficou clara e aceitável. Estavam dispostos a falar a respeito do domínio da mente sobre a matéria em ligação com essa distinção: raramente falavam do domínio da mente sobre a matéria como um meio de tratar a doença, mas, com freqüência, usavam esse conceito para interpretar a cura e entender como a cura ajudava o tratamento. Grande parte do que se dizia estava correto, mas a discussão nunca passou para questões sociais que lidassem com o domínio da sociedade sobre a mente, sobre a matéria. O que acontece quando forças sociais, situações políticas ou condições econômicas causam a enfermidade, seja ela doença ou moléstia? Como funciona a ação da mente sobre a matéria nesse caso?

No caso de *Philadelphia*, dá para ver onde a sociedade se envolveu na moléstia subseqüente à doença. Se, por exemplo, o sistema legal apoiasse a demissão do paciente pelos empregadores e se a sociedade em geral exercesse outras discriminações contra ele, a sociedade estaria exacerbando a moléstia e, portanto, pelo aumento do estresse, a doença. Mas, em primeiro lugar, a sociedade não provocou a doença. Às vezes, porém, ela o faz. E os casos em que a sociedade faz ou permite à doença acontecer, em primeiro lugar, talvez pelo favorecimento de condições que põem em risco as pessoas? Em livro subseqüente, Arthur Kleinman introduz um terceiro termo, *enfermidade*, e o define como "o entendimento de um distúrbio em seu sentido genérico, em uma população, em relação a forças macrossociais (econômicas, políticas, institucionais). Assim, quando falamos da relação da tuberculose com a pobreza e a desnutrição que põe certas populações em maior risco de sofrer o distúrbio, evocamos a tuberculose como enfermidade; de modo semelhante, quando examinamos a contribuição da indústria do tabaco e seus defensores políticos para a carga epidemiológica do câncer de pulmão na América do Norte, descrevemos a enfermidade câncer. Não só pesquisadores, mas pacientes, famílias e médicos, também, podem extrapolar de moléstia para enfermidade, acrescentar outro traço à experiência de distúrbio e considerá-la reflexo da opressão política, da privação econômica e de outras fontes sociais de miséria humana" (1988, p. 6). A sociedade (e suas estruturas sistêmicas) não só exacerba a *moléstia* que se origina de uma *doença*, mas também cria a *enfermidade* que leva à *doença*.

A questão é não se perder entre essas variações terminológicas sobre a insalubridade e perceber a interação inevitável entre elas. A sociedade em geral torna mais provável o ataque da enfermidade a este do que àquele indivíduo ou classe; e quando a *doença* ataca, as reações do paciente, da família, dos amigos, dos empregadores e da sociedade em geral afetam enormemente a maneira como a *moléstia* progride. É possível ter falta de saúde ocasionada por um, dois, ou os três desses aspectos – enfermidade, doença, moléstia – sejam quais forem os nomes que lhe sejam atribuídos. Parte de ter saúde ou falta dela é um caso de ação da mente sobre a matéria, mas muito mais é um caso de ação da sociedade sobre a mente, sobre a matéria. E o que se pode fazer a respeito?

Cura e fé

A coleção epidáurica [de tratamentos do século IV a.C.]... reflete claramente a idéia hipocrática clássica de que o corpo em si, se deixado por sua própria conta, tenderia naturalmente a uma condição de saúde equilibrada, desde que nenhum fator ambiental (externo, isto é "estranho") interferisse... É muito interessante notar que vemos a intervenção divina precisamente onde tal ideologia é menos satisfatória, em casos de incapacidades crônicas de pessoas em geral sadias (cegueira, surdez, infertilidade, paralisia – a esmagadora maioria das tribulações [epidáuricas]).
Lynn R. LiDonnici, *The epidaurian miracle inscriptions* [*As inscrições epidáuricas de milagres*], p. 3

Isto, portanto, é um fato simples de nossa própria experiência nos dias atuais: algumas pessoas claramente doentes antes, agora estão bem; elas afirmam terem sido curadas de repente pelo poder divino e não se encontra nenhuma explicação médica adequada para a cura.
John P. Meier, *Um judeu marginal*, v. II, livro 3, pp. 21-22.

No exemplo anterior do paciente aidético no filme *Philadelphia*, a cura da moléstia foi ocasionada pelo *companheirismo protetor* das pessoas importantes para o paciente. Seu estresse foi minorado, seu sistema imunológico foi fortalecido e os estragos da doença foram retardados, se não destruídos. Isso com certeza não é o melhor que desejaríamos, mas também não é o pior que imaginaríamos. Assim, considera-se o companheirismo protetor o primeiro nível da cura. No caso do personagem de Tom Hanks, só poderia adiar a morte inevitável. Mas com *algumas* formas de dor crônica ou prolongada – em especial enfermidades psicossomáticas, em que estresse ou opressão, tensão ou exploração resultaram em somatização ou concretização do sofrimento geral como problema especificamente localizado – o companheirismo protetor, lenta mas seguramente, elimina a própria doença. Ao falar de epidemias antigas, Rodney Stark dá a seguinte estatística: "Os especialistas médicos modernos crêem que a enfermagem conscienciosa, *sem medicamentos*, abaixaria a taxa de mortalidade em dois terços ou até mais" (p. 89). Cito isso para lembrar que o companheirismo protetor é fundamental, mesmo em doenças epidêmicas.

Entretanto, há outro modo de cura muito eficaz para certas pessoas, sob certas circunstâncias, com certas doenças, em certos lugares e em certas épocas. Falo da recuperação da saúde e até da cura completa pela fé religiosa.

Até onde me lembro, no filme *Philadelphia*, a fé religiosa não foi um fator. Ali o caso era simplesmente de companheirismo *humano* protetor. Mas e a *fé religiosa transcendental?*

A fé cura e isso é fato. Com exceção de fraudes ou trapaças intencionais, deixando de lado impostores e charlatões, a fé devolve a saúde e até cura *algumas* pessoas de *algumas* moléstias ou doenças em *algumas* circunstâncias. Em 1960, visitei os santuários de cura católicos romanos da Virgem Maria de Lourdes, na França, e de Fátima, em Portugal. Em 1965, visitei os santuários de cura pagãos do deus Asclépio em Epidauro, na Grécia, e em Pérgamo, na Turquia. Lembro-me de ter ficado admirado com a semelhança geral entre as enfermidades envolvidas nas histórias de cura em todos esses santuários (e também por enfermidades cujos ex-votos podiam ser vistos: havia muitas muletas nos fundos da gruta de Lourdes, por exemplo, mas nenhum membro protético ou caixão vazio). De modo semelhante, a lista de Lynn LiDonnici de oferendas votivas do século IV a.C., em Epidauro, inclui este relatório lacônico (pp. 96-97):

> A 16. Nicanor, coxo. Estava sentado, acordado, quando um garoto agarrou sua muleta e saiu correndo. Levantando-se, ele correu atrás do menino e a partir daí ficou bom.

Naturalmente, é possível racionalizar ou psicologizar as cerca de setenta narrativas de cura nas inscrições epidáuricas. Meu guia grego em Epidauro exaltou a cultura grega e falou de antigos deuses, sacerdotes e milagres. Meu guia turco em Pérgamo ignorou a cultura grega e falou de antigos médicos, psiquiatras e pacientes. É possível também, de acordo com o gosto pessoal, zombar da credulidade antiga ou caçoar do ceticismo moderno. Nenhuma dessas reações é particularmente útil.

Pessoas reais com enfermidades reais – até mesmo paralisia, cegueira, surdez, mudez, tumores e feridas – foram claramente curadas em Epidauro. Depois de ler as inscrições de milagres dos que haviam sido curados antes deles, os pacientes passavam a noite em um edifício especial chamado Abaton. Sua esperança era ter um sonho por meio do qual, ou no qual, Asclépio os curasse, de modo a acordarem sadios pela manhã. Compare, então, estes dois testemunhos, novamente tirados de LiDonnici (pp. 84-85, 110-111, ligeiramente simplificados):

> A 1. Cleo ficou grávida durante cinco anos. Após o quinto ano de gravidez, veio como suplicante ao deus e dormiu no Abaton. Logo que saiu dele para fora da área sagrada, deu à luz um filho e este, assim que nasceu, lavou-se na fonte e caminhou com a mãe. Depois desse sucesso, ela escreveu em uma oferenda: "A maravilha não é o tamanho da placa, mas o ato do deus: Cleo carregou um fardo no estômago durante cinco anos e ele a fez ficar boa".
>
> B 14. Mulher de Troizen, concernente a filhos. Ao dormir aqui, esta mulher teve um sonho. Pareceu-lhe que o deus disse que ela teria um filho e lhe perguntou se queria menino ou menina e ela disse que queria menino. Depois disso, dentro de um ano, nasceu-lhe um filho varão.

No primeiro caso, uma enfermidade milagrosa obtém cura normal. No segundo caso, uma enfermidade normal obtém cura milagrosa. Mas, o que quer que se diga do segundo caso, a psicologização não explica, de modo algum, a primeira situação. Gravidezes de cinco anos não acontecem e não é apenas o pós-iluminismo que o diz. O que acontece nesses casos é simplesmente isto: exagero devoto. Restabelecimentos reais e até curas reais acontecem. Por exemplo, mulheres como Cleo, que perderam toda a esperança, dão à luz. Depois dessas curas, a tradição oral dos devotos, a propaganda do santuário pelos habitantes locais e o entusiasmo redacional dos sacerdotes regularmente exageram os detalhes. Todos esses milagres precisam ficar maiores, melhores e mais sensacionais. Isso é inevitável por seu papel como testemunha da intervenção transcendental.

Até aqui, tenho três conclusões. Primeiro, sociedade e indivíduo, doença e moléstia, cura e tratamento sempre se misturam, seja de maneira delicada ou brutal. Segundo, o companheirismo protetor e/ou a fé religiosa curam a moléstia e, assim fazendo, tratam até da doença, mas só em certos casos. Podemos não ter certeza dos limites presentes ou futuros dessas curas, mas todos tomamos certas decisões sobre onde eles estão todos os dias de nossa vida. Terceiro, os relatos de curas tendem a aumentar e se tornar mais extraordinários, em vez de decrescer e se tornar mais banais.

E agora partimos para uma questão final: Que papel a cura tem, que forma assume, em situações nas quais o contexto social *cria* a enfermidade, em vez de apenas exacerbar sua presença depois de uma chegada independente?

Cura e resistência

Se o que é pessoal se define por categorias sociais, podemos identificar a matéria que *não* reflete a ideologia social? Essa questão ganha relevo especialmente nítido quando consideramos os documentos religiosos mais particulares conservados da antiguidade, em geral relacionados com inscrições mágicas ou de maldição. Entretanto, considera-se cada vez mais que até essas fontes refletem uma forma de lidar com a *tensão* pessoal resultante de pressões sociais e ideológicas.

Lynn R. LiDonnici, *The epidaurian miracle inscriptions* [*As inscrições epidáuricas de milagres*], p. 3.

Arthur Kleinman relata a experiência de uma médica de 29 anos, Lenore Light, "que vem de uma família negra de classe média alta e trabalha na clínica de um gueto na região central da cidade". Ela conta, em suas próprias palavras, como se modificou radicalmente após o primeiro encontro com "nossa subclasse negra, o lembrete mais pobre, mais miserável, mais caótico e oprimido e opressivo de onde todos nós viemos. Isso me radicalizou; é um encontro revolucionário com as fontes sociais da mortalidade, morbidade, com razões do que eu via. Quanto mais vejo, mais estarrecida fico ao perceber como tenho sido ignorante, insensível às causas sociais, econômicas e políticas da doença. Aprendemos sobre essas coisas em abstrato, na escola de medicina. Aqui, é uma realidade viva, um inferno médico. Precisamos é de prevenção, não dos *band-aids* que passo o dia pondo em profundas feridas internas. Hoje vi uma obesa e hipertensa mãe de seis filhos. Sem marido. Sem apoio da família. Sem trabalho. Sem nada. Um mundo de violência e pobreza embrutecedoras, de drogas e gravidezes de adolescentes e – e crises simplesmente entorpecedoras, uma após a outra. O que posso fazer? De que adianta recomendar uma dieta com pouco sal, adverti-la sobre o controle da pressão? Ela está sob uma pressão externa tão real, que importa a pressão interna? Seu mundo a está matando, não seu corpo. De fato, seu corpo é produto de seu mundo. Ela é uma pessoa volumosa deformada, imensamente acima do peso, sobrevivente de circunstâncias e da falta de recursos e com mensagens cruéis para consumir e seguir adiante, que a impossibilitam de ouvir e não sentir raiva dos limites de seu mundo. Ei! Ela não precisa de remédios, mas de uma revolução social" (1988, pp. 216-217). Ao ler a epígrafe da revista *Time* do início deste prólogo à luz da experiência dessa médica, enfatizo o contraste entre os que precisam sofrer a discriminação racista "em silêncio" e os que "podem se permitir o desafio" a ela. Em tais situações de *enfermidade*, a resistência é uma forma de cura?

Assim, deixo de lado, por um momento, a cura "convencional" para me concentrar na resistência à discriminação, opressão, marginalização e exploração. Em meados da década de 1970, ao falar da escravidão na América do Norte, Eugene Genovese notou que "a própria acomodação exalava um espírito crítico, disfarçava ações subversivas e, com freqüência, assumia seu oposto aparente – a resistência". Em seguida, ele diferenciou os dois extremos desse contínuo de resistência, com a franca "insurreição" em um extremo e a "resistência cotidiana à escravidão" no outro. Mas todo esse contínuo, em todas as suas partes, "contribuía para a coesão e a força de uma classe social ameaçada pela desintegração e desmoralização" (pp. 597-598). Essa idéia de pessoas oprimidas que resistiam ao longo de um contínuo, desde a ação mais dissimulada até a mais aberta, foi, mais ou menos na mesma época, enfatizada como fenômeno intercultural por James C. Scott. Tomo três pontos importantes de sua obra nos últimos vinte anos.

O primeiro ponto é a relação antitética entre as tradições da elite e as dos camponeses. A Grande (ou escrita) Tradição das elites e a Pequena (ou oral) Tradição dos camponeses não são apenas versões complexas *versus* versões simples uma da outra. Ao passar da Europa para o sudeste da Ásia e observar a reação comum da Pequena Tradição para tais variantes desiguais da Grande Tradição, como cristianismo, budismo e islamismo, Scott argumentou de maneira bastante persuasiva que a cultura camponesa e a religião são, na verdade, uma anticultura e qualificou de modo semelhante as elites religiosas e as elites políticas que a oprimem. É, de fato, inversão reflexiva e reativa do padrão de exploração comum dos camponeses como tais. Este é um discernimento vigoroso e cito Scott longamente: "A religião e a cultura populares dos camponeses em uma sociedade complexa não são apenas uma variante sincretizada, domesticada e localizada de sistemas maiores de pensamento e doutrina. É quase forçoso que contenham as sementes de um universo simbólico alternativo – universo que, por sua vez, faz o mundo social no qual os camponeses vivem menos completamente inevitável. Grande parte deste simbolismo radical só se explica como reação cultural à situação dos camponeses como *classe*. De fato, essa oposição simbólica representa a situação mais próxima da consciência de classe nas sociedades agrárias pré-industriais. É como se os que se encontram no fundo da escala social desenvolvessem formas culturais que lhes prometem a dignidade, o respeito e o conforto econômico que lhes faltam no mundo como ele é. Um padrão real de exploração produz dialeticamente seu próprio reflexo na cultura popular... A visão radical à qual me refiro é notavelmente uniforme, apesar das enormes variações nas culturas camponesas e das diversas grandes tradições das quais compartilham... Correndo o perigo de generalizar demais, é possível descrever alguns aspectos comuns deste simbolismo reflexivo. Quase sempre subentende uma sociedade de fraternidade na qual não haverá nem ricos nem pobres, na qual não existirá nenhuma distinção de classe e *status* (exceto a entre crentes e não-crentes). Onde as instituições religiosas são experimentadas como justificadoras de iniqüidades, a abolição de classe e *status* pode bem incluir a eliminação da hierarquia religiosa em favor de comunidades de crentes iguais. Embora nem sempre, a propriedade deve, de maneira típica, ser mantida em comum e compartilhada. Todas as reivindicações injustas de taxas, arrendamentos e tributos devem ser anuladas. A utopia imaginada pode também incluir uma natureza pródiga e abundante, bem como uma natureza humana radicalmente transformada na qual a ganância, a inveja e o ódio desaparecerão. Embora seja, assim, uma antecipação do futuro, a utopia terrena com freqüência volta a um Éden mítico ao qual a humanidade renegou" (1977, pp. 224-226).

O segundo ponto é a distinção, em ambas as extremidades de um contínuo, entre a resistência franca e a dissimulada. É uma distinção de extrema importância, porque a resistência franca mediante a insurreição ou revolta é apenas a ponta do *iceberg*. No entanto, apenas ela entra no registro mantido pela elite, pois a resistência oculta é, por definição, algo que os que estão no poder não devem admitir. "Muitas classes subordinadas na maior parte da história raramente se puderam se dar ao luxo da atividade política organizada e franca. Ou, mais bem explicado, essa atividade era perigosa, se não suicida... Apesar de toda a sua importância, quando ocorrem, as rebeliões camponesas – sem contar as revoluções – são poucas e distantes umas das outras. A grande maioria é, sem cerimônia, esmagada... Por essas razões, pareceu-me mais importante entender o que podemos chamar de formas cotidianas de resistência camponesa – a luta prosaica, mas constante, entre os camponeses e os que buscam extrair deles trabalho, alimentos, impostos, arrendamentos e juros. Muitas formas dessa luta são um desafio coletivo quase inequívoco. Aqui penso nas armas comuns de grupos relativamente indefesos: lentidão, dissimulação, deserção, anuência falsa, furto, ignorância fingida, difamação, incêndio premeditado, sabotagem etc. Essas... formas de luta de classes... exigem pouco ou nenhum planejamento e coordenação; fazem uso de entendimentos implícitos e redes informais; com freqüência representam uma forma de auto-ajuda individual; evitam, tipicamente, todo confronto simbólico direto com a autoridade... Quando esses estratagemas são abandonados em favor de ações mais quixotescas, em geral é sinal de grande desespero" (1985, pp. xv-xvi). Mas a resistência velada usa as "armas dos fracos... a tenacidade da autopreservação – no ridículo, na truculência, na ironia, em atos banais de desobediência... na mutualidade resistente, na descrença nas homilias das elites, nos firmes esforços excruciantes para não ceder contra todas as probabilidades –, espírito e prática que impedem o pior e prometem algo melhor" (1985, p. 350).

O SENTIDO DA CURA

O terceiro e último ponto distingue, mais uma vez, "as formas francas e declaradas de resistência, que atraem muita atenção, e da resistência, não declarada discreta e disfarçada, que constitui o domínio da infrapolítica". Em seguida, identifica três aspectos ou estratos diferentes dessa resistência velada. O primeiro estrato é a resistência *ideológica* pela "criação de subculturas dissidentes", tais como religiões milenaristas, mitos de banditismo social e heróis de classe, representações imaginárias do mundo às avessas e mitos do rei ideal. O estrato seguinte é a *resistência de status* por uma "transcrição oculta de ira, agressão e discursos dissimulados de dignidade", tais como contos de vingança, simbolismo carnavalesco, mexericos e boatos. O último estrato é a resistência material por meio de "formas cotidianas", como "invasões, ocupações de terras, deserção, evasão, lentidão" (1990, p. 198).

Julgo que há estreita relação entre esses três estratos de resistência velada e os processos de cura. Isso é verdade, em especial onde a falta de saúde (principalmente a enfermidade) que leva à doença deriva da discriminação social, da exploração e da opressão, o que me leva de volta à epígrafe sobre doença e discriminação sem resistência e àquela médica negra que propunha não apenas o diagnóstico médico, mas também a revolução social. Creio que ela estava no caminho certo. Há um terceiro processo de cura além dos dois já mencionados (embora, como é natural, possa se misturar a eles): ademais do *companheirismo protetor* e da *fé religiosa*, a prática da *resistência velada* contribui para a cura. (Um aparte: embora seja velada e dissimulada para a opressão à qual se opõe, essa resistência é bastante óbvia para os que a praticam.)

Entendemos por que iam a Asclépio ou Maria para cura, mas como as pessoas decidiram ir a Jesus para cura e como Jesus sabia que podia curar? Observemos, no que se segue, como a cura de resistência ideológica move-se do nível *ideológico* do Reino de Deus, passa pelo nível de *status* do companheirismo do Reino e chega ao nível de resistência *material* de refeições em comum. A cura envolve diretamente a enfermidade *antes* e a moléstia *depois* da doença e, assim, mas só assim, toca a doença em si.

Cura e milagres

[Uma] observação sobre milagres e a mente moderna se refere ao que poderia ser chamado de fator de escárnio acadêmico. No caso de se realizar hoje em dia nas universidades americanas um debate amplo sobre a possibilidade e realidade de milagres – um evento altamente improvável –, ele seria tolerado em muitos setores com um sorriso constrangido, mal disfarçando a zombaria. Antes de serem enunciadas ou discutidas quaisquer posições, o solene credo de muitos professores universitários, especialmente dos departamentos de religião, seria recitado em voz baixa: "Nenhuma pessoa culta no presente pode aceitar a possibilidade de milagres".

John P. Meier, *Um judeu marginal*, v. II, livro 3, pp. 26-27.

Talvez todo esse material precedente deixe alguns leitores desapontados. Jesus não ficou diante de uma pessoa doente ou até morta e, com uma palavra eliminou a doença ou erradicou a própria morte? E os milagres? Toda essa antropologia médica é só uma negação oculta de sua possibilidade?

Começo com uma breve comparação de minha posição em O *Jesus histórico* com a de John Meier em *Um judeu marginal*. Concordamos substancialmente em três conclusões fundamentais sobre o Jesus histórico. Jesus curava e também exorcizava e seus seguidores consideravam essas ações milagres. Mas nenhum exorcismo ou cura é segura ou completamente histórico em sua forma narrativa atual, embora sementes históricas sejam discerníveis em alguns casos. Além disso, como Meier observa, "A maior parte dos assim chamados milagres da natureza parecem originar-se na igreja primitiva, mas a história de Jesus alimentando a multidão talvez se refira a alguma refeição especial que ele tenha oferecido durante seu ministério público" (v. II, livro 1, p. 28). Mas também há outros dois problemas para serem discutidos.

Eis um problema. Meier critica a suposição de que os modernos não crêem em milagres e cita uma pesquisa Gallup de 1989 que verificou que 82% dos norte-americanos acreditam em milagres. Ele está certo: é claro, as pessoas acreditam em milagres. Toda vez que faço compras, leio as primeiras páginas de vários tablóides enquanto aguardo na fila do caixa. Além de dietas, mexericos e escândalos, estão cheias de monstros, profecias e milagres. Na América do Norte contemporânea, estamos, mais uma vez, o mais próximos que já estivemos do mercado de livre comércio empresarial em experiências religiosas que caracterizaram o Império Romano. Mas isso significa que, agora como naquele tempo, não temos de negar, mas sim de discriminar.

O argumento já não pode ser o do ateu de aldeia que não crê em milagres para ninguém no passado, no presente e no futuro, inclusive Jesus. O argumento já não pode ser o do pastor piedoso que não crê em milagres para ninguém, além de Jesus, e para nenhuma outra religião além do cristianismo. O argumento tem de ser sobre o que está em jogo na proclamação disso a respeito de Jesus e não, digamos, a respeito de Elvis Presley. Era mais fácil, mesmo se errado, dizer que milagres não acontecem e que, portanto, Jesus não os realizou. É mais difícil admitir que milagres acontecem em todas as religiões do mundo e que, por *essa razão*, os milagres de Jesus são especialmente significativos para nós cristãos. Pesquisas Gallup não bastam.

Há outra área problemática. Meier a expressa deste modo: "Assim como um historiador deve rejeitar a credulidade, deve também rejeitar uma afirmação *a priori* de que milagres não acontecem ou não podem acontecer. Trata-se, a bem da verdade, de uma proposição filosófica ou teológica, e não histórica" (v. II, livro 1, p. 25). Mas, na verdade, há, não um problema duplo, mas um problema quíntuplo: teológico, literário, epistemológico, histórico e ético. E, antes de prosseguir, vou dar minha definição de milagre. *Milagre é um prodígio que alguém interpreta como ação ou manifestação transcendental*. Primeiro, deve haver não um truque ou uma fraude, mas um prodígio ou maravilha – algo que abale a explicação usual. Segundo, deve haver certos indivíduos ou grupos que interpretem esse prodígio como intervenção de ancestrais, espíritos, divindades, ou Deus. Mas agora surge aquele problema quíntuplo.

- O problema *teológico* é que proclamar que milagres *podem* ou *não podem* acontecer é, concordo, declaração ideológica. A negação é tão teológica quanto a afirmação, e os debates entre elas devem reconhecer esse fato.

- O problema *literário* é ter certeza de que os textos proclamam milagres, em vez de usar algum tipo de linguagem metafórica. As fábulas de Esopo, por exemplo, não proclamam o discurso milagroso por animais na Grécia Antiga.

- O problema *epistemológico* talvez seja o mais intransigente de todos. Se se aceitasse um universo fechado no qual *nós* do presente saberíamos tudo que poderia acontecer normal ou naturalmente, então os milagres seriam claramente cognoscíveis como tudo quanto não podemos explicar. Isso seria anormal ou sobrenatural. Mas já que vivemos em um universo confusamente aberto onde até nosso conhecimento mais seguro é relativizado por ser nosso, é difícil saber como distinguir um prodígio de um milagre. A ironia é que só racionalistas podem crer de modo absoluto em milagres como objetivamente evidentes.

- O problema *histórico* é simplesmente se, neste ou naquele pormenor, aconteceu ou não um milagre, assim definido.

- O problema *ético* é também muito difícil. Retorna àquela segunda razão para a pesquisa do Jesus histórico proposta no Capítulo 2. Não é ético o *historiador* dar proteção e privilégios especiais para os milagres cristãos, mas não a todos os outros, antigos e modernos. Como um historiador antigo distingue a milagrosa concepção divino-humana de Augusto da de Jesus e como essa mesma pessoa avaliaria proclamações semelhantes, se feitas hoje?

Proclamar um milagre é fazer uma interpretação de fé, não apenas uma declaração de fato. O fato aberto à discussão pública é o prodígio, algo avaliado como não sendo nem fraude nem normalidade. É possível, naturalmente, discordar nesse nível histórico. Mas, então, há o nível teológico, que aceita ou rejeita esse prodígio como milagre. Não vejo como o *status* de milagre possa ser comprovado ou refutado por causa do problema epistemológico de um universo aberto e do caráter relativo de nosso conhecimento sobre ele. Mas é muito significativo quais são os acontecimentos que uma fé interpreta como milagre e quais são os que não interpreta, pois isso revela que tipo de Deus cultuamos. Finalmente, até para crentes e até dentro de uma estrutura teológica, a fé em um Deus epifânico não é igual à fé em um Deus episódico. A primeira é presença divina permanente, periodicamente observada *pelos* crentes. A segunda é presença ausente que periodicamente intervém *a favor dos* crentes.

Em resumo, eu pessoalmente creio em um Deus epifânico em vez de em um Deus episódico. Portanto, para mim, dizer que as curas ou os exorcismos de Jesus são milagres não significa que só Jesus podia fazer tais coisas, mas que, em tais acontecimentos, vejo Deus em ação em Jesus. Para mim, Deus é alguém que resiste à discriminação, exploração e opressão, que está, por exemplo, ao lado de um povo condenado, em vez de apoiando seus senhores imperiais no Êxodo e ao lado de um Jesus crucificado em vez de ao lado de seus executores imperiais na ressurreição. E, na reciprocidade da mesa compartilhada e da cura espontânea que examinaremos no Capítulo 18, vejo esse mesmo Deus em ação – na cura e à mesa como resistência não violenta ao mal sistêmico.

Capítulo 17

Negação da escatologia apocalíptica

> O radicalismo itinerante não proclama a *vinda* (futura) do Reino, ele a traz diretamente para a porta da frente. Com a batida do radical itinerante, o velho mundo já se extinguiu e o Reino de Deus chegou.
>
> Stephen J. Patterson, *The Gospel of Thomas and Jesus* [O Evangelho de Tomé e Jesus], p. 211.

Este capítulo e o próximo formam um conjunto. São um par, os dois lados da mesma moeda, por assim dizer. Este capítulo é o negativo; o próximo é seu complemento positivo. Nesta primeira seção, ou seção negativa, pretendo mostrar que a Tradição dos Ditos Comuns conhece a escatologia apocalíptica mediante o ensinamento de João Batista e, de maneira respeitosa mas definitiva, nega o programa de João, em favor do programa do Reino de Deus. A Tradição dos Ditos Comuns é, em outras palavras, anti-apocalíptica, mas não anti-escatológica. Uma primeira indicação de seu impulso escatológico é sua retenção enfática do conceito de Reino de Deus. Opõe-se a uma *interpretação* desse programa visionário, não ao programa em si. Contudo, neste primeiro capítulo, não vamos muito além dessa oposição negativa. Não ficará, em absoluto, claro qual é o conteúdo positivo deste Reino enquanto não chegarmos ao capítulo seguinte e complementar.

Há três ditos a serem considerados na negação da escatologia apocalíptica pela Tradição dos Ditos Comuns e sua presença nessa tradição é extremamente significativa. Ao se oporem à escatologia política, provam que ela estava presente na ocasião em que a negaram. Em outras palavras, há contraprovas a qualquer afirmação de que uma escatologia não-apocalíptica surgiu primeiro e uma escatologia apocalíptica só surgiu mais tarde. A escatologia *não*-apocalíptica mais primitiva que encontro já é *anti*-apocalíptica. No princípio era João Batista, não Jesus.

O primeiro dito, *No deserto*, é extremamente lisongeiro para João. O *Evangelho Q* conservou-o como tal, mas o *Evangelho de Tomé* eliminou o nome de João e mudou o final por completo. O segundo dito, *Maior que João*, deslocou o Batista em favor do menor membro do Reino e foi aceito nessa forma pelos dois evangelhos. Consideradas juntas, essas duas primeiras unidades servem para estabelecer o contraste negativo entre os movimentos do batismo e do Reino. O terceiro dito, *Quando e onde*, é a mais interessante das três unidades, cheia de atividade redacional rápida e vigorosa. O dito indica um programa escatológico alternativo – presente em vez de futuro –, mas não dá muito conteúdo positivo a essa alternativa.

345

No deserto

A primeira das três unidades da Tradição dos Ditos Comuns a ser considerada neste capítulo é *No deserto* (Apêndice 1A, #32). É um dito do Tipo 3 (Apêndice 1B); isto é, foi redigido próximo ao ascetismo no *Evangelho de Tomé* e próximo ao apocaliptismo no *Evangelho Q*. Aparece no *Evangelho Q* como Q 7,24-27 – isto é Lc 7,24-27 = Mt 11,7-10 – e em *Ev. Tomé* 78,1-3. Não há versões paralelas em nenhum outro lugar para ajudar na análise. É a mesma unidade da tradição, mas com notável diferença entre essas duas fontes. Só o *Evangelho Q* liga o dito a João Batista; o *Evangelho de Tomé* não o faz. Assim, a questão importante é se essa ligação estava presente na Tradição dos Ditos Comuns propriamente dita.

Evangelho Q

Há versões um pouco diferentes em Mt 11,7-10 e Lc 7,24b-27, mas não há problemas importantes. Eis a redação do *Evangelho Q*:

> Jesus começou a falar às multidões a respeito de João: "Que fostes ver no deserto? Um caniço agitado pelo vento? Então, que fostes ver? Um homem vestido com vestes finas? Ora, os que usam roupas suntuosas e vivem em delícias estão nos palácios reais. Então, que fostes ver? Um profeta? Eu vos afirmo que sim, e mais do que um profeta. É dele que está escrito: 'Eis que eu envio meu mensageiro à tua frente, ele preparará o teu caminho diante de ti'".
>
> (Q 7,24b-27)

Essa versão tem duas partes independentes. Primeiro, há um clímax retórico de três perguntas e respostas: quê? / caniço (implausível!); quê? / aristocrata (impossível!); quê? / profeta (inadequada!). As duas primeiras respostas – e até a terceira – são incorretas, pois João não é *apenas* um profeta, mas *mais que* um profeta. Há, em seguida, a citação final em 7,27. Combina Ex 23,20 e Ml 3,1, de modo que o anjo-mensageiro de Deus é agora interpretado como sendo João que prepara o caminho para Jesus.

Há um consenso muito forte no sentido de Q 7,27 ter sido acrescentado mais tarde a um *Evangelho Q* 7,24-26, completo em forma e conteúdo sem ele. A citação aparece, por exemplo, sem essa pergunta retórica tripla em Mc 1,2-3. Contudo, em todo caso, a presença de 7,27 torna 7,24-26 ainda mais enfática e explicitamente apocalíptica. Como Kloppenborg concluiu: "Q 7,27 identifica explicitamente João como precursor de Jesus e identifica-o implicitamente com Elias redivivo. Assim, o papel de João é interpretado escatologicamente: como o de mensageiro de Iahweh e como alguém com uma função positiva, embora subordinada, na inauguração do Reino" (1987a, p. 109). Em todo caso, seria difícil não interpretar "mais do que um profeta" com o significado de profeta definitivo, o profeta do fim dos tempos, ou até, quem sabe, o Messias. Mas, uma vez que 7,27 foi acrescentado a 7,24b-26, "mais do que um profeta" significa, simplesmente, "precursor de Jesus".

O *Evangelho* Q redige o dito ainda mais explicitamente como escatologia apocalíptica, mas também subordina João a Jesus.

Evangelho de Tomé

Em *Ev. Tomé* 78, o dito é muito diferente do paralelo no *Evangelho* Q, em conteúdo e forma, especialmente na falta de alguma referência a João Batista (e, naturalmente, na falta de alguma citação bíblica):

> Disse Jesus: – Por que vós saístes para o campo? Para ver um caniço agitado pelo vento e para ver um homem de vestes finas? Vede: vossos reis e vossos maiores portam vestes finas, mas eles não poderão conhecer a verdade.
>
> (*Ev. Tomé* 78,1-3)

O problema é claro. O *Evangelho* Q aplica o dito a João; o *Evangelho de Tomé* não o faz. O que estava na Tradição dos Ditos Comuns para essa unidade? Deixando de lado a questão da citação bíblica, João estava ou não presente desde o princípio? O *Evangelho* Q acrescentou a referência a João Batista ou o *Evangelho de Tomé* a eliminou?

Eis duas respostas contrárias a essa pergunta. Helmut Koester acha que João Batista foi acrescentado pelo *Evangelho* Q: "Como aparece no *Evangelho de Tomé*, [o dito] não tem nenhuma relação explícita com João Batista. Poderia ser entendido como afirmação geral sobre a exclusão dos ricos e o uso que Q faz desse dito no contexto de ditos sobre João Batista é secundário" (1990b, p. 58). Em suma, Koester acredita que o *Evangelho* Q acrescentou-o; o *Evangelho de Tomé* não o eliminou, mas simplesmente reflete a versão original. Por outro lado, Gerd Theissen afirma que a própria menção de "caniço" liga o dito explicitamente a Herodes Antipas. Seu argumento é que "o caniço aparece nas primeiras moedas de Herodes Antipas, que ele mandou cunhar para a fundação de sua capital, Tiberíades (c. 19 d.C.)... O primeiro (e mais antigo) tipo de moeda muito provavelmente mostra um caniço (*Canna communis*) no anverso" (1992, pp. 28-29). O contraste entre João e Antipas estava, portanto, presente naquele dito desde sua existência mais primitiva. Em suma, Theissen crê que o *Evangelho* Q não acrescentou a referência a João, mas apenas reflete a versão original; o *Evangelho de Tomé* eliminou-a.

Nesse debate, prefiro Theissen a Koester. Mesmo que seu argumento do "caniço" seja por demais particularizante, é difícil imaginar este dito, exceto em alguma ligação com o conflito entre deserto e palácio, entre João e Antipas e, muito provavelmente, após a execução do primeiro pelo segundo. Caso se desejasse apenas uma censura geral do luxo aristocrático, é difícil entender o que *deserto* e *caniço* fazem como introdução a essa crítica. Concluo, portanto, que João Batista estava ligado a esta unidade na Tradição dos Ditos Comuns e foi mantido e intensificado pelo *Evangelho* Q.

Em *Ev. Tomé* 78, a versão é mais bem entendida como versão totalmente truncada da tradição comum por trás dos dois evangelhos que, entretanto, deve ter estado muito próxima da que agora está presente no *Evangelho* Q. A concisa construção retórica de três partes está destruída. Só o primeiro elemento é dado completamente, com pergunta e resposta explícitas (quê? / caniço!); o segundo está reduzido a pergunta implícita e resposta explícita (aristocrata?!) e o terceiro desaparece por completo atrás da crítica a esses aristocratas. É como se toda a parte anterior tivesse desaparecido em um aforismo quase distinto e independente: "Vossos reis e vossos maiores portam vestes finas e não poderão conhecer a verdade". Agora o poder e o luxo opõem-se à verdade e ao ascetismo. Em si mesmo, esse dito está completamente de acordo com outros ditos específicos do *Evangelho de Tomé* – ditos que enfatizam a verdadeira riqueza da pobreza e a falsa riqueza do poder:

> Jesus disse: – Quem enriqueceu, se torne rei, mas quem tem a força, que possa renunciar a ela.
>
> (*Ev. Tomé* 81,1-2)

> Jesus disse: – Adão saiu de grande força e de grande riqueza, mas ele não foi digno de vós, pois, se ele houvesse sido digno de vós, (não teria) provado a morte.
>
> (*Ev. Tomé* 85,1-2)

> Jesus disse: – Quem encontrou o mundo e tornou-se rico, que possa renunciar ao mundo.
>
> (*Ev. Tomé* 110)

Conclusão

Como evidenciou a unidade *No deserto*, a Tradição dos Ditos Comuns *conhece* a escatologia apocalíptica do Batista. O *Evangelho* Q aceita-a e a enfatiza redacionalmente. O *Evangelho de Tomé* rejeita-a e a elimina redacionalmente. João não é nem mesmo mencionado em *Tomé* e o dito se transforma em admoestação geral, mas forçada de alguma forma, contra o poder e o luxo. Enfatizei a palavra *conhece* na sentença inicial. A unidade seguinte mostra que a Tradição dos Ditos Comuns *conhece* e também *se opõe* à escatologia apocalíptica do Batista.

Maior do que João

A segunda unidade na Tradição dos Ditos Comuns que *concerne* e *nega* a escatologia apocalíptica é *Maior do que João* (Apêndice 1A, #20). É um dito do Tipo 3 (Apêndice 1B); isto é, foi redigido próximo ao ascetismo no *Evangelho de Tomé* e próximo ao apocaliptismo no *Evangelho* Q. Aparece no *Evangelho* Q como Q 7,28 - isto é Lc 7,28 = Mt 11,11 – e em *Ev. Tomé* 46,1-2. Não foram conservados outros exemplos. O conjunto anterior, *No deserto*, e este, *Maior do que João*, aparecem em seqüência no *Evangelho* Q, mas aparecem separadamente em *Ev. Tomé* 78 e 46. Neste caso, porém, o *Evangelho de Tomé* não tem problemas em mencionar João Batista.

Evangelho Q

As duas versões semelhantes em Mt 11,11 e Lc 7,28 não têm diferença substantiva entre si. Eis a redação no *Evangelho Q*:

Digo-vos que dentre os nascidos de mulher nenhum é maior do que João; mas o menor no Reino de Deus é maior do que ele.

(Q 7,28)

Naturalmente, uma coisa é declarar João subordinado a Jesus como seu precursor por designação divina. É muito diferente dizer que o menor no Reino é maior do que João. O louvor supremamente alto, como acabamos de ver em Q 7,24b-27, é aqui seguido pelo louvor supremamente alto em 7,28a e depois por dura negação em 7,28b. Kloppenborg assim expõe a contradição: por um lado, em Q 7,24-27, "João... se enquadra ao lado de Jesus, como precursor, não fora do Reino como representante de uma época passada"; mas, por outro lado, Q 7,28 "enfatiza a grandeza do Reino, declarando que até o maior representante da antiga ordem, João, perdia a importância quando comparado a ele... Relativiza João, ao relegar sua função a uma época anterior ao Reino e, na verdade [possivelmente], a uma esfera fora do Reino" (1987a, pp. 109-110).

É preciso enfatizar que esta unidade é bastante incomum no *Evangelho Q*. A questão não é apenas exaltar Jesus acima de João dentro do Reino, mas de exaltar o menor, explicitamente dentro do Reino, acima de João, implicitamente fora dele. Mas essa negação agora se enquadra na seguinte seqüência de unidades:

1. *No deserto*:   Mt 11,7-10   = Lc 7,24-27

2. *Maior do que João*:   Mt 11,11   = Lc 7,28

3. *Reino e violência*:   Mt 11,12-13   = Lc 16,16

4. *Sabedoria justificada*: Mt 11,16-19   = Lc 7,31-35

A localização exata de *Reino e violência* é um tanto incerta, mas por enquanto deixo como está. O que é mais significativo nessa seqüência de três ou quatro unidades é seu clímax em *Sabedoria justificada*. Essa unidade coloca João e Jesus juntos, acima de qualquer questão de diferença ou superioridade, como "filhos da Sabedoria", igualmente rejeitados por "esta geração". Esse é um entendimento de João pouco de acordo com Q 7,28 e lança necessariamente luz refletiva nas unidades anteriores.

Em suma, portanto, Q 7,28b dentro, primeiro de Q 7,28, dentro, em seguida, de Q 7,24-25 e, finalmente, dentro do próprio *Evangelho Q*, pôde ser tolerado porque sua dura negativa foi contextualmente abafada. Mas a presença de Q 7,28 nos adverte que o *Evangelho Q* conhecia uma tradição que assegurava ser o movimento de batismo de João incompatível com o movimento do Reino de Jesus.

Evangelho de Tomé

A presença de um paralelo a Q 7,28 em *Ev. Tomé* 46,1-2 prova, já se vê, que o *Evangelho de Tomé* conhecia João Batista como hipótese formulada para explicar *Ev. Tomé* 78,1-3 na unidade anterior. Mas ao contrário daquele caso, neste não há eliminação do Batista:

> Jesus disse: – Desde Adão até João Batista, entre os saídos de mulher, não há ninguém maior que João Batista, embora seus olhos não tenham sido destruídos.
>
> Mas eu digo: – Aquele que dentre vós se fizer pequeno conhecerá o Reino e será maior do que João.
> (*Ev. Tomé* 46)

A diferença mais significativa da versão do *Evangelho Q* é a frase "conhecerá o Reino", em *Ev. Tomé* 46,2. Primeiro, o dito está completo sem ela. Segundo, não é o verbo usual que descreve a relação da pessoa com o reino no *Evangelho de Tomé*. Temos, por exemplo, o verbo "entrar" no reino em 22,2.3.7; 99,3; 114,3; "encontrar" o reino em 27,1; 49,1; e "está longe do" reino, em 82,1. Finalmente, o tema de *conhecer* é característico do *Evangelho de Tomé*. Em outras palavras, o dito já está sendo mudado, mas delicada e minimamente, ao longo da trajetória particular da escatologia esotérica ascética.

Conclusão

Havia uma tensão entre João Batista e Jesus dentro da própria Tradição de Ditos Comuns. Não ocorre só no nível redacional do *Evangelho de Tomé* ou do *Evangelho Q*. Nesse nível, o primeiro enfatiza-a, enquanto o segundo a abafa. É, além disso, tensão entre um Jesus que louva João profundamente em um dito, tal como *No deserto* e louva-o e também o diminui profundamente em outro, tal como *Maior do que João*. João é o maior entre os profetas e mais do que um profeta. Mas está *abaixo do menor* do reino. Não é que ele *seja* o menor no reino, porque então ele estaria claramente nele. João Batista não está, em absoluto, no reino, o que parece indicar já haver uma teologia anti-apocalíptica atuante dentro da própria Tradição de Ditos Comuns, mas expressa-a negativamente. Como ela era *positivamente?* Tudo isso serve de introdução ao conjunto seguinte, que menciona a alternativa positiva, mas ainda não a preenche com muito conteúdo, tarefa do próximo capítulo.

Quando e onde

O terceiro dito na Tradição de Ditos Comuns que *concerne e substitui* a escatologia apocalíptica é *Quando e onde* (Apêndice 1A, #2). É um dito do Tipo 3 (Apêndice 1B); isto é, foi redigido próximo ao ascetismo no *Evangelho de Tomé* e próximo ao apocaliptismo no *Evangelho Q*. É uma unidade extremamente complexa que envolve múltiplas fontes independentes. A partir da Tradição de Ditos Comuns, aparece no *Evangelho* Q como Q 17,23-24 – isto é Lc 17,23-24 = Mt 24,26-27 – e, com três ou até quatro versões, em *Ev. Tomé* 113,1-4; 3,1-3; 51,1-2; e 18,13. Também aparece de modo independente em Mc 13,21-22 = Mt 24,23-24 e na fonte especial usada em Lc 17,20-22. Em outras palavras, há quatro fontes mutuamente independentes, para não falar de versões múltiplas dentro do próprio *Evangelho de Tomé*. Naturalmente, concentro-me na Tradição de Ditos Comuns e examino outras versões somente para tornar meu enfoque mais nítido. Eis as fontes e versões envolvidas (na ordem de sua discussão abaixo):

Fonte 1 (*Evangelho* Q)	Mt 24,26-27	= Lc 17,23-24
Fonte 2 (Marcos)	Mc 13,21-23	= Mt 24,23-25
Fonte 3 (Lucas Especial)	Lc 17,20-21	
Fonte 4 (*Ev. Tomé*)	*Ev. Tomé* 113,1-4	= 3,1-3 = 51,1-2 = 18,1-3

O que torna este conjunto tão importante é, primeiro, o múltiplo número de fontes independentes e, segundo, as versões alternativas quádruplas no *Evangelho de Tomé*. Examino essas múltiplas fontes e versões em cinco passos para desenvolver o argumento com a maior clareza possível: 1) o *Evangelho* Q e Marcos; 2) Lucas Especial e o *Ev. Tomé* 113,1-4; 3) *Ev. Tomé* 113,1-4 e 3,1-3; 4) *Ev. Tomé* 51,1-2 e 18,1-3.

Evangelho Q e Marcos

As duas versões do *Evangelho* Q em Mt 24,26-27 e Lc 17,23-24 são bem diferentes. Lucas tem um "Ei-lo aqui! Ei-lo ali!" geral, mas Mateus tem um específico "Ei-lo no deserto" e "Ei-lo em lugares retirados". Não há nada de particularmente substantivo nessas diferenças. Reproduzo a passagem no formato lucano:

> E vos dirão: "Ei-lo aqui! Ei-lo ali!" – Não saiais, não sigais. De fato, como o relâmpago relampeja de um ponto do céu e fulgura até o outro, assim acontecerá com o Filho do Homem em seu Dia.
>
> (de Q 17,23-24)

A versão em Mc 13,21-23 não tem paralelo correspondente em Lucas, mas Mateus segue Marcos de perto em Mt 24,23-25, antes de combiná-lo com a versão do *Evangelho* Q em Mt 24,26-27. Eis a versão marcana:

> Então, se alguém vos disser "Eis o Messias aqui!" ou "Ei-lo ali!", não creiais. Hão de surgir falsos Messias e *falsos profetas*, os quais apresentarão *sinais e prodígios* para enganar, se possível, os eleitos. Quanto a vós, porém, ficai atentos. Eu vos predisse tudo.
>
> (Mc 13,21-23)

Quando comparamos esse texto do *Evangelho* Q com Marcos, destacam-se três pontos. Primeiro, há uma estrutura comum que envolve: a) um verbo de *dito* com o sujeito vago, no singular ("alguém"), ou plural ("eles"); b) duplo "eis" com especificações locais disjuntivas, como aqui/ali, ali/aqui, ou ali/ali; c) proibição simples (Marcos) ou, mais provavelmente, dupla (*Evangelho* Q): "não, não". Segundo, no *Evangelho* Q, o advento é o do Filho do Homem, enquanto em Marcos é o do Cristo. Terceiro, o *Evangelho* Q proíbe tais expectativas porque a chegada do Filho do Homem será repentina e inesperada, como o relâmpago. É futura, mas acontecerá depressa demais para observar. Marcos diz que tais declarações proclamam "falsos" Cristos, mas a única razão é dada muito adiante, em 13,32: "Daquele dia e da hora, ninguém sabe, nem os anjos no céu, nem o Filho, somente o Pai".

Lucas Especial e Evangelho de Tomé

As duas unidades seguintes para comparação são o material especial em Lc 17,20-21 e *Ev. Tomé* 113,1-4. É possível que o que chamei de Lucas Especial 17,20-21 seja realmente do *Evangelho* Q, mantido por Lucas, mas omitido por Mateus. Como enfatizo o que é com mais certeza comum ao *Evangelho* Q e ao *Evangelho de Tomé*, prefiro considerá-lo Lucas Especial, embora reconheça que poderia se originar do *Evangelho* Q. Eis os dois textos:

> Interrogado pelos fariseus sobre quando chegaria o Reino de Deus, respondeu-lhes: "A vinda do Reino de Deus não é observável. Não se poderá dizer: 'Ei-lo aqui! Ei-lo ali!', pois eis que o Reino de Deus está no meio de vós".
>
> (Lc 17,20-21)

> Seus discípulos lhe disseram: "Que dia virá o Reino?" (Jesus disse): "Ele não virá após uma espera. Não se dirá 'eis que ele está aqui!' ou 'eis que ele está lá?'. Pois bem, o Reino do Pai está espalhado pela terra e os homens não o vêem".
>
> (*Ev. Tomé* 113,1-4)

Essas duas unidades são muito semelhantes em conteúdo. Têm o mesmo formato de pergunta e resposta e a resposta corrige um "Quando virá?" com um "já está aqui". Os primeiros indagadores são "os fariseus", os últimos são "os discípulos". A resposta tem três partes: o Reino não pode ser esperado nem aguardado, por isso não haverá nenhum "Ei-lo aqui! ou Ei-lo ali!"; porque o reino já está presente. Está implícito na própria pergunta que pelo menos os indagadores não reconhecem a presença do Reino entre eles, mas esse ponto fica explícito em *Ev. Tomé* 113.

Até aqui examinei quatro fontes: o *Evangelho* Q, Marcos, Lucas Especial e *Ev. de Tomé* 113. Todas concordam que quando dizem ei-lo/ei-lo, as pessoas estão erradas. Mas, enquanto no *Evangelho* Q e em Marcos espera-se o advento do Cristo ou do Filho do Homem, em Lucas Especial e *Ev. de Tomé* 113, espera-se o advento do Reino.

Evangelho de Tomé 3 e 113

O dito em *Ev. Tomé* 3 tem versões copta e grega. Esta última está em *P. Oxy.* 654, versículos 9-16 (Attridge 1989, pp. 114, 126). Como não há diferença substantiva entre elas, cito só a primeira versão. *Ev. de Tomé* 113 conserva-se apenas em copta. Eis as passagens:

> Jesus disse: Se aqueles que vos guiam dizem: 'Eis, o Reino está no céu"; então, os pássaros do céu vos ultrapassarão; se eles vos dizem que está no mar, então os peixes vos ultrapassarão. Pois bem, o Reino, está em vosso interior, mas também está em vosso exterior.
>
> Quando vós vos conhecerdes, então sereis conhecidos e sabereis que vós sois filhos do Pai vivente. Mas, se vós não vos conheceis, então estareis na pobreza e sereis a própria pobreza.
>
> *(Ev. Tomé 3,1-5)*

> Seus discípulos lhe disseram: Que dia virá o Reino?" (Jesus disse:) "Ele não virá após uma espera. Não se dirá 'eis que ele está aqui' ou 'eis que ele está lá'.: 'Ei-lo aqui!' ou 'Ei-lo ali!' Pois bem, o Reino do Pai está espalhado pela terra e os homens não o vêem".
>
> *(Ev. Tomé 113,1-4)*

Mesmo independente da adição de "Quando vós vos conhecerdes" de 3,4-5, as semelhanças e diferenças entre 3,1-3 e 113,1-4 são muito significativas.

Primeiro, com respeito à forma. Essa primeira unidade é diálogo implícito, mas antagonismo explícito. Jesus e seus ouvintes não especificados estão de um lado e "aqueles que vos guiam" estão do outro. Esses ouvintes ouvem incorretamente dos que os guiam, mas corretamente de Jesus. A segunda unidade é diálogo explícito, mas antagonismo implícito. Presumivelmente os que "não vêem" a presença do reino, não a vêem por estarem "esperando" seu advento. Mas mesmo considerado sozinho, 113,1-4 subentende que "os discípulos" estão entre os "homens" que não vêem a presença do reino; de outro modo, não teriam feito essa pergunta. Além disso, por causa da posição final de 113,1-4, só chegamos a ela após ler uma porção de outros diálogos nos quais os discípulos estão claramente do lado errado.

Segundo, com respeito à estrutura. Em 113,1-4, há um duplo "Ei-lo/ aqui" e "Ei-lo/ ali", seguido de uma alternativa contrastante "pois bem". Em 3,1-3, essa estrutura aparece como um único, mas desequilibrado, "Eis/céu" e "-/mar", seguido de "pois bem". É essa construção comum só coincidência ou os dois ditos são versões diversificadas da mesma unidade básica? Respondo experimentalmente no afirmativo por causa dos delicados paralelos em forma e estrutura mencionados anteriormente. Além disso, o movimento parece ser de 113,1-4 para 3,1-4 – isto é, da crítica de "homens" para a crítica dos "que vos guiam" e de "o reino do Pai está espalhado pela terra", um tanto mais claro, para "o reino está em vosso interior, mas também em vosso exterior", um tanto mais enigmático.

Terceiro, com respeito à retórica. O texto em 113,1-4 é claro e concreto. O reino não deve ser esperado, porque já está aqui. O problema não é esperar sua vinda futura, mas reconhecer sua presença concreta. Porém há claramente "homens" que não reconhecem essa presença e ainda aguardam seu advento. A própria pergunta ("Que dia virá o reino?") também implica que os discípulos não percebem que ele já está presente diante deles. Mas, com certeza, esse ponto não é enfatizado. Por outro lado, em 3,1-3, a retórica é polemicamente derrisória, em especial quando comparada com outros usos de pesquisas de céu/terra/mar, para enfatizar impossibilidade, futilidade ou falta de necessidade. O paralelo estrutural mais próximo é o concernente ao mandamento de Deus sobre a Aliança no Deuteronômio:

> Porque este mandamento que hoje te ordeno não é excessivo para ti, nem está fora do teu alcance. Ele não está no céu, para que fiques dizendo: "Quem subiria por nós até o céu, para trazê-lo a nós, para que possamos ouvi-lo e pô-lo em prática?" E não está no além-mar, para que fiques dizendo: "Quem atravessaria o mar por nós, para trazê-lo a nós, para que possamos ouvi-lo e pô-lo em prática?" Sim, porque a palavra está muito perto de ti; está na tua boca e no teu coração, para que a ponhas em prática.
> (Dt 30,11-14)

É paralelo bastante estreito: Aliança/Reino não está distante (céu/mar), mas perto, não lá, mas aqui. O tom derrisório, já se vê, está muito mais evidente (aves/peixes) em 113,1-4. É desnecessário dizer que essa derrisão nada mais é que polêmica barata. Mas é interessante que quando "aqueles que vos guiam" opositores são mencionados, o nível do debate torna-se mais maldoso e raso.

Quanto ao conteúdo, é possível que 3,1-3 e 113,1-4 sejam dois ditos totalmente independentes que têm, cada um à sua maneira, uma intenção semelhante. Mas creio ser mais provável que sejam duas versões da mesma unidade estrutural: o Reino de Deus não está aqui ou ali no futuro, mas aqui e agora no presente. Alguns, contudo, sejam eles "homens" ou "aqueles que vos guiam", não aceitam essa posição.

Evangelho de Tomé 18 e 51

Volto-me agora para outro conjunto de dois ditos. É bom lê-los com o conjunto anterior ainda na memória.

> Seus discípulos disseram: – Em que dia se realizará o repouso dos mortos e em que dia virá o mundo novo?
>
> Ele lhes disse: – Aquele que vós esperais chegou, mas vós não o conheceis.
> (Ev. Tomé 51,1-2)

> Os discípulos disseram a Jesus: – Dize-nos como será o nosso fim.
>
> Jesus disse: – Então, se estais buscando o fim, isso significa que haveis descoberto o princípio? Pois onde está o princípio é que estará o fim. Feliz daquele que se mantiver no princípio, pois ele conhecerá o fim e não provará a morte.
> (Ev. Tomé 18,1-3)

Quanto à forma, os dois ditos são diálogos explícitos, mas não há paralelismo estrutural. Com relação à retórica, as duas respostas são corretivas – a primeira sarcasticamente, a segunda enfaticamente. Considerado o conteúdo, os dois diálogos são bem diferentes: um pergunta sobre "o nosso fim" e o outro sobre "o repouso dos mortos" e "o mundo novo". Concordam só no verbo "conhecer".

Matriz e desenvolvimento

Considero esses sete textos desenvolvimentos variados de uma única matriz. Para deixar isso claro, enfatizo os elementos comuns neles. Eis os textos com desenvolvimento para a esquerda e a direita dessa matriz comum no meio:

Evangelho Q (Reconstruído)	Marcos (Mc 13,21)	Matriz comum (Lc 17,20-21)	(Ev. T. 113,1-4)	(3,1-5)	Evangelho de Tomé (51,1-2)	(18,1-3)
		quando	em que dia		em que dia	
Filho do Homem	Cristo(s)	Reino	reino	reino		
		vinda	virá		virá	
		observável	espera		esperais	
	disser	dizer	dirá	dizem		
ei-lo	ei-lo	ei-lo	ei-lo	eis		
dois lugares	dois lugares	dois lugares	dois lugares	dois lugares		
não/não	não/não					
pois		pois	pois	então		
		no meio de	espalhado	dentro de/fora de		
		não vêem	sabereis		não conheceis	conhecerá

Esse dito da matriz é visto mais claramente em Lc Especial 17,20-21 e *Ev. Tomé* 113,1-4. A única diferença digna de nota é a frase final do segundo, "e os homens não o vêem". Mas isso só torna explícito o que já está implícito na própria pergunta ("que dia"). A partir dessa matriz comum, a unidade desenvolve-se em três direções diferentes. As duas primeiras são um tanto semelhantes. Marcos aplica o dito ao advento de falsos Cristos, o *Evangelho* Q ao advento do Filho do Homem. No *Evangelho de Tomé*, porém, o desenvolvimento é mais intenso e instrutivo.

Há elos verbais, formais e estruturais e também diferenças bastante notáveis nesses textos do *Evangelho de Tomé*. Coloco os quatro ditos nessa seqüência da esquerda para a direita, porque é o que proponho como seu desenvolvimento básico. O dito central é 113,1-4. Sua estrutura (dirá/ei-lo/pois) reaparece em 3,1-3, mas sua forma (diálogo) reaparece em 51,1-2. Entretanto, essas mudanças verbais refletem profundas mudanças teológicas. Primeiro, a seqüência começa com a procura de um reino futuro (errado) contra o reconhecimento de um atual (certo), mas conclui procurando o fim (errado) contra a descoberta do princípio (certo). Segundo, a seqüência move-se do impessoal para o pessoal: 113,1-4 é a respeito "deles", mas todos os outros são a respeito de "vós". Terceiro e mais significativo, começamos com estranhos ou "homens", que não "vêem" que o que procuram já está presente diante deles, mas terminamos com íntimos ou "discípulos", que não "conhecem" o que procuram como já presente no meio deles. Finalmente, ditos independentes sobre "conhecimento" (daí o "conhecer" anterior) são acrescentados como *Ev. Tomé* 3,4-5 a 3,1-3, internamente por mudanças dentro de 51,1-2 e interna e externamente em 18,1-2.3.

Conclusão

Interpreto *Quando e onde* juntamente com *No deserto* e *Maior do que João* dentro da Tradição de Ditos Comuns. Opõe-se ao tipo de escatologia apocalíptica representado por João Batista. É aceita e redigida no *Evangelho Q*, de modo que não nega a escatologia apocalíptica, mas sim a confirma. O acontecimento será repentino demais até para sinais prenunciativos. É aceito no *Evangelho de Tomé* e, então, lenta mas seguramente, redigido em sua escatologia ascética esotérica. Entretanto, isso significa que nenhum desses evangelhos representa seu sentido original. Cada um teve de redigi-lo em direções diferentes. Negativamente, e em conjunto com os dois outros ditos comuns, nega a validade da escatologia apocalíptica. Positivamente, indica que o Reino de Deus já está presente sobre a terra. Mas *como* está presente? A resposta está nas unidades estudadas no próximo capítulo.

Capítulo 18

Afirmação da escatologia ética

O corpo é um modelo que simboliza todo sistema confinado. Seus limites representam quaisquer limites que sejam ameaçados ou precários. O corpo é estrutura complexa. As funções de seus diversos órgãos e suas relações propiciam uma fonte de símbolos para outras estruturas complexas. Não temos possibilidade de interpretar rituais relativos a fezes, leite materno, saliva e o resto, a menos que estejamos preparados para ver no corpo um símbolo da sociedade e ver os poderes e perigos creditados à estrutura social reproduzidos em miniatura no corpo humano.

Mary Douglas, *Purity and danger* [*Pureza e perigo*], p. 115.

Em todas as sociedades, simples e complexas, a alimentação o modo primordial de iniciar e manter relações humanas... Depois que o antropólogo descobre onde, quando e com quem o alimento é consumido, praticamente tudo o mais é deduzido sobre as relações entre os membros da sociedade... Conhecer o quê, onde, como, quando e com quem as pessoas comem é conhecer o caráter de sua sociedade.

Peter Farb e George Armelagos, *Consuming passions* [*Paixões devoradoras*], pp. 4, 211.

Nas sociedades tradicionais, por exemplo, os sistemas de saúde podem ser *o principal* mecanismo para o controle social.

Arthur Kleinman, *Patients and healers in the context of culture* [*Pacientes e médicos no contexto da cultura*], p. 41.

Este capítulo deve ser lido como complemento positivo do negativo que o antecede. O que é o Reino de Deus, se ele não é nem apocalíptica, nem asceticamente escatológico? Caracteriza-se pelo que denominei *escatologia ética*, resistência divinamente determinada e não-violenta à normalidade da discriminação, opressão e perseguição.

As três epígrafes acima formam as bases antropológicas interculturais para este capítulo e sua relevância ficará mais clara à medida que eu prosseguir. O princípio fundamental é a interação simbólica do corpo como microcosmo e da sociedade como macrocosmo, proposta por Mary Douglas. Contudo o que essa interação significa? Como, por exemplo, a noção que uma sociedade tem de si mesma é representado em seus preceitos para os corpos dentro dela? É possível trabalhar com esse outro corpo, mas não comer com ele, ou é possível comer com esse outro corpo, mas não desposá-lo. Dentro dessa interação, dois fenômenos são especialmente importantes no nível mesocósmico (ou intermediário). Comer e curar envolvem interação corporal. Não têm relação apenas com corpos individuais, como microcosmos separados. Também não dizem respeito à sociedade como macrocosmo maior. São exemplos perfeitos daquele nível mesocósmico em que corpos se juntam e no qual a sociedade é simbolizada por essa interação.

No último capítulo usei três unidades para estabelecer o anti-apocaliptismo da Tradição de Ditos Comuns: *No deserto, Maior do que João* e *Quando e onde*. Aqui uso três unidades diferentes para estabelecer sua substituição. *Bem-aventurados os pobres, Ódio à própria família*, e *Missão e mensagem*. Aqui, *Missão e mensagem* tem a mesma importância primordial que *Quando e onde* teve no capítulo anterior.

Bem-aventurados os pobres

A primeira das três unidades da Tradição de Ditos Comuns a ser considerada nesta seção é *Bem-aventurados os pobres* (Apêndice 1A, #22). É um dito do Tipo 4 (Apêndice 1B); isto é, não foi redigido próximo ao ascetismo no *Evangelho de Tomé*, nem próximo ao apocaliptismo do *Evangelho Q*. Deve ser visto em conjunto com duas outras bem-aventuranças (Apêndice 1A, #28, #29):

Bem-aventurados os pobres:	*Ev. Tomé* 54	Q: Lc 6,20	= Mt 5,3
Bem-aventurados os perseguidos:	*Ev. Tomé* 68 = 69,1	Q: Lc 6,22-23	= Mt 5,11-12
Bem-aventurados os que têm fome:	*Ev. Tomé* 69,2	Q: Lc 6,21a	= Mt 5,6

Este capítulo examina só essa primeira bem-aventurança. Mas as três referem-se à mesma realidade: os pobres são os que têm fome, são os perseguidos ou oprimidos. Mas primeiro algumas palavras preliminares sobre bem-aventuranças.

Bem-aventuranças

A *bem-aventurança* é uma declaração não só de felicidade secular ou humanamente acreditada, mas de felicidade religiosa ou divinamente aprovada. É uma declaração de que alguém ou algo é abençoado por Deus. A tradução clássica "beatos" deixa essa fonte transcendental mais evidente do que traduções modernas, como "felizes". De qualquer modo, essa designação genérica cria certas expectativas em relação a seu pano de fundo cultural. Dois pontos principais são importantes para este exemplo.

O primeiro ponto diz respeito à estrutura interna. Muitas vezes as bem-aventuranças têm estrutura bipartida que envolve, na primeira parte, uma *declaração* de quem ou o que é bem-aventurado e, na segunda, a razão pela qual ele ou eles são bem-aventurados, como em Sl 128,1-2:

> *Declaração*: Felizes todos os que temem a Iahweh
> e andam em seus caminhos!
> *Razão*: Do trabalho de tuas mãos comerás,
> tranqüilo e feliz.

O segundo ponto diz respeito à estrutura externa. Com freqüência, encontram-se as bem-aventuranças aos pares e esse paralelismo poético exterior reflete-se muitas vezes em um interior, dentro de cada bem-aventurança, como em Sl 32,1-2:

> Feliz aquele cuja ofensa é absolvida,
> cujo pecado é coberto.
> Feliz o homem a quem Iahweh não atribui iniqüidade,
> e em cujo espírito não há fraude.

Mas as bem-aventuranças também aparecem em série, tendo desde três até nove casos. Por exemplo, entre os 15.000 fragmentos de cerca de 550 manuscritos encontrados na Gruta 4 em Qumrã perto do mar Morto, há um catalogado como 4Q525 (*DSST* 395). Tem cinco bem-aventuranças na busca da sabedoria divina que ainda se conservam e pode ter havido diversas outras perdidas no início do fragmento. Isso se compara com as três bem-aventuranças da Tradição de Ditos Comuns e com as quatro originariamente presentes no *Evangelho* Q – as últimas agora conservadas como quatro em Lc 6,20-23, mas ampliadas para nove em Mt 5,3-12.

Evangelho Q

Esta versão da bem-aventurança é neutra com respeito à *declaração* ("bem-aventurados os pobres") em Lc 6,20 e Mt 5,3, mas o primeiro dá a *razão* na segunda pessoa do plural, com "vós", enquanto o segundo a dá na terceira pessoa do plural com "eles". Precisamos, portanto, decidir qual estava no texto do *Evangelho* Q. Eu prefiro o formato da segunda pessoa do plural, porque se encontra na *declaração* e *razão* na quarta bem-aventurança do *Evangelho* Q, "*Bem-aventurados os persegui*dos", em Lc 6,22-23 = Mt 5,11-12.

> Bem-aventurados vós, os pobres, porque vosso é o Reino de Deus.
>
> (Q 6,20b)

Teria essa variação de "vós" e "eles" nessas bem-aventuranças se originado de uma formulação inicial na primeira pessoa: "Bem-aventurados [somos nós,] os pobres, porque nosso é o Reino de Deus"?

Evangelho de Tomé

A bem-aventurança *Felizes vós os pobres* em *Ev. Tomé* 54 tem a estrutura bipartida característica que envolve a *declaração* de quem ou o que é bem-aventurado e a razão pela qual ele ou eles são bem-aventurados.

> Jesus disse: – Felizes os pobres, pois vosso é o Reino dos céus.
>
> (*Ev. Tomé* 54)

A *declaração* é neutra ("felizes os pobres"); só a *razão* é explicitamente formulada na segunda pessoa do plural, com "vós".

Os pobres ou os indigentes?

Temos um impedimento muito sério para um entendimento contemporâneo dessa antiga bem-aventurança. Como devemos traduzir e entender a palavra grega na frase "bem-aventurados os *ptōchoi*"? (Aliás, não presumo que Jesus falava grego, só que os que o registraram ou interpretaram conheciam as palavras apropriadas para usar.) Eis o problema, analisado na tese de doutorado extremamente útil de Gildas Hamel. Primeiro, as palavras mais comuns para os necessitados na Bíblia hebraica são *ani* e *ebyon*. "A diferença... estava na premência da necessidade. Enquanto o *ani* era pressionado por dívidas e dependia das boas graças do empregador ou credor, o *ebyon* precisava ser ajudado imediatamente para poder sobreviver" (p. 5). Essas palavras, entretanto, aparecem com freqüência juntas, como acontece, por exemplo, nestes casos típicos:

> Não oprimirás um assalariado pobre [*ani*], necessitado [*ebyon*], seja ele um dos teus irmãos ou um estrangeiro que mora em tua terra, em tua cidade.
>
> (Dt 24,14)

> Ouvi isto, vós que esmagais o indigente [*ebyon*] e quereis eliminar os pobres [*ani*] da terra.
>
> (Am 8,4)

> É noite quando o assassino se levanta para matar o pobre [*ani*] e o indigente [*ebyon*]. Durante a noite ronda o ladrão.
>
> (Jó 24,14)

O uso do grego clássico também tinha duas palavras para os necessitados: *pēnes* (da qual se origina a palavra penúria) e *ptōchos*. Novamente, "a última referia-se a uma forma de pobreza mais grave e a primeira a uma menos grave" (1983, p. 6). A palavra *pēnes* era empregada para "todos os que precisavam trabalhar em estabelecimentos comerciais ou nos campos e, conseqüentemente, não tinham o lazer característico dos *plousioi* [ricos], que eram livres para dedicar seu tempo à política, ao *paideia* [estudo] e à guerra"; mas o "*ptōchos* ficava à margem e todos o

AFIRMAÇÃO DA ESCATOLOGIA ÉTICA

reconheciam como tal... Pobres e ricos faziam parte do mesmo mundo e se colocavam em uma balança comum, sempre escorregadia, mas os indigentes não podiam fazê-lo. O *ptōchos* era alguém que perdera muitos ou todos os laços familiares e sociais. Muitas vezes era um andarilho, portanto estrangeiro para os outros, incapaz de reclamar em tempo algum recursos de um grupo para o qual contribuía muito pouco ou absolutamente nada" (1983, p. 8). Exemplo típico dessa distinção aparece em uma comédia de Aristófanes encenada pela primeira vez na primavera de 388 a.C. Uma personagem, Crêmulo, assegura que o pobre (*pēnes*) e o indigente (*ptōchos*) são a mesma coisa. Uma Pobreza personificada defende-se enfaticamente da calúnia, em *Pluto*, versos 552-554 (Rogers, 1924, v. 3, pp. 414-415):

> Só um *indigente* não possui nada de seu,
>   nem um óbolo na bolsa tem.
> O meu *pobre*, é verdade, está sempre a poupar
>   e nunca pára de trabalhar;
> Nada de supérfluo verás em sua casa;
>   mas, mesmo assim, nada lhe falta.

É óbvio que lidamos com termos escorregadios e instáveis, muitas vezes relacionados com quem os emprega e sua classe, mas a conclusão geral de Hamel é clara e correta: "Havia duas categorias gerais para as quais nossas palavras 'pobreza' e 'indigência' são aproximações. A categoria mais ampla incluía todos os com alguma renda, mas sem os meios, em especial o lazer, necessários para atividades sociais como entretenimento, educação, serviço político e religioso... A categoria mais restrita incluía todos os que haviam perdido esse grau mínimo de segurança e, para alimentação, vestuário e abrigo, dependiam da caridade organizada e da evocação de sentimentos de piedade" (1983, p. 344).

Essa distinção entre pobreza e indigência era muito mais absoluta nas zonas rurais que nas urbanas. Ali a grande divisão entre os pobres e os indigentes geralmente coincidia com a divisão entre os camponeses com terra e os camponeses sem terra e, em especial, entre os camponeses com terra e os camponeses indigentes. De um lado estavam as famílias de agricultores com propriedades, por menores que fossem seus lotes. Do outro, estavam os arrendatários, meeiros, diaristas e indigentes. Sempre que, no Novo Testamento, lemos a palavra *pobre*, em grego é *indigente*. A palavra *pobre* denota a vasta maioria do mundo, e a pessoa pode se vangloriar de fazer parte dos pobres esforçados, diferentes dos ricos ociosos. Naquele mundo, e em nenhum outro, desde então, ninguém jamais se vangloriou da indigência. Esta, pois, é a tradução apropriada: "Bem-aventurados os indigentes". E é isso que exige explicação simultânea nos níveis religioso e econômico.

Tendemos a pensar em "pobres" ou "indigentes" como *ou* espirituais e religiosos, *ou* sociais e econômicos. Mas como já vimos com *direito* e *justiça*, o uso bíblico prefere palavras que são enfática e absolutamente *as duas coisas* ao mesmo tempo. Esta é uma situação semelhante. Palavras como *pobre* e *indigente* precisam ser entendidas social *e* espiritualmente, religiosa *e* economicamente. E esse enfoque combinado levanta perguntas que são estruturais e sistêmicas, não somente individuais e pessoais. Não há nenhuma ilusão bíblica de que os pobres e indigentes sejam pessoalmente melhores e mais santos que os ricos e os poderosos. Mas como o Deus bíblico é um Deus de direito e justiça que prefere escravos a opressores, ser pobre ou indigente é motivo para receber proteção e solicitude especiais. Não podemos considerar esses termos *apenas* economicamente indicativos, mas também não podemos considerá-los *apenas* religiosamente indicativos. Assim, por exemplo, quando *nós* lemos a qualificação "pobres em espírito" em Mt 5,3, inclinamo-nos a considerá-la exclusivamente espiritual. Os pobres em espírito são os humildes, os que reconhecem sua pobreza espiritual diante de Deus. Naturalmente, não há tal qualificação em Lc 6,20b nem em *Ev. Tomé* 54, o que significa que é melhor considerar "em espírito" redação mateana. Se "os pobres" forem entendidos apenas espiritualmente, não faz diferença se o texto registra "os pobres", ou "os indigentes"; para seres humanos espiritualmente diante de Deus, os dois termos significam a mesma coisa. Mas faz um mundo de diferença que termo usamos quando falamos econômica e socialmente e também espiritual e religiosamente – e, em especial, quando falamos de espírito e religião *por causa* da sociedade e da economia.

Conclusão

Concentrei-me aqui na bem-aventurança para os indigentes, mas *indigentes* é igual a *os que têm fome* que é igual a *perseguidos* (no sentido de oprimidos, explorados e rejeitados). As três bem-aventuranças falam para a mesma situação. É um exemplo no qual ouvir Jesus em termos pessoais e individuais, em vez de estruturais e sistêmicos, gera sérios equívocos. Jesus pensa que os indigentes são todos boas pessoas e os aristocratas são todos maus? Ele tem alguma ilusão sobre os encantos românticos da vida sem um lar? Deus é pelos indigentes e incapazes, não por eles serem individualmente bons, mas sim porque sua situação é estruturalmente injusta. Deus é contra os ricos e poderosos não por eles serem individualmente maus, mas por serem sistemicamente maus. O Deus judaico não tem opção preferencial pelos pobres; antes, o Deus judaico tem opção preferencial pela justiça.

Ódio à própria família

A segunda das três unidades da Tradição dos Ditos Comuns a serem consideradas nesta seção é *Ódio à própria família* (Apêndice 1A #23). É um dito do Tipo 1 (Apêndice 1B); isto é, foi redigido próximo ao ascetismo no *Evangelho de Tomé*, mas não próximo ao apocaliptismo no *Evangelho Q*. Aparece no *Evangelho Q* como Q 14,25-26 – isto é Lc 14,25-26 = Mt 10,37 – e como versões parecidas em *Ev. Tomé* 55,1-2a e 101.

Há diversos ditos de Jesus sobre a família que contêm notável virulência, mesmo no contexto de um evangelho canônico pleno, onde talvez se percam em um texto maior. Além daqueles como *Felizes as entranhas* e *Os verdadeiros parentes de Jesus* (Apêndice 2A, #71, #86), que estão no *Evangelho de Tomé*, mas não no *Evangelho Q*, há dois desses ditos na Tradição dos Ditos Comuns (Apêndice 1A, #6, #23):

Paz ou espada:	*Ev. Tomé* 16	Q: Lc 12,51-53	=	Mt 10,34-36
Ódio à própria família:	*Ev. Tomé* 55,1-2a e 101	Q: Lc 14,25-26	=	Mt 10,37

Os dois são ditos do Tipo 1. Por enquanto, porém, examino apenas o segundo.

Evangelho Q

Há diferenças entre as versões lucana e mateana desta bem-aventurança, mas nada substantivo está em jogo. Eis minha proposição para a versão original do *Evangelho Q*:

> Se alguém não odeia seu próprio pai e mãe, não pode ser meu discípulo; e se alguém não odeia seu irmão e irmãs, não pode ser meu discípulo.
>
> (Q 14,26)

As versões redigidas do *Evangelho Q* citam diferentes membros da família. Mateus tem dois conjuntos de parentes: "pai e mãe; filho e filha". Lucas tem três conjuntos de parentes: "pai e mãe; mulher e filhos; irmãos e irmãs". O que havia no *Evangelho Q* original?

O primeiro conjunto de parentes – "pai e mãe" – é bastante seguro. O segundo conjunto pode ser redacional nos dois casos, mas de modo diferente, como Stephen Patterson sugere (1993a, p. 45). Por um lado, Mateus colocou *Ódio à própria família* em 10,37, imediatamente após *Paz e espada* em 10,34-36, de modo que a combinação "pai, mãe, filho, filha" pode ter-se infiltrado do segundo para o primeiro texto. Por outro lado, Lucas talvez acrescentasse "mulher e filhos" a sua fonte do *Evangelho Q*, exatamente como Lc 18,29b acrescentou "mulher" a sua fonte marcana (Mc 10,29). O terceiro conjunto de parentes – "irmãos e irmãs" – omitido por Mateus, mas mantido por Lucas, era, com toda a probabilidade, o único que se seguia a "pai e mãe" no *Evangelho Q* original.

Evangelho de Tomé

Há duas versões independentes, uma bem próxima do relato do *Evangelho Q* e outra que segue uma trajetória redacional bastante independente:

> Jesus disse: – Aquele que não odiar pai e mãe não poderá tornar-se meu discípulo, e quem não odiar seus irmãos e irmãs e não carregar sua cruz, como eu, não será digno de mim.
>
> (*Ev. Tomé* 55,1-2)

Jesus disse: – Aquele que não odiar seu (pai) e sua mãe como eu não poderá se tornar meu (discípulo). E aquele que não amar (seu pai) e sua mãe como eu não poderá tornar-se meu discípulo. Pois minha mãe... mas minha verdadeira (mãe) deu-me a Vida.

(Ev. Tomé 101,1-3)

É fácil perceber na segunda versão como *Ev. Tomé* 55,1-2 é primeiro resumido em 101,1 e depois adaptado a uma nova interpretação em 101,2-3. Em lugar da mãe terrena (falsa) que leva o filho ao reino da morte e da escuridão, existe a mãe celeste (verdadeira) que leva o filho para o reino da vida e da luz. A família terrena é pouco melhor que uma casa de prostituição.

Jesus disse: – Quem conhece seu pai e sua mãe será chamado "filho de prostituta".

(Ev. Tomé 105)

Por outro lado, no *Evangelho de Tomé*, o verdadeiro progenitor de Jesus é Deus-Pai. Ele fala das "(coisas) de *meu* Pai", em 61,3, dos "lugares de *meu* Pai", em 64,12, da "vontade de *meu* Pai", em 99,3 e do "reino de *meu* Pai", em 99,4. E a verdadeira progenitora de Jesus é a Mãe--Sabedoria, como acima em 101,3. De modo semelhante, por exemplo, os *Atos de Tomé*, texto de Edessa, na Síria, datado do século III, que continua as tradições encontradas no *Evangelho de Tomé*, faz o apóstolo Tomé rezar a Jesus e concluir com estas palavras (*NTA* 2,356):

Glorificamos a ti, a teu Pai invisível, a teu Espírito Santo e à Mãe de toda a criação.

(Atos de Tomé 39)

Portanto, para a Tradição dos Ditos Comuns, examino apenas Q 14,26 e *Ev. Tomé* 55,1-2 e 101,1, e ignoro por completo 101,2-3. Como explicar esse ataque um tanto cruel à família? Ele é, já se vê, ainda mais surpreendente tendo como o pano de fundo a sociedade camponesa tradicional, em que a propriedade familiar e a cooperação familiar eram moral e fisicamente, social e economicamente fundamentais.

A resposta comum é que a fé é ainda mais fundamental que a família, que Jesus força as pessoas a crerem nele acima até da família, ou que ele critica as desigualdades hierárquicas da sociedade, presentes de forma microcósmica na própria família. Mas há aqui também mais alguma coisa em ação? A comercialização rural desloca a vida camponesa e enfraquece muito a própria família camponesa, de modo que ela já não protege seus membros, uma vez que se divide em indivíduos isolados, cada um buscando a própria sobrevivência. Com efeito, Jesus não fala aos ricos e os aconselha a desistirem de seus bens – em defesa do ascetismo. Fala em especial aos camponeses despossuídos e procura restabelecer a dignidade e a segurança deles em nome de Deus. Da mesma maneira, não fala primordialmente a famílias camponesas fortes e tenta dividi-las pró ou contra ele. Fala em especial àqueles para quem a família falhou e substitui esse agrupamento perdido por uma alternativa, o companheirismo do Reino de Deus. Assim, minha proposição é que Jesus e seus primeiros companheiros não destruíam famílias que eram viáveis, mas sim substituíam famílias que não o eram.

Um último ponto. Não há menção de marido *versus* mulher na Tradição dos Ditos Comuns, nem no *Evangelho* Q ou no *Evangelho de Tomé*, mas só na redação lucana de *Ódio à própria família*. Alhures só é especificada a oposição aos pais e aos irmãos. Também não há nenhuma redação de marido *versus* mulher no dito de *Paz e espada* mencionado antes. Ali só está especificada a oposição entre as gerações, o que concorda com outro dito de Jesus fortemente evidenciado: *Contra o divórcio* (Apêndice 2B, #54). Se alguém desejasse dividir as famílias, colocar marido contra mulher e mulher contra marido seria o caminho mais fácil. Mas a urbanização de Antipas atingiu mais duramente a responsabilidade dos pais pelos filhos e dos irmãos uns pelos outros. São os restos de famílias camponesas total ou parcialmente despossuídas que são convidadas ao parentesco ou à nova família fictícia do Reino sob um Pai que resiste até à comercialização romana.

Conclusão

Juntamente com *Paz ou espada*, *Ódio à própria família* confirma minha proposição de que o enfoque primordial de Jesus estava nos camponeses despossuídos pela comercialização romana e a urbanização herodiana no fim dos anos 20 na Baixa Galiléia. Os itinerantes, como indigentes recém-despossuídos, e os chefes de família, como pobres que em breve talvez fossem despossuídos, reúnem-se em uma nova família, um companheirismo de fortalecimento que é o Reino de Deus e não divide famílias, mas sim reagrupa as famílias já destruídas (ou que logo serão destruídas ao longo das gerações).

Missão e mensagem

A última das três unidades da Tradição dos Ditos Comuns a ser considerada nesta seção é *Missão e mensagem* (Apêndice 1A, #5). É um dito do Tipo 3 (Apêndice 1B); isto é, foi redigido próximo ao ascetismo no *Evangelho de Tomé* e próximo ao apocaliptismo no *Evangelho* Q. Dei-lhe posição elevada em minha obra anterior O *Jesus histórico*, onde disse que ele indicava "o cerne do programa de Jesus" e acrescentei: "Se essa hipótese estiver equivocada, este livro terá de ser reescrito" (p. 341). Ainda é, para mim, a unidade mais importante para entender o Jesus histórico, a Tradição dos Ditos Comuns e a continuidade de uma para a outra. É onde vejo a continuação do Jesus histórico para seus primeiros companheiros com a maior clareza e até fisicamente. Interpreto muitos ditos ambíguos e aforismos francos da Tradição dos Ditos Comuns à luz desse conjunto. É, também, para mim, a prova mais clara de que Jesus e seus primeiros companheiros tinham não só uma visão, mas um programa, não apenas uma idéia, mas um plano. Aqui, fica claro que o Reino de Deus não é sobre mim, mas sobre nós; não é sobre a individualidade, mas sobre a sociedade; não é sobre o céu, mas sobre a terra. É sobre a justiça divina aqui embaixo.

Mas mesmo deixando de lado tudo isso, a unidade exige ênfase especial por várias razões independentes. Primeiro, é sobre palavras e feitos *juntos*. É, de fato, sobre feitos transmitidos em palavras. É, portanto, um bom lugar para evitar o debate fatigante sobre a ascendência de palavras sobre feitos ou de feitos sobre palavras na pesquisa do Jesus histórico. Dois exemplos, um em cada sentido. Meu colega do Seminário de Jesus, Burton Mack, enfatiza palavras ou ensinamentos. As duas primeiras páginas de seu livro sobre o *Evangelho* Q mencionam "ensinamentos" oito vezes, como neste exemplo: "Faz diferença se o fundador de um movimento é lembrado por seus ensinamentos ou por seus feitos e seu destino. Para os primeiros seguidores de Jesus a importância de Jesus como fundador do movimento estava diretamente relacionada com a importância que atribuíam a seus ensinamentos" (pp. 1-2). E. P. Sanders enfatiza feitos ou "fatos". Sua obra, que busca "a prova mais segura... baseia-se primordialmente em fatos a respeito de Jesus e só secundariamente em um estudo de parte do material sobre os ditos" (1985, pp. 3, 5). A prova mais segura, certamente, não é nem palavras *sem* feitos, nem feitos *sem* palavras, mas palavras *e* feitos reunidos mais profundamente. Essa combinação indica que Jesus tinha não apenas uma visão grandiosa, mas também um programa prático; não apenas um estilo de vida pessoal ou individual, mas um plano comunitário e social.

Segundo, esta unidade não está presente só na Tradição dos Ditos Comuns. Encontra-se também diretamente em Marcos e indiretamente em Paulo. Além disso, é importante para a *Didaqué*, cujas reações a este programa vão receber atenção muito mais completa no próximo capítulo. Da forma como a entendo, esta unidade é o cerne da Tradição dos Ditos Comuns. Sua presença torna esse *corpus* coerente e ajuda todas as outras unidades a se acomodarem.

Terceiro, esta é a unidade em que o texto move-se para uma *ligação* mais estreita com o *contexto* e, portanto, onde meu método alcança sucesso ou fracassa mais plena e absolutamente. Mas este terceiro ponto depende daquele segundo. Se esta unidade for apenas periférica à Tradição dos Ditos Comuns e não, por assim dizer, seu cerne, então, toda ligação sua com o contexto deixaria de ser, de qualquer modo, significativa. Assim, no que se segue, observe a centralidade desta unidade e também sua ligação com as outras unidades da Tradição dos Ditos Comuns, com o contexto antropológico, histórico e arqueológico proposto antes.

Começo examinando separadamente as três versões deste dito no *Evangelho de Tomé*, no *Evangelho* Q e em Marcos. Em seguida, considero os elementos comuns nos três (ou pelo menos em dois) desses relatos independentes. Finalmente, tiro algumas conclusões gerais dessas comparações.

As três versões

Evangelho de Tomé

A versão em *Ev. Tomé* 14,4 é a mais breve possível e é provável que ali esteja não tanto por si mesma, quanto pelo que a segue e interpreta em 14,5. No entanto, isso a torna mais significativa. Está ali apenas residualmente, por assim dizer, ao alcance da mão. Deve, portanto, ser tradição mais primitiva:

> Jesus lhes disse: – Se jejuais, vos atribuireis pecado; se orais, sereis condenados; se dais esmolas, fareis mal a vossos espíritos.
>
> Em alguns países onde entrareis e nos campos por onde andareis, se fordes recebidos, comei o que vos for oferecido e curai os seus enfermos. Com efeito, o que entrar em vossa boca não vos maculará; é o que sai de vossa boca que vos maculará.
>
> (*Ev. Tomé* 14,1-5)

O *Evangelho de Tomé* nega repetidamente validade para os aspectos mais básicos da devoção e pureza judaicas tradicionais. Mas observemos, em cada caso, o juízo positivo que acompanha o negativo:

> Se vós não fazeis jejum de mundo, não encontrareis o Reino; se vós não fazeis do sábado um sábado, não vereis o Pai.
>
> (*Ev. Tomé* 27,1-2).

> Seus discípulos disseram-lhe: A circuncisão é útil ou não?
>
> Ele lhes disse: – Se fosse útil, seu pai geraria filhos circuncisos de sua mãe. Mas a verdadeira circuncisão, a espiritual, é inteiramente proveitosa.
>
> (*Ev. Tomé* 53,1-3)

O mesmo acontece aqui. Há uma negação de jejuar, rezar, dar esmolas e dos preceitos sobre a pureza dos alimentos. Toda essa disciplina espiritual comum é inadequada contra a exigência radical de ascetismo celibatário.

Entretanto, é fascinante como, mesmo tendo como pano de fundo teológico totalmente divergente, os elementos fundamentais da unidade ainda estão presentes: ministério itinerante, comer com os que nos recebem e curar os enfermos entre eles. Há até sintomas leves mas significativos de que este é um fenômeno usual em vez de incomum, e rural em vez de urbano. Concentremo-nos na frase "Em alguns países onde entrareis e nos campos por onde andareis, se fordes recebidos". A palavra "se" indica uma situação comum, ou uma ocorrência normal. E a frase "nos campos por onde andareis" usa um estrangeirismo grego que significa o campo diferenciado da cidade, de modo que uma tradução mais literal, seria com Layton, "viajardes nos lugares (do campo)" (1987, p. 383), com Meyer, "andarem pelo campo" (1993, p. 39) ou, com Patterson, "perambulardes no campo" (1993a, p. 131). Esse ministério itinerante radical era, em outras palavras, mais normal que especial e mais rural que urbano. Porém, apesar de meu título para este conjunto, *Missão e mensagem*, saliento o comentário de Patterson de que "no princípio, o ideal do ministério itinerante radical não estava necessariamente ligado com a 'missão' cristã primitiva, mas antes tinha mais a qualidade de um modo de vida permanente, um estilo de vida defendido pelo movimento de Jesus" (1993a, p. 132). Esse ponto vai reaparecer com o *Evangelho* Q.

Evangelho Q

Este é um exemplo clássico de unidade encontrada no *Evangelho* Q e em Marcos e que, portanto, apresentou um problema para Mateus e Lucas, que usaram essas duas fontes próximas. Suas opções óbvias eram duplicação, eliminação ou fusão; em outras palavras, podiam manter as duas, escolher uma e omitir a outra, ou combinar as duas em uma única unidade coerente. No caso presente, Mateus preferiu a fusão em Mt 9,37–10,14, enquanto Lucas, felizmente para nós, preferiu a duplicação em Lc 9,1-6 e 10,4-11. Eis as versões paralelas:

Evangelho Q:		Lc 10,4-11 =	Mt 10,7.10b.12-14
Marcos:	Mc 6,7-13 =	Lc 9,1-6 =	Mt 10,1.8-10a.11

O que isso significa, entretanto, é que precisamos contar fortemente com a versão de *Missão e mensagem* em Lc 10,4-11 para recriar o original do *Evangelho* Q. Exponho-o aqui juntamente com os versículos imediatamente subseqüentes em Q 10,12-15, importantes à medida que prosseguimos:

> Não leveis bolsa, nem alforje, nem sandálias, e a ninguém saudeis pelo caminho. Em qualquer casa em que entrardes, dizei primeiro: "Paz a esta casa!" E se lá houver um filho de paz, a vossa paz irá repousar sobre ele; senão, voltará a vós. Permanecei nessa casa, comei e bebei do que tiverem, pois o operário é digno do seu salário. Não passeis de casa em casa. Em qualquer cidade em que entrardes e fordes recebidos, comei o que vos servirem; curai os enfermos que nela houver e dizei ao povo: "O Reino de Deus está próximo de vós". Mas em qualquer cidade em que entrardes e não fordes recebidos, saí para as praças e dizei: "Até a poeira da vossa cidade que se grudou aos nossos pés, nós a sacudimos para deixá-la para vós. Sabei, no entanto, que o Reino de Deus está próximo".
>
> (Q 10,4-11)

> Digo-vos que, naquele dia, haverá menos rigor para Sodoma do que para aquela cidade. Ai de ti, Corazim! Ai de ti, Betsaida! Pois se em Tiro e Sidônia tivessem sido realizados os milagres que em vós se realizaram, há muito teriam se convertido, vestindo-se de cilício e sentando-se sobre cinzas. Assim, no Julgamento, haverá menos rigor para Tiro e Sidônia do que para vós. E tu, Cafarnaum, te elevarás até ao céu? Antes, até ao inferno descerás!
>
> (Q 10,12-15)

Esse é, já se vê, um texto muito mais desenvolvido que o visto há pouco em *Ev. Tomé* 14,4, mas os mesmos três elementos principais de ministério itinerante, comer com os que vos recebem e curar seus doentes estão todos, mais uma vez, presentes com clareza. Há também elementos inteiramente novos, tais como os mandamentos sobre vestimenta e equipamentos, a diferença entre casa e cidade e, em especial, a menção do Reino de Deus presente.

Marcos

Como já mencionamos, a versão de Marcos foi fundida com a do *Evangelho* Q em Mateus, mas mantida como incidente distinto em Lc 9,1-6. Não está toda em discurso direto, como em

Ev. Tomé 14,4 e Q 10,4-12. Em vez disso, duas seções de discurso indireto enquadram uma seção menor, em discurso direto:

> Chamou a si os Doze e começou a enviá-los dois a dois. E deu-lhes autoridade sobre os espíritos impuros. Recomendou-lhes que nada levassem para o caminho, a não ser um cajado apenas; nem pão, nem alforje, nem dinheiro no cinto. Mas que andassem calçados com sandálias e não levassem duas túnicas. E dizia-lhes: "Onde quer que entreis numa casa, nela permanecei até vos retirardes do lugar. E se algum lugar não vos receber nem vos quiser ouvir, ao partirdes de lá, sacudi o pó de debaixo de vossos pés em testemunho contra eles". Partindo, eles pregavam que todos se arrependessem. E expulsavam muitos demônios, e curavam muitos enfermos, ungindo-os com óleo.
>
> (Mc 6,7-13)

Três pequenos itens da redação marcana são, de imediato, evidentes. Um é a ênfase em exorcismos e curas, como antes para Jesus, agora também para os Doze:

> E ele curou muitos doentes de diversas enfermidades e expulsou muitos demônios. Não consentia, porém, que os demônios falassem, pois eles sabiam quem era ele.
>
> (Mc 1,34)

> Pois havia curado muita gente. E todos os que sofriam de alguma enfermidade lançavam-se sobre ele para tocá-lo. E os espíritos impuros, assim que o viam, caíam a seus pés e gritavam: "Tu és o Filho de Deus!"
>
> (Mc 3,10-11)

Outro item é a exigência de arrependimento como condição prévia para aceitar o Reino de Deus. Já que, para Marcos, ele vinha inicialmente em humildade e de forma oculta, é imprescindível a mudança radical, o arrependimento (*metanoia* em grego), a fim de aceitá-lo como tal. Daí esse resumo inaugural:

> Veio Jesus para a Galiléia proclamando o Evangelho de Deus: "Cumpriu-se o tempo e o Reino de Deus está próximo. Arrependei-vos e crede no Evangelho".
>
> (Mc 1,14b-15)

A última pequena mudança é a permissão de cajado e sandálias, dois aspectos tão comumente esperados que sua permissão atesta uma negação anterior. E, naturalmente, já vimos essa negação de sandálias em Q 10,4. Tais permissões garantem que esses preceitos não eram retórica idealista. Jesus disse que cajado e sandálias eram proibidos e seus companheiros realmente tentaram dispensá-los, mas acharam difícil demais. Jesus então teve de "dizer" que sandálias e cajado eram permitidos. Ao deparar com "sandálias não" em Q 10,4 e "sandálias sim" em Mc 6,9, Lucas simplesmente omitiu qualquer menção delas em seu paralelo Lc 9,3. Essas pequenas mudanças lucanas são tranqüilizadoras porque, além de suavizar tais contradições, a estratégia de Lucas foi ficar relativamente próximo de sua fonte marcana em Lc 9,1-6 e de sua fonte do *Evangelho* Q em Lc 10,4-11.

Os elementos comuns

Itinerantes e chefes de família

Itinerantes e chefes de família são os termos oficiais que uso para *os que chegam e para quem os recebem* nos três textos. Para salientar sua importância, são também usados nos títulos das partes VII e VIII. Recordemos, por um momento, o *contexto*. A antropologia, a história e a arqueologia juntaram-se para formar a imagem de comercialização rural e urbanização romana contra a tradição judaica e a resistência camponesa na Baixa Galiléia durante os anos 20 do século I da era cristã. Esse processo não significava apenas impostos, ou mesmo *pesados* impostos. Impostos não eram nenhuma novidade e podem não ter sido piores então que em qualquer outro tempo durante centenas de anos de controle imperial. O que esse processo significava era uma completa perturbação da vida camponesa, do sustento da família e da segurança da aldeia. Como seria de prever, alguns camponeses saíam-se bem à custa de outros. Mas, para esses outros, significava endividamento certo, possível escravidão e provável despossessão. Significava a mudança da subsistência em uma pequena propriedade familiar para o *status* de arrendatário, trabalhador sem terra, mendigo ou bandido. Esse processo de comercialização colocava uns contra os outros, os camponeses *pobres* que poderiam ser despossuídos amanhã e os camponeses *indigentes* que haviam sido despossuídos ontem. São esses *sem-terra indigentes* e *proprietários pobres* que o Reino de Deus reúne como *itinerantes* e *chefes de família*.

Comer e curar

Aqui há dois pontos de importância. Primeiro, o programa que Jesus esboça não é sobre distribuição de esmolas. Não é sobre comida entregue a mendigos na porta. Jesus *poderia* ter inaugurado um reino de mendigos, mas não é isso que os três textos concordam em enfatizar. Segundo, considerando que o programa deve ser experiência recíproca em vez de distribuição de esmolas, qual é a lógica dessa reciprocidade? É claro que itinerantes precisam de comida, mas uma distribuição não seria suficiente? É claro que todos precisam de cura, mas por que os chefes de família precisam especialmente dela?

Os itinerantes vêem os chefes de família, que são o que eles eram ontem ou anteontem, com inveja e até ódio. Os chefes de família vêem os itinerantes, que são o que eles poderão ser amanhã ou depois, com medo e desprezo. O programa do Reino força esses dois grupos a se ligarem e começa a reconstruir a comunidade camponesa dividida pela comercialização e urbanização. Mas assim como essa alimentação é simbólica e real, também a cura é simbólica e real. Naturalmente, entendo esse processo considerando o pano de fundo anterior sobre o sentido da cura. O que os itinerantes trazem é resistência ideológica, simbólica e material à opressão e à exploração e isso – precisamente isso – é cura. Tal resistência não cura diretamente a doença, como as vacinas imunizam contra os vírus e os antibióticos destroem as bactérias, mas a resistência cura a enfermidade e a moléstia e, assim, às vezes cura a doença indiretamente.

Aceitação e rejeição

Correlaciono aqui duas disjunções: aceitação/rejeição e casa/cidade. É significativo sobre essas disjunções o modo como se engrenam uma com a outra. Ao nos movermos da casa para a cidade, a retórica sobre rejeição aumenta de forma bem brutal.

Os três textos concordam sobre a possibilidade de rejeição. Mas ela está mais bem implícita em *Ev. Tomé* 14,4 com a frase "se fordes recebidos", que subentende a possibilidade de não o fazerem, mas nada mais é dito a respeito.

Em Marcos, as duas possibilidades estão presentes de maneira mais explícita. Há aceitação, "onde quer que entreis numa casa", em 6,10, e rejeição, "se algum lugar não vos receber", em 6,11. Aos ouvintes é dito para não responderem com agressividade, mas sim com um gesto quase cômico em sua reação demissória.

Entretanto, no *Evangelho* Q, o tema de aceitação ou rejeição mistura-se estreitamente com o de casa e cidade. Mas a situação na casa em Q 10,6 ("E se lá houver um filho de paz, a vossa paz irá repousar sobre ele; senão, voltará a vós") parece muito mais moderada e menos violenta do que na cidade em Q 10,12 ("Digo-vos que, naquele dia, haverá menos rigor para Sodoma que para aquela cidade"). E, a retórica continua a aumentar contra lugares específicos, como Corazim, Betsaida e Cafarnaum, no que segue imediatamente, Q 10,13-15. É duplicação muito notável de aceitação e rejeição, primeiro para a *casa*, em Q 10,5-7 e depois para a *cidade*, em Q 10,8-12. Notemos, por contraste, que Marcos menciona só uma "casa" em 6,10 para aceitação e um "lugar" mais vago, em 6,11, para rejeição. O que essa dicotomia de casa e cidade e a retórica crescente de aceitação e rejeição indicam no *Evangelho* Q?

Minha proposição é de que o texto do *Evangelho* Q nos fala não só sobre o que foi planejado, mas também sobre o que foi experimentado. Registra não só o programa de Jesus, mas também os efeitos desse programa. E, acima de tudo, relata o que aconteceu na mudança de casas e pequenas aldeias para cidades e metrópoles. Um programa voltado originalmente para *casas* – isto é, para os pátios nas estreitas vielas de pequenas aldeias – passou para *cidades* e lá encontrou uma rejeição muito mais agressiva. Por toda a parte, as coisas ficaram mais desagradáveis. Em outras palavras, há duas etapas históricas sucessivas representadas nesse texto do *Evangelho* Q, uma para casas e outra para cidades. É essa a razão, por exemplo, de haver duas menções a comer, em Q 10,7 (casa) e em Q 10,8 (cidade).

Poder e autoridade

Em tese de doutorado na Universidade Emory, em 1992, Werner Kahl realizou detalhada análise comparativa de cerca de 150 narrativas de "milagroso restabelecimento da saúde ou da vida" nas tradições judaica, greco-romana pagã e cristã até o ano 100 d.C. Concentro-me aqui em apenas um ponto desse estudo muito abrangente. Ele distinguiu três tipos de taumaturgos, dependendo se apareciam como portadores (PPN), suplicantes (SPN) ou mediadores (MPN) de poder numinoso. Em outras palavras, ele examinou se os taumaturgos realizavam a cura por autoridade inerente própria ou por meio de orações ou invocações dirigidas ao poder de algum outro ser divino. Ao avaliar Jesus como curandeiro e taumaturgo, Kahl identificou-o como um PPN em vez de um SPN ou MPN. Por um lado, "Moisés, Elias, Eliseu, Hanina, Pedro e Paulo costumam ser descritos como homens capazes de ativar seu deus por meio de *oração*... Esta distinção é ainda mais pronunciada em comparação com os apóstolos nos Atos. Pedro e Paulo têm de invocar o Jesus ressuscitado ou referir-se a seu nome em *todos os casos* de milagres de cura" (pp. 90, 101). Por outro lado, "Iahweh, Jesus, Asclépio e Apolônio *incorporam* um poder divino neles mesmos... Jesus incorpora o poder de cura pessoalmente e atua como o *meio* da atividade salutar de Deus... Em geral, Jesus aparece nos evangelhos como PPN. Ao contrário dos profetas do AT, dos rabinos e dos apóstolos em Atos, quando quer curar, ele não precisa vir perante seu deus como suplicante, nem consultar um PPN mais poderoso que ele... Como Asclépio e Apolônio, a capacidade sobre--humana de Jesus deve-se à origem divina..." (pp. 90, 95, 102).

Iahweh, Deus de Israel, e Asclépio, deus da medicina, são figuras transcendentes, de modo que isso põe Jesus de Nazaré e o contemporâneo Apolônio de Tiana em uma luz muito especial. "Jesus era em geral considerado portador *imanente* de poder numinoso, e... a esse respeito comparava-se melhor com Apolônio de Tiana; às duas figuras também se atribuía grande número de narrativas de milagres de cura. De fato, as duas características (ser *portador imanente* de poder numinoso e ter mais de uma narrativa de milagres de cura atribuídas a esse poder) só são compartilhadas por Jesus nos evangelhos e Apolônio em *Vita*, de Filóstrato. *Vita Apollonii* de Filóstrato data de c. 220 d.C., por isso é evidente que a descrição de Jesus nos evangelhos é diferente das outras tradições contemporâneas do século I d.C. que foram conservadas, na medida em que os PPNs dessas narrativas são figuras transcendentes" (pp. 326-327).

É digno de nota que Jesus não diz aos companheiros que partem, para curarem por meio de orações imprecatórias a Deus, nem para curarem pela invocação de seu nome. Naturalmente, seria possível argumentar que tudo isso está implícito, que eles operam, por assim dizer, com poder emprestado e autoridade temporária. Minha opinião é simplesmente que essa ênfase esperada não está presente de maneira explícita. Jesus cura e eles recebem ordens para fazer o mesmo.

Esses quatro pontos anteriores – itinerantes e chefes de família, comer e curar, rejeição e aceitação, poder e autoridade – surgem na Tradição dos Ditos Comuns e também em Marcos. Há um ponto adicional sobre vestimenta e equipamento que se encontra apenas no *Evangelho* Q e em Marcos. Menciono-o em conclusão, pois *possivelmente* estava presente na Tradição dos Ditos Comuns, mas foi omitida pelo *Evangelho de Tomé*. Todavia, não dou valor a isso e só o cito aqui como complemento. Simplesmente confirma algo já evidente – a saber, a reciprocidade de comer e curar e a diferença entre a generosa distribuição de esmolas e a alimentação livre. Mas, antes de passar ao exame de vestimenta e equipamento, preciso fazer um aparte sobre a filosofia antiga chamada cinismo.

Aparte sobre o cinismo

Diógenes de Sinope viveu de 404 a 323 a.C. e sua longevidade pode ser considerada argumento em favor de seu estilo de vida. Foi discípulo de Antistenes, que foi discípulo de Sócrates. O termo *cínico*, da palavra grega para *cão*, reflete o desdém deliberado com o qual os cínicos zombavam provocativamente das convenções normais da vida humana. Sua filosofia era, acima de tudo, populista e prática em vez de elitista e teórica. Eles não só praticavam o que pregavam, mas também sua prática era sua pregação e sua pregação era sua prática. Encontravam-se mais no mercado e no pátio dos templos do que no gabinete de leitura e na sala de aula. "Os cínicos buscavam a felicidade por meio da liberdade", como os resumiu Farrand Sayre. "A concepção de liberdade dos cínicos incluía se libertar dos desejos, do medo, da raiva, do pesar e de outras emoções, do controle religioso ou moral, da autoridade dos funcionários públicos de todos os níveis, da preocupação com a opinião pública e, além disso, dos cuidados com a propriedade, do confinamento a uma única localidade e da preocupação de sustentar mulher e filhos... Os cínicos ridicularizavam os hábitos dos outros, mas se apegavam rigidamente aos seus próprios costumes. Não apareciam em lugar nenhum sem o alforje, o cajado e o manto, que devia estar sempre gasto, sujo e esfarrapado e ser usado de modo que o ombro direito sempre ficasse descoberto. Andavam sempre descalços e usavam os cabelos e a barba compridos e em desalinho" (pp. 7, 18). Observemos a catequese simbólica desses trajes para análise posterior.

Ultimamente tem havido muito debate sobre a relação entre o Jesus histórico (ou o *Evangelho* Q, ou o cristianismo primitivo) e o cinismo prático. Dois artigos recentes, que concordam com bastante razão sobre numerosos problemas e excessos dessas comparações, apresentam, contudo, conclusões muito divergentes nas sentenças finais. Por um lado, de Hans Dieter Betz: "Em conclusão, vale a pena fazer mais investigações da hipótese? À luz da crítica anterior, a resposta a essa pergunta só pode ser um sim, condicional, mas retumbante. Mesmo se, em última análise, o lema de 'Jesus, o cínico,' se mostrasse uma contradição em termos, muitos dos ditos de Jesus apareceriam em uma luz diferente, como aconteceria com os dos cínicos, e historiadores e exegetas aprenderiam imensamente nesse processo" (pp. 474-475). Por outro lado, de Paul Rhodes Eddy: "As provas compiladas contra a tese que relaciona Jesus com os cínicos garantem a conclusão de que, com respeito à crescente busca de um modelo viável para a reconstrução do Jesus histórico, é preciso procurar alhures" (p. 469).

Exponho seis pontos para esclarecer minha posição. Primeiro, se o cinismo jamais existisse, nada mudaria em minha reconstrução de Jesus como camponês judeu do Mediterrâneo. Uso a doutrina do cinismo de maneira comparativa, mas não preciso dela de maneira constitutiva.

Jamais considerei um Jesus *cínico* uma espécie de substituto para um Jesus *judeu*; na verdade, acho essa idéia quase absurda. Minha resposta a essa hipótese relativa aos cínicos era e é: se quer imaginar um Jesus cínico, vá em frente, mas é melhor imaginar um camponês judeu cínico (1994, pp. 459-460). Para meu dissabor, alguns entenderam que isso postulava um antigo tipo social em vez de um constructo erudito moderno, entenderam-no como descrição literal em vez de desafio paradoxal. Segundo, se a urbanização galiléia trouxe o cinismo a Séforis e/ou se Jesus realmente conhecia o cinismo são questões impossíveis de comprovar ou refutar. Nenhum elo direto ou genético entre o cinismo e Jesus foi provado ou refutado e, além disso, não tenho certeza de como poderia ser verificado ou negado sem novas provas. Terceiro, é no nível de *nosso entendimento* – isto é, no nível da *religião comparada* – que acho o cinismo muito esclarecedor para o Jesus histórico. Quarto, acho útil a comparação geral da crítica antiimperialista e contrária ao materialismo. Uso a expressão escatologia ética para descrever *ambos* esses programas, e essa comparação ajuda-me a distingui-los da *escatologia ascética* ou *apocalíptica*. Estou perfeitamente cônscio de que cada um se origina de tradições diferentes sobre deuses muito diferentes e de que, se não fosse assim, seria exigido igualdade em vez de comparação. Quinto, é principalmente nas catequeses simbólicas de seus preceitos sobre vestimentas que a comparação é mais instrutiva. Acho isso bastante esclarecedor, mesmo que Jesus nada soubesse sobre o cinismo e volto ao assunto a seguir. Finalmente, admitindo que um ouvinte camponês judeu considerasse Jesus algum tipo de profeta, o que um ouvinte camponês pagão julgaria que ele fosse? "É um profeta, como nosso Elias!" É um cínico, exatamente como nosso Diógenes!" "Quem é Elias?" "Quem é Diógenes?" Em outras palavras, se *pagãos* ouvissem Jesus falar a respeito do Reino de Deus, como entenderiam seu programa? Como algum tipo de cinismo, sem dúvida.

Vestimenta e equipamento

Recordemos a descrição que Sayre faz da típica vestimenta e equipamento dos cínicos, dada anteriormente: "O alforje, o cajado e o manto, que devia estar sempre gasto, sujo e esfarrapado e ser usado de modo que o ombro direito sempre ficasse descoberto". O que ali está traduzido "alforje" é a palavra grega *pēra*, que poderíamos chamar de mochila, mas que, de qualquer maneira, era funcionalmente uma sacola para mendigar. Era onde os itinerantes guardavam tudo que ganhavam. Declarava e simbolizava sua auto-suficiência. Na cintura, carregavam tudo que precisavam. Não precisavam de casa nem abrigo, de família, nem parentes. Mas é exatamente isso que os companheiros de Jesus *não* carregam. São pessoas sem *pēra*, como quer que essa palavra seja traduzida em nossos textos. Foi sugerido que Jesus diferencia seu grupo dos cínicos, como se os circunstantes percebessem a distinção sutil. Talvez Jesus nunca tivesse ouvido falar dos cínicos. Ou talvez soubesse tudo sobre eles e adaptasse o modo como se vestiam a seu programa, que era bem diferente. Em todo caso, os preceitos sobre vestimenta sem mochila são simbolicamente corretos para seu programa, no qual os itinerantes não são auto-suficientes, mas interdependentes com os chefes de família. Em outras palavras, essa interdependência de itinerantes e chefes de família estabelecida pela ligação entre comer e curar é dramaticamente simbolizada pelos mandamentos sobre vestimenta e equipamento. A ordem para não usar sandálias enfatiza sua pobreza. A ordem para não levar mochila enfatiza sua interdependência. A ordem para não levar cajado enfatiza sua vulnerabilidade, seu estado indefeso, sua não-violência.

Conclusão

Considero esta unidade essencial para a compreensão da Tradição dos Ditos Comuns. É também o lugar onde *esse* texto se entrelaça mais fortemente em *ligação* com meu *contexto*. A deslocação camponesa resultante da urbanização realizada por Herodes Antipas na Baixa Galiléia reflete-se diretamente nesses itinerantes. Eles não são pedintes usuais ou perenes, embora possa haver alguns pedintes no meio deles. Não são proprietários e, provavelmente, nem arrendatários. São trabalhadores despossuídos e agora sem terra, quase pedintes, mas que ainda não chegaram a esse ponto. São os descartáveis. São o outro lado da comercialização, em uma terra que pertence a Deus. Por isso, tomo os seguintes pares disjuntivos como uma série de termos correlatos, todos indicando a mesma situação:

trabalhadores sem terra	e	camponeses com terra
itinerantes	e	chefes de família
comer	e	curar
indigentes	e	pobres
pão suficiente para hoje	e	nenhuma dívida para amanhã

Esse é o grande e terrível divisor de águas na vida camponesa. O movimento do Reino concentra-se não apenas na existência permanente dessa grande divisão, mas em sua crescente e ampla presença na Galiléia de Herodes Antipas durante os anos 20 d.C. Não nos esqueçamos do contexto de comercialização rural que empurrava os camponeses do *status* de proprietários para o de sem-terra – em outras palavras, da pobreza para a indigência. Pensemos nesses itinerantes não como pedintes nascidos e criados para a indigência, que sobreviviam e morriam na indigência. Pensemos neles como camponeses cada vez mais despossuídos, forçados a sair das terras que perderam para sobreviver nas estradas do campo ou nas ruas das cidades. Vou argumentar que foi nesse divisor de águas preciso e contemporâneo que Jesus assumiu sua posição e foi contra essa divisão que proclamou o Reino de Deus. Como todos os profetas antes dele, Jesus falou de direito e justiça em uma situação muito específica de injustiça e iniquidade. A situação sempre focaliza, mas não esgota esses desafios.

Um último ponto. Não tenho a presunção de achar que o que é primordial seja sempre melhor do que o que é secundário, ou que o que é original seja melhor do que o que é derivado. O Jesus histórico e o cristianismo mais primitivo, conforme reconstruídos por nossos melhores esforços, poderiam bem ser realidades opostas a nosso ponto de vista moderno. Visão e programa é que são determinantes para esse juízo. E o que devemos perguntar de maneira mais específica é se o Reino de Deus significa um reino de dominação ou de fortalecimento. Mas os companheiros de Jesus fazem exatamente o que o próprio Jesus fazia. O Reino não é seu monopólio; é para todos que tenham coragem suficiente para aceitá-lo. Jesus anuncia a presença do Reino, sua possibilidade permanente e perdurável. Não inicia a existência do Reino. Não controla o acesso a ele. É o Reino, não de Jesus, mas de Deus. É a vontade de Deus para Israel e, portanto, para a terra. Não é uma nova idéia de Deus. Não é mudança no plano divino. Não é uma nova estratégia em justiça transcendental para este mundo.

Imagine, como exemplo alternativo, que Jesus tivesse se instalado com sua família em Nazaré, ou com Pedro em Cafarnaum, e tivesse enviado discípulos para trazer ou mandar até ele os necessitados de cura ou ensinamento. Isso teria simbolizado um Deus de dominação e um Reino de controle e supremacia. Se esse fosse o Jesus histórico que descobri, ele promoveria a dominação – mais bondosa e mais tolerante que a de César, é certo, mas ainda assim, dominação e não fortalecimento. Provavelmente, nem mesmo a palavra *discípulos* seja o termo apropriado para essa comunidade inicial. Supõe um mestre e alunos, um professor e pupilos. E embora o ensino possa ser fortalecimento em vez de dominação, também pode ser o contrário. Portanto, à luz desses textos seminais, prefiro descrever o Reino de Deus não como *discipulado de iguais*, com Elisabeth Schüssler Fiorenza (p. 189), mas como *companheirismo de fortalecimento*. Os discípulos (ou alunos) podem todos ser iguais uns aos outros, mas, ainda assim, subordinados a um mestre. A questão essencial é se Deus, e daí o Reino de Deus, e, portanto, Jesus, como o arauto de sua disponibilidade permanente, devem ser considerados dentro de um modelo de dominação ou de fortalecimento.

O companheirismo do Reino

Chamo o grupo em torno de Jesus de *companheirismo do Reino*. A palavra *companheiros* é deliberadamente escolhida de preferência a *discípulos*, que é simplesmente a palavra grega para *alunos*. Quando um mestre envia os alunos sozinhos e lhes diz para falarem exatamente, agirem exatamente, e viverem exatamente como seu mestre faz, eles se transformaram de alunos em companheiros. Esses companheiros não recebem ordens para trazer todos a Jesus, como se apenas ele possuísse o Reino de Deus. Recebem instruções para viver de certa maneira e, assim, entrar nesse Reino ou viver em sua presença, exatamente como Jesus faz. Também lhes é dito para convidar outros a fazer o mesmo.

Aliás, não tenho em mente nenhum número fixo para essa companhia. Mc 6,7 tem doze, o que recorda as doze tribos de Israel descendentes de Jacó, em Gn 49,28 e os doze anciãos escolhidos por Moisés em Dt 1,23. Nenhum número do *Evangelho Q* é recuperável por trás de Lc 10,1, que tem setenta ou setenta e dois. Até o número original de Lucas é textualmente incerto, mas a mudança de setenta e dois para setenta é explicada com mais facilidade que o contrário. O número setenta lembra a descendência completa dos filhos de Jacó em Ex 1,5 ou Dt 10,22 e também os setenta anciãos escolhidos por Moisés em Ex 24,1 ou Nm 11,16. Também não presumo que foram enviados uma única vez; imagino, antes, um processo permanente, tendo Jesus como o centro móvel de um grupo que se transforma. Aliás, a menção de "dois a dois", em Mc 6,7 *e* em Q 10,1, é muito significativa, porque significa que as mulheres também podiam participar, viajando ou duas a duas ou formando par com um homem; o costume e a preocupação com a segurança impediam que as mulheres viajassem sozinhas.

A respeito de duas questões importantes, meu entendimento sobre os que rodeavam Jesus, daquele companheirismo no Reino de Deus, está em séria discordância com a obra recente de E. P. Sanders sobre o judaísmo e sobre Jesus.

Publicanos e pecadores

O primeiro problema é Sanders não distinguir entre invectiva e descrição, entre injuriar alguém e descrever o programa de alguém. É comum imaginarmos Jesus reunindo em torno de si os rejeitados ou marginalizados da sociedade, os condenados ao ostracismo por razões morais, físicas ou ocupacionais. Essa imagem é, com freqüência, misturada com alusões ou afirmações de que o judaísmo contemporâneo a ele relutava, de certo modo, em oferecer perdão, misericórdia ou compreensão a esses rejeitados. Sobre esse assunto, tenho duas concordâncias importantes e uma discordância também importante com Sanders.

Concordo com o entendimento que Sanders tem da frase "publicanos e pecadores". Ele diz ser a palavra que traduzimos como *pecadores* "praticamente um termo técnico. É mais bem traduzida 'os maus' e se refere aos que pecavam voluntária e atrozmente e que não se arrependiam... Os publicanos, mais precisamente, eram traidores que colaboravam com Roma. Os maus traíam igualmente o Deus que redimiu Israel e lhes deu a Lei. No judaísmo do século I não havia diferença nítida entre traição 'religiosa' e 'política'" (1985, pp. 177, 178). Mais tarde, ele mudou seu entendimento de publicanos (isto é, coletores de tributos ou da alfândega) e afirmou que eram condenados, não como "colaboradores", mas por "cobrarem demais e, assim, saquearem a população, como seria de prever" (1993, p. 229). A frase "pecadores e publicanos (de tributos)" indicava os que "sistemática ou notoriamente... viviam fora da lei de maneira espalhafatosa", os que "sistemática e rotineiramente transgrediam a lei" (1993, pp. 227, 236). Eram, por exemplo, "os maus" que oprimiam "o fraco, o órfão, o pobre, o indigente e o necessitado" no Salmo 82 (citado no Capítulo 12), quando Deus depôs os deuses do governo cósmico pela negligência em suas funções. Com isso, concordo plenamente.

Também concordo com a maneira como cauterizou, espero que para sempre, afirmações de que o judaísmo contemporâneo de Jesus não aceitava e não queria aceitar o arrependimento dessas pessoas e lhes oferecer perdão. Ele faz a pergunta retórica: "É proposição séria que os publicanos e os maus ansiavam pelo perdão, mas não o encontravam dentro do judaísmo comum?" E responde corretamente: "Havia uma visão universal que o perdão está *sempre* disponível aos que voltam ao caminho do Senhor", de modo que "se, ao comer com os publicanos, Jesus os levasse a se arrependerem, ressarcir os que eles haviam roubado e deixar de exercer a profissão, ele seria herói nacional... É simplesmente inconcebível que os líderes judaicos se ofendessem com o arrependimento das pessoas e isso é um clichê que deve ser excluído da erudição cristã" (1985, pp. 202-203, 272-273). Essa afirmação, que devia ter sido feita muito antes, é totalmente verdadeira e merece citação freqüente. O judaísmo do início do século I e qualquer outro judaísmo antes ou depois dele não precisavam que Jesus lhes desse lições sobre a eliminação de impurezas, o perdão dos pecados ou a misericórdia de Deus. Havia muito já adotara tudo isso. *Mas o que, então, restava para Jesus fazer, que causava problemas?* Em resposta a essa pergunta, Sanders faz três afirmações sobre Jesus que são tão "inconcebíveis" quanto as afirmações anti-judaicas que correta e justificadamente condenou.

Primeiro, entende Jesus como profeta da restauração judaica. No entanto, apesar desse entendimento, faz repetidamente (variando a redação por diversas páginas) a asserção: "Há muito poucos indícios que ligam Jesus diretamente à idéia dominante do arrependimento nacional e coletivo em vista dos fins dos tempos... Não há um conjunto significativo de material de ditos confiável que *explicitamente* atribua a Jesus um chamado para o arrependimento *nacional*... Não há nenhuma tradição firme que mostre ter ele lançado um chamado ao arrependimento nacional em vista do fim próximo como fez João Batista... Parece que ele não adotou o tema que Israel devia se arrepender e corrigir seus caminhos para escapar ao castigo no juízo" (1985, pp. 108, 111, 112, 115). Eis a exposição completa dessa tese: "Os grandes temas do arrependimento nacional e do perdão de Deus, mostrados na restauração de seu povo arrependido, são proeminentes em toda a literatura que deseja a restauração judaica. *De algum modo*, Jesus se encaixa nessa visão de Deus, do mundo e de seu povo; mas, curiosamente, em sua mensagem falta ênfase em um dos temas mais importantes do esquema geral" (1985, p. 113). Esse *"de algum modo"* nunca é explicado, exceto pela afirmação de que "o ensinamento atribuído a Jesus é marcadamente *individualista*, como vimos ao examinar o arrependimento" (1985, p. 117). Concordo com esses dados, mas não com sua explicação. Se alguém acreditasse que a opressão imperial era castigo divino pelo pecado judaico, teria de exigir o arrependimento judaico antes da libertação divina. Se *não* acreditasse, *não* exigiria. Os dados apóiam a interpretação de que Jesus *não* julgava a opressão imperial um castigo divino. Era apenas uma injustiça à qual os judeus e Deus teriam de resistir o melhor que pudessem. Jesus e provavelmente muitos camponeses sabiam exatamente onde estava a falha e não punham a culpa no pecado judaico, mas naquilo de onde ela se originava, a ganância romana. Mas esse primeiro equívoco a respeito do silêncio de Jesus sobre o arrependimento prepara para o segundo equívoco.

Segundo, Sanders interpreta aquele dito sobre publicanos e pecadores desta maneira: "É bem possível (de fato... bastante provável) que Jesus admitisse os maus em *sua* comunidade sem fazer a exigência normal de reparação e compromisso com a Lei... Jesus oferecia aos verdadeiramente maus – os fora dos limites da conduta decente e fora da religião comum devido à rejeição implícita ou explícita dos mandamentos do Deus de Israel – admissão a *seu* grupo (e, afirmava, ao Reino), desde que o aceitassem" (1985, p. 203). Isso não é apenas idéia passageira, nem pensamento efêmero. Toma todo um capítulo (1985, pp. 174-211) e se repete programaticamente no resto do livro. É descrito como "a única nota distintiva que, podemos ter certeza, marcava o ensinamento de Jesus", "característica inegavelmente distinta da mensagem de Jesus", "aspecto central da mensagem de Jesus", "aspecto mais distintivo da mensagem de Jesus" (1985, pp. 174, 271, 323).

Sanders considera esse "aspecto da mensagem de Jesus" paralelo ao do templo em importância. "Jesus ofendeu muitos de seus contemporâneos em dois pontos: o ataque ao do templo e a mensagem concernente aos pecadores" (1985, p. 293). É igualmente paralelo, em importância ao Reino: "Conhecemos com certeza os principais temas de sua mensagem especial. Resumem-se nas palavras 'Reino' e 'os maus'" (1985, p. 322). Nada disso é retirado em seu livro posterior, embora mencione que "essa sugestão é impopular" e "não é o que muitos leitores esperam" (1993, pp. 230, 235). "Jesus pensava e dizia que, embora não se tivessem 'arrependido' tecnicamente e embora não se tivessem tornado justos da maneira exigida pela Lei, os maus que o seguiam estariam no Reino e, de fato, estariam 'à frente' dos que eram justos pela Lei... Se o aceitassem e à sua mensagem, Deus os incluiria no Reino – mesmo que não se arrependessem e corrigissem da maneira que a Lei exige" (1993, pp. 235-236).

Terceiro, se essa era realmente a posição de Jesus, ele assim repudiava não só a Lei de Deus e o judaísmo, mas também a base moral de quase toda a vida religiosa, a lei secular e a decência humana. Pareceria, portanto, bem irrelevante negar "que houvesse pontos substanciais de oposição entre Jesus e os fariseus (isto é, com os fariseus em especial, enquanto distintos do resto da Palestina judaica)" ou "que não houvesse nenhum conflito substancial entre Jesus e os fariseus a respeito das leis do sábado, da alimentação e da pureza" (1985, pp. 264, 265). Isso pode bem ser verdade, mas um Deus, um Reino, um Jesus ou uma comunidade que acolha pecadores sem reparação, arrependimento ou propósito de emenda, repudia tão profundamente a Lei do judaísmo que tudo o mais não merece ser discutido. É quase como louvar um assassino serial por pagar suas multas de trânsito. O que Sanders faz é simplesmente substituir um libelo por outro. Substitui a alegação de que o judaísmo não tinha *nenhuma aceitação dos pecadores arrependidos* pela idéia de que Jesus tinha *aceitação dos pecadores impenitentes*. Como lhe veio uma idéia dessas?

Sanders está vivamente a par de como os cristãos em descrições banalizaram e também brutalizaram o judaísmo através dos séculos. Está correto nos comentários sobre esse ponto, e, ainda que tarde, é preciso eliminar essa prática cristã no futuro e se arrepender dela pelo passado. Esse processo de libelo já tinha começado no Novo Testamento, com o ataque dos judeus cristãos a todo tipo de judeu não-cristão que se opusesse a eles ou os rejeitasse. Seus ataques e acusações tinham toda a precisão da retórica política em uma campanha eleitoral contemporânea e deve ser tomada precisamente assim. Mas também sofriam contra-ataques, que eram igualmente injustos e imprecisos. Era igualmente possível, por exemplo, atacar João Batista ou Jesus, rotulá-los derrisoriamente e acusá-los de todo tipo de má conduta apropriadamente difamatória. Em outras palavras, *os dois lados não descrevem programas, mas sim injuriam*. Naturalmente, para funcionar, a injúria deve ter alguma base na realidade. Portanto, epítetos e acusações nos dizem *algo* sobre o que o indivíduo faz, mas só dentro dos usos do insulto retórico. Na América, na década de 1950, era possível ser acusado de ter ligações com comunistas e traidores apenas por defender liberdades civis e direitos humanos.

Jesus foi acusado de ser louco em Mc 3,21 e de estar possesso por Belzebu em Mc 3,22. Essas acusações são injúrias polêmicas, não descrições neutras de caráter. Mas mesmo assim nos dizem algo; sugerem que talvez Jesus curasse durante êxtases. Eis outro exemplo: No *Evangelho* Q, João e Jesus são atacados, mas de maneiras opostas:

> Com efeito, veio João Batista, que não come pão e não bebe vinho, e dizeis: "O demônio está nele!" Veio o Filho do Homem, que come e bebe e dizeis: "Eis aí um glutão e beberrão, amigo de publicanos e pecadores".
>
> (Q 7,33-34).

Esse texto contém informações preciosas e equívocos sérios e foram estas últimas que levaram Sanders a sua estranha conclusão sobre Jesus. A primeira metade de cada versículo nos diz algo concreto e histórico sobre João, Jesus e seus programas contrastantes. A segunda metade de cada versículo é uma injúria. Não deve, portanto, haver discussão histórica mais séria sobre João Batista estar possesso que sobre Jesus ser glutão e beberrão, amigo de publicanos e pecadores. O mesmo deve acontecer com a acusação contra Jesus em Jo 8,48 de que "és samaritano e tens um demônio". Não precisa haver nenhuma discussão séria sobre a identidade étnica ou o estado de possesso de Jesus. Finalmente, há um texto em que Jesus fala de João Batista em termos de publicanos e prostitutas:

> Então Jesus lhes disse: "Em verdade vos digo que os publicanos e as prostitutas estão vos precedendo no Reino de Deus. Pois João veio a vós, num caminho de justiça, e não crestes nele. Os publicanos e as prostitutas creram nele. Vós, porém, vendo isso, nem sequer reconsiderastes para crer nele".
>
> (Mt 21,31b-32)

Estritamente falando, essa passagem nada tem a ver com a discussão presente, embora seja citada com freqüência como se tivesse. Seria possível considerar que os indivíduos citados vieram a João em arrependimento, o que não seria, em absoluto, caso de injúria. De forma semelhante, Mc 2,13-17 faz Jesus dizer: "Eu não vim chamar justos, mas pecadores". Os pecadores são "chamados", já se vê, ao arrependimento e não à pecaminosidade contínua e crescente. Caso haja algum equívoco, Lucas expande sua fonte marcana, ao fazer Jesus dizer: "não vim chamar os justos, mas sim os pecadores, ao arrependimento", em seu paralelo 5,32. Mais adiante (19,1-10), Lucas dá um exemplo claro desse arrependimento, no caso de Zaqueu, identificado como publicano e pecador.

O que acontece aqui é uma confusão entre o que Bruce Malina e Jerome Neyrey descrevem como "injuriar Jesus" e o que Sanders descreve como ações programáticas de Jesus. Pense neste exemplo. Se você fosse um racista branco que vê um negro e uma branca sentados juntos a um balcão exclusivo para brancos no início da década de 1960 nos Estados Unidos, do que você o chamaria e do que a chamaria? E seria isso injuriar e caluniar pessoas ou descrever indivíduos e definir programas?

Em conclusão, portanto, a idéia de Jesus se juntar a pecadores *arrependidos* porque o judaísmo contemporâneo a ele não os aceitava em nome de Deus é um grande erro a respeito do judaísmo. Mas a idéia de Jesus se juntar a pecadores *impenitentes* porque ele próprio os aceitava em nome de Deus é um erro do mesmo tamanho a respeito de Jesus. Não deve nunca haver um sério debate histórico a respeito da aceitação por Jesus de publicanos, pecadores ou prostitutas a menos que também haja um sério debate histórico a respeito de Jesus como lunático, demoníaco, glutão, beberrão e samaritano.

Mal individual e mal sistêmico

O segundo ponto importante ao qual me oponho fortemente é a falha de Sanders em distinguir entre o mal individual ou pessoal e o mal sistêmico ou estrutural, distinção enfatizada com freqüência neste livro.

Primeiro, Sanders afirma que "na média, os saduceus eram judeus íntegros; e, contra a opinião geral, creio que isso é verdade também da aristocracia". Seu princípio é que "imoralidade individual, tal como ganância ou promiscuidade sexual, não torna necessariamente alguém um mau líder... Podemos até ter, na pessoa de Ananias, um exemplo de imoralidade pessoal e razoável diligência em suas funções" (1992, p. 337). Ele exemplifica isso referindo-se a Roosevelt e Kennedy, maridos infiéis, mas nem por isso maus presidentes. Isso é tudo verdade, mas Sanders coloca o problema completamente virado pelo avesso. Não estamos falando de mal pessoal ou particular e bem público ou sistêmico, mas de bem pessoal ou particular e de mal público ou sistêmico. A questão não é se os pobres são individualmente bons e os ricos individualmente maus, mas se e até que ponto sua relação é sistemicamente má. Lembremo-nos da vinha de Nabot. A questão não é se Acab ou Nabot eram *pessoalmente* justos, mas se a despossessão de terra ancestral era *estruturalmente* justa.

Sanders continua: "Hoje, muitos de nós – não só bispos – temos quartos vazios em nossas casas, enquanto outros não têm teto. Nós que temos quartos vazios devíamos fazer mais. Entretanto, ainda reluto em dizer que os que têm casas grandes sejam necessariamente maus" (1992, p. 338). Concordo, mais uma vez, sobre o nível do mal pessoal ou individual. Mas aquela vasta tradição judaica, de profetas e sacerdotes a sábios e rabinos, não era apenas sobre piedade pessoal, mas também sobre justiça estrutural. A justiça pessoal pergunta: Deve alguém surrar, estuprar ou brutalizar seu escravo? A justiça sistêmica pergunta: A escravidão deve existir? Mas, pelo que entendo, Sanders nem sequer vislumbra essa diferença. O mais perto que chega dela é para afirmar que alguém pode ser má pessoa, mas bom administrador. Ele jamais pergunta se alguém poderia ser boa pessoa, mas mau administrador. Jamais distingue entre o mal pessoal ou individual e o mal estrutural ou sistêmico.

Leiamos os juízos a seguir: "Sem dúvida, gosto dos chefes dos sacerdotes... Até acho coisas em Herodes para gostar... Sem dúvida, gosto dos fariseus... Mais que tudo, gosto da gente comum..." (1992, pp. 493-494). O que está errado nesses comentários, além da condescendência um tanto desagradável, é serem irrelevantes para a situação. Todos os envolvidos podem ter sido "dignos de estima" como indivíduos ou grupos, mas isso não explica o problema *sistêmico* que fez alguns deles odiarem ou matarem os outros. Agora, leiamos os juízos abaixo: Sobre Herodes, o Grande, rei dos judeus: "Herodes foi, de modo geral, um bom rei"... "Herodes foi um bom rei, de modo geral" (1993, pp. 19, 21). Sobre Herodes Antipas, tetrarca da Galiléia e da Peréia: "Antipas foi um bom tetrarca... De modo geral, Antipas foi um bom governante" (1993, pp. 21, 93). Sobre Caifás, sumo sacerdote do Templo de Jerusalém: "José Caifás foi um sucesso... Caifás era bastante razoável" (1993, pp. 27, 265). Mais uma vez, a questão não é se esses juízos são válidos ou inválidos. A questão é estarem sistemas sendo reduzidos a personalidades e estruturas igualadas a indivíduos. Pilatos poderia ter sido um santo, mas, mesmo assim, para alguns judeus Deus estaria contra ele, como a encarnação da injustiça romana sistêmica.

Segundo, as raízes desse problema se aprofundam na má compreensão que Sanders tem da religião em geral e do judaísmo em particular. É essa mesma má compreensão que o fez afirmar, no caso anterior de publicanos e pecadores, que Jesus observava fielmente a Lei divina em questões do sábado, da alimentação e da pureza, mas a negava a respeito da aceitação de malfeitores notórios sem exigir arrependimento, reparação ou conversão. Eis as duas declarações principais. Em capítulo sobre "A gente comum", ele diz que "a investigação detalhada de condições econômicas está além do escopo deste livro" (1992, p. 120) e, em capítulo intitulado "Dízimos e impostos", ele diz que "a avaliação geral das condições econômicas está fora do alcance deste livro" (1992, p. 159). Meu ponto não é Sanders ser completo a respeito da prática e do pensamento religiosos, mas inadequado a respeito de assuntos econômicos. E nem espero que ele seja um historiador econômico da antiguidade. Mas como, dentro da tradição judaica, é possível separar a religião da política, a ética da economia, a comercialização da consciência? Como, por exemplo, é possível analisar a retomada da propriedade na Lei de santidade, mesmo como ideal teórico ou sonho utópico, sem levantar questões econômicas? Nada é menos judaico que separar a terra da Aliança, a economia da religião e o ritual da justiça.

Em conclusão, o movimento do Reino de Jesus não era, por um lado, sobre a prática do ascetismo. Esse é um luxo para os que têm comida e teto, casamento e filhos para abandonar. Nem, por outro lado, era sobre a reunião de rejeitados em geral, marginalizados moralmente pelo pecado, fisicamente pela impureza, ou socialmente pela profissão. O movimento do Reino concentrava-se em especial nos indigentes e nos despossuídos – isto é, nos grupos que proliferam em toda sociedade camponesa sujeita à comercialização rural. Neste caso, era a Baixa Galiléia sob a urbanização de Séforis e Tiberíades por Antipas nos primeiros vinte anos do século I da era cristã. Ao se concentrar desse modo, o movimento do Reino agia inteiramente com base no núcleo do judaísmo, em obediência irrestrita ao Deus da Aliança de direito e justiça. Isso foi indicado de maneira explícita pelo nome sob o qual Jesus agia: o Reino de Deus – em outras palavras, a vontade de Deus para esta terra aqui e agora. Recordemos, finalmente, o termo de Gerhard Lenski para os que caíam abaixo dos camponeses independentes ou dos artesãos rurais e de sua estimativa sobre sua porcentagem: "A melhor estimativa... é que, em tempos normais, de 5 a 10% da população encontrava-se nesta classe [a classe descartável], com os números subindo até 15% em algumas ocasiões e caindo quase a zero em outras" (p. 283).

Epílogo

A posição social de Jesus

Previmos que a existência do Estado, do qual, por definição, os camponeses fazem parte, exerceria influência na forma de vida da família, pelo fato de o Estado limitar tanto os usos locais de poder como a liberdade para expandir. Pensávamos, porém, que a influência do Estado seria essencialmente constante: isto é, que a influência determinante seria a organização do Estado como tal, e não a forma, o caráter ou as normas políticas do Estado específico. Nossos dados [de 46 comunidades camponesas] sugerem o contrário. Sugerem que a estrutura da família é influenciada direta ou indiretamente pelo caráter das forças externas dominantes... Nossa análise demonstra que, embora se relacione com o caráter do uso da terra e da atividade produtiva do agricultor camponês, a estrutura da família é, em grau bastante alto, manipulada por influências externas dos mais poderosos setores urbanos do Estado, do qual, por definição o camponês faz parte.

Walter Goldschmidt e Evalyn Jacobson Kunkel, *The structure of the peasant family*
[*A estrutura da família camponesa*], p. 1070.

E is um extremo da vida como artesão. É o altivo epitáfio de um escravo imperial liberto, agora cidadão romano e, possivelmente, ainda atuante com o capital patronal. O tradutor o chama de "epitáfio onerosamente honorífico de um carpinteiro romano" (Dessau 3,750, # 7237; Burford, pp. 18-19):

> (Memorial) para Tibério Flávio Hilário, liberto de Tibério, *decurião* do *colégio* de carpinteiros no 15º lustro, inspetor da urna eleitoral para as eleições no 16º lustro, oficial qüinqüenário do *colégio* de carpinteiros no 17º lustro, honrado no 18º, duas vezes censor para nomear funcionários no 19º e no 20º, e juiz entre os doze escolhidos de sua classe (?) no 22º. Este monumento foi erguido por Cláudia Prisca ao melhor dos maridos.

Essas datas foram dadas em termos de *lustros* numerados. Um *lustro* era o período de cinco anos para os dois censores, os magistrados romanos mais antigos. Esses funcionários regulavam a aceitação de membros nas ordens senatorial e eqüestre e também a cidadania na Itália e nas províncias. É óbvio que Tibério Flávio Hilário se saiu bem como carpinteiro, artesão urbano. Mas como era ser artesão *rural*? O que significa chamar Jesus de "carpinteiro"?

Um artesão camponês

> Na maioria das sociedades agrárias, a classe artesã era originalmente recrutada nas fileiras dos camponeses despossuídos e seus filhos sem herança e era continuamente reabastecida nessas fontes. Além disso, apesar da sobreposição substancial entre a riqueza e a renda do camponês e do artesão, é óbvio que a renda média dos artesãos não era tão grande quanto a dos camponeses.
> Gerhard E. Lenski, *Power and privilege* [*Poder e privilégio*], p. 278.

Nessa epígrafe, que nos leva de volta aos fundamentos interculturais de *contexto* no método deste livro, Gerhard Lenski pensa primordialmente nos artesãos urbanos, não nos rurais. Calcula que, se "as populações urbanas incluíam apenas 50% da população total, então a classe artesã não incluía mais que 3 a 7%". Além disso, "muitos eram tão pobres que não podiam se casar e o resultado foi um grande desequilíbrio na proporção dos sexos nas cidades agrárias" (p. 278). Os artesãos urbanos, em geral, não estavam em melhor situação que os camponeses; em outras palavras, Tibério Flávio Hilário foi uma anomalia. E dificilmente isso é bom augúrio para os artesãos rurais.

Esta pequena unidade é quase uma miniatura do método de meu livro. Começo com o *contexto* na antropologia intercultural e termino com o *texto* no Novo Testamento. Então, que diretrizes antropológicas temos para imaginar um artesão camponês? Cito provas de vários autores diferentes.

Teodor Shanin liga camponeses e artesãos rurais. Delineia a sociedade camponesa mediante quatro características: "1) a terra da família camponesa como unidade básica de organização social multidimensional; 2) o cultivo da terra como principal meio de vida que supria diretamente a maioria das necessidades de consumo; 3) a cultura tradicional relacionada com o modo de vida das comunidades pequenas; 4) a posição do 'pobre-diabo'. O domínio da classe camponesa por pessoas estranhas a ela... Falando de modo geral, a economia política da sociedade camponesa tem-se baseado na expropriação de seus 'excedentes' por intrusos poderosos, por meio de corvéia [trabalhos forçados], impostos, aluguéis, juros e condições de comércio" (1971b, pp. 294-296). Em outras palavras, o camponês é simplesmente um agricultor oprimido e explorado. Mas Shanin também relaciona "importantes grupos marginais" ligados aos camponeses. O primeiro é formado por "trabalhadores agrícolas que não têm propriedade familiar" e trabalham em uma propriedade grande. O segundo é formado por "habitantes rurais que tiram o principal meio de subsistência de *artes e ofícios*, mas que vivem em ambientes rurais e, com freqüência, cultivam alguma terra, p. ex., *artífices rurais*" (1971b, p. 297). Seria possível falar, então – em uma classe inteira de camponeses –, de camponeses independentes, trabalhadores camponeses e artesãos camponeses. Para futura referência, recordemos aquela categoria de *camponês marginal*.

George Foster também relaciona camponeses, artesãos rurais e até pescadores, dentro da mesma definição. Responde à pergunta: "O que é um camponês?" (enquanto apresenta os leitores à sociedade camponesa) e inclui nessa palavra não só os agricultores, mas também "outros produtores em pequena escala, como pescadores e artesãos rurais" (p. 4). A razão é sua insistência em que, "como muitos antropólogos, concordamos que os camponeses são essencialmente cultivadores da terra, mas também cremos que os critérios de definição precisam ser estruturais e relacionais em vez de ocupacionais. Pois, na maioria das sociedades camponesas, um número significativo de pessoas ganha a vida com ocupações não-agrícolas. Não é *o que* os camponeses produzem que é significativo; é *como* e *para quem* eles entregam parte do que produzem que conta" (p. 6). E essa relação estrutural não é muito suave. "Os camponeses não só são pobres, como tem sido mencionado com freqüência, mas também são relativamente impotentes... Os camponeses sabem que o controle sobre eles é mantido de algum modo misterioso por poderes superiores que, em geral, residem nas cidades... É digno de nota, também, que, seja ela qual for, a forma de controle exercida pela elite, em geral ela suga a maior parte do excedente econômico que o camponês cria, para além da necessidade de um modo de vida de simples subsistência e das despesas religiosas locais" (p. 9).

Henry Landsberger não fala de artesãos camponeses distintos dos camponeses independentes. De fato, reluta até em usar a palavra camponês, pois sua "definição formal... é tão completamente confusa" (p. 6). Entretanto, ele se concentra "nos 'cultivadores rurais' (pois *nisso*, todos concordam) que ocupam posições relativamente baixas em várias dimensões críticas... em especial... econômicas e políticas... que têm a ver com o controle: 1) das relevantes 'contribuições' econômicas e políticas... 2) do 'processo de transformação' dentro da economia e da sociedade organizada... e 3) do grau de benefícios derivados do 'rendimento' de cada um desses setores da sociedade" (pp. 10-11). Quer isso seja, quer não seja, definição, é exatamente a mesma concepção de classe camponesa usada alhures neste livro, seja da parte de Lenski ou de Kautsky, Scott ou Wolf, Shanin ou Foster. Mas sua formulação dá a Landsberger a capacidade de não só delimitar a classe camponesa externamente a partir de outros grupos sociais, mas também de estratificá-la internamente, dentro dela mesma. Assim, enfatiza a "estratificação vertical dentro da classe camponesa – a relação dos em melhor situação com os em pior situação, [o que] com freqüência é questão fundamental para os que se preocupam com os movimentos e levantes camponeses" (p. 15). Por isso, as diferenciações de "'superior' *versus* 'inferior', ou de 'mais' *versus* 'menos'", dentro da classe camponesa, têm importância crucial para sua análise, que se concentra especificamente na "inquietação camponesa" (p. 13). A distinção, por exemplo, entre "meeiro" e "trabalhador sem terra" é altamente significativa para ele, porque, "em nosso plano, os trabalhadores sem terra (que, aliás, diferem bastante entre si) são simplesmente grupos no ponto zero do controle dos principais recursos da terra e do capital (embora não necessariamente nesse ponto, quer seja em habilidades humanas, quer seja em capacidade administrativa)" (pp. 13-14). Se não exatamente nesse mesmo ponto zero, o artesão camponês está perigosamente perto dele e talvez seja diferente do trabalhador sem terra apenas polida ou semanticamente.

Muitos outros estudiosos recentes enfatizam tal diferenciação interna, sem dúvida facilitada e exacerbada pela exploração externa. Frank Cancian, por exemplo, afirma que a homogeneidade camponesa de um ponto de vista externo precisa ser combinada com a heterogeneidade de um ponto de vista interno: "A heterogeneidade interna das comunidades camponesas é chave importante para entender o comportamento econômico das pessoas que nelas vivem – mesmo quando há, ao mesmo tempo, costumes locais que pareçam promover a homogeneidade socioeconômica" (p. 152). E William Roseberry traz essa heterogeneidade para dentro da própria família: "As classes camponesas caracterizam-se, em geral, por marcada diferenciação social", o que pode ocorrer até dentro da mesma casa, em especial quando "a mistura de trabalho agrícola e trabalho não-agrícola se distribui de maneira desigual dentro da família", de modo que os pais ficam na terra enquanto os filhos têm de trabalhar em outro lugar" (p. 123). Isso, naturalmente, trazia sérias implicações para a integridade da própria família camponesa, em especial quando os membros mais jovens tornavam-se, com efeito, trabalhadores urbanos ausentes. E sempre havia uma interação entre a crescente comercialização de fora e a crescente diferenciação de dentro das comunidades e famílias camponesas.

Para que tudo isso não fique abstrato demais, acrescento um exemplo específico dessa generalidade intercultural. Kazimiertz Dobrowolski descreveu a cultura camponesa tradicional e oral no sul da Polônia antes de sua emancipação em meados do século XIX, observando que "a população das aldeias... dividia-se em diversas classes de proprietários de terra e também em diversos tipos de classes de camponeses sem terra". *Com terra* e *sem terra*, que eram as distinções básicas, dividiam-se ainda como se segue: "Entre as classes camponesas com terra havia proprietários de campos inteiros, de meio campo, de meio *rola* (outro tipo de campo), de um quarto de rola, proprietários de campos recuperados de floresta e, por fim, proprietários de terrenos bem pequenos. A população sem terra dividia-se em artesãos, trabalhadores da aldeia, que ou tinham família, ou um cômodo e comida fornecidos por um rico camponês para quem trabalhava" (pp. 293-294, nota 1, com itens poloneses omitidos). Nessa descrição, a seqüência dos grupos indica a hierarquia geral dentro de uma classe camponesa tradicional.

É igualmente necessário, portanto, enfatizar, *externamente*, o que distingue os camponeses de outras classes, quanto ao poder e, *internamente*, o que distingue os camponeses entre si quanto ao *status*. "A antiga cultura camponesa no sul da Polônia no fim da era feudal... era uma cultura altamente diferenciada, social e economicamente; muitas vezes seus contrastes sociais eram consideráveis, em especial os que existiam entre camponeses ricos e aldeãos pobres. Assim, havia grandes diferenças nos tamanhos das propriedades e na quantidade de gado, no interior dos chalés dos camponeses, na mobília, nos implementos, na comida, no vestuário etc... Além disso, havia forte pressão exercida pelos camponeses ricos sobre a parte mais pobre da comunidade (os trabalhadores sem terra e da aldeia), que objetivava privá-los de usar os elementos de cultura aos quais os ricos alegavam ter prerrogativa exclusiva. Contudo, eram os pobres que desempenhavam um papel bastante conspícuo na criação de valores culturais... Eram eles que forneciam a grande maioria de artesãos carpinteiros, tanoeiros, fabricantes de rodas, tecelões, ferreiros, oleiros. O proletariado aldeão produzia um grande número de artistas populares, escultores, pintores, fabricantes de ornamentos, alfaiates, cantores e atores, narradores de sagas e escritores populares (pp. 290-291).

A POSIÇÃO SOCIAL DE JESUS

Passo agora desse *contexto* geral para um *texto* específico sobre Jesus. Embora não seja da Tradição dos Ditos Comuns, introduzo-o aqui porque ele vai, de qualquer modo, estar presente no pano de fundo da análise de unidades desse *corpus*, que faremos a seguir.

O texto grego de Mc 6,3 relata que os contemporâneos de Jesus perguntaram com incredulidade, a respeito dele: "Não é este o *tekton*?" Costumamos traduzir a palavra como *carpinteiro*, o que cria um problema para nossa imaginação contemporânea. A questão não é o que essa palavra significa para nós, mas sim o que significava dentro de uma economia camponesa na terra judaica do início do século I. Marcos situa a passagem na sinagoga de Nazaré e Mateus e Lucas o seguem nesse detalhe. João, que a situa na sinagoga de Cafarnaum, dá, provavelmente, uma versão independente dessa reação local a Jesus. Transcrevo os quatro textos aqui, mas estou interessado principalmente em como Mateus e Lucas reformulam a fonte marcana:

Não é este o carpinteiro, o filho de Maria, irmão de Tiago, Joset, Judas e Simão? E as suas irmãs não estão aqui entre nós?

(Mc 6,3)

Não é ele o filho do carpinteiro? Não se chama a mãe dele Maria e os seus irmãos Tiago, José, Simão e Judas? E as suas irmãs não vivem todas entre nós? Donde lhe vêm todas essas coisas?

(Mt 13,55-56)

Não é o filho de José?

(Lc 4,22)

Esse não é Jesus, o filho de José, cujo pai e mãe conhecemos?

(Jo 6,42)

A mudança em Mt 13,55 e Lc 4,22 é muito interessante. Cada um, à sua maneira, evita dizer que *Jesus era carpinteiro*. Mateus transfere o termo para José, e Lucas evita-a por completo. Esta é minha pergunta: Acham Jesus como carpinteiro um tanto ofensivo e é essa a razão para essas mudanças? O paralelo a seguir inspira uma resposta afirmativa.

Mc 10,35 faz "Tiago e João, os filhos de Zebedeu", pedirem com inefável obtusidade, os primeiros lugares no Reino, imediatamente após Jesus descrever sua paixão iminente com detalhes terríveis. É difícil deixar de notar a tremenda impropriedade dessa reação. O que Mateus e Lucas fazem com ela? Mt 20,20 salva a dignidade deles, mudando a passagem para um pedido da "mãe dos filhos de Zebedeu". Agora não são os filhos em pessoa, mas sua mãe que pede os primeiros lugares em nome deles. E Lucas simplesmente omite a unidade toda. Segue Mc 10,32-34 (a unidade imediatamente anterior ao pedido de primeiros lugares) em 18,31-34, ignora Mc 10,35-45 e, em seguida, segue Mc 10,46-52 (logo depois do pedido) em 18,35-43. Do mesmo jeito que antes, com Jesus como carpinteiro, aqui com João e Tiago como pateta e pateta, Mateus e Lucas usam exatamente o mesmo procedimento para solucionar um embaraço

387

marcano. Nos dois casos, Mateus transfere o problema de filho(s) para um dos pais, enquanto Lucas omite ou a palavra problemática ou a unidade problemática inteira. Concluo que nenhum deles considerou *carpinteiro* designação apropriada para Jesus. A razão, por uma *ligação* de *contexto* e *texto*, é que *tekton* ou artesão camponês é apenas eufemismo para camponês despossuído, para trabalhador sem terra.

Um judeu marginal

A menos que "os camponeses" sejam entendidos levando em conta sua diferenciação interna ao longo de linhas econômicas e outras, pode parecer que são apenas presas; de fato alguns estão usualmente entre os predadores... Enquanto, de um ponto de vista, os camponeses são o lado inferior de uma sociedade, de outro, incluem exploradores e explorados e não os entenderemos por completo se partirmos do pressuposto de que são economicamente (e culturalmente) homogêneos.

Sidney W. Mintz, *A note on the definition of peasantries* [*Nota sobre a definição de classes camponesas*], pp. 94, 96.

Em seu estudo do Jesus histórico, John Meier o chama de "um judeu marginal" no título e explica essa frase de maneira bem clara no primeiro volume (1993, v. I, pp. 16-19). Por causa disso, Meier foi atacado, de forma inconvincente, por Martin Goodman que, em sua crítica achou que "os seis aspectos nos quais Jesus era marginal na sociedade de seu tempo", conforme Meier propõe, são todos "especiosos" (1991, p. 3). Foi, por isso, defendido, de maneira também inconvincente, por Raymond Brown, que disse que "na afirmação implícita de que Jesus não era, de forma identificável, adepto de nenhuma das três seitas dos judeus descritas por Josefo (fariseus, saduceus, essênios)", esse termo "está, com certeza, correto" (1994, p. 353, nota 54). Tal critério torna marginal a esmagadora maioria de todos os judeus do século I. Como tantas vezes nessas discussões, o que é necessário é alguma metodologia vinda das ciências sociais. Ali, o que *marginal* significa?

Mais de setenta anos atrás, Robert Park afirmou que "uma das conseqüências da migração é criar situações nas quais o mesmo indivíduo – que pode ser ou não de sangue misturado – se vê lutando para viver em dois grupos culturais diversos... Esse é o 'homem marginal'... É na mente do homem marginal que a confusão moral ocasionada por novos contatos culturais se manifesta da maneira mais óbvia. É na mente do homem marginal – onde acontecem as mudanças e fusões da cultura – que melhor podemos estudar os processos da civilização e do progresso" (1928, pp. 881, 893). Park repetiu a expressão alguns anos mais tarde, quando se referiu a esse "híbrido cultural" como "o chamado homem marginal, isto é, o indivíduo que se encontra nas margens de duas culturas e não está plena e permanentemente acomodado em nenhuma" (1931, p. 109).

Uma década depois desse artigo original, Everett Stonequist usou a expressão "homem marginal" no título de um livro dedicado a Park, que escreveu a Introdução. Nela, Park definiu "o homem marginal" como "alguém que o destino condenou a viver em duas sociedades e em duas culturas, não apenas diferentes, mas antagônicas... Ele é... conseqüência do imperialismo, econômico, político e cultural" (1937, pp. xv, xviii). Mas Park também observou que, apesar do subtítulo (A study in personality and culture conflict [Estudo de conflitos de personalidade e cultura]), o livro de Stonequist estava menos preocupado com "um tipo de personalidade que com um processo social, o processo de aculturação" (p. xviii). A própria definição de Stonequist do "homem marginal" é "o indivíduo que, em virtude de migração, educação, casamento ou alguma outra circunstância, deixa um grupo ou cultura social sem fazer um ajuste satisfatório em outro [e] se vê à margem de ambos, mas membro de nenhum... alguém suspenso em incerteza psicológica entre dois (ou mais) mundos sociais; que reflete na alma as dissonâncias e harmonias, repulsas e atrações desses mundos, um dos quais com freqüência 'domina' o outro; nos quais a participação baseia-se implícita, se não explicitamente, em origem ou linhagem (raça ou nacionalidade); e onde a exclusão remove o indivíduo de um sistema de relações de grupo" (pp. 2-3, 8). Os exemplos citados envolvem híbridos raciais e culturais que surgem da interação de europeus com africanos, indianos e asiáticos. Mas existe ainda grande ênfase no tipo de personalidade em vez de estar no processo social, como indica a própria expressão "homem marginal".

Um estudo mais recente fala, não do "homem marginal", mas de "marginalidade", e essa definição é, de fato, muitíssimo melhor. Gino Germani distingue, de forma explícita, primeiro, "entre a marginalidade como fenômeno em nível de personalidade (personalidades marginais) e a marginalidade como situação social, sendo a primeira um problema psicológico e cultural, enquanto, em geral, se considerava a segunda o resultado de condições históricas e estruturais". Isso elimina grande parte do individualismo, psicologismo e romantismo da ênfase original no "homem marginal". Em seguida, ele define a marginalidade como "a falta de participação nas esferas consideradas dentro do raio de ação e/ou acesso do indivíduo ou grupo. A marginalidade é atribuída pela comparação entre uma situação *de facto* e um certo modelo: o conjunto de papéis que o indivíduo ou grupo deve desempenhar, de acordo com princípios determinados *a priori*" (p. 9). Ou ainda: "Podemos definir a marginalidade como falta de participação de indivíduos e grupos em esferas nas quais, segundo determinados critérios, se esperaria que participassem. Por participação, entendemos o desempenho de papéis imaginados no sentido mais amplo" (p. 49). Em outras palavras, a marginalidade (ou marginalização) é *a falta da esperada participação social*. Teoricamente e de maneira bastante correta, portanto, é possível imaginar um rei, marginalizado entre reis, exatamente como um camponês marginalizado entre camponeses, ou mesmo um mendigo entre mendigos. Finalmente, Germani enfatiza que "muitos autores distinguem o fenômeno da pobreza do da marginalidade. Afirmam que, embora seja costume associá-los, devem ser analiticamente diferenciados, pois a marginalidade pode existir sem pobreza, ou com menos pobreza que a existente em setores participantes. Essa distinção relaciona-se com a diferenciação entre dois setores dos estratos populares ou inferiores: os que estão estabelecidos (têm ocupação ou emprego relativamente estável, vivem em casas normais da classe trabalhadora ou camponesa, mesmo que seja em favela e os padrões de vida sejam baixos) e a população socialmente localizada fora do sistema de estratificação, como uma espécie de proscritos, à margem da sociedade global e de seu sistema de classes, o que inclui seus estratos inferiores" (p. 7).

No entendimento geral de Germani e, em especial nessa última citação específica, o camponês despossuído – forçado a sair da terra por dívida, por exemplo – é marginalizado. A questão não é se ele era ou é pobre, mas se já não participa como seria normal entre os outros camponeses seus pares. Se era um camponês despossuído que tentava sobreviver como artesão rural ou trabalhador sem terra, Jesus foi um camponês marginalizado. (Aliás, prefiro a palavra *marginalizado a marginal, não para ser politicamente correto, mas para ser politicamente exato.)*

Parte VIII

Mestres e chefes de família

A transmissão dos ditos de Jesus na comunidade cristã primitiva é problema sociológico, principalmente porque Jesus não deu nenhuma forma escrita fixa ao que disse. Uma tradição escrita sobrevive durante algum tempo, mesmo quando não tem nenhuma relação com o comportamento de homens e mulheres ou mesmo quando a intenção da tradição é contrária a esse comportamento. Mas a tradição oral está à mercê do interesse e das preocupações das pessoas que a transmitem e às quais ela é dirigida. Sua sobrevivência depende de condições sociais específicas. Menciono só uma delas: as pessoas que transmitem a tradição precisam, de um jeito ou de outro, identificar-se com essa tradição... Agora formulamos nossa tese: o radicalismo ético dos ditos é o radicalismo dos itinerantes... O radicalismo de sua vida errante remonta ao próprio Jesus. É autêntico. É provável que mais ditos devam ser considerados "suspeitos" de serem genuínos do que muitos incrédulos modernos gostariam de pensar. Mas a tradição de Jesus também é autêntica em um sentido transmitido diferente. É *existencialmente* autêntica. Era praticada.

Assim, os carismáticos errantes eram um fenômeno comum no cristianismo primitivo. Quanto a números, as comunidades locais eram com certeza bem maiores... Muitas das pessoas socialmente desarraigadas vinham da classe média. Eram os que haviam caído na pobreza, não os que nasceram pobres, que tinham a intenção de passar a vida fora das fronteiras da vida normal ou até mesmo de buscar meios para renovar a sociedade.

Gerd Theissen, *Social reality and the early christians* [*A realidade social e os cristãos primitivos*], pp. 35, 40, 45; pp. 64, 88 (de ensaios publicados originalmente em 1973 e 1977).

A Parte VII mostrou que, pelas provas mais primitivas que encontrei, havia uma dialética de itinerantes e chefes de família que remonta ao tempo do Jesus histórico. O Reino de Deus fazia-se presente não só nos itinerantes, mas na interação de itinerantes e chefes de família, em uma nova comunidade de cura e refeição, de recursos materiais e espirituais compartilhados. Os itinerantes esperavam e recebiam oposição e até perseguição *externa*. Mas também encontravam oposição *interna* – discordância e crítica dos que já os tinham aceitado? Havia resistência não só de não-cristãos, de fora do movimento, mas também de cristãos do movimento do Reino de Deus? E esse repúdio interno dava aos itinerantes uma sensação de fracasso maior que qualquer repúdio externo?

A Parte VII apresentou a voz dos itinerantes; a Parte VIII apresenta a voz dos chefes de família. Na Parte VII, os itinerantes disseram o que pensavam. Na Parte VIII, os chefes de família retrucam. Para os itinerantes temos o documento do *Evangelho* Q, para os chefes de família temos o documento da *Didaqué*. Esses dois textos são muito mais tardios que a Tradição dos Ditos Comuns, na qual estou primordialmente interessado, mas uso sua interação mais tardia para encontrar naquela tradição mais primitiva provas de que essa dialética tensa estava presente desde o princípio. De certo modo, essa tensão era, sem dúvida, inevitável. O que acontece quando os itinerantes dizem aos chefes de família para abandonarem tudo, como disseram? É fácil imaginar o que fazem os que a eles se *opõem*. Mas o que fazem os que os *recebem*? No que segue, interpreto a *Didaqué* para imaginar algumas de suas reações elucidadas presentes de forma rudimentar quando o primeiro itinerante foi saudado na paz pelo primeiro chefe de família.

O que confirma esse ato de imaginação é um dos mais radicais ditos de Jesus, *Dar sem retorno*. Encontra-se na Tradição dos Ditos Comuns em Q 6,30 – isto é, Lc 6,30 = Mt 5,42 – e em *Ev. Tomé* 95. Mas também se encontra em posição culminante em *Did.* I,5a (Apêndice 1A: #35 = Apêndice 7: # 4).

O Capítulo 19 mostra que, no *Evangelho* Q, já no sermão inaugural de Jesus em Q^1, os itinerantes criticam os chefes de família como sendo os que professam o Senhor, mas não o obedecem; que o escutam, mas não põem em prática o que ele pede. Não falam contra os de fora do movimento que não escutam, mas contra os de dentro, que escutam mas não põem em prática o que ouvem. Isso está bastante claro, mas em seguida entramos em águas mais escuras. Alguns desses ditos que criticam os de dentro no *Evangelho* Q já se encontram na Tradição dos Ditos Comuns, mas, naturalmente, sem o contexto do *Evangelho* Q, que determina seu sentido. Têm o mesmo enfoque de crítica aos que estão dentro já nessa etapa mais primitiva?

O Capítulo 20 mostra os chefes de família da *Didaqué* movimentando-se atenta e delicadamente para aceitar e também conter o radicalismo itinerante. Para fazer isso, estabelecem seu ensinamento com aprovação comunitária, mas também instituem regras claras para os profetas itinerantes que visitam a comunidade. Esse é um primeiro movimento fundamental de contenção.

O Capítulo 21 aborda o segundo e ainda mais importante movimento de contenção. Os ditos mais radicais que envolvem a imitação do caráter não-violento de Deus na terra estão cuidadosamente integrados ao catecismo básico da *Didaqué* e é dito à pessoa que "faça o que puder" a respeito deles. Mas, acima de tudo, o despojamento radical, como naquele dito *Dar sem retorno*, transforma-se em distribuição salvífica de esmolas, de modo que nada ter é interpretado como tudo partilhar.

O Capítulo 22 é um eixo conectivo entre a tradição da vida de Jesus nestas partes VII e VIII e a tradição da morte de Jesus nas partes IX e X que se seguem. Apresenta-se principalmente em forma de diálogo com a obra passada e presente de Helmut Koester.

Capítulo 19

CRÍTICA AOS CHEFES DE FAMÍLIA

Como um todo, o grupo pode iniciar uma relação antagônica com um poder fora dele e é por causa disso que ocorrem o estreitamento das relações entre seus membros e as intensificações de sua unidade, em consciência e em ação.

Georg Simmel, *Conflict [Conflito]*, p. 191.

Essa "busca do inimigo de fora" (ou exagero do perigo que um inimigo real representa) serve não só para manter a estrutura do grupo, mas também para fortalecer sua coesão quando ameaçada pela diminuição de energias ou por dissensão interna. A intensidade do conflito externo reanima a vigilância dos membros e ou reconcilia tendências diferentes ou leva à ação combinada do grupo contra o dissidente.

Lewis A. Coser, *The functions of social conflict [As funções do conflito social]*, p. 106.

Essas epígrafes são de obras sociológicas clássicas a respeito da interação dinâmica entre a ameaça externa e a coesão interna em pequenos grupos de luta. A presença, o exagero, ou mesmo a criação de ameaça externa ajuda a estabelecer a unidade interna e a controlar a dissidência interna dentro do próprio grupo. "Há", conclui Coser, "gradações mutáveis entre o exagero de um perigo real, a atração de um inimigo real e a invenção total de um agente amea-çador" (p. 110). Mas, já se vê, a mentalidade de assédio também gera assediadores. Chamar de inimigo quem é de fora muitas vezes transforma estranhos em inimigos ou os leva do desprezo à opressão, da discriminação à perseguição.

Quando lemos o *Evangelho Q*, encontramos reiterados ataques a "esta geração". Kloppen-borg, por exemplo, faz dessas unidades a característica definidora da segunda camada, apocalíptica ou Q^2 do evangelho (1987a, pp. 102-170). "Esta geração" realmente lê essas descrições? É claro que não. Ou recordemos, novamente as maldições pronunciadas em Q 10,13-15 contra Corazim, Betsaida e Cafarnaum, três cidades em um pequeno triângulo ao redor das praias setentrionais do mar da Galiléia. As cidades ouviam esses ataques contra elas? Mais uma vez, é claro que não. Mas as propostas acima, de Simmel e Coser, ajudam a entender o propósito *interno* dessas dia-tribes *externas*. Imagine sua situação em uma cultura camponesa que sofresse a grave ruptura da comercialização rural. "A cultura tradicional [isto é, oral] manifestava tendência à uniformidade", como concluiu Kazimiertz Dobrowolski. "Expressava-se na pressão social por um padrão invariável comum de instituições sociais e conteúdos ideológicos dentro de classes ou grupos específicos de aldeias. Os indivíduos que se afastavam do padrão de comportamento comumente aceito, predominante dentro de suas classes ou grupos respectivos, enfrentavam medidas de repressão como zombaria, descrédito, censura moral, ostracismo ou até mesmo a aplicação de sanções legais oficiais" (p. 291). Pode ser que o *Evangelho Q* às vezes exagerasse essa oposição externa, mas não precisava inventá-la.

A forte oposição dos de fora e em relação a eles é muito clara na Tradição dos Ditos Comuns. Ela adverte sobre a forte oposição externa, por exemplo, em ditos como *Carregar a própria cruz* e *Bem-aventurados os perseguidos* (Apêndice 1A, #24, #28). Também propugna uma oposição bastante generalizada contra os fariseus em *Os que atrapalham os outros* (Apêndice 1A, #16). Mas agora faço uma pergunta mais precisa: Há na própria Tradição dos Ditos Comuns sintomas de que já existia dissensão interna nas comunidades envolvidas? Além da resistência extracristã, havia também resistência intracristã? Reformulo a pergunta à luz daquelas epígrafes sociológicas: A oposição externa é enfatizada para controlar a oposição interna? Em outras palavras, que sintomas existem de que os itinerantes vistos na Parte VII encontravam resistências dos chefes de família cristãos?

Dissensão interna no Evangelho Q

> O conflito com os de fora do movimento, conforme Lewis Coser demonstrou, tem realmente um propósito positivo e construtivo como meio para definir mais claramente os limites do grupo, realçar a coesão interna e reforçar a identidade do grupo... Assim, embora ostensivamente dirigidos ao "grupo de fora", esses materiais polêmicos e ameaçadores servem, de fato, para fortalecer o "grupo de dentro" e interpretar para ele a experiência de perseguição, rejeição e até do fracasso de sua pregação do Reino.
>
> John S. Kloppenborg, *The formation of Q* [*A formação de* Q], pp. 167-168.

Kloppenborg descreve as bem-aventuranças que iniciam o sermão inaugural de Jesus em Q 6,20b-23 como "antibem-aventuranças" [que] contrastam as visões da sabedoria convencional a qual afirma serem bem-aventurados os que vivem na abundância e em segurança". São uma "declaração programática da 'sabedoria radical do Reino'". Mas, continua ele, "encontram-se outros exemplos dessa sabedoria radical no contexto imediato: em 6,27-35.36-38.39-45" (1987a, pp. 188-189). Não é bem assim. Este sermão do *Evangelho Q* divide-se em duas metades bastante claras. A primeira metade, em Q 6,23-35, é a proclamação do radicalismo do Reino. Kloppenborg está perfeitamente correto nesse ponto. E o tom é quase rapsódico ou até mesmo extasiante. Mas a segunda metade, em Q 6,36-45, é sabedoria não radical, cotidiana, comum. E ali o tom é crítico e severo. Eis as unidades envolvidas nessa segunda metade:

Como o vosso Pai	Q 6,36			(Apêndice 2B, #8)
Julgamento por julgamento	Q 6,37a			(Apêndice 2B, #9)
Medida por medida	Q 6,38bc			(Apêndice 2B, #10)
O guia cego	Q 6,39	=	Ev. Tomé 34	(Apêndice 1A, #13)
Discípulo e servo	Q 6,40			(Apêndice 2B, #11)
O cisco e a trave	Q 6,41-42	=	Ev. Tomé 26	(Apêndice 1A, #10)
Árvores e corações	Q 6,43-45	=	Ev. Tomé 45	(Apêndice 1A, #19)
Invocação sem obediência	Q 6,46			(Apêndice 2B, #12)
Rocha ou areia	Q 6,47-49			(Apêndice 2B, #13)

Quando percorremos esses ditos do começo ao fim, três detalhes ficam cada vez mais claros. O primeiro é que os ditos se voltam contra a dissensão dentro, não fora, da comunidade. O segundo é que a dissensão envolve líderes ou, no mínimo, ideais da comunidade. O terceiro é que a dissensão envolve escutar e *pôr em prática* contra escutar e *não pôr em prática*. Por trás de Q 6,36-49, é preciso ouvir as críticas feitas contra os itinerantes pelos chefes de família, até quando lemos que os itinerantes contracriticam, em defesa própria, os chefes de família.

O dito de Q 6,36 sobre o Pai como modelo de misericórdia é introdução programática a toda a segunda metade do sermão. Leva a uma advertência contra julgar os outros, em Q 6,37-38 (isto é, não *nos* julgueis). É a primeira advertência de dissensão interna, mas fica explicitamente interna à medida que prosseguimos. O dito O *guia cego*, em Q 6,39, concentra essa crítica um tanto geral em uma advertência contra líderes cegos e seguidores cegos (isto é, *vós* sois cegos). Isto é, em seguida, especificado em Q 6,40, pela afirmação de que os discípulos não superam o mestre (isto é, *vós* não deveis tentar superá-lo); basta ser como ele. Essa contracrítica prossegue em O *cisco e a trave* e em *Árvores e corações*, em Q 6,41-45 (julgai *a vós mesmos* primeiro; *vós* sois maus). Essas contracríticas em Q 6,36-45 podem ser interpretadas como sabedoria um tanto banal e proverbial, mas aqui são usadas em um debate interno a respeito de seguir ou não seguir a sabedoria radical que acabou de ser proclamada em Q 6,20b-35.

Finalmente, então, os dois últimos aforismos, em Q 6,46-49, deixam o exato ponto de crítica e contracrítica extremamente claro. Kloppenborg comenta que "muitas instruções sapienciais terminam (ou às vezes começam) com descrições das recompensas que aguardam os que seguem as instruções e as conseqüências para os que não seguem" (1987a, p. 186). Ele dá diversos exemplos. Cito dois deles, um de um livro bíblico e o outro de um tratado filosófico popular daquele tempo (1987a, pp. 186-187):

> Para que sigas o caminho dos bons e guardes as sendas dos justos; porque os retos habitarão a terra e os íntegros permanecerão nela; os ímpios, porém, serão expulsos da terra, os traidores serão varridos dela.
>
> (Pr 2,20-22)

O NASCIMENTO DO CRISTIANISMO

Se prestares atenção e entenderes o que é dito, serás sábio e feliz. Se, por outro lado, não fizeres isso, serás tolo, infeliz, rabugento e estúpido e te sairás mal na vida.

(Tabuinha de Cebes 3,1)

Assim, não há nada surpreendente em um sermão sapiencial como Q 6,20b-49, que termina com sanções disjuntivas, ditos que prometem recompensa e benefício ou ameaçam castigo e prejuízo. Neste caso, porém, essas sanções disjuntivas são extremamente precisas:

Por que me chamais "Senhor! Senhor!", mas não fazeis o que eu digo? Vou mostrar-vos a quem é comparável todo o que vem a mim, escuta as minhas palavras e as põe em prática. Assemelha-se a um homem que, ao construir uma casa, cavou, aprofundou e lançou o alicerce sobre a rocha. Veio a enchente, a torrente deu contra essa casa, mas não a pôde abalar, porque estava bem construída. Aquele, porém, que escutou e não pôs em prática é semelhante a um homem que construiu sua casa ao rés do chão, sem alicerce. A torrente deu contra ela, e imediatamente desabou; e foi grande a sua ruína!

(Q 6,46-49)

Essa conclusão é tão clara quanto se poderia desejar. Não trata de advertência contra quem está de fora e elogio a quem está dentro. Não trata da recusa das palavras de Jesus pelos de fora e da aceitação delas pelos que estão dentro. Trata de quem está dentro – isto é, dos que professam Jesus como Senhor, dentro da comunidade do Reino. Nessa mesma comunidade há os que *escutam e põem em prática* enquanto outros *escutam e não põem em prática*. Isto é, todos *escutam*, mas só alguns *põem em prática*. Além disso os que *escutam e não põem em prática* criticam os que *escutam e põem em prática*. E Q 6,46-49 conclui a contracrítica dos que escutam e põem em prática contra seus adversários de dentro da comunidade. Em outras palavras, a segunda metade do sermão em Q 6,36-49 diz respeito à dissensão dentro da comunidade do Reino com respeito à sabedoria radical do Reino anunciada na primeira metade, em Q 6,20b-35.

Está tudo razoavelmente claro e certo, mas só três desses ditos, *O guia cego, O cisco e a trave* e *Árvores e corações*, têm paralelos no *Evangelho de Tomé*. Só esses três, portanto, estão com certeza presentes na Tradição dos Ditos Comuns. Por causa disso, apresento aqui apenas uma hipótese experimental – a saber, que esses três ditos são indícios de dissensão interna, já na etapa da Tradição dos Ditos Comuns.

Dissensão interna na Tradição dos Ditos Comuns

Q 6,39-45, já se vê, tem como alvo especial os mestres (reais ou imaginários) que não seguem Jesus em seu estilo de vida e ética radicais. Mas não há nenhuma razão convincente para supor que 6,39-42 foi formulado tendo em mente pessoas de fora da comunidade e adversários.

John S. Kloppenborg, *The formation of* Q [*A formação de* Q], p. 185.

398

O GUIA CEGO

O primeiro dos três ditos neste conjunto é O *guia cego* (Apêndice 1A, #13). É um dito do Tipo 4 (Apêndice 1B); isto é, não foi redigido próximo ao ascetismo do *Evangelho de Tomé*, nem ao apocaliptismo do *Evangelho* Q. Aparece no *Evangelho* Q como Q 6,39b – isto é, Lc 6,39b = Mt 15,14b – e em *Ev. Tomé* 34. Eis os dois textos semelhantes:

> Pode acaso um cego guiar outro cego? Não cairão ambos em um buraco?
>
> (Q 6,39)

> Jesus disse: – Se um cego conduz outro cego, ambos cairão no fosso.
>
> (*Ev. Tomé* 34)

A imagem contraditória do *guia cego* "era comum no mundo antigo", como Kloppenborg afirma com exemplos (1987a, p. 184), por isso o importante é não apenas se Jesus citou ou não esse provérbio, mas sim qual pode ter sido o contexto. Por exemplo, teve alvo interno ou externo? Foi advertência para os de dentro ou invectiva para os de fora?

O contexto de Mt 15,12-14 volta o dito especificamente contra os fariseus. Mas o contexto do *Evangelho* Q, como em Lc 6,39b, volta-o internamente contra mestres da comunidade "que não seguem o exemplo do mestre... que procuram superar o mestre julgando os outros", como Kloppenborg resume seu sentido (1987a, p. 184). *Ev. Tomé* 34 pode ser interpretado ou interna ou externamente, mas a falta de contexto impossibilita a decisão. Entretanto, não há nenhuma ligação explícita com os fariseus, como há, por exemplo, em *Ev. Tomé* 39,1-2; 102. Levando tudo em conta, portanto, é mais provável que o sentido do dito na Tradição de Ditos Comuns seja advertência interna do que acusação externa. Mas também parece indicar uma situação de debate sobre como seguir, ensinar ou imitar Jesus, em vez de uma situação dentro da vida do próprio Jesus.

O CISCO E A TRAVE

O segundo dos ditos neste conjunto é O *cisco e a trave* (Apêndice 1A, #10). É um dito do Tipo 4 (Apêndice 1B); isto é, não foi redigido nem próximo ao ascetismo do *Evangelho de Tomé*, nem próximo ao apocaliptismo do *Evangelho* Q. Aparece no *Evangelho* Q como Q 6,41-42 – isto é, Lc 6,41-42 = Mt 7,3-5 – e no *Evangelho de Tomé*, nas versões copta e grega, como *Ev. Tomé* 26 e *P. Oxi.* 1, versículos 1-4. Mas só o fim da versão grega deste dito foi conservado, pois o *P. Oxi.* 1 fragmentado começa nesse ponto. Eis os três textos:

> Por que olhas o cisco no olho de teu irmão, e não percebes a trave que há no teu? Como podes dizer a teu irmão: "Irmão deixa-me tirar o cisco do teu olho, quando não vês a trave em teu próprio olho? Hipócrita, tira primeiro a trave de teu olho, e então verás bem para tirar o cisco do olho de teu irmão.
>
> (Q 6,41-42)

[...] então verás claramente para tirar o cisco que está no olho de teu irmão.

(Ev. Tomé 26,2b [grego])

Jesus disse: – Tu vês o argueiro que há no olho de teu irmão, mas não vês a trave que está em teu olho; quando retirares a trave de teu olho, então poderás ver para tirar o cisco do olho de teu irmão.

(Ev. Tomé 26,1-2 [copta])

A sentença central de "como" a "hipócrita", em Q 6,42a, não tem paralelo em *Ev. Tomé* 26, que faz paralelo só com a primeira e a terceira sentenças. Interpreto esse dito como contracrítica dos proponentes radicais do *Evangelho* Q contra os que se opõem a eles dentro da comunidade cristã.

ÁRVORES E CORAÇÕES

O último dos três ditos neste conjunto é *Árvores e corações* (Apêndice 1A, #19). É um dito do Tipo 4 (Apêndice 1B); isto é, não foi redigido próximo ao ascetismo do *Evangelho de Tomé*, nem ao apocaliptismo do *Evangelho* Q. Aparece no *Evangelho* Q como Q 6,43-45 – isto é, Lc 6,43-45 = Mt 12,33-35 – e em *Ev. Tomé* 45. Eis os dois textos:

Não há árvore boa que dê fruto mau, e nem árvore má que dê fruto bom; com efeito, uma árvore é conhecida por seu próprio fruto; não se colhem figos de espinheiros, nem se vindimam uvas de sarças. O homem bom, do bom tesouro do coração tira o que é bom, mas o mau, de seu mal tira o que é mau; porque a boca fala daquilo de que está cheio o coração.

(Q 6,43-45)

Jesus disse: – Não se colhe uva nos cardos nem figos nas sarças, pois eles não dão frutos. O homem bom extrai o bem de seu próprio tesouro. Um homem mau tira o bem de seu tesouro, o malvado tira o mal do mau tesouro que está em seu coração e diz maldades, pois ele sai do mal que é abundante em seu coração.

(Ev. Tomé 45,1-4)

Mais uma vez, interpreto esse dito contra a dissensão interna ou intracristã dentro da Tradição dos Ditos Comuns. Como os dois ditos precedentes, ainda é a dissensão interna que está em jogo em seu uso no *Evangelho* Q. Entretanto, seu uso secundário em Mt 12,33-35, volta-o externamente contra os que acusam Jesus de estar possesso do demônio.

Capítulo 20

Controle dos itinerantes

> A maioria silenciosa dos que aguardavam a vinda do Reino era composta de chefes de família afadigados e decentes, havia muito acostumados aos ritmos meticulosos da vida judaica. Seguros em seus horizontes morais, não estavam em posição de permitir que a estrutura, montada a duras penas, de sua pessoa social – esposas, filhos, parentes e os poucos campos ancestrais que herdavam quando enterravam o pai – evaporasse ao chamado da minoria itinerante. As comunidades cristãs onde esses homens eram conspícuos pareciam ao mundo que as rodeava de maneira muito diferente dos que imaginavam que, na estrada, eles já respiravam o ar intoxicante do Reino.
>
> Peter Brown, *The body and society* [O *organismo e a sociedade*], p. 44.

Até aqui, nossa análise envolveu principalmente dois textos, o *Evangelho* Q e o *Evangelho de Tomé*, além da Tradição dos Ditos Comuns, da qual ambos se desenvolveram de formas bem diferentes. Acrescento agora um terceiro texto, igualmente importante, a *Didaqué*. Coloco este novo texto em diálogo tensivo com o *Evangelho* Q, mas em uma etapa mais primitiva do que o documento acabado que agora temos em Mateus e Lucas. Por exemplo, a *Didaqué* e o *Evangelho* Q contêm escatologia apocalíptica secundária, mas, enquanto o segundo aguarda o advento do Filho do Homem, a primeira aguarda a chegada do Senhor Deus (sem menção ao Filho do Homem nem ao Senhor Jesus). É como se a *Didaqué* conhecesse o *Evangelho* Q em uma etapa intermediária entre a Tradição dos Ditos Comuns e o texto final do próprio *Evangelho* Q.

Recordemos que, no capítulo anterior, o *Evangelho* Q criticou alguns cristãos em 6,46 por *chamarem* Jesus "Senhor! Senhor!", mas não *fazerem* o que Jesus queria e, em 6,47-49, advertiu-os sobre *escutar*, mas não *pôr em prática*. É a voz dos itinerantes radicais censurando os chefes de família estabelecidos. Mas na *Didaqué*, os chefes de família conservadores passam a retrucar, respeitando e, ao mesmo tempo, refreando o radicalismo daqueles itinerantes.

Esses três textos – o *Evangelho* Q, o *Evangelho de Tomé* e a *Didaqué* – ficaram ocultos durante séculos de maneiras muito diferentes. O *Evangelho* Q estava escondido nos evangelhos de Mateus e de Lucas. O *Evangelho de Tomé* estava escondido em um vaso lacrado perto dos penhascos às margens do Nilo. A *Didaqué* estava escondida em um códice manuscrito, juntamente com seis outros textos cristãos primitivos, em uma biblioteca antiga.

Há mais de cem anos, cerca de uma década após a descoberta da *Didaqué*, e quase imediatamente após sua publicação, Philip Schaff apresentou esta descrição do local onde se encontrava:

"O mosteiro do Santo Sepulcro de Jerusalém é um amontoado de prédios no bairro grego de Constantinopla... Pertence ao patriarca de Jerusalém... Como a maioria dos conventos, o mosteiro de Jerusalém possui uma biblioteca. Está preservada em um pequeno compartimento de pedra, erigido para esse fim e separado dos outros edifícios. Recebe pouca luz, através de duas janelas grades. A entrada está adornada com imagens sagradas e ela contém cerca de mil volumes encadernados e 'de quatrocentos a seiscentos manuscritos', como o superior atual, o arquimandrita Policarpo, informou a um visitante recente com 'imprecisão característica'. Entre os livros desta biblioteca estava um dos mais raros tesouros da literatura cristã primitiva. É uma coleção de [sete] manuscritos encadernados em um único volume, capa de couro preto, cuidadosamente escrito em pergaminho bem conservado, pela mesma mão, em letras distintas, caprichadas e miúdas, em número de 120 folhas ou 240 páginas de *in-octavo* pequeno (de 20 cm de comprimento por 15 de largura)" (pp. 1-2).

O escriba que copiou esses sete textos assinou a última folha como "Leão, notário e pecador" e datou essa conclusão de 11 de junho de 1056. O primeiro dos sete era *Sinopse do Antigo e do Novo Testamentos*, atribuída a são João Crisóstomo. O catálogo da biblioteca relacionou essa sua propriedade mais antiga por esse único título – um título não calculado para atrair muito interesse. Depois de passar despercebido aos estudiosos que verificaram a biblioteca nas décadas de 1840 e 1850, o códice foi por fim descoberto em 1873 e publicado em 1883 pelo arcebispo Philotheos Bryennios, nessa época o metropolita de Sérrai, na Macedônia. Philip Schaff descreveu Bryennios como "logo abaixo do patriarca de Constantinopla e do bispo de Éfeso e, em geral, residente em Constantinopla em uma casa de madeira estreita e sem pintura, de quatro andares, em frente à entrada da igreja patriarcal e a alguns passos do mosteiro de Jerusalém. É provável que seja o prelado mais culto da Igreja grega de hoje" (p. 8). A *Didaqué*, então, era um pequeno texto, quinto entre outros, em sua maioria muito maiores, perdido em uma pequena biblioteca no bairro Fener de Istambul, a meio caminho da margem esquerda do Chifre de Ouro. Agora conhecido como Códice Hierosolimitano 54, esse volume foi removido para o patriarcado de Jerusalém em 1887, onde permanece.

Também existem versões mais primitivas, em copta e etíope, de alguns capítulos deste texto. Têm importância especial dois fragmentos gregos, o *Papiro de Oxirrinco* 1782, datado do "fim do século IV" e publicado por Grenfell e Hunt, em 1922 (pp. 12-15). Esses diminutos fragmentos, de 5 por 5 cm cada um, contêm os versículos I,3c-4a e II,7–III,2. Apesar de pequenas diferenças, o fraseado desses fragmentos é bem semelhante ao texto de Bryennios. Isso é confirmação muito importante da exatidão fundamental do Códice Hierosolimitano 54, devido ao intervalo de séculos entre ele e os fragmentos mais primitivos.

Instrução dos pagãos

A palavra grega *didache* faz referência ao treinamento que um mestre (*didaskalos*) transmite a aprendizes ou discípulos. No grego clássico, trançar cestas, caçar com arco e flecha e fazer artigos de cerâmica representam habilidades típicas transmitidas sob o termo *didache* ... É importante mencionar que o verbo *didaskein* – que costuma ser traduzido como "ensinar" – não era usado quando se subentendia a simples transmissão de informações... Em nossa sociedade contemporânea, "ensinar" associa-se a instrução na sala de aula, o que, na mente popular, evoca muitas vezes a transmissão de informações do professor para o aluno. Ao contrário, a palavra "instrução" tem a vantagem de sugerir a dinâmica de um aprendizado em que os principiantes aumentam suas habilidades gradual e progressivamente ao se submeterem a um mestre-instrutor (*didaskalos*).

Aaron Milavec, *The pastoral genius of the* Didache [*O gênio pastoral da* Didaqué], p. 107.

O único manuscrito completo da *Didaqué* tem dois títulos. O primeiro, na tradução usual, é "Instrução dos Doze Apóstolos", escrito com quatro pontos em um padrão diamante, na frente e no verso. Na linha seguinte está um título mais longo: "Instrução do Senhor para as nações [isto é, os pagãos] por meio dos Doze Apóstolos". É a última vez que ouvimos falar nesses doze apóstolos; sempre que são mencionados apóstolos no texto, eles simplesmente designam os *enviados* (*apostellein* em grego) de uma comunidade para fundar outra alhures. Em outras palavras, esses títulos foram acrescentados a este documento originalmente anônimo, de passagens como At 2,42 ("ensinamento dos apóstolos") e Mt 28,19 ("fazei que todas as nações se tornem discípulos"). Não nos ajudam, em absoluto, na determinação do propósito da *Didaqué*. Entretanto, um título abreviado como "O ensinamento" ajuda, em especial quando o traduzimos, como Milavec, por "Instrução".

Instrução e cisão comunitária

A *Didaqué* não é nem epístola nem evangelho, mas sim regra comunitária – manual de disciplina ou conjunto eclesiástico de prescrições. Esse é o primeiro e mais importante fator para determinar o propósito da obra. É também sua importância muito especial. Deixa-nos ver, provavelmente da melhor forma que jamais conseguiremos, como uma comunidade cristã primitiva regulava sua vida. Mas há também outro fator, a ocasião específica que tornava necessário o estabelecimento dessa disciplina por escrito precisamente nessa época. Por que esse programa de instrução específica era necessário nesse momento e não mais cedo ou mais tarde?

As quatro divisões principais da *Didaqué* foram mencionadas pela maioria dos comentaristas, mas Aaron Milavec, que escreveu uma obra extremamente precisa que procuro seguir, menciona também as diferentes porcentagens envolvidas (1989, p. 101):

I (I,1–VI,2):   Programa de instrução para os novos membros ou os dois caminhos (44%)

II (VI,3–X,7):   Normas para comer, batizar, jejuar, rezar, celebrar a Eucaristia (24%)

III (XI,1–XV,4): Regras para testar diversas classes de visitantes (22%)

IV (XVI,1–8)): Apelos apocalípticos finais (10%)

A segunda parte dá diversas pistas a respeito da situação social que produziu este texto escrito. Primeiro, há três assuntos importantes marcados por inícios de estilo semelhante:

Quanto à comida, observe... (VI,3)

Quanto ao batismo, procedam assim... (VII,1-4)

Celebrem a eucaristia deste modo... (IX,1–X,7)

Cada assunto ganha cada vez mais extensão de atenção, de um a quatro a doze versículos. Mas aquele primeiro assunto, um formato menos similar que os outros dois, é um tanto surpreendente em uma localização tão proeminente (Milavec 1989, p. 96):

> Quanto à comida, observe o que você puder. Não coma nada do que é sacrificado aos ídolos, porque esse é um culto a deuses mortos.
>
> (*Did.* VI,3)

Por que a questão da comida é tão importante a ponto de ser colocada em primeiro lugar? Adio essa pergunta por um momento, para considerar outro ponto que pode ajudar a respondê-la. A passagem batismal em VII,1-4 termina com uma ordem sobre o jejum, que se liga por uma palavra (*jejum*) às duas ordens seguintes, também ligadas pela repetição da mesma palavra (*hipócritas*), como se segue (Milavec 1989, p. 97):

> Antes do batismo, tanto aquele que batiza como aquele que vai ser batizado, e se outros puderem também, observem o **jejum**. Àquele que vai ser batizado, você deverá ordenar **jejum** de um ou dois dias. Que os **jejuns** de vocês não coincidam com os dos **hipócritas**. Eles jejuam no segundo e no quinto dia da semana. Vocês, porém, jejuem no quarto dia e no dia da preparação. Não rezem como os **hipócritas**, mas como o Senhor ordenou no seu Evangelho. Rezem *assim*: [O pai-nosso]. Rezem *assim* três vezes por dia.
>
> (*Did.* VII,4–VIII,3)

Outra pergunta junta-se agora àquela anterior a respeito de comida. Quem são os hipócritas? *Eles* jejuam às segundas e quintas-feiras, mas *nós* jejuamos às quartas e sextas-feiras. Rezamos o pai-nosso três vezes por dia e é de presumir que eles não rezem. O que está em jogo em tudo isso?

A menção de "hipócritas" e a separação intransigente a respeito dos detalhes de jejuar e rezar parecem destinar-se primordialmente a estabelecer limites firmes entre *nós* e *eles*. Mas quem são *eles*? Não lidamos com judeus cristãos contra judeus não-cristãos, nem com pagãos cristãos contra judeus cristãos. De fato, a *Didaqué* é exemplo claro de texto que é total e profundamente judaico *e* total e profundamente cristão. É mais provável lidarmos com uma cisão bastante recente dentro do próprio grupo da *Didaqué*. Talvez ao correlacionar esses itens anteriores – a posição enfática e a liberdade relativa da regra da comida em VI,3, a dupla menção de hipócritas em VIII,1-3 e a ênfase quantitativa na instrução em I,1-VI,2 (na chamada Parte I) – fiquemos sabendo mais a respeito da cisão da *Didaqué*.

Milavec reúne esses três pontos, concentrando-os em torno da inclusão de convertidos pagãos na comunidade da *Didaqué*. Essa é a situação social ou crise comunitária que gerou o documento em si. Os judeus que se tornaram cristãos já conheciam os fundamentos da ética e da devoção judaicas, mas, e os convertidos gentios? Se os pagãos cristãos não viviam de acordo com os padrões dos convertidos judeu-cristãos, podiam estes últimos continuar a associar-se a eles? E, de qualquer modo, como seriam mantidos os preceitos de comida em refeições comuns de cristãos pagãos e cristãos judeus? "No entanto, a julgar pelos fundamentos abrangidos no programa de iniciação, supomos que os gentios eram acusados de praticar os modos pagãos que deveriam ter deixado para trás. O gênio pastoral da *Didaqué* foi propor a execução de dois novos programas que atacariam a própria fonte dessas explosões de ira justa, o que se efetuava de duas maneiras: 1) pela exigência de que todos os gentios futuros tenham uma instrução sistemática nos padrões básicos de conduta que o Senhor requer deles [I,1-VI,2] e 2) pela exigência de confissão semanal de faltas contra esses padrões básicos antes da celebração dominical [XIV,1-2]" (1989, p. 123). Esse programa de instrução estabelecia um nível comum de responsabilidade ética para todos os convertidos, mas era necessário especialmente para os pagãos – aos quais, ao contrário dos convertidos judeus, era preciso lembrar (por exemplo, em *Did.* V,2) que os que "não se compadecem do pobre não se importam com os atribulados" ou que "desprezam o necessitado, oprimem o aflito" ou que "defendem os ricos, são juízes injustos com os pobres" eram "pecadores consumados". Esse programa de instrução preliminar e sua subseqüente confissão semanal de faltas devia bastar para que cristãos pagãos e cristãos judeus vivessem juntos. E, como veremos com mais detalhes a seguir, a disciplina da *Didaqué* é basicamente um programa judaico-cristão de instrução para pagãos convertidos ao cristianismo.

Mas mesmo esse programa não bastou para reassegurar a alguns membros da comunidade que comer junto em franca comensalidade agora era apropriado. Eles devem ter exigido regras mais estritas sobre comida que as dadas em VI,3. Como Milavec observa, "Minimamente, porém, julgamos que a *Didaqué* dá indícios de um cisma judaico interno que já aconteceu. As causas e os termos históricos reais dessa discordância interna não são dados nem discutidos. No entanto, é duvidoso que a regra a respeito de comida forme a primeira ordem da atividade comunitária. Poderia isso indicar que os 'hipócritas' são os cristãos judeus que não se dispuseram a abrandar as regras tradicionais de comida impostas aos gentios?" (p. 112). A situação é bastante similar e concernente a regras de comida para a comunidade cristã heterogênea de judeus e pagãos convertidos em Antioquia descrita em Gl 2,11-13 e At 15,28-31. Lucas descreve-a como um acordo amigável, mas Paulo diz que a conciliação foi "hipocrisia". É a posição mais radical que chama a mais moderada de hipocrisia. Um caso semelhante surgiu na *Didaqué*, mas agora é a posição moderada que chama a mais conservadora de hipocrisia. Há, naturalmente, questões importantes em jogo em todos esses casos, mas chamar os adversários de hipócritas provavelmente não ajudou em nada além de confirmar a separação e consolidar fronteiras.

Serenidade e controle comunitário

Esses dois casos de xingamento em *Did*. VIII,1-3 são ainda mais surpreendentes em meio à serenidade que prevalece neste documento. Essa serenidade é evidente, por exemplo, na regra a respeito de comida vista em *Did*. VI,3. Só uma coisa é completamente proibida – a saber, a participação em banquetes pagãos, onde a comida é partilhada com deuses mortos. A respeito de tudo o mais, "observe o que você puder". É exemplo do princípio de "Faça o que puder", que é revogado só quando algo absolutamente indispensável está em jogo. Tome, como outro exemplo, algo tão importante quanto a iniciação batismal para ser um membro pleno da comunidade quando o programa de instrução estiver completo. É *Did*. VII,1-3, no sistema de delineamento analítico usado por Milavec (1989, p. 96):

[A] Batize em nome do Pai e do Filho e do Espírito Santo,

[1] em água corrente. Mas se não tem água corrente, batize em outra água.

[2] se não puder batizar em água fria, faça-o em água quente.

[3] Na falta de uma e outra, derrame três vezes água sobre a cabeça,

[B] em nome do Pai e do Filho e do Espírito Santo.

As estruturas externas de Pai, Filho e Espírito Santo nos dizem o que não é negociável. As distinções internas de processos de água corrente ou parada, fria ou quente, imersão ou aspersão são bem negociáveis. *Qualquer deles serve*, diz a *Didaqué*. Esta comunidade não se dividirá entre os que batizam com água corrente e os que batizam com água parada, entre os que batizam com água morna e os que batizam com água fria, os que batizam por imersão e os que batizam por aspersão. Isso, já se vê, confirma que a cisão com os "hipócritas" não foi por causa do jejum neste ou naquele dia, desta ou daquela ocasião para rezar, mas por causa de coisas muito mais profundas, cuja divisão se manifestava simplesmente nessas distinções.

Recentemente, Ian Henderson salientou essa sensação predominante de consenso pacífico. Ele falou da "calma do tom normativo na *Didaqué*, apesar de suas imposições sapienciais". Considerou "sua meta argumentativa mais irênica que polêmico ou mesmo didática" e resumiu-a como "irenismo deliberadamente comedido". Concluiu que, historicamente, "ela indica uma reação muito menos conflitual para, substancialmente, a mesma série de pressões simbólicas atestadas em fontes canônicas, uma tranquilidade normativa que provavelmente está pouco representada na literatura cristã primitiva (e sua interpretação)" (pp. 292, 294). Considerando que a palavra grega para paz é *eirene, irenística e irênica* são boas palavras para descrever a retórica pacífica que impregna a *Didaqué*. Henderson está muito certo ao afirmar que esse aspecto tranquilo é ainda mais surpreendente em comparação com nossas cartas cristãs mais primitivas, e exemplifica essa "tranquilidade normativa" em especial com respeito à oralidade e alfabetização. Este texto, diz ele, "permanece um livro essencialmente a respeito da normatividade de diversos tipos de fala, um texto que, embora escrito e dependente de fontes escritas, não toma conhecimento da escrita... A *Didaqué* revela a complementaridade de autoridades diversas, recebendo-as informal e pragmaticamente em vez de ideologicamente... Os símbolos escolhidos para essa tarefa são, portanto, de maneira preferencial, e não só acidental ou subconsciente, os da fala e da ação, em vez de serem os de uma lógica mais literária. Assim, do ponto de vista do purismo literário, a *Didaqué* deve parecer sempre enigmática, se não inarticulada... O efeito poético usual da *Didaqué*, característico também da sensibilidade oral em geral, é uma simultaneidade de impressões que leva não à clareza ideológica crítica, mas à acomodação pragmática decente... A *Didaqué* sugere a possibilidade de criar ou recriar uma atmosfera na qual a variedade da linguagem normativa possa ser mantida de maneira simultânea e cumulativa, não hierárquica" (pp. 293, 304-305). Não é, em absoluto, que a *Didaqué* não considere nada digno de severa discordância. Mas por outro lado, só a recebem os tópicos que a merecem. A *Didaqué* aceita a primazia de viver e fazer sobre falar e escrever, a ascendência da vida e da ação sobre a voz e o texto. Trata do modo de viver em comunidade cristã e é sempre tolerante, exceto onde a intolerância é absolutamente exigida e bem formulada. É esse consenso sobre a realidade vivida que mantém a sensibilidade oral tão evidente, até mesmo em um texto escrito. Revela questões formuladas em encontros diretos e depois resumidas em um texto escrito, em vez de impostas por um texto escrito de fora ou de cima. É a serenidade do consenso alcançado.

Gênero e igualdade comunitária

Durante a sessão sobre "As mulheres e (a pesquisa do) Jesus histórico" no encontro anual da Sociedade de Literatura Bíblica em New Orleans, Deborah Rose-Gaier apresentou uma dissertação sobre "A *Didaqué*: comunidade de iguais". Ela começou com um item pequeno, mas significativo. O componente de instrução da *Didaqué* – os chamados dois caminhos (I,1–VI,2) – aborda o caminho da vida com neutralidade quanto aos gêneros para "meu filho" (grego *teknon*, que abrange os dois sexos), em III,1.3.4.5.6 e IV,1. Em contraste, no livro dos Provérbios, o estudante é consistentemente chamado de "meu filho", no masculino. Quando os conselhos dados aplicam-se igualmente a homens e mulheres, a Revised Standard Version da Bíblia em inglês traz "*my child*" em vez de "*my son*", mais antigo e mais literal; em português, as bíblias mantiveram "meu filho". É mais ou menos como a mudança de "Aquele que hesita está perdido" para "Quem quer que hesite está perdido". Porém, há uma diferença significativa: no caso dos Provérbios, "meu filho" não inclui erroneamente de maneira chauvinista os dois sexos sob a denominação masculina, mas sim reflete corretamente a prioridade da instrução masculina sobre a feminina existente no mundo do autor. Isso é bastante óbvio em Pr 5, que forma um contraste interessante com *Did.* I–VI. O contexto é uma advertência ligeiramente paranóide contra a estrangeira, inconfundível com a esposa, de modo que "meu filho", no masculino (não abrangendo os dois sexos), é necessário em Pr 5,1.7.20. Eis, por exemplo, Pr 5,20:

Meu filho, por que errar com uma estranha?
Por que abraçar os seios de uma desconhecida?

Esse versículo, onde um homem casado é advertido para se afastar de "uma desconhecida", em vez de ser aconselhado a não se tornar adúltero, realça o contraste com a *Didaqué*; esta última, ao oferecer instrução para ambos os sexos, não revela nem um resquício de misoginia.

Além disso, quando a *Didaqué* discorre a respeito de relações domésticas há uma notável falta de algo sobre maridos e esposas. Por um lado, proíbe o infanticídio (especifica "assassinos de crianças") e a pederastia (especifica "corruptores da imagem de Deus"), em V,2. Por outro lado, dispõe sobre estas relações domésticas (Milavec, 1985, p. 95):

> Não se descuide de seu filho ou de sua filha; pelo contrário, instrua-os desde a infância no temor de Deus. Não dê ordens com rudeza ao seu servo ou à sua serva, pois eles esperam no mesmo Deus que você, para que não percam o temor de Deus, que está acima de uns e outros. Com efeito, ele não virá chamar a pessoa pela aparência, mas aqueles que o Espírito preparou. Quanto a vocês, servos, sejam submissos aos seus senhores, com respeito e reverência, como à imagem de Deus.
>
> (*Did.* IV,9-11)

Em outros documentos cristãos primitivos, em geral os códigos éticos de relações domésticas mencionam maridos e esposas, pais e filhos, senhores e servos. Eis um exemplo de um tratado escrito por volta de 100 d.C., como se fosse uma carta de Paulo à comunidade efésia:

> As mulheres estejam sujeitas aos seus maridos, como ao Senhor... Filhos, obedecei aos vossos pais, no Senhor, pois isso é justo... E vós, pais, não deis a vossos filhos motivo de revolta contra vós, mas criai-os na disciplina e correção do Senhor. Servos, obedecei, com temor e tremor, em simplicidade de coração, a vossos senhores nesta vida, como a Cristo... E, vós, senhores, fazei o mesmo para com eles, sem ameaças, sabendo que o Senhor deles e vosso está nos céus e que ele não faz acepção de pessoas.
>
> (Ef 5,22; 6,1.4-5.9)

A instrução fundamental nessa passagem é a obediência dos inferiores aos superiores, acompanhada pela bondade dos superiores para com os inferiores. O pressuposto absoluto de que mulheres, filhos e servos *são* os inferiores está implícito nessa instrução. Por outro lado, a *Didaqué* menciona só filhos e servos. "O aspecto notável a respeito da família na *Didaqué* continua a ser", nas palavras de Rose-Gaier, "o fato de não se preocupar em transmitir um código doméstico pelo qual as esposas estejam subordinadas aos maridos" (p. 9).

Finalmente, a *Didaqué* não tem nenhum preceito contra as mulheres em nenhum dos papéis que menciona. Naturalmente, é possível argumentar que os homens eram os encarregados exclusivos de todas essas atividades, na tradição da *Didaqué*, assim, nada mais precisava ser dito sobre o assunto. Mas a tradição paulina e pós-paulina teve de dar ordens contra o ensino pelas mulheres e, de fato, contra elas ensinarem os homens:

Estejam caladas as mulheres nas assembléias, pois não lhes é permitido tomar a palavra. Devem ficar submissas, como diz também a Lei. Se desejam instruir-se sobre algum ponto, interroguem os maridos em casa; não é conveniente que uma mulher fale nas assembléias.

(1Cor 14,34-35)

Durante a instrução a mulher conserve o silêncio, com toda submissão. Eu não permito que a mulher ensine ou domine o homem. Que ela conserve, pois, o silêncio... Entretanto, ela será salva pela sua maternidade, desde que, com modéstia, permaneça na fé, no amor e na santidade.

(1Tm 2,11-12.15)

À luz dessa situação, o silêncio total da *Didaqué* a respeito da submissão das mulheres aos maridos e da sua não-participação em papéis de liderança aponta para a conclusão de Rose-Gaier de que "não há proibições registradas contra as mulheres, como instrutoras, administradoras de batismo, celebrantes da eucaristia, apóstolos, profetas ou mestres; por isso devemos presumir que esses papéis funcionais na comunidade estavam abertos às mulheres" (p. 12).

Os primeiros cristãos rurais?

Quando se considera a "tranqüilidade normativa" de Henderson, ou a "igualdade radical" de Rose-Gaier" na *Didaqué* – principalmente em comparação com tantos outros textos cristãos primitivos – impõe-se a pergunta: Por que ela é tão diferente?

Não é possível responder que ela indica a igualdade "cristã" em oposição à desigualdade "judaica". Embora admita pagãos em sua comunidade cristã, a *Didaqué* é profundamente judaica. Em muitos casos, da celebração eucarística em *Did.* VIII–IX à consumação apocalíptica em *Did.* XVI, ainda está muito mais próxima de suas raízes judaicas do que Paulo está, por exemplo em 1Cor 11 e 15. Nem adianta supor que a comunidade da *Didaqué* é, de algum modo, mais especificamente virtuosa que outras comunidades cristãs. O que, então, a faz tão diferente?

Primeiro, às vezes, falamos sobre os espaços públicos pertencerem aos homens e os privados pertencerem às mulheres no mundo antigo. E, já se vê, o público é muito mais importante que o privado! Rose-Gaier cita este comentário do filósofo judeu Fílon de Alexandria (apud Yonge, p. 611):

Há dois tipos de Estados, os maiores e os menores. E os maiores chamam-se realmente cidades, mas os menores se chamam casas. E a superintendência e administração deles cabe aos dois sexos separadamente; os homens têm o governo dos maiores, governo esse chamado sociedade organizada; e as mulheres o dos menores, que se chama economia.

(*Leis especiais* 3,170)

Isso encarrega os homens da "política" e de cuidar do governo, e as mulheres da "economia" e de cuidar da família. Contudo o cristianismo mais primitivo envolvia-se muito mais com a família que com o governo. Assim, quer o cristianismo gostasse quer não gostasse, as mulheres tinham extrema importância em sua base organizacional em comunidades e Igrejas alicerçadas nas casas. Era uma questão de autoridade e poder. Em etapas posteriores, à medida que o cristianismo passava cada vez mais para a esfera pública e governamental, os homens tinham de retomar ativamente das mulheres esse controle. Como expressou Lc 10,38-42, as mulheres devem *escutar* passivamente, como Maria, em vez de *administrar* ativamente como Marta.

Segundo, a *Didaqué* talvez se origine de uma situação rural em vez de urbana. Talvez derive do consenso de famílias rurais em vez da autoridade de patronos urbanos. Quando escreveram em importante coleção francesa, Willy Rordorf e André Tuilier localizaram a *Didaqué* no norte da Palestina ou no oeste da Síria, mas não na capital, Antioquia. Afirmaram que o texto dirige-se a "comunidades de pagãos convertidos" (p. 98). Mostra "um cristianismo estabelecido em comunidades rurais que romperam com o radicalismo de convertidos anteriores" (p. 100). Ela "fala principalmente aos meios rurais cedo convertidos na Síria e na Palestina e, sem dúvida, supre as primeiras comunidades cristãs fora das cidades" (p. 128). No entanto, escrevendo em importante coleção alemã, Kurt Niederwimmer considerou ainda possível que "*a Didaqué* derivasse de um meio urbano", mas concordou que não era da grande metrópole de Antioquia (p. 80). De qualquer modo, não basta apenas notar a menção de "primeiros frutos" em *Did*. XIII,3-7, pois isso poderia indicar proprietários rurais de base urbana. Minha preferência por um ambiente rural, não urbano, não provém desses poucos versículos, mas da serenidade retórica, da *Didaqué*, de sua igualdade quanto aos sexos e de sua diferença notável de tantos outros textos cristãos primitivos.

Controle dos profetas

> Os profetas não são, na realidade, os líderes da comunidade, pois a *Didaqué* continuamente convida a assembléia cristã a tomar decisões coletivas e, por causa dessa comunicação comunitária, usa deliberadamente "vocês".
>
> Willy Rordorf e André Tuilier, *La doctrine des douze apôtres* (Didachè), p. 64.

A esta altura, parece que a comunidade da *Didaqué* tem tudo sob total controle comunitário. Executa um programa de instrução completa para novos convertidos, em especial pagãos, o que está claramente esboçado nos dois caminhos de *Did*. I,1-62. E essa catequese moral forma a base para o exame de consciência e a confissão de faltas. O caminho da vida conclui assim (Milavec 1989, p. 95):

> Confesse as suas faltas na reunião dos fiéis, e não comece a sua oração com má consciência.
>
> (*Did*. IV,14a)

Em texto posterior, essa confissão localiza-se antes da celebração dominical, em, literalmente, "o dia do Senhor do Senhor". (Milavec 1989, p. 100):

Reúnam-se no dia do Senhor para partir o pão e agradecer, depois de ter confessado os pecados.
(*Did*. XIV,1)

A comunidade instituiu seu código moral básico e estabeleceu um meio de manter todos responsáveis em relação a ele diante do grupo. Mas ainda há um grande problema. E os itinerantes que vêm de fora da comunidade? Como contê-los e controlá-los?

É necessário ser bem claro a respeito do problema, que não é simplesmente o de visitantes cristãos que recebem hospitalidade periódica, mas não têm pretensões pessoais de exercer poder ou autoridade sobre a comunidade. O problema não se refere a hóspedes e hospitalidade, mas a itinerantes e autoridade. Assim, a *Didaqué* faz uma distinção explícita entre "hóspedes" e "profetas", os últimos sendo sua expressão para os meus "itinerantes". Está muito claro como tratar os "hóspedes". Eis *Did*. XII,1-5. Observe seus casos cuidadosamente divididos por Milavec (1989, p. 99):

Acolham todo aquele que vier em nome do Senhor.

[A] Depois, examinem para conhecê-lo

[B] pois vocês têm juízo para distinguir a esquerda da direita.

[1a] Se o hóspede estiver de passagem, dêem-lhe ajuda no que puderem;

[1b] entretanto, ele não permanecerá com vocês, a não ser por dois dias, ou três, se for necessário.

[2a] Se quiser estabelecer-se com vocês e tiver uma profissão, então trabalhe para se sustentar.

[2b] Se ele, porém, não tiver profissão, procedam conforme a prudência, para que um cristão não viva ociosamente entre vocês.

[C] Se ele não quiser aceitar isso, é um comerciante de Cristo. Tenham cuidado com essa gente.

Que termo surpreendentemente exato: "um comerciante de Cristo". Em grego, é *Christemporos*, combinando as raízes das quais obtemos *Cristo* e *empório*. A comunidade já conhece a distinção entre *Christianos* e *Christemporos*, entre a pessoa de Cristo e o comerciante de Cristo. Conhece a possibilidade de tal comércio, previne-se prudentemente contra ela, mas não a soluciona com uma tabuleta de "Proibida a entrada de angariadores" na porta de casa. "Hóspedes" e até "comerciantes de Cristo" estão sob controle. Cinco versículos cuidam deles. *Eles* não são o problema.

Os itinerantes que recebem atenção ampla e repetida são os que vêm com autoridade divina, os que vêm em nome de Deus. *E o problema não está apenas nas autoridades itinerantes, mas, muito mais profundamente, na autoridade do próprio ministério itinerante.* Um aspecto desse ministério itinerante deve ser sempre lembrado para o que se segue. Assim como *didaqué* significa instrução prática para a vida cristã e não apenas aprendizado abstrato para a crença cristã, também as autoridades itinerantes são julgadas primordialmente, não pelo que dizem, mas pelo que fazem. Se, por exemplo, pensamos nos profetas somente como os que *falam* em nome de Deus, não aproveitamos o entendimento da *Didaqué* dos profetas como os que *agem* em nome de Deus.

Para a *Didaqué*, as autoridades itinerantes são de três tipos: apóstolos, profetas e mestres (instrutores). E quase podemos descrever a *Didaqué* como a lenta e cuidadosa ascendência do mestre (instrutor) sobre o profeta e o apóstolo. Mas é mais correto descrevê-la como a ascendência da *didache*, o ensinamento ou instrução propriamente dita, sobre mestre, profeta ou apóstolo. Tudo é feito porém, com muito vagar e cuidado. Todavia, no fim a comunidade prevalece e o consentimento comunal controla até mesmo a exibição espetacular do ministério itinerante.

Mestres itinerantes

Mediante o programa moral detalhado em *Did*. I–VI e o programa ritual detalhado em *Did*. VII–X, os mestres ou instrutores itinerantes são facilmente controlados em *Did*. XI,1-2 (Milavec 1989, p. 98):

> Se alguém vier até vocês ensinando tudo o que foi dito antes, deve ser acolhido.
>
> [A] Mas se aquele que ensina for perverso e expuser outra doutrina (*didachēn*) para destruir, não lhe dêem atenção.
>
> [B] Contudo, se ele ensina para estabelecer a justiça e o conhecimento do Senhor, vocês devem acolhê-lo como se fosse o Senhor.

(Um aparte. Não entenda os pronomes masculinos desta e de outras citações da *Didaqué* como contradição relativa à neutralidade de gênero do texto. Em geral, esses pronomes nos revelam o gênero dos substantivos gregos envolvidos – *apóstolo*, *profeta*, ou *instrutor*, por exemplo – em vez de indicar o sexo dos indivíduos envolvidos.)

Essa passagem é bastante clara. A comunidade tem sua *didachē*, seu programa de instrução moral e ritual claramente articulado em *Did*. I–X, de modo que os instrutores itinerantes mencionados em seguida, em *Did*. XI,1-2, precisam submeter-se a ela ou ser acusados de, com sua *didachē* divergente, destruir a oficial.

Além disso, nessa base segura, a comunidade está pronta e disposta a deixar os mestres itinerantes se estabelecerem e serem sustentados pelas doações dos primeiros frutos da comunidade em *Did*. XIII,2. Assim também com os profetas em *Did*. XIII,1.3-7 (Milavec, 1989, p. 99):

[A] Todo verdadeiro profeta que queira estabelecer-se entre vocês é digno do seu alimento.

[B] Da mesma forma, também o verdadeiro mestre é digno do seu alimento, como todo operário.

Did. XIII,2 foi, na verdade, encaixada em XIII,1-7, que trata dos profetas itinerantes que se estabelecem em caráter permanente na comunidade. Volto a seguir a essa passagem quando analisar os profetas.

Apóstolos itinerantes

Também é relativamente fácil impedir os apóstolos itinerantes de perturbar a comunidade. Como mencionamos anteriormente, apóstolos são apenas profetas a caminho para fundar novas casas ou comunidades cristãs alhures e que, na viagem, são sustentados por comunidades já estabelecidas. Como sua designação significa *enviados*, estão, por definição, de passagem para outro lugar.

De acordo com *Did*. XI,4-6, eles só podem ficar um ou dois dias e levar apenas o pão necessário até a parada seguinte (Milavec 1989, p. 98):

Todo apóstolo que vem até vocês seja recebido como o Senhor:

[A1] Ele não deverá ficar mais que um dia ou, se for necessário, mais outro.

[A2] Se ficar por três dias, é um falso profeta.

[B1] Ao partir, o apóstolo não deve levar nada, a não ser o pão necessário até o lugar em que for parar.

[B2] Se pedir dinheiro, é um falso profeta.

Não há discussão sobre apóstolos, ao contrário de profetas e instrutores, fixarem residência na comunidade. Um apóstolo estabelecido é um ex-apóstolo.

Profetas itinerantes

Em terceiro lugar e mais importante, estão os profetas itinerantes. Como este assunto é mais difícil, o texto volta a se concentrar nos profetas itinerantes quatro vezes distintas: *Did*. X,7; XI,7-12; XIII,1.3-7; XV,1-2.

Did. X,7

A primeira vez que os profetas aparecem é em *Did*. X,7. No final de dois capítulos minuciosos sobre as orações apropriadas para a celebração eucarística, em *Did*. IX,1–X,6, vem esta injunção final (Milavec 1989, p. 98):

Deixem os profetas agradecer à vontade.

(*Did*. X,7)

A interpretação mínima da frase é dada por Milavec: "O texto subentende que a comunidade concluiu suas orações eucarísticas e então voltou-se para os profetas, permitindo-lhes fazer suas orações exclusivas *tantas vezes e tanto* quanto quisessem... Isso aponta na direção do que deve ter sido característico só da oração profética, a saber, que sua oração fluía espontaneamente do Espírito que os inspirava na ocasião e não de uma fórmula preparada que tivessem memorizado" (1994, p. 121). A alternativa máxima é sugerida por Kurt Niederwimmer: "Os profetas (como liturgistas) tinham o direito de formular as orações eucarísticas com bastante liberdade, de modo que não estavam limitados pelos modelos fixos" (p. 205).

Did. XI,7-12

A menção seguinte aos profetas está em *Did*. XI,7-12, maravilhosa e delicada dança de contenção. O princípio básico a respeito dos profetas itinerantes está muito claro, mas observemos sua ênfase no comportamento (*tropoi* ou "viva como"), termo que não deve ser considerado apenas comportamento eticamente bom, mas continuação do comportamento eticamente radical de Jesus. Eis o princípio essencial, em *Did*. XI,7-8a (Milavec 1989, p. 98):

Não coloquem à prova nem julguem um profeta que em tudo fala sob inspiração:

[A] pois todo pecado será perdoado, mas esse não será perdoado.

[B] Nem todo aquele que fala inspirado é profeta, a não ser que viva como [*tropoi*] o Senhor.

É um princípio bastante assustador e um tanto contraditório. Não julgue as falas proféticas *a menos que* o profeta não viva como o Senhor. A palavra grega *tropos* (plural *tropoi*) traduz-se, em um dicionário padrão, como "maneira, modo, tipo, aspecto, modo de vida, conduta, caráter". Poderíamos, então, expressar esse princípio assim: o estilo de vida do Senhor é determinante.

A *Didaqué* tem um uso calculadamente ambíguo de *Senhor* para significar "o Senhor Deus" e/ou "o Senhor Jesus". Ian Henderson classificou *Senhor* como "o símbolo teo/cristológico ambíguo da *Didaqué*" (p. 296). Mas neste caso a ênfase está no Senhor Jesus. O que é fascinante, porém, é a suposição do texto de que os membros da comunidade da *Didaqué* conhecem o estilo de vida do Senhor Jesus e o empregam para julgar a validade de profetas itinerantes. Não é apenas questão de conhecer este ou aquele dito do Jesus histórico, mas de conhecer o modo de vida básico que ele levou enquanto estava na terra. O ministério itinerante segue e precisa continuar a seguir o modelo de Jesus.

Exemplos 1 e 2. Em seguida estão quatro exemplos, em *Did.* XI,8b-12. Os dois primeiros exemplos dão os critérios pelos quais se julga que um profeta é falso, em XI,8b-10 (Milavec 1989, pp. 98-99):

[C] É assim [*tropoi*] que vocês reconhecerão o falso e o verdadeiro profeta:

[1] Todo profeta que, sob inspiração, manda preparar a mesa, não deve comer dela. Caso contrário, trata-se de um falso profeta.

[2] Todo profeta que ensina a verdade, mas não pratica o que ensina, é um falso profeta.

O primeiro caso é mais interessante que o segundo, que envolve simples hipocrisia. Presume a situação normal da cerimônia eucarística como refeição comunitária. Em outras palavras, a eucaristia é celebração litúrgica e também refeição real. Celebra, como Jesus fez, o Deus de justiça que deu a terra e seu alimento a todos igualmente. Mas, embora os membros mais ricos da comunidade da *Didaqué* comessem adequadamente em casa, de qualquer maneira, a eucaristia significava uma refeição decente para os membros da comunidade pobres ou mesmo indigentes. Era, portanto, a comunidade que estabelecia as ocasiões e os lugares para esses rituais eucarísticos. Na época de *Did.* XIV,1, a ocasião estabelecida era uma vez por semana no domingo, o dia do Senhor. Mas e se profetas itinerantes preparassem uma eucaristia para o benefício dos pobres da comunidade? Simples: quem a preparou, não deve comer dela. Desse modo, é evitada a possibilidade de interesse pessoal. Note, como sempre, a delicadeza da discrição da *Didaqué*. Ela não diz: Não haverá essa refeição. Em vez disso, diz: O profeta não deve comer dela.

Exemplo 3. O terceiro exemplo é muito difícil de entender, mas nos ajuda a ver a diferença entre profeta e mestre. Em relação ao profeta, examinamos principalmente o desempenho, o estilo de vida, a catequese simbólica e não só o ensinamento, palavra ou dito, mesmo quando as falas estão favorecidas por revelação divina. Eis *Did.* XI,11 (Milavec 1989, p. 99):

[3] Todo profeta comprovado e verdadeiro, que age pelo mistério terreno da Igreja, mas não ensina a fazer como ele faz, não será julgado por vocês.

[a] Ele será julgado por Deus.

[b] Assim também fizeram os antigos profetas.

É exatamente o oposto do exemplo anterior. Aquele proíbe diretamente os profetas de instruir os outros a fazerem o que eles mesmos não fazem. Este os proíbe indiretamente de instruir os outros a fazerem o que eles mesmos fazem. Mas o sentido é também muito mais complicado, enigmático e até deliberadamente misterioso. O que significa agir "pelo mistério terreno da Igreja", de modo que outros não devam julgar nem imitar? É obviamente algo surpreendente e também chocante para os cristãos comuns.

Gerd Theissen sugere que "é provavelmente alusão a mulheres que acompanhavam os profetas itinerantes e que tinham com eles relações nada claras. A abstinência sexual era, sem dúvida, requisito oficial. Entretanto, a passagem ainda é um *mysterion* para nós também" (1992, p. 41). Outros comentaristas concordam com essa idéia geral: Willy Rordorf e André Tuilier descrevem esse reflexo terreno da realidade celeste como "'matrimônio espiritual' ou esponsais entre um profeta e uma irmã" (p. 187). Kurt Niederwimmer também descreve "um matrimônio ou esponsais espirituais entre o profeta e sua companheira" (p. 221). O "matrimônio" celibatário entre uma mulher e um profeta é símbolo terreno do matrimônio celeste entre Deus (Cristo) e a Igreja.

Creio que essa proposta está bastante correta, mas estranho um pouco palavras como "irmã" e "companheira". Nesse "matrimônio espiritual" não são os dois indivíduos igualmente profetas? Devido à situação cultural da época, a única maneira de uma mulher envolver-se como profeta itinerante no movimento mais primitivo de Jesus era viajar com um homem como sua "mulher" (ou em algum outro papel feminino aceitável). Desde que ela estivesse com um homem, ninguém se importava realmente com a relação, nem se dava ao trabalho de indagar a respeito. Esse companheirismo não ameaçava o domínio patriarcal, de modo algum; a mulher que acompanhava o homem podia ser serva ou escrava, irmã, amante ou esposa, sem que o chauvinismo machista se importasse nem mesmo em pedir uma definição. É assim também que devemos entender a menção paulina de "uma mulher cristã", em 1Cor 9,5, os "dois a dois" por trás de Mc 6,7 e Lc 10,1 e o companheiro sem nome de Cléofas na estrada de Emaús em Lc 24,13.18. É fascinante observar a *Didaqué* lidar com o problema: não ouse julgá-los, mas também não aprenda a imitá-los. De modo suave, delicado e cuidadoso, traçam-se linhas entre itinerante e chefe de família, entre a catequese simbólica do primeiro e a *didachē* estabelecida do segundo. É difícil não imaginar, através de dois mil anos de história cristã, onde mais esse princípio de *não julguem, mas não imitem* poderia ser invocado de maneira proveitosa. É, em todo caso, um dos exemplos supremos do tom irênico de "tranqüilidade normativa", como Henderson disse com tanta propriedade.

Há uma interessante nota de rodapé a esse texto misterioso. Um papiro copta que contém *Did.* X,3b–XII,2a, datado do fim do século IV ou do início do século V, foi comprado em 1923 para o que era então o Museu Britânico e catalogado como Manuscrito Oriental da Biblioteca Britânica 9271. F. Stanley Jones e Paul A. Mirecki apresentam uma reprodução fotográfica com excelente transcrição, tradução e comentário sobre este documento. Concluem que "esta folha foi originalmente cortada de um rolo de papiro, a fim de servir de folha dupla em um códice", mas, em vez disso, foi usada "como espaço para exercícios de escrita" (p. 87). Em outras palavras, era uma cópia bastante casual dessa passagem da *Didaqué* com propósitos de práticas de escrita. Ao contrário, Stephen Patterson considera-a o fim de uma edição mais primitiva da *Didaqué*, que concluía precisamente em XII,2 (1995, pp. 319-324). Em todo caso, embora seja uma tradução, o documento é séculos mais antigo que nosso único texto completo da *Didaqué* grega e tem, por isso, grande importância. E o texto grego que traduziu pode remontar até o século III. Se isso está correto, o Manuscrito Oriental da Biblioteca Britânica 9271 é o fragmento mais antigo da *Didaqué* que ainda existe.

Eis *Did.* XI,11, na tradução de Jones e Mirecki (pp. 55, 57). Tomei a liberdade de delineá--la como anteriormente, para facilitar a comparação:

[3] Todo verdadeiro profeta, que foi aprovado, e ensinou e testemunhou uma tradição bem organizada da Igreja, não deve ser julgado pelos que estão entre vocês,

[a] mas seu julgamento cabe a Deus.

[b] Assim fizeram os profetas dos tempos (antigos).

Observemos que "o mistério terreno da Igreja" é agora "uma tradição bem organizada da Igreja". Isso elimina qualquer coisa suspeitosamente imprópria sobre essas ações proféticas, mas cria outro problema em seu lugar. Por que, agora, alguém ia querer julgar essas pessoas, por que é seu julgamento deixado para Deus, e o que os antigos profetas têm a ver com eles? "Talvez", sugerem Jones e Mirecki, "a interpretação mais fácil de "ensinou e testemunhou uma tradição bem organizada da Igreja" (apoiada pelo texto copta) seja preferível à enigmática e classicamente problemática frase grega "que age pelo mistério terreno da Igreja" (p. 68). Presumo exatamente o contrário. A tradução copta ou não aprecia ou não entende aquele "mistério terreno" e o substitui por algo bem conhecido e apreciado – a saber, "tradição bem organizada". Não importa o que significasse, o texto mais difícil é o mais antigo. Isso também torna duvidosa a proposta de Patterson de que o fragmento copta representava uma edição anterior e mais curta da *Didaqué*.

Exemplo 4. Finalmente, há o quarto exemplo. Relativamente direto, liga-se, em retrospecto, ao preâmbulo, em XI,7, que fala "sob inspiração", ao primeiro exemplo em XI,9 sobre mandar preparar a mesa só para os outros e ao último exemplo em XI,11 sobre não julgar. Encerra a série com chave apropriada (Milavec 1989, p. 99):

[4] Se alguém disser sob inspiração: "Dê-me dinheiro" ou qualquer outra coisa, não o escutem. Contudo, se ele pedir para dar a outros necessitados, então ninguém o julgue.

Os profetas podem mandar preparar a mesa em XI,9 e dinheiro ou qualquer outra coisa em XI,12, mas só para os outros, nunca para si próprios. Está delicadamente indefinido no fim de XI,12 se é necessário dar o que os profetas exigem, mesmo para outros. A *Didaqué* deixa a questão em aberto e, a uma pergunta direta, é provável que respondesse: *Faça o que puder*, como em VI,1 sobre instrução, VI,2 a respeito do jugo do Senhor, VI,3 a respeito da comida e XII,2 a respeito da hospitalidade.

Did. XIII,1.3-7

É a terceira vez que o texto retorna aos profetas. É claramente uma nova situação, não analisada na série anterior em *Did.* XI,7-12. E se um profeta quiser se estabelecer e permanecer na comunidade *como profeta*? Isso é bastante aceitável (Milavec 1989, pp. 99-100):

[A] Todo verdadeiro profeta que queira estabelecer-se entre vocês é digno de seu alimento.

[B] Da mesma forma, também o verdadeiro mestre é digno do seu alimento, como todo operário

[C] Por isso,

[1] tome os primeiros frutos de todos os produtos da vinha e da eira, dos bois e das ovelhas,

[a] e os dê para os profetas, pois eles são os sumos sacerdotes de vocês.

[b] Se, porém, vocês não têm nenhum profeta, dêem aos pobres.

[2] Se você fizer pão, tome os primeiros e os dê conforme o preceito.

[3] Da mesma forma, ao abrir uma vasilha de vinho ou de óleo, tome a primeira parte e a dê aos profetas.

[4] Tome uma parte do seu dinheiro, da sua roupa e de todas as suas posses, conforme lhe parecer oportuno, e os dê conforme o preceito.

Os primeiros frutos não são exatamente a mesma coisa que esmolas. Pertencem aos que os recebem. Os recebedores têm participação específica nos frutos em si. Originalmente, o texto de *Did.* XIII,1.3-7 falava apenas de profetas estabelecidos. *Did.* XIII,2 foi acrescentado para aplicar os mesmos princípios a mestres estabelecidos, como já vimos.

Did. XV,1-2

A quarta passagem a respeito dos profetas volta a ligá-los aos mestres, mas, nestes versículos, ambos estavam presentes desde o início. É, mais uma vez, a *Didaqué* clássica em sua delicadeza (Milavec 1989, p. 100):

Escolham para vocês bispos e diáconos dignos do Senhor.

[A] Eles devem ser homens mansos, desprendidos do dinheiro, verazes e provados, porque eles também exercem para vocês o ministério dos profetas e dos mestres.

[B] Não os desprezem, porque entre vocês eles têm a mesma dignidade que os profetas e mestres.

Na experiência da *Didaqué*, profetas e mestres itinerantes deixaram a primazia para os profetas e mestres estabelecidos; agora contudo uma liderança mais nova de bispos e diáconos é considerada. Esses líderes ainda não são completamente aceitos; tudo nesses versículos respira transição e mudança. A vantagem óbvia do novo sistema é o permanente realismo, comparado com a possibilidade carismática, e parece ligar-se em especial à celebração eucarística aos domingos pelo "também" de *Did.* XV,1 depois do XIV,1-3 precedente. Mais uma vez, já se vê, a *Didaqué* procede com suavidade e delicadeza.

Mesmo depois de tudo isso, entretanto, a comunidade não está segura contra o radicalismo de profetas itinerantes, os quais ela está disposta a aceitar e reverenciar, mas que também deseja refrear e controlar. As passagens precedentes deram à comunidade da *Didaqué* o controle sobre as ações proféticas. O poder e a autoridade espirituais dos profetas itinerantes não estavam negados; os profetas ainda eram aceitos e respeitados, mas também eram contidos e controlados. Não lhes era permitido arruinar a comunidade e em seguida seguir em frente para repetir o estrago em outro lugar. Mas, e se os profetas itinerantes insistissem que era o Senhor Jesus que exigia esta ou aquela ação? Pensemos, por um momento, na insistência em "Disse Jesus", no *Evangelho* Q e no *Evangelho de Tomé*. Para quem isso era significativo? Se seguidores de Jesus dissessem isso a estranhos, os ouvintes simplesmente perguntariam: "Quem é Jesus?" ou "Por que devemos nos importar com o que *ele* disse?" Mas dita aos que já eram cristãos, a frase tinha um efeito profundamente desafiador. Os que *disseram* "Senhor, Senhor", respondendo na fé, ficariam perturbados se lhes dissessem que desobedeciam aquele mesmo Senhor com o que *faziam*. Em outras palavras, como a comunidade da *Didaqué* limitava e controlava os ditos mais radicais atribuídos a Jesus por seus seguidores itinerantes? Veremos no próximo capítulo.

Capítulo ㉑

INTERPRETAÇÃO dos MANdAMENTOS

Nos sinóticos conhecemos os preceitos dados aos primeiros missionários cristãos. A *Didaqué* dá as instruções para lidar com essas pessoas.

Gerd Theissen, *Social reality and the early christians*
[*Realidade social e os cristãos primitivos*], p. 41
(de um ensaio originalmente publicado em 1973).

Há três perguntas ligadas que surgem quando consideramos a *Didaqué* parte de um conjunto maior de escritos cristãos primitivos. Primeira, em geral, qual é a relação da *Didaqué* com os três evangelhos sinóticos? Ela é dependente ou independente deles? Segunda, em particular, qual é a relação de *Did*. I,3b–II,1, às vezes denominada "passagem evangélica" do texto, com Mateus, Lucas, o *Evangelho* Q e qualquer fonte mais primitiva desses documentos? Terceira, como a *Didaqué* se liga àquela outra tradição mais primitiva nas cartas de Paulo? Os dois primeiros desses três problemas são abordados neste capítulo e o último reaparece mais adiante no Capítulo 23.

A independência da Didaqué

Há só um caso em que os ditos citados na *Didaqué* foram, com certeza, tirados dos evangelhos escritos: *Did*. I,3-5. Esta passagem é uma compilação de ditos do Sermão da Montanha, mas com características distintas de harmonização dos textos de Mateus e Lucas. É uma interpolação que deve ter sido feita depois da metade do século II e não pode ser usada como prova da familiaridade do compilador original com os evangelhos escritos.

Helmut Koester, *Ancient christian gospels* [*Evangelhos cristãos antigos*], p. 17.

A *Didaqué* não demonstra conhecimento nem da tradição paulina, nem da joanina. Mas conhece a tradição sinótica? Ela depende de um ou mais dos evangelhos de Mateus, Marcos e Lucas? Ou é completamente independente deles todos? Dois grupos diferentes de especialistas estudaram a *Didaqué* e, com enfoques bem divergentes, chegaram a conclusões igualmente divergentes a respeito de sua relação com um ou mais dos evangelhos sinóticos.

Um grupo de pesquisadores interessou-se primordialmente em saber se os ditos da *Didaqué* eram ou não eram dependentes dos evangelhos de Mateus, Marcos e Lucas, e seus estudos levaram a um impasse quase total. Temos agora sobre a mesa quatro grandes opções.

Uma primeira opinião afirma que a *Didaqué* é totalmente independente dos evangelhos sinóticos. Mais de quarenta anos atrás, Richard Glover concluiu que "a *Didaqué* não dá testemunho de nossos evangelhos, mas cita diretamente de fontes usadas por Lucas e Mateus" – quer dizer, "de sua fonte comum", o *Evangelho* Q (pp. 12, 25, 29).

Uma segunda opinião afirma que a *Didaqué* é totalmente dependente dos evangelhos sinóticos. A palestra de Christopher Tuckett no trigésimo sexto seminário bíblico na Universidade de Louvain, realizada em 1986 e publicada em 1989, concluiu que os paralelos sinóticos na *Didaqué* "explicam-se melhor se acreditarmos que a *Didaqué* pressupõe os evangelhos acabados de Mateus e Lucas... Ela... é primordialmente testemunha da história pós-redacional da tradição sinótica. Não é testemunha de nenhum fato pré-redacional" (p. 230).

Uma terceira opinião também remonta a mais de quarenta anos, a uma obra antiga de Helmut Koester (1957), que foi ampliada uma década mais tarde por Bentley Layton (1968). Como na epígrafe anterior, eles sustentaram que a *Didaqué* é totalmente independente dos evangelhos sinóticos, exceto por *Did*. I,3b–II,1, que é inserção tardia no texto já completado. Tal inserção tardia derivou da harmonização de versões diferentes de certos ditos em Mateus e Lucas.

A quarta opinião é mais complicada que as outras. Clayton Jefford, por exemplo, concluiu que o autor da *Didaqué* conhecia "uma tradição de materiais de ditos que eram de natureza semelhante à dos materiais reunidos no *Evangelho de Sentenças* Q e no evangelho marcano", e também semelhante aos "evangelhos sinóticos em alguma forma literária final (ou harmonia desses evangelhos)" (p. 142).

Esses resultados divergentes não se originam de discordâncias sobre metodologia. Tuckett expressa o princípio básico com a máxima clareza: "Se o material que deve sua origem à atividade redacional de um evangelista sinótico reaparece em outra obra, então esta última pressupõe a obra acabada daquele evangelista" (p. 199). É o princípio essencial para determinar a dependência, conforme já discutimos no Capítulo 8. Mas esse princípio funciona melhor quando temos Mateus e Lucas usando Marcos como fonte, pois nós mesmos ainda temos todos os três textos à nossa frente. Podemos, então, determinar, por comparação com Marcos, o que exatamente é redacional em seus textos. Vemos com relativa clareza como cada um seleciona sua fonte marcana. O princípio funciona da pior maneira, porém, quando temos Mateus e Lucas usando o *Evangelho* Q como fonte. Só conhecemos o *Evangelho* Q com certeza, quando Mateus e Lucas concordam exatamente em suas apresentações separadas dele – quando, em outras palavras, eles absolutamente não o modificam. Se um, mas não o outro, o modifica, ou se ambos o modificam de maneira diferente, perdemos toda base segura para comparação e não sabemos com certeza o que estava no *Evangelho* Q e o que foi feito àquele evangelho por um ou pelos dois evangelistas. Embora, em alguns casos, estejamos bastante seguros de que um dito estava no *Evangelho* Q

INTERPRETAÇÃO DOS MANDAMENTOS

porque temos versões modificadas dele em ambos, Mateus e Lucas, não somos capazes de determinar seu fraseado exato no *Evangelho* Q. Esse resultado, pouco seguro, é bastante adequado para propósitos gerais, mas é muito inadequado quando precisamos comparar uma palavra ou frase precisa do *Evangelho* Q com algum outro texto. E é essa a situação exata em que estamos com *Did*. I,3b–II,1. Os paralelos dessa passagem da *Didaqué* aparecem no *Evangelho* Q como Mt 5,39b-42.44b-48 = Lc 6,27-30.32-36; no entanto, esses versículos são tão diferentes que é manifestamente difícil decidir com certeza a seqüência e o conteúdo dessa passagem do *Evangelho* Q. Portanto, a julgar por duas análises cuidadosas como a de Koester e a de Tuckett, talvez seja um caso quase perdido abordar a *Didaqué* por esse enfoque limitado. É, porém, possível uma abordagem diferente.

Outro grupo de pesquisadores interessou-se primordialmente pela *Didaqué* em si – e, como um *todo*, de modo que as relações com os sinóticos só surgem dentro dessa estrutura mais ampla e mais completa. Em geral, muitos desses estudiosos concluíram que a *Didaqué* é totalmente independente da tradição sinótica e deve ser estudada por seus próprios méritos e em sua inteireza e integridade. Eis alguns exemplos típicos desse estudo.

Em seu comentário de 1958 para a série *Études Bibliques*, Jean-Paul Audet encontrou três etapas sucessivas no texto, datando-as todas dos anos entre 50 e 70 d.C. O primeiro nível, em *Did*. I,1-3a; II,2–V,2; VII,1; VIII,1-11, foi composto antes de todos os evangelhos escritos. O segundo nível, em *Did*. XI,3–XIII,2; XIV,1–XVI,8, redigido pelo mesmo autor mais tarde, e em circunstâncias diferentes, demonstra conhecimento só de algum proto-evangelho escrito de tradição pré-mateana. Mas mesmo o terceiro nível, em *Did*. I,3b–II,1; VI,2-3; VII,2-4; XIII,3.5-7 (com I,4a e XIII,4 acrescentados mais tarde ainda), não mostra conhecimento de nenhum de nossos evangelhos canônicos atuais (pp. 104-120). Em um comentário de 1978, dois estudiosos franceses mais modernos, Willy Rordorf e André Tuilier, concordaram com Audet sobre a independência da *Didaqué* em relação a nossos evangelhos canônicos, mas optaram por apenas duas camadas redacionais, *Did*. I–XIII e *Did*. XIV–XVI. Então, em artigo de 1981, Rordorf concluiu, contra Audet, que *Did*. I,3b–II,1, embora claramente uma interpolação, não era inserção tardia e adicional, mas sim primitiva e característica. Assim, por exemplo, quando perguntou no título de um artigo de 1992: "A *Didaqué* contém a tradição de Jesus independentemente dos evangelhos sinóticos?", ele mesmo deu uma resposta afirmativa, mas, baseado naqueles estudos anteriores. Jonathan Draper chegou a uma conclusão semelhante de independência, mas seu artigo de 1985 sobre "A tradição de Jesus na *Didaqué*" originou-se, mais uma vez, de uma situação de comentário – de sua tese de doutorado de 1983 na Universidade de Cambridge, intitulada "Comentário sobre a *Didaqué* à luz dos manuscritos do mar Morto e de documentos afins". Finalmente, dois estudiosos norte-americanos modernos também concordaram sobre a independência da *Didaqué*, mas, outra vez, a partir de considerações holísticas da retórica composicional do texto. Aaron Milavec insiste que a *Didaqué* não é apenas uma fonte de informações para paralelos sinóticos, mas tem "plano, lógica e interesses ardentes próprios" (1989, p. 90) e ele considera XV,1-2 (sobre bispos e diáconos) a única interpolação tardia. Ian Henderson enfatiza "a independência

423

e a prioridade de questões composicionais e críticas (isto é, poéticas e retóricas) sobre juízos históricos e sociológicos – por mais legítimos que estes últimos possam ser" (p. 285) e conclui que "a unidade de sensibilidade poética e função retórica não tende a favorecer uma história redacional relativamente simples, apesar da diversidade do texto" (pp. 305-306).

Essa análise não indica um caso encerrado sobre a dependência sinótica da *Didaqué*. O comentário de 1989 de Kurt Niederwimmer é um tanto agnóstico sobre o assunto todo. Ele conclui que, em geral, a versão final da *Didaqué* mostra conhecimento de algum evangelho escrito, mas acrescenta que "ainda não se julgou" se é o Mateus canônico ou um texto extracanônico desconhecido (p. 77). Ele descreve *Did*. I,3b–II,1 como interpolação redacional "de origem incerta" (p. 115).

Em minha obra anterior, O *Jesus histórico*, aceitei a argumentação de Koester e Layton de que *Did*. I,3b–II,1 era dependente da tradição sinótica e de que era uma inserção muito mais tardia derivada da harmonização das versões mateana e lucana dos ditos envolvidos. Naquela ocasião, achei que era a melhor solução. A explicação de Layton era que "a preocupação do autor, ou antes, compositor da passagem da *Didaqué* – depois de feita sua escolha de material – parece ter sido primordialmente estilística, com a exclusão de quaisquer interesses teológicos ou eruditos dominantes – fato que talvez o distinga dos colegas. É essa preocupação com estilo e forma que parece controlar a relação entre os versículos da *Didaqué* e suas fontes pressupostas" (p. 351). Essa inserção foi feita "após *c*. de 150 d.C., em uma forma da *Didaqué já publicada* uns cinqüenta ou cem anos antes", concluiu ele, porque "nos meios onde circulava a primeira edição da *Didaqué*, só na época da interpolação, o cristianismo se sentiu claramente diferenciado da matriz do ensinamento judaico dentro da qual ele surgiu" (1968, pp. 381-382).

O artigo de Layton demonstrou, e demonstrou com brilhantismo, como essa harmonização das versões mateana e lucana dos ditos em *Did*. I,3b–II,1 *podia* ter sido feita. Mas *se* foi feita e *por que* foi feita são problemas ainda mais preliminares. Vejo agora quatro objeções básicas à sua interpretação. Primeiro, é necessário pressupor uma constituição escrita na comunidade judaico-cristã, em operação durante cinqüenta a cem anos, sem essa tradição de Jesus em seu programa de instrução oficial. Isso pode ser viável: era possível responder que os "caminhos" (*tropoi*) e não as "palavras" (*logoi*) do Senhor Jesus eram normativos para esta comunidade. (Recorde a ênfase nos "caminhos" do Senhor em minha análise anterior de *Did*. XI,8.) Mas, então, em segundo lugar, alguém que conhecia Mateus e Lucas mudou a *Didaqué* só com o acréscimo dos poucos ditos de I,3b–II,1. Nada foi acrescentado que mudasse seu ritual eucarístico ou sua expectativa apocalíptica para concordarem com esses evangelhos. Em seguida, na ocasião dessa suposta inserção, esses evangelhos estavam assumindo *status* normativo, contudo, quem colocou aí, harmonizou-os um tanto livremente. O resultado, com efeito, é uma terceira versão em vez de uma simples harmonização e, como Layton observa, o estilo parecia estar em primeiro lugar na mente do autor dessa inserção. Finalmente, não há nenhuma indicação de que esses ditos inseridos vieram de Jesus ou do Evangelho de Jesus. Nunca são citados como tal.

Entretanto, não foram primordialmente essas objeções que mudaram minha opinião. O que mudou minha posição foi o enfoque na questão mais ampla do propósito e da integridade gerais da *Didaqué* e não pondo o enfoque apenas na questão mais estrita de sua dependência ou independência sinótica. Foram, em especial, as obras de Milavec e Henderson que revolucionaram meu entendimento da *Didaqué* e recomendo-as como a melhor introdução a um modo novo e proveitoso de estudar esse documento. Minha presente hipótese de trabalho, então, é que a *Didaqué*, principalmente I,3b–II,1, é totalmente independente de qualquer dos evangelhos sinóticos (veja o Apêndice 7). Mas essa posição só aumenta o problema da relação entre essa passagem da *Didaqué* e os textos sinóticos.

Um minicatecismo radical

A resistência passiva é, na verdade, uma contribuição especificamente camponesa à política, com uma longa história... Parece evidente a existência de uma relação entre os aspectos básicos da sociedade camponesa e a resistência passiva.
Teodor Shanin, Peasantry as a political factor [A classe camponesa como fator político], pp. 258-259.

Se *Did*. I,3b–II,1 fosse simplesmente uma inserção muito mais tardia de ditos de Mateus e Lucas (Koester 1990a, p. 17), especialmente harmonizada por um estilista um tanto pedante (Layton, 1968), essa passagem seria de um interesse mínimo. Se, porém, é independente desses textos canônicos, torna-se extremamente importante. O próprio Layton indicou um aspecto dessa importância: "Se fontes escritas *não podem* ser pressupostas, o caminho está aberto para classificarmos I,3b–II,1 como registro de um ramo da tradição oral independente do arranjo do Sermão da Montanha de Mateus ou de Lucas. Desse modo, um fragmento de uma tradição cristã potencialmente 'pré-mateana' e, na verdade, de um ponto de vista teológico um tanto diferente do dos paralelos do NT teria sido recuperado e poderia ser usado como fonte para o estudo da comunidade cristã mais primitiva, principalmente se datarmos a própria *Didaqué* do século I" (1968, p. 345). Mas há também outra importância. Se *Did*, I,3b–II,1 é independente, digamos, do *Evangelho* Q, pode, então, ser comparada com ele. É essa comparação que me interessa aqui.

Conteúdo

Dentro de *Did*, I,3b–II,1, há diversos ditos que não só têm paralelos em Mateus e Lucas, mas que têm encadeamento sêxtuplo que faz paralelo com o encadeamento sêxtuplo do sermão inaugural de Jesus no *Evangelho* Q. Sigo aqui a reconstrução do Projeto Q Internacional e aceito a seqüência do *Evangelho* Q como sendo Lc 6,27-36, em vez de Mateus (Robinson et al., 1994, pp. 496-497). Em outras palavras, a comparação mais próxima é entre as seqüências em *Did.* I,3b–II,1 e Q 6,27-36. Eis os ditos na seqüência da *Didaqué*:

	Didaqué	Lucas	Mateus	Ev. Tomé
1) *A regra de ouro*:	I,2b	6,31	7,12	6,3a
2) *Amem seus inimigos*:	I,3b	6,27-28.35a	5,43-44	
3) *Melhor do que os pecadores*:	I,3b	6,32-35	5,45-47	
4) *A outra face*:	I,4b	6,29	5,38-41	
5) *Dê sem retorno*:	I,5a	6,30	5,42	95
6) *Como o Pai*:	I,5a	6,36	5,48	

Essa comparação indica *alguma* forma de relação muito estreita entre a *série concatenada* de seis ditos em *Did.* I,2b-5a e o *conjunto concatenado* de seis ditos em Q 6,27-36.

Em primeiro lugar, não há nenhuma seqüência comum. Se a seqüência da *Didaqué* é dada como números 1, 2, 3, 4, 5, 6, então a seqüência do *Evangelho* Q é, conforme foi reconstruída, números 2, 4, 5, 1, 3, 6. Naturalmente, não presumo que uma ou outra seqüência seja normativa sobre a outra, mas considero o material comum em quatro pontos.

O primeiro ponto é a própria *regra de ouro*. Em *Did.* I,2b, está na forma negativa e no singular, mas em Q 6,31, está na forma afirmativa e no plural (Milavec 1989, p. 92; em português, neste e nos dois pontos seguintes, as citações do *Evangelho* Q foram tiradas da *Bíblia Pastoral*, da Paulus):

Did. I,2b

Não faça a outro nada daquilo que você não quer que façam a você.

Q 6,31

O que vocês desejam que os outros lhes façam, também vocês devem fazer a eles.

O segundo ponto é *amem seus inimigos* e *melhor do que os pecadores*. Eis os textos com o plural em itálico (Milavec 1989, p. 92):

Did. I,3b

1) Bendigam aqueles que *os* amaldiçoam
2) e rezem por *seus* inimigos,
3) e ainda jejuem por aqueles que *os* perseguem.

Q 6,27-28.32-35

1) Amem *os seus* inimigos,
2) e façam o bem aos que odeiam *vocês*.
3) Desejem o bem aos que *os* amaldiçoam,

4) Com efeito, se vocês amam aqueles que *os* amam, que graça vocês merecem? Os pagãos não fazem o mesmo?	4) e rezem por aqueles que caluniam *vocês*. Se *vocês* amam somente aqueles que *os* amam, que gratuidade é essa? Até mesmo os pecadores amam aqueles que os amam. Se vocês fazem o bem somente aos que lhes fazem o bem, que gratuidade é essa? Até mesmo os pecadores fazem assim!
Quanto a *vocês*, amem aqueles que *os* odeiam, e *vocês* não terão nenhum inimigo.	Ao contrário, amem os inimigos, façam o bem...

Os dois ditos para *amar os inimigos* têm uma estrutura básica quádrupla. É *bendigam, rezem, jejuem* e *amem* na *Didaqué*, mas *amem, façam o bem, desejem o bem* e *rezem*, no *Evangelho Q*. E os dois ditos se ligam aos ditos de *melhor do que os pecadores*, isto é a uma comparação com os de fora da comunidade – pagãos ou pecadores – como motivação. São incentivados, como cristãos *judeus* ou como cristãos *ex-pagãos* a fazer melhor do que os pagãos: se estes últimos amam os amigos, eles precisam amar os inimigos.

O terceiro ponto, *a outra face* e *dê sem retorno*, é, na verdade, outro dito único e quádruplo. Eis os ditos, com "você" agora sempre no singular e no masculino, que deve ser considerado inclusivo (Milavec 1989, p. 92):

Did. I,4-5a

1) Se alguém lhe dá uma bofetada na face direita, ofereça-lhe também a outra [face], e você será perfeito.

2) se alguém o força a acompanhá-lo pelo espaço de um quilômetro, acompanhe-o por dois [quilômetros];

3) se alguém tira o seu manto, entregue- -lhe também a túnica;

4a) se alguém toma alguma coisa que pertence a você, não a peça de volta, pois você não poderá [fazer isso];

4b) dê a quem pede a você e não peça para devolver.

Q 6,29-30 (Mt 5,39b-42)

1) Se alguém lhe dá um tapa na face [direita], ofereça também a outra;

2) se alguém lhe toma o manto, deixe que leve também a túnica.

3) [se alguém obriga você a andar um quilômetro, caminhe dois quilôme- tros com ele!]

4b) Dê a quem lhe pede,

4a) e se alguém tira o que é de você, não peça que devolva.

O que está entre colchetes sob Q 6,29-30 encontra-se só em Mateus e assim não é certo que se origine do *Evangelho Q*. "Não podemos decidir com um grau de certeza acima de D, se o versículo pertence ou não a Q", segundo o Projeto Q Internacional (Robinson et al., 1994, p. 497). Creio que provavelmente *estava* em Q 6,29-30 e que Lucas o omitiu, mas sua presença ou ausência não muda o sentido global.

Neste caso, a seqüência quádrupla está muito mais próxima nos dois ditos. É *face, qui-lômetro, manto* e *bens* na *Didaqué* e *face, manto, (quilômetro?)* e *bens* no *Evangelho Q*. Só os dois centrais estão trocados. A quarta e última injunção é dupla, mas o sentido não é o mesmo nas duas metades. Uma envolve não recusar aos que pedem (4b); a outra envolve não pedir de volta a quem tira (4a).

O quarto ponto, o dito *como o Pai*, é o mais problemático, mas também o mais importante. A primeira dificuldade é reconstruir o texto original do *Evangelho Q*. Eis suas duas versões:

Lc 6,36: "Sejam misericordiosos, como também o Pai de vocês é misericordioso".
Mt 5,48: "Portanto, sejam perfeitos como é perfeito o Pai de vocês, que está no céu".

Lucas não volta a usar "misericordioso", mas Mateus usa "perfeito" mais uma vez, em 19,21, onde o jovem rico é aconselhado a dar tudo o que tem aos pobres, "se você quer ser perfeito". Esse uso é redacionalmente mateano e sua fonte está em Mc 10,21. O Projeto Q Internacional prefere "misericordioso" como adjetivo original em Q (Robinson et al., 1994, p. 497). Entretanto, temos os seguintes paralelos, que seguem Mateus e não Lucas:

Did. I,4b.5a2	Q 6,36 (de Mt 5,48?)
... e você será perfeito	Portanto, sejam perfeitos como é perfeito
... pois o Pai quer que os seus bens sejam dados a todos.	o Pai de vocês que está no céu.

Se a *Didaqué* é independente, creio que é excessivo ver aí uma coincidência. Mas, em todo caso, Deus – seja como "misericordioso" ou como "perfeito" – é o modelo para a ação humana em Q 6,36 e também em *Did.* I,5a2.

INTERPRETAÇÃO

Como acabamos de ver, uma minissérie de ditos concatenados que envolvem quatro pontos básicos são comuns a *Did.* I,2b-5a e Q 6,27-36. Agora que lemos e comparamos esses pontos, eis uma avaliação mais detalhada.

O primeiro ponto encontrado nesta parte da *Didaqué, a regra de ouro*, requer atenção especial. O dito aparece na forma negativa em *Did.* I,2b e em *Ev. Tomé* 6,3 ("Não faça a outro") e na forma afirmativa em Q 6,31 ("Fazei também a eles"). Aparece no singular em *Did.* I,2b e no plural em *Ev. Tomé* 6,3 e Q 6,31.

O dito, já se vê, não aparece só nesses textos cristãos, mas também em textos puramente judaicos anteriores e posteriores a eles. Por exemplo, no livro de Tobias, datado do século IV ou III a.C., Tobit aconselhou o filho Tobias, em 4,15: "Não faças a ninguém o que não queres que te façam". Outro exemplo, atribuído a Hilel, um contemporâneo mais velho de Jesus, em *Shabbath* 31a do *Talmude babilônio*, completado por volta do século VII d.C.: "Não faças ao próximo o que te é odioso; essa é toda a Torá, o resto é comentário; vá aprendê-la".

No entanto, a questão mais importante não é plural ou singular, afirmativo ou negativo, já que tudo redunda na mesma coisa. *É se o aforismo é interpretado como proibindo só a agressão ou também a defesa.* Significa: Já que você não quer que os outros o ataquem, não ataque os outros? Ou: Já que você não quer que os outros o ataquem, não revide, mesmo em defesa própria? Trata da não-agressão ou da não-violência? É contra a agressão ou também é contra a defesa? Em muitos casos, talvez não esteja claro o quão radicalmente a injunção é planejada ou entendida. Mas neste caso, e neste contexto de *Did.* I,2b-5a e Q 6,27-36, só posso interpretá-lo como exigência de absoluta não-violência. De fato, o assunto todo deste minicatecismo é interpretar a regra de ouro o mais radicalmente possível.

O segundo ponto básico é um dito quádruplo na forma plural que especifica de maneira bastante explícita a não-violência imposta pelo aforismo geral. Quatro ações agressivas de ataque precisam receber quatro ações contrárias não só, negativamente, de não atacar, mas também, positivamente, de amar, bendizer, rezar, jejuar ou fazer o bem pelos atacantes.

O terceiro ponto, outro dito quádruplo (desta vez na forma singular), ilustra ou exemplifica o dito anterior. A mudança de plural para singular encontra-se em *Did.* I,3b-4 e em Q 6,27-29, como acontece com a seqüência dos dois ditos quádruplos. Poderiam, naturalmente, serem separados e sua seqüência invertida, como em Mt 5,38-42 e 5,43-48, mas isso pressupõe a estrutura de clímax muito diferente daquelas seis antíteses em Mt 5,21-48. Na minissérie original, o segundo quarteto era formado de exemplos concretos do primeiro quarteto na prática.

O quarto ponto envolve certa insegurança para reconstruir o texto do *Evangelho* Q de Lc 6,36 ("misericordioso") = Mt 5,48 ("perfeito"). Seja qual for o adjetivo original do *Evangelho* Q, todas as formas refletem a advertência de Lv 19,2b: "Sede santos, porque eu, Iahweh vosso Deus, sou santo". Isso torna o caráter, a natureza ou a existência de Deus o modelo normativo para a atividade humana. Quando *Did.* I,4 fala de ser "perfeito" e I,5a fala do que "o Pai quer", são esses apenas dois jeitos diferentes de formular o modelo? Considero a presença independente de "perfeito" e "Pai" como norma, na *Didaqué* e no *Evangelho* Q (Mateus), forte demais para ser coincidência e, portanto, indicação de uma ênfase original.

Temos, então, por trás de *Did.* I,2b-5a e de Q 6,27-36, um minicatecismo radical desenvolvido em torno de uma interpretação absolutamente não-violenta da *regra de ouro* derivada de Deus, Pai como modelo dessa perfeição. Seu conteúdo abrangia aqueles quatro pontos, mas eles podiam ser arranjados em diversas seqüências que dependiam de apresentação retórica. Era possível, por exemplo, começar com a *regra de ouro*, como primeiro princípio, ou terminar com ela, como clímax final. É impossível dizer com certeza se esse minicatecismo representa a tradição oral ou escrita. É outro modo de dizer que nenhuma das duas hipóteses pode ser eliminada com certeza.

Origem

Minha proposta é que o minicatecismo radical em *Did.* I,2b-5a origina-se dos profetas itinerantes e representa, por assim dizer, seu manifesto. Talvez acompanhado por um "disse Jesus" acusatório, pode bem ter representado uma lista de denúncias contra os que dizem "Senhor, Senhor" ou o que "escutou e não pôs em prática", como mencionado em Q 6,46-49. Apresento dois argumentos em favor dessa posição, um aqui e outro na próxima seção.

Em 1989, Ronald Piper publicou uma análise bastante persuasiva de grupos de ditos menores da camada sapiencial mais primitiva ou Q¹ do *Evangelho* Q. Propôs seis exemplos relativamente claros com a seguinte estrutura quádrupla: "1) Cada coleção começa com um dito aforístico um tanto geral... 2) O dito inicial é, quase sempre, seguido por uma máxima geral, em forma de declaração que dá apoio ostensivo para o que esteja sendo incentivado... 3) A terceira etapa das coleções de ditos aforísticos é freqüentemente marcada por completa mudança de imagens e a apresentação de dois ditos que têm tema semelhante, mas explanação diferentes. A marca distintiva desta passagem é a formulação da questão retórica... 4) A unidade final da coleção aforística sempre proporciona a chave para interpretar o sentido" (pp. 61-63). Ele também concluiu, de maneira bastante correta, que *"estas não são coleções fortuitas de ditos aforísticos; revelam um propósito e um argumento únicos na tradição sinótica"* (p. 64).

O sexto e o mais especulativo exemplo de Piper, Q 6,27-36, é, já se vê, seu exemplo mais difícil, porque, como vimos anteriormente, as diferenças entre Mateus e Lucas não resultam em nenhum "consenso quanto ao que poderia ter sido a seqüência original" (p. 78). Entretanto, parece-me que a coleção aforística ou minicatecismo radical por trás de *Did.* I,2b-5a e Q 6,27-36 enquadra-se muito bem na seqüência estrutural quádrupla de Piper, desde que aceitemos todos aqueles quatro elementos que sugeri acima. Eis como eu aplicaria suas palavras àquela coleção. Primeiro, há o "dito aforístico geral", *a regra de ouro*. Em seguida, há uma "máxima geral", mas em forma categórica, *amem os inimigos*. Depois disso há uma "completa mudança de imagens". *A outra face* e *dê sem retorno*, que contêm, no *Evangelho* Q, mas não na versão da *Didaqué*, "a marca distintiva... a formulação da questão retórica", a respeito dos gentios ou pecadores. Finalmente, Deus como modelo é a conclusão que "proporciona a chave para interpretar o sentido" do conjunto todo.

O que os chefes de família da *Didaqué* fariam se os profetas itinerantes usassem esse minicatecismo radical? Talvez o citassem como as "palavras" (*logoi*) de Jesus ou, mais provavelmente, o considerassem o resumo dos "caminhos" (*tropoi*) de Jesus, isto é, o estilo de vida que adotaram como imitação do dele. O que os chefes de família *fizeram?* Primeiro, glosaram-no com *Did.* I,5b-6 e, então, encaixaram tudo dentro dos dois caminhos – o programa de instrução em *Did.* I,1–VI,2. As próximas duas seções dão os detalhes dessa contenção.

Atos de caridade redentores

Como doutrina, os atos de caridade redentores funcionam para o benefício teológico dos ricos, mas para o benefício material dos pobres. Era o rico que se esforçava para ganhar o ingresso para o Reino... A tradição que outrora ridicularizava a idéia de um rico entrar no Reino de Deus passou, na verdade, a considerar a riqueza uma bênção, um meio potencial de redenção... Os atos de caridade proporcionam um resgate para o pecado.

Roman Garrison, *Redemptive almsgiving in early christianity*
[*Atos de caridade redentores no cristianismo primitivo*], pp. 10-11, 15.

O primeiro passo para limitar a abnegação radical de *Did.* I,2b-5a é interpretá-la com *Did.* I,5b-6. As quatro injunções em *Did.* I,4 são prefaciadas com a ordem para não se deixar "levar pelos impulsos instintivos", mas a quarta é, com certeza, a mais difícil de todas. Na verdade, a ordem para *dar sem retorno* incorpora as três anteriores. Se alguém conseguisse fazer isso, então, oferecer a outra face, dar a outra veste ou acompanhar por mais um quilômetro, não seriam difíceis demais. A última injunção é também a única das quatro que está seguramente presente na Tradição dos Ditos Comuns, o que é comprovado pelo *Evangelho Q* e o *Evangelho de Tomé*:

Jesus disse: – Se vós tiverdes dinheiro, não o empresteis usurariamente, mas dai àquele de quem vós não o recebereis jamais.

(*Ev. Tomé* 95,1-2)

Notemos como a segunda metade desse aforismo é muito mais radical que a primeira. Essa mesma dualidade de mais e menos radical reaparece em Q 6,30, da forma transmitida por Lucas, mas não por Mateus:

Dá a quem te pedir e não reclames de quem tomar o que é teu.

(Lc 6,30)

Dá ao que te pede e não voltes as costas ao que te pede emprestado.

(Mt 5,42)

Em Mateus, as duas metades dizem a mesma coisa, mas em *Tomé* e Lucas, a segunda metade é muito mais radical que a primeira. Em *Did.* I,4b-5a acontece o contrário: a primeira metade é a mais radical. E é precisamente essa segunda parte menos radical que recebe uma interpretação detalhada em *Did*. I,5b-6. Esse movimento de I,4b por I,5a a I,5b-6 indica como a comunidade da *Didaqué* entendia e praticava esse rigoroso mandamento de desprendimento total.

Coloco o texto de *Did*. I,5-6 (Midavec 1989, p. 92, ligeiramente modificado) em paralelo com outra versão cristã primitiva desse "mandamento" (*entolē*) e comentário, do *Mandato* 2 do *Pastor de Hermas*, datado de Roma, por volta do ano 100 d.C. (Lake 2,73):

Did. I,5a-6	*Pastor de Hermas, Mandato* 2,4-7
[A] *Dê a quem pede a você* e não peça para devolver, *pois o Pai quer que os seus bens sejam dados a todos*.	[A] Faça o bem, e de toda a labuta que Deus lhe dá, dê na simplicidade a todos que precisam, sem ter dúvidas quanto a quem dar ou não dar; *dê a todos, pois a todos Deus quer que sejam feitas dádivas de sua generosidade*.
[B] Feliz aquele que dá conforme o mandamento (*entolē*), porque será considerado inocente.	[C] Portanto, aquele que dá é inocente; pois quando recebeu do Senhor a função deste ministério, exerceu-o na simplicidade, sem ter dúvidas quanto a quem devia dar ou não dar. Portanto, este ministério exercido na simplicidade foi meritório diante de Deus. Portanto, aquele que serve na simplicidade viverá para Deus.
[C] Ai de quem recebe: se recebe por estar necessitado, será considerado inocente; mas se recebe sem ter necessidade, deverá prestar contas do motivo e da finalidade pelos quais recebeu. Será posto na prisão e interrogado sobre o que fez; e daí não sairá até que tenha devolvido o último centavo.	[B] Então, os que recebem deverão prestar contas a Deus sobre o motivo de receberem e para quê. Pois os que aceitaram por estarem em dificuldades não serão castigados, mas os que aceitaram por hipocrisia deverão sofrer o castigo.
[D] A esse respeito também foi dito: Que a sua esmola fique suando nas mãos, até que você saiba para quem a está dando.	[D] Portanto, cumpra este mandamento (*entolē*), como eu lhe disse, para que seu arrependimento e o de sua família sejam considerados sinceros.

Esse é outro minicatecismo que inclui aforismo mais comentário, porém o paralelismo entre essas versões é próximo demais para ser coincidência. Ambas mencionam "o mandamento" (*entolē* em grego) e, nos dois casos, a citação é muito semelhante (veja meu itálico em A acima).

O preceito não é citado como vindo de Jesus, mas de Deus, e a razão dele é que todas as boas coisas vêm de Deus e são dadas a alguns para partilharem com todos. Os dois comentários concentram-se no que recebe e no que dá, nessa ordem em um (BC) e o contrário no outro (CB). A conclusão é bem diferente em cada caso (D).

Em outras palavras, uma combinação de mandamento mais comentário encontra-se em dois documentos, um proveniente da Síria rural e o outro da Roma urbana. Pode haver alguma ligação direta, como há entre *Did*. I,2b-5a e Q 6,27-36. No entanto, essa ligação direta não é apenas dependente desses textos, mas deriva da dialética geral de itinerantes e chefes de família em toda a *Didaqué*. Portanto, não estou tão certo de uma ligação direta neste segundo caso. Mas o que é muito mais certo é que este minicatecismo deriva do fundo da interface mais primitiva entre o judaísmo e o cristianismo como judaísmo cristão. Mostra uma dialética entre itinerantes e chefes de família na qual o despojamento radical do lavrador é amortecido e delicadamente transformado em fervorosos atos de caridade pelos últimos.

Os dois caminhos

> *O ensinamento dos apóstolos...* é totalmente destituído de arte ou talento e parece tentar impingir a essência do antigo legalismo à nova religião, reduzindo sua fé viva à manutenção de um conjunto de regras.
>
> Edgar J. Goodspeed, *The apostolic fathers* [*Os padres apostólicos*], p. 1.

> Os dois caminhos são, com demasiada freqüência, apresentados como prova fundamental da "decadência" do movimento cristão no período pós-apostólico. Supõe-se que seja um exemplo da moralização repressiva da fé espontânea da Igreja mais primitiva... Talvez seja antes, a extensão legítima de uma forma que é produto da pronunciada preocupação ética do cristianismo primitivo.
>
> M. Jack Suggs, *The christian two ways tradition* [*A tradição cristã dos dois caminhos*], p. 73

Uma pronunciada preocupação ética derivada, note-se, de suas raízes judaicas e, com freqüência, ameaçada, quando se afastou muito delas. Este é o segundo dos passos mencionados anteriormente pelos quais a *Didaqué* refreava os ditos radicais dos profetas itinerantes. Colocava toda *Did*. I,2b-6 dentro de uma forma bastante tradicional de catequese moral conhecida como os dois caminhos – o caminho da vida, que é ético, *versus* o caminho da morte, que é contrário à ética. Em geral, esta tradição tem uma estrutura de quatro partes, conforme resumida por Margaret McKenna: Introdução, Caminho da vida (ou ações positivas), Caminho da morte (ou ações negativas) e Conclusão (pp. 189-190). O formato é intensamente dualista e antitético, mas esse antagonismo vai da ontologia cósmica à moralidade humana.

O ensinamento dos dois caminhos encontra-se em textos judaicos e cristãos e se origina, como enfatizamos anteriormente, da tradição dos primeiros para os segundos. Dou dois exemplos judaicos dos séculos pré-cristãos, e cito só suas linhas iniciais. O primeiro vem do *Manual de disciplina* (ou *Serek ha-Yahad*, em hebraico), encontrado entre os manuscritos do mar Morto, na primeira gruta descoberta em Qumrã (daí a abreviatura pela qual é conhecido, 1QS [*DSST* 6]). A segunda, do *Testamento de Aser* no *Testamento dos Doze Patriarcas*, é um conjunto de discursos de despedida imaginários dos doze filhos de Jacó, que seguem o modelo de suas bênçãos em Gn 49 (*OTP* 1,816-817):

> Deus... criou o homem para governar o mundo e colocou dentro dele dois espíritos para que ele caminhasse com eles até o momento de sua visitação: são os espíritos da verdade e da falsidade. Na mão do Príncipe das Luzes está o domínio sobre todos os filhos da justiça, que andam nos caminhos da luz. E nas mãos do Anjo das Trevas está o domínio total sobre os filhos da falsidade, que andam em caminhos das trevas.
>
> *(Manual de disciplina* 3,17-21)

> Deus concedeu dois caminhos aos filhos dos homens, duas linhas de ação, dois modelos e duas metas. Assim, tudo está em pares, um contra o outro. Os dois caminhos são o bem e o mal; a respeito deles há duas disposições em nosso peito, que escolhem entre eles.
>
> *(Testamento de Aser* 1,3-5)

A tradição judaica geral é, então, assumida em textos judaico-cristãos do século I da era cristã. Eis dois exemplos cristãos dos quais, mais uma vez, citamos só os versículos iniciais. O primeiro é da *Epístola de Barnabé*, obra grega (Lake 1,401); o segundo é do *Ensinamento dos apóstolos* ou *De doctrina apostolorum* (Goodspeed p. 5):

> Há dois caminhos de ensinamento e poder, um de luz e um de trevas. E há grande diferença entre os dois caminhos. Pois sobre um deles estão colocados anjos de Deus que trazem luz, mas sobre o outro, anjos de Satanás. E um é o Senhor da eternidade e para a eternidade e o outro é o soberano do tempo de antiguidade presente.
>
> *(Epístola de Barnabé* 18,1b-2)

> Existem dois caminhos no mundo: o da vida e o da morte, o da luz e o das trevas. Sobre eles estão colocados dois anjos, um da justiça (*aequitatis*), o outro da injustiça (*iniquitatis*). Além disso, há grande diferença entre os dois caminhos.
>
> *(Ensinamento dos apóstolos* 1,1)

Quando colocamos esses dois textos ao lado dos dois textos judaicos anteriores, vemos como o dualismo cósmico e angélico pode estar presente ou ausente, em um espectro que vai desde *Manual de disciplina* 3,17-21 e *Epístola de Barnabé* 18,1b-12, passando por *Ensinamento dos apóstolos* 1,1, até *Testamento de Aser* 1,3-5.

O *Ensinamento dos apóstolos* será de grande importância à medida que prossigo. A tradição dos dois caminhos descrita no *Ensinamento dos apóstolos*, a *Epístola de Barnabé* e a *Didaqué* remontam todas a uma fonte comum. Mas o *Ensinamento dos apóstolos* está muito mais próximo desse original perdido que os dois outros textos. Lembremo-nos disso para análise futura, porque é com esse pano de fundo geral e principalmente tendo em vista esse texto final que considero os dois caminhos na *Didaqué*.

Did. I–VI é exemplo clássico da tradição dos dois caminhos. Aplicando a estrutura de quatro partes de Margaret McKenna, já citada, dividimos a passagem em seus componentes: Introdução, em I,1, Caminho da vida, em I,2–IV,14, Caminho da morte em V,1-2 e Conclusão em VI,1-2. Mas também está bastante claro que *Did*. I,2b–VI, os dois minicatecismos analisados anteriormente, foi inserida em uma formulação já constante anteriormente dessa tradição dos dois caminhos, o que é demonstrado por uma comparação entre o início do *Ensinamento dos apóstolos* e o da *Didaqué*:

Ensinamento dos apóstolos 1,1–2,2	*Did*. I,1–II,2
[A] Existem dois caminhos no mundo: o da vida e o da morte, o da luz e o das trevas. Sobre eles estão colocados dois anjos, um da justiça, o outro da injustiça. Além disso, há grande diferença entre os dois caminhos.	[A] Existem dois caminhos: um é o caminho da vida e o outro, o da morte. A diferença entre os dois é grande.
[B] O caminho da vida é este: em primeiro lugar, amarás ao Deus eterno que o criou; em segundo lugar, ao próximo como a si mesmo. Além disso, você não fará a ninguém o que não quer que lhe façam.	[B] O caminho da vida é este: em primeiro lugar, ame a Deus, que criou você; em segundo lugar, ame a seu próximo como a si mesmo. Não faça a outro nada daquilo que você não quer que façam a você.
[C] Ora, o significado dessas palavras é este:	[C] O ensinamento que deriva dessas palavras é o seguinte: *[Inserção de Did. I,3b–II,1]*
[D] Você não cometerá adultério, não matará, não prestará falso testemunho, não corromperá o jovem, não fornicará, não praticará magia, não usará poções encantadas, não matará a criança no seio de sua mãe, nem depois que nasceu; não cobiçará os bens do próximo [etc.].	[D] Não mate, não cometa adultério, não corrompa os jovens, não fornique, não roube, não pratique magia, nem feitiçaria. Não mate a criança no seio de sua mãe, nem depois que ela tenha nascido. Não cobice os bens do próximo [etc.]

Nenhuma dessas versões depende diretamente da outra. As duas, como Rordorf e Tuilier afirmam (pp. 27-28) são dependentes de uma fonte comum. Mas, enquanto o *Ensinamento dos apóstolos* 1,1–2,2 segue de perto o início daquela fonte, *Did.* I,1–II,2 acrescenta os dois minicatecismos discutidos anteriormente. Por que fez isso?

Uma explicação que já foi vista é a de Bentley Lyton. Originalmente, "nenhuma nítida diferença foi até agora percebida entre uma exegese cristã especial (a do Sermão da Montanha) do mandamento de amar a Deus e ao próximo (*Did.* I,2) e a da sinagoga helenística". Mas a inserção de *Did.* I,3b–II,1 destinava-se a diferenciar "o cristianismo... da matriz do ensinamento judaico dentro da qual surgiu" (1968, p. 382). Há duas objeções, uma secundária, uma importante.

A objeção secundária é que a inserção não é atribuída a Jesus, nem mesmo ao "Senhor", a palavra geralmente ambígua da *Didaqué* para Jesus e/ou Deus. A "regra" em *Did.* I,5a é a do "Pai". Não há nada particularmente cristão sobre isso. Mas a principal objeção é muito mais significativa. O *conteúdo* dessa inserção já estava, em grande parte, presente na passagem dos dois caminhos, mesmo antes da inserção de *Did.* I,3b–II,1. A passagem a seguir, por exemplo, aparece no caminho da vida, em *Did.* IV,5-8 e podemos ter certeza de que estava originalmente ali, pois está também em *Ensinamento dos apóstolos* 4,5-8 (Goodspeed, p. 6). O delineamento e tradução, como sempre, são de Milavec (1989,94):

Não seja como os que estendem a mão na hora de receber e a retiram na hora de dar:

[A] Se você ganha alguma coisa com o trabalho de suas mãos, ofereça-o *como reparação por seus pecados*.

[B] Não hesite em dar, nem dê reclamando, pois você sabe quem é o verdadeiro remunerador da sua recompensa.

[C] Não rejeite o necessitado.
Divida tudo com o seu irmão,
e não diga que são coisas suas.
Se vocês estão unidos nas coisas que não morrem, tanto mais nas coisas perecíveis.

Esses mandamentos são tão persuasivos quanto os da inserção. De fato, mais persuasivos, se considerarmos a expressão que pus em itálico (à qual voltaremos a seguir). E os mandamentos positivos do caminho da vida repetem-se como negativos no caminho da morte em *Did.* V,2b:

não se compadecem do pobre,
não se importam com os atribulados,
desprezam o necessitado,
oprimem o aflito,
defendem os ricos,
são juízes injustos com os pobres
e, por fim, são pecadores consumados.

À luz dessas passagens, não é muito plausível proclamar que a inserção de *Did.* I,3b–II,1 completou uma fonte inadequada, ou "cristianizou" uma fonte "judaica".

Minha proposta alternativa é que a inserção se destinava primordialmente a absorver dentro do programa de instrução comunitária os ditos mais radicais dos profetas itinerantes, sua defesa mais desafiadora de diferenças de estilo de vida em relação aos chefes de família. A tradição dos dois caminhos da *Didaqué* já continha uma versão da *regra de ouro* em I,2b e sua interpretação detalhada em II,2–IV,14 (que usa, aliás, o singular "você"). Desses profetas itinerantes, ela tomou o minicatecismo radical com a *regra de ouro* e sua interpretação (que usa, aliás, o plural "vocês"). Sua união explica o plural importuno "vocês", em *Did.* I,3b. Mas exatamente de que maneira essa inserção limitou o conteúdo radical desses ditos?

Primeiro, ela os incluiu sob o controle comunitário como parte de seu programa consensual de instrução para novos convertidos. Segundo, interpretou o despojamento de bens (sem dúvida mais fácil para os que não os possuíam) como *atos de caridade consistentes e repetidos*. Terceiro, não os citou como "palavras" de Jesus. Não pressuponho nenhuma falsidade nesse processo. Os profetas itinerantes se confirmavam primordialmente em seu estilo de vida que imitava os "caminhos" de Jesus, e os chefes de família aceitavam formalmente essa norma, como vimos anteriormente, em *Did.* XI,8. Não sei até que ponto, eles e os ouvintes, consideravam simples expressão verbal da prática real *qualquer* dito, atribuído ou não a Jesus. Jesus "disse" isto, "fazendo" aquilo. Mas, em todo caso, vem do "Pai" em *Did.* I,5 e é isso que conta. Mas há um quarto detalhe que é o cerne da questão.

Toda tradição dos dois caminhos é inerentemente disjuntiva e antagônica. Apresenta um caminho da vida *versus* um caminho da morte. Não são propostas posições intermediárias nem de meio termo. É uma cisão absoluta bem delineada e alcança da ética humana a espíritos cósmicos, a seres divinos. Compare, então, os dois finais seguintes das tradições dos dois caminhos dados na *Didaqué* e no *Ensinamento dos apóstolos* (que é o mais próximo que chegamos da fonte não redigida da primeira):

Ensinamento dos apóstolos 5,2–6,1.4

[A] Abstenha-se, meu filho, de tudo isso.

[B] E fique atento para que ninguém o desvie deste ensinamento; do contrário, ele o ensinará fora da verdadeira instrução.

[C^1] Se fizer essas coisas diariamente, com reflexão, ficará próximo do Deus vivo, mas se não as fizer, ficará longe da verdade.

Did. V,2–VI,2

[A] Filhos, afastem-se de tudo isso.

[B] Fique atento para que ninguém o afaste deste caminho da instrução, pois aquele ensinaria a você coisas que não pertencem a Deus.

[C^2] Se puder carregar todo o jugo do Senhor, você será perfeito. Se isso não for possível, faça o que puder.

O NASCIMENTO DO CRISTIANISMO

Observemos, a propósito (mas recordando o ponto anterior de Rose-Gaier sobre a igualdade de sexos da *Didaqué*), a diferença de tratamento entre "Filhos" e "meu filho".

Entretanto, meu ponto principal diz respeito a uma comparação dessas duas conclusões semelhantes. Primeiro, ambas concordam em [A], a respeito da conclusão do caminho da morte com uma injunção geral contra "tudo isso". Em seguida, ambas concordam em [B] a respeito de uma advertência contra qualquer um que ensine fora da disciplina dos dois caminhos, exposta em detalhes pouco antes. Entretanto, por último, vem uma diferença bastante notável. O *Ensinamento dos apóstolos* termina em bom estilo disjuntivo dos dois caminhos, em C[1]. É uma escolha nítida, com Deus e a verdade em apenas um lado. Não há nenhuma posição intermediária, nenhuma outra opção, nenhuma seleção alternativa. Mas, em C[2], *Did*. VI,2 omite qualquer menção a essa dicotomia e termina, em vez disso, com uma escolha não entre vida e morte absolutas, mas entre "ser perfeito" e "fazer o que puder". Essas últimas opções não devem, com certeza, referir-se a tais ações como mágica ou feitiçaria, aborto ou infanticídio, fornicação ou adultério, roubo ou assassinato. Essas, com certeza, não são situações de "faça o que puder". Proponho que a distinção entre "ser perfeito" e "fazer o que puder" refere-se àquela inserção anterior no início da instrução sobre os dois caminhos da *Didaqué*. Aquela inserção redacional inicial em I,3b–II,1 corresponde a esta inserção redacional final em VI,2 e o "você será perfeito" inicial em I,4 corresponde ao "você será perfeito" final em VI,2. Esses mandamentos radicais dos profetas itinerantes são aceitos, mas limitados; citados, mas controlados por aquela serena distinção entre *perfeição* e *suficiência*.

Quando comparada a uma versão cristã mais primitiva da tradição dos dois caminhos, como o *Ensinamento dos apóstolos*, a conclusão um tanto permissiva da *Didaqué* é surpreendente ao extremo. E essa surpresa confirma-se por uma versão posterior dos dois caminhos que usa a *Didaqué* como fonte. As *Constituições apostólicas* são um documento de disciplina religiosa do fim do século IV que cita a *Didaqué* como base para o Livro 7,1-32 (Funk 1,386-423). Cita, parafraseia, omite e expande sua fonte da *Didaqué*, mas eis tudo que dá de *Did*. VI,2 (Funk 1,404):

> *Fique atento para que ninguém o desvie* da piedade. Não se desvie nem à direita nem à esquerda dela, para que em tudo você saiba o que fazer. Onde se afastar do *caminho* da piedade, você será ímpio.
> (*Constituições apostólicas* 7,19)

Essa versão parafraseada assimila apenas sete palavras gregas de *Did*. VI,2 (em itálico acima) e omite qualquer menção a perfeição *versus* suficiência. Voltamos a uma disjunção apropriada dos dois caminhos entre piedade e impiedade.

Aqui, no entanto, faz-se necessária uma palavra monitória. A *Didaqué* quer ser gentil e delicada ao exigir perfeição de todos. Está disposta a adotar uma posição de "faça o que puder" a respeito desses desafios dificílimos. Mas não está disposta a criar duas classes de cristãos, os "perfeitos" e os "comuns". Todos são igualmente chamados à perfeição e devem se aproximar o mais possível dela. Precisamos, portanto, levar muito a sério esta advertência final na passagem apocalíptica que conclui a *Didaqué* (Milavec 1989, p. 100):

438

De nada lhes servirá todo o tempo que vocês viveram na fé se no último momento vocês não estiverem perfeitos.

(Did. XVI,2)

Com esse "vocês", o dito pressiona mais a comunidade como um todo que indivíduos isolados. Ainda assim, a *Didaqué*, embora limite esses ditos radicais dentro de seu ensinamento protetor, não considera a "perfeição" exclusividade de elites carismáticas. É algo que todos devem se esforçar por alcançar fazendo "o que puderem".

Voltemos por um momento ao assunto do ato de caridade redentor, para abordar uma última questão muito difícil que essa passagem levantou. Lembremo-nos da recente frase de *Did.* IV,6 a respeito de atos de caridade como *"reparação por seus pecados"*, que pus em itálico anteriormente. A própria idéia de fazer atos de caridade vem não do paganismo greco-romano, mas sim do judaísmo. E o mesmo acontece com a idéia de que atos de caridade são reparação pelos pecados, alcançam a remissão dos pecados diante de Deus. Foi no judaísmo que o cristianismo primitivo buscou essas duas idéias. Mas a crença em atos de caridade redentores encaixa-se ali tendo alguma tensão com a crença na morte e ressurreição redentoras de Jesus. A retenção e a ênfase no ato de caridade redentor no cristianismo primitivo requerem mais que a explicação óbvia da tradição judaica. Havia também nos evangelhos todos aqueles ditos severos sobre pobreza e bens. Não podiam ser metodicamente ignorados, mas também não podiam ser metodicamente seguidos. Lc 6,20b diz: "Bem-aventurados vós, os pobres" e 6,24 diz: "Mas, ai de vós, ricos". Mas o *Pastor de Hermas*, em *Similitude* 2,10, traz: "Bem-aventurados os que são ricos e entendem que suas riquezas vêm do Senhor, pois quem entende isso também é capaz de prestar algum serviço" (Lake 2,147). E *2 Clemente* 16,2 concorda com isso: "Bem-aventurado todo homem que está cheio dessas coisas; pois os atos de caridade aliviam o pecado" (Lake 1,155). Reconciliamos, por assim dizer, a dicotomia de Lucas com uma nova bem-aventurança: *Bem-aventurados vós, os ricos, que dais esmolas aos pobres*.

Entretanto, o judaísmo conhecia não apenas o ato de caridade redentor, mas também a justiça divina. Os textos já vistos no Capítulo 12 falaram não só de atos de caridade, mas também de direitos. Não exigiram simplesmente caridade para com os endividados, os escravizados e os despossuídos. Também exigiram que essas situações fossem abolidas no mínimo a cada tantos anos. Aqui, então, está o problema. Dar esmolas está do lado da justiça ou da injustiça? Mas como alguém ousa criticar os atos de caridade quando as pessoas têm necessidade desesperada e pedem alívio instantâneo ou imediato? E como alguém ousa criticar a caridade quando os caridosos podem, então, desistir pronta ou ansiosamente demais de toda generosidade? Contudo, é preciso dizer que os atos de caridade podem encobrir abismos de injustiça sistêmica e iniqüidade estrutural. Essa, de fato, pode ser a única lógica que torna o ato de caridade redentor religiosamente válido aos olhos de Deus. É, na verdade, restituição, por assim dizer, de bens roubados. As esmolas são necessárias, mas é igualmente necessário não confundi-las com a justiça.

Palavras e caminhos do Senhor

A fase oral da tradição de Jesus está agora perdida para sempre. A *palavra falada* é transitória por natureza e existe apenas por um momento. Permanece apenas na memória dos leitores e sua recuperação depende inteiramente da exatidão dessa lembrança para trazê-la de volta à vida... Mesmo a tradição escrita continua a ser revisada e aperfeiçoada. Isso nos adverte contra a suposição de que os evangelhos oferecem uma oralidade diretamente transcrita: a tradição pode ter sido totalmente textualizada e alterada no processo de transmissão, um processo que não terminou com os evangelistas sinóticos!... Não foi possível estabelecer um caso sequer onde um conjunto de *ditos orais* tenha chegado a dois autores literários de maneira independente... O modelo evolucionário inconsciente – e não crítico – da tradição seqüencial (oral depois escrita) precisa dar lugar a um reconhecimento mais sofisticado de que essas duas "fases" da tradição estão muito mais inter--relacionadas do que com freqüência se reconhece.

Barry W. Henaut, *Oral tradition and the gospels* [*A tradição oral e os evangelhos*], pp. 295, 296-297, 299, 303 (itálicos meus).

Concluo com duas reflexões sobre o *Evangelho* Q e a *Didaqué* – uma a respeito de ditos e tradição oral, a outra a respeito de ditos e formação comunitária.

O primeiro ponto, então: ditos e tradição oral. O problema que acabamos de mencionar na epígrafe nos leva de volta às partes anteriores deste livro. No final da Parte II, ficou claro que eu depositava muito pouca confiança na memória camponesa ou na transmissão oral como ela é, em geral, invocada para explicar as primeiras décadas da tradição de Jesus. Se houvesse *apenas* a memória oral em ação, é provável que o Jesus histórico estivesse perdido para sempre para nós. No final da Parte III ficou claro que eu considerava certas fontes primitivas, tais como os evangelhos Q, *Tomé*, e Marcos, independentes uma da outra. Mas mesmo *se* essas fontes indicassem a existência anterior de oralidade em vez de textualidade, ou pelo menos alguma interface sutil entre a oralidade e a textualidade, essa memória oral já teria se tornado questionável na Parte II.

Essa epígrafe de Barry Henaut parece, portanto, um epitáfio para a pesquisa do Jesus histórico. Foi, de fato, tirada de um capítulo final intitulado "Tradição oral: a barreira irrecuperável até Jesus", que avança até a proposta enérgica de Rudolf Bultmann de colocarmos "o nome 'Jesus' sempre entre aspas e deixá-lo representar uma abreviação do fenômeno histórico do qual tratamos" (pp. 295, 305). Como já mencionei, considero essas sugestões para pôr o nome de Jesus entre aspas, ou cercá-lo de uma nuvem de desconhecimento, tentativas para protegê-lo, só ele em todo o mundo, de provas publicamente discutidas e de uma reconstrução historicamente condicionada. O agnosticismo do Jesus histórico é simplesmente singularidade epistemológica, o lado histórico negativo de uma questão teológica positiva. Por que Jesus é mais impenetrável ou mais difícil de reconstruir que qualquer outra pessoa antiga de quem os dados foram conservados?

Entretanto, deixando isso de lado, concordo plenamente que a invocação de uma tradição oral a respeito de Jesus, que felizmente está fora de provas contestatórias, mas que, infelizmente também não pode ser comprovada, não é estratégia de reconstrução muito boa.

Mas observemos as duas expressões que coloquei em itálico na epígrafe: "palavra falada" e "ditos orais". É essa ênfase em *palavras* e *ditos* que quero analisar aqui. Pergunto se *lembrar seus ditos* ou *imitar sua vida* é o modo principal de continuidade do Jesus histórico para os que andavam com ele e continuaram o caminho depois dele. Como acabamos de ver, a *Didaqué* nem mesmo citou seus ditos *como sendo seus*. Usou como critério de autenticidade os caminhos (*tropoi*) em vez das palavras (*logoi*) do Senhor. A continuidade estava no mimetismo, não na mnemônica, em imitar a vida, não em lembrar palavras.

Dou um exemplo concreto. Creio ser tão provável quanto qualquer coisa histórica que Jesus tenha dito: "Bem-aventurados os pobres". Todavia, mesmo se essa fosse uma citação direta, seu sentido poderia ter mudado, à medida que o dito era citado e transmitido. Poderia, por exemplo, ter passado da escatologia ética para a ascética ou apocalíptica. Minha segurança ao reconstruir o Jesus histórico não deriva da exatidão da memória, nem mesmo da validade de interpretação entre seus primeiros companheiros. Origina-se do fato de Jesus e eles terem um estilo de vida comum que encarnava o Reino de Deus na terra. Dentro da continuidade desse estilo de vida, esse dito seria lembrado por ter sido usado com regularidade. Mas mesmo se o dito fosse criado após a morte de Jesus – ou mesmo se todos os 37 ditos da Tradição de Ditos Comuns fossem criados dessa maneira – ainda seriam resumos adequados de atitude, por causa da continuidade desse estilo de vida. Porém se ninguém mais tivesse vivido como o Jesus histórico e continuado a fazer isso depois de sua execução, então, na verdade, o caminho de volta estaria fechado para sempre.

O segundo ponto diz respeito a ditos e formação de comunidades. Atrás, no Capítulo 15, citei Koester e Kloppenborg a respeito das escatologias divergentes da tradição dos ditos e da tradição paulina. Embora, no passado, muitas vezes a única tradição considerada normativa no cristianismo mais primitivo fosse a paulina, agora não é proveitoso reagir elevando a Tradição de Ditos Comuns a uma nova ascendência. O desafio atual é apegar-se igualmente a ambas, ver suas ligações, bem como suas separações, explicar ambas como presentes dentro do mesmo cristianismo mais primitivo e reconstruir o Jesus histórico usando esses dois vetores.

Koester propôs que, em vez da pesquisa do Jesus histórico, "o enfoque primordial fosse a investigação do próprio início cristão" e que "essa investigação começasse com as provas mais primitivas disponíveis, isto é, com as cartas genuínas de Paulo e com a Fonte das Sentenças Sinóticas [o *Evangelho* Q], ou até mesmo sua camada de composição mais primitiva [Q[1]]. É preciso reconhecer imediatamente que essas duas fontes mais antigas representam um enigma para o estudioso... Não há concordância entre as testemunhas mais antigas a respeito do significado e do valor das palavras, dos feitos e da morte de Jesus, para a mensagem que seus seguidores proclamam" (1994b, pp. 540, 541). A propósito, noto que eu mesmo não acho essa divergência "um enigma", como julga Koester. As duas tradições são escatológicas. As duas são desafios máximos do Deus judaico à injustiça humana, comumente exemplificada por sua concretização romana, mas não esgotada, já se vê, por essa ou qualquer outra personificação. Uma tradição acha essa escatologia encarnada na vida de Jesus de resistência não-violenta à exploração romana, desse modo tornando o Reino de Deus disponível para quem quer que tenha a coragem de imitar seu programa. A outra acha essa escatologia encarnada na morte de Jesus pela execução romana, que é negada por Deus que o ressuscitou dessa morte. Não há necessidade de colocar a vida de Jesus e sua morte uma contra a outra, nem mesmo acima uma da outra. É uma vida vivida de tal modo que levou a uma morte assim aceita. Porém, seja como for, Koester indicou uma dicotomia muito importante no ponto mais remoto da tradição de Jesus que podemos alcançar.

Entretanto, quando pensamos nas cartas paulinas, vemos imediatamente como são instrumentais na criação e conservação comunitária. Mas quando falamos do *Evangelho Q*, que tipo de comunidade imaginamos? Um texto escrito indica, sem dúvida, alguma forma de organização, mas de que tipo? "A comunidade Q", escreve Koester, "permaneceu em continuidade demonstravelmente direta ao ministério de Jesus – na verdade, os membros dessa comunidade parecem ter imitado o comportamento de Jesus". Mas que tipo ou modo de "comunidade" isso indica? "A explicação mais plausível", responde Koester, "parece ser que, para esses discípulos, 'comunidade' era idêntica à relação de ascetas itinerantes uns com os outros. Além disso, ditos atribuídos ao *Evangelho das Sentenças* Q, em especial em sua etapa mais primitiva, tendem a enfatizar a abnegação do missionário itinerante e os preceitos ascéticos para um grupo de elite. Portanto, é duvidoso que este 'movimento' religioso conseguisse estabelecer estruturas comunitárias viáveis que funcionassem de conformidade ou em oposição à organização da sociedade existente" (1994a, pp. 543, 545).

Karen King e Stephen Patterson levantaram questão semelhante a respeito do *Evangelho de Tomé*. King afirma que "a palavra 'Reino' é codinome para comunidade" (1987, p. 95), mas Patterson responde que "em Tomé há pouca coisa que dê condições para uma organização ou estrutura comunitária: não há nenhuma comunidade de Tomé propriamente dita, mas antes um movimento vagamente estruturado de itinerantes". Ele reconhece, no entanto, que "um movimento de Tomé", assim descrito, não seria incompatível com a tese de King" (1993a, p. 151 e nota 123). De fato, depende do que se quer dizer com *comunidade*. Concordo com Koester e Patterson que o *Evangelho Q* e o *Evangelho de Tomé* não se originam de comunidades assentadas e estabelecidas semelhantes às da tradição paulina. Lidamos, concordo, com ligações, não com comunidades. Os radicais não se organizam com facilidade, da mesma forma que os anarquistas não se institucionalizam com presteza. Mas, naturalmente, os textos escritos indicam uma forma mínima de cooperação e um tipo mínimo de organização.

Entretanto, na verdade, até a situação considerando apenas as "palavras" ou "ditos" de Jesus é um tanto mais complicada. Durante 25 anos de publicações, Koester tem enfatizado a respeito de textos como o *Evangelho Q* e o *Evangelho de Tomé*, que, por exemplo, "entende-se a fé como crença nas *palavras* de Jesus, crença essa que torna presente e real para o crente o que Jesus proclamou" (1971, p. 186) e, de novo, mais recentemente, que "a presença de Jesus era tangível nas *palavras* que pronunciou", ou que "pregadores itinerantes... proclamavam a salvação pelas *palavras* de Jesus" (1994a, pp. 543, 544). Ponho em itálico essa repetição de *palavras* porque, mesmo se tivéssemos só essas *palavras*, saberíamos, pela Tradição de Ditos Comuns estudada no

Capítulo 18, que elas envolviam um programa recíproco de comida e cura, de chefes de família e itinerantes, de indigência e pobreza. *Não* temos só os ditos de Jesus, mas mesmo se isso *fosse* tudo que tivéssemos, essas palavras não são apenas *palavras sobre palavras*, mas *palavras sobre atos*; os ditos não são apenas sobre visão, mas sobre ação. *A fé não está apenas em palavras, mas no Deus que, por meio de palavras, exige atos*. Quer cada grupo goste ou não, itinerantes e chefes de família estão unidos na dialética pelo próprio Jesus. O Reino de Deus não está apenas em um dos grupos, mas na interação dos dois. Porém, para a interação ocorrer, os dois grupos precisam continuar a existir. Examinar só o *Evangelho* Q, ou o *Evangelho de Tomé*, é examinar meia-imagem ou meia-comunidade. É a *Didaqué* que nos dá nosso melhor vislumbre da outra metade daquela imagem e daquela comunidade.

Capítulo 22

Uma tradição dividida

Há, quando muito, alguns traços apenas do querigma (conforme entendido por Paulo e Marcos) em algumas das coletâneas mais primitivas [de ditos de Jesus]. Mas isso não significa que não tivessem nenhum propósito teológico específico; sem dúvida, esse propósito relacionava-se de alguma maneira com o Jesus terreno, que era o locutor e/ou ator em grande parte dessa tradição... Essas coletâneas foram feitas de acordo com princípios e padrões que não têm relação com o padrão do clássico credo de paixão e ressurreição e o "evangelho" produzido por ele... Se o querigma da paixão e ressurreição não desempenhou nenhum papel, até onde esses documentos diferentes (e talvez mais primitivos) se relacionam com o "Jesus histórico", como conteúdo ou origem da tradição?

Helmut Koester, *One Jesus and four primitive gospels*
[*Um só Jesus e quatro evangelhos primitivos*], pp. 165- 166.

E ste capítulo é um conectivo muito importante entre as partes VII e VIII precedentes, e as partes IX e X que vêm a seguir. Aquelas partes anteriores seguiram uma tradição muito primitiva, a dos ditos de Jesus e do estilo de vida que exigiam. Pesquisei os ditos a partir do Jesus histórico, pela Tradição dos Ditos Comuns até, por um lado, o *Evangelho Q* e, por outro, o *Evangelho de Tomé*. Também examinei a *Didaqué*, que atravessa a trajetória do *Evangelho Q* em uma etapa bem primitiva – certamente mais próxima de suas raízes da Tradição dos Ditos Comuns que de sua conclusão apocalíptica que enfatiza o Filho do Homem. Meu enfoque principal não foi tanto a trajetória completa dessa tradição, mas a continuação mais primitiva, desde o Jesus histórico até seus primeiros companheiros. A dialética de itinerantes e chefes de família, ainda visível nesses textos escritos mais tardios, remonta à tradição mais primitiva da qual posso descobrir os indícios. Remonta à vida do Jesus histórico; é, de fato, o programa do próprio Reino de Deus. As partes IX e X analisam outra tradição, uma tradição baseada não na Galiléia rural, mas na Jerusalém urbana. Ao estudar essa tradição estarei em constante diálogo com a obra de Helmut Koester. O propósito deste capítulo fundamental é examinar sua posição a respeito dessas duas tradições.

Da epígrafe de Koester acima, tiro apenas a distinção entre "coletâneas de ditos de Jesus" e "o querigma da paixão e ressurreição". É isso que quero dizer com uma tradição dividida. Se a primeira é ou não "talvez mais primitiva" que a segunda é possivelmente insolúvel e provavelmente irrelevante. Mais ou menos primitiva, anterior ou posterior – o ponto não é esse. Essa epígrafe é de trinta anos atrás, mas Koester repetiu seu ponto principal em obra posterior.

Com respeito ao *Evangelho de Tomé*: "A base do *Evangelho de Tomé* é uma coleção de ditos mais primitiva que os evangelhos canônicos, embora seu princípio básico não se relacione com o credo da paixão e ressurreição. Seu princípio é, mesmo assim, teológico. Entende-se a fé como crença nas palavras de Jesus, crença que torna presente e real para o crente o que Jesus proclamou" (1971, p. 186). Com respeito ao *Evangelho Q* e ao *Evangelho de Tomé*: "Um dos aspectos mais notáveis do *Evangelho de Tomé* é seu silêncio sobre a questão da morte e ressurreição de Jesus – o princípio central da proclamação missionária de Paulo. Mas Tomé não está sozinho nesse silêncio. A Fonte das Sentenças Sinóticas (Q), usada por Mateus e Lucas, também não considera a morte de Jesus parte da mensagem cristã. Nem está interessada em narrativas e relatos sobre a ressurreição e as aparições subseqüentes do Senhor ressuscitado. O *Evangelho de Tomé* e Q desafiam a presunção de que a Igreja primitiva fosse unânime em fazer da morte e ressurreição de Jesus o sustentáculo da fé cristã. Os dois documentos pressupõem que a importância de Jesus estava em suas palavras, somente em suas palavras" (1990a, p. 86).

John Kloppenborg também enfatiza que o cristianismo mais primitivo envolvia o que acabei de chamar de uma tradição dividida e concorda com a descrição de Koester à respeito dessa divisão entre os ditos de Jesus e o querigma da paixão e ressurreição. Além disso, insiste, com bastante razão, que, seja qual for o termo usado para o tipo de fé na paixão e ressurreição – seja ele querigma ou proclamação, soteriologia ou salvação, teologia ou escatologia – esse mesmo termo precisa ser usado para a mensagem muito diferente do tipo de fé do *Evangelho Q* no cristianismo mais primitivo. A mensagem paulina não deve, de nenhum modo, ser privilegiada em relação à mensagem do *Evangelho Q*. Nem, naturalmente, vice-versa. Ambos representam visões bastante primitivas, mas divergentes, da salvação cristã. Nas palavras de Kloppenborg: "Se [o *Evangelho Q*] é não apenas parênese [suplemento catequético], mas pregação do acontecimento escatológico em si, precisamos ou pressupor a existência, lado a lado, nas mesmas Igrejas, de dois 'querigmas' [pregações do acontecimento escatológico] um tanto assimétricos, ou alternativamente supor que o 'querigma' de Q deriva de círculos diferentes dos que criaram o querigma do 'Senhor Crucificado e Ressuscitado'... Q tinha um entendimento da soteriologia que discordava do querigma da paixão, o suposto centro da teologia cristã... Q [é] um querigma independente que reflete uma 'segunda esfera' da teologia cristã" (1987a, p. 22). Em meu entendimento, reformulo essas duas tradições dos ditos e da paixão e ressurreição como as duas tradições da vida de Jesus e de sua morte. Para mim, elas são dois lados da mesma moeda.

A tradição da vida de Jesus

No entendimento das palavras sapienciais de Jesus como revelação que proporciona vida e liberdade – esse parece ser o caso nos estratos composicionais mais primitivos de Q – uma dimensão escatológica dessas palavras parece ser dificilmente perceptível, o que dá margem a discussão. Bons argumentos são apresentados para as implicações escatológicas desses ditos sapienciais.

Helmut Koester, *The historical Jesus and the historical situation of the quest* [*O Jesus histórico e a situação histórica da busca*], pp. 540-541.

Para Koester, essa tradição dividida nunca significou que a tradição dos ditos não seja teológica ou, na verdade, escatológica. As duas tradições *são* escatológicas e a longa insistência de Koester na validade e no valor da tradição dos ditos é reparadora, não hierárquica. Ele não a exalta acima da escatologia da paixão e ressurreição, mas, diante da conseqüente normatividade teológica desta última, intercede pela existência e importância históricas da tradição dos ditos. Fala de uma forma de *escatologia realizada* nos vários evangelhos de ditos. Encontra essa escatologia em Q^1 (o estrato mais primitivo do *Evangelho* Q), por exemplo: "Não se pode argumentar que Q originalmente apresentasse Jesus apenas como um mestre de sabedoria sem mensagem escatológica", embora, seguindo a estratificação de Kloppenborg, "a *orientação escatológica* da composição original de Q [Q^1] seja, de maneira nítida, diferente da *perspectiva apocalíptica* do redator" [Q^2] (1990a, p. 150, itálicos meus). Ele também encontra escatologia realizada nas coletâneas de ditos por trás do *Evangelho de Tomé* e do *Evangelho* Q, que não "refletem uma orientação sapiencial puramente proverbial: antes, estão incluídos ditos proféticos que incorporam o material sapiencial à perspectiva de uma escatologia realizada, que se centraliza na presença de revelação nas palavras de Jesus" (1990a, p. 95).

Há, nessa citação, um pouco da confusão terminológica entre *escatológica* e *apocalíptica* mencionada no início do Capítulo 15. Qual é a relação entre "orientação escatológica" e "perspectiva apocalíptica"? Embora use repetidas vezes esses termos – em especial o primeiro –, Koester jamais explica seu sentido nem sua relação. Além disso, Koester fala repetidamente das "palavras de Jesus" na escatologia realizada da tradição dos ditos. Esse é o termo usado na maioria das citações anteriores, por exemplo. É quase como se o *conteúdo* dessas palavras fosse irrelevante. Jesus está, por assim dizer, presente em sua própria manifestação. Todavia, deve essa ênfase ficar nas *palavras* de Jesus ou em sua *vida*? É lembrar (ou mesmo repetir) suas palavras ou imitar e copiar sua vida que é escatológica?

Outros estudiosos que analisam a tradição dos ditos com pressupostos históricos semelhantes aos de Koester concordam com seu ponto básico – a saber, que há uma tradição profundamente dividida no cristianismo primitivo. No entanto, eles não explicam que a escatologia da tradição dos ditos se refere a *palavras*; concentram-se, em vez disso, em *estilos de vida*. Bastam dois exemplos, ambos abordados no Capítulo 15.

John Kloppenborg insiste, como acabamos de mencionar, que houve originalmente dois querigmas, duas proclamações primitivas da salvação, duas esferas diferentes de teologia cristã. Porém ele também afirma que esse *outro* querigma é escatológico, mas não apocalíptico: "Em toda descrição de Q, elementos sapienciais desempenham importante papel. É difícil não perceber o significado escatológico muito presente desses elementos sapienciais. Mas é outro problema se o termo apocalíptico é ou não caracterização exata para o deslocamento desses materiais sapienciais" (1987b, p. 291). Ele identifica repetidamente a escatologia sapiencial como "sabedoria radical do Reino de Deus" (1987a, pp. 189, 242, 318) e explica isso dizendo, por exemplo, que "por meio de seu aspecto radical, os discursos sapienciais em Q exercem uma função querigmática apropriada e indicam a natureza radical do Reino que está em processo de se manifestar. De maneira análoga, as imposições especificam o tipo de ética radical que é a característica dos que reagem apropriadamente a essa nova realidade" (1987a, pp. 320-321). A escatologia sapiencial ou sabedoria radical é questão não apenas de palavras, mas de vidas, não apenas de ditos, mas de estilos de vida. E o modelo não é só o Jesus histórico, mas Deus. "Entende-se o *discipulado*... como imitação do Deus misericordioso e generoso... e como 'seguir', ou 'ouvir', ou 'vir a' Jesus" (1987a, p. 241).

Com Stephen Patterson, o caso é semelhante. Ele não fala de uma tradição dividida ou de duas proclamações querigmáticas, uma baseada na vida, a outra na morte de Jesus. Sua ênfase é, antes, na base comum dessas duas tradições e ele a encontra no "radicalismo social". É aí que, para Patterson, a tradição paulina e a tradição de Jesus se cruzam. "É possível ver a continuidade entre Paulo e a tradição dos ditos precisamente na tradição do radicalismo social que ambos compartilham... Paulo partilhava com o movimento de Jesus seu radicalismo social; só não podia chegar lá pela mesma rota. Para eles, o Reino de Deus estava presente na palavra falada; para Paulo, ele se tornava real só quando a pessoa aceitava a cruz como morte para o mundo" (1991, pp. 35, 39-40). Essa mesma expressão "radicalismo social" reaparece repetidas vezes no livro de Patterson sobre o *Evangelho de Tomé* (1993a, pp. 4, 241). Está também bastante claro que, na visão de Patterson, tal radicalismo envolve mais que "a palavra falada". O que conta é a palavra posta em prática na vida. "Isso não é escatologia realizada, é escatologia *posta em prática*". Se o Reino *deve*, de algum modo, existir, cabe ao cristianismo de Tomé fazê-lo existir" e os cristãos de Tomé fazem isso por meio de vidas de ascetismo celibatário – ascetismo que "faz um desafio presente, real, ao mundo. Põe em dúvida os caminhos do mundo, seus padrões, suas metas, sua noção do que é significativo na vida. Como forma de ascetismo, o radicalismo social do cristianismo de Tomé tem precisamente esse efeito" (1993a, pp. 210, 211).

Essas duas visões da escatologia da tradição dos ditos, como a "sabedoria radical do Reino de Deus" de Kloppenborg, ou como o "radicalismo social" de Patterson, são corretivos necessários para a ênfase quase sem conteúdo que Koester dá às "palavras de Jesus" naquela tradição. Em vez das palavras de Jesus, precisamos falar da vida radical de Jesus. E, em vez da morte de Jesus, precisamos falar da crucificação imperial de Jesus. Então, no estilo de vida imitado de Jesus e no estilo de morte ressuscitada de Jesus, o Deus judaico de direito e justiça ergue-se radicalmente – isto é, escatologicamente – contra a injustiça e a exploração. Mas, como o próprio Koester não seguiu essa rota, a tradição dos ditos e a tradição da cruz e ressurreição parecem ter entrado em tensão intolerável para ele em seus artigos recentes. Agora ele exalta a tradição da paixão e ressurreição acima e até contra a tradição dos ditos.

A tradição da morte de Jesus

A história dos primórdios cristãos demonstra que ela foi muito eficiente para estabelecer e manter a comunidade da nova era sem nenhum recurso à vida e obra de Jesus de Nazaré. Foram necessários apenas um ritual (a Eucaristia) e uma narrativa, a saber, a narrativa do sofrimento e morte de Jesus e, naturalmente, hinos de poesia mítica.

Helmut Koester, *The historical Jesus and the historical situation of the quest* [O *Jesus histórico e a situação histórica da busca*], pp. 535-536.

Da forma como entendo sua obra mais antiga, a opinião de Koester sobre duas distintas tradições cristãs muito primitivas não pretendia exaltar uma acima da outra. Sua forte ênfase na tradição dos ditos foi apenas uma tentativa de restaurar o equilíbrio contra a ênfase quase exclusiva na tradição da morte e ressurreição. Mas agora, na obra recente de Koester, há deliberada denigração da primeira tradição em favor da segunda.

Por um lado, suas visões a respeito da tradição dos ditos parecem exatamente as mesmas de sempre. No *Evangelho Q*, "a presença de Jesus era tangível nas palavras que ele disse" e no *Evangelho de Tomé*, "pregadores itinerantes... proclamavam a salvação por meio das palavras de Jesus" (1994a, pp. 543, 544). Entretanto, em seguida vem uma crítica profunda: "Embora na tradição dos ditos e nos escritos que ela produziu faltem os elementos essenciais para o estabelecimento de uma comunidade, os testemunhos para o entendimento de grupos de fiéis como comunidade são abundantes no *corpus* paulino e nos evangelhos canônicos em sua forma final" (1994a, p. 546). A essa alegação de falta de comunidade na tradição dos ditos, respondo com uma única palavra: *Didaqué* – isto é, a comunidade por trás do documento estudado antes. Era, aliás, uma comunidade com muito maior serenidade que qualquer coisa que encontramos nas Igrejas paulinas. Mesmo que os itinerantes do *Evangelho Q* não pudessem ou não quisessem estabelecer suas comunidades assentadas, os chefes de família podiam fazê-lo e o fizeram em dialética tensiva com o radicalismo dos profetas itinerantes da *Didaqué?* Em todo caso, é esse o ponto que venho discutindo em toda a Parte VIII.

Há, no entanto, outro fator que influi na recente hesitação de Koester a respeito da "tradição dos ditos de Jesus" – algo além da suposta incapacidade daquela tradição para criar comunidades. Primeiro, em ligação com as tradições sapienciais por trás do *Evangelho Q* e do *Evangelho de Tomé*, ele observa que "alguns estudiosos vêem estreita afinidade desta tradição sapiencial com a pregação secular dos filósofos cínicos" (1994a, p. 542). Em nota de rodapé, ele se refere, entre outros, a Burton Mack. Segundo, "a obra de Mack serve de epítome também para a tendência geral que nega quaisquer elementos escatológicos na mensagem de Jesus" (1995, p. 14). Finalmente, "temos de nos perguntar se nossa busca do Jesus histórico não está realmente predeterminada pelas condições do paradigma cultural que domina a segunda metade de nosso século no mundo ocidental... Isso está evidente de maneira claríssima na aversão à escatologia. A perfeição e o sucesso pessoal, seja em termos políticos, industriais, morais ou religiosos, não concebem uma mensagem genuinamente escatológica – exceto pela síndrome de 'recompensa e castigo', esse resíduo lamentável de uma tradição escatológica. Embora hoje ninguém queira levar a escatologia política a sério – ela é, de fato, percebida como ameaça – muito pouca gente, por outro lado, está disposta a eliminar a preocupação social" (1994b, p. 539). (Devo observar que a obra de Mack coloca drasticamente a tradição dos ditos *acima* da tradição da paixão e ressurreição. Em sua visão, elas não são apenas duas tradições distintas, mas igualmente válidas.)

Alguns comentários. Igualar "secular" e "cínico" no mundo antigo, ou usar "secular" para descrever Jesus é erro grave – e isso se aplica a *quem quer* que use a palavra "secular" nesses contextos. A dimensão religiosa da vida antiga estava por demais incrustada em suas dimensões econômicas, políticas e sociais para levar em conta a distinção entre "secular" e "sagrado" que alguns hoje consideram normal. Em 3 de junho de 17 a.C., um coro de 54 meninos e meninas entoou um hino composto por Horácio em comemoração à nova ordem universal de Augusto como a era de ouro que finalmente chegara. Em latim, a palavra *era* é *seculum*, por isso denominou-se o hino "Carmen Seculare"; agora, porém "hino secular" soaria falso para nós e "hino da nova era" não soaria muito melhor. Uma boa tradução talvez fosse "hino escatológico", cântico em louvor da paz augustana, da fertilidade cósmica e da escatologia imperial. Além disso, os cínicos não eram seculares, mas sim religiosos e escatológicos, porém no sentido exatamente oposto ao triunfalismo de Augusto. De fato, eram a favor de um estilo pagão de escatologia ética. Todos estão livres para não gostar deles, se quiserem, ou mesmo para não gostar de todo o paganismo greco-romano. Entretanto, não estão livres para dizer que o cinismo era secular. Era apenas uma escatologia pagã com tendência anti-imperialista e anti-materialista, que se baseava em princípios divinos totalmente diferentes das escatologias judaicas e cristãs semelhantes. *Se* Burton Mack ou outros argumentam que ou o cinismo ou Jesus é secular em vez de escatológico, a melhor resposta é argumentar que eles estão muito errados – mas sem, nesse processo, negar nem a filosofia cínica nem a tradição de Jesus. Finalmente, há aquela última declaração que põe a escatologia política contra a preocupação social. Em meu modo de entender, esses termos são equivalentes, para o Jesus histórico e para o Deus judaico cujo Reino aquele proclamou. Como mandato divino, a justiça social envolve necessariamente a escatologia política, social e econômica. (E, aliás, aos meus ouvidos, "preocupação social" é uma forma um tanto fraca de expressar a justiça divina para a terra.)

É quase como se, à luz dessas três preocupações em geral e de Burton Mack em particular, Koester procurasse distanciar-se não só de Mack, mas de sua própria análise anterior da tradição dos ditos de Jesus (e até mesmo daquela tradição em si). Isso, já se vê, é espantosamente irônico, pois ninguém fez mais para estabelecer essa tradição que o próprio Koester. Agora é tarde demais para abandoná-la ou mesmo denegri-la. No entanto, é preciso dar a *ambas* as tradições *igual* consideração, não exaltar uma mais do que a outra, não colocar uma contra a outra e não separar uma da outra mais do que devemos. Em todo caso, deixo agora isso de lado para me concentrar na análise mais positiva que Koester faz dessa segunda tradição.

Ele constrói uma imagem impressionante do cristianismo mais primitivo como um império deliberado contra o imperialismo romano. "Há duas coisas que Júlio César e Jesus de Nazaré têm em comum. Ambos foram assassinados e ambos receberam culto divino após a morte. Há outro paralelo interessante. Nem Augusto nem Virgílio escreveram uma vida de César, nem Paulo escreveu uma vida de Jesus" (1994b, p. 535). Isso não é, já se vê, apenas uma série de coincidências acidentais. Os dois lados proclamam a chegada da era escatológica ou dourada. Esse paralelismo fundamental é, portanto, antagonismo profundo: dois programas escatológicos que se chocam um com o outro. O cristianismo sabia disso desde o início e de maneira clara. Roma sabia disso desde o início, mas de maneira obscura. Koester desenvolve esse paralelismo antagônico básico em quatro aspectos inaugurais: ritual, mito, narrativa e comunidade.

No caso romano, o ritual cultual começou em 42 a.C., quando o Júlio assassinado foi declarado divino, e Otávio, seu filho adotivo, se tornou *divi filius*, filho de um deus. Em 27 a.C., Otávio foi declarado "Augusto", não exatamente divino, mas próximo o bastante por enquanto. Em 14 d.C., um mês depois de sua morte, Augusto foi declarado *divus* por seus próprios méritos, filho de um deus e também deus. Um hino mitológico foi mencionado por Koester anteriormente. Augusto o tinha: em 17 a.C., como mencionei, "Carmen Seculare", de Horácio, aclamou Augusto como descendente, através de mais de mil anos, do troiano Anquises e da deusa Afrodite ou Vênus. Virgílio, que morreu dois anos antes, narrou na *Eneida* a epopéia por trás dessa aclamação mítica. Invertendo a seqüência dada por Homero às guerras heróicas e perambulações no regresso a casa, ele trouxe Enéias, filho de Anquises e Afrodite-Vênus, de Tróia para a Itália como ancestral do clã juliano. "A história escatológica da era augustana foi narrada por Virgílio na *Eneida*, que ancorou a nova era no passado distante; tornou-se a epopéia nacional romana. Nas Igrejas de Paulo, os seguidores de Jesus narravam a história do sofrimento e morte de Jesus; essa história também remontou ao passado de Israel, quando moldou a narrativa nas palavras dos cantores dos Salmos e dos profetas" (1994b, p. 535). Hoje, vêem-se o culto, o mito e a história da escatologia augustana no *Ara pacis Augustae*, o altar da paz augustana, reconstruído de fragmentos originais e copiados e agora relocado entre o Tibre e o mausoléu júlio-claudiano. Está tudo ali em mármore, desde a fértil deusa Terra, até Enéias oferecendo um sacrifício, até Augusto e sua família. Finalmente, como Koester conclui, Augusto usou poder e autoridade, enquanto Paulo usou cartas e persuasão para formar dois tipos muito diferentes de comunidade.

Koester está absolutamente certo ao afirmar que mito, ritual e narrativa são componentes da comunidade, mas não há necessidade de atribuí-los a apenas uma dessas duas tradições, à tradição da paixão e ressurreição, mas não à tradição dos ditos. De qualquer modo, como veremos, elas têm elementos comuns e desenvolvimentos divergentes, que indicam que *as duas* tradições podiam gerar e apoiar a vida comunitária. Portanto, no que se segue, busco, negativamente, não privilegiar uma dessas duas tradições em relação à outra e, positivamente, enfatizar ligações e semelhanças onde estas estão presentes. Em outras palavras, não imagino duas tradições opostas ideologicamente.

Cristianismo rural e urbano

Se Paulo e seus seguidores parecem ter evitado as aldeias e a zona rural do império, o próprio Jesus parece ter evitado as cidades... Mas, em vez da zona rural palestinense, [os *Atos dos Apóstolos*] acompanham, na verdade, a missão nas cidades do mundo greco-romano e terminam com Paulo prisioneiro em Roma. De fato, a zona rural palestinense onde Jesus viajou e ensinou desaparece completamente de todas as fontes neotestamentárias... Entretanto, é preciso salientar que, embora o cristianismo urbano e o rural representem dois tipos diferentes da nova religião – o primeiro mais conservador e inclinando-se a se compor com o poder secular, o segundo mais subversivo e com tendências reformistas sociais – seu conflito raramente veio a público.

Dimitris J. Kyrtatas, *The social structure of the early christian communities* [*A estrutura social das comunidades cristãs primitivas*], pp. 92, 95.

É necessário, então, distinguir duas tradições no cristianismo mais primitivo, uma que enfatiza os ditos de Jesus e a outra que enfatiza a morte e a ressurreição de Jesus. Não devemos privilegiar uma em relação à outra, como eu disse – não a morte e a ressurreição acima dos ditos, como na teologia passada, nem os ditos acima da morte e ressurreição, como na reação presente. Não deve haver nenhuma ascendência manifesta de *uma* sobre a outra. Além disso, o mesmo termo descritivo que for usado para uma, seja ele proclamação ou querigma, tradição ou evangelho, deve ser usado para a outra. Em outras palavras, não deve haver ascendência dissimulada de uma sobre a outra. Finalmente, minha terminologia preferida é a tradição da vida e a tradição da morte. A primeira frase supõe que os ditos de Jesus eram uma questão, não de memória, mas de imitação, não de aforismos para serem recitados, mas de vidas para serem vividas. A segunda frase supõe que a morte de Jesus foi sempre diádica, foi sempre uma dialética de perseguição *e* justificação, execução *e* ressurreição.

A tradição da vida e a tradição da morte podem se diferenciar como tradições setentrional e meridional. Isso funciona bem no primeiro caso, no qual o *Evangelho Q*, o *Evangelho de Tomé* e a *Didaqué* são todos delineados em trajetórias geográficas da Galiléia à Síria. Não funciona tão bem para a tradição meridional que se move de Jerusalém para Damasco e Antioquia em data muito primitiva. Elas também podem se diferenciar como tradições rural e urbana. Isso funciona melhor para ambas, desde que não se atribua a *rural* o significado de analfabetismo isolado, por um lado, ou ilusão bucólica de outro. Entretanto, seja como for que designemos ou diferenciemos essas duas tradições, é importante – nunca é demais salientar isto – não privilegiar uma mais que a outra de maneira muito acentuada. O futuro do cristianismo católico não pertencia a nenhuma delas com exclusividade, mas sim às duas juntas.

A obra de Dimitris Kyrtatas, citada acima como epígrafe, tem a vantagem notável de levar a sério essa distinção entre cristianismo rural e urbano e, ao menos, procurar imaginar *as duas* formas. O nascimento do cristianismo ocorreu precisamente nessa paráclase e envolveu a Galiléia rural e a Jerusalém urbana, tão cedo quanto os indícios nos permitem ver o que realmente aconteceu. Kyrtatas associa a distinção entre rural e urbano com a de revolucionário e conservador: "Poucas questões sobre o cristianismo primitivo provocam maior discordância que a questão de sua posição social. Historiadores e teólogos cristãos praticantes sempre se dividiram quanto a afirmar se o cristianismo primitivo era um movimento revolucionário ou conservador. Hoje, com muito mais facilidade que no passado, começa a ser aceito que o cristianismo era ao mesmo tempo revolucionário e conservador. Entretanto, aceitar isso, equivale a rejeitar a opinião tradicional de que existiu algo como um único movimento ou Igreja cristã primitiva" (p. 89). Mas este não é apenas um caso normal de rural-revolucionário que se transforma em urbano-conservador. Há, ao contrário, um desenvolvimento mais complicado. "No início do século II, quando voltou a surgir na história depois da época neotestamentária, o cristianismo já era uma religião urbana. Cultural, social e teologicamente, o cristianismo adaptou-se às necessidades e aos sistemas de pensamento das cidades... Parece, portanto, razoável concluir que quando chegou à zona rural do mundo romano em sua nova forma, o cristianismo estivesse social, cultural e teologicamente marcado por predisposições urbanas. No entanto, achamos que isso não aconteceu. Logo que o cristianismo entrou em contato com o mundo de camponeses e aldeões, grande parte de sua natureza original foi restabelecida. Não temos idéia de que maneira e até que ponto isso aconteceu, mas há razões para crer que a mensagem original se desenvolveu na zona rural da Palestina e, embora interpretada alegoricamente por líderes religiosos, foi, mais uma vez, entendida pelas pessoas que viviam em condições semelhantes de existência e exploração materiais pelos habitantes das cidades" (pp. 93-94).

A tradição da vida e do exemplo de Jesus ocuparam as partes VII e VIII deste livro. A da morte e justificação de Jesus vai ocupar as partes IX e X. Mas há uma transição brusca envolvida no movimento de um desses conjuntos que tendem para o outro. É uma transição que desejo reconhecer mas não enfatizar em demasia até o ponto de mistificação. O cristianismo estava presente na própria Roma, possivelmente no fim dos anos 40 e, com certeza, em meados dos anos 50. A *possibilidade* origina-se do decreto do imperador Cláudio que expulsou os judeus de Roma em 49, por causa de distúrbios "instigados por Chrestus [= Christus? = Jesus?], como Suetônio relatou em *Vidas dos Césares: o Cláudio divinizado* 25,4 (Rolfe 2,53). A *certeza* origina-se da carta de Paulo à comunidade romana, escrita de Corinto por volta de 55. Se passarmos, como na epígrafe anterior, de Jesus nos diminutos povoados da Baixa Galiléia judaica para Paulo nas grandes metrópoles do Império Romano pagão, a transição parece inconcebivelmente grande e milagrosamente inexplicável. Mas houve etapas intermediárias, etapas que não foram movimentos evolucionários sucessivos, mas opções simultâneas e desenvolvimentos sobrepostos.

Examinemos, por um momento, a série de povoados, aldeias, vilas, cidades e metrópoles envolvida. Pensemos também nas diferenças de classe de liderança, à medida que percorremos essa hierarquia de situação, de camponeses a escribas, a estudiosos. Recordemos o que vimos no Capítulo 13 a respeito do cálculo de dimensões de localidades e densidades populacionais na antiguidade. Mesmo quando, como em cidades muradas, a primeira variável é estabelecida com segurança, a segunda varia bastante entre os estudiosos. Lembro, por exemplo, que os cálculos da população total da pátria judaica no século I variam de um a seis milhões, e os cálculos de seu componente judaico variam de meio milhão a cinco milhões (Byatt, pp. 51-52). Uso essas estatísticas populacionais como indicadores aproximados de poder, prestígio e importância locais crescentes:

I. Nível de povoado/aldeia
Jesus é de Nazaré, "povoado de pouco mais de cem" habitantes.
(Malina e Rohrbaugh, p. 295).

II. Nível de aldeia/vila
Os lugares das maldições do *Evangelho* Q (em Q 10,13-15), tais como Cafarnaum, com 1.700 habitantes.
(Reed 1992, p. 15)

III. Nível de cidade
Situação pré-paulina que envolvia Damasco (45.000), Jerusalém (80.000) e Antioquia (150.000).

IV. Nível de metrópole
Situação paulina que envolvia Corinto (100.000), Éfeso (200.000) e Roma (650.000).

Os números para os dois primeiros níveis são relativamente certos. A população de Jerusalém em 180 hectares e 444 habitantes por hectare (Broshi, p. 14) torna-a mais densa que Óstia, e esse número é provavelmente duas vezes grande demais. Os números nos dois últimos níveis são simplesmente citados como foram dados (Stark, pp. 131-132). Apenas enfatizo que os "primeiros cristãos urbanos" com certeza não estavam nas Igrejas paulinas. Os cristãos estavam em Damasco antes de Paulo se converter; sabemos disso porque ele os perseguiu ali. Estavam em Jerusalém até mesmo antes disso. E, de Jerusalém, alguns se mudaram para Antioquia, capital da província romana da Síria.

Uma das maiores forças do estudo de Kyrtatas, citado na epígrafe, é o fato de procurar dar a mesma atenção ao campo e à cidade, ao cristianismo rural e ao urbano, à pequena tradição e à grande tradição. A passagem das partes VII e VIII para as partes IX e X, é um movimento da situação rural para a urbana, das aldeias da Galiléia para a cidade de Jerusalém. Sem esse movimento, o movimento exterior para as grandes cidades pagãs seria inexplicável. É, portanto, em Jerusalém, que estas partes finais vão se concentrar.

PARTE IX

REFEIÇÕES E COMUNIDADE

Temos [no antigo Mediterrâneo], uma sociedade marcada por dois aspectos. O primeiro tem sido estudado exaustivamente e evocado com tons de compreensível desaprovação: há um elo direto e indisfarçado entre a riqueza e o poder de atrair para si, com vários graus de brutalidade descarada, uma parte dos limitados bens dos outros. No Mediterrâneo oriental, a luta pelo controle do pouco excedente agrário existente era, em geral, mais impiedosa nos limites das grandes cidades. As vítimas eram, de maneira quase inevitável, os camponeses; e o resultado era uma condição crônica de escassez e desnutrição, sempre prestes a se transformar em fome e epidemia. Se existia, a abundância só se encontrava entre os ricos e seus clientes nas cidades. O segundo aspecto é menos conhecido: a ligação difusa entre *status* e dieta. O poder era o poder de comer. As divisões da sociedade coincidiam, de maneira transparente, com gradações de acesso a víveres: mais comida, mais variada e mais bem preparada no topo; menos comida e menos variada em direção ao fundo... É uma época em que a idéia de comer era, inevitavelmente, uma forma de segundo pensamento sobre a sociedade e suas clamorosas divisões. Como romper os grilhões da escassez? É inevitável que os milagres melhores e mais assombrosos se refiram, não à esperança milenar de restaurar a generosidade perdida da terra, mas à façanha muito mais difícil de persuadir os corações mais empedernidos dos homens a se abrirem... Nesse processo de persuasão, os temas apocalípticos desempenhavam um papel discreto na formação das expectativas e das sensibilidades dos contemporâneos....

Talvez uma das mudanças mais profundas de mentalidade associadas ao surgimento do cristianismo no mundo mediterrâneo seja a ascensão à proeminência de uma única refeição (a Eucaristia), que, embora cheia de associações de elos interpessoais em uma única sociedade *humana*, foi cuidadosamente despojada, desde o início, de quaisquer insinuações de abundância orgânica não-humana. Anteriormente, uma difundida disposição de espírito tendia a considerar natural a solidariedade de toda comunidade estabelecida, ao redor dos artigos raros de comida e espairecimento, e pretendia, por meio de momentos de alta e sossegada comensalidade, fazer o mundo insensível da natureza envergonhar-se de sua costumeira avareza. Tudo que sabemos a respeito das festas da Igreja cristã no fim da antiguidade mostra a resiliência da mentalidade antiga... Só uma elite insistente de clérigos se opunha à tendência mediterrânea ao banquete... Na verdade, no mundo fatigado do Mediterrâneo, o Reino do céu tinha de ter algo a ver com comida e bebida.

Peter Brown, *Response* [*Reação*], pp. 18-20, 22-23.

Nas partes IX e X estou em debate com artigos recentes de Helmut Koester. Aqui nossas discordâncias não são tanto a respeito do que descobrimos, quanto a respeito do sentido dessa descoberta. O centro da discordância é minha recusa em privilegiar uma daquelas tradições muito primitivas, a tradição da vida e a tradição da morte, em relação à outra, ou, na verdade, até em separá-las de maneira absoluta demais. É bastante tentador fazê-lo, mas a pesquisa futura exige que resistamos a essa tentação. Além disso, se suas separações e ligações nos causam inquietação, ou se recusam com intransigência a se juntar em unidade, é melhor não solucionarmos esse dilema com demasiada facilidade nem cedo demais.

A Parte IX tem dois capítulos. Os dois – o Capítulo 23 sobre a refeição ritual e o Capítulo 24 sobre a vida comunitária – concentram-se na comunidade mais primitiva de Jerusalém. No Capítulo 23, examino a refeição ritual em duas tradições distintas, como Eucaristia, e como Ceia do Senhor. A primeira deriva da tradição do *Evangelho Q*, vista em *Did.* IX–X. A segunda deriva da tradição de Jerusalém, vista na primeira carta de Paulo aos coríntios. As semelhanças entre essas duas tradições apontam para uma tradição de refeição básica, mas em desenvolvimento, que chamo Tradição da Refeição em Comum. Aqui há um paralelo com a Tradição de Ditos Comuns, mas há também duas grandes diferenças, apesar da semelhança no título. Primeiro a Tradição da Refeição em Comum é fundamental para a tradição da vida (concentrada nos ditos e na vida de Jesus) e para a tradição da morte (centralizada na paixão e ressurreição de Jesus). Tem, portanto, presença muito mais profunda que a da Tradição de Ditos Comuns, que é primordialmente básica para o *Evangelho Q* e o *Evangelho de Tomé*. Além disso, essas redações evangélicas mudam a Tradição de Ditos Comuns em direções diametralmente opostas: o *Evangelho Q* é apocalíptico, e o *Evangelho de Tomé* é anti-apocalíptico. A Tradição da Refeição em Comum, vista, por um lado, em *Did.* IX-X e, por outro, em 1Cor 10–11, não recebe tal desenvolvimento antitético. É, na verdade, mais um processo único de *Did.* X (alimento e bebida) para *Did.* IX (cálice e pão), para 1Cor 10 (cálice/pão) para 1Cor 11 (pão/corpo e cálice/sangue). Entretanto, seria difícil imaginar a ocorrência da direção oposta – isto é, 1Cor 10–11 desenvolvendo-se por *Did.* IX em *Did.* X. Ao usar a expressão Tradição da Refeição em Comum no que se segue, pretendo compará-la e diferenciá-la de minha expressão anterior, Tradição de Ditos Comuns.

Para mim, o que tem importância primordial na Tradição da Refeição em Comum é a refeição *completa* e *normal* que, como *refeição compartilhada comunitária*, simbolizava a presença de um Deus participativo na vida e na morte de Jesus. Uso essa expressão *refeição compartilhada* para distingui-la das *refeições de família* ou das *refeições de anfitrião* alternadas. À medida que prosseguimos, vou distinguir três tipos: refeições compartilhadas com patrocínio, comunitárias e societárias. Meu enfoque principal vai estar nas *refeições compartilhadas comunitárias*, como localização mais primitiva da tradição de refeições cristãs. Todo o conteúdo do Capítulo 23 será presumido quando eu passar para a vida comunitária no Capítulo 24. Uma refeição ritualiza certo tipo de comunidade. Não sugiro, como mais uma tentativa enfadonha de triunfalismo sectário, que a comunidade judaica cristã de Jerusalém era singularmente única. Comparo, portanto, judeus essênios e judeus cristãos, não para reivindicar uma ligação genética direta, mas para considerar formas de aspectos comuns radicais e resistência comunitária à comercialização imperial nas comunidades judaicas do século I.

Acrescento uma nota autobiográfica à epígrafe anterior. Em toda a minha vida, nunca estive involuntariamente faminto. Tinha cinco anos quando a Segunda Grande Guerra estourou na Europa, mas a Irlanda politicamente neutra e minimamente racionada tinha comida suficiente, de modo que a fome não foi uma realidade do tempo da guerra. No colégio interno, entre 1945 e 1950, a quantidade de comida nunca foi problema, embora, com certeza sua monotonia o fosse. Ainda sinto o cheiro do peixe das sextas-feiras e do inevitável pudim de tapioca, que chamávamos de pata de rã e raramente comíamos. Depois de um colégio interno irlandês, um mosteiro americano não foi, em absoluto, nenhum problema. Na sentença inicial, eu disse "involuntariamente faminto". Como monge, jejuei às sextas-feiras, no Advento e na Quaresma. Isso era feito voluntariamente e, em todo caso, fome temporária do que existe nunca é a mesma coisa que fome permanente do que não existe. Portanto, em minha experiência de vida, a comida sempre esteve disponível, se eu a desejasse, quando a desejasse e na quantidade que desejasse. Se penso em comida, é mais em termos de dieta e boa forma que em termos de fome e necessidade.

Enquanto escrevia esse parágrafo, decidi fazer uma experiência. Em capítulo anterior, mencionei *Angela's ashes* [*As cinzas de Ângela*], memórias de Frank McCourt de sua infância irlandesa, livro que transfere o verso de Yeats "nasce uma terrível beleza" do plano nacional para o individual. McCourt, que cresceu na miséria, escreve sobre circunstâncias difíceis em linguagem que eleva o espírito e ilumina a consciência. Abri o livro ao acaso sete vezes seguidas e, em algum lugar daquelas páginas sempre havia algo sobre comida. Parei depois de sete verificações, mas você pode tentar para ver como funciona. Se eu escrevesse uma memória de infância, a comida não seria tema de tanta inevitabilidade repetitiva. Se o assunto estivesse presente, é provável que tratasse de comer demais de algum prato especial em uma ou outra ocasião, em vez de sempre comer quantidades insuficientes dos pratos básicos. Mas, então, não cresci com fome.

Refeição como realidade ou refeição como metáfora não têm a mesma ressonância para duas experiências de vida tão díspares. A *Eucaristia como refeição* ou o *céu como banquete* não desperta o interesse dos que sempre foram bem alimentados. O que *banquete messiânico* significa para nós, não como *messiânico* mas como *banquete*? Se fizéssemos um levantamento das imagens norte-americanas do céu, quantas enfatizariam comida e bebida – suficiente ou mais que suficiente – como metáfora primordial? Se penso em uma refeição, não penso: Que bom, haverá o suficiente para eu comer. Se penso em um banquete, não penso: Que bom, haverá *mais* que suficiente para eu comer. Neste último caso – banquete em vez de refeição – é provável que eu pense não em comida, mas em trajes. O traje de passeio é aceitável ou a ocasião requer *smoking*? Fica bem uma gravata comum ou uma gravata preta tipo borboleta?

Assim, nos capítulos 23 e 24, nós que sempre fomos bem nutridos precisamos caminhar com cuidado. Precisamos, antes de mais nada, levar aquela epígrafe muito a sério. Em segundo lugar, precisamos reunir carne e espírito, corpo e alma, religião e política, teologia e economia. A Lei de Deus sempre acolhe essas dicotomias juntas, por exemplo, a comida trata da justiça e a justiça trata de Deus. O Reino de Deus trata de comida e bebida – isto é, da justiça divina para corpos materiais aqui, na terra material. Não vivemos só de pão. Mas o pão nunca está sozinho.

Capítulo 23

A tradição da refeição em comum

A vocação de Paulo deve datar de 35 d.C., talvez até de dois ou três anos antes. Há razões prementes para atribuir uma data bem antiga ao cristianismo que Paulo conheceu, quando foi chamado para ser missionário e cujas tradições e ritos aceitou e continuou fielmente. Essas tradições são o principal indício dessas Igrejas mais primitivas, embora seja provável que muitas características derivadas dos evangelhos canônicos que estamos acostumados a atribuir ao cristianismo palestinense primitivo nem mesmo existissem por ocasião do chamado de Paulo... No que diz respeito às Igrejas da Judéia e de Jerusalém, as tradições preservadas no *corpus* paulino são, provavelmente, um testemunho melhor de sua práxis que quaisquer ditos e narrativas preservados na tradição sinótica.

Helmut Koester, *Jesus' presence in the early church*
[*A presença de Jesus na Igreja primitiva*], pp. 547-548, 550.

Koester não explicou sua escolha da palavra *presença* no título desse artigo, mas eu a considero palavra deliberadamente mais ampla e abrangente que, digamos, *ressurreição*. A razão para minha interpretação encontra-se nos cabeçalhos das duas primeiras seções do artigo. A primeira seção denomina-se "A tradição dos ditos de Jesus", relativa ao fato de que, dentro do *Evangelho Q*, por exemplo, "a presença de Jesus estar tangível nas palavras que pronunciou" (1994a, pp. 541, 543). Mas ao examinar o *Evangelho Q* ou o *Evangelho de Tomé*, Koester não podia ter substituído *presença* por *ressurreição* nessa sentença, pois *ressurreição* não é fundamental para o entendimento de Jesus nesses textos. A segunda seção intitula-se "A presença de Jesus nas Igrejas de Jerusalém e Antioquia. O indício paulino" (1994a, pp. 541, 546). Nesse caso, ao contrário do anterior, *presença* podia ser substituída por *ressurreição*.

Esse segundo cabeçalho poderia significar: primeiro, as Igrejas de Jerusalém e Antioquia; em seguida, as Igrejas de Paulo. Koester, entretanto, usa-o para significar: o indício paulino nas Igrejas de Jerusalém e Antioquia. Isso, para mim, representa um princípio decisivamente importante. Não alonguei este livro até a teologia paulina ou as Igrejas paulinas, como observei, mas incluo a comunidade de Jerusalém dentro de seu enfoque nos companheiros de Jesus e no nascimento do cristianismo. Aceito o uso do que Koester chama "indício paulino" – isto é, *o indício de tradição recebida que Paulo proclama* – como janela para a comunidade mais primitiva de Jerusalém. Quando, por exemplo, Paulo fala contra a prática coríntia de refeições, eu o interpreto não em vista da prática de refeições em Corinto, mas da prática de refeições em Jerusalém; não em vista dos costumes coríntios atuais que ele critica, mas dos costumes passados de Jerusalém que ele opõe a eles.

Uma tipologia de refeições compartilhadas

A refeição puramente simbólica do cristianismo atual, restrita a um bocado de pão e um gole de vinho ou suco, é tacitamente pressuposta para a Igreja primitiva, suposição tão absurda que nunca é expressa ou reconhecida.

Robert Jewett, *Tenement churches and pauline love feasts*
[*Igrejas domésticas e festas de amor paulinas*], p. 44.

Essa epígrafe acrescenta outra dimensão a nossa distância da Tradição da Refeição Comunitária, seja ela em Jerusalém, Antioquia ou qualquer outro lugar. É outra faceta, que torna o entendimento quase impossível. Não é só que alguns cristãos recebem uma quantidade *grande* demais de alimento normal; é que todos os cristãos recebem uma quantidade *pequena* demais de alimento eucarístico. A Eucaristia cristã é hoje um bocado e um gole. Não é uma refeição real. Naturalmente, você pode responder que isso é suficiente para simbolizar a presença de Jesus e Deus na comunidade de fé. Mas por que simbolizar a divindade por meio de um alimento que é não-alimento? Talvez o não-alimento simbolize um não-Jesus e um não-Deus? Notemos, portanto, a ambigüidade na frase de Jewett "refeição simbólica". Está *claro* que a Eucaristia é refeição simbólica. Mas isso significa que deva ser *um bocado e um gole simbólicos de uma refeição real ou uma refeição real simbólica da presença de Deus*? E o que torna essa refeição real tão simbólica? O que torna *essa* refeição real diferente de uma refeição real em qualquer lar cristão em ação de graças? Essa pergunta está no centro deste Capítulo 23 e sua resposta liga-se à análise no Capítulo 24 das comunidades essênia e cristã.

Minha proposta é que essas refeições foram *refeições reais* e *refeições compartilhadas*. A comunidade compartilhava toda comida que ela tinha disponível, que simbolizava e transformava em ritual, mas também realizava e materializava a justiça igual do Deus judaico. Estou, como a epígrafe indica, em dívida principalmente com a obra recente de Robert Jewett para a distinção a ser examinada a seguir entre a Tradição da Refeição em Comum como refeição compartilhada, seja *com patrocínio* ou *comunitária*. E, só para dar um terceiro exemplo, também examino uma refeição comunitária *societária* no paganismo greco-romano. Essa tríade estabelece uma tipologia dentro da qual se localiza a Tradição da Refeição Comum.

Refeições compartilhadas com patrocínio

Em uma das pouquíssimas passagens em que Paulo cita um dito de Jesus, ele o desobedece, e depois defende sua decisão de assim agir. Está, em conteúdo, absolutamente correto nessa decisão. Mas precisamos, como de costume, ler a resposta de Paulo e imaginar a que ele responde. Ao escrever de Éfeso à comunidade de Corinto entre o fim de 52 e o início de 55, ele diz, em 1Cor 9,3: "Esta é a minha resposta àqueles que me acusam". A acusação é que ele trabalha para se sustentar, em vez de depender inteiramente da generosidade deles. E isso, como provavelmente lhe disseram, acontece apesar do fato de que, segundo 1Cor 9,14, "o Senhor ordenou àqueles que anunciam o evangelho, que vivam do evangelho". Essa é, bem entendido, exatamente a situação que vimos a respeito do Jesus histórico e dos profetas itinerantes do *Evangelho* Q e da *Didaqué*. Paulo é acusado de não seguir esse modelo e talvez até de não ter confiança bastante para se deixar ser tão dependente.

Há mais de vinte anos, Gerd Theissen escreveu um comentário muito perspicaz a respeito dessa situação (1982, pp. 27-67). Primeiro, ele observa que, em 1Cor 9,14, lidamos com a *dependência como mandamento* do Senhor. Mas, antes de citar a dependência ali, Paulo dá, em 1Cor 9,5-13, muitos exemplos de *dependência como privilégio*. Usa exemplos cristãos particulares dos outros apóstolos, dos irmãos do Senhor e de Cefas. Usa exemplos humanos gerais do exército, da vinha e do rebanho. Usa exemplos legais específicos do boi, do templo e do altar. Então, como o mandamento foi interpretado como privilégio e o dever como direito, Paulo recusa esse privilégio e esse direito como se segue:

> Todavia não usamos esse direito; ao contrário, tudo suportamos, para não criar obstáculo ao evangelho de Cristo... Da minha parte, porém, não me vali de nenhum desses direitos... pregando o evangelho, eu o prego gratuitamente, sem usar dos direitos que a pregação do evangelho me confere.
>
> (1Cor 9,12b.15.18)

Retoricamente, isso é muito inteligente, mas o que o justifica eticamente? Theissen afirma que havia "dois tipos de pregadores itinerantes cristãos primitivos, a serem diferenciados de um lado, como carismáticos itinerantes e, do outro, como organizadores comunitários. A diferença mais importante entre eles é que cada um adota uma atitude distinta quanto à questão da subsistência. O primeiro tipo surgiu nas circunstâncias sociais da região palestinense. O segundo, representado por Paulo e Barnabé, surgiu no movimento da missão para o território helenístico. Os dois tipos trabalham lado a lado, mas entram em conflito em Corinto" (1982, p. 28).

Não subestimo a diferença entre os diminutos povoados do Mediterrâneo oriental e as grandes cidades ao redor do mar Egeu, mas há dois grandes problemas com essa análise. Primeiro, os dois tipos de pregadores aparecem juntos em Corinto, por isso talvez não seja proveitoso distingui-los da maneira como Theissen faz. É precisamente a presença e a aceitação do tipo "palestinense" em território "helenístico" que põe Paulo na defensiva em sua comunidade. Segundo, o próprio Paulo está bastante disposto a aceitar subsídios para sua missão – por exemplo, dos filipenses no norte da Grécia:

> Foi grande a minha alegria no Senhor, porque, finalmente, vi florescer o vosso interesse por mim; verdade é que ele estava sempre alerta; mas não tínheis oportunidade. Falo assim não por causa das privações, pois aprendi a adaptar-me às necessidades... Vós mesmos bem sabeis, filipenses, que no início da pregação do evangelho, quando parti da Macedônia, nenhuma Igreja teve contato comigo em relação de dar e receber, senão vós somente; já em Tessalônica mais uma vez vós me enviastes com que suprir às minhas necessidades.
>
> (Fl 4,10-11.15-16)

A primeira vez que os filipenses lhe deram ajuda foi por volta de 50; a segunda foi por volta de 55. Paulo menciona essa ajuda em carta escrita aos coríntios por volta da mesma época em que escreveu aos filipenses:

> Despojei outras Igrejas, delas recebendo salário, a fim de vos servir. E, quando entre vós sofri necessidade, a ninguém fui pesado, pois os irmãos vindos da Macedônia supriram a minha penúria; em tudo evitei ser-vos pesado, e continuarei a evitá-lo.
>
> (2Cor 11,8-9)

Temos, portanto, de presumir que Paulo recusou ajuda por causa de algum problema específico *em Corinto*, não por causa de princípios gerais que separavam os organizadores de comunidades dos carismáticos itinerantes. Qual era esse problema? De fato, Theissen indica uma solução alternativa:

> Vede, pois, quem sois, irmãos (*adelphoi*), vós que recebestes o chamado de Deus; não há entre vós muitos sábios segundo a carne, nem muitos poderosos, nem muitos de família prestigiosa.
>
> (1Cor 1,26)

Mas dizer "não muitos" é dizer "alguns". Havia, em outras palavras, *alguns* membros relativa ou comparativamente abastados na comunidade coríntia. Paulo também menciona, em 1Cor 1,14-16, que, em Corinto, ele mesmo só batizou Crispo, Caio e a família de Estéfanas. Mas em At 18,8-9, Crispo é "o chefe da sinagoga", em Rm 16,23, Caio "hospeda a mim e a toda a Igreja" e em 1Cor 16,15-17, os familiares de Estéfanas "se devotaram ao serviço dos santos" e Estéfanas em pessoa visitou Paulo em Éfeso. "Desse modo parece", como Theissen observa, "que os que Paulo batizou restringiram-se a uns poucos membros influentes e importantes da comunidade" (1982, p. 55). Por outro lado, as "pessoas da casa de Cloé", em 1Cor 1,11, "são provavelmente escravos, pois membros de uma família usariam o nome do pai, mesmo que ele já tivesse morrido" (1982, p. 57). Assim, era um grande problema em Corinto "a luta por posição dentro da comunidade, levada avante principalmente pelos de alto *status* social" (1982, p. 56). O que Paulo enfrentou em Corinto, era algo provavelmente novo – a saber, possibilidades dos patrocinadores rivais, *não muitos*, mas, portanto, *alguns* membros abastados que competiam uns com os outros por posições de autoridade baseadas em proteção. Paulo recusou-se a se submeter a tal proteção e, por sua vez, foi atacado por sua recusa. Ele desobedecia, disseram, ao mandamento do Senhor.

Se essa análise está correta, tinha de haver um problema concomitante nas refeições eucarísticas de Corinto. Paulo traz à baila esse assunto, com uma acusação categórica: "Quando, pois, vos reunis, o que fazeis não é comer a Ceia do Senhor". Ele desenvolve isso em quatro passos em 1Cor 11:

1. *Crítica* (11,17-22): "Quando, pois, vos reunis, o que fazeis não é comer a Ceia do Senhor; cada um se apressa por comer a sua própria ceia; e, enquanto um passa fome, o outro fica embriagado. Não tendes casas para comer e beber?"

2. *Tradição* (11,23-26): Instituição da Ceia do Senhor "na noite em que foi entregue".

3. *Comentário* (11,27-32): Por causa da participação indigna na Ceia do Senhor há "entre vós tantos débeis e enfermos e muitos morreram".

4. *Crítica* (11,33-34a): "Quando vos reunirdes para a Ceia, esperai uns aos outros. Se alguém tem fome, coma em sua casa, a fim de que não vos reunais para a vossa condenação".

Essas composições duplas com a *crítica* muito específica de "não esperar" possibilitam ver o problema com bastante clareza. Falamos de uma *refeição compartilhada com patrocínio*, na qual um dos membros mais abastados é o anfitrião da comunidade toda. É essa a situação típica da *Igreja doméstica*. Por um lado, Paulo claramente supõe que há os que têm comida para comer em casa e não precisam vir à Ceia do Senhor em busca de sustento. São os *ricos*. Por outro lado, esses *ricos* desprezam "a Igreja de Deus" e querem "envergonhar aqueles que nada têm". Estes últimos são os *pobres*. A Ceia do Senhor deve ser uma *refeição compartilhada com patrocínio*, na qual *ricos* e *pobres* alimentem-se juntos, mas, naturalmente, a comida e a bebida, no todo ou em sua maior parte, deve vir dos *ricos*. Entretanto, acontece que os *ricos* que não trabalham chegam antes dos *pobres* que trabalham e juntos comem o que trazem ou o que o anfitrião prepara para eles. Quando os *pobres* chegam, não resta mais nada para eles, por isso, "enquanto um passa fome [os *pobres*], o outro [os *ricos*] fica embriagado", como Paulo diz. A seguir, volto a considerar a lógica da resposta de Paulo nas seções denominadas *tradição* e *comentário* dentro dessas composições de *crítica*.

Refeições compartilhadas comunitárias

Os estudos fascinantes que James Packer realizou sobre Óstia, o porto romano na foz do Tibre, servem de introdução a esta seção (1967; 1971). No tempo de Paulo, a população de Óstia "provavelmente não excedia 27.000". Sua alta aristocracia compunha-se de quinhentas pessoas que moravam em apenas "22 mansões espalhadas pelo local" e sua baixa aristocracia compunha-se de duas mil pessoas que moravam em edifícios de frente para um jardim central. Todo o resto – os outros 90% – morava em cortiços, com lojas ou fábricas no andar térreo. Em média, as lojas ocupavam menos de dois cômodos (1 cômodo e 7 décimos) e eram, na verdade, lojas-apartamentos (1971, p. 70). Esses cortiços ou *insulae* (*literalmente*: ilhas) tinham, em geral, quatro ou cinco andares e "quanto mais alto se subisse em um edifício romano, piores se tornavam as condições" (p. 70, nota 30). A razão era que, quanto mais alto o andar, maior a subdivisão para os inquilinos.

Não devemos pensar em apartamentos individuais como habitações no sentido que damos à palavra. Neles as pessoas não comiam nem viviam; não cozinhavam nem defecavam; apenas dormiam e guardavam seus pertences. "Em sua maioria, os apartamentos de Óstia não eram residências no sentido moderno da palavra. Não estavam equipados para cuidar de todas as necessidades físicas dos habitantes e, com exceção dos apartamentos de jardim, não é provável que fossem utilizados para receber amigos. Serviam apenas para a vida da família e para guardar seus bens. O modelo das ruas de Óstia sugere que a vida real da comunidade se passava fora das residências individuais. As lojas cercavam quase todas as ruas, e a evidente falta de cozinhas na maioria das casas de Óstia talvez indique que muitas lojas forneciam aos habitantes dos edifícios vizinhos comida e bebida parcial ou completamente preparadas" (1971, p. 73). Em outras palavras, as lojas-apartamentos eram importante local público e privado. Além disso, para que não julguemos os apartamentos de Óstia desumanamente superlotados, devemos lembrar que "na Óstia antiga quase todas as necessidades da grande maioria dos cidadãos eram supridas fora do lar. Assim, em certo sentido, a cidade toda constituía uma única habitação conjunta, da qual a residência particular era talvez a parte menos importante. A Óstia antiga representa a vida comunitária em vasta escala, que, por sua intensidade e natureza pública, é totalmente estranha à concepção ocidental moderna de privacidade" (1971, p. 74). Óstia é indicador razoável da vida normal em uma cidade romana, com *algum* mármore resplandecente e *muito* cortiço fedorento. No que se segue, lembremo-nos daquelas lojas-apartamentos no andar térreo das *insulae*.

Recentemente, Robert Jewett sugeriu outra forma da Ceia do Senhor: refeições compartilhadas comunitárias em Igrejas de cortiços. Creio ser essa uma proposta fortemente persuasiva. Devemos agora considerar esses dois modelos – refeições compartilhadas com patrocínio em Igrejas domésticas e refeições compartilhadas comunitárias em Igrejas de cortiços – como extremidades de um espectro que, no meio, tem todo tipo de combinações e alterações. "É provável que a maioria dos convertidos ao cristianismo primitivo morasse nas *insulae* dos centros das cidades e não em vilas particulares... 90% da população livre e uma porcentagem ainda mais alta da população escrava das cidades do império moravam em blocos de apartamentos chamados *insulae*. Os andares superiores dos blocos de apartamentos de quatro e cinco andares continham tipicamente cubículos de 10 metros quadrados que representavam o espaço para uma família... A densidade populacional era de 300 por acre para as áreas residenciais da cidade de Roma, quase 2,5 vezes mais alta que a da Calcutá do século XX e 3 vezes mais alta que a de Manhattan" (1993, p. 26). A proposta de Jewett é que as células cristãs se reuniam dentro dessas *insulae* com apoio mútuo, em vez de patrocínio. Cada um trazia para a refeição comunitária o que podia e, assim, não importava o que acontecesse, todos tinham a certeza de pelo menos uma Eucaristia – uma refeição digna de louvores, digamos – por semana.

Jewett indica uma passagem na segunda epístola de Paulo aos tessalonicenses como a primeira confirmação direta dessa proposta. É provável que essa não seja uma carta paulina autêntica, mas, nesse caso, sua posição mais tardia torna os versículos ainda mais notáveis:

> Nós vos ordenamos, irmãos, em nome do Senhor Jesus Cristo, que vos afasteis de todo irmão que *leve vida desordenada* e contrária à tradição que de nós receberam. Bem sabeis como deveis imitar-nos. Não vivemos de maneira desordenada em vosso meio, nem recebemos de graça o pão

que comemos; antes, no esforço e na fadiga, de noite e de dia, trabalhamos para não sermos pesados a nenhum de vós. Não porque não tivéssemos direito a isso; mas foi para vos dar exemplo a ser imitado. Quando estávamos entre vós, já vos demos esta ordem: *quem não quer trabalhar também não há de comer.* Ora, ouvimos dizer que alguns dentre vós *levam vida à-toa,* muito atarefados sem nada fazer. A estas pessoas ordenamos e exortamos, no Senhor Jesus Cristo, que trabalhem na tranqüilidade, para ganhar o pão com o próprio esforço.

(2Ts 3,6-12)

Coloquei em itálico as composições sobre levar "vida desordenada à-toa" em 3,6 e 3,11. Mas o que há de errado em alguém levar vida à-toa se pode fazê-lo? A resposta está evidente na outra frase que pus em itálico entre essas duas composições: *quem não quer trabalhar também não há de comer.* Jewett enfatiza que, quanto à forma, a declaração é uma sentença de lei casuísta e que, quanto ao conteúdo, *"a criação do regulamento requeria uma comunidade que compartilhasse as refeições, para a qual a disposição ou a relutância em trabalhar era fator de importância suficiente para exigir um regulamento e na qual o poder de privar membros de alimento estava, de fato presente...* É necessário um tipo de comuna ou cooperativa, na qual as refeições fossem compartilhadas em bases regulares e para a qual a recusa de trabalhar representasse ameaça significativa" (1993, p. 38, a frase em itálico estava sublinhada no original). Observemos, já se vê, que o problema é a "falta de vontade" de trabalhar e não a inabilidade para achar trabalho nem a incapacidade de realizar trabalho. Se a comida fosse suprida por meio de patrocínio, seria irrelevante se os comensais trabalhavam ou não. Mas se a comida fosse suprida mutuamente, quem não se dispusesse a trabalhar (e, desse modo, não contribuísse com algo para compartilhar) era, como disse a *Didaqué,* um comerciante de Cristo. Theissen sugere a expressão "patriarcalismo do amor" para refeições compartilhadas *com patrocínio* em ambientes domésticos ou de vilas (1982, p. 37). Jewett propõe a expressão "comunalismo de amor", para as refeições compartilhadas *comunitárias* em ambientes de cortiço ou apartamentos (1993, p. 33). Mas como a palavra "amor" tende a ser trivializada por excesso de uso, saliento que, para Paulo, a palavra tinha um significado material muito preciso e específico: significava *partilhar* uns com os outros. E a capacidade de partilhar era indício de que isso tinha sido, como Paulo disse em 1Ts 4,9, "aprendido pessoalmente de Deus". Deus é um deus que compartilha. Além disso, quando Paulo descreve os cristãos com a raiz grega *adelf-,* devemos traduzir não apenas como *irmãos e irmãs,* mas como *aqueles que compartilham.* É o que a palavra *significava* para ele e para eles.

Refeições compartilhadas societárias

Acrescento este terceiro tipo – refeições compartilhadas societárias – para servir de exemplo de como as coisas podiam ser feitas, mas não o eram, nas refeições compartilhadas essênias ou judaico-cristãs. A refeição compartilhada societária é exemplificada pelo cerimonial de refeições de uma antiga sociedade funerária. Ainda mais horrível que a experiência de isolamento e solidão na vida antiga (e em qualquer outra?) era a possibilidade de abandono e não-sepultamento na morte. *Se* a pessoa tivesse parentes e *se* estes pudessem fazer face à despesa e *se* sobrevivessem, eles, sem dúvida, prestariam as homenagens apropriadas e realizariam as exéquias quando essa pessoa morresse. Mas quanto tempo esse cuidado e memória durariam? Já que a resposta, com demasiada freqüência, era "um tempo não longo o bastante", erguia-se, entre a família próxima e a sociedade distante, a associação funerária, com divindade titular, patrocínio abastado e sócios que comiam e bebiam juntos enquanto viviam e garantiam uns aos outros enterro apropriado, luto adequado e memória continuada quando morriam.

Os estatutos de uma dessas sociedades funerárias foram descobertos em 1816 em Lanuvium, atual Lanúvio, fora dos limites de Roma, na região dos montes Albanos. O texto latino está em Dessau (3,737-739, # 7212), com uma tradução para o inglês em Lewis & Reinhold (2,273-275). Os detalhes são precisos e fascinantes.

O grupo foi fundado em 1º de janeiro de 133 d.C., sob o patrocínio de um magistrado local chamado Lúcio Cesênio Rufo. Foi dedicado à deusa Diana e ao Antínoo divinizado, o catamito do imperador Adriano, que se afogara no Nilo três anos antes. Isso lhes deu patrocínio divino, divinizado e humano. Em 28 de maio de 136 d.C., o grupo foi dotado por seu magistrado-patrono com quinze mil sestércios, que deveriam render juros de quatrocentos sestércios pagáveis duas vezes por ano, uma vez em 13 de agosto, aniversário de Diana, e outra em 27 de novembro, aniversário de Antínoo. (Para isso e o que se segue, calcule os valores monetários a um denário = quatro sestércios = dezesseis asses; e pense em setenta sestércios como suficiente para a subsistência de um homem adulto durante um mês.) Ao mesmo tempo, os estatutos do grupo foram inscritos para sempre no pórtico interior do templo local dedicado a Antínoo.

Esses grupos eram autorizados oficialmente pelo senado romano e esse decreto foi registrado no início daquela inscrição no templo:

> Estes têm permissão para se congregar, reunir e manter uma sociedade; os que desejam fazer contribuições mensais para funerais podem se congregar nessa sociedade, mas só podem se congregar em nome dessa sociedade uma vez por mês para fazer contribuições a fim de prover ao enterro dos mortos.

A Sociedade Beneficente de Lanuvium reunia-se uma vez por mês para uma sessão de assuntos correntes e os sócios eram incentivados a apresentar "qualquer queixa" nessas reuniões para que "possamos nos banquetear em paz e prazerosamente nos dias de festa". Esses dias eram seis ao todo: os aniversários de Diana, de Antínoo, de Lúcio Cesênio Rufo e do irmão, do pai e da mãe de Rufo. As multas foram fixadas em quatro sestércios por um "distúrbio", doze sestércios por "falar abusivamente ou provocar tumulto" e vinte sestércios por "usar linguagem abusiva ou insolente com o *quinquennalis* em um banquete". (O *quinquennalis* era presidente por um período de cinco anos.)

Os estatutos começam com "Foi votado unanimemente" e continuam por mais doze regras de "Foi também votado...". Estão divididas quase igualmente entre prescrições para enterros e prescrições para refeições. Eis o conjunto inicial:

468

Foi aprovado por votação unânime que quem desejar entrar para esta sociedade pagará uma jóia de 100 sestércios e uma ânfora de bom vinho e pagará mensalidades de 5 *asses*. Foi ainda aprovado que quem não pagar as mensalidades por seis meses consecutivos e acontecer de sofrer o fim de todos os homens, seu direito a enterro não será levado em conta, mesmo que tenha feito provisões para isso [saldo de dívida] em testamento. Também foi decidido que, por ocasião da morte de um sócio, quite de nossa organização, ser-lhe-ão devidos pela tesouraria 300 sestércios e dessa soma será deduzida a taxa funerária de 50 sestércios a serem distribuídos na pira funerária [entre os presentes]; além disso, as exéquias se realizarão a pé.

Somente aqueles em atraso e os suicidas estavam excluídos desse serviço fúnebre garantido. Um dos aspectos mais interessantes dessa sociedade é o fato de incluir escravos, libertos e homens livres como sócios. Eis duas regras específicas para os escravos e os libertos:

Além disso foi aprovado que, se um escravo sócio desta sociedade morrer, e seu senhor ou senhora desarrazoadamente se recusar a entregar seu corpo para sepultamento, e ele não deixar instruções escritas, será realizada uma cerimônia fúnebre simulada....

Também foi aprovado que, se se tornar liberto, o escravo que faz parte desta sociedade terá de doar uma ânfora de bom vinho.

Basta de ritos fúnebres. E as refeições festivas? Os sócios tinham de se revezar para proporcionar refeições à sociedade:

Os mestres dos jantares na ordem da lista de sócios, nomeados em número de quatro cada vez, terão de providenciar uma ânfora de bom vinho cada um e, para tantos sócios quantos a sociedade possua, um pão que custe 2 *asses*, sardinhas em número de quatro, um local e *água* quente com serviço....

Também foi aprovado que se, no ano em que for sua vez, na lista de sócios, de providenciar o jantar, um mestre não concordar em dar um jantar, pagará à tesouraria 30 sestércios; o homem abaixo dele na lista será convocado para dar o jantar e ele [o delinqüente] terá de retribuir quando for a vez desse último.

O privilégio dentro da sociedade vinha do serviço e não do *status*. O *quinquennalis* não tinha de ser mestre do jantar e recebia uma porção dupla dele durante o período dos cinco anos. O "secretário e o mensageiro" em exercício estavam igualmente isentos e recebiam uma porção e meia, igual aos ex-*quinquennales*. Isso, entretanto, era castigo, além de honra. O privilégio presumia que essas autoridades haviam "exercido o cargo... honestamente" e era concedido na expectativa de que outros "também almejassem a mesma coisa, com o fiel cumprimento de seus deveres". O *quinquennalis* atual, por outro lado, tinha de "nos dias festivos de seu mandato... conduzir o culto com incenso e vinho... vestido de branco e... nos aniversários de Diana e Antínoo deve fornecer o óleo para a sociedade no banho público antes de se banquetearem".

O jantar da Sociedade Beneficente de Lanuvium não era uma refeição *com patrocínio* – como se, por exemplo, Lúcio Cesênio Rufo convidasse os sócios para, na vila ou no templo, desfrutarem uma festa grátis. Também não era uma refeição *comunitária*, na qual todos compartilhavam igualmente o que tinham. Era uma refeição *societária*, na qual quotas pagas garantiam certos direitos e deveres colegiais, e sua probidade era protegida pela decência e a humanidade gravadas em pedra. E incluía no mesmo grupo, sem nenhum estardalhaço, os escravizados, os libertos e os livres. A questão, porém, é esta: as refeições comunitárias criticavam implícita ou explicitamente a sociedade de uma forma que as refeições com patrocínio ou societárias não faziam? Era precisamente a *participação comunitária* de refeições essênias ou cristãs que tornava a comida e bebida usual sagrada, que transformava em presença do Deus judaico uma refeição usual?

A refeição compartilhada comunitária

> Há bons indícios de que Jesus celebrava refeições em comum com seus discípulos e amigos... As refeições em comum de Jesus resultaram em duas diferentes tradições cultuais de refeições, que se desenvolveram independentemente uma da outra: 1) a tradição da *Didaqué*, na qual as orações eucarísticas expressam a consciência escatológica da comunidade; 2) a tradição que está preservada em 1Cor 10–11 e em Mc 14, na qual o alcance religioso da refeição está expresso nas palavras de instituição. Nas duas tradições, é evidente a orientação escatológica. É preciso pressupor que esse componente escatológico procede diretamente da pessoa de Jesus.
>
> Helmut Koester, *The historical Jesus and the cult of the* Kyrios Christos
> [*O Jesus histórico e o culto do* Kyrios Christos], p. 15.

Estou mais uma vez em debate com Helmut Koester. Recordemos, antes de mais nada, a epígrafe deste capítulo, que expressou seu princípio de que "no que diz respeito às Igrejas da Judéia e de Jerusalém, as tradições preservadas no *corpus* paulino são, provavelmente, um melhor testemunho de sua práxis que qualquer dito e narrativa preservados na tradição sinótica" (1994a, p. 550). É por isso que, ao examinar a tradição *recebida* por Paulo, ainda estou preocupado primordialmente com a comunidade de Jerusalém e não com as comunidades paulinas. Em seguida, liguemos aquela epígrafe à que está acima, que declara haver duas tradições de refeições diferentes, uma em *Did.* IX–X e outra em 1Cor 10–11. A essa altura, juntando as duas epígrafes, é de concluir que Paulo recebeu sua tradição de refeição em 1Cor 10–11 de Jerusalém. Mas, em seguida, há esta declaração: "É bem possível que a celebração da refeição em comum em Jerusalém tivesse mais o caráter de um banquete messiânico e fosse primordialmente orientada para a expectativa da vinda de Jesus como o Messias. As orações e a liturgia das refeições de uma Igreja judaico-cristã, que estão preservadas em *Did.* IX–X, talvez reflitam a prática da Igreja de Jerusalém... O banquete messiânico de Jerusalém (e da *Didaqué*) pode não ter incluído as palavras de instituição como são conhecidas por meio de Paulo e dos evangelhos sinóticos" (1994a, pp. 550-551). Isso liga *Did.* IX–X à tradição de Jerusalém e 1Cor 10–11 a uma tradição antioquena e, desse modo, fornece "indícios da estreita relação da celebração da eucaristia em Jerusalém e em Antioquia" (1994a, p. 551). Mas, segundo os princípios de Koester, não é mais provável que *Did.* IX–X seja a refeição eucarística da tradição de ditos rural e 1Cor 10–11 seja a refeição eucarística da tradição da paixão e ressurreição urbana? É isso, na verdade, o que ele próprio sugeriu em ensaio mais recente: "A comunidade de Q não contemplou diretamente o sentido da morte de Jesus e, com certeza, não em termos de expiação pelos pecados. Entretanto, o pão e o ato de alimentar todos os que têm fome... são inegavelmente enfatizados em Q. As orações eucarísticas da *Didaqué*, que também não subentendem a interpretação da morte de Jesus, bem podiam ser atribuídas aos herdeiros da comunidade de Q" (1996, p. 349). De qualquer modo, é essa a posição que pretendo seguir. A Tradição da Refeição em Comum aparece em acontecimentos duplos, mas independentes, como *Did.* IX–X (a partir da tradição do *Evangelho* Q) e como 1Cor 10–11 (a partir da tradição de Jerusalém).

Essas duas tradições eucarísticas independentes são tão antigas pelo menos até onde remontam os indícios. A diferença essencial entre elas é esta. Uma tradição, a de Paulo e Marcos, envolve a refeição ritual institucionalizada pelo próprio Jesus e ligada à sua execução. O pão e o vinho estão separados um do outro para simbolizar a separação do corpo e sangue de Jesus pela execução. A outra tradição, a de *Did.* IX–X, não tem nenhuma dessas ligações e suas orações são extremamente semelhantes a orações judaicas comuns. Além disso, as duas tradições mostram etapas de desenvolvimento até dentro de si mesmas. Paulo e Marcos concordam que houve uma Última Ceia, mas Paulo, ao contrário de Marcos, ordena a repetição para a memória, e Marcos, ao contrário de Paulo, descreve-a explicitamente como a refeição da Páscoa. *Did.* X,3, mais primitiva, fala só sobre "alimento e bebida" juntos, mas *Did.* IX,2-3, mais tardia, separa, nesta seqüência, "o cálice" e "o pão". As etapas seqüenciais completas dessas tradições foram elaboradas por Will Marxsen (1970; 1992) e John Riggs (1984; 1995). Admito o valor básico de sua pesquisa, mas ela não é minha preocupação atual.

Minha preocupação atual também não é comparar essas duas tradições e declarar uma acima da outra, como se, de algum modo, a *Didaqué* fosse preferível a Paulo, ou vice-versa. Considero-as, histórica e teologicamente, ritualizações igualmente válidas da tradição de refeição do Jesus histórico. Se alguém insiste *ativamente* que a comensalidade pública é o Reino de Deus, que alimento e bebida, as bases materiais da vida humana, precisam estar igualmente disponíveis para todos, por ordem de Deus, deve estar pronto para alguma forma de eliminação social. Como a comensalidade pública e a execução oficial são concomitantes, a Ceia do Senhor é sobre a justiça divina e também sobre o preço por tentar essa justiça aqui em baixo. Tudo isso é presumivelmente válido, mas minha preocupação atual é com a própria Tradição da Refeição em Comum. Sua consideração atenta indica que aqueles acontecimentos duplos em *Did.* IX–X e 1Cor 10–11 estão realmente bastante próximos um do outro.

Examino agora cinco elementos da Tradição da Refeição em Comum: refeição real, refeição compartilhada, Jesus bíblico, unidade simbólica e castigo apocalíptico. Esses elementos são comuns a *Did.* IX–X e 1Cor 10–11; na verdade, precedem essas duas versões, o que indica a mais primitiva transformação ritual da tradição da refeição do Jesus histórico após sua morte. Estou interessado especialmente na Tradição da Refeição em Comum por ela envolver uma *refeição compartilhada comunitária*. Mas esse enfoque levanta algumas questões. Primeiro, originalmente a Eucaristia era uma ceia completa ou uma refeição simulada? E, se era completa, quando mudou para simulada e o que se perdeu nessa mudança? Há diferença entre a refeição real ritualizada como símbolo de realidades divinas e uma refeição irreal, bocado e gole, símbolo de uma refeição real símbolo de realidades divinas? Segundo, quer completa, quer simulada, era ela símbolo de participação comunitária como mandamento divino? É isso o que faz a refeição santa e sagrada? É isso o que faz dela uma Eucaristia – o fato de sermos gratos a um Deus cuja justiça exige uma terra compartilhada? É isso que faz dela a Ceia do Senhor e não apenas *nossa* ceia?

Com essas perguntas em mente, volto-me para os cinco elementos.

Refeição real

O primeiro elemento na Tradição da Refeição em Comum passa por uma mudança seme-lhante na *Didaqué* e em 1 Coríntios e essa mudança é importante porque indica o que ali estava anteriormente. A mudança é vista mais claramente na diferença, primeiro, entre a tradição paulina e a prática coríntia nessa comunidade e, segundo, entre *Did.* X e *Did.* IX, naquele documento.

Corinto

O primeiro exemplo dessa mudança leva-nos de volta à Corinto de Paulo e à crítica que ele faz de sua prática vista anteriormente. Recordemos que a prática coríntia, em especial confor-me interpretada por Theissen, criou a seqüência de refeição e ritual, o que permitiu aos cristãos coríntios separar a refeição compartilhada da refeição ritual. É provável que eles argumentassem serem fiéis no ritual mais tardio à simbolização de pão/corpo e vinho/sangue que Paulo lhes ensi-nou e que, de qualquer maneira, a refeição anterior não fazia parte da Ceia do Senhor. Portanto, como não-trabalhadores (*ricos*), chegavam cedo e faziam uma refeição completa antes que os trabalhadores (*pobres*) chegassem tarde e encontrassem apenas pão e vinho simbólicos. A prática coríntia dava, já nos anos 50, os primeiros sinais claros de separação entre refeição completa e ação ritual. Eis a resposta de Paulo. Notemos a seqüência das palavras em itálico:

> Com efeito, eu mesmo recebi do Senhor o que vos transmiti: na noite em que foi entregue, o Senhor Jesus tomou o *pão* e, depois de dar graças, partiu-o e disse: "Isto é o meu *corpo*, que é para vós; fazei isto em memória de mim". Do mesmo modo, *após a ceia*, também tomou o cálice, dizendo: "Este *cálice* é a nova Aliança em meu *sangue*; todas as vezes que dele beberdes, fazei-o em memória de mim".
>
> (1Cor 11,23-25)

Qual é exatamente a lógica da resposta de Paulo nessa citação de tradição *já dada* a eles, mas agora repetida por causa do problema atual? Observemos como a transformação ritual do pão e a transformação ritual paralela do vinho acontecem antes e depois da refeição. Paulo insiste que a seqüência não é, como na prática coríntia, refeição + ritual de pão/corpo e cálice/sangue, mas sim, como na tradição pré-paulina, ritual de pão/corpo + refeição + ritual de cálice/sangue. Em outras palavras, não há nenhum meio de separar a refeição do ritual. A Ceia do Senhor é plenamente refeição e plenamente ritual. E, diz Paulo, o próprio Jesus instituiu esse processo e ordenou que fosse feito dessa maneira "em memória dele". É preciso entender que, embora eu não aceite a historicidade dessa Última Ceia, aceito por completo o entendimento paulino da transformação inicial em ritual da tradição da refeição e sua acusação de que os *ricos* coríntios traíram sua intenção. Paulo estava absolutamente correto ao insistir que simbolismo *e* realidade deveriam ficar juntos, que a Eucaristia deveria envolver uma refeição compartilhada *completa* porém comunitária e que todo o resto não era a Ceia do Senhor, mas refeições normais. Uma transição muito semelhante, dentro da refeição compartilhada eucarística, de refeição completa simbólica para refeição simulada simbólica é discernida na *Didaqué*, embora não esteja tão cruamente evidente como em Corinto.

Didaqué

O ponto aqui é uma delicada comparação entre a Eucaristia mais primitiva descrita em *Did.* X e a mais tardia em *Did.* IX. Primeiro, porém, como introdução, vejamos um caso preliminar. Já tivemos vislumbres da Eucaristia da *Didaqué* como refeição compartilhada comunitária em análises anteriores a respeito dos profetas e dos indigentes. Recordemos este exemplo (Milavec 1989, p. 99, ênfase minha):

> Se [o hóspede] quiser estabelecer-se entre vocês e tiver uma profissão, então *trabalhe para se sustentar*. Se ele, porém, não tiver profissão, procedam conforme a prudência, para que um cristão não viva ociosamente entre vocês.
>
> (*Did.* XII,3-4)

O contexto, em *Did.* XII,1-5, é a distinção entre um *Christianos* e um *Christemporos*, entre um cristão e um comerciante de Cristo. Mas a lógica que encontro por trás desses versículos é exatamente a mesma que Jewett encontrou por trás de 2Ts 3,10b. A primeira diz: se você trabalha, você come. A segunda diz: se você não trabalha, você não come. *As duas condições precisam supor uma refeição compartilhada comunitária, ou não fazem sentido.* E observemos que, naturalmente, o problema para os dois textos diz respeito a alguém que "não quer" trabalhar, com o mesmo verbo grego em 2Ts 3,10b e em *Did.* XII,5. Essa lógica de trabalhar-partilhar-comer chama a atenção para certas diferenças entre as orações eucarísticas em *Did.* IX e X.

Essas diferenças estão enfatizadas pela estrutura quádrupla semelhante e pelos refrãos divisores semelhantes tanto em *Did.* X, mais primitiva, como em *Did.* IX, mais tardia. No que se segue, observemos essas semelhanças e diferenças dentro de estruturas e refrãos comuns porque as últimas tornam mais palpáveis as anteriores. Para facilitar as comparações, coloquei em itálico essas palavras comuns e refrãos. Comparemos, primeiro, as duplas introduções semelhantes (Milavec 1989, p. 97):

Did. X,1 (versão mais primitiva)	*Did.* IX,1 (versão mais tardia)
Depois de saciados, agradeçam deste modo:...	Celebrem a Eucaristia deste modo:

A palavra "saciados", em X,1 é o verbo cotidiano comum para uma refeição real. A seqüência é claramente refeição + ritual, mas a refeição é uma refeição real, na qual a saciedade era possível. Essa frase decisiva falta em IX,1. Podemos presumir uma refeição completa antes dessas orações rituais e, em caso afirmativo, por que essa mudança?

Em seguida comparemos estas ações de graças, ligadas e duplicadas, que interpreto à luz das frases iniciais divergentes, porque, já se vê, "agradecer" é "celebrar", em grego (Milavec 1989, p. 97):

Did. X,2-4 (versão mais primitiva)	*Did.* IX,2-3 (versão mais tardia)
1) *Nós te agradecemos, Pai* santo, por teu *santo* Nome, que fizeste habitar em nossos corações, e pelo conhecimento, pela fé e imortalidade *que nos revelaste por meio do teu servo Jesus. A ti a glória para sempre.* [Amém!]	1) Digam primeiro sobre o cálice: *Nós te agradecemos, Pai* nosso, por causa da *santa* vinha do teu servo Davi, *que nos revelaste por meio do teu servo Jesus. A ti a glória para sempre.* [Amém!]
2) Tu, Senhor Todo-poderoso, criaste todas coisas por causa do teu Nome, e deste aos homens o prazer do alimento e da bebida, para que te agradeçam. A nós, porém, deste uma comida e uma bebida espirituais, e uma vida eterna *por meio do teu servo Jesus.* Antes de tudo, nós te agradecemos porque és poderoso.	2) Depois digam sobre [o pão] partido: "Nós te agradecemos, Pai nosso, por causa da vida e do conhecimento que nos revelaste *por meio do teu servo Jesus.*
A ti a glória para sempre. [Amém!]	*A ti a glória para sempre.* [Amém!]

Did. X,2-4 trata do "prazer do alimento e da bebida" materiais dados por Deus "aos homens". Mas é também simbólico do alimento e da bebida espirituais que dão aos cristãos conhecimento, fé e imortalidade. A base para esse simbolismo ainda é uma refeição compartilhada completa e, naturalmente, realiza-se "por meio de Jesus" que é identificado como o "servo" (*pais*) de Deus. Entretanto, *Did*. IX,2-3 menciona e separa, nesta seqüência, o cálice para ser passado e compartilhado e o pão para ser partido e compartilhado. Talvez ainda haja uma refeição completa envolvida, mas, nesse caso, ela está muito menos explícita. Minha suspeita é que, assim como as orações eucarísticas ficam mais curtas à medida que passamos de *Did*. X para *Did*. IX, o mesmo acontece com o cardápio eucarístico.

Examinei apenas as duas primeiras partes dessas duas estruturas quádruplas em *Did*. IX–X para alcançar um único intento. A Tradição da Refeição em Comum envolvia originalmente uma refeição completa transformada em ritual, precisamente como tal. As transformações rituais pão/vinho ou corpo/sangue não tinham o propósito de remover essa realidade e não deveriam tê-lo feito. Isso não aconteceu para Paulo, mas aconteceu com os *ricos* coríntios e também parece ter acontecido na mudança de *Did*. X para *Did*. IX. Em tudo isso, a questão não é se as transformações rituais são feitas antes, durante ou depois da refeição, mas sim se a própria refeição é parte intrínseca do simbolismo eucarístico. Pão e vinho devem resumir, não substituir, a Eucaristia; do contrário, isso já não é mais a Ceia do Senhor.

Refeição compartilhada

O segundo elemento da Tradição da Refeição em Comum é igualmente importante. É tanto refeição real como refeição compartilhada. Há uma ênfase, não simplesmente no pão, mas no *ato de partir* o pão e isso é simbólico da comunhão, passando-o para todos. O pão não está, por assim dizer, simplesmente ali sobre a mesa. É partido e passado para todos. Há também uma ênfase não simplesmente no vinho, mas antes no *cálice*. Considero isso também simbólico da comunhão, pois o cálice é passado a todos. O vinho não está simplesmente ali. Deve ser tomado de um cálice comum.

Em *Did*. IX,2-3, citada anteriormente, é, na verdade, mencionado um ritual: "Digam primeiro sobre o *cálice*" e "Depois digam sobre [o pão] *partido*". Estritamente falando, o vinho e o pão não são nem sequer mencionados. O que se nota é o cálice (que é passado) e (o pão que é) partido. Há uma situação semelhante em Paulo, mas agora, naturalmente, há a junção de refeição e morte. Neste primeiro texto, a ordem é cálice e pão, como em *Did*. IX,2-3, mas no segundo, como já vimos, é pão e cálice.

> O *cálice* de bênção que abençoamos não é comunhão com o sangue de Cristo? O pão que *partimos* não é comunhão com o corpo de Cristo?
>
> (1Cor 10,16)

> O Senhor Jesus tomou o pão e, depois de dar graças, *partiu*-o e disse: "Isto é o meu corpo, que é para vós; fazei isto em memória de mim". Do mesmo modo, após a ceia, também tomou o *cálice*,

dizendo: "Este *cálice* é a nova Aliança em meu sangue; todas as vezes que dele beberdes, fazei-o em memória de mim".

(1Cor 11,23-25)

Não presumo, já se vê, que, na refeição compartilhada, tudo funcionasse desse jeito. É simplesmente o caso de cálice passado e pão partido transformarem em ritual a refeição toda como refeição compartilhada comunitária. Mas simbolizavam uma realidade cujas manifestações materiais estão sobre a mesa diante deles.

Jesus bíblico

O terceiro elemento da Tradição da Refeição em Comum é deliberadamente designado pelo título um tanto estranho "Jesus bíblico". Os dois acontecimentos ligam a refeição ao próprio Jesus, mas é a um Jesus encaixado no mesmo plano de fundo bíblico específico. 1Cor 11 e *Did.* IX–X referem-se a Jesus em ligação com Is 53.

Há duas palavras fundamentais envolvidas nessa ligação. A primeira está no início que Paulo dá à tradição recebida e transmitida em 1Cor 11,23 acima. Diz respeito a "na noite em que *paredideto*, o Senhor Jesus". Esse verbo grego, *paredideto*, não deve – enfaticamente, *não deve* – ser traduzido como "traído". Significa literalmente "entregue" e, como está na voz passiva sem nenhum agente mencionado, significa "entregue por Deus". A segunda palavra fundamental está em *Did.* IX–X. Nas duas orações eucarísticas da *Didaqué*, a mais primitiva e a mais tardia, Deus é designado "Pai" e Jesus é o "*pais*" desse Pai, em *Did.* IX,2 e X,2.3. São refrãos reiterados: "por meio do teu *pais* Jesus". Esse substantivo grego significa tanto *servo* como *filho* e, em geral, o contexto determina qual é enfatizado. O ponto importante é que *paredideto* e *pais* remontam ao chamado Servo Sofredor, em Is 53. Mas antes alguns antecedentes.

O livro de Isaías contém três coleções proféticas originalmente independentes. A primeira parte, nos capítulos 1–39 procede de Isaías de Jerusalém entre 740 e 700 a.C. A segunda parte, nos capítulos 40–55 chama-se Dêutero-Isaías. Foi escrita por um profeta anônimo do fim do Exílio babilônico, entre 550 e 540 a.C. A parte final, nos capítulos 56–66, chamada Trito-Isaías, foi escrita por outro profeta anônimo, no início da Restauração persa, entre 540 e 500 a.C. No momento, trato do Dêutero-Isaías.

Quando o Império Babilônico destruiu Jerusalém e seu templo, em 587 a.C., os aristocratas judeus foram deportados para os arredores de Babilônia e, a julgar pelas narrativas em Dn 1–6, alguns deles se tornaram burocratas babilônicos, embora permanecessem judeus leais. O Dêutero-Isaías se localiza naqueles perigosos últimos anos dos estertores mortais do Império Babilônico. Afirma que os deportados judeus não deviam apoiar os babilônios, mas sim conspirar com os persas contra eles. Quatro poemas chamados cantos do Servo Sofredor aparecem em Is 42,1-6; 49,1-6; 50,4-9; 52,23–53,12. O Servo é Israel *e* o profeta, na medida em que *ambos* são perseguidos pelo poder babilônico, traídos pela colaboração judaica e depois libertados pela intervenção persa. Eis o resumo que Norman Gottwald fez da situação: "Um forte odor de conflito político cerca a aclamação de Ciro [Is 44,28; 45,1.13] e o tratamento hostil do Servo. Devido à forma de ação de graças individual do cap. 53, há boa razão para supor que a prisão, perseguição e libertação de um contemporâneo histórico, com toda a probabilidade o próprio profeta, foram empregadas como microcosmo do macrocosmo do destino de Israel, na medida em que o sofrimento do povo excedeu o castigo merecido. E o fato de parte desse sofrimento ser imposto aos judeus por conterrâneos não é, de modo algum surpreendente em contexto... O fato de alguns judeus lucrarem com o apoio dado à hegemonia babilônica, enquanto outros judeus estavam ativos em um movimento secreto que preparava a tomada de Babilônia por Ciro, é mais um exemplo dos conflitos de interesse estruturalmente implantados nos quais os profetas e outros líderes se envolveram desde as origens da profecia" (1986, p. 500). Tudo isso é muito provável, exceto por um ponto. O Servo como autor pode não ter escapado à morte, exceto à medida que suas esperanças foram realizadas no Servo como Israel. Porém, de qualquer modo, bem mais tarde, quer conhecessem, quer não conhecessem esses antecedentes, os cristãos facilmente perceberam estreitos paralelos entre a sina do Servo e a de Jesus.

O primeiro desses paralelos é o uso da palavra *pais* ("servo") na tradução da Septuaginta grega dos textos hebraicos a seguir, sendo Deus o locutor nos três casos:

> Eis o meu *servo* que eu sustenho, o meu eleito, em quem tenho prazer. Pus sobre ele o meu espírito, ele trará o julgamento às nações... Sim, ele disse: "Pouca coisa é que sejas o meu *servo* para restaurares as tribos de Jacó e reconduzires os sobreviventes de Israel. Também te estabeleci como luz das nações, a fim de que a minha salvação chegue até as extremidades da terra."... Eis que o meu Servo há de prosperar, ele se elevará, será exaltado, será posto nas alturas.
>
> (Is 42,1; 49,6; 52,13)

Alusões semelhantes ao Servo Sofredor estão por trás de Jesus como servo de Deus (*pais*) em At 3,13.16; 4,27.30, nas quais o contexto é sua morte e ressurreição.

O segundo paralelo é o uso do mesmo verbo como em *paredideto* ("entregue") na tradução da Septuaginta grega dos textos hebraicos a seguir, sendo Deus o agente nos dois casos:

> Todos nós como ovelhas, andávamos errantes, seguindo cada um o seu próprio caminho, mas Iahweh *fez cair sobre ele* a iniquidade de todos nós... Eis por que lhe darei um quinhão entre as multidões; com os fortes repartirá os despojos, visto que *entregou* a sua alma à morte e foi contado com os transgressores, mas na verdade *levou sobre si* o pecado de muitos e pelos transgressores fez intercessão.
>
> (Is 53,6.12)

Alusões semelhantes ao Servo Sofredor fazem de "entregar" o verbo escolhido para as profecias de Marcos sobre a paixão de Jesus em 9,31 e 10,33, para a ação de Judas em 3,19 e 14,10-44, para a ação dos sumos sacerdotes em 15,1.10 e para a ação de Pilatos em 15,15. Ser "entregue" foi expressão usada não só para Jesus, mas para João antes dele em 1,14 e para cristãos depois dele em 13,9.11.12.

O terceiro elemento na Tradição da Refeição em Comum foi essa ligação com o Servo Sofredor de Dêutero-Isaías pelo "servo/filho" na *Didaqué* e por "entregue" (por Deus) na tradição pré-paulina. Mas esse elemento comum significa que a morte de Jesus, embora explicitamente presente em 1Cor 10–11, está implicitamente presente até mesmo em *Did.* IX–X.

Unidade simbólica

O quarto elemento da Tradição da Refeição em Comum foi mencionado por Koester: "Paulo partilha com as orações das refeições da *Didaqué*... a idéia de que o pão simboliza a unidade da Igreja" (1994a, p. 551), que "o pão [é] símbolo da reunião da comunidade para se tornar una" (1996, p. 349). Esse simbolismo aparece em *Did.* IX, mais tardia, e não em *Did.* X, mais primitiva, como é possível ver nesta terceira passagem dessas orações eucarísticas duplas (Milavec 1989, p. 98):

Did. X,5 (versão mais primitiva)	*Did.* IX,4 (versão mais tardia)
Lembra-te, Senhor, da tua Igreja,	Do mesmo modo como este [pão] partido
livrando-a de todo o mal	tinha sido semeado [como trigo]
e aperfeiçoando-a no teu amor.	sobre as colinas, e depois recolhido
[E no fim]	para se tornar um,
Reúne	assim também a tua Igreja seja *reunida*
dos quatro ventos esta [Igreja] santificada	[no último dia] *desde* os confins da terra
no teu reino que lhe preparaste,	*no teu reino,*
porque teu é o poder e a glória para sempre.	*porque tua é a glória e o poder... para sempre.*
[Amém!]	[Amém!]

Os dois textos referem-se a uma reunião apocalíptica da Igreja agora espalhada pelo mundo, mas só *Did.* IX,4 usa o pão como símbolo. Assim como o trigo se reúne em um único pão, assim também possa a Igreja se reunir apocalipticamente como uma.

No entanto, é interessante notar que Paulo enfatiza o pão não apenas como símbolo da unidade futura, mas também da unidade presente:

> Já que há um único pão, nós, embora muitos, somos um só corpo, visto que todos participamos deste único pão.
>
> (1Cor 10,17)

Muitas uvas tornam-se um único cálice de vinho. Muitos grãos de trigo tornam-se um único pão. O simbolismo de muitos que se tornam um está nos ingredientes da própria refeição. Mas servem para ressaltar a unificação da refeição compartilhada. Se não há comunhão na terra, por que deve haver comunhão no céu?

Castigo apocalíptico

O quinto e último elemento da Tradição da Refeição em Comum também foi mencionado por Koester. Em artigo anterior, ele escreveu sobre a concordância entre as tradições eucarísticas da comunidade de Jerusalém refletidas em *Did.* IX–X e as da comunidade de Antioquia refletidas em Paulo. "As orações e a liturgia das refeições... preservadas em *Did.* IX–X, talvez reflitam a prática da Igreja de Jerusalém. Entretanto, a orientação escatológica é igualmente forte no modelo de Ceia do Senhor que Paulo herdou da Igreja de Antioquia" (1994a, p. 551). Contudo, em artigo mais recente, ele diz, mais corretamente, creio eu, que as tradições do *Evangelho* Q e da *Didaqué*, por um lado, e "as palavras paulinas da instituição", por outro, "compartilham a perspectiva do futuro" (1996, p. 349). É na verdade, uma perspectiva especialmente apocalíptica, em vez de geralmente escatológica, mas o ponto básico está bastante correto.

Já vimos as três primeiras partes da estrutura quádrupla paralela ainda evidente em *Did.* IX e também X. Eis, então a última parte (Milavec 1989, p. 98):

***Did.* X,6 (versão mais primitiva)**	***Did.* IX,5 (versão mais tardia)**
a) Que a tua graça venha, e este mundo passe.	
b) Hosana ao Deus de Davi.	
c) Quem é fiel, venha;	c) Ninguém coma nem beba da Eucaristia se não tiver sido batizado em nome do Senhor,
d) quem não é fiel, converta-se.	d) porque sobre isso o Senhor disse: "Não dêem as coisas santas aos cães".
e) *Maranatha* (= Vem Senhor!) Amém.	

Há três sentenças presentes em *Did.* X,6 (a, b, e), mas ausentes de Did. IX,5. Há também notáveis diferenças entre o texto grego no Códice Hierosolimitano 54 e a versão copta no Manuscrito Oriental 9271 da Biblioteca Britânica (Jones & Mirecki 53).

A primeira sentença diz: "Que a tua graça venha, e este mundo passe" no grego, mas: "Que o Senhor venha e que este mundo passe" na versão copta (Jones & Mirecki 53). A primeira poderia facilmente ser "erro de cópia", de um escriba que leu *charis* (graça) em vez de *kyrios* (Senhor), de modo que Riggs sugere que a versão copta "seja preferida" (1984, p. 90).

A segunda sentença diz: "Hosana ao Deus de Davi" em grego, mas "Hosana à Casa de Davi" em copta. Riggs prefere "Deus" a "Casa" como sendo mais original (1984, p. 90). Entretanto, se lermos "Deus de Davi", o "Senhor" antes e depois dele, também se refere a Deus. Se lermos "Casa de Davi", esses títulos referem-se mais precisamente a Jesus. Em outras palavras, a mudança de um entendimento apocalíptico teocêntrico para um cristocêntrico explica melhor essa transição, e "Deus de Davi" é, portanto, a leitura original mais provável.

A sentença final é *"Maranatha. Amém"* em grego, mas "O Senhor veio! Amém" em copta. Lida *"Marana tha"*, a frase aramaica significa "Vem, nosso Senhor!" Lida *"Maran atha"*, significa "Nosso Senhor *veio"*. Riggs sugere que as duas traduções captam facetas diferentes do aramaico: "Jesus está presente na comunidade (verdadeiro presente-Sacramento) entre os momentos de sua vida (histórico perfeito-Encarnação) e sua iminente volta-Parusia" (1984, p. 97, nota 46).

No entanto, o que fascina nessa expressão aramaica é sua presença também na conclusão de Paulo à Primeira Epístola aos Coríntios. Além disso, também ali a oração está acompanhada de uma cláusula de exclusão:

> Se alguém não ama o Senhor, seja anátema! *"Maran atha"*.
>
> (1Cor 16,22)

Nos dois empregos, a oração aramaica conclui a unidade. Por fim, embora não tenha esse comentário apocalíptico final, *Did*. IX,5 tem o equilíbrio de inclusão e exclusão comum a 1Cor 16,22 e *Did*. X,6. Por que essa cláusula condenatória está em três lugares e por que é imediatamente associada a *maranatha* em dois lugares?

A junção entre refeição eucarística e consumação apocalíptica já estava presente de maneira explícita em Paulo:

> Todas as vezes, pois, que comeis desse pão e bebeis desse cálice, anunciais a morte do Senhor até que ele venha.
>
> (1Cor 11,26)

Estava também presente de maneira explícita em *Did*. IX,4; X,5 que rezam pela reunião apocalíptica da Igreja única agora espalhada pelo mundo. Por que, então, essa união especial de oração apocalíptica e inclusão/exclusão da refeição? Lembremo-nos de que a união precisa provir da Tradição da Refeição em Comum e não simplesmente só de Paulo ou da *Didaqué*. Em outras palavras, deve vir da comunidade primitiva de Jerusalém. Por quê?

Afirmo que estamos de volta aos "comerciantes de Cristo" de *Did*. XII,3-5, aos que não trabalham e, portanto, não devem comer da refeição compartilhada eucarística comum. É, como já vimos, o mesmo problema que está por trás de 2Ts 3,6-12. Essa cláusula de inclusão/exclusão aplica-se de maneira específica aos que abusam da refeição compartilhada sagrada. É alimento santo, porque os participantes comprometem-se a partilhar em comum como o Pai lhes ensinou por seu servo Jesus. A consumação apocalíptica castiga os que abusam da refeição compartilhada santa, ou de baixo (com os ociosos da *Didaqué*) ou de cima (com os patrocinadores coríntios).

Como disse o sociólogo Rodney Stark, "os problemas com os aproveitadores são o calcanhar de Aquiles das atividades coletivas... Essa dinâmica perversa ameaça todos os grupos empenhados na produção de bens coletivos e diz respeito a benefícios sociais e psíquicos como entusiasmo e solidariedade, não menos que a recursos materiais" (pp. 174, 176). O que a *Didaqué* chama de "comerciantes de Cristo", Stark chama de "aproveitadores". Mas Paulo descobriu em Corinto que, mesmo que os *pobres* fraudassem Cristo por comida e bebida, os *ricos* também o faziam por poder e prestígio. Paulo achava esta segunda possibilidade mais grave.

A Tradição da Refeição em Comum cuida da Última Ceia no passado, da refeição comunitária no presente, ou do banquete messiânico no futuro – ou, de maneira bastante válida, de todos esses ao mesmo tempo. Mas nunca se afasta disto: *é no alimento e na bebida oferecidos igualmente a todos que se encontra a presença de Deus e Jesus*. Mas alimento e bebida são as bases materiais da vida, de modo que a Ceia do Senhor é crítica política e desafio econômico além de rito sagrado e culto litúrgico. Pode não ter importância reduzi-la de uma refeição completa de alimento e bebida a uma refeição simulada de bocado e gole desde que ainda simbolize a mesma realidade – a saber: os cristãos declaram que Deus e Jesus estão, de maneira peculiar e especial, presentes quando o alimento e a bebida são partilhados igualmente entre todos.

Capítulo 24

Comunidades de resistência

> Devido ao desejo ardente de uma existência imortal e abençoada, pensando que sua vida mortal já tivesse chegado ao fim, [os terapeutas] deixam seus bens para filhos e filhas... para outros parentes...[ou] para companheiros e amigos... Nenhum deles ingere comida ou bebida antes do pôr-do-sol... e alguns... agüentam... três dias sem nem mesmo provar nada... e alguns... ao fim de três dias mal tocam mesmo na comida necessária... [Consideram] a posse de servos ou escravos uma coisa absoluta e totalmente contrária à natureza... As explicações das Sagradas Escrituras são transmitidas por expressões místicas em alegorias... [Em um ritual anual, possivelmente em Pentecostes], todos se levantam juntos e... depois que o coro dos homens e o coro das mulheres celebraram separadamente sozinhos... eles se juntam e os dois se tornam um só coro.
>
> Fílon, *Sobre a vida contemplativa*, 13, 34, 70, 78, 85 (Yonge, pp. 698-706).

Por comunidades de resistência quero dizer os grupos cujo estilo de vida comunitária era uma rejeição calculada e um substituto à ganância empresarial da comercialização romana.

Nesta seção, meu interesse principal está nas comunidades essênias da terra judaica. Mas a epígrafe diz respeito a uma comunidade judaica do início do século I, perto do lago Mariut, fora dos limites de Alexandria. A descrição foi escrita pelo filósofo judeu Fílon, que viveu entre 25 a.C. e 50 d.C. e pertencia a rica e poderosa família alexandrina. Ele adaptou o dualismo platônico, no qual objetos materiais (o corpo, por exemplo) são apenas reflexos pálidos e um tanto fracos de realidades espirituais (a alma, por exemplo), a fim de que as Escrituras hebraicas fossem lidas alegoricamente. A comunidade, chamada Terapêutica (de um verbo grego que significa *curar* e também *cultuar*) compunha-se de homens e mulheres terapeutas. O grupo tinha um ritual diário praticado em isolamento, um ritual semanal praticado em reuniões segregadas e um ritual anual praticado com toda a comunidade reunida. A epígrafe acima serve de advertência para sermos muito cuidadosos ao ler descrições helenizadas e, em especial, idealizadas, dos essênios na terra judaica. Fílon interpretou a comunidade em termos perfeitamente inteligíveis para leitores gregos e, na verdade, perfeitamente inteligíveis para sua mente, onde o grego predomina sobre o judeu em níveis muito profundos de sensibilidade. Quando Fílon, ou, Josefo nesse tema, descrevem os essênios, devemos comparar suas explicações, de maneira bastante crítica, com todas as descrições que os essênios fazem de si mesmos, agora disponíveis no material de Qumrã.

As comunidades essênias

A menos que tomem o cuidado de agir conforme a exata interpretação da lei para a era da iniqüidade: separarem-se dos filhos do inferno; absterem-se da riqueza iníqua que contamina, ou por
promessa ou por voto, e da riqueza do Templo e de roubar dos pobres do povo, de tirar proveito
de suas viúvas e de assassinar órfãos; separarem o impuro do puro e diferenciarem entre o santo e
o comum; guardarem o sábado segundo a exata interpretação e as festas e o dia de jejum segundo
o que descobriram os que iniciaram a nova aliança na terra de Damasco; separarem porções santas
segundo sua exata interpretação; para cada um, amar o irmão como a si mesmo; fortalecer a mão
do pobre, do necessitado e do estrangeiro; para cada um, buscar a paz de seu irmão e não cometer
pecado contra seu parente consangüíneo; abster-se de fornicação de acordo com as regras; para
cada um, reprovar o irmão de acordo com o preceito e não guardar ressentimento de um dia
para o outro; manter-se afastado de toda impureza segundo suas regras, sem que ninguém contamine
seu santo espírito, segundo o que Deus separou para eles.

Documento de Damasco (A) 6,14–7,4. (DSST 37).

Quando comparamos o grupo nessa epígrafe com o que está na epígrafe imediatamente
anterior, parece que estamos em mundos diferentes. Contudo, não seria, em absoluto, difícil
ligar as preocupações dos que "iniciaram a nova aliança na terra de Damasco" com as tradições
judaicas examinadas já no Capítulo 12. Portanto, ao lermos as descrições dos essênios por Fílon
ou Josefo a seguir, precisamos prestar muita atenção em suas interpretações helenísticas de ações
judaicas, especialmente quando essas ações foram planejadas especificamente para se oporem à
helenização das tradições judaicas. Era o ascetismo celibatário, se presente, primordial para os
essênios, ou só para Fílon e Josefo? E é o celibato judaico, se presente, igual ao celibato cristão
mais tardio? É o tempo ou lugar mais significativo para o primeiro e a resistência ou continuidade
mais significativa para o último?

Os essênios em Fílon

Em *Todo homem bom é livre* 75-91 (Yonge, pp. 689-690), Fílon descreve os essênios na
terra judaica "em um número um pouco maior que quatro mil, na minha opinião" vivendo "em
aldeias e evitando todas as cidades por causa da costumeira indisciplina dos que a habitam" (75).
Eles não têm nada a ver com a guerra, o comércio, a escravidão, este último mal sendo contra "as
leis da natureza", para os essênios, como o era para os terapeutas (78-79). Como essas comunidades trabalham? Desta maneira (Yonge, p. 690):

Em primeiro lugar, portanto, não há ninguém que tenha uma casa que seja tão absolutamente sua
propriedade particular que, em certo sentido, também não pertença a todos: pois, além do fato
de todos residirem juntos, em grupos, a casa está aberta a todos os que têm as mesmas idéias que
venham até eles de outros lugares; além disso, há apenas um depósito de víveres para eles todos; as

despesas são todas em comum; a comida é comum, já que todos comem juntos; pois não há outro povo no meio do qual se encontre o uso comum da mesma casa, a adoção comum de um só modo de vida e o uso comum da mesma mesa mais completamente instituído, de fato, que nesta tribo: e não é isso bastante natural? Pois seja o que for que, depois de trabalhar durante o dia, recebam como salário, não retêm para si e sim trazem para o sortimento comum e dão qualquer vantagem derivada dele para todos os que desejarem se aproveitar dela.

(Todo homem bom é livre 85-86)

Há também, Fílon continua, um cuidado especial dispensado aos doentes e aos idosos (87). Acima de tudo, eles "dedicam toda a atenção à parte moral da filosofia, tendo como mestres as leis de seu país cuja elaboração teria sido impossível para a mente humana sem inspiração divina" (80). Também praticam "uma pureza contínua e ininterrupta durante toda a vida" (84). Esse último ponto é mais bem explicado em outro ensaio.

Esse texto intitula-se *Hipotética – Apologia dos judeus*, que agora só resta como citações na obra de Eusébio *A preparação para o evangelho* 11,1-18, tratado apologético composto entre 314 e 318 d.C. (Yonge, pp. 742-746). A descrição da vida essênia é muito semelhante à do primeiro ensaio, embora agora os essênios "residam em muitas cidades da Judéia e em muitas aldeias e em grandes e populosas comunidades" e sejam "todos homens adultos, que não são mais levados pela impetuosidade da paixão" (11,1.3). Mas embora tudo o mais nos dois ensaios seja bastante semelhante e até paralelo, há agora esta nova informação (Yonge, p. 746):

Eles repudiam o casamento; e, ao mesmo tempo, praticam a continência em grau eminente; pois nenhum dos essênios jamais toma uma esposa.

(Hipotética – Apologia dos judeus 11,14)

Fílon continua com uma diatribe virulentamente misógina e chega à conclusão um tanto ilógica de que estar preso pelo casamento – isto é, "pelos laços necessários da natureza... é ser escravo em vez de homem livre" (11,14-17). Mas, deixando essa invectiva de lado, os essênios de Fílon, ao contrário de seus terapeutas, são uma ordem exclusivamente masculina de celibatários ascéticos que trabalham no mundo em ocupações pacíficas, partilham seus rendimentos para levar uma vida em comum bastante frugal e estudam seus escritos sagrados, não em isolamento solitário, mas em reuniões comunitárias todos os sábados.

Os essênios em Plínio

Plínio, o Velho, conclui sua descrição da terra judaica, seguindo para o sul, ao longo da margem ocidental do mar Morto. Menciona primeiro o povoamento essênio, em seguida, ao sul dele, *(infra)* Engadi e, mais ao sul *(inde)* a fortaleza rochosa de Massada. Sua descrição dos essênios consegue, em uma única sentença, concordar e também discordar dos relatos precedentes em Fílon. Cito o texto de Plínio da muito útil coleção de referências clássicas relacionadas com os essênios, de Vermes & Goodman (p. 33):

> A oeste [do mar Morto], os essênios puseram a distância necessária entre eles e a praia insalubre. São um povo (*gens*) singular e mais admirável que todos os outros do mundo inteiro, sem mulheres, e que renunciam por completo ao amor, sem dinheiro, e que têm por companhia só as palmeiras.
>
> (*História natural* 5,73)

Apesar desse celibato, continua Plínio, seu número permaneceu constante por "milhares de séculos", porque "uma multidão de recém-chegados" está sempre pronta para se arrepender de "suas vidas passadas". Exageros à parte, isso concorda com Fílon sobre o celibato ascético, mas localiza apenas um único grupo de essênios em um local específico, porém não identificado. Contudo, uma afirmação semelhante está registra indiretamente de outra fonte do século I.

Díon Cocceiano, chamado Crisóstomo por causa de sua eloqüente oratória, viveu entre 40 e 112. Nasceu em Prusa, na Bitínia e ali foi perseguido em 111, pelo mesmo Plínio, o Moço, que vimos perseguindo os cristãos no Capítulo 1. Embora fosse outro autor do século I, o comentário a seguir só foi conservado em uma biografia por Sinésio de Cirene, produzida por volta de 400, conforme citada por Vermes & Goodman (p. 59):

> Também há um lugar onde ele elogia os essênios, que formam toda uma próspera cidade perto do mar Morto, no centro da Palestina, não longe de Sodoma.
>
> (*Díon* 3,2)

O nome da localidade dos essênios não foi dado por Plínio, o Velho, e nem o da sua "próspera cidade" citado no relato de Sinésio. Entretanto, mais uma vez, seria de presumir que os essênios estavam reunidos em apenas um lugar próximo do mar Morto.

Os essênios em Josefo

Josefo menciona o nome essênio quatorze vezes, em três de seus escritos. Há fortes semelhanças entre seus comentários e todas as descrições precedentes, mas há também duas diferenças bastante notáveis.

Sua descrição mais longa e mais detalhada está em *A guerra dos judeus* II,119-161, contudo há também uma importante descrição, mais sucinta, em *Antiguidades judaicas* XVIII,18-22. Exceto por um ponto que mencionaremos mais adiante, ele concorda basicamente com Fílon, até no detalhe de que "eles são mais de quatro mil homens que se comportam assim" (*Antiguidades judaicas* XVIII,20). Ele concorda com Plínio que os essênios "não ocupam nenhuma cidade, mas se instalam em grande número em todas as cidades" (*A guerra dos judeus* II,124) e que levam uma vida comum, na qual "cada um dá o que tem a quem precisa e, em troca, recebe dele algo útil para si" (*A guerra dos judeus* II,127) ou, em outras palavras, que "eles põem seus bens em comum"

(*Antiguidades judaicas* XVIII,20). Concorda com Fílon que "eles desdenham o casamento para se protegerem da devassidão das mulheres" (*A guerra dos judeus* II,121); eles "não se casam e não adquirem escravos; com efeito, julgam que isso seria injustiça e que levaria à discórdia" (*Antiguidades judaicas* XVIII,21). Mas também acrescenta muitos detalhes não dados por Fílon – por exemplo, que "não levam nada consigo em suas viagens, exceto armas como proteção contra salteadores" (*A guerra dos judeus* II,125). Não são necessárias provisões porque eles têm garantida a hospitalidade local por outros essênios. Josefo também acrescenta descrições precisas de sua vida cotidiana, ordem hierárquica e fala comedida, além de suas preces, refeições e purificações cultuais. As duas refeições diárias são repastos sagrados tomados com vestes especiais, iniciados e terminados com preces por um "sacerdote" (*A guerra dos judeus* II,128-136): há "sacerdotes para preparar o pão e outros alimentos" (*Antiguidades judaicas* XVIII,22). Aliás, essa presença sacerdotal é um detalhe novo muito significativo. Josefo também acrescenta detalhes específicos sobre como os novos membros se tornam essênios, como é mantida a disciplina comunitária e como a pureza e a restrição do sábado são observadas de maneira muito estrita entre eles (*A guerra dos judeus* II,143-149).

Mas há também dois elementos contraditórios nesses relatos mais primitivos de Fílon e Plínio. Primeiro, há um conjunto de referências a indivíduos essênios e nenhum deles leva uma vida de aldeia e muito menos uma vida isolada. Podem ser celibatários ascéticos, mas também estão profundamente envolvidos com o poder e o governo, quer como profetas, quer como intérpretes de sonhos ou comandantes militares. Como Josefo descreveu, os essênios são fenômenos das cidades. As quatro referências a indivíduos atravessam cerca de 170 anos. Em 105 ou 104 d.C., havia "Judas, do grupo [*genos*] essênio, conhecido por jamais falar falsamente em suas profecias" (*Antiguidades judaicas* XIII,311). Em meados do século I a.C., havia "um certo essênio chamado Manaém, cuja virtude evidenciava-se em toda a sua conduta de vida e, em especial, no fato de ter recebido de Deus o poder de prever o futuro" (*Antiguidades judaicas* XV,373). Em 106 d.C., "certo Simão, da seita [*genos*] dos essênios", interpretou o sonho de Arquelau (*A guerra dos judeus* II,113 = *Antiguidades judaicas* XVII,346). Finalmente, no fim de 66 d.C., "João, o Essênio", comandou o noroeste da Judéia na revolta contra Roma e morreu em uma investida sobre a cidade costeira de Ascalão (*A guerra dos judeus* II,567; III,11.19).

A segunda diferença é ainda mais interessante. Fílon, Plínio e Josefo (em *A guerra dos judeus* II,120-121 e em *Antiguidades judaicas* XVIII,21) concordam sobre a frugalidade, a vida em comum e o celibato ascético para os essênios. Mas, então, surge este surpreendente comentário de Josefo:

> Há ainda outra ordem de essênios que, embora em harmonia com o resto em modo de vida, costumes e regulamentos, difere deles em sua opinião sobre o casamento. Acham que os que se negam a casar eliminam a principal função da vida, a propagação da raça e, ainda que, se todos adotassem a mesma idéia, a raça toda depressa desapareceria.
>
> (*A guerra dos judeus* II,160)

Mas, Josefo continua, como se casam, não por prazer, mas para ter filhos, só se casam com mulheres que já menstruam com certeza, e não têm relações sexuais durante a gravidez, "e, desse modo, mostram que seu motivo ao se casar não é a satisfação dos próprios desejos, mas a procriação de filhos" (II,161). Isso levanta uma pergunta importante: Os essênios referem-se somente a ascetas homens que vivem em isolamento comunitário, ou também aos que se casam, criam famílias e estão ligados a vilas, cidades e esferas de governo?

Os essênios dentro de Qumrã

Durante quase duzentos anos antes de sua destruição pelas legiões romanas em 68 d.C., uma comunidade judaica vivia em grutas, cabanas ou tendas, ao redor de um conjunto central de edifícios comunitários mais tarde chamado Kirbet Qumrã, na margem noroeste do mar Morto. A comunidade é, quase com certeza, o grupo essênio mencionado por Díon e Plínio. (Engadi, por exemplo – um dos pontos de referência usados por Plínio – está 32 km ao sul de Qumrã e Massada está 50 km ao sul.) Entre 1946 e 1956, seu centro comunitário foi escavado e sua biblioteca oculta foi recuperada de onze grutas nas proximidades. Esse tesouro literário varia de manuscritos relativamente completos a fragmentos esfrangalhados. Há, por exemplo, os sete primeiros manuscritos da gruta 1 e o *Manuscrito do templo* da gruta 11. Mas há também seiscentos fragmentos de setenta manuscritos diferentes provenientes da gruta 1 e quinze mil fragmentos de 550 manuscritos diferentes provenientes da gruta 4. Como essas novas informações, do conjunto escavado da biblioteca recuperada, comparam-se com as descrições do século I dadas anteriormente?

Por um lado, como Todd Beall mostrou com bastante clareza, é possível escrever um comentário sobre os textos mais longos de Josefo a respeito dos essênios, usando esses recém--descobertos textos de Qumrã. Eis duas comparações entre Josefo e o *Manual de disciplina*, descoberto na gruta 1 em Qumrã (1QS). Um exemplo menos importante diz respeito a cuspir: "Eles tomam o cuidado de não cuspir no meio da companhia nem para a direita", em *A guerra dos judeus* II,147. "Quem cospe no decorrer de uma reunião dos Muitos [a comunidade completa] será castigado trinta dias", no *Manual de disciplina* 7,15 (*DSST* 11). Um exemplo importante diz respeito a comer: "Antes da refeição, o sacerdote diz uma prece e ninguém pode partilhar antes de a oração terminar", em *A guerra dos judeus* II,131. "E quando preparam a mesa para jantar ou o vinho novo para beber, o sacerdote estende a mão, sendo o primeiro a abençoar as primícias do pão e do vinho novo", no *Manual de disciplina* 6,4-6 (*DSST* 9). Além disso, como observa Beall, "há também indícios arqueológicos da refeição em comum em Qumrã. De Vaux [o escavador] identificou o cômodo maior em Qumrã como um refeitório. Essa identificação é apoiada pela existência de uma despensa para louças, contígua à sala grande, contendo mais de mil utensílios necessários para comer" (p. 57).

O *Manual de disciplina* foi encontrado no meio de um conjunto de textos guardados em um vaso lacrado e essa segurança indica sua posição muito valiosa (DSSP 1,1-107). Mas além desse exemplar completo da gruta 1 (1QS), dez exemplares fragmentários foram recuperados da gruta 4 (4Q255-264) e um possível último exemplar muito fragmentado foi encontrado na gruta 5 (5Q11). Essa ordem comunitária supõe uma comunidade de ascetas celibatários, homens presumivelmente, na própria Qumrã. Não há nada sobre casamento, procriação ou filhos nela, o que concorda com escavações preliminares no cemitério principal localizado entre o conjunto comunitário e a linha litorânea. Todas as sepulturas estavam em filas em um eixo norte-sul e uma amostragem aleatória de 26 sepulturas produziu apenas esqueletos masculinos adultos. Porém uma sepultura, separada das outras, continha um esqueleto feminino. Escavações em cemitérios menores a leste, ao norte e ao sul do principal, revelaram sepulturas com um homem, quatro crianças e seis mulheres. Como quer que se expliquem essas mulheres e crianças, as fileiras ordenadas de sepulturas paralelas no cemitério central indicam, com toda a probabilidade, uma comunidade celibatária masculina em Qumrã. Eles levavam uma vida completamente comunitária, com todas as posses e decisões, todas as orações e refeições realizadas em mutualidade comunitária, mas hierárquica.

Em outras palavras, é muito provável que todos os habitantes de Qumrã fossem essênios, mas será que todos os essênios residiam em Qumrã? E o fato de Fílon e Josefo concordarem que as comunidades essênias existiam em muitos locais diferentes? Em Qumrã, as mil e cem sepulturas indicam uma comunidade entre cento e cinqüenta e duzentas pessoas em qualquer tempo. E o fato de Fílon e Josefo concordarem que eles eram mais de quatro mil?

Os essênios fora de Qumrã

Na biblioteca de Qumrã havia também muitos exemplares do documento de ordem ou livro de regras de outra comunidade, o chamado *Documento de Damasco* (DSSP 2,4-79). Existe em oito exemplares fragmentários da gruta 4 (4Q266-273), um da gruta 5 (5Q12), um da gruta 6 (6Q15) e dois exemplares, um bastante longo (CD-A) e o outro muito mais curto (CD-B), de fora de Qumrã. Esses dois últimos exemplares são de manuscritos não antigos, mas sim medievais, o primeiro do século X, o segundo do XII. Foram descobertos por Solomon Schechter em 1896, entre 100.000 outros fragmentos na genizá (ou depósito de livros antigos) da sinagoga Esdras do Cairo – daí sua codificação como CD, o *Documento de Damasco* do Cairo. Esses múltiplos exemplares mostram a importância dos *dois* livros de regras dentro da biblioteca de Qumrã, contudo os dois documentos indicam situações bastante diferentes, uma dentro e a outra fora do povoamento de Qumrã. Como diz Geza Vermes: "O *Manual de disciplina* legisla para um tipo de sociedade monástica, os estatutos do *Documento de Damasco* para uma existência leiga comum... Só pode haver uma conclusão lógica: era um movimento religioso único com dois ramos" (1985, pp. 87, 106).

O *Documento de Damasco* tem uma notável diferença do *Manual de disciplina*, embora, já se vê, exija a mesma estrita observância da Lei de Deus. Todd Beall nota, por exemplo, duas palavras que são significativas no *Documento de Damasco*, mas nunca são mencionadas no *Manual de disciplina*: a palavra "campo(s)" aparece quinze vezes, a palavra "cidade" três vezes e esses lugares "parecem indicar grupos dos sectários que viviam em áreas fora de Qumrã" (p. 49). Esses lugares são chamados "campos" por causa dos acampamentos inauguralmente santos e nostalgicamente ideais dos israelitas no deserto a caminho da terra prometida. Além disso, o *Documento de Damasco* imagina um supervisor para cada campo, além de um responsável por todos os campos. Esse funcionário tinha um título hebraico especial, variadamente traduzido como o *guardião*, *examinador*, ou *inspetor*. Há, por exemplo, uma assembléia "dos campos", mas também "de todos os campos" (CD 12,23; 14,3), e há "o inspetor do campo", mas também "o inspetor que fiscaliza todos os campos" (CD 12,7; 14,9). Em outras palavras, concluímos que havia muito mais comunidades essênias do que a isolada em Qumrã e essas outras viviam como comunidades em vilas e cidades. Por um lado, podem ter estado entre os gentios, pois "no sábado, ninguém deve permanecer em um lugar perto dos gentios" (CD 11,14-15). Por outro lado, podem ter estado na própria Jerusalém, pois "no sábado, nenhum homem deve dormir com sua mulher na cidade do templo e macular a cidade do templo com sua impureza" (CD 12,1-2). Mas como sua vida comunitária funcionava nesses "acampamentos" longe de Qumrã?

E a propriedade em comum, aquela colocação "dos bens em comum", legislada no *Manual de disciplina* 6,22? Não há nada sobre vida comunitária total no *Documento de Damasco*. Mas há muitas regras para entrar e permanecer na comunidade e também para ser acusado, julgado e sentenciado dentro dela. Deve, portanto, ter havido muito mais vida comunitária do que se percebe à primeira vista, embora a propriedade comum e o salário compartilhado não sejam presumidos (*DSST* 44):

> Esta é a regra dos Muitos, para prover a todas as suas necessidades: o salário de dois dias cada mês, pelo menos. Devem colocá-lo nas mãos do inspetor e dos juízes. Dele vão dar aos órfãos e com ele vão fortalecer a mão dos necessitados e dos pobres e vão dar ao ancião moribundo e ao nômade e ao prisioneiro de um país estrangeiro e à menina que não tem protetor e à mulher solteira que não tem pretendente; e a todas as obras da companhia.
>
> (*Documento de Damasco* 14,12-17)

Isso é, com efeito, o dízimo do salário como esmola para ser administrada pelos líderes da comunidade. De outro modo, a propriedade privada era a situação normal.

E o ascetismo celibatário? O *Documento de Damasco* imagina, de maneira explícita, casamento e filhos (*DSST* 37.45):

> E se residirem nos campos de acordo com a regra da terra e tomarem mulheres e gerarem filhos, andarão de acordo com a lei e de acordo com o regulamento dos ensinamentos.
>
> (*Documento de Damasco* 7,6-8a; 19,2-4b)

As duas citações precedentes indicam que essas comunidades essênias incluíam órfãos e prisioneiros, pobres e necessitados, crianças e adultos, mulheres e maridos, celibatários que não queriam permanecer nesse estado e, possivelmente, já se vê, celibatários que assim desejavam permanecer. Eram, em outras palavras, gente comum que tentava levar vidas extraordinárias em um mundo ordinário.

Uma presunção similar de casamento aparece no *Manual de disciplina* (DSSP 2,108-117), conservada apenas em um exemplar, mas incluída no mesmo manuscrito que a principal versão do *Manual de disciplina*. Esta terceira regra é para "a comunidade de Israel nos últimos dias" (1QSa = 1Q28a 1,1), mas envolve crianças, mulheres e homens. Também legisla especificamente sobre o casamento para quem cresceu na comunidade (*DSST* 126):

> Ao chegar, devem reunir todos os que chegarem, inclusive crianças e mulheres e ler em seus ouvidos todos os regulamentos da Aliança e instruí-los em todos os preceitos, para que não se transviem em seus [erros]... O homem só se aproximará de uma mulher para conhecê-la pela relação carnal quando completar vinte anos de idade, quando conhecer [o bem e] o mal. Então ela será recebida para dar testemunho contra ele (sobre) os preceitos da lei e ocupar o lugar dele na proclamação dos preceitos.
>
> (*Regra da congregação* 1,4-5.9-11)

O que a mulher podia testemunhar contra o marido? Podia testemunhar se "ele se deitava com ela que via o sangue do fluxo menstrual" (CD 5,7), por exemplo, e, se Josefo estava certo sobre os essênios casados, se tinham relações durante a gravidez.

E as refeições rituais? Não há nada no existente *Documento de Damasco* semelhante à declaração resumida do *Manual de disciplina* de que "devem comer juntos, juntos devem bendizer e juntos se aconselhar" (1QS 6,2-3). Mas a comparação a seguir entre essas duas regras convence-me que os essênios dos acampamentos tinham refeições sagradas, exatamente como os essênios de Qumrã.

O *Manual de disciplina* de Qumrã tem decretos sobre a iniciação progressiva de dois anos para entrar na comunidade plena conhecida como os Muitos. Durante o primeiro ano de experiência, "ele não deve tocar no alimento puro dos Muitos" (1QS 6,16) e, durante o segundo ano, não deve tocar na bebida dos Muitos (1QS 6,20). Daí em diante, e por voto comunitário, ele inicia a participação plena "para a lei, para o julgamento, para a pureza e para a colocação de seus bens em comum" (1QS 6,22). A mesma palavra hebraica é traduzida como "alimento puro" e "pureza" nessas sentenças e, pelos contextos, parece claro que indicam a refeição ritual da comunidade. Além disso, estas duas sanções estão mencionadas posteriormente (*DSST* 10.11):

> Se se encontrar entre eles alguém que mentiu voluntariamente a respeito de bens, ele será excluído do alimento puro dos Muitos durante um ano e será sentenciado a um quarto de seu pão... E se falou colericamente contra um dos sacerdotes inscritos no livro, será castigado durante um ano e, sob sentença de morte, será excluído do alimento puro dos Muitos.
>
> (*Manual de disciplina* 6,24-25; 7,2-3)

O NASCIMENTO DO CRISTIANISMO

É aquela mesma palavra hebraica mais uma vez – a "pureza" ou o "alimento puro" da refeição ritual. A propósito, uma pergunta: Aquele primeiro decreto indica que *nem todas* as refeições de Qumrã eram sagradas, mas que o ofensor era excluído das refeições rituais periódicas e limitado até mesmo nas refeições regulares? Ou significa que *todas* as refeições em Qumrã eram sagradas, mas que o ofensor recebia apenas um quarto do que seria considerado uma refeição regular para as pessoas de fora?

Não há nada específico sobre a refeição comunitária ou sagrada nos exemplares conservados do *Documento de Damasco*. Mas são mencionadas sanções semelhantes que presumem sua existência (*DSST* 10.41):

> Se são dois, um e um, que testemunham a respeito de um assunto diferente [no qual um homem peca contra a lei], o homem só deve ser excluído do alimento puro se os testemunhos forem fidedignos e se, no mesmo dia em que o viu, a pessoa denunciá-lo ao inspetor. E, a respeito de riquezas, devem aceitar duas testemunhas fidedignas. E uma, para excluir do alimento santo.
>
> (*Documento de Damasco* 9,21-23)

A mesma palavra hebraica é usada para a "pureza" do alimento puro, santo ou sagrado, como anteriormente no *Manual de disciplina*. Além disso, outra mesma palavra hebraica é usada para "bens" (1QS 6,25) e para "riquezas" (CD 9,22) nos dois textos, de modo que o assunto é mentir a respeito do que se possui, seja propriedade ou salário, em relação às obrigações comunitárias. Tudo considerado, portanto, suponho que a refeição comunitária, ritual ou sagrada, era praticada não só em Qumrã – onde, apesar de Josefo, *pode* não ter sido toda refeição –, mas também nas comunidades essênias locais.

Os essênios em Jerusalém

Josefo interrompe sua descrição dos preparativos das tropas de Tito ao redor de Jerusalém em maio de 70 d.C., a fim de descrever as fortificações da cidade. Começa com a primeira muralha, "a mais antiga" e "difícil de ser tomada" em seu extremo noroeste e que se estende para leste até o templo e depois para o sul até o vale de Ben-Enom. Ele descreve esse trecho meridional que "descia através do lugar chamado Betso, indo até a porta dos Essênios" (*A guerra dos judeus* V,145). Nesse ponto, a muralha seguia para leste através do Valo dos Queijeiros e depois para o norte, ao longo do vale do Cedron até o templo. Em outras palavras, a porta dos Essênios ficava no extremo sudoeste da antiga primeira muralha de Jerusalém.

Durante mais de uma década, que se iniciou em 1977, o arqueólogo Bargil Pixner supervisionou escavações no local que ele julga ser a porta dos Essênios e ao redor dela. Localiza-se no cemitério protestante no declive meridional do monte Sião, com a abadia beneditina e a igreja da Dormição ao norte e depois, ainda mais ao norte, a atual muralha meridional da Cidade Velha. Três portas diferentes ergueram-se no mesmo local, com as soleiras inferiores sobrepostas ainda

492

claramente visíveis. A soleira mais elevada provém dos séculos V ao VII d.C., a soleira média mais tosca provém dos séculos III ou IV d.C. e a soleira inferior é anterior à destruição de Jerusalém em 70 d.C. "Entretanto, conseguimos extrair alguns cacos de louça que estavam debaixo da soleira inferior e, portanto, a mais primitiva das três. Vindo de um local imperturbado, vedado, os cacos forneceram uma indicação confiável da data da primeira porta no local. Todos os nossos especialistas concordaram que a cerâmica debaixo do limiar inferior datava de antes de 70 d.C., o ano da destruição de Jerusalém pelas tropas do general romano Tito, filho do imperador Vespasiano. Não tínhamos dúvida de que esta fosse a porta que Josefo chamou de porta dos Essênios... O encaixe, onde as folhas da porta giravam, permanece *in situ*, perfeitamente circular e uniforme, o que sugere que o fundo da dobradiça era de metal. A porta dos Essênios foi destruída em 70 d.C., quando os legionários romanos de Tito destruíram Jerusalém" (pp. 27, 29). Essa porta "deve ter sido inserida em uma muralha já existente" (p. 27) e há indicações de que a obra foi realizada por engenheiros romanos que trabalhavam para Herodes, o Grande, possivelmente já em 30 a.C. "Para construir a porta, os construtores fizeram uma abertura na muralha existente. Então cavaram um canal de esgoto (descoberto por Bliss [na década de 1890] que corria ao longo de uma rua que começava no interior da cidade e desaguava no vale de Ben-Enom, ao sul do monte Sião. Lajes de calcário de fino acabamento cobrem o canal quando ele passa sob a porta. Quando nos visitou, o decano dos arqueólogos israelenses, o falecido Benjamin Mazar, observou que só os operários de Herodes, o Grande [37 a.C. a 4 d.C.], poderiam ter realizado um trabalho de cantaria tão perfeito" (p. 28).

Há um último ponto fascinante. Pixner faz a pergunta topográfica óbvia: "Quem construiria uma porta neste local improvável, na faixa de uma ravina que descia ao vale de Ben-Enom, no alto de uma colina tão íngreme que só se podia chegar ao portão a pé?" (p. 31). Por que acrescentaram uma porta precisamente ali? Recorde que, quando Josefo descreveu o trecho meridional daquela antiga primeira muralha, ela "descia através do lugar chamado Betso, indo até a porta dos Essênios" (*A guerra dos judeus* V,145). Onde fica ou o que é Betso? "Desde o século XIX", diz Pixner, "em sua maioria, os estudiosos concordam que a palavra 'Betso' deriva do hebraico *beth-soa* ou latrinas" (p. 84). A esta altura é necessário dar alguns antecedentes que nos ajudem a identificar essas novas informações. São antecedentes muito significativos, porque mostram àqueles de nós que pensamos a partir de pontos de vista do ascetismo helenístico ou do monasticismo cristão, que o essenismo judaico não é exatamente nenhum desses fenômenos.

Havia esta lei tradicional para os acampamentos do deserto quando Israel caminhou do Egito para a terra prometida:

> Deverás prover um lugar fora do acampamento para as tuas necessidades. Junto com teu equipamento tenhas também uma pá. Quando saíres para fazer as tuas necessidades, cava com ela, e ao terminar cobre as fezes. Pois Iahweh teu Deus anda pelo acampamento para te proteger e para entregar-te os inimigos. Portanto, teu acampamento deve ser santo, para que Iahweh não veja em ti algo de inconveniente e te volte as costas.
>
> (Dt 23,13-15)

Os essênios aplicavam essa lei a suas comunidades acampadas, a Qumrã como substituta de Jerusalém e, naturalmente, à própria Jerusalém, como extensão urbana do templo. Josefo menciona explicitamente a pureza defecatória:

O candidato, ansioso para juntar-se a sua seita... [recebe] uma pequena machadinha... [No sábado, eles nem mesmo] evacuam. Nos outros dias, cavam uma vala de trinta centímetros de profundidade com uma picareta – é essa a natureza da machadinha que apresentam aos neófitos – e, enrolando-se no manto, para não ofenderem os raios da divindade, sentam-se sobre ela. Em seguida recolocam a terra escavada na vala. Para esse propósito, selecionam os locais mais retirados. E, embora a evacuação dos excrementos seja uma função natural, eles seguem a regra de se lavar depois dela, como se tivessem sido profanados.

(*A guerra dos judeus* II,137.148-149).

Não há nada explícito sobre essa pureza defecatória nem no *Manual de disciplina*, nem no *Documento de Damasco*, mas ela aparece em dois outros documentos muito importantes de Qumrã.

O primeiro é o *Manuscrito da guerra* – em hebraico *Milḥamah* – descoberto na gruta 1 em Qumrã, daí sua classificação como 1QM (DSSP 2,80-203). Há também seis fragmentos relacionados e um fragmento similar da gruta 4 (4Q491-497). Este é um texto pré-Qumrã que imagina a grande batalha apocalíptica entre os filhos das trevas, sob Belial, e os filhos da luz, sob Deus. Aqui, a palavra *comunidade* designa Israel como um todo e não apenas os essênios como seita (*DSST* 100):

E que nenhum jovem nem alguma mulher entre nos campos quando eles saírem de Jerusalém para ir à guerra, até que voltem. E nenhum aleijado, cego, paralítico ou portador de mancha indelével na carne nem ninguém que sofra de impureza na pele, nenhum desses irá à guerra com eles... E haverá um espaço entre todos os seus campos e o 'lugar da mão' de cerca de dois mil côvados.

(*Manuscrito da guerra* 7,3-7)

Naturalmente, o que está em jogo nesses decretos não é a disciplina em combate nem a higiene militar, mas a pureza ritual. Eles devem ir para a guerra como os sacerdotes vão ao templo. Desse modo, as latrinas devem ficar a cerca de 1 km dos acampamentos.

O segundo documento é o *Manuscrito do templo* proveniente da gruta 11. O exemplar principal, classificado como 11QT^a ou 11Q19, é o mais longo de todos os manuscritos, mas existe também um exemplar fragmentário, classificado como 11QT^b ou 11Q20. Com Deus falando na primeira pessoa, dá uma Lei definitiva para Jerusalém, seu templo e seu rei, segundo ideais supostamente essênios (*DSST* 138):

Eles devem fazer meu Templo santo e respeitá-lo, pois eu habito entre eles. Fareis latrinas para eles fora da cidade, onde são obrigados a ir, do lado de fora, a nordeste da cidade: casas com vigas e poços dentro delas, para que os excrementos caiam neles; não serão visíveis à distância de três mil côvados.

(Manuscrito do templo 46,11-13)

É, mais uma vez, questão não de higiene urbana, mas de pureza do templo e da cidade. A defecação é proibida em qualquer lugar de Jerusalém, bem como as relações sexuais: "Quem se deita com sua mulher e tem uma ejaculação, durante três dias não entrará em parte alguma da cidade do templo no qual instalarei meu nome" (1QT^a 45,11-12).

As localizações, orientações e medidas no *Manuscrito do templo* não devem ser levadas ao exagero, como se fosse possível correlacionar seus detalhes com a topografia real de Jerusalém. A questão não é que as latrinas ideais do *Manuscrito do templo* precisam ser equiparadas à Betso real nem que as portas ideais da cidade (que tinham sete metros de largura [(11QT^a 41,14]) precisam ser equiparadas à porta Essênia real (que tinha três metros de largura). A questão é esta: a presença da porta Essênia nesse local de topografia um tanto difícil e de latrinas fora das muralhas e a noroeste é mais bem explicada, considerando a existência de um bairro essênio no ângulo noroeste da antiga primeira muralha da cidade. Aquela porta Essênia de estilo herodiano pode até ter sido construída especialmente para eles, a fim de que observassem a Lei tão fielmente quanto desejassem.

Os essênios na História

Recordemos do início do Capítulo 12, que durante 372 anos a terra judaica não foi monarquia, mas sim Estado teocrático, dependente do templo. Foi governada externamente, primeiro pelo Império Persa e, em seguida, depois de Alexandre, por seus substitutos gregos, localizados no Egito ou na Síria. Foi governada internamente por sumos sacerdotes judeus legitimados pela descendência dinástica tradicional de Aarão no tempo de Moisés, por intermédio de Sadoc no tempo de Salomão. Depois que Alexandre helenizou seu mundo, a pátria judaica ficou presa entre aqueles impérios helenistas belicosos ao sul e ao norte, mas também foi ameaçada de maneira ainda mais insidiosa pelo monoculturismo helenístico e o comercialismo internacional. Isso exerceu uma crescente pressão, externa e interna, na própria existência do povo judeu em aliança com um Deus de justiça e pureza em uma terra de justiça e pureza. E colocou o próprio pontificado no olho do furacão helenístico.

Nas primeiras décadas do século II a.C., a pátria judaica estava sob o controle sírio. Mas o Império Sírio estava sob a pressão militar de Roma, que se expandia continuamente na fronteira ocidental síria, e do Egito, que era ameaça sempre presente na fronteira meridional síria. A terra judaica era vital para a Síria, pelos impostos pagos a Roma e pela segurança para afastar o Egito. As tentativas para integrá-la econômica e politicamente ao Império Sírio tropeçavam, contudo, em obstáculos religiosos e teológicos. Na década de 170, o sumo sacerdote legítimo era Onias III, mas rivais – primeiro Jasão de sua própria família e depois Menelau, de fora dela – prometeram a Antíoco IV Epífanes da Síria o pagamento de impostos mais altos se fossem nomeados sumos sacerdotes e deixariam que Jerusalém se transformasse em cidade totalmente grega (Antioquia do Sul, por assim dizer). O que se segue é um resumo bastante conciso da situação, mas há um relato mais completo em 2Mc 4:

> Por esses dias apareceu em Israel uma geração de perversos, que seduziram a muitos com estas palavras: "Vamos, façamos aliança com as nações circunvizinhas, pois muitos males caíram sobre nós desde que delas nos separamos." Agradou-lhes tal modo de falar. E alguns dentre o povo apressaram-se em ir ter com o rei, o qual lhes deu autorização para observarem os preceitos dos gentios. Construíram, então, em Jerusalém, uma praça de esportes, segundo os costumes das nações, restabeleceram seus prepúcios e renegaram a aliança sagrada. Assim associaram-se aos gentios e se venderam para fazer o mal.
>
> (1Mc 1,11-15)

Finalmente, o monarca sírio decidiu solucionar os desacordos judaicos sobre esse programa de amalgamação política impondo a integração religiosa. Se a religião judaica atrapalhava, então a própria religião judaica tinha de ser abolida. A profanação do templo pelo paganismo sírio e a destruição dos fiéis pela perseguição síria começou em 167 a.C. A família asmonéia de sacerdotes judaicos, apelidada os Macabeus, liderou o contra-ataque judeu e, em três anos, eles derrotaram os sírios, retomaram Jerusalém e purificaram o templo. Então, durante cem anos – até o general romano Pompeu tomar Jerusalém em 63 a.C. – uma monarquia judaica nativa governou a pátria dos judeus. Mas os membros dessa monarquia também se declararam sumos sacerdotes. Em vez de restabelecer o pontificado tradicional e não régio, os próprios asmoneus se tornaram um sacerdócio novo e régio, primeiro com Jônatas em 160-142 e depois com Simão em 142-134 a.C. Para alguns judeus, isso foi pior que a própria perseguição síria. Se o sumo sacerdote era ilegítimo, como poderia ser válido o serviço do templo, a aliança entre o povo e Deus ser mantida e o elo entre a terra e o céu ser confirmado?

Os essênios surgiram no ambiente universal da primeira metade do século II a.C. e a comunidade de Qumrã está particularmente ligada a essa situação de ilegitimidade dos sumos sacerdotes. Seu reverenciado líder primitivo, o Mestre da Justiça (isto é, o mestre verdadeiro, apropriado e justo) sofria oposição externa do Sacerdote Ímpio (isto é, os sucessivos sumos sacerdotes asmoneus) e interna do Homem da Mentira (isto é, outro líder que afastou muitos possíveis seguidores do Mestre da Justiça). Esse ambiente bastante específico tem importância fundamental para compreender os essênios e leva ao ponto seguinte e final a seu respeito.

Escatologia essênia

Recordemos os diversos tipos de escatologia mencionados nos Capítulos 15 e 16. Pensemos, primeiro, na escatologia ascética. Quando explicam os essênios, Fílon e Josefo enfatizam o ascetismo celibatário ou a escatologia ascética e baseiam isso, com meias palavras em Josefo, mas de maneira virulenta em Fílon, na misoginia. Entretanto, a ênfase no ascetismo celibatário expressa muito mais o helenismo dos dois que seu judaísmo. Quando lemos, por exemplo, o *Manual de disciplina*, o *Documento de Damasco* ou a *Regra da congregação*, o ascetismo celibatário não parece ser a preocupação principal. Argumentos para saber se os habitantes de Qumrã eram completamente celibatários pela vida toda, temporariamente celibatários durante parte da vida, ou terminalmente celibatários pelo fim da vida também parecem irrelevantes. Consideremos, por exemplo, o preâmbulo ao *Manual de disciplina*. Tem toda uma série de frases com "a fim de", que esboçam o propósito da comunidade. Eis as iniciais em 1QS (*Manual de disciplina*) 1,1-7 (*DSST* 3, itálicos meus):

> *a fim de* buscar a Deus [com todo o coração e com toda a alma;
>
> *a fim de* fazer o que é bom e justo em sua presença conforme ordenado por meio da mão de Moisés e seus servos, os Profetas;
>
> *a fim de* amar tudo que ele seleciona e odiar tudo que ele rejeita;
>
> *a fim de* manter-se afastado de todo mal e ser ligado a todas as boas obras; efetivar a verdade, a justiça e o direito na terra e não caminhar na teimosia de um coração culpado e de olhos libidinosos que realizam todos os males.

Em nenhum lugar há algo como: "a fim de praticar o ascetismo", ou "a fim de observar o celibato". Antes de mais nada e acima de tudo, os habitantes de Qumrã buscavam viver fielmente a pureza e a santidade de Deus em um mundo peculiarmente impuro e ímpio. Eram o direito e a justiça, não o celibato e o ascetismo, que estavam em suas mentes e em seus corações. Além disso, como seu próprio pontificado e os sacerdotes que os apoiavam já não eram puros e santos segundo a Lei divina para os sacerdotes, todos os essênios viveriam essa pureza e santidade por eles e em lugar deles. Tudo o mais era conseqüência dessas intenções.

Pensemos, em seguida, na escatologia apocalíptica e lembremo-nos da distinção entre apocaliptismo primário e secundário. No primeiro caso, o fim dos tempos é a única razão para fazer alguma coisa – digamos, abandonar o lar, a família e as posses. Se o fim não fosse iminente, não faríamos essas coisas. No segundo caso, o fim dos tempos é apenas uma sanção para impor o que, de qualquer modo, devemos fazer – digamos, observar a justiça, a santidade e a pureza. Se o fim não estivesse iminente, ainda assim teríamos de fazer essas coisas. Ao ler o *Manuscrito da guerra* de Qumrã, por exemplo – com a batalha culminante entre o bem e o mal, a luz e as trevas, Deus e Belial, no fim dos dias – é fácil ver os essênios em geral e os de Qumrã em particular como escatologistas apocalípticos. Voltemos contudo, mais uma vez, ao *Manual de disciplina* ou ao *Documento de Damasco*. Essas regras estão em vigor só porque estamos no fim dos tempos? Ou, de qualquer modo, todos devem segui-las, estejamos ou não no fim dos tempos? O *Manual de disciplina*, por exemplo, descreve a refeição costumeira da comunidade de Qumrã em 6,4-6 (*DSST* 9). A *Regra da congregação* "nos últimos dias" descreve a refeição do fim dos tempos com os Messias presentes em 2,17-20 (*DSST 127*). A única diferença entre a refeição escatológica e a habitual em Qumrã é que (aparentemente) primeiro os Messias abençoam a comida e a bebida. Um comentário de passagem. Assim como os judeu-cristãos interpretavam a expectativa messiânica geral como apenas um Messias, mas duas vindas, os judeu-essênios a interpretavam como dois Messias, mas apenas uma vinda. Seus dois Messias eram um sacerdotal e um leigo, separados nessa ordem oficial, óbvia censura aos sacerdotes-reis asmoneus, combinados nessa ordem oficial.

Por último, pensemos na escatologia ética. Para os essênios é enfatizada uma vida radicalmente submissa à Lei de Deus. Os bens compartilhados, sejam eles totais ou parciais, e as refeições em comum, sejam elas costumeiras ou especiais, indicam essa vida. Assim, naturalmente, é a pureza como a sacerdotal, tão completa quanto a pessoa possa praticá-la. Parece-me que a expressão *escatologia ética* é mais exata que *escatologia ascética* ou *apocalíptica*, para a ideologia básica do estilo de vida essênio. Mas nessa ideologia é impossível separar ritual e moralidade, justiça e pureza. Eis um exemplo dessa impossibilidade.

A *Carta Haláquica* é outro documento muito importante de Qumrã, que dá detalhes das diferenças de interpretação legal entre o autor e um destinatário não identificado. Começa dizendo que "estes são alguns de nossos regulamentos [a respeito da Lei de Deus]" (1,3-4) e termina repetindo que "nós te escrevemos algumas das obras da Torá que julgamos boas para ti e teu povo, pois em ti [vimos] inteligência e conhecimento da Torá". Recebeu um título hebraico, *Miqsat Maaseh ha-Torah* (ou *Algumas obras da Lei*, daí classificada como 4QMMT, mas derivada da combinação de 4Q394-399 em um único texto composto (*DSST 77-85*). No entanto, o primeiro parágrafo, antes mesmo dessas regras legais discriminadas, trata do calendário solar: "O ano terminou, trezentos e sessenta e quatro dias" (1,2) – isto é doze meses de trinta dias mais quatro dias extras depois de cada trimestre. Mas por que isso é tão importante? É simplesmente chicanar para estabelecer diferenças, para criar um *nós* contra *eles*? O que está em jogo no calendário? O que o calendário tem a ver com a ética?

As pessoas vivem em coordenadas de espaço e tempo, de aqui e agora, e Deus é o Senhor do tempo e do espaço. Mas, para os judeus daquela época, tinha-se tornado cada vez mais difícil ver Deus como Senhor do espaço com o mar Mediterrâneo, a terra natal, a cidade e o templo sob controle pagão ou impuro. Deus como Senhor do tempo tornou-se, então, proporcionalmente, cada vez mais importante. As autoridades do TEMPLO usavam um calendário lunar semelhante ao dos pagãos vizinhos. Os essênios, ao contrário, usavam um calendário solar-lunar baseado no fato de que Deus criou o sol, a lua e as estrelas no quarto dia da criação – isto é, em nossa quarta--feira. O primeiro dia do Ano Novo, portanto, tinha de cair em uma quarta-feira (e *sempre* em uma quarta-feira). Como sabemos pelo *Documento de Damasco* 6,18-19 (*DSST 37*), os habitantes de Qumrã e outros essênios seguiam um calendário bastante diferente dos outros judeus. É por isso, por exemplo, que o Sacerdote Ímpio atacou o Mestre da Justiça "durante o descanso do Dia da Expiação... o dia de jejum, o sábado de seu descanso" (1QpHab11,6-8; (*DSST 201-202*). Era o Dia de Expiação do Mestre, mas não do Sacerdote.

A que conclusão chegamos? Ainda não está claro que relação as outras comunidades essênias tinham com Qumrã ou esta com elas. Era Qumrã apenas uma entre muitas, primeira entre iguais, ou uma espécie de comunidade-mãe ideal ou mesmo jurisdicional? Por que havia tantos *exemplares* de textos importantes encontrados nas grutas, em especial na gruta 4, que parece ter sido a biblioteca principal? Se Qumrã era um centro de cópia – A Editora essênia, por assim dizer – por que há centenas de diferentes mãos de copistas, evidentes nos manuscritos? Ou Qumrã foi sempre a comunidade central, de modo que outros essênios fugiram para lá com seus documentos, diante das legiões de Vespasiano?

Minha posição em tudo isso não é restringir a identidade essênia a uma opção monolítica, mas sim abri-la completamente através do espectro mais amplo possível. As comunidades essênias eram tentativas radicais de viver fiel e plenamente a Lei de Deus, no direito e na justiça, na pureza e na santidade, quando *todos* em volta, dos sumos sacerdotes ao povo, não faziam isso. É possível discordar desse julgamento e, ainda assim, respeitar sua integridade.

É contra esse pano de fundo que agora examino outra comunidade do início do século I, os judeu-cristãos em torno de Tiago, o Justo, em Jerusalém.

Tiago, o Justo

O resultado do conflito entre mestres e bispos teve conseqüências sociais importantes. Se a escola tivesse prevalecido, as comunidades cristãs teriam assumido um caráter intelectual, sem lugar para os incultos. Os círculos de Clemente e Orígenes, como aparecem em seus escritos e nos escassos indícios prosopográficos dados por Eusébio, eram constituídos de pessoas que já tinham cultura grega e que, às vezes, eram alunos de escolas filosóficas. Por outro lado, o episcopado monárquico era muito mais eficiente para juntar membros de todas as classes sociais, cultos ou iletrados, e uni-los sob a autoridade de uma hierarquia rigorosa. O episcopado não exigia sabedoria nem educação, só disciplina. A sujeição da escola ao bispo, como em Alexandria, preservou grande parte do caráter intelectual das comunidades cristãs e, desse modo, favoreceu a participação de pessoas cultas e ricas – sem, entretanto, excluir, os pobres e desprivilegiados.

Dimitris J. Kyrtatas, *The social structure of the early christian communities* [*A estrutura social das comunidades cristãs primitivas*], p. 145.

Bastaria ler apenas as cartas de Paulo para saber – por Gl 1,18-19 ou 2,11-12, por exemplo – que Simão, "a Pedra" (Pedro em grego, Cefas em aramaico), e Tiago, "o irmão do Senhor" foram figuras importantíssimas no cristianismo primitivo. Se alguém lesse só os evangelhos canônicos, ficaria sabendo que Pedro era muito importante, mas só conheceria Tiago como um entre os irmãos de Jesus, citado de passagem em Mc 6,3. Quem lesse uma fonte não-cristã tal como Josefo, entretanto, conheceria só dois indivíduos do cristianismo primitivo: um é Jesus em pessoa e o outro é seu irmão Tiago. Não saberia, por exemplo, nem mesmo que Pedro e Paulo

499

existiram. Tiago, o irmão do Senhor, Tiago, o Justo, Tiago de Jerusalém, Tiago, seja com que nome for, exige atenção muito especial.

A epígrafe anterior diz respeito a tensões institucionais entre líder-bispo e mestre--erudito, quando Demétrio e seus sucessores eram governantes da Igreja alexandrina e Clemente e Orígenes dirigiam sua escola catequética, entre meados do século II e meados do século III. Ao citá-la, minha intenção não é reverter o episcopado monárquico ao início do século I, com Tiago de Jerusalém. Uso-a, antes, para introduzir a pergunta: Que estilo de poder e autoridade Tiago tinha e quais eram as vantagens e desvantagens sociopolíticas desse estilo?

Tiago em Josefo

Vimos no Capítulo 1 o que Josefo diz a respeito de Jesus. Mas o que ele diz a respeito de Tiago, o irmão de Jesus, é muito mais longo. Se não conhecêssemos nada além destes dois textos, é provável que Tiago parecesse bem mais importante que Jesus. Sua execução foi suficiente para derrubar um sumo sacerdote:

> Tendo sabido da morte de Festo, César enviou Albino à Judéia como governador. O rei [Agripa II] tirou o pontificado de José e deu a sucessão deste cargo ao filho de Anás, também chamado Anás... Anás, o Jovem... era de temperamento impetuoso e extremamente audacioso; pertencia à seita dos saduceus, que, quando têm de julgar, são mais duros do que todos os outros judeus... Com tal caráter, Anás achou que havia ocasião propícia para aproveitar, já que Festo morrera e que Albino ainda estava viajando. Convocou os juízes do Sinédrio e colocou diante deles o irmão de Jesus chamado Cristo – seu nome era Tiago – e alguns outros. Acusou-os de haver transgredido a Lei e entregou-os para serem lapidados. Mas todos os habitantes da cidade que eram tidos como os mais observadores, mais justos e rigorosos das leis indignaram-se com isso e mandaram secretamente pedir ao rei Agripa que ordenasse a Anás que não agisse de tal maneira; com efeito, diziam eles, ele não agira corretamente nesta primeira circunstância. Alguns deles foram mesmo ao encontro de Albino, que vinha de Alexandria, e informaram que Anás não tinha o direito de convocar o Sinédrio sem sua aprovação. Persuadido por tais propósitos, Albino, encolerizado, escreveu a Anás ameaçando puni-lo. Quanto ao rei Agripa, Albino por esta razão tirou-lhe o soberano pontificado que exercera durante três meses e estabeleceu Jesus, filho de Damasco.
>
> (*Antiguidades judaicas* XX,197-203)

Há três pontos a considerar a respeito deste texto. Primeiro, Anás não era apenas o sumo sacerdote. Era de uma importantíssima família de sumos sacerdotes. Seu pai, Anás, o Velho, foi sumo sacerdote de 6 a 15 d.C e nós o conhecemos dos evangelhos. O Anás mais velho era sogro de José Caifás, sumo sacerdote de 18 a 36 d.C.. figura que também conhecemos dos evangelhos. Foi, além disso, pai de outros cinco sumos sacerdotes: Eleazar, Jônatas, Teófilo, Matias e Anás, o Jovem (acima), e avô de Matias, sumo sacerdote em 65 d.C. Em outras palavras, Anás, o Jovem, vinha de uma família que dominou o pontificado durante a maior parte do século I antes do ano 66, com oito sumos sacerdotes em sessenta anos. Segundo, por haver (no interregno entre governadores romanos em 62 d.C.) convocado um Sinédrio para um crime capital e executado Tiago e alguns outros, Anás, o Jovem, atraiu para si a ira do soberano herodiano Agripa II e do governador romano Albino. Por fim, Josefo chama Anás de "saduceu" e os que se opunham a ele de "rigorosos observadores das leis", o que provavelmente significa fariseus. A execução de Tiago e dos outros aconteceu no meio dessa competição e bastou para fazer com que Anás fosse deposto após apenas três meses no cargo. No entanto, Tiago deve ter tido certo prestígio público, do contrário seu nome dificilmente seria registrado; de fato, é identificado como "o irmão de Jesus chamado Cristo". Por que Tiago era figura tão importante a ponto de, presumivelmente por sua causa, um sumo sacerdote ser deposto? O que mais sabemos a respeito de Tiago antes de sua execução no início da década de 60?

Tiago em Paulo

Paulo se tornou cristão, três a cinco anos após a crucificação de Jesus, e visitou Jerusalém três vezes depois disso – uma no fim dos anos 30, outra no fim dos anos 40 e, por último, no fim dos anos 50. Ao escrever aos gálatas, ele insiste que é um apóstolo completo, enviado por uma revelação de Deus e de Jesus, não um sub-apóstolo enviado por uma comissão da Igreja e dos líderes de Jerusalém. Ele não lhes pediu permissão para o que fazia e, quando finalmente foi vê-los, apenas visitou os líderes:

> Em seguida, após três anos, subi a Jerusalém para avistar-me com Cefas e fiquei com ele quinze dias. Não vi nenhum apóstolo, mas somente Tiago, o irmão do Senhor.
>
> (Gl 1,18-19)

Se datarmos a execução de Jesus de 30 e a conversão de Paulo de 35, então a primeira visita a Jerusalém ocorreu em 38. Por essa formulação, é para pensar que, naquela ocasião, Pedro (Cefas) fosse mais importante que Tiago, pelo menos do ponto de vista de Paulo.

A segunda visita é muito mais importante e, se Paulo data os dois acontecimentos a partir de sua conversão, deu-se em 49:

> Em seguida, quatorze anos mais tarde, subi novamente a Jerusalém com Barnabé, tendo tomado comigo também Tito... Ora, nem Tito, que estava comigo, e que era grego, foi obrigado a circun-cidar-se... E conhecendo a graça em mim concedida, Tiago, Cefas e João, os notáveis tidos como colunas, estenderam-nos a mão, a mim e a Barnabé, em sinal de comunhão: nós pregaríamos aos gentios e eles para a Circuncisão. Nós só nos devíamos lembrar dos pobres [*ptōchōn*], o que, aliás, tenho procurado fazer com solicitude.
>
> (Gl 2,1.3.9.10)

Estava em debate se pagãos cristãos do sexo masculino tinham de ser circuncidados quando se convertiam, e Tito era um auxílio visual para o ponto de vista negativo. Havia judeu-cristãos que, em Gl 2,4, Paulo chama de "falsos irmãos", com um ponto de vista afirmativo, mas eles não tinham o apoio dos líderes, agora citados com Tiago em primeiro lugar. Como a Lei de Deus não era um cardápio, do qual se podia escolher, como isso se justificava? Só em um contexto de consumação apocalíptica, como demonstrou Paula Fredriksen: "Que lugar, se algum, os gentios têm nesse Reino? Podemos juntar o material ao redor de dois pólos. No extremo negativo, as nações são destruídas, derrotadas ou de algum modo sujeitas a Israel... No extremo positivo, as nações participam da redenção de Israel. As nações vão acorrer a Jerusalém para cultuar o Deus de Jacó juntamente com Israel" (1991, pp. 544-545). Os gentios já não serão pagãos, mas também não terão de se tornar judeus. "Quando Deus instituir seu Reino, então, esses dois grupos vão juntos constituir "seu povo"; Israel, redimido do exílio, e os gentios, redimidos da idolatria. Os gentios são salvos como gentios: não se tornam, escatologicamente, judeus" (1991, p. 547). Entretanto, é possível perceber uma tensão, até dentro do programa mais propício à conversão espiritual que ao extermínio físico. Os gentios não se tornam judeus, mas também não-continuam pagãos. O que é um gentio não-pagão? O que esses pagãos devem fazer, no mínimo ou no máximo? E quem decide?

De qualquer modo, no Concílio de Jerusalém, a questão imediata da circuncisão dos gentios do sexo masculino foi resolvida. Mas criou-se um problema muito maior, pois agora havia duas missões, uma para os judeus, liderada por Pedro, e uma para os pagãos, liderada por Barnabé e Paulo. Isso teria funcionado bem se judeus e pagãos vivessem em encraves completamente isolados. E se só cristãos-judeus pregassem aos judeus e cristãos pagãos aos pagãos. Era excelente como idealismo apocalíptico. Mas funcionaria como programa prático? Afinal de contas, é mais fácil imaginar o apocalipse como instante divino que como processo humano. Em uma grande metrópole como Antioquia, por exemplo, haveria duas comunidades independentes, uma de cristãos pagãos e outra de cristãos-judeus? E à parte desse caso, de que forma, em contato com os pagãos, judeus como Barnabé e Paulo tratariam seu próprio judaísmo?

Essas questões não resolvidas logo explodiram em Antioquia onde, em uma comunidade unida, cristãos-judeus e cristãos pagãos comiam juntos sem observar os mandamentos dietéticos da Lei de Deus:

> Mas quando Cefas veio a Antioquia, eu o enfrentei abertamente, porque ele se tinha tornado digno de censura. Com efeito, antes de chegarem alguns vindos da parte de Tiago, ele comia com os gentios, mas quando chegaram, ele se subtraía e andava retraído, com medo dos circuncisos. Os outros judeus começaram também a fingir junto com ele, a tal ponto que até Barnabé se deixou levar pela sua hipocrisia. Mas quando vi que não andavam retamente segundo a verdade do evangelho, eu disse a Pedro diante de todos: se tu, sendo judeu, vives à maneira dos gentios e não dos judeus, por que forças os gentios a viverem como judeus?
>
> (Gl 2,11-14)

Tiago presumiu que os cristãos-judeus observariam a Lei e os cristãos pagãos não o fariam. Mas em uma comunidade unida, como a de Antioquia, o judaísmo cristão tinha de prevalecer sobre o paganismo cristão. Pedro e Barnabé presumiam que as leis dietéticas já não eram importantes, *num ou noutro sentido*. Não era importante segui-las, mas também não era importante não segui-las. Por isso, antes da intervenção de Tiago, comiam com os pagãos, como pagãos. Depois disso, queriam que todos, até mesmo os pagãos, comessem como judeus. Paulo chamou isso de hipocrisia. É provável que eles o considerassem cortesia. Em todo caso, Paulo recusou-se a ceder, viu-se isolado e, em minha opinião, foi para o oeste e nunca mais voltou a Antioquia.

Tudo que está acima enfatiza dois pontos importantes a respeito de Tiago. Ele era o líder oficial da Igreja-mãe de Jerusalém, que administrava duas missões importantes, uma para os judeus e uma para os pagãos. Era um judeu-cristão que acreditava que Jesus era o Messias, mas também seguia a Lei judaica completa. Isso explica negativamente por que, ao contrário de Estêvão no início dos anos 30, ou de Tiago, filho de Zebedeu, no início dos anos 40, Tiago só foi atacado, perseguido e executado no início dos anos 60. Não explica por completo, positivamente, por que, após sua execução, foi tão veementemente defendido por judeus não-cristãos. Ele era, sem dúvida, importante para judeu-cristãos. Mas por que era importante para judeus *não*-cristãos? Ele observava a Lei? Sim, naturalmente, mas isso ele *devia* fazer, com todos os outros judeus. O que há de especial a respeito disso?

Tiago em Eusébio

Eusébio, bispo de Cesaréia, viveu entre 263 e 339 e viu o cristianismo passar de culto perseguido para religião imperial. Sua *História eclesiástica*, publicada em versões sucessivamente mais longas, durante o primeiro quarto do século IV, é atrapalhada, como diz Timothy Barnes, "por sua incapacidade de levar em consideração o desenvolvimento teológico"; como resultado, "seu relato da história interna da Igreja e da literatura cristã é menos uma narrativa coerente que uma série de notas desconexas" (p. 132). Uma das fontes de Eusébio é a obra em cinco volumes de Hegesipo, *Memórias*, escrita por volta de 150 e, do último volume dela, ele cita o seguinte, sobre Tiago (Williamson, pp. 99-100):

> O controle da Igreja passou para os apóstolos, junto com Tiago, o irmão do Senhor, que todos, desde o tempo do Senhor até o nosso, chamaram o Justo, pois havia muitos Tiagos, mas este era santo desde o nascimento; não bebia vinho nem bebidas alcoólicas inebriantes e não ingeria nenhum alimento animal; a navalha não lhe tocava a cabeça; ele não se lambuzava de óleo e não tomava banho. Só ele tinha permissão para entrar no Santo, pois suas vestes não eram de lã, mas sim de linho. Costumava entrar no Santuário a sós e, com freqüência, era visto de joelhos implorando perdão para o povo, de modo que seus joelhos ficaram duros como os de um camelo, por curvá-los continuamente em adoração a Deus e na busca do perdão para o povo. Por causa de sua justiça

incomparável, era chamado o Justo e *Oblias* – em nossa língua, "Baluarte do povo e da Justiça" – o que realizava as declarações dos profetas a seu respeito.

(História eclesiástica 2,23)

Hegesipo descreve Tiago sob um voto nazireu vitalício. A versão temporária desse voto está descrita em Nm 6,1-21, mas versões vitalícias estão descritas para Sansão em Jz 13,5.14; 16,17 e, para Samuel, em 1Sm 1,11.22. Como o sumo sacerdote em Lv 21,11, para não se tornar impuro, o nazireu estava proibido de tocar um cadáver, nem mesmo para enterrar os pais. Além disso, como nazireu, Tiago é tratado como sacerdote e lhe é permitido entrar no Santo – talvez até, embora a topografia do templo pareça confusa, entrar no próprio Santo dos Santos, como o sumo sacerdote fazia no Dia das Expiações.

De tudo isso, considero apenas um elemento com probabilidade de ser histórico: Tiago era famoso por seu ascetismo. Um segundo elemento é possível: Tiago era nazireu. Classifico esse segundo elemento como *possível* em vez de *provável*, porque Hegesipo pode tê-lo deduzido de At 18,18; 21,24, onde, em um contexto ao qual volto a seguir, Tiago diz a Paulo para juntar-se a outros quatro que iam se purificar ao final de seus votos temporários de nazirato. Um terceiro elemento, Tiago com os privilégios de sacerdote, ou mesmo de sumo sacerdote, deixo de lado por achá-lo excessivamente entusiasmado. Há, reconheço, forte inclinação para descartar essa história inteira por causa dos exageros imaginários, mas mantenho sua essência, por uma única razão: a combinação de fato histórico *e* expansão apologética que ocorre aqui com respeito à vida de Tiago, também ocorre com respeito à morte de Tiago. Para essa execução, Eusébio cita o oitavo volume de *Esboços*, obra perdida de Clemente de Alexandria, que viveu entre c. 150 e 215 (Williamson, pp. 72, 99):

> Atiraram [Tiago], o Justo... do parapeito e lhe bateram até a morte com um porrete de pisoeiro... Assim o mataram aproveitando a oportunidade para agir, proporcionada pela ausência do governo, pois, nessa exata ocasião, Festo morreu na Judéia e deixou a província sem governador nem procurador. Como Tiago morreu, já foi revelado pelas palavras de Clemente, que nos diz que o atiraram do parapeito [do Templo] e o mataram a pauladas.
>
> *(História eclesiástica* 1,1; 2,23)

Eusébio sabe, presumivelmente por Flávio Josefo (que ele cita sobre outros assuntos), do interregno por ocasião da morte de Festo e da execução de Tiago. A morte é real, os detalhes apologéticos. Portanto, presumo que Tiago era asceta, fosse ou não fosse no estilo nazireu. Nesse contexto, já se vê, a observância dietética não seria difícil demais. O ascetismo seria, por assim dizer, uma observância ultra-dietética.

Juntos, Paulo e Eusébio indicam por que Tiago era tão importante para os judeus, fossem eles cristãos ou não. Mas e aqueles "alguns outros" que morreram com ele? Houve alguma dimensão coletiva para essa execução? E a comunidade de Jerusalém em ligação a Tiago?

A comunidade de Jerusalém

A regra que ouso sancionar e proclamar,
É que todos vão ser iguais e igualmente partilhar
Toda a riqueza e os prazeres, e não mais aconteça
De um ser rico e outro ser pobre,
De um ter terras que se estendem por toda parte
E outro não ter nem mesmo o bastante para providenciar
Uma sepultura para si mesmo: de este, a um chamado,
Ter centenas de servos e aquele nem mesmo um.
Tudo isso pretendo corrigir e emendar:
Agora todos vão livres partilhar de todas as bênçãos,
Farei uma só vida e um só sistema para todos.

Aristófanes, *Ecclesiazusae* [*A assembléia das mulheres*], versos 590-594.

No início de 393 a.C., a comédia de Aristófanes, *Ecclesiazusae*, ou *A assembléia das mulheres*, foi encenada pela primeira vez em Atenas. O enredo imagina mulheres em vez de homens como os novos governantes da cidade e a propriedade comunitária em vez da propriedade privada, como a nova economia da cidade. O grande comediógrafo toma o coletivismo da *República* ideal de Platão, ali limitado a certos aspectos de liderança, e o satiriza, aplicando-o a tudo e todos, como nos versos citados acima (Rogers, 1924, pp. 246, 300-301, com o último verso ligeiramente adaptado). Blépiro, por exemplo, pergunta a sua mulher, Praxágora, a respeito de sexo, amor e casamento, imaginando se "todos os homens e mulheres serão comuns e livres". Como podem as preferências pelos mais atraentes ou escolhas dos mais desejáveis serem impedidas, mesmo que "não haja nenhum casamento ou outro freio"? Praxágora explica que antes de escolherem o mais atraente, os indivíduos precisam também aceitar o menos desejável. Ela julga isso "um belo instrumento democrático" e "um sistema popular como jamais foi experimentado" (versos 611-630). A idéia de absoluto coletivismo de dinheiro, terra e sexo era fácil de imaginar e satirizar. No entanto, é interessante que o controle masculino e a propriedade privada, ou o controle feminino e a propriedade coletiva, andassem juntos para Aristófanes e sua platéia.

Cito esse texto como epígrafe para indicar como é fácil satirizar e ridicularizar tentativas de igualdade humana por meio de propriedade comum e bens compartilhados. Talvez o escárnio seja apropriado, mas também é apropriado perguntar quem ganha com tal escárnio. Em todo caso, deixo aí as palavras de Aristófanes como advertência.

Uma comunidade igualitária?

A segunda metade do evangelho de Lucas em dois volumes chama-se agora Atos dos Apóstolos e sua intenção teológica está claramente proclamada em At 1,8. O livro trata do movimento do Espírito Santo de Jerusalém pela Judéia e a Samaria e dali até os confins da terra ou, pelo menos, até Roma, como centro do mundo. É sobre a mudança da sede do Espírito Santo de Jerusalém para Roma. Contra esse pano de fundo, Lucas descreve a comunidade de Jerusalém deste modo:

> Todos os que tinham abraçado a fé reuniam-se e punham tudo em comum: vendiam suas propriedades e bens, e dividiam-nos entre todos, segundo as necessidades de cada um.
>
> (At 2,44-45)

É uma descrição um tanto rápida e superficial para algo tão radical, mas Lucas repete-a adiante, dando mais detalhes. Há três partes nesse relato posterior. A primeira repete mais ou menos a proclamação anterior. A segunda e a terceira partes dão exemplos afirmativos e negativos do processo em ação:

> [1] A multidão dos que haviam crido era um só coração e uma só alma. Ninguém considerava exclusivamente seu o que possuía, mas tudo entre eles era comum. Com grande poder os apóstolos davam o testemunho da ressurreição do Senhor, e todos tinham grande aceitação. Não havia entre eles necessitado algum. De fato, os que possuíam terrenos ou casas, vendendo-os, traziam os valores das vendas e os depunham aos pés dos apóstolos. Distribuía-se então, a cada um, segundo a sua necessidade.

> [2] José, a quem os apóstolos haviam dado o cognome de Barnabé, que quer dizer "filho da consolação", era um levita originário de Chipre. Sendo proprietário de um campo, vendeu-o e trouxe o dinheiro, depositando-o aos pés dos apóstolos.

> [3] Entretanto, certo homem, chamado Ananias, com sua mulher, Safira, vendeu uma propriedade. Mas, com a conivência da esposa, reteve parte do preço. Levando depois uma parte, depositou-a aos pés dos apóstolos. Disse-lhe então Pedro: "Ananias, por que encheu Satanás o teu coração para mentires ao Espírito Santo, retendo parte do preço do terreno? Porventura, mantendo-o não permaneceria teu e, vendido, não continuaria em teu poder? Por que, pois, concebeste em teu coração este projeto? Não foi a homens que mentiste, mas a Deus". Ao ouvir estas palavras, Ananias caiu e expirou. E um grande temor sobreveio a todos os que disto ouviram falar. Os jovens, acorrendo, envolveram o corpo e o retiraram, dando-lhe sepultura. Passou-se um intervalo de cerca de três horas. Sua esposa, nada sabendo do que sucedera, entrou. Pedro interpelou-a: "Dize-me, foi por tal preço que vendestes o terreno?" E ela respondeu: "Sim, por tal preço". Retrucou-lhe Pedro: "Por que vos pusestes de acordo para tentardes o Espírito do Senhor? Eis à porta os pés dos que sepultaram teu marido; eles levarão também a ti". No mesmo instante ela caiu a seus pés e expirou. Os jovens, que entravam de volta, encontraram-na morta; levaram-na e a enterraram junto a seu marido. Sobreveio então grande temor à Igreja inteira e a todos os que tiveram notícias destes fatos.
>
> (At 4,32–5,11)

Como essa reivindicação deve ser avaliada? É essa uma comunidade imaginária que nunca existiu como tal? É idealismo anistórico e visionário? É apenas a insistência de Lucas na vida pacífica e serena da comunidade mais primitiva de Jerusalém? Eles tinham, diz ele, não só propósito e intenção comuns; tinham também bens em comum. Embora idealizada, essa descrição indica uma tentativa séria de coletivismo radical na comunidade cristã mais primitiva de Jerusalém?

Por um lado, seria possível indicar aquela sanção do *Manual de disciplina* de Qumrã vista anteriormente: "Se se encontrar entre eles alguém que mentiu voluntariamente a respeito de bens, ele será excluído do alimento puro dos Muitos durante um ano e será sentenciado a um quarto de seu pão" (1QS 6,24-25). Assim, talvez Ananias e Safira sejam fato? Por outro lado, seria possível lembrar a comédia de Aristófanes, também vista antes. Proxágora pretende aplicar seu novo programa, criando um fundo comum de "prata e terras" para o qual todos devem contribuir com tudo que possuam e do qual todos vão receber o que precisarem. Mas, seu marido Blepiro pergunta, e se alguém retiver, não terra, que seria difícil esconder, mas "talentos de prata e daricos de ouro", que seriam muito mais fáceis de esconder? Por que fazer isso, ela responde, quando, de qualquer modo, todos têm o que querem? (versos 596-607). Em todo relato de iniciação à propriedade comum, esta parece uma pergunta óbvia: E se alguém trapaceia? Assim, talvez Ananias e Safira sejam ficção?

Em recente ensaio, S. Scott Bartchy defende a historicidade fundamental do relato de Lucas contra o pano de fundo de honra e vergonha, patrocínio e clientelismo, parentesco real e parentesco fictício, no mundo mediterrâneo. Por um lado, "José Barnabé é considerado, antes de tudo, como um dos importantes beneméritos das comunidades cristãs judaicas de Jerusalém" (p. 315). Por outro lado, "Ananias e Safira não só desonraram e envergonharam a si mesmos como beneméritos, mas também revelaram-se de fora da comunidade, não parentes" (p. 316). Isso é bem verdade. Esses são, respectivamente, exemplos positivos e negativos da partilha com patrocínio. É bem verdade, também, que, em seus dois volumes, Lucas insiste bastante para que se dê mais esmolas, para haver mais apoio de patrocinadores e na responsabilidade dos cristãos *ricos* pelos cristãos *pobres*. Portanto, quer fato quer ficção, Ananias e Safira são os patronos negativos em contraste com a imagem positiva de José Barnabé. Mas é a partilha com patrocínio o único tipo possível e era esse o único tipo disponível para aquela comunidade de Jerusalém? "Os discípulos de Jesus que vieram da Galiléia para Jerusalém tiveram, com toda a probabilidade, de recorrer ao trabalho como diaristas para se sustentarem", como observa Bartchy (p. 315). Não poderia haver outro tipo de partilha, não *com patrocínio*, mas *comunitária*, a partilha de tudo que se possuísse com outros em situação semelhante? Assim como vimos no Capítulo 23 que havia refeições compartilhadas *com patrocínio* e *comunitárias*, não haveria também partilhas de bens *com patrocínio* e *comunitárias*? Em todo caso, apego-me a essa distinção e não igualo todas as partilhas à partilha com patrocínio. A partilha comunitária constitui uma crítica muito mais radical da comunidade comercializada do que a partilha com patrocínio, porque quanto mais aumenta a caridade individual, mais é ignorada a injustiça sistêmica. A partilha com patrocínio (esmolas) é ato de poder. A partilha comunitária é ato de resistência.

Recordemos que foi dito antes que o comunitarismo essênio variava da doação de todos os bens em Qumrã à doação de um mínimo do salário de dois dias por mês nas outras comunidades.

Penso nesse comunitarismo como um espectro de máximo a mínimo, mas quaisquer que sejam seus detalhes específicos, ele indica que uma Lei santa para uma época profana exige modelos de partilha comunitária. No entanto, enfatizo que partilhar significa dar e também receber. Se, por exemplo, alguém depende completamente da comunidade, deve dar completamente à comunidade. Com Jerusalém é a mesma coisa. Deixo em aberto se é preciso considerar "tudo em comum" de modo absoluto ou relativo. Proponho que houve uma tentativa séria de estabelecer o que chamaríamos de *comunidade compartilhada* à qual a pessoa dava, no máximo, tudo o que possuía ou, no mínimo, tudo o que podia dar. Contra esse pano de fundo, a falta (ficcional?) de Ananias e Safira foi mentir à comunidade, ao alegarem ter dado tudo, quando retiveram uma parte. Mas foi mentira prática, não apenas teórica. Tiravam da comunidade, *como se* já não tivessem recursos próprios. A narrativa admite, de fato, que eles não tinham de vender sua propriedade e que, mesmo após vendê-la, não tinham de entregar o produto à comunidade. Mas alegar uma dádiva absoluta era também alegar um direito absoluto, o direito absoluto de receber o que necessitavam, o direito absoluto de participar da refeição compartilhada eucarística da comunidade. Todos os comerciantes de Cristo não estavam na Galiléia e na Síria. Estavam também em Jerusalém, então, bem como em Qumrã: nenhuma mentira deliberada sobre bens, nenhuma reivindicação espúria ao sustento. O que vejo nos dois casos, com os judeus essênios e os judeus cristãos, é um impulso para instituir a *comunidade compartilhada* como reação à *comunidade comercial* – esforço feito, naturalmente, para viver em aliança com Deus. Em todo caso, é a coleta para os pobres que me convence a considerar o "tudo em comum", não idealismo imaginário, nem mesmo partilha com patrocínio, mas sim partilha comunitária.

A coleta para os pobres

A questão importante não é se, na comunidade de Jerusalém, todos davam tudo, mas se havia uma tentativa séria de viver juntos em comunidade. Em outras palavras, a questão é se isso era o equivalente urbano e de Jerusalém à dialética rural de comer e curar analisadas nas partes VII e VIII deste livro. O que me convence a levar a sério esse comunitarismo é algo que aprendemos de maneira bem direta com Paulo e de maneira bastante indireta com Lucas.

Para entender este argumento é necessário conhecer alguns antecedentes seus, e, ao apresentá-los, integro de maneira crítica dados dos Atos lucanos e das epístolas paulinas. Havia muito, alguns judeus imaginavam um ambiente apocalíptico no qual os pagãos seriam salvos e justificados sem se tornarem judeus, como na citação que fiz anteriormente de Paula Fredriksen: "Os gentios escatológicos... os que obteriam admissão ao Reino quando este fosse estabelecido, entrariam como gentios. Cultuariam e comeriam com Israel, em Jerusalém, no templo. O Deus que cultuam, o Deus de Israel, os redimirá do erro de idolatria: ele os salvará – para exprimir isto em linguagem um pouco diferente – misericordiosamente, à parte das obras da Lei" (1991, p. 548). Mas exatamente como isso funcionaria aqui na terra? Se Deus e a Lei de Deus não deviam ser trivializados, os gentios teriam de cessar de ser gentios antes de tal refeição em comum acontecer. Mesmo se não tivessem de se tornar judeus, com certeza teriam de se tornar ex-pagãos – isto é, ex-gentios. E o que, no mínimo ou no máximo, acarretava ser um ex-pagão? O que seria exigido? Se eles fossem dispensados "das obras da Lei", quem definiria essas "obras"? Por exemplo, a crença no Deus único e verdadeiro, o primeiro mandamento, não era exatamente a primeira obra da Lei? Com certeza era possível debater intensamente esta ou aquela *interpretação* da Lei de Deus, mas como seria possível escolher entre esta ou aquela *parte* da Lei de Deus?

Todas essas perguntas atingiram o clímax em dois incidentes registrados por Paulo em Gl 1–2, com todas as animosidades originais manifestadas por completo, e por Lucas em At 15, com todas as animosidades originais firmemente removidas. Vimos antes os detalhes desses incidentes – detalhes que agora são o pano de fundo para minha preocupação presente. O último item do Concílio de Jerusalém registrado por Paulo é este acordo:

> Nós só nos devíamos lembrar dos pobres [*ptōchōn*], o que, aliás, tenho procurado fazer com solicitude.
> (Gl 2,10)

Se só tivéssemos essa única sentença, seria difícil saber com exatidão o que ela significava. Mas está claro por outros textos que devia ser coletado dinheiro de comunidades pagãs cristãs em benefício da comunidade judaico-cristã de Jerusalém. Essa é a parte fácil. A parte difícil é se isso era simples alívio da pobreza – dinheiro destinado a aliviar a indigência entre os judeu-cristãos de Jerusalém e, além deles, judeus não cristãos – ou se era destinado a sustentar a própria comunidade de Jerusalém sob o nome teologicamente carregado de pobres. Se falamos só do alívio da pobreza, por que deveriam os pobres de Jerusalém ter precedência sobre os pobres de Antioquia, Éfeso, Filipos, Corinto e qualquer outra comunidade pagã cristã? Por que os cristãos pobres de Jerusalém estariam em maiores dificuldades que os cristãos pobres de qualquer outra cidade? Portanto, inclino-me a considerar que essa coleta destinava-se primordialmente à comunidade de Jerusalém em si e que seus membros se autodenominavam pobres. Parece-me, entretanto, que esse título requeria alguma forma de comunitarismo, algum tipo de estilo de vida comunitário, certo grau de diferença entre a comunidade de Jerusalém e outras comunidades cristãs.

Pensemos, por um momento, na coleta judaica anual para o Templo de Jerusalém. O dinheiro envolvido era o meio siclo ou *didracma* anual, "imposto cobrado de todos os judeus com mais de vinte anos de idade, inclusive libertos e prosélitos" (*Greek and latin authors on jews and judaism* [*Autores gregos e latinos sobre judeus e judaísmos*], v. 1, p. 198) para o Templo de Jerusalém. Essa subvenção anual era para o culto público do templo. Não era coleta para os pobres de Jerusalém e, se isso fosse proposto, a mesma pergunta óbvia seria provavelmente feita: Não havia judeus pobres em todas as cidades e não devia cada cidade cuidar dos seus? Do mesmo modo, afirmo, a coleta para os pobres era em apoio de algo bastante público: a comunidade de Jerusalém como ideal escatológico, com seu estilo de vida paradigmático de partilha comunitária. Só algo tão importante como isso justifica o espaço dado à coleta. Nas cartas de Paulo, as referências são explícitas e extensas. Entretanto, as encontradas nos Atos dos Apóstolos são, mais uma vez, problemáticas. Com certeza, Lucas conhece as tradições a respeito da coleta, mas, ou não entende o que tem ou não quer admitir o que sabe. Ele não escreve uma única palavra explícita a respeito da coleta, mas faz diversas referências decisivas que só podem se aplicar a ela. Eis os textos principais (mas notemos que Lucas só faz sentido se, por meio de Paulo, soubermos o que acontece):

Promessa:	Gl 2,10	
Coleta:	1Cor 16,1-4; 2Cor 8–9	At 11,27-30
Entrega:	Rm 15,30-31	At 20,4
Desastre:	At 21,17-26	

A *promessa* foi feita no Concílio de Jerusalém, em Gl 2,10. A *coleta* foi realizada em quatro províncias romanas: Galácia, Ásia, Macedônia e Acaia. Os planos de Paulo para a coleta continham dois passos. Primeiro, cada comunidade devia recolher o que pudesse todos os domingos. Segundo, posteriormente, dois representantes autorizados acompanhariam Paulo a Jerusalém com a doação de cada província. Os temores de Paulo pelas conseqüências da entrega da coleta ficam comovedoramente claros quando ele escreve de Corinto aos romanos no inverno de 55 para 56:

> Contudo, eu vos peço irmãos, por nosso Senhor Jesus Cristo, e pelo amor do Espírito, que luteis comigo, nas orações que fazeis a Deus por mim, a fim de que eu possa escapar das mãos dos incrédulos da Judéia, e para que o meu serviço em favor de Jerusalém seja bem aceito pelos santos.
>
> (Rm 15,30-31)

Há um duplo perigo em Jerusalém. Judeus não-cristãos poderiam considerar Paulo um traidor que havia difamado a Lei de Deus ao proclamar que *nem* judeus *nem* pagãos deviam observá-la. Os judeu-cristãos podiam, no mínimo, considerá-lo um perigo e talvez até traidor também. Podiam se recusar a aceitar a coleta considerando-a conivência com uma posição que não aceitavam. Lucas, não Paulo, nos relata o que aconteceu:

> Tiago... todos os anciãos... disseram-lhe: "Tu vês, irmão, quantos milhares de judeus há que abraçaram a fé, e todos são zeladores da Lei! Ora, foram informados a teu respeito, que ensinas todos os judeus, que vivem no meio dos gentios, a apostatarem de Moisés, dizendo- lhes que não circuncidem mais seus filhos nem continuem a seguir suas tradições. Que fazer? Certamente há de aglomerar-se a multidão, ao saberem que chegaste. Faze, pois, o que te vamos dizer. Estão aqui quatro homens que têm a sua promessa a cumprir. Leva-os contigo, purifica-te com eles, e encarrega-te das despesas para que possam mandar raspar a cabeça. Assim todos saberão que nada existe do que se propala a teu respeito, mas que andas firme, tu também observante da Lei".
>
> (At 21,18-24)

Disseram a Paulo, suponho, que a coleta não seria aceita, a menos que usasse parte dela como Tiago e os anciãos exigiam. Não tenho certeza da maneira como formularam essas condições. Segundo o discurso feito por Lucas, Paulo foi hipócrita ao aceitar a coleta, pois ele próprio não era "observante da Lei". Mas, como Lucas relata, os judeus da Diáspora atacaram Paulo no templo por ter trazido um pagão para dentro da área proibida; ele foi preso e executado quatro anos mais tarde em Roma. Não admira que, se sabia a respeito da coleta, Lucas não quisesse descrever com demasiada clareza o que aconteceu. Paulo tinha esperança que ela mantivesse judeu-cristãos e judeus pagãos no plano da caridade em vez de no da teologia. Isso não deu certo e custou-lhe a vida.

Ao analisar a coleta, meu propósito é ver se ela lança alguma luz sobre a comunidade de Jerusalém. É, com certeza, outra indicação de que Tiago e os judeu-cristãos da comunidade de Jerusalém eram observantes da Lei. Como judeu-cristãos, eles ainda tinham de obedecer a Lei de Deus. Mas minha posição é que a comunidade de Jerusalém não poderia esperar esse "serviço pelos santos" administrativo, a menos que seu estilo de vida fosse, de certo modo, especial, a menos que pudessem justificar o título de pobres, com uma existência comunitária semelhante à do acampamento dos essênios. Essas comunidades viviam a Lei de Deus plena e fielmente pela partilha dos bens, das posses e dos salários, conforme as regras que adotavam. E a refeição em comum era o símbolo eficiente e o verdadeiro centro dessa coletividade.

A Igreja de Jerusalém era comunidade de participação com uma refeição compartilhada como centro cultual. Era também comunidade apocalíptica, o que explica por que estava onde estava – em Jerusalém e não, por exemplo, ainda na Galiléia. A iminente consumação apocalíptica aconteceria em Jerusalém; lá é que Jesus voltaria. Por fim, essa coletividade refletia-se na experiência arrebatadora relatada em At 2:

> Tendo-se completado o dia de Pentecostes, estavam todos reunidos no mesmo lugar. De repente, veio do céu um ruído como o agitar-se de um vendaval impetuoso, que encheu toda a casa onde se encontravam. Apareceram-lhes, então, línguas como de fogo, que se repartiam e que pousaram sobre cada um deles. E todos ficaram repletos do Espírito Santo e começaram a falar em outras línguas, conforme o Espírito lhes concedia se exprimissem.
>
> (At 2,1-4)

> Mais uma vez, Lucas interpreta contrariamente a seus dados. Não foi um Berlitz instantâneo, no qual todos começaram a falar línguas estrangeiras que não haviam estudado. Era "falar em línguas", falar línguas em vez de falar palavras – isto é, elocuções prolongadas e arrebatadas que envolviam palavras sem sentido. Os participantes, em número de 120, foram identificados como homens e também mulheres em At 1,14-15. Mas observemos que o Espírito desceu sobre todos igualmente – dividiu-se por assim dizer, para encher todos os membros igualmente, de modo que todos responderam da mesma maneira, com uma única voz de não-linguagem arrebatadora. Era o Espírito que se repartia igualmente para uma comunidade que devia fazer o mesmo.

PARTE X

NARRATIVA E TRADIÇÃO

Presume-se que havia outrora um relato histórico mais antigo que foi posteriormente suplementado com materiais tirados da profecia bíblica... Há, entretanto, sérias objeções a essa hipótese. Forma, estrutura e situação de vida desse relato de paixão histórica e sua transmissão nunca foram esclarecidas. A alternativa é mais convincente: No início havia apenas a crença de que o sofrimento, a morte e o sepultamento de Jesus e também sua ressurreição, aconteceram "segundo as Escrituras" (1Cor 15,3-4). As primeiras narrativas do sofrimento e morte de Jesus não teriam feito a tentativa de lembrar o que realmente aconteceu. Antes, teriam encontrado o fundamento lógico e o conteúdo do sofrimento e da morte de Jesus na memória daquelas passagens nos salmos e nos profetas que falavam do sofrimento dos justos... No ensinamento e na pregação das comunidades cristãs mais primitivas... desde o começo a paixão de Jesus nunca foi provavelmente contada sem a estrutura dessa referência bíblica.
Helmut Koester, *Apocryphal and canonical gospels* [*Evangelhos apócrifos e canônicos*], pp. 127-128.

É inconcebível que eles [os Doze] não demonstrassem preocupação a respeito do que aconteceu a Jesus após a prisão. É verdade, não existe nenhuma afirmação cristã de que eles estivessem presentes durante os procedimentos legais, judaicos ou romanos, contra ele; mas é absurdo pensar que não tivessem algumas informações disponíveis sobre as razões de Jesus ser pregado na cruz... Assim, desde os primeiros dias a matéria-prima histórica disponível poderia ter-se desenvolvido em uma NP (narrativa da paixão) que se estendesse da prisão ao sepultamento, não importa que forma recebesse no decorrer do uso evangélico e como fosse embelezada e aumentada pela imaginação cristã. No entanto, alguns estudiosos insistem que o empreendimento evangélico significa que os cristãos não tinham interesse na matéria-prima histórica, estivesse ela disponível ou não... Os primeiros seguidores de Jesus sabiam muitas coisas sobre a crucificação em geral e, quase com certeza, alguns dos detalhes da crucificação de Jesus, p. ex., que tipo de cruz foi empregada. Contudo, o que está preservado na narrativa é, na maior parte, o que repete a Escritura (divisão das vestes, oferecimento de vinho avinagrado, últimas palavras de Jesus).
Raymond E. Brown, *The death of the Messiah* [*A morte do Messias*], pp. 14-15.

Nas partes VII e VIII deste livro, a vida e o programa do Jesus histórico foram investigados por intermédio da Tradição dos Ditos Comuns e em suas redações independentes no *Evangelho Q* e no *Evangelho de Tomé*. Esses textos refletiam primordialmente a voz dos itinerantes, os radicais proféticos que citavam os caminhos e as palavras de Jesus para justificar suas vidas. Seus correlatos necessários eram os chefes de família, tais como os da *Didaqué*, que aceitavam o desafio profético, mas também controlavam seu radicalismo destruidor. O mais notável em toda essa trajetória é o silêncio completo sobre a morte e a ressurreição de Jesus. Embora enfaticamente interessada na morte e ressurreição de Jesus, a tradição estudada nas partes IX e X silencia igualmente sobre sua vida e seu programa. No Capítulo 23, mencionei que a Tradição da Refeição em Comum liga essas duas trajetórias em nível bastante profundo, possivelmente o nível mais profundo de todos. Nos capítulos 25 e 26, examino outro elo profundo entre essas duas trajetórias, agora não com referência a *refeição*, mas com referência a *narrativa*. Não é a narrativa da perseguição e justificação *individual* de Jesus, pois isso só está presente na tradição da paixão e ressurreição. É a narrativa, em hino mítico e relato biográfico, de perseguição *coletiva* e justificação *coletiva*.

Nesta Parte X final, o enfoque está na *narrativa* da morte e ressurreição de Jesus. Há sempre dois aspectos em discussão: separados mas ligados, é preciso estudá-los nesta ordem: *fontes* e *origens*. Primeira pergunta: Que *fontes* dependentes e independentes temos para esta narrativa da morte e ressurreição de Jesus? Segunda pergunta: Que *origens* precisam ser postuladas para explicar as relações de fontes reveladas? É necessário abordar tais perguntas nessa ordem, porque toda conclusão sobre origens basear-se-á na resposta sobre as fontes. Se, por exemplo, Mateus, Marcos, Lucas, João e o *Evangelho de Pedro* fossem identificados como cinco fontes independentes para essa narrativa, as origens seriam interpretadas de uma forma. Se, entretanto, essas cinco versões remontassem todas a uma única linha de tradição dependente e copiada, teriam de ser propostas origens muito diferentes. Além disso, assim como o *Evangelho de Tomé* foi decisivo para um entendimento da tradição da vida de Jesus, também o *Evangelho de Pedro* é decisivo para a tradição da morte de Jesus. Um é o quinto evangelho para a tradição da vida, o outro é o quinto evangelho para a tradição da morte.

O Capítulo 25 faz duas perguntas. Primeiro, há um relato *narrado consecutivamente* e *canonicamente independente* da morte e ressurreição de Jesus agora encaixado no *Evangelho de Pedro*? Aquela primeira expressão em itálico – *narrado consecutivamente* – exclui unidades aleatórias e desconexas da tradição. Ela coloca a pergunta a respeito de uma narrativa seqüencial, com começo, meio e fim, com integridade como texto, identidade como gênero, e profundidade como teologia. A segunda frase em itálico – *canonicamente independente* – exclui a dependência de nossos quatro evangelhos canônicos atuais. (Não há nenhuma presunção de que tal relato seria, assim, historicamente mais exato ou teologicamente mais profundo que um ou todos os canônicos.) A segunda pergunta é muito mais ampla: De onde vem essa narrativa? É, nos meus termos *história lembrada* – isto é, registro, embora adaptado e desenvolvido, daquilo que aconteceu a Jesus, tal como a máquina fotográfica registraria, se estivesse disponível na época? Ou é, mais uma vez em meus termos, *profecia historicizada* – isto é, os fatos cruéis da execução transformados em narrativa a partir de uma série de textos, tipos, padrões e modelos bíblicos em todos os níveis da narração?

O Capítulo 26 depende diretamente das respostas dadas a essas duas perguntas no capítulo anterior. Se tudo é basicamente história lembrada, então, já se vê, é inevitável que apareça como narrativa. Nem toda narrativa é história, mas toda história é narrativa. Nesse entendimento, *não* perguntamos: Por que o relato da paixão e ressurreição é narrativa? O que mais ele *pode* ser? Mas, se o entendemos como profecia historicizada, então uma nova pergunta se impõe nessa interpretação: Por que ou como ele se transformou nessa narrativa? O que ou quem transformou a exegese em narrativa?

Algumas palavras sobre a epígrafe anterior de duas partes. Primeiro, há três estudiosos norte-americanos envolvidos nesses parágrafos: Brown, Koestner e eu mesmo. Como já mencionei, pretendo continuar o debate entre esses três autores em toda esta Parte X. Vou salientar os pontos em que discordo, principalmente onde essa discordância for profunda e irremediável. Mas também quero ver se há vislumbres de concordância ou possibilidades de entendimento entre nossas opiniões opostas.

Segundo, estejamos alertas à retórica do segundo parágrafo. A frase inicial da citação de Raymond Brown – "não demonstrassem *preocupação*" – confunde o problema, que não é *preocupação*, mas *conhecimento*. O que os companheiros de Jesus *sabiam* a respeito dos acontecimentos da paixão? A questão fica mais confusa quando Brown (em texto não incluído aqui) mistura *preocupação* e *conhecimento*, primeiro ao negar que "os primeiros seguidores de Jesus *não se importavam* com o que aconteceu e *não sabiam* nada a respeito" (p. 16) e depois ao se recusar a descer "ao niilismo de supor que nenhum autor *se importasse* com o que aconteceu na paixão de Jesus ou soubesse algo a respeito dela" (p. 1361, nota 20, itálicos meus). Não é questão de se importar nem de se preocupar. É questão de considerar o que os companheiros de Jesus *sabiam* e, mais importante, o que precisavam *expressar* na narrativa da paixão e ressurreição. Além disso, voltando à epígrafe, o debate não é sobre possibilidades, mas sobre realidades, não é sobre o que *podia* ter acontecido, mas sobre o que, em nossa melhor reconstrução histórica, *realmente* aconteceu.

Por fim, nos capítulos 25 e 26, meu enfoque está sempre na narrativa da paixão e ressurreição. Com *narrativa*, tenho em mira uma narração consecutiva e não apenas uma declaração confessional. Com paixão *e* ressurreição, tenho em mira uma narrativa que sempre inclui acusação *e* justificação, perigo *e* libertação, perseguição *e* defesa, derrota *e* triunfo. Mesmo se houve etapas mais primitivas em que a ênfase não estava em um crucificado ressuscitado por Deus, a narrativa era sempre a respeito de um inocente justificado por Deus. Nunca, mas nunca mesmo, era simplesmente uma narrativa da paixão. Portanto, sempre que, nestes últimos capítulos, falo da *narrativa*, é sempre uma abreviação para a história da paixão e justificação.

Capítulo 25

A outra narrativa da paixão e ressurreição

[1] O *EvPd*... teve outra fonte além de Mateus, a saber, um relato mais aperfeiçoado dos guardas no sepulcro. (Esse ponto é também apoiado pela seqüência da narrativa no *EvPd*.) O fornecimento do nome do centurião, os sete selos, a pedra que rolou sozinha, o relato da ressurreição com as figuras gigantescas, a cruz falante, a confissão de Jesus como Filho de Deus pelas autoridades judaicas e o medo que estas sentiam do povo – é plausível que todos esses elementos estivessem em forma mais aperfeiçoada na narrativa conhecida do autor do *EvPd* e ausente da forma conhecida de Mateus.

[2] O *EvPd* não tinha [nenhum] evangelho escrito à sua frente, embora estivesse familiarizado com Mateus por tê-lo lido com atenção no passado e/ou ouvido sua leitura várias vezes no culto comunitário do Dia do Senhor, de modo que esse evangelho deu a forma dominante a seu pensamento. Com toda a probabilidade, ele ouvira pessoas familiarizadas com os evangelhos de Lucas e João – talvez pregadores itinerantes que reformulavam as narrativas proeminentes – de modo que conhecia parte de seu conteúdo, mas não tinha idéia de sua estrutura... Não vejo nenhuma razão determinante para pensar que o autor de *EvPd* tenha sido influenciado diretamente por Marcos.

Raymond E. Brown, *The death of the Messiah* [*A morte do Messias*], pp. 1307, 1334-1335.

Raymond Brown é extremamente claro nas suas pressuposições de fonte para a narrativa da paixão e ressurreição. Primeiro, a respeito dos três evangelhos sinóticos: "Marcos é o mais antigo dos evangelhos sinóticos e... Mateus e Lucas tiraram o esboço, a substância e grande parte da redação de suas NPs [narrativas da paixão] da de Marcos" (1994, p. 40). Segundo, a respeito dos sinóticos e João: "Vou me basear na tese de que João escreveu sua NP [narrativa da paixão] independentemente da de Marcos" (1994, p. 82). Em outras palavras, há duas fontes escritas independentes e consecutivas para a narrativa, uma em Marcos e outra em João.

Concordo com Brown a respeito dos evangelhos sinóticos. Essa posição, como ele disse, é "claramente o ponto de vista da maioria dos estudiosos" (1994, p. 40). Expliquei esse ponto de vista no Capítulo 8, como o primeiro de meus seis importantes pressupostos de fontes neste livro. Entretanto, discordo de sua segunda preposição. Há agora uma divisão nos estudos sobre a dependência ou independência de João em relação aos evangelhos sinóticos, e Brown e eu estamos em lados opostos nesse debate. Como expliquei no mesmo Capítulo 8, a dependência de João em relação aos sinóticos para sua narrativa da paixão e ressurreição é meu terceiro importante pressuposto de fonte neste livro. Mas a decisão final sobre fontes da narrativa da paixão e ressurreição é a relação do *Evangelho de Pedro* extracanônico com os evangelhos intracanônicos. Esse será meu sexto importante pressuposto sobre fontes neste livro.

Neste capítulo, concentro-me nos pontos em que Brown e eu mais nos aproximamos a respeito dessa relação. Mostro a posição de Brown na epígrafe anterior, onde enfatizo numericamente seus principais componentes. Concordamos realmente em dois pontos fundamentais. Primeiro, o *Evangelho de Pedro* é documento tardio e composto – isto é, uma composição do século II que inclui fontes intracanônicas e extracanônicas. Segundo, o *Evangelho de Pedro* contém uma fonte consecutiva e canonicamente independente que constitui cerca de metade de seu conteúdo. Mais uma vez, como sempre e para todos: errado nas fontes, errado nas reconstruções.

Documento composto

[No *Evangelho de Pedro*], declarações antigas foram suprimidas ou intencionalmente deturpadas e deslocadas: foram introduzidas novas declarações que não parecem merecer crédito. Nada ficou como antes. Aqui é "A historia como deveria ser": "Versículos excluídos" dos antigos registros bem conhecidos. E ninguém que se dê ao trabalho de comparar sentença por sentença, palavra por palavra, os novos "Versículos excluídos" com o antigo "Versículo por versículo", deixa de voltar aos quatro evangelhos com uma sensação de alívio por ter escapado da prisão sufocante do preconceito para a atmosfera franca e revigorante de pura simplicidade e inocente sinceridade... E, assim, os novos fatos são exatamente o que deveriam ser se a tradição universal da Igreja quanto à posição suprema e única dos quatro evangélicos canônicos ainda deve ser sustentada pela crítica histórica.
J. Armitage Robinson, *The gospel according to Peter* [O evangelho segundo Pedro], pp. 31-32.

Cem anos após essa avaliação um tanto estridente acerca do *Evangelho de Pedro*, Brown faz um sumário muito mais equilibrado: "O *EvPd* é um evangelho que reflete o cristianismo popular, isto é, o cristianismo das pessoas comuns, não no grande centro de Antioquia, onde a leitura e a pregação pública exerciam maior controle, mas nas cidades menores da Síria... O *EvPd* não era heterodoxo, mas incorporava muitos elementos imaginativos que ultrapassavam os evangelhos canônicos... Tardiamente nos proporcionou um fascinante discernimento da maneira dramática como alguns cristãos comuns do início do século II interpretavam a morte do Messias. Por baixo do drama, à sua maneira, o *EvPd* proclamou que Jesus era o Senhor divino, vitorioso sobre tudo que os inimigos lhe fizeram pela crucificação" (pp. 1345-1348). No meio dessas reações opostas, o que é o *Evangelho de Pedro*?

Não é uma hipótese necessária, como o *Evangelho Q*, mas sim um texto que foi conservado, como o *Evangelho de Tomé*. Existe no Códice Panopolitano ou Códice Cairense 10759, grande fragmento de sessenta versículos copiado em um códice pergamináceo entre os séculos VII e IX, que foi descoberto na antiga Panópolis, no Egito, e publicado separadamente em 1892 por Urbain Bouriant e Adolfe Lods. Também existe como *Papiro de Oxirrinco* 2949, dois diminutos fragmentos de rolo de três versículos datados do fim do século II ou do início do século III, descobertos no antigo Oxirrinco, no Egito, e publicado por R. A. Coles em 1972. Dieter Lührmann (1981) e Jay Treat (1990) fizeram comparações cuidadosas dos dois textos. Está claro que há diferenças no material comum entre essas duas versões, mas menores que, por exemplo, no material comum entre as versões grega e copta do *Evangelho de Tomé* ou as versões grega e copta da *Didaqué*. Em todos os casos, temos de trabalhar, embora experimental e hipoteticamente, com o que temos disponível.

O texto maior já era fragmentário mesmo quando copiado juntamente com outros dois textos em um livrinho para a eternidade enterrado na sepultura de um monge cristão. Começa no meio do julgamento de Jesus e termina no início do que pode ser uma aparição ressuscitada no mar da Galiléia. Como esse final fragmentado menciona "Eu, Simão Pedro", estudiosos equipararam o documento àquele contra o qual Serapião, bispo de Antioquia, escreveu seu tratado sobre O *suposto Evangelho de Pedro* na última década do século II. Eusébio de Cesaréia diz que Serapião "escreveu para refutar as mentiras nesse documento, que tinham induzido alguns membros da comunidade cristã em Rossos a se deixar seduzir por doutrinas heterodoxas". Mas aí ele cita um longo parágrafo de Serapião que indica um julgamento um tanto mais ambíguo (Williamson 252):

> Consegui manusear o livro e cheguei à conclusão de que, embora a maior parte dele estivesse de acordo com o autêntico ensinamento do Salvador, algumas passagens eram adições espúrias.
> (*História eclesiástica* 6,12)

A ambigüidade, podemos dizer, acompanhou este texto desde sua primeira notação, e a ambivalência de Serapião ainda paira sobre ele como uma nuvem. Os estudiosos têm até uma forma característica de citá-lo: por capítulo e versículo, sim – mas, ao contrário das citações canônicas, os versículos continuam através dos capítulos. Temos por exemplo *EvPd* VIII,28-33 seguido de IX,34-37, seguido de X,38-42 etc.

Desde sua publicação em 1892, a primeira e mais precisa pergunta erudita tem sido a relação entre o *Evangelho de Pedro* e os evangelhos canônicos. Mas há também uma segunda pergunta mais ampla. Qual era o propósito redacional do autor? Não importa como se responda à primeira pergunta, a segunda precisa também ser abordada. Se, por exemplo, o *Evangelho de Pedro* era uma versão condensada mais tardia das versões canônicas, qual é a lógica de sua fusão: por que isto foi omitido, isso mudado e aquilo acrescentado; qual é a intenção composicional do produto final?

Como os estudiosos responderam à primeira pergunta nos últimos cem anos? Defenderam eles cada uma das três posições logicamente possíveis. Primeiro, o *Evangelho de Pedro* é canonicamente dependente. Segundo, o *Evangelho de Pedro* é canonicamente dependente, mas também é canonicamente independente – isto é, contém tradições intracanônicas e extracanônicas. Terceiro, o *Evangelho de Pedro* é canonicamente independente. Saliento essa tríplice resposta porque ela costuma ser resumida como apenas uma resposta dúplice, de dependência ou independência. Na verdade, as duas primeiras opções estavam presentes desde o início. A terceira opção chegou muito mais tarde.

Primeiro, o *Evangelho de Pedro* é canonicamente dependente. Essa é a posição do biblista de Cambridge J. Armitage Robinson, citado na epígrafe anterior. Sua "palestra sobre 'o evangelho segundo Pedro' realizou-se no salão do Christ's College, em 20 de novembro, três dias após o texto ser visto pela primeira vez em Cambridge", e o prefácio de sua versão publicada tem a data de 1º de dezembro – tudo em 1892, o mesmo ano em que Bouriant e Lods publicaram as transcrições preliminares do texto recém-descoberto (pp. 7-8). Robinson decidiu-se pela "inequívoca familiaridade do autor com nossos quatro evangelistas... Ele usa e abusa de um de cada vez... Usa nossos evangelhos gregos; não há nenhuma prova (embora já se vê, sempre exista a possibilidade) de que conhecesse outro registro evangélico além desses" (pp. 32-33).

Segundo, o *Evangelho de Pedro* é canonicamente dependente, mas também é canonicamente independente. Funde tradições intracanônicas e extracanônicas. Intitulei esta seção "Documento composto" para enfatizar esta segunda opção. A posição recebeu (quase tão rapidamente quanto a primeira) o apoio do professor de Berlim, Adolf von Harnack, que realizou palestras sobre o *Evangelho de Pedro* na Academia Prussiana de Ciências, em 3 e 10 de novembro. O prefácio de seu livro traz a data de publicação de 15 de dezembro – mais uma vez de 1892. Primeiro, von Harnack conclui que o *Evangelho de Pedro* contém dados dos evangelhos intracanônicos, mas seus comentários não esclarecem se esses dados foram obtidos por empréstimo literário direto, por conhecimento oral indireto, ou simplesmente pelo uso de tradições comuns. Segundo, ele conclui que a relação com Marcos é a mais provável, que a com Mateus é menos provável e que a ordem de probabilidade decrescente continua com Lucas e depois João, ou mesmo João e depois Lucas. Terceiro, ele alega que o texto também contém tradições independentes que "não devem ser rejeitadas coletivamente, nem mesmo em oposição a seus correlativos intracanônicos" (p. 47). Foi Robinson quem dividiu o documento em quatorze minicapítulos, e Harnack quem o dividiu em sessenta versículos. Toda vez que citamos o texto, combinamos suas divisões independentes e recordamos aquela primeira divisão de opinião a respeito dele.

Terceiro, o *Evangelho de Pedro* é canonicamente independente. Mais de trinta anos após a incisiva rejeição do valor desse evangelho por Robinson, os comentários de Percival Gardner-Smith foram igualmente mordazes. "Um livro tão absurdo e fantástico parece indigno de atenção séria" (1925-1926a, p. 255). O autor desse evangelho, afirmou Gardner-Smith, "tinha muitos defeitos, era crédulo, atrapalhado, incompetente e talvez herético" (1925-1926a, p. 407). Contudo, apesar dessas críticas, os dois artigos de Gardner-Smith argumentaram que "a força das provas pela dependência de 'Pedro' dos evangelhos canônicos tem sido grandemente superestimada e, por outro lado, não têm sido suficientemente aproveitados os aspectos independentes da narrativa petrina, que são muito difíceis de explicar segundo a hipótese de dependência literária" (1925-1926a, p. 270). Ele concluiu que o *Evangelho de Pedro* "não conhecia a obra de Mateus, Marcos, Lucas e João", mas que Pedro e eles trabalharam a partir das "tradições instáveis com as quais estavam familiarizados e fizeram delas as melhores narrativas que puderam" (1925-1926a, p. 270). Com essa controvérsia, as três posições possíveis são oportunas. E enfatizo mais uma vez que há *três* dessas posições, não apenas a primeira e a terceira, que costumam ser realçadas.

Há *três* posições, certamente, mas a primeira posição sempre foi o ponto de vista dominante ou majoritário. A *primeira* opção, dependência, aparece em comentários mais antigos (de Swete em 1893, passando por Vaganay em 1930 até Mara em 1973) e em artigos de crítica mais recentes (de Green em 1987 e Neirynck em 1991, passando por Charlesworth e Evans em 1994 até Kirk em 1994 e Van Voorst em 1995). A *terceira* opção, independência é, claramente, opinião minoritária. Aparece principalmente a partir de Denker em 1975, passando por Koester em 1980a e 1990a (e seus alunos, Johnson em 1965 e Hutton em 1970) até Dewey em 1989, 1990 e 1995. A *segunda* opção, fusão de dependência e independência, é minoria entre uma opinião da minoria. Por que, então, dou-me ao trabalho de debatê-la contra uma maioria de oposição tão forte? Em outras palavras, o que me persuadiria de que a primeira, a opinião da maioria, está correta? O que refutaria a segunda ou a terceira opções para mim?

Minha resposta é simples. Isto me persuadiria: qualquer explicação adequada de como um autor passou de um ou mais dos evangelhos canônicos para o *Evangelho de Pedro* ainda conservado. Por que e como ele foi realmente composto? Recordemos, do Capítulo 8, que a relação genética e a confirmação redacional são os critérios normalmente usados para discutir uma fonte. Primeiro, encontramos DNA canônico presente no *Evangelho de Pedro*? Eu mesmo respondo sim a essa pergunta, mas vejo indícios genéticos em apenas certas partes dele. Segundo, e todo o *resto*? Qual é o propósito redacional ou a intenção editorial do *conjunto*?

Duas explicações redacionais possíveis são, por exemplo, os caprichos da memória e/ou as necessidades da teologia. A primeira solução, redação pela memória (já analisada nos capítulos 2 e 8), é a resposta de Brown. Minha objeção ainda é a mesma. Até a má memória tem sua lógica, assim, por que o *Evangelho de Pedro* foi composto dessa maneira? Por que, em especial, se lembra de tanto material que nunca esteve canonicamente presente em primeiro lugar? A segunda solução, redação pela teologia, tem duas possibilidades principais. Uma é o docetismo, o desejo de diminuir a realidade da existência corpórea de Jesus, problema tratado no Capítulo 2. Mas, se o plano era esse, foi, como Jerry McCant demonstrou, um triste fracasso. Outra intenção muito mais plausível é o antijudaísmo. Em outras palavras, talvez o *Evangelho de Pedro* omita, combine e expanda os evangelhos canônicos para aumentar o ataque a alguns outros judeus ou até mesmo a todos os outros judeus, exceto aqueles para os quais foi escrito. Deixo essa possível intenção de lado, por enquanto, mas a ela volto minuciosamente a seguir.

Em livros publicados em 1988 e 1995, debati três pontos ligados ao *Evangelho de Pedro*, embora independentes dele. Exponho-os no que considero a ordem ascendente da importância histórica e teológica. Primeiro o *Evangelho de Pedro* é combinação cuidadosa de duas narrativas da paixão e ressurreição, uma extracanônica (na qual Jesus foi sepultado por seus *inimigos*, a quem mais tarde apareceu) e uma intracanônica (na qual foi sepultado por seus *amigos*, a quem mais tarde apareceu). Segundo, essa versão extracanônica, ou dos inimigos, é coerentemente mais antiga que a versão intracanônica ou dos amigos e foi usada como sua fonte. Terceiro, essa narrativa básica de paixão e ressurreição não era história lembrada, mas profecia historicizada, distinção a ser explicada mais adiante. Chamei essa versão extracanônica, ou dos inimigos, de *Evangelho da cruz*, para enfatizar que era uma fonte mais antiga, não equivalente ao *Evangelho de Pedro* em si, mais completo e mais tardio. O nome não tem importância; chamemo-lo do que quisermos para propósitos de análise ou até de rejeição.

Creio ser justo dizer que essa teoria foi saudada com rejeição quase universal. Li todos os contra-argumentos, mas, no fim, o *Evangelho de Pedro* continua presente e ainda não está adequadamente explicado. O problema é semelhante ao da *Didaqué*. Houve argumentos plausíveis nas duas direções: esta ou aquela passagem é dependente ou independente dos evangelhos canônicos. Mas, no fim, a questão do *conjunto* ainda pesa. Qual é o propósito redacional geral do documento como entidade completa com integridade própria?

Não retiro nenhum desses três pontos importantes, nem pretendo fazê-lo a menos que surja alguém com uma interpretação melhor da intenção redacional, da lógica composicional e do propósito autoral do *Evangelho de Pedro*. Mas esses três pontos podem ser claramente separados e é isso que desejo fazer aqui. Ao examinar *apenas* o primeiro ponto e presumir os argumentos dados nesses livros de 1988 e 1995, busco ampliá-los em vez de repeti-los. Faço, portanto, uma única pergunta: Admitindo a existência de fontes intracanônicas no *Evangelho de Pedro*, há ali também uma fonte extracanônica, independente, consecutiva? Não falo de tradições orais aleatórias ou fragmentos escritos dispersos, mas de uma fonte narrativa consecutiva. Esse é o primeiro passo fundamental de minha proposta global e quero descobrir se é possível algum consenso sobre exatamente esse ponto. Por enquanto, deixo de lado qualquer teoria geral, para fazer apenas aquela única pergunta preliminar: O *Evangelho da cruz*, não importa que nome tenha, existe dentro do *Evangelho de Pedro* atual? Assim, no momento tenho um objetivo bastante limitado. Começo com a forma como Brown e eu concordamos e discordamos nessa única pergunta.

Fonte independente

Brown... aproxima-se do *Evangelho da cruz* de Crossan em sua abordagem da narrativa dos guardas no sepulcro [*EvPd* VIII,28–XI,49]; o autor conhecia uma forma independente desta longa narrativa, e uma forma pré-mateana menos desenvolvida da mesma narrativa está preservada no evangelho de Mateus.

Frans Neirynck, *The historical Jesus: reflections on an inventory* [*O Jesus histórico: reflexões sobre um inventário*], p. 229.

A respeito da hipótese de Brown [sobre aquela forma independente da narrativa dos guardas no sepulcro], a resposta de Crossan faz sentido: "Nunca poderia haver tal narrativa independente sem um relato anterior de condenação e crucificação".

Frans Neirynck, crítica de *Who killed Jesus?* [*Quem matou Jesus?*], p. 456.

Neirynck discorda completamente de minha teoria sobre o *Evangelho de Pedro* (1989), mas admite os dois pontos mencionados nessas epígrafes (1994a; 1995b). Esses dois pontos formam o centro da discussão a seguir. Mas como a expressão "a narrativa dos guardas no sepulcro" pode ser um título um tanto mínimo, aqui vai a narrativa completa. Envolve dois dos três atos em meu proposto *Evangelho da cruz* e vinte e dois dos sessenta versículos do *Evangelho de Pedro* ainda existente. Em outras palavras, não falamos de um segmento diminuto, mas de uma parte grande com uma sentença inicial bastante inepta (com adição de itálicos):

VIII,28Os escribas, os fariseus e os anciãos se reuniram, pois ficaram sabendo que todo o povo murmurava e se lamentava, batendo no peito e dizendo: "Se por ocasião de sua morte se realizaram sinais tão grandes, vede quanto ele era justo". 29Tiveram medo e foram a Pilatos, pedindo-lhe: 30"Dá-nos soldados para que seu túmulo seja vigiado por três dias. Que não aconteça que seus discípulos venham roubá-lo, e o povo acredite que ele tenha ressuscitado dos mortos e nos faça mal". 31Pilatos deu-lhes o centurião Petrônio com soldados para vigiar o sepulcro. Com eles dirigiram-se ao túmulo os anciãos e os escribas 32e todos os que ali estavam com o centurião. Os soldados rolaram uma grande pedra 33e a colocaram na entrada do túmulo. Nela imprimiram sete selos. Depois ergueram ali uma tenda e montaram guarda.

IX,34Pela manhã, ao despontar do sábado, veio de Jerusalém e das vizinhanças uma multidão para ver o túmulo selado. 35Mas durante a noite que precedeu o dia do Senhor, enquanto os soldados montavam guarda, por turno, dois a dois, ressoou no céu uma voz forte 36e viram abrir-se os céus e descer de lá dois homens, com grande esplendor, e aproximar-se do túmulo. 37A pedra que fora colocada em frente à porta rolou donde estava e se pôs de lado. Abriu-se o sepulcro e nele entraram os dois jovens.

X,38À vista disto, os soldados foram acordar o centurião e os anciãos, pois também estes estavam de guarda. 39E enquanto lhes contavam tudo o que tinham presenciado, viram também sair três homens do sepulcro: dois deles amparavam o terceiro e eram seguidos por uma cruz. 40A cabeça dos dois homens atingia o céu, enquanto a daquele que conduziam pela mão ultrapassava os céus. 41Ouviram do céu uma voz que dizia: "Pregaste aos que dormem?" 42E da cruz se ouviu a resposta: – "Sim".

XI43Eles, então, deliberaram em conjunto ir relatar essas coisas a Pilatos. 44*Enquanto ainda conversavam, abriram-se novamente os céus. Um homem desceu e entrou no túmulo.* 45Vendo aquilo, o centurião e os que estavam com ele apressaram-se, sendo ainda noite, a procurar Pilatos, deixando o sepulcro que tinham vigiado. Extremamente abalados, expuseram tudo o que tinham visto e disseram: "Era verdadeiramente filho de Deus". 46Pilatos respondeu: "Sou inocente do sangue do filho de Deus, fostes vós que decidistes assim". 47Depois todos se aproximaram, pedindo e suplicando que ordenasse ao centurião e aos soldados não contar a ninguém o que tinham visto. 48"Para nós, diziam, é melhor ser culpados de gravíssimo pecado diante de Deus, do que cair nas mãos do povo judeu e ser lapidados". [49]Pilatos, então, ordenou ao centurião e aos soldados que nada dissessem. (*EvPd* VIII,28–XI,49)

Uma pequena explicação antes de continuar. Essa narrativa descreve a ressurreição real propriamente dita, não apenas aparições conseqüentes. Primeiro, os anjos "que amparavam" não ajudam simplesmente um Jesus incapacitado, como eu pensava antes de Kathleen Corley chamar-me a atenção para uma análise de Josef Jungmann (p. 131). Como nos protocolos dos cerimoniais das cortes orientais, eles o escoltam em ambos os lados, e as mãos dele repousam em seus braços estendidos. "Amparar" é o que Naamã, o sírio, fazia pelo seu rei quando o monarca entrava no templo de Remon para adorar e se apoiava sobre o braço do servidor, em 2Rs 5,18. E, após Constantino, esse privilégio estendeu-se a bispos e papas durante as missas solenes. Os dois anjos, então, o "amparavam". Jesus é um rei imperial que entra em seu Reino. E, como a descrição é da ressurreição e ascensão, sua posição alcança da terra ao céu. Segundo, e a cruz "falante"? Esta ressurreição e ascensão não é individual, mas sim comunitária. Como em 1Cor 15,20, Jesus é "primícias dos que adormeceram". Jesus morreu para invadir o Xeol e libertar do poder da morte "os que dormem". São os santos que morreram antes dele e precisam ressuscitar com ele. Como eles também sofreram por sua fé, nós os imaginamos como uma grande procissão cruciforme que vem atrás dele. Deus pergunta a Jesus se "pregou" a eles e eles respondem que ele realmente o fez. A tradução "pregaste" é bastante enganosa. Faz-nos perguntar: Pregou *o quê?* O verbo grego significa "anunciar" ou "proclamar" e o que Jesus anunciou ou proclamou foi a libertação da morte. *Era uma proclamação que realizava o que anunciava.* Essa cena é, já se vê, serenamente mitológica. É também teologicamente profunda e comunitariamente bela. Foi criada por *judeu-cristãos* que se importavam com o passado de seu povo e que não imaginavam nem celebravam uma ressurreição que deixasse seu passado no esquecimento. Essa crença seria mantida com certa dificuldade no credo cristão ("desceu à mansão dos mortos"), mas nossa falta de entusiasmo por ela merece um exame de consciência. O problema não é ela ser mitológica. É claro que é. O problema é que não gostamos de seu significado. Com tudo isso como pano de fundo, prossigo o debate através de cinco proposições, cada uma delas fundamentada na que a precede.

A *primeira proposição* é a de Brown e concordo com uma fonte consecutiva e canonicamente independente no *EvPd* VIII,28–XI,49. Neirynck percebe bem esse ponto e está correto. Aqui, para confirmar, estão diversas asserções dessa posição de *The death of the Messiah* [*A morte do Messias*], de Brown, cada uma um pouco mais detalhada que a anterior. Observemos as palavras-chave, "consecutivo" e "independente", nessas citações. "O autor do *EvPd* baseou-se não só em Mateus, mas em uma forma independente da narrativa dos guardas no sepulcro" (p. 1287). Novamente: "O autor do *EvPd* pode bem ter conhecido o relato mateano dos guardas (juízo baseado em seu uso de vocabulário mateano), mas uma possibilidade plausível é que também conhecesse uma forma consecutiva da narrativa, à qual deu preferência" (p. 1301, nota 35). E, outra vez: "Mateus dividiu uma narrativa consecutiva dos guardas no sepulcro para misturá-la com a narrativa das mulheres no sepulcro [de Marcos], enquanto *EvPd* preservou a forma consecutiva original da narrativa dos guardas" (1305-1306). Por fim e de maneira mais completa: "O *EvPd*... teve outra fonte além de Mateus, a saber, um relato mais aperfeiçoado dos guardas no túmulo. (Esse ponto também é apoiado pela seqüência da narrativa no *EvPd*.) O fornecimento do nome do centurião, os sete selos, a pedra que rolou sozinha, o relato da ressurreição com as figuras gigantescas, a cruz falante, a confissão de Jesus como Filho de Deus pelas autoridades judaicas e o medo que estas sentiam do povo – é plausível que todos esses elementos estivessem presentes na forma mais aperfeiçoada da narrativa conhecida do autor do *EvPd* e ausente da forma conhecida de Mateus" (p. 1307). Enfatizo que não lidamos com pedaços aleatórios de tradição, mas com uma narrativa seqüencial que envolve cerca de um terço do *Evangelho de Pedro* ainda existente.

A *segunda proposição*, sobre a qual Brown e eu concordamos, é a respeito da função redacional do *EvPd* XI,44. Concordamos, como descrito antes, que toda a passagem de VIII,28–XI,49 – a narrativa completa dos guardas no sepulcro, vinte e um dos sessenta versículos do *Evangelho de Pedro* – origina-se de uma fonte consecutiva e canonicamente independente. Mas também concordamos a respeito de XII,50–XIII,57, a narrativa das mulheres no sepulcro, que se segue imediatamente à narrativa dos guardas no sepulcro. Concordamos que se origina dos evangelhos canônicos. De modo mais específico, creio que provém de Marcos e João, porque o "jovem" *redacional* de Mc 16,5 está no *EvPd* XIII,55 e o "medo dos judeus" de Jo 20,19 está no *EvPd* XII,50.52.54. Brown acha, de modo mais geral, que isso "tem muitas semelhanças com as formas canônicas e talvez represente apenas um relato imaginário de lembranças deles" (1994, p. 1306, nota 47). Mas, por enquanto, deixemos de lado essa pequena divergência.

Porém também concordamos, como declarei em minha segunda proposição, a respeito do *EvPd* XI,44, que coloquei antes em itálico. (Eu incluiria XI,43 também, mas não é importante aqui.) Esse "homem" não desempenha nenhum papel no resto da narrativa dos guardas no sepulcro em VIII,28–XI,49. Qual, então, é a função desse versículo? A resposta de Brown é que "a fim de juntá-la [a narrativa dos guardas no sepulcro] à narrativa das mulheres no sepulcro, o autor do *EvPd* teve de fazer uma adaptação: a canhestra segunda descida angelical do céu em XI,44. Os dois homens angélicos da primeira descida (IX,36) pertenciam à narrativa dos guardas. mas saíram do túmulo amparando Jesus. Como sabemos de todos os evangelhos canônicos, a narrativa das mulheres que o autor do *EvPd* estava prestes a contar exigia a presença angelical no túmulo vazio quando as mulheres chegassem (veja *EvPd* XIII,55) e, assim, ele tinha de fazer outro homem angelical descer do céu" (1994, p. 1301, nota 35). Já mencionei antes que a "chegada do jovem em XI,43-44, como preparação para as mulheres e o jovem em XII,50–XIII,57", era um estilo de preparação redacional que o autor usava onde quer que fossem integrados materiais extracanônicos e intracanônicos (1988, p. 21). Portanto, estamos de acordo pelo menos neste caso.

A *terceira proposição* é que o *EvPd* VIII,28–XI,49 jamais existiria sem alguma passagem anterior a respeito da morte de Jesus. Fala de sepultamento e ressurreição, mas essa narrativa jamais existiria sem uma explicação de por que e como a pessoa sepultada chegou a esse destino.

Faço essa proposição minimamente. Julgamento ou julgamentos, escárnio ou flagelação, condenação específica ou execução minuciosa são o máximo. Mas *algo* sobre a morte tinha de preceder esse sepultamento em qualquer fonte da paixão e ressurreição consecutiva imaginável.

A *quarta proposição* é que o relato necessário da morte de Jesus que precede VIII,28–XI,49 também deve ter contido alguma explicação da razão de seu túmulo precisar ser guardado pelas autoridades romanas *e também* judaicas. A guarda do túmulo é essencial para a narrativa do *EvPd* VIII,28–XI,49. Se fosse retirada, não haveria narrativa ou, em outras palavras, teria de haver uma narrativa completamente diferente. Sem esses guardas, não haveria ninguém para testemunhar a ressurreição, ouvir sobre a descida à mansão dos mortos, ver o morto ressuscitado, e relatar a Pilatos; não haveria autoridades romanas para confessar Jesus, nem autoridades judaicas para negá-lo. Por que, então, o túmulo de um criminoso condenado *precisava* dessa guarda cuidadosa? A resposta deve estar presente no relato da crucificação que precede essa passagem.

A *quinta proposição* é que essa narrativa da morte que especifica por que o túmulo precisava de guarda está agora presente no *EvPd* I,1–VI,22. É *possível* admitir as terceira e quarta proposições e negar esta quinta. Talvez a passagem que explica como Jesus morreu e por que seu túmulo precisava ser guardado estivesse outrora na fonte, mas agora está perdida para sempre. Isso é possível, mas acho a alternativa muito mais provável. Esse relato de por que Jesus morreu e por que o túmulo estava guardado está ainda bem ali, no próprio *Evangelho de Pedro*. Eis essa passagem anterior (itálicos meus):

I,1Mas nenhum dos judeus lavou as mãos, nem Herodes, nem nenhum de seus juízes. Como não quisessem eles lavar-se, Pilatos se levantou. 2Mandou, então, o rei Herodes que levassem o Senhor para fora, dizendo-lhes: "Fazei tudo o que vos ordenei que fizésseis".

II,3*Encontrava-se ali José, amigo de Pilatos e do Senhor. Quando soube que o crucificariam, dirigiu--se a Pilatos e lhe pediu o corpo do Senhor para ser sepultado.* 4*Pilatos, de sua parte, o mandou a Herodes para que lhe pedisse o corpo.* 5*Disse Herodes: "Irmão Pilatos, ainda que ninguém o tivesse pedido, nós o teríamos sepultado; pois se aproxima o sábado. E está escrito na lei: 'Não se ponha o sol sobre um justiçado'".* 5bE o entregou ao povo no dia antes dos ázimos, a festa deles.

III,6Apoderando-se do Senhor, eles o empurravam e diziam: "Arrastemos o filho de Deus, pois finalmente caiu em nossas mãos". 7Vestiram-no com um manto de púrpura, fizeram-no sentar-se numa cadeira do tribunal, dizendo: "Julga com justiça, ó rei de Israel!" 8Um deles trouxe uma coroa de espinhos e a colocou na cabeça do Senhor. 9Outros que ali se encontravam cuspiam-lhe no rosto; outros batiam-lhe nas faces; outros o fustigavam com uma vara; alguns o flagelavam, dizendo: "Esta é a honra que prestamos ao filho de Deus".

IV,10Levaram para lá dois malfeitores e crucificaram o Senhor no meio deles. Mas ele se calava como se não sentisse nenhuma dor. 11Quando ergueram a cruz, escreveram no alto: "Este é o rei de Israel". 12Colocaram as vestes diante dele, dividiram-nas e lançaram sorte sobre elas. 13Mas um dos malfeitores os repreendeu, dizendo: "Nós sofremos assim por causa das ações más que praticamos. Este, porém, que se tornou salvador dos homens, que mal vos fez?" 14Indignados contra ele, ordenaram que não lhe fossem quebradas as pernas e assim morresse entre os tormentos.

V,15Era meio-dia, quando as trevas cobriram toda a Judéia. Eles se agitavam e se angustiavam, supondo que o sol já se tivesse posto; pois ele ainda estava vivo. E está escrito para eles: "Não se ponha o sol sobre um justiçado". 16E um deles disse: "Dai-lhe de beber fel com vinagre". Fizeram uma mistura e lhe deram para beber. 17E cumpriram tudo, enchendo desse modo a medida de seus pecados sobre suas cabeças. 18Muitos andavam com fachos e, pensando que fosse noite, retiraram--se para repousar. 19E o Senhor gritou, dizendo: "Minha força, minha força, tu me abandonaste!" Enquanto assim falava, foi assumido na glória. 20Na mesma hora o véu do templo de Jerusalém se rasgou em duas partes.

VI,21Tiraram os pregos das mãos do Senhor e o depuseram no chão. Tremeu toda a terra e houve grande medo. 22Brilhou, então, o sol e reconheceram que era a nona hora.

(*EvPd* I,1–VI,22)

Dois comentários sobre essa passagem. Primeiro, ela é a narrativa exata necessária para explicar como Jesus morreu e por que seu túmulo precisava ser guardado. Os romanos não têm, em absoluto, nada a ver com a condenação e a crucificação. Ambas se deram sob a ordem de Herodes em I,2, mas foram feitas pelo "povo", em II,5b. Depois dos milagrosos sinais da morte, entretanto, há um rompimento entre "todo o povo" e as autoridades judaicas em VIII,28 e o resultado é o medo destas últimas de que, se os discípulos conseguirem reviver o corpo de Jesus, o povo "acredite que ele tenha ressuscitado dos mortos e nos faça mal", em VIII,30. Assim, o túmulo é guardado, as autoridades romanas e judaicas assistem à ressurreição e estas últimas vão suplicar proteção com medo de "cair nas mãos do povo judeu e ser lapidados", em XI,48. Pode haver, repito, outra primeira parte agora completamente perdida daquela fonte consecutiva e independente no *EvPd* VIII,28-XI,49, mas a solução mais econômica é *EvPd* I,1–VI,22.

Meu segundo comentário diz respeito à passagem em II,3-5a, em itálico antes. É exatamente o mesmo estratagema redacional visto em XI,44 sobre cuja função Brown e eu concordamos. Ali, servia de preparação autoral para juntar a narrativa extracanônica dos guardas na sepultura com a narrativa intracanônica das mulheres no sepulcro. Aqui, serve de preparação autoral para juntar a narrativa extracanônica de Herodes no comando e sepultamento pelos inimigos com a narrativa intracanônica de Pilatos no comando e sepultamento pelos amigos. Na fonte extracanônica de I,1-2 e II,5b–VI,22, as autoridades judaicas enterraram Jesus por obediência a Dt 21,22-23, que proíbe que corpos de crucificados permaneçam na cruz à noite. Essa fonte intracanônica vem imediatamente após I,1–VI,22, em VI,23-24, como relato do sepultamento de Jesus por José de Arimatéia, que é canonicamente derivado (porque o "lençol de Mc 15,46 = Mt 27,59 = L 23,53 está no *EvPd* VI,24a e o "jardim" de Jo 19,41 está no *EvPd* VI,24b). Eis os estratagemas redacionais paralelos:

Fonte extracanônica consecutiva:	I–II e II,5b–VI,22	VIII,28–XI,42 e XI,45-49
Elo redacional preparatório:	II,2-5a	XI,43-44
Fonte intracanônica consecutiva:	VI,23-24	XII,50–XIII,57

Sou, portanto, a favor da mesma mão redacional e do mesmo propósito autoral por trás desses dois conjuntos.

A fonte que propus, o *Evangelho da cruz* (ou qualquer outro nome) envolveu um drama em três atos: o primeiro ato é Crucificação e deposição em I,1-2 e II,5b–VI,22. O segundo ato é O sepulcro e os guardas em VII,25 e VII,28–IX,34. O terceiro ato é Ressurreição e Confissão em IX,35–X,42 e XI,45-49. Brown aceita os dois últimos desses atos e deve supor um primeiro ato (que afirmo estar presente, de maneira mais econômica, bem ali no próprio *Evangelho de Pedro*).

Texto antijudaico

A isso todo o povo [*pas ho laos*] respondeu: "O seu sangue caia sobre nós e sobre nossos filhos".
(Mt 27,25)

O centurião, vendo o que acontecera, glorificava a Deus, dizendo: "Realmente, este homem era um justo [*dikaios*]!" E toda a multidão que havia acorrido para o espetáculo, vendo o que havia acontecido, voltou, batendo no peito [*ta stēthē hypestrephon*].
(Lc 23,47-48)

Todo o povo [*ho laos hapas*] murmurava e se lamentava batendo no peito [*koptetai ta stēthē*], e dizendo: "Se por ocasião de sua morte se realizaram sinais tão grandes, vede quanto ele era justo [*dikaios*]!"
(EvPd VIII,28)

Volto agora a um ponto mencionado antes, mas adiado até agora. É aquela fonte proposta no *Evangelho de Pedro* (que chamo *Evangelho da cruz* para uma referência fácil) intensamente antijudaica? Afirma-se isso repetidamente na literatura erudita, embora raramente esteja claro se "antijudaico" signifique pagãos cristãos que são contra judeus ou judeu-cristãos que são contra todos os outros judeus exceto eles mesmos. Creio que "antijudaico" deva ser usado apenas ao falarmos de pagãos ou ex-judeus que atacam o judaísmo ou se opõem a ele. Entretanto, uso a expressão "antijudaico" aqui porque outros o fazem e tenho de discutir suas alegações. Mas qual é a expressão apropriada exata para uma declaração como esta, de Paulo a seus convertidos Tessalonicenses?

Irmãos, vós fostes imitadores das Igrejas de Deus que estão na Judéia, em Cristo Jesus; pois que da parte dos vossos conterrâneos tivestes de sofrer o mesmo que aquelas Igrejas sofreram da parte dos judeus. Eles mataram o Senhor Jesus e os profetas, e nos têm perseguido a nós. Desagradam a Deus e são inimigos de toda gente. Querem impedir-nos de pregar aos gentios para que se salvem; e com isto enchem a medida dos seus pecados, até que a ira [de Deus] acabe por cair sobre eles.
(1Ts 2,14-16)

Em Tessalônica, perseguidores *e* perseguidos são tessalonicenses. Na Judéia, perseguidores e perseguidos eram judeus. Com certeza, Paulo não é "antijudaico", nem mesmo "antijudeu"; mas, embora "as Igrejas de Deus que estão na Judéia" incluíssem judeus da Judéia, Paulo usa a palavra "judeus" de maneira abrangente e indiscriminada. "Judeus" passa a significar todos aqueles outros maus judeus, exceto os (poucos?) bons. Seja como for, volto à afirmação de que o *Evangelho de Pedro* é intensamente mais antijudaico que os evangelhos canônicos, em especial onde essa afirmação é explicação para seu conteúdo redacional e sua intenção autoral. Bastam três exemplos.

Sadistas e hipócritas

O primeiro exemplo é de um artigo de Alan Kirk. Ele sugere que o *Evangelho de Pedro* *interpreta*, em vez de *lembrar*, os evangelhos e muda, acrescenta ou omite passagens deles por "interesses religiosos especiais" que "compeliram a narrativa para direções características próprias" (p. 574). Ou novamente: "O autor foi levado por interesses e tendências especiais que guiaram a produção da narrativa e levaram à reformulação do material lucano (e mateano, marcano e joanino)" (p. 577). Esses interesses, direções e tendências deviam aumentar o antijudaísmo da narrativa. Assim, na narrativa do bom ladrão, o autor é "levado por uma propensão antijudaica... A intenção era focalizar as más ações dos judeus... focalizar a narrativa nos 'judeus perversos'" (p. 578 e nota 23); "os judeus que existem na narrativa são sádicos e empedernidos" (p. 582). E, na narrativa do fato de não quebrarem as pernas de Jesus, o autor "está interessado em pôr os judeus sob a pior luz possível", de modo que "os judeus são descritos como os cruéis torturadores e assassinos de Jesus e como legalistas obstinados" (p. 582). Se funcionar, é uma explicação redacional completa do *Evangelho de Pedro*. O autor interpreta "os textos neotestamentários" (p. 574) e funde-os seletivamente para um maior antijudaísmo.

O segundo exemplo vem, mais uma vez, de *The death of the Messiah* [*A morte do Messias*]. Para Brown, o *Evangelho de Pedro* é mais antijudaico que qualquer dos evangelhos canônicos, característica que indica ser ele mais tardio que eles, popular em vez de oficial, e ainda heterodoxo em vez de ortodoxo. Eis alguns exemplos representativos: "No *EvPd* mais tardio, onde se encontra uma popularização mais livre dos controles da pregação e do ensinamento padronizados, discerníveis em grande parte de Mateus, o sentimento antijudaico é ainda menos sutil" (p. 63). Mais uma vez: "Esta obra... é nitidamente mais antijudaica que os evangelhos canônicos" (p. 834). E novamente: "O sentimento antijudaico... é muito mais proeminente no *EvPd* que nos evangelhos canônicos" (p. 1065). Finalmente: "Tenho esperança de que os cristãos de hoje reconheçam outra tendência heterodoxa no *EvPd*: suas intensas descrições antijudaicas" (p. 1347, nota 62).

O terceiro exemplo vem de uma tese de doutorado de Susan Schaeffer. Ela acha o tom antijudaico ainda mais virulento do que Brown o considera. Isso é muito importante, porque esse tom determina para ela a função e a colocação do documento no século II. Eis alguns exemplos. (Notemos, em especial, o último.) "Os judeus são descritos como cruéis, assassinos, hipócritas e estúpidos" (1991a, p. 226). Outra vez: "A descrição dos judeus no *EvPd* é contundente. Eles são descritos como sádicos, tolos e hipócritas" (p. 244). Finalmente: "O *EvPd* também dá a entender que os próprios líderes judaicos podem ter acreditado na ressurreição, mas estavam com medo de ser lapidados pelos judeus (XI,49), isto é, pelos que não se tornaram apóstatas [cristãos]... Em seu último ato oficial no evangelho (até onde sabemos), os líderes judaicos parecem fracos e quase lamentáveis. No fundo de cena, por trás de suas ações, está uma força assassina sem rosto, de judeus que odeiam os apóstatas. Se a perseguição real está no pano de fundo, o *EvPd* pode ter-se originado no período pós-Bar-Kochbá, c. 135-140 d.C." (pp. 254-255).

A autoridade judaica contra o povo judeu

Tenho dois argumentos fundamentais contra essas alegações de antijudaísmo aumentado no *Evangelho de Pedro*. Meu primeiro argumento é que estão terminantemente erradas. Concentremo-nos, por exemplo, nos três atos daquela fonte consecutiva que chamo *Evangelho da cruz*, no texto dado antes:

1º ato: Crucificação e deposição = *EvPd* I,1-2 e II,5b–VI,22

2º ato: O sepulcro e os guardas = *EvPd* VII,25 e VIII,28–IX,34

3º ato: Ressurreição e confissão = *EvPd* IX,35–X,42 e XI,45-49

No 1º ato são "os judeus", e não os romanos, que condenam Jesus. É Herodes, não Pilatos, que está no comando da crucificação, e é "o povo (judeu)", não os soldados romanos, que o maltratam e executam. Só aqui Pilatos é inocente por completo e capaz de realmente lavar as mãos, gesto um tanto hipócrita no relato mateano, onde ele fornece os executores. Até aqui, as alegações de antijudaísmo aumentado *e* pró-romanismo aumentado parecem absolutamente corretas. Se a narrativa parasse nesse ponto, o *Evangelho de Pedro* seria certamente o mais antijudaico dos cinco relatos da paixão. Afinal de contas, foi o "povo" judeu que diretamente crucificou Jesus!

Mas, então, no início do 2º ato, algo muito estranho acontece – algo que precisa ser interpretado dentro do desenrolar da narrativa. Sem tal crucificação "popular", este segundo passo não teria acontecido. Os sinais maravilhosos por ocasião da morte de Jesus resultam nesta reação:

> Os judeus, os anciãos e os sacerdotes compreenderam, então, o grande mal que tinham feito a si mesmos e começaram a lamentar-se, batendo no peito e dizendo: "Ai de nossos pecados! O juízo e fim de Jerusalém estão agora próximos!"
>
> (*EvPd* VII,25)

A esta altura, *todos os participantes* reconhecem que fizeram uma coisa má. Porém, quando o 2º ato continua, esse reconhecimento provoca uma divisão entre as *autoridades* judaicas e o *povo* judeu. As *autoridades* sabem que agiram mal, sabem que serão castigadas, mas, longe de se arrependerem, pedem a Pilatos guardas para o túmulo de Jesus, temendo que o *povo* lhes fizesse mal (em uma sentença bastante canhestra como já mencionamos):

Os escribas, os fariseus e os anciãos se reuniram, pois ficaram sabendo que todo o povo murmurava e se lamentava, batendo no peito e dizendo: "Se por ocasião de sua morte se realizaram sinais tão grandes, vede quanto ele era justo!" Tiveram medo, e foram a Pilatos, pedindo-lhe: "Dá-nos solda-dos para que seu túmulo seja vigiado por três dias. Que não aconteça que seus discípulos venham roubá-lo e o povo acredite que ele tenha ressuscitado dos mortos e nos faça mal".

(*EvPd* VIII,28-30)

Observemos, de passagem, a lógica da posição deles. Por que "por três dias"? Concordo com a interpretação de Brown: "Na trama da narrativa do *EvPd*, o desejo de salvaguardar o túmulo 'por três dias' (VIII,28-30) precisa subentender apenas que depois desse período o impostor estaria certamente morto" (1994, p. 1309, nota 55). Lembremos esta versão diferente:

Os chefes dos sacerdotes e os fariseus, reunidos junto a Pilatos, diziam: "Senhor, lembramo-nos de que aquele impostor disse, quando ainda vivo: 'Depois de três dias ressuscitarei!' Ordena, pois, que o sepulcro seja guardado com segurança até o terceiro dia, para que os discípulos não venham roubá-lo e depois digam ao povo: 'Ele ressuscitou dos mortos!' e a última impostura será pior do que a primeira".

(Mt 27,62b-64)

Só na redação mateana em Mt 12,38-40, as autoridades ouviram a profecia da ressurreição de Jesus depois de três dias – fato que permite uma lógica bastante diferente. Ali uma vigília de três dias é necessária para que os discípulos não roubem o corpo e "digam ao povo" uma mentira a respeito da ressurreição. No *EvPd* VIII,30, o problema é bem diferente. Só depois de três dias – isto é, no quarto dia, como aconteceu com Lázaro em Jo 11,17 – alguém está morto com segurança e certeza. Os guardas são necessários até o tempo em que a ressurreição já não será possível. Se os discípulos fossem ressuscitar Jesus (ou é isso que se passa na mente das autori-dades), o povo, na disposição em que está agora, poderia supor uma ressurreição. Nem mesmo seria necessário que os discípulos lhes contassem! Por causa do povo que se arrepende, então, as autoridades judaicas pedem a ajuda romana para guardar o túmulo.

Uma distinção crucial agora se estabelece entre as *autoridades* judaicas e o *povo* judeu e essa distinção chega ao auge no 3º ato. As autoridades romanas e judaicas estão realmente no túmulo e testemunham a ressurreição de Jesus. As autoridades romanas confessam Jesus, mas as *autoridades* judaicas conspiram com Pilatos para enganar seu próprio *povo*:

Depois todos se aproximaram, pedindo e suplicando que ordenasse ao centurião e aos soldados não contar a ninguém o que tinham visto. "Para nós, diziam, é melhor ser culpados de gravíssimo pecado diante de Deus, do que cair nas mãos do povo judeu e ser lapidados". Pilatos, então, or-denou ao centurião e aos soldados que nada dissessem.

(*EvPd* XI,47-49)

A história precisa ser lida em sua inteireza narrativa desde "o povo" em II,5b, passando por "todo o povo" em VIII,28, até "o povo judeu" em XI,48. O resultado deste relato consecutivo é, primeiro, fazer "o povo" extremamente culpado; em seguida, fazê-lo extremamente arrependido; e, por último, fazê-lo extremamente perigoso para suas próprias autoridades. Rejeito categoricamente a interpretação que Schaeffer dá a essa última passagem. Ela afirma que as autoridades judaicas têm medo de reconhecer a ressurreição temendo que o povo as apedreje por se tornarem, por assim dizer, apóstatas cristãos. Isso está profundamente errado e interpreta o texto contra sua lógica narrativa. As *autoridades judaicas* acreditam realmente na ressurreição porque a testemunham. Mas decidem cometer o pecado terrível (que admitem como tal) de não anunciar esse triunfo para que o *povo judeu* não apedreje suas autoridades por enganá-lo quanto à crucificação de Jesus.

Portanto, minha interpretação do *Evangelho de Pedro* é que ele é mais antijudaico com respeito às *autoridades* que qualquer dos evangelhos canônicos, mas também mais pró-judaico com relação ao *povo* que qualquer deles. Naturalmente, não o considero pura história. É polêmica religiosa e apologética teológica. Ainda assim, confirma que o antijudaísmo não é uma explicação adequada do propósito redacional do *Evangelho de Pedro*.

Deixe-me repetir a essência narrativa desse relato, que põe o povo judeu e as autoridades judaicas em oposição um ao outro. Não é apenas uma questão de espectadores se arrependerem, como em minha epígrafe de Lc 23,47. *Nesta narrativa, as autoridades judaicas sabem a verdade sobre a ressurreição de Jesus e mentem para se proteger do povo, que está perigosamente prestes a acreditar nesse evento.* A lógica narrativa prende-se estreitamente a esse tema básico. As autoridades levam o povo a crucificar Jesus. Todos percebem os milagres da morte e reconhecem o que fizeram. O povo se arrepende e bate no peito. Ao ver o fato, as autoridades conseguem soldados romanos e guardam o sepulcro. Por causa disso, estão ali para testemunhar a ressurreição-ascensão de Jesus que conduz para fora do Xeol os outros judeus santos que morreram antes dele. Conhecendo toda a verdade e receosas de que aqueles que elas tinham induzido em erro – isto é, "o povo judeu" – as lapidassem, conseguem proteção das autoridades romanas. Essa é a história e é quase impossível fragmentar sua coesão consecutiva. Mas não há, de modo algum, nada igual nos evangelhos canônicos.

Volto-me em seguida para um padrão ou modelo bíblico pelo qual essa narrativa poderia ter-se desenvolvido. Este paradigma genérico foi proposto para explicar o relato marcano da paixão e ressurreição. Minha opinião é que ele também explica o *Evangelho da cruz* (talvez até melhor).

Modelo bíblico

O protagonista é um sábio em uma corte real.
Maldosamente acusado de transgredir a lei da terra, é condenado à morte. Mas, à beira da morte, é salvo, defendido das acusações contra ele e exaltado a uma alta posição (às vezes vizir, às vezes

juiz ou algoz dos inimigos), enquanto os inimigos são castigados... No livro da Sabedoria e nas etapas mais primitivas da tradição que dela originam, ocorrem três mudanças importantes: 1) A cena da exaltação é grandiosamente ampliada pelo uso de materiais de Is 13, 14 e 52-53. 2) O protagonista é, de fato, executado. 3) É exaltado à corte celeste, onde serve como vice-regente do rei celeste. As raízes desses dois últimos desenvolvimentos estão inerentes na teologia do servo do Segundo Isaías.

George Nickelsburg, *Ressurrection, immortality, and eternal life in intertestamental judaism* [*Ressurreição, imortalidade e vida eterna no judaísmo intertestamentário*], p. 170.

Em sua tese de Harvard de 1967, publicada em 1972, Nickelsburg chamou a atenção para um padrão genérico nos textos judaicos que envolviam a perseguição e a vindicação de pessoas justas ou inocentes. Entretanto, o modelo arquetípico era a obra pagã *Sabedoria de Aicar*, "um dos contos mais bem conhecidos e mais amplamente disseminados no mundo mediterrâneo antigo", com indícios manuscritos que remontam ao século V a.C. (*OTP* 2,479). Aicar era chanceler de Senaqueribe e Assaradão, monarcas do Império Assírio no século VII. Quando seu sobrinho Nadab o acusou de traição, Aicar só escapou à morte porque os carrascos lhe deviam um favor. Mais tarde foi justificado e reintegrado no poder e o mau Nadab foi castigado. É uma narrativa de inocência justificada em uma situação palaciana em que o rei acaba por reintegrar o inocente e castigar o culpado.

Duas variações sobre a justificação

O modelo pagão e a imaginação judaica combinaram-se para criar duas variações sobre aquele arquétipo. A principal diferença é se a justificação acontece no *presente* ou no *futuro*, *antes* ou *depois* da morte.

A primeira variação está presente nestes sete casos: José, acusado pela mulher de Putifar em Gn 39-41; Tobit, acusado por "um ninivita", em Tb 1,18-22; Sidrac, Misac e Abdênago, acusados por "alguns caldeus", em Dn 3; o próprio Daniel, acusado pelos "ministros e os sátrapas", em Dn 6; "todos os judeus", acusados por Amã, em Est 3; Susana, acusada pelos anciãos, em Dn 13; e os judeus egípcios, acusados pelo próprio rei, em *3Mc* 3. Em todos esses contos sapienciais, os falsamente acusados são salvos *antes da morte* pela assistência divina ou intervenção milagrosa.

A segunda variação está presente em três casos. Um é o Servo Sofredor de Is 52-53, que já vimos no Capítulo 23. Outro é o martírio da mãe e seus sete filhos em 2Mc 7. Nesse caso, a libertação da morte não é libertação *antes*, mas sim *depois da* morte. É justificação não como vida terrena restabelecida, mas como vida eterna prometida. Como morreram inocentes em obediência à lei divina, "o Rei do mundo nos fará ressurgir para uma vida eterna", em 7,9, ou "o Criador do mundo... vos retribuirá, na sua misericórdia, o espírito e a vida", em 7,23. Um último caso está em Sb 2-5, que usa Isaías 52-53 para criticar a clássica libertação da morte, *antes da* morte e a substitui pela libertação da morte, *após* a morte. "Sb 2,4-5 difere do conto sapiencial e concorda com Is 52–53", como diz Nickelsburg. Nos contos sapienciais a libertação do herói *impede* sua morte. No livro da Sabedoria, ele é libertado *após* a morte" (1972, p. 66). Eis a voz dos perseguidores ímpios nesse último caso:

> Vejamos se suas palavras são verdadeiras, experimentemos o que será do seu fim. Pois se o justo é filho de Deus, Ele o assistirá e o libertará das mãos de seus adversários. Experimentemo-lo pelo ultraje e pela tortura para apreciar a sua serenidade e examinar a sua resignação. Condenemo-lo a uma morte vergonhosa, pois diz que há quem o visite.
>
> (Sb 2,17-20)

Propõem, por assim dizer, um teste sobre a validade de contos palacianos de proteção divina para os acusados injustamente. Mas não é assim que Deus age, esses não são "os segredos de Deus". Eis a abordagem divina:

> A vida dos justos está nas mãos de Deus, nenhum tormento os atingirá. Aos olhos dos insensatos pareceram morrer; sua partida foi tida como uma desgraça, sua viagem para longe de nós como um aniquilamento, mas eles estão em paz. Aos olhos humanos pareciam cumprir uma pena, mas sua esperança estava cheia de imortalidade.
>
> (Sb 3,1-4)

Os perseguidores terão de admitir, não neste mundo, mas no outro, que o justo foi contado "entre os filhos de Deus" e eles se extraviaram "do caminho da verdade", segundo a conclusão de Sb 5,5-6. É provavelmente certo concluir que a justificação *antes da morte* é mais antiga e mais difusa que a exaltação *após a morte*.

Em artigo de 1980, Nickelsburg aplicou tudo isso à narrativa da paixão em Mc 14–15. Trabalhou com um perfil muito completo para o gênero ao qual ele o destinou, incluindo 21 temas, e concluiu "que quase todos os componentes de nosso gênero [o conto sapiencial da inocência justificada] estão presentes na narrativa marcana da paixão" (p. 165). Entretanto, os temas mais problemáticos são os que envolvem libertação: resgate, justificação, exaltação e aclamação. Nickelsburg encontra esses temas realizados por Marcos em quatro passagens. A primeira é 15,17-18, em que soldados romanos zombam de Jesus como rei dos judeus. A segunda é 15,26, na qual a acusação fixada na cruz anuncia o rei dos judeus. A terceira é 15,38-39, em que o véu do Santuário se rasga e o centurião romano confessa Jesus. Mas a quarta é mais enfática e tem de conter três temas diferentes em seu único versículo (resgate, justificação, exaltação):

> E vereis o Filho do Homem sentado à direita do Poderoso e vindo com as nuvens do céu.
>
> (Mc 14,62)

Pronunciadas em resposta ao Sumo Sacerdote, essas palavras anunciam a exaltação final de Jesus e o castigo final dos que o perseguem.

A análise que Nickelsburg faz de Mc 14–15 é bastante convincente: é exatamente assim que Marcos vê a justificação pública de Jesus. Na iminente consumação apocalíptica, todos verão sua exaltação, mas, por enquanto, só os fiéis a vêem pela fé. Para Marcos, a justificação de Jesus é bastante próxima da que está em Sb 2–5, a segunda das variações semelhantes semelhantes do modelo do justo sofredor. Jesus é salvo não *antes*, mas *depois* da morte, e os perseguidores só perceberão esse fato no futuro. Como Jesus de fato morreu, a narrativa não pode, estritamente falando, ser feita seguindo o modelo daquela primeira variação (onde o justo é salvo *antes* da morte). Ainda assim, a fonte do *Evangelho da cruz* no *Evangelho de Pedro* faz o melhor possível para realizar essa primeira variação. Jesus morre, entra no Xeol para libertar os "que dormem" e sai à frente deles na presença dos inimigos. Então, as autoridades judaicas "pecam", ao esconder a ressurreição, enquanto as autoridades romanas "se convertem", reconhecendo que Jesus é o Filho de Deus. Com relação a constrangimentos genéricos, temos, portanto, duas abordagens:

Modelo do justo sofredor (1ª variação, justificação presente): *Evangelho da cruz*

Modelo do justo sofredor (2ª variação, justificação futura): Mc 14–15

Não afirmo que uma dessas variações seja melhor que a outra, mas quero salientar sua diferença básica. Além disso, quero levantar o problema da relação. São esses textos simplesmente duas variações independentes do modelo básico? São *pelo menos* isso, mas são mais? É Marcos uma crítica da variação do *Evangelho da cruz*, do mesmo modo que Sb 2–5 é uma crítica da variação do conto palaciano? Deixo essa pergunta de lado até o próximo capítulo, para aqui levantar outra questão.

Há, como vimos, uma Tradição da Refeição em Comum que se desenvolveu separadamente na tradição da vida em *Did*. IX–X e na tradição da morte em 1Cor 10-11 e serve de elo profundo entre essas duas tradições semelhantes. Agora pergunto por que não há nenhum elo comparável na paixão e ressurreição. Há, certamente, uma narrativa da paixão e ressurreição na tradição da morte – o *Evangelho da cruz*, por exemplo. Por que não há nada semelhante na tradição da vida – no *Evangelho* Q, por exemplo?

Perseguição comunitária, justificação comunitária

John Kloppenborg aceita a presença dessas duas grandes tradições primitivas, a tradição da vida e a tradição da morte, como vimos no Capítulo 22. Mas ele também levantou a questão de sua relação precisamente neste ponto de fé na paixão e ressurreição. "O documento Q", diz ele, "reflete de modo importante a teologia de uma 'segunda esfera' do cristianismo primitivo que não foi influenciada pela asserção querigmática da significância salvífica da morte e ressurreição de Jesus", mas, já se vê, essa "segunda esfera" da tradição cristã... foi, cronologicamente, de fato, a primeira" (1990, pp. 71, 73). Para evitar qualquer insinuação de ascendência, reformulo suas expressões *primeira esfera* e *segunda esfera*, e me refiro à *dupla esfera* da fé e da tradição cristãs mais primitivas. Mas seu ponto se mantém, levantando a questão da relação entre essas esferas duplas (ou essas duas tradições) com respeito à paixão e ressurreição de Jesus: Está o componente da paixão e ressurreição simplesmente presente em uma e ausente na outra?

Eis sua resposta: "Assim, não é simplesmente uma questão do *silêncio* de Q a respeito do relato pré-marcano da paixão (se é que houve um), mas do uso de uma *explicação* muito *diferente* de sofrimento e da conceitualização do sofrimento e da justificação em termos coletivos. Em Q, parece que estamos em uma etapa bastante primitiva de teologizar a experiência de perseguição. É evidente que o destino de Jesus ainda não era assunto que exigisse comentários especiais. Parenteticamente, é possível notar que o teologismo comum e coletivo é semelhante ao que Crossan pressupôs para seu 'Evangelho da cruz', embora também não haja indícios de que Q dependa do 'Evangelho da cruz'. Na verdade, é possível argumentar que a interpretação coletiva que Q dá ao sofrimento é um fator no emprego que o 'Evangelho da cruz' faz de temas do conto sapiencial de uma forma comum e abrangente" (1990, pp. 81-82). O *Evangelho* Q e o *Evangelho da cruz* compartilham um entendimento da perseguição e/ou da justificação comunitário, em vez de pessoal, e coletivo em vez de particular. Partilham, mas de maneira diferente, o padrão de narrativa sapiencial estabelecido por Nickelsburg.

Evangelho Q

Começo pelo *Evangelho* Q. Na seção anterior descrevi o gêneros do conto sapiencial da inocência justificada de Nickelsburg. Kloppenborg demonstrou que, "embora tenha muitos dos elementos do conto sapiencial, Q consistentemente emprega esses elementos em relação à experiência *coletiva* da comunidade, que, evidentemente, se considera continuadora da obra dos profetas" (1990, p. 79). Naturalmente, não há nenhuma suposição de que o *Evangelho* Q desconheça a morte de Jesus, mas ele não está teologicamente interessado em nenhuma "interpretação privatista de perseguição, provação e justificação", pois considera que "perseguição e morte são os 'riscos ocupacionais' dos enviados de Deus ou Sofia" (1990, pp. 79, 80). O centro da teologia do *Evangelho* Q é que a Sabedoria divina, personificada como Sofia, envia repetidamente profetas para chamar seu povo de volta à Lei de Deus:

> Eis por que a Sabedoria de Deus disse: Eu lhes enviarei profetas e apóstolos; eles matarão e perseguirão a alguns deles, a fim de que se peçam contas a esta geração do sangue de todos os profetas que foi derramado desde a criação do mundo, do sangue de Abel até o sangue de Zacarias, que pereceu entre o altar e o Santuário. Sim, digo-vos, serão pedidas contas a esta geração!
>
> (Q 11,49-51)

A "esta geração" em particular, ela enviou João e Jesus e, apesar de sua rejeição, "a Sabedoria é justificada por todos os seus filhos", como diz Q 7,35. É justificada por eles porque, apesar de sua perseguição, ou até execução, eles permanecem fiéis à sua autoridade. Essa teologia não quer dizer que João e Jesus sejam apenas mais dois entre muitos enviados antes e depois deles.

Nem quer dizer que João seja tão importante quanto Jesus, em especial porque "Q 10,21-22 torna Jesus equivalente a Sofia, do ponto de vista funcional" (1990, p. 88). Mas quer realmente dizer que Jesus não pode jamais ser considerado sozinho – não na perseguição e não na justificação. De fato, quanto mais é equiparado à própria Sabedoria, mais ele precisa enviar profetas para fazer o mesmo que ele faz. Patrick Hartin também enfatiza esse entendimento coletivo em vez de particular da perseguição e justificação no *Evangelho Q*: "As tradições relacionadas com a Divina Sofia no *Evangelho das Sentenças Q* são compreendidas de maneira predominante em sentido coletivo (e não em sentido individual)... Onde se esperava encontrar referências ou reflexos de uma teologia da paixão, nada ocorre. Q tem uma concepção totalmente diferente de sofrimento e justificação. É uma experiência muito mais comunitária que individual" (p. 161).

Estamos tão acostumados ao relato marcano da paixão e ressurreição, que nos é quase impossível imaginar um modo alternativo de descrever ou teologizar sobre a tradição da morte. Mas o *Evangelho Q* nos força a imaginar essa teologia alternativa, na qual Jesus, embora exaltado, nunca está isolado. Temos de imaginar uma perseguição *comum* e uma justificação *comum*, como Kloppenborg reiterou em artigo mais recente: "Embora usasse elementos do 'conto sapiencial' para racionalizar a perseguição e a rejeição, Q não usou os salmos de lamentação [Sl 22; 42; 69; 109], nem privatizou a interpretação da morte de Jesus como morte expiatória... Q mostra que o desenvolvimento de uma narrativa da paixão *não* era inevitável e nos estimula a procurar múltiplas origens para as tentativas cristãs primitivas de tornar plausíveis e significativos os fatos de perseguição e morte" (1996, p. 332).

Evangelho da cruz

Volto-me agora para o *Evangelho da cruz* como narrativa da paixão e ressurreição preservada no *Evangelho de Pedro*. Em *The cross that spoke* [*A cruz que falava*], observei que "quase todo versículo que descreve a Paixão de Jesus no *Evangelho da cruz* contém alusão implícita a textos das Escrituras hebraicas que descrevem o sofrimento dos justos de Israel perseguidos" (pp. 386-387). Eis os exemplos principais:

1. As autoridades no julgamento no *EvPd* I,1, de Sl 2,1

2. Os insultos e a tortura no *EvPd* III,9, de Is 50,6-7 e Zc 12,10

3. A morte entre ladrões no *EvPd* IV,10a, de Is 53,12

4. O silêncio no *EvPd* IV,10b, de Is 50,7; 53,7

5. As vestes e o sorteio no *EvPd* IV,12, de Sl 22,19

6. As trevas ao meio-dia no *EvPd* V,15, de Am 8,9

7. A bebida de fel e vinagre no *EvPd* V,16, de Sl 69,22

8. O grito da morte no *EvPd* V,19, de Sl 22,1

Minha conclusão foi que "no *Evangelho da cruz*, a Paixão não é exclusiva, pessoal e individual com Jesus, mas inclusiva, comum e coletiva para Jesus e os santos de Israel. Entretanto, isso significa que a ressurreição precisa ser comum e coletiva, do contrário as antigas promessas de justificação e exaltação para os mártires mais primitivos não se cumprem e de que valem então promessas posteriores para o futuro?" (p. 387). É isso que torna tão importante a cena extraordinária no *EvPd* X,39-42. Esse texto, citado antes por inteiro, (p. 505) descreve Jesus elevando-se à frente dos "que dormem", conduzindo em seu cortejo triunfante os santos que são libertados do Xeol. Eles formam uma grande procissão cruciforme atrás dele – daí meu título *Evangelho da cruz* – e respondem à pergunta de Deus sobre sua pregação com um *sim* uníssono. Minha conclusão de 1988 ainda vale: "Jesus não morreu sozinho, nem ressuscitou sozinho. Os santos e justos de Israel sempre estiveram presentes nesse processo. Ele morreu na paixão deles, eles ressuscitaram na Ressurreição dele... Ele morreu no sofrimento deles, eles se elevaram na glória dele" (p. 388).

É inadequado afirmar que a tradição da vida não tem nenhuma *trama* narrativa sobre a paixão e ressurreição de Jesus. Embora isso seja verdade, é muito mais significativo o fato de ambas, a tradição da vida e a tradição da morte, *partilharem* um *padrão* narrativo – o tema geral de perseguição e justificação, com sua ênfase na perseguição comum em vez de individual, e na justificação coletiva em vez de pessoal. Dentro desse padrão, já se vê, Jesus era constantemente exaltado sobre os outros, mas não estava originalmente isolado dos outros dentro dele. Além disso, esse padrão narrativo partilhado pelas grandes tradições inaugurais fundamenta a trama histórica do *Evangelho da cruz*, o destino comum no *Evangelho Q*, e ainda o hino mítico em Fl 2,6-11.

A questão seguinte é buscar um ambiente histórico para a composição do *Evangelho da cruz*. Minha conclusão inclui uma resposta semelhante à que dei a Nickelsburg nesta seção. Ele defendeu o gênero narrativo de inocência justificada por trás da composição do relato marcano da paixão e ressurreição. Descobri que sua proposta funcionava tão bem ou melhor para o *Evangelho da cruz*. Na seção seguinte, Gerd Theissen propõe um ambiente histórico no início dos anos 40 para uma fonte hipotética na narrativa marcana da paixão e ressurreição. Acho que essa sua proposta funciona tão bem ou melhor para o hipotético *Evangelho da cruz*.

Ambiente Histórico

Admitindo que as narrativas estão marcadas pelas condições sob as quais vive a comunidade que as relata, desejamos desenvolver a hipótese de que a escolha, a forma e o estilo das tradições em um relato ligado à Paixão eram especialmente viáveis nos anos 40... Sob Herodes Agripa I, existiam condições nas quais os relatos da Paixão de Jesus exageravam o papel do tribunal judaico além da realidade histórica [do tempo de Jesus]... É provável que possamos limitar a fase na qual essa tradição da Paixão foi submetida a uma reformulação ainda maior: ela bem pode ter sido composta à luz da perseguição que ocorreu durante o reinado de Agripa I (41-44 d.C.)
Gerd Theissen, *The gospels in context* [*Os evangelhos em contexto*], pp. 189, 193, 198.

Na opinião da maioria dos biblistas, Marcos dá o relato conservado mais primitivo da narrativa da paixão. Entretanto, muitos comentaristas continuam a buscar e propor uma versão pré-marcana, pois acreditam que Marcos não criou toda essa narrativa no início dos anos 70. Segundo a opinião dominante, ele deve ter trabalhado a partir de uma versão mais primitiva.

No Apêndice IX de *The death of the Messiah* [*A morte do Messias*], Brown adaptou de Marion Soards uma lista de autores que diferenciaram fontes pré-marcanas da paixão de sua atual redação marcana e apresentou trinta e quatro delas em formato tabular e em colunas paralelas. Brown concluiu que "as nítidas diferenças entre elas sugerem que o projeto está fadado ao fracasso, pois jamais uma teoria terá aceitação ampla ou duradoura" (1994, p. 23). Neirynk (1994b, p. 408) criticou a ordem da lista, por ela ser alfabética em vez de cronológica, e observou que isso dificultava ainda mais a avaliação das influências e o acréscimo de novas sugestões como a de Adela Yarbro Collins. Entretanto, parece que trinta e quatro exemplos são mais que suficientes para estabelecer o ponto de vista de Brown: as propostas de uma fonte pré-marcana da paixão são mutuamente destrutivas.

Isso não é muito consolador para alguém como eu, que propõe uma fonte pré-petrina, o *Evangelho da cruz*, no *Evangelho de Pedro*! Que possibilidade tem uma fonte extracanônica, se uma intracanônica jamais alcançou um lampejo de consenso? No entanto, talvez o *Evangelho da cruz* seja justamente a fonte pré-marcana que os estudiosos não param de postular. Quando li pela primeira vez a análise que Nickelsburg faz do gênero do conto sapiencial aplicado a Marcos, ocorreu-me imediatamente, como afirmei antes, que ela fazia mais sentido ainda aplicada ao *Evangelho da cruz*. Ali, Jesus é justificado à vista de seus inimigos, que são forçados a admitir a verdade diante de um governante neutro. E, no *EvPd* XI,46, Pilatos confessa, do mesmo modo que, por exemplo, Dario faz em Dn 6,26-27. Exatamente o mesmo ponto aplica-se à análise de Theissen resumida na epígrafe anterior. Ela é de um capítulo intitulado "A major narrative unit (the Passion story) and the Jerusalem community in the years 40-50 C.E." [Importante unidade narrativa (a narrativa da Paixão) e a comunidade de Jerusalém nos anos 40-50 d.C.] (1991, pp. 166-199). Theissen propõe uma narrativa pré-canônica da Paixão" (1991, p. 168), mas seu argumento serve muito adequadamente para o *Evangelho da cruz* em si, que se originou na comunidade de Jerusalém no período muito perigoso sob Agripa I.

Agripa I e o templo judaico

O único jeito de datar e localizar uma fonte como o *Evangelho da cruz* é extrapolar do conteúdo retórico para o ambiente social. Neste caso, o que aprendemos com esse processo? Primeiro, no relato da paixão e ressurreição do *Evangelho da cruz*, as autoridades romanas são completamente inocentes. Não participaram, de modo algum, da condenação ou crucificação; excluindo alguma proteção cooperativa depois da ressurreição, estão totalmente livres de responsabilidade e culpa. Pelo menos aqui, Pilatos lava as mãos e declara sua inocência sem hipocrisia.

Segundo, as autoridades judaicas não são só totalmente responsáveis, são totalmente culpadas. Conhecem a verdade e deliberadamente a escondem do povo. Terceiro, "todo o povo", levado pelas autoridades a crucificar Jesus, está tão arrependido depois dos milagres de sua morte que teria acreditado na ressurreição e lapidado os líderes, se não fosse a mencionada proteção. Naturalmente, essa não é a situação histórica do domingo de Páscoa. Nem é a situação histórica em nenhum outro tempo. Mas, em que tempo e em que lugar, esse teria sido um cenário *verossímil*? Quando e onde teria sido tão coerente com a experiência comunitária que um grupo o teria aceito como narrativa verossímil? Não pergunto sobre só um desses fatores, mas sobre os três juntos, no mesmo tempo e lugar. As autoridades romanas são totalmente livres de culpa. As autoridades judaicas são totalmente culpadas. Todo o povo judeu seria cristão, se seus líderes não tivessem mentido. Onde *todos os três* se juntam simultaneamente? Na ocasião em que escrevi *O Jesus histórico*, eu achava que a Séforis pró-romana na Galiléia herodiana era o local mais provável para a criação dessa narrativa (1994a, p. 425). Agora considero que o tempo e o lugar que Theissen propôs para *sua* fonte pré-marcana da paixão também é a localização mais provável para *minha* fonte proposta, o *Evangelho da cruz*: a comunidade de Jerusalém, na época de Agripa I, em 41-44 d.C.

Agripa I era neto de Herodes, o Grande, e da princesa asmonéia Mariana, mas, dos cinco aos cinqüenta anos, viveu quase exclusivamente na casa imperial de Roma, sob os imperadores Augusto e Tibério e ao lado dos futuros imperadores Calígula e Cláudio. No último ano de Tibério foi preso por externar de maneira indiscreta o desejo de que o imperador fosse logo substituído por Caio Calígula. Seis meses mais tarde, com Tibério morto e Calígula entronizado, Agripa foi solto e recebeu os territórios setentrionais de Filipe em 37 e os territórios centrais de Antipas em 39. Por fim, em 41, após o assassinato de Calígula e a entronização de Cláudio, o resto da terra judaica foi acrescentada a seu reino. Ele era agora rei dos judeus, como o avô, Herodes, o Grande, e, se tudo corresse bem, algum dia seria Agripa I, o Grande. Já tinha, com certeza, cinqüenta anos de idade. Mas Tibério foi imperador aos cinqüenta e seis e governou por outros vinte e três anos. Por outro lado, Calígula foi imperador aos vinte e nove e durou só quatro anos. O futuro estava aberto e, em todo caso, agora ele era rei judeu de toda a nação judaica.

O estudo cuidadosamente crítico e magnificamente minucioso de Daniel Schwartz conclui que Agripa I não esteve envolvido em nenhuma atividade subversiva, mas queria ser "o homem mais importante de Roma no Oriente". Para isso, precisava cultivar a amizade do imperador romano Cláudio muito mais do que gostaria, e ainda aplacar o governador sírio Marso, muito mais do que conseguiria (pp. 143-144). Agripa era a última esperança para evitar o desastre entre o poder romano, a terra judaica e até a Diáspora judaica. E não parece que a brevidade de seu reinado foi o que fez essa esperança irrealizável. Eis o julgamento bastante perspicaz de Schwartz: "O curto reinado de Agripa parece ser mais notável devido a duas ironias inter-relacionadas. Por um lado, sob Agripa, toda a Palestina voltou a ficar reunida sob um monarca judeu – só para permitir que toda ela, em vez de um terço, como antes, voltasse ao domínio romano direto após sua morte. Em outras palavras, embora por um breve período parecesse que, por intermédio de Agripa, a Judéia poderia evitar o rolo compressor da história romana, ele acabou ajudando a facilitar seu caminho. E, por outro lado, um homem que sabia melhor que ninguém que o destino da Judéia e dos judeus do mundo mediterrâneo dependia de Roma, era teimosamente considerado por muita gente o precursor do tipo de nacionalismo judaico anti-romano personificado por alguns de seus antepassados. As esperanças que surgiram com sua entronização e que se recusaram a morrer com ele contribuíram para a fé que levou à grande rebelião de 66-73 d.C. e à catástrofe" (p. 175).

Com certeza, isso está correto como a visão da retrospectiva a longo prazo. Mas imaginemos como as coisas pareciam para a comunidade judaico-cristã de Jerusalém, nos primeiros anos da década de 40. Qual a aparência desse presente para os que não conheciam o futuro? Eles ficaram sabendo sobre Agripa I por causa dos acontecimentos em Jerusalém, que, na reinterpretação que Schwartz faz de Josefo, devem ser mantidos em datas separadas de 38 e 41 (pp. 11-14).

Em 38, Agripa retornou de Roma para a terra judaica. Josefo relata e diferencia com clareza três ações distintas. A primeira ação tinha a ver com sua *piedade*:

> Ao entrar em Jerusalém, ofereceu sacrifícios de ação de graças, sem omitir nada do ritual prescrito por nossa lei. Assim, também providenciou para que um número considerável de nazireus tivesse a cabeça raspada [isto é, pagando pelo ritual no término dos votos de abnegação ascética]. Além disso, pendurou, no recinto sagrado, sobre a câmara do tesouro, a corrente de ouro que Caio lhe havia presenteado, igual em peso à de ferro com a qual suas mãos haviam sido atadas [por Tibério], como lembrete de sua sorte amarga e como testemunho de sua mudança para melhor, a fim de servir de prova que a grandeza às vezes desmorona e também que Deus muda a má sorte.
>
> (*Antiguidades judaicas* XIX,293-294)

A segunda ação tinha a ver com sua *autoridade* e volto a este ponto a seguir. A terceira tinha a ver com sua *popularidade*:

> O rei recompensou os habitantes de Jerusalém pela boa vontade para com ele, perdoando-lhes o imposto sobre todas as casas, achando certo retribuir a afeição dos súditos com um amor paternal correspondente.
>
> (*Antiguidades judaicas* XIX,299)

Seja isso amor paternal ou política prática, Agripa se preparava para um papel muito mais grandioso que o de herdeiro régio da tetrarquia de Filipe, que era tudo que já obtivera na ocasião.

Volto agora à questão da *autoridade*. Josefo relata a segunda ação de Agripa: a exoneração do sumo sacerdote Teófilo e sua substituição por Simão Canteras. Entretanto, essa mudança era não apenas de indivíduos, mas de famílias. Herodes, o Grande, tinha escolhido sumos sacerdotes da família de Boetos, que era sogro de Herodes e sumo sacerdote de 23 a 5 a.C. Depois que os romanos assumiram o controle direto da metade meridional da terra judaica, em 6 d.C., os governadores escolheram sumos sacerdotes quase exclusivamente da família de Anás, como já vimos. Houve o próprio Anás de 6 a 15, Eleazar de 16 a 17, Caifás de 18 a 36, Jônatas de 36 a 37 e Teófilo de 37 a 38. Mas em 38, Agripa exonerou a família de Anás e substituiu-a pela de Boetos. A questão era simbolicamente bastante clara: o governo romano direto está para sair e outro Herodes, o Grande, está para entrar.

Tudo isso talvez parecesse uma boa-nova para a comunidade cristã de Jerusalém. Schwartz afirma que "não havia governador romano na Judéia sob Caio, mas que a província estava, em vez disso, ligada à Síria" (p. 65). Isso daria ao sumo sacerdote um poder local muito grande e pode bem ter sido sob Jônatas, ou Teófilo, da família de Anás, que Estêvão foi morto. Entretanto, Schwartz acha que ele foi executado sob Simão Canteras, da família de Boetos. Schwartz está certo ao mencionar a "evidente ausência do governador romano" (p. 72) na morte de Estêvão, mas isso também se aplica a Jônatas e Teófilo em 36-38, além de Simão Canteras em 38-41. Depois do que com certeza aconteceu a Jesus sob Caifás, genro de Anás, e provavelmente aconteceu a Estêvão sob Jônatas, filho de Anás, o poderio de Agripa pode bem ter parecido uma notícia relativamente boa para a comunidade cristã de Jerusalém em 38, em especial quando ele partiu mais uma vez para Roma, em 39. Mas tudo isso mudou no verão de 41.

Agripa I e a comunidade cristã

Em 41, quando Agripa voltou novamente a Jerusalém, tudo tinha mudado. No outono de 39, Calígula ordenou que sua estátua fosse erguida no Templo de Jerusalém e só a protelação de Petrônio, o legado sírio, a intervenção do próprio Agripa e o assassinato de Calígula impediram que a guerra do outono de 66 começasse na primavera de 40. Mas, no início do verão de 41, Calígula tinha morrido, Cláudio era imperador e Agripa estava de volta a Jerusalém como rei dos judeus. Sabemos de dois incidentes que se seguiram a sua chegada ali.

Primeiro, segundo Josefo, ele depôs Simão Canteras, da dinastia de Boetos, e devolveu o cargo à dinastia de Anás. Ofereceu-o primeiro a Jônatas mais uma vez, mas quando Jônatas propôs o irmão Matias em seu lugar, Agripa aceitou a recomendação (*Antiguidades judaicas* XIX,313-316). Por que Agripa voltou à dinastia de Anás? Havia agora um novo imperador, Cláudio, cujo secretário financeiro era M. Antônio Palas, liberto da mãe de Cláudio, Antônia, filha mais nova de Marco Antônio. Agripa ainda tinha amigos muito poderosos em Roma, mas agora Jônatas também tinha. Como Schwartz concluiu: "É razoável, além disso, supor que Jônatas tivesse ligações com Palas, irmão de Félix, que era assessor muito influente de Cláudio" (p. 71). Agripa foi prudente ao aceitar um empate: a casa de Herodes tinha o reino outra vez; a casa de Anás tinha o sumo sacerdócio outra vez. Uma década mais tarde, após a morte de Agripa I, Jônatas ainda era muito poderoso. No início dos anos 50, foi importante o bastante para fazer com que um governador, Cumano, fosse banido (*A guerra dos judeus* II,245) e nomeado outro governador, Félix (*Antiguidades judaicas* XX,162). No final dos anos 50, ainda era poderoso o bastante para ser a primeira pessoa assassinada pelos *sicários* de Jerusalém, que, com punhais escondidos, usavam o terrorismo urbano contra a colaboração imperial (*A guerra dos judeus* II,256 = *Antiguidades judaicas* XX,164). De qualquer modo, o retorno da família de Anás não era boa notícia para os cristãos de Jerusalém.

Segundo, de acordo com os Atos dos Apóstolos, Agripa I agiu, não contra Tiago, irmão de Jesus, mas sim contra dois membros dos Doze, primeiro Tiago, irmão de João, depois contra Pedro:

> Nessa mesma ocasião o rei Herodes começou a tomar medidas visando a maltratar alguns membros da Igreja. Assim, mandou matar à espada Tiago, irmão de João. E, vendo que isso agradava aos judeus, mandou prender também a Pedro. Era nos dias dos Pães sem fermento. Tendo-o, pois, feito deter, lançou-o na prisão, entregando-o à guarda de quatro piquetes, de quatro soldados cada um, tencionando apresentá-lo ao povo depois da Páscoa.
>
> (At 12,1-4)

Lucas usa termos muito amplos em 12,1-4.11: "Aos judeus... ao povo... do povo judeu", mas como Schwartz comenta: "Se Agripa pretendia cair nas boas graças 'dos judeus' (At 12,3), alcançaria mais sucesso com os saduceus" (p. 124, nota 70). Eu seria ainda mais específico. Todas as execuções de cristãos primitivos, desde o próprio Jesus em 30, passando por Estêvão em 37-38, até Tiago, irmão de João, em 41 e Tiago, irmão de Jesus, em 62, foram levadas a cabo sob sumos sacerdotes da família de Anás, sob Caifás, Jônatas ou Teófilo, Matias e o Anás mais jovem, respectivamente. Do ponto de vista da comunidade cristã de Jerusalém, em 41 os descendentes de Anás estavam de volta ao poder e Agripa estava do lado deles. Não presumo que todos os judeus de Jerusalém concordassem com a execução de Tiago (nem mesmo que todos os que tinham poder como escribas ou sacerdotes concordassem). Preso logo após aquela execução, Pedro fugiu da prisão por intervenção angelical, mas é bem possível imaginar a intervenção humana que estava por trás dessa história.

É esse o exato pano de fundo que proponho para a criação do *Evangelho da cruz*. Repete a situação da comunidade de Jerusalém sob Agripa I em 41 à situação de Jesus sob Herodes Antipas em 30. Os amigos e inimigos de 41 revertem a 30. Recordemos as três afirmações características que identifiquei no relato da paixão e ressurreição do *Evangelho da cruz*:

1. Os romanos, até mesmo Pilatos, são completamente inocentes.

2. Os vilões são Herodes e as autoridades religiosas.

3. "Todo o povo dos judeus" seria cristão se as autoridades lhe tivessem dito a verdade.

Esses três fatores – a total inocência das autoridades romanas, a total responsabilidade das autoridades civis e religiosas judaicas e a total inclinação "do povo" para se tornar cristão – indicam uma data no início dos anos 40 para a criação do *Evangelho da cruz*. É a resposta da comunidade de Jerusalém à crise criada pela combinação de Agripa I, rei, Matias, sumo sacerdote, e de ambos no que dizia respeito ao Templo de Jerusalém.

Há outro ponto que apóia essa posição. É uma tentativa, mas serve para confirmar a ligação entre a ascensão de Agripa I e a criação do *Evangelho da cruz*.

Esse ponto nos leva de volta àquele padrão de perseguição e justificação visto antes. Como indiquei anteriormente, esse padrão (em especial seu formato de conto sapiencial) fundamenta a lógica narrativa do *Evangelho da cruz*. Mas Schwartz demonstrou que exatamente o mesmo padrão fundamenta a principal fonte que Josefo usou no relato sobre Agripa I em *Antiguidades judaicas*: "Dois aspectos [dessa fonte], a saber, o modo como enfatiza extremas reviravoltas da sorte e o modo como evita incluir Deus na narrativa, recordam dois modelos bíblicos: as narrativas de José e Ester... duas histórias bíblicas (parecidas uma com a outra) que também descrevem as bem-sucedidas aventuras de judeus em cortes imperiais" (pp. 34-35). Ambas narrativas, já analisadas como exemplos do padrão bíblico de perseguição e justificação, envolvem judeus individualmente, cuja libertação também envolve a do povo. Nesses dois contos, há, por assim dizer, uma dialética do pessoal e do coletivo. O mesmo acontece com Herodes Agripa I e seu povo. Ele já não "figurava apenas como indivíduo, sem desempenhar nenhum papel público significativo"; no modo de ver de Schwartz, ele se tornou "um advogado dos judeus do Império – que encontrou seguidas dificuldades durante os últimos anos do domínio de Caio" (p. 77). E o padrão de perseguição e justificação era bastante óbvio. O imperador Tibério ameaçou Agripa I e, menos de um ano depois, morreu. O governador Flaco ameaçou os judeus egípcios e, depois de alguns meses, foi afastado. O imperador Calígula ameaçou os judeus palestinenses e, em menos de um ano, foi assassinado.

Essa interpretação bíblica do destino de Agripa I era comum durante sua vida? Era seu auto-retrato com propósitos de propaganda na terra judaica? Como Flávio Josefo não tem essa opinião de Agripa I em *A guerra dos judeus*, mas só em *Antiguidades judaicas*, Schwartz acha que ela surgiu entre esses textos – isto é, "trinta ou quarenta anos, ou mais, depois que Agripa morreu" (p. 36). Seja como for, dois textos do judaísmo egípcio que usam o padrão de perseguição e justificação, 3 *Macabeus* e *Sabedoria*, ambos vistos antes, originam-se desse mesmo período letalmente perigoso do reinado de quatro anos de Calígula. Acho provável, portanto, que o padrão bíblico de perseguição e justificação fosse aplicado a Agripa I e ao judaísmo oriental no período entre 37 e 41. Em resposta, os cristãos usaram o mesmo padrão para a morte de Jesus, por ocasião da morte de Agripa em 43 ou 44.

Portanto, se o *Evangelho da cruz* foi criado pela comunidade de Jerusalém no início dos anos 40, há indícios dele em outra parte, especialmente em ligação com essa comunidade? Minha resposta afirmativa abrange a próxima seção.

Tradição continuada

Uma forma de cristianismo judaico do século II [*Pesquisas* 1,33-71] tem realmente forte ligação com a Igreja primitiva.

Robert E. Van Voorst, *The ascents of James* [*As subidas de Tiago*], p. 180.

O autor [de *Pesquisas* I,27-71] tinha uma espécie de relação genética direta com o cristianismo judaico mais primitivo.

> F. Stanley Jones, *An ancient jewish christian source on the history of christianity* [*Uma fonte judaico-cristã da história do cristianismo*], p. 165.

Esta próxima seção exige um pouco de história. Primeiro, existiu, no fim do século I d.C., um homem chamado Clemente Romano. Em *Visão* 2,4,3 de *Pastor*, que escreveu em Roma por volta de 100 d.C., Hermas recebe ordens para entregar sua revelação a "Clemente [que vai] enviá--la às cidades estrangeiras, pois é seu dever" (Lake 2,25). Segundo, existe uma carta geralmente atribuída a Clemente (por isso conhecida como *1 Clemente*), que foi escrita anonimamente por volta de 96 ou 97 d.C., "da Igreja de Deus que se reúne em Roma à Igreja de Deus que se reúne em Corinto" (Lake 1,9). Por fim, existe uma grande coleção de literatura pseudoclementina – isto é, trechos atribuídos de forma fictícia a Clemente Romano. Meu interesse atual é em um desses textos: as *Pseudoclementinas* (ou antes, para ser mais exato, uma fonte específica dentro de uma de suas duas versões).

As *Pseudoclementinas* são um romance romântico elaborado em torno das aventuras imaginárias de Clemente Romano. Ele é descrito como um pesquisador religioso que, insatisfeito com as várias filosofias pagãs, ouve falar do Evangelho, viaja a Cesaréia e é batizado por Pedro em pessoa. Em seguida, passa a ser o companheiro missionário de Pedro. Os pais de Clemente estiveram separados por diversas desgraças, mas acabam por voltar a se reunir e também são batizados. Essa narrativa foi conservada em duas versões independentes do século IV, as *Pesquisas* e as *Homilias*. São, entretanto, tão parecidas que pressupõem uma fonte comum, o *Texto base* (que se originou no século III). Mas, mesmo dentro do *Texto base*, há diversas fontes anteriores. A que me interessa é uma fonte proposta postulada em *Pesquisas* 1.

Dependo aqui de duas recentes teses de doutorado sobre essa fonte proposta. Em 1989, Robert Van Voorst localizou-a em *Pesquisas* 1,33-71 (menos 44-54) e identificou-a com as *Subidas de Tiago*, atribuídas aos ebionitas heréticos por Epifânio em *Panarion*, escrito em 377. Van Voorst localizou-a em uma "comunidade judaico-cristã que viveu provavelmente na Transjordânia", datou-a "da segunda metade do século II" e descreveu-a como tendo "forte ligação com a Igreja primitiva" e também uma "forte insistência na observância universal da lei" (pp. 178, 180). Em 1995, F. Stanley Jones delimitou-a como *Pesquisas* 1,27-71 (menos 44-53) e identificou-a, não com as *Subidas de Tiago*, mas simplesmente como "fonte judaico-cristã antiga da história do cristianismo". Localizou-a "na direção da Judéia... A própria Jerusalém... também não está fora de questão", datou-a de "c. de 200 d.C." e descreveu-a como tendo "uma espécie de relação genética direta com o cristianismo judaico", embora achasse "altamente improvável que tivesse exigido a circuncisão dos fiéis gentios" (pp. 159, 164-166). Os dois biblistas dão, no início de seus livros, resumos de pesquisas anteriores, mas Jones já havia publicado uma análise muito mais completa em 1982. Sou profundamente grato por essa análise e os dois estudos, pois só preciso de uma passagem muito pequena das *Pseudoclementinas* e estou contente por não correr o risco de me perder para sempre em seus textos primários ou sua literatura secundária.

Pesquisas 1,33-71 tem três partes. A primeira parte (em 1,33-44) contém uma história da salvação desde Abraão até os primeiros anos da comunidade mais primitiva de Jerusalém. Descreve uma cisão entre o povo judeu e as autoridades judaicas após os sinais da morte de Jesus – cisão que, neste relato, continua a aumentar. Os judeu-cristãos conseguem tantos convertidos que os sacerdotes desafiam os Doze Apóstolos e Tiago para debates no templo. Na segunda parte (1,55-69), os judeu-cristãos prevalecem de tal modo no debate de sete dias que "todo o povo e o sumo sacerdote" estão prontos para o batismo em 1,69,8. Então acontece o desastre. Na última parte (1,70-71), Paulo aparece anonimamente como "certo homem hostil", que corre para dentro do templo, ataca a conversão iminente, provoca um massacre turbulento e pessoalmente mata Tiago. Isso é história? Claro que não. É antijudaico? Claro que não. É, todavia, um tanto perversamente, antipaulino. Combina a perseguição por Paulo no início dos anos 30 com a morte de Tiago no início dos anos 60. Alega que Paulo é culpado por todos os judeus não se tornarem judeu-cristãos. A razão é a afirmação paulina de que nem judeu-cristãos nem pagãos cristãos devem observar a lei ritual do judaísmo – por exemplo, a circuncisão para os homens ou as práticas dietéticas para todos. Essa teologia está aqui concretizada em sua pessoa; e essa pessoa, não apenas essa teologia, é culpada pela morte de Tiago e pelo fracasso do judaísmo cristão! É uma contrateologia que se originou na Igreja mais primitiva de Jerusalém e se desenvolveu depois da fuga dessa comunidade para Péla, na Transjordânia e a destruição do templo em 70 d.C. Em outras palavras, é possível ser primitivo, ser judeu-cristão e ser muito antipaulino.

Meu enfoque atual é no relato da crucificação de Jesus em *Pesquisas* 1,41-43. Lembro que é a ligação dessa passagem com o *Evangelho da cruz* no *Evangelho de Pedro* e com a comunidade judaico-cristã mais primitiva de Jerusalém que está em jogo em tudo isto. Van Voorst vê essa ligação com o *Evangelho de Pedro*, mas Jones não vê. Assim, no que se segue, uso a tradução de *Pesquisas* 1,33-71 do primeiro, em vez da do segundo. Entretanto, alguns comentários são necessários como introdução à teologia das *Pseudoclementinas*.

Primeiro, Moisés prometeu aos israelitas que Deus sempre lhes enviaria profetas como ele:

> Vou suscitar para eles um profeta como tu, do meio dos seus irmãos. Colocarei as minhas palavras em sua boca e ele lhes comunicará tudo o que eu lhe ordenar. Caso haja alguém que não ouça as minhas palavras, que este profeta pronunciar em meu nome, eu próprio irei acertar contas com ele.
> (Dt 18,18-19)

Essa formulação referia-se à orientação profética regular, mas também podia ser interpretada como expectativa de um profeta específico semelhante a Moisés, que viria em algum tempo futuro.

Segundo, em *Pesquisas* 1,33-38, Moisés conduziu os israelitas para fora do Egito, mas os manteve quarenta anos no deserto do Sinai para purificá-los do paganismo egípcio. Queria, por exemplo, eliminar o sacrifício de sangue aos ídolos – isto é, eliminar o sacrifício de sangue *e* os ídolos. No fim, porém, teve de transigir e permitir-lhes o sacrifício de sangue, mas ao Deus único e verdadeiro.

Terceiro, como profeta semelhante a Moisés, Jesus veio para eliminar essa transigência e substituir o sacrifício de sangue pelo batismo de água (Van Voorst 1989, p. 55):

Mas aproximava-se o tempo para realizar o que relatamos que faltava nas coisas instituídas por Moisés e para o profeta que ele predisse que viria. Desde o início ele os advertiu para, pela misericórdia de Deus, porem um fim aos sacrifícios. Para não pensarem que, talvez, com a cessação dos sacrifícios não haveria o perdão dos pecados para eles, ele estabeleceu o batismo com água para eles. Nele, eles se libertariam de todos os pecados pela invocação de seu nome e, para o futuro, depois de uma vida perfeita, continuariam na imortalidade porque tinham sido purificados, não pelo sangue de animais, mas pela purificação da sabedoria divina. Finalmente, isto é dado como prova deste grande mistério: todos os que, ao crerem neste profeta vaticinado por Moisés, foram batizados em seu nome, ficarão ilesos na destruição da guerra que paira sobre a nação descrente e o próprio lugar. Mas os que não crerem serão deportados do lugar e do reino, para que, mesmo contra a vontade, conheçam e obedeçam à vontade de Deus.

(*Pesquisas* 1,39 [Latim]).

Essa última alusão é, definitivamente, à destruição de Jerusalém em 70 d.C. e talvez, à tradição que afirmava ter a comunidade judaico-cristã fugido de Jerusalém para Péla na Transjordânia antes do desastre. Nesta teologia, Jesus é também "o eterno Cristo/Messias" e "o Senhor", em *Pesquisas* 1,43-44, mas é como profeta semelhante a Moisés que os outros títulos recebem seu conteúdo. O perdão dos pecados já não se realiza pelo sacrifício de sangue, mas sim pelo batismo de água.

Quarto, há um paralelo muito importante que serve para confirmar que Jesus é aquele que Moisés profetizou: ambos operaram sinais e prodígios milagrosos (Van Voorst 1989, pp. 56-57):

Pesquisas 1,41,1b-2 (latim)	*Pesquisas* 1,41,1b-2 (siríaco)
Pois Moisés operou, na verdade, prodígios e curas no Egito. Como Moisés, este profeta, cuja ressurreição ele mesmo profetizou, embora curasse toda fraqueza e enfermidade das pessoas comuns, operasse ou inúmeros milagres e pregasse a boa-nova da vida eterna, foi levado à cruz por homens malvados. Todavia, seu poder transformou esse feito em bondade.	Pois Moisés operou sinais no Egito. E esse profeta que se elevou, mesmo enquanto se elevava operou sinais no meio do povo, expulsou toda doença e proclamou a vida eterna. Porém, pela insensatez da maldosa estupidez de pessoas más, eles o crucificaram, mas seu poder transformou esse ato em graça e bondade.

Tais citações exemplificam as diferenças e semelhanças entre as duas traduções do século V, do original em grego das *Pseudoclementinas*, que se perdeu, para o latim e o siríaco. Jones conclui que, "embora cada uma das traduções tenha suas imperfeições peculiares, ambas foram realizadas de maneira razoavelmente consciente e têm aproximadamente a mesma precisão"; entretanto, ele acrescenta que "a propensão do tradutor siríaco se revela em P 1,40,2, em que só o siríaco tem uma declaração bastante negativa a respeito do povo judeu" (1995, pp. 3, 49). Portanto, no que se segue, fiquemos atentos a descrições diferentes de adversários judeus para ver se a tradução siríaca é sempre a mais antagônica.

Quinto, as passagens que acabamos de citar conduzem o texto diretamente à descrição da crucificação de Jesus; e assim como houve sinais, prodígios e milagres durante sua vida, haveria a mesma coisa em sua morte. Na verdade, há duas descrições da crucificação, interrompidas por uma passagem sobre os gentios. É a lógica da passagem: houve sinais milagrosos por ocasião da morte de Jesus; por causa disso, houve uma cisão entre o povo; por causa dessa perda, foi necessário introduzir os gentios. Eis a seqüência geral:

(A¹) Sinais por ocasião da crucificação de Jesus e cisão entre o povo judeu = *Pesquisas* 1,41,3-4

(B) Gentios chamados como substitutos dos incrédulos = *Pesquisas* 1,42,1-2

(A²) Sinais por ocasião da crucificação de Jesus e cisão entre o povo judeu = *Pesquisas* 1,42,3-4

Quando eu der as duas traduções das estruturas em A¹ e A², prestemos atenção a dois aspectos. Primeiro, observemos as diferenças entre elas, em especial nas descrições da própria cisão. Segundo, seria possível entendê-las se não conhecêssemos uma narrativa como a do *Evangelho da cruz*? Em outras palavras, elas presumem alguma narrativa, em vez de alguma narrativa presumi-las? Eis o primeiro relato em A¹ (Van Voorst 1989, p. 57):

Pesquisas 1,41,3-4 (latim)

Finalmente, quando ele sofreu, o mundo todo sofreu com ele. O sol escureceu e as estrelas se perturbaram; o mar se abalou e as montanhas se moveram e as sepulturas se abriram. O véu do templo se dividiu, como se lamentasse a destruição que pairava sobre o lugar.

Mesmo assim, embora o mundo todo se comovesse, eles próprios ainda não se moviam para a consideração dessas grandes coisas.

Pesquisas 1,41,3-4 (siríaco)

Pois quando ele sofreu todo este mundo sofreu com ele. Até o sol escureceu e as estrelas se moveram, o mar se perturbou e as montanhas se soltaram e os túmulos se abriram. O véu do templo se rasgou, como se de tristeza pela futura desolação do lugar.

Por causa dessas coisas, todo o povo ficou com medo e ficou forçado a considerá-las. Mas, embora todo o povo se comovesse, alguns não foram tocados pela questão.

A primeira metade da passagem sobre os sinais cósmicos é muito semelhante nas duas traduções. A segunda é bastante diferente. O latim não traz nada sobre uma cisão entre o povo. É simplesmente uma questão do "mundo" contra "eles". O siríaco, entretanto, traz uma clara oposição entre "todo o povo" e "alguns" não identificados.

A passagem sobre os gentios em B é uma inserção. Isso fica evidente pelos versículos iniciais repetidos das passagens estruturais em A^1 e A^2 sobre o sofrimento de Jesus e as trevas da terra. Em A^2 o texto começa como em A^1, mas continua com novo conteúdo, como se segue (Van Voorst 1989, p. 58):

Pesquisas 1,42,3-4 (latim)

Nesse ínterim, depois que ele sofreu e as trevas dominaram o mundo desde a sexta hora até a noite, quando o sol voltou, as coisas voltaram ao normal. O povo mau mais uma vez voltou a si e a seus maus costumes porque seu medo havia cessado.

Pois alguns, depois de guardar o lugar com toda a diligência, chamaram-no de mágico, a quem não podiam impedir de ressuscitar; outros fingiram que ele havia sido roubado.

Pesquisas 1,42,3-4 (siríaco)

Enquanto ele sofria, houve trevas desde a sexta hora até a noite. Mas quando o sol apareceu e as coisas voltaram firmemente a ser como antes, os maus dentre o povo voltaram a seus maus caminhos.

Pois alguns deles disseram sobre o que tinha sofrido e que não foi encontrado, embora o tivessem guardado, que ele era mágico; assim, não tinham medo de ousar mentir.

Notemos que esses textos são inteligíveis apenas *se* conhecermos algum tipo de narrativa presumida por trás deles. O sinal cósmico, as trevas, já se incluía entre os do primeiro relato, mas agora ganha um espaço de tempo. Nas duas traduções, a cisão é muito menos clara que no siríaco de *Pesquisas* 1,41,4 anterior. O latim traz "o povo mau" (todo o povo?), mas depois especifica "alguns". O siríaco é ligeiramente melhor. Traz "os maus dentre o povo" e depois especifica "alguns". Há, entretanto, três outras diferenças mais importantes entre as versões latina e siríaca.

Primeiro, ambas concordam em termos muito gerais sobre a guarda, mas, enquanto a siríaca diz que Jesus não foi "encontrado", a latina diz que eles não podiam impedi-[lo] de ressuscitar". Segundo, a latina, mas não a siríaca, fala em roubo do corpo, introduzindo a opção de Jesus não ter ressuscitado dos mortos. Terceiro, as duas concordam com uma resposta alternativa que nega a frase sobre o roubo: Jesus realmente ressuscitou dos mortos porque era mágico. Mas só a siríaca introduz o tema de trapaça ou mentiras. Qual é exatamente a mentira? A siríaca diz que "eles mentiram que estávamos em menor número que eles" em *Pesquisas* 1,43,1. Finalmente, as duas traduções esclarecem que os sacerdotes são aqueles "alguns" maus e que "todo o povo" podia acabar se opondo a eles (Van Voorst 1989, p. 58).

Pesquisas 1,43,1-2 (latim)

Contudo, a verdade foi vitoriosa em toda parte. Pois como sinal de que essas coisas se realizaram pelo poder divino, à medida que os dias se passavam, nós, que éramos muito poucos, ficamos em muito maior número que eles com a ajuda de Deus.

Por fim, os sacerdotes ficaram com muito medo de que, para seu embaraço, pela providência de Deus, todo o povo se convertesse à nossa fé.

Chamando-nos com freqüência, costumavam nos pedir para discutir com eles sobre Jesus, se ele era o profeta que Moisés predisse, que é o Cristo eterno. Pois só sobre isso parece haver uma diferença para nós que cremos em Jesus em contraste com os que não crêem.

Pesquisas 1,43,1-2 (siríaco)

Mas a retidão da verdade foi vitoriosa; pois, porque mentiram que estávamos em menor número que eles, não foram íntegros. Pois pelo zelo de Deus aumentávamos firmemente mais que eles.

Então, até seus sacerdotes ficaram com medo que, talvez pela providência de Deus, todo o povo se convertesse à nossa fé, para confusão deles.

Chamando-nos com freqüência, pediam-nos para falar-lhes de Jesus, se ele era o profeta que Moisés profetizou, que é o Messias eterno. Pois só nisso há uma diferença entre nós, que cremos em Jesus e os filhos de nossa fé que não crêem.

Naturalmente, não considero nada desse "todo o povo (judeu)" contra os "sacerdotes" (judeus) como informação histórica. Noto que isso presume alguma espécie de história conhecida que a tornaria digna de crédito como narrativa – uma história pelo menos parecida com a fonte proposta do *Evangelho da cruz* no *Evangelho de Pedro*. Em toda a literatura cristã primitiva, só essas fontes sugeridas, o *Evangelho da cruz* e *Pesquisas* 1,33-71, têm a mesma combinação ligada dos sinais por ocasião da morte de Jesus, os guardas no túmulo de Jesus e uma cisão entre o povo judeu e as autoridades judaicas, antes e depois que elas mentiram a respeito da ressurreição.

Foi o comentário de Van Voorst que me chamou a atenção para essa ligação precedente e suas traduções em colunas paralelas foram extremamente úteis para ver suas implicações. Mas tenho duas importantes observações laterais para sua análise.

Primeiro, com respeito a Mt 27,51b-53 e os sinais da morte em *Pesquisas* 1,41,3 (A[1] anterior), ele conclui: "Como esses dois últimos portentos são dados só em Mateus, *ST* [*Subidas de Tiago* = *Pesquisas* 1,33-71] depende do relato mateano e é expansão dele. Nesse ponto, não parece haver nenhuma relação literária entre *ST* e o *Evangelho de Pedro* do século II, que faz o véu do templo rasgar-se na mesma hora em que ocorre a morte de Jesus (V,20) e coloca o terremoto depois disso (VI,21)" (1989, p. 106). Mateus, entretanto, longe de ser o texto fundamental, é exemplo quase perfeito da combinação redacional mal-sucedida de duas fontes irreconciliáveis.

Mateus está a par das perturbações cósmicas por ocasião da morte de Jesus, como em *Pesquisas* 1,41,3 e *EvPd* V,20–VI,21 e também da ressurreição dos santos juntamente com Jesus, como em *EvPd* X,39-42. A solução é *duplicar* o tremor da terra e a abertura dos túmulos de sexta-feira em Mt 27,51-52 (os santos) para domingo em 28,2 (Jesus) e também *prolongar* a ressurreição coletiva de sexta-feira (os santos ressuscitam) para domingo (os santos ressuscitam e aparecem). Nada esconde as dificuldades da solução de Mateus:

> Abriram-se os túmulos e muitos corpos dos santos falecidos ressuscitaram. E, saindo dos túmulos após a ressurreição de Jesus, entraram na Cidade Santa e foram vistos por muitos.
>
> (Mt 27,52-53)

Isso não funciona, nem para Mateus nem para ninguém. *Ressuscitar* é sair dos túmulos e isso não pode acontecer *antes* e também *depois* da ressurreição de Jesus. Nem *Pesquisas* 1,41,3, em que os túmulos se abrem por ocasião da morte de Jesus, nem *EvPd* X,39-42, em que os túmulos se abrem por ocasião da ressurreição de Jesus, precisam da combinação impossível de Mateus. Portanto, quando muito, Mateus é a tradição dependente.

Segundo, em 1989, Van Voorst foi muito claro a respeito da cisão do povo judeu contra as autoridades judaicas (A[2] anterior): "*EvPd* VIII,28-30 diz que o efeito dos portentos sobre o povo continuou após a morte de Jesus e levou-o a concluir que ele era justo. Esse tema compartilhado pelo povo sobre os efeitos dos portentos indicam que, neste ponto, *ST* está em contato com as tradições por trás do *Evangelho de Pedro*" (p. 107, nota 36). Contudo, em análise mais recente de *Pesquisas* 1,41,2–43,4, não há nenhuma menção do *Evangelho de Pedro* e só é dada a "versão latina (da qual a versão siríaca pouco difere)" (1995, p. 156). Como vimos antes, porém, na versão siríaca esta muito claro que a cisão é entre "todo o povo" "alguns", e "todo o povo" é, já se vê, exatamente o que encontramos em *EvPd* VIII,28. Em outras palavras, concordo com a nota de rodapé de 1989, mas não com sua eliminação em 1995.

Quero resumir meus argumentos apresentados até aqui antes de iniciar a última seção deste capítulo. O primeiro ponto, o mais fundamental, é que há uma fonte canonicamente independente e narrativamente consecutiva dentro do *Evangelho de Pedro*, que confronta com cuidado essa fonte com outras canonicamente dependentes. O todo é uma tentativa típica do século II de juntar tradições discordantes em uma unidade harmoniosa. Essa fonte continha não só um relato do túmulo guardado e da ressurreição visível, como Brown afirma, mas também (e necessariamente) um relato anterior da execução jurídica que explicava por que um túmulo *guardado* era necessário. Chamo essa fonte o *Evangelho da cruz* e, mais uma vez, desafio os colegas a explicarem o *Evangelho de Pedro* sem recorrerem a tal fonte. Quem alega, por exemplo, que o *Evangelho de Pedro* baseia-se inteiramente nos evangelhos canônicos, como explica que uma parte tão grande desse texto não esteja contida neles?

O segundo ponto está em contradição frontal com os que afirmam que essa fonte – ou mesmo o *Evangelho de Pedro* em geral – é antijudaica (e o é muito mais que qualquer um dos evangelhos canônicos). Ignoram o propósito retórico da narrativa *como um todo*. É porque o povo judeu crucifica Jesus que esse mesmo povo se arrepende quando vê os sinais por ocasião de sua morte. É porque o povo judeu se arrepende quando vê os sinais por ocasião de sua morte que as autoridades judaicas guardam o túmulo. É porque as autoridades judaicas e romanas guardam o túmulo que vem a ressurreição. É porque vêem a ressurreição realmente acontecer que as autoridades romanas confessam Jesus e as autoridades judaicas "mentem" a respeito de Jesus para se protegerem "do povo judeu". Isso é história? Claro que não. É antijudaico? Claro que não.

O terceiro ponto confirma o segundo. Há só um outro lugar na literatura cristã primitiva no qual encontrei essa mesma combinação de sinais por ocasião da morte, guardas no túmulo e uma cisão entre "todo o povo" e "os sacerdotes" a respeito da execução e ressurreição de Jesus. É nas *Pseudoclementinas*, na fonte em geral delineada como *Pesquisas* 1,33-71. O relato da morte e ressurreição em *Pesquisas* 1,41-43 presume uma narrativa como a do *Evangelho da cruz*. Essas breves referências são necessárias para concluir o paralelo anterior com Moisés, de sinais e prodígios, e começar a cisão subseqüente entre povo e autoridades, essencial para os debates que virão. Mas essas referências passageiras são ininteligíveis sem uma narrativa pelo menos semelhante à da fonte *Evangelho da cruz* do *Evangelho de Pedro*.

Por fim, recordemos, como está anteriormente, que Van Voorst disse que *Pesquisas* 1,33-71 tinha "forte ligação com a Igreja primitiva" (1989, p. 180), tendo Jones ainda afirmado que seu "autor estava em uma espécie de relação genética direta com o cristianismo judaico mais primitivo" (1995, p. 165). Quanto mais a fonte em *Pesquisas* 1,33-71 é ligada à comunidade judaico-cristã mais primitiva de Jerusalém, mais essa fonte no *Evangelho da cruz* remonta à mesma situação.

Memória bíblica

A questão dos antecedentes bíblicos fica mais controvertida em opiniões como as de Koester e J. D. Crossan que... rejeitam toda tentativa de enraizar a paixão na memória cristã. Koester [1980a, p. 127] afirma com segurança que no início só havia a crença de que a paixão e a ressurreição aconteceram segundo as Escrituras, de modo que "as primeiras narrativas do sofrimento e morte de Jesus não fizeram nenhuma tentativa para lembrar o que realmente aconteceu". Crossan [1988, p. 405] vai ainda mais além: "Parece-me muito provável que os mais próximos a Jesus não sabiam quase nada sobre os detalhes do acontecimento. Só sabiam que Jesus tinha sido crucificado fora de Jerusalém, por ocasião da Páscoa e, provavelmente, por causa de algum conluio entre as autoridades imperiais e sacerdotais". Ele não explica por que acha que isso aconteceu "com toda a probabilidade", posta a bem fundamentada tradição de que os mais próximos de Jesus o seguiram por bastante tempo, dia e noite. De repente, perderam todo interesse, nem sequer dando-se ao trabalho de pedir informações sobre o que deve ter sido o momento mais traumático de suas vidas?

Raymond E. Brown, *The death of the Messiah* [*A morte do Messias*], pp. 15-16.

Concluo este capítulo perguntando sobre uma questão mais básica e importante que fontes: a das origens. O debate mais fundamental sobre a narrativa da paixão e ressurreição não é sobre o problema de *fontes* (ou como nossas versões se relacionam umas com as outras), mas sobre o problema de *origens* (ou como a narrativa foi criada inicialmente). O problema não é sobre os *fatos brutos* da crucificação de Jesus fora de Jerusalém, na Páscoa, mas sobre os *detalhes específicos* dessa narrativa consecutiva, tintim por tintim e palavra por palavra, hora por hora e dia por dia. Há duas importantes opções disjuntivas que resumo como profecia historicizada *versus* história lembrada. Essas duas opções foram dadas respectivamente nas epígrafes de Helmut Koester e Raymond Brown no início desta X Parte. Continuam na epígrafe imediatamente anterior. O que está em questão neste debate?

Registro da história

A posição de Brown, que resumo como *história lembrada*, parece, à primeira vista, óbvia e sensata. Os companheiros de Jesus sabiam ou descobriram o que lhe aconteceu, e essa informação histórica formou a narrativa básica da paixão desde o início. Alusões a precedentes bíblicos eram explicativas ou comprovativas dessa narrativa, mas não determinantes nem características de seu conteúdo. Talvez, entre todos os detalhes que conheciam, escolhessem os que melhor se adaptavam a esses precedentes bíblicos, mas, em geral, era a história e não a profecia que determinava a seqüência e a estrutura da narrativa. Com facilidade, quem não for estudioso dessas matérias pode julgar essa explicação evidente. Temos cinco versões dessa narrativa – quatro intracanônicas e uma extracanônica – e, apesar de discrepâncias mínimas, é fácil coordená-las em uma única representação da paixão. Por que alguém haveria de sugerir uma alternativa à história lembrada como base para a narrativa da paixão e ressurreição?

A posição de Koester é que, à parte dos fatos simples e cruéis da crucificação em si, a narrativa foi construída a partir de modelos, profecias e precedentes bíblicos. Ela tirou dessas fontes bíblicas seus temas maiores e sua estrutura global. Sua crítica geral da interpretação da história lembrada é que a "forma, a estrutura e a situação existencial desse relato histórico da paixão e sua transmissão nunca foram esclarecidas" (1980a, p. 127). Concordo com Koester, como se percebe pela epígrafe anterior, mas pelas duas razões a seguir.

A primeira razão é negativa, contra a posição de *história lembrada* e volta ao problema de fontes. Se houvesse, desde o início, uma narrativa detalhada da paixão e ressurreição, ou mesmo apenas uma narrativa da paixão, eu esperaria mais indícios dela do que os atualmente subsistentes. Ela está totalmente ausente da tradição da vida e aparece na tradição da morte como se segue. Por um lado, fora dos evangelhos não há nenhuma referência a esses detalhes da narrativa da paixão. Se todos os cristãos os conheciam, por que nenhum outro cristão os menciona? Por outro lado, dentro dos evangelhos, todos os outros copiam direta ou indiretamente de Marcos. Se uma narrativa foi logo estabelecida como história lembrada, por que os outros não a "copiam" em vez de depender de Marcos? Por que Mateus e Lucas têm de confiar tão completamente em Marcos? Por que, apesar de sua profunda inovação teológica, João depende tão completamente de informações dos sinóticos? O argumento negativo não é que essa narrativa de história lembrada não *podia* ter acontecido. É claro que *podia*. O argumento é que não temos as provas de sua existência e, se existissem, esperaríamos que essas provas estivessem disponíveis.

A segunda razão é positiva, a favor da posição de *profecia historicizada*. As unidades individuais, seqüências gerais e estruturas globais das narrativas da paixão e ressurreição estão tão ligadas à realização profética que a remoção dessa realização não deixa nada além dos fatos mais simples, quase como em Josefo, em Tácito e no credo dos apóstolos. Com *unidades individuais*, refiro-me a itens como estes: a sorte lançada e as vestes divididas, de Sl 22,19; as trevas ao meio-dia, de Am 8,9; a bebida de fel e vinagre, de Sl 69,22. Com *seqüências gerais*, refiro-me a itens como estes: a situação no monte das Oliveiras, de 2Sm 15–17; a conspiração no julgamento, de Sl 2; a descrição dos insultos, do ritual do Dia das Expiações em Lv 16. Com *estruturas globais* refiro-me ao gênero narrativo da inocência justificada, da justiça redimida e da virtude recompensada. Em outras palavras, em todos os níveis narrativos – superficial, intermediário e profundo – modelos e precedentes bíblicos controlaram a narrativa a ponto de, sem eles, não restar nada além do fato cruel da crucificação em si.

Entretanto, preciso esclarecer que com *profecia* historicizada não me refiro ao uso apologético ou polêmico dos textos bíblicos como profecias sobre Jesus, como se esses textos indicassem única e exclusivamente Jesus, o futuro Messias. *Profecia* historicizada significa que Jesus está inserido em um padrão bíblico de perseguição coletiva e justificação comunitária. Esses textos apontam, de modo particular ou especial para Jesus, mas, pelo menos originalmente, não apontavam reservada ou exclusivamente para ele. Em outras palavras, a questão é: esses detalhes da paixão e ressurreição derivam de recordação histórica ou modelo bíblico? Formei as provas para essa segunda alternativa em *The cross that spoke* [*A cruz que falava*] e *Quem matou Jesus?* e não vou repeti-las aqui. Mas, para que isto não fique abstrato demais, dou um exemplo desse processo, um caso de profecia historicizada, no qual um texto sobre paixão mútua e justificação mútua é transformado em realidade durante a crucificação de Jesus. Acabou de ser mencionado como a bebida de fel e vinagre de Sl 69,22.

Recordação da Escritura

O próprio Salmo 69 tem uma estrutura diádica de perseguição e justificação. A primeira passagem, mais longa, em 69,1-29 é uma lista de sofrimentos de um indivíduo cujos "olhos se consomem esperando por meu Deus". Então, em 69,31-37, há uma abrupta mudança de súplica para ação de graças, uma repentina mudança de lamento pela perseguição para gratidão pela justificação. Eis os versículos de transição:

Quanto a mim, pobre e ferido, que tua salvação, ó Deus, me proteja! Louvarei com um cântico o nome de Deus, e o engrandecerei com ação de graças.

(Sl 69,30-31)

O versículo no qual estou interessado ocorre na primeira passagem, quando a lista de desgraças dá lugar a uma série de maldições contra os perseguidores:

Como alimento deram-me fel, e na minha sede fizeram-me beber vinagre.

(Sl 69,22)

O sofredor recebe veneno (fel) e vinagre em vez de comida e bebida. Nessas circunstâncias, é o clímax do escárnio e da opressão sofridos na mão dos inimigos. É, já se vê, uma metáfora geral para ataque mortal, mas como se aplica a Jesus, que já está sendo crucificado?

No *Evangelho de Pedro*, o *Evangelho da cruz* faz com que ela se combine de maneira bastante literal e bem-sucedida com a situação real da execução. Nesse evangelho, como se recorda, é o povo judeu que crucifica Jesus e se arrepende quando vê os milagres que acompanham sua morte. Mas eis o que acontece antes desse momento:

Era meio-dia, quando as trevas cobriram toda a Judéia. Eles se agitavam e se angustiavam, supondo que o sol já se tivesse posto; pois ele ainda estava vivo. E está escrito para eles: "Não se ponha o sol sobre um justiçado". E um deles disse: "Dai-lhe de beber fel com vinagre". Fizeram uma mistura e lhe deram para beber. E cumpriram tudo, enchendo desse modo a medida de seus pecados sobre suas cabeças.

(*EvPd* V,15-17)

O estilo judaico mais antigo era a crucificação *após a morte*, na qual a pessoa já executada era empalada para exibição. Em Js 10,26-27, Josué fere e mata cinco reis inimigos e os faz "suspender em cinco árvores, nas quais ficaram suspensos até à tarde". Mas "ao pôr-do-sol, por ordem de Josué, tiraram-nos das árvores". Esse procedimento também está codificado como lei:

Se um homem, culpado de um crime que merece a pena de morte, é morto e suspenso a uma árvore, seu cadáver não poderá permanecer na árvore à noite; tu o sepultarás no mesmo dia, pois o que for suspenso é um maldito de Deus. Deste modo não tornarás impuro o solo que Iahweh teu Deus te dará como herança.

(Dt 21,22-23)

Como o método romano era a crucificação *antes da morte*, essa lei deuteronômica só podia ser seguida se o executado já estivesse morto ao pôr-do-sol. Do contrário, ele teria de ser morto por algum outro método antes da remoção da cruz. É esse exatamente o ponto de *EvPd* V,16. Jesus recebe uma bebida envenenada a fim de terminar rapidamente a crucificação para seu corpo ser removido antes do escurecer. O alimento/veneno e o vinagre/bebida simples e necessariamente resumem-se em fel e vinagre – ou, em outras palavras, em vinagre envenenado.

Foi esse ato que cumpriu "tudo, enchendo desse modo a medida de seus pecados sobre suas cabeças". Isso consegue aplicar o versículo do salmo, muito literalmente, à morte de Jesus. Ele é mortalmente envenenado na cruz. Paralelos bíblicos e não memórias históricas ditam a inclusão desse incidente. Uma oração comunitária aplicável a todo sofredor realiza-se em Jesus. É o que quero dizer com profecia historicizada, não história lembrada.

O Evangelho reescrito

Concluo com um incidente autobiográfico para indicar por que a hipótese do *Evangelho da cruz* é tão importante para mim. Nas semanas que antecederam a Páscoa de 1995, eu estava em uma viagem de lançamento, para promover *Quem matou Jesus?* Na noite de quarta-feira, 5 de abril, falei e autografei exemplares do livro na Barnes & Noble no centro de Manhattan, na esquina da Sexta Avenida com a Rua Vinte e Dois. Em outras livrarias, esses lançamentos costumavam ser em um espaço onde cerca de trinta cadeiras rodeavam o orador, o que dispensava o uso de microfone. Mas, neste caso, minha voz foi amplificada por toda a livraria, às sete e meia da noite. Não gostei desse processo, pois forçou a todos, independentemente de seus interesses, a ouvir vinte minutos de palestra sobre o Jesus histórico. No final, havia cerca de trinta pessoas sentadas, que tinham vindo ouvir a palestra e outras trinta de pé, que chegaram durante ela. Achei que algumas das pessoas em pé, atraídas à palestra mais pelo volume do som que por interesse, talvez estivessem aborrecidas e a primeira pergunta pareceu confirmar minha impressão. Foi feita em um tom claramente hostil, mas foi também absolutamente imparcial e, a longo prazo, extremamente proveitosa para meu entendimento. Foi mais ou menos assim:

Ouvinte: – Você disse que a história de Barrabás foi criada por Marcos porque, na opinião dele, a multidão de Jerusalém tinha escolhido os salvadores errados, a saber os rebeldes-bandidos, na guerra contra Roma que começou em 66 d.C.? *Eu*: – Sim. *Ouvinte*: – Então por que não a chama pelo que é: uma mentira?

Não me lembro de minha resposta, mas foi, provavelmente defensiva, porque eu nunca tinha pensado no problema dessa maneira. Por que eu não chamava aquele incidente, ou os muitos outros criados, em minha opinião, pelas tradições ou os evangelistas, de mentiras? Não eram verdade, então não seriam mentira? A pergunta não me saiu da cabeça nas semanas seguintes e foi ao pensar no *Evangelho da cruz* e não em nenhum dos relatos canônicos que pela primeira vez descobri a resposta.

Eu sabia que não tinha medo de chamar as coisas, mesmo coisas evangélicas, pelo nome apropriado. Se tivesse pensado que *mentira* era a palavra certa, eu a teria usado. Então, por que *não* usá-la? O que sempre me impedira de fazê-lo? Eu tinha chamado a alegação de que os judeus mataram Jesus "a mais longa mentira". Mas os evangelhos não diziam exatamente isso?

Recordemos o número de vezes que enfatizei neste livro os evangelhos como boa-nova *atualizada*, que reescreve o Jesus do fim da década de 20, como o Jesus dos anos 70, 80 e 90. Sei, já se vê, que *as palavras e os atos* de Jesus foram atualizados para falar a novas situações e problemas, novas comunidades e crises. Foram adotados, foram adaptados, foram inventados, foram criados. Mas o mesmo aconteceu, naturalmente, com os *amigos e inimigos* de Jesus. Isso eu tinha ignorado. A comunidade e o autor por trás do *Evangelho da cruz* descreveram os amigos e inimigos de Jesus por ocasião de sua execução, como seus amigos e inimigos do início da década de 40. Os romanos eram completamente inocentes *então*, porque era assim que apareciam *naquela ocasião*. A casa de Herodes e as autoridades judaicas eram completamente culpadas *então*, porque era assim que apareciam *naquela ocasião*. O "povo judeu" estava disposto a se converter *então*, porque era assim que aparecia *naquela ocasião*. Podemos não gostar, mas é isso que os evangelhos fazem no cristianismo católico. É seu destino genético e sua função composicional. Não são história exata, biografia exata, jornalismo exato. O autor do *Evangelho da cruz*, ou de qualquer outro evangelho, não disse isto: sei que as autoridades romanas crucificaram Jesus, mas vou pôr a culpa nas autoridades judaicas; vou fazer o jogo dos romanos; vou escrever propaganda que sei não ser exata. Se *tivessem* feito isso, o texto resultante seria mentira. Por mais fracos que fossem os autores dos evangelhos, ou por mais ameaçada que fosse sua existência, tal tática não seria apologética e polêmica; seria calúnia e mentira. Essa intuição ajudou-me a entender como o *Evangelho da cruz* foi composto. Mas também me ajudou a entender a natureza contínua da tradição da paixão e ressurreição. A meu ver, essa tradição desenvolveu-se a partir da base do *Evangelho da cruz* e é uma única corrente de transmissão genética.

Nenhum evangelho escrito após a guerra de 66-73/74 d.C. dispõe-se a deixar os romanos totalmente sem culpa, como fez o *Evangelho da cruz*. Não importa o que Pilatos pense, ele fornece os soldados para a crucificação. Marcos culpa a "multidão" de Jerusalém, Mateus culpa "todo o povo" e João culpa "os judeus". À medida que as comunidades judaico-cristãs afastam-se firmemente cada vez mais dos companheiros judeus, também os "inimigos" de Jesus se expandem para se adaptar a essas novas situações. No tempo de João, nos anos 90, esses inimigos são "os judeus" – isto é, os outros judeus, exceto nós, os poucos justos. Se entendêssemos o Evangelho, entenderíamos isso. Se entendêssemos o Evangelho, *esperaríamos* isso. É uma pena que seja tragicamente tarde para aprender isso.

Capítulo 26

Exegese, lamento e biografia

Não poderíamos sugerir que as mulheres, que têm um íntimo envolvimento com o corpo morto (na maioria das sociedades, são as mulheres que cuidam dos agonizantes, lavam o cadáver e o vestem), não precisam de nenhum relato realçado das narrativas da morte para compreender sua realidade ou estimular sua resposta emocional? Elas passam da experiência para a arte, das lágrimas para as idéias. Os homens, que em muitas sociedades tradicionais têm uma experiência da morte menos física, por não cuidarem dos moribundos nem lidarem com o cadáver, exceto quando se matam uns aos outros (situação que exige uma relação específica com o morto como inimigo), precisam reinterpretar a morte na arte ou no jogo, a fim de senti-la. O movimento, neste caso, pode ser considerado o reverso da lamentação das mulheres, um que progride das idéias para as lágrimas.

Gail Holst-Warhaft, *Dangerous voices* [*Vozes perigosas*], p. 22.

Eis o argumento até aqui. Há uma narrativa consecutiva e canonicamente independente da paixão e ressurreição, o *Evangelho da cruz*, dentro do *Evangelho de Pedro*. Sua forma presente deriva da comunidade de Jerusalém no início dos anos 40. Seu tema central de autoridades judaicas *versus* povo judeu a respeito da paixão e ressurreição de Jesus é a narrativa presumida pelos herdeiros dessa comunidade de Jerusalém, cerca de um século mais tarde, nas *Subidas de Tiago*, de *Pesquisas* 1,41-43. Esta última seção vai em direção oposta, não do *Evangelho da cruz* para as *Subidas de Tiago*, mas do *Evangelho da cruz* para trás, até a comunidade de Jerusalém dos anos 30. Concentra-se em especial em papéis de gênero dentro dessa comunidade, na interação da exegese e da elegia e na relação entre mulheres especificadas e homens especificados naqueles primeiros dias depois da execução de Jesus.

Biografia em elegia

Sigo a resposta cultural das mulheres à fragmentação histórica enquanto entrelaçam práticas sociais diversas: sonho, improvisação de lamento, cuidado e cultivo de oliveiras, enterramento e desenterramento dos mortos e a inscrição histórica de emoções e sensibilidades em uma paisagem de pessoas, coisas e lugares. Essas práticas compõem a poética fortalecedora da periferia... Pois a poética da periferia sempre se preocupa com a dimensão imaginária de mundos materiais, de coisas e pessoas feitas e desfeitas... A poética da periferia cultural é a poética do fragmento. Uma coisa precisa ficar clara sobre o fragmento. Pode ser marginal, mas não é necessariamente dependente, pois é capaz de negar reconhecimento a qualquer centro.

Preocupo-me com a visão global que emerge do particular. Ficar à margem é olhar através dela para outras margens e para o próprio centro suposto.

Constantina-Nadia Seremetakis, *The last word* [*A última palavra*], p. 1.

Primeiro, as seguidoras de Jesus lamentaram sua morte e prantearam sua execução? Segundo, essas atividades influenciaram a tradição comunitária? São perguntas óbvias. Mas *só* ficaram óbvias para mim depois que biblistas como Marianne Sawicki e Kathleen Corley as formularam de maneira convincente e enérgico em seus escritos.

Sawicki formulou-as com relação a sepultamento, túmulo e aparição nos textos evangélicos. "Na antiguidade o Calvário era uma pedreira e, depois das execuções, a polícia depositava os corpos em qualquer buraco conveniente, juntamente com um pouco de cal para diminuir o fedor. Mas é possível que o Sinédrio assumisse a custódia do corpo de Jesus, segundo o procedimento lembrado na Mixná, *Sanhedrin* 6,5 [isto é, sepultamento em vala comum para criminosos], pois só se considerava cumprida a sentença do tribunal quando o corpo se decompunha [um ano mais tarde]... De qualquer modo – buraco com cal ou confisco –, a interrupção do processo da morte provoca aflição... Sugiro que essa aflição pela perda do corpo foi o ponto de partida para a reflexão que culmina na 'descoberta' do túmulo vazio e na 'visão' de Jesus já ressuscitado dos mortos" (1994a, p. 257).

Corley formulou-as novamente em um cenário mais amplo da antropologia intercultural da tradição feminina da elegia. "Em muitas partes do mundo, como a Grécia, a Irlanda, a América Central, a Finlândia, a China, o Oriente Médio, a África, a Nova Guiné e a Espanha, no passado e no presente, as mulheres têm, habitualmente, lamentado e pranteado os mortos. De fato, muitas dessas tradições de elegia confirmam um gênero poético que remonta, em alguns casos, a centenas ou, no caso da Grécia rural, a milhares de anos... Essas elegias contêm os detalhes da história da morte do falecido... A própria narrativa da Paixão poderia ter suas raízes no contexto formal de narração cantada e repetida, que teria preservado detalhes fundamentais da história da morte de Jesus... Sugiro que a narrativa da Paixão teve suas origens em um contexto litúrgico popular dominado por mulheres e gente comum" (capítulo 7 do manuscrito de um livro a ser publicado).

No que se segue, devo muito a essas duas biblistas. Estou profundamente convencido que há *alguma* ligação bastante fundamental entre a tradição da elegia feminina e o desenvolvimento da narrativa da paixão e ressurreição. Entretanto, citei esses resumos porque discordo deles sobre a maneira como a tradição do lamento narrativo e a narrativa da paixão e ressurreição interagem uma com a outra. Em todo caso, o desafio é descobrir a melhor maneira de imaginar essa interação. É preciso dar a mesma atenção às expectativas antropológicas e às análises de transmissão dos textos e fontes evangélicos.

A mãe como mártir

No Capítulo 16, falei do martírio da mãe e dos sete filhos em 2 Macabeus. Essa narrativa, da perseguição do monarca greco-sírio Antíoco IV Epífanes, em 167 a.C., é também relatada em *4 Macabeus*, texto escrito entre 19 e 54 d.C. (*OTP* 2,534). George Nickelsburg é ainda mais preciso nessa data: "*4 Macabeus* pode bem ter sido escrito por volta do ano 40 em resposta à tentativa de Calígula de mandar erigir sua estátua no Templo de Jerusalém" (1981, p. 226). O livro afirma que a observância completa da lei judaica é a verdadeira sabedoria e prova a superioridade da razão religiosa sobre a emoção humana. É neste contexto que repete e aperfeiçoa a narrativa da mãe e filhos de *2Mc* 7, em 4Mc 8–18. Mas há um desenvolvimento muito especial apontado por Nickelsburg: "A mãe dos sete irmãos, cujas falas estão integradas na narrativa de 2Mc 7, aqui é tratada em uma seção separada (14,11–17,6). Ela é o exemplo definitivo da tese do autor" (1981, p. 225). A razão religiosa conquista até a emoção materna!

Em tese de doutorado de 1994, Barbara Butler Miller analisou com bastante rigor o ponto de vista masculino dessas narrativas. Esse ponto de vista começa em 2Mc 7: "Na maioria das referências aos jovens, eles são chamados 'irmãos'. Apenas em duas referências o narrador refere-se a eles como seus filhos (2Mc 7,20.41). Em uma de suas falas, a mãe usa 'filho' e 'meu filho' (2Mc 7,27). Os filhos nunca falam com a mãe, apesar das falas íntimas que ela lhes dirige. Quando os jovens se referem uns aos outros, sempre usam a palavra fraterna 'irmão'. O uso dominante da terminologia de 'irmão' pelo narrador enfatiza os laços de homem para homem, em vez da relação entre mãe e filho" (pp. 147-148). E o ponto de vista masculino continua de maneira um tanto dramática em *4 Macabeus*. O autor cita uma elegia que a mãe *não fez* em 16,6-11 e a enquadra antes e depois com essa negativa em 16,5.12:

> Considere também isto: Se, embora mãe, essa mulher tivesse sido covarde, ela os lamentaria e talvez falasse deste modo:
>
> Ó, como sou desgraçada e muitas vezes infeliz! Depois de dar à luz sete filhos, agora não sou mãe de nenhum!
>
> Ó, sete partos todos em vão, sete gravidezes inúteis, criações infrutíferas e amamentações infelizes!
>
> Em vão, meus filhos, suportei muitas dores de parto por vós e as ansiedades mais dolorosas de vossa educação.
>
> Ai de mim por meus filhos, alguns solteiros, outros casados e sem prole. Não verei vossos filhos nem terei a felicidade de ser chamada avó.
>
> Ai de mim, eu, que tinha tantos filhos formosos, estou viúva e sozinha, com muitas tristezas.
>
> E, quando morrer, não terei nenhum de meus filhos para me sepultar.
>
> Contudo, aquela mãe santa e temente a Deus não se queixou com tal elegia por nenhum deles, nem dissuadiu nenhum deles de morrer, nem se afligiu enquanto eles morriam.

É um texto muito fascinante. Um homem descreve o que julga ser feito normalmente pelas mulheres e aplaude a mãe por *não* fazê-lo. O texto presume que lamento e aflição são, de certo modo, antitéticos a coragem e martírio. Mas o comentário de Barbara Miller é bastante perspicaz: "Como a elegia é tratada com desdém pelo autor, parece haver possibilidade de ter sido composta por mulheres, ou, pelo menos, de repercutir os lamentos de mulheres reais da região mediterrânea oriental. Segundo, as análises literárias e sociológicas de elegias gregas realizadas por M. Alexiou e A. Caraveli-Chaves, entre outros, apresenta paralelos entre essa elegia e outras elegias modernas da região mediterrânea oriental" (p. 288). Eis exemplos de tais paralelos dessas duas autoras.

Em seu clássico estudo da elegia ritual grega através de três mil anos, da antiguidade à modernidade, Margaret Alexiou realça a convenção do *contraste*: "Na elegia antiga, a forma mais comum para essa convenção era pôr uma oração, iniciada por *antes* ou *então*, em contraste com uma segunda oração, iniciada por *agora*" (p. 166). Ela tira o exemplo do *Testamento de Jó*, texto que data ou do século I a.C., ou do século I d.C. (*OTP* 1,850). Há uma série de seis contrastes no *Testamento de Jó* 25,1-8 entre a rica vida passada de Sitis, mulher de Jó, e sua desesperada situação presente. Cada contraste entre passado e presente termina com o mesmo refrão: "Agora ela vende o cabelo para comprar pão". Há uma convenção de contraste similar em *4Mc* 16,6-11: "Depois de dar à luz sete filhos, agora não sou mãe de nenhum", ou "Ai de mim, eu que tinha tantos filhos formosos, estou viúva e sozinha, com muitas tristezas". Essas convenções estilizadas indicam que as elegias são poesia formal, ritual e tradicional.

Anna Caraveli-Chaves estudou as "unidades temáticas distintas... convencionais em particular na elegia" e identificou cinco que aparecem e reaparecem por toda uma composição (pp. 135-136). São elas: intenção, louvor/invocação, história do falecido, situação difícil do pranteador e convite para compartilhar o pranto. É principalmente no terceiro dos "elementos com os quais a cantora desenvolve a canção" – na "história do falecido" – que estou interessado no que segue. Eis um exemplo dessa elegia, dado para salientar esse aspecto específico, mas também para mencionar alguns outros que têm a mesma importância.

História do falecido

Em 25 de outubro de 1984, Peter Levi leu a tradução que Eilís Dillon fez de *The lament for Arthur O'Leary* [*Elegia para Arthur O'Leary*] em sua aula inaugural como professor de poesia na Universidade de Oxford. "O poema foi composto em irlandês no fim do século XVIII e recuperado em diversas versões diferentes de camponeses e pescadores analfabetos ou mal alfabetizados do sul da Irlanda na década de 1890 e mais tarde... Considero-o o poema mais magnífico composto nessas ilhas em todo o século XVIII... Com este poema um mundo terminou: não sabíamos que ele tinha durado tanto" (pp. 18-19). Foi composto por Eibhlín Dhubh Ní Chonaill, viúva do homem assassinado. Ela "nasceu por volta de 1743, sua mãe era poetisa e em sua família havia patronos de poetas irlandeses itinerantes tradicionais" (p. 19).

O cenário da elegia são as leis anticatólicas que o parente mais jovem de Eileen, Daniel O'Connell, acabaria por destruir – embora tarde demais para delas salvar Arthur O'Leary. Este último era capitão no exército austríaco, mas, na Irlanda, carregar uma espada era ilegal para os católicos. Ele venceu uma corrida de cavalos contra Abraham Morris, chefe de polícia de Cork e depois recusou-se a atender seu pedido e lhe vender o cavalo vencedor; essa recusa também era ilegal para os católicos da Irlanda. Foragido como bandido por esses dois crimes, O'Leary foi traído por John Cooney e morto a tiros por um dos soldados de Morris. Então um homem chamado Baldwin, casado com a irmã gêmea de Eileen, Maíre, deu o cavalo de O'Leary para Morris. Todas essas personagens são citadas na elegia de Eileen. A Morris ela deseja "má sorte e desgraça". Cooney do "coração negro" é um "palerma fútil". A Maíre O'Connel ela "não deseja mal", mas "não tenho amor por ela". Baldwin é "o miserável magricela de maus bofes".

Em 1767, Eileen O'Connell casou-se com Arthur O'Leary, que foi morto em 1773. Nessa ocasião eles tinham dois filhos, Conor e Farr, e um terceiro "ainda dentro de mim / E não é provável que eu o dê à luz". Todos esses detalhes biográficos são mencionados na elegia e o mesmo acontece com locais geográficos ligados a eles: Killnamartyr, Cork, Toames, Macroom, Inchigeela, Carriganima, Geeragh, Caolchnoc, Ballingeary, Grenagh, Derrynane, Capling e "toda Munster". É poesia lírica que beira a epopéia neste lamento de amiga, amante, esposa e mãe por um amigo, amante, marido e pai. Eis as estrofes VII e VIII (p. 25):

> Eras meu amigo para sempre!
> Eu nada sabia de teu assassinato,
> Até teu cavalo vir para o estábulo
> Arrastando as rédeas sob si;
> Nas espáduas trazia o sangue de teu coração,
> Que manchava a sela trabalhada,
> Onde costumavas te sentar e ficar de pé.
> Meu primeiro salto alcançou a entrada,
> Meu segundo chegou ao portão,
> Meu terceiro salto tocou a sela.
>
> Juntei as mãos com força
> E fiz o cavalo baio galopar
> O mais depressa que pude,
> Até te encontrar morto diante de mim,
> Ao lado de um arbusto.
> Sem papa nem bispo,
> Sem padre nem clérigo
> Para encomendar teu corpo,
> Mas só uma velha cansada,
> Que estendeu o manto para te cobrir.
> Ainda saía sangue de teu coração;
> Não parei para limpá-lo,
> Mas enchi as mãos e o bebi.

Aqui estou interessado principalmente nos detalhes narrativos e no conteúdo biográfico na elegia tradicional e sua relação com a tradição da paixão e ressurreição. Mas essas estrofes chamam a atenção para outro aspecto ainda mais difundido da lamentação ritual feminina. Na estrofe VIII e outra vez mais adiante, na estrofe XXVII, Eileen lamenta que Arthur não tivesse ministros religiosos oficiais para cuidar de sua morte. Mas é só isso. Não há mais nada no poema que fale do catolicismo romano ou mesmo do cristianismo em geral. Não há nada a respeito da ressurreição dos mortos ou do encontro no céu. Eis como o poema termina, na estrofe XXXVI (p. 35):

> Todas vós, mulheres, aí fora a chorar.
> Esperai mais um pouco;
> Vamos beber a Art, filho de Connor,
> E às almas de todos os mortos,
> Antes que ele entre na escola –
> Não para aprender sabedoria ou música,
> Mas oprimido pela terra e pelas pedras.

Isso é perfeitamente característico da lamentação ritual de poemas femininos. Não que elas resistam ou se oponham à religião masculina oficial. Seria dar à alternativa demasiada atenção ou relevância. Elas a ignoram; desviam-se dela; atuam em um nível muito mais físico, primitivo e profundo.

Notei isso inúmeras vezes ao ler as elegias tradicionais, embora nunca tenha ouvido uma elegia *ao vivo*, nem mesmo na Irlanda. Mas os que as *ouviram* – na Grécia, por exemplo, enquanto corpos eram exumados do túmulo para o ossuário – muitas vezes as interpretam de maneira muito diferente. Patrick Leigh Fermor considera a dialética entre a elegia feminina e a religião masculina simples sincretismo: "Há, na prática, pouca crença em uma vida futura convencional e nas recompensas e sanções do dogma cristão. Apesar das fórmulas ortodoxas do sacerdote ao lado do túmulo, não é para uma eternidade cristã, para um paraíso acima do céu, que os mortos partem, mas sim para os infernos, a casa sombria do Xeol e as regiões medonhas de Caronte; e Caronte foi promovido do posto de barqueiro para o da Morte em pessoa, um lúgubre espadachim eqüestre... Na mente grega, não há nenhum choque entre essas duas fidelidades, mas sim um harmonioso sincretismo incontestado" (p. 54). Mas há, com certeza, algo muito mais subversivo em ação nessa dialética. É muito mais subversivo porque, como na epígrafe a este capítulo, é uma dialética entre "lágrimas" e "idéias" e, bem no nosso íntimo, imaginamos se as "lágrimas" não são melhores que as "idéias".

Anna Caraveli entende-o não como sincretismo sereno, mas como protesto lancinante: "De maneira implícita, tão-somente quanto ao tema, as elegias incluem um 'protesto' contra a Igreja oficial e a doutrina cristã da morte. A própria noção da morte expressa em lamentos é contrária às visões cristãs de uma vida futura recompensadora para os devotos. O Xeol das elegias está marcado por escuridão e desespero e conserva seu nome pagão. As atitudes cristãs em relação à morte pregam paciência, aceitação e perseverança. As elegias expressam desespero, medo e ira com respeito à morte e ao falecido" (p. 184). Protestam, de fato, não só contra a injustiça da morte sobre a vida, mas contra a injustiça do homem em relação à mulher. É por isso que Gail Holst-Warhaft chama-as "vozes perigosas" e por isso as instituições masculinas, da cidade até o Estado, e da nação até a Igreja, tentam reprimi-las e controlá-las. E agora que "o lamento tradicional das mulheres foi quase eliminado do mundo ocidental moderno", ficamos, como ela diz, "sem uma linguagem para expressar não só a tristeza, mas também a raiva dos vivos em face da morte" (pp. 6, 11). Para onde vai essa raiva?

Formas múltiplas de prantear

Como as canções épicas, outra tradição oral, as elegias, contam com a estrutura do verso formal e fazem uso de epítetos, padrões de repetição, imagens metafóricas e várias outras estruturas poéticas tiradas de um cabedal comum. Esses elementos formais servem para enriquecer a tradição, mas também funcionam como auxiliares e dispositivos da memória, para servir na combinação de frases e melodias conhecidas e novas, que constitui o processo de improvisação.

Janice Carole Jarrett, *The song of lament* [*A elegia*], pp. 139-140.

No contexto presente, as elegias não são gritos inarticulados de pranto, por mais convincentes, mágicos ou evocativos que possam ser. São composições formais, rituais e tradicionais que podem ser tão expressivas, mágicas ou evocativas quanto aquele outro modo de prantear. São, de fato, a poesia oral, feminina e lírica cujo paralelo é a poesia oral, masculina e épica, analisada anteriormente neste livro. Os dois gêneros atravessam milhares de anos e são vistos juntos na *Ilíada* de Homero. Essa epopéia começa com a ira de Aquiles, mas termina com os funerais de Heitor. Nas palavras de Peter Levi, "Andrômaca lamenta-se em palavras, sucinta, eloqüente e pessoalmente: Hécuba segue mais sucintamente, depois Helena, isto é, primeiro a viúva, depois a mãe e, finalmente, a cunhada. O enterro segue-se imediatamente e a *Ilíada* termina... Homero transforma completamente a narrativa de guerra em poema trágico e compassivo em uma escala moral tão vasta quanto a de *Guerra e paz*... O momento final, essencial, e o clímax desta transformação de valores, de toda a *Ilíada*, é a lamentação pelo Heitor morto. Por mais que Homero possa ter moderado os lamentos rituais das mulheres, que aparecem em uma forma mais ardente um pouco antes na conclusão, continua a ser verdade que foi por adaptar a poesia das mulheres no clímax e por aceitar as visões das mulheres, que ele deu à *Ilíada* seu extraordinário vigor. A lamentação por Heitor não é incidente extraviado, nem conclusão meramente formal" (p. 13). A elegia feminina questiona a moralidade do heroísmo masculino e também de muitas outras características e instituições masculinas.

No momento, examino a elegia em preparação para algumas perguntas muito específicas. São as perguntas a serem analisadas mais tarde relativas à alegação de Helmut Koester de que "as diferentes versões da narrativa da paixão na literatura evangélica" derivam das "*representações orais* da narrativa em celebrações rituais, sempre enriquecidas por novas referências às Escrituras de Israel" (1995, p. 18). Já foram vistas nas citações de Marianne Sawicki e Kathleen Corley. Eis as perguntas: São as diferentes versões da paixão e ressurreição em nossos evangelhos apenas relatos escritos de múltiplas formas orais? São registros de tradições divergentes de lamento feminino, em especial do conteúdo narrativo ou biográfico desses rituais de lamentação? Em outras palavras, como a elegia feminina e a tradição da paixão e ressurreição relacionam-se mutuamente? Em preparação para responder a essas perguntas na próxima e última seção, examino aqui múltiplas formas orais reais de elegias femininas. É impossível provar ou refutar alegações de tradições orais que estejam completamente perdidas. Mas se temos alguns registros escritos de uma tradição, pode haver indícios suficientes para provar múltiplas formas orais na base. Isso foi visto no início deste livro, na poesia oral e épica de representações masculinas. Pode agora ser visto a seguir, na poesia oral e lírica de lamentos femininos. Quando *lemos* essa poesia hoje, em *livros*, reconhecemos outro mundo que nos olha fixamente por trás da página escrita. É como se parecem as múltiplas formas orais.

A elegia de Chrysa Kalliakati por sua mãe

Anna Caraveli-Chaves estudou a elegia feminina em "Dzermiathes... grande povoado situado no planalto Lassithi da ilha de Creta e capital da província de Lassithi", onde "a *moirologia* (elegias) – como outras formas de poesia ritual – está desaparecendo rapidamente. A geração atual de poetas elegíacos é quase com certeza a última". Contra eles erguem-se atitudes masculinas, "o medo subjacente de elegias como canções mágicas, canções que abrem perigosos canais de comunicação entre os vivos e os mortos" e padrões e valores modernos. Sua obra é esplendidamente evocativa do contexto social dessas elegias para "as mulheres da sociedade rural grega 'patriarcal'... como estratégias de sobrevivência" (1980, pp. 130, 131). No que se segue, concentro-me, para meu propósito presente, em um aspecto um tanto menor de seu estudo.

Chrysa Kalliakati era uma anciã de 85 anos, cuja elegia pela mãe havia ficado famosa. "Mãe e filha eram grandes poetisas e contadoras de história, ambas eram parteiras e curandeiras habilidosas, possuidoras da receita milagrosa de uma poção que supostamente curara muitas mulheres da infertilidade" (1980, p. 132). Caraveli-Chaves, mulher que participava de uma rede feminina, registrou duas versões da elegia. A primeira, a versão "exaltada", foi a de Alexandra Pateraki, de 59 anos, filha de Chrysa Kalliakati, em Dzermiathes. A segunda, a versão "vacilante", foi a da própria Chrysa Kalliakati, na casa de sua outra filha em Atenas (1980, pp. 133-136). Codifico essas versões como AP e CK, respectivamente.

As duas versões são exemplos clássicos de uma forma múltipla mesmo dentro dos constrangimentos restritos de tradição familiar e feminina sobre a mesma elegia. Exatamente o mesmo verso inicia ambas: "Oh, devagar, oh, aos prantos começo meu lamento", mas AP tem 39 versos e CK 44. Eis três exemplos das semelhanças e diferenças esperadas nessa situação.

O primeiro exemplo refere-se ao tema da "história do falecido". Embora muito semelhantes nas duas versões, está em seis versos separados nos versos 11-12 e 20-23 em AP, e está em oito versos juntos como versos 5-12 em CK:

Versos 11-12 e 20-23
(Alexandra Pateraki)

Versos 5-12
(Chrysa Kalliakati)

porque no viço da juventude, te vestiste de preto, então, o negror de teu coração combinou com o de teu vestido;

O destino escreveu que, no viço da juventude, devias perder nosso pai, devias ficar viúva...

porque no viço da juventude, o destino escreveu que devias perder nosso pai, devias ficar viúva.

Vinhas para casa toda noite, digo toda noite, mãe; voltavas dos partos e espalhavas a escuridão.

Ah, quantas vezes à meia-noite depois dos galos cantarem não vinhas pela estrada, pálida e cansada!...

Quantas vezes não voltavas do trabalho – pálida e exausta – muito depois da meia-noite, perto do amanhecer, após os galos cantarem!

Quantas vezes à meia-noite, impregnada de escuridão, não vinhas da estrada para casa – com os lábios entristecidos e amargurados!

As duas versões concordam sobre a biografia da mãe como viúva e parteira, mas AP perdeu os primeiros versos que dão "uma visão do 'coração' da mãe e, em especial, da situação difícil e peculiar da viúva na sociedade patriarcal (1980, p. 138).

Outro exemplo refere-se ao tema de "louvor/invocação". Há quatro versos admiravelmente intensos que combinam e rimam a obra de Chrysa Kalliakati como "bordado" (*xobliástra*) das "estrelas" (*ástra*) no céu. AP põe essa esplêndida imagem nos versos 3-6; CK coloca-a no fim, nos versos 41-44:

Versos 3-6
(Alexandra Pateraki)

Versos 41-44
(Chrysa Kalliakati)

Ah, mãe, guardiã do lar e senhora do bordado, sabias bordar o céu com todas as estrelas.

Eh, mãe, mulher de Kritsa, eh, guardiã do lar, amada fiandeira e tecelã.

Ah, mãe, guardiã do lar, mãe, fiandeira e tecelã, até o céu da noite foi tecido em teu tear.

Eh, mãe, guardiã do lar e senhora do bordado, sabias bordar o céu com todas as suas estrelas.

Espero que não seja desrespeitoso admitir que prefiro a localização final de CK, mas a expressão dupla que AP dá a esses versos ardentemente exatos.

Um último exemplo mostra o tema da "situação difícil do pranteador" que ocupa apenas os versos 13-14 de AP, mas os versos 27-34 em CK. A diferença, porém, é muito maior que dois versos contra oito. Não há paralelos de nenhum dos versos 27-40 de CK na versão de AP. É uma longa e severa censura à Santíssima Trindade, a todos os santos e à milagrosa Virgem Maria da ilha de Tinos. Ela prometeu oferendas, eles nada fizeram. CK vai à igreja no próximo domingo (mas só?) para lembrar a mãe que a levava à comunhão há muito tempo – isto é, só "para ver minha mãe". Esses versos formam um terço da versão de CK. AP os omite por ser *menos* ou *mais* religiosa que a mãe? Menos religiosa e, portanto, indiferente a eles? Mais religiosa e, portanto, embaraçada por eles? De qualquer modo, a omissão dificilmente é um capricho da memória. Faz parte da censura padrão da repetição oral.

A eleɢia de Kalliopi para Poulos

Este segundo exemplo vem da outra margem do mar de Creta, onde três dedos apontam para o sul, do Peloponeso grego para o Mediterrâneo. O dedo médio é moldado pelas montanhas de Taigeto e flanqueado pelo golfo Messênio do mar Jônico a oeste e o golfo Lacônio do mar Egeu a leste. O extremo sul, passando pelos Manes Exteriores e Manes Inferiores, são os Manes Interiores. Nesta extremidade está o cabo Tênaro, porta tradicional para o Xeol.

As nênias femininas dos Manes Interiores são, nas palavras de Fermor, "poemas completos, longos hinos fúnebres com estrita disciplina métrica. É ainda mais estranho que a métrica não exista em outra parte da Grécia. O verso universal de 15 sílabas de toda poesia grega popular é substituído aqui por um verso de 16 sílabas" (pp. 57-58). Constantina-Nadia Seremetakis está interessada na "ótica particular dos Manes Interiores", tendo como pano de fundo a "recente literatura antropológica que pluraliza o conceito e a presença tangível do poder, identificando estratégias de resistência que surgem e subsistem nas margens" (1991, p. 12). Como no caso anterior, tenho um enfoque muito mais limitado no momento. Ele está nas múltiplas formas orais, nas três versões diferentes que ela dá do lamento pela "morte prematura, em 1932, de um jovem [Poulos] que estava noivo de Kalliopi, moça pertencente a um clã de alta posição. Como a noiva, o falecido era mestre-escola. Os dois estudaram em centros urbanos e ele morreu de uma doença urbana, tuberculose, antes de ocorrer o casamento" (p. 130). A elegia foi representada como uma antífona à beira do túmulo entre Kalliopi e a mãe de Poulos. Mais tarde, Kalliopi se casou com outro, a quem ela também sobreviveu. As primeiras duas versões da elegia antifonária foram dadas por parentes do sexo feminino de seu finado marido; a terceira é da própria Kalliopi, "agora uma viúva idosa que vive em Antenas há décadas (antes morava em Pireu)" (pp. 130-137).

De uma primeira parenta	De uma segunda parenta	Da própria Kalliopi:
Fala a mãe de Poulos:	*Fala a mãe de Poulos:*	*Fala a mãe de Poulos:*
Ah, minha doce cruz dourada,	Ah, ícone de Cristo,	Ah, ícone de Cristo,
não vim até Dri	como vou me separar	como vou me separar
no dia da Páscoa	de ti?	de ti?
com os pães grandes	Perder noiva e noivo	Eu tinha orgulho de ti,
e os ovos vermelhos,	e todos os parentes afins?	vires para minha casa
com um vestido de seda	Eu não vinha na Páscoa	como noiva
e a cabra cevada?	e no dia de Páscoa	era grande honra para mim.
Como vou me separar de ti,	trazer o cordeiro cevado?	
ícone de Cristo?		
Kalliopi responde:	*Kalliopi responde:*	*Kalliopi responde:*
Escuta, minha doce mãe,	Pára, minha doce mãe,	Hoje vou chorar por ele,
Não chores por tua doce	derretes meu coração	teu filho único querido,
cruzinha,	Eu, que tipo de bem	não choro um noivo,
chora pelo professor	eu te trago,	pois mal o
pois não tens outro filho.	para me receberes	conheci
Pois eu vou me casar,	afetuosamente?	um mês apenas.
vou achar outro professor.	Esse bem [que ele vá] para o	Ele passou vindo de Dri
Pois eu, de minha parte,	mar e as águas mais profundas.	como um itinerante.
não preciso de nada,	Eu, de minha parte,	Generoso Poulos,
meu pai é professor,	não preciso de nada,	meu pobrezinho, não
meu irmão é médico,	pois estou bem em minha casa,	queres mudar de idéia,
eu mesma sou instruída.	a casa de meu pai,	e não por minha causa,
Eu, de minha parte,	pois meu pai é professor,	estou bem em minha casa,
não o choro como meu	meu irmão é médico,	rainha sou e *kira*
marido,	eu mesma sou professora.	nos palácios do rei,
nem como meu noivo,	Por favor, me perdoa,	meu pai é professor,
só o choro como um irmão,	não choro um noivo,	meu irmão é médico,
pois estudamos juntos	mas um vizinho e conterrâneo,	eu mesma sou instruída.
lá em Aeropoli	um filho único.	

Seremetakis comenta que, "ao relatar o acontecimento de 1932, as mulheres de seu clã, por afinidade atual, menosprezam a alta posição do clã do noivo morto e a profundidade da tristeza de Kalliopi" (1991, p. 144). Parece-me que Kalliopi já estava fazendo isso em seu lamento ao se desvencilhar do noivo morto e anunciar, para todos ouvirem, sua posição atual e seus planos futuros. Entretanto, minha opinião é que essas três versões orais da mesma elegia mostram exatamente as semelhanças e diferenças que esperamos nessas múltiplas formas orais.

Antropologia, história, arqueologia

O conhecimento do Senhor ressuscitado não pode ser teórico, desconexo e visual. Os olhos não se ligam com Jesus, exceto em práticas que lidam com a fome e a injustiça. A tradição das aparições da ressurreição não se destinava originalmente a ficar separada de uma comunidade que alimentava os famintos e observava as leis de justiça... As mulheres no túmulo seguiam os costumes do luto. Choravam por Jesus. Seus olhos se encheram de lágrimas quando perceberam que Jesus não estava no túmulo. Para os pobres, para as viúvas, para uma nação colonizada, os olhos são os órgãos que registram a dor. As Marias usaram os olhos naquele sepulcro, mas não como os gregos. "Viram" Jesus através das lágrimas... Sessenta anos mais tarde, as Igrejas tinham quatro pequenas narrativas depuradas sobre a ida a um jardim e uma surpresa adorável. Mas não foi assim quando aconteceu. A tristeza é também condição prévia para a ressurreição e as lágrimas para que os olhos vejam.

Marianne Sawicki, *Seeing the Lord* [*Vendo o Senhor*], pp. 92-93.

Neste último capítulo, reúno os vários elementos da Parte X e o faço de uma maneira que reflete o método global deste livro: primeiro o *contexto*, em seguida o *texto em ligação* com ele. O *contexto* é construído a partir da antropologia intercultural por intermédio da história judaico-romana até a arqueologia romana primitiva na terra judaica. Eis o contexto completo.

Antropologia

A base antropológica intercultural desta síntese é aquela seção anterior sobre o componente narrativo e biográfico na poesia oral tradicional do lamento ritual feminino. Não vou repetir aqui nem mesmo o resumo, mas apenas enfatizar dois de seus aspectos: as mulheres lamentam; os homens se queixam. Tenho em mente uma fotografia que serve de símbolo dessa interação dos dois gêneros.

O livro de Loring Danforth sobre rituais de morte na Grécia rural é um comentário sobre as fotografias expressivas de Alexander Tsiaras que o concluem. A ilustração n. 30 mostra uma exumação costumeira, na qual os ossos são levados do túmulo individual para um ossário comum, pouco antes do quinto aniversário do sepultamento. Neste caso os coveiros cavaram através de terra socada e de madeira para encontrar primeiro o crânio. A foto mostra 15 mulheres ao redor da sepultura aberta. No centro está Matinio, com o crânio nas mãos. Ela e o crânio olham diretamente da foto para o fotógrafo e o espectador. Eis a legenda: "Matinio ergueu o crânio do túmulo e voltou-se bruscamente para Alexander Tsiaras. Perguntou-lhe se queria fotografá-la com o crânio nas mãos. Enquanto Tsiaras fotografava Matinio, ela dirigiu-se a ele: 'Todos teremos esta aparência no fim. Algum dia você verá os restos de sua mãe e seu pai exumados desta maneira. Algum dia você será exumado, então também terá esta aparência'". Quem controla essa fotografia?

As mulheres lamentam. "O que é comum às elegias pelos mortos em muitas culturas 'tradicionais' é que fazem parte de rituais mais cuidadosos para os mortos e que costumam ser representados por mulheres", como escreve Holst-Warhaft. "Homens e mulheres choram pelos mortos, mas são as mulheres que se inclinam a chorar mais tempo e mais alto e se acredita que se comunicam diretamente com os mortos por meio de cânticos de lamentação... Embora em textos literários primitivos, como a Bíblia e os poemas homéricos, fosse apropriado para os homens chorarem e serem chorados, mais tarde isso se tornou inaceitável... O diálogo com os mortos coloca certo poder nas mãos das mulheres" (pp. 1-2, 3). Qualquer tentativa de separar os gêneros – mulheres no lar privado e homens na praça pública – rompe-se quase totalmente quando se trata de funeral e sepultura, lamento e luto. A esta altura, não é o barulho da lamentação, mas a força do lamento que cria tensão entre homens e mulheres.

Os homens se queixam. Fermor fala da reação masculina ao lamento feminino primeiramente em termos de inquietação moderada: "Com freqüência, os homens da família parecem constrangidos enquanto tudo isso acontece; mexem os pés, viram os bonés nervosamente nos dedos, mantêm os olhos grudados no chão, com todos os sintomas de embaraço masculino em uma ocasião puramente feminina" (p. 57). Caraveli-Chaves usa linguagem mais forte e fala da "atitude ambivalente dos homens a respeito da lamentação das mulheres, que vai da total hostilidade à zombaria constrangida da tradição e, em alguns casos, à admiração mal disfarçada" (p. 130). O que, exatamente, está em jogo nessa reação masculina?

Eis a explicação de Danforth: "Como a identidade da mulher depende em grande parte de sua relação com um homem, a morte desse homem priva-a do componente essencial de sua identidade... É por essa razão que as mulheres participam muito mais plenamente que os homens do desempenho de rituais de morte. Elas precisam fazê-lo a fim de continuar a ser quem eram antes da morte dos homens que deram definição e sentido à vida delas". (p. 138). Mas, se isso fosse verdade, seria, com certeza, de esperar que as elegias femininas enfatizassem muito mais a morte de pais, maridos e filhos que a de mães, irmãs e filhas. Isso é negado, não só pelos exemplos que citei na seção anterior, mas pelo próprio caso que Danforth estuda em uma povoação tessálica no centro-norte da Grécia. Ele começa o livro com o lamento de Irini por sua filha de vinte anos, Eleni, que foi morta em um acidente onde o motorista a atropelou e fugiu, em Tessaloniki, um mês antes de iniciar a carreira de professora. Ele combina Irini com Maria, que perdeu o filho de trinta anos, Kostas, vítima de acidente em uma construção, enterrado na sepultura ao lado de Eleni. Enquanto essas duas mães compartilham tristeza e elegias, não há nenhuma indicação de que a morte de uma filha seja menos dolorosa que a de um filho, de que identidades derivadas de homens, e perdidas com a morte deles, sejam o que alimenta o luto feminino. Caraveli tem, com certeza, razão ao contestar a interpretação de Loring: "Nos povoados onde realizei meu trabalho de campo", diz ela, "as narrativas sobre 'heróis' femininos (mães ou esposas de valor, parteiras ou curandeiras habilidosas, cantoras, contadoras de história ou artesãs talentosas) constituíam uma história feminina do povoado, um conjunto de gestos expressivos das mulheres, e uma linha feminina de transmissão" (1986, p. 170).

O que está em jogo na elegia feminina é um modo alternativo de poder que protesta contra a injustiça geral da morte a respeito da vida, mas também contra a injustiça particular dos homens a respeito das mulheres. Esse tema aparece repetidas vezes nos estudos citados antes, desde Alexiou na década de 1970 até Caraveli(-Chaves) na década de 1980 e Seremetakis na década de 1990. E a elegia feminina não é apenas um caso de mulheres temporariamente fora do controle masculino ou temporariamente no controle de um ritual e desempenho públicos. A elegia feminina é protesto social direto contra as instituições masculinas opressoras, quer políticas e econômicas, quer religiosas e teológicas. Mencionei antes como as elegias femininas ignoram e se desviam totalmente da religião institucional. A coletividade antifonária da representação da elegia é, como diz Seremetakis, "estratégia política que organiza as relações das mulheres com as instituições dominadas pelos homens". Está "em relação crítica com a ordem social dominada pelos homens. A exposição da dor para separar a individualidade e o corpo de contextos sociais residuais é só um prelúdio à encenação da reentrada das mulheres (como indivíduos e como coletividade) na ordem social em seus próprios termos" (1990, pp. 482, 508-509). Quando Andrômaca lamenta a morte de Heitor no final da *Ilíada* de Homero, ela não diz nenhuma palavra sobre sua fama como guerreiro troiano ou sobre sua fama futura como herói morto. Fala de si mesma; protesta contra ele; lamenta-se como viúva com um filho órfão de pai, destituída de proteção masculina em um mundo dominado pelos homens. Ela chora, não por ele, mas por si mesma e seu filho.

História

A história judaico-romana de crucificação resume-se em quatro etapas. A primeira etapa é a crucificação bíblica – o método judaico tradicional, que é muito diferente do sistema romano mais tardio. A crucificação judaica era a crucificação de *mortos*. O criminoso executado e já morto era pendurado na cruz. *A crucificação após a morte* era a advertência pública na tradição judaica. Esse estilo de crucificação é mencionado nas leis do Deuteronômio e nas narrativas de conquista de Josué. Como vimos no capítulo anterior, a lei de Dt 21,22-23 ordena que, "se um homem, culpado de um crime que merece a pena de morte, é morto e suspenso a uma árvore", o cadáver precisa ser removido antes do pôr-do-sol. Observe a seqüência: executado e suspenso. Assim, por exemplo, quando capturou os cinco reis amorreus, Josué "os feriu e os matou, e os fez suspender em cinco árvores, nas quais ficaram suspensos até à tarde" (Js 10,26).

A segunda etapa é a crucificação romana. Ao contrário da tradição bíblica, esta crucificação era *de vivos*. A pessoa condenada era pregada na cruz para morrer em agonia e, em geral, ali era deixada depois disso, como carniça para aves e cães. *A morte após a a crucificação* foi a advertência pública na tradição romana. Em seu livro de 1977, Martin Hengel reuniu um vasto número de referências à crucificação romana. Certa vez, examinei todas essas referências e desde então não consigo mais ver a crucificação da mesma maneira. Vejamos a conclusão geral de Hengel: "A crucificação era agravada ainda mais pelo fato de, com muita freqüência, as vítimas servirem de alimento para bestas selvagens e aves de rapina. Dessa maneira, a humilhação era completa. O homem moderno dificilmente entende o que significava para alguém da antiguidade ter o sepultamento recusado, e a desonra que acompanhava essa recusa" (pp. 87-88). No famoso romance de 61 d.C., *Satíricon*, do escritor romano Petrônio, por exemplo, alguns ladrões crucificados têm um "soldado de guarda ao lado das cruzes para impedir quem quer que seja de descer o corpo para sepultá-lo" (pp. 111-112). Na verdade, era o *não-sepultamento* que fazia ser crucificado vivo uma das três penalidades máximas do castigo romano (juntamente com ser devorado vivo e ser queimado vivo). Era a execução típica reservada para escravos fugidos e para outros membros das classes baixas que subvertiam a ordem romana. Por causa da ignomínia e desonra, este tipo de execução envolvia necessariamente cruzes guardadas ou, no mínimo, sanções severas contra a remoção do corpo antes da morte e o enterro do corpo após a morte.

A terceira etapa é a crucificação asmonéia. As tradições bíblica e romana eram claramente contraditórias. Na tradição bíblica era muito possível suspender o corpo na cruz até o pôr-do-sol e então removê-lo antes do cair da noite. Mas como fazer isso no sistema romano, no qual a pessoa poderia não estar morta ao pôr-do-sol, a agonia prolongada fazia parte da repercussão pública e o não-sepultamento era a consumação do procedimento? Em *A guerra dos judeus* I,97, e *Antiguidades judaicas* XIII,380, Josefo diz que, em 88 a.C., o rei judeu Alexandre Janeu crucificou oitocentos de seus inimigos fariseus. Foi crucificação de vivos, porque ele "massacrou seus filhos e esposas diante dos olhos dos infelizes que ainda viviam". Há uma referência codificada a esse massacre em 4Q169, *pesher* ou aplicação do livro de Naum à vida dos essênios do mar Morto que foi descoberta na gruta 4 em Qumrã (*DSST*, pp. 185-197). Nos fragmentos 3-4, coluna 1, versículos 6-8, Alexandre Janeu é chamado "o Leão zangado", que "suspendia homens vivos [*há um buraco no manuscrito*] em Israel desde os tempos antigos". Por causa desse buraco não é certo se o texto trazia "o que não era feito" ou "o que era feito". Mas, de qualquer modo, é a crucificação de vivos que está em consideração, por isso está claro que os asmoneus adotaram a crucificação de vivos de estilo romano, em vez da crucificação de mortos judaica tradicional. Nada é dito sobre a remoção dos corpos ao pôr-do-sol e, naquelas circsunstâncias, esse problema não parece ter preocupado muito Alexandre Janeu.

A quarta etapa é a crucificação essênia. Isso envolve outro dos manuscritos do mar Morto, 11Q19-20, o manuscrito do templo, da gruta 11, o mais longo de todos os manuscritos encontrados em Qumrã (*DSST* 154-184). Nesse texto, que data de mais ou menos 100 a.C., Deus legisla na primeira pessoa. Nas palavras de Lawrence Schiffman: "O autor/redator apela para uma revisão completa da ordem asmonéia existente, e deseja substituí-la por um sistema sacrifical do templo, e um governo que fosse a concretização da legislação da Torá de acordo com sua visão... O texto é uma polêmica contra a ordem existente, exige mudança radical na vida quotidiana e propõe reformas em áreas da vida cultual, religiosa e política. Assim, o verdadeiro *Sitz im Leben* [ambiente vital] do manuscrito é precisamente um no qual as circunstâncias da vida real são o contrário das exigidas pelo autor" (1994a, pp. 50, 51). É uma reinterpretação divina da Lei, que prescreve como as coisas vão ser quando os essênios tomarem Jerusalém e seu templo, a terra judaica e seu governo. Reflete, como diz Schiffman, como as coisas *não* são no momento da composição. A crucificação é legislada para dois crimes em 11Q19, coluna 64, versículos 7-13. Um dos criminosos é um espião que trai seu povo por uma nação estrangeira; o outro é um condenado que foge e amaldiçoa seu povo entre estrangeiros. Ao descrever o que vai acontecer a esses criminosos, há uma intercalação destas frases em 64,8-11: "Tu o suspenderás à árvore e ele morrerá... Ele será executado e eles o suspenderão à árvore... Ele também o suspenderás à árvore e ele morrerá". Isso, como moldura, descreve a crucificação romano-asmonéia de vivos duas vezes, tendo a crucificação bíblica como centro. E então, em 64,11-13, segue-se a ordem para a remoção ao pôr-do-sol, de Dt 21,22-23. Em outras palavras, quer se trate de crucificação de mortos, quer de vivos, a remoção e o sepultamento devem acontecer antes do cair da noite. Entretanto, isso nos revela o que *não* acontecia sob os asmoneus (e, presumimos, também sob os romanos). Assim, no tempo de Jesus, a crucificação de vivos tornava quase impossível a obediência a Dt 21,22-23, e o sepultamento antes do cair da noite era, na melhor das hipóteses, uma esperança para futura efetivação sob o controle essênio pós-asmoneu e pós-romano.

Arqueologia

Jesus não foi o primeiro judeu executado por meio da crucificação romana fora dos muros de Jerusalém, no século I. Nem foi o último. Josefo menciona três incidentes importantes de crucificação *coletiva* nas décadas anteriores e posteriores a Jesus. O governador romano Varo mandou crucificar "dois mil" em 4 a.C. (*A guerra dos judeus* II,75 = *Antiguidades judaicas* XVII,295). O procurador romano Floro crucificou "cerca de três mil e seiscentos", em 66 d.C. (*A guerra dos judeus* II,307). O general romano Tito crucificava "quinhentos ou às vezes mais... diariamente", em 70 d.C. (*A guerra dos judeus* V,450). Contudo, até agora só foi encontrado um único esqueleto daquele terrível século I na terra judaica.

Os túmulos judaicos típicos do século I eram esculpidos na rocha calcárea com uma antecâmara que se abria para um cômodo contendo diversos nichos profundos, nos quais o corpo era colocado em ângulo reto com o cômodo. Esses nichos eram usados repetidas vezes depois que a carne de determinado cadáver se decompunha. Os ossos eram, então, enterrados juntos em buracos cavados no chão, ou reunidos em caixas de ossos chamadas ossários.

Em junho de 1968, um conjunto de quatro túmulos foi escavado em Givᶜat ha-Mivtar, na zona norte de Jerusalém. Em três túmulos havia quinze ossários que continham os ossos de 35 indivíduos diferentes: onze homens, doze mulheres e doze crianças. O professor Haas, do Departamento de Anatomia da Escola de Medicina Hadassah, da Universidade Hebraica, observou que "em cinco casos, foram encontrados indícios de morte por violência... crucifixão... queima [dois casos]... ferimento de flecha... golpe de clava" e que "havia três casos... de crianças que haviam morrido de fome" (p. 38). Havia também uma mulher que morrera no parto, "devido à falta de uma intervenção simples por uma parteira" (p. 48). Dos dois adultos que morreram queimados, um era do sexo feminino, de 24 a 26 anos de idade, o outro do sexo masculino, de 16 a 17 anos de idade (pp. 44, 46). O retrato de seu perônio mostra estrias indicando que "este indivíduo foi colocado sobre uma grelha e deixado sobre o fogo por longo tempo após a morte" (p. 46). Assim era o século I na terra judaica, mesmo antes dos horrores da guerra total em 66-73/74 d.C.

O ossário 4, no túmulo 1, continha os ossos de um homem de 24 a 28 anos de idade e de uma criança de três a quatro anos. O nome do adulto, entalhado no ossário, era Jocanã; com 1,65 m, ele "não era mais alto que a média dos povos mediterrâneos" (p. 55). Tinha fenda palatina, rosto assimétrico e crânio plagiocéfalo (um lado mais desenvolvido na frente, o outro mais desenvolvido atrás), como se vê em seu "retrato restaurado" (p. 53). As duas anormalidades associadas originam-se de "mudança crítica no modo de vida da mulher grávida nas duas ou três primeiras semanas de gravidez... deterioração inesperada na dieta da mulher, em associação com estresse psíquico... produzido por alguma catástrofe na vida de uma mulher abastada" (p. 54). A terceira anormalidade origina-se de "distúrbios no período final de gestação, ou em resultado de dificuldades no parto" (p. 54).

A análise inicial que Haas fez do esqueleto crucificado foi apressada devido a prioridades religiosas de re-sepultamento e o esqueleto teve de ser desenterrado e reestudado posteriormente por Zias e Sekeles. Eis os pontos principais dessa reavaliação. Primeiro, havia, no ossário 4, um osso de outro adulto, devido a um erro de re-sepultamento no ossário, cometido no século I. Segundo, os braços do homem crucificado não estavam pregados, mas sim amarrados à viga transversal e estão descritos pictorialmente como dobrados sobre e por trás dela nos cotovelos (p. 27). Terceiro, as pernas não foram quebradas para apressar a morte. Quarto, seus pés estavam pregados separadamente em cada lado da viga vertical, com pregos de ferro de 12 cm de comprimento, com quadrados de oliveira entre suas cabeças e os ossos dos calcanhares. Finalmente, não havia "indícios do osso do calcanhar esquerdo" (p. 25), mas o direito ainda tinha o prego cravado nele, o que dava indícios de crucificação neste caso. "O prego estava torto perto da cabeça e também na ponta"; depois de penetrar na madeira e no osso do calcanhar direito, "pode acidentalmente ter batido em um nó da viga vertical, o que o entortou para baixo. Depois que o corpo foi removido da cruz, não obstante certa dificuldade para remover a perna direita, a família do homem condenado descobriu ser impossível retirar o prego torto sem destruir completamente o osso do calcanhar. Essa relutância a infligir mais estrago ao calcanhar levou à descoberta posterior da crucificação" (pp. 23, 27). Assim também era o século I na terra judaica, mesmo antes dos horrores da guerra total em 66-73/74 d.C.

Essa descoberta enfatiza dois pontos. Primeiro, na pátria judaica, não importa como isso era conseguido, se por proteção ou misericórdia, suborno ou indiferença, a pessoa crucificada podia receber sepultamento honroso no início ou em meados do século I. Isso concorda com o que nos dizem textos judaicos do mesmo período. O filósofo judeu Fílon mencionou, em *Flaco* 83, que governadores decentes às vezes mandavam criminosos crucificados "serem descidos e entregues aos parentes, a fim de receberem as honras da sepultura", por ocasião do aniversário do imperador, pois "o caráter sagrado da festa devia ser respeitado" (Yonge, p. 732). O historiador judeu Flávio Josefo relatou, em *Autobiografia* 420-421, que encontrou três de seus amigos crucificados após o saque de Jerusalém em 70 d.C. e implorou a misericórdia de Tito. "Dois deles morreram nas mãos dos médicos; o terceiro sobreviveu". Segundo, com todos aqueles milhares de pessoas crucificadas ao redor de Jerusalém só no século I, até agora encontramos só um único esqueleto crucificado – e esse, já se vê, preservado em um ossário, o que apóia o parecer de que o sepultamento era a exceção, não a regra, o caso extraordinário, não ordinário.

O passo seguinte é colocar o texto em ligação com esse contexto. Com *texto* não me refiro a toda a tradição da paixão e ressurreição, mas a três unidades em sua conclusão, todas a respeito de mulheres: mulheres que assistem ao sepultamento de Jesus, mulheres que encontram o túmulo de Jesus vazio e mulheres que vêem a aparição de Jesus.

Maria e as outras mulheres

Nos quatro evangelhos, Maria Madalena é a primeira a descobrir o túmulo vazio. Ela dá provas de não haver confusão sobre estar no túmulo certo, onde o corpo certo foi enterrado. Em dois evangelhos ela é a primeira a ver Jesus ressuscitado. Contudo, vemos os evangelhos amenizarem esses elementos de muitas maneiras. Os evangelistas parecem apagar parcialmente da narrativa o papel das mulheres. Seu mal-estar sugere como as tradições do envolvimento das mulheres estavam firmemente arraigadas, pois os autores não se sentem à vontade para eliminá-las.

Claudia Setzer, *Excellent women: female witness to the Resurrection* [*Mulheres admiráveis: testemunho feminino da ressurreição*], p. 268.

Relembremos o princípio de Koester que escolhi para epígrafe ao Capítulo 23: "No que diz respeito às Igrejas da Judéia e de Jerusalém, as tradições preservadas no *corpus* paulino são, provavelmente, um testemunho melhor de sua práxis que quaisquer ditos e narrativas preservados na tradição sinótica" (1994a, p. 550). Portanto, as tradições pré-paulinas da eucaristia como refeição compartilhada em 1Cor 10–11 (analisadas anteriormente) e agora o relato da paixão e ressurreição em 1Cor 15 aludem à comunidade mais primitiva de Jerusalém.

Segundo as Escrituras

Concentro-me em 1Cor 15, não por causa da teologia paulina em Corinto, mas por causa da tradição pré-paulina em Jerusalém. Eis 1Cor 15,1-11:

[1]Lembro-vos, irmãos (*adelphoi*), o evangelho que vos *anunciei*, que recebestes, no qual permaneci firmes, [2]e pelo qual sois salvos, se o guardais como vo-lo *anunciei*; doutro modo, teríeis acreditado em vão. [3]Transmiti-vos, em primeiro lugar, aquilo que eu mesmo recebi:

Cristo morreu por nossos pecados, segundo as Escrituras.
⁴Foi sepultado,
ressuscitou ao terceiro dia, segundo as Escrituras.
⁵Apareceu
> [1] a Cefas,
> [2] e depois aos Doze.
> [3] ⁶Em seguida, apareceu a mais de quinhentos irmãos de uma vez, a maioria dos quais ainda vive, enquanto alguns já adormeceram.
> [4] ⁷Posteriormente, apareceu a Tiago,
> [5] e, depois, a todos os apóstolos.
> [6] ⁸Em último lugar, apareceu também a mim como a um abortivo. Pois sou o menor dos apóstolos, nem sou digno de ser chamado apóstolo, porque persegui a Igreja de Deus. ¹⁰Mas pela graça de Deus sou o que sou: e sua graça a mim dispensada não foi estéril. Ao contrário, trabalhei mais do que todos eles; não eu, mas a graça de Deus que está comigo.

¹¹Por conseguinte, tanto eu como eles, eis o que *pregamos*. Eis também o que *acreditastes*.

A unidade toda é construída entre os termos *anunciar* e *acreditar* repetidos em 15,1 e 15,11, mas é óbvio que a aparição de Cristo ao próprio Paulo em 15,8-11 não faz parte de sua tradição *recebida*. É preciso também levar em conta certa organização redacional, pela qual Paulo conclui com "todos os apóstolos", em 15,7b, a fim de preparar para si mesmo como "o menor dos apóstolos", em 15,9. Mas admitido isso, 15,3b-7 é atestada como tradição *recebida* por Paulo (15,3a) e, portanto, *recebida* pelos coríntios (15,1b). Dentro de 15,3b-7, procuro primeiro as frases paralelas a respeito de morte e ressurreição em 15,3b+4b e, em seguida, na lista de aparições em 15,5-7.

Em 15,3b+4b, as duas frases "morreu por nossos pecados" e "ressuscitou ao terceiro dia" são citadas como "segundo as Escrituras". A frase "por nossos pecados" se liga, como Koester observa, ao Servo Sofredor de Is 52–53 (1994a, p. 553):

> Mas ele foi trespassado por causa das nossas transgressões, esmagado em virtude das nossas iniqüidades. O castigo que havia de trazer-nos a paz, caiu sobre ele, sim, por suas feridas fomos curados. Todos nós como ovelhas, andávamos errantes, seguindo cada um o seu próprio caminho, mas Iahweh fez cair sobre ele a iniqüidade de todos nós.
>
> (Is 53,5-6)

Como foi dito no Capítulo 23, a Tradição da Refeição em Comum via Jesus como o Servo Sofredor, por meio do uso do substantivo "servo/filho" (*pais*) em *Did*. IX–X, originário de Is 52,13, e do verbo "entregue" em 1Cor 10–11, de Is 53,6.12. Como a frase "morreu por nossos pecados", em 1Cor 15,3b, também se liga a Is 53,5-6, Koester tem toda a razão de ligar a Tradição da Refeição em Comum e o Servo Sofredor. Mas ele vai além dessa ligação geral: "Há fortes indícios de que Paulo conhecia essa *narrativa* do sofrimento e morte de Jesus – não como informação histórica, mas como *narrativa* que era contada 'segundo as Escrituras' e uma *narrativa* que tornava Jesus presente para os participantes na celebração da eucaristia" (1994b, p. 553, itálicos meus). Paulo conhecia essa *narrativa*?

Primeiro, Koester fala sobre os "justos sofredores" da Bíblia e do "sofrimento e morte" de Jesus. Insisto que não é questão de perseguição (não importa o nome), mas uma díade equilibrada de perseguição e justificação (ou sejam quais forem os nomes). Assim, com certeza Paulo conhecia esse *padrão* narrativo que é, de fato, a estrutura diádica de 1Cor 15,3b+4b, agora enunciada como morte e ressurreição. Além disso, com certeza ele conhecia esse padrão narrativo em um *hino* mítico, porque é como aparece no texto pré-paulino de Fl 2,6-11. A pergunta é esta: Paulo já o conhecia como *narrativa*? O argumento de Koester pró *narrativa* é primordialmente 1Cor 11,23, que fixa a instituição da Ceia do Senhor "na noite em que foi entregue". É-nos quase impossível interpretar essa frase, em especial se mal traduzida como "na noite em que foi traído", sem imaginar por trás dela todo o roteiro noturno marcano desde a sala do andar superior até a prisão no jardim. Mas, uma vez que a Ceia do Senhor não seja considerada apenas ritual cristão, porém instituída por Jesus, é quase inevitável sua classificação como última refeição antes da morte. Talvez Paulo conheça *realmente* uma narrativa, mas essa única frase não basta para prová-lo.

Segundo, Koester menciona "outro indício do conhecimento de Paulo de uma seqüência narrativa da história do sofrimento e morte de Jesus; aparece na frase de 1Cor 5,7: 'nossa Páscoa, Cristo, foi imolada'... Essa declaração talvez subentenda que Cristo morreu no dia da imolação dos cordeiros da Páscoa e, desse modo, revele que Paulo seguia a mesma datação da morte de Jesus que o Evangelho de João" (1994a, p. 553). Mas essa é também a mesma datação para a morte de Jesus no *Evangelho da cruz* por mim proposto. *EvPd* II,5b diz que Herodes "o entregou ao povo no dia antes dos ázimos, a festa deles". Quer dizer que João e o *Evangelho da cruz* concordam, contra os três sinóticos, que Jesus morreu na véspera da Páscoa, não no dia da Páscoa. Essas duas frases em 1Cor 5,7 e 11,23 não me convencem de que Paulo conhece uma *narrativa* da morte e ressurreição, mas, se conhece, podia bem ser uma versão antecedente do *Evangelho da cruz*.

Há outra questão importante a respeito dessas frases paralelas em 1Cor 15,3b+4b. Mesmo independente de Is 52–53, há muitos outros textos e tipos bíblicos, desde versículos isolados nos salmos a padrões mais amplos de perseguição e justificação, que podem ser sugeridos por trás de "morreu [...] segundo as Escrituras". Mas e "ressuscitou ao terceiro dia, segundo as Escrituras"? Há uma passagem específica que costuma ser sugerida:

> Vinde, retornemos a Iahweh. Porque ele despedaçou, ele nos curará; ele feriu, ele nos ligará a ferida. Depois de dois dias nos fará reviver, no terceiro dia nos levantará, e nós viveremos em sua presença.
>
> (Os 6,1-2)

Por si só, esse é simplesmente uma paralelismo bíblico padrão, onde o padrão numérico $x/x + 1$ significa alguns – isto é, dentro do contexto, alguns dias. É uma promessa de que Deus os libertará *logo*. Quando pensamos na infinidade de citações bíblicas que apóiam "morreu segundo as Escrituras", esse é, com certeza, um antecedente bem fraco para "ressuscitou ao terceiro dia, segundo as Escrituras".

Está bastante claro que, na verdade, a díade de perseguição e justificação é que é "segundo as Escrituras". De José a Susana, de 3 *Macabeus* a 2 Macabeus, de Is 52–53 a Sb 1–5, da Lei por intermédio da profecia à sabedoria, os perseguidos são justificados e sua libertação, ou é efetuada *antes da* morte, ou é prometida *apesar da* morte. Mas como se cumprem essas promessas *apesar da* morte? É disso que trata a descida aos infernos. Trata do "terceiro dia", quando o Filho de Deus está morto o bastante para entrar no Xeol e destruir seu poder para sempre. Um primeiro ou segundo dia poderiam ser sobre a ressuscitação individual, mas o terceiro dia é sobre a ressurreição comunitária "segundo as Escrituras". Lembremo-nos de que, no Capítulo 25, Brown e eu concordamos sobre o propósito de vigiar o túmulo de Jesus "por três dias" no *EvPd* VIII,30. Pela avaliação judaica, o morto só está certa e seguramente morto depois de três dias. É essa a razão, por exemplo, de ser importante que Lázaro já estivesse sepultado "havia quatro dias", em Jo 11,17. Ele está real e verdadeiramente morto, morto, morto. Essa é também a lógica do *EvPd* VIII,30. Se as autoridades tivessem apenas temido o roubo da sepultura, um túmulo vazio e alegações de ressurreição por parte dos discípulos, teriam precisado vigiar o túmulo por muito mais tempo. Tais alegações poderiam ser feitas a qualquer tempo, não apenas dentro de três dias. Três dias estabelece que o corpo é real e irrevogavelmente um cadáver, de modo que os discípulos não podem ressuscitar Jesus e removê-lo. Daí em diante, ao encontrar o túmulo vazio e já arrependido por causa dos "sinais tão grandes" por ocasião da morte de Jesus, o povo talvez por si mesmo (sem nenhum estímulo apostólico) acreditaria que Jesus ressuscitou dos mortos. Em outras palavras, o plano das autoridades é impedir que o povo interprete como ressurreição a ressuscitação, pelos discípulos.

Um aparte. Esse modo de pensar era muito correto até estar disponível a moderna comprovação da morte. Peter Linebaugh escreveu um capítulo fascinante sobre os enforcamentos públicos em Tyburn Tree, em Londres, durante o século XVIII. Aborda, entre outras coisas, tumultos entre os amigos dos condenados e os cirurgiões que queriam o corpo para dissecação. "Às vezes era razoável considerar os cirurgiões, não o carrasco, o agente causador da morte. Durante a primeira metade do século XVIII, a causa da morte em Tyburn Tree era asfixia, não o deslocamento da espinha. Um pescoço quebrado era decisivo. Entretanto, a asfixia resultava em inconsciência temporária se o nó fosse atado, ou o laço colocado ao redor do pescoço, de determinada maneira... Enforcamentos incompletos sem estrangulamento fatal, eram comuns o bastante para manter a esperança de que a ressuscitação ('ressurreição', como era chamada) salvasse o condenado. A vida após a 'morte', portanto, tinha uma realidade bastante prática para os enviados a Tyburn a fim de serem enforcados e, para muitos deles, o tempo servido em Newgate antes do dia do enforcamento era passado na preparação para tais 'ressurreições'" (pp. 102-104). Há, por exemplo, o caso, em 1740, de William Duell, enforcado em Tyburn por meia hora, que reviveu quando os cirurgiões estavam prestes a dissecá-lo.

A certeza da morte é a realidade macabra por trás da vigilância de um corpo "por três dias". A ressuscitação era uma possibilidade – embora remota – durante pelo menos alguns dias. Mas, como também vimos antes, Jesus tinha de estar verdadeiramente morto para entrar no Xeol e libertar "os que dormem" do cativeiro lá embaixo. Jesus ressuscitar no terceiro dia ou ressuscitar depois de três dias significava ressuscitar depois de verdadeira morte e verdadeira descida ao Xeol. Significava ressurreição comunitária, significava Jesus ressuscitado à frente dos santos; e como foram biblicamente prometidas, essa justificação e essa ressurreição eram "segundo as Escrituras". Aliás, note que quando Paulo continua em 1Cor 15, jamais lhe ocorre que a ressurreição de Jesus pudesse ser um privilégio absolutamente único e pessoal, como Elias elevado até Deus havia muito tempo. A ressurreição de Jesus ocorre apenas *dentro* da ressurreição geral:

> Se não há ressurreição dos mortos, também Cristo não ressuscitou... Pois, se os mortos não ressuscitam, também Cristo não ressuscitou.
>
> (1Cor 15,13.16)

De fato, o verbo grego que Paulo usa para a ressurreição comunitária em 15,20, "Cristo ressuscitou dos mortos, primícias dos que *adormeceram*", é o mesmo que o do *EvPd* X,41: "Pregaste aos que *dormem?*" Jesus prega – ou melhor, anuncia como arauto – a libertação para todos os que morreram em perseguição e agora são, por fim, justificados "segundo as Escrituras".

Sepultamento, túmulo e visão

Havia, como já vimos, uma base comum no padrão de perseguição e justificação e na refeição eucarística, por trás da tradição da vida e da tradição da morte. Mas não há nenhuma tradição da ressurreição em comum ou tradição da aparição em comum, discernível em ambas. E, mesmo quando essas tradições da vida e da morte se juntaram nos evangelhos canônicos, ainda é muito difícil estabelecer a ligação entre a tradição pré-paulina em 1Cor 15 e os capítulos finais dos evangelhos. Por um lado, essa seqüência básica de morte, sepultamento, ressurreição, aparição apresenta-se com a concisão do credo em 1Cor 15,3b-7 e com detalhes narrativos completos em Mc 15–16, Mt 27–28, Lc 23–24 e Jo 19–21. Por outro lado, não há nem a mais leve indicação de que a seqüência, ou mesmo a lista de aparições em 1Cor 15,5-7 fosse uma tradição por trás de qualquer uma de nossas conclusões evangélicas atuais. Porém a diferença mais notável é esta: enquanto a tradição pré-paulina fala de *Pedro e os Doze* e de *Tiago e os apóstolos*, os textos evangélicos canônicos enfatizam muito mais o papel de *Maria e as mulheres*. Precisamos examinar mais de perto o que isso significa.

Primeiro, em 1Cor 15,5-7, são citados dois homens, Pedro e Tiago, mas nenhuma mulher. Eis alguns *talvezes* a esse respeito. *Talvez* Paulo soubesse que Maria e as outras mulheres tinham encontrado vazio o túmulo de Jesus, mas deixasse esse fato implícito entre "sepultado" e "apareceu". (Mas, com certeza, não está explícito.) *Talvez* Paulo soubesse que Maria e as outras mulheres tinham visto Jesus ressuscitado, mas as deixasse implícitas no meio de "todos os apóstolos". (Mais uma vez, com certeza, não está explícito.) *Talvez* Paulo tivesse essas duas informações como tradição recebida, mas as omitisse por causa de problemas com profetisas em Corinto. (Mas Paulo tinha um problema muito maior com Tiago e Pedro-Cefas, segundo Gl 2,11-14 e havia até certo problema a respeito de Pedro-Cefas em 1Cor 1,12, mas Paulo não omite nenhum dos dois homens da tradição recebida oficialmente.)

Segundo, a fonte consecutiva e canonicamente independente no *Evangelho de Pedro* não tem nada sobre as mulheres encontrarem o túmulo vazio nem sobre a aparição de Jesus a mulheres. Em vez disso, são os guardas romanos e as autoridades judaicas que encontram o túmulo vazio naquele *Evangelho da cruz* e é a eles que Jesus aparece.

Nenhum dos dois textos precedentes menciona que as mulheres encontram o túmulo vazio, nem que vêem Jesus ressuscitado. Mas talvez, como Claudia Setzer sugeriu na epígrafe a esta parte, os autores reduzam deliberadamente a importância das testemunhas mulheres. Isso acontecia e ainda acontece com tanta freqüência que, com certeza, é uma possibilidade. Mas é a melhor interpretação dos indícios neste caso?

Os dois textos citados há pouco são os *mais primitivos* relatos da ressurreição conservados. Quando, para comparação, examinamos dois dos *mais tardios*, as mulheres estão presentes com firmeza. Este é do final mais longo acrescentado ao evangelho de Marcos em 16,9-20:

> Ora, tendo ressuscitado na madrugada do primeiro dia da semana, ele apareceu primeiro a Maria Madalena, de quem havia expulsado sete demônios. Ela foi anunciá-lo àqueles que tinham estado em companhia dele e que estavam aflitos e choravam. Eles, ouvindo que ele estava vivo e que fora visto por ela, não creram. Depois disso, ele se manifestou de outra forma a dois deles, enquanto caminhavam para o campo. Eles foram anunciar aos restantes, mas nem nestes creram. Finalmente, ele se manifestou aos Onze, quando estavam à mesa, e censurou-lhes a incredulidade e a dureza de coração, porque não haviam dado crédito aos que o tinham visto ressuscitado.
>
> (Mc 16,9-14)

O mesmo acontece na redação final do *Evangelho de Pedro*. Quando o *Evangelho da cruz* extracanônicos se combina com materiais intracanônico, obtemos este resumo:

> Ao amanhecer do dia do Senhor, Maria Madalena, discípula do Senhor, que, por medo dos judeus ardentes de cólera, não havia feito na sepultura do Senhor tudo quanto as mulheres costumavam fazer pelos mortos que lhes eram caros, tomou consigo as amigas e dirigiu-se ao túmulo onde tinha sido posto.
>
> (*EvPd* XII,50-51)

Os indícios parecem se mover na direção oposta. As mulheres não estão tanto sendo eliminadas ou diminuídas quanto sendo introduzidas e enfatizadas na tradição daquela narrativa. O que acontece exatamente às mulheres que assistem ao sepultamento, encontram o túmulo vazio e vêem Jesus ressuscitado? Paulo menciona sepultamento e visão, mas nada a respeito do encontro do túmulo vazio entre um e outro acontecimento. Mas, acima de tudo, ele não diz nada a respeito das mulheres. São citados Pedro, Tiago e Paulo, mas não Maria. São mencionados os Doze e os apóstolos, mas não as mulheres (exceto implicitamente como apóstolos). Como se explica isso?

Antes de prosseguir, quero apresentar um sumário descritivo dos dados. Vou mantê-lo simples para enfatizar as principais diferenças. Há três unidades narrativas: a descrição do sepultamento, a descoberta do túmulo vazio e a visão de Jesus ressuscitado. Há também três grupos de protagonistas narrativos: não-discípulos, tais como os inimigos ou os guardas; discípulas tais como Maria Madalena, a outra Maria e Salomé e discípulos tais como José ou Nicodemos, Pedro, o discípulo a quem Jesus amava e outros. Esses dois eixos de unidades e protagonistas interagem da seguinte maneira:

	Não-discípulos	Discípulas	Discípulos
Sepultamento	(1) *Ev. da cruz*	(1) Marcos	
		(2) Mateus	(1) Mateus
		(3) Lucas	(2) João
Túmulo	(1) *Ev. da cruz*	(1) Marcos	(1) Lucas
	(2) Mateus	(2) Mateus	(2) João
		(3) Lucas	
		(4) João	
		(5) *EvPd*	
Visão	(1) *Ev. da cruz*	(1) Mateus	(1) Mateus
		(2) João	(2) Lucas
			(3) João
			(4?) *EvPd*

No que segue, analiso três dessas unidades nesta ordem: sepultamento, túmulo e visão. Tenho dois pontos a oferecer. Primeiro, Marcos criou a descoberta do túmulo vazio pelas mulheres e a narrativa do sepultamento como preparação necessária para isso. Segundo, Mateus criou a narrativa da aparição de Jesus às mulheres para transformar o final negativo de Marcos em um final mais positivo. João copiou essa visão de Mateus. Nesses dois casos, a visão era mensagem (diga aos discípulos) e não ordem (mude o mundo). Não há, portanto, nenhuma tradição anterior, muito menos informação histórica, em nenhuma dessas unidades. Isso, entretanto, levanta uma questão ainda mais fundamental. Por que, afinal de contas, foram criadas essas narrativas a respeito das mulheres?

As mulheres e o sepultamento de Jesus

Indícios antropológicos e também históricos nos levam a supor que, depois da morte de Jesus, as mulheres o enterraram enquanto os homens observavam. No entanto, o que encontramos em Marcos é exatamente o contrário: um homem enterra Jesus, e as mulheres observam:

> E, já chegada a tarde, sendo dia da Preparação, isto é, a véspera de sábado, veio José, de Arimatéia, ilustre membro do Conselho, que também esperava o Reino de Deus. Ousando entrar onde estava Pilatos, pediu-lhe o corpo de Jesus. Pilatos ficou admirado de que ele já estivesse morto, e, chamando o centurião, perguntou-lhe se fazia muito tempo que morrera. Informado pelo centurião, cedeu o cadáver a José, o qual, comprando um lençol, desceu-o, enrolou-o no lençol e o pôs num túmulo que fora talhado na rocha. Em seguida, rolou uma pedra, fechando a entrada do túmulo. Maria Madalena e Maria, mãe de Joset, observavam onde ele fora posto.
>
> (Mc 15,42-47)

A pergunta não é a formulada por Gerald O'Collins e Daniel Kendall: "José de Arimatéia existiu?" A pergunta é se Jesus foi sepultado da maneira descrita em Mc 15,42-47. Examino aqui só esse sepultamento masculino e deixo a observação feminina para a parte seguinte.

Vimos antes indícios históricos – textuais e arqueológicos – de que a pessoa crucificada podia acabar sendo enterrada por amigos ou parentes, por misericórdia ou humanidade, suborno ou proteção. José de Arimatéia *poderia* ter enterrado Jesus, talvez por piedade pessoal ou dever comunitário.

A *piedade pessoal* está exemplificada em *Tobit*, romance do século IV ou III a.C. que se passa na Assíria no final do século VIII e início do VII a.C. Primeiro, em 1,17, um judeu piedoso chamado Tobit diz: "Dava meu pão aos famintos e roupa aos que estavam nus; e quando via o cadáver de algum dos meus compatriotas jogado para fora das muralhas de Nínive, sepultava-o". Por causa disso, sofre confisco de todos os bens e quase perde também a vida. Entretanto, é salvo por Aicar (lembra-se dele no capítulo anterior?), que por acaso era "da minha parentela, era meu sobrinho" (é um romance!). Em seguida, em 2,2, na festa de Pentecostes, Tobit diz: "Vai procurar entre os nossos irmãos deportados em Nínive algum pobre de coração fiel e traze-o aqui para comer conosco". Finalmente, em 2,4, ele deixa o prato intato, levanta-se, vai tirar o corpo de um judeu da praça do mercado e o coloca "num quarto, esperando o pôr-do-sol para enterrá-lo". José de Arimatéia *poderia* ter sido um judeu piedoso como Tobit nesse romance datado de alguns séculos antes de Jesus.

O *dever comunitário* está exemplificado pela lei judaica na *Mixná*, código da vida judaica organizado por volta de 200 d.C. A quarta de suas seis divisões é sobre *Danos*, e o quarto dos dez tratados de *Danos* é sobre o *Sanhedrin* ou Supremo Tribunal. *Sanhedrin* 6,5-6 (mencionado por Sawicki antes) observa que "não costumavam" utilizar como sepultura para os criminosos executados os túmulos dos antepassados, mas mantinham duas covas preparadas para o sepultamento, uma para os "decapitados e estrangulados", outra para os "lapidados ou queimados". Depois de um ano nesses lugares, "quando a carne se acabava", os ossos eram levados e reenterrados de maneira honrosa pelas famílias, mas sem nenhum luto público (Danby, p. 391). *Se* isso chegou a estar em vigor na lei real (distinta da ideal) e se estava em vigor na Jerusalém romana primitiva, José *poderia* ter sido o funcionário encarregado de sepultar o corpo dos condenados.

O problema com José de Arimatéia não está no plano do *poderia*, mas do *fez*. Não está no plano da possibilidade, mas no da realidade. Na melhor reconstrução histórica possível, essa pessoa fez o que Marcos descreveu? Dois pontos convencem-me de que Mc 15,42-47 é criação de Marcos.

O primeiro ponto diz respeito a quem José era, da forma em que Marcos o relata e da forma em que Mateus e Lucas o reescrevem. Mc 15,43 descreve-o como [1] "ilustre membro do Conselho [*bouleutēs*], [2] que também esperava o Reino de Deus". Isso é duplamente e (creio eu) deliberadamente ambíguo. A ambigüidade com respeito à primeira parte é esta: Estava José entre os que julgaram Jesus? Em 14,55 e 15,1, Marcos chama os que julgaram Jesus "todo o Sinédrio [*synedrion*]" e diz em 14,64 que "todos julgaram-no réu de morte". Mas a descrição de José diz que ele era, não membro do *synedrion*-conselho, mas membro do *boulē-conselho*, como se houvesse dois conselhos encarregados de Jerusalém, um conselho civil e um conselho religioso, sendo José membro do primeiro organismo (*bouleutēs*), mas não, em absoluto do segundo (*synedrion*). Na vida histórica, já se vê, não havia essa distinção; havia apenas um único conselho, qualquer que fosse o nome. Convocado sempre que Pilatos e/ou Caifás precisavam, esse organismo compunha-se dos cidadãos que eles consideravam adequados. Essas palavras divergentes para indicar o conselho – *bouleutēs* e *synedrion* – nos impedem de saber se José estava entre os juízes de Jesus e é precisamente esse o propósito marcano a respeito delas. Mas o texto é igualmente ambíguo a respeito da segunda metade. Estava José entre os que seguiam Jesus? Já em 1,15 ficamos sabendo que o Reino de Deus é expressão decisiva para Marcos. Mas é "esperá-lo" a mesma coisa que aceitá-lo, entrar nele, crer nele? Essa palavra evasiva "esperar" impossibilita-nos de ter certeza se José estava ou não entre os seguidores de Jesus; mais uma vez, é precisamente esse o propósito marcano.

Mateus e Lucas, primeiros e muito cuidadosos leitores de Marcos, percebem esse duplo problema e respondem à ambigüidade calculada de Marcos. Mt 27,57 elimina toda menção ao conselho e explicitamente faz de José um seguidor de Jesus. Agora ele é "um homem rico de Arimatéia, chamado José, o qual também se tornara discípulo de Jesus". Lc 22,66 recolhe a palavra *synedrion* de Marcos, mas soluciona o problema de José, o membro do conselho e discípulo, em 23,50-51: "Eis que havia um homem chamado José, membro do Conselho, homem bom e justo, que não concordara nem com o desígnio, nem com a ação deles. Era de Arimatéia, cidade dos judeus, e esperava o Reino de Deus". Note que Lucas não repete o comentário de Marcos (14,64) de que "todos" os juízes do conselho julgaram Jesus réu de morte.

O segundo ponto diz respeito ao que José fez, da forma como Marcos relata o fato, e como Mateus e Lucas o reescrevem. Mc 15,46 diz que José tomou o corpo de Jesus "e o pôs num túmulo que fora talhado na rocha". Isso está bastante claro, a não ser que queiramos saber quem era José e por que ele sepultou Jesus. Se agisse por piedade pessoal ou dever comunitário, não teria feito o mesmo pelos dois outros criminosos crucificados com Jesus? E, a não ser que imaginemos três túmulos separados, todos teriam sido sepultados juntos em um único túmulo ou até em um túmulo comum para criminosos. Se esse fosse o caso, porém, como seria possível continuar a narração do túmulo vazio? Que chocante imaginar o exame dos cadáveres para identificar o que faltava como sendo de Jesus.

Mais uma vez, Mateus e Lucas percebem o problema e a ele respondem independente, mas enfaticamente. Os dois encontram a solução óbvia: O túmulo de José tem de ser um no qual ninguém foi sepultado antes nem com Jesus, que precisa estar sozinho naquele túmulo. Mt 27,60 reformula Marcos desta maneira: José tomou o corpo de Jesus "e o pôs em seu túmulo novo, que talhara na rocha". Lc 23,53 reformula Marcos desta maneira: José tomou o corpo de Jesus "e colocou-o numa tumba talhada na pedra, onde ninguém ainda havia sido posto".

A narrativa de Marcos apresentou a tradição com duplos dilemas. Primeiro, se José estava no conselho, era contra Jesus; se era a favor de Jesus, não estava no conselho. Segundo, se sepultasse Jesus por piedade pessoal ou dever comunitário, José teria feito o mesmo pelos dois outros criminosos crucificados com Jesus; contudo, se fizesse isso, não poderia haver a seqüência do túmulo vazio. Nenhum desses pontos é irrespondível, mas juntos eles me persuadem de que, em 15,42-47, Marcos *criou* esse sepultamento por José de Arimatéia, que não contém nenhuma tradição pré-marcana.

À medida que a tradição se desenvolveu, o sepultamento de Jesus passou de inimigos para amigos e de um enterro inadequado às pressas para um de pompa régia. O *Evangelho da cruz* contém apenas a esperança de que os inimigos o tivessem sepultado em obediência a Dt 21,22-23. Marcos é muito mais consolador com sua narrativa de José e Mateus e Lucas a aperfeiçoam. Mas o relato de João tem a culminância de sua teologia da paixão como ressurreição, e crucificação como ascensão ao Pai, do qual Jesus veio. José é um discípulo secreto; está acompanhado de outro, Nicodemos e eles enterram Jesus com "cerca de cem libras de uma mistura de mirra e aloés", em 19,39. Vejo aí uma trajetória de esperança, mas não de história. Por trás dessa esperança está, na pior das hipóteses, o horror de um corpo deixado na cruz como carniça ou, na melhor das hipóteses, um corpo destinado, como outros, a uma "cova revestida de cal", como disse Sawicki, citado antes. Eu teria esperança de um José, mas o que se espera nem sempre é o que acontece.

As mulheres e o túmulo de Jesus

Os cinco evangelhos concordam que Maria Madalena e algumas outras mulheres são as primeiras, dentre os companheiros de Jesus, a encontrar o túmulo vazio. Mc 16,1 menciona

"Maria Madalena e Maria, mãe de Tiago, e Salomé". Mt 28,1 traz "Maria Madalena e a outra Maria". Lc 24,10 cita "Maria Madalena, Joana e Maria, mãe de Tiago" e as "outras mulheres que estavam com elas". Jo 20,1 traz apenas "Maria Madalena", embora use "não sabemos", em 20,2. O *EvPd* XII,50-51 fala de "Maria Madalena, discípula do Senhor... [que] tomou consigo as amigas". É um consenso bastante impressivo, mas tudo depende de uma única fonte. Não são cinco testemunhos independentes; é Marcos com quatro outros autores que copiam direta ou indiretamente dele. Não adianta falar de "todos os quatro evangelhos e... até mesmo... o *Evangelho de Pedro*", ou de "todos os quatro evangelhos" ou da "tripla tradição" de Mateus, Marcos e Lucas, como faz Setzer (pp. 160, 261, 268). Isso é simplesmente contar versões e, ao mesmo tempo, ignorar fontes. A pergunta é esta: Temos uma, duas, três, quatro ou cinco fontes *independentes*? E se, como acredito, temos só uma fonte independente em Marcos, tudo se resume a estas duas questões: Há alguma tradição pré-marcana em Mc 16,1-8 e qual é o propósito de Marcos para esse incidente? Há três textos ligados a considerar:

> [*Depois da morte:*] E também estavam ali algumas mulheres, olhando de longe. Entre elas, Maria Madalena, Maria, mãe de Tiago, o Menor, e de Joset, e Salomé. Elas o seguiam e serviam enquanto esteve na Galiléia. E ainda muitas outras que subiram com ele para Jerusalém.
>
> (Mc 15,40-41)

> [*Depois do sepultamento:*] Maria Madalena e Maria, mãe de Joset, observavam onde ele fora posto.
>
> (Mc 15,47).

> [*Depois do sábado:*] Passado o sábado, Maria Madalena e Maria, mãe de Tiago, e Salomé compraram aromas para ir ungi-lo. De madrugada, no primeiro dia da semana, elas foram ao túmulo ao nascer do sol. E diziam entre si: "Quem rolará a pedra da entrada do túmulo para nós?" E erguendo os olhos, viram que a pedra já fora removida. Ora, a pedra era muito grande. Tendo entrado no túmulo, elas viram um jovem sentado à direita, vestido com uma túnica branca, e ficaram cheias de espanto. Ele, porém, lhes disse: "Não vos espanteis! Estais procurando Jesus de Nazaré, o Crucificado. Ressuscitou, não está aqui. Vede o lugar onde o puseram. Mas ide dizer aos seus discípulos e a Pedro que ele vos precede na Galiléia. Lá o vereis, como vos tinha dito". Elas saíram e fugiram do túmulo, pois um tremor e um estupor se apossaram delas. E nada contaram a ninguém, pois tinham medo.
>
> (Mc 16,1-8)

Embora a reação nessa terceira passagem se explique como temor religioso, o texto apresenta um retrato um tanto negativo das mulheres. É também incoerente. Se elas não contaram a ninguém, como Marcos ficou sabendo, a menos que "ele" fosse uma delas? Mas tudo se encaixa exatamente como conclusão ao evangelho de Marcos.

Marcos é crítico severo e implacável dos Doze em geral, de Pedro, Tiago e João em particular e de Pedro acima de todos os outros. Isso tem sido interpretado como crítica marcana a outras comunidades cristãs que são menos enfáticas a respeito do destino sofredor de Jesus, menos entusiastas a respeito da missão aos pagãos e mais dependentes das tradições sobre Pedro, os Três e os Doze, para seus pontos de vista teológicos. Também tem sido interpretado como consolo marcano para os membros de sua comunidade que foram infiéis a Jesus nas perseguições recentes que acompanharam a primeira guerra romano-judaica de 66-73/74 d.C. e que precisam saber que, assim como com Pedro, os Três e os Doze, fracasso, fuga e até negação não são irremediáveis. Mas, com esse pano de fundo, como Marcos poderia concluir seu evangelho com aparições a Pedro, ou aos Três mais íntimos, ou aos Doze? Ele tinha de terminar o evangelho de maneira muito diferente. O final de Marcos em 16,1-8 precisa ser entendido contra esse pano de fundo geral e dentro deste primeiro plano específico:

(A¹) Fracasso a respeito da crucificação (discípulos homens identificados): Mc 10,32-42 (Getsêmani)

(B²) Sucesso a respeito da ressurreição (discípula não identificada): Mc 14,3-9 (unção)

(A²) Sucesso a respeito da crucificação (discípulo homem não identificado): Mc 15,39 (centurião)

(B¹) Fracasso a respeito da ressurreição (discípulas identificadas): Mc 16,1-8 (túmulo vazio)

Toda essa estrutura é importante para entender o propósito de Marcos. As mulheres e os homens que acompanham Jesus são importantes para Marcos e os três mais íntimos de cada grupo têm importância especial para ele. Mas são importantes como modelos de fracasso – não de fracasso *irremediável*, mas, ainda assim, de fracasso. Isso explica por que Marcos criou a narrativa do túmulo vazio, bem como criou os discípulos adormecidos no Getsêmani. As estruturas exteriores da narrativa da paixão em 10,32-42 e 16,1-8 têm discípulos e discípulas que fracassam com Jesus. Mas cada um desses fracassos duplos é contrabalançado por um sucesso duplo. Os discípulos fogem de Jesus porque temem a crucificação, mas o centurião confessa sua fé nele porque assiste à crucificação. As discípulas fracassam com Jesus por causa da unção, mas outra discípula tem sucesso precisamente aí. Isso exige alguma explicação.

Na narrativa de Marcos, Jesus disse aos discípulos três vezes e com muita clareza que seria executado em Jerusalém e ressuscitaria depois de três dias. Esse anúncio se repete em 8,31, 9,31 e 10,33-34. Sempre conclui com a ressurreição "depois de três dias". Trazer aroma de sepultamento para o túmulo de Jesus depois desses anúncios é, com certeza, ato de amor, mas dificilmente ato de fé. Na verdade, para Marcos, é *falta* de fé. É isso, em vez de fuga ou silêncio, que, para Marcos, faz 16,1-8 ser um fracasso. O fracasso não é as mulheres fugirem do túmulo com medo, mas sim, aproximarem-se do túmulo com ungüentos. Por isso Marcos insiste que as mulheres "compraram aromas para ir ungi-lo". Mas antes de relatar esse fracasso por mulheres identificadas, ele relata esta história de fé admirável:

> Em Betânia, quando Jesus estava à mesa em casa de Simão, o leproso, aproximou-se dele uma
> mulher, trazendo um frasco de alabastro cheio de perfume de nardo puro, caríssimo, e, quebrando

o frasco, derramou-o sobre a cabeça dele. Alguns dentre os presentes indignavam-se entre si: "Para que esse desperdício de perfume? Pois poderia ser vendido esse perfume por mais de trezentos denários e distribuído aos pobres". E a repreendiam. Mas Jesus disse: "Deixai-a. Por que a aborreceis? Ela praticou uma boa ação para comigo. Na verdade, sempre tereis os pobres convosco e, quando quiserdes, podeis fazer-lhes o bem, mas a mim nem sempre tereis. Ela fez o que podia: antecipo--se a ungir o meu corpo para a sepultura. Em verdade vos digo que, onde quer que venha a ser proclamado o Evangelho, em todo o mundo, também o que ela fez será contado em sua memória".

(Mc 14,3-9)

Essa mulher não identificada crê nas profecias sobre morte e ressurreição de Jesus feitas por ele em Mc 8,31, 9,31 e 10,33-34. Ela *crê* nelas e sabe, portanto, que se não ungi-lo para o sepultamento agora, nunca poderá fazê-lo mais tarde. É por isso que recebe a espantosa declaração de louvor, sem paralelo em todo o evangelho: "Onde quer que venha a ser proclamado o Evangelho, em todo o mundo, também o que ela fez será contado em sua memória". A honra é concedida porque, no evangelho de Marcos, esse é o primeiro ato de fé completo e inequívoco no destino de sofrimento e ressurreição de Jesus. É o único ato de fé completo antes do ato do centurião igualmente não identificado que se achava defronte da cruz em 15,39b: "Verdadeiramente este homem era filho de Deus". Para Marcos, essa mulher não identificada é o primeiro cristão.

A narrativa do túmulo vazio não é nem acontecimento histórico primitivo, nem narrativa lendária tardia, mas sim deliberada criação marcana. Os discípulos que dormiam no jardim e as discípulas que foram ungi-lo no túmulo são as estruturas redacionais de Marcos para a narrativa da paixão e ressurreição. Não é em 16,1-8, mas em 14,3-9 que Marcos descreve uma "mulher admirável" como "testemunha feminina da ressurreição" para usar as expressões titulares de Setzer. Mas isso é, com certeza, muito mais surpreendente que afirmar que foi uma mulher (ou foram mulheres) quem *encontrou* o túmulo vazio ou até mesmo quem *viu* Jesus ressuscitado primeiro. Marcos diz que uma mulher foi a primeira pessoa a *crer* na ressurreição. Para quem se preocupa com primeiros, isso parece mais significativo.

Finalmente, se Marcos criou o sepultamento por José e a descoberta do túmulo vazio pelas mulheres, a função de 15,47 fica esclarecida. É a ligação necessária entre essas duas unidades: "Maria Madalena e Maria, mãe de Joset, observavam onde ele fora posto". Mas essas mulheres foram primeiro apresentadas perto da cruz:

E também estavam ali algumas mulheres, olhando de longe. Entre elas, Maria Madalena, Maria, mãe de Tiago, o Menor, e de Joset, e Salomé. Elas o seguiam e serviam enquanto esteve na Galiléia. E ainda muitas outras que subiram com ele para Jerusalém.

(Mc 15,40-41)

Essa é a identificação mais completa dada a essas três mulheres. Em Mc 15,47 nem Tiago nem Salomé são mencionados. O versículo fala apenas de "Maria Madalena e Maria, mãe de Joset". Em Mc 16,1, as três mulheres estão presentes, mas Joset não é mencionado. Esse versículo fala de "Maria Madalena e Maria, mãe de Tiago, e Salomé". É como se Marcos desmembrasse 15,40 para criar versões mais breves e divergentes em 15,47 e 16,1.

Marcos sabe a respeito de um grupo de discípulos, entre os quais estão os três mais íntimos, Pedro, Tiago e João. Ele os critica repetida e cumulativamente, como já mencionei. Mas, embora a crítica parta da redação marcana, a existência e os nomes desses homens vêm da tradição pré-marcana. Marcos também conhece um grupo de discípulas. Com as mulheres acontece exatamente a mesma coisa que sucede com os homens. Sua existência e seus nomes em 15,40-41 são tradição pré-marcana, mas sua crítica em 15,47–16,8 é redação marcana. Em outras palavras, a inclusão das mulheres que observam o sepultamento e visitam o túmulo não é mais primitiva que Marcos, mas a inclusão das mulheres que assistem à crucificação é tradição recebida. Mas é esta última fato histórico? Minha melhor resposta é sim, porque os discípulos homens tinham fugido; se as mulheres não tivessem assistido, não conheceríamos nem mesmo o fato bruto da crucificação (distinto, por exemplo, de Jesus ser sumariamente atravessado com uma lança ou decapitado na prisão).

As mulheres e a visão de Jesus

Uma situação semelhante surge com respeito à visão que as mulheres e/ou Maria tiveram do Jesus ressuscitado. Essas narrativas não são tradição pré-marcana, nem mesmo criação marcana, mas sim expansão pós-marcana. Foram criadas, não por Marcos, mas sim, depois dele, por Mateus e João. Marcos terminou em 16,8, como vimos antes, com a desobediência das mulheres ao "jovem" no túmulo, não espalhando a notícia da ressurreição de Jesus. Eis como Mateus reformula sua fonte marcana de desobediência para obediência:

Mc 16,8	Mt 28,8
Elas saíram e fugiram do túmulo, pois um tremor e um estupor se apossaram delas. E nada contaram a ninguém, pois tinham medo.	Elas, partindo depressa do túmulo, com medo e grande alegria, correram a anunciá-lo aos seus discípulos.

A ordem angelical imediatamente antes dessa passagem (em Mt 28,7) pede às mulheres que vão "já". Sua obediência é acentuada pelo "partindo depressa", em 28,8. Em seguida, cada um dos três comentários de Marcos é trocado pelo seu oposto: em vez de "fugiram", há "partindo depressa" para levar a boa-nova; em vez de "um tremor e um estupor", há "medo e grande alegria"; em vez de "nada contaram a ninguém", há "correram a anunciá-lo aos seus discípulos".

Mas mesmo essas mudanças não bastam para compensar a terrível negatividade de Marcos. Assim, Mateus acrescenta esta unidade:

E eis que Jesus veio ao seu encontro e lhes disse: "Alegrai-vos". Elas aproximando-se, abraçaram-lhe os pés, prostrando-se diante dele. Então Jesus disse: "Não temais! Ide anunciar a meus irmãos que se dirijam para a Galiléia; lá me verão".

(Mt 28,9-10)

Por um lado, a mensagem de Jesus em 28,10: "Ide anunciar a meus irmãos que se dirijam para a Galiléia; lá me verão", simplesmente resume a mensagem angelical de 28,7: "Ide já contar aos discípulos que ele ressuscitou dos mortos, e que ele vos precede na Galiléia. Ali o vereis". Por outro lado, a "adoração" delas prepara a unidade seguinte, em uma montanha galiléia, quando os discípulos "prostraram-se diante dele". Em outras palavras, a aparição às mulheres em 28,9-10 é pura composição mateana, criada para anular o final marcano e preparar a aparição de Jesus aos discípulos. Além disso, as mulheres recebem uma visão-mensagem; os homens recebem uma visão-ordem. Como conclui Frans Neirynck: "O relato do túmulo vazio em Mt 28,1-10 não pressupõe nenhuma outra versão além da de Marcos" (1982, p. 289).

E a aparição de Jesus ressuscitado a Maria Madalena em Jo 20,14-17 e o anúncio que ela faz aos discípulos, em 20,18? É uma tradição joanina independente ou deriva de Mt 28,9-10? Como acabamos de ver, esse último texto é completa criação mateana; portanto, se alguns de seus elementos característicos reaparecem em Jo 20,14-17, a dependência de Mateus relativa a João é a explicação mais provável. Há três desses elementos mateanos presentes em Jo 20,14-17.

Primeiro, Mateus repetiu, mas condensou, a ordem e a promessa do túmulo vazio em 28,7: "Ide... contar aos discípulos, '... ele vos precede na Galiléia. Ali o vereis'", para a visão ressuscitada em 28,10: "Ide anunciar a meus irmãos que se dirijam para a Galiléia; lá me verão". De modo semelhante, João repetiu, mas expandiu, a pergunta e a resposta a respeito do túmulo vazio em 20,13: "[Os anjos] disseram-lhe então: 'Mulher, por que choras?' Ela lhe diz: 'Levaram o meu Senhor e não sei onde o colocaram!'", para a visão ressuscitada em 20,15: "Jesus lhe diz: 'Mulher, por que choras? A quem procuras?' Pensando ser ele o jardineiro, ela lhe diz: 'Senhor, se foste tu que o levaste, dize-me onde o puseste e eu o irei buscar!'" Nos dois casos, o diálogo do túmulo foi adaptado para criar o diálogo da visão.

Segundo, há um paralelismo entre a seqüência das duas visões que está especialmente evidente em um ponto determinado. Em Mt 28,9b, as mulheres "aproximando-se, abraçaram-lhe os pés, prostrando-se diante dele". Porém em Jo 20,17a, Jesus diz a Maria: "Não me retenhas". Esses textos usam diferentes verbos gregos para "abraçar" e "reter", mas como não há nada que indique ter Maria tocado em Jesus, antes, em Jo 20,14-17, temos de presumir algo como Mt 28,9b para entender Jo 20,17a. Elas abraçam os pés de Jesus só em Mateus. Recebem a ordem para não retê-lo só em João.

Terceiro, há este último ponto importantíssimo. A mensagem do túmulo era "aos seus discípulos e a Pedro", em Mc 16,7. Ao copiar Marcos, Mt 28,7-8 simplificou essa frase para "aos discípulos". Em seguida, ao criar sua visão ressuscitada em 28,9-10, Mateus mudou a frase para "meus irmãos". Em outras palavras, essa última expressão é redação mateana. Mas a expressão "meus irmãos" reaparece em Jo 20,17b. É o emprego mais direto de uma palavra redacional tirada de Mt 28,9-10 em Jo 20,14-17. Mais uma vez, concordo com as conclusões de Frans Neirynck. Jo 20,14-17 revela "a dívida de João para com a tradição da aparição de Jesus às mulheres como se encontra em Mt 28,9-10" (1982², p. 398) e, "como outra conseqüência de nossa interpretação de Mt 28,9-10 e seu paralelo em João, concluímos que a chamada protofonia de Maria Madalena não tem base tradicional. O terceiro testemunho, Mc 16,9, não é, já se vê, testemunho independente" (1991, p. 588).

Marcos criou a descoberta do túmulo vazio pelas mulheres para evitar uma aparição ressuscitada aos discípulos, e Mateus criou a visão que as mulheres têm de Jesus ressuscitado para preparar uma aparição ressuscitada aos discípulos. Não há nenhum indício de tradição histórica a respeito desses dois detalhes antes de Marcos nos anos 70. Além disso, em vez de ali chegarem cedo e serem firmemente afastadas, as mulheres não chegam cedo, mas são firmemente incluídas. Naturalmente, são incluídas para receberem só visões-mensagens, não visões-ordens. É-lhes dito para irem contar aos discípulos, enquanto aos discípulos é dito para irem ensinar às nações. Mas isso é tudo que há para dizer a respeito de Maria Madalena e das outras mulheres identificadas e não identificadas com ela?

Marcos criou o *sono* dos três discípulos no jardim no início da paixão, mas não criou aqueles três indivíduos identificados. De modo semelhante, Marcos criou a *visita* das três discípulas ao túmulo no fim da paixão, mas não criou aquelas mulheres. Marcos equilibrou os dois grupos de discípulos um contra o outro e se opôs aos dois, de modo que, exatamente como os três homens representavam para Marcos autoridade a ser criticada, também as três mulheres identificadas representavam para ele autoridade a ser criticada. Mas que tipo de autoridade ou importância?

João contém a mesma situação. Em Jo 20, três discípulos identificados são criticados em relação ao discípulo que Jesus amava: Pedro, em 20,3-10, Maria Madalena em 20,1-2.11-18 e Tomé em 20,19-29. No primeiro caso, é dito que o discípulo que Jesus amava "viu e creu" no sepulcro vazio, mas nada é dito a respeito de Pedro crer. No segundo caso, Maria descobre o sepulcro vazio, mas interpreta-o mal três vezes como remoção do corpo. Em 20,2, ela diz aos discípulos: "Retiraram o Senhor do sepulcro e não sabemos onde o colocaram". Em 20,13, diz aos anjos: "Levaram o meu Senhor e não sei onde o colocaram!" Em 20,15, diz a Jesus: "Senhor, se foste tu que o levaste, dize-me onde o puseste e eu o irei buscar!" Não basta encontrar o sepulcro vazio ou ver Jesus ressuscitado. O primeiro caso é interpretado como roubo de sepultura; o segundo como o jardineiro. No terceiro caso, Tomé só crê depois de ver e tocar em Jesus ressuscitado. Como o capítulo começa com o discípulo que Jesus amava crendo depois de ver o sepulcro vazio, termina com Jesus ressuscitado advertindo Tomé: "Felizes os que não viram e creram!" Essas cenas são criação de João, mas dizem a mesma coisa que as criações de Marcos. Crítica e oposição indicam importância e autoridade. O discípulo que Jesus amava é posto em contraste e exaltado em comparação com Pedro, Maria e Tomé.

Assim, para o evangelho de Marcos, Maria Madalena e Maria, mãe de Tiago e Joset, e Salomé são figuras importantes e de autoridade, exatamente como Pedro, Tiago e João. Para o evangelho de João, Pedro, Maria Madalena e Tomé são líderes importantes em outras comunidades, exatamente como o discípulo que Jesus amava é importante nesta comunidade. Já que, como vimos, essa importância, essa autoridade e essa liderança não se originam de uma primeira descoberta do túmulo vazio ou uma primeira visão de Jesus ressuscitado, de onde decorrem?

DE EXEGESE PARA NARRATIVA

Nem Marcos foi o inventor da narrativa da paixão, nem havia um documento mais antigo do qual todas as narrativas da paixão mais tardias fossem, direta ou indiretamente, dependentes. Mais exatamente, foram conservadas três versões diferentes da mesma narrativa da paixão, a saber, as narrativas da paixão relatadas em Marcos, em João e no *Evangelho de Pedro*, independentes umas das outras, mas todas dependentes da narração da mesma história, pois revelam a mesma estrutura básica.

Helmut Koester, *Jesus' presence in the early Church*
[*A presença de Jesus na Igreja primitiva*], p. 556.

Na Igreja primitiva, a história do sofrimento e morte de Jesus continuou fluida por um longo tempo. São prova disso, as diferentes versões da narrativa da paixão na literatura evangélica, devido aos *desempenhos orais* da história nas celebrações rituais, sempre enriquecidas com novas referências às Escrituras de Israel. Esse sistema de *desempenhos orais* tinha o propósito de estabelecer um relato de verdade inclusivo para o estabelecimento de uma nova nação – o pancristianismo.

Helmut Koester, *The historical Jesus and the cult of the* Kyrios Christos
[*O Jesus histórico e o culto do* Kyrios Christos], p. 18 (itálicos meus).

A posição de Koester a respeito das fontes da "paixão" tem sido muito clara e coerente nos últimos quinze anos, mas recentemente ele acrescentou uma especificação importante. Em trabalhos mais antigos, ele presumiu uma única fonte escrita por trás dos três relatos independentes em Marcos, em João e no *Evangelho de Pedro*. Em 1982, por exemplo, disse que "em data primitiva havia, com certeza, uma forma *escrita* da narrativa da Paixão. Foi usada independentemente por Marcos e João e é possível que o apócrifo *Evangelho de Pedro* empregasse uma fonte muito semelhante" (1982, v. 2 p. 49, itálicos meus). Essa afirmação repete-se mais adiante no mesmo livro: "Se Pedro foi a primeira e mais importante testemunha da ressurreição na tradição mais primitiva das Igrejas sírias, não é improvável que a tradição primitiva a respeito da *paixão e ressurreição* de Jesus também fosse registrada por escrito sob sua autoridade" (1982, v. 2, p. 163, itálicos meus).

Esta, então, é a primeira hipótese de Koester: além de existir uma fonte escrita primitiva que aqueles três autores usaram mais tarde independentemente, essa fonte original fora composta sob a autoridade petrina. Em 1990, Koester não falou a respeito de uma fonte *escrita*, mas presumiu um único relato por trás de todas as três versões mais tardias: "O relato da paixão de Jesus deve ter sido criado bastante cedo, pois é o mesmo e único relato usado por Marcos (e subseqüentemente por Mateus e Lucas) e João e pelo *Evangelho de Pedro*. A esse respeito, a reconstrução que Crossan faz de uma única fonte para todas as narrativas da paixão parece justificada. Entretanto, é discutível se esse relato era ou não um documento literário tão abrangente e rígido como Crossan presume" (1990a, p. 220, nota 1). Ou, outra vez: "Estudos da narrativa da paixão demonstram que todos os evangelhos eram dependentes de um único relato básico do sofrimento, da crucificação, da morte e do sepultamento de Jesus" (1990a, p. 231).

Entretanto, em todos esses anos, Koester jamais tentou indicar o conteúdo ou a seqüência dessa fonte única que Marcos, João e o *Evangelho de Pedro* usaram independentemente, cada um em relação aos outros. Quem quer que proponha uma fonte deve explicá-la com a maior clareza possível para que seja debatida com o maior rigor possível. De qualquer maneira, deduzimos o mínimo comum: a fonte básica deve ter tido a seqüência ou o conteúdo comum que *duas* ou *todas as três* dessas versões possuam presentemente.

Multiformidade oral e uniformidade de cópia

Mais recentemente, Koester passou da discussão da *uniformidade de cópia* – isto é, uma única escrita – para o que é conhecido como *multiformidade oral* (daí a repetição de "desempenhos orais" na epígrafe anterior). O pano de fundo geral é a recitação cultual da narrativa da origem de um povo. O modelo primordial é a criação grega de uma narrativa homérica convergente para criar o pan-helenismo (a partir de cidades independentes); outros exemplos são a narrativa do Êxodo, que criou o panjudaísmo (de tribos independentes) e a *Eneida* de Virgílio, que criou o pan-romanismo (a partir de povos independentes). Em todos esses casos, mito e ritual, epopéia e história, ação cultual e recitação narrativa entrelaçam-se interativamente. Koester propõe uma situação semelhante para o cristianismo mais primitivo. Durante as refeições eucarísticas rituais, "a narração da mesma história", com "a mesma estrutura básica", era repetidamente feita em "desempenhos orais" diversos, como sugere a epígrafe de Koester. Em outras palavras, não havia nenhum relato único escrito ou mesmo oral; havia apenas "a mesma estrutura básica". Portanto, o que temos em Marcos, em João e no *Evangelho de Pedro* são versões escritas mais tardias de três "desempenhos orais" independentes dentro daquela "mesma estrutura básica" original. Entretanto, aquela "estrutura" deve ter contido os elementos que estão presentes em dois ou em todos os três desses "desempenhos orais" diversos. Deve, por exemplo, ter contido estes elementos importantes: um relato do julgamento e crucificação de Jesus, um relato do sepultamento de Jesus por amigos e um relato das mulheres no túmulo vazio.

A teoria de Koester leva-nos de volta ao Capítulo 5 deste livro. A teoria de Parry e Lord explica as epopéias homéricas antigas com a analogia de bardos analfabetos modernos que declamam milhares de versos, ao atuar dentro de uma *tradição* arraigada que lhes dá, por um lado, narrativas básicas, temas subordinados e frases individuais, e, por outro, acompanhamento musical, ocasião apropriada e público compreensivo. É uma tradição de desempenho oral e qualquer narrativa determinada existe como multiformidade oral. Cada narrativa é a soma total de todos os seus desempenhos; não há nenhuma fonte como uniformidade escrita normativa. Contudo, sejam os versos dois mil ou dez mil, seja o desempenho bom ou mau, os gregos precisam vencer e Tróia precisa cair; Heitor não mata Aquiles e Ulisses não se afoga no mar. Até mesmo – ou em especial – na multiformidade oral precisa haver uma estrutura narrativa reconhecível; do contrário, não dá para distinguir a *Ilíada* da *Eneida*.

Em resposta à teoria de Koester, só faço uma pergunta básica: Essas três versões que foram conservadas são mutuamente independentes? Minha resposta é que não são, porque João não é independente de Marcos, e o *Evangelho de Pedro* não é independente nem de Marcos nem de João. (Observe que não me refiro à fonte do *Evangelho da cruz*, que é canonicamente independente, mas ao próprio *Evangelho de Pedro* composto, que – como já vimos – combina material intracanônico e extracanônico.)

Marcos e João

Meu primeiro problema é que as narrativas da paixão e ressurreição apresentadas em Marcos e João não são versões independentes. João é dependente de Marcos, o que levanta importante objeção à teoria que Brown formulou de duas versões independentes (Marcos e João) e também à teoria que Koester formulou de três versões independentes (Marcos, João e o *Evangelho de Pedro*). No Capítulo 8 mencionei que o relacionamento genético pode ser provado (além de uma dúvida razoável!) quando se encontra em outro o conteúdo ou a seqüência *redacional* de um evangelho. Quando o DNA individual ou a impressão digital pessoal de um autor está presente em outro, temos o melhor argumento disponível para a dependência. Como se recorda, não é um simples caso de tradição similar ou material comum nos dois autores, mas de peculiaridades *redacionais* de um autor encontradas em outro. Dei ali o exemplo clássico de intercalação marcana da qual citei seis dos casos mais comumente aceitos. O último caso citado foi a intercalação das negações de Pedro e da confissão de Jesus em Mc 14,53-72. Por *intercalação* não me refiro à simples *justaposição* de duas unidades. Uma simples justaposição das negações de Pedro e da confissão de Jesus poderia facilmente acontecer em dois textos separados, independentes um do outro, pois ambos se ligam ao mesmo evento: o julgamento noturno perante a autoridade religiosa judaica. Mas a intercalação marcana não – enfaticamente *não* – é uma justaposição geral. É, como vimos no Capítulo 8, estratagema literário com propósito teológico e é fenômeno marcano bastante singular. *Mas essa intercalação também se encontra em Jo 18,13-27.* Além disso, esse relacionamento genético é corroborado pela *confirmação redacional.* Vê-se claramente por que João a aceita de Marcos e em seguida a expande, como a seguir:

> Ora, Simão Pedro, junto com outro discípulo, seguia Jesus. Esse discípulo era conhecido do Sumo Sacerdote e entrou com Jesus no pátio do Sumo Sacerdote. Pedro, entretanto, ficou junto à porta, de fora. Então, o outro discípulo, conhecido do Sumo Sacerdote, saiu, falou com a porteira e introduziu Pedro.
>
> (Jo 18,15-16)

Ao colocar uma negação completa antes e duas depois da confissão, João aumenta o contraste marcano entre as negações de Pedro e a confissão de Jesus. Seu propósito é uma comparação implícita entre Pedro e "o outro discípulo"; embora seja dito explicitamente que Pedro negou três vezes, nada é dito a respeito da negação desse "outro discípulo". É uma contrapartida à comparação implícita feita em Jo 20,2-10, onde Pedro e o "outro discípulo, que Jesus amava", correram ao sepulcro na manhã do domingo de Páscoa. É dito explicitamente: "Entrou também o outro discípulo que chegara primeiro ao sepulcro: e viu e creu"; não é dito se Pedro creu ou não. São exemplos tipicamente indiretos da exaltação do discípulo que Jesus amava em comparação com Pedro, no evangelho de João. Mas minha questão atual é que Jo 18,13-27 é dependente de Mc 14,53-72; portanto, minha hipótese prática é que a narrativa da paixão e ressurreição de João não é independente. Essa dependência mais ampla se confirma por estudos como os de Maurits Sabbe (1991, pp. 355-388, 467-513; 1994; 1995) e Frans Neirynck (1982, pp. 181-488; 1991, pp. 571-616). Em outras palavras, a narrativa joanina da paixão e ressurreição não é sinoticamente independente.

João e o *Evangelho de Pedro*

Meu segundo problema é que o *Evangelho de Pedro* e João não são versões independentes. O *Evangelho de Pedro* depende de João para sua narrativa do sepultamento de Jesus por amigos. Essa narrativa foi conservada em Mc 15,42-47, Jo 19,38-42 e *EvPd* 6,23-24. Assim também Koester interpreta a situação, "a narrativa do sepultamento pertence à fonte utilizada por Marcos e João e também pelo *Evangelho de Pedro*" (1990a, p. 231, nota 5).

O relato joanino da paixão de Jesus descreve-o no controle total da situação. Do jardim, que não tem nenhuma agonia, à morte, que não tem nenhum grito, Jesus julga os outros; eles não o julgam. Para João, ele é o rei exaltado na cruz. Tudo isso é consistente redação joanina dos relatos sinóticos da paixão. O sepultamento se encaixa perfeitamente nessa redação. É sepultamento digno de um rei – na verdade, de um rei divino. Jo 19,39 traz Jesus sepultado "com cerca de cem libras de uma mistura de mirra e aloés". Ao equiparar essa quantidade com "cerca de 32,8 kg", Brown conclui que "ainda assim é uma quantidade extraordinária. Se a referência são as especiarias pulverizadas ou fragmentadas, esse peso ocuparia considerável espaço do túmulo e ocultaria o corpo sob um monte" (1994, p. 1260). Jo 19,41 coloca Jesus sepultado em um sepulcro no jardim: "Havia um jardim, no lugar onde ele fora crucificado e, no jardim, um sepulcro novo, no qual ninguém fora ainda colocado". Abundância de especiarias e sepulcros no jardim são apropriados para um rei. Concluem e completam a paixão joanina de Jesus, o rei; portanto, do ponto de vista redacional, esse "jardim" é joanino. Mas também está presente no *Evangelho de Pedro*:

> Alegraram-se os judeus e deram seu corpo a José para que o sepultasse. José tinha visto todo o bem que Jesus fizera. Tomando o Senhor, levou-o, envolveu-o em um lençol e o depositou em seu próprio sepulcro, chamado jardim de José.
>
> (*EvPd* VI,23-24)

Novamente, então, e com base no mesmo princípio (mas agora de DNA joanino no *Evangelho de Pedro*), esse autor mais tardio é aqui dependente do evangelho de João.

Marcos e o *Evangelho de Pedro*

Meu terceiro problema é que o *Evangelho de Pedro* e Marcos não são versões independentes. O *Evangelho de Pedro* depende de Marcos para a narrativa das mulheres no túmulo vazio. Essa narrativa está presente em Mc 16,1-8, Jo 20,1.11-18 e *EvPd* XII,50–XIII,57. Para Koester, portanto, deve ter estado em sua base comum, quer chamemos essa base de estrutura oral, quer de fonte única, ou documento de copista. De fato, a única coisa que faz dessa base uma narrativa da paixão e ressurreição e não apenas narrativa da paixão é a presença das mulheres no túmulo vazio como sua conclusão. "Na narrativa da paixão que foi usada pelo evangelho de Marcos e pelo evangelho de João, a história da descoberta do túmulo vazio pelas mulheres deve ter-se seguido imediatamente ao relato do sepultamento de Jesus" (1980a, p. 128). Outra vez: "Exceto pela narrativa da descoberta do túmulo vazio, as diferentes narrativas das aparições de Jesus depois de sua ressurreição nos vários evangelhos não derivam de uma única fonte... A narrativa da paixão que foi usada pelos evangelhos de Marcos e de João e que também formou a base para a narrativa da paixão do *Evangelho de Pedro*... terminava com a descoberta do túmulo vazio" (1990a, p. 220, 231). Em outras palavras, como já foi mencionado, a "estrutura básica" de Koester não era apenas uma narrativa da paixão, mas uma narrativa da paixão e ressurreição que envolvia a execução e o sepultamento de Jesus, assim como sua ressurreição e justificação, relatadas, entretanto, pela narrativa do túmulo vazio, em vez de por quaisquer narrativas de aparições ressuscitadas.

Quando, em Mc 16,1-8, "Maria Madalena e Maria, mãe de Tiago, e Salomé" entram no túmulo de Jesus na manhã do domingo de Páscoa, vêem só um "jovem" que lhes anuncia: "Jesus de Nazaré, o Crucificado... Ressuscitou, não está aqui. Vede o lugar onde o puseram". Meu enfoque é nesse termo, "jovem" (*neaniskos*). Na medida em que, do ponto de vista redacional, se reconhece uma palavra como DNA autoral, essa palavra é criação marcana. Apareceu antes em Mc 14,51, quando "um jovem" fugiu nu dos captores de Jesus no jardim do Getsêmani. Seja o que for que 14,51 signifique, e como quer que se decida explicar a ligação entre 14,51 e 16,5, é melhor considerar "um jovem" redação marcana. Além disso, todas as outras versões dependentes de Marcos omitem 14,51-52 por completo e mudam 16,5 para outra coisa. O "jovem" torna-se "o Anjo" em Mt 28,2.5, "dois homens" em Lc 24,4, mas "anjos" em Lc 24,23, e "dois anjos" em Jo 20,12. Nenhum outro dependente canônico aceita o estranho "jovem" de Marcos. É marcano demais.

Mas quando, no *EvPd* XII,50–XIII,57, "Maria Madalena, discípula do Senhor... [e] as amigas" olham para o túmulo de Jesus, é novamente "um jovem" (*neaniskos*) que lhes transmite a mensagem da ressurreição de Jesus. Portanto, é melhor considerar a presença dessa palavra no *EvPd* XIII,55 dependente de Marcos.

Em suma, então, seja estrutura oral, seja fonte escrita, a narrativa comum proposta por Koester – aquela "estrutura básica" que fundamenta Marcos, João e o *Evangelho de*

Pedro – incluía não apenas o relato da paixão, mas também o sepultamento por amigos e o anúncio da ressurreição feito no túmulo vazio de Jesus. Mas as três versões escritas que foram conservadas dessa narrativa básica da paixão e ressurreição não são independentes umas das outras. Mesmo *se* existiram outrora desempenhos orais múltiplos, agora nossas quatro versões canônicas constituem uma única versão escrita, adaptada de Marcos em Mateus e Lucas e, dos sinóticos, em João. E quer ponhamos o *Evangelho da cruz* no início desse processo genético, quer ponhamos o *Evangelho de Pedro* no seu final, ainda lidamos com uma única via linear de transmissão. No entanto, isso só intensifica a questão das origens: Qual é essa única fonte escrita e como surgiu? Como o padrão geral de perseguição-justificação e o modelo bíblico de incidentes individuais fundem-se em uma estrutura narrativa, uma trama unificada, uma narrativa seqüencial?

Exegese masculina e elegia feminina

Antes de continuar, é preciso enfatizar um ponto. Se a narrativa da paixão e ressurreição é história lembrada – isto é, relato do que realmente aconteceu – não há nenhum problema com o fato de ser uma narrativa. Naturalmente é narrativa, pois é a história do que ocorreu antes e depois da execução de Jesus. Simplesmente relata aqueles acontecimentos. Mas Koester e eu insistimos que primeiro, as unidades menores, segundo, os complexos intermediários e, terceiro, a estrutura global da narrativa da paixão e ressurreição, foram criados pelo desenvolvimento dos fatos simples e brutais da crucificação "segundo as Escrituras". Essa narrativa detalhada foi criada a partir de padrões bíblicos e não de lembranças históricas. Isto coloca um problema fundamental: Por que a narrativa se desenvolveu para além de uma seqüência de perseguição-justificação – além, por exemplo, do esquema da declaração doutrinal em 1Cor 15,3-4 e do esquema de humilhação e exaltação do hino mítico em Fl 2,6-11? Por que se tornou o roteiro biográfico que, em minha opinião, se desenvolve como uma única tradição genética a partir do *Evangelho da cruz*, por intermédio dos evangelhos canônicos e na combinação deles no derradeiro *Evangelho de Pedro*? Por que, afinal, *narrativa biográfica*? Esse é o problema mais fundamental e, contudo, é quase invisível. Depois de dois mil anos de oração e piedade, de arte e música, de liturgia e teologia cristãs, é quase impossível não considerar a narrativa da paixão e ressurreição absolutamente necessária e totalmente inevitável, precisamente como narrativa. Pensamos: eles simplesmente narraram o que aconteceu – o que há de tão difícil nisso? Pensamos: eles simplesmente embelezaram a narrativa com alusões e referências bíblicas – o que há de tão difícil nisso? Nada, é claro, se foi isso o que aconteceu. *Mas, se a exegese surgiu primeiro, por que a narrativa aconteceu, afinal?* Como a exegese *se tornou* narrativa? É a última pergunta para este livro e a resposta harmoniza os principais aspectos desta Parte X.

Vou resumir onde estamos no momento quanto a dois problemas com uma única solução comum. Apresento o primeiro problema em quatro passos.

Primeiro passo. A narrativa da paixão e ressurreição no *Evangelho da cruz* foi construída a partir de uma série de referências bíblicas. Assim, já se vê, é a narrativa da paixão e ressurreição em Marcos. Relacionei as principais referências no *Evangelho da cruz*, anteriormente, no Capítulo 25 e as exemplifiquei desde a menor unidade à maior estrutura. Aqui suponho tudo isso, e também os detalhes mais completos de meus livros de 1988 e 1995 sobre o assunto.

Segundo passo. Nem um só desses temas, tipos, padrões ou estruturas bíblicos transpõe abertamente a superfície da narrativa. Se reconhecemos sua presença oculta, ótimo. Mas o texto não os proclama abertamente nem os cita de maneira explícita. Eles não são tanto provas de que a Escritura faz Jesus individualmente único, quanto são padrões de que a Escritura faz Jesus chegar comunalmente ao auge. Ele não morre sozinho e não ressuscita sozinho. Leva ao auge os que morrem por causa de perseguição injusta e lidera os que ressuscitam pela justificação divina. Mas jamais está sozinho.

Terceiro passo. À medida que a tradição da paixão e ressurreição continua dentro dos próprios evangelhos canônicos, essas referências bíblicas transpõem a superfície da narrativa como confirmações divinas. O que estava ali originalmente de maneira implícita agora está ali de maneira explícita. O que estava ali originalmente como padrão bíblico geral agora está ali como prova bíblica específica. Em Jo 19,28-37, por exemplo, três incidentes diferentes ocorrem na morte de Jesus "para que se cumprisse a Escritura". Essa frase compõe a unidade no início (em 19,28) e no fim (em 19,36-37). No ínterim, a sede de Jesus recebe o vinagre (nenhuma menção de fel), segundo Sl 69,22, as pernas de Jesus não são quebradas, segundo Ex 12,46 e Nm 9,12, e o lado de Jesus é traspassado, segundo Zc 12,10.

Quarto passo. Essa pesquisa das Escrituras continuou depois que o esquema da paixão e ressurreição transformou-se em narrativa. Não parou nesse ponto, como se estivesse terminada e concluída com a criação dessa narrativa. Continuou em textos cristãos compostos depois dos evangelhos canônicos e agora o argumento de tipologia e a prova da profecia ficavam cada vez mais decisivos. Era como se todos aqueles textos do saltério só se referissem, de maneira exclusiva e profética, a Jesus.

O passo anterior exige certa ênfase, porque é nele que vejo como aquela história *não era necessária nem inevitável*, como poderia não ter acontecido, de modo algum. Havia uma alternativa – a saber, o processo contínuo de exegese que a precedeu, organizou e, depois disso, continuou sua trajetória. Basta um exemplo, que é decisivo e paradigmático.

A *Epístola de Barnabé* foi composta no fim do século I, provavelmente entre 96 e 98 d.C. Apesar do interesse em encontrar previsões proféticas ou prenúncios tipológicos da perseguição-justificação de Jesus, a obra não demonstra nenhum conhecimento das narrativas canônicas da paixão e ressurreição. É exemplo clássico de exegese em vez de narrativa desse tema de perseguição-justificação. É essa a aparência da exegese antes da narrativa, exegese sem narrativa e exegese em vez de narrativa. Mas volto a enfatizar que, neste caso, a exegese estava presente antes da *narrativa*, pois a única narrativa da paixão e ressurreição que temos (seja ela o *Evangelho da cruz* ou Marcos) já presume essa atividade exegética. Cito esse texto de exegese profética para salientar a *não-inevitabilidade* da paixão e ressurreição como narrativa biográfica.

O texto de *Barnabé* 7,6-11 usa essa díade de perseguição-justificação para significar paixão--parusia. As duas vindas de Jesus, uma vez em sofrimento, outra em triunfo, são exemplificadas nos dois bodes do Dia das Expiações. Como o texto prossegue por meio de quatro perguntas e respostas, meus itálicos indicam as referências bíblicas que fundamentam seu argumento:

> Observe o que foi ordenado: "Tomai dois bodes, bonitos e iguais, oferecei-os e deixai que o sacerdote tome um deles como holocausto pelos pecados".
>
> [1] Mas o que devem fazer com o outro? "O outro", diz ele, "é amaldiçoado". Note como o tipo de Jesus se manifesta: "E vós todos *cuspi* nele e o espicaçai (*literalmente*: traspassai) e atai-lhe a lã escarlate em volta da cabeça e, em seguida, lançai-o no deserto". E ao fazer isso, aquele que leva o bode ao deserto força-o para a frente e tira a lã e a coloca sobre um arbusto [espinhoso]...
>
> [2] O que significa isso? Ouvi: "O primeiro bode é para o altar, mas o outro é amaldiçoado", e note que o que é amaldiçoado é *coroado* porque então "eles o *verão* naquele dia" com a longa *capa* escarlate "até os pés" sobre seu corpo e dirão: "Não é ele que outrora crucificamos, rejeitamos e *traspassamos* e em quem *cuspimos*? Em verdade, foi ele que então disse que era o Filho de Deus".
>
> [3] Mas como ele é igual ao bode? Por esta razão: "Os bodes serão iguais, formosos e um par", a fim de que, quando o *virem* chegar naquele tempo [isto é, a parusia], fiquem atônitos com a imagem do bode. Vede então o tipo de Jesus destinado a sofrer.
>
> [4] Mas por que eles põem a lã no meio dos espinhos [naquele arbusto acima]? É um tipo de Jesus colocado na Igreja, porque quem quer que deseje tirar a lã escarlate precisa sofrer muito porque os espinhos são terríveis e ele só a obtém por meio da dor. Assim, ele diz: "os que querem me ver e alcançar meu reino precisam se apoderar de mim por intermédio da dor e do sofrimento".

O pano de fundo básico é o Dia das Expiações de Lv 16, conhecido a partir de ritual existente, anterior a 70 d.C., e não só por esse texto bíblico. O autor refere-se a um ritual popular de bode expiatório, no qual as pessoas cospem os pecados sobre o animal e o impelem para o deserto, espicaçando-o (traspassando-o) com caniços. *Cuspir* recorda Is 50,6, *traspassar* e *ver* recordam Zc 12,10, e a *capa* e a *coroa* recordam Zc 3,5. É quase impossível lermos esse texto hoje sem imaginar a zombaria injuriosa de Jesus, feita pelos soldados no *Evangelho da cruz*, no *EvPd* III,6-9 ou Mc 15,17-20. Mas isso presume que alguém transformou a exegese profética em narrativa biográfica. Não é que só houvesse dois caminhos alternativos, a exegese profética e a narrativa biográfica, separados e distintos, e igualmente primordiais, um em relação ao outro. Não há indícios de uma *narrativa* da paixão e ressurreição que não suponha, absorva, personifique e integre a *exegese* como seu substrato oculto e conteúdo fundamental.

Vou resumir esse primeiro problema antes de passar para o segundo. A exegese estava presente antes. A exegese tornou-se narrativa. Mas, a princípio, a exegese não estava evidente na superfície daquela narrativa – por exemplo, no *Evangelho da cruz* ou em Mc 15–16. A exegese continuou sua trajetória em, por exemplo, a *Epístola de Barnabé* do fim do século I e nos escritos de Justino Mártir, de meados do século II. Mas a exegese também começou a ficar evidente de maneira explícita na superfície daquela narrativa em, por exemplo, Mt 27,9-10 e Jo 19,28-37. Desses dados tiro uma firme conclusão. *O grupo ou processo que criou a exegese não é o mesmo grupo ou processo que criou a narrativa.* Não julgo que o reverso dessa conclusão seja de todo impossível, só que é extremamente improvável. Para começar, os que se envolveram em criar, continuar e inserir a exegese na narrativa não foram os que criaram a narrativa. Podem ter estado envolvidos em continuar ou controlar a narrativa, mas não em criá-la. Quem, então, criou a narrativa? Deixe-me reiterar o problema exato: não é só quem falou ou escreveu o hipotético *Evangelho da cruz* ou a hipotética fonte de Mc 15–16; é quem teve a idéia do esquema da paixão e ressurreição como narrativa. Quem chegou até a narrativa, do alto, de baixo, em torno, acima, abaixo, em volta e através da exegese?

O segundo problema remonta àquelas narrativas a respeito das mulheres que assistiram à crucificação, observaram o sepultamento, visitaram o túmulo e viram uma aparição de Jesus. Estão identificadas de maneira mais completa em Mc 15,40 como Maria Madalena, Maria, mãe de Tiago, o Menor, e de Joset, e Salomé. Por que todos esses textos são tão negativos? O típico chauvinismo masculino simplesmente ignora as mulheres ou as descreve, quando necessário, dentro dos papéis, posições e limites supostos como normais. Mas quando, por exemplo, 1Tm 2,12 proíbe a mulher de ensinar ou dominar o homem, ficamos com a certeza de que elas estão fazendo exatamente isso. O que, então, explica toda a descrição negativa das mulheres antes e depois da execução de Jesus? Vou resumir os exemplos que já vimos.

Mc 15,40 tem Maria Madalena, outra Maria e Salomé, na crucificação, "olhando de longe (*makrothen*)". Deixando de lado, por enquanto, toda questão de historicidade, essa não é uma descrição lisonjeira na redação marcana. Mc 14,54 tinha Pedro seguindo Jesus preso "de longe (*makrothen*)", antes de negá-lo três vezes. Talvez o Sl 38,12 esteja por trás dos dois textos; ali o justo, mas angustiado, queixa-se de que "amigos e companheiros se afastam da minha praga, e meus vizinhos se mantêm à distância (*makrothen*)". João, ao contrário, muda as três mulheres para Maria, mãe de Jesus, Maria, mulher de Clopas, e Maria Madalena, acrescenta o discípulo a quem Jesus amava e coloca todos "perto da cruz" em 19,25. A mãe de Jesus e o discípulo a quem ele amava são destacados novamente como estando "perto" em 19,26. Mas Maria Madalena está em último lugar, ao contrário de todos os outros textos, que a mencionam em primeiro lugar. Ademais, isso é coerente com o que acontece a Maria Madalena e as outras mulheres à medida que Marcos e João continuam.

Como já vimos, Marcos critica as mulheres em 15,47–16,8 porque, primeiro, elas planejam ungir Jesus, embora ele tenha anunciado sua ressurreição e, segundo, elas não transmitem a mensagem que os "discípulos e Pedro" (observemos a ordem) devem sair de Jerusalém e voltar à Galiléia. O ideal marcano é a mulher em 14,3-9, que acreditava em Jesus e sabia que tinha de ungi-lo antes da execução, ali mesmo, ou nunca mais. Repito, Maria Madalena é a primeira pessoa a encontrar o túmulo vazio, em Jo 20,1-2, mas sua interpretação imediata e contínua (em

20,2.13.15) é que houve um roubo de sepultura. Ela é também a primeira a ver Jesus ressuscitado, mas pensa que ele é o jardineiro, em 20,15. Tudo isso é deliberado e também depreciativo. (Naturalmente, Pedro e Tomé são diminuídos em comparação com o discípulo a quem Jesus amava, com a mesma ênfase em 20,3-10 e 20,24-29.)

Por fim, a única narrativa positiva é a visão que as mulheres têm de Jesus em Mateus. Mt 28,9-10 foi criado para anular o final do túmulo vazio em 28,1-8, que Mateus copiou de Mc 16,1-8, e preparar a visão de Jesus pelos onze discípulos, que ele criou em 28,16-20. Essa visão é positiva, mas, como mencionamos antes, é visão-mensagem, não visão-ordem; é aparição em nível de secretário, não de executivo. Tudo isso, em especial em Marcos e João, não é um caso de tradição antiga que é redigida de maneira negativa, mas um caso de tradição negativa que é criada diante de nossos olhos. Por que fazer isso?

Junto agora todos esses problemas anteriores e apresento uma única solução. Na tradição da paixão e ressurreição, as mulheres aparecem com maior freqüência, mas também de maneira mais negativa em textos a respeito da execução de Jesus e depois dela. Por que isso acontece? Na tradição da paixão e ressurreição, os que criaram a exegese profética não são os que criaram a narrativa biográfica. Quem são eles? Na tradição da paixão e ressurreição, não há relatos de elegia feminina ou lamento ritual para Jesus. Por que isso acontece? Minha resposta simultânea a essas três perguntas é que *foi a elegia ritual que transformou a exegese profética em narrativa biográfica*.

A tradição da vida, a tradição de como Jesus viveu, predominava entre as aldeias e cidadezinhas da Galiléia e da Síria. A tradição da morte é primordialmente associada a Jerusalém, cidade ligada muito cedo, até mesmo antes de Paulo, a outras cidades como Damasco e Antioquia. Mas a partir da Tradição dos Ditos Comuns, passando pelo *Evangelho Q* e pelo *Evangelho de Tomé*, até a *Didaqué*, a tradição da vida não dá sinais de conhecer nenhuma narrativa da paixão e ressurreição. O padrão bíblico de perseguição-justificação é fundamental para a tradição da vida e essa tradição é exatamente tão mitológica, escatológica e teológica quanto a tradição da morte. Mas ainda mais notável que a ausência de coletâneas de ditos na tradição da morte é a ausência de narrativa da paixão e ressurreição na tradição da vida. A razão para essa ausência é a narrativa ter sido criada em uma só ocasião, em um só lugar. Foi composta em Jerusalém, onde os companheiros e companheiras de Jesus, cujos nomes conhecemos, ficaram desde o início. Ali Jesus foi crucificado e ali Deus agiria para justificar Jesus. Ficaram em Jerusalém porque ali esperavam a iminente consumação apocalíptica.

Imagino nessa comunidade de Jerusalém dois processos igualmente primordiais, *exegese* e *elegia*, produzidos respectivamente por membros homens e mulheres. Na ausência de um corpo e um túmulo, a elegia ritual feminina combinou fragmentos exegéticos em uma narrativa seqüencial. Não encontro indícios de que múltiplos desempenhos orais dessa narrativa da paixão e ressurreição estejam representados por *algum* conjunto de nossos evangelhos que foram conservados. Em minha melhor reconstrução, o que temos ali é apenas uma única linha de tradição escrita do *Evangelho da cruz* para os evangelhos canônicos e por meio deles. Se essas múltiplas formas orais existissem e fossem posteriormente redigidas em evangelhos independentes, seria de esperar que suas similaridades e diferenças se parecessem com as várias versões de uma única elegia, vistas antes. Em vez disso, imagino que, na comunidade de Jerusalém, a tradição da elegia feminina transformou, de uma vez por todas e para sempre, a tradição exegética masculina em narrativa da paixão e ressurreição. O mais perto que chegamos agora dessa narrativa é o *Evangelho da cruz*, que, com sua insistência na paixão e na ressurreição comunitárias, talvez seja o indício mais forte dessas origens. A dádiva da tradição elegíaca não é só sabermos o nome de Maria Madalena e das outras mulheres, mas o fato de sua narrativa da paixão e ressurreição instalar-se para sempre no coração da tradição cristã. E uma vez ali, dez anos depois da morte de Jesus, outros compuseram variações sobre ela, mas ninguém jamais a substituiu ou eliminou.

Epílogo

O caráter de seu Deus

Deus se levanta no conselho divino,
em meio aos deuses ele julga:
"Até quando julgareis injustamente,
sustentando a causa dos ímpios?
Protegei o fraco e o órfão, fazei justiça ao pobre e ao necessitado,
libertai o fraco e o indigente,
livrai-os da mão dos ímpios!
Eles não sabem, não entendem, vagueiam em trevas:
todos os fundamentos da terra se abalam.
Eu declarei: Vós sois deuses,
todos vós sois filhos do Altíssimo;
contudo, morrereis como um homem qualquer,
caireis como qualquer dos príncipes".
Levanta-te, ó Deus, julga a terra,
pois as nações todas pertencem a ti!

(Sl 82)

Coloco o Sl 82 como epígrafe a este Epílogo, repetindo-o da análise anterior de Iahweh como o Deus judaico de direito e justiça (Capítulo 12). Esse salmo é, para mim, o texto mais importante de toda a Bíblia cristã e vem, naturalmente, da Bíblia hebraica. É, para mim, mais importante que Jo 1,14, que fala do Verbo de Deus que se fez carne e habitou entre nós. Antes de celebrar essa encarnação, precisamos tratar de uma questão anterior, a respeito do caráter da divindade envolvida. E, para mim, esse pequeno salmo é o que melhor resume o caráter do Deus judaico como Senhor de todo o mundo. Supõe uma cena mitológica na qual Deus senta-se entre os deuses e deusas no conselho divino. Os deuses e deusas pagãos não são destronados só porque são *pagãos*, nem porque são *diferentes*, nem porque são *concorrência*. São destronados por injustiça, por negligência divina, por mau procedimento transcendental no cargo. São rejeitados porque não exigem nem fazem justiça entre os povos da terra. E essa justiça significa proteger os pobres dos ricos, proteger os organicamente fracos dos organicamente fortes. Tal injustiça cria trevas na terra e abala os fundamentos do mundo.

605

Povos e nações redigem textos constitutivos, registram histórias constitutivas, transmitem narrativas constitutivas e fazem leis constitutivas. Esses fundamentos julgam tudo que esses povos e nações fazem dali em diante. Assim, é preciso ter muito cuidado com proclamações constitutivas. Elas podem se voltar contra seus autores. O mesmo acontece com uma religião e seu Deus. O Sl 82 nos diz como seremos julgados por Deus, mas também como Deus quer ser julgado por nós. Tudo o mais que Deus diz ou faz na Bíblia ou na vida deve ser julgado por essa descrição de tarefa. É isto ou aquilo a justiça transcendental definida no Sl 82 em ação? Ou é isto ou aquilo apenas virilidade transcendental?

Justiça e economia

Considera-se que a Mixná ataca o problema da subsistência do homem dentro do sistema de santificação de um povo santo com um radicalismo do qual nenhum pensador religioso visionário mais tardio foi capaz. Nunca ninguém penetrou mais fundo na organização material da vida do homem sob o aspecto do preceito divino. Eles, com efeito, proclamaram, em toda amplitude, a questão do lugar crucial, na verdade definitivo, ocupado pela economia na sociedade sob o domínio divino.

Jacob Neusner, *The economics of the Mishnah* [*A economia da Mixná*], p. 5.

É imediatamente óbvia uma objeção a meus comentários iniciais. É muito simples declarar que um indivíduo ou grupo, povo ou divindade está do lado do direito e da justiça. Quem, afinal de contas, já se declarou do lado da injustiça e da iniqüidade? Mas, como sugerem o Sl 82 e a análise do Capítulo 12, a justiça divina está explicada em detalhes bastante precisos na tradição bíblica judaica, onde é descrita como espírito encarnado ou carne espiritualizada (para recordar Boyarin citado em meu Prólogo). Essa tradição raramente se interessa por grandes manifestos e majestosos pronunciamentos intelectuais. Interessa-se, em especial, por casos cuidadosos, leis específicas e ocorrências particulares. Dou dois exemplos, um primeiro para resumir materiais já vistos e um segundo para estender a aplicação deles.

O primeiro exemplo resume o que foi visto antes a respeito de endividamento e escravidão. No Capítulo 24 referi-me à descrição que o filósofo Fílon faz dos terapeutas judaicos fora de Alexandria. Esta, diz ele, era sua atitude a respeito da escravidão (Yonge, p. 704):

Eles não usam os serviços de escravos e consideram a posse de servos ou escravos uma coisa absoluta e totalmente contrária à natureza, pois a natureza criou todos os homens livres, mas, depois de subjugar alguns, a injustiça e a ganância de homens que preferem a desigualdade, causa de todos os males, conferem aos mais poderosos autoridade sobre os que são mais fracos.

(*Sobre a vida contemplativa*, 70)

Lembremo-nos ainda de que Fílon descreveu os essênios em dois textos vistos antes. O primeiro deles afirmava que, como os terapeutas, eles consideravam a escravidão antinatural (Yonge, p. 689):

Não há um único escravo entre eles, mas todos são livres e se ajudam mutuamente com troca recíproca de bons ofícios; e condenam os senhores, não só como injustos, na medida em que deturpam o princípio da igualdade, mas também como ímpios, porque destroem as leis da natureza, que os gerou todos iguais e os criou como mãe, considerando-os todos irmãos legítimos, não só no nome, mas na realidade e na verdade.

(*Todo homem bom é livre*, 79)

São generalizações claras e tocantes. A escravidão é antinatural porque todos devem ser iguais. Entretanto, esse não é o método bíblico que usa a lei em vez da filosofia. Não faz uma declaração constitucional de que todos os judeus são iguais perante Deus e, portanto, a escravidão é contra a Lei. Relembramos, em vez disso, tudo o que vimos antes a respeito de proibir juros, definir garantias, perdoar dívidas, controlar a escravidão, reverter a despossessão e estabelecer o descanso. Que lógica fundamenta todos esses procedimentos? Se a escravidão é simplesmente natural, como Aristóteles afirmou, por que os escravos devem ser libertados? Nos casamentos, por exemplo, não há divórcio a cada sete anos. Todas essas leis só fazem sentido quando há a suposição constitucional de que a justiça divina envolve igualdade radical, envolve compromisso de aliança para manter a igualdade, envolve incessante rejeição da desigualdade aviltante. Todos são pela justiça enquanto ela for definida como igualdade e todos são pela igualdade enquanto ela for definida como aceitação *disto*, mas rejeição *daquilo*. A tradição judaica está interessada especificamente *nisto* e *naquilo*.

O segundo exemplo diz respeito a lavradores independentes e lucros. Aqui o pano de fundo é uma combinação de Daniel Boyarin e Jacob Neusner a respeito do que chamo *sarcofilia* da tradição rabínica. Neusner descreve a *Mixná* como "sistema utópico expresso em forma de código legal e encerrado em c. 200 d.C." (p. ix) – encerrado, isto é, depois das três grandes revoltas judaicas contra Roma sob Nero e seus sucessores, em 66-74, sob Trajano em 115-117 e sob Adriano em 132-135 d.C. Por causa desses terríveis acontecimentos, a *Mixná* sabiamente evita até mesmo o confronto verbal com a injustiça imperial ou o mal pagão. Em vez disso, a economia da *Mixná* concentra-se na família judaica – isto é, "na propriedade rural, pois a família é sempre a unidade agrícola... a unidade fundamental, irredutível e, naturalmente representativa, da economia, o meio de produção, o local e a unidade de produção... Os chefes de família eram lavradores de suas terras, proprietários da menor unidade de produção agrícola viável – por mais modesta que ela fosse" (pp. 50-51, 64).

Esse enfoque restrito é a força da *Mixná*. O texto mostra exatamente como o lavrador judeu, um chefe de família com uma pequena propriedade, vive em santidade na terra santa de Deus. Mas isso é também sua limitação. "Vezes sem conta não encontramos nenhuma economia concernente a pessoas e classes comerciais, profissionais, industriais ou de permuta, muito menos a operários... Trabalhadores sem terra, professores, médicos, mercadores, lojistas, negociantes, artífices etc., por definição, não constituem uma família e nem mesmo se associam a uma: na verdade uma economia espantosamente restrita... Isso quer dizer que a economia do judaísmo omitia referência, por um lado, à maioria dos judeus e, por outro, às atividades e preocupações econômicas do trabalho e também do capital" (p. 52). Neusner está bem ciente dessa restrição no enfoque. Repete-a mais adiante e imagina se esse sistema pode ao menos ser chamado de economia: "Se fôssemos relacionar todas as pessoas e profissões que não desempenham nenhum papel no sistema, ou que são tratadas como ancilares ao sistema, teríamos de incluir não só operários – toda a classe trabalhadora sem terra! –, mas também artífices e artesãos, mestres e médicos, caixeiros e funcionários, negociantes e mercadores, toda uma instituição comercial, sem mencionar as mulheres como casta. Tal economia, separada de um setor tão grande da organização da qual afirmava falar, mesmo que só em teoria, dificilmente se chama economia" (p. 69). É, de maneira clara, economia para judeus, em vez de gentios, para proprietários de terras judeus, em vez de para outros judeus e para judeus na terra judaica, em vez de judeus da Diáspora. É para proprietários de terras judeus na terra judaica que se recuperavam com cuidado, de três guerras terríveis com o Império Romano.

A *Mixná* não contém nenhuma crítica sistêmica ao fato de existirem ricos e pobres na sociedade. Mas presume a existência de alívio da pobreza – na verdade, de dois tipos diferentes dessa assistência. Um pertence ao pobre por direito, pela lei bíblica: "O limite extremo do campo... as respigaduras... o feixe esquecido... as cepas não vindimadas... o feixe defeituoso... e o dízimo dos pobres, um décimo da colheita separado no terceiro e no sexto ano do ciclo sabático e entregue aos pobres" (p. 125), O outro é deles por esmolas, recebidas por intermédio de "um sistema de cozinhas de sopa. Elas sustentam o pobre transitório" (p. 125). Mas, do mesmo modo que o enfoque da economia mixnaica restringe-se ao proprietário de terra judeu na terra judaica, assim também sua ênfase na igualdade restringe-se a ele. Mas o que isso significa para ele está bem claro, pelo menos em teoria.

Significa uma situação estática ou constante, na qual toda negociação ou transação comercial termina com as partes envolvidas nem melhor nem pior do que estavam antes. "No fim, nenhuma das partes pode ter mais do que tinha no início e nenhuma pode aparecer como vítima de uma grande mudança de sorte ou circunstância" (p. 72). Em outras palavras, são proibidos não apenas a usura (o lucro injusto) ou os juros (o lucro justo), mas *todo e qualquer lucro*. O modelo são amigos ou sócios que trocam objetos iguais em uma permuta de comum acordo. O fim era "assegurar a troca bem equilibrada em todas as transações, de modo que o mercado formasse um campo para transações de valor e excelência iguais entre famílias que possuíam riqueza constante" (p. 76). Eis um exemplo bem pitoresco do que essa igualdade acarreta. É da quarta divisão da *Mixná* (sobre *Danos*), no tratado intitulado *A porta do meio* 5,10 (p. 111):

A. Um homem [pode dizer] diz a seu semelhante: "Capina comigo e capinarei contigo".

B. "Cava comigo e cavarei contigo".

C. Mas não [pode dizer] diz a ele: "Capina comigo e cavarei contigo".

D. "Cava comigo e capinarei contigo".

Esses detalhes pormenorizados tornam o princípio fundamental esplendidamente manifesto. Como capinar e cavar não são exatamente iguais, a troca de capinar por cavar não seria uma troca lícita, justa e igual. O próprio Neusner julga esse caso "tão falho de ação concreta, quanto mais de sanção potencial, a ponto de indicar o fim dos fatos e o início da simples moralidade" (p. 111). Mas, naturalmente, a moralidade – ou melhor, a santidade – estava ali o tempo todo, desde o princípio. Em última análise, é preciso escolher entre "Deus vive nos detalhes" (p. 113) e "o encantamento da santificação expresso em gloriosa trivialidade" (p. 135). Mas o princípio da igualdade não é detalhe nem trivialidade.

Perto do fim de seu livro fascinante, Neusner parece quase duvidar da validade de seu título, *The economics of the Mishnah* [*A economia da Mixná*]; parece quase perder o ânimo. "A economia da Mixná aborda apenas um setor da organização e a economia distributiva que prevaleceu ignora claramente importantes setores de ação econômica, p. ex., permuta, comércio, manufatura e também trabalho. Assim, preciso me perguntar, estabeleci que, de algum modo, o judaísmo da Mixná tem economia?... Uma economia que fala de um único componente da economia e ignora completamente outros, que trata o valor como algo inerente à terra, mas não à mercadoria, que cobra impostos só das coisas que considera valiosas e, assim, atribui valor a uma atividade e denigre todas as outras – essa economia é uma teoria de política na sociedade, expressa em termos econômicos" (p. 139). Isso me parece perfeitamente correto. Está muito claro que, assim como Aristóteles subordinou a economia à política e esta à ética, à sua maneira, o mesmo fez a *Mixná* com a sua. Subordinou a economia de mercado à economia distributiva e considerou o lucro incompatível com a santidade. Neusner pergunta mais uma vez: "Quem já ouviu falar de uma economia que se refere só a determinadas pessoas que vivem em determinado lugar? Aristóteles não imaginou essa economia; sua teoria referia-se a toda parte. Em contraste, a economia dos autores da Mixná explicou as regras que governam não uma economia, mas uma sociedade santa, separada da economia, formada apenas de determinados indivíduos, proprietários de terras, que eram israelitas, instalados só em determinado lugar, a terra chamada terra de Israel" (p. 140). Isso está, mais uma vez, absolutamente correto. Esses autores perguntaram como a santidade se expressava economicamente e responderam com bastante clareza: recusando-se a se aproveitar uns dos outros e mantendo a igualdade original estabelecida por Deus. "Mas", Neusner conclui, "a economia da Mixná não é, em absoluto, uma economia... pois a economia só se desenvolve como teoria autônoma e predominante quando não está inserida na política e na sociedade" (p. 142). Essa economia não inserida existiu algum dia no passado do mundo? Poderia essa economia não inserida existir algum dia no futuro do mundo?

Estou aqui interessado na análise de Neusner por uma única razão. A visão da *Mixná* não é impossível, por mais teórica ou utópica que pareça. Talvez não desse certo, mas podia, pelo menos, ser tentada. E não tenho dúvida de que, se e quando tentada, seria mudada e adaptada pelos sábios que a propuseram. Presumo o mesmo para o ano do jubileu, que vimos bem antes. Profetas, sacerdotes e rabinos não eram joguetes econômicos, mas acreditavam do fundo do coração em mercados comerciais subordinados a uma sociedade justa e em uma sociedade justa subordinada a um Deus justo. Mas, como Neusner insiste reiteradamente, os preceitos da *Mixná* a respeito da justiça restringem-se aos proprietários de terra judeus na terra judaica. O que a *Mixná* propunha era um igualitarismo, mas restrito a determinadas pessoas em determinado lugar. Era interpretado com o objetivo de mantê-los todos em uma situação estacionária de imobilidade, de estase, na qual ninguém ficava mais rico nem mais pobre por meio de lucro e prejuízo. Todas as operações financeiras ou econômicas deviam terminar exatamente equilibradas, porque essa era a vontade de Deus. E a *Mixná* especificava como tentar conseguir isso na prática. Mas a fé judaica de que Deus era o Senhor de toda a terra poderia expandir com facilidade esses preceitos não só para outras atividades de mercado, mas também para todos os povos e todos os lugares. No entanto, era prudente que os rabinos não insistissem nessa expansão lógica, depois de três terríveis revoluções contra Roma. Era prudente que se concentrassem no que era possível aqui e agora na terra judaica, para os proprietários de terra judeus como arrendatários de Deus.

O que estava em jogo em tudo isso não era o chauvinismo, nem o exclusivismo ou o ódio a pessoas de fora da comunidade ou estrangeiros. (A *Mixná* protegia igualmente os judeus e os estrangeiros residentes.) Era simplesmente isto: Como viver com um Deus de liberdade e libertação em um mundo de injustiça e opressão?

JUSTIÇA E PUREZA

> John Dominic Crossan afirma: "as primeiras gerações de cristãos não tinham por que não discutir se Jesus era a favor ou contra as leis rituais do judaísmo. A sua posição a este respeito provavelmente não era muito clara... A minha opinião é que ele não se importava com essas leis rituais a ponto de atacá-las ou reconhecê-las. Ele simplesmente as ignorava. Isso, é claro, significava subvertê-las no seu nível mais fundamental" (1994a, p. 300). Justamente por isso, não atacar nem reconhecer pode significar considerar alguma coisa "ponto pacífico", isto é, aceitá-la em um nível muito fundamental.
>
> Amy-Jill Levine, *Second temple judaism, Jesus, and women* [*O judaísmo do segundo templo, Jesus e as mulheres*], p. 17.

Aceito a crítica de Levine nessa epígrafe e retiro minha declaração anterior. Creio que sua interpretação está correta, não a minha. Jesus seguia todos os preceitos de pureza estabelecidos para os camponeses judeus de seu tempo e lugar. Mas isso simplesmente intensifica, pelo menos para mim, a relação e a interação entre lei moral e lei ritual, entre justiça e pureza, em especial quando os dois aspectos se unem em uma única Torá ou Lei de Deus. Dou só um exemplo textual para servir de enfoque.

Ezequiel era sacerdote do Templo de Jerusalém e foi deportado com outros membros da elite judaica pelo Império Babilônico em 597 a.C., na primeira de três expatriações conhecidas coletivamente como Exílio Babilônico. O templo foi destruído em 580 a.C. e as profecias de Ezequiel voltaram-se, da ruína merecida, para a esperança aflita. Em Ez 18,5-9, ele resume o que significa ser justo diante de Deus:

Se um homem é justo e pratica o direito e a justiça,

[1] não come sobre os montes e não eleva os seus olhos para os ídolos imundos da casa de Israel,

[2] nem desonra a mulher do seu próximo,

[3] *nem se une com uma mulher durante a sua impureza,*

[4] nem explora a ninguém,

[5] mas devolve o penhor de uma dívida

[6] não comete furto,

[7] dá o seu pão ao faminto

[8] e veste ao que está nu,

[9] não empresta com usura, não aceita juros,

[10] abstém-se do mal,

[11] julga com verdade entre homens e homens;

[12] e age de acordo com os meus estatutos e observa as minhas normas, praticando fielmente a verdade:

este homem será justo e viverá, oráculo do Senhor Iahweh.

Como indicam suas estruturas externas, essa é uma descrição de alguém que é "justo" diante de Deus. Nessas estruturas externas há três elementos interligados e é essa ligação que pretendo examinar.

O primeiro elemento encontra-se na combinação do primeiro e do décimo segundo critérios: abstenção da idolatria e *fidelidade* a Deus. Essas estruturas *internas* formam a base para todo o código de direito. Voltamos ao caráter divino, por assim dizer. Não são os deuses dos lugares altos ou dos santuários dos montes cananeus que ordenam o que se segue. É Iahweh que estabelece esse direito. O segundo elemento é a *justiça* e está descrito em detalhes bem específicos no segundo e do quarto ao nono critérios. Esses critérios exemplificam como a palavra *justiça* foi usada em todo o meu livro: para descrever como a igualdade e a probidade são estabelecidas entre seres humanos, a fim de que a dignidade e a integridade da vida sejam mantidas para todos igualmente. O terceiro elemento, encontrado no terceiro critério, é o enfoque de nossa preocupação presente. Coloquei em itálico para dar-lhe ênfase. Esse critério afeta, por assim dizer, a *pureza* ou a desonra, não a justiça ou o pecado, mas Ezequiel o encaixou entre as outras informações sem nenhuma separação nem distinção. Por que, por um lado, ele é tão importante para Ezequiel? O que, por outro lado, queremos dizer com desonra da pureza, preceitos de pureza ou códigos de pureza?

Paula Fredriksen explica o sentido de "códigos de pureza" nesta declaração sucinta: "A pureza dizia respeito não só aos sacerdotes (embora eles tivessem preceitos adicionais específicos para sua posição), mas, em princípio, a todo o povo de Israel. Alguns preceitos proíbem o contato com certos animais impuros ou seu consumo, ou que se comam a gordura ou o sangue de alguns animais permitidos: a transgressão voluntária e deliberada desses preceitos é pecado. Outros preceitos de pureza concentram-se primordialmente no corpo humano. Ejeções da área genital – menstruação, aborto ou parto, emissões seminais – causam 'impureza', do mesmo modo que o contato (ou até a proximidade) com um cadáver. A 'lepra' (que aflige casas, além de pessoas) também transmite impureza. Para todas essas condições, a Bíblia prescreve períodos de separação, purificação e oferendas, depois dos quais, na linguagem do Levítico, a pessoa poderá novamente aproximar-se da 'entrada da Tenda da Reunião' – isto é, entrar na área de santidade em volta do altar – e fazer um sacrifício a Deus. *A pureza possibilita a aproximação da santidade.* Em outras palavras, a Escritura presume ser natural que as pessoas contraiam impureza... A pessoa impura – menstruada, leprosa ou acompanhante de enterro – não é, portanto, pecadora, nem a pessoa pura é necessariamente justa" (1995b, p. 22, itálicos meus).

Em uma extremidade do espectro das impurezas estão aquelas que precisam ser sempre evitadas; na outra extremidade estão as que são inevitáveis. Mas como é que algumas impurezas *precisam ser evitadas* e outras *são contraídas*? Essa ambigüidade reflete outra mais profunda. Deus é justiça total, isenta de qualquer sinal ou traço de injustiça. Deus é a separação total entre a justiça e a injustiça. Os seres humanos precisam se aproximar o mais possível dessa separação divina e também, em seu inevitável estado misturado, tornar-se impuros por essa mesma proximidade. Foi por isso que pus em itálico uma frase na descrição de Fredriksen e a repito agora para enfatizá-la: *a pureza possibilita a aproximação da santidade.* Pureza não é santidade, nem direito, nem justiça. É a preparação apropriada e a condição necessária para o contato com o Deus de justiça. E a ênfase da pureza na carne corpórea lembra-nos permanentemente que a justiça trata da carne corpórea. Quando os seres humanos aproximam-se das fontes da vida, seja no sangue menstrual, seja na emissão seminal, chegam perto demais do divino. Para Ezequiel, então, a vida está no sangue e o sangue necessário à vida pertence a Deus. Não é "justo" nem tirar o sangue inocente pelo assassinato, nem entrar em contato com o sangue menstrual no casamento. Podemos chamar um caso justiça e o outro pureza, se quisermos, mas é provável que Ezequiel não aprovasse essa distinção e seu ponto de vista é digno de consideração. A pureza seria os baluartes externos da justiça e, embora seja possível ter um código de pureza sem justiça divina, a questão fundamental é se é possível ter justiça divina sem um código de pureza.

Recordemos, no que se segue, o fato de a terra judaica ser um povo colonizado sob controle imperial no início do século I. Na Galiléia, a aristocracia leiga tinha de colaborar com o poder romano externo. Na Judéia, a aristocracia sacerdotal tinha de colaborar com o poder romano interno. Caifás, fosse ele santo ou pecador, tinha de colaborar com Pilatos. Mas Caifás também era sumo sacerdote e tinha de representar seu povo no Santo dos Santos do templo no Dia das Expiações *e* colaborar com o governador romano todos os outros dias do ano. Assim, era possível alguns judeus julgarem essa colaboração e até o templo irremediavelmente contaminados. Poderiam argumentar, para usar os três termos acima, que o sumo sacerdócio e o templo agora constituíam infidelidade e/ou injustiça e/ou impureza. Nessa situação era bastante possível atacar o próprio templo em nome da pureza.

Primeiro, então, os judeus do século I discordavam, uns em relação aos outros, a respeito de onde deviam se localizar as linhas divisórias entre fidelidade, justiça e pureza. Tolerar um censo imperial para cobrança de impostos era reconhecer a tal ponto a autoridade de César que negava a autoridade de Deus? E, em caso afirmativo, o que devia ser feito a respeito?

Segundo, tais discordâncias iam do debate irênico, passavam pela disputa acalorada e chegavam ao ataque letal. E ocorriam discordâncias entre *seitas* ou dentro de *facções* da mesma seita. Em debates *faccionários* dentro do judaísmo cristão, Paulo acusou Pedro de "hipocrisia" em Antioquia, em Gl 2,13. Parto do pressuposto de que não aceitamos isso como descrição justa de Pedro (nem, aliás, dos acusados perifericamente, Barnabé e Tiago). Mas consideramos seriamente que, em vez de Paulo, Pedro pode ter tido razão nessa disputa? Consideramos como teríamos julgado essa reivindicação? Denúncia não define caráter. Polêmica não descreve programa. Simplesmente indicam que a desavença não terminou. Nos debates sectários, os judeu-cristãos atacavam os judeus farisaicos. Há só uma única crítica segura na Tradição dos Ditos Comuns, *Os que atrapalham os outros* (Apêndice 1A, #16). Mas essa crítica aumenta progressivamente para amarga denúncia e sete maldições no *Evangelho* Q em Lc 11,39-52. Em Mt 23, as maldições aumentam ainda mais com uma acusação constante de hipocrisia em 23,13.15.23.25.27.29. Esse polêmico crescendo mostra a alienação cada vez maior dos judeu-cristãos em oposição aos judeus farisaicos, mas, já se vê, nada nos diz a respeito de programas, intenções ou motivos farisaicos. Também não nos ajuda a avaliar honestamente os méritos relativos de cada posição dentro das opções do século I ou das tradições do século XX. Por mais amargo que seja, todo esse xingamento é discórdia dentro do judaísmo na atmosfera acalorada da política imperial de divisão e conquista. Depois de dois mil anos de antijudaísmo cristão e da obscenidade final do anti-semitismo europeu, é muito importante enfatizar esse ponto com o maior vigor possível. É tarde demais para fazer isso, mas mesmo assim precisa ser feito repetidas vezes, não para ser cortês, ecumênico ou politicamente correto, mas apenas para, afinal, ser exato, ético e veraz.

Quando esses dois primeiros pontos – que os judeus do século I discordavam uns em relação aos outros a respeito de definições de justiça e que essas discordâncias variavam do debate irênico, passando pela disputa acalorada, até o ataque letal – estão firmemente estabelecidos, fica claro um terceiro ponto importantíssimo. O Deus judaico e o Deus cristão, na medida em que não trocamos deuses, é um Deus de justiça por natureza e caráter, não apenas por vontade e poder. Esse Deus não podia ser outro e é disso que trata o Sl 82. Estar em aliança com esse Deus, ser o povo desse Deus, aceitar a terra desse Deus, envolve, essencial e criativamente, um compromisso de união com a justiça transcendental. Portanto, nesta tradição, não é possível separar a fidelidade a Deus e a dedicação à justiça. A justiça é a maneira como este Deus se encarnou na história humana. É, já se vê, plenamente possível à infidelidade criar injustiça em nome deste Deus, mas a questão é se é possível estabelecer a justiça na terra, a não ser pela encarnação desse Deus.

Quarto, é possível procurar e promover, celebrar e manter essa justiça divina na terra sem costumes de pureza, códigos de impureza e restrições corporais? Na medida em que a pessoa é alma ou espírito que habita acidental e temporariamente carne irrelevante ou corpo indiferente, essa pergunta parece completamente tola. Que valor intrínseco têm a circuncisão dos indivíduos do sexo masculino e a prática das leis dietéticas nas refeições se a carne e o corpo são repudiados? Mas, se alguém insistir nos seres humanos como espírito encarnado ou carne animada pelo espírito, é possível manter a justiça divina sem códigos de pureza de algum tipo? A justiça divina para a terra deriva do encontro de um Deus que é a própria justiça transcendental. Alguém abandonaria todos os códigos de *pureza* como protocolos para esse encontro? Em caso afirmativo, acabaria perdendo a própria *justiça* também? E, então, o que restaria da *fidelidade*?

A justiça e Iahweh

Sob o monarca egípcio Ptolomeu VIII Evérgetes II Fiscon, soberano de 145 a 116 a.C., um judeu alexandrino compôs a *Carta de Aristéias a Filócrates*, obra fictícia que insiste na completa homogeneidade da sabedoria judaica e grega. Faz uma narrativa serenamente mítica a respeito das razões e dos métodos pelos quais as Escrituras hebraicas, "a Lei dos judeus", foram traduzidas pela primeira vez para o grego. O texto afirma que isso foi feito sob Ptolomeu II Filadelfo, soberano de 285 a 247 a.C., a pedido de Demétrio de Fáleron, chefe da grande biblioteca de Alexandria. Demétrio explica ao rei por que deseja uma cópia (*OTP*, v. 2, p. 13):

> O (mesmo) Deus que lhes destinou a Lei faz teu reino prosperar, como tenho me esforçado em mostrar. Esse povo adora a Deus, o administrador e criador de tudo, que todos os homens adoram, até mesmo nós, ó Rei, só que lhe damos um nome diferente. O nome que dão a ele é Zeus ou Jove.
> (*Carta de Aristéias*, pp. 15-16)

Embora fale ficticiamente pelos lábios de um pagão, este autor judaico inclina-se bastante a considerar que judeus e gregos cultuam o mesmo Deus com nomes diferentes. Iahweh para judeus, Zeus para gregos, Jove ou Júpiter para romanos – são apenas nomes diferentes do mesmo Deus.

Essa admissão verdadeiramente extraordinária de um judeu a respeito do paganismo irmana--se, no século seguinte, com uma afirmação igualmente extraordinária de um pagão a respeito do judaísmo. Marcos Terêncio Varrão viveu entre 116 e 27 a.C., em tempos romanos muito perigosos. Seguidor de Pompeu, foi perdoado por ocasião da vitória de César e depois condenado quando César foi assassinado, mas fugiu e se tornou, nas palavras de Menahem Stern, "o maior estudioso da Roma republicana e o precursor da renovação religiosa augustana" (v. 1, p. 207). A maior parte de sua obra não foi conservada, mas santo Agostinho preservou este relato: (v. 1, p. 210):

> Contudo Varrão, um deles [isto é, dos pagãos] – não se pode indicar homem mais culto –, considerava o Deus dos judeus o mesmo que Júpiter, achando que não faz diferença o nome pelo qual ele é chamado, desde que se entenda a mesma coisa... Como os romanos não costumam cultuar nada

superior a Júpiter... e o consideram o rei de todos os deuses e como ele percebeu que os judeus cultuam o Deus supremo, Varrão não se pôde furtar a identificá-lo com Júpiter.

Essa concordância recíproca é perfeitamente irênica, lindamente ecumênica e profundamente errada. Por que errada? Porque os deuses também carregam bagagem. Sabemos que indivíduos e grupos, povos e nações têm bagagem histórica. Sabemos que seitas e cultos, credos e religiões têm bagagem histórica. Às vezes nos esquecemos, porém, de que os deuses também a têm. É neste ponto que meu Epílogo se liga diretamente a meu Prólogo. Somos espírito encarnado e carne animada pelo espírito e encontramos a divindade não só na especulação abstrata, mas também no desenvolvimento histórico.

Zeus, Júpiter e Iahweh não são apenas nomes diferentes para a mesma realidade última. Zeus não é só outro nome para Iahweh, porque Zeus fundamenta um internacionalismo helenístico que ameaça diretamente o tradicionalismo judaico. Júpiter não é só outro nome para Iahweh, porque Júpiter fundamenta um imperialismo romano que ameaça diretamente o tradicionalismo judaico. Mas isso não é apenas o exclusivismo chauvinista de um povo contra outro (ou até contra todos os outros)? Não é apenas *nós* judeus contra *eles* pagãos? Creio que há muito mais que isso em jogo. O que está em jogo é o desafio do Sl 82, citado antes. O que está em jogo é o caráter de seu Deus. É assim que *nosso* Deus é, diz o salmo. Como é o *seu* Deus? Tenho duas observações finais à visão do Sl 82.

Uma diz respeito à justiça enquanto distinta da vingança, e recorda o que dissemos antes sobre o apocaliptismo. Iahweh não é um Deus de vingança, mas de justiça. Rejeito totalmente o antigo libelo de que o Deus do Antigo Testamento ou do judaísmo é um Deus de ira e vingança, enquanto o Deus do Novo Testamento ou do cristianismo é um Deus de amor e misericórdia. Mas pergunto enfaticamente se o apocaliptismo, esteja ele no judaísmo ou no cristianismo, trata da justiça divina ou da vingança divina. A justiça e a vingança habitam juntas o coração humano. Quando examinamos nossa consciência, em geral as encontramos bem unidas. Por isso achamos difícil não projetar seu amálgama em Deus. Quando o judaísmo imagina o fim apocalíptico, o que vai acontecer aos pagãos? E quando o cristianismo imagina o fim apocalíptico, o que vai acontecer aos judeus? Se, confrontados com a ofuscante glória de Deus, todos se convertem *não* ao judaísmo ou ao cristianismo, *mas* à justiça e ao direito, então tudo está bem em nossa imaginação religiosa. Mas se aguardamos uma mortandade divina dos que não são judeus ou dos que não são cristãos, então somos os filhos assassinos de um Deus assassino. Mais uma vez, é questão de caráter. Seu Deus é um Deus de justiça ou de vingança?

Outra observação diz respeito à justiça enquanto distinta da compaixão e recorda o que dissemos antes sobre a caridade. Iahweh é um Deus não só de justiça, mas também de compaixão. É imprescindível, contudo, não confundir esses aspectos – justiça e compaixão – nem na divindade de Deus, nem em nossa humanidade. É impossível (felizmente) ter justiça sem compaixão, mas (infelizmente) é possível ter compaixão sem justiça. Portanto, essa seqüência de justiça *e* compaixão é significativa. Voltamos, de fato, à distinção entre, de um lado, o bem ou o mal individuais e, do outro, o bem ou o mal sistêmicos. Onde há justiça sem compaixão, há ira, violência e homicídio. A sede de justiça sem o instinto para a compaixão produz assassinos. Às vezes, são simplesmente crentes em um Deus assassino. Às vezes são assassinos assistentes de um Deus assassino. Mas a compaixão sem justiça é igualmente problemática. Em todo sistema injusto, há pessoas que precisam de ajuda imediata. E, mesmo em um sistema perfeitamente justo, ainda haveria os que precisariam de compaixão. Mas, por mais que seja imediatamente necessária ou profundamente humana, a compaixão não substitui a justiça, o *direito* de todos à mesma dignidade e integridade de vida. Os que vivem pela compaixão costumam ser canonizados. Os que vivem pela justiça costumam ser crucificados.

Apêndice 1

A Tradição dos Ditos Comuns no Evangelho de Tomé e no Evangelho Q

Nota preliminar

Incluo no *Evangelho* Q só as unidades com atestação segura em Mateus e Lucas. Também presto atenção à reconstrução consensual do *Evangelho* Q proposta pelo International Q Project (IQP). Essa reconstrução requer três mudanças na lista de unidades da Tradição dos Ditos Comuns que incluí em O *Jesus histórico* (1994a, Apêndice 1B), o que diminui meu inventário anterior de 102 para 101 unidades aqui: $102 - 2 + 1 = 101$.

Primeiro, há certas unidades só em Mateus, ou só em Lucas, que podem bem terem sido recebidas do *Evangelho* Q por um autor, mas omitidas pelo outro. Não incluí essas unidades em meu inventário original. Segundo, há outras unidades que estão presentes em Mateus e Lucas, mas em contextos divergentes e, como também estão presentes em Marcos, são possivelmente dessa fonte em vez do *Evangelho* Q. Incluí uma dessas unidades, *Os primeiros e os últimos*, em meu inventário original (1994a, Apêndice 1B, #31), mas omito-a aqui (IQP 1993, p. 506). Terceiro, há uma unidade em Mateus que tem paralelo textualmente incerto em Lucas. Incluí essa unidade, *Examinar este tempo*, em meu inventário original (1994a, Apêndice 1B, #53), mas omito-a aqui (IQP 1995, p. 481). Quarto, há uma unidade, *Casa de um homem forte*, que não incluí como parte do *Evangelho* Q em meu inventário original (1994a, Apêndice 1B, #81), mas incluo aqui (IQP 1993, p. 504).

A. Inventário da Tradição dos Ditos Comuns no Evangelho de Tomé e no Evangelho Q

28% (37 unidades de um total de 132) do *Evangelho de Tomé* tem paralelo no *Evangelho* Q

37% (37 unidades de um total de 101) do *Evangelho* Q tem paralelos no *Evangelho de Tomé*

59% (22 unidades de um total de 37) da Tradição dos Ditos Comuns tem paralelos em Q^1

41% (15 unidades de um total de 37) da Tradição dos Ditos Comuns tem paralelos em Q^2

Os primeiros números parentéticos em negrito são para este apêndice. Os segundos números não-parentéticos em negrito remetem a Crossan 1994a, Apêndice 1B. As unidades estão na ordem do *Evangelho de Tomé*.

(**1**) **4. Pedir, buscar e bater:** (1a) *Ev.Tomé* 2 = *P. Oxi.* 654,5-9; (1b) *Ev.Tomé* 92,1; (1c) *Ev.Tomé* 94; (2) *Ev.Heb.* 4ab; (3) Q[1]: Lc 11,9-10 = Mt 7,7-8; (4) Mc 11,24 = Mt 21,22; (5a) *Dial.Salv.* 9-12; (5b) *Dial.Salv.* 20d; (5c) *Dial.Salv.* 79-80; (6a) Jo 14,13-14; (6b) Jo 15,7; (6c) Jo 15,16; (6d) Jo 16,23-24; (6e) Jo 16,26;

(**2**) **8. Onde e quando:** (1a) *Ev.Tomé* 3,1-3 = *P. Oxi.* 654,3,1-3; (1b) *Ev.Tomé* 51; (1c) *Ev.Tomé* 113; (2) Q[2]: Lc 17,23 = Mt 24,26; (3) Mc 13,21-23 = Mt 24,23-25; (4?) *Dial.Salv.* 16; (5) Lc 17,20-21;

(**3**) **32. O oculto vem a ser revelado:** (1a) *Ev.Tomé* 5,2 = *P. Oxi.* 654,29-30; (1b) *Ev.Tomé* 6,5-6 = *P. Oxi.* 654,38-40; (2) Q[1]: Lc 12,2 = Mt 10,26; (3) Mc 4,22 = Lc 8,17;

(**4**) **33. A regra de ouro:** (1) *Ev.Tomé* 6,3 = *P. Oxi.* 654,36-37; (2) Q[1]: Lc 6,31 = Mt 7,12; (3) *Did.* I,2b;

(**5**) **1. Missão e mensagem:** (1a) 1Cor 9,14; (1b) 1Cor 10,27; (2) *Ev.Tomé* 14,4; (3) Q[1]: Lc 10,4-11 = Mt 10,7.10b.12-14; (4) Mc 6,7-13 = Mt 10,1.8-10a.11 = Lc 9,1-6; (5) *Dial.Salv.* 53b[139,9-10]; (6) *Did.* XI,(3)4-12; 1Tm 5,18b;

(**6**) **74. Paz ou espada:** (1) *Ev.Tomé* 16; (2) Q[2]: Lc 12,51-53 = Mt 10,34-36;

(**7**) **14. Olhos, ouvidos e coração:** (1a) 1Cor 2,9a; (1b) *1 Clemente* 34,8; (2) *Ev.Tomé* 17; (3) Q[2]: Lc 10,23-24 = Mt 13,16-17; (4) *Dial.Salv.* 57a;

(**8**) **35. O grão de mostarda:** (1) *Ev.Tomé* 20; (2) Q[1]: Lc 13,18-19 = Mt 13,31-32; (3) Mc 4,30-32 = Mt 13,31-32;

(**9**) **12. Conhecer o perigo:** (1a) 1Ts 5,2; (1b) 2Pd 3,10; (2a) *Ev.Tomé* 21,5-7; (2b) *Ev.Tomé* 103; (3) Q[2]: Lc 12,39-40 = Mt 24,43-44; (4a) Ap 3,3b; (4b) Ap 16,15a;

(**10**) **76. O cisco e a trave:** (1) *Ev.Tomé* 26 = *P. Oxi.* 1,1-4; (2) Q[1]: Lc 6,41-42 = Mt 7,3-5;

(**11**) **79. Falar abertamente:** (1) *Ev.Tomé* 33,1 = *P. Oxi.* 1,41-42; (2) Q[1]: Lc 12,3 = Mt 10,27;

(**12**) **36. A lâmpada escondida:** (1) *Ev.Tomé* 33,2-3; (2) Q[2]: Lc 11,33 = Mt 5,15; (3) Mc 4,21 = Lc 8,16;

(**13**) **80. O guia cego:** (1) *Ev.Tomé* 34; (2) Q[1]: Lc 6,39 = Mt 15,14b;

(**14**) **81. Casa de um homem forte:** (1) *Ev.Tomé* 35; (2) Q[2]: Lc 11,21-22 (= Mt 12,29); (3) Mc 3,27 = Mt 12,29 (= Lc 11,21-22);

(**15**) **82. Abandonar-se à Providência:** (1) *Ev.Tomé* 36 = *P. Oxi.* 655, col. i,1-17; (2) Q[1]: Lc 12,22-31 = Mt 6,25-33;

Apêndice I

(16) 84. Os que atrapalham os outros: (1a) *Ev.Tomé* 39,1-2 = *P. Oxi.* 655, col. ii,11-19; (1b) *Ev.Tomé* 102; (2) Q^2: Lc 11,52 = Mt 23,13;

(17) 40. Quem tem e quem recebe: (1) *Ev.Tomé* 41; (2) Q^2: Lc 19,26 = Mt 25,29; (3) Mc 4,25 = Mt 13,12 = Lc 8,18b;

(18) 23. Todos os pecados serão perdoados: (1) *Ev.Tomé* 44; (2) Q^2: Lc 12,10 = Mt 12,32; (3) Mc 3,28-30 = Mt 12,31; (4) *Did.* XI,7;

(19) 41. As árvores e os corações: (1) *Ev.Tomé* 45; (2a) Q^1: Lc 6,43-45 = Mt 7,16-20; (2b) Mt 12,33-35; (3) In. *Ef.* 14,2b;

(20) 85. Maior do que João: (1) *Ev.Tomé* 46; (2) Q^2: Lc 7,28 = Mt 11,11;

(21) 86. Servir a dois senhores: (1) *Ev.Tomé* 47,1-2; (2a) Q^1: Lc 16,13 = Mt 6,24; (2b) *2 Clemente* 6,1;

(22) 43. Bem-aventurados os pobres: (1) *Ev.Tomé* 54; (2a) Q^1: Lc 6,20 = Mt 5,3; (2b) Pol. *Fil.* 2,3e; (3) Tg 2,5;

(23) 89. Ódio à própria família: (1a) *Ev.Tomé* 55,1-2a; (1b) *Ev.Tomé* 101; (2) Q^1: Lc 14,25-26 = Mt 10,37;

(24) 44. Carregar a própria cruz: (1) *Ev.Tomé* 55,2b; (2) Q^1: Lc 14,27 = Mt 10,38; (3) Mc 8,34 = Mt 16,24 = Lc 9,23;

(25) 91. Tomado ou deixado: (1) *Ev.Tomé* 61,1; (2) Q^2: Lc 17,34-35 = Mt 24,40-41;

(26) 45. Pai e Filho: (1) *Ev.Tomé* 61,3; (2) Q^2: Lc 10,22 = Mt 11,27; (3a) Jo 3,35b; (3b) Jo 13,3a;

(27) 95. O banquete: (1) *Ev.Tomé* 64; (2) Q^2: Lc 14,15-24 = Mt 22,1-13;

(28) 48. Bem-aventurados os perseguidos: (1a) *Ev.Tomé* 68; (1b) *Ev.Tomé* 69,1; (2a) Q^1: Lc 6,22-23 = Mt 5,11-12 [exceto por Q^2: 6,22b = 5,11b & 6,23c = 5,12c]; (2b) Mt 5,10; (2c) Pol *Fil.* 2,3f; (3a) 1Pd 3,14a; (3b) 1Pd 4,14;

(29) 96. Bem-aventurados os que têm fome: (1) *Ev.Tomé* 69,2; (2) Q^1: Lc 6,21a = Mt 5,6;

(30) 50. A colheita é grande: (1) *Ev.Tomé* 73; (2) Q^1: Lc 10,2 = Mt 9,37-38; (3) Jo 4,35;

(31) 99. O verdadeiro tesouro: (1) *Ev.Tomé* 76,3; (2) Q^1: Lc 12,33 = Mt 6,19-20;

(32) 51. No deserto: (1) *Ev.Tomé* 78; (2) Q^2: Lc 7,24-27 = Mt 11,7-10; (3) Mc 1,2-3 = Mt 3,3 = Lc 3,4-6 = (?) Jo 1,19-23;

(33) 101. As raposas têm tocas: (1) *Ev.Tomé* 86; (2) Q^1: Lc 9,57-58 = Mt 8,19-20;

(34) 102. Por dentro e por fora: (1) *Ev.Tomé* 89; (2) Q^2: Lc 11,39-40 = Mt 23,25-26;

(35) 103. Dê sem retorno: (1) *Ev.Tomé* 95; (2) Q^1: Lc 6,30.34.35b = Mt 5,42; (3) *Did.* I,4c.5a;

(36) 104. O fermento: (1) *Ev.Tomé* 96,1-2; (2) Q[1]: Lc 13,20-21 = Mt 13,33;

(37) 107. A ovelha perdida: (1) *Ev.Tomé* 107; (2) Q[1]: Lc 15,3-7 = Mt 18,12-14.

B. Presença da Tradição dos Ditos Comuns no Evangelho de Tomé e no Evangelho Q

Os primeiros números parentéticos em negrito remetem à Parte A deste apêndice. Os segundos números não parentéticos em negrito remetem a Crossan 1994a, Apêndice 1B.

A redação tende à escatologia apocalíptica no *Evangelho de Tomé*, mas à escatologia ascética no *Evangelho Q*. Isso dá os quatro tipos seguintes:

Tipo 1: 24% (9 unidades de um total de 37) estão presentes no *Evangelho de Tomé*, mas não no *Evangelho Q*.

Tipo 2: 8% (3 unidades de um total de 37) estão presentes no *Evangelho Q*, mas não no *Evangelho de Tomé*.

Tipo 3: 19% (7 unidades de um total de 37) estão presentes no *Evangelho de Tomé* e também no *Evangelho Q*.

Tipo 4: 49% (18 unidades de um total de 37) não estão presentes nem no *Evangelho de Tomé* nem no *Evangelho Q*.

Tipo 1: *Tradição dos Ditos Comuns presente no* Evangelho de Tomé, *mas não no* Evangelho Q

(1) 4. Pedir, buscar e bater: (1a) *Ev.Tomé* 2 = *P. Oxi.* 654,5-9; (1b) *Ev.Tomé* 92,1; (1c) *Ev.Tomé* 94; (2) *Ev.Heb.* 4ab; (3) Q[1]: Lc 11,9-10 = Mt 7,7-8; (4) Mc 11,24 = Mt 21,22; (5a) *Dial.Salv.* 9-12; (5b) *Dial.Salv.* 20d; (5c) *Dial.Salv.* 79-80; (6a) Jo 14,13-14; (6b) Jo 15,7; (6c) Jo 15,16; (6d) Jo 16,23-24; (6e) Jo 16,26;

(3) 32. O oculto vem a ser revelado: (1a) *Ev.Tomé* 5,2 = *P. Oxi.* 654,29-30; (1b) *Ev.Tomé* 6,5-6 = *P. Oxi.* 654,38-40; (2) Q[1]: Lc 12,2 = Mt 10,26; (3) Mc 4,22 = Lc 8,17;

(6) 74. Paz ou espada: (1) *Ev.Tomé* 16; (2) Q[2]: Lc 12,51-53 = Mt 10,34-36;

(7) 14. Olhos, ouvidos e coração: *Ev.Tomé* 17; (2) Q[2]: Lc 10,23-24 = Mt 13,16-17;

(15) 82. Abandonar-se à Providência: (1) *Ev.Tomé* 36 = *P. Oxi.* 655, col. i,1-17; (2) Q[1]: Lc 12,22-31 = Mt 6,25-33;

(23) 89. Ódio à própria família: (1a) *Ev.Tomé* 55,1-2a; (1b) *Ev.Tomé* 101; (2) Q[1]: Lc 14,25-26 = Mt 10,37;

(27) 95. O banquete: (1) *Ev.Tomé* 64; (2) Q^2: Lc 14,15-24 = Mt 22,1-13;

(30) 50. A colheita é grande: (1) *Ev.Tomé* 73; (2) Q^1: Lc 10,2 = Mt 9,37-38; (3) Jo 4,35;

(33) 101. As raposas têm tocas: (1) *Ev.Tomé* 86; (2) Q^1: Lc 9,57-58 = Mt 8,19-20.

Tipo 2: Tradição dos Ditos Comuns presente no Evangelho Q,
    mas não no Evangelho de Tomé

(12) 36. A lâmpada escondida: (1) *Ev.Tomé* 33,2-3; (2) Q^2: Lc 11,33 = Mt 5,15; (3) Mc 4,21 = Lc 8,16;

(17) 40. Quem tem e quem recebe: (1) *Ev.Tomé* 41; (2) Q^2: Lc 19,26 = Mt 25,29; (3) Mc 4,25 = Mt 13,12 = Lc 8,18b;

(34) 102. Por dentro e por fora: (1) *Ev.Tomé* 89; (2) Q^2: Lc 11,39-40 = Mt 23,25-26.

Tipo 3: Tradição dos Ditos Comuns presente no Evangelho Q
    e também no Evangelho de Tomé;

(2) 8. Onde e quando: (1a) *Ev.Tomé* 3,1-3 = P. Oxy. 654,9-16; (1b) *Ev.Tomé* 51; (1c) *Ev.Tomé* 113; (2) Q^2: Lc 17,23 = Mt 24,26; (3) Mc 13,21-23 = Mt 24,23-25; (4?) *Dial. Salv.* 16; (5) Lc 17,20-21;

(9) 12. Conhecer o perigo: (1a) 1Ts 5,2; (1b) 2Pd 3,10; (2a) *Ev.Tomé* 21,5-7; (2b) *Ev.Tomé* 103; (3) Q^2: Lc 12,39-40 = Mt 24,43-44; (4a) Ap 3,3b; (4b) Ap 16,15a;

(20) 85. Maior do que João: (1) *Ev.Tomé* 46; (2) Q^2: Lc 7,28 = Mt 11,11;

(25) 91. Tomado ou deixado: (1) *Ev.Tomé* 61,1; (2) Q^2: Lc 17,34-35 = Mt 24,40-41;

(26) 45. Pai e Filho: (1) *Ev.Tomé* 61,3; (2) Q^2: Lc 10,22 = Mt 11,27; (3a) Jo 3,35b; (3b) Jo 13,3a;

(28) 48. Bem-aventurados os perseguidos: (1a) *Ev.Tomé* 68; (1b) *Ev.Tomé* 69,1; (2a) Q^1: Lc 6,22-23 = Mt 5,11-12 [exceto para Q^2: 6,22b = 5,11b & 6,23c = 5,12c]; (2b) Mt 5,10; (2c) Pol. *Fil.* 2,3f; (3a) 1Pd 3,14a; (3b) 1Pd 4,14;

(32) 51. No deserto: (1) *Ev.Tomé* 78; (2) Q^2: Lc 7,24-27 = Mt 11,7-10; (3) Mc 1,2-3 = Mt 3,3 = Lc 3,4-6 = (?) Jo 1,19-23.

Tipo 4: Tradição dos Ditos Comuns ausente do Evangelho Q
    e do Evangelho de Tomé

(4) 33. A regra de ouro: (1) *Ev.Tomé* 6,3 = P. Oxi. 654,36-37; (2) Q^1: Lc 6,31 = Mt 7,12;

(5) 1. Missão e mensagem: (1a) 1Cor 9,14; (1b) 1Cor 10,27; (2) *Ev.Tomé* 14,4; (3) Q[1]: Lc 10,4-11 = Mt 10,7.10b.12-14; (4) Mc 6,7-13 = Mt 10,1.8-10a.11 = Lc 9,1-6; (5) *Dial.Salv.* 53b[139,9-10]; (6) *Did.* XI,(3)4-12; 1Tm 5,18b;

(8) 35. O grão de mostarda: (1) *Ev.Tomé* 20; (2) Q[1]: Lc 13,18-19 = Mt 13,31-32; (3) Mc 4,30-32 = Mt 13,31-32;

(10) 76. O cisco e a trave: (1) *Ev.Tomé* 26 = *P. Oxi.* 1,1-4; (2) Q[1]: Lc 6,41-42 = Mt 7,3-5;

(11) 79. Falar abertamente: (1) *Ev.Tomé* 33,1 = *P. Oxi.* 1,41-42; (2) Q[1]: Lc 12,3 = Mt 10,27;

(13) 80. O guia cego: (1) *Ev.Tomé* 34; (2) Q[1]: Lc 6,39 = Mt 15,14b;

(14) 81. Casa de um homem forte: (1) *Ev.Tomé* 35; (2) Q[2]: Lc 11,21-22 (= Mt 12,29); (3) Mc 3,27 = Mt 12,29 = Lc 11,21-22;

(16) 84. Os que atrapalham os outros: (1a) *Ev.Tomé* 39,1-2 = *P. Oxi.* 655, col. ii,11-19; (1b) *Ev.Tomé* 102; (2) Q[2]: Lc 11,52 = Mt 23,13;

(18) 23. Todos os pecados serão perdoados: (1) *Ev.Tomé* 44; (2) Q[2]: Lc 12,10 = Mt 12,32; (3) Mc 3,28-30 = Mt 12,31; (4) *Did.* XI,7;

(19) 41. As árvores e os corações: (1) *Ev.Tomé* 45; (2a) Q[1]: Lc 6,43-45 = Mt 7,16-20; (2b) Mt 12,33-35; (3) In. *Ef.* 14,2b;

(21) 86. Servir a dois senhores: (1) *Ev.Tomé* 47,1-2; (2a) Q[1]: Lc 16,13 = Mt 6,24; (2b) *2 Clemente* 6,1;

(22) 43. Bem-aventurados os pobres: (1) *Ev.Tomé* 54; (2a) Q[1]: Lc 6,20 = Mt 5,3; (2b) Pol. *Fil.* 2,3e; (3) Tg 2,5;

(24) 44. Carregar a própria cruz: (1) *Ev.Tomé* 55,2b; (2) Q[1]: Lc 14,27 = Mt 10,38; (3) Mc 8,34 = Mt 16,24 = Lc 9,23;

(29) 96. Bem-aventurados os que têm fome: (1) *Ev.Tomé* 69,2; (2) Q[1]: Lc 6,21a = Mt 5,6;

(31) 99. O verdadeiro tesouro: (1) *Ev.Tomé* 76,3; (2) Q[1]: Lc 12,33 = Mt 6,19-20;

(35) 103. Dê sem retorno: (1) *Ev.Tomé* 95; (2) Q[1]: Lc 6,30.34.35b = Mt 5,42; (3) *Did.* I,4b.5a;

(36) 104. O fermento: (1) *Ev.Tomé* 96,1-2; (2) Q[1]: Lc 13,20-21 = Mt 13,33;

(37) 107. A ovelha perdida: (1) *Ev.Tomé* 107; (2) Q[1]: Lc 15,3-7 = Mt 18,12-14.

Apêndice **2**

Tradição de ditos específicos no Evangelho de Tomé e no Evangelho Q

Este Apêndice baseia-se em Crossan 1994a, Apêndice 1B, mas veja, na nota preliminar ao Apêndice 1 anterior, as mudanças realizadas.

A. Tradição de ditos específicos no Evangelho de Tomé, mas não no Evangelho Q

72% (95 unidades de um total de 132) do *Evangelho de Tomé* não tem paralelos no *Evangelho Q*.

(1) 205. Não provará a morte: (1) *Ev.Tomé* 1 = *P. Oxi.* 654,3-5; (2) Jo 8,51-52;

(2) 206. Conhecer a si mesmo: (1) *Ev.Tomé* 3,2 = *P. Oxi.* 654,16-21; (2) *Dial.Salv.* 30;

(3) 278. O velho e o menino: (1) *Ev.Tomé* 4,1 & *P. Oxi.* 654,21-25;

(4) 31. Os primeiros e os últimos: (1) *Ev.Tomé* 4,2-3 & *P. Oxi.* 654,25-27; (2) Mc 10,31 = Mt 19,30; (3) Mt 20,16; (4) Lc 13,30;

(5) 279. À tua frente: (1) *Ev.Tomé* 5,1 = *P. Oxi.* 654,27-29;

(6) 207. Enterrado e ressuscitado: (1) *P. Oxi.* 654,31; (2) Sudário encontrado em Oxirrinco [NTA[1] 1,300];

(7) 280. Não faleis mentira: (1) *Ev.Tomé* 6,2+4 = *P. Oxi.* 654,36 + 37-38;

(8) 281. O homem e o leão: (1) *Ev.Tomé* 7 = *P. Oxi.* 654,40-42;

(9) 71. A rede: (1) *Ev.Tomé* 8,1; (2) Mt 13,47-48;

(10) 9. Quem tem ouvidos: (1a) *Ev.Tomé* 8,2; (1b) *Ev.Tomé* 21,5; (1c) *Ev.Tomé* 24,2; (1d) *Ev.Tomé* 63,2; (1e) *Ev.Tomé* 65,2; (1f) *Ev.Tomé* 96,2; (2a) Mc 4,9 = Mt 13,9 = Lc 8,8b; (2b) Mc 4,23 = Mt 13,43b; (3) Mt 11,15; (4) Lc 14,35b; (5) Ap 2,7.11.17.29; 3,6.13.22; 13,9;

(11) 34. O semeador: (1) *Ev.Tomé* 9; (2) Mc 4,3-8 = Mt 13,3b-8 = Lc 8,5-8a; (3) *1 Clemente* 24,5;

(12) 72. Fogo no mundo: (1) *Ev.Tomé* 10; (2) Lc 12,49;

(13) 208. Vida e morte: (1a) *Ev.Tomé* 11,1-2a; (1b) *Ev.Tomé* 111,1-2; (2) *Dial.Salv.* 56-57;

(14) 282. Dois e um: (1) *Ev.Tomé* 11,2b;

(15) 30. Revelação a Tiago: (1) 1Cor 15,7a; (2) *Ev.Tomé* 12; (3) *Ev.Heb.* 7;

(16) 73. Quem é Jesus?: (1) *Ev.Tomé* 13; (2a) Mc 8,27-30 = Mt 16,13-20 = Lc 9,18-21; (2b) *Ev.Naz.* 14; (2c) Jo 6,67-69;

(17) 283. Jejum, oração esmola: (1) *Ev.Tomé* 6,1 + 14,1;

(18) 19. O que entra: (1) *Ev.Tomé* 14,3; (2) Mc 7,14-15; (3) Mt 15,10-11; (4a) At 10,14b; (4b) At 11,8b;

(19) 284. Vosso pai: (1) *Ev.Tomé* 15;

(20) 285. Princípio e fim: (1) *Ev.Tomé* 18,1-3;

(21) 286. Antes de vir à existência: (1) *Ev.Tomé* 19,1;

(22) 287. Pedras e árvores: (1) *Ev.Tomé* 19,2;

(23) 288. Meninos no campo: (1) *Ev.Tomé* 21,1-2;

(24) 75. A hora da colheita: (1) *Ev.Tomé* 21,4; (2) Mc 4,26-29;

(25) 20. O reino e as crianças: (1) *Ev.Tomé* 22,1-2; (2) Mc 10,13-16 = Mt 19,13-15 = Lc 18,15-17; (3) Mt 18,3; (4) Jo 3,1-5.9-10;

(26) 13. Dois como um só: (1a) Gl 3,27-28; (1b) 1Cor 12,13; (1c) Cl 3,10-11; (2) *Ev.Tomé* 22,3-4; (3) *Ev.Eg.* 5b; (4) *2 Clemente* 12,1-6;

(27) 289. Os poucos escolhidos: (1) *Ev.Tomé* 23;

(28) 21. A luz do mundo: (1) *Ev.Tomé* 24,1-3 = *P. Oxi.* 655, fr.d.1-52; (2) Mt 5,14a; (3a?) *Dial.Salv.* 14; (3b?) *Dial.Salv.* 34; (4a) Jo 8,12; (4b) Jo 11,9-10; (4c) Jo 12,35-36;

(29) 290. Ama teu irmão: (1) *Ev.Tomé* 25;

(30) 291. O jejum e o sábado: (1) *Ev.Tomé* 27 = *P. Oxi.* 1,4-11;

(31) 292. Embriagados, cegos e vazios: (1) *Ev.Tomé* 28;

(32) 293. A carne como pobreza: (1) *Ev.Tomé* 29;

(33) 77. Dois ou três: (1) *Ev.Tomé* 30 = *P. Oxi.* 1,23-27; (2) Mt 18,20;

(34) 22. Profeta em sua pátria: (1) *Ev.Tomé* 31 = *P. Oxi.* 1,30-35; (2) Mc 6,1-6a = Mt 13,53-58; (3) Lc 4,16-24; (4) Jo 4,44;

(35) 78. A cidade sobre o monte: (1) *Ev.Tomé* 32 = *P. Oxi.* 1,36-41; (2) Mt 5,14b;

(36) 37. Vestes novas: (1) *Ev.Tomé* 37 = *P. Oxi* 655, col. i,17-col. ii,1,17; (2a) *Dial.Salv.* 49-52; (2b) *Dial.Salv.* 84-85; (3) *Ev.Eg.* 5a;

(37) 294. Desejo de ouvir: (1) *Ev.Tomé* 38,1 = *P. Oxi.* 655, col. ii,2-11;

(38) 83. Procurar tarde demais: (1) *Ev.Tomé* 38,2; (2) Jo 7,34a.36b;

(39) 38. Serpentes e pombas: (1) *Ev.Tomé* 39,2 = *P. Oxi* 655, col. ii,19-23; (2a) Mt 10,16b; (2b) *Ev.Naz.* 7; In. *Pol.* 2,2;

(40) 39. A planta arrancada: (1) *Ev.Tomé* 40; (2) Mt 15,12-13; (3a) In. *Tral.* 11,1b; (3b) In. *Fil.* 3,1b;

(41) 295. Sede como viandantes: (1) *Ev.Tomé* 42;

(42) 296. Das minhas palavras: (1) *Ev.Tomé* 43;

(43) 297. Cavalos e arcos: (1) *Ev.Tomé* 47,1;

(44) 87. Beber vinho velho: (1) *Ev.Tomé* 47,3; (2) Lc 5,39;

(45) 88. Remendos e odres: (1) *Ev.Tomé* 47,4; (2) Mc 2,21-22 = Mt 9,16-17 = Lc 5,36-38;

(46) 298. A unidade e o monte: (1) *Ev.Tomé* 48; (1b) *Ev.Tomé* 106;

(47) 299. Os solitários e os eleitos: (1) *Ev.Tomé* 49;

(48) 300. Se perguntarem: (1) *Ev.Tomé* 50;

(49) 42. As Escrituras e Jesus: (1) *Ev.Tomé* 52; (2) *Ev.Eg.* 2,1; (3) Jo 5,39-47;

(50) 301. A verdadeira circuncisão: (1) *Ev.Tomé* 53;

(51) 302. Superior ao mundo: (1a) *Ev.Tomé* 56; (1b) *Ev.Tomé* 80;

(52) 90. O joio plantado: (1) *Ev.Tomé* 57; (2) Mt 13,24-30;

(53) 303. Feliz o que sofreu: (1) *Ev.Tomé* 58;

(54) 304. Prestai atenção agora: (1) *Ev.Tomé* 59;

(55) 305. O samaritano e o cordeiro: (1) *Ev.Tomé* 60;

(56) 306. Jesus e Salomé: (1) *Ev.Tomé* 61,2-5;

(57) 92. Conhecer o mistério: (1) *Ev.Tomé* 62,1; (2a) *Marcos secreto* f2r10; (2b) Mc 4,10-12 = Mt 13,10-11.13-15 = Lc 8,9-10;

(58) 93. Em segredo: (1) *Ev.Tomé* 62,2 (2) Mt 6,3b;

(59) 94. O fazendeiro rico: (1) *Ev.Tomé* 63,1; (2) 1Q?: Lc 12,16-21;

(60) 46. Os arrendatários: (1) *Ev.Tomé* 65; (2) Mc 12,1-9.12 = Mt 21,33-41.43-46 = Lc 20,9-16.19; (3) Herm. *Sim.* 5.2,4-7;

(61) 47. A pedra rejeitada: (1) *Ev.Tomé* 66; (2) Mc 12,10-11 = Mt 21,42 = Lc 20,17-18; (3) *Barn.* 6,4;

(62) 307. Conhecer o todo: (1) *Ev.Tomé* 67;

(63) 308. Em vós mesmos: (1) *Ev.Tomé* 70;

(64) 49. O templo e Jesus: (1) *Ev.Tomé* 71; (2a) Mc 14,55-59 = Mt 26,59-61; (2b) Mc 15,29-32a = Mt 27,39-43 = (!) Lc 23,35-37; (2c) At 6,11-14; (3) Jo 2,18-22;

(65) 97. A herança disputada: (1) *Ev.Tomé* 72,1-3; (2) Lc 12,13-15;

(66) 309. O poço: (1) *Ev.Tomé* 74;

(67) 209. A câmara nupcial: (1) *Ev.Tomé* 75; (2) *Dial.Salv.* 50b;

(68) 98. A pérola: (1) *Ev.Tomé* 76,1; (2) Mt 13,45-46;

(69) 310. A luz e o Todo: (1) *Ev.Tomé* 77,1;

(70) 311. A pedra e o lenho: (1) *Ev.Tomé* 77,2 = *P. Oxi.* 1,27-30;

(71) 24. Bem-aventuradas as entranhas: (1) *Ev.Tomé* 79,1-2; (2) 1Q?: Lc 11,27-28; (3?) Jo 13,17; (4?) Tg 1,25b;

(72) 100. Jerusalém chorou: (1) *Ev.Tomé* 79,3; (2) Lc 23,27-31;

(73) 312. Riqueza e poder: (1) *Ev.Tomé* 81;

(74) 313. Próximo do fogo: (1) *Ev.Tomé* 82;

(75) 314. A luz do Pai: (1) *Ev.Tomé* 83;

(76) 315. As imagens primordiais: (1) *Ev.Tomé* 84;

(77) 316. A morte de Adão: (1) *Ev.Tomé* 85;

(78) 317. Corpo e alma: (1) *Ev.Tomé* 87;

(79) 318. Anjos e profetas: (1) *Ev.Tomé* 88;

(80) 52. O jugo e o fardo: (1) *Ev.Tomé* 90; (2) Mt 11,28-30; (3) *Dial.Salv.* 65-68;

(81) 53. Discernir os sinais dos tempos: (1) *Ev.Tomé* 91; (2) Lc 12,54-56; (3?) Mt 16,2-3; (3b?) *Ev.Naz.* 13; (4?) Jo 6,30;

(82) 319. Naqueles dias e agora: (1) *Ev.Tomé* 92,2;

(83) 54. Cães e porcos: (1) *Ev.Tomé* 93; (2) Mt 7,6; (3) *Did.* IX,5;

(84) 320. O vaso vazio: (1) *Ev.Tomé* 97;

(85) 321. O assassino: (1) *Ev.Tomé* 98;

APÊNDICE 2

(86) 105. Os verdadeiros parentes de Jesus: (1) *Ev.Tomé* 99; (2a) Mc 3,19b-21.31-35 = Mt 12,46-50 = Lc 8,19-21; (2b) *2 Clemente* 9,11; (2c) *Ev.Eg.* 5;

(87) 55. César e Deus: (1) *Ev.Tomé* 100; (2) *Ev.Eg.* 2,3ac; (3) Mc 12,13-17 = Mt 22,15-22 = Lc 20,20-26;

(88) 106. Jejum e casamento: (1) *Ev.Tomé* 104; (2) Mc 2,18-20 = Mt 9,14-15 = Lc 5,33-35;

(89) 322. Filho de prostituta: (1) *Ev.Tomé* 105;

(90) 323. Da minha boca: (1) *Ev.Tomé* 108;

(91) 108. O tesouro: (1) *Ev.Tomé* 109; (2) Mt 13,44;

(92) 324. Encontrar o mundo: (1) *Ev.Tomé* 110;

(93) 325. Encontrar a si mesmo: (1) *Ev.Tomé* 111,3;

(94) 326. Carne e alma: (1) *Ev.Tomé* 112;

(95) 327. Pedro e Maria: (1) *Ev.Tomé* 114.

B. Tradição de ditos específicos no Evangelho Q, mas não no Evangelho de Tomé

63% (64 unidades de um total de 101) do *Evangelho* Q não tem paralelo no *Evangelho de Tomé*.

(1) 137. A advertência de João: (1) Q^2: Lc 3,7-9a = Mt 3,7-10a;

(2) 115 [& 138]. A mensagem de João: (1a) Q^2: Lc 3,15-18 = Mt 3,11-12 = Mt 7,19; (1b) At 13,24-25; (1c) Jo 1,24-31; (2) Mc 1,7-8;

(3) 116. [& 139]. Jesus é tentado três vezes: (1a) Q^3: Lc 4,1-13 = Mt 4,1-11; (1b) *Ev.Naz.* 3;

(4) 56. Bem-aventurados os que choram: (1) Q^1: Lc 6,21 = Mt 5,4; (2) *Dial.Salv.* 13-14; (3) Jo 16,20.22;

(5) 114. Amai os vossos inimigos: (1) *P. Oxi.* 1224, 2 r i, linhas 1-2a; (2a) Q^1: Lc 6,27-28.35a = Mt 5,43-44; (2b) Pol. *Fil.* 12,3a; (3) *Did.* I,3ac;

(6) 140. A outra face: (1) Q^1: Lc 6,29 = Mt 5,38-41; (2) *Did.* I,4b;

(7) 117. Melhor do que os pecadores: (1a) Q^1: Lc 6,32-35 = Mt 5,45-47; (1b) *2 Clemente* 13,4a [de Lc 6,32]; (2) In. *Pol.* 2,1; (3) *Did.* I,3b;

(8) 14. Como o vosso Pai: (1a) Q^1: Lc 6,36 = Mt 5,48; (1b) Pol. *Fil.* 12,3b;

627

(9) 118. Julgamento por julgamento: (1a)Q^1: Lc 6,37a = Mt 7,1-2a; (2a) *1 Clemente* 13,2e; (2b) Pol. *Fil.* 2,3a;

(10) 57. Medida por medida: (1a) Q^1: Lc 6,38bc = Mt 7,2b; (2) Mc 4,24b; (3a) *1 Clemente* 13,2g; (1a/3b) Pol. *Fil.* 2,3d;

(11) 58. Discípulo e servo: (1) Q^1: Lc 6,44 = Mt 10,24-25; (2) *Dial.Salv.* 53c; (3a) Jo 13,16; (3b) Jo 15,20;

(12) 111. Invocação sem obediência: (1) *Ev.Eg.* 3; (2a) Q^1: Lc 6,46 = Mt 7,21; (2b) *2 Clemente* 4,2;

(13) 142. Rocha ou areia: (1) Q^1: Lc 6,47-49 = Mt 7,24-27;

(14) 119. Cura de um servo distante: (1) Q^2: Lc 7,1-2[3-6a]6b-10 = Mt 8,5-10.13; (2) Jo 4,46b-53;

(15) 143. Resposta a João: (1) Q^2: Lc 7,18-23 = Mt 11,2-6;

(16) 144. Sabedoria justificada: (1) Q^2: Lc 7,31-35 = Mt 11,16-19;

(17) 145. Deixa que os mortos: (1) Q^2: Lc 9,59-60 = Mt 8,21-22;

(18) 147. Cordeiros entre lobos: (1a) Q^1: Lc 10,3 = Mt 10,16a; (1b) *2 Clemente* 5,2;

(19) 148. Cidades amaldiçoadas: (1) Q^2: Lc 10,12-15 = Mt 11,15.20-24;

(20) 10. Receber aquele que enviou: (1) Q^1: Lc 10,16= Mt 10,40; (2) Mc 9,36-37 = Mt 18,2.5 = Lc 9,47-48a; (3) *Did.* XI,4-5; (4a) Jo 5,23b; (4b) Jo 12,44-50; (4c) Jo 13,20; (5) In. *Ef.* 6,1;

(21) 66. Os sábios e a capacidade de entender: (1) 1Cor 1,19; (2a) Q^2: Lc 10,21 = Mt 11,25-26; (2b) *Ev.Naz.* 9;

(22) 120. [& 27]. O Pai-nosso: (1a) Q^1: Lc 11,(1)2-4 = (!) Mt 6,9-13; (1b) *Ev.Naz.* 5; (1c) Pol. *Fil.* 7,2a; (2) *Did.* VIII 2b;

(23) 149. Boas dádivas: (1) Q^1: Lc 11,11-13 = Mt 7,9-11;

(24) 121. Controvérsia sobre Beelzebu: (1a) Q^2: Lc 11,14-15.17-18 = Mt 12,22-26; (1b) Mt 9,32-34; (2) Mc 3,22-26;

(25) 150. Pelo poder de quem: (1) Q^2: Lc 11,19-20 = Mt 12,27-28;

(26) 57. A favor e contra :(1) P. *Oxi.* 1224, 2 r i, linhas 2b-5; (2) Q^2: Lc 11,23 = Mt 12,30; (3) Mc 9,40 = Lc 9,50b;

(27) 151. Retorno do demônio: (1) Q^2: Lc 11,24-26 = Mt 12,43-45;

(28) 122. Pedido de um sinal: (1a) Q^2: Lc 11,29-30 = Mt 11,38-40; (1b) Mt 16,4a; (1c) *Ev.Naz.* 11; (2a) Mc 8,11-13 = Mt 16,1.4 = Lc 11,16;

(29) 152. Condenação pelos pagãos: (1) Q^2: Lc 11,31-32 = Mt 12,41-42;

(30) 123. A luz do corpo: (1) Q^2: Lc 11,34-36 = Mt 6,22-23; (2) *Dial.Salv.* 8 [125,18-126,4];

(31) 153. O dízimo e a justiça: (1) Q^2: Lc 11,42 = Mt 23,23;

(32) 124. Honrarias e saudações: (1) Q^2: Lc 11,43 = Mt 23,6b-7a; (2) Mc 12,38-40 = Mt 23,5-7 = Lc 20,45-46;

(33) 154. Como túmulos: (1) Q^2: Lc 11,44 = Mt 23,27-28;

(34) 155. Ajuda para carregar os fardos: (1) Q^2: Lc 11,45-46 = Mt 23,4;

(35) 156. Os túmulos dos profetas: (1) Q^2: Lc 11,47-48 = Mt 23,29-31;

(36) 157. Os enviados da Sabedoria: (1a) Q^2: Lc 11,49-51 = Mt 23,34-36; (1b) *Ev.Naz.* 17;

(37) 158. A quem temer: (1a) Q^1: Lc 12,45 = Mt 10,28; (1b) *2 Clemente* 5,4;

(38) 159. Deus e os pardais: (1) Q^1: Lc 12,6-7 = Mt 10,29-31;

(39) 28. Diante dos anjos: (1) Q^2: Lc 12,8-9 = Mt 10,32-33; (1b) *2 Clemente* 3,2 [de Mt 10,32]; (2) Mc 8,38 = Mt 16,27 = Lc 9,26; (3) Ap 3,5; (4) 2Tm 2,12b;

(40) 59. O Espírito em julgamento: (1) Q^2: Lc 12,11-12 = Mt 10,19-20; (2) Mc 13,11 = Mt 10,19-20 = Lc 21,14-15; (3) Jo 14,26;

(41) 160. O coração e o tesouro: (1) Q^1: Lc 12,34 = Mt 6,21;

(42) 161. O mestre e o administrador: (1) Q^2: Lc 12,42-46 = Mt 24,45-51a;

(43) 162. Antes do julgamento: (1) Q^2: Lc 12,57-59 = Mt 5,25-26; (2) *Did.* I,5c;

(44) 163. Porta estreita: (1) Q^1: Lc 13,23-24 = Mt 7,13-14;

(45) 164. A porta fechada: (1) Q^2: Lc 13,25 = Mt 25,1-12;

(46) 165. Afastai-vos de mim: (1a) Q^2: Lc 13,26-27 = Mt 7,22-23; (1b?) *2 Clemente* 4,5; (1c?) *Ev.Naz.* 6;

(47) 166 [& 125]. Patriarcas e gentios: (1) Q^2: Lc 13,28-29 = Mt 8,11-12;

(48) 167. Jerusalém condenada: (1) Q^2: Lc 13,34-35 = Mt 23,37-39;

(49) 379. Exaltação e humilhação: (1) Q^1: Lc 14,11 = Lc 18,14 = Mt 23,12;

(50) 60. Salvar a própria vida: (1) Q^1: Lc 17,33 = Mt 10,39; (2) Mc 8,35 = Mt 16,25 = Lc 9,24; (3) Jo 12,25-26;

(51) 126. Salgar o sal: (1) Q^1: Lc 14,34-35a = Mt 5,13; (2) Mc 9,50a;

(52) 168. O Reino e a violência: (1a) Q^2: Lc 16,16 = Mt 11,12-14; (1b) *Ev.Naz.* 8;

(53) 169. Nem uma só vírgula: (1) Q^2: Lc 16,17 = Mt 5,18;

(54) 15. Contra o divórcio: (1) 1Cor 7,10-11; (2) Q^2: Lc 16,18 = Mt 5,31-32; (3) Mc 10,10-12 = Mt 19,9; (4) Herm. *Man.* 4,1-6b.10;

(55) 170. O escândalo da tentação: (1) Q^2: Lc 17,1-2 = Mt 18,6-7;

(56) 171. Repreensão e perdão: (1) Q^2: Lc 17,3 = Mt 18,15;

(57) 172. Perdão ilimitado: (1a) Q^2: Lc 17,4 = Mt 18,21-22; (1b) *Ev.Naz.* 15ab;

(58) 173. O poder da fé: (1) Q^2: Lc 17,5-6 = Mt 17,20;

(59) 174. Como o relâmpago: (1) Q^2: Lc 17,24 = Mt 24,27;

(60) 175. Como nos dias de Noé: (1) Q^2: Lc 17,26-27 = Mt 24,37-39a;

(61) 176. Como nos dias de Ló: (1) Q^2: Lc 17,28-30 = Mt 24,39b;

(62) 177. O corpo e os abutres: (1) Q^2: Lc 17,37 = Mt 24,28;

(63) 178. O dinheiro confiado: (1a) Q^2: Lc 19,(11)12-24.27 = Mt 25,14-28.30; (1b) *Ev.Naz.* 18;

(64) 179. Em doze tronos: (1) Q^2: Lc 22,28-30 = Mt 19,28.

Apêndice **3**

Evangelho de Tomé, Evangelho Q e Marcos

Este Apêndice baseia-se em Crossan 1994a, Apêndice 1B, mas veja, na nota preliminar ao Apêndice 1 anterior, as mudanças realizadas.

A. Tradição dos ditos comuns ao Evangelho de Tomé, ao Evangelho Q e a Marcos

30% (11 unidades de um total de 37) do que é comum ao *Evangelho de Tomé* e ao *Evangelho Q* tem paralelo em Marcos.

(1) 4. Pedir, buscar e bater: (1a) *Ev.Tomé* 2 = *P. Oxi.* 654,5-9; (1b) *Ev.Tomé* 92,1; (1c) *Ev.Tomé* 94; (2) *Ev.Heb.* 4ab; (3) Q^1: Lc 11,9-10 = Mt 7,7-8; (4) Mc 11,24 = Mt 21,22; (5a) *Dial.Salv* 9-12; (5b) *Dial.Salv.* 20d; (5c) *Dial.Salv.* 79-80; (6a) Jo 14,13-14; (6b) Jo 15,7; (6c) Jo 15,16; (6d) Jo 16,23-24; (6e) Jo 16-26;

(2) 8. Onde e quando: (1a) *Ev.Tomé* 3,1-3 = *P. Oxi.* 654,3,9-16; (1b) *Ev.Tomé* 51; (1c) *Ev.Tomé* 113; (2) Q^2: Lc 17,23 = Mt 24,26; (3) Mc 13,21-23 = Mt 24,23-25; (4?) *Dial. Salv.* 16; (5) Lc 17,20-21;

(3) 32. O oculto vem a ser revelado: (1a) *Ev.Tomé* 5,2 = *P. Oxi.* 654,29-30; (1b) *Ev.Tomé* 6,4 = *P. Oxi.* 654,38-40; (2) Q^1: Lc 12,2 = Mt 10,26; (3) Mc 4,22 = Lc 8,17;

(4) 1. Missão e mensagem: (1a) 1Cor 9,14; (1b) 1Cor 10,27; (2) *Ev.Tomé* 14,4; (3) Q^1: Lc 10,(1).4-11 = Mt 10,7.10b.12-14; (4) Mc 6,7-13 = Mt 10,1.8-10a.11 = Lc 9,1-6; (5) *Dial.Salv.* 53b[139,9-10]; (6) *Did.* XI,(3)4-12; (7) 1Tm 5,18b;

(5) 35. O grão de mostarda: (1) *Ev.Tomé* 20,1-2; (2) Q^1: Lc 13,18-19 = Mt 13,31-32; Mc 4,30-32 = Mt 13,31-32;

(6) 336. A lâmpada escondida: (1) *Ev.Tomé* 33,2; (2) Q^2: Lc 11,33 = Mt 5,15; (3) Mc 4,21 = Lc 8,16;

(7) 81. Casa de um homem forte: (1) *Ev.Tomé* 35; (2) Q^2: Lc 11,21-22 (= Mt 12,29); (3) Mc 3,27 = Mt 12,29 (= Lc 11,21-22);

(8) 40. Quem tem e quem recebe: (1) *Ev.Tomé* 41; (2) Q^2: Lc 19,26 = Mt 25,29; (3) Mc 4,25 = Mt 13,12 = Lc 8,18b;

(9) 23. Todos os pecados serão perdoados: (1) *Ev.Tomé* 44; (2) Q^2: Lc 12,10 = Mt 12,32; (3) Mc 3,28-30 = Mt 12,31; (4) *Did.* XI,7;

(10) 44. Carregar a própria cruz: (1) *Ev.Tomé* 55,2b; (2) Q^1: Lc 14,27 = Mt 10,38; (3) Mc 8,34 = Mt 16,24 = Lc 9,23;

(11) 51. No deserto: (1) *Ev.Tomé* 78; (2) Q^2: Lc 7,24-27 = Mt 11,7-10; (3) Mc 1,2-3 = Mt 3,3 = Lc 3,4-6 = (?) Jo 1,19-23.

B. Tradição dos ditos comuns ao Evangelho de Tomé e a Marcos, mas não ao Evangelho Q

17% (16 unidades de um total de 95) do que é específico ao *Evangelho de Tomé* tem paralelo em Marcos.

(1) 31. Os primeiros e os últimos: (1) *Ev.Tomé* 4,2-3 = P. Oxi. 654,25-27; (2) Mc 10,31 = Mt 19,30; (3) Mt 20,16; (4) Lc 13,30;

(2) 9. Quem tem ouvidos: (1a) *Ev.Tomé* 8,4; (1b) *Ev.Tomé* 21,10; (1c) *Ev.Tomé* 24,2; (1d) *Ev.Tomé* 63,4; (1e) *Ev.Tomé* 65,8; (1f) *Ev.Tomé* 96,3; (2a) Mc 4,9 = Mt 13,9 = Lc 8,8b; (2b) Mc 4,23 = Mt 13,43b; (3) Mt 11,15; (4) Lc 14,35b; (5) Ap 2,7.11.17.29; 3,6.13.22; 13,9;

(3) 34. O semeador: (1) *Ev.Tomé* 9; (2) Mc 4,3-8 = Mt 13,3b-8 = Lc 8,5-8a; (3) *1 Clemente* 24,5;

(4) 73. Quem é Jesus?: (1) *Ev.Tomé* 13; (2a) Mc 8,27-30 = Mt 16,13-20 = Lc 9,18-21; (2b) *Ev.Naz.* 14; (2c) Jo 6,67-69;

(5) 19. O que entra: (1) *Ev.Tomé* 14,5; (2) Mc 7,14-15; (3) Mt 15,10-11; (4a) At 10,14b; (4b) At 11,8b;

(6) 75. A hora da colheita: (1) *Ev.Tomé* 21,8-9; (2) Mc 4,26-29;

(7) 20. O reino e as crianças: (1) *Ev.Tomé* 22,1-2; (2) Mc 10,13-16 = Mt 19,13-15 = Lc 18,15-17; (3) Mt 18,3; (4) Jo 3,1-5.9-10;

(8) 22. Profeta em sua pátria: (1) *Ev.Tomé* 31 = P. Oxi. 1,30-35; (2) Mc 6,1-6a = Mt 13,53-58; (3) Lc 4,16-24; (4) Jo 4,44;

(9) 88. Remendos e odres: (1) *Ev.Tomé* 47,4-5; (2) Mc 2,21-22 = Mt 9,16-17 = Lc 5,36-38;

(10) 92. Conhecer o mistério: (1) *Ev.Tomé* 62,3b; (2a) *Marcos secreto* f2r10; (2b) Mc 4,10-12 = Mt 13,10-11.13-15 = Lc 8,9-10;

(11) 46. Os arrendatários: (1) *Ev.Tomé* 65,1-7; (2) Mc 12,1-9.12 = Mt 21,33-41.43-46 = Lc 20,9-16.19; (3) Herm. *Sim.* 5.2,4-7;

(12) 47. A pedra rejeitada: (1) *Ev.Tomé* 66; (2) Mc 12,10-11 = Mt 21,42 = Lc 20,17-18; (3) *Barn.* 6,4;

(13) 49. O templo e Jesus: (1) *Ev.Tomé* 71; (2a) Mc 14,55-59 = Mt 26,59-61; (2b) Mc 15,29-32a = Mt 27,39-43 = (!) Lc 23,35-37; (2c) At 6,11-14; (3) Jo 2,18-22;

(14) 105. Os verdadeiros parentes de Jesus: (1) *Ev.Tomé* 99; (2) Mc 3,19b-21.31-35 = Mt 12,46-50 = Lc 8,19-21; (2b) *2 Clemente* 9,11; (2c) *Ev.Eg.* 5;

(15) 55. César e Deus: (1) *Ev.Tomé* 100; (2a) *Ev.Eg.* 2,3ac; (3) Mc 12,13-17 = Mt 22,15-22 = Lc 20,20-26;

(16) 106. Jejum e casamento: (1) *Ev.Tomé* 104; (2) Mc 2,18-20 = Mt 9,14-15 = Lc 5,33-35.

C. Tradição dos ditos comuns ao Evangelho Q e a Marcos, mas não ao Evangelho de Tomé

19% (12 unidades de um total de 64) do que é específico ao *Evangelho* Q tem paralelo em Marcos.

(1) 115 [& 138]. A mensagem de João: (1a) Q^2: Lc 3,15-18 = Mt 3,11-12 = Mt 7,19; (1b) At 13,24-25; (1c) Jo 1,24-31; (2) Mc 1,7-8;

(2) 57. Medida por medida: (1a) Q^1: Lc 6,38bc = Mt 7,2b; (2) Mc 4,24b; (3a) *1 Clemente* 13,2g; (1a/3b) Pol. *Fil.* 2,3d;

(3) 10. Receber aquele que enviou: (1) Q^1: Lc 10,16= Mt 10,40; (2) Mc 9,36-37 = Mt 18,2.5 = Lc 9,47-48a; (3) *Did.* XI,4-5; (4a) Jo 5,23b; (4b) Jo 12,44-50; (4c) Jo 13,20; (5) In. *Ef.* 6,1;

(4) 121. Controvérsia sobre Beelzebu: (1a) Q^2: Lc 11,14-15.17-18 = Mt 12,22-26; (1b) Mt 9,32-34; (2) Mc 3,22-26;

(5) 57. A favor e contra: (1) *P. Oxi.* 1224, 2 r i, linhas 2b-5; (2) Q^2: Lc 11,23 = Mt 12,30; (3) Mc 9,40 = Lc 9,50b;

(6) 122. Pedido de um sinal: (1a) Q^2: Lc 11,29-30 = Mt 11,38-40; (1b) Mt 16,4a; (1c) *Ev.Naz.* 11; (2a) Mc 8,11-13 = Mt 16,1.4 = Lc 11,16;

(7) 124. Honrarias e saudações: (1) Q^2: Lc 11,43 = Mt 23,6b-7a; (2) M2c 12,38-40 = Mt 23,5-7 = Lc 20,45-46;

(8) 28. Diante dos anjos: (1a) Q^2: Lc 12,8-9 = Mt 10,32-33; (1b) *2 Clemente* 3,2 [de Mt 10,32]; (2) Mc 8,38 = Mt 16,27 = Lc 9,26; (3) Ap 3,5; (4) 2Tm 2,12b;

(9) 59. O Espírito em julgamento: (1) Q^1: Lc 12,11-12 = Mt 10,19-20; (2) Mc 13,11 = Mt 10,19-20 = Lc 21,14-15; (3) Jo 14,26;

(10) 60. Salvar a própria vida: (1) Q^1: Lc 17,33 = Mt 10,39; (2) Mc 8,35 = Mt 16,25 = Lc 9,24; (3) Jo 12,25-26;

(11) 126. Salgar o sal: (1) Q^1: Lc 14,34-35a = Mt 5,13; (2) Mc 9,50a;

(12) 15. Contra o divórcio: (1) 1Cor 7,10-11; (2) Q^2: Lc 16,18 = Mt 5,31-32; (3) Mc 10,10-12 = Mt 19,9; (4) Herm. *Man.* 4,1-6b.10.

Apêndice 4

Evangelho de Tomé e algumas outras fontes

Este Apêndice baseia-se em Crossan 1994a, Apêndice 1B, mas veja, na nota preliminar ao Apêndice 1 anterior, as mudanças realizadas.

A. Tradição dos ditos comuns ao Evangelho de Tomé e a Mateus Especial

12% (16 unidades de um total de 132) do *Evangelho de Tomé* tem paralelo em *Mateus Especial*.

(1) 31. Os primeiros e os últimos: (1) *Ev.Tomé* 4,2-3 & P. *Oxi.* 654,425-427; (2) Mc 10,31 = Mt 19,30; (3) Mt 20,16; (4) Lc 13,30;

(2) 71. A rede: (1) *Ev.Tomé* 8,1-3; (2) Mt 13,47-48;

(3) 9. Quem tem ouvidos: (1) *Ev.Tomé* 8,4; (1b) *Ev.Tomé* 21,10; (1c) *Ev.Tomé* 24,2; (1d) *Ev.Tomé* 63,4; (1e) *Ev.Tomé* 65,8; (1f) *Ev.Tomé* 96,3; (2a) Mc 4,9 = Mt 13,9 = Lc 8,8b; (2b) Mc 4,23 = Mt 13,43b; (3) Mt 11,15; (4) Lc 14,35b; (5) Ap 2,7.11.17.29; 3,6.13.22; 13,9;

(4) 20. O reino e as crianças: (1) *Ev.Tomé* 22,1-2; (2) Mc 10,13-16 = Mt 19,13-15 = Lc 18,15-17; (3) Mt 18,3; (4) Jo 3,1-5.9-10;

(5) 21. A luz do mundo: (1) *Ev.Tomé* 24,13 = P. *Oxi.* 655, fr.d.1-52; (2) Mt 5,14a; (3a?) *Dial.Salv.* 14; (3b?) *Dial.Salv.* 34; (4a) Jo 8,12; (4b) Jo 11,9-19; (4c) Jo 12,35-36;

(6) 77. Dois ou três: (1) *Ev.Tomé* 30 = P. *Oxi.* 1,23-27; (2) Mt 18,20;

(7) 78. A cidade sobre o monte: (1) *Ev.Tomé* 32 = P. *Oxi.* 1,36-41; (2) Mt 5,14b;

(8) 38. Serpentes e pombas: (1) *Ev.Tomé* 39,3 = P. *Oxi* 655, col. ii.19-23; (2a) Mt 10,16b; (2b) *Ev.Naz.* 7; In. *Pol.* 2,2;

(9) 39. A planta arrancada: (1) *Ev.Tomé* 40; (2) Mt 15,12-13; (3a) In. *Tral.* 11,1b; (3b) In. *Fil.* 3,1b;

(10) 41. As árvores e os corações: (1) *Ev.Tomé* 45; (2a) Q^1: Lc 6,43-45 = Mt 7,16-20; (2b) Mt 12,33-35; (3) In. *Ef.* 14,2b;

(11) 90. O joio plantado: (1) *Ev.Tomé* 57; (2) Mt 13,24-30;

(12) 93. Em segredo: (1) *Ev.Tomé* 62,2; (2) Mt 6,3b;

(13) 98. A pérola: (1) *Ev.Tomé* 76,1-2; (2) Mt 13,45-46;

(14) 52. O jugo e o fardo: (1) *Ev.Tomé* 90; (2) Mt 11,28-30; (3) *Dial.Salv.* 65-68;

(15) 54. Cães e porcos: (1) *Ev.Tomé* 93; (2) Mt 7,6; (3) *Did.* IX,5;

(16) 108. O tesouro: (1) *Ev.Tomé* 109; (2) Mt 13,44.

Não incluí **53. Discernir os sinais dos tempos:** (1) *Ev.Tomé* 91; (2) Lc 12,54-56; (3?) Mt 16,2-3; (3b?) *Ev.Naz.* 13; (4?) Jo 6,30.

B. Tradição dos ditos comuns ao Evangelho de Tomé e a Lucas Especial

8% (10 unidades de um total de 132) do *Evangelho de Tomé* tem paralelo em *Lucas Especial.*

(1) 31. Os primeiros e os últimos: (1) *Ev.Tomé* 4,2-3 = P. Oxi. 654,25-27; (2) Mc 10,31 = Mt 19,30; (3) Mt 20,16; (4) Lc 13,30;

(2) 9. Quem tem ouvidos: (1a) *Ev.Tomé* 8,2; (1b) *Ev.Tomé* 21,10; (1c) *Ev.Tomé* 24,2; (1d) *Ev.Tomé* 63,4; (1e) *Ev.Tomé* 65,8; (1f) *Ev.Tomé* 96,3; (2a) Mc 4,9 = Mt 13,9 = Lc 8,8b; (2b) Mc 4,23 = Mt 13,43b; (3) Mt 11,15; (4) Lc 14,35b; (5) Ap 2,7.11.17.29; 3,6.13.22; 13,9;

(3) 72. Fogo no mundo: (1) *Ev.Tomé* 10; (2) Lc 12,49;

(4) 22. Profeta em sua pátria: (1) *Ev.Tomé* 31 = P. Oxi. 1,30-35; (2) Mc 6,1-6a = Mt 13,53-58; (3) Lc 4,16-24; (4) Jo 4,44;

(5) 87. Beber vinho velho: (1) *Ev.Tomé* 47,3; (2) Lc 5,39;

(6) 94. O fazendeiro rico: (1) *Ev.Tomé* 63,1-3; (2) Lc 12,16-21;

(7) 97. A herança disputada: (1) *Ev.Tomé* 72; (2) Lc 12,13-15;

(8) 24. Bem-aventuradas as entranhas: (1) *Ev.Tomé* 79,1-2; (2) Q1?: Lc 11,27-28; (3?) Jo 13,17; (4?) Tg 1,25b;

(9) 100. Jerusalém chorou: (1) *Ev.Tomé* 79,3; (2) Lc 23,27-31;

(10) 53. Discernir os sinais dos tempos: (1) *Ev.Tomé* 91; (2) Lc 12,54-56; (3?) Mt 16,2-3; (3b?) *Ev.Naz.* 13; (4?) Jo 6,30.

C. Tradição de ditos comuns ao Evangelho de Tomé e a João

9% (12 unidades de um total de 132) do *Evangelho de Tomé* têm paralelo em João.

(1) 205. Não provará a morte: (1) *Ev.Tomé* 1 = *P. Oxi.* 654,3-5; (2) Jo 8,51-52;

(2) 4. Pedir, buscar e bater: (1a) *Ev.Tomé* 2 = *P. Oxi.* 654,5-9; (1b) *Ev.Tomé* 92,1; (1c) *Ev.Tomé* 94; (2) *Ev.Heb.* 4ab; (3) Q^1: Lc 11,9-10 = Mt 7,7-8; (4) Mc 11,24 = Mt 21,22; (5a) *Dial.Salv.* 9-12; (5b) *Dial.Salv.* 20d; (5c) *Dial. Salv.* 79-80; (6a) Jo 14,13-14; (6b) Jo 15,7; (6c) Jo 15,16; (6d) Jo 16,23-24; (6e) Jo 16,26;

(3) 20. O reino e as crianças: (1) *Ev.Tomé* 22,1-2; (2) Mc 10,13-16 = Mt 19,13-15 = Lc 18,15-17; (3) Mt 18,3; (4) Jo 3,1-5.9-10;

(4) 21. A luz do mundo: (1) *Ev.Tomé* 24,13 = *P. Oxi.* 655, fr.d.1-5; (2) Mt 5,14a; (3a?) *Dial.Salv.* 14; (3b?) *Dial.Salv.* 34; (4a) Jo 8,12; (4b) Jo 11,9-19; (4c) Jo 12,35-36;

(5) 22. Profeta em sua pátria: (1) *Ev.Tomé* 31 = *P. Oxi.* 1,30-35; (2) Mc 6,1-6a = Mt 13,53-58; (3) Lc 4,16-24; (4) Jo 4,44;

(6) 83. Procurar tarde demais: (1) *Ev.Tomé* 38,2; (2) Jo 7,34a.36b;

(7) 42. As Escrituras e Jesus: (1) *Ev.Tomé* 52; (2) *Ev.Eg.* 2,1; (3) Jo 5,39-47;

(8) 45. Pai e Filho: (1) *Ev.Tomé* 61,4; (2) Q^2: Lc 10,22 = Mt 11,27; (3a) Jo 3,35b; (3b) Jo 13,3a;

(9) 49. O templo e Jesus: (1) *Ev.Tomé* 71; (2a) Mc 14,55-59 = Mt 26,59-61; (2b) Mc 15,29-32a = Mt 27,39-43 = (!) Lc 23,35-37; (2c) At 6,11-14; (3) Jo 2,18-22;

(10) 50. A colheita é grande: (1) *Ev.Tomé* 73; (2) Q^1: Lc 10,2 = Mt 9,37-38; (3) Jo 4,35;

(11) 24. Bem-aventuradas as entranhas: (1) *Ev.Tomé* 79,1-2; (2) [Q^1?]: Lc 11,27-28; (3?) Jo 13,17; (4?) Tg 1,25b;

(12) 53. Discernir os sinais dos tempos: (1) *Ev.Tomé* 91; (2) Lc 12,54-56; (3?) Mt 16,2-3; (3b?) *Ev.Naz.* 13; (4?) Jo 6,30.

Apêndice **5**

Múltiplas versões dos ditos do Evangelho de Tomé

Há 8 casos que envolvem 18, ou talvez 19 de um total de 132 unidades (14%). Note que em todos os casos, exceto #6, há também paralelo no *Evangelho* Q.

(1) 4. Pedir, buscar e bater: (1a) *Ev.Tomé* 2 = *P. Oxi.* 654,5-9; (1b) *Ev.Tomé* 92,1; (1c) *Ev.Tomé* 94; (2) *Ev.Heb.* 4ab; (3) Q^1: Lc 11,9-10 = Mt 7,7-8; (4) Mc 11,24 = Mt 21,22; (5a) *Dial.Salv.* 9-12; (5b) *Dial.Salv.* 20d; (5c) *Dial.Salv.* 79-80; (6a) Jo 14,13-14; (6b) Jo 15,7; (6c) Jo 15,16; (6d) Jo 16,23-24; (6e) Jo 16,26;

(2) 8. Onde e quando: (1a) *Ev.Tomé* 3,1-3 = *P. Oxi.* 654,9-16; (1b) *Ev.Tomé* 51; (1c) *Ev.Tomé* 113; (2) Q^2: Lc 17,23 = Mt 24,26; (3) Mc 13,21-23 = Mt 24,23-25; (4?) *Dial. Salv.* 16; (5) Lc 17,20-21; mas veja também (como 1d?) **285. Princípio e fim:** (1) *Ev.Tomé* 18,1-3;

(3) 32. O oculto vem a ser revelado: (1a) *Ev.Tomé* 5,2 = *P. Oxi.* 654,29-30; (1b) *Ev.Tomé* 6,5-6 = *P. Oxi.* 654,38-39; (2) Q^1: Lc 12,2 = Mt 10,26; (3) Mc 4,22 = Lc 8,17;

(4) 12. Conhecer o perigo: (1a) 1Ts 5,2; (1b) 2Pd 3,10; (2a) *Ev.Tomé* 21,5-7; (2b) *Ev.Tomé* 103; (3) Q^2: Lc 12,39-40 = Mt 24,43-44; (4a) Ap 3,3b; (4b) Ap 16,15a;

(5) 84. Os que atrapalham os outros: (1a) *Ev.Tomé* 39,1-2 = *P. Oxi.* 655, col. ii,11-19; (1b) *Ev.Tomé* 102; (2) Q^2: Lc 11,52 = Mt 23,13;

(6) 298. A unidade e o monte: (1) *Ev.Tomé* 48; (1b) *Ev.Tomé* 106; &173;

(7) 89. Ódio à própria família: (1a) *Ev.Tomé* 55,1-2a; (1b) *Ev.Tomé* 101; (2) Q^1: Lc 14,25-26 = Mt 10,37;

(8) 48. Bem-aventurados os perseguidos: (1a) *Ev.Tomé* 68; (1b) *Ev.Tomé* 69,1; (2a) Q^1: Lc 6,22-23 = Mt 5,11-12 [exceto por 6,23c = 5,12c]; (2b) Mt 5,10; (2c) Pol *Fil.* 2,3f; (3a) 1Pd 3,14a; (3b) 1Pd 4,14.

Apêndice 6

Ditos sobre o Reino

As estatísticas a seguir pretendem ser tão seguras quanto possível. Para o *Evangelho* Q e a Tradição dos Ditos Comuns, o Reino precisa estar presente nas *duas* versões conservadas para ser incluído. Portanto, nesses casos originalmente pode ter havido mais exemplos do que podemos contar agora. Mas aqui estão, pelo menos, os casos mais seguros.

(1) *Evangelho de Tomé*. O "Reino dos céus" é encontrado 3 vezes: (1) 20,1; (2) 54; (3) 114,3. O "Reino do Pai" é encontrado 7 vezes: (4) 57,1; (5) 76,1; (6) 96,1; (7) 97,1; (8) 98,1; (9) 99,3; (10) 113,4. O "Reino", sem nenhuma especificação, é encontrado 7 vezes: (11) 3,1.3; (12) 22,1.3.7; (13) 27,1; (14) 46,1; (15) 107,1; (16) 109,1; (17) 113,1. Repetições dentro do mesmo dito (3,1.3; 22,1.3.7) contam-se como um só exemplo, o que dá 17 casos em 132 ditos, ou cerca de 13%.

(2) *Evangelho Q*. O "Reino", em geral "Reino de Deus" em Lucas e o "Reino dos Céus" em Mateus, é encontrado como a seguir: (1) Lc 6,20b = Mt 5,3; (2) Lc 7,28 = Mt 11,11; (3) Lc 10,9.11 = Mt 10,7; (4) Lc 11,2 = Mt 6,10; (5) Lc 11,20 = Mt 12,28; (6) Lc 12,31 = Mt 6,33; (7) Lc 13,18 = Mt 13,31; (8) Lc 13,20 = Mt 13,33; (9) Lc 13,28.29 = Mt 8,11.12; (10) Lc 16,16= Mt 11,12. Repetições dentro do mesmo dito (Q 10,9.11 & 13,28.29) contam-se como um só exemplo, o que dá 10 casos em 101 ditos, ou cerca de 10%.

(3) Tradição dos Ditos Comuns. O "Reino" é encontrado 4 vezes: (1) O *grão de mostarda* em *Ev.Tomé* 20 = Q 13,18-19 ou Lc 13,18-19 = Mt 13,31-32; (2) *Maior do que João* em *Ev.Tomé* 46 = Q 7,23 ou Lc 7,28 = Mt 11,11; (3) *Bem-aventurados os pobres* em *Ev.Tomé* 54 = Q 6,20 ou Lc 6,20 = Mt 5,3; (4) O *fermento* em *Ev.Tomé* 96,1-2 = Q 13,20-21 ou Lc 13,20-21 = Mt 13,33, o que dá 4 casos em 37 ditos, ou cerca de 11%.

Apêndice 7

A independência sinótica de Did. I,3b–II,1

No Apêndice 1 de O *Jesus histórico*, inventariei *Did.* I,3b–II,1 como dependente de uma versão unificada de Mateus e Lucas (Layton). Passei dessa posição para a de completa independência sinótica, o que muda a atestação destes cinco ditos daquela parte da *Didaqué* em meu inventário anterior:

(1) 114. Amai os vossos inimigos: (1) *P. Oxi.* 1224, 2 r i, linhas 1-2a; (2a) Q^1: Lc 6,27-28.35a = Mt 5,43-44; (2b) Pol. *Fil.* 12,3a; (3) *Did.* I,3ac;

(2) 117. Melhor do que os pecadores: (1a) Q^1: Lc 6,32-35 = Mt 5,45-47; (1b) *2 Clemente* 13,4a [de Lc 6,32]; (2) In. *Pol.* 2,1; (3) *Did.* I,3b;

(3) 140. A outra face: (1) Q^1: Lc 6,29 = Mt 5,38-41; (2) *Did.* I,4b;

(4) 103. Dê sem retorno: (1) *Ev.Tomé* 95,2; (2) Q^1: Lc 6,30 = Mt 5,42; (3) *Did.* I,4c.5a;

(5) 162. Antes do julgamento:(1) Q^2: Lc 12,57-59 = Mt 5,25-26; (2) *Did.* I,5c.

Bibliografia

Abreviaturas

AB – *Anchor Bible;*
AF – *The Apostolic Fathers* (veja LAKE);
ANET – *Ancient Near Eastern texts relating to the Old Testament* (veja PRITCHARD);
ANF – *Ante-Nicene fathers* (veja ROBERTS, DONALDSON E COXE);
ANRW – *Aufstieg und Niedergang der römischen Welt* (veja TEMPORINI E HAASE);
BA – *Biblical Archaelogist;*
BAR – *Biblical Archaelogy Review;*
BASOR – *Bulletin of the American Schools of Oriental Research;*
BASP – *Bulletin of the American Society of Papyrologists;*
BETL – *Bibliotheca Ephemeridum Theologicarum Lovaniensium;*
BLE – *Bulletin de Littérature Ecclésiastique;*
CBQ – *Catholic Biblical Quarterly;*
CBQMS – *Catholic Biblical Quarterly Monograph Series;*
DSSP – *Dead Sea Scrolls Project of Princeton Theological Seminary* (veja CHARLESWORTH ET AL.);
DSST – *The Dead Sea Scrolls Translated* (veja GARCÍA MARTÍNEZ);
ETL – *Ephemerides Theologicae Lovanienses;*
GLAJJ – *Greek and Latin Authors on Jews and Judaism* (veja STERN);
HR – *History of Religions;*
HTR – *Harvard Theological Review;*
HTS – *Harvard Theological Studies;*
IEJ – *Israel Exploration Journal;*
IQP – The International Q Project (veja ROBINSON ET AL.);
JBL – *Journal of Biblical Literature;*
JECS – *Journal of Early Christian Studies;*
JSNT – *Journal for the Study of the New Testament;*
JSOT – *Journal for the Study of the Old Testament;*
JTS – *Journal of Theological Studies;*
LCL – *Loeb Classical Library;*

NDIEC – *New Documents Illustrating Early Christianity* (veja HORSLEY, LLEWELYN E KEARSLEY);

NHLE – *The Nag Hammadi Library in English* (veja ROBINSON 1988);

NHS – *Nag Hammadi Studies;*

NTA – *New Testament Apocrypha* (veja SCHNEEMELCHER E WILSON);

NTS – *New Testament Studies;*

OTP – *The Old Testament Pseudepigrapha* (veja CHARLESWORTH);

PEQ – *Palestine Exploration Quarterly;*

SBLDS – *Society of Biblical Liberative Dissertation Series;*

SBLRBS – *Society of Biblical Literature Resources for Biblical Study;*

SNTSMS – *Society for New Testament Studies Monograph Series;*

TS – *Theological Studies;*

TU – *Texte und Untersuchungen;*

TYNB – *Tyndale Bulletin;*

WMANT – *Wissenschaftliche Monographien zum Alten und Neuen Testament;*

ZNW – *Zeitschrift für die Neutestamentliche Wissenschaft;*

ZPE – *Zeitschrift für Papyrologie und Epigraphik;*

ZTK – *Zeitschrift für Theologie und Kirche.*

FONTES

ADAN-BAYEWITZ, David. 1992. *Common pottery in roman Galilee*: a study of local trade. Bar-Ilan studies in Near Eastern languages and culture. Ramat-Gan, Israel, Bar-Ilan Univ. Press. Versão rev., ampl. e atual. de: Manufacture and local trade in the Galilee of roman-byzantine Palestine: a case study. Tese de doutorado, Jerusalem, Hebrew University (sob orientação de Isadore Perlman & Daniel Sperber), 1985.

_____, PERLMAN, Isadore. 1990. The local trade of Sepphoris in the roman period. *IEJ* 40:153-172.

ALCOCK, Susan E. 1993. *Graecia capta*: the landscapes of Roman Greece. Cambridge, UK, Cambridge Univ. Press.

ALEXIOU, Margaret. 1974. *The ritual lament in greek tradition*. New York, Cambridge Univ. Press.

ALFÖLDY, Géza. 1985. *The social history of Rome*. Trad. David Braund & Frank Pollock. London, Croom Helm.

ANDERSEN, Øivind. 1992. Oral tradition. In: *Jesus and the oral gospel tradition,* organizado por Henry Wansbrough, *JSNT* Supplement Series, 64. Sheffield, UK, Sheffield Academic Press (*JSOT* Press). pp. 17-58.

APPLEBAUM, Shimon. 1977. Judaea as a roman province: the countryside as a political and economic factor. *ANRW* 2.8. 355-396.

APPLEBAUM, Shimon. 1989. Josephus and the economic causes of the Jewish War. In: *Josephus, the Bible, and history*, organizado por Louis H. Feldman & Gohei Hata. Detroit, MI, Wayne State Univ. Press. pp. 237-264.

ARNAL, William E. 1995. The rhetoric of marginality: apocalypticism, gnosticism and sayings gospels. *HTR* 88:471-494.

ARNOLD, Dean E. 1985. *Ceramic theory and cultural process*. Cambridge, UK, Cambridge Univ. Press.

ATTRIDGE, Harold W. 1979. The original text of Gos. Thom., Saying 30. *BASP* 16:153-157.

_____. 1984. Josephus and his works. In: *Jewish writings of the second temple period*: apocrypha, pseudepigrapha, Qumran sectarian writings, Philo, Josephus, organizado por Michael E. Stone, pp. 185-232. V. 2. da Section II, *The literature of the Jewish people in the period of the second temple and the Talmud* (3 v.), in *Compendia rerum iudaicarum ad Novum Testamentum* (10 v.), organizado por M. de Jonge & Schmuel Safrai. Assen, Van Gorcum & Philadelphia, Fortress Press, 1974-.

_____. 1989. The gospel according to Thomas. Appendix: The greek fragments. In: *Nag Hammadi codex II, 2-7*, 2 v., organizado por Bentley Layton, v. 1. pp. 95-128. NHS 20-21. Leiden, Brill. (The Coptic Gnostic Library.)

_____. 1990. Liberating death's captives: reconsideration of an early christian myth. In: *Gnosticism and the early christian world* (in honor of James M. Robinson) organizado por James E. Goehring; Charles W. Hendrick; Jack T. Sanders, com Hans Dieter Betz. Forum Fascicles, 2. Sonoma, CA, Polebridge Press. pp. 103-115.

AUDET, Jean-Paul. 1958. *La Didachè*: instructions des apôtres. Études Bibliques. Paris, Gabalda.

AVI-YONAH, Michael. 1950. The foundation of Tiberias. *IEJ* 1:160-169.

BAR-ILAN, Meir. 1992. Illiteracy in the land of Israel in the first centuries C.E. In: *Essays in the social scientific study of judaism and Jewish society*, organizado por Simcha Fishbane & Stuart Schoenfeld, com Alain Goldschläger. Hoboken, NJ, KTAV. 2 v. v. 2. pp. 46-61.

BARNES, Timothy D. 1981. *Constantine and Eusebius*. Cambridge MA, Harvard Univ. Press.

BARTCHY, S. Scott. 1991. Community of Goods in acts: idealization or social reality? In: *The future of early christianity*: essays in honor of Helmut Koester, organizado por Birger A. Pearson, em colaboração com A. Thomas Kraabel; George W. E. Nickelsburg; Norman R. Petersen. Minneapolis, Fortress Press. pp. 309-318.

BARTLETT, Sir Frederic C. 1964. *Remembering*: a study in experimental and social psychology. Cambridge, UK,Cambridge Univ. Press. (Publicado originalmente em 1932.)

BATEY, Richard A. 1991. *Jesus and the forgotten city*: new light on Sepphoris and the urban world of Jesus. Grand Rapids, MI, Baker.

BEALL, Todd S. 1988. *Josephus'description of the essenes illustrated by the Dead Sea scrolls*. SNTSMS 58. New York, Cambridge Univ. Press.

BEAMES, Michael. 1983. *Peasants and power*: the Whiteboy movements and their control in Pre-Famine Ireland. New York. St. Martin's Press.

BELL, Harold Idriss, SKEAT, Theodore Cressy. 1935a. *Fragments of an unknown gospel and other early christian papyri*. London, Oxford Univ. Press. (Unknown gospel, pp. 1-41; cf. também as ilustrações I e II.)

_____. 1935b. *The new gospel fragments*. London, Oxford Univ. Press.

BENKO, Stephen. 1980. Pagan criticism of christianity during the first two centuries A.D. *ANRW* 2.23.1055-1118.

BETZ, Hans Dieter. 1994. Jesus and the cynics: survey and analysis of a hypothesis. *Journal of Religion* 74:453-475.

BOAS, Franz. 1901. *Kathlamet texts*. Smithsonian Institution, Bureau of American Ethnology, Bulletin 26. Washington, D.C., Government Printing Office.

BOHANNON III, John Neil, SYMONS, Victoria Louise. 1992. Flashbulb memories: confidence, consistency, and quantity. In: Winograd & Neisser (orgs.). pp. 65-91.

BORG, Marcus J. 1994. *Jesus in contemporary scholarship*. Valley Forge, PA, Trinity Press International.

_____. 1997. The historical study of Jesus and christian origins. In: *Jesus at 2000*, organizado por _____. Boulder, CO, Westview Press. pp. 121-147.

BOURIANT, Urbain. 1892. Fragments du texte grec du livre d'Enoch et de quelques écrits attribués a Saint Pierre. In: *Mémoires publiés par les membres de la mission archéologique française au Caire*, v. 9, n. 3, organizado por Urbain Bouriant. Paris, Leroux. pp. 91-147. (O *Evangelho de Pedro* está nas pp. 137-142.)

BOYARIN, Daniel. 1994a. *Israel carnal*: lendo o sexo na cultura talmúdica. Trad. André Cardoso. Rio de Janeiro, Imago. (Coleção Bereshit.)

_____. 1994b. *A radical jew*; Paul and the politics of identity. Contraversions: critical studies in Jewish literature, culture and society, 1. Berkeley, University of California Press.

BREWER, William F. 1992. The theoretical and empirical status of the flashbulb memory hypothesis. In: Winograd & Neisser (orgs.). pp. 274-305.

BROSHI, Magen. 1978. Estimating the population of ancient Jerusalem. *BAR* 4 (2/June):10-15.

BROWN, Peter. 1982. Response (to The problem of miraculous feedings in the Graeco-Roman world, de Robert M. Grant). In: *Protocol of the forty-second colloquy*. Berkeley Center for Hermeneutical Studies in Hellenistic and Modern Culture. The Graduate Theological Union and the University of California at Berkeley. 14, Mar. 1982. pp. 16-24.

_____. 1988. *The body and society*; Men, women and sexual renunciation in early christianity. Lectures on the history of religions Sponsored by the American Council of Learned Societies. New York, Columbia Univ. Press. (New Series, 10.)

BROWN, Raymond E. 1962-1963. The Gospel of Thomas and St. John's gospel. *NTS* 9:155-177.

_____. 1987. The *Gospel of Peter* and canonical gospel priority. *NTS* 33:321-343. (Presidential address delivered at the 41st general meeting of SNTS, Atlanta, GA, Ag. 1986.)

BROWN, Raymond E. 1994. *The death of the Messiah*: from Gethsemane to the grave. A commentary on the Passion narratives in the four gospels. New York, Doubleday. 2 v. (The Anchor Bible Reference Library.)

BROWN, Roger, KULIK, James. 1977. Flashbulb memories. In: *Cognition* 5:73-99.

BROWN, Schuyler. 1970. Concerning the origin of the *Nomina Sacra*. *Studia Papyrologica* 9:7-19.

BURFORD, Alison. 1972. *Craftsmen in greek and roman society*: aspects of Greek and Roman life. Ithaca, NY, Cornell Univ. Press.

BYATT, Anthony. 1973. Josephus and population numbers in first century Palestine. *PEQ* 105:51-60.

CAMERON, Ron (org.). 1982. *The other gospels*: non-canonical gospel texts. Philadelphia, Westminster.

CANCIAN, Frank. 1989. Economic behaviour in peasant communities. In: *Economic anthropology*, organizado por Stuart Plattner. Stanford, CA, Stanford Univ. Press.

CANNON, Lou. 1991. *President Reagan*: the role of a lifetime. New York, Simon & Schuster.

CARAVELI, Anna. 1986. The bitter wounding: the lament as social protest in rural Greece. In: *Gender and power in rural Greece*, organizado por Jill Dubisch. Princeton, NJ. Princeton Univ. Press. pp. 169-194.

CARAVELI-CHAVES, Anna. 1980. Bridge between worlds: The Greek women's lament as communicative event. *Journal of American Folklore* 93:129-157.

CARNEY, Thomas F. 1975. *The shape of the past*: models and antiquity. Lawrence, KS, Coronado Press.

CHARLESWORTH, James H., org. 1983-1985. *The Old Testament pseudepigrapha*. Garden City, NY, Doubleday. 2 v.

_____. et al., orgs. 1994-. *The Dead Sea scrolls*: Hebrew, Aramaic and Greek Texts with english translations (10 v.). V. 1: *Rule of the community and related documents* (1994). V. 2: *Damascus document, war scroll and related documents*. 1995. Louisville, KY, Westminster/ John Knox Press.

_____, EVANS, Craig A. 1994. Jesus in the agrapha and apocryphal gospels. In: Chilton & Evans. pp. 479-533.

CHILTON, Bruce D., EVANS, Craig A. 1994. *Studying the historical Jesus*: evaluations of the state of current research. New Testament tools and studies, 19. Leiden, Brill.

CLANCHY, M. T. 1979. *From memory to written record*; England, 1066-1307. Cambridge, MA, Harvard Univ. Press.

COHEN, Shaye J. D. 1979. *Josephus in Galilee and Rome*: his vita and development as a historian. Columbia Studies in the Classical Tradition, 8. Leiden, Brill.

COLES, R. A. et alii. 1972. *The Oxyrhynchus papyri*. Cambridge, Cambridge Univ. Press. v. 41. (R. A. Coles publicou Oxy P 2949 [*EvPd* 2] pp. 15-16; cf. também a ilustração II.)

COLLINS, Adela Yarbro. 1992. Apocalypse and politics. In: *The looking glass*: essays in celebration of a precursor (for Robert W. Funk), organizado por Bernard Brandon Scott & John L.

White, com Lane C. McGaughy. Santa Rosa, CA, Poleridge Press. pp. 297-312. (Também publicado em *Forum* 8 (1992):297-312.

COMFORT, Philip W. 1995. Exploring the common identification of three New Testament manuscripts: P^4, P^{64} e P^{67}. *TynB* 46:43-54.

CORBIER, Mireille. 1991. City, territory and taxation. In: Rich & Wallace-Hadrill (orgs.). pp. 211-239.

CORLEY, Kathleen E. *Gender and Jesus*: history and lament in gospel tradition. New York, Oxford Univ. Press.

COSER, Lewis A. 1956. *The functions of social conflict*. Glencoe, IL, Free Press.

CROSSAN, John Dominic. 1973. *In parables*: the challenge of the historical Jesus. New York, Harper & Row. Reimpresso em 1992 (Sonoma, CA, Polebridge Press).

_____. 1983. *In fragments*: the aphorisms of Jesus. San Francisco, Harper & Row.

_____. 1985/1992. *Four other gospels*: shadows on the contours of canon. Minneapolis, Winstor/Seabury. (Reimpresso em 1992 [Sonoma, CA, Polebridge Press]).

_____. 1988. *The cross that spoke*: the origins of the Passion narrative. San Francisco, Harper & Row.

_____. 1994a. O *Jesus histórico*: a vida de um camponês judeu do Mediterrâneo. Trad. André Cardoso. Rio de Janeiro, Imago. (Coleção Bereshit.)

_____. 1994b. *The essential Jesus*: original sayings and earliest images. San Francisco, Harper/SanFrancisco.

_____. 1995a. *Jesus*: uma biografia revolucionária. Trad. Júlio Castañon Guimarães. Rio de Janeiro, Imago. (Coleção Bereshit.)

_____. 1995b. *Quem matou Jesus?* As raízes do anti-semitismo na história evangélica da morte de Jesus. Trad. Nádia Lamas. Rio de Janeiro, Imago. (Coleção Bereshit.)

_____. 1996. Why christians must search for the historical Jesus. *Bible Review* 12 (2/Abr.):34-38.42-45.

_____. 1997. Jesus and the kingdom: itinerants and householders in earlier christianity. In: *Jesus at 2000*, organizado por Marcus J. Borg. Boulder, CO, Westview Press. pp. 21-51.

DANBY, Herbert. 1967. *The Mishnah*. London, Oxford Univ. Press.

DANFORTH, Loring M. 1982. *The death rituals of rural Greece*. Fot. Alexander Tsiaras. Princeton, NJ. Princeton Univ. Press.

DANIELS, Jon B. 1990. The Egerton gospel: Its place in early christianity. Tese de doutorado, Clarence Graduate School. Ann Arbor, MI, University Microfilms International.

DANKER, Frederick W. 1982. *Benefactor*: epigraphic study of a Graeco-Roman and New Testament semantic field. St. Louis, MO, Clayton Publishing House.

DAVIDS, Stacy. 1995. Appearances of the resurrected Jesus and the experience of grief. Tese inédita apresentada na reunião do Jesus Seminar na primavera de 1995, Santa Rosa, CA.

DAVIES, Stevan L. 1983. *The Gospel of Thomas and Christian wisdom*. New York, Seabury Press.

_____. 1992. The christology and protology of the Gospel of Thomas. *JBL* 111:663-682.

_____. 1993. Whom Jesus healed and how. *The Fourth R* 6 (2/Mar.-Abr.):1-11.

_____. 1995. *Jesus the healer*: possession, trance, and the origins of christianity. New York, Continuum.

DENAUX, Adelbert, org. 1992. *John and the synoptics*. BETL 101. Leuven, Leuven Univ. Press. (39º Colloquium Biblicum Lovaniense, Ag. 7-9, 1990).

DENKER, Jürgen. 1975. *Die theologiegeschichtliche Stellung des Petrusevangeliums*. Ein Beitrag zur Frühgeschichte des Doketismus. *Europäische Hochschulschriften* 23:36. Bern/Frankfurt, Lang.

DE SOLAGES, Bruno. 1979. L'Évangile de Thomas et les évangiles canoniques; L'ordre des périco-pes. *BLE* 80:102-108.

DESSAU, Hermann. 1979. *Inscriptiones latinae selectae*. Chicago, Ares. 5 v. (Publicado original-mente em 1892-1916, em 3 v.)

DE STE. CROIX, G. E. M. 1975. Karl Marx and the history of classical antiquity. *Arethusa* 8:7-41.

DEVER, William G. 1981. The impact of the "new archaeology" on syro-palestinian archaelogy. *BASOR* 242:15-29.

DEWEY, Arthur J. 1989. "And an answer was heard from the cross...": a response to J. Dominic Crossan. *Forum* 5:103-111.

_____. 1990. Time to murder and create: visions and revisions in the Gospel of Peter. *Semeia* 49:101-127.

_____. 1995. Four visions and a funeral: resurrection in the Gospel of Peter. *Journal of Higher Criticism* 2 (2/Outono):33-51.

DICKINSON, Emily (1830-1886). 1955. *Poems*: including variant readings critically compared with all known manuscripts, organizado por Thomas Herbert Johnson. Cambridge, MA, Harvard Univ. Press (Belknap Press). 3 v.

DOBROWOLSKI, Kazimiertz. 1971. Peasant traditional culture. In: *Peasants and peasant society*: Selected readings, organizado por Teodor Shanin. Baltimore, MD, Penguin Books. pp. 277-298. (Publicado originalmente em 1958.)

DONAHUE, John R. 1973. *Are you the Christ?* The trial narrative in the gospel of Mark. SBLDS 10. Cambridge, MA, SBL.

DOUGLAS, Mary. 1966. *Purity and danger*: an analysis of concepts of pollution and taboo. London, Routledge & Kegan Paul.

_____. 1970. *Natural symbols*: explorations in cosmology. New York, Random House (Pantheon Books).

DRAPER, Jonathan. 1985. The Jesus tradition in the Didache. In: *The Jesus tradition outside the gospels*, organizado por David Wenham. *Gospel Perspectives*. Sheffield, UK, JSOT Press. v. 2. pp. 269-287.

DULING, Dennis C., PERRIN, Norman. 1994. *The New Testament*: proclamation and paranesis, myth and history. 3. ed. New York, Harcourt Brace Jovanovich.

DUNCAN-JONES, Richard, 1982. *The economy of the Roman Empire*; Quantitative Studies. 2. ed. Cambridge, UK, Cambridge Univ. Press.

DUNN, James D. G. 1992. John and the oral gospel tradition. In: *Jesus and the oral gospel tradition*, organizado por Henry Wansbrough. *JSNT* Supplement Series, 64. Sheffield UK, Sheffield Academic Press (JSOT Press). pp. 351-379.

DYSON, Stephen L. 1971. Native revolts in the Roman Empire. *Historia* 20:239-274.

_____. 1975. Native revolt patterns in the Roman Empire. ANRW 2.3:138-175.

_____. 1981. A classical archaelogist's response to the "new archaelogy". *BASOR* 242:7-13.

EDDY, Paul Rhodes. 1996. Jesus as Diogenes? Reflections on the cynic Jesus thesis. *JBL* 115:449-469.

EDWARDS, James R. 1989. Markan sandwiches: The significance of interpolations in markan narratives. *Novum Testamentum* 31:193-216.

EISENBERG, Leon. 1977. Disease and illness: distinctions between professional and popular ideas of sickness. In: *Culture, Medicine and Psychiatry* 1:9-23.

EISENSTADT, Shauel Noah. 1993. *The political systems of empires*. Nova ed. New Brunswick, NJ, Transaction Publishers. (Publicado originalmente em 1963 [New York, Free Press of Glencoe].)

EMMEL, Stephen; KOESTER, Helmut; PAGELS, Elaine, 1984. *Nag Hammadi codex III,5*: the dialogue of the savior. NHS 26. Leiden, Brill. (The Coptic Gnostic Library.)

EPSZTEIN, Léon. 1986. *Social justice in the ancient Near East and the people of the Bible*. London, SCM Press. (Publicado originalmente em 1983 como *La justice sociale dans le Proche-Orient ancien et le peuple de la Bible* [Paris, Cerf].)

ETIENNE, Mona, LEACOCK, Eleanor. 1980. Introduction. In: *Women and colonization*: anthropological perspectives, organizado por Mona Etienne & Eleanor Leacock. New York, Praeger. pp. 1-24.

FAGER, Jeffrey A. 1993. *Land tenure and the biblical jubilee*: uncovering hebrew ethics through the sociology of knowledge. *JSOT* Supplement Series, 155. Sheffield, UK, Sheffield Academic Press (JSOT Press). (Baseado em Land tenure and the biblical jubilee: a moral world view. Ann Arbor, MI, University Microfilms International, 1987.)

FARB, Peter, ARMELAGOS, George. 1980. *Consuming Passions*: the anthropology of eating. Boston, MA, Houghton Mifflin.

FENTRESS, James, WICKHAM, Chris. 1992. *Social memory*: new perspectives on the past. Cambridge, MA, Blackwell.

FERMOR, Patrick Leigh. 1984. *Mani*: travels in the southern Peloponnese. New York, Harper & Row.

FIENSY, David A. 1991. *The social history of Palestine in the herodian period*: the land is mine. Studies in the Bible and early christianity, 20. Lewiston, PA, Mellen.

FINLEY, Moses I. 1974. Aristotle and economic analysis. In: *Studies in ancient society*, organizado por _____. London, Rutledge and Kegan Paul. pp. 26-52 (Past and Present Series [esse artigo é de 1970]).

FINLEY, Moses I. 1977. The ancient city: from Fustel de Coulanges to Max Weber and beyond. *Comparative Studies in Society and History* 19:305-327.

FITZMYER, Joseph A. 1970. The priority of Mark and the Q source in Luke. *Perspective* 11:131-170.

_____. 1974. The Oxyrhynchus Logoi of Jesus and the Coptic gospel according to Thomas. Em seus *Essays on the semitic background of the New Testament*. SBLSBS 5. Missoula, MT, Scholars Press. pp. 355-433. (Publicado originalmente em 1971 [London, Chapman]. Atualizado de *TS* 20 (1959):505-560.)

_____. 1981-1985. *The gospel according to Luke*. 2 v. com numeração contínua das páginas. *AB* 28-28a. Garden City, NJ, Doubleday.

FOSTER, George M. 1967. Introduction: what is a peasant? In: *Peasant society*: a reader, organizado por Jack M.Potter; May N. Diaz; George M. Foster. Boston, MA, Little, Brown. pp. 2-14.

FRANCIS, James A. 1995. *Subversive virtue*: asceticism and authority in the second-century pagan world. University Park, Pennsylvania State Univ. Press.

FREDRIKSEN, Paula. 1988. *From Jesus to Christ*: the origins of the New Testament images of Jesus. New Haven, CT, Yale Univ. Press.

_____. 1991. Judaism, the circumcision of gentiles and apocalyptic hope: another look at galatians 1 and 2. *JTS* 42:532-564.

_____. 1995a. What you see is what you get: context and content in current research on the historical Jesus. *Theology Today* 52:75-97.

_____. 1995b. Did Jesus oppose the purity laws? *Bible Review* 11 (3/June): 18-25.42-47.

FROST, Robert. 1979. *The poetry of Robert Frost*: the collected poems, complete and unabridged, organizado por Edward Connery Lathern. New York, Holt.

FUNK, Francis Xavier. 1905. *Didascalia et constitutiones apostolorum*. Paderborn, Germany, Schoeningh. 2 v.

GAMBLE, Harry W. 1995. *Books and readers in the early Church*: a history of early Christian texts. New Haven, CT, Yale Univ. Press.

GARCÍA MARTÍNEZ, Florentino, org. 1996. *The Dead Sea scrolls translated*: the Qumran texts in english. Trad. Wilfred G. E. Watson. 2. ed. Brill, Leiden & Grand Rapids, MI, Eerdmans. (Publicado originalmente em 1994.)

GARDNER-SMITH, P. 1925-1926b. The Gospel of Peter. *JTS* 27:255-271.

_____. 1926-1926b. The date of the Gospel of Peter. *JTS* 27: 401-407.

GARITTE, Gérard. 1957. Le premier volume de l'édition photographique des manuscrits gnostiques coptes et l'"Évangile de Thomas". *Muséon* 70:59-73.

GARNSEY, Peter, HOPKINS, Keith, WHITTAKER, C. R., orgs. 1983. *Trade in the ancient economy*. Berkeley, University of California Press.

GARRISON, Roman. 1993. Redemptive almsgiving in early christianity. *JSNT* Supplement Series, 77. Sheffield, UK, Sheffield Academy Press (JSOT Press).

GENOVESE, Eugene D. 1974. *Roll, Jordan, roll*: the world the Slaves made. New York, Random House (Pantheon Books).

GEORGI, Dieter. 1992. The interest in life of Jesus theology as a paradigm for the social history of biblical criticism. *HTR* 85:51-83.

GERMANI, Gino. 1980. *Marginality*. New Brunswick, NJ, Transaction Books.

GIBBON, Edward. 1989. *Declínio e queda do Império Romano*. Edição abreviada. Trad. e notas suplementares José Paulo Pais. São Paulo, Companhia das Letras (Publicado originalmente em 1776-1788.)

GLOVER, Richard. 1958-1959. The *Didache*'s quotations and the synoptic gospels. *NTS* 5,12-29.

GOLDSCHMIDT, Walter, KUNKEL, Evalyn Jacobson. 1971. The structure of the peasant family. *American Anthropologist* 73:1058-1076.

GOODMAN, Martin. 1991. Who was Jesus? Crítica a John P. Meier, v. 1. (cf. abaixo). *The New York Times Book Review*. Dez. 22. pp. 3, 23.

_____. 1994. *A classe dirigente da Judéia*: as origens da revolta judaica contra Roma, 66-70 d.C. Trad. Alexandre Lissovsky & Elisabeth Lissovsky. Rio de Janeiro, Imago. (Coleção Bereschit.)

GOODSPEED, Edgar J. 1950. The apostolic fathers: an american translation. New York, Harper.

GOODY, Jack. 1977. *The domestication of the savage mind*. Cambridge, UK, Cambridge Univ. Press.

_____. 1986. *The logic of writing and the organization of society*. Studies in literacy, family, culture and the state. New York, Cambridge Univ. Press.

_____. 1987. *The interface between the written and the oral*. Studies in literacy, the family, culture and the state. Cambridge, UK, Cambridge Univ. Press.

GORDON, Barry. 1982. Lending at interest: some Jewish, Greek and Christian approaches, 800 B.C.-A.D. 100. *History of Political Economy* 14:406-426.

GOTTWALD, Norman K. 1985. *The hebrew Bible*: a socio-literary introduction. Philadelphia, Fortress Press.

_____. 1993. Social class as an analytic and hermeneutical category in biblical studies. *JBL* 112:3-22.

GREEN, Joel B. 1987. The Gospel of Peter: source for a pre-canonical Passion narrative? *ZNW* 78:293-301.

GRENFELL, Bernard Pyne, HUNT, Arthur Surridge. 1987. LOGIA IHCOU: sayings of Our Lord from an early Greek papyrus. London, Frowde (for the Egypt Exploration Fund).

_____. 1898. *The Oxyrhynchus Papyri*. Part I, nn. 1-207. London, Egypt Exploration Fund. (Cf. n. 1, LOGIA IHCOU. pp. 1-3.)

_____. 1904a. *The Oxyrhynchus Papyri*. Part IV, nn. 654-839. London, Egypt Exploration Fund. (Cf. n. 654, New sayings of Jesus. pp. 1-22; n. 655, Fragments of a lost gospel. pp. 22-28.

_____. 1904b. *New sayings of Jesus and fragment of a lost gospel from Oxyrhynchus*. London, Frowde (for the Egypt Exploration Fund).

_____. 1922. *The Oxyrhynchus Papyri*. Part XV, nn. 1780-1828. London, Oxford Univ. Press. (Cf. n. 1782, *Didache* 1-3, pp. 12-15.)

GUILLAUMONT, A. et al., orgs. 1959. *The gospel according to Thomas*. Leiden, Brill & New York, Harper & Row.

HAAS, N. 1970. Anthropological observations on the skeletal remains from Giv'at ha-Mivtar. *IEJ* 20:38-59, ilustrações 18-24.

HABEL, Norman C. 1995. *The land is mine*: six biblical land ideologies. Overtures to biblical theology. Minneapolis, Fortress Press.

HAMEL, Gildas H. 1983. Poverty and charity in roman Palestine, first three centuries C.E. Tese de doutorado, University of California, Santa Cruz. Ann Arbor, MI, University Microfilms International. Posteriormente publicada em University of California Publications, Near Eastern Studies, 23. Berkeley, University of California Press, 1990.

HARRIS, William V. 1989. *Ancient literacy*. Cambridge, MA, Harvard Univ. Press.

HARRISON, Tony. 1990. *The trackers of Oxyrhynchus*: the Delphi text 1988. London, Faber & Faber.

HARTIN, Patrick J. 1995. "Yet wisdom is justified by her children" (Q 7,35): a rhetorical and compositional analysis of divine sophia in Q. In: *Conflict and invention*: literary, rhetorical and social studies on the sayings Gospel Q, organizado por John Kloppenborg. Valley Forge, PA, Trinity Press International. pp. 151-164.

HENAUT, Barry W. 1993. *Oral tradition and the gospels*: the problem of Mark 4. *JSNT* Supplement Series, 82. Sheffield, UK, Sheffield Academy Press (JSOT Press).

HENDERSON, Ian H. 1992. *Didache* and orality in synoptic comparison. *JBL* 111,283-306.

HENGEL, M. 1977. *Crucifixion in the ancient world and the folly of the message of the cross*. Philadelphia. Fortress Press.

HILLS, Julian Victor. 1985. Tradition and composition in the *Epistula apostolorum*. Tese de doutorado em teologia. Harvard University. Ann Arbor, MI, University Microfilms International.

_____. 1990. *Tradition and composition in the Epistula apostolorum*. Harvard Dissertations in Religion, 24. Minneapolis, Fortress Press. Da tese de doutorado na Harvard University, 1985.

HOFFMANN, R. Joseph. 1987. *Celsus on the true doctrine*: a discourse against the christians. New York, Oxford Univ. Press.

HOLST-WARHAFT, Gail. 1992. *Dangerous voices*: women's laments and Greek literature. New York, Rutledge.

HOPKINS, Keith. 1978. Economic growth and towns in classical antiquity. In: *Towns in society*: essays in economic history and historical sociology, organizado por Philip Abrams & E. A. Wigley. Cambridge, UK, Cambridge Univ. Press. pp. 35-77.

_____. 1983. Introduction. In: Garnsey, Hopkins, & Whittaker, pp. IX-XXV.

HORSLEY, G. H. R. (org. dos v. 1-5), LLEWELYN, S. R.com KEARSLEY, R. A. (orgs. dos v. 6-7). 1981-1994. *New documents illustrating early christianity*: a review of the Greek inscriptions and papyri published in 1976-83. North Ryde, Australia, The Ancient History Documentary Research Centre, Macquarie University. 7 v.

HORSLEY, Richard A. 1989. *Sociology and the Jesus movement*. New York, Crossroad.

_____. 1994. The historical Jesus and archaeology of the Galilee: questions from historical Jesus research to archaelogists. In: *Society of Biblical Literature 1994 Seminar Papers*, organizado por Eugene H. Lovering, Jr. SBLSP 33. (130a reunião anual, Nov. 19-22, 1994. Chicago.) Atlanta Scholars Press. pp. 91-135.

_____, HANSON, J. S. 1985. *Bandits, prophets and messiahs*: popular movements at the time of Jesus. New voices in biblical studies. Minneapolis, Winston Press (Seabury Books).

HUNTER, Ian M. L. 1985. Lengthy verbatim recall: The role of text. In: *Progress in the psychology of language*, organizado por Andrew W. Ellis. London & Hillsdale, NJ, Eribaum. v. 1. pp. 207-235.

HUTTON, Delvin D. 1970. The resurrection of the Holy Ones (Mt 27:51b-53): a study of the theology of the matthean Passion narrative. Tese de doutorado em teologia. Harvard University.

JACKSON, John et al., trads. 1914-1937. *Tacitus*. Loeb Classical Library. Cambridge, MA, Harvard University.

JACOBSON, Arland Dean. 1978. *Wisdom christology in Q*. Ann Arbor, MI, University Microfilms International.

_____. 1992. *The first gospel*: an introduction to Q. Sonoma, CA, Polebridge Press. Versão completamente revista de tese de doutorado, Claremont Graduate School, 1978.

JAMES, Montague Rhodes, 1953. *The apocryphal New Testament*. Oxford, Clarendon Press. Publicado originalmente em 1924; edição corrigida publicada em 1953.

JARDIM JÚNIOR, David, trad. s.d. *Virgílio, Eneida*. 11. ed. Rio de Janeiro, Ediouro. (Clássicos de bolso.)

JARRET, Janice Carole. 1977. The song of lament: an artistic women's heritage (a study of the modern Greek lamenting tradition and its ancient west Asian and Mediterranean prototypes. Tese de doutorado (etnomusicologia), Wesleyan University. Ann Arbor, MI, University Microfilms International.

JEFFORD, Clayton N. 1989. *The sayings of Jesus in the teaching of the twelve apostles*. Supplements to *Vigiliae Christianae*. Texts and studies of early christian life and language, 11. Leiden Brill.

_____, org. 1995. *The* Didache *in context*: essays on its text, history and transmission. Supplements to *Novum Testamentum*, 77. Leiden Brill.

JEWETT, Robert. 1993. Tenement churches and communal meals in the early Church: The implications of a form-critical analysis of 2 Thessalonians 3:10. *Biblical Research* 38:23-43.

_____. 1994. Tenement churches and pauline love feasts. *Quarterly Review* 14:43-58. Versão menos técnica do artigo anterior.

JOHNSON, Benjamin A. 1965. Empty tomb tradition in the Gospel of Peter. Tese de doutorado, Harvard University.

JOHNSON, Benjamim A. 1984-1985. The Gospel of Peter: between apocalypse and romance. In: *Papers Presented to the Seventh International Conference on Patristic Studies Held at Oxford 1975*, 2 v, organizado por Elizabeth Livingstone, v. 2. pp. 170-174. Studia Patristica 15-16 & TU 128. Berlin, Akademie.

JOHNSON, Luke Timothy. 1996. *The real Jesus*: the misguided quest for the historical Jesus and the truth of the traditional gospels. San Francisco, HarperSanFrancisco.

JONES, F. Stanley. 1982. The Pseudo-Clementines: a history of research, parts I and II. *Second Century* 2:1-33,63-96.

_____. 1995. *An ancient Jewish Christian source on the history of christianity*: Pseudo-Clementine recognitions 1,27-71. SBL Texts and Translations, 37. Christian Apocrypha Series, 2. Atlanta, Scholars Press.

_____, MIRECKI, 1995. Considerations on the Coptic papyrus of the *Didache* (British Library Oriental Manuscript 9271). In Jefford (org.), 1995. pp. 47-87 e ilustrações I-II.

JOSEFO, Flávio. Cf. Thackeray et al. a seguir.

JUNGER, Sebastian. 1997. *The perfect storm*. New York, Norton.

JUNGMANN, Josef A. 1959. *The early liturgy*: to the time of Gregory the Great. Trad. Francis A. Brunner. Notre Dame, IN, University of Notre Dame Press.

KAHL, Werner. 1992. *New Testament miracle in their religious-historical setting*: a *Religionsgeschichtliche* comparison from a structural perspective. Tese de doutorado, Emory University. Ann Arbor, MI, University Microfilms International.

KAUTSKY, John H. 1982. *The politics of aristocratic empires*. Chapel Hill, NC, University of North Carolina Press.

KELBER, Werner H. 1978. Concepts and a model for the comparison of medical systems as cultural systems. *Social Science and Medicine* 12(2B):85-94.

_____. 1983. *The oral and the written gospel*: the hermeneutics of speaking and writing in the synoptic tradition, Mark, Paul, and Q. Philadelphia, Fortress Press.

_____. 1994. Jesus and tradition: words in time, words in space. *Semeia* 65:139-167.

KING, Karen L. 1987. Kingdom in the Gospel of Thomas. *Forum* 3:48-97.

_____. 1994. The Gospel of Mary Magdalene. In: *Searching the Scriptures*: a feminist commentary, 2 v., organizado por Elizabeth Schüssler Fiorenza, com Ann Brock & Shelly Matthews. New York, Crossroad. v. 2. pp. 601-634.

KIRK, Alan. 1994. Examining priorities: another look at the Gospel of Peter's relationship to the New Testament gospels. *NTS* 40: 572-595.

KLEINMAN, Arthur. 1980. *Patients and healers in the context of culture*: an exploration of the borderland between anthropology, medicine and psychiatry. Comparative studies of health systems and medical care. Berkeley, University of California Press.

_____. 1988. *The illness narratives*: suffering, healing and the human condition. New York, Basic Books.

KLEINMAN, Arthur, SUNG, Lilias H. 1979. Why do indigenous practitioners successfully heal? *Social Science and Medicine* 13B/1:7-26.

KLIJN, A.F.J. 1962. The "single one" in the Gospel of Thomas. *JBL* 81:271-278.

KLOPPENBORG, John S. 1987a. *The formation of* Q: trajectories in ancient wisdom collections. Studies in antiquity and christianity. Philadelphia, Fortress Press.

_____. 1987b. Symbolic eschatology and the apocalypticism of Q. *HTR* 80:287-306.

_____. 1990. "Easter Faith" and The Sayings Gospel Q. *Semeia* 49:71-99.

_____. 1991. Literary convention, self-evidence and the social history of the Q people. *Semeia* 55:77-102.

_____. 1996. The sayings gospel Q and the quest of the historical Jesus. *HTR* 89:307-344.

_____ et al. 1990. Q *Thomas reader*. Sonoma, CA, Polebridge Press. (Intr. ao *Evangelho* Q por Steinhauser, trad. Kloppenborg. Intr. ao *Evangelho de Tomé* por Steinhauser, trad. Meyer.)

KOESTER, Helmut. 1957. *Synoptische Überlieferung bei den Apostolischen Vätern*. TU 65. Berlin, Akademie

_____. 1971. One Jesus and four primitive gospels. In: James M. Robinson & Helmut Koester. *Trajectories through early christianity*. Philadelphia, Fortress Press. pp. 158-204. Publicado originalmente em 1968.

_____. 1980a. Apocryphal and canonical gospels. *HTR* 73:105-130.

_____. 1980b. Gnostic writings as witnesses for the development of the sayings tradition. In: *The school of Valentinus*, organizado por Bentley Layton, pp. 238-256 (discusssion: pp. 256-261), v. 1 de *The rediscovery of gnosticism*. Atas da International Conference on Gnosticism em Yale, New Haven, CT, Mar. 28-31, 1978. Studies in the History of Religions, Supplement to Numen XLI/1. Leiden, Brill.

_____. 1982. *Introduction to the New Testament*. 2 v. V. 1: *History, culture and religion of the hellenistic age*. V. 2: *History and literature of early christianity*. Hermeneia Foundations and Facets. Philadelphia, Fortress Press. Trad. de *Einführung in das Neue Testament*. Berlin, de Gruyter, 1980.

_____. 1989. The text of the synoptic gospels in the second century. In: *Gospel traditions in the second century*: origins, recensions, text and transmission, organizado por William L. Peterson. Christianity and judaism in antiquity, 3. Notre Dame, IN, University of Indiana. pp. 19-37.

_____. 1990a. *Ancient christian gospels*: their history and development. London, SCM Press; & Philadelphia, Trinity Press International.

_____. 1990b. Q and its relatives. In: *Gospel origins and christian beginnings* (in honor of James M. Robinson), organizado por James E. Goehring; Charles W. Hedrick; Jack T. Sanders, com Hans Dieter Betz. Forum Fascicles, 1. Sonoma, CA, Polebridge Press. pp. 49-63.

_____. 1992. Jesus the victim. *JBL* 111:3-15.

_____. 1994a. Jesus' presence in the early Church. *Cristianesimo nella Storia* 15:541-557.

KOESTER, Helmut. 1994b. The historical Jesus and the historical situation of the quest: an epilogue. In: *Studying the historical Jesus*: evaluations of the state of current research, organizado por Bruce D. Chilton & Craig A. Evans. New Testament Tools and Studies, 19. Leiden, Brill.

_____. 1995. The historical Jesus and the cult of the *Kyrios Christos*. *Harvard Divinity Bulletin* 24:13-18.

_____. 1996. The sayings Gospel Q and the Q of the historical Jesus: a response to John S. Kloppenborg. *HTR* 89:345-349.

KRAEMER, Ross S. 1988-1989. Monastic Jewish women in Greco-Roman Egypt: Philo judaeus on the therapeutrides. *Signs; journal of women in culture and society* 14:342-370.

KRETSCHMAR, Georg. 1964. Ein Beitrag zur Frage nach den Ursprung frühchristlicher Askese. *ZTR* 61:27-67.

KUHN, Heinz-Wolfgang, ARAV, Rami. 1991. The Bethsaida excavations: historical and archaeological approaches. In: *The future of early christianity*: essays in honor of Helmut Koester, organizado por Birger A. Pearson em colaboração com A. Thomas Kraabel; George W. E. Nickelsburg; Norman R. Petersen. Minneapolis, Fortress Press. pp. 77-106.

KUNTZMANN, R., DUBOIS, J-D. 1990. *Nag Hammadi – o Evangelho de Tomé –* Textos gnósticos das origens do cristianismo. São Paulo, Paulus. (Documentos do mundo da Bíblia – 6.)

KYRTATAS, Dimitris J. 1987. *The social structure of the early christian communities*. New York, Verso. Versão revista de tese de doutorado de 1980, Brunel University (sob orientação de Keith Hopkins).

LAKE, Kirsopp, trad. e org. 1912-1913. *The apostolic fathers*. LCL. Cambridge, MA, Harvard Univ. Press. 2 v.

LANDSBERGER, Henry A. 1973. Peasant unrest: themes and variations. In: *Rural protest*: peasant movements and social change, organizado por Henry A. Landsberger. New York, Barnes & Noble. pp. 1-64.

LAYTON, Bentley. 1968. The sources, date and transmission of *Didache* 1.3b-2.1. *HTR* 61:343-383.

_____. 1987. *The gnostic Scriptures*. New York, Doubleday.

_____, LAMBLIN, Thomas O. 1989. Critical edition and translation of the gospel according to Thomas. In: *Nag Hammadi codex II,2-7*. 2 v., organizado por Bentley Layton. NHS 20-21. Leiden, Brill. (The Coptic Gnostic Library.)

LEACOCK, Eleanor. 1980. Montagnais women and the jesuit program for colonization. In: *Women and colonization*: anthropological perspectives, organizado por Mona Etienne & Eleanor Leacock. New York, Praeger. pp. 25-42.

LENSKI, Gerhard E. 1966. *Power and privilege*: a theory of social stratification. New York, McGraw-Hill.

_____, LENSKI, Jean. 1974. *Human societies*: an introduction to macrosociology. 3. ed. New York, McGraw-Hill. (Cf. Agrarian Societies, pp. 177-230.)

LEVI, Carlo. 1947. *Christ stopped at Eboli*: the story of a year. Trad. Frances Frenaye. New York, Farrar, Straus.

LEVI, Peter. 1984. *"The lamentation of the dead" with "The lament for Arthur O'Leary" by Eileen O'Connell*, trad. Eilis Dillon. Discurso inaugural pelo professor de poesia na Universidade de Oxford, 25 Out. 1984. Poetica, 19. London, Anvil Press Poetry.

LEVINE, Amy-Jill. 1994. Second temple judaism, Jesus and women: Yeast of Eden. *Biblical Interpretation* 2:8-33.

LEWIS, Naphtali, REINHOLD, Meyer. 1951. *Roman civilization*: selected readings. Records of civilization, sources and studies. New York, Columbia Univ. Press. 2 v.

LIDONNICI, Lynn R. 1995. *The epidaurian miracle inscriptions*: Text, translation and commentary. SBL Texts and Translations, 36; Graeco-Roman Religion Series, 11. Atlanta, Scholars Press.

LINEBAUGH, Peter. 1975. The Tyburn riot against the surgeons. In: *Albion's fatal tree*; crime and society in eighteenth-century England, organizado por Douglas Hay. New York, Random House (Pantheon Books). pp. 63-117.

LODS, Adolphe. 1892. *Evangelii secundum Petrum et Petri apocalypseos quae supersunt*. Paris, Leroux.

_____. 1893. Reproduction en héliogravure du manuscrit d'Enoch et des écrits attribués a Saint Pierre. In: *Mémoires publiés par les membres de la mission archéologique française au Caire*, v. 9, Fascicle 3, organizado por Urbain Bouriant. pp. 217-235 (pp. 232-235 estão numeradas erradamente como 332-335) e ilustrações I-XXXIV. Paris, Leroux (Libraire de la Société asiatique). (O *Evangelho de Pedro* está nas pp. 219-224 e ilustrações II-VI.)

LOFTUS, Elizabeth F. 1979. *Eyewitness testimony*. Cambridge MA, Harvard Univ. Press.

_____. 1980. *Memory*: surprising new insights into how we remember and why we forget. Reading, MA, Addison-Wesley.

_____, DOYLE, James M. 1987. *Eyewitness testimony*: civil and criminal. Kluwer Evidence Library. New York, Kluwer Law Book Publishers. Atualizado com um *1990 Cumulative Supplement*. Charlottesville, VA, Michie, 1990 (em encarte no final do volume de 1987).

_____, KETCHAM, Katherine. 1991. *Witness for the defense*: the accused, the eyewitness and the expert who puts memory on trial. New York, St. Martin's Press.

_____. 1994. *The myth of repressed memory*: false memories and allegations of sexual abuse. New York, St. Martin's Press.

LONGSTAFF, Thomas R. W. 1990. Nazareth and Sepphoris: insights into christian origins. *Anglican Theological Review* 11:8-15.

LORD, Albert Bates. 1971. *The singer of tales*. New York, Atheneum. (Publicado originalmente como Harvard Studies in *Comparative Literature*, 24. Cambridge, MA, Harvard University.)

LÜHRMANN, Dieter. 1969. *Die Redaktion der Logienquelle*. WMANT, 33. Neukirchen-Vluyn, Neukirchener Verlag.

_____. 1981. POx 2949: EvPt 3-5 in einer Handschrift des 2./3. Jahrhunderts. *ZNW* 72:216-226.

MACCOBY, Hyam. 1982. The washing of cups. *JSNT* 14:3-15.

MACK, Burton L. 1994. *O livro de* Q: o evangelho perdido. Trad. Sérgio Alcides. Rio de Janeiro, Imago.

MACMULLEN, Ramsay. 1974. *Roman social relations. 50 B.C. to A.D. 384.* New Haven, CT, Yale Univ. Press.

MACRAE, George W. 1978. Nag Hammadi and the New Testament. In: *Gnosis* (Festschrift für Hans Jonas) organizado por B. Aland et al. Göttingen, Vandenhoeck & Ruprecht.

MALINA, Bruce J., NEYREY, Jerome H. 1988. *Calling Jesus names*: the social value of labels in Matthew. Sonoma, CA, Polebridge Press.

_____, ROHRBAUGH, Richard L. 1992. *Social science commentary on the synoptic gospels*. Minneapolis, Fortress Press.

MANDLER, Jean M., JOHNSON, Nancy S. 1977. Remembrance of things parsed: story structure and recall. *Cognitive Psychology* 9:111-151.

MARA, Maria G. 1973. *Évangile de Pierre*: introduction, texte critique, traduction, commentaire et index. Sources Chrétiennes, 201. Paris, Cerf.

MARCOVICH, M. 1969. Textual criticism on the Gospel of Thomas. *JTS* 20:53-74.

MARXSEN, Willi. 1970. *The Lord's supper as a christological problem*. Trad. Lorenz Nieting. Philadelphia, Fortress.

_____. 1992. The meals of Jesus and the Lord's supper of the Church. In: *Jesus and the Church*. Trad. P. I. Devenish. New York, Trinity Press International. pp. 137-146.

MASON, Steve. 1991. *Flavius Josephus on the pharisees*: a composition-critical study. Studia Post Biblica, 39. Leiden, Brill.

MATHEWS, Thomas F. 1993. *The clash of Gods*: a reinterpretation of early Christian art. Princeton, NJ, Princeton University Press.

MCCANT, Jerry Walter. 1978. The Gospel of Peter: the docetic question re-examined. Tese de doutorado, Emory University (sob orientação de Leander Keck). Ann Arbor, MI. University Microfilms International.

_____. 1984. The Gospel of Peter: docetism reconsidered. *NTS* 30:258-273.

MCCOURT, Frank. 1996. *Angela's ashes*: a memoir. New York, Scribner.

MCKENNA, Margaret Mary. 1981. The two ways' in Jewish and Christian writings of the Greco--Roman period: a study of the form of repentance parenesis. Tese de doutorado, University of Pennsylvania. Ann Arbor, MI. University Microfilms International.

MEEKS, Wayne A. 1974. The image of the androgyne: some uses of a symbol in earliest christianity. *hr* 13:165-208.

_____. 1983. *The first urban christians*: the social world of the apostle Paul. New Haven, CT, Yale Univ. Press.

MEIER, John P. 1990. Jesus in Josephus: a modest proposal. *CBQ* 52:76-103.

_____. 1993-. *Um judeu marginal*; repensando o Jesus histórico. 3 v. V. 1: As raízes do problema e da pessoa. 1993. V. 2: livro um: Mentor. 1996; livro dois: Mensagem. 1997; livro três: Milagres. 1998. Trad. Laura Rumchinsky. Rio de Janeiro, Imago. (Coleção Bereshit.)

MELLOR, Ronald. 1993. *Tacitus*. New York, Routledge, Chapman, & Hall.

METZGER, Bruce M. 1971. *A textual commentary on the Greek New Testament*. New York, United Bible Societies.

_____. 1981. *Manuscripts of the Greek Bible*: an introduction to Greek palaeography. New York, Oxford Univ. Press.

MEYER, Marvin. 1993. *O Evangelho de Tomé*: as sentenças ocultas de Jesus. Interpretação de Harold Bloom. Trad. Júlio Castañon Guimarães. Rio de Janeiro, Imago.

MEYERS, Eric M. 1975-1976. Galilean regionalism as a factor in historical reconstruction. *BASOR* 220/221:93-101.

_____. 1979. The cultural setting of Galilee: the case of regionalism and early judaism. *ANRW* 2,19,686-702. Publicado posteriormente como The cultural setting of Galilee: the case of regionalism and early Palestinian judaism. In Meyers & Strange. pp. 31-47.

_____. 1985. Galilean regionalism: a reappraisal. In: *Approaches to ancient judaism*, organizado por William Scott Green. Atlanta, Scholars Press. v. 5. pp. 115-131.

_____. 1992. Roman Sepphoris in light of new archeological evidence and recent research. In: *The Galilee in late antiquity*, organizado por Lee L. Levine. New York & Jerusalem, The Jewish Theological Seminary of America. pp. 321-328. (Papers from the First International Conference on Galilean Studies in Late Antiquity, Kibbutz Hanaton, Lower Galilee, Israel, Ag. 13-15, 1989.)

_____, NETZER, Ehud, MEYERS, Carol L. 1986. Sepphoris 'ornament of all Galilee'. *BA* 49:4-19.

_____. 1992. *Sepphoris*. Winona Lake, IN, Eisenbrauns.

_____, STRANGE, James F. 1981. *Archaeology, the rabbis and early christianity*: the social and historical setting of Palestinian judaism and christianity. Nashville, TN, Abingdon.

MILAVEC, Aaron. 1989. The pastoral genius of the *Didache*. An analytical translation and commentary. In: *Christianity*, organizado por Jacob Neusner; Ernest S. Frerichs; Amy-Jill Levine. *Religious writings and religions systems*: systemic analysis of holy books in christianity, islan, budhism, Greco-Roman religions, ancient Israel and judaism. Brown Studies in Religion, 2. Atlanta, Scholars Press. v. 2. pp. 89-125.

_____. 1994. Distinguishing true and false prophets: the protective wisdom of the *Didache*. *JECS* 2:117-136.

MILLER, Barbara Butler. 1994. Women, death and mourning in the ancient eastern Mediterranean world. Tese de doutorado, University of Michigan (sob orientação de Pamela Milne & Brian Schmidt). Ann Arbor, MI, University Microfilms International.

MILLETT, Martin. 1991. Roman towns and their territories: an archaeological perspective. In: Rich & Wallace-Hadrill. pp. 169-189.

MINTZ, Sidney W. 1973. A note on the definition of peasantries. *Journal of Peasant Studies* 1:91-106.

MOORE, JR., Barrington. 1966. *Social origins of dictatorship and democracy*: lord and peasant in the making of the modern world. Berkeley, University of California Press.

MORRIS, Charles R. 1997. *American catholic*: the saints and sinners who built America's most powerful Church. New York, Random House.

MORRIS, Ian. 1992. *Death-ritual and social structure in classical antiquity*. Key themes in ancient history. Cambridge, UK, Cambridge Univ. Press.

NEIRYNCK, Frans. 1972. *Duality in Mark*: contributions to the study of the markan redaction. BETL 31. Leuven, Leuven Univ. Press.

_____. 1974. *The minor agreements of Matthew and Luke against Mark with a cumulative list*. BETL 37. Gembloux, Duculot.

_____. 1982. *Evangelica [I: 1966-1981]*. Collected essays by Frans Neirynck, organizado por F. Van Segbroeck. BETL 60. Leuven, Leuven Univ. Press.

_____. 1989. The apocryphal gospels and the gospel of Mark. In: *The New Testament in early christianity*: la réception des écrits néotestamentaires dans le christianisme primitif, organizado por Jean-Marie Sevrin. BETL 86. Leuven, Leuven Univ. Press.

_____. 1991. *Evangelica II: 1982-1991*. Collected essays by Frans Neirynck, organizado por F. Van Segbroeck. BETL 99. Leuven, Leuven Univ. Press.

_____. 1994a. The historical Jesus: Reflections on an inventory. *ETL* 70:221-234.

_____. 1994b. Gospel issues in the Passion narratives: critical note on a recent commentary. *ETL* 70:406-416.

_____. 1995a. Q: from source to gospel. *ETL* 71:421-430.

_____. 1995b. Title. Review of John Dominic Crossan, *Who killed Jesus? ETL* 71:455-457.

NEISSER, Ulric, org. 1982. *Memory observed*: remembering in natural contexts. San Francisco, Freeman.

_____. 1982a. Memory: what are the important questions? In: Neisser 1982. pp. 3-19 (reimpresso de 1978).

_____. 1982b. Literacy and memory. In: Neisser 1982. pp. 241-242.

_____. 1982c. John Dean's memory: a case study. In: Neisser 1982. pp. 139-159 (reimpresso de 1981).

_____, HARSCH, Nicole. 1992. Phantom flashbulbs: false recollections of hearing the news about *Challenger*. In: Winograd & Neisser (orgs.). pp. 9-31

NEUSNER, Jacob. 1990. *The economics of the Mishnah*. Chicago studies in the history of judaism. Chicago, University of Chicago Press.

NICKELSBURG JR., George W. E. 1972. *Resurrection, immortality and eternal life in intertestamental judaism*. HTS 26. Cambridge, MA, Harvard Univ. Press,

_____. 1980. The genre and function of the markan Passion narrative. *HTR* 73:153-184.

_____. 1981. Jewish literature between the Bible and the Mishnah. Philadelphia, Fortress Press.

NIEDERWIMMER, Kurt. 1989. *Die Didache Ergänzungsreihe zum Kritish-exegetischen Kommentar über das Neue Testament*: Kommentar zu den Apostolischen Vätern. Göttingen, Vandenhoeck & Ruprecht. v. 1.

NUNES, Carlos Alberto, trad. 1996. *Homero, Ilíada* (em verso). 6. ed. Rio de Janeiro, Ediouro. (Clássicos de bolso.)

OAKMAN, Douglas E. 1986. *Jesus and the economic questions of his day*. Studies in the Bible and early christianity, 8. Lewiston, NY & Queenston, Ontario, Edwin Mellen Press.

O'COLLINS, Gerald, KENDALL, Daniel. 1994. Did Joseph of Arimathea exist? *Biblica* 75:235-241.

OLDFATHER, W. A. 1925-1928. *Epictetus*: the discourses as reported by Arrian, the manual and fragments. LCL. Cambridge, MA, Harvard Univ. Press. 2 v.

OLRIK, Axel. 1965. Epic laws of folk narrative. In: *The study of folklore*, organizado por Alan Dundes. Englewood Cliffs, NJ, Prentice-Hall. (Publicado originalmente em 1909.)

ONG, Walter J. 1982. *Orality and literacy*: the technologizing of the word. New Accents. London & New York. Methuen.

OSIEK, Carolyn. 1983. *Rich and poor in the Shepherd of Hermas*: an exegetical social investigation. CBQMS 15. Washington, DC., Catholic Biblical Society of America.

_____. 1994. An early tale that almost made it into the New Testament. *BR* 10(5/Oct.):48-54.

OVERMAN, J. Andrew. 1988. Who were the first urban christians? Urbanization in Galilee in the first century. In: *Society of Biblical Literature 1988 Seminar Papers*, organizado por David J. Lull. SBLSP 27. (124. reunião anual, Nov. 19-22, 1988, Chicago). Atlanta, Scholars Press. pp. 160-168.

_____. 1993. Recent advances in the archaeology of the Galilee in the Roman period. *Currents in Research: Biblical Studies* 1:35-57.

PAAP, Anton Herman Reiner Everhard. 1959. *Nomina Sacra in the Greek papyri of the first five centuries* A.D.: the sources and some deductions. Papyrologica Lugduno-Batava, 8. Leiden (Lugdunum Batavorum), Brill.

PACKER, James E. 1967. Housing and population in imperial Ostia and Rome. *Journal of Roman Studies* 57:80-95.

_____. 1971. *The insulae of imperial Ostia*. Memoirs of the American Academy of Rome. Rome, American Academy of Rome.

PAGELS, Elaine H. 1980. Gnostic and orthodox views of Christ's Passion: Paradigms for the christian's response to persecution. In: *The school of Valentinus*, organizado por Bentley Layton. pp. 262-283 (discussion, pp. 283-288). v. I de *The rediscovery of gnosticism*. (Atas da International Conference on Gnosticism em Yale, New Haven, CT, 28-31 Mar., 1978.) Studies in the History of Religions, Supplements to Numen XLI/1. Leiden, Brill.

PARK, Robert E. 1928. Human migration an the marginal man. *American Journal of Sociology* 33:881-893.

PARK, Robert E. 1931. Personality and cultural conflict. *Publication of the American Sociological Society* 25:95-110.

PARRY, Adam, org. 1971. *The making of Homeric verse*: the collected papers of Milman Parry. Oxford, Clarendon Press.

PARRY, Milman, comp. 1974. *The wedding of Smailagić Meho* (Avdo Meðedović), v. 3 de *Serbo--croatian heroic songs*. Compilado por Milman Parry. Trad. e organizado por Albert B. Lord & David E. Bynum. Cambridge MA, Harvard Univ. Press.

PATTERSON, John R. 1991. Settlement, city and elite in Samnium and Lycia. In: *City and country in the ancient world*, organizado por John Rich & Andrew Wallace-Hadrill. New York, Routledge. pp. 146-168.

PATTERSON, Stephen John. 1988. The Gospel of Thomas within the development of early christianity. Tese de doutorado, Clarence Graduate School. Ann Arbor, MI, University Microfilms International.

_____. 1990. The Gospel of Thomas and the historical Jesus. Retrospectus and prospectus. In: *Society of Biblical Literature 1990 Seminar Papers*, organizado por David J. Lull. SBLSP 29. (126. reunião anual, Nov. 17-20, 1990, New Orleans). Atlanta, Scholars Press. pp. 160-168.

_____. 1991. Paul and the Jesus tradition: it is time for another look. *HTR* 84:23-41.

_____. 1992. The Gospel of Thomas and the synoptic tradition. *Forum* 8:45-97.

_____. 1993a. *The Gospel of Thomas and Jesus*. Foundations and Facets Reference Series. Sonoma, CA, Polebridge Press. ("Versão bastante revista" de Patterson, 1988, com acréscimo das pp. 215-241.

_____. 1993b. Wisdom in Q and Thomas. In: *In search of wisdom*: essays in memory of John G. Gammie, organizado por Leo G. Perdue; Bernard Brandon Scott; William Johnston Wiseman. Louisville, KY, Westminster/John Knox Press. pp. 187-221.

_____. 1995. *Didache* 11-13: the legacy of radical itinerancy in early christianity. In: Jefford (org.), 1995. pp. 313-329.

PEARSON, Binger A., em colaboração com A. Thomas Kraabel, George W. E. Nickelsburg & Norman R. Petersen, orgs. 1991. *The future of early christianity*: essays in honor of Helmut Koester. Minneapolis, Fortress Press.

PERKINS, Pheme. 1980. *The gnostic dialogue*: the early Church and the crisis of gnosticism. Minneapolis, Fortress Press.

PIAGET, Jean. 1962. *Plays, dreams and imitation in Childhood*. Trad. C. Gattegno & F. M. Hodgson. New York, Norton. (Publicado originalmente como *La formation du symbole chez l'enfant*.)

PIPER, Ronald A. 1989. *Wisdom in the Q-tradition*: the aphoristic teaching of Jesus. SNTSMS 61. New York, Cambridge Univ. Press.

PIXNER, Bargil. 1997. Jerusalem's essene gateway: where the community lived in Jesus' time. *BAR* 23(3/Mai-Jun):22-31, 64, 66.

POLANYI, Karl, 1957. Aristotle discovers the economy. In: *Trade and market in the early empires*: economies in history and theory, organizado por Karl Polanyi; Conrad M. Arensberg; Harry W. Pearson. New York, Free Press. pp. 64-94.

PRITCHARD, James B., org. 1955. *Ancient Near Eastern texts relating to the Old Testament*. 2a ed. Princeton, NJ, Princeton Univ. Press.

PUCCI, Giuseppe. 1983. Pottery and trade in the roman period. In: Garnsey, Hopkins & Whitaker. pp. 105-117, 199-201.

RACKHAM, H.W.S. Jones, EICHHOLZ, D. E. 1938-1963. *Pliny*: natural history. LCL. Cambridge, Harvard Univ. Press. 10 v.

RADICE, Betty, trad. 1963. *The letters of the Younger Pliny*. Batimore, MD, Penguin Books.

_____. 1969. *Pliny the Younger*: letters and panegyricus. LCL. Cambridge, Harvard Univ. Press. 2 v.

REDFIELD, Robert. 1953. *The primitive world and its transformation*. Ithaca, NY, Cornell Univ. Press.

REED, Jonathan L. 1992. *The population of Capernaum*. Occasional Papers of the Institute for Antiquity and Christianity, 24. Claremont, CA, Institute for Antiquity and Christianity.

_____. 1994a. Places in early christianity: Galilee, archaeology, urbanization and Q. Tese de doutorado, Claremont Graduate School. Ann Arbor, MI, University Microfilms International.

_____. 1994b. Population numbers, urbanization and economics: galilean archaelogy and the historical Jesus. In: *Society of Biblical Literature 1994 Seminar Papers*, organizado por Eugene H. Lovering, Jr. SBLSP 33. (130. reunião anual, 19-22 Nov., 1994, Chicago). Atlanta, Scholars Press. pp. 203-219.

_____. 1995. The social map of Q. In: *Conflict and invention*: literary, rhetorical and social studies on the sayings Gospel Q, organizado por John S. Kloppenborg. Valley Forge, PA, Trinity Press International.

REISBERG, Daniel, HEUER, Friderike. 1992. Remembering the details of emotional events. In: Winograd & Neisser (orgs.). pp. 162-190.

RENAN, Ernest. 1972. *The life of Jesus*. New York, Random House (Modern Library). Publicado originalmente em 1863.

RICH, John, WALLACE-HADRLL, Andrew, orgs. 1991. *City and country in the ancient world*. New York, Routledge.

RIGGS, John W. 1984. From gracious table to sacrament elements: the tradition-history of *Didache* 9 and 10. *Second Century* 4:83-101.

_____. 1995. The sacred food of *Didache* 9-10 and second century ecclesiologies. In: Jefford (org.). pp. 256-283.

RILEY, Gregory John. 1995. *Resurrection reconsidered*: Thomas and John in controversy. Minneapolis, Fortress.

_____. 1998. *One Jesus, many Christs*: how Jesus inspired not one true christianity, but many. San Francisco, HarperSanFrancisco.

ROBERTS, Alexander, DONALDSON, James, COXE, A. Cleveland, orgs. 1926. *The ante-Nicene fathers*. Reimpressão americana da edição original de Edinburgh. New York, Scribner. 10 v.

ROBERTS, Colin H. 1953. An early papyrus of the first gospel. *HTR* 46:233-237.

_____. 1962. Complementary note. In: R. Roca-Puig, pp. 58-60.

_____. 1979. *Manuscript, society and belief in early christian Egypt*. The Schweich Lectures of the British Academy 1977. London, Oxford Univ. Press.

ROBERTS, Colin H., SKEAT, Theodore Cressy. 1983. *The birth of the codex*. London, Oxford Univ. Press (para a British Academy). Revisão completa de Colin H. Roberts, *The codex*, in *Proceedings of the British Academy* 40(1954):169-204.

ROBINSON, J. Armitage. 1892. The gospel according to Peter. In: J. Armitage Robinson & Montague Rhodes James. *The gospel according to Peter and the revelation of Peter* (two lectures on the newly discovered fragments together with the Greek texts). London, Clay. pp. 11-36 (palestra) e 82-88 (texto grego).

ROBINSON, James M. 1971. LOGOI SOPHON: on the gattung of Q. In: James M. Robinson & Helmut Koester, *Trajectories through early christianity*. Philadelphia, Fortress Press. pp. 71-113. De LOGOI SOPHOOPHON: Zur Gattung der Sprachquelle Q. In: *Zeit und Geschichte*: Dangesgabe an Rudolf Bultmann. Tübingen, Mohr/Siebeck, 1964. pp. 77-96.

_____. 1979. The discovery of the Nag Hammadi codices. *BA* 42:206-224.

_____ et al. 1990-1995. The International Q Project. *JBL* 109(1990):499-501; 110(1991):494-498; 111(1992):500-508; 112(1993):500-506; 113(1994):495-500; 114(1995):501-511.

_____, org. geral. 1988. *The Nag Hammadi Library in English*. 3. ed. (totalmente revista). Leiden Brill.

ROCA-PUIG, Ramon. 1962. *Un papiro griego del evangelio de San Mateo*. 2. ed. Barcelona, Grafos.

ROGERS, Benjamin Bickley, trad. 1924. *Aristophanes*. LCL. Cambridge, MA, Harvard Univ. Press. 3 v.

ROGERS, Susan Carol. 1975. Female forms of power and the myth of male dominance: a model of female/male interaction in peasant society. *American Ethnologist* 2:727-756.

_____. 1978. Woman's place: a critical review of anthropological theory. *Comparative Studies in Society and History* 20:123-162.

ROLFE, John C., trad. 1979. *Suetonius*. LCL. Cambridge, MA, Harvard Univ. Press. 2 v.

RORDORF, Willy. 1981. Le problème de la transmission textuelle de Didachè 1,3b-2,1. In *Überlieferungsgeschichtliche Untersuchungen*, organizado por Franz Paschke. TU 125. Berlin, Akademie. pp. 499-513.

_____. 1992. Does the Didache contain Jesus tradition independently of the synoptic gospels? In: *Jesus and the oral gospel tradition*, organizado por Henry Wansbrough. *JSNT* Supplement Series, 64. Sheffield UK, Sheffield Academic Press (JSOT Press).

_____, TUILIER, André. 1978. *La doctrine des douze apôtres* (*Didachè*). Sources Chrétiennes, 248. Paris, Cerf.

ROSEBERRY, William. 1989. Peasants and the world. In: *Economic anthropology*, organizado por Stuart Plattner. Stanford, CA, Stanford Univ. Press. pp. 108-126, 441-443.

ROSE-GAIER, Deborah. 1996. The *Didache*: a community of equals. Tese apresentada na sessão: Women and the (search for the) historical Jesus. Reunião anual da Society of Biblical Literature, 25 Nov. 1996, New Orleans.

RUDOLPH, Kurt. 1983. *Gnosis*. Trad. R. McL. Wilson; P. W. Coxon; K. H. Kuhn. Organizado por R. McL. Wilson. San Francisco, Harper & Row. (Trad. da 2. ed. alemã; 1. ed. alemã publicada em 1977.)

SABBE, Maurits. 1991. *Studia neotestamentica*. Collected Essays. BETL 98. Leuven, Leuven University Press.

_____. 1994. The Johannine account of the death of Jesus and its synoptic parallels (Jn 19,16b-42). *ETL* 70:34-64.

_____. 1995. The denial of Peter in the gospel of John. *Louvain Studies* 20:219-240.

SALDARINI, Anthony J. 1988. *Pharisees, scribes and sadducees in palestinian society*: a sociological approach. Wilmington, DE, Michael Glazier.

SANDERS, E. P. 1985. *Jesus and judaism*. Philadelphia, Fortress Press.

_____. 1992. *Judaism*: practice and belief, 63 B.C.E.-66 C.E. Philadelphia, Trinity Press International.

_____. 1993. *The historical figure of Jesus*. London. Allen Lane/The Penguin Press.

SAWICKI, Marianne. 1994a. *Seeing the Lord*: resurrection and early Christian practice. Minneapolis, Fortress.

_____. 1994b. Archaeology as space technology: digging for gender and class in Holy Land. *Method and Theory in the Study of Religion* 6:319-348.

SAYERS, Dorothy L. 1943. *The man born to be king*: a play-cycle on the life of Our Lord and saviour Jesus Christ. San Francisco, Ignatius Press.

SAYRE, Farrand. 1948. *The Greek cynics*. Baltimore, MD, Furst.

SCHACTER, Daniel L. 1996. *Searching for memory*: the brain, the mind and the past. New York, HarperCollins (Basic Books).

SCHAEFFER, Susan E. 1991a. The Gospel of Peter, the canonical gospels and oral tradition. Tese de doutorado, Union Theological Seminary (sob a orientação de Raymond E. Brown). Ann Arbor, MI, University Microfilms International.

_____. 1991b. The guard at the tomb (Gos. Pet. 8:28-11:49) and Matt. 27:62-66; 28:2-4,11-16): a case of intertextuality? In: *Society of Biblical Literature 1991 Seminar Papers*, organizado por Eugene H. Lovering, Jr. SBLSP 33. (127a reunião anual, 23-26 Nov., 1991.) Kansas City, MO, Atlanta Scholars Press. pp. 499-507.

SCHAFF, Philip. 1889. *The oldest church manual called the teaching of the twelve apostles*. 3. ed. Ann Arbor, MI, University Microfilms International. (Publicado originalmente em 1885; 2. ed., 1886.)

SCHIFFMAN, Lawrence H. 1994a. The *temple scroll* and the nature of the law: the status of the question. In: *The community of the renewed covenant*; The Notre Dame Symposium on the

Dead Sea Scrolls, organizado por Eugene Ulrich & James VanderKamm. Christianity and Judaism in Antiquity Series, 10. Notre Dame, IN, University of Notre Dame.

_____. 1994b. *Reclaiming the Dead Sea scrolls*: the history of judaism, the background of christianity, the lost library of Qumran. Philadelphia, The Jewish Publication Society.

SCHNEEMELCHER, Wilhelm, org., WILSON, R. McL., trad. e org. 1991-1992. *New Testament apocrypha*. Edição revista. Philadelphia, Westminster/John Knox Press. 2 v.

SCHUMPETER, Joseph Alois, 1954. History of economic analysis. Organizado a partir de um manuscrito por Elizabeth Boody Schumpeter. New York, Oxford Univ. Press. (O manuscrito estava inacabado por ocasião da morte do autor em 1950 [depois de nove anos de trabalho]; mesmo assim, o livro contém 1.260 páginas compactamente impressas.)

SCHÜSSLER-FIORENZA, Elizabeth. 1994. *Jesus*: Miriam's child, Sophia's prophet. New York, Continuum.

SCHWARTZ, Daniel R. 1990. *Agrippa I*: the last king of Judaea. Texte und Studien zum antiken Judentum, 23. Tübingen, Mohr (Siebeck). (Publicado originalmente em hebraico, 1987.)

SCHWEITZER, Albert. 1933. *Out of my life and thought*: an autobiography. Trad. Charles Thomas Campion. New York, Holt.

_____. 1969. *The quest for the historical Jesus*: a critical study of its progress from Reimarus to Wrede. Trad. William Montgomery. Intr. James M. Robinson. New York, Macmillan. (Publicado originalmente em 1906.)

SCOTT, James C. 1976. *The moral economy of the peasant*: subsistence and rebellion in southeast Asia. New Haven, CN, Yale Univ. Press.

_____. 1977. Protest and profanation: Agrarian revolt and the little tradition. *Theory and Society* 4:1-38, 211-246.

_____. 1985. *Weapons of the weak*: everyday forms of peasant resistance. New Haven, CN, Yale Univ. Press.

_____. 1990. *Domination and the arts of resistance*: hidden transcripts. New Haven, CN, Yale Univ. Press.

SEELEY, David. 1996. Futuristic escatology and social formation in Q. In: *Reimagining Christian origins*: a colloquium honoring Burton L. Mack, organizado por Elizabeth A. Castelli & Hal Taussig. Philadelphia, Trinity Press International.

SEEMAN, Christopher. 1993. The urbanization of herodian Galilee as an historical factor contributing to the emergence of the Jesus movement. Tese de mestrado, Graduate Theological Union, Berkeley (San Francisco Theological Seminary, sob a orientação de Robert Coote).

SEREMETAKIS, Constantina-Nadia. 1990. The ethics of antiphony: the social construction of pain, gender and power in the southern Peloponese. *Ethos* 18:481-511.

_____. 1991. *The last word*: women, death and divination in inner Mani. Chicago, University of Chicago Press.

SETZER, Claudia. 1997. Excellent women: female witness to the resurrection. *JBL* 116:259-272.

SHANIN, Teodor. 1971a. Peasantry as a political factor. In: *Peasants and peasant society*; selected readings, organizado por Teodor Shanin. Baltimore, MD, Penguin Books. pp. 238-263. "Edição revista e um pouco ampliada" da edição original de 1965.

_____. 1971b. Peasantry: delineation of a sociological concept and a field of study. *European Journal of Sociology* 12:289-300.

SHANKS, Michael, TILLEY, Christopher. 1987. Re-constructing archaeology: theory and practice. New studies in archaeology. Cambridge, UK, Cambridge Univ. Press.

_____. 1988. *Social theory and archaeology*. Albuquerque, University of New Mexico Press. (Publicado originalmente em 1987 [Polity Press and Basil Blackwell].)

SHAW, Brent D. 1996. Body/power/identity: Passions of the martyrs. *JECS* 4:269-312.

SHEPHERD, Tom. 1995. The narrative function of Markan intercalation. *NTS* 41:522-540.

SHIPLEY, Frederick William. 1924. *Velleius Paterculus*: compendium of Roman history e *Res gestae divi Augusti*. LCL 152. Cambridge MA, Harvard Univ. Press.

SIEBER, John H. 1966. A redactional analysis of the synoptic gospels with regard to the question of the sources of the gospel according to Thomas. Tese de doutorado, Claremont Graduate School. Ann Arbor, MI, University Microfilms International.

SILONE, Ignazio. 1934. *Fontamara*. Trad. Michael Wharf. New York, Smith & Haas.

SILVER, Morris. 1983. *Prophets and markets*: the political economy of ancient Israel. Social dimensions of economics. Boston, MA, Kluwer-Nijhoff.

SIMMEL, Georg. 1955. *Conflict* e *The web of group-affiliations*. Trad. respectivamente por H. Wolff e Reinhard Bendix. Glencoe, IL, Free Press. (Publicados pela primeira vez respectivamente em 1908 e 1922.)

SJOBERG, Gideon. 1960. *The preindustrial city*: past and present. New York, Free Press.

SKEAT, Theodore Cressy. 1969. Early christian book-production: papyri and manuscripts. In: *The west from the fathers to the reformation*, organizado por G.W.H Lampe. *The Cambridge History of the Bible*. Cambridge, UK, Cambridge Univ. Press. v. 2. pp. 54-79.

_____. 1994. The origin of the christian codex. *ZPE* 102:263-268.

_____. 1995. Was papyrus regarded as "cheap" or "expensive" in the ancient world? *Aegyptus* 75:75-93.

_____. 1997. The oldest manuscript of the four gospels. NTS 43:1-34.

SMITH, Dwight Moody. 1979-1980. John and the synoptics: some dimensions of the problem. *NTS* 26:425-444.

_____. 1992a. *John among the gospels*: the relationship in twentieth-century research. Minneapolis, Fortress Press.

_____. 1992b. The problem of John and the synoptics in the light of the relation between apocryphal and canonical gospels. In: *John and the synoptics*, organizado por Adelbert Denaus. BETL 101. Leuven, Leuven Univ. Press. (39. Colloquium Biblicum Lovaniense, Aug. 7-9, 1990.)

SMITH, Jonathan Z. 1965-1966. The garments of shame. *HR* 5:217-238.

_____. 1975. Wisdom and apocalyptic. In: *Religious syncretism in antiquity*: essays in conversation with Geo. Widengren, organizado por Birger A. Pearson. Missoula, MT, Scholars Press. pp. 131-156.

_____. 1977. The temple and the magician. In: *God's Christ and his people*: studies in honour of Nils Alstrup Dahl, organizado por J. Jervell & Wayne A. Meeks. Oslo, Universitetsforlaget. pp. 233-247.

_____. 1982. Sacred persistence: toward a redescription of canon. Em seu *Imagining religion*: from Babylon to Jonestown. Chicago studies in the history of judaism. Chicago, University of Chicago Press. pp. 36-52, 141-143.

SMITH, Morton. 1956. Palestinian judaism in the first century. In: *Israel*: its role in civilization, organizado por Moshe Davis. New York, Harper & Row. pp. 67-81.

SPERBER, Daniel. 1965-1966. Costs of living in Roman palestine. *Journal of the Economic and Social History of the Orient* 8:248-271 & 9:182-211.

STAMBAUGH, John E. 1988. *The ancient Roman city*. Baltimore, MD, Johns Hopkins Univ. Press.

STANTON, Graham N. 1997. The fourfold gospel. *NTS* 43:317-346.

STARK, Rodney. 1996. *The rise of christianity*: a sociologist reconsiders history. Princeton, NJ, Princeton Univ. Press.

STEGEMANN, Wolfgang. 1984. Vagabond radicalism in early christianity? A historical and theological discussion of a thesis proposed by Gerd Theissen. In: *God of the lowly*; socio-historical interpretations of the Bible, organizado por Willy Schottroff & Wolfgang Stegemann. Trad. Matthew J. O'Connell. Maryknoll, NY, Orbis. pp. 148-168. (Publicado originalmente em alemão, 1979.)

STERN, Menahem. 1976-1984. *Greek and latin authors on Jews and judaism*. Publications of the Israel Academy of Sciences and Humanities, Section of Humanities. Fontes Ad Res Judaicas Spectantes. Jerusalem, The Israel Academy of Sciences and Humanities. 3 v.

STOCK, Brian. 1983. *The implications of literacy*: written language and models of interpretation in the eleventh and twelfth centuries. Princeton, NJ, Princeton Univ. Press.

STONEQUIST, Everett V. 1937. *The marginal man*: a study in personality and culture conflict. New York, Scribner.

STRANGE, James F. 1992a. Some implications of archaeology for New Testament studies. In: *What has archaeology to do with faith?* organizado por James H. Charlesworth & Walter P. Weaver. Faith and Scholarship Colloquies. Philadelphia, Trinity.

_____. 1992b. Six campaigns at Sepphoris: The University of South Florida Excavations, 1983-1989. In: *The Galilee in late antiquity*, organizado por Lee L. Levine. New York & Jerusalem, The Jewish Theological Seminary of America. pp. 339-355. (Papers from the First International Conference on Galilean Studies in Late Antiquity, Kibbutz Hanaton, Lower Galilee, Israel, 13-15 Ag., 1989.)

STRANGE, James F. 1994. First-century Galilee from archaelogy and from the texts. In: *Society of Biblical Literature Seminar Papers*, organizado por Eugene H. Lovering, Jr. SBLSP 33. (130. reunião anual, 19-22 Nov, 1994, Chicago). Atlanta, Scholars Press. pp. 81-90.

STREET, Brian V. 1984. *Literacy in theory and practice*. Cambridge Studies in Oral and Literate Culture, 9. Cambridge, UK, Cambridge Univ. Press.

STROKER, William Dettwiller. 1970. The formation of secondary sayings of Jesus. Tese de doutorado, Yale University. Ann Arbor, MI. University Microfilms International.

_____. 1989. *Extracanonical sayings of Jesus*. SBLRBS 18. Atlanta, Scholars Press.

SUGGS, M. Jack. 1972. The christian two ways tradition: its antiquity, form and function. In: *Studies on New Testament and early Christian literature*: essays in honor of Allen P. Wikgren, organizado por David Aune. *Novum Testamentum* Supplements, 33. Leiden, Brill. pp. 60-74.

SWETE, Henry Barclay. 1983. EYAGGELION KATA PETRON: *the Akhmîm fragment of the apocryphal Gospel of St. Peter*. London, Macmillan.

TALMON, Shemaryahu. 1992. Oral tradition and written transmission, or the heard and seen word in judaism of the second temple period. In: *Jesus and the oral gospel tradition*, organizado por Henry Wansbrough. *JSNT* Supplement Series, 64. Sheffield, UK, Sheffield Academic Press (JSOT Press).

TEMPORINI, Hildegard, HAASE, Wolfgang, orgs. 1972-. *Aufstieg und Niedergang der römischen Welt*. Geschichte und Kultur Roms im Spiegel der neueren Forschung. Berlin & New York, Walter de Gruyter. 3 partes.

THACKERAY, Henry St. John et al., trads. 1926-1965. *Josephus*. LCL. Cambridge, Harvard Univ. Press. 10 v.

THEISSEN, Gerd. 1978. *Sociology of early palestinian christianity*. Trad. John Bowden. Philadelphia, Fortress.

_____. 1982. *The social setting of pauline christianity*: essays on Corinth. Trad. John H. Schütz. Philadelphia, Fortress Press. (Publicado originalmente em alemão, 1974-1975.)

_____. 1991. *The gospels in context*: social and political history in the synoptic tradition. Minneapolis, Fortress Press. (Publicado originalmente em alemão, 1989.)

_____. 1992. *Social reality and the early christians*: theology, ethics and the world of the New Testament. Trad. Margaret Kohl. Minneapolis, Fortress Press. (Publicado originalmente em alemão, 1982.)

TREAT, Jay C. 1990. The two manuscript witnesses to the Gospel of Peter. In: *Society of Biblical Literature 1990 Seminar Papers*, organizado por David J. Lull. SBLSP 29. (126. reunião anual, 17-20 Nov., 1990, New Orleans). Atlanta, Scholars Press. pp. 391-399.

TUCKETT, Christopher M. 1989. Synoptic tradition in the *Didache*. In: *The New Testament in early christianity*: la réception des écrits néotestamentaires dans le christianisme primitif. Louvain, Louvain Univ. Press. pp. 197-230.

TURNER, Eric G. 1952. Roman Oxyrhynchus. *Journal of Egyptian Archaeology* 38:78-93.

_____. 1971. *Greek manuscripts of the ancient world* (ilustrações 1-73). Princeton, NJ, Princeton Univ. Press.

_____. 1977. *The typology of the early codex*. Haney Foundation Series, 18. Philadelphia University of Pennsylvania Press.

_____. 1987. *Greek manuscripts of the ancient world*. 2. ed. revista e ampliada por Peter J. Parsons (ilustrações 1-88). University of London Institute of Classical Studies. Bulletin Suplement 46. Oxford, UK, Oxford Univ. Press.

VAAGE, Leif Eric. 1987. Q: the ethos and ethics of an itinerant intelligence. Tese de doutorado, Claremont Graduate School. Ann Arbor, MI, University Microfilms International.

_____. 1994. *Galilean upstarts: Jesus' first followers according to* Q. Valley Forge, PA, Trinity Press International. Vaage, 1987 "faz parte da matéria de alguns capítulos deste livro".

VAGANAY, Léon. 1930. *L'Évangile de Pierre*. 2a ed. Études Bibliques. Paris, Gabalda.

VALE, Ruth. 1987. Literary sources in archaeological descriptions: the case of Galilee, Galilees and Galileans. *Journal for the Study of Judaism* 18:210-227.

VANDERKAM, James C. 1994. *The Dead Sea scrolls today*. Grand Rapids, MI, Eerdmans.

VAN HAELST, Joseph. 1976. *Catalogue des papyrus littéraires juifs et chrétiens*. Série Papyrologie, 1. Paris, Publications de la Sorbonne.

_____. 1989. Les origines du codex. In: *Les débuts du codex*: actes de la journée d'étude organisée à Paris les 3 et 4 juillet 1985 par l'Institut de Papyrologie de la Sorbonne et l'Institut de Recherche et d'Histoire des Textes. Bibliographia, Elementa ad Librorum Studia Pertinentia, 9. Organizado por Alain Blanchard. Turnhout, Belgium, Brepols. pp. 13-15.

VAN VOORST, Robert E. 1989. *The ascents of James*: history and theology of a Jewish-Christian community. SBLDS 112. Atlanta, Scholars Press. (De tese de doutorado, Union Theological Seminary [sob a orientação de J. Louis Martyn], 1988.)

_____. 1995. Extracanonical Passion narratives. In: *The death of Jesus in early christianity*, John T. Carroll & Joel B. Green. Peabody, MA, Hendrikson.

VERMES, Geza. 1981. *Jesus the Jew*: a historian's reading of the gospels. Philadelphia, Fortress Press. (Publicado originalmente em 1973 [London, Collins].)

_____. 1984. *Jesus and the world of judaism*. Philadelphia, Fortress Press. (London, Collins, 1983.)

_____. 1985. *The Dead Sea scrolls*: Qumran in perspective. Com Pamela Vermes. ed. rev. Philadelphia, Fortress Press.

_____. 1995. *A religião de Jesus, o Judeu*. Trad. Ana Mazur Spira. Rio de Janeiro, Imago.

_____, GOODMAN, Martin D. 1989. *The essenes*: according to the classical sources. Oxford Centre Texbooks, 1. Sheffield UK, Sheffield Academic Press (JSOT Press).

VIDAL-NAQUET, Pierre. 1980. Interpreting revolucionary change: political divisions and ideological diversity in the Jewish world of the first century A.D. Trad. Maria Jolas. *Yale French Studies* 59:86-105.

VIELHAUER, Philipp. 1964. ANAPAYCIC: Zum gnostischen Hintergrund des Thomasevangeliums. In: *Apophoreta* (Festschrift für Ernst Haechen zu seinem siebzigsten Geburtstag am 10. Dezember 1964), organizado por W. Eltester & F. H. Kettler. BZNW 30. Berlin, Töpelmann. pp. 281-299.

VIVIANO, Benedict T. 1992. Beatitudes found among Dead Sea scrolls. *BAR* 18 (6/Nov-Dez): 53-55, 66.

VON HARNACK, Adolf. 1893. *Bruchstücke des Evangeliums und der Apokalypse des Petrus*. TU 9. Leipzig, Himrichs.

WALLACE-HADRILL, Andrew. 1991. Introduction e Elites and trade in the Roman town. In: Rich and Wallace-Hadrill, pp. IX-XVIII, 241-272.

WEINFELD, Moshe. 1995. *Social justice in ancient Israel and in the ancient Near East*. Publications of the Perry Foundation for Biblical Research in the Hebrew University of Jerusalem. Jerusalem, Magnes Press of Hebrew University; & Minneapolis, Fortress Press.

WHYTE, Martin King. 1978. *The status of women in preindustrial societies*. Princeton, NJ, Princeton University Press.

WILLIAMSON, G. A. trad. 1965. *Eusebius*: the history of the Church from Christ to Constantine. Penguin Classics. New York, Penguin Books.

WINOGRAD, Eugene, NEISSER, Ulric, orgs. 1992. *Affect and accuracy in recall*: studies of "flashbulb" memories. Emory Symposia in Cognition. Cambridge, UK, Cambridge Univ. Press.

WOLF, Eric Robert. 1966. *Peasants*. Foundations of Modern Anthropology Series. Englewood Cliffs, NJ, Prentice Hall.

WRIGHT, Nicholas Thomas. 1992-. *Christian origins and the question of God*. Minneapolis, Fortress Press. (2 v. publicados até agora; v. 1: *The New Testament and the People of God* [1992]; v. 2: *Jesus and the victory of God* [1996]).

YONGE, Charles Duke, trad. 1993. *The works of Philo*. Nova edição atualizada. Peabody, MA, Hendrikson. (Publicado originalmente em 1854-1855.)

ZAHN, T. 1893. *Das Evangelium des Petrus*. Erlangen, Deichert.

Zias, Joseph, Sekeles, Eliezer. 1985. The crucified man from Giv'at ha-Mivtar: a reappraisal. IEJ 35:22-27.

Índice onomástico

A

Adan-Bayewitz, David 264, 265, 266, 267, 269
Agápio (bispo melquita da Hierápolis frígia) 55
Agostinho, santo 614
Alcock, Susan E. 251
Alexiou, Margaret 564, 574
Alföldy, Géza 222, 223, 224, 225
Andersen, Øivind 107
Applebaum, Shimon 221
Aristóteles 226, 227, 607, 609
Armelagos, George 357
Arnal, William E. 271, 275, 293, 294, 295, 296, 305
Arnold, Dean E. 267, 268, 269, 270, 294
Attridge, Harold W. 51, 353
Audet, Jean-Paul 423

B

Balthasar, H. U. von 30
Bar-Ilan, Meir 274
Barnes, Timothy 503, 558
Bartchy, S. Scott 507
Barth, K. 30
Bartlett, Sir Frederic C. 109, 119, 120, 121, 122, 123, 124, 125
Batey, Richard 256, 259
Beall, Todd 488, 489
Beames, Michael 211, 212
Bell, Harold Idriss 175

Benko, Stephen 45
Betz, Hans Dieter 373
Boas, Franz 120, 121
Bohannon, John 108
Borg, Marcus J. 184, 299
Bouriant, Urbain 521, 522
Boyarin, Daniel 27, 28, 29, 30, 31, 32, 33, 34, 39, 606, 607
Brown, Peter 56, 401, 457
Brown, Raymond 92, 94, 95, 96, 98, 108, 149, 150, 154, 160, 388, 515, 517, 519, 520, 523, 524, 525, 526, 527, 529, 530, 531, 533, 541, 553, 554, 555, 581, 596, 597
Brown, Schuyler 173, 175
Bultmann, Rudolf 30, 82, 137, 140, 440

C

Caio Veléio Patérculo 60, 61, 141, 304
Cameron, Ron 77
Cancian, Frank 385
Caraveli, Anna 566, 573, 574
Caraveli-Chaves, Anna 564, 568, 573, 574
Carney, Thomas F. 190, 225
Celso 26
Chilton, Bruce 183
Cícero 46
Cohen, Shaye J. D. 51
Collins, Adela Yarbro 303, 304, 541, 585
Comfort, Philip 167

Conzelman, H. 31
Corbier, Mireille 257, 260
Corley, Kathleen 526, 562, 568
Coser, Lewis A. 395, 396
Crisóstomo, são João 402
Crossan, John Dominic 89, 90, 129, 145, 157, 160, 524, 525, 538, 554, 595, 610

D

Danforth, Loring 572, 573
Daniels, Jon 175
Davids, Stacy 24
Davies, Stevan L. 139, 307, 309, 310, 311
Denaux, Adelbert 153
Denker, Jürgen 523
Dessau, Hermann 383, 468
Dever, William 270
Dewey, Arthur J. 523
Dickinson, Emily 79
Dillon, Eilís 564
Díon Cássio 61, 141
Díon Crisóstomo 486
Dobrowolski, Kazimiertz 386, 395
Donahue, John 148
Douglas, Mary 357
Draper, Jonathan 423
Duling, Dennis 213
Dunn, James 108
Dyson, Stephen L. 222, 225

E

Eddy, Paul Rhodes 373
Edwards, James 148
Eisenberg, Leon 334
Eisenstadt, Shauel Noah 196, 197, 209, 210, 215
Epsztein, Léon 228, 233, 234, 238, 239, 240

Etienne, Mona 203, 205
Eusébio (bispo de Cesaréia) 485, 499, 503, 504, 521
Evans, Craig 183, 523

F

Fager, Jeffrey A. 226, 238, 239
Farb, Peter 357
Farmer, William 151
Fentress, James 87, 96, 130
Fermor, Patrick Leigh 566, 570, 573
Fiensy, David 213
Filóstrato 372
Finley, Moses 227, 259
Fiorenza, Elisabeth Schüssler 65, 376
Fitzmyer, Joseph 149
Forte, B. 30
Foster, George 105, 259, 384, 385
Francis, James A. 105, 279, 321, 324, 325
Fredriksen, Paula 502, 508, 611, 612
Frost, Robert 79, 80

G

Gamble, Harry 172
Gardner-Smith, Percival 522
Garitte, Gérard 286
Garrison, Roman 431
Genovese, Eugene 339
Georgi, Dieter 62, 63, 64
Germani, Gino 389, 390
Gibbon, Edward 43, 44, 80
Goldschmidt, Walter 383
Goodman, Martin. 236, 388, 486
Goodspeed, Edgar J. 433, 434, 436
Goody, Jack 130, 284
Gordon, Barry 235

Gottwald, Norman 196, 231, 477
Grabar, André 81
Grenfell, Bernard Pyne 158, 165, 166, 402
Greshake, G. 30
Griesbach, Johann Jakob 151

H

Haas, N. 576, 577
Habel, Norman 233, 238, 239
Hamel, Gildas 360, 361
Harris, William 274
Harrison, Tony 165
Hegésipo 503, 504
Henaut, Barry W. 440
Henderson, Ian 406, 409, 414, 416, 423, 425
Hengel, M. 31
Hengel, Martin 574
Heuer, Friderike 100
Hodder, Ian 253
Holst-Warhaft, Gail 561, 567, 573
Holtzmann, Julius 151
Homero 22, 109, 110, 111, 114, 115, 119, 120, 171, 451, 567, 574
Hopkins, Keith 270
Horsley, Richard 176, 252, 319, 320
Hunt, Arthur Surridge 158, 165, 166, 402
Hunter, Ian M. L. 109

J

Jacobsen, Arnold 294
Jardim Júnior, David 23
Jarret, Janice Carole 567
Jefford, Clayton 422
Jewett, Robert 462, 466, 467, 473
Johnson, Luke Timothy 69, 70, 145, 156, 160, 523

Johnson, Nancy S. 119
Jones, F. Stanley 223, 416, 417, 479, 480, 547, 548, 549, 554
Joyce, James 51
Junger, Sebastian 24

K

Kahl, Werner 371, 372
Kalliakati, Chrysa 568, 569
Kantorowicz, Ernst 81
Kautsky, John H. 195, 196, 197, 201, 202, 203, 208, 209, 210, 215, 222, 255, 256, 257, 258, 260, 264, 267, 270, 385
Kelber, Werner 129
Kendall, Daniel 585
Ketcham, Katherine 105, 106
King, Karen 442
Kipling, Rudyard 90
Kirk, Alan 523, 531
Kleinman, Arthur 334, 335, 338, 357
Kloppenborg, John S. 153, 157, 275, 281, 283, 285, 287, 288, 289, 293, 294, 295, 296, 298, 302, 304, 305, 306, 311, 346, 349, 395, 396, 397, 398, 399, 441, 446, 447, 448, 537, 538, 539
Koester, Helmut 62, 64, 65, 150, 152, 156, 158, 281, 283, 290, 291, 311, 324, 347, 394, 421, 422, 423, 424, 425, 441, 442, 445, 446, 447, 448, 449, 450, 451, 458, 461, 470, 478, 479, 515, 523, 554, 555, 567, 578, 579, 580, 594, 595, 596, 597, 598, 599
Kunkel, Evalyn Jacobson 383
Kyrtatas, Dimitris J. 452, 454, 499

L

Lachmann, Karl 151
Landsberger, Henry 385

Layton, Bentley 367, 422, 424, 425

Leacock, Eleanor 203, 204, 205

Lenski, Gerhard E. 195, 196, 197, 198, 199, 201, 208, 209, 213, 214, 215, 222, 223, 255, 256, 257, 258, 260, 264, 267, 270, 272, 382, 384, 385

Levi, Carlo 219

Levi, Peter 564, 567

Levin, Harry 109

Levine, Amy-Jill 610

Lewis, Naphtali 468

LiDonnici, Lynn R. 336, 337, 338

Linebaugh, Peter 581

Lods, Adolfe 521, 522

Loftus, Elizabeth F. 99, 103, 105, 106

Longstaff, Tom 259

Lord, Albert Bates 90, 109, 110, 111, 112, 114, 115, 116, 117, 200, 212, 595

Lührmann, Dieter 294, 521

M

Mack, Burton 366, 449, 450

MacMullen, Ramsay 49

MacRae, George 160

Malina, Bruce 380, 453

Mandler, Jean M. 119

Marcos Terêncio Varrão 614

Marx, Karl 227, 471

Mathews, Thomas 81

McCant, Jerry 523

McCourt, Frank 130, 459

McKenna, Margaret 433, 435

Meeks, Wayne 56, 57, 58

Meier, J. P. 31

Meier, John P. 66, 152, 160, 187, 188, 189, 190, 192, 336, 341, 342, 388

Mellor, Ronald 49, 80

Merz, A. 31

Metzger, Bruce 83, 84

Meyer, Marvin 367

Meyers, Eric 259, 261

Milavec, Aaron 403, 404, 405, 406, 408, 410, 411, 412, 413, 414, 415, 417, 418, 423, 425, 426, 427, 436, 438, 473, 474, 478, 479

Miller, Barbara Butler 563, 564

Mintz, Sidney W. 388

Mirecki, Paul A. 416, 417, 479, 480

Moltmann, J. 30

Mommsen, Theodor 80, 81

Morris, Charles 200, 225

N

Neirynck, Frans 148, 152, 155, 160, 523, 524, 525, 526, 592, 597

Neisser, Ulric 89, 102, 103, 109, 125

Neusner, Jacob 606, 607, 608, 609

Neyrey, Jerome 380

Nickelsburg, George 535, 536, 537, 538, 540, 541, 563

Niederwimmer, Kurt 410, 414, 416, 424

Nunes, Carlos Alberto 22

O

O'Collins, G. 30

O'Collins, Gerald 585

O'Connell, Eileen 565

Ong, Walter J. 94, 284

Overman, Andrew 263

P

Paap, Anton 173, 174, 175

Packer, James 465

Park, Robert 100, 388, 389

Parry, Adam 110

ÍNDICE ONOMÁSTICO

Parry, Milman 109, 110, 111, 112, 114, 115, 116, 117, 118, 119, 120, 595

Pateraki, Alexandra 568, 569

Patterson, John R. 263

Patterson, Stephen J. 33, 158, 159, 281, 283, 285, 286, 287, 293, 294, 297, 298, 302, 307, 309, 310, 311, 313, 345, 363, 367, 416, 417, 442, 448

Perrin, Norman 213

Petrônio 323, 544, 575

Piaget, Jean 104

Piper, Ronald 430

Pixner, Bargil 492, 493

Plínio, o Moço 45, 46, 47, 48, 49, 55, 223, 486

Plínio, o Velho 46, 485, 486, 487, 488

Polanyi, Karl 226, 227

Pseudo-Clemente de Roma 331

R

Radice, Betty 46, 47, 48, 49

Redfield, Robert 259

Reed, Jonathan 252, 261, 262, 270, 454

Reimarus, Hermann Samuel 63, 82

Reinhold, Meyer 468

Reisberg, Daniel 100

Renan, Ernest 256, 259, 314

Riley, Gregory J. 22, 76

Roberts, Colin H. 163, 164, 167, 169, 170, 171, 172, 173, 175, 176

Robinson, J. Armitage 520, 522

Robinson, James M. 153, 157, 159, 281, 283, 288, 289, 290, 305, 425, 428

Rogers, Susan Carol 195, 206, 207, 208, 361, 505

Rordorf, Willy 410, 416, 423, 436

Rose-Gaier, Deborah 407, 408, 409, 438

Roseberry, William 386

Rostovzteff, Michael 80, 81

Rudolph, Kurt 21, 30, 307

S

Sabbe, Maurits 154, 155, 597

Sanders, E. P. 37, 139, 366, 377, 378, 379, 380, 381, 382

Sawicki, Marianne 34, 36, 195, 253, 254, 255, 562, 568, 572, 586, 587

Sayers, Dorothy L. 133, 134, 139, 140

Sayre, Farrand 373, 374

Schacter, Daniel L. 60, 99, 101, 125

Schaeffer, Susan 531, 534

Schaff, Philip 401, 402

Schechter, Solomon 489

Schiffman, Lawrence 575

Schleiermacher, Friedrich 151

Schwartz, Daniel 542, 543, 544, 545, 546

Schweitzer, A. 31

Schweitzer, Albert 62, 63, 82, 138, 313, 314, 315, 316, 317, 318

Scott, James C. 209, 339, 385

Seeley, David 306

Seeman, Christopher 271

Sekeles, Eliezer 577

Seremetakis, Constantina-Nadia 562, 570, 571, 574

Setzer, Claudia 578, 583, 588, 590

Shanin, Teodor 384, 385, 425

Shanks, Michael 253

Shepherd, Tom 148

Sieber, John H. 159

Silone, Ignazio 181

Silver, Morris 244, 248

Simmel, Georg 395

Skeat, Theodore Cressy 164, 166, 167, 168, 169, 170, 171, 175, 176

Smith, Dwight Moody 92, 153, 157

Smith, Jonathan Z. 284, 303, 304

Sófocles 165

Solages, Bruno de 159

Stanton, Graham 171

Stark, Rodney 57, 58, 59, 336, 454, 481

Ste. Croix, G. E. M. de 196

Stegemann, Wolfgang 320, 321

Stern, Menahem 614

Stock, Brian 130

Stoldt, Hans-Herbert 151

Stonequist, Everett 388, 389

Strange, James 256, 258, 259, 261, 262, 265

Strauss, David Friedich 63

Street, Brian 130

Suetônio 26, 45, 49, 55, 61, 67, 141, 453

Suggs, M. Jack 433

Sung, Lilias H. 335

Syme, Sir Ronald 80, 81

Symons, Victoria 108

T

Tait, Jack 104

Talmon, Shemaryahu 127

Theissen, G. 31

Theissen, Gerd 318, 319, 320, 321, 347, 393, 416, 421, 463, 464, 467, 472, 540, 541, 542

Tilley, Christopher 253

Traube, Ludwig 173, 175

Tuckett, Christopher 422, 423

Tuilier, André 410, 416, 423, 436

Turner, Eric 164

V

van Haelst, abade Joseph 158, 166, 169, 176

van Voorst, Robert E. 523, 546, 547, 548, 549, 550, 551, 552, 553, 554

Vermes, Geza 183, 486, 489

von Harnack, Adolf 522

W

Wallace-Hadrill, Andrew 257, 260

Wallace-Hadrill, J. Michael 140

Weinfeld, Moshe 228, 230, 238

Weiss, Johannes 152

Weisse, Christian Hermann 151

Whyte, Martin King 205

Wickham, Chris 87, 96, 130

Wolf, Eric Robert 210, 385

Wright, N. Thomas 82, 83, 89, 137, 138, 139, 140, 141, 142, 146, 300

Z

Zias, Joseph 577

Índice de citações

Textos judaicos

Textos bíblicos
(incluindo livros apócrifos e deuteronômicos)

Gênesis

1,3	308
1,26	308
1-3	309, 311
2,2	308
2-3	308
39-41	535
49,28	376

Êxodo

1,5	376
12,46	600
20,22-23,19	231
21,2.7-11	237
22,24	235
22,25-26	235
23,10-11	232
23,12	232
23,20	346
24,1	376

Levítico

16	556, 601
17-26	231
19,9-10	234
21,11	504
25	231, 239

25,8-13,23	238
25,2b-7	233
25,13	238
25,29-31	239
25,35-37	235

Números

6,1-21	504
9,12	600
11,16	376

Deuteronômio

1,23	376
5,12-15	232
12-16	231
10,22	376
15,1-2.7-11	236
15,12-14.18	237
18,18-19	548
19,14	237
21,22-23	529, 557, 574, 576, 587
23,13-15	493
23,20	235
24,6.10-13	235
24,19-21	234
27,17	237
30,11-14	354

Josué

10,26-27	557

Juízes

13,5	504
16,17	504

1 Samuel
1,11.22 504
8,14-18 240

2 Samuel
15-17 556

1 Reis
17,8-16 241
17,17-24 241
21,2 241
21,3 241

2 Reis
4,1-7 241
4,8-37 241
5,18 526

Ester
3 535

Jó
29,12-17 248
29,14 247

Salmos
2 556
2,1 539
12,6 249
15,5 249
22,1 539
22,19 .... 539, 556
32,1-2 359
33,4-7 230
33,5 249
38,12 602
69,1-29 556
69,22 .... 539, 556, 557, 600
69,30-31 557
69,31-37 556

72,1.7 249
72,1-4 249
72,12 249
82 .... 605, 606, 615
82,1-8 249
82,3 249
89,15 249
94,6 249
96,11-13 230
96,13 249
97,2 249
99,4.7 230
103,6-7 230
106,3 249
112,5-6 249
128,1-2 359

Provérbios
2,20-22 397
5,20 407
10,15 248
13,7 248
15,15 248
18,23 248
19,4 248
19,22 248
22,22-23 248
23,10-11 248
30-31 289

Isaías
1,10-17 246
3,14-15 243
4,16-20 275
42,1-6 476
49,1-6 476
50,7; 53,7 539
50,6 601
52,13 .... 477, 579
52,23-53,12 476

52-53 .... 535, 536, 579, 580, 581
53 476
53,5-6 579
53,6.12 .... 477, 579
53,12 539

Jeremias
7,5-7 246
7,9-11 246
22,3.13.15b-17 243
26,11 247
26,16 247

Ezequiel
18,5-9 610
45,9-12 244

Daniel
1-6 476
3 535
6,26-27 541
6 535

Oséias
6,1-2 580
6,6 245
12,8-10 243

Amós
2,6-8 242
4,1.4-5 245
5,7.10-12 242
5,21-24 245
8,4-7 242
8,9 .... 539, 556

Miquéias
2,2 243
3,1b-3 243
6,6-8 246

Zacarias
3,5 601
7,9-10 .... 228, 244
12,10 .... 539, 600, 601

Malaquias
3,1 346

Tobias
1,18-22 535
4,15 429

Sabedoria
1-5 581
2-5 .... 535, 537
2,17-20 536
3,1-4 536
5,5-6 536
7,26 308

Eclesiástico
24,9 308

1 Macabeus
1,11-15 496

2 Macabeus
3 327
4 496
6-7 327
6,7 327
7 .... 535, 563
8-15 327

3 Macabeus
3 535

4 Macabeus
8-18 563
16,5.12 563
16,6-11 564

Outros textos

Talmude babilônio, Shabbat

31a 429

Documento de Damasco

6,18-19 498
7,6-8a 490
9,21-23 492
14,12-17 490
19,2-4b 490

Carta Haláquica 498

Josefo, *Contra Apião*

41 52

Josefo, *Antiguidades judaicas*

VIII,53 54
IX,182 54
X,237 54
XIII,380 575
XIV,202 233
XVII,329 54
XVIII,18-22 486
XVIII,38 274
XVIII,55-64 53
XVIII,55-89 52
XVIII,63-64 53
XVIII,65-80 53
XVIII,81-84 53
XVIII,85-89 53
XVIII,120-123 54
XIX,293-294 543
XIX,299 543
XX,197-203 500
XX,200 55

Josefo, *A guerra dos judeus*

I,97 575

II,119-161 486
II,131 488
II,137.148-149 494
II,147 488
II,160 487
II,169-177 52
II,174 323
II,197 323
VI,107 52
VII,344.346 31

Josefo, *Autobiografia*

IX 17
374-384 272
420-421 578

Carta de Aristéias

15-16 614

Mixná, Sanhedrin

6,5 562
6,5-6 586

Fílon, *Todo homem bom é livre*

75-91 484

Fílon, *Flaco*

83 577

Fílon, *Hipotética Apologia dos judeus*

11,14 485

Fílon,
Sobre a vida contemplativa 483

Fílon, *Leis especiais*

3,170 409

Manual de disciplina

1,1-7 497
3,17-21 434

ÍNDICE DE CITAÇÕES

6,4-6 488
6,22 490
6,24-25 491
7,2-3 491

Regra da congregação
1,4-5.9-11 491
2,17-20 498

Manuscrito do templo
46,11-13 495

Testamento de Aser
1,3-5 434

Testamento de Jó
25,1-8 564

Manuscrito da guerra
7,3-7 494

TEXTOS CRISTÃOS

TEXTOS BÍBLICOS

Mateus
2,13-17 380
3,7-10 147
4 295
5,3-12 359
5,3-4.6.11-12 146
5-7 294
5,11-12 .... 358, 359
5,21-48 429
5,32 380
5,38-42 429
5,39b-42.44b-48 423
5,39b-42 427

5,42 .... 394, 431
5,43-48 429
5,48 .... 428, 429
7,3-5 399
10,1.8-10a.11 368
10,7.10b.12-14 368
10,37 .... 362, 363
11,7-10 .... 346, 349
11,11 .... 348, 349
12,22-32 152
12,33-35 400
12,38-40 533
13,55 387
15,12-14 399
20,20 387
21,12-13 148
21,14-17 148
21,18-19 148
21,31b-32 380
22,1-10 146
24,23-25 351
24,26-27 351
24,26-41 295
25,14-30 146
26,57-75 155
26,75 93
27,25 530
27,51b-53 552
27,57 586
27,62b-64 533
27-28 582
28,1 588
28,1-8 603
28,2.5 598
28,7 .... 591, 592
28,8 591
28,9-10 .... 591, 592, 593, 603
28,10 592
28,19 403

681

Marcos

1,2-3	346
1,14b-15	369
1,34	369
3,10-11	369
3,21	380
3,22	380
3,22-27	152
6,3	387, 499
6,7	376, 377, 416
6,7-13	319, 368, 369
6,9	369
6,10	371
6,11	371
8,31	590
9,31	590
10,32-34	387
10,32-42	589
10,33-34	590
10,35	387
10,35-45	387
19,46-52	387
11,12-14	148
11,15-19	148
11,20-21	148
12,14	174
13	295
13,21	355
13,21-23	351
14	78, 470
14,3-9	148, 589, 590
14,33-35	185
14,35-36	186
14,50-52	186
14,51	598
14,53-54	155
14,53-72	155, 596, 597
14,54	602
14,55-65	155
14,62	536
14,65	93
14,66-72	155
14,72	93
14-15	185, 536, 537
15,17-20	601
15,34-37	186
15,39	589
15,40	602
15,40-41	588, 590
15,42-47	585, 586, 597
15,43	586
15,47	588, 590
15,47-16,1	590
15,47-16,8	602
15-16	582, 601, 602
16,1	587, 590
16,1-8	588, 589, 598, 603
16,5	527
16,8	591
16,9-14	583
16,9-20	583
18,35-43	387
28,16-20	603

Lucas

1,26-38	26
2,46-47	17
3,7-9	147, 288
4	295
4,22	387
6,22-23	358, 359
6,20b	362, 439
6,20b-23	295
6,20b-26	146
6,20b-49	294
6,24	439
6,27-30.32-36	423
6,27-36	425
6,30	394, 431
6,36	428, 429

6,39b	399	6,23	263
6,41-42	399	6,42	387
6,43-45	400	8,48	380
7,24b-27	346	11,17	533, 581
7,24-27	346, 349	14-17	154
7,28	348, 349	15-16	167
9,1-6	368, 370	18	78
9,3	369	18-19	185
10,1	376, 416	18,4-6	185
10,4-11	319, 368, 370	18,7-9	186
10,38-42	410	18,10-11	186
11,14-26	152	18,13-27	155, 596, 597
11,39-52	613	18,15-16	596
12,35	146	18,15-17	155
14,16-24	146	18,36	174
14,25-26	362, 363	18,36-19,7	166, 169, 174
16,31	17, 27	19-21	582
17,20-21	351, 352, 355	19,1	174
17,23-24	351	19,16b-42	154
17,23-37	295	19,28-37	600, 602
19,12-27	146	19,28-30	187
22,54-62	155	19,38-42	597
22,56-71	155	20	593
22,63-71	155	20,1	588
22,66	586	20,1-2	602
23,47	534	20,2-10	597
23,47-48	530	20,12	598
23,50-51	586	20,13	592
23-24	582	20,14-17	592
24,4	598	20,15	603
24,10	588	20,18	592
24,13.18	416	20,19	527
24,13-33	19	21,1	263
24,23	598		
24,28-29	19	**Atos**	
24,31	19	1,8	505
		1,14-15	511
João		2,1-4	511
1,14	37, 605	2,42	403
6,1	263	2,44-45	506

4,32-5,11	506	15,7b	579
11,27-30	510	15,8-11	579
12,1-4	545	15,12-58	34
15,28-31	405	15,13.16	582
15	177, 509	15,13.16.20	26
18,8-9	464	15,20	189, 526
18,18	504	15,36-44	35
20,4	510	15,50	35
21,17-26	510	16,1-4	510
21,18-24	510	16,15-17	464
21,24	504	16,22	480

Romanos

15,30-31	510
16,23	464

1 Coríntios

1,11	464
1,12	583
1,26	464
5,7	580
9,3	462
9,5-13	463
9,5	416
9,12b.15.18	463
9,14	463
10-11	458, 470, 471, 478, 537, 578, 579
10,16	475
10,17	478
11; 15	409
11,23	476, 580
11,23-25	472, 476
11,26	480
12,13	27
14,34-35	409
15	26, 34, 578, 582
15,1-11	578
15,3b-7	582
15,3-4	515, 599

2 Coríntios

8-9	510
11,8-9	464

Gálatas

1,18-19	499, 501
2	177
2,1.3.9.10	501
2,4	502
2,10	509, 510
2,11-12	499
2,11-13	405
2,11-14	31, 502, 583
2,13	613
3,28	27, 29, 31, 32
5,6; 6,15	31
5,12	31

Efésios

5,22; 6,1	408

Filipenses

2,6-11	540, 580, 599
4,10-11.15-16	463

1 Tessalonicenses

2,14-16	530
4,9	467

2 Tessalonicenses
3,6-12 .... 467, 481

1 Timóteo
2,11-12.15 409
2,12 602

Hebreus
1,3 83

OUTROS TEXTOS

Atos de João
87-105 .... 73, 77
88b-96 73
97-101 74
102-104 74

Atos de Tomé
39 364

Apócrifo de Tiago
2,9-29 72

Constituições apostólicas
7,19 438

Didaqué
I,1-II,2 .... 435, 436
I,1-3a 423
I,2b 426, 428, 429
I,2b-5a 426, 428, 429, 430, 431, 433
I,3b 426, 437
I,3b-4 429
I,3b-II,1 .... 421, 422, 423, 424, 425, 426,
435, 436, 437
I,4 .... 429, 431
I,4-5a 427
I,4b.5a 428
I,4b-5a 431

I,5a 394, 428, 436
I,5a-6 432
I,5b-6 .... 431, 432
I-VI 407, 412, 435
II,2-V,2 423
IV,6 439
IV,5-8 436
IV,9-11 408
IV,14a 410
V,2b 436
VI,2 438
VI,2-3 423
VI,3 .... 404, 406
VII,1 423
VII,1-3 406
VII,1-4 404
VII,2-4 423
VII,4-VIII,3 404
VII-X 412
VIII,1-3 406
VIII,1-11 423
IX,1 .... 414, 474
IX,2-3 .... 471, 474, 475
IX,4 478
IX,4; X,5 480
IX,5 .... 479, 480
IX-X 458, 470, 471, 475, 476, 478, 479,
537, 579
X,1 474
X,2-4 474
X,3b-XII,2a 416
X,5 478
X,6 .... 479, 480
X,7 .... 413, 414
X-XI 470
XI,1-2 412
XI,3-XIII,2 423
XI,7-12 .... 414, 417
XI,8b-12 415
XI,11 .... 415, 417
XII,1-5 .... 411, 473

XII,2	416
XII,3-4	473
XII,3-5	481
XIII,1.3-7	412, 417, 418
XIII,2	412, 413, 418
XIII,3.5-7	423
XIII,3-7	410
XIV,1	411, 415
XIV,1-XVI,8	423
XV,1-2	418
XVI,1	146

Epístola de Barnabé

18,1b-2	434
7,6-11	601

Epistula apostolorum

3-12a	72
13-51	73
31-33	73

Eusébio, *História eclesiástica*

1,1; 2,23	504
6,12	521

Eusébio,
A preparação para o evangelho 485

1 Clemente 177

2 Clemente

16,2	439

Evangelho de Pedro

I,1	539
I,1-VI,22	528, 529
II,5b	580
III,6-9	601
III,9	539
IV,10a	539

IV,10b	539
IV,12	539
V,15	539
V,15-17	557
V,16	539, 557
V,19	539
V,20-VI,21	553
VI,23-24	597
VII,25	532
VIII,28	530, 553
VIII,28-XI,49	524, 526, 527, 528, 529
VIII,28-30	533, 553
VIII,28-33	521
VIII,30	533, 581
IX,34-37	521
X,38-42	521
X,39-42	540, 553
X,41	582
XI,43-44	527
XI,44	527
XI,46	541
XI,47-49	533
XII,50.52.54	527
XII,50-XIII,57	598
XIII,55	527, 598

Evangelho de Tomé

3,1-5	353
14,1-5	367
14,4	366, 368, 369, 371
18,1-3	354
20-22	286
22,2.3.7	350
25-26	286
26	158, 399, 400
26,1-2	400
26,2b	400
27,1-2	367
34	399
39,1-2; 102	399

45 400
45,1-4 400
46 .... 348, 350
46,1-2 .... 348, 350
49,1 350
49-50 296
51,1-2 .... 351, 354
55,1-2 364
53,1-3 367
54 .... 159, 358, 360, 362
55,1-2a 362, 363
61,3 364
63-65 287
64,12 364
68-69,1; 69,2 159
77,1 308
78,1-3 .... 346, 347, 350
81,1-2 348
82,1 350
85,1-2 348
95 394
95,1-2 431
96-98 287
96-99 286
99,3 .... 350, 364
99,4 364
101,1-3 364
105 364
110 .... 296, 348
111,1-3 286
113,1-4 .... 351, 352, 353, 355

Pseudo-*Clemente, Pesquisas*
1,27-71 547
1,33-38 548
1,33-71 .... 546, 547, 548, 552, 554
1,41,1b-2 549
1,41,2-43,4 553
1,41,3-4 550

1,41-43 .... 548, 554, 561
1,42,3-4 .... 550, 551
1,43,1-2 552
1,43-44 549

Pseudo-Clemente, *Duas epístolas a respeito* 331

Evangelho Q
3,7-9.16-17 288
4,1-13 288
6,20b-23 396
6,20b-49 .... 288, 398
6,23-35 396
6,27-28.32-35 426
6,27-29 429
6,27-35.36-38.39-45 396
6,27-36 .... 426, 428, 429, 430, 433
6,29-30 .... 427, 428
6,30 .... 394, 431
6,31 .... 426, 429
6,36 .... 397, 428
6,36-45 .... 396, 397
6,37a 397
6,38bc 397
6,39 .... 397, 399
6,39-45 398
6,40 397
6,41-42 .... 397, 399
6,42a 400
6,43-45 .... 397, 400
6,46 397
6,46-49 .... 397, 398, 430
6,47-49 397
7,1-10.18-28 288
7,24-27 .... 346, 349
7,24b-27 .... 346, 349
7,27 346
7,28 .... 348, 349, 350

7,31-35	288
7,33-34	380
7,35	538
9,57-62	288
10,1	377
10,2-4	288
10,4	368, 369
10,4-11	368
10,4-12	369
10,6	371
10,7	371
10,8	371
10,8-12	371
10,12	371
10,12-15	368
10,13-15	371, 395, 454
10,21-22	539
11,2-4.9-13	288
11,14-52	288
11,49-51	538
12,2-12	288
12,(13-14.16-21)22-31.33-34	288
12,39-59	288
13,18-19.20-21	288

13,24-30.34-35	288
14,16-24.26-27	288
14,25-26	362
14,26	364
14,33-34	288
15,3-7	288
16,13.17-18	288
17,1-6	288
17,23-24	351
17,23-37	288
19,12-27	288
22,28-30	288

Pastor de Hermas, *Mandato*

2,4-7	432

A sofia de Jesus Cristo

90,14-92,6	72

Ensinamento dos apóstolos

1,1	434
1,1-2,2	435, 436
4,5-8	436
5,2-6,1.4	437

Índice alfabético-remissivo

A

Ácia (mãe de Otávio), 67

Adriano (imperador de Roma), 221, 607

afirmação do mundo, 314-315

Agrícola, (Tácito), 52

Agripa I (Herodes), 271, 540-546

Aicar, 535

Amai os vossos inimigos, 426-427, 430

Amós, 244

Anais (Tácito), 50-52

Anás, o Jovem, 500

ano do jubileu, 237-239

Antipas (Herodes Antipas), 54, 98, 271, 272, 273, 365, 382

antropologia intercultural: comercialização agrária e, 201-203; da lamentação, 572-574; da tradição da elegia feminina, 561-562; de classe, 195-203; de gênero, 203-208; de resistência, 209-216; estudo da cura "nativa" pela, 334; modelo de Lenski-Kautsky sobre a desigualdade, 196-201; teoria da cerâmica e, 267-270

apocalipsismo primário, 305-306

apocalipsismo secundário, 305-306

Apócrifo de Tiago, 72

(The) Apostolic Fathers (Goodspeed), 433

Ara Pacis Augustae (Altar da paz augustana), 451

Aristóbulo, 272, 273

Aristófanes, 361, 505, 507

Aristóteles, 609

Arquelau, 73, 273

arqueologia: da crucificação romana, 574-578; entendimento da, 253-256; galiléia, 251-275; história e, 219-220; novo enfoque da, 251; pós-processual, 254-255; pré-processual, 253-254; processual, 254; tipos de, 253-254

arqueologia galiléia: argila e cerâmica, 264-265; campo/cidade, 256-260; camponeses e artesãos, 264-270; cerâmica e exploração, 266-267; entendimento da, 253-256; estudo da, 251-252; manufatura e distribuição, 265-266; movimento de Jesus, 271; Séforis e Tiberíades, 259-263. *V. também* arqueologia; sociedades camponesas

Árvores e corações, 400

ascetismo, 311, 448

ascetismo celibatário, 311, 448, 497

atos de caridade, 431-433, 437, 439

Atos de Tomé, 309

Augusto (Otávio), 17, 67, 68, 69, 80-81, 223, 272-273, 450-451

autoridades judaicas, 532-534, 542, 552-553, 559

autoridades romanas, 541-542, 559

B

Bem-aventurados os perseguidos, 396

Bem-aventurados os pobres, 358-362

bem-aventuranças, 295, 304, 358-360

Biblioteca de Nag Hammadi, 159, 309

Book of the Title [Livro do Título] (Agápio), 55

C

Caifás, 382, 583

Calígula (imperador romano), 542, 544

Caminho da morte (dois caminhos), 433, 436, 438

Caminho da vida (dois caminhos), 433, 436

camponês marginal, 384

cantos do Servo Sofredor, 476-478, 535, 579-580

Carregar a própria cruz, 396

Ceia do Senhor, 472-473. *V. também* Tradição da Refeição em Comum

circuncisão, 31, 502, 548, 614

(O) cisco e a trave, 399-400

classes: artesã, 198-199, 384-388; camponesa, 198, 199; descartável, 198-199, 200, 201; governante e soberana, 198, 213, 214; impura e degradada, 198, 199; mercantil, 198; sacerdotal, 198-199, 213-216; servidora do Estado, 198, 213, 214, 215, 272; social, 31, 32, 196, 222-225

Cláudio (imperador de Roma), 542, 544

Clemente de Alexandria, 499, 500, 504

Clemente Romano, 547

Códice Hierosolimitano 54, 402

Códice Panopolitano (Códice Cairense 10759), 520-521

Códice Vaticano, 83

códices: identificação dos, 165-166; papíreos comuns, 168-169; preferência cristã pelo papiro, 170-172. *V. também* papiro; rolos

Código da Aliança, 231, 232, 233, 235, 236

Código Deuteronômico, 231, 232, 235, 236, 237

códigos de pureza, 610-614

coleta para o templo, 509-511

comer, 370-371

comercialização agrária, 201-203

compaixão, 615-616

companheirismo do Reino, 376-377. *V. também* movimento do Reino de Deus de Jesus

Compêndio de história romana (Caio Veléio Patérculo), 304

comunidade: *Didaqué*, 449; compartilhada, 508; de Q, 442, 471; Qumrã, 488-489, 496; refeição e, 457-460; igualitária, 505-508. *V. também* comunidade de Jerusalém

comunidade de Jerusalém: coleta para os pobres da, 508-511; cristãos na, 544-546; essênios na, 492-495; exegese masculina e elegia feminina da, 603-604; igualitária, 505-508

comunidades de resistência: comunidades essênias como, 484-496; descrição, 483

comunidades essênias: comunalismo das, 507-508; dentro de Qumrã, 488-489, 497-498, 499; em Fílon, 484-485; em Jerusalém, 492-495; em Josefo, 486-488; em Plínio, 485-486; escatologia das, 496-499; escravidão rejeitada pelas, 606-607; fora de Qumrã, 489-492; na história, 495-496; refeições rituais nas, 491-492. *V. também* escatologia ética

concepção virginal, 66-68, 69

confirmação redacional, 147-149, 150, 156, 160

Constituições apostólicas, 438

continuação: descrição, 44; enfoque na primeira, 55-58; Josefo a respeito da, 53, 55; Tácito a respeito da, 50-51

Contra o divórcio, 365

controvérsia de Beelzebu, 152

convertidos, 404-405, 410, 437, 502-503, 508-509

convertidos pagãos, 404-405, 501-503, 508-509

(as) crianças e o discurso do Reino, 86-87

cristianismo: conflito entre sarcófilo e sarcofóbico, 76-77, 83; convertidos ao, 404-405, 410, 437, 502-503, 508-509; convertidos rurais ao, 409-410; definição, 19; dissertação de Plínio, o Moço, e de Trajano 46-49; dois tipos de pregadores itinerantes do, 463-464; dualismo/incoerência dentro do, 27-33; encarnado versus docético, 30; expansão numérica do, 59; império contra o imperialismo romano, 450-451; mistério dos primeiros anos do, 17-19; normas imperiais oficiais com relação ao, 48; o Império Romano e o sucesso do, 43-44; primeiras referências romanas ao, 45; quatro pontos consecutivos, 44; questões a respeito do nascimento do, 25-27; relação entre o judaísmo e o, 38-39; rural e urbano, 451-454; sarcófilo, 30, 76-77, 83; sarcofóbico, 30, 76-77, 83; Tácito a respeito da difusão do, 49-51; Tácito e Josefo a respeito do, 51-55; de Tomé, 448; teoria da mística do imperador a respeito do, 81-82; tradição dividida do, 445-446; transição de seita para culto, 57-58; violência e não-violência dentro do, 326-328

critério: de coerência, 188; de constrangimento, 188; de descontinuidade, 188, 192; de múltipla confirmação, 188; de rejeição e execução, 188

crítica: da tradição (análise da transmissão), 135, 137, 139, 140; das fontes, 135, 138-139; formal, 137-138-139; redacional, 135, 138-139

Cross That Spoke, The (Crossan), 153-154, 157, 556

crucificação: asmonéia, 575; essênia, 575-576; estilo judaico versus estilo romano de, 557-558, 576-577; história da, 574-576; romana, arqueologia da, 576-577. V. também narrativas da paixão e ressurreição

cura: fé e, 336-338; milagres e, 341-344; parte do programa de Jesus, 370-371; poder e autoridade para curar, 371-373; resistência e, 338-341; tratamento da doença versus, 334-336

D

Day, Dorothy, 318

Death of the Messiah, The (Brown), 92, 94, 150, 515, 519, 526, 531, 554

dependência literária: direta, 147-149, 156, 160; indireta, 149-150, 156, 160

Deus: assassino, 615-616; de justiça e compaixão, 615-616; fé em um Deus epifânico, 343-344; justiça e, 362, 614-616; radicalismo ético e o caráter de, 325-326; Senhor do tempo, 498; violência e não-violência de, 326-328. V. também justiça

Dêutero-Isaías, 476-478

dever comunitário, 585-586

Dia das Expiações, 601, 612

dicotomia perfeição/suficiência, 438-439

Didaqué: apóstolos itinerantes, 413; comparada com o Evangelho Q, 425-431; conteúdo, 402-405; controlar os profetas, 410-412; convertidos rurais, 409-410; descoberta da, 401-402; dois caminhos da, 407, 410, 433-439; gênero e igualdade comunitária, 407-409; importância da, 443; independência da, 161; mestres itinerantes, 412-413; Missão e mensagem e a, 365-366; refeição real descrita na, 473-475; relação com os evangelhos sinóticos, 421-425; serenidade e controle comunitário, 406-407; títulos da, 403; voz dos chefes de família na, 394

direito, 247-250. V. também justiça

(O) Discípulo a quem Jesus amava (João), 593

discursos de julgamento (Evangelho Q), 294

discursos sapienciais (Evangelho Q), 294

ditos, sentenças, 440-443. V. também Tradição dos Ditos Comuns

"Ditos dos sábios", 289-290, 305

Docetismo, 523

Documento de Damasco, 489-490, 497

dois caminhos, 407, 410, 433-439

dois Messias, 498

dualismo: de carne/corpo e espírito, 29-32, 75-76; platônico, 29-32

E

Ecclesiazusae (Aristófanes), 505

elegia

elegias: de Alexandra Pateraki, 568-570; antropologia intercultural e, 572-574; biografia por intermédio de, 561-562; comparada ao ato de prantear, 567-568; de Chrysa Kalliakati para sua mãe, 568-570; de Kalliopi para Poulos, 570-571; do martírio da mãe, 563-564; história do falecido, 564-567; transformação da exegese em narrativa, 603-604. *V. também* mulheres

Elias, 26, 346, 582

Eneida (Virgílio), 22-24, 171, 451, 595-596

enforcamentos em Tyburn Tree, 581

Ensinamentos de Silvano, 309

Epístola de Barnabé, 600-601

Epistula apostolorum (*Epístola dos apóstolos*), 72-73, 77, 157

Esboços (Clemente de Alexandria), 504

escatologia: apocalíptica, 302-306, 322; ascética, 306-312, 322-323, 324-325, 496-497; ascética esotérica, 311-312; ascética esotérica versus ascética comum, 311-312; combinação de apocalipsismo e ascetismo, 324-325; combinação de apocalipsismo e eticismo, 325; definição, 299; essênia, 496-499; ética, 313-328; gênero, 300-302; interpretação que Schweitzer dá à, 313-318; posta em prática, 448; profética, 315; realizada, 311, 447; sapiencial, 447-448; simbólica, 306. *V. também* teologia do apocalipsismo

escatologia ética: descrição, 313-314; estilo de vida essênio e, 498; radicalismo itinerante

e, 318-321; resistência da, 323-324; de Schweitzer, 317. *V. também* escatologia

escavações em Giv'at ha-Mivtar, 576-577

escravidão, 222, 224-225, 227, 236-237, 606-607

esquema composicional de intercalação/sanduíche, 147-148

estabilidade estruturalista, 129

estratificação: composicional, 293-294; tradicional, 293-294

estrutura da oralidade, 94

etapa do texto, 192-193

Eucaristia, 462, 474-475. *V. também* Tradição da Refeição em Comum

Eusébio, bispo de Cesaréia, 503-504

Evangelho da cruz: autoridades judaicas e romanas, 559; drama em três atos dentro do, 530; fonte independente, 157, 161-162, 524-525; incidente autobiográfico e, 558-559; Maria e as mulheres, 583-585; modelo de justificação do justo sofredor no, 537, 539-540; narrativas de sepultamento/túmulo/visão no, 585; relatos da paixão e ressurreição no, 545, 600; tradição da elegia no, 603-604. *V. também Evangelho de Pedro (EvPd)*

Evangelho da infância de Tomé, 157

Evangelho de Egerton, 157, 174, 175

Evangelho de João: comparado com os evangelhos sinóticos, 139; dependência que o *Evangelho de Pedro* tem do, 597-598; etapas de desenvolvimento do, 114; fontes de narrativa passiva usadas pelo, 594-595; fontes usadas pelo, 101-102; intercalação em Marcos e, 596-597; narrativa de testemunha ocular, 133; paralelos com outras fontes, 292; relação dos evangelhos sinóticos com, 153-155, 161

Evangelho de Lucas: comparado com outras narrativas, 108; esquema composicional marcano de sanduíche em, 147-148;

692

Evangelho Q, fonte do, 152-153, 422-423; fontes usadas pelo, 141-142; tradição oral usada pelo, 93-94

Evangelho de Marcos: comparado com outras narrativas, 108; conteúdo paralelo ao *Evangelho de Tomé* e ao *Evangelho Q*, 291-293; dependência que o *Evangelho de Pedro* tem do, 598-599; esquema composicional de intercalação ou sanduíche em, 147-148; evangelho biográfico, 71; fontes de narrativa passiva usadas pelo, 594-595; intercalação de João e, 596-597; *Missão e mensagem* em, 368-369; modelo de justificação do, 537-538; narrativa de sepultamento, túmulo, visão em, 582-594; tradição oral usada pelo, 93-94; usado como fonte, 141, 147, 149, 161

Evangelho de Mateus: comparado com a *Didaqué*, 425-428; comparado com outras narrativas, 108; esquema composicional marcano de sanduíche em, 147-148; *Evangelho Q*, fonte do, 152-153, 422-423; fontes usadas pelo, 141-142; tradição oral usada pelo, 93-94

Evangelho de Pedro (*EvPd*): debate considerando-o texto antijudaico, 523, 530-534, 553-554; documento composto, 520-524; *Evangelho da cruz* e o, 157, 161, 524, 530, 537, 538, 539-540; dependência do, 95-98, 149-150, 161, 597-599; fonte independente, 524-530; fontes de narrativa passiva usadas pelo, 594-595; memória auditiva, 108; narrativa de sepultamento, túmulo, visão em, 582-585; narrativa dos guardas no sepulcro do, 525-526, 527-530; nome dos estudiosos para, 152; tradição da morte no, 516; versões do século IV, 177

Evangelho de Tomé: abreviação sagrada no, 174; *Bem-aventurados os pobres* em, 360-362; coletânea de ditos do, 71, 446; conteúdo e estratificação do, 290-292; escatologia ascética do, 306-307; escatologia realizada de, 447; evangelhos intracanônicos e, 150, 151, 157-160; fé nas palavras de Jesus em, 442-443, 446; formato e estrutura do, 285-287; gênero e destino do, 289-290; gnose no, 77, 296, 297-298; João Batista eliminado do, 347-348; Lucas especial e, 352; *Missão e mensagem* no, 367; pistas para a localização social de, 275; radicalismo social do, 447-448; sapiencial ou gnóstico, 309; semelhanças entre o *Evangelho Q* e, 271, 291-293; teórico ou prático, 310-312; texto semelhante a lista, 284-285, 289; tradição da vida no, 516; Tradição dos Ditos Comuns usada no, 143, 296-298; tradições sapienciais por trás do, 449; três propostas de estratificação no, 293-298; versões do século IV do, 177; *Evangelho dos nazarenos*, 157

Evangelho Q: apocalipsismo no, 294-295, 297, 298, 302-306; *Bem-aventurados os pobres* no, 358; comparado com a *Didaqué*, 425-431; conteúdo e estratificação do, 290-291; conteúdo paralelo ao *Evangelho de Tomé*, 291-293; datação, 156-157; dissensão interna no, 396-398; especialistas a respeito do, 157; evangelho de sentenças, 71; evangelhos absorvidos no/pelo, 143; fé nas palavras de Jesus provenientes do, 442-443, 446; fonte de Mateus e Lucas, 147, 151-153, 422-423; forma e estrutura do, 287-288; gênero e destino do, 289-290; João Batista e o, 346-347; *Missão e mensagem* no, 368; orientação escatológica do, 446-447; pistas para a localização social do, 275; pressupostos da existência do, 161; Sabedoria divina (Sofia) como centro do, 538-539; semelhanças entre o *Evangelho de Tomé* e o 271; texto semelhante a lista, 284-285, 289; Tradição dos Ditos Comuns usados no, 296-298; tradição sapiencial por trás do, 449; três propostas de estratificação a respeito do, 293-298

Evangelho secreto de Marcos, 157

evangelhos: biográfico-discursivos, 72-75; biográficos, 71, 72, 75-77; canônicos, 69, 77-79; códice adotado para juntar todos, 170-171; conflito entre tipos de evangelhos, 75-77; datas primitivas comuns dos, 164; dependência literária direta dos, 147-149, 155-156, 160; dependência literária indireta dos, 149-150, 155-156, 160; dependentes e independentes; 145-150; discursivos, 71-72, 75-77; entrevistas orais, 142; fontes dos, 141; fontes literárias comuns, 146-147; intracanônicos e extracanônicos, 150-162; matriz oral comum, 146; mulheres nos, 578, 582-585; narrativas em vez de história, 61; pesquisa básica, 142; provas de oralidade nos, 92-98; sentenças, 71, 77; testemunho legal, 142; tradição mais primitiva reescrita, 142-143

evangelhos biográficos: conflito entre evangelhos discursivos e, 75-77; descrição, 71, 72; preferidos aos discursivos, 77. *V. também* evangelhos

evangelhos canônicos: *Evangelho de Pedro* e os, 95, 96; natureza dos, 69; tipo normativo, 77-79. *V. também* evangelhos

evangelhos discursivos: biográficos preferidos aos, 77; conflito entre biográficos e, 75-77; descrição, 71-72. *V. também* evangelhos

evangelhos extracanônicos: acusações de fraude nas provas, 156-158; pressupostos a respeito dos, 155-162; provas de quatro, 168. *V. também* evangelhos

evangelhos intracanônicos: *Evangelho de Tomé* independente dos, 159-161; pressupostos a respeito dos, 151-155; provas de três, 168

evangelhos sinóticos: comparados com o Evangelho de João, 139, 153-155; descrição, 61; pressupostos de relação genética dos, 151; relação da *Didaqué* com os, 421-425; semelhanças dos, 147; uso que João

faz das narrativas da paixão dos, 155. *V. também* evangelhos

exegese, 599-604. *V. também* narrativas

Exílio babilônico, 610

Ezequiel, 243, 610, 611

F

fé: crença nas palavras de Jesus, 442-443; estudo do Jesus histórico e, 44

Festo, 504

Filipe, 273

*flashbulb, memor*ias, 101-103

Fonte das Sentenças Sinóticas (Q), 446. *V. também Evangelho Q*

fontes literárias comuns, 146-147

fuga, 186

G

Gandhi, Mahatma, 318

Grande (ou escrita) Tradição, 339, 454

grande incêndio de Roma (64), 50

Greek New Testament, The (United Bible Societies), 84, 184

guerra dos fantasmas, A (1891, 1894, 1932), 121, 123, 124

(O) *Guia cego*, 399

H

Herodes Agripa I, 271, 540-546

Herodes Antipas, 54, 98, 271, 272, 273, 347, 365, 382

Herodes, o Grande Magno, 252, 271, 272, 382, 542

Herodíades, 273

história: arqueologia e, 219-220; comunidades essênias na, 495-496; definição prática de, 60; elegia como, 564-567; estratificação da história de uma tradição, 293;

lembrada, 555-556; narrativa e, 59-62; usada para obter contexto, 191-192. *V. também* história judeu-romana

história judaico-romana: Agripa I (Herodes), 541-546; arqueologia galiléia da, 251-275; cenário da tradição da Paixão, 540-546; crucificação, 574-576; essênios na, 495-496; população da terra judaica na, 453-454; profetas e a, 240-247; revoltas da, 252; visão geral da, 221-222. *V. também* Império Romano

Histórias (Tácito), 49-52

"homem marginal", 388-390

I

Iahweh, 614-616. *V. também* Deus

Ilíada (Homero), 22, 129, 567, 574, 596

Império romano: estratos sociais dentro do, 222-225; sucesso do cristianismo e o, 43-44; tradição da morte depois da crucificação no, 557, 574-575. *V. também* história judaico-romana

interatividade, 80, 83

itinerantes, 370, 412-419, 463-464

J

jejum, 404

Jesus. *V.* Jesus histórico

Jesus histórico: biografias evangélicas do, 141; citado como Cristo, 55; como Jesus ressuscitado, 78; conceito de reconstrução do, 66, 67, 68, 81-82; concepção virginal do, 66-68; curandeiro nativo, 334; datação da morte do, 580; enfoque do, nos camponeses despossuídos, 365; equiparado à Sabedoria, 539; guardas no sepulcro do, 525-530; interpretação de Schweitzer ao, 314-318; judeu marginal, 388-390; líder de seita, 57-58; milagres do, 342-344; narrativas canônicas a respeito do, 61; narrativas de sepultamen-

to/túmulo/visão, 582-594; nossas faces refletidas no, 79-84; nova busca do, 63-64, 82; os que odeiam e os que amam a pesquisa de Jesus, 62-63; perseguição e justificação comunitárias do, 537-540; posição historicizada da profecia e, 556; Primeira Busca do, 82; profeta da restauração judaica, 378-380; reconstrução ética do, 66-69; reconstrução histórica do, 62-66; reconstrução teológica do, 69-79; referências de Tácito e Josefo ao, 52-55; relação entre o cinismo e o, 373-374; ressurreição corporal de, 33-37; tensão entre João Batista e, 350; Terceira Busca do, 82; tradição da morte do, 448-451; tradição oral e o, 89-90, 91-92, 440-443; transmissão memorizada das tradições do, 119-121. *V. também* Jesus bíblico; Tradição dos Ditos Comuns; narrativas da paixão e ressurreição

(O) *Jesus histórico: a vida de um camponês judeu do Mediterrâneo* (Crossan), 44, 58, 61, 83, 129, 156, 183, 195, 257, 302, 342, 365, 424, 542, 610

João Batista, 295, 326, 345, 347-352, 356

José de Arimatéia, 529, 585-587

judaísmo: crucificação depois da morte, 557, 574, 576; cultura do antigo Oriente Próximo e, 228-229; discórdia dentro do judaísmo, 613; economia e justiça do, 606-610; *Evangelho de Pedro* e, 523, 530-531, 553-554; Jesus, líder de seita do, 57-58; a Lei e o, 231-247; má compreensão de Jesus e, 378-381; *Mixná* e, 585-586, 606-610; narrativa do Êxodo do, 595; perseguição síria ao, 496; rabínico, 33; relação entre o cristianismo e, 38-39; sabedoria grega e, 614; teologia paulina a respeito da lei ritual do, 548; tradição da justiça divina, 226-232, 439; violência e não-violência dentro do, 326-328

judaísmos, 227-228

695

justiça: criação da justiça social, 244; Deus e, 614-616; economia e, 606-610; escritos a respeito da, 247-250; exigida pelo movimento do Reino de Deus, 321, 362; justificação pagã e judaica e, 535-537; pessoal *versus* sistêmica, 381-382; pureza e, 610-614; ritual *versus*, 245-247; *Sabedoria de Aicar*, 535; social, 244-247; tradição da justiça divina, 226-232, 439

justificação: *Evangelho da cruz* e modelos marcanos de, 537-540; pagã e judaica, 535-537; perseguição e, 556-558, 580-582, 603-604. *V. também* justiça

K

Kefar Hananya, 265-267, 269-270

L

(The) Lament for Arthur O'Leary (tradução de Dillon), 564-567

Lei: códigos da, 231; libertação de escravos sob a, 236-237; profetas e a, 240-247; questões financeiras, 234-236; reversão da despossessão conforme a, 237-240; sábado conforme a, 232-234. *V. também* judaísmo

Lei de santidade, 231, 233-234, 235, 237-238

ligação entre agricultura e cerâmica, 269-270

lista oral, 284

Livro do atleta Tomé, 309

Lúcio Cesênio Rufo, 468-470

Lúcio Cornélio Sula, 223

M

Macabeus, 496

Maior do que João, 345, 348-350

mal: ecológico, 200-201; individual (pessoal), 200-201, 381-382; sistêmico, 200-201, 381-382

(os) mandamentos: atos de caridade redentores, 431-433, 437, 439; dois caminhos,

433-439; origens dos, 430-431; resistência passiva, 425-430. *V. também* movimento do Reino de Deus de Jesus

Manuscrito do templo, 488, 494-495, 575-576

Manuscrito Oriental da Biblioteca Britânica 9271, 416

Manuscritos do mar Morto, 171, 434, 575

Maria de Clopas, 602

Maria e as mulheres, 582-585. *V. também* Maria Madalena

Maria Madalena, 578, 582, 583-585, 587-588, 589-590, 591-593, 602-603, 604

Maria, mãe de Jesus, 67, 602

Maria, mãe de Tiago e Joset, 590, 593, 602

Marianna, 272, 273, 542

martírio, 324, 327, 328, 563-564

martírio da mãe e dos filhos, 563-564

Massada, 30

matriz oral comum, 146

memórias: análise funcional das, 96; criativamente reprodutivas, 94; da estrada Naas-Dublin, 90; em oposição a mística, 107-108; espirituais, 554; *Evangelho de Pedro* e o uso das, 95-98, 108; experiências com a verdade nas, 99-100; *flashbulb*, 101-103; história feita de, 59-62; matriz *versus* formato das, 127-129; não-fato que se torna fato 105-107; oralidade e, 87; pesquisa de Bartlett, 119-125; processo do fato para o não-fato e, 100-103; quando a ficção se torna fato, 103-105. *V. também* tradição oral

Messias (dois), 498

Mestre de Justiça, 498

metáforas da ressurreição, 34-35, 36

metodologia: critérios usados na, 187-190; descrição, 183; estratificação evangélica e, 184-187; interdisciplinar, 190-193. *V. também* pesquisa do Jesus histórico

milagres: cura e, 341-344; opressão e, 326-327, 328

mishpat/tsedeqa (justiça/direito), 228. *V. também* justiça

Missão e mensagem, 365-370

Mixná (código da vida judaica), 585-586, 607-610

modelo de Alföldy, 222-225

modelo de Eisenstadt, 210, 215-216

modelo Lenski-Kautsky, 196-197, 208-209, 213-216, 223, 256-264

Moisés, 548-549, 554

morte, 186-187, 580-582. *V. também* ressurreição

movimento do batismo, 271, 326, 549

movimento do cinismo, 320-321, 373-374, 449-450

movimento do Reino de Deus de Jesus: companheirismo de fortalecimento, 376-377; desenvolvimento do, 275; dois caminhos do, 407, 410, 433-439; focalizado nos indigentes e despossuídos, 382; lugar das mulheres no, 416; movimento cínico e, 320; radicalismo itinerante do, 318-321; rejeição como termo, 65; surgimento na Baixa Galiléia, 271. *V. também* mandamentos

movimentos cultuais: comparados a seitas, 57; cristianismo, 57-58

movimentos sectários: comparados a cultos, 57; Jesus, líder de, 57-58

mulheres: antropologia de gênero, 203-208; crítica das, 602-603; lugar das mulheres no movimento de Jesus, 416; Maria e as, 582-585; na *Didaqué*, 407-409; nas narrativas de sepultamento/túmulo, visão, 582-585, 587-595; nas sociedades camponesas, 206-208; nas sociedades pré-industriais, 204-206; nos evangelhos, 578. *V. também* elegias

multiformidade oral, 128, 595-599

Museu Copta (Cairo Antigo), 159

N

narcisismo, 79-80

narrativas: de Barrabás, 554; canônicas, 60-61; exegese e, 600-603; do Êxodo, 595; guardas no sepulcro, 525-530; história e, 59-62; mudança da exegese em narrativas provocada pela elegia, 603-604; das mulheres no sepulcro, 527; nos evangelhos, 61; reprodução repetida e serial das, 120, 121-125; do sepultamento, 582-591; tradição e, 515-517; do túmulo, 587-591; da visão, 591-594. *V. também* memórias; narrativas da paixão e ressurreição

narrativas da paixão e ressurreição: desenvolvimento da exegese e da elegia das, 599-604; elegias por mulheres nas, 561-562; *Evangelho de Pedro*, fonte das, 524-534; fontes das, 594-595; interpretação histórica lembrada das, 555-558; memória bíblica e, 554-555; multiformidade oral e uniformidade de cópia nas, 595-599; narrativa dos guardas no sepulcro e as, 525-530; perseguição e justificação e as, 556-558, 580-582; pôr a culpa em, 558-559; relato do *Evangelho da cruz*, 545-546, 600; ressurreição comunitária e, 582; tradição fixa dentro das, 595-596. *V. também* Jesus histórico; narrativas

negação do mundo, 314-315

Nero (imperador de Roma), 45-50, 221, 607

Nicodemos, 587

No deserto, 345, 346-348

nomina sacra (nomes sagrados), 163, 173-174

Nova Busca (do Jesus histórico), 63-64, 82

O

obras clássicas, 81

Ódio à própria família, 362-365

Odisséia (Homero), 114, 129

Onde e quando, 345, 350-356

ordem: conselheira, 224; eqüestre, 224; senatorial, 224

Orígenes, 500

Os que atrapalham os outros, 396, 613

Óstia, 261, 465-466

Otávio (Augusto), 17, 22-23, 67-68, 69, 80, 223, 273, 451

(A) outra face, 430

Oxirrinco (El Bah-nasa atual), 158-159, 164-165

P

papiro, 164-165, 166, 171-172. V. também códices

Papiros de Oxirrinco, 165, 402

papiros documentários, 171-172

papiros literários, 171-172

partilhas comunitárias de bens, 507-508

patriarcalismo do amor, 467

Paulo de Tarso: apocalipsismo e ascetismo, 324-325; judeu radical, 29; perseguição por, 56; proclamação paulina do fracasso divino, 64-65; sobre os preceitos de pureza, 177; a respeito de Tiago, 501-503; vida de, 56; vocação e tradições aceitas por, 461, 578

Paz ou espada, 363, 365

pecadores e publicanos, 377-381

Pequena (ou oral) Tradição, 339, 454

perseguição/justificação e, 556-558, 580-582, 603-604

pesquisa do Jesus histórico: acusações de manipulação na datação, 156-158; hipótese e verificação na, 140-143; ignorando estudos anteriores, 138-140; seis decisões cruciais sobre fontes para a, 161-162; levantamento da, atual, 183-184. V. também metodologia

Petrônio, 323

Philadelphia (filme), 334, 335, 336-337

piedade pessoal, 585

Platão, 309, 505

(os) pobres, 360-362

Pompéia, 261

Pôncio Pilatos, 51, 52-53, 73, 98, 323, 324, 382, 528, 532-533, 541, 559

pós-modernismo, 80, 83

positivismo, 80

povo judeu, 552-553. V. também judaísmo

pressupostos: evangelhos extracanônicos, 155-162; evangelhos intracanônicos, 151-155; seis pressupostos cruciais, 161-162

Primeira Busca (do Jesus histórico), 82

primeira continuação, 58. V. também continuação

proclamar a libertação, 238

profecia historicizada, 556

profetas, os, 240-247, 413-419

Projeto Q Internacional, 153, 288, 388, 428

Proto-evangelho de Tiago, 115

Ptolomeu IV Filópator, 327

publicanos e pecadores, 377-381

Q

Qumrã, 488-490, 496-498, 499

R

racionalismo, 68

radicalismo ético, 318-319

radicalismo social, 448

realismo crítico, 83

refeições compartilhadas com patrocínio, 462-465

refeições compartilhadas comunitárias, 467-470

(A) Regra de ouro, 426, 428-429, 437

regras quanto à comida (*Didaqué*) 403-404, 405

Reino e violência, 349

relação genética: apoio da confirmação redacional da, 149, 596; dependência literária direta e a, 147; dos evangelhos extracanônicos, 156, 160; dos evangelhos sinóticos, 151

reprodução repetida, 120, 121-123

reprodução serial, 120, 123-124

República (Platão), 309, 505

resistência: correlação entre cura e, 339-341; exemplo de resistência na Irlanda oitocentista, 211-213; liderança e, 209-211; material, 341; modelos para, 208-209, de status, 341; velada, 301. *V. também* sociedades camponesas

ressurreição, 33-37, 461, 581-582. *V. também* narrativas da paixão e ressurreição

ressurreição comunitária, 582. *V. também* paixão e ressurreição

revolta, 326, 327-328. *V. também* resistência

rituais: cultuais, 450-451; judaicos, 245-247; sacrifício de sangue/batismo de água, 548-549;. *V. também* elegias

rolos, 166, 169-171. *V. também códices*

S

(o) sábado, 232-234

Sabedoria divina (Sofia), 538-539

Sabedoria de Aicar, 535

Sabedoria justificada, 349

sabedoria radical, 304-305, 311, 447-448

sacerdotes-reis asmoneus, 498

saduceus, 381

Salomé, 602

Samnio, 263

santuários de cura: de Epidauro, 337; de Fátima, 337; de Lourdes, 337; de Pérgamo, 337

Satíricon, (Petrônio), 575

Séforis, 259-263, 265-266, 271-272, 273, 542

Seminário sobre Q (Sociedade de Literatura Bíblica), 153

Sentenças de Sexto, 309

sentenças, ditos, 440-443. *V. também* Tradição dos Ditos Comuns

Sermão da Montanha, 294, 295, 425

servidores: letrados, 215; militares, 215; religiosos, 215

Simão Canteras, 543-544

simbolismo do bode (Dia das Expiações), 601

síndrome da falsa memória, 99, 105-107

Sobre a Verdadeira Doutrina (Celso), 26

Sociedade Beneficiente de Lanúvio, 468-470

sociedades camponesas: antropologia de classes e, 195-203; antropologia de gênero da, 203-208; antropologia de resistência das, 209-216, 340-341; características, 384; classe artesã das, 199, 384-388; classe sacerdotal das, 213-216; comercialização agrária e, 201-203; da arqueologia galiléia, 258-259, 264-270; movimento de Jesus da Galiléia, 271-275

Sofia (Sabedoria divina), 538-539

Subidas de Tiago, 546, 547, 561

Suposto Evangelho de Pedro (Serapião de Antioquia), 521

T

Tabuinha de Cebes, 398

taumaturgos, 372

Templo de Jerusalém, 272, 610, 612-613

teologia do apocalipsismo: definição, 299; encontrada no *Evangelho de Tomé*, 295-296, 297; escatologia, 300-302, 302-306, 315, 345, 356; privação percebida da,

303-304; sabedoria não empregada, 303. *V. também* Tradição dos Ditos Comuns

teologia paulina: continuação válida, 56; descrição, 31-33; dualismo carne/espírito, 29-30; intersecção com a tradição de Jesus, 448; lei ritual do judaísmo, 548; refeições compartilhadas, 464-465, 466-467; ressurreição de Jesus, 33-37, 581-582; tradições preservadas na, 461, 470, 578

teoria da cerâmica, 267-270

teoria da mística do imperador, 81

Terceira Busca (do Jesus histórico), 82

Texto Cristão: abreviações sagradas comuns usadas no, 173-176; controle central possível a respeito do, 176-177; manuscritos em papiro do, 166; manuscritos evangélicos primitivos do, 166-168; prova manuscrita primitiva do, 169; uso de códices para o, 170-172

textos literários greco-romanos, 170-172, 173

Tiago, o Justo, 499-504

Tiberíades, 260-263, 265-266, 271-272, 273-274

Tibério (imperador de Roma), 60, 61, 141, 273, 542

tradição: cristianismo e tradição dividida, 446; da epopéia serbo-croata, 110-119; da morte, 39, 452, 458, 516, 537, 539, 540, 555, 582, 603; da vida, 39, 452, 458, 516, 537, 540, 555, 582, 603; elegia feminina, 561-562; êxtase, 139; Grande (ou escrita) Tradição, 339, 454; justiça divina, 226-232, 439; morte de Jesus, 448-451; narrativa e, 515-517; Pequena (ou oral) Tradição, 339, 454; sapiencial, 290; teologia paulina e, 461, 470. *V. também* Tradição da Refeição em Comum; Tradição dos Ditos Comuns; tradição oral

Tradição da Refeição em Comum: comparada à Tradição dos Ditos Comuns, 458; comunidades essênias, 458-460; descrição, 458-460; elemento de refeição compartilhada da, 475-476; elemento de refeição real da, 472-475; elemento de castigo apocalíptico, 479-481; elemento de unidade simbólica da, 478-479; Jesus bíblico e a, 476-478; ligação entre o Servo Sofredor e, 579-580; na *Didaqué* e no *Evangelho Q*, 470-471; refeições compartilhadas com patrocínio, 462-465; refeições compartilhadas comunitárias, 458, 465-467, 470-472; refeições comunitárias societárias, 467-470

Tradição dos Ditos Comuns, 296-297, 306, 312, 313, 318; *Árvores e corações*, 400; *Bem-aventurados os perseguidos*, 396; *Bem-aventurados os pobres*, 358-362; *Carregar a própria cruz*, 396; *O cisco e a trave*, 399; comparada à Tradição da Refeição em Comum, 458; *Contra o divórcio*, 365; *Dar sem retorno*, 394; desenvolvimento da matriz na, 355-356; escatologia da, 447-448; escatológica, 321-322; *O guia cego*, 399; importância da, 441-443; *Maior do que João*, 345, 348-350; *Missão e mensagem*, 365-368; negação da escatologia apocalíptica na, 345, 356; *No deserto*, 345, 346-348; *O Reino e a violência*, 349; *Ódio à própria família*, 362-365; *Onde e quando*, 345, 350-352; oposição a/de forasteiros na, 396; *Os que atrapalham os outros*, 396, 613; *Paz ou espada*, 363, 365; *Sabedoria justificada*, 349; tensão entre João Batista e Jesus na, 350. *V. também* Jesus histórico

tradição oral: epopéia serbo-croata, 110-119; extensa recordação literal e, 109-111; indícios da, 92-98; lacuna e interface da tradição letrada e da, 129-130; memória e, 87; narrativas, temas e fórmulas da,

111; pontos fixos de detalhes na, 108; teoria da memória e, 127; usada por Jesus, 89-90, 92, 440-443. *V. também* memórias

tradições sapienciais, 290

Trajano (imperador de Roma), 46, 47-48, 221, 607

transmissão oral, 90-92, 127

tratamento de doenças, 334-335

Trito-Isaías, 476

U

United Bible Societies, 84

V

Vespasiano (imperador de Roma), 221

visões, 21-24, 24-27

Vita Apollonii (Filóstrato), 372

Vitélio (governador da Síria), 54

W

Whiteboys, 211

Z

Zeus, 614-615

Rua Dona Inácia Uchoa, 62
04110-020 – São Paulo – SP (Brasil)
Tel.: (11) 2125-3500
http://www.paulinas.com.br – editora@paulinas.com.br
Telemarketing e SAC: 0800-7010081